NOUVELLE COLLECTION

DES

MÉMOIRES

POUR SERVIR

A L'HISTOIRE DE FRANCE.

PREMIÈRE SÉRIE.

VIII.

NOUVELLE COLLECTION
DES
MÉMOIRES
POUR SERVIR
A L'HISTOIRE DE FRANCE,

DEPUIS LE XIIIe SIÈCLE JUSQU'A LA FIN DU XVIIIe;

précédés

DE NOTICES POUR CARACTÉRISER CHAQUE AUTEUR DES MÉMOIRES ET SON ÉPOQUE;

Suivis de l'analyse des documents historiques qui s'y rapportent;

PAR MM. **MICHAUD** DE L'ACADÉMIE FRANÇAISE ET **POUJOULAT**.

TOME HUITIÈME.

GASPARD ET GUILLAUME DE SAULX-TAVANNES, SALIGNAC, COLIGNY,
LA CHASTRE, ROCHECHOUART, GAMON, PHILIPPI.

A PARIS,
CHEZ L'ÉDITEUR DU COMMENTAIRE ANALYTIQUE DU CODE CIVIL,
RUE DES PETITS-AUGUSTINS, N° 24.

IMPRIMERIE D'ADOLPHE EVERAT ET COMPAGNIE, RUE DU CADRAN, 14 et 16.

1838.

MÉMOIRES

DE

TRES-NOBLE ET TRES-ILLUSTRE

GASPARD DE SAULX,

SEIGNEUR DE TAVANNES,

MARESCHAL DE FRANCE,
ADMIRAL DES MERS DE LEVANT, GOUVERNEUR DE PROVENCE, CONSEILLER DU ROY,
ET CAPITAINE DE CENT HOMMES D'ARMES.

ERRATA POUR LE TOME VII, Ire SÉRIE.

Page VII, 2ᵉ col., à la fin ; au lieu de : *c'est un de ces trois derniers fils* **dont parle Montluc**, lisez : *c'est de ces trois derniers fils que parle Montluc.*

Page 387, 1ʳᵉ col., ligne 42, au lieu de : *Louis XI*, lisez : *Henri II*.

NOTICE SUR JEAN DE SAULX,

VICOMTE DE TAVANNES,

ET SUR

LES MÉMOIRES DE GASPARD DE SAULX-TAVANNES,

MARÉCHAL DE FRANCE.

Les *Mémoires* de Gaspard de Saulx, seigneur de Tavannes, maréchal de France, ont été écrits par son troisième fils, Jean de Saulx, vicomte de Tavannes.

« Le sieur de Tavannes, » dit l'auteur des *Mémoires*, « aimoit mieux faire qu'escrire ; il ne sied qu'à César d'escrire de soi-mesme. » Le maréchal en effet, n'a laissé que fort peu de chose : deux récits, l'un de la bataille de Cérizolles, l'autre, du combat de Guines, en 1545, qui ne paraissent pas avoir été retrouvés ; une lettre à un ami, sur la campagne de 1569 contre les huguenots, jusqu'à la bataille de Jarnac; cette lettre nous a été conservée en partie par le vicomte de Tavannes ; une relation, également perdue, de la bataille de Moncontour ; enfin des notes, soumises au conseil de Charles IX, sur quelques-uns des événements importants qui sont survenus au temps de sa plus grande faveur ; ces notes sont consignées à leur date dans les *Mémoires*.

Les bibliographes qui ont attribué les *Mémoires* de Gaspard de Tavannes à Guillaume de Saulx, frère aîné de Jean, se sont évidemment trompés. D'abord ces *Mémoires* sont écrits dans une pensée politique et dans des dispositions d'esprit qui n'étaient pas celles de Guillaume de Saulx dont la fidélité à la cause des rois Henri III et Henri IV ne s'est jamais démentie, et qui, la paix faite, a accepté l'ingratitude de la cour et l'oubli du prince, sans plainte ni murmure. Guillaume, d'ailleurs, a publié de son côté des mémoires particuliers, dans lesquels il rend compte de sa belle conduite dans la province de Bourgogne pendant les guerres de la Ligue. Ensuite Jean de Saulx se désigne lui-même incontestablement sous le titre de vicomte de Tavannes, et mêle à la vie de son père de très-curieux détails sur sa propre vie. — « Si j'avois mesrité d'estre escrit, » dit-il, « une partie seroit sous le nom » de vicomte de Ligny, puis vicomte de Tavannes, » parfois capitaine de gendarmes, tantôt colonel » de chevaux-legers aux guerres du Dauphiné, » gouverneur d'Auxonne, d'Auxerrois, de Nor» mandie, de Bourgogne, maréchal-de-camp, ma» réchal de France nommé, puis retourné à ce nom » de vicomte de Tavannes par le mépris et dédain » que j'ai fait de toutes ces charges et grades de » France qui sont en vente au prix d'argent, don» nés à des personnes sans mérite ni honneur. »

La vie de Jean de Saulx, vicomte de Tavannes, est résumée tout entière dans ces quelques lignes. Mais il faut que je fasse connaître son caractère, ses opinions, ses actes, les titres, en un mot, sur lesquels la postérité a dû le juger, les raisons d'accepter ou de rejeter son témoignage dans ce grand procès du XVI° siècle, qui après deux cents ans s'agite encore au tribunal de l'histoire ; et pour cela je ne saurais me contenter d'une sèche nomenclature des honneurs et dignités qui lui sont échus par succession, qui lui ont été conférés ou promis par la Ligue et par les rois.

Ainsi que je l'ai dit, le vicomte de Tavannes était le troisième fils de Gaspard de Saulx, seigneur de Tavannes, maréchal de France. Suivant l'usage de la plupart des biographes de la même époque, il donne des détails fort étendus sur la généalogie de sa famille ; il la fait remonter à Faustus de Saulx, seigneur bourguignon qui vivait en l'an 214 de l'ère chrétienne, et qui fut surnommé de Saulx « pour » être des premiers chrétiens de la Bourgogne qui » portèrent la foi à la France, à cause du sel qui » s'use au baptême : » origine modeste, s'il est vrai que « la noblesse est issue d'Abel et des enfants de » Noé, les plébéiens, de Caïn et des serviteurs de » Noël, sortis de l'arche, comme aucuns tiennent. » Sans adopter en tout l'opinion du vicomte de Tavannes, on peut dire assurément que la maison de Saulx a toujours été regardée comme une des plus illustres du royaume.

Jean de Saulx naquit en 1555. Il fut connu d'abord sous le nom de vicomte de Ligny, et ne prit le

1.

titre de vicomte de Tavannes qu'en 1563, après la mort de son frère, Henri de Saulx, qui mourut au retour du siège du Hâvre où il portait la cornette générale des lansquenets. Son éducation fut celle des jeunes gentilshommes de son temps c'est-à-dire qu'elle eut pour principal objet l'art militaire. On ne lui enseigna des lettres et des mathématiques que ce qu'il en fallait à un soldat. C'est à la guerre que les gentilshommes s'instruisaient dans la politique. Ils pouvaient être hommes d'état ; mais de la façon qu'il convenait à des guerriers. Et voici un trait de mœurs qu'il faut noter avec soin : en 1568, le vicomte de Tavannes, qui n'avait alors que treize ans, fut envoyé avec son frère en Allemagne. « Plusieurs » gentilshommes du royaume, » dit-il, « croyant » qu'il ne se pouvoit faire guerre qu'avec cette na- » tion, esperant que leurs enfants, apprenant l'al- » lemand, seroient employés aux levées des reîtres, » les envoyoient en Allemagne. » Puis il ajoute : « maintenant qu'on a appris à les battre, peu de » jeunes gentilshommes y sont envoyés pour ap- » prendre la langue. » Il affirme qu'en Allemagne on parlait fort bien le français.

En 1567, après la paix fardée de Moulins, Gaspard de Tavannes, lieutenant de roi en Bourgogne, « fit à Dijon une confrérie du Saint-Esprit, où il fit » liguer les ecclésiastiques, la noblesse et des riches » habitants des villes qui volontairement jurèrent » de servir pour la religion catholique contre les » huguenots, de leurs personnes et biens, joints au » service du roi. » Ce fut le premier modèle de la Ligue. Pendant le voyage de la cour en Languedoc, dans l'année 1565, Montluc proposa bien à Catherine de Médicis d'opposer une ligue catholique à la fédération protestante ; mais il n'y eut rien de fait. Ce fut un simple projet, qui resta sans exécution. « Gaspard de Tavannes convoqua une assemblée en » la maison du roi ou mon frère et moi, » dit le vicomte, « bien que peu âgés, assistasmes avec » beaucoup de noblesse et de peuple, là où le ser- » ment fut lu. »

Jean de Saulx n'avait en effet que douze ans. Ni son frère ni lui ne furent entièrement fidèles aux obligations de la confrérie. Ils devaient combattre pour la défense de la religion catholique et en même temps pour la conservation de la couronne dans la maison de Valois. Guillaume de Saulx n'abandonna jamais le parti des rois Henri III et Henri IV ; et par conséquent il ne servit pas toujours contre les huguenots. Jean se jeta tout entier dans le parti de la Ligue ; et ainsi le représentant de la maison de Valois le compta au nombre de ses ennemis. Dans les temps de révolution, a dit un profond écrivain, il est souvent plus difficile de connaître son devoir que de le suivre.

Le jour de la Saint-Barthélemy, le vicomte de Tavannes, qui avait suivi son père à Paris, se promenait au moment du massacre dans la cour du Louvre. Le roi de Navarre et le prince de Condé, déjà prisonniers, l'envoyèrent chercher plusieurs fois ; mais il refusa de se rendre auprès d'eux. Quel était le motif de son refus? il n'osa; voilà tout ce que nous apprennent les *Mémoires*. Il paraît que Henri, devenu roi de France, n'oublia jamais la conduite du jeune vicomte dans cette circonstance. Moins timide ou moins prudent, Jean de Saulx fut, le même jour, assez heureux pour sauver trois gentilshommes protestants, La Neuville, Béthune et Baignac.

L'année suivante il fut du siège de La Rochelle, où il se comporta avec la plus grande bravoure. Déjà se révélait en lui le caractère fougueux, hautain et impatient de son père. Les choses n'allaient point à son gré ; il en écrivit au maréchal pour se plaindre. Le duc d'Anjou, général du siège, venait d'être élu roi de Pologne ; les intrigues de cour, les intelligences des princes avec les assiégés, le peu de succès de ses attaques contre la ville, tout le décida à accepter la couronne qui lui était offerte, et à consentir qu'on traitât de la paix avec les huguenots. « J'allai trouver monsieur d'Anjou, dit le vicomte » de Tavannes, pour lui dire que le Roi ne perdoit » qu'une ville, et que lui y perdoit son honneur, et » obcurcissoit toute la gloire qu'il avoit acquise au » passé. Je le vis si résolu à cette paix, que je ne lui » en osai parler. »

Sur ces entrefaites, Gaspard de Tavannes était mort. Malgré les curieuses précautions qu'il avait prises pour assurer ses états à ses enfants, précautions qui caractérisent les mœurs de l'époque et dont on lira le récit avec intérêt dans les *Mémoires*, ses charges furent partagées entre les courtisans de la reine mère ; ses fils ne reçurent qu'une pension de deux mille écus chacun. Le vicomte de Tavannes s'étant plaint à Charles IX lui-même, le roi lui dit : « Votre père n'étoit tant que vous en l'âge que vous » avez. » « Notre père, répliqua le vicomte, n'étoit fils » du maréchal de Tavannes comme nous, auquel la » couronne est tant obligée. »

Mécontent de l'injustice de la cour, il suivit le duc d'Anjou en Pologne et « le servit en son voyage, » couronnement et établissement. » De là il partit pour Constantinople, passant par la Hongrie, la Transylvanie et la Valachie. Chemin faisant, il se trouva à une bataille où les Moldaves, révoltés contre les Turcs, battirent les Valaques qui avaient été envoyés par le Grand-Seigneur pour les faire rentrer dans le devoir. Quelques jours après il fut assailli, lui cinquième, dans une maison, par deux cents soldats; il se défendit courageusement. La maison ayant été incendiée, il fit une sortie l'épée à la main ; un des siens blessé de onze coups d'épieu, il fut enfin pris et jeté dans une prison, d'où il fut délivré par les Valaques qui venaient de remporter sur les Moldaves une dernière victoire. Il arriva à Constantinople en 1574, et vit dans le port la fameuse flotte qu'Amurat destinait à la reprise du fort de la Goulette, enlevé l'année précédente par Charles-Quint.

Rentré en France au commencement de 1575, le vicomte de Tavannes reçut une compagnie de soixante maîtres ; et peu de temps après il fit partie d'une expédition, commandée par le duc de Guise, contre les troupes que M. de Thoré, cadet de Montmorency, amenait afin de favoriser la fuite du duc d'Alençon qui songeait à quitter la cour pour se joindre aux huguenots. La petite armée royale atteignit les reîtres à Dormans. Dès le commencement du combat, le duc de Guise fut grièvement blessé au visage ; mais il fut sauvé par le vicomte de Tavannes qui, avec cinquante gendarmes seulement, rompit deux mille chevaux et en fit quinze cents prisonniers. Cette action d'éclat mit le jeune capitaine en bonne posture à la cour.

La même année Henri III lui donna la lieutenance-générale de l'Auxerrois. Il y eut une révolte dans Auxerre. Le peuple prit les armes et tua à la porte de la ville les députés de Catherine de Médicis, qui traitaient de la paix entre le roi et le duc d'Alençon, alors en campagne avec les huguenots. Le vicomte de Tavannes fit saisir les meurtriers, et, assisté de douze hommes à cheval, présida à leur exécution sur la place publique. « A l'instant, écrit-il dans les » *Mémoires*, le peuple vient pour sauver les prison- » niers avec force arquebuzades. Je fis ferme pen- » dant que le seul procureur du roi de mon parti avec » un de mes gens reprenoient les échappés du bour- » reau. En même temps un des criminels est pendu ; » ce voyant le peuple, et me considérant résolu » à la mort, quoique les derniers tirassent, les pre- » miers s'étonnent et se retirent ; je fis achever la » justice ; la force me demeura. Si j'eusse branlé ou » montré étonnement, j'étois taillé en pièces. » Ce récit relève le vicomte de Tavannes tout entier.

Henri III, en crainte des huguenots, dont il avait à grand'peine détaché le duc d'Alençon, ayant, avec autant de faiblesse que d'imprévoyance, autorisé la ligue formée à Péronne pour repousser le prince de Condé de la Picardie dont il lui avait donné le gouvernement, se vit bientôt obligé de se proclamer le chef du parti catholique qui s'organisait partout en France sous la direction des Guise. Il s'ouvrit de ses desseins à ses fidèles serviteurs. « Mon père, dit le » vicomte de Tavannes, m'avoit laissé de cette con- » dition. » Henri le consulta donc ; et le vicomte lui montra le serment de la confrérie du Saint-Esprit qui, ainsi qu'on l'a vu plus haut, imposait aux confédérés l'obligation de maintenir la couronne dans la maison de Valois. Le roi, de l'avis du chancelier de Chiverny, en approuva la formule ; il envoya le vicomte de Tavannes avec plusieurs autres gentilshommes dans les provinces, pour le faire adopter par les catholiques, et ce fut le serment qu'il prononça en 1577, aux premiers états de Blois. Mais les événements ne tardèrent pas à apporter des complications nouvelles.

La sixième guerre contre les protestants, commencée en avril 1577, se termina par l'édit de septembre, même année, édit favorable sans doute aux catholiques, mais qui mécontenta les chefs de la Ligue. Henri III fut alors abandonné par ceux mêmes qui lui étaient restés fidèles jusque-là. « Le premier » serment, dit l'auteur des *Mémoires*, étoit à Dieu » et à la religion catholique. Sa Majesté me le fit ju- » rer, et me sert d'excuse véritable, si, ayant Sadite » Majesté contrevenu aux premiers points de la re- » ligion par la paix qu'il fit après avec les huguenots, » je me dispensai du second article, qui étoit d'obéir » au roi, puisque le premier étoit violé par Sa Ma- » jesté. » Étrange confusion d'idées dont nous verrons bientôt un autre exemple ! Sans doute le vicomte de Tavannes n'a pas dû être entièrement satisfait de cet accommodement avec sa conscience, car je lis dans les *Mémoires* : « Véritablement l'obéissance » se doit aux rois par sujétion et utilité. Nés sous la » monarchie, nous sommes obligés à la conserver : » y faillant, c'est se procurer infinis malheurs, » meurtres, exactions, brûlements, forcements, » accidents péculiers aux changements d'état, joint » à la division d'icelui qui s'ensuit. » On peut croire que, lorsqu'il écrivait ces sages et remarquables paroles, il pensait aux malheurs des guerres de la Ligue.

Quand Henri III voulut faire entrer le vicomte de Tavannes dans l'ordre du Saint-Esprit, qu'il avait créé précisément pour *assurer les grands par serment*, celui-ci refusa. « Si j'eusse accepté cet ordre, » dit-il, je n'eusse été de la Ligue, pour être le ser- » ment à la personne plus qu'à l'État. Voyant le » désordre des rois, je suis été gouverneur de pays, » de places, capitaine de gendarmes, et me suis tou- » jours abstenu de faire serment à Leurs Majestés, » aux chanceliers et commissaires des guerres, en- » core que nous ayons le serment de naissance. » Ce serment de naissance le liait toujours, quelque précaution qu'il ait prise de n'en pas faire d'autres ; et l'argument qu'il fait valoir ici pour sa défense le justifie moins, qu'il n'accuse la confusion des idées et le relâchement des mœurs.

C'était sans doute à regret que le vicomte de Tavannes s'écartait de ses obligations de naissance ; car aussitôt que Henri III eut accepté le traité de Nemours (7 juillet 1585), et déclaré les protestants ennemis du royaume, il s'empressa de lui offrir ses services. Gouverneur d'Auxonne et de Saulx-le-Duc, il avait conservé ces places au parti de MM. de Guise, mais sans permettre qu'ils y entrassent et s'y rendissent les plus forts. C'est qu'il se souvenait encore de l'exemple qui avait été donné par Gaspard de Tavannes, dans sa lieutenance de Bourgogne. Il avait voulu pouvoir rendre au roi les villes que le roi lui avait confiées.

Un dimanche de l'année 1586, les habitants d'Auxonne, « en vengeance du parti des catholiques » auquel il les avoit traînés, » attaquèrent le vicomte de Tavannes en trahison dans l'église, au moment où il faisait ses pâques, le blessèrent, se rendirent maîtres de sa personne, après avoir tué un des leurs qu'il avait renversé sous lui, et s'emparèrent du château qui dominait la ville. Ils voulaient le massacrer ; un d'eux le poursuivit jusque dans la prison, et le frappa d'un coup de hallebarde. Le vicomte aurait infailliblement péri, si le roi, sollicité par son frère et par la maréchale de Tavannes, n'eût envoyé un exempt des gardes pour le transférer au château de Pagny, où il fut placé sous la surveillance du comte de Charny, beau-père de son frère, Guillaume de Saulx. Averti par celui-ci qu'il y avait ordre de le conduire à la Bastille, il s'échappa, malgré la vigilance de ses geôliers, en se laissant glisser le long d'une muraille, haute de cinquante pieds, et se retira en Bourgogne. Quelques temps après, le roi ayant permis au duc de Guise, qui se plaignait de ce que la Provence avait été donnée au duc d'Épernon, de se mettre en possession d'Auxonne, le vicomte de Tavannes contribua puissamment à la reprise de cette ville; mais le duc, qui sans doute ne le trouvait pas assez fidèle, ne lui rendit pas son gouvernement.

Le vicomte de Tavannes avait peut-être en vue cette injure qu'il avait reçue du duc de Guise, quand il écrivait : « Ceux qui se donnent aux princes, et
» qui veulent se conserver leurs places et leurs amis
» qui ne dépendent que d'eux, en campagne, dans
» les villes, près de leur général ou de leurs lieute-
» nants, sont en périls continuels, principalement si
» d'ennemis ou d'amis tièdes ils se sont rendus su-
» jets... La calomnie, le soupçon glissent au sein
» des nouveaux maîtres, qui entreprennent sur la
» vie, places et amis de ceux qui se sont donnés à
» demi à eux. » Et lorsqu'il ajoute : « Pour éviter ce
» malheur, faut suivre les volontés du chef de parti,
» lui donner ses amis sans s'en faire suivre, ouvrir
» ses places, y mettre les siens, ne manquer d'un
» seul mouvement pour étouffer le soupçon. » Il ne fait que réduire en théorie les moyens qu'il a expérimentés lui-même dans la pratique. En effet, après l'assassinat des Guise, à Blois, il se donna tout entier à la Ligue et *se rendit sujet* obéissant et dévoué du duc de Mayenne. Il était resté fidèle au parti du roi, tant que le roi lui-même avait été fidèle au parti catholique. Mais « Sa Majesté, dit-il, contrevenant
» au serment qu'elle avoit fait sur l'hostie, de proté-
» ger les catholiques, le massacre de MM. de Guise
» me dispensa de son service. » Déplorable influence des discordes civiles sur les meilleurs esprits! Le vicomte de Tavannes, au lieu d'être rappelé au sentiment du devoir, au lieu d'être ramené à cette salutaire pensée, qu'il n'y a de sécurité et d'honneur que dans l'accomplissement du devoir, par les *périls continuels* où sont ceux qui *se donnent à demi aux princes*, c'est-à-dire aux révoltés, se hâte d'en conclure qu'il faut donc redoubler de soumission, de complaisance, je dirais de lâcheté et de bassesse, si de tels mots pouvaient s'appliquer à de tels caractères! Mais en même temps, terrible leçon pour les rois qui s'abandonnent au point de permettre qu'un jour il puisse arriver qu'ils aient à faire serment à des sujets factieux et rebelles!

Le vicomte de Tavannes, qui avait été de toutes les guerres, avait montré partout du courage, de l'énergie, de l'activité, de la science et de l'expérience militaire, notamment au siège de La Rochelle en 1573, dans la campagne du Dauphiné (1577) où il servait sous le duc de Mayenne, en qualité de colonel des chevaux légers, au siège d'Issoire en 1578, enfin, au siège d'Auxonne en 1585. Quand Henri IV, obligé de lever le siége de Paris, après l'assassinat d'Henri III, se dirigea vers la Normandie pour recevoir les secours d'Angleterre, le duc de Mayenne le fit maréchal-de-camp de son armée. Il avait espéré mieux; du moins, il prétend que le duc de Mayenne lui avait promis par écrit la lieutenance-générale de Bourgogne *incontinent après les armes prises*; mais, qu'au moment où la guerre commençait, il trouva moyen de ravoir sa promesse d'où il raya le mot *incontinent*. Le vicomte offensé s'était retiré dans ses places, et avait longtemps résisté à toutes les instances pour le faire rentrer dans le parti.

Si nous l'en croyons, il ne tint pas au vicomte de Tavannes que le duc de Mayenne empêchât la jonction du roi, qui était renfermé dans la ville de Dieppe, avec le duc de Longueville, qui lui amenait des renforts. Au moins, après le combat d'Arques, il rallia l'armée de la Ligue, la ramena dans Paris, en lui faisant faire, avec l'artillerie et les bagages, dix lieues en un jour, et releva ainsi le courage des habitants, qui, peut-être, allaient capituler. Ayant vu, du haut du clocher de Saint-Victor, que les troupes du roi embrassaient la vaste étendue des faubourgs Saint-Germain et Saint-Marceau, il proposa une sortie, dont le résultat, à peu près certain, eût été de disperser les forces royales. Mais les considérations de M. du Maine, dit-il, l'emportèrent. « Nos conseils étoient
» si froids, qu'encore que nous fussions les plus forts,
» non compris ceux de la ville, je ne sais si nous nous
» serions laissés assiéger. »

En 1589, le vicomte de Tavannes fut nommé gouverneur de la Normandie pour la Ligue; il se mit aussitôt en devoir de chasser les royalistes de son gouvernement. Après plusieurs entreprises plus ou moins heureuses, il fut blessé et fait prisonnier devant Noyon, que le roi assiégeait, et à laquelle il amenait un secours de trois cents arquebusiers. Le duc de Longueville fut chargé de le garder dans Compiègne. Cependant Henri IV, ayant mis le siége devant Rouen, voulut contraindre le vicomte de Tavannes à lui faire connaître les endroits faibles de la place. « Je l'eusse trompé s'il m'en eût cru, » dit le vicomte. Il ne paraît pas toutefois qu'il lui ait donné de fausses indications. Il répondit, avec plus de fierté que de prudence, qu'il ne voulait ni servir Henri ni le tromper. Le roi, assez mécontent de cette réponse, ordonna qu'il fut plus étroitement resserré. En vain les ligueurs menacèrent-ils de maltraiter leurs prisonniers, si la captivité du vicomte se prolongeait; en vain les parents du marquis de Mirebeau pressèrent-ils Henri IV de permettre que le marquis fût échangé contre Tavannes. « Le vicomte
» de Tavannes, dit Henri, peut me faire plus de
» mal en une heure, que toute la famille de Mirebeau
» ne peut me servir en trente ans. » Le roi persistait à retenir son prisonnier, et il refusait de le rendre même en échange de la femme, de la mère, et des sœurs du duc de Longueville, que le duc de Mayenne ne voulait relâcher qu'à ce prix. Il fallut que le duc de Longueville usât d'adresse et presque de violence pour que Tavannes recouvrât sa liberté. « Ainsi,
» dit le vicomte avec une humilité dont il ne faut pas
» être dupe, un pauvre gentilhomme fut changé à
» quatre princesses : une de Bourbon, de Clèves, de

» Gonzague, et deux d'Orléans, de la maison de Lon-
» gueville. »

A peine le vicomte de Tavannes fut-il libre, qu'il se hâta de justifier l'opinion que le roy avait de lui. Il détermina, à force d'instances, le duc de Parme à venir au secours de Rouen, dont Henri IV fut ainsi obligé de lever le siége. Les détails très-circonstanciés qu'il donne sur cette opération sont fort curieux et du plus haut intérêt.

Pour un dévouement si actif, pour tant de services signalés, le duc de Mayenne créa le vicomte de Tavannes maréchal de France, et lui confia le gouvernement de la Bourgogne. Là le vicomte se trouva en présence de son frère, Guillaume de Tavannes, qui commandait pour le roi. « Mon frère, dit-il, du » parti du Roy, moi, du parti des catholiques ligués, » faisions, chacun de son côté, ce que gens de bien » pouvoient faire. Nous nous battions loyalement » pour notre parti, non par inimitié, nous étant as-» sistés en plusieurs traverses. Il ne laissa pas de se » trouver des méchants qui dirent que nous nous » entendions, ce qui étoit faux. » Il paraît que le duc de Mayenne prêtait l'oreille aux propos de ces *méchants*; car le vicomte se plaint de ce qu'il n'avait été envoyé que pour commander *en la campagne, les capitaines de place étant en ombrage de lui*. « Ces » châtelains étoient gouverneurs, et le gouverneur » étoit leur valet... Les trois parts du temps étoient » employées en garde contre eux. » Nouvelle leçon qui aurait dû lui profiter, puisque celle d'Auxonne avait été inutile, et dont il aurait dû se souvenir dans les *Mémoires*! Les conseils de l'ambition ne sont pas si sûrs que les prescriptions du devoir.

Le vicomte de Tavannes poussa la guerre avec beaucoup d'activité en Bourgogne, malgré l'embarras que lui donnait la présence du fils du duc de Mayenne, dont il était, dit-il, plus empêché que des ennemis. Paris avait ouvert ses portes au roi, le 22 mars 1594. Mais Tavannes ne se rendit pas pour cela : il attendait que le pape *avouât* Henri IV. Après la capitulation de Dijon, il ne se soumit pas encore : il se retira dans le château de Tallan, alors très-fortifié, où il entretint une garnison qu'il payait quinze cents écus par mois. Enfin il consentit, en 1595, à reconnaître le roi, sur la promesse qui lui fut faite, qu'il serait confirmé dans la dignité de maréchal de France; il en eut même des lettres datées du 12 juin 1595. Mais les généraux et les courtisans avaient su rendre Tavannes suspect au roi, et la promesse royale ne fut pas tenue.

Il arriva même qu'Amiens ayant été pris, en 1597, par les Espagnols, Henri IV, qui se méfiait toujours du vicomte de Tavannes, le manda auprès de lui. Le vicomte, muni d'un sauf-conduit écrit de la main du roi, et qui lui avait été adressé par le maréchal de Biron, gouverneur de la Bourgogne, arriva à Paris, et se présenta au roi, qui lui ordonna de le suivre au siége d'Amiens; mais comme il ne fut pas question de cette dignité de maréchal de France, si solennellement promise, il refusa « avec » des paroles plus libres que sa prospérité (d'Henri IV) » ne lui permettoit d'ouïr, disant qu'il étoit le sujet

» du roi et non son esclave; que les gentilshom-» mes françois n'étoient sujets qu'aux arrière-bans, » notamment ceux qui n'avoient aucun état de Sa » Majesté, et auxquels on manquoit de promesse. » Libre d'abord de se retirer, il fut poursuivi trois jours après, arrêté et mis à la Bastille. « Un page, dit-il, » m'apporte du filet et une lime; j'ourdis une corde, » coupe un barreau, et en sort en l'eau jusques au » cou. »

Le vicomte de Tavannes accuse le maréchal de Biron de l'avoir fait emprisonner « sur des lettres » contrefaites et supposées, écrites du roi d'Espa-» gne. » Il ne pardonna jamais au maréchal cette odieuse perfidie. Après avoir raconté son évasion de la Bastille, « Miracle! s'écrie-t-il, vengeance di-» vine! le sieur de Biron, qui m'avoit envoyé sauf-» conduit, écrit de sa main et du roi... lui étant en » disgrâce en l'année 1602, est mis au même lieu » où j'avois été emprisonné, où il a perdu la tête! »

Nous avons vu que le vicomte de Tavannes a été quatre fois prisonnier, et que deux fois il a su tromper la vigilance de ses geoliers. Pour me servir de ses propres expressions, ceux qui ont passé par un chemin, le peuvent enseigner aux autres. A ce titre il pouvait plus que personne enseigner aux prisonniers le chemin de la liberté. Les pages qu'il consacre à ce sujet sont des plus curieuses qu'il y ait dans les *Mémoires*. « Les prisonniers, dit-il, ne doivent faire » dessein que de penser à sortir et parler peu... » Premièrement crier merci à Dieu, se mettre en » bon état, le remercier de ce qu'il lui plaît per-» mettre que nous soyons châtiés, qu'il lui plaise » que cela serve à l'expiation de nos péchés, le prier » ardemment et remettre le tout à sa volonté. » Après ces recommandations pieuses, il passe aux moyens humains : « Deux choses sont nécessaires » aux prisonniers, la libéralité et l'humilité... Un » prisonnier ne doit jamais se réjouir que quand il » est dehors... dire toujours du bien du roi et de la » seigneurie dont il est sujet, et de ceux qui le tien-» nent et gardent prisonnier... ne confesser rien, » hormis la clarté du jour et l'obscurité de la nuit; » et ne faut oublier d'être humble et gracieux aux » juges à leur entrée et sortie. Dehors, il faut rendre » grâces à Dieu. » C'est un très-remarquable chapitre de l'histoire des mœurs au seizième siècle.

Henri IV ne se mit pas en peine de l'évasion du vicomte de Tavannes; il le laissa libre et tranquille dans son château de Sully près d'Autun. Depuis ce moment jusqu'à la sixième année du règne de Louis XIII, le vicomte vécut dans la retraite, *rongeant son frein*, et écrivant ses *Mémoires* pour l'instruction de ses *enfants, neveux et cousins*. En 1616, Marie de Médicis, obligée de traiter avec le prince de Condé, et s'efforçant de rallier les mécontents autour du trône, lui renouvela la promesse que lui avait faite Henri IV. Elle lui fit même expédier, sous la date du 4 mars, des lettres par lesquelles le roi confirmait le brevet de maréchal, précédemment accordé au vicomte, et, *en attendant qu'il pût effectuer tout le contenu en icelui*, il ordonnait que Tavannes eût séance et voix au conseil immédiatement après les officiers de la couronne, et fût payé des appointements et états attribués à l'office de maréchal de France. Cependant le vicomte de Tavannes ne compta jamais au nombre des maréchaux. On ne voit pas non plus qu'il ait jamais pris place au conseil.

Il est curieux de connaître les raisons qu'il en donne. « En l'an 1595, dit-il que je traitai avec le » roi nouvellement catholique, l'état de maréchal de » France me fut promis... Je n'insistai à en jouir » parce que plusieurs de peu de mérite l'obtinrent » par semblable capitulation, et désirois en prendre » possession par un service signalé, et me rendre » différent des autres qui l'avoient ainsi obtenu... » Quant au manquement advenu de la reine et du » roy d'à présent (Louis XIII), a été que le maréchal » d'Ancre et les favoris qui vouloient le même état, » ne vouloient point de compagnons qui fût plus » soldat qu'eux, et principalement ceux qui étoient » alliés à MM. de Guise et du Maine, étant en per- » pétuel soupçon de ceux qui avoient du pouvoir et » de l'entendement.... non que je veuille m'exemp- » ter qu'il y ait aucunement de ma faute, en ce que » voyant tant de personnes incapables en être pour- » vues, j'en ai méprisé et négligé la poursuite, n'é- » tant plus une marque d'honneur ains de faveur. » Le vicomte de Tavannes avait soixante-quatorze ans quand il fit son testament, le 16 octobre 1629. On ignore la date de sa mort.

C'est, ainsi que je l'ai dit, au château de Sully que Jean de Saulx, vicomte de Tavannes, *écrivit de son père, les épées étant de repos*. Il parait qu'il commença les *Mémoires* vers 1600 ou 1601 ; car il dit quelque part, sous la date de 1619 : « Dix-huit ans » sont passés que j'avois commencé ces écrits. » On peut croire qu'il y travailla le reste de sa vie. Dans une sorte d'épître dédicatoire qu'il adressa à ses *enfants, neveux et cousins*, il dit : « J'écris par devoir » de notre père, pour exemples et préceptes à vous, » mes parents, non pas gloire ; je me connois trop. » Je desire que ces fantaisies ne soient vues que pour » vous servir de boussole à suivre le chemin qui vous a » été tracé, et éviter plusieurs malheurs qui me sont » advenus, en cherchant l'honneur qui se doit suivre » par ceux d'extraction illustre, sans offense de Dieu » ni de sa patrie, avec cette maxime : Que tous » desseins injustes, non agréables à notre seigneur, » périssent. » Le vicomte de Tavannes avait encore un autre motif pour *écrire de son père* : c'était de confondre « la malice, la menterie des uns, l'igno- » rance et flatterie des autres, » et principalement des huguenots « qui changent les batailles de Céri- » zolles, Renty, Jarnac et Moncontour en rencontres » légères, et ôtent l'honneur à la France, le pensant » faire perdre à M. de Tavannes. » Le vicomte écrivait donc sous l'inspiration d'une double pensée : venger la mémoire de son père, et éclairer l'inexpérience de ses enfants. C'est de ce double point de vue qu'il faudra juger les *Mémoires*.

Mais avant d'aller plus loin, jetons un rapide coup d'œil sur la vie du maréchal de Tavannes, et tâchons de bien connaître celui dont le vicomte s'est fait l'historien.

Gaspard de Saulx était le second fils de Jean de Saulx, seigneur d'Orrain, grand-gruyer de Bourgogne, et de Marguerite de Tavannes. Dès l'âge de treize ans, il fut présenté par Jean de Tavannes, frère de sa mère et colonel des bandes noires, à François Ier qui le reçut au nombre de ses pages, et qui, le substituant d'avance à la faveur dont jouissait son oncle, voulut qu'il s'appelât Tavannes. Quatre ans après, il fut pris auprès du roi à la bataille de Pavie, « ayant gagné une épée des ennemis. » Il fit voir dès lors par son courage et son sang froid au milieu de la mêlée, ce qu'il serait un jour s'il ne *mésarrivait* de lui.

Il avait les cheveux blonds, la barbe rousse, le teint haut en couleur, les sourcils élevés. Un jour un médecin lui dit : « D'où vient, monsieur, que votre » aspect et habitude témoignent que vous devez être » extrêmement colère, et néantmoins vous ne l'êtes » point ? — Je le suis, répondit-il, autant qu'il se » peut ; mais je sais vaincre par la raison. » J'ignore à quelle époque de sa vie nous reporte cette anecdote ; car je vois partout que le maréchal fut d'un caractère hautain et emporté. Il n'était déjà plus jeune quand, appelé à commander l'armée royale sous le duc d'Anjou, depuis Henri III, dans la fameuse campagne de 1569, il proposait au vieux Sansac de décider une question de stratégie l'épée à la main. Il avait autant d'audace à la cour que de bravoure sur le champ de bataille. Il ne croyait pas qu'il y eût aucun obstacle qu'il ne pût surmonter. « Ma fortune, disoit-il au duc de Guise, au conné- » table de Montmorency, à la duchesse de Valenti- » nois qui disposoient alors de toutes les faveurs, ne » dépend pas de vous ; elle est dans ma tête et dans » mon bras. » Et ce n'étoit point de la forfanterie ; il l'a bien prouvé.

Gaspard de Tavannes avait pris une part active à toutes les campagnes qui suivirent la bataille de Pavie, et il s'y était conduit bravement. En 1537, François 1er voulant organiser la maison de chacun de ses deux fils, « le Dauphin, dit l'auteur des » *Mémoires*, choisit les plus braves ; et le duc d'Or- » léans obtint permission de dresser son estat des plus » galants hommes de France. » Gaspard de Tavannes fut du nombre des derniers. Les contemporains nous peignent le duc d'Orléans comme un prince doué des qualités les plus aimables, mais en même temps de mœurs efféminées. Gaspard de Tavannes, qui avait aisément gagné sa confiance, s'étudia à lui faire « éprouver les périls en paix, pour ne les » craindre en guerre. » Emporté par son caractère fougueux, il lui arriva trop souvent de dépasser le but. « Les galants de M. d'Orléans, dit le vicomte » de Tavannes, avoient promis un temps de ne » marcher aux villes que par-dessus les maisons, » sautant de toit à autre les rues estroites, se préci- » pitent dans les puits, font passer les chevaux à » travers les flammes. Le sieur de Tavannes, à Fon- » tainebleau, fait sauter son cheval d'une roche à » autre, de la largeur de vingt-huit pieds, accom- » pagne son maître où l'ardeur de jeunesse le porte, » à se battre à coups d'épée, inconnus, faisant em-

» buscade aux siens propres pour s'éprouver, blesse
» et; est blessé se jouant; faillent à estrangler Jar-
» nac, sans qu'on lui coupa la corde; se moquent
» des dames, méprisent l'amour; laissent un pendu
» couché avec madame de Cursol, feignant l'entre-
» tenir; pour faire soixante lieues tout en un jour,
» ils disposent tous les chevaux de M. d'Orléans
» jusques en Bourgogne. Inconnu, dans une hôtelle-
» rie, dix hommes voulant prendre le haut-bout, il
» met l'épée à la main contre tous surpris, les fait
» disner avec leurs gants; eux regardans leurs
» épées, ils se défendent, les blesse et en sort sans
» être blessé. » « Ceci, ajoute naïvement le vicomte
» de Tavannes, est écrit non pour louanges, mais
» pour cognoistre les folies de ce temps-là, duquel
» sortirent tant de gens valeureux. » Folies en
effet, et qu'il faut blâmer d'autant plus hautement,
qu'un fils de roi y compromettait son nom !

En 1542, François Ier recommença la guerre pour venger l'injure qui lui avait été faite dans la personne de ses deux ambassadeurs, assassinés par ordre de Charles-Quint. Le duc d'Orléans fut chargé du commandement de l'armée qui envahit le Luxembourg. Gaspard de Tavannes devait suivre le prince; mais auparavant il voulut embrasser son père, qu'il n'avait pas vu depuis plus de dix ans. Il arriva donc au château de Failly, escorté de vingt chevaux. Ses gens, accoutumés aux violences de leur maître, s'emparèrent des écuries et délogèrent les chevaux du vieillard pour placer les siens. Le sieur d'Orrain, averti, fit couper les licols et chasser les chevaux par ses valets, apprenant aux enfants, dit l'auteur des *Mémoires*, que la faveur et grandeur de cour ne dispensent de la révérence paternelle. Avant de partir, Gaspard de Tavannes pria son père de *l'aider d'argent*. Le sieur d'Orrain, qui peut-être avait gardé le souvenir de ce qui s'était passé à l'arrivée de son fils, lui remit la clef de son cabinet de Dijon, avec recommandation très-expresse de ne pas prendre tout. Gaspard n'en eut garde, car il ne trouva que cent sous en liards, qu'il jeta par la fenêtre; puis il se rendit en toute hâte auprès du duc d'Orléans.

Je me suis étendu sur ces détails, parce qu'ils peignent à la fois et l'homme et le siècle où il a vécu. Désormais je serai plus bref, jusqu'au temps où Gaspard de Tavannes eut le commandement des armées, sous le duc d'Anjou, et occupa le premier rang sur la scène politique.

Gaspard de Tavannes, impatient du repos, voulut être de tous les combats. Il fit preuve de la plus rare intrépidité à La Rochelle, et à Cérizolles de connaissances militaires qui le mirent en grande estime parmi les guerriers. Toujours attaché à la personne du duc d'Orléans, il l'aida de ses conseils à la guerre et dans les négociations de Crépy, le soutint chaudement contre les tuteurs militaires qui lui avaient été donnés, le força en quelque sorte de désobéir aux ordres de François Ier au siège d'Ivoy, tint hardiment tête au duc de Guise, et s'oublia, dans son dévouement aux intérêts du prince, jusqu'à l'exciter à réclamer la Bourgogne pour son apanage, et à faire appuyer sa demande par l'empereur; faute grave, qui seule aurait justifié la disgrâce dont il fut bientôt atteint, mais qu'il racheta plus tard en refusant d'accepter une pension du duc d'Anjou, sans le consentement de Charles IX.

Le duc d'Orléans mourut le 8 septembre 1545. Gaspard de Tavannes fut nommé chambellan du roi et capitaine de cinquante hommes d'armes de la compagnie du prince. Mais il lui fallut de vives sollicitations pour obtenir la permission de suivre l'armée qui allait prendre possession de la terre d'Oye.

Cependant il épousa, deux ans après, une nièce du cardinal de Tournon, et sembla ainsi s'être concilié de nouveau la faveur de la cour; mais la mort de François Ier entraîna la chute du cardinal, qui emporta les espérances de Gaspard de Tavannes. L'avénement de Henri II annonçait la haute fortune des maisons de Guise et de Montmorency.

Je ne sais quelles lumières la mort du duc d'Orléans apporta à Gaspard de Tavannes; mais il est certain que depuis cette époque il parut avoir pris la ferme résolution de ne s'attacher ni aux princes ni aux partis qui divisaient la cour, et de n'être plus désormais que du parti du roi. « Il ne voulut rien te-
» nir que de Sa Majesté, dit l'auteur des *Mémoires*;
» ce qui apporta un grand retardement à sa bonne
» fortune, n'y ayant que les portes de Montmorency
» et de Guise pour entrer en crédit, par lesquelles il
» ne vouloit passer. » Il est probable, en effet, que cette indépendance, à laquelle le caractère de Gaspard de Tavannes l'emportait, a dû lui nuire sous le règne de Henri II. Mais nous verrons qu'elle fut, au contraire, la cause de son élévation sous le second fils de Catherine de Médicis. Tant il est vrai que la route du devoir, si elle n'est pas toujours la plus courte, est du moins la plus sûre et la meilleure!

Gaspard de Tavannes se distingua entre tous pendant la campagne qui se termina par la conquête des trois évêchés. Sa brillante conduite lui fit obtenir, dès le commencement, le gouvernement de Verdun, qui venait de se rendre à Henri II. Ce fut lui qui, sur le champ de bataille de Renty, mit la cavalerie impériale en déroute et décida la victoire. Le duc François de Guise aurait bien voulu pouvoir s'attribuer l'honneur de cette action. « Monsieur,
» dit-il à Gaspard de Tavannes, nous avons fait les
» plus belles charges qui furent jamais. — Monsieur,
» répondit Tavannes, vous m'avez bien soutenu. »
Et comme le duc cherchait à l'éloigner pour se mettre à sa place, et l'engageait à prendre du repos après tant de fatigues, il ajouta : « Monsieur, je suis à la
» place que Dieu et mon épée m'ont acquise. » Le roi, qui survint aussitôt, le trouva à la tête de ses hommes d'armes; et, voulant lui témoigner à l'instant toute sa satisfaction, aux yeux de l'armée entière il détacha son propre collier de l'ordre pour le lui donner. Peu de temps après, Gaspard de Tavannes reçut la lieutenance-générale de la Bourgogne, dont le duc d'Aumale était gouverneur. En 1556, il fut nommé maréchal de camp de l'armée qui devait, sous le commandement du duc de Guise, entreprendre sur le royaume de Naples; et il n'ac-

cepta que sur les instances du roi *duquel seul il dépendait.* Le duc de Guise ayant été rappelé en France après la funeste journée de Saint-Quentin, il resta chargé de ramener les troupes d'Italie; sa retraite fut heureuse autant qu'habile; avec des soldats fatigués d'une aussi longue marche, il eut encore la gloire de battre et de disperser quinze mille impériaux qui assiégeaient la ville de Bourg. En 1558, il rédigea la capitulation de Calais, en qualité de maréchal de camp de l'armée assiégeante. Il ne voulut recevoir, de sa part du butin, que des livres hébreux, grecs et latins, qu'il envoya à son frère de Villefrancon. Dès ce temps-là, il tenait un rang élevé parmi les guerriers qui étaient l'orgueil de la France. Il eut l'insigne honneur d'être, avec le connétable de Montmorency, juge du camp dans le tournois où Henri II perdit la vie si misérablement.

Le jour même de la mort du roi, le vieux connétable, se retirant dans sa maison, fut abandonné de cent gentilshommes qui avaient coutume de le suivre. Gaspard de Tavannes, qui ne l'avait pas flatté dans sa puissance, ne le méconnut pas dans sa disgrâce. Il s'approcha de lui en présence de toute la Cour, l'accompagna et lui offrit ses services. C'était du courage alors, un courage plus rare et plus noble que celui qui brave la mort sur les champs de bataille.

Avec le règne de François II commencèrent les guerres de religion. Les ennemis des Guise s'unirent aux protestants; et, dès le mois de mars 1559, éclata cette sanglante et terrible conjuration d'Amboise qu'avaient ourdie de moitié le *malcontentement* et l'*huguenoterie.* L'exécution des chefs apparents du complot n'avait pas étouffé tout d'un coup l'effervescence qui s'était manifestée dans les provinces. En Dauphiné, les factieux s'étaient emparés de Valence, de Romans, de Montélimart et de quelques autres places. Le duc de Guise, gouverneur de la province, qui se défiait de Clermont-Tallart, son lieutenant, parent de la duchesse de Valentinois, et qui d'ailleurs le soupçonnait de tenir à la nouvelle religion, fit donner par commission la lieutenance à Gaspard de Tavannes, et l'envoya en toute hâte contre les révoltés. La dépêche qui fut adressée à Tavannes, sous la signature du roi, est trop importante et trop curieuse pour que je ne la reproduise pas ici tout entière. Elle est datée du 12 avril 1559 (1) :

« Monsieur de Tavannes, j'ai présentement été
» averti par le sieur de Clermont, mon lieutenant au
» gouvernement de Dauphiné, en l'absence de mon
» oncle, M. de Guise, des rébellions, ports d'armes
» et autres méchants et malheureux actes que aucuns
» de mes sujets dudit pays exécutent de jour à autre
» sous couleur et prétexte de religion; s'étant, à ce
» qu'il me mande, plus de trois ou quatre mille hom-

(1) Cette dépêche, jusqu'ici inédite, et dont je dois la communication à la bienveillante amitié de M. Louis Paris, bibliothécaire archiviste de la ville de Reims, qui en a fait récemment l'heureuse découverte, est destinée à faire partie d'une très-importante publication dont s'occupe en ce moment ce jeune et laborieux érudit.

» mes de leur secte mis ensemble tant à Valence qu'à
» Romans et Montélimart, où ils font prêcher publi-
» quement à la mode de Genève, et exercent toutes
» les autres insolences dont ils se peuvent aviser. Et
» pour ce, M. de Tavannes, que vous pouvez assez
» juger à quelle conséquence cela tourneroit, si une si
» grande méchanceté leur étoit longuement permise;
» et m'ayant ledit sieur de Clermont fait entendre
» qu'il n'étoit assez fort ni accompagné pour les dé-
» faire, aussi que, quand il auroit plus de moyens,
» je doute bien fort qu'il s'en pût bien aider; à cette
» cause j'ai avisé, pour y donner quelque ordre et
» éteindre un si grand feu, vous faire présentement
» cette dépêche, vous priant, monsieur de Tavan-
» nes, sur tant que vous désirez faire quelque
» chose qui me soit agréable, vouloir le plus promp-
» tement qu'il vous sera possible, assembler les for-
» ces de ma gendarmerie qui sont en Bourgogne, et
» avec icelles vous acheminer au plutôt que pourrez
» en Dauphiné, afin d'y remédier et les tailler en
» pièces, si vous les trouvez encore ensemble à vo-
» tre arrivée, suivant le pouvoir que pour cet effet
» je vous envoie pour commander audit pays en
» l'absence de mondit oncle, M. de Guise. Et d'au-
» tant que je m'assure que la moitié des compagnies
» de gendarmes qui sont ordonnées pour demeurer
» en votre gouvernement, sont de cette heure en
» leurs garnisons, ainsi que par ci-devant il leur a
» été mandé, je ne fais doute que, prenant avec
» vous desdites compagnies ce qu'il vous semblera
» en pouvoir tirer sans laisser votre dit gouverne-
» ment dégarni, vous ne soyez assez fort pour les
» défaire et les séparer d'ensemble. Toutefois, mon-
» sieur de Tavannes, s'il vous sembloit ces forces-
» là n'être suffisantes, vous vous pourrez aider des
» légionnaires de Dauphiné, lesquels j'ai donné
» charge au baron des Adrets, qui est parti depuis
» deux ou trois jours, les faire tenir prêts. Et, sem-
» blablement, vous vous pourrez servir des arriè-
» res-bans dudit pays, que vous ferez assembler
» pour cet effet, si vous voyez qu'il en soit besoin.
» Et même avertirez le comte de Tende qu'il ait à
» vous envoyer quelque force de son côté, ainsi
» ce que je lui écris présentement. J'entends, s'il y
» avoit apparence que ces malheureux séditieux
» voulussent persister dans leurs folies. Car, pour
» vous faire entendre quelle est en cela mon inten-
» tion, je ne désire rien plus que de les exterminer
» du tout et en couper si bien la racine, que par ci-
» après il n'en soit nouvelles. A quoi je vous prie,
» y étant arrivé, faire si bonne diligence, que vous
» les puissiez châtier comme ils méritent, sans avoir
» aucune pitié ni compassion d'eux, puisqu'ils n'ont
» voulu jouir de l'abolition que je leur avois octroyée
» pour les fautes passées. Je vous envoie des lettres
» que j'écris à ceux de ma cour de parlement audit
» pays, pour vous assister et secourir en tout ce
» qu'ils pourront. Or, semblablement, je leur mande
» qu'ils aient à députer trois ou quatre d'entre eux
» pour être auprès de vous, et lesquels je veux et
» entends que, venant à tomber entre vos mains
» quelques-uns de ces malheureux rebelles, ils leur

» fassent leur procès sommairement, et de telle façon
» que la punition puisse promptement s'ensuivre.
» Aussi, je vous envoie des lettres dont le nom est
» en blanc, et lesquelles vous ferez remplir à votre
» fantaisie, que j'écris aux principaux seigneurs et
» gentilshommes dudit pays, à ce qu'ils aient à assem-
» bler leurs voisins et à vous accompagner en cette
» entreprise. Vous pourrez, étant par-delà, juger
» ceux qui sont dignes de les recevoir, et que vous
» penserez vous pouvoir plus servir pour cet effet.
» Ne voulant oublier à vous dire que je pense que,
» quand vous laisserez la compagnie de mon oncle,
» M. d'Aumale, en Bourgogne, elle pourra suffire
» pour maintenir le pays en paix, où je m'assure que
» M. de Villefrancon, votre frère (1), aura de son
» côté l'œil ouvert en votre absence. Toutefois,
» vous saurez si bien et dextrement aviser à ce qu'il
» sera besoin d'y laisser, que je m'en remettrai à
» vous, vous priant encore un bon coup, monsieur
» de Tavannes, de vous retirer incontinent par-delà
» pour me y faire le service tel et si grand que je me
» suis toujours promis de vous, et que par expé-
» rience vous m'avez fait connaître. Priant Dieu,
» monsieur de Tavannes, qu'il vous ait en sa sainte
» et digne garde. Écrit à Marmoutiers, le 12e jour
» d'avril 1559, avant Pâques.

« FRANÇOIS. »

Gaspard de Tavannes eut la sagesse et la prudence de ne pas se conformer à ces instructions
cruelles. A peine fut-il entré en Dauphiné, à la tête
de la noblesse de Bourgogne, que les factieux surpris demandèrent à traiter de la paix. « Le sieur
» de Tavannes, dit l'auteur des *Mémoires*, les con-
» noissant du temps de la guerre du roi d'Espagne,
» se mocque d'eux et de leur religion, leur fait
» avouer que c'est pour avoir esté désappointés
» qu'ils ont pris les armes; il leur offre des grades,
» pensions et compagnies de la part du Roy. Mou-
» vans, Montauban et autres les acceptent, aban-
» donnent les manans, posent les armes et promet-
» tent de servir le Roy. » Après cela, la pacification de la province fut l'affaire d'un coup de main.
Gaspard de Tavannes s'était glissé dans Valence et
y haranguait le peuple. Un bourgeois le pria de
sortir pour les laisser délibérer librement. Tavannes
lui répond par un soufflet, le menace de le faire
pendre, et le retient prisonnier. Le peuple, que
cet acte de vigueur étonne, ne doute pas que les

(1) Guillaume de Saulx, seigneur de Villefrancon,
frère aîné de Gaspard de Tavannes, s'était de bonne
heure adonné à l'étude des lettres; mais, appelé à gouverner la Bourgogne pendant les fréquentes absences de
Tavannes, il n'en déploya pas moins, en toute occasion,
autant d'habileté que d'énergie. C'est lui qui mit Dijon en
état de défense après la bataille de Saint Quentin. Il fit
abattre l'église de Saint-Nicolas, dans le faubourg de ce
nom ; mais il dédommagea la ville en lui donnant la chapelle de Saint-Nicolas *intrà muros*, qui appartenait à sa
famille; il fit même agrandir cette chapelle, qui devint
une paroisse considérable, et fut détruite enfin pendant la
révolution.

troupes royales ne soient là toutes prêtes à appuyer
leur général; chacun se retire dans sa maison, et
Tavannes prend aussitôt possession de la ville.

De retour dans son gouvernement de Bourgogne,
Gaspard de Tavannes resta fidèle à la ligne de conduite qu'il s'était tracée. Il ne concéda rien aux
Guise, et ne cessa pas un instant d'être du seul
parti du roi. Avant lui, les lieutenants, dans les
provinces, obéissaient à l'impulsion donnée par les
gouverneurs auxquels ils rendaient compte. Il les
mit hors de page, suivant l'expression de l'auteur
des *Mémoires*. « Il disposa de tout sans avertir le
» duc d'Aumale. » Cette indépendance qu'il s'était
faite, lui permit d'agir suivant les circonstances et
de braver le mauvais vouloir des factions, déclarant
hautement que son unique but était de conserver la
province au roi pour la lui rendre quand il serait
majeur. Il la poussa même jusque-là que de refuser
aux ordres de la cour l'obéissance qu'il n'accordait
plus à ceux du gouverneur. Le système de bascule,
auquel Catherine de Médicis fut trop souvent forcée
d'avoir recours, ne convenait point au caractère
franc et résolu de Gaspard de Tavannes. Il disait
que *vouloir maintenir la paix par la division, c'é-
tait vouloir faire du blanc avec du noir*. Il prit sur
lui d'empêcher la publication de l'édit de janvier
1562 dans toute l'étendue de son gouvernement.
Ardent adversaire des protestants, il les força constamment à la soumission; mais, en même temps,
il les protégea contre les ressentiments des catholiques, et maintint ainsi la tranquillité dans la province.

Toujours mécontent de la politique de la cour
envers les huguenots, il ne permit pas davantage,
en Bourgogne, l'exécution du traité conclu à Amboise (1563), après l'assassinat du duc de Guise
devant Orléans; et, enfin, il en vint à organiser à
Dijon une confrérie du Saint-Esprit, dont j'ai déjà
parlé, et qui ne dura qu'autant de temps qu'il resta
dans la province. Presqu'abandonné par la cour et
livré à ses seules ressources, il défendit avec succès
la paix de son gouvernement à la fois contre les
protestants du dedans et contre ceux du dehors.

Les chefs des deux maisons rivales de Guise et
de Montmorency n'étaient plus. Catherine de Médicis, peut-être conseillée par Gaspard de Tavannes,
résolut de profiter de l'occasion pour remettre les
affaires aux mains des princes ses enfants; elle
créa le duc d'Anjou lieutenant-général du royaume.
Mais il fallait à l'inexpérience du jeune prince le
concours d'un guerrier célèbre et dont la fidélité ne
se fût jamais démentie. Gaspard de Tavannes fut
choisi. Catherine de Médicis ne lui avait jamais su
mauvais gré de sa conduite indépendante dont elle
comprenait tous les avantages pour la royauté,
dans ces temps de troubles et de discordes civiles.
Elle se rappelait d'ailleurs qu'à une autre époque il
avait écouté ses plaintes contre la duchesse de Valentinois, et que même, poussant jusqu'à un
étrange excès l'ardeur de son zèle, il lui avait offert
de couper le nez à la favorite, disant que c'était le
moyen le plus sûr de guérir Henri II de sa fatale

passion. Elle avait entendu, en 1564, à Dijon, Gaspard de Tavannes dire au roi, en mettant la main sur son cœur : « Sire, ceci est à vous. » Puis la portant sur son épée : « Et voici de quoi je puis vous servir. » Elle pensait avec raison qu'on pouvait se confier à l'homme dont le cœur avait su trouver ces belles et énergiques paroles.

Gaspard de Tavannes avait alors cinquante-neuf ans; il parut peu flatté de la fortune qui venait ainsi le chercher dans sa vieillesse. « Il dit qu'à bon che- » val il ne faut point d'éperon; et toutefois (consi- » dérant son âge) que c'étoit moutarde après dîner, » qu'il ne pouvoit jouir de ces faveurs. » Cependant il se garda bien de refuser.

C'était une guerre qu'on lui promettait, et il acceptait la guerre, mais franche et loyale. Par son conseil, le roi fit publier l'édit de Lonjumeau (1568), par lequel il promettait protection aux huguenots *non factieux et ne portant les armes*. Cet édit réduisit considérablement les forces des chefs du parti; la paix semblait assurée; mais Catherine de Médicis s'était bien promis d'en profiter pour retourner contre les protestants les trahisons dont ils avaient donné l'exemple, et mettre, par un seul coup, fin à la guerre civile. Elle adressa verbalement à Gaspard de Tavannes l'ordre d'attaquer les reistres qui se retiraient en Allemagne par la Bourgogne. Celui-ci refusa, « sachant, dit l'auteur des *Mémoires*, que » cette action sans guerre ouverte étoit sujette à » désaveu, dont le mal pourroit retomber sur lui » comme infracteur de paix, et avoir les princes du » sang pour ennemis. » Il refusa encore, par les mêmes motifs, de s'emparer par surprise du prince de Condé, qui s'était retiré au château de Noyers, sur les confins de la Bourgogne. Il lui fit au contraire donner à entendre qu'il agirait sagement de chercher un asile plus sûr. Le prince de Condé, en effet, se réfugia dans La Rochelle.

Les chefs du parti protestant avertis par cette double tentative, la guerre recommença. C'est alors que Gaspard de Tavannes, prenant réellement possession de l'emploi qui lui avait été confié, fit, sous le nom du duc d'Anjou, cette campagne justement célèbre de 1569, où les huguenots furent battus deux fois en bataille rangée par les troupes royales, à Jarnac et à Moncontour. On lira avec intérêt, dans les *Mémoires*, le récit très-détaillé des opérations militaires, écrit par Gaspard de Tavannes lui-même. C'est incontestablement au zèle, au talent, au courage de ce général, que la France royaliste et catholique dût ces deux grandes victoires. Gaspard de Tavannes y déploya la plus grande activité, la plus constante énergie, et se montra digne d'être le rival heureux de Coligny. Il avait contre lui et les cabales des courtisans, et les intrigues des partis, et la jalousie des généraux, et la mollesse du duc d'Anjou. Il triompha de tout par l'impétuosité de son caractère et par la puissance de sa volonté. « Il faisoit lever forcément M. d'Anjou, dit l'auteur » des *Mémoires*; il lui reprochoit s'il n'avoit honte » que six mille hommes l'attendissent devant son » logis; il le contraignoit d'être soldat contre son

» naturel. » Je dois dire pourtant que Gaspard de Tavannes, dans la partie de sa narration qui nous a été conservée, Guillaume de Tavannes, dans ses *Mémoires*, laissent au duc d'Anjou la part de gloire qu'il avait justement acquise.

Le cardinal de Lorraine, qui poursuivait avec adresse et persévérance son projet de relever sa maison, abaissée depuis la mort du grand duc de Guise, étant parvenu à exciter la jalousie du roi contre son frère, la victoire de Moncontour ne fut pas poursuivie avec la fermeté et l'activité convenables. Gaspard de Tavannes vit ses conseils méprisés; il demanda alors son congé, avec tant d'instances, qu'il l'obtint, et aussitôt il quitta l'armée. Pour se rendre en Bourgogne, il passa par Paris, où il reçut des citoyens, dit l'auteur des *Mémoires*, tout l'honneur accoutumé à faire au sauveur de la France. Les magistrats municipaux lui firent don d'un vase et d'un bassin aux armes de la ville. On peut voir par là quels étaient, dès cette époque, les sentiments religieux de la population parisienne, dans quelle irritation la jetaient les révoltes des huguenots. Déjà elle s'attachait énergiquement, malgré la cour, aux fermes soutiens du catholicisme, et elle s'empressait de les consoler de leur disgrâce par ses bruyantes acclamations. Après cela, il ne fallait pas de bien grands efforts pour lui rendre suspect le roi lui-même et l'entraîner à la rébellion.

Arrivé à ce haut degré de popularité et de gloire, Gaspard de Tavannes ne pouvait plus être oublié même dans sa retraite. Les yeux de la cour et surtout ceux de Catherine de Médicis étaient toujours tournés vers lui. Par lettres-patentes du 28 novembre 1570, un cinquième office de maréchal de France fut créé spécialement pour le vainqueur de Jarnac et de Moncontour, avec la clause expresse que cet office « seroit et demeureroit supprimé après le » décès du sieur de Tavannes, ou après qu'il auroit » été pourvu de l'un des quatre autres états de ma- » réchal de France si aucun venoit à vaquer durant » sa vie. » Le maréchal de Vieilleville étant mort l'année suivante, Gaspard de Tavannes eut sa charge.

De ce moment il exerça une grande influence dans le conseil du roi. Lorsqu'après la paix de 1570, l'amiral de Coligny vint à la cour, suivi des principaux chefs protestants, les Guise, dont l'aîné était jeune encore, se retirèrent; et Gaspard de Tavannes resta seul pour balancer la puissance du nouveau favori de Charles IX. On le voit mêlé à toutes les affaires, de la guerre, des finances, de la politique. Partout il parle avec fermeté, avec liberté. Il s'oppose énergiquement à la guerre de Flandre, exhorte le duc d'Anjou à refuser la main d'Élisabeth d'Angleterre; en un mot, s'attache à déjouer tous les projets, à tromper toutes les ruses de l'amiral. Sa maxime d'état, celle qu'il répétait sans cesse à Charles IX, était qu'il fallait écarter également des charges et honneurs les Guise et les Montmorency. C'est pourquoi il ne voulait pas que le duc d'Anjou quittât la France. Sa pensée secrète était d'opposer les droits du prince aux prétentions des deux maisons rivales.

L'auteur des *Mémoires* raconte à cette occasion, que l'amiral de Coligny voulut *entreprendre un jour sur la vie de* Gaspard de Tavannes. « L'amiral, » dit-il, « veut une querelle d'Allemand; conduit le » sieur de Tavannes en discours hors la ville et dit: » Qui empêche la guerre d'Espagne, n'est bon » françois et a une croix rouge dans le ventre... » Le sieur de Tavannes, connaissant le péril où il » est, s'aide de sa surdité. Sans les offenser ni se » montrer timide, avec prudence se décharge d'eux; » soudain changent de résolution de le tuer, et le » laissent retourner en son logis. » Cette anecdote est tout-à-fait dans les mœurs du temps; peut-être n'est-elle pas autant dans le caractère de Gaspard de Tavannes. Mais il faut savoir que Tavannes n'avoit que dix hommes de sa suite, tandis que Coligny en avoit quatre-vingts. Quand le maréchal fut enfin en sûreté dans sa maison, ses gens lui demandèrent s'il avoit entendu les paroles de l'amiral : « Je serois » bien sourd, » répondit-il. « Un jeune homme s'y » fût perdu; ils ne m'y tiendront plus. »

Gaspard de Tavannes n'en persista pas moins dans son opposition aux desseins de Coligny. Il faut lire dans les *Mémoires* les notes qu'il remit au conseil sur les questions qui s'y débattaient. Ayant appris du roi lui-même que l'amiral offrait dix mille hommes pour la guerre de Flandre : « Sire, » dit Gaspard de Tavannes, « celui de vos sujets qui » vous porte telles paroles, vous lui devez faire » trancher la tête. Comment vous offre-t-il ce qui » est à vous ? c'est signe qu'il les a gagnés et cor- » rompus, et est chef de parti à votre préjudice. Il » a rendu ces dix mille vos sujets à lui pour s'en » servir au besoin contre vous. »

Cependant, au milieu des solennités et des fêtes auxquelles avaient été conviés les chefs protestants, les intrigues s'agitaient avec une incroyable activité. Catherine de Médicis, effrayée de l'ascendant que Coligny avait pris sur le roi, craignant de voir se relever la domination de la maison de Montmorency avec le double caractère d'une réforme religieuse et d'une faction politique, finit par abandonner l'amiral au duc de Guise, qui voulait venger sur lui la mort de son père. Coligny est blessé d'un coup d'arquebuse aux deux bras; on peut dire de cet assassinat, que de lui naquit la pensée de la Saint-Barthélemy.

Le danger auquel Catherine de Médicis s'était flattée d'échapper, n'en était devenu au contraire que plus pressant. Coligny menaçait; les huguenots s'assemblaient et préparaient leurs armes; la guerre semblaient encore une fois inévitable. Gaspard [de Tavannes, appelé au conseil secret qui devait décider ce qu'il y avait à faire dans cette grave occurrence, approuva le projet de tuer les chefs du parti mais les chefs seulement. Il refusa constamment de laisser envelopper dans le massacre le roi de Navarre et le prince de Condé, parce qu'ils étaient trop jeunes, les maréchaux de Montmorency et de Damville parce qu'ils étaient innocents. Pour lui, il s'agissait moins de protestants que de factieux. Il ne pensait pas à sauver la religion catholique, mais à préserver l'état de la guerre civile. Parmi les conseillers de Catherine de Médicis, il en était qui n'avaient guères d'autre but que de s'emparer des états et charges des victimes qu'ils désignaient aux assassins; d'autres aspiraient à satisfaire leurs haines et leurs vengeances. Mais on peut affirmer hardiment qu'aucun ne songea à se constituer le champion de l'église. C'est une vérité qu'au XVIe siècle il n'y avait de religion que dans le peuple. Jamais les seigneurs et les grands n'ont été plus près de l'athéisme qu'à cette époque.

Il ne faut pas croire ce que dit Brantôme, que Gaspard de Tavannes courait par les rues, l'épée à la main, criant : « Saignez, saignez : les mé- » decins disent que la saignée est aussi bonne en » tout ce mois d'août qu'en mai. » Gaspard de Tavannes était ardent ennemi de la fédération huguenotte, mais ennemi franc et loyal. On se rappelle qu'il fut l'instigateur de l'édit de Lonjumeau, qui « mit différence entre les rebelles et hérétiques. » Lorsque Catherine de Médicis lui ordonna d'arrêter le prince de Condé, malgré la paix, il écrivit à la reine : « S'il plaît à votre majesté de décla- » rer la guerre ouverte, je lui ferai voir comme je » sais la servir. » Sur la nouvelle que Maurevel avoit assassiné le maréchal de Mouy, il se contenta de dire : « Cela mérite la corde. » S'il consentit au massacre des principaux chefs de la faction protestante, c'est qu'il le jugea, suivant l'expression de l'auteur des *Mémoires*, un *coup de nécessité*, ajoutant qu'il devait être franc de tout autre blâme. Chargé de rétablir l'ordre après le massacre, il s'y employa avec la plus grande activité ; et s'il n'y réussit qu'à grand' peine, c'est qu'il n'est jamais facile d'enchaîner les passions du peuple quand une fois on les a excitées.

Les protestants, consternés d'abord, se rassurèrent bientôt quand ils virent Catherine de Médicis entrer en négociations avec eux. Ils prirent les armes, tinrent la campagne en Languedoc, et se fortifièrent dans La Rochelle, Sancerre et Montauban. Gaspard de Tavannes, qui était alors l'homme le plus éminent du conseil, fit résoudre le siége de La Rochelle, consentit à celui de Sancerre, en même temps qu'il empêcher que le maréchal de Damville fût envoyé dans son gouvernement du Languedoc contre les huguenots. Il obtint que le duc d'Anjou serait chargé du siége de La Rochelle : il devait servir sous ce prince. Il partit en effet, quoique malade ; mais n'ayant pu résister aux fatigues de la route, il fut contraint de se faire transporter dans son château de Sully, où il mourut le 19 juin 1573.

Peu de temps auparavant, il avait reçu le gouvernement de la Provence et l'amirauté des mers du Levant. Voici dans quelle circonstance. Le comte de Tende venait de mourir : le roi et la reine-mère consultèrent Gaspard de Tavannes sur le choix du personnage qu'ils devaient pourvoir des charges du comte. « Donnez-les, répondit-il, à un homme de bien, » lequel ne dépende que de vous. » Le même jour, le roi et la reine-mère firent appeler et lui dirent : « Nous avons suivi votre conseil et donné le gouver-

» nement de Provence à un homme de la condition
» que vous avez conseillé, et qui est vous. — Je fais
» autant pour vous de l'accepter, répliqua-t-il, étant
» tel que je vous suis, que vous faites pour moi de
» me le donner. » Il y avait un sens profond caché
sous cette boutade orgueilleuse ; sens qui, si nous
en croyons Petitot, ne fut pas compris de la reine,
et que Petitot lui-même n'a pas compris. Gaspard
de Tavannes vouloit dire que s'il n'avait pas accepté
le gouvernement de la Provence, cette charge si importante
serait échue inévitablement ou à un indigne
favori, ou à un homme qui se serait plus préoccupé
de ses affaires que des affaires du roi. L'événement
n'a pas tardé, en effet, à justifier sa pensée; à sa
mort le comte de Retz fut nommé gouverneur de
Provence. C'est de ce comte que Gaspard de Tavannes
disait : « S'il a l'état de maréchal de France,
» je donnerai le mien à mon valet. » Telle était alors
la triste et difficile position de Charles IX, qu'il n'avait
pas auprès de lui un seul personnage de quelque
valeur, qui fût libre de tout engagement de parti.

Si Catherine de Médicis ne comprit pas la portée
des paroles de Gaspard de Tavannes, au moins eût
elle le bon esprit de ne pas s'en offenser. Le maréchal,
averti par le prince de Condé, qu'on avait distrait
du gouvernement de Provence l'amirauté des
mers du Levant, retourna auprès du roi pour lui
rendre sa charge, disant qu'il ne voulait pas de casaque
sans manches. Mais au lieu de recevoir une
démission si brusquement offerte, le roi et la reine-
mère lui donnèrent l'amirauté.

Petitot dit, dans la notice qu'il a consacrée à Gaspard
de Tavannes, que le confesseur du maréchal lui
ayant parlé de la Saint-Barthélemi, celui-ci répondit
que « ce coup d'état avoit été exécuté contre des
» rebelles qui s'étoient précipités à leur malheur ;
» malgré que leurs majestés en eussent. » Il y a là
une citation inexacte des *Mémoires*. Le vicomte de
Tavannes, racontant les derniers moments de son
père, a écrit : « Il se confessa sans faire mention
» d'avoir adhéré au conseil de la Saint-Barthélemy
» contre des rebelles qui s'étoient précipités à leur
» malheur, malgré que leurs majestés en eussent. »
Ce sont donc les paroles du vicomte, que Petitot
prête au maréchal.

« Si ses conseils eussent été suivis, ou que sa ma-
» ladie ou sa mort ne fût intervenue, dit encore le
» vicomte de Tavannes, il mettoit fin aux guerres,
» et donnoit repos à la France, qu'il eût exemptée
» du prétexte de la ligue des catholiques. » Ce jugement
peut être accepté sous la réserve des intrigues
de cour. Il est certain que Gaspard de Tavannes
était seul capable de mener à bien le siége de La
Rochelle. Seul il avait assez d'autorité auprès du roi
et du peuple, pour résister aux brouilleries des
courtisans et aux cabales des partis.

Gaspard de Tavannes fut plus grand que sa renommée.
Assez homme de bien pour se placer en
dehors de tous les partis, assez habile et assez ferme
pour se maintenir dans cette position si difficile, que
des rois eux-mêmes s'en sont laissé précipiter par
les passions du temps, les partis ne l'ont point exalté;
et l'histoire, qui n'est le plus souvent que l'écho de
leurs chants de joie ou de douleur, l'a pour ainsi dire
méconnu. C'était pourtant l'un des plus grands hommes
de guerre du XVIe siècle, un des politiques les
plus sensés, un des plus remarquables caractères.

Les *Mémoires* que son fils nous a transmis, sont
au nombre des mémoires de l'époque qu'il importe
le plus de consulter. Il est heureux que le vicomte
de Tavannes nous ait conservé les souvenirs du seul
capitaine peut-être qui, aussi étranger aux Guise
qu'aux Montmorency et aux Châtillon, ait exercé
une puissante influence dans les conseils du roi au
commencement des guerres de religion.

« J'ai vu, dit l'auteur des *Mémoires*, j'ai su partie
» des faits de M. de Tavannes, mon père, non du
» tout par lui, qui, à la forme des anciens françois,
» s'employoit à faire, non à dire ; si peu curieux de
» vanité, qu'il a refusé des mémoires à ceux qui
» vouloient, disoient-ils, immortaliser son nom. »
Le vicomte de Tavannes avait dix-huit ans quand
son père mourut. Il avait, par conséquent, été témoin
des actes des dernières années de la vie du
maréchal, c'est-à-dire de celles pendant lesquelles
le maréchal eut la plus grande part aux affaires du
royaume. Peut-être même reçut-il la confidence de
quelques-uns de ses desseins ; car il nous apprend
que plusieurs fois il dut écrire à son père pendant le
siége de La Rochelle. Il joua d'ailleurs, d'assez
bonne heure, un rôle dans les scènes de la politique,
pour se trouver en relation et avec les amis et avec
les adversaires de Gaspard de Tavannes. Enfin, en
ce temps-là les traditions se conservaient aisément
dans les grandes familles. C'était un des avantages
du patronage qu'elles exerçaient autour d'elles.

Le vicomte de Tavannes continua l'illustration
que le maréchal avait donnée à sa maison. Il fut lui-
même un homme de guerre savant et habile. Nous
avons vu quelle estime Henri IV faisait de ses talents
et de son courage. Il devait être un des douze chefs
de l'expédition que le duc de Guise voulait conduire
en Angleterre pour délivrer Marie Stuart des fers
d'Élizabeth. Quand le duc de Mayenne conçut le
projet d'une entreprise sur Gênes, où l'appelait une
partie du peuple, il choisit le vicomte de Tavannes
pour un de ses compagnons. Il avoit « fait
» plusieurs inventions tant pour les villes que pour
» la campagne... des bois se tirant comme un rideau
» quand on veut donner à la brèche... des ponts de
» quarante pieds, qui se jettent en dépit des assié-
» gés... des pièces pour servir dans les escadrons,
» qui tirent sans être besoin d'ôter les chevaux...
» un rang de vingt chevaux maillets, portant des
» fauconneaux, avec des soldats sur lesdits chevaux,
» lesquels, découverts du premier rang, peuvent
» tirer dans les escadrons sans tourner... un terrain
» flanqué de doubles bastions au milieu du fossé,
» pour amollir et rendre inutiles les batteries, in-
» vention que maintenant, en 1619, le duc Mau-
» rice pense avoir inventé, et en a fait faire un livre
» imprimé, avec des plans de la même façon que je
» les avois dessinées. »

Nous savons que le vicomte de Tavannes, entraîné par les circonstances, par l'incertitude de la politique du roi Henri III, plus peut-être encore par l'alliance qu'il avait contractée avec la maison de Guise, abandonna la ligne de conduite que son père s'était sagement tracée, et se jeta tout entier dans la Ligue. Ce n'était pourtant pas un de ces farouches ligueurs, qui ne voyaient le salut de la religion catholique que dans l'extermination des protestants ; encore moins un de ces ligueurs espagnols, qui n'avaient pas hésité à vendre la couronne de France à une princesse étrangère, pour écarter le Béarnais. Le vicomte de Tavannes était un catholique sincère, aussi plein de foi que de zèle, et qui ne voulait pas autre chose que la conservation de la suprématie du catholicisme en France. Pour lui, il n'y avait pas de doute que la religion catholique fût la seule véritable. Il le dit, il le répète dans vingt endroits des *Mémoires*; il emploie même pour le prouver, des arguments qui pouvaient paraître sérieux dans son temps, mais auxquels les événements ont donné d'éclatants démentis dans le nôtre : par exemple, il trouve une preuve de l'excellence du catholicisme dans cette circonstance que les Espagnols ont pu *seuls*, au seizième siècle, s'établir solidement en Amérique. Le vicomte de Tavannes veut que, dans quelque position qu'on se trouve, on adresse sa première pensée à Dieu, pensée d'action de grâces ou de résignation, de joie ou de repentir ; et ce qu'il conseille aux autres, il le pratiquait religieusement pour lui-même. Il dit quelque part, avec componction, à propos des fautes qu'il a commises à la guerre : « Ces » fautes me font juger que mes péchés ou mon » mauvais ange m'ont volé une grande partie de » ma bonne fortune. » Toutefois, son zèle pour la religion n'allait pas jusqu'à soutenir les abus qui pouvaient s'être glissés dans le culte ou dans la discipline. Au contraire, il a formulé dans les *Mémoires* un plan de réforme, disant quels ordres monastiques il fallait conserver, quels il fallait supprimer.

Il a défendu la religion catholique par les armes, parce que les huguenots l'avaient attaquée par les armes. Aussi voulait-il, comme son père, qu'on fît une différence entre ceux qui n'étaient qu'hérétiques et ceux qui étaient factieux. Il a pris parti pour la Ligue contre le roi, parce que le roi ne poursuivait pas les factieux avec assez d'énergie, « Nos premiers » serments sont à Dieu, dit-il ; nos seconds aux rois » légitimes et justes. » Il pensait qu'il est permis de s'armer pour maintenir la religion de l'état, mais non pour en imposer une nouvelle. Au reste, il n'admettait pas qu'on pût forcer les hérétiques à la conversion par des supplices. Quoique du parti de la Ligue et de la maison de Guise, dont il était l'allié, il n'en reconnaît pas moins que le duc de Guise s'était mis à la solde du roi d'Espagne. « L'Empe- » reur (Charles-Quint) comprend cette fois, dit-il, » que la France ne se prend que par la France, » gagnant les plus grands d'iceux, *voie suivie de-* » *puis du roi Philippe en M. de Guise.* » Il était de ces ligueurs dont M. de Lezeau a dit qu'ils se portaient purement et simplement à la conservation de la religion catholique et à la destruction des hérétiques. Ceux-là n'étaient ni les *serviteurs engagés et intéressés* de la maison de Lorraine, ni les ennemis du roi. « Ils formoient un nombre infini qui s'éten- » doit par les villes et provinces, jusqu'aux extré- » mités du royaume ; c'étoient eux qui donnoient le » poids au parti, et sans lesquels il n'eût pas été au » pouvoir des princes de faire aucune entreprise. »

Le vicomte de Tavannes accepta la victoire définitive de Henri IV comme le jugement de Dieu. « Nous avions, dit-il, toutes les bonnes armes et » conseil de l'Europe, le Roi d'Espagne, l'Italie, » les trois quarts de France pour la Ligue. Il nous » sembloit, et le publiions, que nos armes mainte- » noient la religion catholique avec apparence, puis- » que nous avions un Roy hérétique. Dieu montre » soudainement qu'il n'avoit que faire de nos forces » pour garder sa religion, nous met en pareille con- » fusion que la tour de Babel ; d'un hérétique fait un » roi catholique, montre que tout dépend de lui ; » les mal conseillés, les foibles ont suppédité les » habiles et les forts. Dieu met la religion entre les » mains de ses plus grands ennemis, qui ne se doi- » vent glorifier de leurs heureux progrès, lesquels » doivent être attribués aux péchés et ambition des » ligueurs. »

Dans cette disposition d'esprit, le vicomte de Tavannes aurait été un fidèle serviteur d'Henri IV ; et on comprend qu'il ne s'explique pas pourquoi le roi l'a tenu constamment éloigné des emplois. Il est certain qu'on ne saurait trop s'étonner que Jean de Saulx-Tavannes et surtout Guillaume, qui a suivi pendant toute la guerre la fortune d'Henri IV, aient été laissés dans la disgrâce par ce prince qui avait, avec une générosité si parfaite, pardonné à ses ennemis. Si on n'accepte pas les raisons qu'en donne le vicomte de Tavannes, dans les *Mémoires*, il faudra chercher la cause de cet injuste oubli dans des haines ou des rivalités de cour.

Toujours est-il que le vicomte de Tavannes se montra très-impatient de n'être employé ni sous le règne de Henri IV ni sous celui de Louis XIII. Il s'en vengea en quelque sorte par la sévérité de ses jugements sur les rois, les princes, les favoris, les favorites, sur tous ceux, en un mot, qui eurent part au gouvernement de la France. Il est assez remarquable qu'il n'ait presque rien dit de défavorable à Charles IX. S'il traite le plus souvent, avec une excessive rigueur François Ier et Henri IV, il y a en lui un sentiment d'équité naturelle qui l'emporte parfois sur l'aigreur de ses ressentiments, et le force, pour ainsi dire, de reconnaître que ces deux rois ont mérité le surnom de *Grands* que leur donne la postérité ; l'un par la magnanimité de son caractère, l'autre par la sagesse de son gouvernement, tous deux par l'énergie de leur lutte contre Charles-Quint et contre la Ligue.

Les *Mémoires* ont un ton de plainte, une couleur d'exagération, qui n'échapperont pas au lecteur le plus inattentif. D'une humeur altière comme le maréchal, plein de la conscience de sa supériorité, le vicomte de Tavannes feint de mépriser ce qu'il n'a

pu obtenir; il ne parle qu'avec dédain des faveurs de la cour, qu'il a pourtant sollicitées, ou dont il a embrassé l'espérance avec joie. « J'ai peint, dit-il, quel-
» que part dans ma galerie ce mot : *C'est honneur,*
» *c'est état de n'avoir en ce règne ni charge ni état.* »
Et l'on se rappelle l'empressement avec lequel il accepta de Marie de Médicis, peut-être au moment même où *il peignait ce mot*, la promesse de l'état de maréchal de France. Il philosophe très-chrétiennement sur le mépris des grandeurs de la terre; mais sa philosophie s'exprime trop souvent avec une amertume qui révèle un cœur moins détaché que mécontent, moins résigné qu'ulcéré.

J'ai dit que le vicomte de Tavannes a écrit sous l'inspiration d'une double pensée : rendre à la mémoire de son père un témoignage qui lui a été dénié par les annalistes du XVIe siècle, surtout par les écrivains protestants; laisser à ses enfants de sages exhortations et d'utiles conseils. Il a donc jeté à travers ses récits historiques de nombreuses dissertations sur des sujets de toutes sortes, sur l'éducation des enfants des gentilshommes, sur l'excellence du catholicisme, sur les nations les plus guerrières, sur les systèmes militaires, sur les alliances, sur les conditions à observer dans le mariage, sur la conduite à tenir dans les guerres civiles, etc. C'est dans ces dissertations qu'il lui arrive quelquefois de parler de lui-même, de citer son propre exemple à l'appui des considérations politiques ou morales auxquelles il se livre. « Et y ai entremêlé, dit-il, aucunes fois quel-
» que chose de moi-même plus à ce que vous, mes
» enfants et neveux, suiviez ou évitiez la bonne ou
» mauvaise fortune, que pour louange que je dé-
» sire. »

Ainsi, il y a deux parties à considérer dans les *Mémoires*: la partie historique, et la partie que j'appellerai philosophique, faute de trouver un autre nom qui y soit plus applicable. Quoique mêlées et enchevêtrées ensemble dans la contexture de l'œuvre, il faut pourtant les distinguer pour les apprécier convenablement.

La partie historique est sans contredit la plus importante et la plus remarquable. L'ordre chronologique n'y est assez exactement suivi que depuis François Ier jusqu'à la fin du règne de Charles IX, c'est-à-dire, pour ce qui concerne le maréchal de Tavannes. Sur les règnes de Henri III, de Henri IV et de Louis XIII, on ne trouve que des faits isolés, semés çà et là suivant le besoin que le vicomte de Tavannes pouvait en avoir pour appuyer ses enseignements et ses conseils. C'était une conséquence nécessaire du plan qu'il s'était tracé, ou plutôt de la liberté qu'il s'était donnée. Mais on comprend aisément quel désordre cela jette dans les *Mémoires*.

Les anecdotes abondent sous la plume du vicomte de Tavannes, et toutes sont du plus haut intérêt. Malgré le respect et l'admiration bien naturels de l'auteur pour la mémoire de son père, les faits en général sont racontés avec impartialité. On sent partout la main d'un homme qui est instruit des choses de son temps pour en avoir été acteur ou témoin.

Pour les règnes de François Ier et de Henri II, il explique très-bien le mouvement des affaires qui se mènent par la cour. Voici, par exemple, une observation dont les historiens n'ont pas assez tenu compte : « Le roi Henri II, dit le vicomte de Ta-
» vannes, est la source des malheurs de France;
» donnant à deux seules maisons les charges, hon-
» neurs, finances et gouvernements du royaume. Il
» s'est vu en l'une d'icelles maisons en même-temps
» un connétable, un grand-maître de France, un
» amiral, un colonel de l'infanterie, les gouver-
» nements de Guienne, Languedoc, l'Isle-de-France
» et de Provence, les capitaineries de la Bastille, le
» bois de Vincennes, les places de Boulogne, trente
» compagnies de gendarmes possédées par ses amis;
» et en l'autre maison les gouvernements de Bour-
» gogne et de Champagne, généralité des galères,
» colonel de la cavalerie légère, plusieurs lieute-
» nances de roi faites de leurs mains, vingt compa-
» gnies de gendarmes. » Qu'on suive en effet les phases diverses des guerres de religion, partout on rencontrera l'antagonisme des deux maisons de Guise et de Montmorency. Cet antagonisme eut la plus grande influence sur les affaires; et comme il avait été une cause active des malheurs de la France, de même il fut, pendant les troubles de la Ligue, un instrument de réparation.

Les Guise, tous catholiques, ne furent point gênés dans leur conduite par des intérêts de famille. Ils restèrent constamment du parti qui voulait le maintien de la religion du pays et l'extermination du protestantisme. Et quand le peuple, intervenant dans la lutte, ajouta sa force à leur puissance, quand la Ligue se forma, ils s'en constituèrent les chefs; ils séparèrent la cause populaire de la cause du roi, et prétendirent hautement à la royauté. Après l'assassinat d'Henri III, il fallait que leur maison fût abaissée, ou que l'héritier légitime du trône fût exclu de la succession. Le triomphe définitif d'Henri IV les fit en quelque sorte disparaître de la scène politique.

Les Montmorency catholiques durent ménager les huguenots, parce qu'il y allait de la puissance de leur maison. Coligny et d'Andelot étaient neveux du vieux connétable. S'ils avaient succombé trop tôt dans la lutte qu'ils soutenaient contre le parti catholique, leurs charges auraient été données aux parents ou amis des Guise. Lors même que le connétable de Montmorency poursuivait la ligue protestante avec le plus d'énergie, au temps du triumvirat, ses enfants ne laissaient pas que de favoriser leurs cousins. Ils les combattaient sur les champs de bataille; mais ils les servaient à la cour. C'était une politique de famille. Le vieux connétable mort, les Montmorency comprirent mieux encore qu'ils ne pouvaient plus se maintenir qu'en empêchant la ruine complète des huguenots. Aussi ne furent-ils jamais étrangers ni aux paix qui se conclurent, ni aux relâchements qui se firent remarquer dans les poursuites contre la faction du protestantisme. Plus les Guise acquéraient d'autorité dans le parti catholique, plus les Montmorency se rapprochaient, non de la réforme, mais des réformés, en sorte qu'Henri IV les trouva dans son parti à son avènement à la couronne. La maison de Montmorency se releva avec la maison de Bourbon. Quand Henri IV fut roi, Henri de Montmorency fut connétable.

Le vicomte de Tavannes répète souvent que son père conseillait à Charles IX et à Catherine de Médicis d'écarter des charges et emplois les deux maisons de Montmorency et de Guise. Il semble n'avoir vu que dans la rivalité de ces deux maisons, la cause de la prolongation des guerres civiles. Du moins est-il certain qu'il n'a pas même remarqué l'influence de l'action populaire sur les événements de cette époque. « Au commencement de la Ligue, » dit-il, en l'an 1598, je considérai quelles forces » nous appuyoient, combien l'argent de l'Espagne » pouvoit faillir, que la noblesse nous abandonne- » roit; je proposai de s'aider du peuple qui eût été le » salut de l'entreprise... La crainte qu'ils ne se je- » tassent sur nous et se missent en république, l'em- » pêcha. » L'action du peuple fut pourtant immense; anarchique dans la première ferveur de l'insurrection, elle ne tarda pas à redevenir monarchique; mais le vicomte de Tavannes ne l'a pas comprise. C'est un point de vue qui manque tout à fait dans les *Mémoires*.

Les *Mémoires* contiennent au contraire les détails les plus intéressants et les plus curieux sur la part des grands seigneurs et des courtisans dans la formation et l'organisation de la Ligue. Les causes et les résolutions de la Saint-Barthélemy y sont également bien exposées. Ce sont deux grands faits de l'histoire du seizième siècle, qu'on ne peut juger sainement sans avoir lu et étudié les *Mémoires*.

Il faut le dire, la partie philosophique est la partie faible, j'ajouterai la partie ennuyeuse de l'ouvrage. Les dissertations du vicomte de Tavannes ne sont souvent que des divagations écrites en assez mauvais style, et empreintes de l'irritation que sa disgrâce lui avait causée. Elles sont d'ailleurs jetées au hasard, sans plan, sans méthode, sans liaison. Elles ne servent pour la plupart qu'à rendre la lecture des *Mémoires* difficile et fatigante. Cependant il est possible de temps à autre d'en tirer quelque profit. Ainsi on y trouve des fragments importants pour l'histoire de l'art militaire en France; on pourrait y puiser d'utiles notions sur les mœurs et les idées de la noblesse au seizième siècle. C'est une page curieuse que celle où l'auteur des *Mémoires* enseigne à ses enfants la manière de traiter avec les princes rebelles. On rencontre aussi quelquefois des pensées exprimées avec une énergique concision, comme celles-ci : « Peu sert en France de savoir les batailles » et assauts, qui ne sait la cour et les dames. » « Il » vaut mieux être en la cour de chez soi qu'en celle » où l'on prostitue son âme aux mauvais desseins des » princes. » « On faisoit beaucoup de serments, « mais c'étoit pour mieux tromper. » Le malheur des temps où l'auteur des *Mémoires* a vécu, autorise la sévérité de son langage.

Le vicomte de Tavannes était moins politique que soldat. Cependant il a quelquefois des vues d'une étendue remarquable. Dès le temps de François Ier, Blaise de Montluc reprochait à la noblesse de s'être éloignée des magistratures des villes et de les avoir laissées aux bourgeois, qu'à présent, dit-il, il nous faut bonneter. Le vicomte de Tavannes à son tour lui fait un autre reproche : celui de s'être exclue volontairement des offices de judicature. « C'est » l'honneur, » s'écrie-t-il, « de plaider et juger. » Les seigneurs romains s'en tenoient honorés. Sotte » est l'opinion des brutaux que les présidents et » les conseillers ne sont gentilshommes. Plusieurs » sont de cette qualité ; et c'est être vraiment noble » que de faire la justice. Ce sont eux qui ont puis- » sance sur les biens et vie des autres. C'est être » serf que d'être d'un état privé de judicature, qui » est marque de supériorité et souveraineté. » Le temps a justifié l'opinion du vicomte de Tavannes. C'est parce qu'elle a méprisé les charges de judicature, que la noblesse a perdu son empire sur le peuple. L'autorité va naturellement et invinciblement à ceux qui font les affaires de tous. Quand les gentilshommes ont été puissants, ils étaient juges en même temps que soldats. Au XVIe siècle, ils n'étaient plus que soldats ; ils avaient encore la force de troubler l'état, mais non plus de le gouverner. Alors les juges appartenaient au tiers-état ; et la puissance est venue là où était la justice.

Amené à parler des États-Généraux à l'occasion de la demande qu'en faisaient les huguenots, en 1560, le vicomte de Tavannes dit : « Heureux » sont les Castillans et les Anglois au pays desquels » il ne s'impose sans leur consentement. Les Fran- » çois feroient beaucoup pour eux si doucement ils » se pouvoient reglisser à ce privilège qui leur étoit » conservé par les assemblées d'états qui étoient » gardiateurs du bien public. » Puis il explique très-bien pourquoi les états de France ne pouvaient *se mettre en autorité et liberté*. Mais il avait vu quatre assemblées générales, à Blois en 1576 et 1588, à Paris en 1593 et 1614 ; et il avait jugé les tendances qui s'y manifestaient; aussi ajoute-t-il : « Il est » difficile de balancer également la puissance d'un » grand état qu= la monarchie, aristocra- » tie et démocratie y aient même part ; et faut né- » cessairement que l'un gagne la supériorité ; au- » trement ils demeurent en perpétuelle guerre et » séditions. Mais le but de l'un est de suppéditer les » autres, ce qui ne se peut faire qu'avec le malheur » général. Les ecclésiastiques et les nobles connais- » sent que si quelqu'état avoit à emporter la domi- » nation, ce seroit le peuple, parce qu'ils tiennent » les villes et sont douze contre un ; ce qu'advenant, » et le gouvernement populaire étant en puissance, » les privilèges et prééminences des ecclésiastiques » et des nobles seroient mis en controverse, les » faveurs et dons des roys perdus, parce que les » peuples veulent expressément l'égalité. »

Cette sorte de prophétie qu'une étude sérieuse et approfondie de la société française au XVIe siècle a inspirée au vicomte de Tavannes, prouve que déjà à cette époque le peuple n'était pas opprimé comme on l'a dit ; que le tiers était réellement quelque chose dans la constitution du royaume, puisqu'il avait la puissance par la double magistrature des villes et des tribunaux.

Le vicomte de Tavannes, pour sa part, est singulièrement préoccupé de cette puissance du peuple. Il signale hautement les tendances des villes huguenottes à se constituer en républiques aristocratiques; il les montre se gouvernant elles-mêmes, sous l'autorité de leurs magistrats municipaux et de leurs ministres. Les chefs de la ligue protestante contrariaient autant qu'ils le pouvaient, ce mouvement de l'indépendance des villes; car c'était une confédération féodale qu'ils voulaient, et non pas une confédération républicaine.

Outre les *Mémoires*, le vicomte de Tavannes a publié cinq Avis, adressés à Louis XIII, 1° pour régner en piété, justice, soulagement et tranquillité du public; 2° pour rendre toute l'Europe en une même religion; 3° pour faire la guerre au roi d'Espagne; 4° pour faire la guerre contre les Turcs; 5° enfin pour réduire toute l'Europe en l'obéissance des rois de France et d'Espagne. Ces avis peuvent être encore lus avec plus de curiosité pourtant que d'intérêt. Mais on sent assez qu'ils sont aujourd'hui sans application.

Les *Mémoires de Gaspard de Saulx, seigneur de Tavannes* ont été imprimés pour la première fois au château de Sully sous les yeux du vicomte de Tavannes lui-même. Mais cette impression fut tenue secrète; quelques exemplaires seulement furent distribués aux *enfants, neveux, cousins*, et peut-être à quelques amis. Il paraît que cette première édition porta à la fois deux titres différents; quelques exemplaires furent intitulés : *La vie de M. Gaspard de Saulx, seigneur de Tavannes*, etc.; d'autres : *Mémoires du très-noble et très-illustre Gaspard de Saulx*, etc.

Malgré la clandestinité de cette opération, les *Mémoires de Gaspard de Tavannes* étaient déjà répandus au commencement du règne de Louis XIII et avant la mort du vicomte. Je les vois en effet cités dans l'écrit très-remarquable de M. de Lezeau, qui porte pour titre : *De la religion catholique en France* (1). Mais alors l'auteur n'en était pas encore connu;

M. de Lezeau le désigne ainsi : « Celui qui a écrit les » *Mémoires du maréchal de Tavannes.* »

En 1657, le libraire Fourny en donna à Lyon une seconde édition en tout conforme à l'édition originale. Mais, dit Guy Patin, « Il ne la débite qu'en ca- » chette, parce qu'il n'en a pu obtenir le privilége » pour plusieurs choses bien hardies, qui sont là- » dedans, de François Ier, de Henri II et de Cathe- » rine de Médicis. » C'était alors le temps de la Fronde : l'édition de Fourny s'écoula assez librement. Guy Patin parle ainsi des *Mémoires* dans une lettre du 13 juillet 1657 : « J'ai ouï dire autrefois au » père Louis Jacob, carme bourguignon, qu'un cer- » tain M. de Tavannes avoit fait imprimer dans son » château, en cachette, un tome de mémoires histo- » riques in-folio, qu'il n'avoit osé publier à cause de » plusieurs choses étranges qu'il y avoit dites contre » les grands et entre autres de Catherine de Médicis, » et qu'il n'en avoit donné que quelques exemplaires » à peu de ses amis. Je viens de les lire. Cet auteur » y parle hardiment; je n'ai encore pu trouver rien » de pareil. »

On comprend assez, par ce que j'en ai dit, qu'il est impossible de mettre de l'ordre dans les *Mémoires*. Ce fut une malheureuse idée de les diviser en chapitres, et d'en faire je ne sais quel traité de politique, de morale et de tactique. Telle n'avait pas été assurément la pensée du vicomte de Tavannes. Les éditeurs de la première collection de *Mémoires*, relatifs à l'histoire de France, supprimèrent tout ce qui ne concernait pas directement la vie du maréchal. Ils réduisirent l'ouvrage à peu près d'un tiers. Ce fut une véritable mutilation. Ils privèrent le public d'anecdotes curieuses, et particulièrement des récits qui se rapportent au vicomte. Les études historiques y perdirent.

Le parti qu'a pris Petitot est sans contredit le meilleur. Il a publié les *Mémoires* dans leur disposition primitive; seulement il les a partagés en quatre règnes : les règnes de François Ier, de Henri II, de François II et de Charles IX; il a fixé les dates, qui ne se trouvent presque jamais dans l'édition originale.

Il n'y avait rien de mieux à faire.

MOREAU.

---

(1) *Archives curieuses de l'Histoire de France*, t. XIV, 1re série. Il ne sera pas inutile de faire remarquer que les éditeurs des *Archives* ont eu tort d'assigner la date de 1601 à 1604 à l'écrit de M. de Lezeau; car les *Mémoires de Tavannes* n'étaient même pas achevés en 1619, loin d'être imprimés.

ENFANTS, NEVEUX, COUSINS,

J'escris par devoir de nostre père, pour exemples et preceptes à vous, mes parens, non par gloire, je me connois trop ; je desire que ces fantasies ne soient veuës que pour vous servir de bousole à suivre le chemin qui vous a esté tracé, et éviter plusieurs malheurs qui me sont advenus en recherchant l'honneur qui se doit suivre par ceux d'extraction illustre, sans offence de Dieu ny de sa patrie, avec ceste maxime : que tous desseins injustes non agreables à nostre Seigneur perissent! Les Grecs, les Romains, par la souvenance de leurs predecesseurs, se sont portez aux actes genereux. Si l'histoire de ceux qui ne nous touchent accuse nos vices sans flaterie, nous rendent meilleurs et plus advisez, nous moustrent ce que les sages ou imprudents maniements d'affaires apportent de bien ou de mal ; le discours, l'exemple des parens est d'autant plus utile qu'ils sont plus proches, n'estans faits par ostentation, poussez d'un seul instinct de profiter aux leurs. Les harangues funebres des anciens se faisoient par leurs enfans, mieux informez de leurs actions que tous autres. J'ay veu, j'ay sceu partie des faicts de M. de Tavannes mon pere, non du tout par luy, qui, à la forme des anciens François, s'employoit à faire, non à dire ; si peu curieux de vanité qu'il a refusé des memoires à ceux qui vouloient (disoient-ils) immortaliser son nom. Ses actes, ses advis considerez, se trouveront conseils d'Estat, sentence de grands capitaines, gains de batailles, conservation de provinces, non de petits effets, dont plusieurs remplissent des livres entiers. Ma discretion, la proximité m'a fait en dire plustost peu que trop, le narrant à beaucoup pres les vertus qu'il possedoit. C'est l'obligation que je luy ay, et vostre amitié, qui m'a fait mettre la main à la plume (estant les espées de repos), non le los que j'en espere : aussi faudroit-il pour l'obtenir des stils et des sujets de Plutarque, Saluste ou de Tacite, des restaurateurs ou subvertisseurs d'Estat, non des chefs militans sous les roys ausquels on n'ose attribuer l'honneur des victoires qu'ils ont acquises, pour ne le faire perdre à leurs Majestez, qui souvent dorment dans les licts, dans les armes estonnez, cependant que les capitaines commandent les armées, dont ils ont le danger, et les autres la gloire.

Si la verité estoit bien cogneuë, les cavaliers semblables à M. de Tavannes meriteroient autant de lauriers que les Cesars, pour souvent avoir esté contraincts de combattre en mesme temps les ennemis, les envieux et les opinions de leurs maistres, avec plus d'honneur que les empereurs, qui n'a voient qu'à se defendre de leurs adversaires, estoient obeys en un clin d'œil de leurs armées, amis et alliez. Les capitaines des roys sont menez, poussez et retenus des maistres, des mignons, des femmes et des calomniateurs : ils ne font un pas sans contrarieté, subjets à rendre compte, en crainte de faire trop, ou trop peu : c'est à eux souvent faillir que de bien faire. Si ces capitaines fussent esté empereurs, ils eussent eu de mesme ou de plus grandes victoires qu'eux : et si ces monarques fussent esté en leurs places, ils eussent esté bien empeschez. Il faut considerer non seulement les actes, mais avec quels moyens ils reussissent : plus la vertu est contrainte et forcée, plus il y a d'honneur et de conduite. Les peuples voyent mouvoir les machines sans considerer les ressorts qui les agissent ; il y a peril à les dire, et encore plus à les escrire. La malice, la menterie des uns, l'ignorance et flaterie des autres, me violentent à passer sur ces considerations, et à escrire, non toute la verité, mais ce que le temps me peut permettre, sans aucun mensonge, sans vindicte, comme les Huguenots qui changent les batailles de Cerizolles, Renty, Jarnac et Moncontour en rencontres legeres, et ostent l'honneur à la France, le pensant faire perdre à M. de Tavannes, qu'ils ont eslevé au lieu de l'abbaisser, en profanant son nom parmy les confusions d'infinies gens de peu, desquels ils font mention, qui l'enssent plustost obscurcy qu'esclaircy. C'est l'honneur de Caton que l'on demande pourquoy parmy infinis autres sa statuë n'a esté erigée?

La chronique anglaise ne parle bien de la française, ny l'huguenotte de la catholique, et ceux qui sont gagnez des princes, estans leurs mercenaires, flatent leurs fantasies, et de folie imprudente font un conseil de prevoyance selon la fortune ; à l'exemple des commentateurs d'Homere, qui donnent la gehenne à ses conceptions, leur font prevoir ce à quoy il ne pensa jamais, et sont d'autant plus blasmables qu'ils escrivent ce qu'ils ne croyent pas eux-mesmes ; et, comme dit Tacite, les uns par flaterie, dons et timidité ont trop loüé, les autres par haine, passion et envie trop blasmé, et tous disent peu de verité.

J'excuse Du Bellay, Montluc et La Nouë d'avoir escrit d'eux-mesmes, considerant la malice susdicte : un moyne dans un cloistre, un ministre dans Geneve, n'escrivent que sur de faux rapports. Quelle

2.

presomption de faire des livres remplis des conseils d'Estat et des combats! les uns se sont faits secrets, et partant non sceuz, les autres mal rapportez. Ces escrivains font donner des advis aux conseillers d'Estat à l'aventure, comme ils jugent par l'evenement qui devoit avoir esté, ce qui est souvent tout au contraire; de vingt qui reviennent d'un combat, deux ne s'accordent du commencement, du milieu, ny de la fin, le racontent differemment. Celuy que l'on disoit au roy Charles avoir donné un coup de pique au dessus de la bresche de La Rochelle, s'estoit caché dans un gabion: tant y a-il d'incertitude aux rapports et aux nouvelles. C'est aux theologiens de faire des livres de la religion, aux jurisconsultes des loix, aux gens d'Estat des conseils, et aux capitaines des batailles. La narration d'un vaillant experimenté est differente des contes de celuy qui n'a jamais eu les mains ensanglantées de ses fiers ennemis sur les plaines armées.

L'ancienneté de la race, le temps que M. de Tavannes a servy, durant le regne du roy François I jusques à la mort du roy Charles IX, m'a contraint de faire un sommaire en gros d'aucuns passages de l'histoire jusques en l'an 1573, non pour contrefaire l'historien, m'en reconnoissant incapable, mais pour y avoir esté forcé, faisant mention de luy en tant de lieux, il a fallu que j'en aye escrit. Et ce sujet remarquable m'a porté à des considerations et conceptions que j'ay trouvé à propos d'escrire, et y ay entremeslé aucunesfois quelque chose de moymesme, plus à ce que vous, mes enfans et neveux, suiviez ou evitiez la bonne ou mauvaise fortune, que pour loüange que j'en desire; non plus que je me soucie de ce qu'on en pourra dire. Pourveu qu'il vous profite, j'auray attaint le but auquel j'aspirois pour vostre utilité, au bien de la patrie, à l'honneur de Dieu, que je supplie faire prosperer vos bons desseins.

MÉMOIRES
DE
GASPARD DE SAULX,
SEIGNEUR DE TAVANNES.

Premier Advis pour regner en pieté, justice, soulagement et tranquillité du public.

Les peres vertueux laissent un ardent desir à leurs enfans de les imiter. Alexandre regrettoit le bon-heur de Philippe, qui luy laissoit peu à conquerir. Il se presente un grand labeur à vostre Majesté, pour surpasser les actes heroïques du feu Roy, lequel avec peu de gens et d'argent regagna son royaume, la pluspart perdu par ses predecesseurs et revolte de leurs subjects aidez des estrangers, estant de differente religion au Pape, aux Espagnols et Italiens ses contraires, a vaincu dans son royaume les deux tiers de l'Europe, r'allié amy et ennemy, François et estrangers, de tous nommé arbitre de la chrestienté; guidé du ciel pour estre reconduit dans l'Eglise catholique, rend son royaume paisible accreu de la Bresse; contraint par sa prudence de laisser Cambray aux Espagnols, et d'endurer ceux de Lorraine et les Huguenots en quelque puissance; comparé à Charles VII, qui chassa de son royaume ses ennemis introduicts par son pere Charles VI, par l'adoption d'un Anglais estranger. Ces deux roys en actes semblables l'un laisse Calais, l'autre Cambray à conquerir; le premier laisse le duc de Bourgongne en puissance, l'autre les Huguenots en pouvoir, esgaux en prosperité : le duc de Bourgongne abandonne les Anglais ses associez, le duc de Mayenne les Espagnols ses protecteurs. Leurs Majestez, à la veille de perdre leurs Estats, relevent leurs couronnes, different en ce que Charles VII (1), contre sa parole, fit tuer Jean de Bourgongne, et le Roy vostre pere protegea le duc de Mayenne. Deux Louys vous sont aussi proposez : le IXe, qui acquit le nom de Sainct contre les Infideles, et le XIIe, celuy de Pere du peuple. Dieu tient le cœur des roys en ses mains : purifiez le vostre, à ce qu'il vous conseille à prendre et choisir la meilleure de ces cinq voyes : regner en equité, reünir vos subjects en une seule religion, oster aux Espagnols ce qu'ils vous detiennent, faire la guerre aux Turcs, ou partir (2) l'Europe avec la maison d'Austriche. Trois considerations sont en ce choix : la justice du dessein, les moyens de l'executer, votre instinct naturel.

Le premier, de regner selon les loix de Dieu et du royaume, a ces contrarietez : l'ambition, l'avarice, larcins et desordres inveterez, deux religions en un mesme Estat, divers partis, les dons, les pensions accoustumées, la justice en vente, l'inconstance françoise, la simonie tolerée, les ecclesiastiques depravez, la milice corrompuë, la noblesse mescontente, le peuple surchargé. L'antidote contre ces poisons : changez la domination seigneurialle à une juste royauté; faictes ce que les estats generaux assemblés vous conseilleroient, ou les mettez en force à ce qu'ils deschargent vostre Majesté, tant des mescontentemens et suppressions des officiers supernumeraires qui sont aux charges et estats de la guerre et de vostre maison, de la justice, des finances, et reduction d'iceux, que recerche des financiers, lesquels, chastiez, peuvent fournir du moins six millions de livres, leur laissant la moitié de ce qu'ils ont mal acquis depuis leur advenement aux finances, joints à l'espargne d'autres six millions de pensions reduittes, qui

---

(1) Il est faux que le Dauphin, depuis Charles VII, ait fait assassiner le duc de Bourgogne. On sait qu'il n'avoit point été mis dans le secret du complot formé par ses partisans, et qu'il ignoroit le fatal resultat que devoit avoir l'entrevue de Montereau.

(2) *Partir* : partager.

suffira pour rembourcer tous les offices supernumeraires et racheter vostre domaine. Restablissez l'ancienne probité ecclesiastique, la justice en son integrité, et ce, d'autant que l'extinction des gages des officiers supernumeraires et pensions reduittes augmentera vostre revenu, avec une liberalité des ecclesiastiques de vostre royaume pour vous aider à racheter partie de vostre domaine engagé. Entretenez la gendarmerie et les gens de pied selon les formes anciennes, sans pervertir le taillon ny les deniers des cinquante mil hommes ; rendez les gouvernement triennaux, ou les supprimez, et y employez par commission ; ne pourvoyez aux places importantes que vos tres fideles serviteurs et les sexagenaires, ou gens desquels le parentage suspect ne puisse apporter crainte; pourvoyez aux charges ecclesiastiques les plus gens de bien et de sçavoir, pareillement aux guerres les plus fideles experimentez, et recompensez les princes plus en argent qu'en charges et gouvernements. Conservez vos anciennes alliances avec les voisins, et n'entreprenez guerre injuste; entretenez l'edit de pacification aux Huguenots sans aucune innovation : que s'ils s'en rendent indignes, leur injustice, vostre force, leur division vous facilitera la victoire entiere. Reduisez le tout, à l'imitation du roy Loys XII, Pere des peuples, qui seront vos vrays defenseurs et protecteurs : abolissant les subsides et imposts tyranniques, vous ne serez contraint d'entretenir une armée d'estrangers, comme Agatocles, tyran de Sicile, pour vous conserver par la ruïne de vos subjets, moins de suivre le pernicieux conseil qu'aucuns mauvais Français ont esté si osez de vous donner, d'entretenir et payer douze mil hommes de pied et trois mil chevaux placez aux quatre parts de vostre royaume, vivants sur le peuple, pour soudainement opprimer ceux qui par remonstrances, et supplications se plaindroient du gouvernement, lesquels cependant s'exerceroient en tout excez de servitude et imposition ; advis qui ne doit jamais estre prononcé en presence d'un bon roy, et rejetté de vostre Majesté, gagnant par justice, pieté et charité, le cœur de vos subjects, qui seront les vrayes et fortes armes pour vous maintenir contre toutes eslevations, les perdre et dissiper en cas qu'il y en eust, regner heureusement à la gloire de vostre nom et repos de vostre royaume. Dequoy ont servy tant de pensionnaires, de gardes, de soldats, de practicques et de menées, aux deux roys qui vous ont precedé, puis qu'ils ont esté arrachez du milieu de leurs armes par morts violentes ? Quel proffit de ces grandes levées de deniers ? plus vous donnez, plus il y a d'ingratitude, et pour cent satis-faits, mil malcontans. De tant de millions de deniers exigés, une beaucoup moindre somme suffiroit à vostre Majesté, laquelle ne ressent aucunes voluptez ny plaisirs de ces exactions, dons immenses, alliments d'envie, d'offence et de guerres civiles : plus ils en ont, plus ils en veulent avoir. Eslisez un conseil, non des plus grands, ains des plus gens de bien, experimentez amateurs de la manutention de l'Estat et de vostre authorité; laissez faire les charges à ceux que vous en avez honoré, evitant toutes importunitez serviles, à ce que vous puissiez vous occuper à des effects plus remarquables. Distribuez vos gratifications à personnes de merite, à ce qu'il y ait difference entre les bons, les mediocres, inutiles et mauvais : les coronnes sont pesantes qui cedent aux importunitez. Demetrius disoit que ceux qui les cognoistroient ne les releveroient de terre; Henry III souhaittoit la bonne fortune d'un gentil-homme français possedant dix mil livres de rente. Il est à vostre Majesté, faisant bien, d'estre en repos, en seureté, sans importance, beny, aymé de vostre peuple, et craint des estrangers; les menaces, les mal-contens, les partialitez, seront esteinctes, et un million d'hommes courront sus à toutes sortes d'ambitieux brouillons, sans que soyez plus en peine de leur sacrifier les tresors de la France et vostre liberté, pour eviter leurs mauvais desseins, delivré de satisfaire journellement à tant de fascheux qui contraignent vostre presence hors de vos loüables plaisirs. Vray est-il que tous changemens de mal en bien sont difficiles ; c'est pourquoy plusieurs roys ont fait armer leurs serviteurs, voulant restablir les anciennes loix. Vous estes en moindre peine, d'autant que tous vos subjects cognoissent maintenant ne pouvoir vivre ny subsister que sous la royauté ; non qu'il ne faille prendre garde à ne vouloir si precipitamment faire un si grand changement de mal en bien, ains avec consideration donner quelques choses au temps, et glisser les bonnes actions sous la protection des loix et biens de l'Estat. La pieté et la justice sont les deux colomnes qui conservent les Estats : l'une empesche les rebellions par devotion, l'autre, par la terreur des supplices. Ayez l'œil ouvert au general et au particulier de la France ; considerez tous les partis.

Les forces de ceux de la religion pretendue reformée consistant en partie aux personnes principales, qui sont les sieurs Des-Diguieres, de Boüillon, et de Suilly, dont le grand aage et les grandes richesses leur ostent tout desir de faire la guerre, possedant certain ce que l'incertitude des evenemens leur pourroit faire perdre : et quant aux sieurs de Rohan, de La Force, et de

Chastillon, leur foiblesse, ambition et avarice, avec peu de force, les fera condescendre à vos volontez. Les villes de ce party qui ont la superiorité et principale puissance desirent la paix; ayant tenté, et cognoissant ne pouvoir establir des republiques en ceste monarchie, les ministres et factieux se gagnent par argent. Combien plus facile vous est-il d'acquerir la bien-veuillance de tous iceux, qu'aux mal-contents qui pour leur interest les voudroient susciter! Puisque votre Majesté a l'argent, les grades et la justice en la main, en usant avec prudence, il n'y a rien à craindre de leur part. Et quant à la Royne vostre mere, vostre Majesté s'y comportant comme elle doit, luy donnant ce qui lui a esté promis, accordant ses requestes raisonnables, et traictant le tout avec douceur et justice, elle ne pourroit souhaiter la coronne autre part que sur vostre teste. Et la vieillesse du duc d'Espernon, jeunesse et ambition demesurée des princes et autres puissans, la consideration de plusieurs de leurs proches, n'estans point desesperez, se contiendront, et ce, d'autant qu'ils ont cogneu leur impuissance, mesfiance et division d'entre eux. Ne leur concedez par crainte, menaces, ou persuasions, aucuns gouvernements ny places prejudiciables à vostre estat royal, qu'ils ont cogneu estre en telle reverence par l'exemple recent du general et du particulier, que l'impossibilité et necessité leur fera tout souffrir, ne pouvant, sans leur apparente perte, s'opposer aux volontez de vostre Majesté, de laquelle les affaires sont en tel estat, par vostre bon-heur, que tout ce que vous ferez ou reformerez ne vous peut estre imputé à faute de courage, ayant monstré aux princes leur impuissance, et regagné, aydé de la force, l'amitié maternelle(1), tellement qu'il n'y a nul en vostre royaume qui ne confesse la difficulté d'entreprendre contre vostre authorité: de quoy, par grande consideration du passé et du présent, vous devez profiter, cognoissant que si monsieur le prince et ses associez, et ceux qui depuis se sont une seconde fois eslevez sous l'authorité de la Royne vostre mere, eussent autant aymé et desiré le bien public et descharge du peuple, que leur interest, et qu'ils eussent eu la conduite des forces qu'ils avoient, ils eussent peu pretendre de vous reduire avec peu d'authorité, estant certain que quiconque reforme un Estat par les armes, il s'acquiert la puissance supreme, et en depouille celuy qui la possedoit. Et si tant de grands qui avoient promis à la Royne vostre mere, n'eussent point manqué, les uns de foy, les autres de conduitte, et par une puissante guerre eussent effrayé les Parisiens, il estoit perilleux que ne r'entrissiez en tutelle. Et depuis, des bruicts et des menaces d'une assemblée des principaux de l'Estat pour regler vostre puissance, se seroient mis en campagne, lesquels, par l'ayde de Dieu, joincte à vostre bon-heur, leur imprudence et peu d'experience, vostre Majesté a suppeditez, plustost par miracle apparent que par moyens humains, ayant jetté les terreurs paniques dedans eux, et par la victoire de quatre mil hommes desarmé trente mil eslevez en ce party, lesquels vous avez receu en grace par une prudente paix. Et cognoissez que Dieu vous a voulu faire paroistre de combien il importe que reformiez vostre Estat, et suyviez l'exemple des bons rois, pour ne plus retomber en ce peril passé si avantureusement. Que si l'une de ces trois, Roüan, Cam, ou le Pont de Sé eusse resisté, ou que la Royne vostre mere fust alliée en Guienne et Languedoc, où elle eust trouvé trente mil hommes levez pour elle, si ce ne fust esté par la bonté accoustumée de la Divinité et de l'ange tutelair de la France, c'estoit un grand preparatif pour la division de vostre royaume, par les places que la Royne eust esté contrainte de donner aux princes qui l'assistoient. Et puis que Dieu vous a fait tant de grace de l'eviter, mettez ordre par la susdicte reformation de ne tomber plus en tels accidents, qui sont tres dangereux.

Ce peuple, ruyné de subsides, oppressé d'injustice, pillé des guerriers, qui crie et souspire, demandant l'elevation d'un homme de bien pour le delivrer, l'aura trouvé en vostre Majesté, ne l'ayant peu obtenir aux elevations des ducs d'Alençon, de Guise, des princes de Bourbon et de Condé, et de la Royne vostre mere, portez à leur interest particulier; il cessera de plus en chercher et de desirer des nouvelletez pour r'establir l'ancienne royalle liberté. Si faut-il confesser qu'en un si grand nombre d'armées il y en avoit plusieurs qui ne tendoient à la diminution de l'authorité de vostre Majesté, ains à une droicte reformation: aydez de tant d'habitans des villes, quoy que leurs mains et leurs armes ne fussent eslevées, leurs vœux et leurs courages estoient en attendant le succez des armes. Ces gens vaincus sans victoire, desarmez sans voir les ennemis, regardez leurs visages tristes, tesmoignans le regret de leurs cœurs, pour ne voir aucun remede à leur soulagement, au contraire intimidez et menacez que l'on veut entretenir des armées dans l'Estat pour regir, non avec la main de justice, ains avec la verge de fer, et par

---

(1) L'auteur fait ici allusion à la réconciliation qui eut lieu entre Louis XIII et Marie de Médicis au commencement de 1619.

la force rendre tout loisible ; non que la creance soit entiere que vostre Majesté, pleine de pieté et benignité, issuë de tant de bons roys, vienne à ces remedes extraordinaires, et que les sieurs de Luynes se jettent dans ces perilleux conseils. Ne seroit-il mieux que, cognoissant les dangers passez, qu'ils ont evité par le seul miracle de Dieu, impatience, imprudence et inexperience de leurs contraires, ils se resolussent de bien faire, et cognoissant que c'est un mauvais advis de vouloir tousjours monter pour eviter le precipice, qu'il vaut mieux s'affermir et s'arrester au milieu de la course, comme plus salutaire ; et ce, tant plus que maintenant, par le grade de connestable, ils sont au periode de toutes grandeurs, lequel attaint, et ne pouvant monter plus haut, qu'ils gardent de tomber en decadence, ayant besoin de grace speciale de Dieu acquise par bonnes œuvres, et de grande prudence pour s'y maintenir ? Que si le bon-heur et la grace du Roy a fait pourvoir le sieur de Luynes de ce grade, recompense de ceux qui s'estoient signalez au gain de quantité de batailles, en plusieurs traictez de paix et grandes negociations ; tous ces effets genereux peuvent estre en la personne dudit sieur de Luynes, lesquels il peut faire paroistre, estant homme de bien, procurant le bien general de la France, et conservation de l'authorité de vostre Majesté. Il est vray que vostre dicte Majesté a eu raison de mettre les places et gouvernements entre les mains de ceux dont il avoit toute confiance, et de leur donner des moyens pour les conserver. Maintenant tous ces excez passez sont oubliez, s'ils veulent bien faire et suivre le contenu dans ces escrits, gagnant à mesme temps la seurté en la terre et le salut au ciel. Et quand bien la crainte naturelle pour le passé les pourroit avoir porté à se confederer, tant dehors le royaume que dedans, et à desirer beaucoup de places pour empescher leurs cheutes, advenant quelque malheur ou disgrace, neantmoins les grands bien-faits receuz et leur preud'hommie les garderont d'entreprendre contre leurs devoirs. Le principal est d'oster la crainte et le soupçon qui pourroit estre entre eux et la Royne vostre mere : la sagesse est de ne l'exclurre entierement du gouvernement des affaires, ny aussi Luynes et ses parens, puis que vostre Majesté a raison de s'y fier, ayant experimenté leurs fidelitez. Aussi faudroit-il qu'ils cogneussent que ce n'est les gouvernemens de Picardie, de l'Isle de France, lieutenant de Normandie, chasteaux de Bretagne, places de Guyenne et lieutenance d'icelle, qu'ils se sont de nouveau approprier, qui les protegent, et que toutes les places sont inutiles, si celle que contient leurs corps n'est en seurté, laquelle perduë, tout est renversé; elle ne se garde que pour estre bien avec Dieu ; iceux favoris soient admonestez de se contenter de l'excez passé en leur establissement, estats, richesses, alliances et grandeurs, pour d'orenavant ne pretendre ny agir que pour la manutention de l'authorité royalle, augmentation de la pieté, justice, bien, paix et repos de la France et descharge du peuple, considerant à combien ils ont esté pres de leur esloignement, evité par la seule inexperience et imprudence de leurs contraires ; et pour faire paroistre utilement à la France leur zele et affection au repos et bien d'icelle, et qu'iceux se contentent des grades, gouvernements, richesses et alliances qu'ils possedent, sans que pour eux à l'advenir ils veuillent aucuns accroissements à la foule du peuple, et moins aux recompenses pour cy devant données aux gouverneurs et capitaines, pour s'attribuer leurs places, bornant et limitant avec grand sujet leur bonne fortune à ce qu'il a pleu à Dieu leur impartir. Tant pour sçavoir leurs bonnes intentions, que pour establir un bon ordre en la France, ils fassent faire une assemblée de deux ou trois des plus gens de bien de chacune province : convocation du tout differente et non semblable aux deux qui se sont faictes en la ville de Roüan par le feu Roy et par vostre Majesté (1), lesquelles ont esté inutiles, apostées, et miserablement achevées sans aucun fruict : au contraire la proposée doit estre en intention certaine de suivre les bons conseils et advis, pour le restablissement de l'ancien ordre du royaume, de la pieté, justice, soulagement et descharge du peuple. En cette assemblée se doit faire des edicts inviolables, de quoy reüssira que ces convoquez, retournans dans les provinces, feront entendre ce qui aura esté fait : tellement qu'au lieu qu'infinis dans icelles proposent de trouver des remedes extraordinaires au gouvernement des affaires du jourd'huy, et de se plaindre qu'il ne s'est veu ny leu que trois personnes soient eslevées en telle grandeur, les peuples beniront et loüeront, non seulement vostre Majesté, ains principalement le choix des susdicts qui gouvernent, lesquels ils protegeront de leur pouvoir, heureuse faveur, laquelle, apres estre montée au principal degré, s'y pourra maintenir, et, par une oubliance de leurs grands establissements, recevront des loüanges et des gloires, au lieu de blasme et d'injure, et en la place d'assassinateurs trouveront des protecteurs, et lors se verra que Thimoleon n'a pas tué son frere, ains le tyran, puisque Luynes,

(1) 1596 et 1617.

par la mort de Conchine, aura changé la tyrannie en juste gouvernement, condamnant et laissant les actions mauvaises de ce temps-là, pour se joindre et adherer aux justes et tres-bonnes qui se resoudront en cette assemblée.

Reste plusieurs princes et grands qui voudroient estre employez dans les affaires : les uns ont des gouvernements, comme M. le comte de Soissons, les duc de Guise, de Nevers, de Longueville et de Montmorency, lesquels n'ont point de puissance dans iceux contre vostre Majesté, ne tenant les places principales, et moins le cœur des peuples ennemis de la division de l'Estat : les autres ont si peu de pouvoir, le comte d'Auvergne, prince de Juinville, de Nemours et duc d'Elbeuf, qu'ils ne peuvent faire mal. Et quant aux officiers de la Couronne, ils sont en telle quantité et si impuissants, estans privez de leur ancienne authorité, et partie d'eux de l'experience necessaire à cette charge, qu'ils demeureront en obeïssance. Neantmoins les plus grands se doivent entretenir suivant les regles d'Estat, faisant tousjours entendre aux villes de leurs gouvernements vostre intention, pour l'obeyssance limitée qu'ils doivent rendre à leurs gouverneurs. Le vray et unique moyen est de bien faire, ayant Dieu, le droit et la justice de son costé, laquelle avez fait paroistre en la liberté de monsieur le Prince (1) : aussi estoit-il honteux, non seulement que l'on croye, mais qu'on puisse penser que vostre Majesté le detenoit pour crainte qu'il eust de luy, et estoit injuste que ce prince, n'ayant rien commis depuis le traicté de paix interiné par les cours de parlement, ait esté constitué prisonnier : la liberté duquel est à vostre gloire, iceluy estant obligé [puisque vostre Majesté d'où ne procedoit son mal'heur a apporté son salut] de vous servir avec toutes les fidelitez qui se peuvent imaginer, à quoy son bon naturel, l'interest qu'il a à l'Estat, et cognoissance de soy-mesme, le portent. Mais c'est icy une plus grande clemence, sans comprendre celle à quoy la nature vous oblige envers la Reyne vostre mere, qu'avez receu en amitié maternelle, calmant tous ses déplaisirs et mécontentemens, ainsi qu'il luy a pleu que vous ayez receu en grace tous les princes et grands, lesquels, se defiants de vostre bonté, avoient pris des armes defensives, pour avec seurté vous requerir de recevoir la Reyne au rang et en la qualité qui luy est deüe, et de rétablir les anciennes loix de l'Estat.

Recevez M. le comte de Soissons en vostre bienveillance, cognoissant que vostre Majesté n'en a plus que trois de son sang, desquels depend le salut de toute la France. Choisissez soixante seigneurs non partials, qui ne despendent ny des princes ny des grands, leur donnez autant de compagnies de gendarmes, pourvoyez à tous leurs lieutenans et enseignes de gens qui vous soient fideles et affectionnez, lesquels pourroient faire chacun une brigade, et seroient tous en leur particulier à vostre Majesté, et non à leurs capitaines, qui ne les pourroient porter au contraire. Et ne seroit besoin de chercher la seurté des gendarmes, en les mettant aux compagnies de la Reyne et des freres de vostre Majesté, ce qui ne s'est veu au passé, puisque vous pourvoiriez aux membres des compagnies gens qui seroient du tout à vous et non à leurs chefs ; et au lieu de dix lieutenans et dix enseignes, vous en auriez six vingts qui ne despendroient que de vous, et mesme que les capitaines n'eussent aucune compagnie affectée, ains commandassent par commission à ceux qu'il vous plairoit. Cet entretenement et payement de cette grande quantité de noblesse serviroit contre tous les troubles de vostre Estat, reformant toutes les compagnies des gouverneurs, princes et capitaines des places, les susdites soixante mises en garnison et payées du taillon, selon l'ancien ordre. Et apres les premieres monstres en armes, mettre hardiment la main à la reformation des abus de l'Estat, à la descharge du peuple, et nommément aux finances, y employant les seigneurs de qualité dont les richesses peuvent respondre de leurs mes-us. Cecy est dit pour la crainte en laquelle on a mis vostre Majesté des estats generaux, ausquels plusieurs, qui vivent du desordre, vous ont empesché malicieusement de penser, sous ombre que les precedents ont esté corrompus : et neantmoins c'est le seul et vray remede [estans mis en force et puissance sous l'authorité et assistance d'un bon roy] pour restablir toutes les loix de la France, ruïner toutes les factions, et rendre vostre regne juste et heureux ; et au defaut desquels les moyens sus escrits sont necessaires pour le bien de la France et salut de vostre Majesté, lesquels vous pouvez faire et executer sans ladite assemblée generalle des estats, par le conseil des gens de bien fideles cy-dessus remarquez ; qui sera d'autant plus vostre gloire, que tous reconnoistront que c'est de vostre seul instinct, bonté et prudence que provient ce bien, et non des estats generaux : ce qui vous est facilité en faisant r'apporter en l'assemblée generalle des gens de bien que vous ferez, tous les cayers et requestes faites aux cinq estats generaux derniers de Tours, d'Orleans, des deux de Bloys et de Paris, pour en prendre

---

(1) Le prince de Condé, père du grand Condé.

le bien et le bon suc, et rejetter le mauvais, sans desdaigner ny rejetter entierement plusieurs offres et partis que des particuliers ont desiré faire durant cesdits estats pour la descharge du peuple et suppression des despens inutiles, gages d'officiers et larcins ordinaires. Ainsi tout le bien et tout le bon-heur qui en adviendra se tiendra de vostre Majesté, pour laquelle l'Eglise, la noblesse et le peuple prieront pour sa prosperité et salut.

Second Advis pour reunir toute l'Europe en une mesme religion.

Reunir tous les hommes de France, et ensuite ceux de l'Europe, à une seule religion, il y a d'incomparables difficultez à reconnoître la justice de ce dessein. Le Pape, les ecclesiastiques, crient, publient, preschent, et tacitement commandent l'extirpation de l'heresie par toutes voyes; disent que ce sont personnes qui depuis cent ans se sont introduits en des nouvelles opinions par lesquelles il s'est creé vingt sortes de sectes, dont la pire d'icelles est l'atheïsme, tramant infinies rebellions contre les puissances divines et souveraines, s'aidant des passions, partialitez, amitiez et inimitiez des princes, se meslant dans les affaires d'Estat et division d'iceux, sans lesquels ils fussent esté estouffez à leur naissance. Ils s'accreurent en Allemagne par l'assistance des ducs de Saxe, landgrave de Hesse, et infidelité de Moris, qui craignoient que l'empereur Charles-Quint ne rendist l'Allemagne hereditaire en la maison d'Austriche, de laquelle ils estoient ennemis; en Angleterre, de l'indignation du roy Edoüard, auquel le Pape n'avoit voulu accorder le divorce d'avec Catherine d'Austriche, pour épouser Anne de Boullan; et en France, de partialitez de ceux de Guise, de Bourbon et de Montmorency, durant la minorité de François I et Charles IX, sous lesquelles divisions d'Estat ils se sont augmentez. Que si à leur commencement on eust prattiqué les maximes usitées en Espagne, ils fussent avortez à leur naissance; libertins, ennemis des roys et de toutes souverainetés, sources de rebellion, intelligents jusques aux Turcs et Infidelles, les progrez desquels leur doivent estre attribuez. Que si l'Europe estoit sous une mesme religion, facilement la ruyne des Infidelles s'en ensuivroit.

Il n'y a moins d'utilité que de justice pour les roys et souverains de France, d'Espagne et d'ailleurs : quarante ans sont passez qu'ils tiennent ces royaumes en troubles ou allarmes continuelles, ont donné quatre batailles en France, entrepris sur la personne des roys à Amboise et à Meaux; en Flandres, attentés sur leurs gouverneurs, chassé leurs magistrats, rebellé toutes les provinces, jusques à ce qu'injustement ils se soient, en Zelande et Ollande, dispensez de l'obeyssance de leurs roys, et ayent obtenu des souverainetez dans le sang et le feu de plusieurs combats, cause de la mort de quatre millions d'hommes, et de la perdition de tant d'ames engagées dans les pechez de la guerre, et, ce qui est de pis, ont donné naissance à d'autres rebellions et ligues, sous pretexte de les ruiner, lesquelles ont approché la France tellement de sa dissipation, que les chemins en sont encore tracez pour y tomber; s'estans associez les Catholiques pour contraindre leur Roy à faire la guerre ausdits heretiques, pretexte sous lequel la division de l'Estat estoit fomentée des estrangers et cachée des Français. Il ne se peut avoir aucune paix de durée les deux religions subsistant en l'estat qu'elles sont, les armes et les rebellions estans tousjours couvertes, des uns sous le nom de pieté, et des autres sous celuy de liberté. Ce sont republiques dans les Estats royaux, ayant leurs moyens, leurs gens de guerre, leurs forces, leurs finances separées des royautez, et tousjours preparez aux premiers mouvements qui paroissent, dans lesquels ils se precipitent contre les souverains, cognoissans qu'ils n'ont salut qu'aux troubles, à la tourmente, et diminution de l'authorité royalle; vray azile et receptacle de tous les mal-contents, veulent establir un gouvernement populaire et democratique dans les royaumes, et changer l'estat d'iceux. Les Chrestiens ont fait la guerre sous les empereurs payens; mais depuis que Dieu a mis le sceptre entre leurs mains, c'est à eux de forcer et contraindre les subjects, par toutes voyes, de vivre et mourir en la religion de leurs peres. Les Turcs et Perses souffrent vivre les Chrestiens dans leurs païs, et non jamais les heretiques en leur religion; et les Espagnols ont acquis une reputation immortelle qui doit estre imitée, ayant chassé du milieu d'eux les Mores et Grenadins. Ces raisons semblent avoir porté toute la justice et l'utilité de ce costé : c'est icy les contraires advis.

L'offence est à Dieu, de vouloir par les armes, combats, feux et cruautez, reconduire les heretiques en la vraye creance, ainsi que si nostre Seigneur n'estoit assez puissant, sans les secondes causes, pour les reduire à leurs devoirs. Ils se doivent vaincre et debeller par bonnes œuvres, prieres et jeûnes des Catholiques : sont les larmes, prieres, jeûnes, aumosnes, qui expient et purgent les mauvaises opinions de ces nouveaux venus; autrement par la guerre, source de tous maux, c'est proprement regimber contre l'éperon. L'heresie est un fleau envoyé parmi nous, ainsi que la famine, la peste, la vermine, et autres accidens, pour nos pechez. L'opinion, la mauvaise creance, est une maladie qui ne s'arrache par la force : il convient la desraciner par les Escritures sainctes, raisons, sciences, enseignemens, educations, joinct aux bonnes œuvres des ecclesiastiques et predicateurs, estant le moyen de la force du tout contraire [l'appliquant furieusement], lors que l'humilité, la douceur et le sçavoir sont requis. Dequoy ont servy tant de cruautez, d'hommes gehennez, bruslez et martyrisez, tant de sang espandu, et tant de guerres de toutes parts, puis que cette heresie en augmente plustost qu'elle n'en diminuë, et que la despence et mort de tant d'hommes dans la Flandre n'ont servy qu'à faire perdre la souveraineté de Zelande et Ollande, pour estre trop oppressez? Qui sera celuy qui ne conseille que, puis que tels remedes pratiquez avec si grand prejudice ont esté inutiles, qu'il ne faille recourir à l'humilité, douceur, prieres, oraisons et sciences des gens de bien? mesmement, puis que la tollerance a donné estre à ce corps composé du quart de l'Europe, et que maintenant les religions ont pris une habitude, et se sont accoutumées à vivre paisiblement les unes avec les autres, c'est veritablement de la droicte main coupper la gauche, tourner le fer, le feu et le sang contre nous-mesmes, contre les Français et patriotes, contre nos freres et nos amis, au tres grand affoiblissement des forces de l'Estat. Combien de larmes, d'enterremens, de bruslemens, forcemens, rançonnemens, et des pertes, avant qu'en venir à bout! et combien de Catholiques periront et perdront leurs vies en ceste entreprise ja tant de fois tentée par semblables remedes! Les Grenadins, les Mores, ont esté chassés d'Espagne, gens de peu et sans valeur, et les Huguenots français, composez de noblesse, de soldats et citadins courageux, ne souffrent aucunes comparaisons. Et si les particuliers sont damnez pour avoir fait mourir un de leurs pareils, que deviendront les roys qui, pour accroistre leurs Estats ou pour auctoriser davantage leur domination, sont cause de la mort et de la perte d'un million d'hommes, y ayant grande difference de la mort considerée à la prompte et violente? Ceux de la religion pretenduë reformée sont fondez sur grande quantité d'edits de paix interinez dans les cours de parlemens; c'est violer la foy publique, que les Infidelles mesmes gardent, d'entreprendre sans sujet sur les Huguenots, d'alleguer qu'iceux ont pris les armes contre leurs souverains, et que la foy d'un roy et celle d'un sujet n'ont nulle esgalité, estant beaucoup davantage obligez les subjets à leur souverain, que luy à eux : bien est vray qu'ils ont failly aux eslevations, aux entreprises sur leur roy; cela n'a nulle consequence ny ressemblance avec la puissance, magnanimité, et la foy de leurs Majestez : une foy promise ne doit estre violée, autrement seroit prendre licence et exemple sur les mauvais actes pour en faire de semblables. Ceste guerre est un apparent malheur pour la France, affoiblissant le party du roy Tres-Chrestien, et rehaussant celuy du roy Catholique, qui a pris le haut bout avec le Pape et les ecclesiastiques : de plus, le Roy à present regnant ne peut nier l'obligation qu'il a à ceux de ceste religion, qui ont assisté son pere contre les entreprises de la Ligue, du Pape, d'Espagne et de Lorraine. Ne vaut-il mieux laisser le tout en la main de Dieu, qui sçaura bien en temps et lors que nous le meriterons, en un clein d'œil, en un moment faire plus que toutes les armées et conseils du monde en plusieurs siecles?

Pour executer ceste grande entreprise [si elle est jugée juste, utile et necessaire] de la reünion à la religion catholique de ceux qui s'en sont devoyez, l'intelligence entre Sa Saincteté et les deux roys de France et d'Espagne est necessaire; le secret des conseils doit estre observé, s'il estoit possible qu'il n'y eust que les trois personnes susdictes qui sceussent le commencement et le but de la fin, parce que, puisque les heretiques ont surpris, failly et faussé leur foy divine et humaine par tant de fois pour faire mal, semble devoir estre permis de les imiter pour faire bien, et les reconduire au chemin dont leur infidelité les a esgarez; à cest effect, commencer en France ce dessein avec artifices, dont le plus expres seroit que du commencement il ne se cogneust point qu'on leur voulust faire changer de religion, à ce que leurs associez d'Angleterre et d'Allemagne ne s'esmeussent; la ligue secrette, bien jurée et signée, le bruit soit publié de la guerre contre Espagne; sous ce pretexte, de lever deux armées en France et une dans la Flandre. Il est certain que plusieurs capitaines huguenots se jetteroient dans l'armée française, croyants faire la guerre à leur commun ennemy, l'Espagnol. A mesme temps saisir les principaux chefs sans leur faire aucun mal, et s'en asseurer pour six mois, et, apres avoir publié [sans le declarer par edict] que ce n'est à la religion huguenote que l'on en veut, ains seulement pour leur monstrer qu'ils se doivent fier en la foy du Roy, et non aux villes de seurté qu'ils ont demandées, ny à leurs forteresses, et moins aux intelligences estrangeres, et que Sa Majesté veut qu'ils se contentent d'estre sous la protection de ses armes, avec deux armées attaquer toutes les plus foibles villes qu'ils ont. Celle qui seroit en Guyenne [qui sembleroit estre levée pour resister à l'Espagne] tourne dans le Bearn, où la querelle et dispute est desja née, eux ne voulans obeir aux edicts du Roy, possedans indeüement et forcement les biens des ecclesiastiques : il n'y a de ce costé aucune place forte, et qui puisse arrester une armée, si ce n'est La Rochelle et Montauban, devant lesquelles il faudroit faire des forts, et y laisser des puissantes garnisons. Cependant l'autre armée pourroit entreprendre sur les places du Daufiné, lesquelles feu M. de Mayenne, avec une armée de six mil hommes, avoit entierement prises; et laissant en puissance M. le comte de Soissons, qui en est gouverneur, lequel est fort propre pour l'opposer à Les-Diguieres, en tant qu'il fust vivant, duquel il occupe la charge, et en cas qu'il fust mort, le sieur de Crequy est catholique ; joindre les deux armées à l'expugnation de Nismes, Montpellier, et autres villes foibles du Languedoc.

Les maximes qu'il faut observer principalement, sont de prendre premierement toutes les plus foibles villes et chasteaux, razer et confisquer le bien de tous ceux qui s'esleveroient contre vostre Majesté, sans nulle exception, les adjoindre à vostre domaine, en faire party, ou les donner aux Catholiques qui vous assisteroient. Et afin de donner loisir de se repentir, faudroit faire ceste execution par degrez; commencer en quelques endroits, et apres, par edict, donner quelque terme à ceux qui voudroient venir recognoistre vostre Majesté; exempter ceux qui voudroient demeurer paisibles en leurs maisons, et tout ainsi que le roy Henry IV faisoit, qu'en mesme temps qu'il gagnoit une ville sur la Ligue, quelque foible qu'elle fust, autant de deux cens gentils-hommes se tournoient de son costé : ce qui adviendroit infailliblement. Toutes ces villes prises, ne restant que La Rochelle et Montauban, elles ne pourroient durer, et seroit une guerre de peu de consequence, faute du roy Henry III d'avoir porté ses premieres armes contre icelles, lors qu'il pouvoit reduire toutes les foibles villes du royaume en son obeyssance, et plus grande d'avoir levé le siege lors qu'elle estoit preste de se rendre. Les Huguenots sont grandement descheuz de conseil, de nombre, de puissance et d'argent; ce zele, qui est peculier à toutes nouveautez et commencements de factions, est esteinct; ils ne pensent plus qu'à conserver le leur, et y en a peu qui voulussent hazarder leurs vies ny donner de leurs biens pour maintenir leur cause : ils souloient avoir un chef en toute puissance et creance; maintenant leur gouvernement est aristocratique, meslé de populaire, grandement divisez et opposez les uns aux autres; aucuns qui sont riches n'ont point de religion, les autres n'en ont que pour faire leurs affaires, et infinis pour avoir honte de se desdire; la vieillesse et richesse d'aucuns les empeschera de les assister : les gentils-hommes et bourgeois sont contraires aux ministres factieux. Ils souloient avoir des deniers affectez à la cause, des cueillettes qui se faisoient parmy leurs Eglises : cela est tellement refroidy, que peu s'en trouve qui en veuillent donner; et le plus grand mal qui soit pour eux, c'est que les miracles que faisoient les premiers Huguenots estoient par l'intelligence qu'ils avoient dans la Cour avec ceux de Montmorency et autres, qui ne sont plus; joinct qu'il ne se sçauroit prendre les villes, et maintenant l'art en est si commun, qu'il n'y en a point qui puissent resister si elles sont bien assaillies, ce qu'eux cognoissans, ils confessent que s'ils sont attaquez ils sont perdus, sans esperance qu'aux mal-contents : c'est à quoy il faudroit grandement et judicieusement pourvoir en France à ce qu'ils n'en fussent assistez; faudroit employer à ce dessein tous les plus genereux du royaume, à ce qu'il ne se fist un party de mal-contents qui empeschast le progrez du dessein. Les villes de Bearn, du Languedoc, Daufiné et Gascongne prises, il faudroit ou changer la demeure des habitans, ou desmenteler entierement les villes, si on n'y faisoit des citadelles gardées par des Catholiques; et apres toutes ces villes prises, se pourroit oster tout l'exercice de la religion huguenotte et heretique, sans le publier par edict, jusques à ce qu'il se fust fait le semblable en Flandres et Allemagne, par la prise de plusieurs villes, à quoy les François aideroient. Il ne faut douter que les peuples cederoient à la force, cessantes leurs opiniastretez et mauvaises opinions. Ainsi advint à Anvers, reduicte à l'extremité par le duc de Parme; la ville prise, la citadelle faicte, le lendemain trente mil ames retournerent au giron de l'Eglise : les Huguenots feroient le semblable. Les princes et ducs d'allemagne, en mesme temps qu'ils changent de religion, le peuple les suit, et font de leurs subjects ce qu'ils veulent. Il y a si peu de difference entre la religion catholique et calviniste, qu'il semble estre aysé de changer leurs opinions, mesmement s'il plaisoit à Sa Saincteté et à l'assemblée de quelque quantité du clergé, reformer quelques abus qui estrangent ce peuple ignorant de ce qu'il doit suivre; ce qui se feroit plus aisément, d'autant qu'il ne se pourroit dire que ce fust par contrainte des heretiques, lesquels tombent en decadence, considerant combien il seroit utile qu'il n'y eust qu'une religion : la diversité d'icelle et la liberté en forment une tierce approchant de l'atheïsme. Ceste reünion seroit un acheminement à la guerre des Infidelles.

Le principal est que le Pape et le roy d'Espagne aydassent d'argent à la France au besoin, et faire des levées dans le comté de Ferrette, où les lansquenets sont catholiques, et celles des Suisses se feroient les deux tiers dans les cinq petits cantons catholiques. Les estrangers allemands, pesants à se mouvoir, n'ayant point d'argent, les Huguenots de France n'en seroient secourus, estant pour maxime certaine qu'il faut que tout cede par necessité au maistre de la campagne, nommément quand les ennemis ne peuvent avoir une armée pour leur defence. L'obstacle seroit du roy d'Angleterre (1), s'il penetroit dés le commencement le motif de ceste entreprise estre pour la reünion de la religion catholique : le bon-heur est qu'il est plus addonné aux lettres qu'aux armes, desquelles il est ennemy; neantmoins les raisons d'Estat et exemples de ses predecesseurs le pourroient esveiller, desquels le but et les maximes ont tousjours esté de favoriser les rebelles des deux roys, à ce que, troublez dans leurs propres royaumes, ils ne s'accordassent pour envahir le sien; et à cela ils n'y ont espargné hommes, argent, practiques et corruptions de toutes parts. Pour eviter et changer ceste inclination, les artifices, les ambassades, les promesses, et mesmes l'argent dans les conseils anglais ne se doivent espargner; et en cas que tout cela n'y servist, et que l'on cogneust qu'à force ouverte et puissamment il peut empescher le dessein projetté, il n'y a doute qu'il faudroit entreprendre sur l'Angleterre, ce qui est tres-facile, les deux roys estans d'accord. Le plus difficile est de prendre pour asseuré ce royaume, estant comme celuy de Pologne, et mesmes comme l'empyre des Turcs, dont la puissance n'est qu'aux armées mises en la campagne, n'y ayant aucune forteresse : et se peut dire qu'une ou deux batailles gagnées le royaume l'est entierement, ne pouvant ny Londres ny les autres places resister, et promptement tout suit la fortune du victorieux, et ce d'autant plus que le tiers du peuple est catholique, estant divisé en trois sectes, Catholiques, Calvinistes et Lutheriens. Les ports de France, Calais, Dieppe, le Havre, sont fort propres pour assembler les armées navalles, et se peut arriver en vingt et quatre heures en Angleterre, et commodement se peut faire tenir des vivres; quoy que l'armée d'Angleterre fust plus forte, tousjours un vaisseau apres l'autre peuvent passer. Trente mil hommes aguerris, moitié Espagnols, Français, lansquenets et Suisses, peuvent faire ceste conqueste : le feu duc de Guise, vivant la royne d'Escosse, l'entreprenoit avec quinze mil hommes. La difficulté seroit à prevoir à l'ambition, qui ruyne tous desseins genereux, et se faudroit accorder du partage d'Angleterre entre le roy de France et celuy d'Espagne, ou quel roy catholique ils en voudroient pourveoir, et, s'il estoit possible, un de la nation mesme, pourveu qu'il s'y vist de la seurté, laissant toute la superiorité au Pape.

Que si l'Angleterre estoit subjuguée, c'est la citadelle de tous les lieux maritimes jusques en Suede et Dannemarc, et faciliteroit du tout la reünion d'Ollande et de Zelande, qui faudroit que sans coup frapper obeïssent. Et en cas que l'on peust eviter ce coup d'Angleterre, et tellement negocier, que ceste isle demeurast neutre, ou du moins que son secours ne fust d'importance, il faudroit tourner toutes ses forces pour ayder au roy d'Espagne à regagner la souveraineté qu'il a perdue sur Zelande et Ollande, lesquelles ne pourroient durer, voyant mesme que sans le grand secours que le roy Henry IV leur a donné, tant en hommes qu'en argent, infailliblement le roy d'Espagne les eust remis à leurs devoirs. Combien donc sera plus facile de les y reconduire ayant les forces et l'argent des deux roys contre eux, mesmement maintenant qu'ils sont à demy divisez par la secte des Armeniens, qui ont commencé à pulluler parmy eux. Et quand ils verroient se pouvoir redimer d'oppression en retournant en la religion catholique, ces legeretez tant cogneües les y porteroient bien tost; et neantmoins faudroit arrester leur inconstance en se saisissant des meilleures places, comme de Flexingue et autres lieux importans; employer à ce dessein quantité d'Allemands avec force argent : qui feroit que les contraires ne pourroient faire levées dans l'Allemagne, dans laquelle les Catholiques sont puissants, estant l'Empereur et les evesques electeurs de ceste religion. Et seroit la derniere entreprise qu'il vous conviendroit faire, que la reünion en icelle des heretiques : l'argent et la crainte des forces ont tres grande puissance sur ceste nation tudesque; par ces deux moyens se fera des merveilles en icelle. Ceste entreprise est d'autant plus facile, que l'aguerriment des Espagnols et la vaillance

---

(1) Jacques Ier.

des Français seroient joinctes ensemble, dont l'heureux succez doit estre attribué entierement à Dieu, reglant et expiant les consciences des majestez des roys de toutes ambitions, avarices et desseins autres que celuy de la gloire de nostre Seigneur Jesus-Christ.

Sire, trois ans estoient passez depuis que j'avois escrit ces Advis, non par presomption, ains pour cognoistre s'il y auroit quelque conformité entre iceux et vos genereux desseins, ainsi qu'il reüssissoit au commencement, en ce qu'aviez attaqué les foibles places avant qu'assieger les plus fortes, et mis la division au party huguenot, recevant en vostre protection les pacifiques. Ainsi qu'il faut que tout cede à vostre valeur et bon-heur, se doit semblablement à vos conseils, par lesquels heureusement vous avez justifié vos armes, n'y ayant rien plus raisonnable que restablir les ecclesiastiques dans leurs biens (1), ny plus juste que l'obeïssance vous soit renduë en toutes les villes de vostre royaume, et n'enduriez les assemblées des Huguenots sans vostre permission, lesquels, lors qu'ils commençoient à prendre vos deniers et ruïner vos subjets pour vous faire consentir par la force ce que le droit leur desnioit, le ciel a porté la justice de vostre costé, de laquelle vostre Majesté a si bien usé, que cinquante six places prises sont les trophées de vostre victoire, vostre prudence ayant choisy le temps à propos que l'Allemagne est en guerre pour mesme dessein, vostre courage admiré de tous les peuples, qu'en l'aage auquel vous estes vous ayez plus fait que tous vos predecesseurs, en creance que vous sçaurez pourvoir à tous evenemens, et que la mort de tant de braves hommes qui ont espandu leur sang pour vostre service, ne sera sans fruict, d'autant que si ce n'estoit que pour avoir pris quelques murailles, elles ne seroient equipollentes à la moindre de leurs pertes. Consideré que les hommes de la faction contraire demeurants en grande puissance, leurs cœurs offencez, il y aura peril que, lors que vos armes seront posées, ils n'entreprennent de se remettre en estat de se proteger eux-mesmes à vostre prejudice, ainsi qu'au passé, pour le soupçon en quoy ils sont de leur ruyne entiere; tellement que par la paix vostre Majesté sera forcée de tenir tousjours une armée payée pour faire obeyr ceux qui contreviendront en sorte que ce soit à vos edits, non sans apparence d'autres eslevations, si ce n'est que paracheviez ce qu'avez si courageusement commencé; et hazarder le tout pour le tout, attaquer et prendre La Rochelle et Montauban l'année qui vient, et cependant desmanteler toutes les places que vous avez ja prises, à ce que ce party, entierement abbaissé, ne se puisse relever par l'assistance de quelques princes ou autres mal-contans. Il n'est rien plus aisé que remarquer les fautes quand elles sont passées, et plus difficile que de les prevoir et esviter, ce qui n'appartient qu'aux grandement experimentez, encores que plusieurs d'icelles adviennent par evenemens fortuits hors la creance des hommes, lesquelles ne peuvent estre imputées à ceux qui commandent, ainsi que plusieurs sont advenuës au siege de Montauban, lequel n'estoit du nombre des foibles places qu'il falloit attaquer, cognoissant les grandes fortifications et quantité de gens de guerre qui y estoient. Je sçay la difficulté qu'il y a d'expugner une ville scituée sur des rivieres et traversée d'icelles, qu'il est necessaire de diviser les armées en deux ou trois parts; si ose-je dire, avec permission de vostre Majesté, qu'aux grandes places il ne faut attaquer fermement que d'un costé, et se contenter d'empescher que le secours n'entre par les autres. Ainsi fismes nous à La Rochelle, qu'il ne tint qu'à M. d'Anjou, depuis Henry III, qu'il ne la prinst, à quoy il fust empesché par la division de son frere d'Alençon, du feu roy vostre pere et prieres des Polonnais, non qu'il ne fust logé à dix pieds de dessus le rempart en trois grandes bresches, et qu'il ne tinst entierement le bastion de l'Evangile; et n'a tenu qu'à n'avoir voulu les prendre.

Cette place de Montauban ne se devoit assieger contre l'hyver, et moins sans l'assistance de huict ou dix mil lansquenets, gens qui vont aux assauts et servent pour sappe et pour mine grandement. Pareillement la santé des armées n'est moins recommandable que la paye et les vivres d'icelle: loger en bon air, enterrer les putrefactions, joinct aux grands hospitaux qu'il falloit eriger en divers lieux. Au passé les places estoient mieux defenduës; nous tenons des guerres de Flandres le moyen de les prendre, dequoy c'est merveille de ne les avoir imité; et n'y a personne qui puisse debattre qu'il ne faille que le fort emporte le foible en peu de temps, en suivant ces reigles infaillibles. Apres que l'armée sera asseurée pour le dehors par avantageux logis, ou quelque retranchement, n'attaquant que d'un costé, faisant les tranchées flanquées, et des places d'armes closes et defensibles des quatre costez, gagner la contrescarpe, ce qui ne se peut empescher; estant dans icelle, faut faire des tranchées tout du long de la forteresse, tel-

---

(1) Édit de 1520, qui ordonne la restitution des biens ecclésiastiques dans le Béarn. C'étoit la reine Jeanne d'Albret, mère de Henri IV, qui les avoit confisqués.

lement que le fossé demeure egallement my-party entre les assiegeans et les assiegez, lesquels ne se peuvent presenter ny paroistre dedans qu'ils ne soient arquebusez; percer la contrescarpe, et se couvrir à main gauche et à main droicte de terre, ou creuser profondement, et faire des galleries pour aller au terrain de la courtine, ou, pour le mieux, ne se couvrant que d'un costé, aller à un bastion, et là, par le moyen de la sappe ou de la mine, le renverser et aller loger dessus avec trois cens hommes armez, flanquez de mousquetaires; et outre ceux qu'il faut pour les soustenir, il en faut mil qui leur portent sacs pleins de terre, balles de laine et bois pour se couvrir. Sont icy deux conditions principalles : toutes personnes qui penseront garder les tranchées avec l'infanterie française, desarmée comme elle est, s'abuseront : à l'attaquement de ces grandes villes, il est necessaire d'avoir ordinairement cinq cens picquiers cuyrassez et bien armez, de la cavalerie qui aura mis pied à terre dans ces grands corps de gardes susnommez, ce qui empeschera tous accidens et sorties ; et si dans une armée il y a deux mil chevaux, en une necessité, il faut que de vingt et quatre en vingt et quatre heures il y en ait cinq cens aux tranchées, et cinq cens à cheval; puis qu'ils sont bien payez ils ne le peuvent refuser. Mais le soupçon que les guerres civiles ont engendré à vostre Majesté, a fait qu'il n'a esté entretenu que douze cents chevaux, tant à vous qu'aux reynes, monseigneur vostre frere, et vos freres naturels : cela n'est assez, et, de plus, mecontente tous les principaux de vostre royaume, qui ne sont employés : il faudroit remettre l'entretenement de huict mil chevaux, comme il estoit au passé, donnant les compagnies aux capitaines non partials. Et ne pensez pas que ceux qui croyent n'estre entretenus qu'en temps de guerre, veuillent demeurer aux armées, et faire credit de leur paye, ainsi que ceux qui seroient entretenus, par la peur d'estre licentiez en temps de paix, feroient. Un autre poinct tres-necessaire, c'est qu'aux sieges il ne s'y faut nullement haster ny precipiter.

Sire, ce n'est rien et de peu d'importance de n'avoir pris Montauban, au peu de temps que vous avez esté devant : le prince de Parme tomba bien en plus grande faute, assiegeant Mastric, où il demeura un an ; et, n'estant pas encore bien experimenté, il hazarda et perdit tous les plus braves de son armée aux assaux ; et enfin, sage par experience, aprist comme il falloit prendre les villes pied à pied. Et depuis les Espagnols ont demeuré trois ans devant Ostende. Il n'est point de besoin pour cet hyver de faire des forts, mais bien de faire un camp fermé, auquel vous laisserez une petite armée, et plus de force que vos ennemis ne sçauroient mettre sur pied; et au prin-temps, faire levée de huict mil lansquenets, et de six mil Suisses. Faites provision d'argent, et augmentez les regimens de gens de pied, mettez ordre à vostre gendarmerie; infailliblement le siege de Montauban ne durera deux mois, quelques forteresses qu'ils y puissent faire cependant, pourveu que l'on y employe les capitaines qui sçavent que c'est. Que si au contraire vostre Majesté veut donner la paix à ses subjects, bien qu'à la verité il semble qu'il y a de la diminution de vostre authorité, si vous n'entrez dans Mautauban ; mais vostre puissance est si grande, et le nom de roy tant estimé et prisé en France, que s'il vous plaist retomber en la premiere voye cy-devant proposée, de regner en equité, eviter tous evenemens contraires, que vostre Majesté continuë en la crainte de Dieu, face justice, descharge son peuple, reforme les desordres et abus qui sont en l'Estat, et toutes choses reüssiront à la gloire de nostre Seigneur, et à vostre contentement.

Troisiesme Advis pour faire la guerre contre le roy d'Espagne.

LA guerre contre le roy d'Espagne, à sçavoir si elle est juste et utile.

Les royaumes, les provinces, les biens occupez, raviz et vollez injustement, par force, par circonventions et impuissance des vrais possesseurs, contraincts à une paix honteuse et dommageable, iceux le peuvent rompre et violler, lors qu'ils connoistront leurs advantages, et ce d'autant plus quand artificieusement, sous couverture d'icelle, par voyes indirectes il s'y est contrevenu, ainsi que le roy Catholique, sous le manteau de la religion, a fait faire la guerre huict ans en France, tendant à l'occuper, ou à la diviser en tetrarchie, par l'assistance des princes de Lorraine, en despence de six millions d'or, desseins continuez en la personne de Biron, et depuis de Conchine, persuasions à la Reyne vostre mere, dont il se vouloit prevaloir sans qu'elle s'en apperceust. Les lois permettent au commun et aux particuliers de se restituer contre un traicté, fraudez de la moitié de juste prix. Les roys ne sont obligés à maintenir les cessions dommageables de leurs predecesseurs injustement faites, mesmes n'y ayant les estats generaux du royaume esté assemblez, ny consenty aux abbreviations des provinces, souverainetez, droits et heritages de la Couronne. Les Espagnols s'excusent de n'avoir entrepris de troubler la France, que pour maintenir la religion catholique, et rendre ce qui leur avoit esté presté du temps de l'empereur Charles-Quint ; que la France favorisa les rebellions du duc de Saxe, landgrave de Hesse, et duc de Witemberg, lesquels receurent cent mil livres du roi Henry II, qu'ils empruntèrent sous couverture de l'achapt de Montbelliart, pour maintenir les princes lutheriens contre la maison d'Autriche, en suitte dequoy les Français occuperent Metz, Thoul et Verdun; naissance de l'interim d'Allemagne, qui n'eust esté sans l'assistance des Français aux Lutheriens. Et les roys Henry III et IV ont fomenté une fois sous terre, et puis ouvertement les rebellions des estats de Flandres, par l'assistance des duc d'Alençon, et du feu Roy, pere de vostre Majesté, qui les a secourus d'hommes et d'argent douze ans durant, en dépence de quatre millions d'or, de la vie et du sang de quantité de Français, dont la fin a esté la soustraction de l'obeissance des Ollandais, qui se sont faicts quitter la souveraineté, pour laquelle maintenir contre le roy d'Espagne, s'y entretient encores deux regimens français, en mauvais exemple de tous ceux contre lesquels leurs subjects, sans aucun droict se peuvent authoriser et departir de leur souveraineté. Les offences de ces deux rois comparées et balancées, celles contre la France se trouveront exceder toutes autres; elle peut avoir favorisé par juste pitié les princes d'Allemagne expulsez par la maison d'Austriche, et les subjects de Flandre mal traictez et tyrannisez; mais le roy d'Espagne a entrepris dans le cœur de la France d'y establir un roy de la maison d'Austriche, la diviser en principautez, et la reduire partie en gouvernement populaire et oligarchie : ce qui a englouty un million d'hommes et tué insidieusement deux roys l'un apres l'autre; offence qui retombe avec raison dans le courage de leurs successeurs. Reste à voir ce que ces rois tiennent les uns des autres : le royaume de Naples, qui apartenoit à la maison d'Anjou, despuis justement reconquis par les roys Charles VIII et Louis XII, lequel, de bonne foy [quoyque sans raison ni bon conseil], associa Ferdinand, roy d'Espagne, à l'occupation de la moitié d'iceluy, et le partager entre eux; infidele compagnon, qui en chassa le Français par l'expérience de Consalve, qu'ils nommoient le grand Capitaine. La souveraineté de Flandre n'avoit jamais esté mise en controverse, et quittée par le traicté de Cambray; la duché de Milan, appartenant à Valentine, mariée au duc d'Orleans, incorporée à la coronne de France, dont les rois sont heritiers legitimes, et detenuë par les Espagnols ; les mesmes possedent la Navarre sans aucuns tiltres, que d'une bulle d'excommunication du Pape : contre lesquelles occupations ils demandent la duché de Bourgongne, refutant l'incorporation à la Couronne, et la loy salicque, qu'ils maintiennent ne devoir avoir lieu qu'en vostre royaume; que du moins la propriété leur appartient, ainsi qu'elle estoit aux ducs de Bourgongne, dont ils ont espousé Marie, heritiere, fille de Charles, dernier duc de ceste maison. Et quant à la Bretagne, où ils pretendent quelque droict, il prist fin par la mort d'Elizabeth de Valois, mariée à Philippe d'Espagne: droit qui renaistroit plustost aux ducs de Lorraine, sortis d'une fille de France, issué en droite ligne d'Anne, duchesse de Bretagne, mariée au roy Louys XII, qu'à ceux lesquels ont beaucoup moins de droict sur le royaume de Portugal, qui devoit escheoir à la royne Catherine de Medicis et aux successeurs de la maison de Boulongne, ou autrement au duc de Parme. Ainsi ne seroit point besoin de chercher des pretextes, et alleguer que le droict est dans les armes, puis que la justice, les ressentimens, les offences, la retention et occupation de deux royaumes, et de tant de provinces qui appartiennent à vostre Majesté, vous le donnent. Et ensuitte, d'entreprendre et rompre la paix honteuse, redemander vostre heritage, et ce qui estoit à vos predecesseurs, est à considerer s'il y a autant de facilité et d'utilité qu'il y a de justice.

C'est une puissance formidable et dangereuse pour la France, qu'ils possedent toutes les Espagnes, les Indes Orientales et Occidentales, les provinces de Flandres, Luxembourg, comté de Bourgongne, les royaumes de Navarre, de Cicile, de Naples, et duché de Milan, les costes d'Afrique, et alliez si estroictement à l'Empire et à l'Austriche, qu'ils debattent les royaumes de Boëme et d'Ongrie. Heureux en conseils de paix et de guerre, par lesquels ils maintiennent tant de pays separés ; riches en argent, ayant peu acheter la pluspart de l'Europe par leurs conquestes des Indes, l'or et l'argent ayant esté trente fois redoublé à leur profit; l'obeissance et la milice reglée ont repris naissance dans leurs armées. Ces considerations veulent de grandes puissances, confederations, ligues, et argent pour entreprendre contre eux. Les royaumes, les armées et les puissances de vostre Majesté sont toutes ensemble, contiguës, et sans separations. Une noblesse incomparable en valeur, grande quantité de soldats belliqueux : les limites de leurs conquestes ont esté dans la Terre

Saincte, la Grece, toute l'Italie, sans estre assistez que de leurs propres vertus, et d'aucuns qui les abandonnoient tant aux adversitez qu'aux prosperitez, qui rendoient leurs travaux inutils; et apres ont resisté à toute l'Europe conjurée contre eux, au temps du grand roy François.

Jugeant de l'advenir par le passé, vostre Majesté ne peut faire cette guerre sans une ligue et assistance de roys, de republiques, princes, contraires à l'Espagne, mesme du Turc, des Mores, Grenadins, de ceux de Faix et de Marot à la necessité. L'Europe est partie en deux factions, catholiques et heretiques; l'Espagne possede la premiere, et vostre Majesté est forcée en ce dessein de se jetter dans la contraire, composée des roys d'Angleterre, Ollandais, Protestans d'Allemagne, des Venitiens, et ennemis de la maison d'Austriche; tous lesquels, tant pour la religion nouvelle, que pour la crainte qu'ils ont des Espagnols pretendans la monarchie, se joindront avec vous, principalement quand ils y seront interessez, et qu'ils auront leur part des conquestes. Prenez garde qu'en continuant la guerre civile en vostre royaume contre vos sujets, vous n'ayez pris insensiblement le party des Espagnols, lesquels se fortifient à vos yeux, voyans contre vous, par la conservation de la Valtolline qui ne leur appartient point, et de la guerre contre les Grisons qu'ils menacent, en peril eminent de vous faire perdre l'alliance des Suisses, du moins des cantons catholiques, qui ja sont leurs pensionnaires, et du traicté qu'ils font avec le duc de Savoye pour conserver ladite Valtolline en cas que les vouliez assister.

Le premier combat est de la conscience, cette guerre ne se pouvant faire que les triomphes de la victoire ne soient au profit des heretiques; et de plus, le feu et le sang innocent espanché par toute l'Europe trace le chemin des Turcs et Infidelles, non sans disputer qu'il ne valust mieux quitter ce qui appartient de droict, que de tomber en tant de malheurs et de pechés pour l'obtenir; mais aussi d'endurer l'establissement de cette grande puissance qui peut esperer en la monarchie universelle, et qui est directement contraire à vostre Majesté, est un extreme danger, veu que par leurs pistolles ils peuvent, sous l'apparence du bien public, allumer en un instant la guerre civile en vostre royaume; pour à quoy pourvoir deux moyens se presentent, le premier difficille, le second plus juste et facile. Pour le premier, seroit force dés le commencement d'encourir en la mocquerie, selon le succez, de la fable de l'ours, de la peau duquel les compagnons faisoient partages avant que l'a-voir; traicter, promettre aux Venitiens et duc de Savoye le duché de Milan, aux Anglais une partie de la Flandre, aux Protestans l'eslection d'un empereur ennemy de la maison d'Austriche, et aux Ollandais leurs conservations en souveraineté, à charge que tous reconneussent la couronne de France au partage des conquestes qu'ils obtiendroient.

Divers moyens sont proposez pour le commencement de cette œuvre, dont l'importance est de negocier dans l'Allemagne avec les ennemis d'Austriche qui s'opposent aux empereurs, et avec les Ollandais, les menacer d'en tirer le secours; aux Venitiens et Savoyards, leur asseurer le partage dans la duché de Milan; et sur tout aux Anglais, les rendre neutres, ou leur donner aux conquestes de Flandre, sans oublier les Transilvains, Hongres et Boësmes, nouvellement eslevez contre l'Empyre. Tant que les Espagnes demeureront en paix, ils conserveront le reste de leur domination: le temps, la division des ligues et associations accoustumées, faict pour eux qui ont l'argent.

Les grands empyres et puissances doivent estre assaillies dans le cœur et dans les entrailles d'icelles; ainsi Alexandre ruina l'empyre de Darius; les Carthaginois eussent perdu les Romains, si Annibal eust sceu suivre sa victoire. Si le duc de Bourgongne ne se fust amusé au siege de Nus, et eust esté joindre les Anglais qu'il avoit faict descendre en France; et si recentement les Anglais ne se fussent amusez à Boulongne, et se fussent joints avec l'empereur Charles-Quint, qui de sa part avoit trop demeuré au siege de Sainct Dixier, et que sans sejour ils fussent venus devant Paris avec les grandes armées qu'ils avoient, ils eussent reduit la France en beaucoup de peril. Il faut porter la guerre dans le cœur d'Espagne, et montrer la vanité de ce proverbe, que les foibles y sont battus, et les forts affamez. Les Anglais y sont entrez par le Portugal, et les Français, sous le connestable de Guequelin, y ont restablis les roys de ceste nation spoliez de leurs Estats. C'est icy l'ordre qu'il y faudroit tenir. Trois armées de Français, dont la plus grande et la plus forte, composée d'une levée de dix mil Suisses que lansquenets, de quatre mil chevaux et de vingt mil hommes de pied, equipage de dix canons, entrent dans l'Espagne au temps des moissons, et, sans s'amuser au siege de Pampelune, marchant, fortifieroient passablement des places de huict en huict lieues, pour favoriser les conduittes des vivres qui viendroient de France. Une armée de deux cens galleres, vingt navires de Venitiens garnies de Français, conduisans un grand amas

3.

de bled et de vivres, chargées dans les costes de Provence et Italie, arrivent à mesme temps au siege des plus grandes villes d'Espagne, lesquelles n'estant fortifiées, ne peuvent resister un mois, et deux d'icelles prises favorisent la conqueste du reste. A l'entrée, la ville de Barcelonne se peut prendre, qui n'est fortifiée; de là à Sarragoce, ville dont le siege ne peut durer huict jours : là se trouvera quantité de vivres, joints à ceux qui viendront par la mer à Barcelonne, pouvant l'armée navalle suivre les costes du Languedoc, se rafraischir et charger de bleds à Narbonne. Cette entreprise, bien et courageusement conduite, a tant de facilité, qu'elle fait esmerveiller où les anciens roys de France ou leurs conseillers avoient l'esprit, pourquoy de long-temps ils n'ont executé ce dessein. Les Portugais sont anciens ennemis des Espagnols, qui se revolteroient contre eux pour avoir un roy de leur nation; et les Grenadins, Maranes et nouveaux Chrestiens sont encores en grand nombre, mal affectionnez aux Espagnols. Que si la bataille se presente, qui est à souhaitter, estant le commun des Espagnols non aguerris, n'y ayant que ses dix mil soldoyez, desquels la moitié est occupée aux garnisons d'Italie et de Flandres, qui sçachent le mestier, la victoire est sans doute.

La seconde armée, composée des Français, reistres et lansquenets, seroit necessaire aux frontieres de Flandres et Allemagne, dans la Picardie et la Champagne, contre ceux qui voudroient entreprendre; et la troisieme, joincte avec le duc de Savoye s'il se retournoit français, pour attaquer le duché de Milan; et les Ollandais, continuër leurs entreprises en Flandres. A la nécessité se traitteroit avec le Turc, pour donner dans ce qui appartient à ceux d'Austriche, à ce qu'ils ne secourussent les Espagnols. Susciter les Mores, Grenadins, royaume de Faiz, et faire alliance avec eux, et à l'imitation des Espagnols ennemis, qui ont fait la plus-part de leurs guerres par surprise. Le secret et le silence seroient fort utiles, tant pour pouvoir assembler des armées sans donner alarme, que pour surprendre des places en un mesme jour en l'Estat de Milan; à l'entrée d'Espagne et en Flandres, feindre une guerre contre les heretiques. A quoy se peut objecter que, n'ayant traicté avec les estrangers contraires aux Espagnols, les associations de ligues seroient plus mal-aisées, La response est que l'inclination et interest de tous les potentaux ennemis du roy Catholique estant telle qu'elle est, ils seront tousjours prests à traicter et se joindre avec la France, et que les negociations faites avec eux auparavant les levées d'armées, empescheroient les surprises. La prudence seroit, en Espagne, de ne s'amuser à leurs camps fermez, et marcher contre leurs grandes villes peu fortes et faciles à prendre, se munir et preparer contre leurs finesses ordinaires. Le siege estant devant une de leurs villes, il n'y a point de doute qu'ils viendroient pour la secourir, en fortifiant leurs camps de deux en deux lieuës; pour à quoy pourvoir, il faudroit estre adverty de leur deslogement, promptement quitter le siege, essayer de les combattre sur les chemins, ou, sans leur donner plus de temps qu'une nuict pour se fortifier, les assaillir dans leurs fortifications imparfaictes, considerant le costé où l'assiete les favoriseroit le moins. Et en effet, le principal consiste à combattre promptement, avec discretion, et sans se precipiter contre une forte assiete des ennemis. Et quand il adviendroit que l'on ne voulust quitter le siege, et que l'armée française se trouvast entre leur camp et leur ville, usant icelle de fortification, elle ne lairroit d'attaquer la ville en leur presence, et de les combattre s'ils venoient à tourner avec toutes leurs armées pour approcher la ville, laquelle ne se laisseroit pas de prendre, si lesdicts Espagnols se contentoient d'y mettre seulement du secours, estans leurs villes si foibles, qu'elles se peuvent facilement expugner apres une grande batterie. Ils ont si peu d'hommes pour les espancher en tant de pays, et en ont tant de manquement depuis qu'ils ont chassé les Mores, que si la France avoit defendu la sortie de huict ou dix mil Français qui tous les ans passent en Espagne, ils demeureroient sans forces, et ceste entreprise, bien conduitte avec prudence, infailliblement reussiroit.

L'entreprise d'Italie est beaucoup plus facile : elle tend les bras à la France, et semble maintenant necessaire, par le traicté secret qui de nouveau a esté fait d'Espagne et de Savoye, et avec tres-grande facilité, parce que generallement tous les peuples d'icelle sont lassez de la domination espagnolle, et nommement les citadins des villes, qui en veullent grandement à la noblesse et aux personnes puissantes que les Espagnols favorisent, et qui ont occupé la domination tyrannique; tellement qu'il est sans doute que dés que vostre Majesté paroistra avec une grande armée, tout se revoltera contre les Espagnols, nommément Gennes, Milan, et generalement tous les peuples d'Italie, lesquels ne desirent qu'une nouvelleté pour se soustraire de la tyrannie espagnolle.

Les conquestes de Piedmont et de Savoye avoient esté bien commencées par les roys François et Henry II; mais ils avoient oublié le principal pour la manutention d'icelle, qui est de suivre l'exemple des Romains et des Turcs, conquerir de proche en proche, et laisser des legions ou grandes garnisons sur la frontiere. Seroit necessaire d'occuper toute la Savoye, le Piedmont, Nice et Gennes, entretenir sur la frontiere de grandes garnisons, et ruyner toutes les places fortes de Piedmont, continuer ses conquestes sur l'Estat de Milan, et ne tenir forteresses qu'aux frontieres, reduisant le tout à l'exemple des empyres, dont la force consistoit au grand nombre d'hommes, ainsi que celle des Romains, des Turcs et des Perses : en quoy il y a quelque comparaison de la France à icelle, d'autant qu'il y a une grande quantité d'hommes, lesquels, aguerriz, pourroient, à l'imitation d'icelles, occuper une monarchie. Et faudroit ne s'amuser point aux places de Piedmont en sorte que ce soit, et prendre premierement les villes de Milan et de Gennes par l'assistance des peuples : l'un et l'autre est facile, tant pour l'inclination d'iceux, que pour le peu de forteresses qu'il y a. Et quant à Gennes, elle sera aisée à surprendre par la mer, s'il n'y avoit que la garnison des galleres ordinaires; sinon il la faut attaquer par la terre, car infailliblement les peuples de Gennes se revolteront contre la noblesse; et laissant une legere armée devers le Piedmont, elle seroit bastante pour prendre des places, ou du moins arresteroit les forces du duc, à ce qu'il ne peust empescher la liberté d'Italie. Et ne faudroit faire comme les roys Charles VIII et François I firent : faudroit mettre les peuples en liberté, et les exalter contre la puissance des petits tyrans d'Italie, et restablir entierement le gouvernement populaire et aristocratique par toutes les villes, les proteger entierement sans les abuser; qui feroit que tous iceux ne respireroient ny ne regarderoient qu'à la France, et deviendroient ennemis du roy d'Espagne et de tous les petits potentats d'Italie.

Premier que de commencer un grand dessein, à l'exemple des anciens peres et vrays Chrestiens, il se doit conseiller à Dieu, et, sans se flatter, voir la justice de l'entreprise; laquelle une fois resoluë, il faut passer sur la consideration de tous les petits maux que l'on peut faire, mesmes contre la conscience, lesquels il faut mettre sous les pieds pour parvenir au but principal. Tant d'empereurs chrestiens se sont aydez des Infidelles : le roy François fit venir une armée turquesque au siege de Nice, et les Espagnols ont soupçonné le roy Henry III d'avoir envoyé en Ormus et à Edem, villes appartenantes en partie aux Infidelles, pour les revolter contre l'Espagne, et se joindre avec eux contre les conquestes des Indes et de Portugal. La creance qu'ils ont eu que le roy Henry IV vouloit susciter les Mores et Grenadins contre l'Espagne, a esté cause qu'ils les ont expulsez de leur pays; et cependant ils traictent avec les Turcs et avec les heretiques d'Ollande, retombant sur eux le reproche et le blasme qu'ils donnoient aux autres. Ceste grande entreprise est digne d'un grand roy, et ne seroient les foibles desseins de Charles-Quint et du roy François, lesquels prenoient ou perdoient deux ou trois villes en un esté, et affligeoit toute l'Europe. Qui veut commencer une guerre, il en faut projetter une tres-prompte fin, pour delivrer les hommes des miseres qu'elle apporte, et ne se doit faire la guerre que pour avoir la paix. Pour respondre à ceux qui demanderoient où seroit l'utilité des François, c'est qu'apres ceste grande invasion de toutes parts contre les Espagnols, il les faudroit contraindre à une paix par laquelle ils rendissent la Flandre à la France, les duché de Milan et royaume de Naples. Et ce qui fait resoudre d'employer et promettre la conqueste de Milan au duc de Savoye et Venitiens, est parce que toute l'Italie craint la domination, tant des Espagnols que des François, et aymeroient beaucoup mieux estre sous un duc particulier que sous eux, ce qui se pourroit faisant l'entreprise d'Espagne. Mais au contraire, si c'estoit pour mettre en liberté l'Italie, qui est le meilleur dessein, faudroit entreprendre sur le duc de Savoye et Venitiens, qui sont les premiers tyrans, et de proche en proche prendre les places pour ne laisser rien derriere. Et quand il n'y auroit autre chose, sinon de diviser ce grand empire intelligent de l'Allemagne et Espagne, et de tant de provinces subjectes, qui menacent la France, qui espient tous moyens pour la renverser, ce seroit beaucoup : seroit à souhaitter à vostre Majesté que plusieurs princes et souverainetez eussent affoibly ce grand corps qui vous est contraire, par l'acquisition de quelques membres separez d'iceluy.

Ceux qui veulent entreprendre et accroistre leurs dominations, doivent lire les histoires anciennes du succez des desseins et entreprises passées, du naturel, actions, deportement des roys et des peuples, des fautes qu'ils ont commises, tant du passé que du present, contre lesquels on veut faire la guerre, car rarement se changent les humeurs et naturels; les Français vaillans et souvent desordonnez; les Espagnols fins et observateurs de la milice; les Italiens defians et peu courageux; les Allemans tardifs et lents à se resoudre; les Genevois sans foy; les Florentins fluctuans; et tous portez, comme le commun des hommes, à leur interest et libertez particulieres par lesquelles il les faut esmouvoir.

Sur tout considerer les fautes que les Français ont faités en leurs conquestes, pour en eviter deux qui sont tres-remarquables; la premiere, d'entreprendre aux provinces esloignées, et laisser les fins amis ou ennemis derriere, ainsi qu'il se faisoit aux conquestes des royaumes de Naples, de Sicile et duché de Milan; et quand ils croyoient avoir tout gagné, tout estoit perdu par la legereté, défection et revolte des fins amis associez et neutres. Ainsi se fit la ligue de toute l'Italie contre Charles VIII, apres sa conqueste de Naples, et les ducs de Savoye, ne gardant la fidelité qu'en tant que leurs interests les y convient. Seroit utile de restablir les legionnaires erigez par le roy François I pour aguerrir la plus grand part des peuples, lesquels ne se trouveront avoir moins de courage que les Suisses; avoir tousjours des forces prestes pour resister aux entreprises que le roy Catholique pourroit faire aux frontieres de Provence. Ainsi seroit tousjours necessaire d'avoir trois armées, faire provision d'une bonne somme d'argent, tant de celuy de France que des Venitiens et alliez qui espereroient au debris de ceste grande puissance d'Espagne. Les effects passez depuis peu, apres la bataille de Lépante et la guerre en France contre Henry IV, là où l'experience a monstré combien les ligues, mesmement de diverses nations, ont peu de durée, et ce d'autant plus qu'elles se font entre celles qui autrefois ont esté contraires, ou en amitié avec ceux sur lesquels est l'entreprise; c'est pourquoy par necessité les effects de la guerre doivent estre prompts, et en peu de temps executez, tant par surprises de villes que par hazard d'une bataille, laquelle doit estre cherchée des conquerans. Pour le choix de l'un de ces deux desseins, d'Italie ou d'Espagne, ils ne reüssiront jamais qu'en suivant ce qui est dict cy dessus, de ne laisser rien derrier soy: et celuy d'Espagne, le plus glorieux et le plus mal-aisé, veut une grande resolution, grand courage et beaucoup de prudence, par lesquels sera annullée l'opinion de la difficulté de conquerir ce royaume, pour la sterilité d'iceluy; et pour l'autre dessein, changeant le proverbe, que l'Italie soit le cimetiere des Français, par un grand aguerriment et ordre contre les retranchemens des Espagnols, lesquels par un temporisement ont tousjours esperé de matter les Français, croyant que ceux qui ont le dernier escu ont la victoire. Et d'autant que le duc de Savoye est allié en apparence à la France, l'on le pourroit recompenser au milieu du royaume en terres equipollentes à la valleur de ce qu'il possede, si mieux il n'aimoit laisser toutes les places de son Estat à la puissance des Français. Ces entreprises bien conduittes, et nommément celle d'Italie, y observant les moyens cy-dessus alleguez, avec l'ayde de Dieu reüssiroient.

Quatriesme Advis, pour faire la guerre contre les Turcs.

La justice et utilité du dessein contre les Turcs est de facile demonstration; reste le pouvoir de l'executer. La religion chrestienne nous y oblige: la cruauté et barbarie d'iceux se voit journellement en la ruyne de la chrestienté: deux mil enfans, annuellement arrachez du sein de leur pere et mere, sont forcez de recevoir les superstitions mahometanes, les costes de l'Europe couruës par les pyrates; és descentes d'iceux dans les lieux maritimes, enlevent les femmes et les enfans, les trocquent, les vendent comme s'ils estoient bestes, et toutes sortes de tourmens ne sont espargnez pour leur faire renier leur foy. Ils possedent la Terre Saincte, arrousée de tant de sang de genereux Français: leur posterité est obligée à ceste vengeance; les saincts lieux où nostre Seigneur Jesus-Christ a fait tant de miracles, où à son advenement a esté divinement prophetisé par tant de patriarches et prophetes, illustrez de tant de merveilles contenuës au vieil et nouveau Testament, les y convient. Y a il rien plus raisonnable que de chasser et chastier des meurtriers et assassinateurs, sans honneur, sans foy et sans loy, violateurs des droicts des gens, et ennemis de la vraye divinité? L'utilité n'est moins considerable: si Solyman eust pris Vienne en Autriche, qu'il avoit assiegée, c'estoit une digue rompuë pour inonder l'Allemagne et l'Europe; si le siege de Malthe luy eust reüssi, où estoit le commerce de la chrestienté; et si la descente faicte au cap d'Autrante fust esté suivie, l'Italie estoit en branle, sans que cela eust exempté ceux qui disent en estre fort esloignez, d'autant que, ces premieres barrieres faussées, le danger se verroit dans leur propre pays: et si les Perses faisoient une paix asseurée avec les Turcs, toutes les puissances de ces Infidelles tomberoient tout à coup sur la chrestienté, laquelle si ne s'esveille et s'esvertuë plus qu'elle ne fait, ils trouveront de grands moyens pour la perte d'icelle. Et quoy que la quantité des Turcs ne leur permette d'occuper tant de terres, combien de fois s'est il veu qu'en Asie et en Affrique aucuns des roys ont pris le party des Romains contre les autres? et encore que les legions romaines en fussent assez esloignées, ils ne laissoient, par la crainte, de prester toute obeyssance aux Romains, qui enfin les engloutissoient sous leur domination.

Les confederations et associations, amitié et intelligence avec les Infidelles sont prohibées et defenduës de Dieu, et de tres-malheureux succez : c'est la ruyne de l'empire de Constantinople, pour laquelle secourir contre les Bulgares furent invitez les Turcs, guidez des Chrestiens au passage d'Asie en Europe. C'est la veritable division du christianisme quand partie est joincte avec les Infidelles ; c'est la perte de la Grece, de l'Hongrie de nostre temps, et de la Terre Saincte conquise par nos ayeuls. C'est la mesfiance et le soupçon qui empeschent l'entreprise de tous les potentats de l'Europe, dont partie craignent que les alliez des Turcs ne les assistent, du moins que, se tenant neutres, ils regardassent l'affoiblissement de leurs Estats par ceste guerre, pour apres les envahir et supediter ; leur semble que les uns ne sont plus obligez que les autres à ce dessein, avec imprudence des roys qui ne se veulent mesler d'une telle entreprise, d'autant que ceux qui l'entreprendroient et en viendroient glorieusement à bout, fonderoient une monarchie qui leur seroit formidable ; sans considerer que si les Turcs venoient à opprimer l'Allemagne avec ceste grandeur demesurée, la France seroit en eminent peril. Et parce qu'il se dit que la France ne patit point, ains seulement l'Hongrie et autres villes maritimes, il faut se souvenir que nous sommes sous une mesme religion, et tous freres en Jesus-Christ, qu'autant devons nous avoir de regret de la perte des estrangers que des Français mesmes. Aucuns rendent necessaire l'union de tous les princes de l'Europe pour abolir l'empyre des Turcs, ce qui est du tout impossible. Et par ceste difficulté ne faut rejetter ceste entreprise, estant d'advis contraire, et semble que les deux coronnes de France et d'Espagne, aydées de ceux d'Austriche qui y sont alliez, sont suffisantes pour atterrer ceste monarchie, empescher les autres princes de se mouvoir pendant l'execution d'icelle.

De plus, ils mettent tout le gain en la puissance maritime, laquelle seroit utile pour conquester le royaume de Cypre et isles de l'Archipelague, non pour renverser cest empyre, les forces de terre demeurans sur pied ; et ainsi que disoit un des capitaines d'Anthoine à son general : « Combattons là où nous avons le pied ferme, et que nostre seule valeur demeure dans nos courages et dans nos bras, et ne la remettons à l'inconstance de la mer. » Et quant à ce qu'aucuns alleguent que les Turcs saisissans les ports de Ragouze et de Tunis, qui pourroient empescher le commerce en cas que l'entreprise generalle contre eux ne se fist, il est bien vray qu'il faudroit armer puissamment pour leur resister ; mais quand le trafic de Levant et celuy d'Egypte et de la Palestine seroient rompus, ce seroit le profit des Chrestiens, d'autant que pour quelques sortes de marchandises, soyes, tapis et drogues inutiles, se porte dedans ce pays-là l'or et l'argent, et ce qui est de pis, le fer de France pour nous faire la guerre, estans leurs danrées fort inutiles depuis que les costes d'Affrique jusques aux Molluques, et celles de Baccalaaux jusques au destroict de Magazan, nous fournissent toutes les espiceries et autres marchandises necessaires. Et pour monstrer davantage l'utilité de ceste entreprise aux Français, le dessein est profitable où il n'y a perte ; la France est tellement esloignée des Turcs, peuplée de tant de gens, qu'elle ne peut recevoir aucuns dommages d'iceux, au contraire un profit de quelque perte. C'est un peuple belliqueux, leger et inconstant qu'il faut occuper à la guerre estrangere, ou la civile prend naissance dans eux-mesmes ; c'est un sang boüillant lequel se doit purger par une saignée, à l'imitation des anciens, qui, à la forme des abeilles jettans leurs essaims annuellement, envoyoient hors une grande quantité de leurs peuples, à ce que le reste demeurast en paix. Tels furent les Scimbres et Gaulois, dont les uns prirent Rome, les autres furent defaicts par Marius ; tant de dispersez qui ont esté chercher la guerre jusques au Palu Meotide en Grece, acquerant le nom de Gallo-Grecs ; et, de la souvenance de nos ayeulx, ceux qui ont possedé l'empyre de Constantinople et delivré la Terre Saincte : à quoy les armes et les esprits occupez ne projettent point de faux pretexte contre l'authorité royale, pour s'en prevaloir et diviser d'Estat. L'experience a fait voir que les entreprinses où il n'y avoit pas beaucoup d'apparence de bon succez, celles qui estoient faites par des jeunes roys en sortant de l'enfance, et quelquefois avec peu de forces, heureusement reüssissoient : ce qui advient, parce que Dieu veut monstrer que la victoire, les progrez et bon-heurs des entreprises dependent tous de luy, sans qu'ils se puissent attribuer à la vaillance, prudence, et moins aux forces des chefs, laissant toute la conduitte à Dieu, qui par miracles et merveilles rend les desseins heureux. Telle chose advint au regne de Salomon, depuis en l'entreprise de la Terre Saincte, et de nostre temps à Charles VIII, à la conqueste d'Italie, estant foible de conseil et de complexion, dont l'arrivée estoit prophétisée, ensuite la liberté des Grecs à la ruyne de l'empyre des Turcs, si les pechez des Français n'eussent detourné la volonté de nostre Seigneur.

Il semble que vostre Majesté, en l'estre auquel elle est, tout juste, tout vertueux, plein de courage et generosité, que ceste entreprise vous soit reservée, estant en aage sur lequel les pechez n'ont eu encores aucune puissance; que s'il y en a eu, ils doivent estre attribuez à ceux qui ambitieusement ont gouverné l'Estat sous le nom royal. A ce dessein est opposé deux foibles objections : l'une, qu'a soustenuë Martin Luther, qu'il ne falloit aucunement faire la guerre au Turc; qu'iceux estoient une punition de Dieu qu'il faut souffrir pour l'expiation de nos pechez, et la vaincre par prieres et bons exemples; que c'est treuver à dire au chastiment qu'il plaist à nostre Seigneur nous envoyer : ce qu'il disoit pour avoir commencé son heresie sous couverture de prescher contre la croisade. Au contraire, il a pleu à Dieu mettre les sceptres et les couronnes entre les mains des Chrestiens, comme elles avoient esté dans celles des roys d'Israël, pour opprimer les idolatres; differents en ce que les Chrestiens, par l'obeyssance qu'ils deferoient aux magistrats, obeyssoient aux empereurs payens : maintenant qu'ils ont la magistrature en main, ils y ont aussi l'espée, pour entreprendre et chastier meritoirement les Turcs, heretiques et rebelles.

Une autre difficulté, que cependant que les souverains ont fait la guerre à la Terre Saincte, ceux qui estoient demeurez proche de leurs Estats les envahissoient, et mesme que le roy Richard d'Angleterre fut pris prisonnier en Allemagne en revenant de ce voyage, et qu'outre les voisins de la France il y a plusieurs partis en icelle, qui pourroient entreprendre contre l'Estat en l'absence de vos Majestez et des forces royalles esloignées : accidents ausquels on se peut pourvoir, essayant de faire que tous les roys chrestiens fussent en bonne intelligence, ou que, pour la pieté, ceux qui n'y voudroient ayder se continssent en paix : jetter dans cette entreprise tous les plus mouvans de la France; emmener, s'il se pouvoit, la pluspart des gens de guerre; et lors qu'une grande armée seroit bien disciplinée, elle seroit la citadelle de l'Europe. Ainsi les empereurs romains marchoient diligemment d'orient en occident contre les eslevations qui s'y faisoient. Faudroit laisser des personnes fideles et vertueuses pour regir l'Estat, et resister aux mauvais desseins en l'absence : ainsi fit le roy sainct Louys, durant la captivité duquel n'advint aucun mouvement. Puisque la justice et l'utilité paroissent, il ne reste que le pouvoir, qu'il faut premierement chercher en la supreme puissance: se considerer soy mesme, et purger de toutes ambitions et avarices, reduire ce dessein tout à la gloire de Dieu et à l'advancement de la religion chrestienne, se ressouvenant que ceux qui veulent estre les premiers sont les derniers en merite.

Et d'autant que cette guerre ne se peut bonnement faire que par le consentement et union de vostre Majesté avec le roy d'Espagne, ou par la tollerance et support d'iceluy, ausquels deux obstacles naistront à la source, pour le commandement general et partage des conquestes, celuy qui aura plus de pieté et de devotion le montrera en cedant le premier lieu à son compagnon, et, ne s'en pouvant accorder, le deferer à un legat du Pape. Quant aux conquestes, s'en remettre du tout [apres qu'elles seront faites] à ce qu'il plaira à Sa Saincteté d'en ordonner: heureux qui aura la plus grand part aux victoires et la moindre au partage ! A la facilité de ce dessein est grandement necessaire que la maison d'Austriche y favorise, pour estre toutes leurs provinces proche de celles que possedent les Turcs. Il ne faudroit suivre l'exemple de nos predecesseurs, et moins celuy du roy sainct Louys, qui assaillirent premierement Damiette proche la Terre Saincte; ains faudroit faire la guerre de proche en proche, delivrer les Grecs et prendre Constantinople, avant qu'entamer la guerre en Asie ny en Afrique, à l'imitation des Turcs, lesquels n'ont laissé aucuns ennemis derriere eux. La proximité, l'alliance qui unit ces deux couronnes de France et d'Espagne, est un grand preparatif pour ce dessein, dont les contraires [quand mesme le roy d'Angleterre en seroit] se peuvent arrester par des puissances mediocres, laissées pour la protection de leurs royaumes; à quoy serviront beaucoup cesdictes deux grandes puissances joinctes, qui peuvent donner terreur et loy à l'Europe ; et cessera par la force et raison ceste consideration que les mediocres souverains ont que l'un des deux roys ne se face monarque, pour la crainte d'estre opprimez, puis que leur conqueste n'est que sur les Infidelles, mesmement si les principaux commandements sont donnez à personnes non suspectes, rendant participantes toutes les nations de l'honneur et du profit.

Ceste monarchie turquesque est formidable en puissance, possedant dans l'Europe toute la Grece, la Trace, Constantinople, les royames de Macedoine, l'Esclavonie, les confins de la mer Majore jusques aux Tartares, la moitié de l'Asie pres de Babylone, toute la Terre Saincte, grande partie de l'Affrique, l'empire de Mameluts, le Cayre, Alexandrie, toutes les costes de Barbarie jusques en Faiz et Marot, avec deux grands advantages sur les Chrestiens : le premier, l'obeyssance en forme d'esclavitude, en quoy leurs gens de guerre sont reduits en creance que l'exterminement et chastiment de telle quantité que voudra le Grand Seigneur sera receuë de tout le reste ainsi qu'une punition de Dieu ; et en ceste creance font aller à la guerre et à la mort tous leursdits subjets ainsi qu'il leur plaist, sans qu'aucuns osent demeurer en leur maison à la premiere apparence d'icelle : l'autre, que toutes ces forces sont commandées d'un seul chef, et au contraire les Chrestiens sont contraints d'en avoir plusieurs, dont l'union dure si peu, que, lors qu'il y a apparence de victoire et recevoir les fruicts d'icelle, ils se rompent, entrent en soupçon, jaloux de la gloire l'un de l'autre ; leur semble que l'exaltation d'un d'entre eux est le peril de son associé ; qui ont divers buts, divers desseins, differents en naturel, en langues, en capitaines, en artifices, finesse et courages : ce qui fut experimenté apres la bataille de Lépante, qu'au lieu qu'ils devoient penser à suivre leurs victoires, faire des nouvelles conquestes, deffiance, envie et jalousie dissiperent et annullerent tout leur bonheur, et, se rendans indignes de la grace que Dieu leur avoit faite, s'allerent rompre et separer au siege de Navarrin, à leur honte, chacun craignant l'entreprise de son dict associé. Tellement qu'auparavant et despuis il a tousjours esté facile aux Turcs de resister, n'ayant à faire qu'à une partie des Chrestiens, aux Hongres, quelquesfois aux Venitiens separez, en autre temps aux Espagnols ou Allemands, et rarement se sont jointes deux puissances contre eux, ayans ceste finesse de maintenir la paix et confederation avec tout le reste des Chrestiens qui n'estoient assaillis d'eux, demeurans les esloignez paisibles ; et tant s'en faut qu'ils secourussent les oppressez, qu'ils se resjoüissoient de l'affoiblissement de leurs puissances par les Infidelles.

Ces ligues tant traversées sont susceptibles de toute defiance les unes des autres, les effects et progrez s'en doivent tirer promptement, au contraire de ceux qui ont dit qu'il failloit deux ou trois ans pour en avoir le fruict ; ains, à l'imitation d'Alexandre, qui en deux batailles debella Darius et toutes les forces d'Asie, et de Cesar dans les Gaules, du moins il faudroit reconquerir toute la Grece et Constantinople à la premiere pointe des armes, et dans six mois, dont les moyens sont esclarcis cy apres. L'occasion s'en presente : leur sceptre est en enfance ; les propheties, les signes, menacent d'une entiere ruine et bouleversion leur Estat : tout consiste au gain de deux batailles, l'une en Europe, l'autre en Asie ; leurs forces, leurs gens de guerre, lors que le Grand Seigneur y est en personne, peuvent estre de deux cens cinquante mil hommes, les deux tiers de peu de valeur ; à sçavoir, la cour du Grand Seigneur, les chaouz et autres, font trente mil hommes ; les thimariaux, qui sont ceux qui possedent les seigneuries, fiefs et biens, à charge d'entretenir nombre de soldats, peuvent estre vingt mil ; trente mil jannissaires ; cinquante mil les forces d'Asie qui sont payez ; le reste des hazapy, qui sont les moindres soldats, la pluspart laboureurs ; et se joinct le berjerbei de l'Asie avec celui de l'Europe, amenant les forces qui y sont : s'ils cognoissent que ce soit un grand dessein opposite, ils s'aident de grande quantité de Tartares. Leur ordre de bataille est en trois croissans, les pointes d'iceux sont fortes, à dessein de charger par flanc enclore ceux qui s'y enfoncent ; et desordonnez, se retirent dans le milieu du second croissant, protegez des pointes d'iceluy, qui chargent par flanc ceux qui suivent la victoire, cependant que les fuyards se r'allient pour retourner au combat ; ayant cognoissance que la grande quantité d'escadrons emporte la moindre, d'autant qu'encores que leurs ennemis soient plus valeureux, l'escadron victorieux d'une charge ne le peut estre sans avoir souffert de l'embarrassement, et à la rencontre d'un qui n'a encores combattu, quelque ordonné qu'il soit, se treuve empesché ; et leur principal stratageme est enfin d'entourner et enclorre par circulation leurs ennemis. Ils construisent un fort de pallis enchaisnez, pour se r'allier derrier à l'extremité : devant ce fort il y a grande quantité d'artillerie, partie enchaisnées les unes aux autres, assistée de douze mil jannissaires qui sont leurs meilleurs soldats, et derrier ce fort il y a de grands osts de cavalerie que nous pouvons nommer des osts de reserve en nos ordonnances de bataille ; estans r'alliez avec iceux, ils retournent au combat : leurs armes sont des lances, cimeterres, des arcs, mousquets, peu de pistoliers, et sont couverts de coutonines, turbans, brigantins, et fort peu de cuyraces à l'espreuve. Le principal de leurs forces consiste en la cavalerie ; et depuis peu de temps, ayant pris plus de confiance en icelle, ils ne s'aident des forts et palis qu'ils souloient porter avec eux : vray est-il que c'est pour le mespris qu'ils font des foibles armées chrestiennes, et que le Grand Seigneur n'y va en personne, lequel a accoustumé d'avoir sa retraicte dedans et derrier cedit fort garny de janissaires, leur artillerie placée devant iceluy, excepté quelque nombre de pieces qui sont sur les flancs de la cavalerie. Ils ne sont invincibles à une beaucoup moindre puissance que celle qui se peut preparer contre eux : Scanderbey, n'ayant que l'Albanie et partie de la Macedoine, resista tant qu'il vesquit à toutes leurs puissances ; Jean Unyade et Mathieu Corvin les ont esbranlez ; les Perses les ont plusieurs fois battus, et Tamburlam en a triomphé. Leurs victoires n'ont esté que par les fautes chrestiennes ; les uns temerairement s'y sont precipitez, ainsi que Jean, roy d'Hongrie, avec quinze mil hommes hazarda la bataille contre deux cens mil ; autres desordonement, par ambition et jalousie, ainsi que les Français, sous Jean, duc de Bourgongne, firent à la journée de Nicopoly, à laquelle, voulant devancer l'honneur des Hongres, ils perdirent le leur et l'armée chrestienne par imprudence ; et Ladislaus Havarradin se precipita, contre l'advis de Jean Unyade : sages par les fautes d'autruy, le duc de Mercur fit la retraicte de devant Canize, et le comte Charles de Mansfeld prit la ville de Strigonie en leur presence, par l'observation de ne se desbander ny suyvre la victoire inconsiderément. Les generaux apprennent par les histoires anciennes et celles de nostre temps, de ne retomber aux fautes passées, dont la plus remarquable estoit qu'enflez d'un peu de prosperité au commencement du combat, suivant la victoire, estoient enclos, à la forme de laquelle usoient les Parthes envers les Romains.

Deux batailles gagnées renversent cet empyre : il n'y a point de forteresses, que Bude, jusques à Constantinople, laquelle ne se peut dire forte. C'est en ce dessein qu'on peut tracer une grande monarchie, ne consistant qu'en la force de la campagne, et n'y a que la Polongne, l'Angleterre et la Moscovie, dont pareillement leurs puissances sont en semblable peril, n'ayans forteresses qui vaillent. Heureux Alexandre, qui finit ses conquestes en la victoire de deux batailles ! Et Cesar encores plus dans les Gaules, ayant à disputer la domination avec un million d'hommes mal disciplinez, mal armez, et sans aucune retraicte ! Que si l'un ou l'autre fussent esté en ce temps, ils eussent trouvé dans l'Allemagne, Italie, la France et la Flandre, plusieurs villes qui eussent borné leurs conquestes. Ce ne sont les forces innombrables dont les victoires dependent : les phalanges macedoniques sous Alexandre, les legions romaines sous les Cesars, aguerris au nombre de quarante et cinquante mil hommes, ont battu les plus grands exercites mal disciplinez ; tout ne gist au nombre, ains au bon ordre et aguerriment. Il y a une juste proportion à la grandeur des armées : quatre vingt mil hommes aguerris en doivent battre deux cens mil ; l'ordre de ce mediocre nombre est plus aisé à tenir et à ordonner que l'excessif, où il y a tousjours confusion, mesmement par l'advantage des armes. Contre ces cimeterres, qui ne tranchent le fer, sera à l'opposite nostre cavalerie bien armée ; le grand nombre de picques et de mousquetaires de nostre infanterie, joincts au bon ordre et obeïssance, asseureront la victoire.

Il sembloit que l'empyre des Romains et des Parthes eusse party la force des armes, les Romains l'ayans mise en l'infanterie, et les Parthes en la cavalerie, comparée en ce temps à la cavalerie turquesque et à l'infanterie chrestienne, laquelle, bien ordonnée, doit soustenir le plus grand choc. Cleander en sa retraicte, avec dix mil piquiers grecs, soustint les forces de quatre vingt mil Barbares l'espace de soixante lieües, et se mit en seurté ; Marc Anthoine, du fonds de la Perse, en peu de nombre d'infanterie contre la grande cavalerie des Parthes, se retira heureusement. La turquesque ne penetrera jamais dans les bataillons de picques, armes plus advantageuses que les javelots des Romains ; c'est le nœud de la victoire, et où il faut mettre son esperance, joinct à un bon nombre de cavalerie necessaire pour tenir la campagne et asseurer les vivres, en esgard que toutes les victoires turquesques sont advenuës par la force de la cavalerie, laquelle il faut arrester, par quarante mil hommes de pied, composez de Français, Allemands, Suisses et Wallons, aydez de la cavalerie des Hongres, Pollaques, Moscovites et Tartares, lesquels sçavent combattre à la forme des Turcs ; vingt mil chevaux français, italiens et allemands, quarante mil, tant causaques, tartares et moscovites, cinq mil hongres et autant de polonnais, nombre suffisant, à l'ayde des gens de pied, pour gaigner la bataille. Et, pour supléement de plus grande force, sera priée Sa Saincteté de commander à dix mil religieux, capucins, cordeliers, carmes et jacobins, de prendre les armes pour le nom de Jesus-Christ, à quoy facilement ils seront portez, puis qu'ils patissent si volontairement dans les cloistres pour maintenir ceste religion ; semblablement convier partie des ecclesiastiques, à l'imitation des evesques chrestiens qui furent à la conqueste de la Terre Saincte, d'assister à ceste entreprise ; et si le nombre des Chrestiens peut estre plus grand, sera tousjours plus d'avantage. Pour s'opposer à l'ordre de ces trois croissans turquesques, suivant l'ancienne forme chrestienne, se separer en avant-garde, bataille et arriere-garde ; en chacun de ces corps placer deux bataillons d'infanterie, un chacun d'iceux meslé des quatre nations susdites. La premiere observation est de ne mettre ces grands corps l'un apres l'autre, tellement que par la fuitte et desordre de l'un d'iceux celuy qui le soustient ne puisse estre endommagé ; et faut chercher la campagne la plus large qui se pourra ; et là où elle ne se treuveroit telle qu'elle seroit necessaire, ils ne se doivent suivre de si pres, que les premiers qui se retireroient rompissent les suivans. Sembleroit bon que les bataillons d'un chacun corps demeurassent separez de quelque quantité de pas, pour, en un besoin, recevoir dans leurs espaces vuides ceux de la cavalerie qui seroient desordonnez, pour apres retourner au combat. Les escadrons de cavalerie seront composez de quatre cens cavaliers, et d'autant que toute la finesse des Turcs gist à en avoir quantité, pour, par diverses charges, embrouiller les Chrestiens, se resoudre à soustenir, avec un commandement general à peine de la vie, de ne chasser les fuyards infideles plus de cinq cens pas, et nommément les cavaliers qui sont armez pesamment, s'en venant tousjours ranger entre deux, ou au costé des bataillons d'infanterie, apres leur charge faicte, pour ne tomber point en la faute laquelle ont encouru tous les Chrestiens qui, par presomption, suivant leur presumée victoire, estoient enclos dans les croissans des Turcs.

L'arriere-garde, qui est le vray ost de reserve, est renduë plus forte que tous les autres : c'est celle qui garde et conserve la victoire. Plusieurs ayans tenu ferme apres avoir veu devant eux defaire la moitié de leur armée, les ennemis poursuivant desordonnément, les ont chargés à temps, et de victorieux les ont rendu vaincus. Ces espaces vuides entre les deux regiments de chacun corps, c'est le lieu où, en cas de quelque desordre et malheur, se pourroit retirer la cavalerie chrestienne, pour se reordonner derrier les bataillons de piquiers, et retourner au combat. L'espreuve a fait cognoistre l'utilité de faire combattre l'infanterie et la cavalerie ensemble. Seroit necessaire d'accompagner les deux tiers des osts de cavalerie, nommément ceux qui sont armez pesamment, d'un nombre de mousquetaires et quelques carabins : advantage à rechercher, et qui endommagera grandement la cavalerie ennemie avant qu'elle vienne aux mains avec la chrestienne. L'artillerie, au nombre de huict canons, quatre couleuvrines, et quarante moyennes et bastardes; avec double attelage, seroit necessaire, non que le grand equipage puisse entierement servir pour la bataille, et neantmoins seroit utile pour les sieges, advenant la victoire, ceste artillerie separée, laissant la pluspart de la plus grosse à l'arriere-garde ; et quant aux moyennes conduittes à doubles attelages, faudroit qu'elles marchassent d'un costé et d'autre de l'avant-garde et bataille, pour tirer promptement et avant que les bataillons vinssent aux mains, sans neantmoins s'arrester par trop, estant experimenté que l'artillerie a eu grand part aux victoires passées, contraignant ceux qui font ferme de venir au combat en desordre. Neantmoins, ne seroit necessaire de mener ce grand nombre d'artillerie pour donner la bataille, et en faudroit laisser la moitié aux plus proches villes chrestiennes des frontieres turquesques, laquelle se renvoyeroit querir, apres la victoire obtenuë, pour le siege de Constantinople. Et pour mieux eviter la premiere furie de la cavalerie, faudroit faire forme de fort portatif, qui sont des palis enchaisnez l'un avec l'autre, ou bien des charriots attachez, et mettre sur les flancs des bataillons quantité d'iceux : a esté inventé de porter les palis susdits sur des roues de dix en dix pieds, avec lesquels on peut marcher en avant, ce qui gist en demonstration; invention pour ne ceder aux Turcs en l'advantage qu'ils prennent de faire des forts, lesquels sont aussi necessaires aux Chrestiens, dont les plus forts seroient utiles à l'arrieré-garde ; et, à l'imitation des Romains, les soldats qui n'ont qu'une arquebuse pourroient porter un de ces palis. Cecy est dict pour la necessité, quoy que les piques chrestiennes soient de grand palis contre les Turcs, qui ne les peuvent enfoncer.

L'avant-garde et la bataille peuvent marcher l'une apres l'autre, pourveu que les corps ne soient directement l'un derrier l'autre; et l'arriere-garde, qui doit de toute façon gagner la victoire, laissera un grand espace entre deux. Et soit consideré qu'encores que la principale force soit en l'infanterie, si faut-il que la cavalerie fasse grandement son devoir, d'autant que si elle estoit defaicte, l'infanterie recevroit un grand coup, quoyque les anciens n'en fissent pas d'estat, et que toutes leurs victoires s'obtenoient par les gens de pied ; c'est pourquoy les legions romaines estans de six mil hommes, il n'y avoit qu'en chacune d'icelles cinq cens cavaliers, et est à presupposer qu'iceux ne combattoient que quand ils vouloient, et laissoient tousjours le premier lieu de la force à l'infanterie : aussi sera-ce prudence qu'elle combatte en mesme temps, ou la premiere s'il se peut. A cet effet, il faut mettre partie des escadrons de cavalerie dans le milieu, entre les deux regiments, tant de la bataille, avant-garde, qu'arriere-garde, et pourront à temps combattre, ou se retirer s'ils en ont besoin. Aussi-tost que les armées seront en presence, à la portée du canon, faut que l'infanterie marche incessamment en bon ordre, alle droict à la bataille ennemie et à leur fort. Que si les Turcs viennent à la charge contre la cavalerie chrestienne, eviter leur finesse, qui est, qu'ayant plusieurs osts, les premiers s'enfuyent, et les plus proches chargent par flanc ceux qui les suivent; ainsi se faut contenter de les mettre en routte, et tenir ferme. Les escadrons qui seroient entre les bataillons de gens de pied, et derrier iceux, pourroient sortir à temps, selon l'evenement du combat, sans se desordonner pour les charges qu'ils feroient, à ce que la pluralité d'escadrons turquesques et les diverses charges qu'ils font ne leur peust nuire, ayans de petites troupes de cavalerie separée, pour empescher celle des ennemis qui chargent par flanc ceux qui ont defaict les leurs. Le principal est qu'une bonne partie de la cavalerie fasse ferme sans se mesler, et sera celle qui enfin aura la victoire entiere. Tout consiste à marcher en avant, defaire les vingt mil janissaires, et gagner le fort; non qu'il se faille tellement haster que nostre artillerie n'ait fait son devoir, laquelle, comme est dict cy-dessus, a tousjours grand part à la victoire quand elle est tirée à propos; et se faut bien garder, en s'avançant trop tost, de couvrir son effet. Aussi est-ce de l'artifice du general de faire descharger celle de l'ennemi sans beaucoup de peril, par le tournoyement de quelque cavalerie, ou autrement, desbandant quelques escadrons, qui, par circulation, viendront à donner pour flanc : et au pis, il faut baisser en terre les corps de nostre infanterie à la premiere descharge, incontinent les relever, et marcher furieusement sans s'arrester, pour gagner les artilleries, là où sera le principal combat, à cause des janissaires. Que la cavalerie combatte à temps, et non toute ensemble, ayans ceux qui ont combattu la retraicte asseurée derrier les piques pour se reordonner : et sans doute, quand bien l'avant-garde n'auroit la victoire, les ennemis desordonnez, la bataille, et au pis l'arriere-garde, l'obtiendroient infailliblement, pourveu qu'ils se gardent d'estre rompus par la retraicte des leurs mesmes. L'obeissance et l'ordre, la prudence, la patience et la prevoyance bien conduicte, la victoire est asseurée. Et comme il y a trois croissans, et que trois fois les Turcs se reordonnent pour retourner au combat, le mesme effect se peut faire des Chrestiens, et bien plus advantageusement, prenant garde que ces trois corps de batailles ne soient à la queüe l'un de l'autre, ny les escadrons, ensorte que ce soit derrier les premiers, pour eviter confusion. Ce grand nombre de Chrestiens se peut moderer, d'autant que la vaillance et generosité d'iceux peut obtenir la victoire contre des gens mal armez et mal ordonnez. C'est sans doute que les Turcs ne temporiseront point, et viendront à la bataille, à quoy ils n'ont jamais manqué par le passé, non seulement pour ne vouloir voir ruïner leur pays, et perdre la reputation, ains principalement sçachant que, dez que l'armée chrestienne advancera dans la Grece, tous les Grecs [pour lesquels il faut porter des armes] se revolteront contre eux. Les vivres et l'argent sont les nerfs de la guerre : les deniers doivent estre auparavant l'entreprise levez et mis en reserve; seroit necessaire d'avoir un million d'or, et plus, s'il se pouvoit, apres toutes les armées levées. Le roy d'Espagne en peut faire le plus ; vostre Majesté une bonne partie, puisque vostre revenu est de trente millions de livres; et seroit bon d'exciter les peuples par les predicateurs, à l'exemple des croisades anciennes, sans suivre les fautes du passé, des deniers mal-employez. Les heretiques, quand ils n'auroient fait autre mal, ont ce blasme d'avoir empesché les cueillettes d'argent, annullant les pardons et autres moyens, pour lesquels ils estoient donnez liberalement contre les Infideles. Semble que les peres capucins seroient tres-aptes pour conserver et manier ces deniers, les faisant assister de quelques habiles hommes. Quant à la provision de vivres, elle est joincte à une autre importance, qui est de se rendre maistre de la mer par une puissante armée navalle.

Jusques icy j'ay desiré d'assembler toutes les puissances d'Europe, pour, sans aucune difficulté, obtenir la victoire, non que je veüille exclure vostre Majesté de pouvoir, par la grace de Dieu, des seulles forces de vostre royaume, avec celles d'Espagne et d'Austriche, conduire ceste entreprise à heureuse fin, aydé des princes qui volontairement se joindroient à vous, ainsi que plusieurs firent au dernier voyage de la Terre Saincte, où estoit Godefroy de Boüillon, Boëmont, Tancredy, et plusieurs autres ; et pourriez vous, aydé de toutes les nations susdictes, en nombre de plus de six vingts mil hommes, qui suffiroient pour obtenir la victoire, gagnant cest avantage que ceux de la maison d'Austriche se joignissent à vous, employer quelqu'un d'iceux, avec seurté de leur faire part des conquestes. Seroit tres-necessaire d'obtenir de Sa Sainteté de publier une croisade, laquelle a eu tant de pouvoir au passé aux entreprises contre les Infideles, lesquelles ne sont à rejetter, pour avoir esté, comme disent les Lutheriens, une fois mal administrées. Puis qu'il n'y a qu'une Eglise, et que la creance des Chrestiens catholiques ne doute de la puissance du Pape de remettre et pardonner les pechez lors que nous nous en rendons dignes, ceste foy, bien entendüe, et preschée par les ministres de l'Eglise, touchera les cœurs de beaucoup de personnes. Le roy saint Louys, sans autre puissance que de son royaume, fit deux voyages contre les Infideles : que si la conduitte fust esté pareille au zele et à la pieté, sans doute, avec les seules forces de son royaume, il eust fait d'heureux progrez et de grandes conquestes. Les Venitiens, pour la grande quantité de vaisseaux qu'ils ont, seroient tres-utiles; et faudroit voir si ce dessein, proposé par ceux du bras du Mayne, qui habitent dans la Morée des rochers non jamais suppeditez par le Turc, pourroit servir à l'entreprise de vostre Majesté.

Iceux offrent la revolte de tous les Grecs du pays, le saccagement des Turcs qui y sont, d'occuper la teste de lisme, et des montagnes dans le destroict, qui ne contient que six mil pas, lesquelles, fortifiées, empeschent toute l'armée turquesque de venir au secours à la faveur de l'hyver, durant lequel ils s'asseurent [aydez les Chrestiens] de conquester toute la Morée, et que les Grecs y demeurans, prendront Navarrin et autres forteresses avant la descente des Chrestiens. Plusieurs Chrestiens, tant en Albanie que Mont-Liban et autres lieux, advertis, favoriseront ce dessein; divertissement par lequel les Turcs seront contraincts de separer leurs forces. Lors que l'empereur Charles-Quint entreprit en Hongrie son armée navalle, sous André Dore, faisoit ce qu'il vouloit sur la mer, estans les Turcs empeschez en la terre. Ceste armée de mer, bien conduicte, sans s'advancer qu'à temps, se tiendra dans les ports chrestiens asseurez, tant au golphe de Venise qu'autres, jusques à ce que la bataille soit donnée en la Trace, ou que, contre la coustume des Turcs, et où il n'y a apparence, ils temporisassent et ne voulussent venir au combat si tost. Et selon la necessité de vivres de l'armée terrestre, faudroit advancer ou retarder, et là où se trouveroit l'armée turquesque en mer, n'hazarder la bataille si l'on n'estoit beaucoup plus fort; et seroit nommé un lieu où les armées navalles et terrestres se joindroient, qui ne pourroit estre mieux qu'aux Dardanelles, du costé du Chasteau de l'Europe, à l'entrée de la mer de Galipoly. Et pourroit estre l'armée chrestienne composée de trois cents galleres, vingt galliasses, et soixante gallions, si le roy Catholique et les Venitiens sont joincts avec vostre Majesté. Or, ne peut-il estre en sorte que ce soit qu'avant que venir en ce lieu designé la bataille ne se donne par mer ou par terre, et une des victoires emporte l'autre : c'est pourquoy la maritime doit estre forte, retardée ou advancée, selon l'advis qu'on aura des ennemis.

Les Turcs, ayans besoin de leurs meilleurs hommes pour la terre, n'en auront que fort peu sur la mer, qui rendra la victoire plus aisée. Ce grand preparatif de mer se fait pour asseurer et rendre infaillible la victoire ; mais, quand bien il n'y auroit que l'armée de terre qui gagnast la bataille, il s'y joindroit une si grande multitude de Grecs et de Chrestiens qui apporteroient des vivres, qu'à un besoin l'on se passeroit de l'armée navalle, sinon pour le siege de Constantinople, estant mal-aisé que l'armée terrestre puisse entrer dans le pays des ennemis avant le mois de juin, pour l'incommodité que souffriroit autrement la cavallerie. Et faudroit porter grande quantité de vivres par charroy, et s'en peut emmener par le Danube, jusques à Peste, vis à vis de Bude, sans neantmoins s'y amuser, si ce n'estoit que l'on y laissast huict ou dix mil hommes pour assieger. Et faudroit faire des forts de huict en huict lieües, y laisser quelques garnisons pour favoriser le convoy des vivres, demeurant aupres de Peste une forte garnison dans le principal magazin pour conduire les vivres à l'armée. Faudroit faire une reveüe, oster toutes les bouches inutiles, et qu'il ne restast que les gens de combat, contraignant ceux qui voudroient avoir des vallets, de les armer, ainsi que font les Infidelles. La cavalerie, qui n'a moins d'affection et de courage que les Turcs à patir quelques jours, pourroient porter chacun un petit sac de farine pressée à leur mode, et quelque peu de chair en poudre à leur imitation, du moins pour sept ou huict jours. Il faudroit un grand nombre de chariots qui portassent les vivres, ausquels on ne toucheroit qu'à la necessité, et par ordre ; et, sans s'arrester, marcher droict à Andrinopoly, qui est à trois petites journées pres de Constantinople, ville qui est pleine de grande quantité de vivres, et sans aucunes forteresses, dont la prise est facile et necessaire pour rassasier toute l'armée.

Faut chercher la bataille, laquelle est tousjours necessaire aux conquerans, et le retardement d'icelle est le plus grand prejudice de ceste entreprise. Et s'il y a du temporisement des Turcs [à quoy il n'y a point d'apparence], faut que l'armée terrestre marche vers Gallipoly et les deux chasteaux, pour recevoir les vivres et secours de l'armée navalle, laquelle est grandement utile pour le siege de Constantinople, couppant le secours de la mer. Le chasteau de l'Europe qui est au destroit, à l'entrée de la mer de Gallipoly, ne vaut rien, sera aisé à prendre; et faudra que trente navires soient chargés de bled et farine, qui se prendront dans la Sicile, et quantité d'armes: et sans doute au mesme temps qu'on y sera il se revoltera contre le Turc cinquante mil Chrestiens. Et se peut dire par celuy qui escrit, que les Turcs sont grandement subjects à l'espouvente et à la peur, aux mediocres pertes qu'ils souffrent : ce qu'il vit luy estant arrivé à Constantinople apres la bataille de Lepante, victoire qui les estonna si fort, que les soldanes du serrail, et tous les principaux et plus riches de Constantinople transporterent leurs meilleurs meubles dans l'Asie à Scutary, passant le traject de mer qui est entre deux. Et y a tres-grande esperance que, si la victoire est entiere par terre, qu'ils quitteront Constantinople et ne la garderont point ; et quand bien ils la defendroient, elle se peut prendre en peu de temps, parce que nous sommes arrivez à la perfection d'assaillir et prendre les places ; pratique de laquelle est l'obligation aux guerres de Flandre : tellement qu'avec six mil hommes assiegeans il s'en peut prendre quatre mil en une place pied à pied, renversant la terre dans les fossez, se retranchant pour se mettre en seurté du secours. Et quant à la foiblesse de la ville de Constantinople sans contrescarpe, c'est un fossé à fond de cuve, trois murailles l'une sur l'autre, les deux plus basses en mode de fausse-braye, une des enceintes flanquée de tours rondes, et l'autre de quarrées, d'autant plus facile à expugner, que les murailles, par la furie du canon, bouleversant les unes sur les autres, font pont pour plus facilement monter à la bresche : forteresse qui seroit grandement mesprisée s'il s'en voyoit de pareilles dans la France ou dans la Flandre : tesmoignage que les Infidelles ont mis toute leur esperance en la force de la campagne, ne se souciant d'aucunes fortifications que celles de leurs armes.

Ce seroit beaucoup d'avoir mis les Turcs hors de l'Europe, et c'est une tres-forte barriere que les mers Majore et Mediterranée. Neantmoins, si la victoire estoit reüssie telle qu'il y a apparence quasi certaine avec l'aide de Dieu, il ne se faudroit contenter et arrester là, ains passer dans l'Asie, à l'imitation d'Alexandre, qui, sans sejourner apres la premiere victoire, ne cessa qu'il n'eust gagné la derniere bataille et ruiné Darius. Il est certain que les premiers bonheurs estans suivis, la crainte et l'espouvante se met dans le reste, tellement que l'on a bon marché du dernier combat ; et adviendroit dans l'Asie [là où les Turcs, r'assemblant le bris de leurs defaictes avec les forces d'Egypte et de la Palestine, ne pourroient encor hazarder une bataille] la victoire, qui se peut suivre selon la disposition des chefs. Que s'il falloit demeurer dans Constantinople sans passer plus avant, pour la premiere année faudroit eslire un prince ou empereur qui la peust conserver ; la plus grande seurté seroit de passer en Asie et suivre la victoire.

Aucuns ont proposé que, pour diminuër les forces turquesques, il faudroit entreprendre en Afrique ou en Barbarie ; qu'il y avoit apparence, si l'on y vouloit tourner toutes les forces de la chrestienté, et aller jusques au Caire et Damiette, si mal-heureuse aux Français : malaisé dessein, qui ne se peut executer que par mer. Neantmoins les Romains ont tenu Alexandrie et l'Egypte si importantes, aisées à conserver par quelques rebellions, qu'ils defendoient aux chevaliers romains d'y aller s'ils n'y estoient ordonnez : si le roy Saint Louys eust commencé par Alexandrie, il eust eu plus heureux succez qu'à Damiette.

Les Turcs ont un grand advantage, en ce que leurs gens de justice, leurs religieux, financiers et tous autres vont à la guerre ; au contraire, la moitié des Chrestiens tiennent les bras croisez. Seroit necessaire d'employer ce qui se pourroit pour gagner le Sophy de Perse, lequel a une inimitié jurée contre les Turcs : ceste nation infidelle est tres-subjecte à l'argent, et plusieurs d'eux, mesme des bachats, ont esté chrestiens, et sont jaloux de la faveur les uns des autres, par laquelle emulation et despit avec de l'argent l'on en pourroit gagner quelqu'un. C'est pourquoy il faudroit tenter, par la religion ou par deniers, d'avoir des grands de cet Estat, qui seroit beaucoup d'advantage pour le jour d'une bataille, en laquelle il y a tant de difference entre l'experience, la force et les armes avec celles des Turcs, qu'à la verité vingt en doivent battre cent, mesmement estans conduicts par les plus grands capitaines de l'Europe, à l'exemple de Godefroy de Boüillon, qui estoit le moindre de tous les princes employez à la guerre saincte, et neantmoins ils luy cederent le commandement. Ainsi faudroit-il employer les experimentez capitaines et les plus gens de bien, lesquels obeyroient à vos Majestez Chrestienne et Catholique si elles y estoient en personne, qui experimenteroient combien il y a plus d'advantage d'assaillir les ennemis dans leurs propres pays que d'attendre dans le leur, ainsi que les Chrestiens mal conseillez ont tousjours fait jusques à present. Et apres la pieté et preud'hommie, qui est la voye qui conduit les victoires, la liberalité doit estre exercée, gravant dans le cœur des soldats l'esperance d'honneur et de profit. C'est attaquer ses ennemis dans le cœur de leur empyre, et non par ces foibles desseins qui ne tendent qu'à acquerir une province. Celuy qui escrit s'est trouvé à la revolte de vingt mil Moldaves et Grecs contre le Turc, arrivant Cigalle, qui fut depuis bascha, avec trente mil hommes; les Moldaves en presence coupperent la teste à leur chef, et firent leur paix : c'est pourquoy il faut bien prendre garde comme il se faut servir de ces nations accoustumées à vivre en servitude. Si vous estiez si heureux que de gagner la premiere bataille, il n'y a doute que la pluspart de l'Europe ne se declarast contre ce commun ennemy. Et si vostre Majesté se jette pieusement et courageusement en cette entreprise, il y a beaucoup de creance qu'elle vous est reservée, et que Dieu vous fera la grace de la conduire à heureuse fin.

Cinquieme Advis, pour reduire l'Europe en l'obeyssance des roys de France et d'Espagne.

PARTAGER l'Europe peut apporter quelque utilité à la vie et du danger à la mort ; vostre Majesté unie avec le roy d'Espagne, pouvez conquerir grande partie d'icelle : c'est la terreur des Venitiens, Anglais, petits potentaux tyrans d'Italie, et des princes de l'empyre, qui en crainte de la monarchie de l'un de vous, sement et nourrissent la division entre vos dittes Majestez, par laquelle ils jugeroient leur liberté opprimée, nommément si l'un obtenoit ladite monarchie ; c'est pourquoy ils ont aidé tousjours au plus foible contre le plus fort, pesant leur salut à la balance et égalité de vos deux puissances, l'une desquelles ils esperent à tous evenements avoir favorable ; et quoy qu'ils soient en semblables interests, ils ne sont en pareilles intelligences, ayant les defauts coustumiers aux ligues en la resolution et durée d'icelles, quand ils ont affaire à des corps solides, contre ces confederations de plusieurs Estats differents en pretentions, en perils et utilitez. Semble que l'Angleterre devroit estre la premiere assaillie : vaudroit mieux y porter la guerre que de la recevoir, et ce d'autant plus que les Ollandais ne pourroient estre ramenez à leur devoir tant que le roy d'Angleterre seroit contraire : la conqueste ne consiste qu'en deux batailles : le roy d'Espagne, par le duc de Parme, l'entreprenoit avec vingt mil hommes, si son armée ne fust perie ; et le duc de Guise, pour le salut de la reyne d'Ecosse, y descendoit avec douze mil. Ils sont partis en trois religions, Catholiques secrets, Lutheriens et Puritains : il n'y a doute qu'un de ces partis se joindroit avec les conquerans, gens de legere foy ; Marie d'Austriche les avoit fait catholiques, Elizabeth les retourna lutheriens. Ainsi, les deux forces de vos Majestez jointes, l'une d'icelles, faisant descente en Angleterre, peut se rendre maistre de ceste isle, cependant l'autre attendroit dans les ports pour donner des rafraichissemens et fortifier les conquestes. Seroit necessaire de donner recompense au duc de Savoye de ses pays, de s'accorder à qui ils appartiendroient, d'autant que tant qu'il demeurera dans iceux, il ne cessera jamais de mettre division entre vos Majestez Chrestienne et Catholique, pour, prenant le party d'un de vous, s'agrandir au prejudice de l'autre ; et apres, quelque part que tourniez vos armes, rien ne vous seroit impossible ; l'Italie, tenuë par les deux bouts, facilement obeïroit, et les Ollandais ne pourroient resister.

Je ne m'estendray à discourir des moyens beaucoup plus faciles de venir à bout de ce dessein, d'autant que je le tiens injuste, et auquel vos Majestés ne s'accorderoient des partages : aussi avez vous peu de droit aux royaumes et principautez qui sont à conquerir. La Flandre seroit trop en danger si le roy de France estoit roy d'Angleterre, et le roy Catholique, qui possede quasi toute l'Italie, ne voudroit point de compagnon. Que s'il y a quelque droit en cette entreprise, ce seroit qu'en tous deux vous prissiez le nom et l'effect d'empereur, debattant la vieille querelle de reünir toutes les puissances sous l'empire romain, ou du moins que les royaumes, republiques et principautez s'assujettissent et obeyssent à vos Majestez à l'execution et entreprise contre les Turcs.

Devant que vostre Majesté choisisse une des voyes sus-dictes, implorez la grace de Dieu à l'acquit de vostre conscience, connoissez vostre naturel et inclination, vostre pouvoir et celuy de vos contraires. Le premier, d'une juste tranquillité, sera l'advis des gens de bien ; celuy contre les Espagnols et Infideles, entrant en vousmesme, connoissez si vous vous pouvez resoudre à tous evenemens, accompagnez de vertu, de pieté, patience, liberalité, valeur et magnanimité, sans donner ny trop ny peu à la fortune, sans beaucoup s'arrester sur les heureux succez d'Alexandre, de Cesar, de Themir. Les desseins de l'Europe sont plus difficiles maintenant qu'alors, quoy que le temps et l'experience nous ayent donné l'expugnation des places facile. Vray roy Charles VIII, sans argent et peu de conseil, conquist Naples et Milan ; pareillement Louys XII prit Milan et defit les Venitiens. Plus difficile fut la ruyne des ducs de Bourgongne par le roy Louys XI, où il falut que la peau du renard allongeast celle du lyon : ils s'aiderent de l'occasion, considerant la disposition du temps de leurs affaires, des forces ennemies et des leurs, pour rendre le succez de leur entreprise heureux ; ce qui estoit necessaire en vostre dernier dessein, par lequel il semble qu'avez choisi du moins d'affoiblir les heretiques. L'empereur Charles-Quint faillit Tunis, se retira honteusement du siege de Metz ; le roy Charles IX se leva devant La Rochelle, et n'estes le premier qui se soit retiré des sieges : la proximité de l'hyver, le meslange dans vostre armée de ceux de mesme religion que les rebelles, vous excusent. La reputation est un grand advantage aux souverains : semble, pour la conserver, que vostre Majesté doit entrer par une paix le plus fort dans Montauban, rompre toutes leurs fortifications nouvelles, recevoir leurs personnes et biens en vostre protection ; et s'ils estoient bien conseillez sur ceste resistance qu'ils ont monstrée, ils traicteroient en toute seurté.

Que s'ils sont si aveuglez de proposer des conditions deraisonnables, croyez, Sire, qu'il est tres-aisé de les faire obeyr, soit que suiviez les moyens proposez de prendre toutes les foibles places, ou attaquer celle en laquelle il semble qu'ayez laissé du vostre. Il se trouvera des capitaines en vostre royaume qui s'offrent [si vostre Majesté les veut croire] de prendre Montautauban dans trois mois sans beaucoup de peril, ayant une armée de trente mil hommes, la moitié d'estrangers, lansquenets, reistres et Suisses ; sinon que sans feinte vous vouliez confisquer et deserter tout le bien des rebelles, en peu de temps ils seront abandonnez des leurs mesmes. Seroit il possible que des gens sans assistance, sans argent ny alliance, peussent resister à un grand roy ayant les armes, les finances et l'authorité pour soy ? Il n'y a qu'à prendre une bonne resolution, d'autant plus considerable, qu'il semble que vostre authorité doit prendre coup pour s'affermir par cette deliberation, ou faire place à d'autres mauvais accidents qui peuvent survenir ; pour lesquels éviter faut mettre le tout pour le tout : puis qu'avez commencé de vous jetter dans la guerre, vous estes necessité que vos plaisirs et contentements soient dans icelle, les armes à la main, jusques à ce que l'obeyssance vous soit rendue par tout vostre royaume, et que vos subjects se contentent de vivre sous la protection de vos dictes armes. J'advoüe n'avoir la prudence, le conseil ny la capacité de donner advis sur tant d'importance ; je diray seulement qu'aucuns croyent que regner en justice et pieté, ou faire la guerre aux Infidelles, doit estre preferé à la reünion des heretiques et entreprise contre l'Espagne, ou association avec eux. Si tant est que les Français ne puissent vivre en paix, et que l'emulation d'honneur et d'erection de trophées en tant de provinces par vos predecesseurs émeuvent vostre Majesté aux armes, et qu'elle ne se contente de faire des actes pieux et justes qui seroient suffisans pour servir de memoire à la posterité que vostre Majesté auroit heureusement regné. Dieu, qui tient le cœur des roys entre ses mains, veüille conseiller et assister vostredite Majesté à la voye plus salutaire, accroissement de la religion catholique, bien et utilité de vos subjects, conservation de la reputation française, à ce qu'ayez les benedictions divines en la terre et au ciel.

LA VIE

DE

GASPARD DE SAULX,

SEIGNEUR DE TAVANNES.

REGNE DE FRANÇOIS I.

Dieu ayant appaisé sa colere, Noë sortit de l'arche, la posterité de Sem peupla les Gaules : leurs religions, loix et guerres, sont peu cogneuës ; ils vivoient libres en gouvernemens populaires, conseillez de leurs druydes et capitaines : ils entrent en reputation par la prise de Rome ; Fabius Maximus les en chasse par surprise : depuis, les Autunois, Langrois et Auvergnats querellans la principauté, les foibles appellent les Allemands, qui les assistent et maistrisent par le secours des estrangers ; leur font oublier l'ambition, pour se parer de servitude ; s'aydent des Romains, accreus de peu par bonnes loix, exercices d'armes et artifices, qui possedoient partie d'Asie, Afrique, Espagne et Italie, leur domination limitée du Rhosne du costé de la Gaule. Les provinces frontieres et la guerre d'icelles escheurent à Cesar par l'intelligence de Pompée, et Crassus, lors que les Suisses entrerent és Gaules, les deffit. Les Autunois l'employent pour les delivrer des Allemans et Langrois, ne s'appercevant que de compagnons brutaux ils s'acquierent des maistres sobres. Cesar deffit Ariovistus, Allemand venu en faveur de ceux de Langres, gaigne l'amitié des Gaulois, se glissant, sous couverture d'alliance, à la seigneurie. Les Belges l'apperçoivent : il les vainquit à Alexias, et le reste des Gaulois, armez un peu mieux que les Indiens de maintenant. Les Romains, victorieux par vaillance, se maintindrent par sagesse ; mettent leurs legions en camps fermez pour citadelle de leur conqueste. Cesar, cherchant la monarchie, la trace de son sang à quatre de sa race ; lesquels morts, l'Empereur perd l'Empire, les legionnaires usurpent l'authorité, font et defont les empereurs ; se divisent, combattent, perdent foy, discipline et reputation ; vaincus et vainqueurs, s'affoiblissent, tombent en mespris, transportent l'Empire à Constantinople. L'an de nostre Seigneur 377, lors empereur Valerius, les Wandales, Gots, Huns, Français, Esclavons, Bourguignons, s'eslevent, vengent l'usurpation faite sur leurs predecesseurs, leur audace accruë par Stellico et Ruffus, traistres capitaines d'Hercadius et d'Honorius ; et l'an 397, Rome prise d'Allaric, roy des Gots, tout court à la ruine des Romains.

A mesme temps les Français, habitans de Franconie, en l'an 414 passerent le Rhin sous Meroüée. Les Bourguignons de mesme, sous Gondoce, s'establirent par force et douceur, tolerez des Gaulois ennemis des Romains, qui faisoient comme gens foibles, traictans et dissimulans au profit de leurs ennemis ; ausquels tout venoit à souhait, d'autant plus que les Ostrogots en Italie, les Visigots en Espagne, les Wandales en Afrique, et les Esclavons en Panonnie, dissipoient l'Estat romain. Ce qui advint par nations si barbares, qu'il y eut transmigration universelle des peuples, hormis de ceux qui s'accommoderent aux conquerans, comme firent les anciens Gaulois. Il y eut plus de difficulté en ceste part des Celtes, maintenant dite Bourgongne, que Cesar tient des plus belliqueux, assaillis et vaincus des Wandalles, pour avoir laissé l'exercice des armes sur l'appuy des Romains, desquels abandonnez, les legions revoquées de leur païs pour defendre l'Italie, le peuple se juge perdu, jette l'œil sur les nobles devenus plus fins qu'au temps de Cesar, quittent la campagne, se saisissent des rochers, les retranchent et fortifient.

Origine de Tallant, Saulx-le-Duc, Vergy, Grancey et Saulx-Lieu, tesmoing de l'antiquité de la race de Saulx, continuée par Faustus de Saulx, seigneur d'Autun et de Saulx-Lieu, qui vivoit l'an 214 ; ce qui est verifié par les tiltres croniques d'Allemagne, Grançon, et coucordance d'iceux avec ceux de sainct Benigne et de

Paradin, dont sont icy les propres mots : « En l'an 225, imperant Severe (1), tenant le siege Urbain, s'estant adressez les trois saincts personnages, Benigne, Tierce et Andoche, en la ville d'Autun, furent receus fort humainement d'un seigneur du païs nommé Faustus, qui residoit ordinairement en la ville de Saulx-Lieu, et les pria de baptiser Phorien, son fils. Fut semblablement pris à Dijon le sainct prelat et pasteur Benigne, qui long temps auparavant avoit erigé une eglise à Dijon, laquelle il avoit instituée en la crainte de Dieu, pour l'anonciation de sa saincte parole.

» Autant en avoit-il fait en la ville de Langres, où Faustus, comte d'Autun, l'avoit envoyé par devers une sienne sœur, dame de la ville, laquelle estoit nommée Leonine. Ceste dame, qui portoit un lion en ses armes, estoit dame de Langres, qui a esté à ceux de Saulx. » Du Haillant le tesmoigne en la vie de Charlemagne, page 164, par ces mots : « Huë troisiéme avoit eu par eschange le comté de Langres de Guy de Saulx, et le donna à son oncle maternel Gautier, evesque de ladicte ville. » Ainsi Saulx-Lieu, Autun et Langres ont esté aux seigneurs de Saulx. De plus, du Taillet, sieur de La Bussiere, au chapitre des pairs de France, au feuillet 253, p. 254, escrit : « L'an 1179, Huë, troisiesme du nom, duc de Bourgongne, donna à son oncle maternel, Gautier, evesque en l'eglise de Langres, le comté de Langres, que ledict duc avoit recouvert par eschange de Guy de Saulx; lesquels sieurs de Saulx fonderent un couvent de religieuses proche leur chasteau, et donnerent Cultrey aux Templiers. » En vieux langage, Bourguignon-Saulx signifie ce nom adapté aux evesques chrestiens, qui, à cause du sel qui s'use au baptesme, estoient nommez par les Français et autres nations lors payennes, Bourguignons sallez. De là print origine le surnom de Faustus, de la race de Saulx : tant luy que les villes et chasteau de Saulx-Lieu et Saulx-le-duc, qui luy appartenoient, furent surnommez de Saulx, pour estre les premiers Chrestiens de la Bourgongne qui porterent la foy à la France.

Le naturel des Français meslez des Gaulois, Bourguignons, Goths et Romains, est diversifié, selon qu'ils sont sortis des Levantins, Occidentaux et Septentrionaux : par l'arrivée de ces nations, mariage et alliance des uns avec les autres, leur posterité s'est temperée, profitant de la valeur des uns et de l'esprit des autres. Aucuns physionomistes disoient connoistre au visage ceux qui estoient sortis des anciens Gaulois, des Scythes ou des Wandales, remarquant le teinct, les cheveux, les yeux, le nez aquilin, et autres marques differentes et propres particulierement à chacune de ces nations.

Les secours estrangers forts opprimant la liberté, les foibles ont tousjours besoin d'argent et de courage.

En ceste année 414, que les Wandales entrerent en Bourgongne, vivoit un autre Faustus de Saulx, seigneur de Langres et Saulx-Lieu, qui estoit successeur du premier qui receut sainct Benigne : luy seul ayant conseillé de fortifier et retrancher les rochers, il en choisit un qui avoit desja le nom du premier Faustus de Saulx, aujourd'huy Saulx-le-Duc; il y refugie ses parens et amis chrestiens, dont il y avoit un bon nombre és Gaules avant la venuë des estrangers. Les seigneurs du païs l'imitent, se fortifient sur les rochers, en intention d'essayer de nouveau la fortune des armes, quand lesdits estrangers offrirent paix, receuë à condition de fraternité; et dés l'heure ne furent qu'un peuple, nommés depuis Bourguignons, pour estre separez en divers bourgs : eslirent roy Gondrocus, à la charge de maintenir le christianisme. Faustus paracheve Saulx-le-Duc, et y fait une chapelle : Dieu monstre que ceste race luy plaist, pour avoir sauvé les Chrestiens, remplit la chapelle de bluettes de feu, qui paroissent à la mort de ceux du nom de Saulx, que le vulgaire nomme les feux Sainct Simeon, veuës jusques en ce temps de tous ceux qui y demeurent.

Les Français avoient passé le Rhein à la sollicitation de sainct Remy, evesque de Rheims, et de plusieurs ecclesiastiques, lassez et ennuyez des Romains, dont la decadence et foiblesse les laissoit en proye de toutes les nations barbares. Gondrocus fonda sa seigneurie en Bourgongne, cependant que Meroüée s'establissoit sourdement en France, par la paix que Ætius, capitaine de l'empereur Valentinian, luy accorda, pour s'en servir contre Attila, qu'il defit : la principale gloire demeure aux Français et Bourguignons, leur hausse le cœur. Ætius revoqué et tué par Valentinian, ils s'accreurent des ruïnes de l'Empire sous Clovis, successeur de Meroüée, qui chasse les Romains entierement des Gaules, debellant les Gots, et tost apres les Bourguignons, lesquels imprudemment s'allierent à luy par Clotilde, fille de leur roy, qui desire la destruction de sa maison, pour venger la mort de son pere sur Gondebault son oncle, qui l'avoit occis. Puis

---

(1) C'est Alexandre Sévère, qui régnoit en 225; mais saint Bénigne avoit souffert le martyre sous Marc-Aurèle, qui mourut en 180. Il ne peut pas même être question ici de Septime Sévère, qui mourut à Yorck en 211.

d'un reste de pitié, fait donner partie du royaume de Bourgongne à Sigismond son cousin, qui, apres son mauvais pretexte, est jetté dans un puits par Clodomir, roy d'Orleans, fils de Clovis et de Clotilde. De ce devenu hazardeux, il est tué d'un Gondemar, frere de Sigismond, pour la vengeance de quoy Clotilde arme ses fils Sigisbert et Clotaire, roys des deux parts de France, lesquels occupent la Bourgongne, la partagent, et bannissent Gondemar.

En ces changemens, Faustus de Saulx mourut en bataille; ses enfans se maintiennent, traictent avec les roys de France et d'Austrasie, erigeant leur chasteau de Saulx en duché, nom qui s'adaptoit pour lors à ceux qui conduisoient des gens de guerre, derivant du mot latin de *dux à duce*, et qui depuis fut adapté aux seigneuries de ceux que les roys vouloient obliger, raison pour laquelle a esté nommé Saulx-le-Duc. Cette charge continue en leur race; le vulgaire puis apres les nomme ducs de Saulx, nom resté au chasteau de Saulx-le-Duc.

La France, qui avoit esté partagée en quatre apres la mort de Clovis, fust reünie sous Clotaire premier du nom et septiesme des roys, puis repartagée entre cinq, reünie derechef sous Clotaire deuxiesme, fils de Fredegonde. Les dix roys d'apres laisserent usurper l'auctorité au maire du palais; le dernier Childeric perdit son Estat. Ce temps, soüillé des parricides, assassinats, et faineantises des roys, donne moyen aux Martels et Pepins, maires du palais, de se faire roys : aydez des defaictes qu'ils firent des Sarrazins, favorisez des papes Zacharie et Estienne, creignant la force des Lombards, firent reciproque condition avec les Martels de ruiner l'Estat des Lombards et changer celuy de France.

La coronne du successeur de Pharamond est enlevée, dont la race dura trois cens trente un an; la noblesse se laisse corrompre, les duchez et fiefs leur furent asseurez. Les sieurs de Saulx, à l'exemple des autres, confirment leur seigneurie de Saulx. Charlemagne, successeur de Pepin, fait guerre en Saxe, assisté des Boëmes. Au retour, le frere d'un de leurs roys nommé Leopolde, espousa une fille de Saulx, à condition que, luy venant à mourir, son beau-frere auroit la coronne de Boëme, laquelle ceux de Saulx possederent quelque temps. Leurs armes sont semblables à celles de Boëme, un lyon d'or rampant en champ d'azur. Charlemagne mit la France en son periode de grandeur, optint l'empire d'Occident par sa valeur et faveur des papes, qui contenoit France, Italie, Allemagne, Dace et Panonnye, partie d'Espagne et d'Angleterre. Elle dura cent ans en sa maison, d'où sortirent huict empereurs et quatre roys de France. Ceste grandeur declina par division, partages et ignorance de sa posterité; attirant sur luy le mal qu'il avoit procuré aux autres, ouvrit le chemin à Hudes, gouverneur d'Angers, sorty de Huitequin, deffait en Saxe par Charlemagne, lequel, par double vengeance divine, porte la couronne à ses successeurs. La race des Martels dura deux cens trente-sept ans; commencerent en 750, et finirent en 987, que Huë Capet usurpa la couronne : entreprise et ja tentée par ses pere et ayeulx, favorisez de leur regence et duchez d'Anjou et de Bourgongne, aydez de l'ignorance des roys, qui laissent trop aggrandir une race en leur Estat. La mort de Charles le Simple, la haine des Français à Charles de Lorraine, vray successeur, pour la faveur portée aux Allemands contre les Français, la corruption des nobles, mais sur tout la trahison de l'evesque de Laon, qui donna le vainqueur au vaincu, dont la mort à Orleans du Roy, et de ses enfans mis en prison, finit la querelle, et donna le royaume à Capet.

La vertu et la fortune à l'envy firent ces deux changemens de couronne : les combats des Pepins et Martels, la ruine des deux roys lombards, sont actes de vertu, rien de fortuit, sinon la faveur du pape Zacharie. Au contraire, le changement de Capet, aydé des regences et duchez de ses predecesseurs, praticque des Normands, minorité des roys, l'absence et inimitié des Français au successeur roy de Metz, qui avoit favorisé les Allemands, et la trahison de l'evesque de Laon, sont coups de fortune.

Charlemagne usurpe la couronne sur les Meroïngiens, extermine toutes les familles de Saxe. Capet, sorty de Huitequin de Saxe, oste la couronne aux successeurs de Charlemagne. La vengeance divine chastie les hommes de semblable punition qu'ils ont procuré aux autres.

Les Français consultent s'ils imiteroient les Allemands, qui secoüerent le joug à la mort du dernier heritier de Charlemagne, et donnerent loy à leurs empereurs, se maintenans francs de tout, hors de la souveraineté. Les partialitez, ambition et avarice, ostent le courage aux Français, se fient à Capet, qui leur donne et promet davantage qu'ils n'eussent pensé obtenir par perilleuse guerre, ne s'appercevans que l'honneur et richesses sont nulles, puisque les personnes à qui elles sont promises demeurent au pouvoir du donneur; ce que leurs successeurs cognerent lors qu'il n'y eut plus de remede : finesse et artifice heureusement ignoré, pour le salut de la France, de ceux qui desiroient la couronne de nostre temps, laquelle voulant entiere, n'ont eu une seule portion d'icelle.

4.

A l'usurpation de Capet, les seigneurs et villes françaises perdent l'occasion de se mettre en liberté, comme les Allemands firent, deffaillant la lignée de Charlemagne; liberté où de ce temps partie des Catholiques et Huguenots ont aspiré, qui est à craindre à la posterité. Si les chefs de party eussent donné semblable recompense que Huë Capet, partageant l'Estat avec les principaux de leurs associez, et erigeant les possessions des grands en duchez et comtez, ainsi que Huë Capet fit à plusieurs, au nombre desquels furent les seigneurs de Saulx-le-Duc, les interessant à leur usurpation par dons de duchez et comtez, franchises et immunité aux villes, ils ne se fussent perdus. Les princes et les villes ne peuvent esperer sous les roys legitimes les libertez. Les chefs, voulans tout, perdent tout; leurs partisans, n'esperans d'eux que ce qu'ils pouvoient avoir en repos sous les vrays roys, ayment mieux le perdre sans peril plus certain, et plus à l'acquit de la conscience.

Huë Capet confirme à ceux de Saulx leurs duchez, ne s'en reserve que la souveraineté, à ce qu'ils permissent avec les autres l'usurpation : ils se maintiennent jusques à Philippe Auguste. Hudes, troisiesme du nom, fils de Odot, second duc de Bourgongne, taitant audacieusement les seigneurs de son pays, la pluspart prindrent les armes. Le comte de Châlon, Humbert de Beaujeu, le seigneur de Vergy Guy, seigneur de Saulx, disoient que les royaumes estoient possedez par force, election ou convention : si par force, leurs predecesseurs l'ayant aydé à conquerir, ils devoient avoir part à l'autorité : si par election ou convention, c'estoit à la charge de garder leurs privileges. Les armes, employées où la raison defaut, cours quatre ans entre ceste noblesse et leur duc, qui practiqua la ruse coustumiere aux roys contre leurs subjects: leur accorde volontiers leur requeste, les divise par promesses vaines. Pour avoir meilleur marché du reste, il gagne le comte de Châlon et le seigneur de Saulx; celuy de Vergy et Châtillon sur Seine, pressez, recourent à Philippe Auguste, remonstrent qu'ils tenoient de luy en arriere-fief son interest à leur perte. Sa Majesté va en Bourgongne, tant plus volontiers que Hudes avoit assisté le comte de Flandres contre luy, et le duc quitte les armes. Le Roy fait l'accord par le mariage du fils du sieur de Vergy à une des filles du duc. Sa Majesté et le mariage asseurerent ceux-cy, et ne demeure à ceux de Saulx pour garent qu'un parchemin, pour ennemy la forteresse de leur chasteau, et pour soupçon leurs grandes alliances à ceux de Mont Sainct Jean de Savoye, de Montbelliard, et principalement de Vienne, dont les predecesseurs avoient esté roys de Bourgongne.

Le duc de Bourgongne les tint trop grands et appuyez pour vivre en un petit estat, resout leur ruine. Guy de Saulx, adverty en l'an 1240, recourt au roy sainct Louys, desireux d'unir les grands pour aller au second voyage qu'il fit en la Terre Saincte ; pour s'en ayder, traicte accord entre les ducs de Bourgongne et de Saulx. La forteresse de Saulx, qui donnoit de la crainte au duc, est mise en depost entre les mains du Roy, qui donne la moitié de la jouissance du bourg au duc, le tout par provision, attendant que le voyage fust fait. Sainct Louys mourut sans effectuer son intention de remettre ceux de Saux-le-Duc dans leur chasteau. Philippe le Bel, son fils, pour gaigner Robert, troisième de ce nom, fils de Hudes IV, duc de Bourgongne, luy donne injustement le chasteau de Saulx, dont les seigneurs avoient cedé le nom de duc, et s'appelloient sire de Saulx, comme appert par le contract fait avec ceux de Sainct Benigne, l'an 1207, au mois d'octobre, commençant [je Guillaume de Saulx, damoyseau], scellé en conquerant ou en souverain d'un homme à cheval, l'espée à la main. La moitié du bourg, qui estoit restée en partage à Isabelle de Saulx, mariée au sieur de Chauvirey, luy fut depuis ostée par le roy Philippe (1), sous couverture d'eschange d'une terre qu'il feignoit luy donner en Champagne, en l'an 1304, comme il appert par lettres d'eschange cy inserées, pour faire foy que d'antiquité le chasteau de Saulx-le-Duc a esté à ceux de Saulx.

Universis præsentes Litteras inspecturis Officialis Lingonensis, salutem in Domino. Noveritis nos vidisse, et de verbo ad verbum legisse quasdam Litteras sanas et integras sigillo illustris principis Philippi, Dei gratia Francorum regis, non cancellatas, non abolitas, nec in aliqua sui parte vitiatas, quarum tenor sequitur in hæc verba : Philippus, Dei gratia Francorum rex, universis præsentes Litteras inspecturis, salutem. Notum facimus universis, quòd cùm Philippus de Chavirey, nobis ex causa permutationis, nomine suo, et Isabellis conjugis suæ dederit et concesserit perpetuò castrum de Salice ducis diœcesis Lingonensis, cum fortalitiis, feodis, hominibus, terris, possessionibus, censibus, redditibus, nemoribus omni jurisdictione halta et bassa, rebus et juribus, adjacentiis et pertinentiis castri ipsius, pro omni jure ad ipsos conjuges pertinente. Et specialiter pro dimidia portione ad

(1) *Le roy Philippe :* Philippe le Bel.

AU ROY [1].

Sire,

Au sortir de vostre enfance, remplie naturellement de la generosité paternelle, vous avez tellement embrassé et suivy la vertu hereditaire, qu'il n'a point esté necessaire de vous monstrer cette lettre pytagorique, dont l'une des voyes est large, l'autre estroicte; non plus que ces deux femmes de valeur et de volupté qui debattoient et persuadoient à Hercules ja en adolescence de les suivre, chacune d'icelles le tirant de son costé. Vostre voye, vostre chemin à la vertu estoit de naissance empreinte dedans vous, et ne restoit qu'à en faire paroistre des valeureux effects pour immortaliser vostre nom, au repos et reglement de vostre royaume ou entreprise contre les Infideles, ou reconquerir ce qui vous appartient. De quoy j'avois fait un project il y a deux ans, et nommément du dessein pour la reünion des Huguenots à l'Eglise catholique, dont mes écrits en avoient preveu les effects glorieux d'avoir une sympathie ou ressemblance à ce qui est arrivé, mais avec beaucoup de meilleurs conseils et effects de vostre Majesté, que je n'osois penser. Reste de les poursuivre jusques au bout à la reünion de tous les heretiques de vostre royaume, ou bien, se contentant de leur avoir monstré leur impuissance, leur oster le moyen de mal faire, et affermir vostre suprême authorité. Apres quoy vous tombez dans les autres desseins de bien et deüment regir vostre Estat, ou dans les projects de guerre susdicts; entreprise d'un grand courage et d'une ferme resolution. Vray est-il qu'il n'y a moins d'honneur à garder son heritage en justice, que d'acquerir celuy d'autruy : et semble que quand tout d'une veüe l'on voit les diversitez des desseins et les difficultez qu'ils contiennent, que le choix en est beaucoup plus facile, lequel je souhaitte estre selon Dieu la grandeur de vostre Majesté et le bien de vostre royaume.

[1] Cette épître dédicatoire, ainsi que les cinq avis suivants, sont adressés à Louis XIII, encore fort jeune.

ipsum Philippum ex persona dictæ conjugis suæ in prædictis pertinentiis. Quæ portio ad ipsum Philippum, et ad ipsam conjugem ex ejus persona pervenit ex successione Guillelmi domini de Salice, patris quondam dictæ conjugis, et Jacobi fratris dictæ conjugis defunctorum, ut asserit dictus Philippus. Nosque dictis conjugibus dare debemus ex causa permutationis hujusmodi, et assidere Trecis, vel ultra Trecas in comitatu Campaniæ, in locis congruis decentem recompensationem in terra arbitrio proborum virorum. In qua terra si ædificia fuerint, debebunt æstimari sicut æstimabuntur ædificia dicti castri, et pro æquivalenti quantitate compensatio fiat hinc inde. Quòd si fortè æstimatio ædificiorum dicti castri de Salice superexcederet æstimationem ædificiorum ex parte nostra tradendorum, vel fortè in terra per nos assidenda nulla essent ædificia æstimanda, nos in redditibus compensationem faciemus condignam dictis conjugibus : dictusque Philippus faciet et curabit, quòd dicta conjux sua præmissa omnia approbabit, laudabit, et ratificabit. Et ad majorem securitatem de præmissis approbandis, laudandis, et ratificandis à dictâ conjuge, Gaufridus Danfale miles, se erga nos fidejussorem constituit. A qua fidejussionne, cùm super approbatione, laudatione et ratificatione prædicta Litteras competentes receperimus, miles ipse quietus erit penitus et immunis. Obligantes iidem Gaufridus et Philippus nobis omnia bona sua præsentia et futura pro prædictis. Nos autem eidem Philippo trademus de præsenti duo millia librarum parisis mutuo, sub omni obligatione omnium bonorum suorum. Actumque est inter nos et dictum Philippum, quòd, dictæ conjugis suæ ratificatione secuta, ut dictum est, nos statim pro securitate dictæ assisiæ per nos dictis conjugibus faciendæ, assignabimus, et trademus dicto Philippo, pro se et dicta conjuge sua, tantum terræ in redditu in Campania, quantum per informationem faciendam per dilectos et fideles reverendum nepotem archidiaconi Lexoviensis clericum, et Simonem de Marchesio militem, nostros, vel alios super hæc deputandos, à nobis repertum fuerit dictam terram de Salice valere in redditu, habita ratione omni ad idem castrum pertinentium, ut est dictum, pro parte terræ ipsius quæ ante permutationem hujusmodi ad dictos conjuges pertinebat. Nosque statim nancisci poterimus saisinam corporalem dicti castri de Salice, et omnium jurium et pertinentiarum ipsius, pro portione, et jure olim ad dictos conjuges in præmissis pertinentibus ante dictam assisiam per nos faciendam,

nonobstante conventione habita in contrarium in dicto permutationis contractu. In quorum testimonium nos præsens scriptum sigilli nostri munimime facimus roborari. Actum Parisiis, anno Domini millesimo ducentesimo nonagesimo nono, mense februarii. Nos verò Officialis Lingonensis prædictus, quod vidimus testamur, et in testimonium hujus visionis sigillum nostrum præsentibus Litteris duximus apponendum. Actum, et datum anno Domini millesimo trecentesimo quarto, die lunæ post festum B. Petri ad vincula.

Facta est collatio per me Giraudum de Besva, et Jaquinum Rotarii, clericos curiæ Lingonensis. Sigillatum in cera viridi.

Ayant les seigneurs de Saulx perdu le chasteau, il reste aux masles les seigneuries de Ventoux, d'Orrain, Ar-sur-Tille, Prangey, et plusieurs autres, des noms desquelles seigneuries ils se firent appeler, et ne laisserent de se bien allier, comme il se voit cy-apres.

Ceux de faction qui appointeront separement, seront ruinez : les derniers qui traicteront, avec plus de peril et plus d'honneur ; les premiers avec plus de honte et de regret.

La paix avec les subjects fait pour les roys ; les armes posées, ils n'observent que ce qu'ils veulent. C'est folie de demander des capitulations advantageuses, quand les conditions et les personnes demeurent entre les mains des princes : ces promesses si exactes ne doivent estre recerchées que par ceux qui apres veulent subsister les armes en la main, et hors de la puissance des roys.

Guy de Saulx vivoit en l'an 1110 ; il portoit un lyon d'or armé de gueule en champ d'azur, timbré d'une teste de lyon empanaché d'or et d'azur ; espousa Alix de Mont-Sainct-Jean, dont les armes sont trois escus d'or en champ de gueule. Octavien, comte de Saulx, Isabeau de Savoye, une double croix d'argent en champ de gueule, my-partie de quatre barres d'argent en mesme champ. Guy, comte de Saulx, Jeanne de Montbeliard, dont les armes sont deux dauphins d'or en champ d'azur. Guillaume, comte de Saulx, Marguerite de Vienne, qui deceda en decembre 1290, inhumée aux Jacobins à Dijon, portant une aigle d'or en champ de gueule. Charles, seigneur de Saulx, Louyse de Fontaine et de Merlau, six merles et une bande de sable en champ de gueule. Hudes de Saulx, sieur de Ventoux, Guyotte de Sainct Seigne sur Viviane, dix barres d'or en champ de gueule. Pontus, sieur de Saulx, Jeanne de Til, trois leopards de gueule en champ d'or. Thomas de Saulx, dit le Loup, Jeanne d'Ar-sur-Tille, trois barres d'or en champ de gueule. De là sortirent deux branches : l'une est des sieurs de Ventoux, fondateurs du Bon-Vaulx, où plusieurs d'eux sont élevez ; de l'autre vint Hugues de Saulx, sieur d'Ar-sur-Tille, qui eut Anne de Baufremont, portant des baufrois d'or en champ de gueule. Guillaume de Saulx, Guillemette de Baudoncourt, sept carreaux et une barre d'azur en champ d'or. D'icy sortit un cadet, chef de ceux de Saulx de Lorraine. Herard de Saulx, sieur d'Orrain, Antoinette de Dinteville, deux leopars de sable en champ d'or. Jean de Saulx, sieur d'Orrain, Marguerite de Tavannes, un coq d'or griffé de sable en champ d'azur. De ces deux sortit Gaspard de Saulx, duquel nous escrivons, qui prit le nom de Tavannes. Pour ce, a esté icy jointe la genealogie de ceux de Tavannes, du comté de Ferrette, translatée d'allemand en françois.

Il est escrit aux Chroniques de Velay et de Monstier-Grand-Vaulx, que l'an 692 il y avoit un roy d'Alsasse qui espousa la reyne Berthe, fille du roy d'Escosse, fondatrice de Monstier-Grand-Vaulx, et fit relever les corps de sainct Germain et sainct Rambaut, donna beaucoup de bien aux eglises, fit faire un chemin dans la roche de Monstier-Grand-Vaulx pour aller à Berne en Suisse, et un pertuis au travers de la roche, qui se nomme encore aujourd'huy Pierre Pertuis. Tous ces ouvrages furent conduits par un grand seigneur d'Escosse, son cousin, qu'elle avoit amené, nommé messire Vernier de Tavannes : ce fut le premier qui commença le chasteau au lieu de Tavannes ; voulut reprendre le fief de l'abbé du Monstier-Grand-Vaulx, l'an 692. Ce chevalier avoit amené sa femme, nommée Magdelaine : ils eurent un fils qui se nommait Philippes de Tavannes, qui espousa Isabeau, baronne d'Elsets ; et sont enterrez à Vellay. Lesdits Philippes et Isabeau eurent un fils nommé Joannel de Tavannes, marié avec Anne de La Salle baronne de Neuf Chastel du Pont de Roide ; et sont enterrez au lieu de Tavannes. De là vint Ouris de Tavannes, mary de Pernette de Colombier, enterrez en l'eglise de Sainct Huvyer. Son fils s'appelloit comme le pere, qui eut Isabeau d'Oigny en Bourgongne : elle avoit esté mariée à ceux de Delle, dont sortit Jean et Richard de Delle, et eurent un fils du dernier mariage, nommé Ouris de Tavannes, qui eut Alix de Chastel-Voüey, enterré à Delle, à la chappelle Sainct Nicolas : et eurent un fils, nommé Adrian Regnaut de Tavannes, qui espousa Ameline de Pierretaillé, enterrée à Sainct Ursane. De ceux-cy sortit Petremant de Tavannes, qui eut Marguerite de Moissenot, enterrée à Sainct Ursane. Dudit Petremant et Marguerite vint Jean de Tavannes, qui espousa Jeanne de Raulcourt, fille de Ferri de Raucourt et de Marguerite de Charmes. Dudit Jean et Jeanne sont sortis Jean de Tavannes, qui commandoit aux Bandes Noires ; Marie de Tavannes, mariée au seigneur de Verchame ; et Marguerite de Tavannes, femme de monsieur d'Orrain. Et d'autant que la maison est tombée en quenoüille, la ville de Tavannes est retournée par fief à l'abbé de Monstier-Grand-Vaulx, qui est de l'evesché de Berne.

Les Juifs par escrits, les Gaulois par tradition des uns aux autres, les Français par armoiries, ont conservé la memoire de l'antiquité de leur race. Les roys s'abusent, qui disent pouvoir faire des gentils-hommes : c'est Dieu qui donne le courage : sa benediction rend les hommes valeureux ; ceux qui le sont, alliez à leurs semblables, continuent la vertu à leur posterité : les mes-alliez ne la conservent qu'à moitié. Les roys devroient suppleer à la negligence des nobles, rendre les monasteres gardiateurs des noms et armoiries ; noms qu'il seroit besoin maintenant opposer à icelle, la noblesse estant en telle recommandation au passé, que les moindres sçavoient par cœur les races d'un païs ; c'est la recompense et punition de Dieu, de la ruïne ou perpetuité d'icelles ; c'est à ceux qu'il ayme qu'il se faut allier : la posterité succede à ses inimitiez, aux maladies et deffaut de l'esprit. Les armoiries, utiles à leur conservation, viennent d'ancienneté, comme l'aigle romaine, ou du ciel, ainsi que les fleurs de lis, ou d'actes genereux, comme celles de Milan ; les plus vieilles sont les plus belles et meilleures. La noblesse est issuë d'Abel et des enfans de Noël ; les plebeyens, de Caïn et des serviteurs de Noël sortis de l'arche, comme aucuns tiennent. Je croy que c'est de la benediction de Dieu, et de plusieurs actes genereux reïterez en mesme race, qui ne s'entent comme les arbres fruitiers l'un sur l'autre, sont necessitez d'espouser des femmes, desquelles il se vaudroit mieux passer que de les avoir dissemblables. La pauvreté ne sert d'excuse : les armes ne manquent à ceux de cette condition ; les loix devroient donner les pauvres gentils-hommes aux maisons riches qui tombent en quenoüille, reservant le nom d'icelles selon que les maisons sont illustres. Les royaumes bien ordonnez devroient pourvoir au mariage des nobles, joindre les fils aux filles des grands capitaines, pour en produire de semblables ; ne permettre qu'ils se mes-allient, à ce qu'ils conservent le courage, ancien protecteur du public : et l'appauvrissement de la noblesse, que les roys de ce temps ont permise ou desirée, est origine des mes-alliemens et mariages des gentils-hommes avec les plebeyens, desquels les enfans ne seront qu'à moitié vaillans, au prejudice du public et des generaux d'armées, par fois abandonnez, et hors le respect de la chrestienté. Plusieurs souverains sont soigneux de conserver les aras des chevaux, accouplant les bons avec les semblables, et n'ont soin d'empescher des mariages que les genereux gentils-hommes sont contraints par la pauvreté d'accomplir avec des femmes sorties des plus vicieuses et viles personnes de leur Estat.

De Jean de Saulx, seigneur d'Orrain, grand gruyer de Bourgongne, et de Marguerite de Tavannes, nasquit, au mois de mars l'an 1509, Gaspard de Saulx, seigneur de Tavannes, de parens illustres, craignans Dieu, et de clair jugement. Le sieur d'Orrain eut trois fils et deux filles, retint l'aisné pres de soy pour maintenir la maison, qui fut Guillaume de Saulx, seigneur de Villefrancon, depuis lieutenant du Roy en Bourgongne; et envoye M. de Tavannes puisné chercher de l'honneur, et voué le tiers à l'Eglise, qui fut prieur de Sainct Leger; mit les deux filles en religion, sçachant bien la perte qu'elles apportent aux maisons : l'une en sortit, qui espousa le sieur d'Effrans; l'autre mourut à Remiremont, dont elle estoit dame. Le sieur de Tavannes avoit l'esprit prompt, judicieux dés son enfance, estoit de la riche-taille, entre mediocre et grand, de force et disposition nompareille. Son père l'enseigne et fait apprendre ce qu'un gentil-homme et capitaine doit sçavoir; fait estudier ses freres selon leurs inclinations.

Les roys sont interessez à la conservation de la preud'homie des nobles : aucuns s'en sont servis pour administrer leurs finances, leurs domaines, grueries, bois et rivieres, et s'en sont bien treuvez : ceux qui sont naiz de bonnes maisons et riches, ayans à perdre honneurs et biens, ne mes-usent ny ne derobent, ainsi que plusieurs font en ce temps.

La ressemblance des actions des enfans à celles des peres vient de la benediction ou malediction de Dieu, et de la nourriture qu'ils reçoivent pareille à celle de leurs parens. Aucuns ont creu que l'ame, soufflée de la bouche divine, pouvoit departir l'immortalité et l'entendement à ses successeurs, ainsi que d'un flambeau il s'en allume plusieurs; tiennent que l'ame, envoyée d'en haut, fait ses fonctions selon la capacité des vaisseaux que les peres forment : intelligence, jugement et memoire ont des chambres separées dans la teste, lesquelles, une partie pour la conjonction des femmes, ou offencées de nature et accident, se troublent et s'alterent. Des peres et meres bien proportionnez naissent les proportions capables et les esprits semblables; si les deux sont en la grace de Dieu, c'est grand advantage pour la sagesse et accroissement des enfans.

Les mathematiciens errent aux predictions par les astres, qui n'ont aucune puissance sur les nativitez ; plusieurs ont esté charretiers, naiz sous mesme planete que les empereurs : bien est-il qu'il sert à la santé du corps et de l'entendement d'estre naï quand les peres ont plus de force d'esprit et de corps, au printemps, automne et plein de la lune.

Les physionomistes sont plus certains, considerant la forme, le teint et nature du corps; lisant la vie des Cesars et grands capitaines, considerant leurs actions soudaines ou lentes, ont depeint leurs corps tels qu'ils estoient : Cesar, Alexandre, de proportion mesurée, blonds, tirans sur le roux, sanguins, et dominant le feu en eux sur les autres elemens; Fabius Maximius, de poil châtain temperé. Un medecin, considerant le sieur de Tavannes, les cheveux blonds, barbe rousse, un peu haut en couleur, les soursils elevez, luy dit : « D'où vient, monsieur, que vostre corps et habitude tesmoigne que vous devez estre extremement colere, et neantmoins vous ne l'estes point ? — Je le suis, dit-il, autant qu'il se peut; mais je la sçay vaincre par la raison. »

Les gentil-hommes riches ayans trois enfans en devroient mettre deux aux armes ; les mediocres un ; et le reste, d'Eglise et de loix, sans les lier que l'aïné n'ait des enfans ; marier peu de filles, qui sont la ruine des maisons. Les gentil-hommes ont la theologie et la jurisprudence, et sont exclus de la medecine : le sçavoir est necessaire, ou recevoir honte d'acheter des benefices et estats ; les jeunes enfans doivent estre sous de fideles precepteurs aux universitez ; ne les laisser en liberté qu'à vingt-trois ans, âge qui donne la perfection à l'œuvre. Où la reverence paternelle defaut, la crainte d'estre desheritez supplée. Les ignobles ne nous ostent les estats de judicature ; c'est l'ignorance qui nous en prive : la porte est ouverte à tous ceux qui font estudier leurs enfans, lesquels ne peuvent estre empechez d'avoir des estats. C'est l'honneur de plaider et juger : les seigneurs romains s'en sentoient honorez : sotte est l'opinion des brutaux, que les presidens et conseillers ne sont gentil-hommes ; plusieurs sont de cette qualité, et c'est estre vrayement noble que de faire la justice : ce sont eux qui ont puissance sur les biens et vie des autres : c'est estre serf que d'estre d'un estat privé de judicature, qui est marque de superiorité et souveraineté.

Les gens de bien, sages et vaillans, naissent de leurs semblables, soit que les peres forment les vaisseaux où agissent les esprits, ou que les bons fruicts continuez d'enter en leurs especes se rendent meilleurs : la suite de plusieurs vertueux augmente la perfection en leur posterité. Du mélange naissent les monstres; honte, vice, maladie, infirmité, se portent dans les maisons par les femmes : les enfans des mes-alliez ne naissent qu'à demy vertueux; les races qui sont benites de Dieu, celles qui sont illustrées d'actes genereux, de parens nobles, doivent estre preferées à la richesse et faveur des autres. S'abstenir de mauvaises viandes, limiter ses exercices, oster toutes passions et apprehensions, sert aux meres et aux enfans en bas aage. La netteté de conscience et pieté, offrant à Dieu ce qui vient de luy, est necessaire; bannir tous vains discours, mauvaises imaginations, lire les sainctes histoires, ouyr de bons propos, ayde aux enfans lors que l'esprit prend pied, et s'allie avec la chair dans le ventre de la mere. Les premieres affections se marquent dans les corps et dans les esprits, mesme devant la naissance; les dames charitables allaictent leurs enfans, ou les pourvoyent de nourrices vertueuses, à ce qu'ils ne succent le vice avec le laict : il ne les faut tenir delicats, les porter au chaud et au froid, comme estant de mesme condition que les pauvres, et qu'à la façon des singes ils ne meurent pour estre trop caressez; leur ouvrir les yeux de l'esprit pour connoistre Dieu, en mesme temps que les corporels reçoivent la lumiere.

Les gouverneurs et precepteurs doivent estre choisis craignans Dieu, sans doute de leur foy, gens de bien, non vicieux, de parens semblables, conneus, et aymans leurs maistres et leurs disciples, interessez à leur utilité et grandeur, honte et dommage, guerrier du monde, non pedant qui ait voyagé, sçavant historien, avec plus de jugement et preudhommie que de science : parties mal-aisées de treuver en un homme seul, au defaut de quoy en faut employer deux; le precepteur sera obeyssant au gouverneur. Et que leurs charges ne soient troublées par folle amour ou avarice des parens. Ils instruiront leurs disciples en la connoissance et obeyssance de Dieu, sçavoir l'adorer, prier et servir, estre homme de bien, veritable; apprendront les moyens de converser parmy les hommes, connoistre soy et les autres, ne les tromper, se garder de l'estre, leur bien faire, et se rendre agreable; apprendre à bien parler, sçavoir en gros toutes sciences, et principalement les histoires, pour servir aux affaires d'Estat; l'art de la guerre, ordre des batailles, les conseils militaires, les exercices aux heures commodes, monter à cheval, escrimer, sauter et nager. Les sciences se peuvent faciliter et accourcir : le sage gouverneur en enseignera plus en un an qu'un autre en dix. La connoissance de l'inclination des disciples est necessaire, leur crainte, patience, timidité, diligence, desir d'honneur, de loüange, honte et chastiment, pour les appliquer ainsi qu'ils profitent.

L'inclination, la portée, suffisance, insuffisance, clarté, obscurité de l'esprit, doivent estre remarquez, pour mettre les enfans à l'art et aux sciences ausquelles ils se portent; autrement c'est travailler leurs entendemens et celuy de leurs precepteurs en vain : il se peut ayder à la nature, non la forcer. Les uns se jettent aux armes, les autres aux lettres, aux loix, à l'Eglise; les precepteurs mal-advisez changent et contraignent souvent la volonté des enfans, faisant, selon leur fantaisie, d'un moyne un soldat, d'un soldat un legislateur : de là vient que les disciples, forcez en leurs vocations et naturels, n'y font rien qui vaille. C'est aux sages gouverneurs d'advertir les parens de leur humeur, et de ce à quoy ils peuvent parvenir, sans entreprendre, selon leurs passions, l'impossibilité où il n'y aurait honneur ny profit : autrement ils s'acheminent bien à la perfection; mais, empestrez de leurs inclinations, et faisant tout à regret, n'y parviennent jamais avec perfection. La memoire a ses limites : elle se peut augmenter par exercices, regimes, methodes, non jusques à l'infiny : qui saute dix pieds en peut saillir vingt, non quarante; qui retient mille vers n'en retient cent mille : il ne la faut charger que du plus necessaire; les premieres impressions prenant place et credit, sont malaisées par le temps et par les nouveaux venus de desloger. Les fables et les menteries ne doivent estre à la bouche des precepteurs : les contes induisent à mentir, les tragedies à craindre, les poëtes à la luxure, les faux discours à la vanité : la creation du monde, le peché des peres, l'expulsion du paradis, le meurtre d'Abel, la confusion de la tour de Babilonne, le deluge et le sacrifice d'Abraham, sont veritables histoires, et plus delectables que les Roland et Amadis. Le changement des monarchies, ce qui est advenu durant icelles, qui sont entremeslées de plaisantes histoires d'Herodote, de Xenophon et Plutarque, sont susceptibles aux enfans de sept et huict ans; au lieu que les autres ne sçavent que des fables, ils profiteront des histoires. Le latin n'est necessaire à ceux qui ont de bons gouverneurs et precepteurs : les langues ne sont sciences; le temps qui se mettroit à les apprendre se doit employer à sçavoir les histoires, preceptes, stratageme et conduitte de guerre, et ne se treuveroit la memoire surchargée de ce qui est inutile. S'il le falloit apprendre, il faudroit que les enfans de deux ans fussent sequestrez dans des maisons separées, et que les nourrices, pages et precepteurs ne leur parlassent que latin dez leur naissance, à ce qu'ils l'apprissent comme leur langue maternelle, et s'en servissent par usage, non par reigles, lesquelles contiennent tant de mots, que les enfans auroient plustost apris les bonnes mœurs et l'art de la guerre que la moitié d'iceux. L'enfance est capable d'erudition; le sage gouverneur s'accommode à l'âge: au lieu de chevaux de bois, de poupées, de coches et marmozets, usitez et desirez naturellement en ceste basse jeunesse, il faudroit fabriquer, de bois ou de terre, six mille, tant cavaliers, piquiers qu'arquebusiers, de la hauteur d'une palme, des villes, des chasteaux, des canons à l'esgal. En ces petits modelles se peut practiquer et monstrer à ranger des compagnies, escadrons, batailles, assaux, bresches, retranchements, tranchées, gardes, sentinelles, corps de garde, charges, retraittes; quel est l'advantage et desadvantage, ordre, desordre, leurs sources et origines; connoistre les assietes des païs, montagnes, bois, rivieres, passages, pour s'en prevaloir: tellement qu'à dix ans [montrez par gens experimentez], au lieu d'avoir passé le temps inutilement, ils auroient pris une habitude de soldat et de capitaine, d'autant plus forte qu'elle est imprimée dans la premiere cire, où elle demeure, tournant la science en naturel.

En l'enseignement des gentil-hommes il y a trois degrez: l'excellent, le moyen et le commun. Les entreprises des royaumes, conquestes et delivrance, veulent un cœur genereux, un esprit vif, plein de feu, ambitieux, infatigable, contempteur des hazards, prudent, patient, dissimulé, eloquent, liberal, attirant, gracieux, se changeant, se pliant sans peine, negociant par habitude, sans travail: raretez peu communes, où le sens naturel peut beaucoup. Des sages, vaillans, gens d'honneur, de foy, d'entendement, sçavans, de conseil, subtils, fermes, resolus, les roys font leurs generaux, leurs connestables, mareschaux, gouverneurs et ambassadeurs. Au troisiesme degré, les vaillans, vertueux et fideles peuvent parvenir à estre mareschaux de camp, capitaines de gensdarmes, maistres de camp de gens de pied, et capitaines de places. Il est necessaire que les gouverneurs connoissent la capacité de l'esprit de leurs disciples, car en vain se chargeroit un grand fais sur des jambes foibles. Plusieurs, forçans eux et les sciences, estudient pour estre genereux d'armées, grands theologiens, ou legislateurs, employent temps, peine et argent à se faire mocquer d'eux, lesquels eussent reüssy en autre moindre profession. Les receptacles, l'entendement, jugement et memoire, serrez, obscurcis, opprimez de carnositez, empeschent les fonctions spirituelles aux uns plus qu'aux autres; où il ne se remedie par art, non plus qu'il seroit possible de faire sages les fols dont la nature a espointé les testes. Tel seroit capable d'apprendre à estre capitaine et gouverneur de place, qui ne l'est pas pour estre connestable, general d'armée, conseiller d'Estat et ambassadeur, lesquels au semblable ne pourroient estre chefs de party. Il y a des preceptes et des reigles communes à tous ces trois degrez, d'autres particulieres à chacun d'iceux, dont les premieres sont dangereuses de communiquer aux deux autres: c'est eschauffer l'ambition mal à propos, et au lieu de creer des dieux il en sort des centaures.

Les traductions d'Herodote, de Plutarque, Apian, Titelive, ont aydé à fomenter les guerres civiles en l'Europe. Tel eut voulu estre Cesar ou Licurgus, pour renverser ou changer l'estat des republiques; autres, Brutus, Timoleon, pour tuer les tyrans; autres, pour entreprendre mieux que Spartacus et Sertorius, qui ne consideroient que le christianisme le defend, la juste royauté l'empesche, et leur insuffisance les en recule. L'opinion de soy-mesme, la presomption, mere d'ignorance, leur silloit tellement les yeux, qu'il ne leur restoit que l'audace et la folie [source de tant de malheurs et d'entreprises passées de nostre temps]. De mesme l'erudition ne peut estre commune aux generaux d'armées et aux capitaines, d'autant que les regles d'Estat à un qui ne seroit capable que d'estre capitaine de gendarmes ou de gens de pied, ne serviroient qu'à surcharger son esprit, qui l'est assez de soy-mesme: il vaudroit mieux leur apprendre les bonnes mœurs, la discipline militaire, la politique, l'obeyssance, et autres choses desquelles ils se pourroient mieux servir. C'est pourquoy la perfection est aux Italiens, qui n'apprennent qu'une science, au contraire des Français, qui les apprennent toutes en apparence, et en effect n'en sçavent point.

Les livres tranchent de deux costez, ostent et donnent les vices, font bien et mal, excitent à vertu et à volupté. Les romans, les poëtes, fables et fictions lubriques, sont poisons de la jeunesse qui leur doivent estre violemment arrachez, parce qu'ils corrompent les mœurs, occupent la place en la memoire des choses meilleures; en eschange il leur faut donner des saincts, veritables et bons historiens. Les bons precepteurs doivent extraire ce qui sert à ceux ausquels ils enseignent, et, s'ils n'en peuvent prendre la peine, leur cotter jusques aux lieux qu'ils veulent qu'ils lisent, leur expliquer les entreprises, actions politiques, de guerre et de justice, les tournant en bon suc, pour les faire digerer et profiter dans l'entendement de leurs disciples. De là viendra qu'ils ne gousteront rien d'impur, et qu'ils ne se trouveront surchargez de livres inutiles, le grand nombre desquels, tant saincts que profanes, qui semblent necessaires pour estre versé aux histoires, se peut abreger au petit pied en forme de cronologie, ainsi qu'il y en a dés ceste heure plusieurs faites, qui suppleent à ceux qui n'ayment la lecture. Se connoistre et mesurer est estimé des sages; adjoindre le feu au boüillant, c'est faire des Phaëtons; échauffer, attiedir, refroidir, hâter, rallentir le naturel des enfans, est necessaire pour former un bon patriot, qui prepose le bien et la gloire du païs au sien propre. Il ne leur faut permettre de lire, ou les faire passer legerement sur la vie de ceux qui ont entrepris contre l'Estat auquel ils estoient naiz; leur monstrer les perils où ils se sont precipitez, qu'il n'y a rien d'honorable que ce qui est juste, que la bonne reputation doit estre preposée à la grande injustice. Que si au contraire le precepteur trouve un naturel eslevé en son disciple, les conquerans et les entrepreneurs leur pourront estre leuz et expliquez, autant que Dieu et la justice le permettent.

Les livres doivent estre leuz avec consideration, et fonder des discours sur chaque fueillet aux disciples, et en tirer le suc: leur faire juger des actions bien ou mal faites, si elles pouvoient estre meilleures ou pires; les fautes, les artifices, les remedes, les beaux et bons actes bien remarquez, pour s'en servir en occasions semblables, ou eviter les inconveniens y mentionnez. Ainsi sera exercé le jugement.

La memoire pratiquée avec artifices se rend meilleure; une sentence, un mot, une marque representent l'autre. La disposition en suitte consecutive supplee au defaut du souvenir, comme de Dieu aux anges, aux prophetes, saincts et hommes; du ciel aux astres, elements, bestes, et plantes aux mineraux; et ainsi ceste suitte, tombant des uns aux autres, facilite la retention et la memoire. Des exercices de guerre et practique d'iceux, l'obeyssance, commandement, armes, ordres, combats, batailles, assaux. De mesme, en la cognoissance de l'estat des empyres, monarchies, tetrarchies et democraties, la scituation des royaumes, limites, separations d'iceux, leur forteresse, foiblesse, ports de mer, rivieres, montagnes, moyens de les conserver ou occuper: ce qui se peut reduire par les gouverneurs et precepteurs, en telle sorte que facilement les jeunes enfans en seront capables; ainsi que plusieurs aprennent la gamme de musique et autres vanitez qu'ils retiennent par semblable disposition. Ainsi les prescheurs marquent les piliers des Eglises; ainsi les mareschaux de camp, des mots qui approchent le nom de plusieurs villages où ils logent l'armée. Tel sçait une elegie par cœur, qui ne sçait se souvenir du milieu, s'il ne commence au premier vers; il semble que la memoire deplie une ranche apres l'autre, selon qu'elles y ont esté entassées. Le gouverneur expert donne à chacun son logis separément et sans confusion. Plusieurs arts se sont appris par traditions et caballes des peres aux enfans, sans aucunes escritures. Les cathechismes enseignent la foy, les mœurs s'apprennent par preceptes, les regles de la conversation des hommes et des affaires d'Estat s'extrayent des livres. L'astrologie n'est necessaires aux generaux; suffit qu'ils sçachent les metheores, pour ne s'étonner de rien: pour les fortifications, le chiffre et arithmetique sont necessaires. Vray est-il que les cartes les plus certaines sont faictes par l'elevation du pole; à quoy il ne faut embroüiller l'esprit du general, suffit que l'on sçache faire les formes ordinaires; l'art de sçavoir mesurer la distance des lieux par l'usage du compas, separant les distances suivant les cercles, les adaptant et tournant selon les regions, est utile.

De toutes les sciences divines, morales, histoires, manyment des affaires d'Estat, conversation, stratagemes, fortifications, se peut dresser des lieux communs, maximes et afforismes: ainsi que les bons medecins, brefves sentences, le meilleur et le suc de ces arts, pour les faire apprendre par cœur aux disciples: ce qui ne se peut faire que d'un excellent gouverneur, qui puisse cognoistre les bons preceptes d'avec les inutiles. Ce livre ne sera gros, et sera plustost apris que les rudimens, Despautere, Terence; et quand ceux qui les lisent seront seulement grammairiens, les autres sçauront que c'est d'estre homme de bien, capitaine, et gens d'Estat, et rendront compte de tout ce qu'on leur demandera à quinze ans. Tous les arts sont obscurcis, remplis de vanitez, d'artifices inutils et peu necessaires, par la malice des professeurs d'iceux, qui ont voulu rendre leurs sciences plus longues, à fin de leur donner reputation, et y gaigner davantage; tous lesquels artifices, paroles et discours inutiles, il faut sçavoir tirer et separer, ainsi que la paille du grain pour profiter le temps. Les ingenieurs, escuyers, escrimeurs, enseignent en une année ce qu'ils pourroient aprendre en trois mois. Sçachant l'arithmetique, le reste, comme les racines carrées et algerbes, ne sont guiere utiles aux guerriers : faut dresser les bataillons et les escadrons promptement, par une grande érudiction, experience et accoustumance.

La conversation profite et nuist, selon la bonté ou mauvaistié d'icelle : c'est là où il faut avoir grandement et assiduellement l'œil. Un mauvais discours, un pernicieux mot destruict à une heure ce qui s'edifie avec beaucoup de peine en plusieurs jours. Monter à cheval, escrimer sert de beaucoup, sans en acheter, par perte de temps, la perfection avec tant de ceremonies ; puisque le general ne veut faire profession d'escuyer ni d'escrimeur, suffit qu'il en sçache pour sa necessité. Les compagnons, les enfans, les pages doivent estre plus sçavans, sages et de bonnes mœurs, que les disciples avec lesquels ils sont joincts pour servir ou pour apprendre. Les paroles sales, vaines, desobeyssantes, presomptives, sont couteaux qui trenchent le bon naturel des jeunes gens, gastent en un moment ce que plusieurs jours ont edifié, ceux qui en usent doivent estre sequestrez ainsi que les malades de mal contagieux. S'il advient qu'un indiscret ait dit quelques mauvais propos, soudain le precepteur en changera le sens, le couvrira ou reprendra, à ce qu'il ne tache et offence l'imagination et pensée de son disciple. Il y a des maximes qui se peuvent reduire en sentences, il les faut faire apprendre par cœur. Par exemple, en la creance, adorer, croire, obeyr à Dieu, aymer et n'offencer son prochain ; aux mœurs, mettre le droict de son costé, dire verité, la plus grande finesse est de bien faire, regarder la fin au commencement, ne parler trop, n'offencer personne ; aux affaires d'Estat, estre juste, secret, mesfiant ; en guerre, vigilant, se garder d'estre surpris, tenir ordre, charger le premier ; et mil autres preceptes, qui se peuvent reduire en sentences briefves, pour servir de regles infallibes.

Le cosmographie se doit apprendre, sçavoir, la situation des empires, royaumes, provinces, mers, rivieres et villes ; leurs distances, quel au levant, quel au midy ; les eschelles necessaires pour compasser les lieux, les reduire au petit pied, dont sort l'erudition et les moyens d'apprendre à fabriquer les cartes. Un livret seroit necessaire à celuy que l'on veut former pour general d'armée, qui ne se peut bonnement faire que par gens d'Estat, mal aisé de composer aux gouverneurs et precepteurs, s'ils ne sont fort experimentez. Dans iceluy soit mise la force, richesse et puissance, moyens d'assaillir et se defendre, alliances, confederations, parentages, secours, vivres, munitions, villes, chasteaux forts et foibles, navigation des mers, rivieres, passages, guets d'iceux, païs d'infanterie, cavalerie, bois, montagnes, les princes qui y commandent, l'humeur d'iceux, et les plus approchans de leurs desseins, moyens de les assaillir et de s'en defendre, nommément des païs plus voisins du general.

Exemple : l'Allemagne est un Estat aristocratique, dont la resolution depend d'assemblées de princes et de villes imperialles, dequoy la tardiveté donne quatre mois de loisir d'executer des entreprinses. Eux recogneux, ils s'opposent avec de grandes forces : pour les soustenir, faut avoir pris aux quatre mois susdicts des villes fortes, et se faut ayder de la querelle de l'un d'eux contre l'autre, et se saisir de bonnes places. La gendarmerie françaile joincte aux Suisses, s'ils n'avoient excepté l'Empire, feroient de grands effects sur iceluy. Les Allemands sont peu pecunieux, leur cavalerie ne vaut guieres, les villes fortifiées à l'antique, leur païs traversé du Rhein et du Danube, sur lesquels seroit necessaire prendre Strasbourg et Oulme ; leurs reistres sont de peu de valeur, les lansquenets meilleurs ; multitude de souverains facile à diviser à qui auroit establissement dans leur pays. L'Allemagne n'est à craindre hors de ses limites ; l'Empereur ne peut entreprendre sans les princes et les villes, qui craignent sa grandeur, et peut peu de luymesme.

Il se peut composer des dialogues contenans demandes et responses, tant sur les mœurs, affaires d'Estat, que puissance des rois et Estats, pour esveiller tant plus les esprits ; et lorsque la raison et jugement y prennent place, ils s'y doivent continuer, et exercer par interrogats, à differens enfans en presence l'un de l'autre, loüant et blasmant les bons et mauvais advis qu'ils donnent, leur monstrant la raison par laquelle ils le pouvoient donner meilleur. Ainsi se formera peu à peu le jugement.

L'eloquence est necessaire, il est aussitost bien que mal dit : les accoustumer à discrettement parler, et en peu de mots significatifs comprendre beaucoup ; quelque partie de la retorique y peut servir : les discours se font en se promenant, sur la lecture passée, autrefois sur les occurrences, evenemens fortuits qui arrivent dans les villes ou dans les maisons des grands : tellement que dans icelles, aux champs, en joüant, par tout il y a estudes, selon la sage practique du gouverneur et precepteur, sans forcer le disciple.

Les exercices du corps sont utiles, tant pour la necessité que pour la santé. Le premier est l'escrime, pour la frequence des duels, permis inconsiderément en France : elle sauve l'honneur et la vie, suscite l'hardiesse pour ne souffrir injure, dont la presomption ne doit faire mesurer à l'oppression des foibles. Sçavoir piquer, arrester les chevaux ; joüer plus du pistolet que de la lance, profite ; le nager, le sauter, et mesme le danser, augmente la disposition et santé corporelle : quant aux instrumens et musique, ils sont du tout inutiles. Je mettray entre les exercices, de desseigner une ville, un camp, une forteresse en campagne, reconnoistre les assietes propres des armées, juger des distances, rendre compte des difficultez des assietes, avantages et desavantages des païs, des scituations, mettre en ordre et desordre, changer et r'allier au pas, au trot, du haut en bas, aux passages, aux hayes, aux fossez ; pourvoir au soleil, pluye, vent et poussiere.

La plus grande troupe de ses amis et compagnons que l'on pourra amener à la promenade pour s'exerciter en ce que dessus, sera le mieux. Là se fait infinies questions : quel moyen de desloger une armée qui est logée sans peril, quel de gagner ou garder un passage de riviere, fortifier les advenues, reparer les imperfections des scituations ; ce qui ne se peut par discours, ains est necessaire d'estre à la campagne sur les lieux, là où se juge des distances. C'est la chasse à laquelle il faut mener les jeunes seigneurs, n'estans que trop addonnez à celle des bestes et des oyseaux, à laquelle plusieurs passent leurs jours inutilement : il leur faut monstrer la chasse des hommes. Jusques à vingt ans les jeunes doivent apprendre, et ne les retirer de la puissance de leurs superieurs ; l'esprit et le corps, en cet aage, plus parfaict, retient en quatre ans ce qu'il a appris en seize ; autrement, les sciences passent comme un songe ; negligées une année, elles s'oublient entierement. Lorsque les jeunes se veulent emanciper, c'est le temps qu'ils ont besoin de bride, et ausquels les gouverneurs doivent plus de travail et de soin ; autrement les mœurs se corrompent, les feux de la jeunesse cherchent partout des issues et moyens de secoüer le joug, soufflez et attisez de milliers de personnes, dont le plus grand nombre, suivant l'infirmité naturelle, est plus enclin au mal qu'au bien. De là sourd la presomption, impudence, desobeyssance, suivie de la moquerie et perte, qui fait faire naufrage aux jeunes hommes, par duels ou injures reçues, ne laissant à leurs parents que regrets et reproches de leur appartenir. Autres dans les armées s'addonnent aux jeux, aux putains, perdent de belles occasions, ou par trop de furie se precipitent et font tuer mal à propos, entreprennent temerairement de desobeyr les chefs, et sont contraints de fuyr, se chargeant de vergongne qu'ils ne reparent jamais. Les anciens les cognoissoient mieux que ceux de ce temps, et les tenoient avec de longues robbes, pages, ou en subjection, jusques à ce qu'ils commençoient à avoir de la barbe.

Si à dix huict ans les jeunes hommes vont aux armées, un gouverneur, non seulement soldat, mais capitaine, leur est necessaire, lequel les detourne de vice, de jeu, d'oisiveté, d'hazard ; leur fait comprendre et mettre en practique ce qu'ils ont apris par theorique, hanter les capitaines et gens d'honneur, considerer les evenemens, les bons effects, les fautes, et en oyant leur jugement, les corriger ou loüer selon leurs merites ; les empescher de se perdre mal à propos, leur monstrer que le commencement de donner bonne opinion de soy est la moitié de tout ; comme il faut donner preuve de sa valeur, et sans extreme et desesperé peril la faire entrer en bonne odeur : l'empeschera de se porter en lieu où il soit contrainct de monstrer les talons ; luy monstrera qu'il vaut mieux ne faire que mal faire, qu'il suffit de s'hazarder deux fois pour se mettre en opinion de vaillant, sans se mettre à tous les jours ; que la vaillance est necessaire, toutes fois commune avec les soldats, et que la conduitte donne l'honneur. Il ne se passera acte, quel qu'il soit, sur lequel le sage gouverneur ne fonde un discours profitable et pour servir à celuy qu'il aura en sa charge, lequel il contraindra forcement d'estre tousjours proche des plus grands et des meilleurs capitaines. Mais il faut necessairement que le gouverneur soit vaillant et sage, audacieux, pour monstrer qu'il ne craint point son disciple, auquel il le declarera franchement.

Il ne sert d'avoir edifié l'arbre, s'il est couppé avant que porter fruict. Combien y eust-il eu de braves, de valeureux, qui eussent reüssi conquerans et generaux d'armée, si la mort, precipitée par l'imprudence et par les armes à feu, n'eust moissonné leur prin-temps. Si les drogues empoisonnoient les medecins, si les loix tuoient les docteurs, il ne s'en treuveroit tant de parfaicts en l'une et autre profession ; et si les feuz et les fers que les capitaines sont contraincts de manier pour se rendre experimentez ne les massacroient, il se trouveroit davantage de parfaicts generaux d'armées que de legislateurs et theologiens, lesquels generaux sont tres-rares : c'est beaucoup d'en avoir deux ou trois en un Estat, tant pour la mort precipitée d'iceux, que pour la science et practique plus difficile que toutes les autres, où l'honneur, la vie et le bien s'hazardent journellement. A toutes heures, à tous moments les jeunes se precipitent par presomption, audace, peu d'experience et mauvais conseils; et si les anciens eussent practiqué les armes à feu, Plutarque n'eust celebré tant de grands capitaines, qui fussent morts jeunes avant que d'avoir fait tant d'actes signalez. Les vieux ont le sang, le conseil, la resolution froide et fluctuante; voyant d'une veüe tous les perils passez et advenir, craignent de perdre la reputation acquise, laissent passer l'occasion souvent par indisposition corporelle: de trente à soixante ans est l'aage plus propre aux generaux de difficile choix. S'ils sont de race obscure, ils seront peu estimez; si d'illustre, dangereux à revolte; si boüillans et cruels, ils ruïnent les affaires; si froids et trop bons, l'occasion se perd et le mespris arrive; si severes, sont hays; si familiers, mesprisez; si avaricieux, sans credit; si prodigues, necessiteux; si ambitieux, hazardeux; s'ils ne sont desireux d'honneur, ils ne travaillent point. L'un se croit trop, l'autre ne se croit assez: qui par une offense, une crainte, un mespris perdra une armée; autre, par jalousie, envie, ou par une vengeance ou colere contre ses maistres ou mignons, ne se souciera que tout se perde avec luy. Il est mal-aisé de trouver en un homme seul toutes ces vertus, pieté, amour, justice, temperance, vaillance, preudhommie, adresse, eloquence, affabilité, beauté, attraicts, cognoissance des hommes, chastier, donner à propos, loüer, mespriser, commander resolument, faire parler, taire à temps, croire et ne croire, ne se changer dans les hazards, pourvoir soudainement selon les occurrences à plusieurs choses à mesme temps, prevoir à la famine, pourvoir au mescontentement des amis, avoir l'œil aux trahisons, entreprises des ennemis, les juger par ce qu'on feroit si on estoit en leur place, faire justice sans crainte, pardonner sans faveur: toutes lesquelles vertus ne se peuvent acquerir sans la lecture des livres, estant impossible qu'un gouverneur en puisse tant apprendre qu'ils en enseignent pour estre bon general.

Du retour de la guerre ou du logis du general, le gouverneur et celuy dont il est chargé doivent escrire succinctement ce qui s'est passé, pourquoy et à quel dessein, remarquer les fautes de tous, et comme à leur advis il se pouvoit faire mieux; ce que confrontant avec les stratagemes extraicts des livres, ils en tireront des enseignements et resolutions veritables. Ainsi à vingt ans ils sortiront en effect de subjection: autrement, pensans se mettre en liberté et hors du joug des maistres, ils entrent aux prisons d'ignorance, de vices et des honneurs, qui s'evitent par la crainte de Dieu et conseil de leurs amis.

Pour instruire des gentil-hommes guerriers, il ne leur faut des maistres tant sçavans que preudhommes et de bon sens. Ils n'ont besoin de perdre le temps à aprendre le latin, si ce n'est avec leur nourrice, les sequestrans durant les six premiers ans de ceux qui parlent français: les langues ne sont sciences, la memoire ne peut estre augmentée; elle a ses limites et n'est infinie, il la faut remplir du plus necessaire. L'estude des gentils-hommes est separé en l'exercice de l'esprit et du corps: pour celle de l'esprit, jusques à seize ans leur sera monstré la crainte de Dieu, les bonnes mœurs extraites en peu de mots, dequoy il les faut charger; le suc des sainctes escritures et des bons preceptes, des livres de guerres pour se defendre et assaillir, l'ordre des batailles, retraites, siege, assault de ville, defences d'icelles, et leur en faire des dialogues: leur sera leu peu de livres et necessaires, à ce qu'ils n'ignorent rien en gros; les aprendre à haranguer, et par frequent discours leur faire choisir les meilleurs conseils, reduire en mots succincts les preceptes par lesquels ils puissent aprendre par cœur toutes les forteresses, passages, rivieres, confins de France et des provinces voisines, en quoy consiste la force des Estats, et quels ils sont. Pour l'exercice du corps, monter à cheval, tirer d'un pistolet, escrimer, necessaire pour la mauvaise coustume du duel trop permis en France. Depuis seize à vingt ans, leur sera monstré les affaires d'Estat et conseil salutaire, en tirant profict des auteurs; et pour les exercices du corps, prendre en campagne les situations du païs, dresser des batailles, faire et defaire des ordres, les loix de la guerre: leur sera faict voir la difference du devoir des generaux, capitaines et soldats.

Ceux-cy, de mesme que ceux qui estudient aux lettres, ne doivent sortir de subjection qu'à vingt ans, et si deux ans plustost ils vont à la guerre, ne se fier d'eux à eux-mesmes. De seize à dix-neuf ans, le tiers de la noblesse se pert par imprudence, pour ne se sçavoir bien gouverner, soit par querelle ou par guerre: n'ayant encores l'esprit ferme, ils tombent en des inconveniens de honte qu'ils ne reparent qu'à grande peine. Sont les rois et les republiques qui ont interest à la nourriture des enfants; de là vient la conservation et la perte des Estats. Ils ne s'en faudroit fier aux peres, avoir des colleges de noblesse où peussent estre nourriz deux mille gentils-hommes aux despens du Roy ou des abbayes;

que les maistres qui monstreroient fussent tous gentils-hommes, principalement pour les mœurs, aguerrimens et affaires d'Estat C'est honte d'estre contraints d'envoyer les jeunes hommes en Italie, d'où ils reviennent plus chargez de vices que de vertus ; encores plus grande, qu'il faille que les pauvres gentils-hommes donnent leurs enfans pour pages à ceux qui les font servir de valets et macquereaux. Les gentils-hommes sont necessités d'aprendre leurs enfans eux-mesmes : il y a peu d'apparence que les roys establissent des lieux publics pour les nourrir, y ayant plusieurs qui les conseillent obster l'aguerriment et souhaiter la noblesse encores plus ignorante qu'elle n'est, et, comme Crœsus conseilloit à Cyrus, leur ordonner plustost des longues robbes et la musique, que les exercices militaires. Je respons à ceux-là que c'est un bon conseil pour roys qui ne se sentent sages ny courageux, et qui ne veulent faire la guerre. Si seroit-ce une grande gloire de voir sortir à vingt ans des generaux d'armées de ces escolles, comme de celles des Perses, et de semblables à Scipion, qui en cest aage conduit les armées romaines. Les Turcs seuls ont conservé l'erudition de leur jeunesse, ayant de grands lieux nommez Caravascera, où ils nourrissent cinq ou six mil enfans, d'où ils sortent soldats et capitaines. L'Espagnol en garde quelque chose aux garnisons de Milan et Naples, sortans soldats de là où ils sont entrez bisognes. C'est par cest aprentissage des jeunes enfans que trente mil Lacedemoniens dominoient la Grece, trente mil Mameluz l'Afrique, seize mil janissaires l'empire du Turc, trente mil Espagnols l'Italie, la Flandre et les Indes, et quatre mil hommes d'armes conservoient la France contre toute l'Europe.

La religion, les armes, les loix, les lettres ont tellement changé de païs depuis le commencement du monde, des Assyriens en Perse, Grece, Palestine, Italie, Espagne, France et Allemagne, tellement qu'un chascun à son tour a eu la superiorité des armes, des lettres et de l'abondance du peuple ; maintenant s'estendent devers le nort, aux Flamans, Olandais et Suedois. En l'Asie il se faisoit des armées de deux cens mil hommes ; en la Palestine se voyoit des millions ; dans la Grece le peuple estoit innombrable : en ce temps elle est quasi deserte ; au lieu de mille grandes villes renommées, ce ne sont plus que des bourgades et hameaux. Au contraire, les Gaules, l'Espagne, l'Allemagne, et nommement la Flandre et les villes maritimes du Septentrion sont peuplées de millions d'hommes ; tellement qu'il semble que les peuples de Babylonne et de Hierusalem, de Thebes, y soient arrivez, au lieu que ces royaumes d'Europe estoient tous remplis de bois, et fort peu habitez. Cela a donné suject à quelques uns de dire que la terre tourne, et que ce qui a esté froid devient chaud, que le soleil du midy s'approche de l'Europe, alleguant qu'il est apparant que depuis quatre vingt ans il semble que la France et la Flandre soient plus temperées qu'elles n'estoient. Il est certain que nos predecesseurs vivoient lors que les regions estoient plus froides, ce qui se monstre par les habitations : au lieu des grandes ouvertures des fenestres de maintenant, ils n'avoient que des lucarnes, bastissoient leurs murailles espesses, leurs personnes portoient des chaperons et des fourrures, et mesmes usoient infinis espices, et se tenoient couverts dans les maisons : ce qui peut estre referé à la multitude de bois qui lors estoit en ce païs, lesquels partie en deserts, le froid y estoit plus extreme.

La guerre, alliance et naissance des seigneurs de Saulx, advenuë durant les successeurs d'Hugues Capet, a interrompu ce que je reprens maintenant. Depuis l'an 987 que ledict Capet usurpa la couronne, jusques à Philippes de Vallois, il y eut trois cens ans passez avec peu de mouvemens ; les rois, ne travaillans qu'à s'affermir et faire des loix, pour ne tomber au fossé de leurs predecesseurs, ostoient par division et artifices aux seigneurs leurs subjects ce que, pour regner, Huë Capet avoit esté forcé d'accorder. De Philippes de Vallois jusques à Louys douziesme fut la guerre anglaise, la loy Sallique disputée, prise de Paris, et guerre de Bourgongne, qui divisoient l'Estat si l'imprudence de Philippes, duc d'icelle, n'eust fait paix avec les Français ses ennemis, quittant les Anglais ses alliez, r'affermissant par la ruïne de sa maison l'estat de la France. Depuis Louys onziesme jusques à François premier se querelle la succession de la maison de Bourgongne, et advindrent les guerres du royaume de Naples et des Venitiens. Le roy François sorty de Hutequin de Saxe, de Robert, duc d'Anjou ; de Odot, qui eut le nom de roy, pere de Robert le Grand, gouverneur de Paris ; de Hugues Capet, qui obtint la couronne de France, dont sortirent plusieurs roys, jusques à Charles cinquiéme, qui eut deux fils : l'aisné fut Charles sixiéme ; sa race masculine faillit à Charles huictiéme : l'on recourt à la lignée du second fils de Charles cinquiéme, Louys d'Orleans, dont les nopces de Milan et la mort de Paris coustent tant de sang. Ce duc d'Orleans eut trois fils : de l'aisné sortit Louis douziéme, marié à Anne de Bretagne ; le second fut comte de Vertu ; du troisiéme sortit

Jean d'Angoulesme, duquel vinst Charles d'Angoulesme; de luy et de Louyse de Savoye vint le grand roy François, qui espousa Claude, fille aisnée du roy Louys douziéme et d'Anne de Bretagne.

Il treuve les armes preparées par son predecesseur pour reconquerir Milan, protegé par les Suisses, à la persuasion du pape Jules, sous pretexte de Maximilien Sforce. Milan, ville imperiale se gouvernoit aucunement de soymesme : deux familles de La Tour et de Galeas s'entrebattent pour le gouvernement : les empereurs favorisent ceux de La Tour, les papes les Galeas, qui, sous Othon evesque, furent victorieux. De cette race il y eut trois ducs consecutifs, de l'un desquels sortit Valentine, heritiere de Galeas, mariée à Louys d'Orleans; et de Philippes Marie, une bastarde espousée à Sforce. Galeas, premier duc par l'investiture de Robert empereur, que les Sforces disent n'avoir lieu ny pouvoir, pour l'opposition de Louys de Baviere pretendant l'Empire, Louys d'Orleans eut une declaration du Pape, qu'au decez de Philippe Marie le duché appartenoit à Valentine sa femme, sans avoir égard à la bastarde sortie dudit Philippe. Les Sforces maintiennent que Blanche, bastarde, estoit fille de l'aisné, que les bastardes sont reputées legitimes quand les peres veulent, qu'il avoit acheté l'investiture de l'empereur Maximilian trois cens mil escus ; et quant à l'investiture de Milan du roy Louys douziéme, qui leur est opposée, obtenuë au traicté de Cambray de Maximilian, ce mot est coulé, SAUF LE DROICT D'AUTRUY. Le duc Louys d'Orleans avoit envoyé une armée sous Regnault, qui fut defaicte par Barthelemy Coyon, capitaine de Milan, qui s'estoit mis en liberté depuis la mort de Galeas : ce qu'ils ne peurent maintenir, estans abandonnez des Venitiens, et fut l'introduction des Français.

Sforce, sorty de parens ignobles, marié à Blanche, bastarde de Philippes Marie, duquel Ludovic Sforce heritier empoisonne son nepveu, amene Charles huictiéme en Italie, et fut depuis pris par Louys douziéme, meurt prisonnier à Loches. Le roy Louys douziéme prend le duché de Milan, le reperd apres la bataille de Ravenne par la mort de Gaston de Fois; mescontentement des Suisses assistez du pape Jules de Medicis, liguez avec les Espagnols, Venitiens et Allemans pour chasser les Français d'Italie. Ils en viennent à bout, et establissent Maximiliam Sforce pour leur duc : les Suisses, par le cardinal de Syon leur compatriote, luy en donnent les clefs. Les Suisses lors en leur periode, enorgueillis du combat de Novarre et traicté qu'ils contraignirent de faire devant Dijon, le roy Louys douziéme, prest de retourner à Milan, meurt le premier jour de l'an 1515.

[1515] François, aagé de vingt deux ans, entreprend le voyage, continuë la paix avec le roy d'Angleterre et l'archiduc Philippes, auquel il donne espoir de traicter le mariage avec madame Renée, seconde fille du roy Louys. Le roy François espere en vain de traitter ligue avec le Pape, Empereur et Suisses, qui estoient pour Maximilian Sforce : il la concluid avec les Venitiens, offensez des Espagnols, qui ne leur avoient fait part de la despoüille des Français chassez d'Italie; traicte à Genes avec Fregouse. Les ambassadeurs du roy d'Arragon et du duc de Milan contractent avec les Suisses pour la deffence du duché de Milan; le Pape promet assistance. Le Roy laisse madame Louyse de Savoye regente en France, va à Lyon avec deux mil cinq cens lances, dix-huict mille Gascons et Français, dix mil lansquenets, dont la moitié estoient commandez par Jean de Tavannes, oncle de Gaspard de Saulx, sieur de Tavannes [duquel j'escris], nommez les Bandes Noires; il estoit lieutenant du duc de Gueldres ; le reste des lansquenets commandé par monsieur de Guise. Les Suisses descendent en l'Estat de Milan ; poussez de leur ancienne gloire et inimitié nouvelle des Français, en nombre de quarante mille, croyent pouvoir battre toute l'Europe; dédaignoient la cavalerie du Pape et celle d'Arragon, qui s'approchent de Milan, font halte, feignent que c'est pour conserver leur Estat; au lieu de se joindre aux Suisses, entrent en soupçon l'un de l'autre.

Les Suisses, venus de peu de trois villages, Ondrevald, Suric et Claris, se revoltent contre leurs seigneurs d'Austriche : si l'empereur Albert n'eust esté tué, et sez successeurs en guerre avec les meurtriers, il eussent esté chastiez ; ils s'accreurent et demeurent impunis par la division des papes, empereurs et princes d'Allemagne. Leur pauvreté estoit en dédain, leur pays de montagnes et le choix de leurs armes advantageuses : ces picques de six bras rendent hardis les moins courageux, qui combattent de vingt pieds de loing ; les fers, triplez au premier rang, mal-aisez à penetrer à la cavallerie. Leurs bataillons quarrez, ressemblant aux phalanges macedoniques, vainquirent les Allemands et Bourguignons en cinquante-cinq batailles, par l'imprudence de leurs ennemis, monstrant la difference du courage de ceux qui combattent pour leur liberté, au parangon de ceux qui s'hazardent par argent. Les deffaictes de Charles de Bourgongne et des Français à Novarre les met en honneur : vont mercenaires servant les princes, s'aggerrissent aux despens d'autruy, s'attribuent la victoire en quelque lieu qu'ils soient, forcent les princes à se servir d'eux, non tant pour utilité que pour empescher que leurs ennemis ne s'en aydent; nommoient les pensions qu'on leur donnoit tribut, se disoient correcteurs des roys, et, sans la deffaicte qui leur advint à Marignan, ils fussent estez imitez des peuples, lesquels ils ne vouloient pour compagnons, ains leur commander sous le tiltre d'associez; se mettent en opinion de conquerir des royaumes, comme les republiques des Romains et de Grece. Ils commencent à Milan, sous tiltre de protection, saisissent les Mont-Cenis et Mont-Genesve.

Le Roy passe où ils n'eussent pensé : arrivé dans le marquisat de Saluces, le mareschal de Chabanes surprend Prosper Colonne et Ville-Franche; les Suisses se retirent à Novarre, et en vont joindre d'autres à Galleres, laissant Novarre au Roy, où le sieur de Tavannes, colonel des Bandes Noires, le joint avec dix mille lansquenets marchans à Biagras. La paix fut tellement creuë, que le duc de Gueldres s'en retourne en poste en ses pays, laisse sa charge au comte de Guise son neveu, mais en effect au sieur de Tavannes, auquel il se fioit, et qui avoit toute puissance sur les lansquenets, pour estre de leur nation. La paix rompuë par l'arrivée d'autres Suisses, tous logez és faux-bourg de Milan, les troupes du Pape et du roy Catholique ne s'advancent, craignent se mettre entre celles du roy et des Venitiens. Les Suisses esperent à la surprise, et prendre en chemin l'argent que l'on portoit pour la paix : guidez de la haine contre les Français, qui se servoient de la ligue de Chenaube, composée de lansquenets, leurs anciens mal-veüillans, marchent courageusement, treuvent leurs ennemis advertis, les chargent, esbranlent l'avant-garde du Roy, où il avoit un bataillon de lansquenets. Sa Majesté, avec sa gendarmerie, flanqué de Bandes Noires commandez par messieurs de Guise et de Tavannes, arrestent la furie des Suisses, remirent l'honneur de la victoire de leur costé. La nuict arrivée, amis et ennemis pesle mesle, la mort, la victoire, le courage, la peur, parmy les tenebres de la nuit, se represente au silence des Français; les Français et lansquenets se remettent en meilleur ordre, se retranchent, disposent l'artillerie devant eux, qu'ils tirent dés la pointe du jour. Estans plusieurs charges soustenuës, les Suisses, esbranlez par la cavallerie française qui les chargeoit en flanc, le furent d'avantage par l'arrivée de l'Alviane, qui conduisoit l'armée des Venitiens, se retirent en ordre avec perte de douze mille hommes. Le Roy tesmoigne par bouche et par lettres le service du sieur de Tavannes, colonnel des lansquenets. Les Suisses quittent Milan, perdent la reputation d'invincibles, au profit des princes et gentils-hommes aux subjects desquels ils menaçoient se faire imiter par contagion.

Les Suisses sont de despense et peu utiles, de capitulation si haute qu'ils ne peuvent estre contentez; la faute d'argent, vivres et pluyes, sont autant d'excuses pour ne combattre que quand il leur plaist; au moindre manquement s'arrestent, ou precipitent les generaux au combat, leur font perdre de belles occasions; servent de peu aux batailles, dont la force consiste en cavallerie pirouëttée par le victorieux autour de leurs bataillons; apres, se rendent à la corde au col; ne vont aux assaus, ne combattent leur nation, affament les armées, les appesantissent, les retardent par harangues, menaces, plaintes et traictez continuels; inhabiles à conquerir d'eux-mesmes, dix mil seront defaits par deux mil mousquetaires à cheval et cinq cens pistoliers bien montez; les mousquetaires, escarmouchant cinquante à cinquante, se retirent au galop, estans poursuivis, à la faveur de la cavallerie, avec des moyennes à double attelage, lesquelles ayant tiré, se retirent au grand trot. Quand leurs bataillons s'advancent, ne loger proche d'eux où ils puissent venir en une nuict, si ce n'est és villes, ou estre tousjours en poinct de combattre et en garde, pour eviter la victoire, qu'ils obtindrent contre les Français par l'advis de Motin leur chef; autrement, picquez de necessité, s'hazarderont de marcher toute une nuict au lieu où seront leurs ennemis. Ceux d'Austriche et de Bourgongne imprudemment s'enfoncerent dans leurs picques, les forçant d'obtenir victoire. S'ils valloient en richesses, les Français les pourroient defaire dans leur païs mesme; mettant la noblesse à pied, cuirassée, armez d'halebardes, de pistolets et espées, se meslent parmy eux, flanquez de mousquets et d'harquebusiers, d'autant qu'ils sont desarmez. Il ne se faut servir de plus de trois mil d'iceux en une armée, afin de leur donner la loy, et les faire courre et marcher par force selon la necessité : les Roys s'en sont servis, qui ne vouloient armer leurs peuples, et eviter que leurs ennemis ne s'en aydassent : les batailles de La Bicoque, de Marignan et de Pavie, ausquelles ils manquerent de valeur et de fidelité, monstrent quels ils sont; ils s'allient à la France pour leur interest, estans ennemis communs de la maison d'Austriche : partant, les conditions devroient estre esgales, mesmement puisqu'ils exceptent l'Estat de Milan.

Ils ne peuvent guieres servir aux Français à la conqueste d'Italie ; hors de leur pays sont des ours qui ne luitent si on ne les embrasse, gens fort inutiles, desquels un vaillant roy de France qui ne craindra ses subjects se doit passer. C'est merveille que les voisins des Suisses n'ayent imité leur ambition : la cause est qu'iceux desiroient des subjects et non des compagnons. Le doux traictement qu'avoient ceux du comté de Bourgongne, Savoye et Dauphiné, situez en mesmes lieux de montagnes, les contindrent en leur devoir ; la puissance et la campagne de France, les villes imperialles d'Allemagne vivant en mesme liberté, la ligue de Chevaube, anciens ennemis des Suisses, la bataille de Marignan, empescherent qu'ils ne furent imitez. C'est un bon mestier d'estre Suisse en France : ils ont force argent, ne vont ny aux assaux ny aux escarmouches, la force estant à la cavallerie. Ils ne sont attaquez aux batailles que par les imprudens, ce qu'ils le furent à Dreux ; ce fut la perte des Huguenots. La bataille perdue, leur composition est faicte. Ils ne sont offencez en guerre, de peur de perdre le traicté general qu'on a avec eux en France ; pareillement ne seront offencez aux guerres estrangeres et batailles perdues, de crainte que le desespoir leur serve d'argent. Pour leur faire gagner leur si haute paye, faudroit mettre la cavallerie en bataille derriere eux, sans aller à la charge, jusques à ce qu'ils fussent defaits ou victorieux : seroit lors qu'ils auroient l'honneur des batailles, et meriteroient le payement qu'ils demandent ; autrement ne servent que pour se rallier derriere eux, ce que l'on pourroit faire derriere deux maisons flanquées d'harquebusiers.

Ceux qui gardent les rivieres, passages et montagnes, sont souvent vaincus pour l'estime en quoy on a ceux qui assaillent. Il vaudroit mieux marcher pour combattre, que de garder lieux foibles, d'autant qu'iceux abandonnez, les courages et la vertu des gardiateurs se perdent.

Les Suisses en fuitte, Maximilian Sforce rend le chasteau de Milan, fait pensionnaire du Roy à soixante mil escus par an. Sa Majesté donne partie de son armée aux Venitiens pour reprendre Veronne ; les Espagnols se retirent à Naples ; le Pape traicte avec le Roy, luy donne Palme et Plaisance, et reçoit des bienfaits pour ceux de Medicis. Le connestable de Bourbon estably lieutenant à Milan, le Roy retourne en France en apparence par la crainte du roy d'Angleterre, qui estoit fasché de la protection prise du roy d'Escosse, en effect par l'impatience et delices peculiers aux Français. Le cardinal de Sion fuit vers l'empereur Maximilian ; Sforce fait conclurre la ligue entre le Pape, les roys d'Angleterre et d'Arragon, et les cinq petits cantons des Suisses. L'Empereur entre au Milanais avec cinq mille chevaux, dix mille tant Espagnols que lansquenets, quinze mille Suisses des cinq petits cantons : non encore d'accord avec le Roy, ils somment Milan. Les Français estonnez se r'asseurent par l'arrivée de dix mille Suisses des autres cantons, nouveaux alliez du Roy. L'empereur Maximilian, voyant quinze mille de cette nation avec luy et dix mille avec ses ennemis, se souvient de l'ancienne hayne qu'ils ont à la maison d'Austriche, et de la vente par eux faite de Ludovic Sforce à Novarre ; soupçonne pareil traittement, retourne de nuict en Allemagne, suivy tost apres de son armée. Les Venitiens, à l'ayde de Odot de Foix, general à Milan par la demission volontaire de M. Bourbon, prennent Bresse et Veronne ; le Pape, à l'aide des Français, occupe le duché d'Urbin, en chasse Marie de La Rouëre, nepveu du pape Jules, sous querelles inventées.

Un guerrier voluptueux qui vise à deux buts n'en frappe point : tout un ou tout autre. L'ambition et volupté sont contraires, la perfection de ces fruicts ne se gouste ensemble ; le desir d'honneur est en perpetuel travail, celuy de volupté en continuel repos : le premier n'admet plaisirs qu'au deffaut d'affaires ; l'autre n'y pense qu'à faute de plaisirs, fuit tous labeurs tant que la seureté luy permet : le premier acquiert, le second pert : le cœur aux armes d'Italie et aux dames de France, ne reüssit au contentement de l'un ny de l'autre : il ne se fait ny ne se gouste rien de bon. Il faut de bonne heure suivre l'une de ces deux voyes ; il n'y a moins d'honneur à garder qu'à conquerir : pour l'un faut des natures d'Alexandre et de Cesar ; l'autre, des esprits tranquilles qui n'ont besoin de passer les montagnes. Les preceptes des entrepreneurs et des conservateurs sont differans : les conquerans arment, leurs peuples sont au milieu d'eux comme citadelles du monde ; les voluptueux les desarment et regissent par loix et justice severe. Le roy François avoit eu trop d'honneur en ceste bataille pour si peu de fruict que Milan ; elle le convioit à se faire roy de Rome et de Naples, combattre les opposans ou mourir, tendre à la monarchie chrestienne et turquesque ; ou, sans passer les Monts, devoit se resoudre à l'autre voye conservative, regir son Estat en paix et justice. Il ne luy fust advenu [marchant à deux cœurs] tant de diverses fortunes, et eust quitté la conqueste du monde, que son naturel ne luy permettoit, pour obtenir celle du ciel en tranquillité et plaisir. Sa vie tesmoigne avoir esté eslancée d'autant de voluptez que d'ambition, agissant et faillant selon qu'elles le possedoient à leur tour, plus conduit de ses capitaines qu'il ne les conduisoit. Je remonstrai ces deux voyes au roy Henry quatriesme; en l'an 1595, luy au dessus de la Ligue, qui avoit esté assistée du Pape, des Espagnols et Italiens, son peuple aguerry, les estrangers estonnez, il pouvoit estre monarque ou faire paix avec tous les potentats de l'Europe, exercer justice et se donner du bon temps : il me creut en cette derniere par son inclination naturelle, monstrant avoir eu plus de force à la guerre que de volonté.

Le soupçon, bien ou mal pris, sauve ou ruine les hommes; ils doivent cognoistre la santé de leur esprit comme celle du corps; si enclins à defflance, proposer les causes à leurs amis, se resoudre selon leur opinion pour ne se ruiner : aucuns se sont perdus, autres morts pour crainte de mourir, se precipitans pour ce qui ne fust advenu ; plusieurs, par presomption, ignorance ou trop de courage, ont negligé des advis, sont esté domptez pour n'avoir douté : la prudence et cognoissance de son naturel y est necessaire.

[1516] Le Pape, ennemy des estrangers, amateur de l'ancienne reputation des Romains, veut chasser ses ennemis par ses ennemis, entretient couvertement l'Empereur, Anglais et Suisses en union contre le Roy. Dequoy advertie, Sa Majesté cherche amitié avec Charles d'Austriche, luy promet Loyse, fille de France, sur l'asseurance qu'il rendroit le royaume de Naples, d'où le roy d'Arragon avoit chassé les Français. Charles yssu des comtes d'Ausbourg, marié à l'heritiere d'Austriche, dont les descendans tirent les noms et armes, desquels fut Leopolde d'Austriche, espoux de Cecile de Milan, pere d'Ernest, d'où sortirent Albert et Federic, empereurs, marié à Eleonor de Portugal, pere et mere de Maximilien, qui eut Marie de Bourgongne, d'où sortit l'archiduc Philippe, lequel espousa Jeane, fille de Ferdinand d'Arragon et d'Elizabet de Castille, duquel mariage est nay Charles d'Austriche, successeur de tant de royaumes par femmes, pour s'y affermir et chastier ses rebelles d'Espagne. Il fit le traicté de Noyons aux conditions susdictes avec le roy François, qui y tira les Suisses et l'empereur Maximilien, lequel meurt en l'an 1518 (1). [1519] François et Charles recherchent les sept electeurs qui s'attribuent par coustumes et bulles du Pape l'election de l'Empereur. Charles est choisi par present, pour estre allemand, et pour les forces d'Espagne approchées du lieu où se faisoit l'eslection, où ils refuserent le roy François, par la consideration que ses predecesseurs avoient ruiné tous les ducs et prince de son Estat, et craignans les Allemans le semblable. Charles est esleu le vingthuictieme juin 1519 : jeunesse, ambition, jalousie, soupçon, pretention de Naples, de Bourgongne, de Navarre, de Milan, protection de Gueldres, origine de la guerre. [1521] Le Pape, de naturel broüillon, jette le flambeau de la guerre pour delivrer l'Italie des Barbares (tels appelloient-ils les Espagnols et Français), paye le Roy de froids artifices, se jette à l'Empereur. Martin Luther, Augustin, par incontinences, inobediances, et pour n'avoir part à l'argent de la Croisade, ne pense prescher que contre Jean de Medicis; depuis irrité de l'excommunication donnée à plusieurs fois, donne commencement à une secte qu'il n'avoit premeditée ; son sainct esprit n'eust passé aux autres articles s'il n'eust esté fulminé et mis au desespoir. Le Roy prend le royaume de Navarre par Masparot, frere du sieur de l'Autrec, le reperd par son imprudence, ayant entrepris plus avant sur les Espagnols, qui sert à accorder leur division, et en suitte reconquirent Navarre. Le roy d'Angleterre se declare neutre, est plus amy du Roy pour balancer la puissance de l'Empereur, qui, apres avoir esté defié de Robert de La Marche pour dispute particuliere entre eux, persuasions et asseurance des Français, commence guerre ouverte en Picardie, et par surprise en Italie. Le comte de Nansau prend Mouzon, assiege en vain Maizieres, se retire en pillant Guise ; Mouzon est repris par M. de Vendosme. L'admiral de Bonivet, avec les lansquenets commandez par le colonnel Tavannes, prend Fontarabie ; le Roy gagne Bapaume et Landrecy, presente la bataille à l'Empereur près Valentiennes, qui la refuse, se retire en Flandres. Le Roy prend Hedin et separe son armée pour l'hyver : les Imperiaux, ayant pris Therouane mal secouru, apres plusieurs entreprises faillies, se declarent en l'Estat de Milan. Le Pape, l'Empereur et François Sforce, frere de Maximilien mort en France, Prosper Colonne, general de leur ligue, mettent sur pied douze cens hommes d'armes, dix mil Italiens qu'Espagnols, quatre mil lansquenets, trois mil Suisses ; la foudre met le feu aux poudres du chasteau de Milan. M. de l'Autrec, persuadé du Roy, abusé des femmes et des financiers, est envoyé, sans argent ny obeïssance des soldats, au duché de Milan. L'armée de la ligue en vain assiege Palme pour l'ap-

---

(1) C'est une erreur. L'empereur Maximilien mourut le 13 janvier 1519.

proche des ducs de Ferrare et de l'Autrec, qui faillent à combattre, ayant receu quinze mil Suisses, lesquels tumultuans demandent l'argent que madame la regente avoit diverti et pris ; ils donnent huict jours pour estre payez, s'en retournent, partie demeurent avec les Imperiaux. Le passage de la riviere d'Alde perdu, M. de l'Autrec se retire à Milan, assailly et pris par un bastion mal defendu des Venitiens. Le sieur de l'Autrec s'en va avec les Venitiens ; Palme et Alexandrie se rendent aux Imperiaux. Le pape Leon meurt de joye de cette victoire ; Adrian de Louvain, qui avoit esté precepteur de l'Empereur, est creé pape [1522]. François Marie prend le temps, recouvre son duché d'Urbin aydé du duc de Ferrare. A la françoise le Roy pourvoit aux affaires quand ils sont desesperez, se plaint de l'Autrec, envoye le bastard de Savoye, frere naturel de sa mere, avec de bonnes forces. Prosper Colonne, avec douze mil hommes de pied et quinze cens chevaux, en vain les veut empescher de se joindre aux François restez en Italie. Les François s'approchent aupres de Milan, qui ne firent aucun mouvement, assiegent et battent Pavie secouru par Colonne et de six mil lansquenets amenez par François Sforce, campé à La Bicoque ; les Suisses, tels que je les ay depeints, demandent argent, congé ou bataille. Les François choisissent le plus honorable, assaillent les Imperiaux dans un retranchement, d'où les Suisses, apres avoir esté battus, se retirent et emmenent partie des François avec eux. Le comble du mal fut la deffaite de trois mil hommes de pied de Jean de Medicis, et de trois cens hommes d'armes surpris à Laude. Le grand maistre de Savoye s'en retourne avec les Suisses, le sieur de l'Autrec le suit. Les François capitulent de rendre dans un temps les chasteaux de Milan, Cremone et Novarre, s'ils n'estoient secourus. Les Imperiaux victorieux prennent Genes en parlementant, dont le duc Fregouse avoit traicté avec les François. Les Venitiens se refroidissent d'aider au Roy, les forces conduites par M. de Longueville revoquées pour le secours de Fontarabie, d'où le sieur de Chabanes fit lever le siege des Espagnols. Le roy d'Angleterre, fluctuant à l'accoustumée, en l'an 1522 se joinct à la ligue de l'Empereur. Ne restoit que luy pour avoir toute l'Europe contre la France, excepté les Polonnais, Moscovites et Grecs. Le comte de Suffoch, joint à l'armée de Flandres commandée du comte de Bure, bat et fault Hedim ; la moitié d'eux se retire, l'autre assiege Teroüane secouruë par M. de Vendosme. Ainsi, cette ligue faict plus de peur que de mal.

Le Pape et l'Empereur contendent auquel appartient de creer les roys et ducs, l'empire volé par Cesar ; l'election des empereurs, qui souloit estre par les soldats, mal-gré le peuple et senat, maintenant est usurpée par la Bulle d'Or faite du Pape ; Rome cedée au pape Marcel par Constantin, la perte de l'Empire, dont la puissance, quasi imaginaire, est reduite en Allemagne ; Charlemagne, empereur, sacré du Pape, partage l'Empire à ses enfans. Eux faillis, l'Allemagne change l'empire en aristocratie ; tous les royaumes de l'Europe s'en separent ; l'Italie, occupée des princes, n'obeïssent à pape ny à empereur, qu'en tant que leur conservation et ambition le permet. Les Papes fomentent cette dissipation aux deputez des Saxons et Boëmes. Gregoire cinquiesme, suspect pour estre allemand, permet à sept princes de sa nation d'eslire l'empereur, se reserve l'authorité de le couronner. Les divisions des papes et empereurs sont naissances des Guelfes, Gibelins, et petits tyrans. L'Empire au commencement n'a lieu, au milieu peu, à la fin point du tout, de faire des roys et des ducs ; ce n'est celle de Rome, sa puissance est en Allemagne ; le Pape n'a peu transporter son droict d'election, de sacrer des roys, ainsi que Samuel. Que les empereurs fassent ce que les Cesars, Severes et tyrans faisoient, rasent toutes les forteresses d'Europe, et se fassent obeyr avec trente legions, ils seront vrays empereurs ; sinon, moins que les roys de France et d'Espagne, et seulement presidens, dependant d'une plus grande puissance, qui est des estats de l'Empire, composez de princes et republiques, de prendre droict sur la possession. Ils ne sont empereurs romains, desquels la puissance est faillie, ainsi que celle des empires des Macedoniens, Gaulois et Assyriens ; ils n'ont loix d'investiture, dequoy ils ont besoin eux-mesmes. Les papes ont plus de droit ; ils sont successeurs des prophetes, qui sacroient les roys au vieil Testament. Dieu donne les clefs à saint Pierre, puissance de lier et delier. L'empereur Maximilian n'a peu investir de Milan Charles d'Austriche, ny Charles pretendre la confiscation de François Sforce apres sa revolte. L'investiture du Pape en Louys d'Orleans, selon la loy de Dieu, est d'autant valable, que la legitime doit estre preferée à la bastarde, et la puissance ecclesiastique à la seculiere.

Les ligues d'esgales puissances sont de peu de fruict, entrent en mefiance l'une de l'autre, se divisent aux partages des conquestes, negligent leurs deffences, aisées à separer par traictez secrets ; mesme en presence des ennemis, nul d'eux ne s'hazarde s'il n'en espere seul l'honneur, craint d'estre abandonné; remettant la faute l'un sur l'autre, se contrarient par ambition et méfiance. Pour s'en servir, le general agreé, faudroit lui donner à une fois tout l'argent necessaire pour l'entreprise : un roy bien servi battra plusieurs liguez

Le general reçoit loy des estrangers de son armée, s'il se sert de grand nombre ; il les faut combattre plus que les ennemis ; ils ont tué, empoisonné, trahy et vendu leurs chefs, fait perdre les occasions de vaincre, ou precipité à combattre hors le temps, s'attribuent l'honneur, se vengent de leur honte sur leurs amis. Qui est contrainct d'avoir des estrangers, se serve de plusieurs nations, ainsi que l'Espagnol, Vallons, Italiens, lansquenets, Suisses et Bourguignons ; au pis, le mescontentement n'est qu'à une nation ou deux, entre toutes lesquelles les plus difficiles et inutiles à ceux qui n'ont des sources inexpuisables d'or et d'argent, sont les Suisses, où il y a à toute heure des harangues et plaintes à faire.

Durant ce temps, le sieur de Tavannes, nourry par son pere selon les preceptes escrits cy dessus, en l'an 1522 le sieur de Tavannes, son oncle, colonnel des lansquenets des Bandes Noires, passant à Dijon, obtint par importunité de M. d'Orrain, de donner son fils au Roy, qui le receut pour sa bonne façon, et pour la faveur et grands services qu'avoit fait sondict oncle, qui luy presentoit, auquel Sa Majesté dit, puis qu'il n'avoit point d'enfans, que, s'il mes-avenoit de luy, il recognoistroit ses services à son neveu ; et pour cest effect, le Roy voulut qu'il laissast le nom de son pere, prinst celuy de son oncle, et le nomma Tavannes.

L'Empereur passe en Espagne, pacifie les troubles esmeuz contre luy. Le Roy, sur tant de differents advenuz en Italie, se resoult d'y aller ; est retardé par l'advis du mescontentement du connestable de Bourbon, qui ce disoit, pour avoir esté le duc d'Alençon preferé à luy en la conduitte de l'advantgarde en Flandres, que madame la Regente luy querelloit les biens de Pierre de Bourbon, depuis la mort de sa femme, fille dudict Pierre de Bourbon. Il y avoit d'autres causes plus importantes : aucuns ont voulu dire qu'il avoit refusé d'espouser la Royne, qui le desiroit. Le Roy reçoit froidement M. de l'Autrec : il dit n'avoir perdu Milan, que c'estoit trois cens mil escus promis qui ne luy avoient esté envoyez. Sainct Blancard (1), general des finances, est appellé : il se descharge sur madame Loyse de Savoye, qui les avoit pris. Le Roy s'en courrouce aigrement à sa mere, qui accuse Sainct Blancard, luy fait deputer des commissaires, et le faict pendre injustement. L'Empereur promet sa sœur Eleonor à M. de Bourbon, et d'eriger la Provence en royaume, si elle estoit conquise, ou, au defaut, luy donner autre royaume. M. de Bourbon doit faire le malade, pour demeurer en France quand le Roy iroit en Italie ; une armée de douze mil hommes, conduitte par le comte de Fustemberg, devoit passer en Champagne, se joindre à M. de Bourbon, qui s'asseure avec sa faction d'occuper une partie de la France; deux autres armées devoient donner à Fontarabie et en Picardie. Les apprentifs aux factions ne sont maistres, se perdent à la source. [1523] Le Roy, bien adverty, se plaint du connestable à luymesme, à Moulins ; il s'excuse ; Sa Majesté, plus asseuré de son traité, envoye depuis M. le grand maistre et le mareschal de Chabanes, pour le prendre; il s'enfuit avec deux gentils-hommes vers le cardinal de La Baume à Bezançon, de là à l'Empereur, qui, ayant pris le chasteau de Milan par la capitulation des Français, pour observer les articles de la ligue et gagner le cœur des peuples, le rend à François Sforce. Toute l'Europe fait ligue contre le Roy, jusques aux Venitiens, Anglais et archiduc d'Austriche, pour la conservation d'Italie. L'entreprise de Bourbon retarde le voyage du Roy, qui envoye l'admiral de Bonnivet en l'Estat de Milan, avec dix huict cens lances et trente mil hommes de pied. Il prend Novarre et Vigenne, passe le Tesin mal-gré Prosper Colomne, sejourne mal à propos, dont Milan esbranlé se rasseure. Le pape Adrian meurt ; Jules, cardinal de Medicis, est creé pape, nommé Clement septiesme. Le duc de Ferrare prend Rege au vaccant. Les Français, hors d'espoir de Milan, envoyent r'envitailler le chasteau de Cremone : M. de Bonnivet esperant l'incommodité des autres, se treuve en la sienne; son armée diminuë de l'hyver, de manquemens de vivres, et de petites rencontres [1524] ; leve le siege de Milan, sans sortie de Prosper Colomne, qui, malade, meurt tost apres. Charles de Launois, vice-roy de Naples, luy succede aux grades, non à l'authorité, rougnée par le marquis de Pesquaire, et depuis par Bourbon. M. de Bonnivet à Biagras, son armée diminuée, celle de l'Empereur renforcée de six mille hommes du Pape, et des Venitiens, campe aupres des Français qui presentent la bataille; les Imperiaux la refusent, prennent Cremone et autres villes, surprennent de nuict Bayard à Laude, à Rebec de jour Montejan, par contr'entreprise incommodent les Français, partie escoulez en

---

(1) Semblançay, et non Saint-Blancard. Il fut pendu en 1527.

France, vont au devant de treize mil Suisses suivis des Imperiaux. En un combat sur la retraicte est blessé Bonnivet, Bayard et Vaudenesse tuez. Les Suisses refusent de combattre, se retirent avec l'artillerie, et les Français chez eux. Ainsi en prend aux generaux esleus par faveur de Cour. L'armée d'Espagne [pendant ce temps] prend Fontarabie ; les lansquenets, qui venoient par l'intelligence du duc de Bourbon, prennent Coiffy, se retirent : M. de Guyse en deffait quelques-uns. L'armée anglaise et flamande, apres avoir bruslé Roye et Mont-Didier jusques à trois lieuës de Paris, s'en retournent, craignant M. de Vendosme. Ainsi le feu de cette conjuration demeure sans effect.

Blasmables sont les faux escrivains de ce temps, qui, de vœux et de serments violez, d'un Luther, moyne defroqué, et d'une religieuse adultere, font des prophetes ; qui ostent du ciel les lis, la saincte ampoule, mesurans le pouvoir des miracles à leurs folles creances : imprudens juges, puis qu'ils n'estoient de ce temps là, et n'ont lumiere que par les aucteurs anciens, sans lesquels ils seroient aveuglez. Ils celent les actes genereux de l'Autrec, de Montpensier, de Guise, de Tavannes et Mercure (1), et rejettent les fautes de leurs partisans sur les plus gens de bien ; donnent l'honneur à ceux qui meritent la honte, et d'un regne de femme voluptueux en font des gouvernemens de gens prudens et d'Estat. Et au lieu du timon, occupé par Louyse de Savoye, Bonnivet favorise mes dames d'Estampes et Admirale ; posent le gouvernail en la main du Roy, qui n'en tient qu'autant que ses favoris et voluptez luy permettent, et d'un juste mescontentement font une trahison exquise. Que n'escrivent-ils sans deguisement [si l'ignorance ou la malice ne les possede] que Louyse de Savoye, mere du roy François, pour ruïner l'Autrec, prend les quatre cens mil escus destinez pour le secours de Milan, duquel elle desire la perte, afin que le bastard de Savoye son frere succede à l'Autrec : vice commun des femmes, de reculer les parens de leurs marys pour advancer les leurs? Que ne descouvrent-ils sa mauvaistie et vengeance en la mort de Sainct Blancard innocent, et qu'apres le decés de la femme de Charles de Bourbon elle le voulut espouser, dont refusée, elle jetta inimitié entre luy et le Roy son fils, qui hausse la main pour donner un soufflet à M. de Bourbon, et, comme ayant converty l'amour en hayne, se dit heritier de la femme dudict Bourbon injustement, de laquelle il estoit donataire, et heritier du fils qu'il avoit eu d'elle ; dequoy elle desespere Charles de Bourbon, cause de la prise de son fils à Pavie, mesme par la faveur et ignorance de Bonnivet, plus courtisan que capitaine, maintenu par elle, dont procede tant de pertes et ruines excessives à la France ? Semblablement ils n'escrivent, elle morte, que l'Autrec, entré en charge, est laissé sans argent à Naples, pendant que le Roy le despend en volupté à Paris, fleuve d'oubly où se noyent les capitaines engagez en Italie. Cependant les conseillers ambitieux ou ignorans, desirans la charge d'autruy, mescontentent André Dore, perte du royaume de Naples. Leurs escrits sont passionnez, craintifs, ou suivent le bruit commun : vaudroit mieux, imitant les miens, les ensevelir seulement en leur famille, et dire verité, qu'imprimer des mensonges dorés de beau langage, et les faire avaller comme pillules ameres.

La loy Sallique, qui exclud les femmes du regne, aussi les doit-elle oster du gouvernement. Vengeance, colere, amour, inconstance, legereté, impatience, precipice, les rendent incapables du manyment des affaires d'Estat, desplacent les plus braves pour les plus beaux. Valeur, conduitte, sagesse sont postposées aux bonnes graces, beautez et langages fardez, ainsi que si les armes estoient des habits voluptueux, et que les champs armez fussent des salles de bal. Elles tiennent les roys par les pieces qu'ils estiment le plus, leur font oublier les capitaines assiegez en Italie, ayment mieux mil escus en leur bourse qu'une province à leurs Majestez. C'est d'elles d'où viennent ces changemens si divers et soudains en la vie du roy François, à ceste heure en reputation, et aussi-tost sans honneur. Peu sert en France de sçavoir les batailles et assauts, qui ne sçait la Cour et les dames.

Une autre cause revolta Charles de Bourbon : les pauvres demandent du bien, ceux qui en ont, de l'honneur, puis les grandes charges ; il avoit les trois. Le naturel des hommes est de desirer d'accroistre : l'on ne peut estre roy ny duc souverain en France ; plus de reputation les grands acquierent sous un Estat reglé, plus ils se preparent de ruine ; les pauvres doivent travailler pour vaincre la necessité, apres ils peuvent gouster les plaisirs des roys. Nous n'avons deux corps à repaistre ny à vestir ; d'hazarder ame, vie et biens, doit estre pour regner ou se faire souverain, non pour estre connestable, qui, mort, ne tire son nom du chaos d'oubly en estant le capitaine des roys. Henry IV bien empesché. Charles de Bourbon va, sans ville, sans argent ny soldats, servir son ennemy, preuve qu'il estoit certain de son sçavoir et experience, qu'il mons-

(1) Mercœur.

tra à Pavie et à Rome, et se fut fait roy d'Italie sans sa mort. Les Italiens disent qu'Alexandre et Cesar de peu firent beaucoup, et Charles de Bourbon de rien fit davantage. L'Empereur entend ceste fois seulement que la France ne se prend que par la France, gagnant les plus grands d'icelle, voye suivie du roy Philippe en M. de Guyse : Henry IV y pourvoit, ne donne charge à ses parens, abbaisse les princes et gouverneurs, les divise. Cela est bon contre les ambitieux, et ne reussit tousjours : les courages extremes se precipiteroient à la mort ou ruine de l'Estat, qui se maintient, n'y ayant plus de tels courages que ceux de Charles de Bourbon, prince de Condé, de Guyse et de Chastillon. Le nom de Grand donné à Alexandre, Pompée et Charlemagne, conquerans des deux parts du monde, fait demander pourquoy il est donné au roy François, qui fut prisonnier à Pavie, et n'accreut son Estat. Ce fut pour avoir deffait les Suisses, autant redoutables que les legions romaines, avoir fait renaistre les sciences et lettres, resisté à l'Allemagne, Italie, Espagne, Angleterre, Flandres, Suisses et rebelles de son Estat tout à coup, et aussi pour la difference de nom entre le petit roy François et luy. De nostre temps le nom de Grand est donné au roy Henry IV. A la verité il a dans son royaume combattu et vaincu une grande partie des forces de l'Europe, envoyées du Pape et du roy d'Espagne, en la presence desquels il a eu tant d'heur, qu'il a reconquis son royaume, apres avoir esté reduit à la ville de Dieppe ; vray est-il qu'il en acheta la pluspart, corrompant par argent et par charges ses ennemis. Seroit à souhaiter que, comme ce nom de Grand luy est donné dans son royaume, que semblablement les estrangers le luy donnassent, ainsi que tout d'une voix il a esté donné à Alexandre et Charlemagne, et lequel au semblable meriteroit aussi Charles septiesme, qui vainquit les rebelles et chassa les Anglais de son royaume.

Le Pape propose paix, nul n'y est disposé, persuadé de M. de Bourbon ; l'armée, sous le marquis de Pesquaire, va en Provence, prend Toulon, Aix, tente Marseille en vain pour l'approche du Roy. Les revoltes attendues par Bourbon en fumée, il retourne, accuse le marquis de Pesquaire de n'avoir voulu enfoncer en la France, et d'avoir conseillé de descendre en la Provence, pour estre, ce luy sembloit, le plus aisé costé d'entreprendre, pour la proximité de la mer et des Estats du roy d'Espagne, en esperance de joindre le comté de Rossillon et Genes tout à l'Empereur, par la conqueste de Provence et de Languedoc. Le Roy à mesme temps sçait leur retraicte et la mort de sa femme Anne de Bretagne (1), qui luy laissa trois fils ; il estoit renforcé des siens revenus d'Italie, des Suisses et lansquenets levez par le colonnel Tavannes, qui mourut le 23 mai 1523 ; son regiment fut mis avec celuy de François de Lorraine, duc de Guise. La retraicte de Bourbon et du marquis de Pesquaire semblant fuitte, ces grandes forces unies font resoudre le Roy de suivre et passer en Italie. Ce fut à qui seroit le premier à Milan, où arrivez, le marquis de Pesquaire, M. de Bourbon et le vice-roy dom Jean de Launois quittent la ville apres la prise du faux bourg par le Roy, qui met en conseil de les suivre ou d'aller à Pavie, se resout au pire : ils estoient defaits s'il les eust suivis au desordre qu'ils se retiroient. Le Pape s'accorde au Roy, le pensant le plus fort, qui par son conseil envoya mal à propos le duc d'Albanie avec le tiers de ses forces en l'entreprise de Naples. Sa Majesté treuve dans Pavie Antoine de Leve, l'assaut et se retranche, refroidit l'ardeur de l'armée ; le long siege la diminue, Antoine de Leve purge la revolte de ses lansquenets dans la ville par l'empoisonnement du colonel. [1525] Bourbon, retourné d'Allemagne, amene douze mil lansquenets ; joinct au vice-roy et à Pesquaire, qui avoient quinze cens chevaux, seize mil hommes de pied espagnols qu'italiens, campent avec vingt-sept mil hommes proche le Roy, qui avoit quatorze cens chevaux, vingt cinq mil payes, non vingt-cinq mil hommes ; resout opiniastrement, par le conseil de Bonnivet, contre l'advis des bons capitaines qui disoient que les Imperiaux se romproient dans un mois, de ne lever le siege. Le marquis de Saluces et une partie de son armée, qui faisoit besoin au Roy, prennent les quatre galeres de Genes, reçoivent deux mil hommes venans de Marseille trouver Sa Majesté ; les Grisons, la veille du combat, se retirent, mandez de leurs superieurs pour quelques chasteaux perdus en leur païs. Jean de Medicis est tué aux escarmouches. Tout reüssit au desadvantage du Roy : il croit estre fortement logé, ne laisse d'aller à la chasse, prend ses plaisirs, opiniastre, sur le conseil des jeunes Bonnivet, Montmorency et Brion, de ne lever le siege. Les Imperiaux resolvent de passer par le parc, et aller rafraischir la garnison de Pavie, et, si l'occasion se presente advantageuse, ne la laisser perdre. Le jour Sainct Mathias ils se rendent à la minuict aux murailles du parc, marchent en ordre à Mirebel, tirant à la ville à la main gauche du Roy. Sa Ma-

(1) François Ier avoit épousé Claude de France, fille de Louis XII et d'Anne de Bretagne. Claude de France mourut en effet en 1524, âgée de 25 ans.

jesté eut à l'alarme seulement loisir de prendre sa place de bataille, eut rapport de quelque cavallerie espagnolle desjà rompue, et à mesme instant voit que les Imperiaux marchent en desordre pour le dommage que leur faisoit son artillerie, joinct à un bruict de victoire; jeunesse et chaleur l'emportent de sa forte assiete, marche au combat, empesche son artillerie; dequoy les Imperiaux couverts, et voyant le Roy hors de son assiete, laissent le chemin de Mirebel, et marchent à luy; il defait les premiers : iceux soustenus de cavallerie et flanquez de mousquetaires, Sa Majesté est forcée de faire ferme, puis plie et cede avec sa cavallerie aux troupes d'arquebusiers, manches de mousquetaires espars par la campagne. Quelques uns, fuyans de sa cavallerie, desordonnent son infanterie; il haste les Suisses et lansquenets; les Suisses refusent de s'advancer, font alte, à la fin s'en allerent sans combattre. Les lansquenets et Français du Roy, ordonnez en deux bataillons, marchent, et, degarnis des Suisses, sont opprimez et rompus de trois regiments d'Espagnols, Italiens et lansquenets. Tout tombe sur le Roy; il est pris combattant, la pluspart des grands seigneurs de France morts ou prisonniers. M. d'Alençon se sauve sans combattre avec l'arriere-garde, accusé d'avoir rompu les Suisses en se retirant. Sa Majesté se rend au vice-roy; le sieur de Tavannes, un de ses pages, est pris aupres de luy, ayant gagné une espée des ennemis.

Le mareschal de Foix, prisonnier des Espagnols, mourant, dit avoir cherché Bonnivet pour le tuer, et venger le malheur de la France advenu par son mauvais conseil. Les Imperiaux, à si riche butin, ne font cas des gentils-hommes ny soldats prisonniers, les congedient. Le sieur de Tavannes, de ce nombre, vint trouver son pere, le sieur d'Orrain, qui s'estoit peu auparavant battu seul contre les sieurs de Grammont et bastard de Couches, ayant estropié le premier et coupé les mains au second, où il acquit de l'honneur; reçoit son fils, et soudain le renvoye comme page du Roy au grand escuyer Galliot, qui eut la place de Sainct Severin mort en la bataille. La regente Loyse, en ce malheur, met le meilleur ordre qu'elle peut, la fidelité de MM. de Vendosme et des seigneurs du royaume luy sert. La crainte que tous les potentaux de l'Europe eurent de l'Empereur, le leur fit quitter et assister la Regente. Le Roy est mené en Espagne par dom Charles de Launois, vice-roy, au desceu et mescontentement du marquis de Pesquaire; qui fut cause qu'il fut recerché et stimulé de toutes les puissances d'Italie, et principalement de François Sforce, à quitter l'Empereur, et se faire roy de Naples : fait semblant d'y entendre, sous main advertit Sa Majesté, de laquelle il reçoit commandement d'y pourvoir selon qu'il adviseroit pour le mieux. Deux advis furent proposez pour la liberté du Roy : l'un de l'obliger, l'autre de l'abbaisser; le dernier est choisi. La souveraineté de Flandres, le duché de Bourgongne, la Provence en royaume pour Bourbon, le mariage d'Eleonor sont proposez au Roy, qui accorde le mariage, et le duché de Bourgongne pour les fils qui en sortiroient, offre deux millions d'or ou sa vie plustost que consentir à autres conditions. Bourbon, cause du gain des batailles, se voyant faudé du mariage, sage, ne se plaint, monstre se contenter du duché de Milan que l'Empereur luy promet par la faute de François Sforce, l'Empereur craignant que le Roy ne mourust, et voyant une ligue preste à faire pour la liberté d'Italie. [1526] Le Roy, mieux servy en prison qu'en la bataille, ne mesprise aucuns artifices, traicte à son advantage, rend la prise peu fructueuse à l'Empereur; il est delivré, prenant une femme, donnant de l'argent et des promesses de la Bourgongne; quitte la souveraineté de Flandres, donne ses enfans en hostage; aussi-tost delivré, rompt le traicté, dit n'avoir peu donner sa foy prisonnier, ny moins aliener le duché de Bourgongne sans le consentement des estats.

Les princes qui croyent leurs jeunes favoris, non les vieux capitaines experimentez, se perdent; l'amitié ensorcelle, et ce qui en vient semble bon; les conseils des mignons particuliers nocturnes changent ceux du jour pris avec les capitaines, produisent divers evenemens, esbahissement et ruine; les jeunes passionnez precipitent la guerre pour ramener leurs maistres aux voluptez. Celuy seroit à blasmer qui prendroit un chantre pour un medecin, et l'on ne se mocque de ceux qui eslisent des capitaines parce qu'ils sçavent bien danser et qu'ils sont de bonne grace.

Il ne faut mesurer l'affection des soldats à celle du general mieux traicté qu'eux, ils n'ont part à l'honneur de la victoire, bien au hazard de la vie, plus chere à eux que tous butins : la bataille perduë, ils se sauvent à peu de perte; le chef et son honneur y demeurent. C'est donner son argent à jouer, qu'hazarder les batailles sous l'asseurance des soldats, s'ils ne sont bien esprouvez.

Obeissance, vaillance, patience, force, disposition, sont necessaires aux soldats. Ces parties se treuvent en des pays plus qu'en d'autres : des pays froids naissent les grands corps et les grandes forces, qui accroissent les courages; le froid envoie le sang à l'entour du cœur, siege de valeur. Aux pays chauds, les esprits dilatez par tout le corps, principalement à la teste, fortifient l'entendement, rendent les hommes plus ingenieux et artificieux au peril. Ce que ceux des pays froids font par hardie brutalité, ceux des pays chauds l'obtiennent par consideration subtile ; le premier se precipite au danger pour ne l'aprehender et prevoir, et l'autre y entre par discours. C'est pourquoy les estrangers blasment les Français de n'estre tels à la fin du combat qu'au commencement. Les regions temperées, comme la France, l'Allemagne, moitié de Grece, d'Italie et d'Espagne, portent les meilleurs soldats, qui sont vaillans et spirituels. Ceux qui sont naiz aux pays froids s'alentissent et deviennent malades aux chaleurs ; le semblable advient à ceux des pays chauds aux froids. Les armes advantagent quand elles sont choisies selon la force corporelle des nations. Je parierois pour la victoire d'un bataillon de picquiers suisses contre un d'Espagnols, en armes egalles ; au contraire, les Espagnols, garnis de mousquetairie, ayant pris l'avantage [comme ils le sçavent bien faire], auroient du meilleur, entant qu'ils fussent dans quelque païs fort d'avantage, de fossez ou de hayes, là où ils puissent faire jouer ladite mousquetairie fortement avant que venir aux mains : l'assiete et la conduite peuvent beaucoup. Toutes et quantesfois que les Italiens en gros et en armes pareilles, et sans finesse, s'attaqueront aux Français et Allemands, ils le perdront. Des froides regions sont sortis souventesfois plusieurs peuples qui ont envahy l'Empire et les royaumes, Gots, Ostrogots, Huns et Wandalles. Les Affricains sous les Cartaginois, les Asiatiques sous les Parthes, ont eu leur regne, et tous ces deux, non tels que ceux des regions temperées, des Romains, des Macedoniens, Français, Espagnols, et mesme du Turc, qui a son siege principal en lieu temperé, et tous ses meilleurs soldats de l'Europe. Les pays de France, d'Italie, d'Espagne, d'Allemagne sont de si grande estendue, que l'humeur et naturel des soldats ne se ressemble ; et encores qu'il s'en treuve par tout des bons, si les estimeroy-je meilleurs en Castille qu'en Portugal, à Milan qu'en la Romagne, en Gascongne, Languedoc, Bourgongne, Champagne qu'en Bretagne, Normandie, Provence, et aux cinq petits cantons qu'au reste des Suisses. La cavalerie est meilleure en Bourgongne, Champagne et Picardie, et les gens de pied en Gascongne et Languedoc. Les reistres de Pomeranye et Franconye excedent en valeur ceux des autres provinces de l'Allemagne : dequoy il est mal aisé de dire les raisons. Bien a-il esté remarqué que des lieux plus steriles sont sortis souvent les meilleurs soldats : Rome estant en pays maigre, l'Allemagne pleine de forêts, Autun scitué en pays sterile, dominoient les autres villes ; ce qui advient, parce que ceux qui sont en pays fertiles s'adonnent à volupté, s'amollissent les corps, et ne s'hazardent, craignans de perdre ce qu'ils possedent ; au contraire ceux de pays infertiles sont continuellement au travail, sçavent que c'est de patir, et mesprisent leur pauvreté, pour envahir la richesse des autres. Ces maximes ont des exceptions, et s'entendent pour la Bretagne, Provence, Normandie, pour le commun des paysans, non qu'il n'y ait d'aussi brave noblesse qu'en autre lieu.

Pour l'obeissance, le commun des soldats nouveaux sont meilleurs que les vieux en France, parce qu'ils n'ont gousté des desordres passez ; et ne faudroit employer temps à les desaprendre, ny se faire haïr par cruauté, pour les remettre en discipline. Les villageois obeyroient plus facilement que les bourgeois, patiroient mieux, supportans le chaut, le froid et le travail, à quoy ils sont accoustumez par leur pauvreté et labeur, qui leur oste le soing et desir de retourner en leurs maisons, treuvant mieux que chez eux, lesquels neantmoins ne peuvent bien servir à l'abordée, s'ils n'ont appris le mestier de la guerre par une espace de temps. Les soldats grands et forts pour picquiers, doivent estre preferez aux autres : les mousquetaires et arquebuziers, pourveu qu'ils ne soient trop gros, ny boiteux, sont bons de toutes tailles ; la quarrure, la poictrine large, les bras forts, la taille bien proportionnée, sont requis. La cognoissance qu'ils ont de leur force leur accroist le courage. La subtilité d'esprit n'est point tant requise aux soldats ; elle nuit souvent dans le peril, et engendre des monopoles et tumultes. Il se dict que les Italiens ne se jettent au danger lequel ils cognoissent avant que d'y estre trop perilleux ; les Français et les Espagnols s'en retirent ; les Suisses grossiers sont morts avant qu'ils le cognoissent. Les capitaines experimentez en peu de temps peuvent dresser les soldats, principalement quand ils sont payez, leur imposant par la force les loix de l'aguerriment. Cette grande invention d'exercice pratiquée en Flandre avec leurs demy tours à gauche et à droicte, les anciens qui n'en usoient pas ne laissoient de combattre aussi bien ou mieux que maintenant ; le tout gist à l'experience et le respect que les soldats ont aux bons capitaines.

Les gentils-hommes excedent ceux du tiers estat en valeur, joinct à leur honneur, lequel perdu ils ne peuvent plus vivre. L'amour de la patrie, du butin, de la solde n'approchent de ceste passion, redoublée en eux par la nourriture et continuité de generosité de pere en fils. Ils sont imparfaicts, pour ne vouloir patienter dans les armées, attirez des voluptez de chez eux : ils perdent souvent les occasions et reputation de leurs capitaines et general, avec un mal si contagieux, que les uns desbandent les autres, se forment des mescontentemens ou sujets à leur poste. C'est pourquoy les armées françaises aux guerres d'Espagne se rompoient tousjours en hyver, et en ces dernieres guerres les capitaines aymoient mieux des soldats que des gentils-hommes, qui se font caresser, honorer et payer à leur mot. Je conseillerois aux capitaines de se contenter de quinze gentils-hommes dans le nombre de cinquante cavaliers : les soldats se peuvent encourager et discipliner en peu de temps : les courbettes sont inutiles, il suffit de faire trotter et tourner les chevaux dans les charges. De tous aages à la soldade ayans de l'asseurance, ils peuvent s'ayder de trois pistolets, maintenant utiles ; les forts n'y sont pas tant necessaires qu'à rompre des lances, qui ne sont plus en usage. Le marcher, la mine, la parole, apportent quelque jugement de valeur, et neantmoins tel a mauvaise mine qui a bon jeu. Une partie de la montre de la valeur du cavalier gist en la bonté de son cheval : les bons chevaux d'Espagne, d'Italie et barbes sont rares : la vraye monture du soldat sont des chevaux d'Allemagne : les bourguignons, picards et champenois en recouvrent commodement, et deviennent bons estans travaillés moderement : et neantmoins les chevaux des provinces de France de bonne force se trouveront plus exquis. La cavalerie française est meilleure que toutes les autres. Tant que les reistres feront de leurs valets leurs compagnons, qu'ils tourneront à gauche pour recharger le pistolet sans se mesler, que les Italiens et Espagnols se fieront en leurs lances et caracol, et les Turcs desarmez, ils seront battuz par nostre gendarmerie, qui choquent teste pour teste, fendent les escadrons, percent au travers et y font jour; qui est le meilleur combat que puisse rendre la cavalerie, obtenant les capitaines sur les soldats que du moins chacun responde de son coup, sans que la frayeur ou l'esbranlement les facent evanouir en l'air. Quoy que ce soit, il est necessaire que tous lesdits soldats sçachent comme il faut manier, tenir ferme et faciliter leurs combats par exercices qu'ils peuvent faire lors que les compagnies ne marchent pas ; et sert que les compagnies soient composées d'hommes de divers païs, à ce qu'une mutinerie ou mescontentement ne les facent abandonner les capitaines tout pour un coup, et lors que l'on en aura plus de besoin ; pareillement l'obeissance en est beaucoup plus grande.

La vaillance est la base sur laquelle il faut fonder le capitaine, dangereuse et peu utile si elle n'est accompagnée de conduite et prudence. Le manquement de courage ne se peut longuement couvrir par artifices : si le capitaine ne charge le premier, sa compagnie tournera ; si son lieutenant et enseigne font leur devoir, c'est à sa honte, iceux deviennent chefs, et le chef esclave. La fidelité, obeyssance, vigilance, sagesse, valeur, patience, liberalité, courtoisie et audace, sont parties necessaires et mal-aisées à treuver en une seule personne. Le vaillant est presomptueux, le diligent turbulent, le bon lent, et n'ont le temperament necessaire. Qui ne peut avoir les bons capitaines, il faut choisir les moins mauvais, sur tout amateurs du general et du party ; les remedes pris à contretemps sont poisons. Il vaudroit mieux des chefs ignorans et fidelles, que des parfaicts à double cœur. Ces capitaines ne se font en un an comme les soldats ; il faut de l'experience et s'estre treuvé aux coups heureux et malheureux ; la lecture sert aux jeunes, qui supplée leur peu d'experience. Ceux de grande maison, riches, égaux en suffisance aux moindres, doivent estre preferez : leur bien est caution de leur fidelité, et survient à leur despence : l'ancienneté de leur race leur fait preposer l'honneur à la mort. Les capitaines doivent faire leurs compagnies de leurs amis, sans permettre aux lieutenans, enseignes ou cornettes de mettre des soldats à leur devotion ; autrement ils rompront la troupe quand il leur plaira, et sera le capitaine subjet à eux. Le chef doit obliger ses soldats, et ne souffrir qu'autre les oblige, soit familier entant que la garde du respect le peut permettre. Doit estre soigneux du bien et salut desdits soldats; qu'il soit des premiers et derniers à cheval, quelquefois en garde cependant que les autres reposent, ne se fier du salut de tous qu'à soy-mesme, ne coucher hors de son quartier, eviter les villes : mettre souvent en ordre ses soldats, à ce qu'ils sachent leur mestier ; prendre garde et visiter exactement leurs armes, chevaux, pistolets ; avoir soin de leur logis, vivres, commodité, travail, repos, rafraischissement, santé, maladie, et leur faire croire en avoir pareil interest que de soy-mesme. Et si le capitaine ne sçait son devoir, qu'il ait des gens qui le sachent, et ne dedaigne d'apprendre ny de recevoir correction des vieux experimentez, sans rebroüer toutes personnes : souvent d'un jeune soldat sort un vieux et meur conseil. Les roys doivent prendre garde à l'election des capitaines, qui prennent en France plus d'authorité sur les soldats que les autres nations. Les capitaines de gendarmes servent en tout aage ; ceux de chevaux legers, choisis plus jeunes, supportent mieux le travail ; le bon colonnel supplée à leurs fautes, qui se reparent plus aisément que celles des gendarmes. Les arquebuziers à cheval sont necessaires pour couvrir et advertir l'armée et soulager les gardes, estant la perte d'iceux de peu de consideration, au respect de l'utilité de l'advertissement que l'on reçoit par leur attaquement. Le nom de *carabin* a esté apporté de nos predecesseurs de la guerre saincte : *carra* en turc, c'est à dire soldat, et *bei*, du seigneur.

Il est dangereux de se fier aux ennemis reconciliez, sans avoir esté bien recogneus et experimentez : le roy François se sert des Suisses à Pavie, et vient de les battre à Marignan ; aussi laisserent-ils M. de l'Autrec, qui perdit Milan ; se sert d'eux malheureusement au combat de La Bicoque : ils font perdre ces batailles par vengeance, manquant autant d'affection que de courage. L'Empereur choisit le pire conseil de trois, delivrant le roy François : il le pouvoit mettre en liberté avec paix, à condition qu'il l'eust assisté, ou M. le Dauphin, avec trente mil hommes à l'entreprise de Constantinople, ou ne le laisser sortir qu'il n'eust rendu la Bourgongne, establi Bourbon en Provence, et en tirer ce qu'il eust peu, sans se fier à luy : ce qui pouvoit estre executé en prison, les estats n'estans qu'excuses. Le troisiesme, d'aller en Italie avec une grande armée, se rendre maistre de Rome et de Florence, razer les forteresses, établir les petits au prejudice des grands, mettre les peuples en liberté, semer des colonies, les fortifier à la forme des legions antiques, demeurer en son armée, payée de l'argent et depoüilles du monde ; ce qui lui estoit facile s'il n'eust demeuré en Espagne. Les Venitiens, estonnez, ne demandoient qu'à traicter, et les Français eussent donné temps sans se remuer, s'il leur eust donné jour de là à dix huict mois pour la delivrance du Roy. Prince n'aura de long temps tant de moyens de remettre l'Empire en sa premiere splendeur : il tenoit l'Allemagne, l'Espagne et l'Italie en subjection, et la France captive ; le tout devoit estre en intention de vaincre les Turcs, devenir Alexandre, ou mourir. Il eut depuis autant de peine contre la France, qu'il en eut eu contre tout l'Europe ; il n'eut point d'honneur de feindre desirer la paix de la chrestienté, y repugnant son traicté et la spoliation de François Sforce, laschant le Roy pour la crainte de la ligue, laquelle pensant esteindre, il l'enflame ; et ne luy en resta qu'une ennuyeuse guerre.

Il ne faut lascher les prisonniers sans rançon, et principalement quand il s'agit de reddition de places, parce qu'ils donnent apres diverses interpretations à leurs promesses ; et neantmoins, ce que les gens d'honneur promettent prisonniers, les oblige de tenir, ou de retourner en prison. Il y a pareillement faute de rompre en liberté la foy promise, qu'estant captif, de s'en aller quand on est mis sur sa foy.

Ceux qui traictent avec les Espagnols, si apres ils sont jugez ignorans et inutiles, n'auront l'effect de ce qu'on leur aura promis ; ce qu'ils firent pour Bourbon fut en consideration qu'il estoit capitaine experimenté et de service : si on ne se sentoit tel, c'est quitter le certain pour l'incertain, et suivre le proverbe, de faire des chasteaux en Espagne. Les Impériaux, trompez en la delivrance du Roy par mariage, le rendirent par alliance à la paix du roy Henry II, en l'année 1559, en laquelle ils s'assheurerent des villes à eux cedées par traicté.

Les enfans donnez en la place du Roy, il demeure offensé de son traicté. Le Pape, les Venitiens, le roy d'Angleterre, en crainte de la grandeur de l'Empereur, qui vouloit Milan par confiscation, concurrans en inimitié, ligue est faite à Coignac le 26 mai 1526, la liberté des enfans du Roy d'Italie, et de Sforce assiegé au chasteau de Milan, jurée à communs fraiz. Le duc d'Urbin est eleu capitaine general de la ligue ; avec de grandes forces et peu de courage prend Laude, donne aux fauxbourgs de Milan, d'où il se retire honteusement, par l'arrivée de Bourbon et des lansquenets impériaux, s'excuse sur les Suisses non venus. Le Roy, refroidy, voluptueux, pert l'occasion de la domination d'Italie, dit mal à propos qu'il faloit laisser matter les Italiens et l'Empereur l'un par l'autre, interpose lentement ses forces à ce qu'ils ne s'accordent. Marie de la Roüere, duc d'Urbin, joinct aux Suisses, r'approche Milan, et n'y faisant rien, laisse rendre le chasteau par François Sforce. Les confederez, retirez de Milan, prennent Cremone ; le marquis de Saluce, general des Français, arrive à eux avec des Suisses et six mil Français, hors de temps. En ceste année, Soliman, par temerité des Hongres, defait et tue leur roy en bataille, qui avoit espousé Marie, sœur de l'Empereur. Le Pape avoit une armée dans la Romagne contre les Colonnes ; pour l'attraper, ils proposerent une trefve, acceptée de Sa Saincteté, qui, craignant la despense, congedie son armée. Les Colonnes, faussant leur parole, saisissent Rome, capitulent avec le Pape, qui retire les forces qu'il avoit autour de Milan prest d'estre affamé, donne passage à Fronsberg, amenant quatorze mil lansquenets à ses fraiz, au service de l'Empereur, et secours de son fils, enclos à Milan. Le duc d'Urbin, abandonné du Pape, leve le siege, et se retire avec demonstration de vouloir empescher l'entrée de Fronsberg, leur quitte le passage. Le Pape, inconstant, irresolu, traicte paix avec le vice-roy de Naples, esperant se venger des Colonnes, rompt imprudemment toutes ses forces. Bourbon, n'ayant espargné les vies ni l'argent des Milannais pour se maintenir, joinct aux lansquenets, marche vers la Romagne. [1527] Cependant le duc d'Urbin et le marquis de Saluces, sur l'estat des Venitiens, secourent Fassoles assiegé du vice-roy, pensent à la conqueste de Naples. Le marquis de Saluces veut joindre Pierre de Novarre, et M. de Vaudemont qui y avoient pris part. Ceste ligue en confusion et irresolution, le Roy à la chasse et aux dames, vouloit faire plus de peur que de mal pour avoir ses enfans. M. de Vaudemont, proche du Pape, est contraint de le quicter à faute de provision, et retourner en France ; ce que voyant Sa Saincteté acheve son traicté avec le vice-roy ; sans considerer que Bourbon soldoyeroit ses forces, casse ses troupes. M. de Bourbon, sans esgard du traicté, marche avec son armée pres Florence, où il trouve le duc d'Urbin, retourne à Rome. Le Pape, cognoissant sa faute, demande secours aux Venitiens, qui le luy refusent, ne se fiant plus en luy. Bourbon est aux portes de Rome ; Sa Saincteté n'ayant que Rance de Serre avec deux mil hommes. Bourbon prend le fauxbourg, donne l'assaut, et meurt ; la ville prise et saccagée, le Pape, au chasteau Sainct Ange traicte. Le Roy tombe des plaisirs en crainte de la monarchie de l'Empereur, rafraichit la ligue avec le roy d'Angleterre et les confederez, pour la liberté du Pape et d'Italie. L'Autrec, general de la ligue, entre en Italie avec vingt-trois mil hommes français que suisses, prend Bosque, Alexandrie et Genes, marche lentement pour delivrer le Pape, sous le commandement du Roy, esperant avoir ses enfans. Les ducs de Ferrare et de Mante en ligue avec les confederez, l'Empereur, necessité des lansquenets pour secourir Naples, resout et ratifie la delivrance du Pape [17 decembre 1527]. Tous articles de paix se rompent ; les ambassadeurs des confederez defient l'Empereur, dequoy il fait peu d'estat, ayant les enfans de France en main, pour avoir les conquestes du Roy, duquel il dit qu'il maintiendra à leur maistre de sa personne à la sienne qu'il avoit manqué de parole : à quoy le Roy respond à Paris, que le corps prisonnier ne peut engager l'esprit, et qui diroit le contraire avoit menty ; demande lieu et jour pour combattre l'Empereur. Ce ne furent que paroles, les volontez, moyens et lieux n'y correspondirent. [1528] En ce temps, le sieur de Tavannes sort de page du Roy, accepte place d'archer en la compagnie du grand escuyer Galliot, duquel il gagne les cœurs et de tous les capitaines, paroissant le premier, au jugement du Roy, aux exercices usitez en la gendarmerie, va trouver M. de l'Autrec en Italie, auquel tout rit.

L'aage attiedit le sang, les adversitez l'esprit, les hazards le courage, et la monarchie desesperée n'espere que volupté. Tel estoit le roy François, blessé des dames au corps et en l'esprit ; la petite bande de madame d'Estampes gouverne. Alexandre voit les femmes quand il n'a point d'affaires, François voit les affaires quand il n'a plus de femmes.

Aux religieux les œuvres pieuses, aux capitaines les guerriers, tout un ou tout autre ; c'est se perdre aux monasteres de penser au monde, c'est se perdre à la guerre d'observer les regles des monasteres ; le seul but doit estre de se conserver et vaincre, toutes considerations de pitié ou d'amitié au contraire postposées.

La gendarmerie est creée de nouveau : les rois anciennement estoient eslectifs ; la France approchant de l'estat populaire, le dernier arrivé au camp estoit bruslé ; par crainte de ces chastimens assembloient soudainement leurs armées. Le roys establis, ils firent des ducs, comtes, marquis, capitaines et juges de provinces, les barons, bannerets [ainsi nommez des bannieres qu'ils portent], sous lesquelles marchoient leurs soldats. Les maires du palais, devenus roys, font les susdicts, au lieu des gouverneurs, juges et capitaines, seigneurs des provinces et des fiefs pour les gagner ; la pluspart meurent aux guerres, partie des fiefs tombent en ecclesiastiques et tiers estat, pour leur inutilité aux armes donnent naissance au restablissement de la gendarmerie, que les roys créent avec des ordonnances pour la maintenir et exerciter. Les Romains, et maintenant les Turcs, font exercer leurs soldats, ce qui se doit, parce que vingt experimentez en battront cent qui ne le seront point : tant plus il y a d'hommes desordonnez, plus de honte et de foiblesse ; de trente mil non experimentez nul ne veut estre le premier aux coups, se renversent l'un sur l'autre : les armées italiennes, non disciplinées, peuvent estre defaictes de peu de nombre d'ennemis resolus ; le duc d'Urbin, qui les cognoist, a quelque raison de n'hazarder telles gens contre des resolus. Il faut de l'artifice pour faire combattre ces grands nombres inexperimentez, ou il advient ainsi qu'en l'armée de Tigrame, qui n'eut le courage d'attendre ses ennemis.

Fortune mal-gré Charles l'appelle à la monarchie de l'Europe par la prise de Rome, ce qu'il eust peu entreprendre sans blasme. M. de Bourbon pouvoit estre accusé de ce mal, dont l'Empereur eust tiré le fruict; allant à Rome, feignant d'y mettre ordre, pouvoit, sous le nom de reformation de l'Eglise, rendre ses soldats citoyens romains, leur donner le bien des vaincuz, et remettre dessus les Aigles et legions romaines. S'il n'eust precipité la liberté du Roy, il le pouvoit avoir avec le Pape prisonnier, et, sous pretexte de reformation [s'estant le Pape mal famé], il se faisoit monarque absolu, eust divisé la ligue faicte contre luy les uns par les autres.

Nostre Seigneur, ses apostres, nuds pieds, jeusnent, donnent aux pauvres, sont aucteurs de la paix; le Pape, leur successeur, est porté vestu de drap d'or, prend ce qu'il peut, fait guerre et bonne chere. A quoy se respond que nul ne peut entierement imiter Dieu; la foy preschée sous les Payens devoit estre plantée par humilité; les Chrestiens estans empereurs ont cedé Rome aux evesques, qui s'y doivent maintenir. Dieu dit : Rendez à Cesar ce qui est à Cesar; puis que les Chrestiens sont au magistrat, ils le doivent conserver : la foy plantée par l'humilité se maintient par force. Les papes sont seigneurs spirituels et temporels, une des vacations n'empesche l'autre conduicte avec equité. Les sacrificateurs ont oingt les roys qui apportent leurs biens aux pieds des apostres, la cognoissance des legitimes leur doit plus appartenir qu'aux autres; leurs armes doivent favoriser les bons contre les meschans, ce qu'ils peuvent faire chrestiennement. Que si aucuns ont mesusé, la consequence ne se doit estendre sur les autres; ils peuvent faillir comme hommes, non comme sainct Pierre, en guerre equitable. Heureux sont ceux qui par predications, admonestement et bons exemples, se peuvent empescher de faillir au manyment des affaires d'Estat! tres-malheureux ceux qui par ambition, vengeance, aggrandissement de leurs neveux, fils ou bastards, font guerre sans justice.

Qui tue meurt, qui endure pert l'honneur : les loix de justice et d'honneur sont contraires en France. Un jeune escrimeur, faict vaillant par l'art, contraint un viel capitaine d'hazarder tout contre son rien. Faudroit eslire six capitaines, sans la permission desquels nuls duels ne fussent permis; l'accusation de trahison, de fuittes, d'adultere, concussion, se vuideroient à cognoissance de cause par armes, sauf la dedite; les injures vaines, dementis mal fondez, coups mal donnez, seroient reparez, et ne seroient injures si elles n'estoient jugées telles des susdicts capitaines, qui les feroient reparer de coups en leur presence s'il estoit besoin, condamnant les delinquans à mort et degradations; et faudroit declarer tous duels ignominieux sans leur permission. Ceux qui se tueroient, eux ayant accordé le combat, ne pourroient estre repris; l'Eglise meritoirement defend le duel. Celuy pert son ame qui [en l'hazardant] veut perdre celle d'autruy. Le duel, mal entendu en France, empesche les peres d'envoyer leurs enfans jeunes aux guerres ny en Cour, où estans sans conduicte perdent souvent l'honneur avant qu'ils ayent moyen d'en acquerir. Si les roys avoient autant d'envie, comme il seroit utile, de finir leurs querelles par le combat de leurs personnes, ils ne manqueroient de seurté, plus aisée à trouver que celle du change du Roy à ses enfans, et d'iceux à de l'argent. Ils ayment mieux conserver leur vie que celle de cent mil hommes; ils ne trouveront jamais seurté valable pour combattre.

En l'an 1528 le Pape se declare neutre, plein de malheur et d'artifices. Pesquaire, Bourbon et Launois morts, manque d'experimentez capitaines aux Imperiaux sortis de Rome sous le prince d'Orange : l'Autrec, par inconsiderez artifices du Roy, n'assiege Milan, craignant d'estre abandonné des confederez, quand ils auroient ce qu'ils demandoient, entre au royaume de Naples. Les armées demeurent en presence, les considerations empeschent la bataille, donnent loisir au prince d'Orange d'entrer à Naples. Les Français, apres avoir pris Melphe, assiegent Naples, victorieux au combat de terre et de mer. André Dore, general du Roy, appointé de trente six mil escus par mois, defaict l'armée navalle, tuë Hugues de Montcalde, nouveau vice-roy, prend le marquis du Guast prisonnier, qui l'esmeut à traicter avec l'Empereur. Le Roy adverty, au lieu d'y remedier, le desespere, dont suivit le r'envitaillement de Naples. La maistrise de la mer perduë, les villes qui ne sont assiegées que d'un costé ne se prennent; tout change. Le Roy, aux voluptez accoustumées, se fie sur ce que l'Autrec avoit fait esperer la prise de Naples en peu de jours : adverty du contraire, n'envoye secours ny argent que le prince de Navarre, foible et inutile; à faute dequoy joint les maladies et empoisonnement des eaües : la moitié de l'armée et le general meurent. Le marquis de Saluces, esleu chef, leve le siege, est assiegé, et se rend dans Averse au prince d'Orange; sa personne, artilleries, enseignes et capitaines demeurent aux vainqueurs; les soldats se retirent en France. Le marquis de Saluces meurt à Naples, et la moitié des soldats s'en revenant, André Dore revelte Gennes, prend Savonne. [1529] M. de Sainct Paul, envoyé fraischement à Milan, est defaict par Antoine de Leve. Le Roy demande ses enfans et la paix. Ceste affection accrüe de tant de malheurs, l'Empereur, la voyant honnorable, se contente d'une monarchie imaginaire, pressé du Turc, qui assiegeoit Vienne. Le Pape à l'accoustumée se joint à la bonne fortune de l'Empereur; les Venitiens et Anglais en font de mesme abandonnez des Français. Madame Loyse de Savoye, mere du Roy, Marguerite, sœur de Philippes pere de Charles, s'assemblent à Cambray. La Bourgongne, Naples, Milan, Navarre, et la liberté des enfans sont sur le tapis. Le chancelier de Granvelle demande les lettres de la loy Salique, et les Français celles de l'Empire, anciennement romain, et maintenant allemand. En fin la paix est conclüe en may 1530 (1). Le Roy, absous de la promesse de Bourgongne, retire ses enfans pour deux millions d'or, espouse Eleonor d'Austriche ; l'Empereur obtint la souveraineté de Flandres et quittances des pretentions du Roy sur Naples et Navarre; François Sforce demeure duc de Milan, dont s'ensuit la paix generale.

Prevoyance sert plus que vaillance; combat ne sert combattu de famine, peste et maladie; opiniastreté est domageable : il falloit changer, ou lever le siege de Naples. S'il est permis parler des fourmis aupres des elephans, aux premieres entreprises de la Ligue, ceux d'Auxonne, partie huguenots, me trahirent : je les assiege avec Rosne; ils empoisonnent les puits, y jettent du bled, m'envoyent un pestiferé avec des lettres : je fais boucher et defendre les eaux, et chasse sans ouïr les pestiferez, ne reçois rien de la ville, laquelle nous forçasmes de se rendre apres avoir rompu leur secours, prevenant leur meschanceté.

C'est estre homme de faillir une fois ;
C'est estre beste d'en faillir deux ou trois.

Tant d'armées, de vies, de sang, d'argent despendus, ne rendoient plus sages les Français aux conquestes d'Italie, non plus que l'Autrec, trompé des courtisans à Milan, ne se garde d'estre abuzé d'eux à Naples. Les entreprises des Français en Italie sont semblables. Charles huictiesme avoit quitté Naples pour aller voir une fille à Lyon ; le roy François l'imite. Les voluptez, les douceurs françaises, la distance des chemins, le temporisement des ennemis, la division des armées, la trahison et revolte des Savoyards et Italiens perdent les Français en Italie. Pour la conquerir, faut mettre toutes les grandes villes qui se prendront en liberté; Rome, Gennes, Milan, Florence, Ferrare, Bologne, Sienne en estats populaires, se gardant les places fortes voisines; ruiner les grandes puissances, exalter les moindres, changeant les gouvernemens en estats populaires ou aristocraticques, pour interesser les particuliers au general. La crainte, l'esprit, l'avarice, l'inconstance, la fortune, l'ingratitude, rendent ces moyens susdits moins utiles que les suivans. Prendre pied à pied toutes les villes entre les Suisses et la mer, le comté de Bourgongne, la Savoye, le Piedmont, Gennes, Milan ; desarmer tous les habitans, et transporter les deux tiers au milieu de France ; habiter en leur place des Normans, Bretons et Poitevins ; razer les places foibles, que rien ne puisse arrester les armées ny les vivres venans de France ; faire des citadelles, et fortifier la frontiere, se servir de Genes et Milan, comme servoient les camps fortifiez aux legionnaires romains, tant qu'ils seroient frontiers ; se faire fort de cavalerie, faire une grande armée de mer, plus facile aux Français qu'aux Espagnols. Charlemagne transporta les Saxons. Le Turc tue ou esclave les hommes aux conquestes, raze les places, tient au milieu du païs de grandes garnisons de cavalerie, qui à tout mouvement portent le feu et le sang par tout: ce qui est à detester plus qu'à imiter. Les Chrestiens, gens de bien, doivent demeurer en paix, puis que leur loy ne permet faire la guerre avec les cruautez qui seroient necessaires. Le comté de Bourgongne prins, l'Italie, la Flandre, sont isles pour le roy d'Espagne, qui seroit contrainct passer ses forces par l'Allemagne et Suisses ; et quand ils le souffriroient, faudroit un monde d'or, plein d'incommoditez pour passer en Italie, et quoy que les places de Piedmont soient fortes, il se faut opiniastrer jusqu'à la prise d'icelles, sans passer plus avant que Genes et Milan, que tout le Piedmont ne fust reduict, et mener tout d'un front sa conqueste; l'hyver, laisser dix mil hommes en garnison, ainsi que les Romains hyvernoient leurs legions ès Gaules. Si les Français imitent leurs predecesseurs aux entreprises d'Italie, ils seront oubliez, trahis, abandonnez, et enterrez, s'ils ne suivent les moyens susescrits. Il seroit mieux qu'ils entreprinssent en Flandres, ou deçà le Rheim, où ils ont soixante lieües de front, et les armées ne seroient qu'à trois journées de la France, sans separation des

---

(1) C'est du traité de Cambray qu'il s'agit ici. Ce traité fut signé en 1529, et non en 1530.

montagnes : les Français peuvent faire facilement des colonnies pour leur grande multitude, non les Espagnols, habitans les païs infertiles. Ceux qui, aux guerres de la Ligue, faisoient croire à M. du Maine que les Espagnols, conquerroient la France et l'en chasseroient, le trompoient ; ne pouvant sortir d'Espagne que cinq ou six mil hommes, qui ne peuvent commander à un million, et l'auctorité luy fust tousjours demeurée, à son choix de les en chasser un jour, ou de s'en servir ; que si les Espagnols vouloient conquerir et posseder la France, il faudroit qu'ils y vinssent tous et laissassent conquerir l'Espagne aux Mores.

Les Italiens, qui ont suppedité les deux tiers du monde, sont asservis aux Espagnols : Rome en est cause, parce qu'estans sous les papes en la religion chrestienne en liberté, elle ne se soucie de la captivité de Naples, Florence et Milan, estans les papes qui y commandent, créez par election en extreme vieillesse, leur pontificat de peu de durée ; et, ne laissant aucune posterité qui espere en la mesme domination, ils ne se soucient de s'agrandir, ny de mettre en liberté leur pays, les puissances d'Italie estant separées comme elles sont. L'Eglise, les Venitiens, le roy d'Espagne et le duc de Florence ont tous interest que pas un d'eux ne s'agrandisse ; c'est pourquoy les petits potentaux de Palme, d'Urbin et de Mantoué se maintiennent, conjurez à empescher l'agrandissement les uns des autres, et principalement parce qu'ils ont quitté l'aguerriment, contraints de se servir de soldats mercenaires, au lieu que leurs predecesseurs combattoient non pour les princes et tyrans, ains pour leur particuliere franchise et liberté : grande difference de ceux qui combattent pour la paye, à ceux qui s'hazardent pour leur propre interest, superiorité et liberté, ainsi que les anciens Romains.

Lorsque la force au droit la place fait quitté,
Dieu est le seul vengeur de ceste iniquité.

La loy Salique est contraire au droit commun, n'a force sur ceux qui ne sont subjects des Français : mauvaise possession n'acquiert droit. La Bourgongne n'est aux Français par droit de manquement de devoir, de fief, et felonnie, puis que le roy Louys onziesme assaillit le premier son feodal duc de Bourgongne : les feodaux opprimez injustement se peuvent defendre. La Bourgongne est aux heritiers de Maximilian et de Marie, fille de Charles de Bourgongne, de mesme la Bretagne. Le grand roy François espouse la fille du roy Louys douziesme, heritiere de Bretagne, à cause de sa mere ; les enfans des Vallois succedent ; la Bretagne appartient à Marie d'Austriche, sortie d'Elisabeth, fille aisnée de Henry de Vallois, et ne peuvent les roys infeoder ny joindre à leurs coronnes ce qui appartient aux souverains. Le royaume de Naples et le duché de Milan appartient droittement au roy de France, par l'adoption que Jeanne, royne de Naples, fist de René d'Anjou, et par le mariage du duc d'Orleans avec Valentine, fille legitime de Galeas, duc de Milan. Ny l'investiture, ny la confiscation n'acquierent droict à l'Empereur, dont la puissance est disputée. Pareillement le royaume de Navarre est au roy Loys XIII : puisque les papes pardonnent aux heretiques, l'interdit doit estre levé. Sa Majesté estant catholique, la souveraineté de Flandres est de l'entier appanage des Français. Les pretentions des roys de France et d'Espagne peuvent estre compensées, si le roy d'Espagne rendoit la souveraineté de Flandres et le royaume de Navarre au roy Louys treiziesme, lequel luy donneroit, en recompense du droict de la Bretagne et de Bourgongne, celuy qu'il a sur Naples et sur Milan. Ainsi les Espagnols tiennent la souveraineté de Flandre et le royaume de Navarre, plus que les Français tiennent d'eux, estans compensées les pretentions de Bourgongne et Bretagne à Milan et à Naples : à quoy respondent les Espagnols, qu'eux ont le droict de M. d'Orleans, qui espousa Valentine, fille de Galeas de Milan, de laquelle est sortie Marie d'Austriche, heritiere de Vallois, et que le roy Louys treiziesme, yssu de sainct Louys, est d'une autre branche, à laquelle on a eu recours estant la lignée du duc d'Orleans faillie.

Les manquements remarquez en la loy Sallique sont qu'elle n'est selon Dieu ny le droict des hommes, qui ne desheritent les femmes ; l'autheur, le temps qu'elle fut faite, sont incertains ; les Estats peuvent deroger aux decrets des precedents : la loy n'est asseurée qui a esté debatue à tous evenemens. Ce n'est oster la confusion, puisque les meres des roys sont en dispute avec les princes du sang de la regence, dont les uns et les autres ont jouy à leur tour, selon la force et artifice dont ils usoient. Ceste loy laisse indecis si representation a lieu ; ceste loy a esté suivie pour la Bourgongne, où il fut allegué que partie du royaume comme le principal ne pouvoient tomber en quenoüille, et nonobstant on ne se servit de ceste raison pour occuper la Bretagne, qu'il fallut asseurer par mariage. Que toutes les loix des autres royaumes de la chrestienté où les filles heritent, faillent : si celle de France a lieu, les Français disent qu'ils peuvent establir loy sur eux, que les voisins ne le doivent ignorer, et ne se doivent allier qu'à condition de l'observation d'icelle, approuvée par tant de siecles.

[1530] Henry, roy d'Angleterre, preste partie de l'argent donné à l'Empereur par le roy François, et par ce moyen gagne l'université de Paris, qui favorise le divorce de l'Anglais contre Catherine d'Austriche, tante de l'Empereur : enhardy et acceleré par les imprudentes promesses du Pape, pour lors mal avec l'Empereur, Henry passe outre en nouvelles nopces. Sa Saincteté, depuis d'accord avec l'Empereur, fulminant contre ce divorce (1), embrase l'heresie en Angleterre. L'Empereur passe en Italie à l'estonnement des confederez abandonnez du Pape et du Roy, il s'assemble avec Sa Saincteté à Bologne, s'unissent ensemble pour se venger des Florentins, qui avoient chassé ceux de Medicis. Les Venitiens s'associent avec le duc de Milan, duquel l'Empereur avoit tiré quatre cens mil escus et les chasteaux de Milan et Cremone en garde pour un an, et luy avoit fait espouser sa mere, vefve du roy de Dannemarc (2). L'Empereur reçoit la coronne imperialle le jour Sainct Mathias, jour qu'il nasquit, fut esleu et coronné, et prit le Roy à Pavie ; ligue est conclue de toutes les puissances d'Italie, pour la conservation d'icelle contre les Français. Les Florentins, contraincts [apres legeres defences où le prince d'Orange meurt] de perdre leur liberté, reçoivent ceux de Medicis apres long discours du Pape et de l'Empereur sur les Turcs, qui avoient assiegé Vienne, et de l'heresie de Martin Luther, commencée dés l'an 1517 : ils se separent. L'Empereur va à la diette à La Ausbourg, espere faire eslire son fils, ou du moins Ferdinand son frere, roy des Romains, restablit les images, ordonne de vivre catholiquement, declare les delinquans justiciables à la chambre imperiale. Le duc de Saxe, le landgrave, Lunebourd, George de Brandebourg, celuy de Anhalte, les deputez des villes lutheriennes, s'offencent de l'election pretendue du roy des Romains, et des privileges enfraincts ; ne veulent plusieurs d'eux respondre à la chambre imperiale, se retirent à Chemalcade, où ils se liguent en effect pour maintenir leur authorité contre la maison d'Austriche, qu'ils presumoient vouloir rendre l'Empire hereditaire, et, en apparence pour la reli-

(1) Le jugement du pape est de 1534.
(2) Cette princesse n'étoit ni veuve du roi de Danemarck, ni mère de l'empereur ; mais fille du premier et nièce du second.
(3) A ces trois il faut ajouter Philippe de La Chambre, allié du duc d'Albanie.

gion lutherienne, les armes se preparent. Les Suisses commencent, les cinq petits cantons battent les autres en ceste confusion ; nul ne s'oppose à Soliman, Dieu permet qu'il retourne à Constantinople. [1531] Le roy François, irrité, battu, qui avoit esté prisonnier, mal traicté, et en soupçon de la grandeur de l'Empereur allié de nouveau au duc de Savoye, auquel il avoit donné le comté d'Ast, et qui luy practiquoit les Suisses, accroit secrettement la rebellion des Lutheriens, accepte leurs offres de s'unir avec le roy d'Angleterre, leur promet aide et assistance, traicte avec eux, leur donne courage, et de la mesme crainte s'allie au Turc. Loyse de Savoye, mere du roy, meurt ; le gouvernement de la Cour changé par sa mort, MM. de Montmorency et de Brion en eurent le principal credit. Les roys de France et d'Angleterre se voyent, se liguent contre l'Empereur, cherchent querelle avec pretexte [1532]. Le Pape, à son accoustumée irresolution, traicte secrettement avec le Roy, offencé de l'Empereur qui ne l'avoit favorisé contre le duc de Ferrare ; luy promet sa niepce Catherine de Medicis pour son second fils. L'Empereur repassant la demande pour François Sforce, elle luy est refusée, ensemble le concile, et de renouveller la ligue d'Italie, n'obtenant qu'un cardinal de trois qu'il demandoit ; se separent mal satisfaicts l'un de l'autre, et se retire l'Empereur en Espagne avec une grandeur plus imaginaire qu'effectuelle, se contente d'avoir mis ordre aux affaires en apparence. [1533] Le Pape et le Roy se voyent à Marseille ; Henry, second fils de France, espousa Catherine de Medicis, niepce du Pape, avec de beaux projects de guerre en Italie. Sa Saincteté promet Rege, Palme et Plaisance, fit trois cardinaux français, Le Veneur, Chastillon et Givry (3), en faveur de mignons et mignonnes. Le roy d'Angleterre n'ayant obtenu permission de divorce du Pape, le publie de son autorité et adveu de l'evesque de Cantorberie. [1534] Sa Saincteté l'excommunie, luy se dispense de son obeyssance, se declare chef de l'Eglise, et embrasse le lutheranisme avec quelques meslanges de ses opinions.

Aucuns disent que la religion catholique prohibe de se remarier à ceux qui se sont separez de leur premier mariage ; ce que Dieu conjoint, l'homme ne separe point. Diversité de religions ny parentages ne sont point assez suffisants pour obtenir la separation : sainct Pierre et ses successeurs ont pouvoir de lier et deslier, non de contrevenir au texte de l'Escriture. Qui est ce qui jugera si la sterelité des roys est envoyée de Dieu pour le bien ou punition du peuple, et s'il est licite d'aller au contraire? l'Eglise trenche sans plier, ne doit permettre mal affin qu'utilité en advienne, ains faire bien quand le monde devroit perir. La tolerance des Juifs, le profit des courtisanes pour eviter plus grand peché, ne se devroient permettre.

Les jours ne sont heureux ny malheureux, les rencontres sont fortuites. Henry troisiesme receut deux coronnes, deux victoires, deux entrées en ses royaumes en mesme jour, avoit son jour heureux ainsi que Charles-Quint. Les superstitieux qui ont precipité ou retardé des actions importantes pour eviter les jours malheureux, les ont quelquefois rendues pires, estant de retardement ou advancement, pareillement une observation du jour heureux ou malheureux.

La source d'heresie est violemment de vœux, de serment, inobedience, ambition, avarice; leurs prophetes sont Luther, Calvin, moines reniez, Marot et Beze, qui de mesme main ont rimé les pseaumes qu'ils avoient escrit des sodomies; leurs introductions dans les royaumes, en Allemagne, l'avarice du duc de Saxe, causée du guain qu'il faisoit de l'université de Witemberg, sa crainte de l'establissement absolu de la maison d'Austriche, le desir de gouverner; en France, l'ambition de Catherine de Medecis, celle des princes de Condé et admiral de Chastillon, qui sous ce pretexte vouloit posseder la Cour et le Royaume, et en chasser ceux de Guise, qui les en empeschoient; en Angleterre, la lubricité du Roy repudiant une femme de bien dont il avoit une fille, pour espouser Anne de Boulan, qu'il fist depuis declairer putain et decapiter; en Flandres, l'ambition du prince d'Orange, des comtes d'Aiguemont et d'Orne pour oster le gouvernement au cardinal de Granvelle, et duchesse de Palme : la loy de Dieu n'asservit à tels effets. Leurs fruicts, leurs œuvres, sont spoliation de royaume, pervertissement d'Estats, mespris des puissances superieures, peuples debridez, democratie premeditée contre les monarchies, guerre, sang, feu, violement, rançons, prophanement des choses sacrées, corruption des sainctes, source d'incertitude de la foy et d'atheisme; imitez par Anabaptistes, Zuinglistes, Trinitaires, Deistes, Ubiquistes, Œcolampades, sangliers qui sont entrez en la vigne du Seigneur par la breche qu'ils ont faicte par la haye qu'ils ont rompue. Leur creance, leurs escrits sont autant de doute et confusion de religions, et propagation d'une tierce qui croid ce qui luy plaist. Ainsi qu'Adam et Eve nous ont tué pour nous faire trop sçavans de ce dont docte estoit l'ignorance; ainsi ils ont ouvert nos yeux, estendu nos mains pour voir et prendre la pomme de la mort. Leurs griefs sont, que l'on sert trop ceremonieusement Dieu, qui n'est en deux lieux, que les saincts sont sourds et ocieux. La loy de Dieu est de paix, ceste-cy de guerre; elle donne ses biens; ceux-cy les vollent, presche l'obeyssance, ceste-cy la rebellion; l'abstinence, ceux-cy indifferences et permission de viandes : les prophetes, les apostres ont tout à un coup presché leur doctrine, ceux cy ne sont inspirez que par boutades, et selon qu'ils estoient picquez, bannis et fulminez des papes; advoüent qu'ils n'en eussent dit le quart si on les eust laissé sans menaces, mesmes qu'ils se fussent desdits, si Sa Saincteté eust voulu corriger quelques abus et ceremonies superflues, leur donner des benefices. L'Eglise de Dieu est perdurable; ils maintiennent qu'elle a esté douze cents ans intermise et fermée, de laquelle ils ont trouvé la clef. La loy des Turcs promet tous plaisirs aux siecles advenir, ceux-cy ostent le purgatoire; meschans medecins, qui, pour oster les taches du visage, y ont planté le chancre homicide des ames : l'Eglise se reforme par bons exemples, non par pistoletades. Leur vocation n'est point par miracles, tradition ny confirmation; se venger à l'exemple de son ennemy par moyens illicites, est se venger de soy-mesme. La faveur portée aux Lutheriens et l'alliance du Turc sont expiées en France par trente-cinq ans de guerre; toutes sortes d'armes ne sont permises pour vaincre son ennemy. L'Empereur avoit gagné Bourbon, et le Roy practiqué le duc de Saxe, qui estoit excusable sans l'interest de la religion : les Israëlites alliez aux Philistins perissoient, l'alliance des empereurs de Constantinople et de Trebizonde avec les Turcs, les perdit. Le roy François sera empesché de respondre de vingt mil ames prises et perdues par Ariodan Barberousse, qui vint à son secours à Nice. Reste une tres-grande consolation aux malheurs, lors qu'on croit qu'il nous sont envoyez pour purgation de nos pechez.

Les cardinaux de Meudon, de Givry et de Sourdy, Le Veneur, Chastillon, sont nommez des rois à Sa Saincteté par la faveur des femmes; les papes adherent au mal pour se maintenir aux bonnes graces de leurs Majestez, et les induire à la paix : tels cardinaux n'eslisent les papes, l'esprit de Dieu y agit : il se cognoist au conclave, où tous artifices et ligues des hommes se practiquent, et toutes fois est esleu souvent celuy qu'on n'eust jamais pensé.

Les conseils sages ou imprudens ne se doivent juger selon l'evenement; il fust esté mieux par autre moyen, et iceluy suivy eust apporté des autres inconveniens. Il est aisé de blasmer ou loüer les advis apres le succez et effects d'iceux, qui adviennent par la permission divine ou fortuitement; et neantmoins, representant aux conseillers le mal provenu de leurs advis, ils respondent que si les affaires estoient en mesme estat que lors qu'ils le donnerent, leurs conseils seroient semblables qu'ils ont esté : nos advis soient selon Dieu, si mal en vient, autant d'expiation de pechez.

L'Empereur, triste des nopces de Marseille, est reconforté de la victoire et decouverte du Peru par François Pizarre, qui avec cinq cens Espagnols défit cinquante mil Indiens. Le Roy, passionné, enflammé de ses favoris, qui veulent pescher en eau trouble, cherche guerre, se plaint de la mort de Merveille, son escuyer et ambassadeur secret, justicié par le commandement du duc de Milan, pour un meurtre, à la suscitation de l'Empereur. Le Roy se couvre du feint achept du comté de Mont-Belliard, pour fournir cent mil escus au landgrave, qui restablit Houllerich, duc de Witemberg, en son duché, que la ligue de Chevaube (1) avoit depossedé, et remis le duché de Witemberg à l'Empereur, qui l'avoit donné à Ferdinand son frere. Cette ligue de Chevaube fut faite contre celle de Suisse, pour maintenir la maison d'Austriche. Ferdinand dissimule, en attendant la venuë de l'Empereur, qui donne la fille de sa sœur, vefve du roy de Dannemarc, au duc de Milan. Le Pape meurt, retarde les esperances du Roy : Alexandre Fernaise, Romain, est esleu en sa place. L'Empereur gaigne le duc d'Urbin, confirme André Dore, et prepare ses amis à la guerre [1535]. Sa Majesté remet Muleazar (2) en son royaume de Tunis, que Barberousse, violant l'hospitalité, avoit jetté dehors; fortifie La Goulette, s'en retourne [pouvant conquerir partie de l'Africque] pour resister au Roy, qui faict les legionnaires en France à l'exemple des Romains, et pour n'avoir plus besoin de Suisses fait faire monstre à quatre mil hommes d'armes et huict mille archers; pour recouvrer l'honneur perdu, cherche guerre sans qu'elle luy puisse estre imputée, oste au seigneur de Lunes sa maison; demande partage et passage au duc de Savoye, l'accuse de la praticque des Suisses pour l'Empereur, se plaint qu'il avoit accepté le comté d'Ast appartenant à la maison d'Orleans; sur ce sujet favorise les Genevois, qui, à l'aide de ceux de Berne, occupent partie du païs du duc de Savoye. François Sforce meurt; l'Empereur, maistre du duché de Milan, propose des esperances au Roy, qui veut des effects; inimitié, vengeance et ambition pesle-mesle; l'Empereur s'arme, s'allie aux Venitiens [1536]. Le Roy occupe Savoye par M. de Sainct Paul, et ensuite Turin et Piemont par M. de Brion, commandant à quinze mil hommes de pied et huict compagnies de gendarmes, desquelles estoit celle du grand escuyer Galliot, conduite par le sieur de Tavannes, guidon d'icelle, qui passe le premier la Douëre, defenduë par Jean Jacques de Medicis mis en fuite. Le Roy revoque M. de Brion, par persuasions du cardinal de Lorraine, qui estoit envoyé à Rome de Sa Majesté lors que tout l'Estat de Milan estoit prest à conquerir, et ce, sous considerations inutiles de ne vouloir commencer la guerre. L'Empereur continuë l'abus de ses traictez, pour donner temps à ses forces de le joindre, monstre de consentir Milan, et une de ses niepces pour M. d'Angoulesme, depuis M. d'Orleans. Le marquis de Saluce commandant en Piemont, l'Empereur se declare; Antoine de Leve en Italie entre en Piemont, gagne le marquis de Saluce persuadé des devins qui l'asseuroient de la ruïne de France et de la monarchie imperiale; degarnit Foussan de vivres, où il avoit mis les sieurs de Montpezat et Tavannes, Castel Paix, Sampetre Corse, et soudain se revolte. Antoine de Leve, qui avoit investy Turin, le quitte et assiege Foussan, pense avoir en trois jours ceux qui estoient dedans, les trouve plus plains de courage que leurs magazins de bleds, dont la clef ne leur avoit esté donnée que le jour de la revolte du marquis de Saluce. Ils remplissent d'armes et de sang la campagne d'abordée, desesperez de faute de vivres deux jours passez; les sieurs de Tavannes, de Castel-Paix et Sampetre Corse sortent, defont les gardes d'Antoine de Leve; gouteux, emporté caché dans un bled, couvert plus d'espics que d'espées. Cinq cens hommes renversez morts, les assiegez se retirent pour retrancher et defendre la breche faite; l'hardiesse des assiegeans manque, et les vivres aux assiegez : ensuit la capitulation. Ils sortent enseignes et armes desployées, et sont envoyez par le Roy en diligence à Marseille. L'Empereur, apres la venuë de son armée à Foussan, entre en Provence jour Sainct Jacques, le mesme jour qu'il estoit entré l'an passé en Afrique : Antoine de Leve en vain l'avoit voulu retenir en Piemont. Le Roy se place à Valence, advance M. de Montmorency, parvenu par l'alliance de la fille du grand maistre de Savoye, et en la prison de Sa Majesté,

---

(1) Ligue de Souabe.
(2) Muley-Hassan, appelé par les Arabes El-Hafsi, avoit été chassé de Tunis par Kaïr-ad-din, 'e second Barberousse.

comme plusieurs autres ; luy resout sagement de ne combattre, fait faire le desgast au pais, se place en camp fortifié à Cavaillon, entre le Rosne et la Durance. Les sieurs de Montejean et de Boissy sont deffaicts allant à la guerre, voulant repaistre à la teste d'une armée. L'Empereur arrivé à Aix, incommodé de vivres, les sieurs de Montluc et de Tavannes bruslerent les moulins de son armée, defont les gardes d'iceux : dequoy fait gloire ledit Montluc en ses Commentaires de l'assistance du sieur de Tavannes, lequel estoit desja plus favorisé des armes que ledit Montluc. L'Empereur, voyant un bon ordre à Marseille et Arles, l'armée du Roy fortifiée, et cognoissant les maladies de son armée; faute de pain et trop de fruits, se repent de son entreprise, couvre son ignorance sur des intelligences feintes, se presente et se retire en mesme temps de devant Marseille ; retraite en laquelle le sieur de Tavannes eut bonne part en l'honneur que les Français y acquirent. M. le Dauphin meurt, empoisonné par un Sebastien de Montercul, qui charge Antoine de Leve de l'avoir corrompu, homme de grande menée et de peu de conscience. Les Suisses, contre la foy promise à l'Empereur, envoyent leurs gens sans congé au service du Roy ; Peronne asriegé par le comte de Nanssau, et desassiegé par le mareschal de La Marche. En Piemont, le marquis de Rangon, avec dix mil Italiens, se joint à M. d'Annebault, lieutenant general par faveur de madame d'Estampes, amie du Roy, prend le marquisat de Saluces. La peste emporte Antoine de Leve et partie des soldats de l'Empereur : ne reste de cinquante mil hommes que trente mil. Ces incommoditez retirent l'Empereur avec perte ; le comte de Nanssau fait de mesme en Picardie ; l'Empereur va voir sa femme en Espagne ; le Roy vient à Lyon.

Dieu n'a revelé à ses saincts le Monde Neuf, reservé par miracles en ce temps incredule pour confirmer ses paroles, que la loy devoit estre preschée par tout l'univers avant son avenement, à l'exaltation de la foy catholique, apostolique et romaine ; n'a permis que les Français, Allemands, Anglais, infectez d'heresie, fissent cette descouverte, ny moins s'y peussent placer et affermir : preuve que la religion catholique est la vraye, la lutherienne et huguenotte fausses : la vraye religion ne fust esté preschée par tout le monde, si les heretiques y fussent allez. Cette grace a esté octroyée aux seuls Espagnols, pour n'estre meslez d'heresie ; le droit de tant de terres leur appartient, ayant fait la premiere descouverte, et principallement l'authorité des papes comme ministres de Dieu et sacrans les roys. Si les Français, qui en sont exclus par negligence, eussent fait semblables descouvertes, Sa Saincteté ne leur pouvoit desnier pareille investiture : neantmoins, puisque les Espagnols ne tiennent le centiesme de tant de terres descouvertes, Sa Saincteté devroit adjuger aux Français une portion d'icelles, et ce, du consentement des Espagnols, puis que les Hollandais infideles commencent à s'y establir par la force ; dequoy les deux roys de France et d'Espagne les devroient empescher, et vaudroit bien mieux que celuy d'Espagne en fist part aux Français, à ce que par commun accord ils empeschassent le progrez des Hollandais.

La religion, les sciences, les bonnes loix, passent de païs à autre ; la multitude d'hommes qui vont és terre neufves, font douter qu'ils ne les transportent, et que par nos meschancetez nous devenions sauvages. Ce n'est de merveille de tant de pays que possedent les Espagnols, mais bien qu'ils ne sont monarques du monde par l'or trouvé aux Indes, lequel est le nerf de la guerre. Auparavant le vin estoit à un liard la pinte, la journée de trois sols ; maintenant la despense est dix fois doublée, ainsi que l'or trouvé, par lequel ils ont autant de fois peu acheter le monde, avec moyen de retirer leur argent par les espiceries. C'est ignorance de regretter le passé, pensant que la terre produisoit d'avantage en ce temps-là ; l'abondance des vivres est semblable, celle de l'or excede, lequel est devenu à bon marché. Il ne s'est trouvé des mines de poulles, ny bleds, draps, ny toiles, mais bien de l'or et de l'argent. La nouvelle de ces descouvertes devoit estonner le conseil des rois, et craindre la monarchie des Espagnols, qui leur estoit facile s'ils eussent eu tant d'hommes et de valeur que d'or ; pour y pourvoir, falloit acquerir la superiorité de la mer, et prendre sa part des Indes par force. Les hommes, armes, bois, cordages et toiles, sont plus faciles à recouvrer aux Français qu'aux Espagnols, qui passent devant la France pour aller en Flandres, et les Français passerolent devant l'Espagne pour aller aux Indes : il manque de discretion, obeissance et patience aux Français pour maintenir leurs conquestes. Le second remede estoit de defendre l'or, et faire monnoye de fer au moulin, telle qu'elle ne se puisse imiter, et trafiquer par eschange. Il y avoit un autre meilleur moyen : les nations n'inondent plus, et n'occupent forcement, par multitude, les païs de leurs voisins : c'est un changement volontaire, prenant la place les uns des autres selon leur proximité ; les Espagnols vont aux Indes, les Français en Espagne, les Germains remplissent les places vuides de France, l'Espagne deserte fait peu d'hommes. Il part annuellement dix mil, que Brethons, Gascons et Auvergnats, qui vont labourer et servir en Espagne, puis se naturalisent, donnent moyen aux Espagnols de sortir d'Espagne et ne se mesler que de guerre. Que le Roy empesche la sortie des Français, et que les seigneurs et les villes respondent, inscrivent et marquent leurs subjects, en peu de temps l'Espagne sera tarye d'hommes, et les Indes d'Espagnols, contraints quitter la guerre et la mer pour labourer les terres de leur païs. Le fer vainc l'or; la republique de Venise, ayant ce metail et non des hommes, ne peut durer long temps en guerre. Les Espagnols n'ont occupé leur domination que par l'or : les Espagnes estoient la proye des Romains, des Gots, des Gaulois et Mores d'Afrique, qui n'en ont esté chassez que depuis l'or des Indes descouvertes. Les Romains, tous de fer et de prudence, eussent esté bien empeschez de conserver tout ce que les Espagnols tiennent : ce qui a esté attribué à l'argent qu'ils ont trouvé, et non à leur vaillance. Ceste conqueste du Monde Neuf, proposée aux Français et mesprisée d'eux, tesmoigne le peu d'affection des conseillers, qui ayment mieux perdre les royaumes pour leur maistre, que si leurs ennemis avoient la charge de les conquerir.

Le peuple français a courage et force, ainsi que les Romains, Macedoniens et Suisses; il ne manque qu'en discipline et aguerriment. Les legionaires estoient bien inventez par le roy François, subjects qui eussent combattu pour leurs souverains, patrie et enfans, mieux que les Suisses, qui viennent tard, combattent par fantaisie, et abandonnent au besoin. Cent mil hommes se peuvent lever en France, et en demeurera dix fois autant; si leurs armes estoient semblables aux phalanges macedoniques et aux Suisses, seroit une trop grande force pour defendre, mais pour assaillir necessaire; ce qui n'a esté suivi des rois, craignant que leurs subjects imitassent les Suisses en desobeissance, et ont mieux aymé donner leur argent aux estrangers que les aguerrir. Un prince vieil et peu genereux doit craindre cest establissement; un jeune, courageux, le desire. Le pusillanime desarme et taille son peuple, seme dissentions et procez entre eux pour les abuser, commande et permet toutes voluptez et leur en donne exemple, se sert d'estrangers ou de petit nombre des siens, desquels mesmes il est en soupçon; le vertueux, qui ne les craint, les aguerrit, les conduit en personne, empesche toutes rebellions; pour eviter lesquelles, faudroit faire ceste levée és villages non fermez, ne permettre l'aguerriment aux villes, lesquelles joinctes avec le Roy, la noblesse et les forteresses, assoupiroient les revoltes; et ne s'aydant que de la moitié des paysans, il seroit mal-aisé qu'ils s'entendissent, ne prenant capitaines que de la main de leurs Majestez. Plusieurs partis en un royaume le maintiennent, et cest aguerriment bien conduit donneroit la monarchie aux Français.

Rarement en un royaume la cavallerie et infanterie sont bonnes; les lansquenets vallent peu depuis que les gentilshommes allemands se sont faits reistres; la cavallerie espagnolle est foible, l'infanterie tres-bonne, où ils ont tout leur cœur. En France, cavallerie et infanterie peuvent estre utiles s'ils sont aguerris, pour la multitude d'hommes qui y sont.

Les Romains en infanterie, les Parthes en cavallerie ont excedé les autres nations. Ceux qui tiennent le party de l'infanterie disent que c'est assez de combattre les hommes sans combattre les bestes, les chevaux ne sont picquez que d'esperons et arrestez de grands fers de picques, que la peur est en deux lieux, aux hommes et aux bestes, les ordres de gens pied sont mieux observez, les necessitez plus aisées à supporter. Les cavalliers respondent que les chevaux en furie des coups d'esperons se precipitent dans les picques, et n'est en leur puissance de s'arrester, font plus vaillans les hommes qu'ils ne veulent. Une armée sans cavallerie ne peut vivre : l'advantage est aux piques en pays montueux, celuy de la cavallerie aux campagnes. Je concluds que s'il n'y avoit d'un costé que toute cavalerie, et de l'autre infanterie, les premiers auroient l'advantage, d'autant qu'ils se peuvent mettre à pied quand ils veulent, et se pourvoir de vivres plus commodément que les gens de pied. La maistrise est ne les faire combattre les premiers ou derniers, selon la cognoissance qu'on a de la valeur d'iceux.

Les compagnies doivent estre de trois cens hommes, composez de huict vingts piques, quarante armes d'Ast, quatre vingts mousquets, et vingt arquebuziers. Les bataillons se forment de trois mil hommes au moins, et de cinq mil au plus : le quarré de terrain et le quarré d'hommes sont differents, en ce qu'en file il y doit avoir sept pas entre les rangs, et en front, suffit de trois entre chasque soldat; tellement que pour faire le bataillon quarré de terrain à soixante de front il ne faut que trente de file. La largeur du front, pour n'estre enclos, est necessaire, et l'extraordinaire espaisseur des bataillons, qui adviendroit si on les vouloit faire quarrez d'hommes, seroit inutile. Les chiffres, l'aritmetique, n'est tant necessaire au maistre de camp ny au sergent majour d'entendement, que le bon sens.

6.

Les compagnies sont inegales, et la levée d'icelles, ou par maladie, mort ou retraicte des soldats. Les projets du logis ne ressemblent ceux de la campagne, où il faut demander le nombre aux maistres de camp et capitaines, et, selon la quantité ou faiblesse de leur compagnie, leur ordonner de les mettre à cinq, à trois, ou à deux par rangs. Les arquebuziers et mousquetaires aux testes, les deux tiers de piques apres, et les enseignes environnées des armes d'Ast, et l'autre tiers des piques derrier, joignant compagnie pres compagnie, le bataillon se forme. Et d'autant que si le maistre de camp [quelque habile qu'il soit] fault, ou par sa supputation, ou par l'ignorance des capitaines, les compagnies n'estant du tout joinctes, et ayant observé quelques espaces entre deux, il corrige sa faute facilement, levant ou adjoustant des rangs dans les troupes d'arquebuziers ou piquiers, selon qu'il voit estre necessaire ; et les ayant faict joindre et marcher en avant, il cognoist si toutes les armes, selon leur difference, sont de mesme rang ; et là où il treuve du defaut au derrier, il les coupe et les met hors du bataillon, pour les mettre ailleurs. Puis continuant pour achever sa bataille, fait faire halte aux piquiers, marche avec la mousqueterie et arquebuzerie, en fait mettre la moitié cinq à cinq, dequoy il fait deux aisles, que les Espagnols appellent manches de mousquets, pour flanquer le front, le flanc et le dernier ; l'arquebuzerie demeure sur les aisles des piquiers ; et faut donner à chaque manche de mousquets un capitaine pour chef, et pour leur donner asseurance, faut advancer à la teste desdictes manches de mousquets quatre vingts piques, qui sont escadrons volans, qui se pourront prendre des flancs des bataillons ; mettre des arquebusiers à roüet apres le deuxiesme rang de piques ; et faut disposer des arquebusiers en petites troupes, et quelque nombre de mousquets pour escarmoucher, et tirer à la faveur de l'assiette du pays devant et à costiere de l'escadron, d'autant que le propre de l'arquebuserie est de combattre par petites troupes quand elle est soustenuë ; autrement, estant contrainte de tirer tout ensemble, elle se nuit l'une l'autre et ne fait rien qui vaille. Cecy est une forme pour l'infanterie qui peut subsister sans appuy de cavallerie, differente au combat defectueux de l'infanterie française aux guerres civiles, qui n'avoient ny piques ny corcelets.

Les capitaines de ce temps-là ne s'amusoient à dresser des bataillons, lesquels, estans tous d'arquebusiers, fussent esté inutiles et eussent nuit les uns aux autres. Il n'y a pas peu d'art à faire combattre l'arquebuserie, laquelle il faut mettre en plusieurs troupes de cent et six vingts, et les refraichir, les uns succedans aux autres à mesme temps qu'ils ont tiré. A ceste forme de combat d'arquebuserie il faut un advantage de montagnes, de fortes hayes ou fossez, ou estre sousténus de bonne cavallerie, d'autant que ceux qui se sentent piquez font faire des charges par la cavallerie aux troupes escartées. Sera pris garde de ne mettre l'arquebuserie directement devant les piques, ains un peu à costé, à ce que, renversez d'une grande charge, ils ne desordonnent ou espouvantent les piquiers, se jettant parmy eux. Aux charges de cavallerie resolue qui vient fondre dans le bataillon, la mousqueterie et arquebuserie, contrainte de tirer en mesme temps et place, estant en bataille à cinq pour rang, les premiers doivent tirer le genoüil en terre, les deuxiesme et troisiesme courbez ; autrement ceux qui sont au quatriesme et cinquiesme rangs, la mire leur est empeschée de leurs compagnons, que quelquesfois ils blessent, ou sont contraincts de tirer haut, n'y ayant coup si incertain que celui des arquebuzes à mesche tirées en frayeur et agitation ; necessaire ne tirer que par commandement et de proche en proche. Il y a difference aux combats de picquiers à picquiers et de piquiers à cavalerie : au premier, à quinze pas il est bon de prendre sa course, l'eslancement de plusieurs donne force. La cavalerie se doit soustenir de pied ferme, les premiers rangs de picquiers tenans leurs picques à moitié, ayant fisché le bout en terre ; le second met le pied sur le bout dernier de leurs picques, et la pointe passée au milieu de la croix des picques des premiers rangs, et le trois et quatriesme donnent des coups de picques. Les arquebusiers à roüet doivent tirer de la longueur des picques. Ceste premiere haye, composée de quatre rangs de piquiers, faussée, il s'en treuve une autre pareille, ainsi jusques aux enseignes environnées d'halbardes, et là se redouble le combat par les picquiers qui sont derrier les enseignes. Et d'autant que l'advisée cavalerie fait escumer à quelques uns des leurs les manches de mousquets, avant que de charger par le milieu les mousquetaires doivent avoir lieu pour se retirer pres du bataillon, couvert de leur escadron vollant, selon la necessité, et ne se trop avancer s'il n'y a fossé ny hayes qui les favorisent. Et faut bien garder de tirer sans commandement ny tout à coup, d'autant que si c'est une fausse charge, à laquelle ils eussent tous deschargé, ils se rendroient inutiles pour l'effort du combat et salut du bataillon ; ce qui depend du jugement des capitaines de ne les faire tirer qu'à temps et separement. Et parce qu'apres ces premiers, qui ont chargé les mousquetaires, d'autres s'approchent pour tirer des pistoletades avant que le gros enfonse, coulant du long des rangs des piquiers, les plastrons sont necessaires aux capitaines, assistez de quelques uns qui portent des rondaches. La cavalerie escorne volontiers les bataillons, pour ne s'oser enfoncer dans le milieu; les huict ou dix qui font flanc au premier front de chaque costé, doivent estre de bons hommes, et tousjours couvrir les flancs des arquebusiers, s'il est possible, de chariots. Les armes d'Ast ne doivent estre dedaignées, et se treuvent utiles parmy les piquiers si le bataillon est enfoncé.

Le soleil, la pluye, le vent, la poudre, la fange, l'eminence, les fossez, ruisseaux, hayes, bois, montagnes, vallées, profitent et nuisent, selon que l'on s'en sçait bien ou mal servir; la place de combat bien choisie est la moitié de la victoire. Les mal-advisez qui veulent combattre les scituations avec leurs ennemis, se decouvrent, desordonnent, sont chargez de haut en bas, dans les fossez ou hayes à demy passez, et se defont eux mesmes. La meilleure assiete de la cavalerie est celle où les ennemis ne peuvent venir à la charge sans desordre; celle qui est au dessus d'une coline parée au pendant d'icelle d'un fossé en front, ayant à gauche et à droicte de bois ou buissons garnis de mousquetairie qui la flanque, semble estre bonne. L'infanterie qui ne se fie à la valeur de la cavalerie, ou en assiete forte, joignant leur crainte à l'incertitude de leurs meches, poudre et arquebuses, ne font tel effect que s'ils tiroient appuyez, asseurez de leur retraicte et de leur vie. C'est une outrecuidance qui est promptement chastiée, de ceux qui, voyant leurs ennemis bien placez, vont inconsiderement à eux. Avant que d'hazarder la charge, il faut desplacer l'infanterie ennemie qui flanque la cavalerie, et gagner leur advantage, s'ils sont en lieu fort, et, s'il est besoin, faire donner en gros l'infanterie, et ne marcher qu'ainsi qu'elle s'advance et que l'advantage se cognoist estre gagné; le plus fort d'infanterie a de l'advantage aux fortes assietes. Et s'il advient à ceux qui sont placez que le fossé à leur teste soit gagné, leur assiete doit estre telle, que depuis le fossé ils ne puissent estre endommagez d'arquebusades : ce qui se peut à une coline, estant placée la cavalerie au dessus d'icelle, non si pres le fossé que l'on soit contrainct par arquebusades plier et se retirer plus loin, d'autant que le reculement est une grande defaveur. Et si l'infanterie qui a gagné le fossé s'advance en montant la colline, pour avoir moyen de voir la cavalerie, elle peut estre chargée par icelle. Et sera pris garde quand la cavalerie ennemie passe la haye ou fossé, pour les charger à demy passez, et observer de ne recevoir point grand nombre d'arquebuzades dans les flancs, avant qu'estre dans la charge : les soldats et chevaux endurent ces mouches impatiemment quand elles sont en quantité, ce qu'ils tesmoignent, parce qu'ils plient et remuent, tournent le flanc ou se hastent; et estans pris en ceste façon, leur pliement et inconstance les tourne facilement en fuite. La cavalerie foible, n'estant ny eux ny leurs ennemis accompagnez d'infanterie, un fossé à la teste luy sert de grand advantage; les ennemis venans de furie, et sans le bien recognoistre, se desordonnent en le passant, et devant que les chevaux soient raffermis, estans chargez à propos, ils sont incommodez, et les foibles peuvent defaire les forts. Si le fossé est grand, que les ennemis ne le puissent passer, ils seront contraincts d'aller chercher un passage, lequel ayant esté recogneu auparavant de ceux qui les attendent, en le passant ils peuvent estre chargez par flanc.

Aucuns, treuvant de la cavalerie plus forte qu'eux, ont fait paroistre en haut d'une montagne ou proche d'un bois, trente chevaux, lesquels prenant la fuitte et estans suyvis desordonnément, ceux qui pensent estre victorieux se treuvent chargez par flanc, et emportez par ceux qui les attendoient en embuscade impreveuë. Tous escadrons allans à la charge, premier qu'ils y arrivent, s'ils sont rencontrez par flanc de quelque petite troupe que ce soit, sont fort incommodez. Il sert de faire charger devant un escadron trente hommes dont la jeunesse, folie ou ambition, leur cache le danger, tellement qu'iceux, donnant par le milieu, apportent grand advantage; tous se deschargent sur eux, et leur perte est la victoire de l'escadron, qui les suit de cinquante pas pres; et quand bien ils ne chargeroient qu'un coing de l'escadron ennemy, ils ne laissent de profiter beaucoup.

Autres ont envoyé faire un grand tour à trente chevaux, qui chargeoient dans les ennemis par derriere sur le poinct qu'iceux vouloient s'esbranler pour venir au combat. Quelques charrettes ou chevaux de bagage liez ensemble, mis en front de l'escadron, couverts de cavaliers et non aperceuz que quand le premier rang qui les couvre s'oste, desordonnent ceux qui à si grande course viennent à la charge. Les inventions non practiquées estonnent. Vingt hommes montez sur forts roussins peuvent porter de costé et d'autre de petites pieces chargées de trois balles, qui estant attachées et braquées à la juste proportion et hauteur des hommes et chevaux rangez sur le coing de l'escadron, peuvent tirer utilement à trente pas des ennemis; et ceux qui les ont tirées ostant un crochet, se depestrent desdictes pieces, et vont à la charge comme les autres. Des moyennes ou bastardes sur des chariots, qui peuvent tirer sans tourner l'affust, ainsi que je les ay desseignées, peuvent servir, d'autant que l'une et l'autre invention est portative, pour marcher au grand trot s'il est besoin.

Les gens de pied ne doivent, s'il est possible, estre conduicts à jeun au combat; les haies, les fossez faillent souvent; les chariots qu'ils menent avec eux sont peu asseurez, n'estant assistez de cavalerie : les fronts doivent estre garnis de piques, et les flancs de chariots enchainez et attachez par les limons, l'un à l'autre. Des forts composez de douze chariots sembleroient necessaires sur les flancs, à vingt pas de la file des autres, iceux enchaisnez l'un à l'autre en la forme susdicte, à ce que les files des chariots, et le flanc du bataillon venant à être attaqué, iceux forts remplis de mousquets flanquassent du long de la courtine d'iceux : et quand il y auroit de ces forts au coin du front des piques des bataillons, il n'en seroit que mieux; les mousquetaires y placez en tireroient plus asseurement, et s'ils se pouvoient maintenir à soixante pas des flancs, ou des fronts des batailles, les coups serviroient plus que ceux qui sont tirez quand les ennemis viennent aux mains, restant assez de courage aux hommes et chevaux blecez pour estre portez dans leurs ennemis, où la furie et l'eslancement les conduit sans qu'ils se puissent retenir : là où s'ils se sentoient blecez plus loing de leurs ennemis, il y a apparence qu'ils s'arresteroient ou s'en retourneroient. D'infanterie à infanterie ces mesmes forts peuvent estre necessaires, pourvu qu'ils ne soient trop advancez, et qu'ils se puissent secourir, à ce que la prinse d'iceux n'apporte estonnement : cecy est dit pour les regimens qui sans escorte de cavalerie sont forcez de passer de grandes campagnes. Il se peut faire des chariots avec des bois entrelacez, et tirant une cheville, les dernieres roües demeurent à trente pas des premieres, restant l'entre-deux en forme d'une haie. J'ay inventé des chausse-trapes de cinq pieds de haut, liées l'une à l'autre, qui se demontent et sont faciles à porter, pour servir à des arquebusiers qui vont à la guerre sans bagage, pour resister à la cavalerie, toutes lesquelles choses ne se peuvent bien entendre que par portraict.

Les grandes offenses se dissimulent, n'estans preparez à la guerre; les moindres en donnent ouverture. Si elle est desirée, elle ne se doit qu'avec droict, dont l'apparence neantmoins sert pour estre favorisé des hommes; s'il faut faire mal, il vaut autant violer les loix pour mil villes que pour une. Si les princes croyoient l'immortalité, ils ne feroient la guerre, d'où procedent tant de maux, donneroient le leur plustost qu'entreprendre sur autruy, quitteroient les droits pretenduz sur les païs, si ceux qui les possedent traictent bien leurs peuples. Contre Turcs, tyrans et heretiques, la guerre est licite; entre Chrestiens, toutes autres guerres reprouvées. Si un meurtre, larcin, ou rapt, est puny des peines d'enfer, celuy qui est cause d'un million n'aura corps ny ame pour souffrir selon son merite. Si le roy François fust demeuré en paix, il eust sauvé un million d'ames qui perirent sans que pour cela il augmentast ses limites. Si l'Empereur eust rendu Milan, il eust obligé les François à la guerre du Turc, et en fust esté victorieux.

Les propheties sont accomplies, les revelations rares; les esprits ne devinent que par considerations des choses passées et presentes, dont les rencontres sont fortuites. Antoine de Leve devoit mourir en France, enterré à Sainct Denis; vray, mais c'estoit Sainct Denis de Milan, où il fut porté mort de France. Il n'y a certitude aux dominations, ny par esprits ny par planetes; les conjonctions desquelles, ignées par le beau temps, eschauffent la guerre; les aquatiques les assoupissent : la conjonction des hautes planetes apporte changement d'estat et de religion, par experience qui s'est trouvée faultive en la derniere conjonction; bien qu'il y ait eu plusieurs troubles, la religion et les estats sont restez ainsi qu'ils estoient. L'une des seures devinations est, quand trois hommes d'entendement cognoissent et sçavent l'inclination et naturel des rois, republiques, et de leurs subjects, le rapportant au passé, et discourant pour et contre, forment un jugement de l'advenir, qui quelquefois se trouve vray; et plus vray ceux qui jugent la decadence ou accroissement des empires et royaumes, pour l'amour et crainte de Dieu, vertu ou vice des peuples et des superieurs.

Mal'heureux capitaines, qui militez sous les roys, subjects à plus de soupçon et calomnies que ne sçauriez acquerir de reputation! Il faut lever les bras lors que la victoire est asseurée; et la voulant garder pour son maistre, souvent elle eschappe à tous deux, vaincu et victorieux, en pareille peine d'ennemis et d'amis envieux. Les charges estoient honorables aux Romains, n'y ayant porte ouverte aux grades et à l'honneur que celle de la valeur; en France celle des dames, des amours, des plaisirs, des mignons effeminez et non auparavant armez, donne la mesme entrée aux offices de la Coronne que les batailles et assaus; lesquels grades seroient marque d'honneur, si les macquereaux, causeurs, flatteurs, possedeurs de la minorité ou stupidité de leur maistre, ne parvenoient aux mesmes estats que les vaillans. Les roys sont si absolus et soupçonneux, que, voulans faire tout, empeschent à un chacun sa charge, et à leur prejudice destournent la vraye fonction d'icelle; et les ignorans, ne pouvant agir d'eux-mesmes, font un si malheureux choix de personnes si abjectes et sorties de si bas lieu, qu'ils offencent tous les subjets de leur royaume.

Il n'y a rien à gagner d'aller à la guerre à la teste des armées; c'est imprudence, l'alarme donnée, de repaistre hors de lieu de seureté; et ne faut craindre de travailler les hommes pour la conservation de leur honneur.

Deux millions d'hommes en envoyent combattre trente mil pour eux, obeïssent et commandent selon le succez de la valeur, heur et prudence de si peu de gens! c'est proprement donner sa liberté à joüer à autruy. Les republiques romaines et grecques combattoient tous, sans exception d'aucun, pour maintenir la liberté; les peuples sous les roys tyrans, l'ayans perduë, ne se soucient qui les domine, moins sont affectionnez à leur devoir. Les roys, à l'exemple des Romains et maintenant des Turcs, devroient contraindre du moins la moitié de leurs subjects de prendre les armes pour eux, et nommément tant d'officiers inutiles tant souldoyez des rois, lesquels ont si grand peur des guerres civiles, qu'ils n'osent innover à leur profit ce qui leur seroit utile.

Aucuns escrivent d'eux, parce que les escrivains les oublient par ignorance, menterie ou vengeance: il est honteux de se loüer, c'est preuve de peu de courage de se vanter de ce que l'on n'a pas fait: le sieur de Tavannes a mieux aymé faire qu'escrire; il ne sied bien qu'à Cesar d'escrire de soy-mesme.

Toute victoire n'est honnorable, celle qui s'obtient par poison tres-honteuse, semblablement celle contre la foy donnée. L'Empereur, faisant guerre aux extremitez de France, succombe avec cinquante mil hommes; il n'estoit instruit des affaires de ce royaume, ainsi que l'admiral de Chastillon, qui assiegea le Roy et Paris avec trois mil. L'Empereur se pouvoit aider de Bourbon, comme l'Admiral fit du prince de Condé, estans de semblables maisons; la difference estoit en l'intelligence de la Cour, que les Huguenots avoient plus que les estrangers n'eussent peu obtenir, et au pretexte de la religion.

Les sorties sont utiles aux assiegez qui sont en grand nombre, dommageables à ceux qui sont peu; elles ne se doivent permettre aux premieres et secondes personnes qui commandent. Les fossez sans eauë sont commodes aux sorties, prenant garde, aux retraictes, à ce qu'on n'entre pesle-mesle: à trois heures après minuit et à huict heures du matin sont les meilleures; elles doivent estre considerées et mesurées; les reytrées et courageuses estonnent les ennemis; celles qui sont premeditées aux approches peuvent prendre un general ou un mareschal de camp venant recognoistre. Ceux qui sortent entre deux quartiers, sans marque, peuvent tuer quelque capitaine signalé et se retirer. Par les sorties se peut recognoistre le dessein des ennemis, et dans leurs tranchées peuvent emmener l'artillerie, sans s'amuser d'encloüer ce qui se descloüe aisement. Les sorties ne se doivent permettre au peuple, dont les tuez font revolter leurs parens; celles qui sont faites d'un costé donnent entrée et rafraischissement de l'autre; et se doit tousjours retenir des soldats en ordre pour asseurer la retraicte des entrepreneurs.

Dieu est l'ame eternelle, le liberal arbitre certain, la religion chrestienne vraye, le souverain bien est l'asseurance de la vie perdurable; nostre Seigneur se cognoist par ses œuvres: nous le voyons, sentons et touchons; les cieux se soustiennent, les astres vollent, la terre est suspenduë, la mer limitée; le feu agit, l'air se meut, la lumiere esclaire, les plantes croissent, les animaux marchent, les hommes comprennent, ratiocinent, jugent, se souviennent; par effects invisibles, les corps, les nerfs se voyent, les causes des mouvemens sont incomprehensibles: preuve d'un premier moteur, gouvernant, regissant, et disposant par sa providence le tout, par ressorts et actions cachées à nostre infirmité. L'ame d'essence divine, invisible, corps sans corps transparent, penetrant, meuë de soy par soy en esprit, creée de Dieu pour le glorifier, non comme le monde qui est sans ame, dont les actions sont limitées, mais ainsi que les anges en images vivantes éternelles; autrement le passé seroit songe. Il n'eust esté besoin du monde ny de tant d'ouvrages pour magnifier les œuvres de Dieu, s'il n'y eust eu que lui seul à qui en restast la memoire. C'est l'homme qui le loué à tousjours, et se souvient de tant de merveilles journalieres, pour lequel il semble que tout soit creé: la lumiere luy esclaire, il enclost l'air, esteint le feu, destourne l'eauë, applanit la terre, dispose des animaux; par consequant il est plus de durée que ce qu'il possede: son eternité est publiée par l'Escriture, par les anges, miracles, bons et mauvais esprits et apparitions d'iceux. Dieu luy a donné le liberal arbitre; autrement, sçachant le futur, il seroit auteur du mal, qui ne meriteroit punition non plus que le bien salaire : la gloire, le los, la pieté renduë à Dieu ne seroit en estime, si les hommes y estoient destinez. La religion chrestienne est dés le commencement du monde; Dieu a creé, aimé l'homme, l'a mis au terrestre paradis, luy est apparu, demandant tres-petite recognoissance en la prohibition d'une pomme; la tentation lui desnie ; a esté contraint par la justice de punir ceste temeraire ingratitude, sa misericorde ne pouvant esteindre sadite justice, pour n'y avoir contrarieté en sa perfection ; elle a depuis admonesté par ses apparitions, anges, prophetes, miracles, l'homme pour le remettre au lieu d'où son peché l'avoit tiré : mais le peché infiny ne se pouvoit laver que d'un sang infiny et divin ; c'est pourquoy Dieu, satisfaisant à sa justice, condamne soy-mesme d'envoyer partie de soy en son Fils, incarnant la Divinité pour resoudre l'humanité à la mort, expiant le peché, traça de nouveau de son sang le chemin du ciel perdu par l'inconstance des peres. Ainsi Dieu, possedant le supresme degré, et le plus bas d'humilité, est le premier et dernier incomparable : c'est la base de la religion chrestienne, fondée sur la mort, croix, pauvreté, douleurs, tourmens, flagellation, et neantmoins suivie, lorsque les autres religions, pleines de delices, permettent les sensualitez. Pendant que leurs disciples vivoient en plaisirs, les Chrestiens opprimez chantoient dans les flames ; les adolescens, les femmes couroient à la mort, se plaisoient, rioyent aux martyres : ce qui ne se pouvoit sans la grace divine. Puis que l'homme est creé de la gloire de Dieu tout bon, quelle religion y a-t-il plus conforme à sa bonté que la chrestienne ? elle ordonne d'aimer non seulement son prochain, ains ses ennemis, et prier Dieu pour eux, souffrir et endurer patiemment tous maux et adversitez, donner son bien aux pauvres et les secourir. Quelle plus remplie de sainctes adorations, pieté, prieres, abstinences et jeusnes ? Aussi n'en y eut jamais qui fist de tels miracles, qui a rendu les oracles muets, chassé les diables, de laquelle les prophetes et saincts ont tant parlé et escrit. Semble que de nouveau les terres neufves soient descouvertes pour accomplir les sainctes Escritures, à ce que la vraye pieté soit preschée par tout le monde avant la venuë de Jesus-Christ. Quelle religion non seulement pourrions-nous comparer, mais dire qui approchast à la chrestienne ? Le judaïsme est dispersé sans domination, temples ny autels, aveuglez d'esperances incertaines; leur eglise a pris fin, celle de Dieu doit durer à jamais. Ce n'estoit ceste premiere religion qu'une mesme avec la chrestienne, et vraye figure d'icelle. L'idolatrie est esteinte, le paganisme n'est plus, la secte mahometiste se confond en fables et voluptez. L'heretique, suscité par le diable, quand il n'a peu trouver à faire mal, est plus digne de mocquerie que de dispute; ils ont une eglise invisible, doutent de la puissance divine, mesprisent les venerations. C'est donc la vraye que nous tenons; c'est faillir d'en escrire peu, et d'approcher ce qui en est, l'entendement de l'homme, la langue, ny la plume, ne sçauroient tant penser, dire, ny escrire, pour en exprimer une moindre partie. C'est esclairer le jour d'en parler davantage : puis qu'il n'y a verité qu'en ceste religion chrestienne, il faut obeyr à ses enseignemens, ou estre plus miserable que les Infideles, ausquels l'esperance reste; au contraire nos fautes nous condamnent. Si la justice de Dieu a livré son Fils à la mort, c'est un enseignement de n'abuser de sa misericorde. Ce n'est chose impossible que l'observation de sa loy : elle n'ordonne le sacrifice des enfans, la prostitution des femmes, se tuer soy-mesme; les honnestes plaisirs ne sont deffendus par le christianisme, seulement d'en mes-user. Les commandemens de Dieu à une ame bien disposée sont pleins de contentemens, d'autant plus grands, qu'ils nous asseurent de nostre salut, qui est le supreme plaisir : et sans lequel il n'y en a non plus au monde que ceux qui sont condamnez à la mort en reçoivent; ceux qui ont la conscience nette, tous accidens, perils, mesme la mort, ne leur sont rien, pourveu qu'ils soient asseurez d'estre en la grace de Dieu.

[1537] Le Roy laisse le cardinal de Tournon son lieutenant à Lyon, envoye sa gendarmerie sur la frontiere de Flandres, passe par Paris, fait l'estat de la maison de ses deux enfans : l'aisné choisit les braves, Dampierre, sainct André, Descars, Andoüin, La Noüe; M. d'Orleans refuse le reste que son frere n'avoit voulu, obtient permission de son pere de dresser son estat des plus galants hommes de France, choisit les sieurs de Tavannes, Castel-Paix, Sampetre Corse, Chastel-Nau, Jarnac, et quelques autres qui avoient reputation dans les provinces, cogneuz par leur valeur. Le Roy, apres avoir marié sa fille au roy d'Escosse, au mescontentement de celuy d'Angleterre, marche avec vingt cinq mil hommes à la frontiere, prend Hedin et Sainct Paul; ne trouvant rien en campagne, licentie son armée; naissance de celle de Flandres conduitte par le comte de Bures, qui reprend Sainct Paul et Montreüil, fut arresté de Therouane, où les sieurs de Canil, de Dampierre et de Thavannes s'estoient jettez. M. le Dauphin se presente au secours avec vingt cinq mil hommes, suspension d'armes est faicte pour trois mois. Theroüane delivré, les armées se retirent; le naufrage de celle de l'Empereur estoit allé en Piedmont, avoit sous le marquis du Gast secouru Cazal par le chasteau, dont la ville avoit esté prise par les Français; fait prisonnier M. de Burye, assiege Carmagnolle. Le marquis de Saluces ayant esté tué assiegeant Ravel, le marquisat fut donné du Roy à Gabriel, evesque de Saluces, lequel mourant Sa Majesté succede comme seigneur du fief. Humieres, envoyé en Piedmont, apres avoir pris et failly quelques places, espreuve la difference du gouvernement d'un prince enfant et d'une armée dont les chefs ne veulent obeïr. Les lansquenets de Fedric de Fustemberg se joignent au marquis du Gast, qui tient la campagne, renvoye Humieres en France. Alexandre de Medicis, usurpateur de la principauté de Florence, est attiré et tué nuictamment par Laurens son cousin, à qui le cœur fault apres le coup principal faict, et s'enfuit au lieu de crier liberté; donne temps à Cosme de Medicis de s'establir et renouer la tyrannie. Mahomet, sangaque de Belgrade, pendant la trefve prend des chasteaux et fortifie Sechio. Ferdinand arme huict mil chevaux et seize mil hommes de pied sous Casjanal, qui se retire de nuict à la premiere veüe des ennemis, laisse la moitié de l'armée, sous le colonel Landeron, en proie aux Turcs, qui en tuent douze mil. Les Venitiens combattent malheureusement en Albanie, qui leur fit faire ligue avec le Pape et l'Empereur contre le Turc, de peu d'effect. Le marquis du Gast prend Quiers, Albe, Queyrace, fault l'entreprise de Thurin. Le Roy vint à Lyon, advance MM. le Dauphin et connestable, qui forcent le pas de Suze, et six mil hommes commandez par Cesar de Naples. L'armée de M. le Dauphin eu Piedmont fait lever le siege de Carmagnolle: le marquis du Gast donne une riviere pour une bataille (1); le Roy arrive à Carignan pour assieger Quiers, la trefve est faicte. L'Empereur craignant pour Italie, et le Roy espuisé de deniers, travaillé de volupté autant que d'ambition, assemblée se fit à Laucaste pour la paix [1538]. Le Pape fait venir l'Empereur et le Roy à Nice, où, ne pouvans s'accorder de paix, trefve se fist pour dix ans : chacun possede ce qu'il tient. Separez, ils se revoyent sans Sa Saincteté à Aigue-morte. Le Roy premier entra dans la galere de l'Empereur, qui fust apres dans la ville d'Aiguemorte, se festinerent en divers buts : l'Empereur, pour avoir temps de faire guerre au Turc, et mettre ordre au Païs Bas qui se broüilloit; le Roy, en esperance d'obtenir l'Estat de Milan, qui luy est promis pour M. d'Orleans. L'Empereur en trompe trois, M. de Savoye, le connestable et le Roy : sa Majesté croit le connestable, qui croit M. de Savoye, et M. de Savoye l'Empereur; le Roy ne se fust laissé tromper sans la caution dudit connestable. L'Empereur avoit gaigné le Pape, promettant sa niepce, vefve d'Alexandre, à Octave Farnaise, nepveu de Sa Saincteté, retourné en Espagne pour preparer sa descente en Allemagne. Le Roy [ce lui semble], asseuré de paix et de Milan, se donne du bon temps, regarde des tournois de ses enfans, où le sieur de Tavannes emporte l'honneur, s'insinüe aux bonnes graces de M. d'Orleans, auquel il fait plus aimer la guerre que la chasse.

Les Medicis, pareils en l'an 1450 aux Strossi, Serviati et Sodeline, usurpateurs de la liberté de leurs villes, desquels sont yssues deux roynes meres de deux roys de France, monstre que le sang des races nobles n'est exclus des coronnes, qui se donnent par la benediction de Dieu.

La justiste des actes se juge selon les evenemens : Epaminondas tuë son frere (2), Brutus, son fils, pour conserver la liberté de leurs citoyens; l'heureux succez de leur entreprise leur donne l'honneur de tyrannicides; et le malheureux de Laurens le declare traistre et meurtrier.

Les Chrestiens obeïssent aux empereurs payens ils n'approuvent d'entreprendre sur les roys tyrans; c'est regimber contre l'esperon, d'attenter sur eux, si ce n'est par oraisons, jeusnes et amandement, ne sçachant s'ils sont donnez au peuple pour penitence, et que celuy est malheureux par lequel le scandale advient. Les meurtres, forcemens, pilleries, bruslement, suivent ces entreprises : quelque bien qui en advienne, on est contrainct commencer par mal. Il y a trois perils, devant, en et apres l'execution : l'un est subject à estre opprimé sans effect, les autres dangers sont supportables en mourant les armes à la main : l'entreprise d'un seul est la plus certaine, la communiquée dangereuse, si ce n'est pour l'executer à l'instant qu'elle est proposée. Les conjurez ont des amis qui en ont d'autres ausquels ils se decouvrent; ayant le moyen en main de s'accorder ou se faire grands sans peril, le revellent, ce qu'ils font aussi par timidité ou indiscretion. Epaminondas tua son frere aspirant à la tyrannie de Thebes (3); il luy fut dict : « Si tu formes l'Estat et descharges le

---

(1) Le marquis du Gast refusant la bataille, se retrancha derrière le Pô.

(2) Epaminondas ne tua pas son frère; c'est Timoléon.

(3) L'erreur est double ici : il ne s'agit ni d'Epaminondas ni de Thèbes; mais de Timoléon et de Corinthe.

peuple, tu as tué un tyran; sinon, tu es le meurtrier de ton frere; » exemple qui se peut adapter de nostre temps.

La guerre entre les Chrestiens est injuste, principalement fondée sur de vieilles querelles des païs que les souverains ont autrefois possedé. Les Assyriens, Perses, Grecs, Romains, auroient droict sur les deux tiers du monde qu'ils ont possedé en divers temps; les Gaulois sur l'Allemagne, Italie, Flandres et Pannonye, que leurs predecesseurs, heritiers de Charlemagne, ont tenu. Les Anglais pretendroient la moitié de la France: soit que ces droicts soient vieux ou nouveaux, depuis que la paix est intervenue, ils ne se doivent plus quereller, autrement ce seroit un sujet de nourrir le feu et le sang perpetuel. Non plus ont droict les princes qui disent n'estre subjects aux accords, loix et paix de leurs peres, qui n'ont peu aliener ce qui leur appartient par longue succession precedente: alleguent qu'ils ne sont heritiers de leurs dits peres, ains que la coronne leur appartient par les loix du royaume; neantmoins, si est-il bien considerable de tenir partie des accords qui sont esté faits en la necessité, sans lesquels leur succession fust esté en peril. Bien ont les princes plus de raison de secourir ceux qui leur ont esté subjects il y a trente et quarante ans, et qui sont oprimez des Turcs, heretiques ou tyrans: leur ancien droit fortifie le nouveau, et semble que c'est plustost à eux qu'à autres de secourir les affligez qui leur ont esté subjects. La guerre contre les Turcs, heretiques ou tyrans est permise; de la premiere la porte est ouverte à toutes sortes de Chrestiens. Ceux qui ont dit que c'est le fleau de Dieu, que c'est regimber contre l'esperon, que les Infideles se doivent combattre par amandement, prieres, aumosnes, jeusnes, armes par lesquelles Dieu permettra leur ruyne, pour laquelle il n'a besoin de causes secondes; qu'à un seul clin d'œil il peut changer les cœurs et les empyres, et rendre son nom celebre et adoré à Constantinople comme il est à Rome, sans qu'il soit besoin assembler des armées; que quand nous serons bons il les abbaissera, et les exhaltera si nous sommes mauvais. A ceux-là, du nombre desquels sont les Lutheriens, qui alleguent ce que dessus pour contrarier les papes, sous l'autorité desquels se faisoient les croisades et assemblées contre les Infideles, se respond, que nous croyons la toute-puissance de Dieu, lequel, pour nous rendre plus de merite, nous a donné nostre liberal arbitre, a voulu que nous agissions par nous mesmes, s'est contenté de nous envoyer des prophetes et des saincts, et nous admonester de nostre devoir, departant rarement ses miracles en ces grandes conversions, lesquelles il veut estre faictes par l'aide et pouvoir des humains, soit par les predications, exemples ou armes. Pour les premieres, elles ne peuvent estre entendues, d'autant qu'ils tueroient ceux qui les voudroient convertir: pour conduire les predicateurs, il faut l'assistance des armes, non seulement pour convertir tant d'ames perdues, mais aussi pour ceux qui sont à naistre, et qui seront nourris en l'obscurité de leurs peres, pour remedier à six mil enfans chrestiens qui sont pris annuellement entre les bras des meres pour estre faits turcs et janissaires, et à huict et dix mil autres qui journellement sont enlevez, et sont autant d'ames perdues. Je laisse les bruslemens, forcemens, cruautez que les Infideles exercent; outre ce, le danger qui menace la chrestienté voisine de ce grand et fleurissant empire. Où en fust l'Allemagne, et peut estre la France, si la valeur de Charles-Quint ne les eust empeschez de prendre Vienne qu'ils avoient assiegée? et où fust l'Italie, si le grand maistre Vallete eust perdu Malthe? N'est-il pas à craindre qu'à l'advenir il se trouve des chefs moins genereux, qui par la perte des frontieres engagent le milieu du christianisme?

Le second lieu auquel il semble aux Chrestiens de pouvoir employer les armes, est contre l'heresie, qui devoye les creances, source d'atheisme: les conciles, les papes en sont juges; et n'y a point de difficulté qu'il ne soit utile d'employer, et recercher tous moyens pour maintenir l'union de l'Eglise catholique. Si les conciles et les gardiateurs d'iceux, qui sont les papes, resolvent qu'il faut faire la guerre aux heretiques, il est sans doute qu'il faut suivre leurs ordonnances, puis qu'ils representent l'Eglise, et qu'elle ne peut errer; et pour descharger les princes de la prise de ces armes, sembleroit necessaire d'avoir le commandement, non seulement de Sa Saincteté, mais aussi suivre les decrets des conciles. La guerre contre les tyrans a trois considerations; la premiere, s'ils sont tels; la seconde, qu'il n'est permis aux subjects et hommes privez d'entreprendre sur leurs superieurs; et la troisiesme, que les princes voisins n'ont l'autorité de corriger leurs semblables. Pour declarer juste de faire la guerre à un tyran, faudroit que le Pape, l'Eglise et tous les roys chrestiens s'assemblassent pour le juger tel et mettre son païs en proye. Les marques d'un tyran sont le meurtre, forcement, exaction de ses subjects, l'injustice, l'impieté, le changement de la vraye religion, exaltation de personnes indignes et incapables, et l'oppression des gens de bien: et parce que toutes ces meschantes qualitez sont aux Turcs, la guerre s'en trouvera plus juste que toute autre.

Les roys de France et d'Espagne sçavent par l'experience d'eux et de leurs predecesseurs, qu'ils ne se peuvent ruïner l'un l'autre, ny establir une monarchie generale en l'Europe, par ce qu'elle est separée sous la domination de plusieurs princes et republiques, qui ont interest à ce qu'il ne se fasse un si grand monarque qui les puisse engloutir, et par ce balanceront tousjours le plus foible des deux pour l'egaler au plus fort. La disposition, l'estat et places fortes de l'Europe sont entierement contraires à la monarchie : il a fallu trois ans pour prendre Ostande; pour en prendre trois semblables, c'est le quart de la vie : huict ou dix villes prises ne rendent plus pauvre ou plus riche celuy des deux qui les gagne ou qui les pert; c'est un jeu de barre souvent rebattu par leurs devanciers : ce qui se conquerroit en un esté se perdoit en un autre, et en suitte la paix avec les hommes; à sçavoir si elle estoit avec Dieu, apres tant de meurtres, desordre, perte de sang, et levées de deniers si mal employez. Ja, Dieu graces, ny l'un ny l'autre de ces deux rois ne sont heretiques ny tyran [qualitez qui peuvent esmouvoir la guerre l'un sur l'autre]; restent les anciennes querelles et pretentions qui ne siezent plus bien de repeter, ou bien celuy qui les demande blasme son predecesseur d'ignorance ou de faute de courage d'avoir fait la paix à sa perte, et avoir quicté le droict qui luy appartenoit.

Le roy de France demande Naples, Milan, la souveraineté de Flandres, celle du Rossillon, le royaume de Navarre; le roy d'Espagne veut la Bourgongne, la Bretagne et partie de la Picardie, en toutes lesquelles ils n'ont droict que pour les avoir possedez ; et il se trouvera plusieurs vivans, dont les predecesseurs ont tenu partie de ces provinces, et en effet leurs demandes se peuvent quasi equipoller l'une à l'autre. Le mieux seroit de s'unir à la ruïne de l'ennemy general de toute la chrestienté ; les volontez de leurs Majestez semblables feroient marcher tout le reste de l'Europe, et peuvent declarer ennemis ceux qui ne les voudroient assister, ayant pouvoir de donner loy à tout le reste quand ils seront unis.

L'Italie ne se peut defendre de l'Espagne, ny l'Angleterre de la France, et l'Allemagne facilement se porteroit à ceste guerre pour son propre interest. Les Polonais et Moscovites seroient aussi aisement persuadez par argent : la pieté sans ambition est ce qui peut faire resoudre aux deux roys ceste entreprise ; la premiere est rare en ce temps, la seconde trop commune : la seule devotion suffiroit. Ils sçavent que Dieu et nostre religion est sans doute, et que les armes sont justes pour sa manutention et accroissement; la creance et le baptesme, portez par l'assistance des armes, sauveroient deux millions d'ames. Si la seule devotion nous y portoit, Dieu favoriseroit, et n'y auroit ny contention ny querelle, sans crainte que l'un fist entreprise sur l'autre ny sur leurs royaumes, et sans besoin aucun de partager la possession des vaincus, puisque ce sont ceux qui sont les plus advancez en nostre creance, que ceux qui ont le moins de bien et d'ambition. Le seul zele osteroit toutes difficultez, tant par l'aide de nostre Seigneur que des hommes, qui patiroient toutes les incommoditez, ainsi que la conqueste de Godefroy de Boüillon fut conduite.

J'advoue que l'entreprise n'en seroit si facile, s'il y avoit de l'ambition, encore qu'il y ait des remedes, dont le meilleur seroit de s'accorder des conquestes avant que d'entreprendre. Et s'il estoit impossible de tenir les deux nations ensemble, il faudroit [les desseins separez] que le roy d'Espagne, l'Italie, les Venitiens entreprinssent par mer, et à l'ayde de Preste-Jean et des Indes, occupées par la Majesté Catholique, entreprendre sur Alexandrie, sur le Quaire et sur l'Afrique, royaume reputé de telle importance, et si facile à revolte et à maintenir, que les Romains ont tousjours defendu à leurs senateurs d'y aller sans commandement, de crainte qu'ils s'en fissent seigneurs. Les Europiens ont tousjours vaincu les Asiatiques, d'où procede la plus grande force du Turc. N'aurons-nous point autant de cœur de voir les murs de Constantinople, que Solyman a eu de courage de regarder et assieger ceux de Vienne? Seront-ce leurs armes qui nous en empescheront, qui ne sont que d'arcs, de fleches, de lances, de cymeterres, et pour defences, des cotonines et turbans ? contre quoy nous avons nos pistolets, nos espées trenchantes, nos casques et cuiraces, tellement que dix Chrestiens en battent tousjours cinquante. Sera-ce leur grand nombre qui nous estonnera? si avec une poignée de gens Alexandre a subjugué l'empire de Darius, et Lucullus Tigrame; si les Romains avec la seule Italie ont vaincu partie de l'Asie et Afrique, et donné la loy aux Persans, c'est de l'Europe d'où sont sorties les victoires et les beaux effects, et non de l'Asie : craindrons-nous celuy que Jean, roy d'Hongrie, a combattu avec douze mil hommes, et que Ladislaos avec Jean Uniade defaisoient, s'ils ne fussent esté transportez de trop de chaleur; que Scanderbeig a si genereusement tant de fois combattu, et que nos braves predecesseurs français de fraiche memoire ont si peu estimé, qu'à la journée de Nicopoly huict mil d'eux ne voulurent pas que le reste des Corestiens participast à leur gloire; s'avancerent, pensant avoir assez de courage pour defaire toute la force du Turc, et par trop de vertu perdirent la victoire. Et qu'à ceste heure que l'experience nous a fait sages, que nous nous corrigions par tant de fautes passées, il n'y a point de doute qu'avec l'aide de Dieu on n'en vienne facilement à bout. N'aurons-nous point de honte d'oüir dire que ces infideles publient qu'ils vivent pour accroistre et maintenir leur folle creance et que nostre foy veritable ne nous affectione point plus qu'eux? Estimerons-nous tant la possession des royaumes terrestres, que nous ne les hazardions pour les celestes?

Si l'alliance des deux coronnes, par mariages ou par successions, les mettoit sous une mesme volonté, il seroit aisé de venir à bout de ceste entreprise. S'il est difficile que les deux roys concurrent en mesme opinion, autant est-il mal-aisé [si ce n'est par grande pieté] que l'ambition et l'envie permettent que l'un demeure oysif pendant que son voisin s'accroist, d'autant que de la monarchie de l'un depend l'interest de l'autre; et par ce point il faudroit que tous deux participassent à l'entreprise, et si ce n'estoit conjoinctement en mesme lieu, mesme temps et province; que ce fust en lieu separé, ce que l'extreme grandeur du païs turc permet. Et encores que les deux roys n'entreprinssent si utilement que s'ils estoient ensemble, si est-ce qu'il en reüssiroit le divertissement et division des forces turquesques, et qu'estans occupez les deux rois contre un mesme ennemy, ils ne se feroient de mauvais offices, et n'entreprendroient sur les seigneuries l'un de l'autre. Et pourroit, comme il est dit, le roy d'Espagne avec l'Italie entreprendre facilement sur l'Afrique, qui ne pourroit estre secouruë, pour estre le Turc occupé à defendre l'Europe. Et semble ceste entreprise facile, estant barré le chemin du secours au Turc par la riviere du Nil et autres, et les Espagnols pouvans estre aydez du Preste-Jean et de toutes leurs Indes Orientales : et faudroit entreprendre en mesme temps que le roy de France passeroit en Grece. Et quand bien le roy d'Espagne ne seroit de ce dessein, pourveu que l'Allemagne et les Suisses fussent joincts avec le roy de France, ceste entreprise se pourroit executer, et faudroit tirer parole du roy d'Espagne de demeurer en paix, laissant des forces en France pour la garder sous un lieutenant general. Le Roy en pourroit encore tirer six mil chevaux et vingt mil hommes de pied, lesquels joincts aux forces d'Allemagne, d'Hougrie, de Pologne, Causaques et Moscovites, estans bien conduits, emporteroient la victoire; et resteroit assez de gens en France pour resister au roy Catholique, en attendant [s'il manquoit à sa foy] que le roy de France revinst de son entreprise.

Roy Tres-Chrestien (1), fils aisné de l'Eglise ce nom est acquis par vos predecesseurs en plusieurs voyages d'outre mer, defaicte des Sarrazins, defence des saincts Peres et protection de la foy catholique, pour ne s'estre ensevellis aux voluptez oisives. Heureux ceux qui ont preferé la pieté à l'ambition, et par icelle acquis reputation! La victoire que vous avez euë des deux tiers de l'Europe joinct aux subjects de vostre Majesté; le soudain changement de conducteur de deux cens chevaux aux grandes armées du prince de Bear, à la monarchie de France; le salut de tant de dangers, n'est point advenu sans miracles et sans l'œuvre de Dieu, qui a beny vos entreprises, non pour s'amuser à vos plaisirs, mais pour establir une base pour asseoir une plus grande colomne, un dessein, une entreprise plus genereuse, qu'elle pourroit estre plus au bien de la chrestienté que celle du Turc. Dieu vous a donné des moyens, des bonnes fortunes, des victoires : que sçauriez vous mieux faire que d'employer le tout pour l'exaltation de son nom? Que craindez vous? l'entreprise est juste : si c'est la revolte de vos subjects, laissant la Royne regente en France et emmenant les plus remuants, nul n'entreprendra, et vostre armée estant sur pied [quoy qu'eslognée] serviroit de citadelles à tout vostre royaume. Si la vieillesse vous entre en consideration, le peu de temps qui vous reste à posseder ceste vie la doit faire mespriser et bien employer. En deux ans ce dessein se peut parachever : c'est là où gist la perfection de la gloire, c'est là où est le comble de la reputation de vostre vie, à ce que la fin en soit esgale au commencement et au milieu, et que vous n'ayez rien de semblable avec tant de roys qui, comme vous, ont chassé les estrangers de leurs royaumes. Et quand ceste resolution ne viendroit à vostre Majesté, M. le Dauphin la doit embrasser, ainsi qu'Alexandre se pleignoit que Philippe son pere ne luy laissoit rien plus à conquerir. Comme un nouveau Hercules, vous avez vaincu tous les monstres de l'Europe, il n'y a plus rien à faire à un prince chrestien comme vous, peut il vous imiter, suivre ou surpasser, si ce n'est à ceste grande entreprise, jusques à ce qu'il soit favorisé par l'alliance de toute l'Italie? Et puis qu'il a pleu à Dieu faire sa volonté de ce genereux prince avant qu'effectuer ce cou-

(1) Henri IV.

rageux dessein, qu'il semble avoir laissé preparé à vous roy Louys XIII, vostre Majesté considere les graces receües de Dieu, la paix generale obtenuë en vostre enfance sans exemple pareil, la puissance redoutable que Dieu vous a concedée sur tous vos subjects, plus grande en l'aage de seize ans que tous les belliqueux roys vos predecesseurs n'ont eu durant leur vie. Meritez la grace de Dieu par ceste belle entreprise contre les Infideles, de laquelle vous serez esclaircy par un plus grand discours et moyens plus certains à vostre gloire et salut de vostre ame.

Roy veritablement catholique, puis que jusques à cest'heure vous n'endurez l'heretique en vos royaumes ny ne traictez avec luy ny avec les Turcs, ce n'est sans mysteres que Dieu a permis la reünion des Espagnes sous vostre sceptre, sous lequel obeïssent toutes les Indes, orientales et occidentales, et que par vous est advenu l'accomplissement de la saincte Escriture, où Jesus-Christ asseure qu'avant sa venuë sa religion sera publiée par tout le monde. Tant de royaumes si esloignez ne sont assemblés sous une seule domination que pour donner force et moyens de ruiner celle des Turcs, lesquels vous pouvez assaillir du costé des Indes, Afrique et Grece, et par tant d'autres lieux où vous leur estes voisin, traitter avec le Perse pour assaillir le Quaire et Alexandrie. Dieu n'a point sans dessein permis en mesme temps l'union de toutes les Espagnes avec celle de toutes les Indes, ny la paisible monarchie des Gaules et des isles du Nort sous trois puissans roys, sinon que, les fortifiant en mesme temps à l'egal, il leur ait voulu oster l'esperance de pouvoir entreprendre l'un sur l'autre, et les ait exalté, pour le dessein qu'il a de ruiner les Turcs, à ce que deux joints ensemble puissent equipoller les forces des Infideles.

J'ay veu, j'ay sceu le gouvernement des Turcs; je n'escris pour livres et oüy dire, ainsi que plusieurs. Je servis Henry troisiesme, esleu roy de Pologne, en son voyage, couronnement et establissement; lesquels parachevez, je partis pour aller à Constantinople, passay par l'Hongrie, Transilvanie et Vallaquie, où je me trouvay en une bataille gagnée par le Moldave chrestien revolté contre le Turc, faisant guerre au Vellac son allié, vaincu, et depuis victorieux par l'assistance de cinquante mil Turcs conduits par le jeune Sigale, que je vis, leur ayant donné les Chrestiens revoltez la teste du Moldave leur chef. Poursuivant mon voyage, moy cinquiesme assailly par deux cens, la maison où j'estois bruslée, sortismes l'espée à la main, un des nostres blessé d'onze coups d'espieux; depuis nous fusmes pris et mis en liberté par le commandement du Valac, allié du Turc, et victorieux par leur aide. J'arrive à Constantinople : je vis l'armée de trois cens galleres et quinze gallias, qui allerent prendre La Goulette. Ainsi j'ay veu leur armée de terre et de mer, leurs forteresses, aguerriment et police. Je croy un roy chrestien ne pouvoir estre monarque que par l'entreprise sur le Turc. Pour battre et gagner les villes de l'Europe, trois vies ne suffisent : il n'y a point de forteresses en Turquie; tout consiste au gain de deux batailles, ainsi que l'empire de Crœsus et Darius, conquis par Cyrus et Alexandre. La vaillance, obeïssance et patience donnent l'advantage; trente mil hommes aguerris en vainquent deux cens mil : les Gaulois, Tigrame et Darius vaincuz en font foy.

Les Turcs mieux armez et aguerris que les susdits, non egaux à la valeur chrestienne, Jean Uniade leur a donné des batailles, Scanderbey leur a resisté, le sophi les a battus, Tamburlan les a subjuguez. Leurs forces sont seize mil janissaires, cent mil bons chevaux, cent cinquante mil de peu de valeur, partie tartares; ils ont trois cens mil payes, ausquelles leurs juges et religieux sont compris. La premiere bataille perduë, ils leveront encores cent mil hommes d'Egypte, des derniers confins d'Asie, peu valeureux, lesquels defaits, tout est perdu pour eux. Leurs chevaux ne volent, ny l'acier de Damas ne couppe le fer, comme aucuns croyent. Ils se rangent en bataille en trois croissans, les plus foibles au milieu, les plus forts aux pointes, s'estendent pour enclorre les Chrestiens, les charger par flanc et par derriere; les pistolets, espées, cuiraces, casques, mailles des Chrestiens ont l'advantage. Leurs pointes rompues, ils les reçoivent au milieu du prochain croissant, dont les pointes, se pliant, chargent par flanc les victorieux qui suivent : au milieu du dernier croissant est un fort composé de pallis enchaisnez, flanqué de plusieurs pieces d'artillerie, capable de tenir trois mil hommes; estant proches d'ennemis, les jannissaires portent et plantent les palis, se fossoyent à la façon romaine; les croissans rompus se r'allient derrier le fort pour dernier refuge; ils reprennent vigueur et retournent à la charge.

Toutes les batailles des Chrestiens se sont perduës par mesmes fautes; ils ont defaict les premiers et plus foibles des Turcs; inconsiderement suivoient les fuyars, et, se trouvant chargez de leurs meilleurs escadrons par flancs, estoient rompus : le victorieux d'une charge se rend inhabile de bien resister à une seconde; les Turcs, qui ont plus d'escadrons, le gagnent; si les Chrestiens s'enfoncent dans eux et s'opiniastrent à les suivre, ils se precipitent : les pertes passées fournissent l'experience, et ostent l'excuse des capitaines de maintenant. La guerre de l'Empereur, de garnison à autre, n'est que pour defendre, non pour conquerir : il vaudroit mieux hazarder une bataille pour ruiner l'empire des Turcs ; ce qui se fait de garnison à autre est inutile et de peu d'honneur. Semblablement, les petits sieges des Chrestiens avec trente mil hommes en hyver, ceux des Turcs avec cinquante mil en esté, sont de peu d'effect ; l'Empereur n'a ny assez d'autorité ny de puissance. Il seroit necessaire que le roy de France ou d'Espagne fussent empereur : l'Italie assisteroit contre le Turc par le moyen du Pape ; les Polonais ou Moscovites se peuvent gagner par argent ; il y auroit des Tartares d'Europe comme les Turcs : les ligues ne durent plus d'un an ; la derniere, apres la bataille de Lepante, le tesmoigne, où ils entrerent en defiance les uns des autres.

Ceux qui disent qu'il faut mettre quatre ans à vaincre cest empyre n'ont consideré ceste incommodité : si l'empyre de Constantinople n'est subjugué dans dix huict mois, il ne le sera jamais. Si l'empereur estoit absolu, joinct l'Hongrie avec la Pologne, il ne seroit du tout impossible qu'il ne vinst à bout de ceste entreprise : pour defaire trois cens mil Turcs, quatre vingts mil Chrestiens suffisent, douze mil chevaux reistres, cinquante mil polonais ou moscovites, dix mil tartares, quatre mil italiens, quatre mil hongres et quatre mil espagnols, qui sont quatre vingts et quatre mil chevaux : quand il en manqueroit vingt mil, le reste est suffisant avec l'infanterie pour en venir à bout ; laquelle seroit de vingt mil Suisses, dix mil Italiens, huict mil Espagnols, vingt mil lansquenets et deux mil Valons, qui sont soixante mil hommes de pied. Et si le roy de France est empereur, sans que l'Espagne s'en meslast, et qu'il eust asseurance certaine que le roy Catholique ne l'empeschast, il mettra dix mil chevaux et dix mil hommes de pied davantage. Et si on armoit les ecclesiastiques, gens de justice et leurs valets, comme les Turcs qui font tout combattre, il se leveroit trois fois autant de gens en l'Europe que les Infideles en levent en Asie, Afrique et partie d'Europe.

Une armée de mer seroit necessaire, de pareille force que la turquesque, ce qui ne se peut sans les Venitiens. Les armées prestes à la fin d'avril, sans s'amuser en Hongrie, costoyant le Danube, faire suivre les vivres par iceluy, prendre une place ou faire un fort pour mettre les magazins, fortifiant quelque petite place de six en six lieuës, arriver à la recolte à Andrinopoli, qui est à trois journées de Constantinople, laquelle n'est forte, donner la bataille si elle se presente. Il n'y doit avoir nul bagage dans l'armée, ny homme qui ne combatte ; patir, ne boire à un besoin que peu de vin, pour deux mois porter de farines et biscuit, suivy de grande quantité de bestail, comme les Turcs ; les vivres diminuant, il faut haster les exploicts, marcher à bonnes journées pour combattre, et empescher le gast que font les Tartares, par gens de leurs mesmes armes, Polonais et Tartares d'Europe.

La force des Turcs consiste en cavallerie ; celle des Romains consistoit en gens de pied, qui les eussent entrepris et vaincus, s'ils eussent esté de leur temps, plus aisément qu'ils ne firent les Parthes, n'estant ceux-cy de pareille valeur ny en plus grande quantité. Le gain de cette bataille depend d'une grande partie des gens de pied. La façon de combattre trois fois, se recevant les croissans les uns dans les autres, se peut imiter à deux croissans des Chrestiens, avec un ost de vingt-cinq mil des meilleurs chevaux de reserve. Le premier croissant doit estre des nations qui combattent en pareilles armes que les Turcs ; s'y pourroient mesler quelques escadrons de pistoliers, flanquez d'arquebuziers à cheval ou à pied, avec serment tiré d'eux de ne suivre point la victoire plus de cent pas, et se remettre en leur ordre ; que s'ils estoient pressez de plus grandes forces qu'eux, se retireroient en bataille dans les espaces vuides du dernier croissant, qui seroient de grandes estenduës, afin qu'en se retirant ils ne se rompissent les uns les autres. Et pour empescher d'estre enclos, au premier croissant seroient placez quarante mil chevaux et quatre mil arquebusiers moitié à pied, moitié à cheval, qui flanqueroient les escadrons ; au second croissant il y faudroit avoir trois forts, celuy du milieu pareil ou plus fort que celuy des Turcs, où il y auroit vingt-cinq mil hommes de pied, et aux deux autres forts à chacun dix mil, avec reserve de mil pour servir d'enfans perdus devant toutes les troupes. En ce second croissant seroient soixante mil chevaux en bataille, en quatre escadrons ; entre les forts et la cavalerie seroient les piquiers, et y auroit huict mil chevaux tout derrier le grand fort de l'armée. Et si on voyoit que les Turcs mal-menassent les pointes du premier croissant, les chefs qui commanderoient sur les pointes droictes et gauches du second, pourroient charger par flanc les escadrons des Turcs, sans suivre les fuyards plus de deux cens pas ; encores qu'il semblast que tout leur camp fust en route, revenir tousjours en ordre pres des forts et bataillons de gens de pied. La place d'artillerie seroit pres du plus advancé fort ; et ce, d'autant que, s'amusant à faire des tranchées à l'entour des forts, seroit pour s'arrester là, et qu'estant dans le païs des Turcs, ils sont plus aptes à rompre les vivres, faut chercher le combat sans s'amuser aux tranchées, et que les forts soient portatifs ; ce qui se peut faire de plusieurs pallis rangez sur des pieces portées sur des roues marchant en avant ; et si on voyoit le desordre dans le fort du Turc, et un grand ralliement derrier iceluy, on pourroit fortifier de tranchées le fort des Chrestiens, entreprendre et approcher selon la necessité du combat ; sans doute l'infanterie armée de piques seroit bastante pour soustenir leur cavalerie qui n'est point armée ; et ne doute point que les Français et Allemands, armés de pistolets et d'estoc, ne fissent de grands effects dans ces gens nuds, lesquels ne se meslent point, et ne font que piroüeter avec des hurlements pour espouventer des sots. Ces deux forts s'avanceroient à droicte et à gauche du grand fort des Turcs, sans que la cavalerie les abandonnast ; et advenant desordre, à toute extremité, les vingt mil chevaux qui sont derrier le grand fort remettroient le combat. Le fort du Grand Seigneur, où le gain de la bataille consiste, canonné et attaqué par ces deux forts, avec ceste bonne infanterie approchant en ordre et marchant tousjours en avant, ne pourra pas durer, veu mesme qu'il est croyable que la cavalerie l'ayant abandonné, la victoire est sans doute, pourveu qu'on ne la poursuive pas mal à propos : quatre vingts mil hommes de pied aguerris la pourroient seuls obobtenir, comme les Romains contre les Parthes, ou comme les phalanges macedoniques contre Darius ; et la cavallerie meilleure que la leur, quand elle ne seroit que de cinquante mil chevaux, se meslant, et ne tombant point en la faute accoustumée de les suivre, obtiendroit la victoire ; laquelle obtenuë du tout entiere, seroient suivis des mal armez Polonais et Tartares en ordre, au grand pas, par les reistres, Français et Espagnols, sans abandonner leur infanterie que le fort du Grand Seigneur et toute leur artillerie ne fussent pris. Faudroit observer qu'y ayant en chasque croissant des Chrestiens, que l'on peut qualifier advant-garde, bataille et arriere-garde, un fort en chacune garny d'infanterie, que la cavalerie se tinst sur les costez desdicts forts, sans se mettre devant les gens de pied et artillerie dont depend la principale execution, ains, se rangeant en aisle d'un costé et d'autre, sans les outre passer ; ce seroit le mieux, puis s'en aller assieger Constantinople : si le bonheur dit, on s'en peut faire possesseur en quatre mois : il consiste beaucoup en l'armée de mer, laquelle pareille à la leur ou meilleure, il n'y a plus de doute de la victoire ; tout gist à faire l'un des roys de France ou d'Espagne empereur, ou d'accorder l'empereur avec un d'eux, tellement que ce ne fust qu'une mesme chose : le plus difficile seroit à persuader, par devotion ou par artifice, au Roy qui n'iroit point en ceste guerre, de demeurer en paix, et n'entreprendre point sur les païs de celuy qui y ira.

Les Turcs ne permettront, non plus qu'ils ont permis au passé, d'entrer cinquante lieües en leurs conquestes sans hazarder la bataille ; ils sçavent que leur importe la perte de reputation, de reculer et laisser prendre leur païs devant eux, pour l'innombrable nombre de Chrestiens qui y sont, lesquels, sur l'opinion que les nostres seroient les plus forts, se joindroient à eux. Ils donneront la bataille, et s'ils la perdent, ainsi qu'il est à croire, l'ordre y estant mis comme nous escrivons, outre les heureux progrez qui suivent les victoires, souvent plus grands qu'ils ne se fussent osé promettre, tous les plus genereux et plus braves des Turcs y mourront ; qui apportera un grand descouragement à leur armée de mer, contre laquelle il se faut preparer, d'autant qu'il semble que Constantinople ne peut estre pris que les Chrestiens ne soient maistres de la mer, parce que le secours viendroit de l'Asie et de Scutarie à Constantinople, n'y ayant qu'une lieüe de mer à passer ; et faudroit observer de n'advancer l'armée navalle jusques à ce que la bataille de terre fust gagnée, et lors, sans marchander, il faudroit que l'armée navalle tirast droit aux deux chasteaux, si cela n'estoit que la bonne fortune des Chrestiens jetast tellement l'espouvente aux vaincus, qu'il y eust un grand desordre dans Constantinople ; ce qui ne seroit nouveau, parce que moy y arrivant quelque temps apres que la bataille de Lépante avoit esté donnée, j'apris que les soldans du serrail et les principaux seigneurs et bachatz transportoient toutes leurs richesses en Asie, ne tenant pour bien asseuré qu'ils se peussent garder à Constantinople si les Chrestiens suivoient leurs pointes pour la grande rebellion qui suivroit par l'aide des Grecs. En ce cas, dy-je, il seroit necessaire de soudainement tenter ce qu'Annibal faillit apres la victoire de Canes, laquelle, s'il eust suivie, luy eust mis Rome entre les mains. Si on ne voyoit rien de pareil, faudroit aller rencontrer avec l'armée de terre victorieuse la navalle chrestienne aupres de la Morée, et à cinquante mil des deux chasteaux les deux armées chrestiennes : tenant le dessein et le rendez-vous secret, qui empescheroit la rencontre de l'armée navalle des Turcs. Il est certain que l'armée victorieuse renforceroit d'hommes et de courage celle de la marine, qui, se costoyant tout ensemble, marcheroient droit aux Dardanelles : ou l'armée turquesque viendroit au combat, ou elle se retireroit par delà les deux chasteaux, à la mer de Marmorat, proche Gallipoli. Si elle venoit à la bataille apres avoir reçeu une si grande bastonnade que la perte de leur armée de terre, où seroient esté ensevelis leurs meilleurs hommes, mal-aisément resisteroient-ils ; et s'ils passoient les deux chasteaux et se mettoient dans ladite mer de Marmorat, le chasteau d'Europe, qui ne vaut rien, seroit pris en un jour ; et se trouvera plusieurs ports du long la coste de Thrace, pour mettre l'armée navale en seurté. Et quant au chasteau d'Asie, qui est plus fort, il se pourra aussi prendre, n'estant assisté de leur armée marine ; et quand bien il demeureroit, il ne peut endommager qu'elle ne passe du long du bord de l'Europe pour aller chercher à combattre celle des Turcs, s'ils se retirent au port de Constantinople [ce qui n'est croyable qu'ils facent, ains hazarderoient plustost le combat]. Mais s'ils se retirent ayant mis l'armée de mer au port de Gallipoli, toute l'armée terrestre peut aller au siege de Constantinople et se separer en deux : la moitié, passant les deux petites rivieres qui entrent dans le port au dessus, se peut venir loger à Peyre, laquelle est toute ouverte, et n'y a point de muraille ; et aussi il faut que l'armée de mer des Turcs soit perduë et desloge du port, lequel port est pris tenant Peyre, et demeure Constantinople assiegé, ne pouvant leur armée de mer demeurer qu'entre leur Scutari et le serrail, là où elle ne peut estre en seurté à cause du courant et des orages ; ainsi il faudra qu'elle cherche combat ou qu'elle se retire en la Mer Noire. Le principal consiste à rendre l'armée de mer forte d'hommes et de bons mariniers et de vaisseaux, d'autant qu'il est fort necessaire d'estre maistre de la mer, ce qui se pourra à la faveur de la grande victoire obtenuë par terre ; et d'autant que je sçay la fortification de Constantinople, l'ayant fort considéré, elle me semble facile à prendre. Il n'est point besoin d'assaillir les chasteaux des Sept Tours separez de la ville, et plus bas que le serrail, qui ne commande point : faut attaquer les murailles de ladite ville en deux lieux, du costé du port, là où il y a des faulxbourgs jusques tout contre, et du costé de la venuë d'Andrinopoli. Il n'y a nuls bastions, c'est un fossé à fonds de cuve, revestu de pierre de taille, lequel passé se treuve une fausse-braye de la hauteur de douze pieds, flanquée de tours de la mesme hauteur ; la fausse-braye est pleine de terrain de seize pieds de large, à la fin duquel s'esleve une muraille de vingt pied de haut, flanquée de tours quarrées de trente pieds de carrure, et de mesme hauteur, puis un autre terrain sur lequel s'esleve la troisiesme muraille, reparée de la mesme forme que celle du milieu, excepté que les tours sont rondes ; toutes lesquelles fortifications je mesprise fort, parce que les ruïnes d'une des murailles et terrains servent de pont pour gagner l'autre, et que ce ne sont que tours ; et qui auroit mis vingt canons françois, battant avec la diligence qui nous est maintenant usitée, l'on y verroit promptement une grande bresche. La difficulté seroit à faire soudainement des tranchées pour gagner le pied des murailles du fossé pour les couper, à ce que les canons puissent estre logez en lieu qu'ils puissent voir le pied de la fauce-braye ; et ne sçay comme ces gens pourroient soustenir ces assauts tels que les Chrestiens les donnent, eux qui ne sont armez ny usitez à les soustenir ; et croy qu'il ne seroit besoin de se peiner beaucoup à ceste prise, et qu'apres une bataille perduë ils ne s'opiniastreroient à garder Constantinople, et adviendroit de leur empire ainsi qu'il advint de celuy de Darius, d'autant qu'eux n'ont jamais mis leurs forces qu'en leurs bras, et qu'ils ont tenu pour forteresses et citadelles de leur empyre leurs janissaires et leur cavalerie. Icelle defaicte, les forteresses prises, se jugeroient perdus, et n'auroient recours qu'à redresser une autre armée en Asie, revenir tenter la bataille ; et au bruit de ceste victoire, et à ce siege, l'armée chrestienne seroit renforcée de deux fois autant qu'elle estoit, et sur la prosperité seroit assistée de plus de cent mil Grecs, Moldaves et Vallaques.

Le diable parle dans les Lutheriens, les faisant prescher qu'il ne faut faire la guerre au Turc, le souffrir comme chastiment et verge de Dieu ; s'y opposer par la force, disent que c'est combattre contre la premiere puissance, qu'il les faut vaincre par bonnes vies et oraisons ; cependant ils entrent dans l'Hongrie, bruslent, saccagent ; emmenent trente mil ames ausquelles ils font renier Jesus-Christ : sans doute Dieu les convertira quand il luy plaira ; si avons nous nostre liberal arbitre. Sa parole ne peut estre entenduë des Turcs, il y faut faire escorte par les armes : qui ne croit et n'est baptisé, est condamné ; plus de croyans nous pouvons faire, plus d'ames nous sauvons ; empeschant la prise des Chrestiens, c'est empescher la perte des ames. Les Lutheriens trouvent mauvais tout ce qui vient du Pape, et comme les mauvais soldats voudroient la guerre aisée et à leur porte pour piller, la diversité de secte des Chrestiens garde les Turcs de suivre nostre foy; chacun leur fait entendre que, s'ils ne sont de la leur, ils seront damnez; trouvant de l'incertitude à leur conversion, ils ayment mieux demeurer en la leur.

Les diables, pour troubler la religion, s'adressent premierement aux Allemans, plus grossiers qu'autres nations, crainte d'estre descouverts à l'abordée, estant certain que les Espagnols et Italiens ont plus d'esprit que les Allemans ny les Anglais. C'est pourquoy ils n'ont changé leur religion, et ont descouvert la piperie des heretiques. Plusieurs meschantes inventions sortent d'Allemagne, la poudre à canon, le lutheranisme et autres; la froidure du païs les reclut sept mois dans les poisles, où ils ont loisir de mediter ces fantaisies, l'esprit n'ayant object ny divertissement.

Ceux qui sans grand suject n'ayment leurs freres et parens, ny font pour eux, ne doivent estre recherchez d'amitié; mal feroient-ils pour ceux qui ne leur sont rien.

Le Roy, se mettant le premier au pouvoir de son ennemy en sa gallere, monstra le moins de deffiance; ce n'est pas moindre honneur à l'Empereur de ne l'avoir prins. Ce qu'il se mist entre ses mains à Aiguemorte n'est qu'une suitte du premier effect : estrange changement! ceux qui publient les François sans foy, sans creance, et qui avoient fait et dit le pis qu'ils pouvoient d'invectives et libelles, estoient soupçonnez d'avoir fait empoisonner le Dauphin, dont les seurtez avoient esté cherchées pour se battre, se fient l'un de l'autre, ayant tous deux occasions de se prendre prisonniers, pour s'estre desja tous deux plusieurs fois trompez et manqué de foy. L'Empereur avoit esprouvé que la prise d'un roy de France n'est pas la ruine de son Estat; au contraire la retention de l'Empereur eust apporté une grande faveur au roy François: ce fust esté injustice de le retenir, et eust produict beaucoup de mauvais bruits. Il faudroit estre aussi religieux en l'observation d'entreprendre guerre injuste, que l'on est à ne les finir point par actes extraordinaires; s'il faut perdre son ame, vaut autant pour beaucoup que pour peu; il faut chercher la fin de la guerre par tous moyens. Le Roy obtint l'honneur de ceste fiance, pour s'estre mis le premier entre les mains de son ennemy; et encores que depuis l'Empereur passast par la France, ce n'estoit que suivre le chemin qui luy avoit esté tracé, et n'estoit sagesse ny à l'un ny à l'autre; et en effet les François eurent l'honneur de tenir leur parole et acquiter leur foy.

Selon l'entendement des maistres, leurs serviteurs peuvent appuyer leur fortune apres leur mort : dangereuse action, pour laquelle se faut entendre quelquesfois avec les ennemis de son seigneur, reveler le secret à ses amis, faire advancer les siens, reculer ceux du Roy qui, sage, patiente suffoque tout d'un coup telle entreprise.

M. de Montmorency pense que l'Empereur quittera Milan, veut obliger M. de Savoye par la reddition de son païs, et s'appuyer apres la mort de son maistre; pert sa faveur et soy-mesme, ne restant de ceste action, sinon que le duc de Savoye favorisa depuis M. d'Ampville, revolté contre le roy Henry troisiesme.

Fols jeunes sont quelquesfois les plus sages vieux; d'une bande enragée suivant les enfans de France, s'en fist une de grands capitaines: les folies honnestes non dommageables sont tolerables en jeunesse : au lieu des mesdisances, desguisement et fait de maintenant, le temps estoit employé en l'exercice, saulter, ruer la barre, luitter, combattre, esprouver les perils en paix pour ne les craindre en guerre; ils ne s'amusoient à la chasse. Les tiercelets d'autour apportez à M. d'Orleans luy sont mis par le sieur de Tavannes sous la couverte de son lict, s'en battent et les deschirent en mespris d'icelles. Ils avoient promis un temps de ne marcher aux villes que par dessus les maisons, sautant de toict à autre les ruës estroites, se precipitent dans les puits, font passer les chevaux au travers des flames. Le sieur de Tavannes à Fontainebleau fait sauter un cheval d'une roche à autre de la largeur de vingt huict pieds, accompagne son maistre où l'ardeur de jeunesse le porte, à se battre à coups d'espées incogneus, faisant embuscades aux siens propres pour s'esprouver; blesse et est blessé en joüant; faillent à estrangler Jarnac, sans qu'on luy coupa la corde; se mocquent des dames, mesprisent l'amour; laissent un pendu couché avec madame de Cursol, faignant l'entretenir. Pour faire soixante lieües tout en un jour, ils disposoient tous les chevaux de M. d'Orleans jusques en Bourgongne : incogneuz dans une hostellerie, dix hommes voulans prendre le haut bout, il met la main à l'espée contre tous surpris, les fait disner avec leurs gands; eux regaignants leurs espées ils se deffendent, les blesse, et en sort sans estre blessé. Cecy est escrit, non pour loüange, ains pour cognoistre les folies de ce temps-là, duquel sortit tant de gens valeureux : ces chaleurs de jeunesse, qui ne font mal qu'à eux-mesmes, tournent ordinairement en valeur.

Les tournois, spectacles, jeux publics, est une usance ancienne des Grecs, Romains et Gaulois, inventez pour le contentement, occupation et flaterie du peuple : exercice des soldats divertit les premiers des mauvaises pensées, duit les autres à la guerre ; les comedies, masques, balets, servent pour plaisir, et les combats de disciplines. La forme de la guerre est changée de lances inutiles aux pistolets : au lieu de bagues, faudroit s'ajuster à en tirer, et au combat de l'espée faire des escadrons, charger par flanc, par derriere, se rallier, flanquer d'arquebusiers tirans à propos et par troupes, rompre et refaire soudain les bataillons de piques, en tirer manches et escadrons vollans, et faire faire l'exercice de gens de pied usité en Flandres et ailleurs nouvellement, monstrant l'advantage qu'obtiennent les gens de conduitte ; cela ne lairroit d'estre plaisant à l'œil, et plus utile aux chefs et aux soldats que les couremens de bagues. En ces tournois, les Allemands font ostentation de leurs races, les Français de leurs devises, les Italiens de leurs enigmes, les Anglais de leurs amours et propheties ; honte et honneur sont en ces exercices approchant de la guerre.

Les exercices accroissent les forces, adextrent le corps, augmentent l'esprit et la santé, apprennent l'ordre, obeissance, ostent la crainte. Les Turcs, frapans de masses sur des boucliers, renforcent leurs bras ; les Italiens par tournois adextrent leurs corps, les Espagnols aux garnisons, leurs esprits. Les montres en armes de la gendarmerie estoient les escoles des Français : la jeunesse à l'envy sautant, courant, jettant la barre, s'aprenoient : maintenant tout est à mepris, pour avoir les guerres civiles mis en soupçon les superieurs, qui ne desirent l'aguerriment de leurs subjects. Aussi les exercices n'estoient si necessaires durant la guerre, la praticque y supleoit : en agissant les hommes se faisoient. Au temps de paix, les peuples sans exercices, venans neufs aux armées, sont facilement battus ; ainsi que les Français l'estoient par les Italiens anciennement ; et iceux Italiens maintenant le sont par les Français, qui aux premiers troubles d'Huguenots fuyoient les reistres, à ceste heure les cherchent pour les butiner, tant peut la practique des armes.

Les Perses, les Grecs, les Romains commandoient au reste du monde : de leurs escolles et exercices sortoient les Cyrus, Alexandres et Scipions, qui à vingt cinq ans sçavoient conduire les armées ; les jeunes soldats avant qu'avoir veu leurs ennemis entendoient leurs ordres, leurs places, et ce qu'ils devoient faire, sans que la necessité ou quelque desastre leur aprist leur mestier. C'est avec le bras que s'acquierent et defendent les royaumes, les ouvriers par continuel travail y envoyent la force. Fraper sur des quintaines, combattre à la barriere, jetter la barre et escrimer, rendent les bras plus robustes : le tirer de l'arc, le combat de la hache, la course de bague ne sont plus necessaires. Sçavoir justement tirer du pistolet, donner de coup d'espée à propos, manier un cheval à la soldate, sans courbettes, caracol ni molinet, artifices trop frequens parmy les estrangers à leur dam ; au contraire il faut estre duicts et dressez à percer les escadrons. Deux cens cinquante hommes de cheval, de deux ou trois garnisons assemblées, se peuvent mettre en escadrons, se rompre, se rallier, tirer des coureurs pour charger en flanc, marcher au pas, au trot, au galop, se separer, filer, se rallier, faire front, en flanc, derrier, aller d'un costé et d'autre, retourner en un mot, en un signal, tout d'un temps, faisant qu'il semble que l'escadron soit meu par ressorts.

Les Romains portoient leurs armes, leur bagage, des vivres pour quatre jours, et souvent de pallis pour fermer le camp, lequel ils fossoyoient ; et en temps de paix, pour ne se rallentir, ils travailloient incessamment aux fermetures des forts des legions, et jusques à faire des levées dans les grands chemins. L'oysiveté ruyne l'aguerriment, les maistres de camp peuvent assembler souvent leurs regiments, les mettre en bataillons quarrez d'hommes ou de terrain, monstrer la place des piquiers, celle des arquebusiers, tirer les manches et troupes de mousquets pour flanquer les picques, trier les bons, les moindres, les mauvais sans confusion d'ordre ; sortir des escadrons vollans garnis de piques, selon la necessité des assietes, se faire faire des charges de cavalerie, se rompre, et se rallier par troupes et en gros, et faire front de toutes parts en un besoin ; monstrer et consulter avec les capitaines l'advantage des montagnes, rivieres, bois, se couvrir de fossez, de hayes, faire combattre l'arquebuserie par troupes, comme s'ayder des chariots, pour se parer en marchant aux passages des plaines ; quels moyens de soustenir à la pointe des piques le grand choc de la cavalerie, redoubler, renouveler le combat proche des enseignes. Les Romains estoient heureux, qui tenoient six mil soldats en un fort : il estoit aisé de les discipliner tout à un coup. Ces exercices serviroient aux jeunes seigneurs qui pretendent estre generaux d'armées, qui tournans escadrons contre escadrons, bataillons contre bataillons, apprendroient à choisir l'eminence d'une coline, l'advantage d'un fossé, d'une haye, d'un passage, de la poudre, du soleil, d'un ruisseau, d'un bois ; et considerant les assietes differentes, disputant entre eux la force ou foiblesse d'icelles, le lieu où placer l'artillerie, moyens de desloger les ennemis, de s'empescher de l'estre, couper les rivieres par forts, par tranchées ; comme il faut ordonner une escarmouche, tenter, retirer, donner chaleur, et r'allentir les soldats selon le besoin ; s'empescher d'estre combattu, et moyens de contraindre son ennemy de venir au combat ; prendre l'occasion, sans perdre temps, des advantages, des forteresses, des tranchées et camps fortifiez : par ces moyens feints, se feroient les soldats et generaux.

Je ne puis assez m'esmerveiller de l'ignorance de ceux qui disent qu'il faut peu de temps pour faire un bon capitaine, et que le commandement donne l'esprit. Cela est une folie et presomption extraordinaire, dont la punition suit le peché : de là viennent les fautes qui se font ordinairement, et que tout à coup se perdent l'honneur, vie et biens, qui se peuvent garder par science et exercices. Que si Spinola a reussi, sera un entre cinq cens, à quoy sa grande richesse et l'argent d'Espagne ont du tout aydé à ce miracle. Les medecins apprennent leur art par la mort et aux despens d'autruy, les advocats par la perte des procez, et les capitaines à l'hasard de leur vie ; c'est pourquoy le nombre est moindre des capitaines que des docteurs.

La chasse ny le jeu ne doivent estre permis aux jeunes ; l'un leur fait aymer la maison avant temps, l'autre perdre de belles occasions, et demeurer en necessité. Bien que la chasse est une espece de guerre, pour l'exercice qu'il y a, si est-ce que s'y addonner trop est un tesmoignage de volupté et d'oisiveté, sans compter le temps perdu, qui seroit mieux employé aux lectures, mathematiques et bonnes mœurs. Et quant au jeu, il ne peut estre assez blasmé : de là viennent les querelles, les disputes, et toutes sortes de maux, se portans ceux qui ont perdu beaucoup du leur quelquefois au desespoir, outre les fraudes qui s'y commettent, estant tres-honteux de piper et de se laisser piper. Aucuns peres apprennent leurs enfans jeunes à jouer, à ce, disent-ils, qu'adolescens ils ne se laissent tromper ; il vaudroit beaucoup mieux qu'ils leur en fissent perdre la volonté, en leur montrant les malheurs qui adviennent de ceste desbauche, et les en exclure tellement, qu'ils ne les prinssent en habitude, au contraire en degoust et mespris.

Pour en tromper un il en faut tromper deux ; celuy qui persuade a plus de force quand il est abusé luy-mesme, et qu'il ne sçait le but de celuy qui l'employe, duquel il croit le cœur estre comme la parole, nommement quand celuy qui employe fortifie sa persuasion par raisons, lesquelles en apparence sont utiles à l'un et à l'autre.

Les Français, Espagnols, Italiens, Allemands, sont incapables de conquerir la monarchie des Turcs, s'ils ne changent, parce qu'ils ne combattent tous, et en demeure de douze parties les dix en leur maison, et que ceux qui y vont menent une, et plusieurs d'eux trois personnes inutiles, ne servant qu'à les habiller et les soulager, pour la delicatesse des vivres, licts et viandes qu'il leur faut ; qui multiplie tellement le bagage, qu'outre la confusion et embarras qu'ils apportent aux armées, ils empeschent de faire de grandes cavalcades, entreprises et retraictes, necessitent de combattre hors temps, parce qu'ils les affament. Le meilleur seroit de brusler tous ces bagages, reduire les soldats à patir comme les Turcs, et coucher à descouvert, boire de l'eau en un besoin : ce qui ne se pourroit que par grande autorité, ou une supreme vertu. Les Suisses, Pollaques, Moscovites, sont duicts à estre sans bagage : les Français et Allemands se sont de jeunesse eslargis l'estomac par trop manger, gouffre insatiable, source de maladies, malaisé à retraissir par jeusnes. Ce qui a faict triompher victorieusement les Romains, a esté que depuis qu'ils estoient enrollez dans les legions il y alloit de leur vie d'abandonner leurs enseignes, nonobstant qu'ils demeurassent trois et quatre années dans les armées, et en si grand nombre, qu'il s'est veu en diverses d'icelles vingt et cinq legions, chacune de six mil hommes. Suyvant cet exemple, faudroit lever, tant de la noblesse que des villes, une grande quantité d'hommes non volontaires, mais forcez, contraincts d'aller à la guerre, avec punition exemplaire s'ils retournoient dans leurs païs. Et quand il se leveroit un tiers, ou une moitié des habitans des villes, à la façon romaine, il seroit utile. La difference de ceux de ce temps aux Romains, est la quantité des femmes que nous avons, desquelles lesdicts Romains se passoient. A ce defaut, il faudroit choisir un grand nombre de non mariez et de veufs ; mais il faudroit une supreme autorité pour exiger ces gens des villes, sinon de bonne volonté, du moins par tribut.

Les devises portées en batailles et tournois, pour guerre, pour amour, ont esté practiquées aux siecles passez, lesquelles expriment le desir d'honneur, autres les plus secrets desseins obscurement interpretez à divers sens, intelligibles ou couverts, selon la fantaisie des autheurs. Les uns ont adapté leurs armes à leurs devises, autres leurs devises à leurs armes, ainsi que mes quatre lignées se blasonnent, selon le corps des armoiries, Saulx, Tavannes, Vienne, La Baume : cœur de lion, vigilance de coq, entreprise d'aigle, eschelle du ciel.

En ce temps, les devises sont séparées des armoiries, composées de corps, d'ame et d'esprit : le corps est la peinture, l'esprit invention, l'ame est le mot. Il faut prendre garde qu'elle ne se puisse tourner en moquerie ou en autre intelligence; les histoires, les emblemes, les fables des poëtes servent à ce suject. Aux tournois, le sieur de Tavannes portoit le chef d'un vent dont le souffle circulairement le poussoit par le derrier de la teste, avec ceste ame : JE ME POUSSE DE MOI-MESME, inferant qu'il n'estoit aidé de personne que de sa propre vertu, desirant honneur ou mort. A l'entreprise de Luxembourg il prit Perseus sur le Pegase, sans bride, avec le mot : *Quò fata trahunt* Perseus, fils de Jupiter, signifie les gens d'honneur estre enfans de Dieu : du sang de la teste de Meduse, coupée par luy, nasquit le Pegase aislé, le pied duquel fait sortir la fontaine des sciences. Celuy qui couppe la teste au vice et luxure est capable de produire vertus et sciences. Les commissions hazardeuses données à Perseus, le pensant perdre, furent departies par envie à ceste fin au sieur de Tavannes, et au lieu de mort leur donna vie à tous deux. Apres la mort de M. d'Orleans et faveur du cardinal de Tournon, joinct au souvenir de la mort de son oncle de Tavannes, ayant beaucoup de grands envieux et ennemis, bravant la fortune, peint un homme avec un coutelas enfonçant un vent orageux, avec ce mot : MALGRÉ VOUS. Heureux à Ranty, où il defit les quatre mil reistres, dont le colonel comte de Chevatzembourg portoit un renard mangeant un coq, qui vouloit signifier les Français devoir estre devorez des renards allemands. Ce coq estoit les armes de Tavannes, dont estoit la mere dudict sieur de Tavannes, lequel ayant gagné l'enseigne, il sauva le coq des renards allemands qu'il defit. Le roy Henry IV portoit une espée entre deux sceptres, avec le mot : *Duo protegit unus*; laquelle n'a esté exempte de calomnie, interpretant qu'une espée defend deux religions, non seulement deux couronnes, qui estoit le sens de Sa Majesté. Il pouvoit prendre son bras tenant son espée, forçant les Parques de renoüer le filet fatal de la France, qui sembloit estre tranché par le nombre clymatherique des roys, haute conjonction des planettes, manquement de lieu pour sa statue au palais de Paris, durée nompareille du royaume de France, avec le mot : J'AY FORCÉ LE DESTIN; monstrant que sa vertu seule a empesché la France d'estre divisée et separée : embleme que je luy avois inventé, et en avois pris un pour moy; estant non seulement sorty par force de deux de ses prisons, blessé en plusieurs lieux, et de celles des traistres d'Auxonne et des batailles de Vallaque, joinct à plusieurs assaux et combats où je me suis trouvé, je pris pour devise un lion d'or, qui sont mes armoiries, entre deux brides, mords et fers qu'il met en pieces, avec ce mot italien : *Non tollera briglia*; tesmoignant qu'il n'avoit esté en la puissance des roys ny des peuples de m'oster ma liberté, et moins de me tenir dans leurs prisons. Et en ces derniers temps que les nuées obscurcissent le soleil, estoit peincte une espée flambante pour les dissiper et fortifier les rayons d'iceluy.

Les Gantois tyrannisez se revoltent de l'Empereur, recourent au Roy leur souverain, luy offrent la conqueste de Flandres. [1539] Sous esperance de l'execution de la promesse de Milan, Sa Majesté les reffuse, accorde passage à l'Empereur par la France, pour les chastier, lequel avoit promis verbalement de donner sa niepce et le duché de Milan à M. d'Orleans. [1541] Il y manque; le Roy s'en venge sur le connestable, qui en estoit caution, lequel, defavorisé, se retire sagement en sa maison. M. d'Annebaut, par faveur de madame d'Estampes, empiete le mesme credit. Le Roy, sous ses esperances et promesses, avoit envoyé à Venise faire ligue contre le Turc, s'estoit mis en soupçon de luy, du roy d'Angleterre et de ses alliez, dont il se repent. Se fit le mariage de la fille du roy de Navarre, aagée de douze ans, despuis mere du roy Henry quatriesme, avec le duc de Claives. Il se fait de grands tournois, le sieur de Tavannes emporte l'honneur, et la teste traversée d'un coup de lance, il se tire courageusement, mal-gré les medecins, le tronçon. La Cour le vint voir, il sort l'espée à la main, blessé, au devant de M. d'Orleans, tesmoignant son courage, proche de perdre l'œil qui estoit hors de sa teste, se rit, et depuis fut guery tost apres par un excellent chirurgien. Le Roy sort de la prison du bois de Vincennes Philippes Chabot, admiral de France, confiné par commissaires, non par justice. Les dames avoyent aidé à sa faveur, par les dames elle se pert, contendant madame d'Estampes avec madame l'admirale de Brion. Le connestable luy avoit nuit : la faveur n'admet de compagnon; il s'estoit roidy contre son maistre, et demande justice sans faveur. Sa liberté fut l'appointement de madame d'Estampes, laquelle establie ne craignoit plus madame l'admirale. Les conditions furent (1) le mariage du fils aisné de monsieur

(1) Guy Chabot, qui épousa la nièce de la duchesse d'Étampes, étoit neveu et non fils de l'amiral.

l'admiral, avec la niepce de madame d'Estampes. M. de Guise, qui avoit aidé à sa ruïne, favorise son eslargissement, et en eut le gouvernement de Bourgongne, la tapisserie à fond d'or de Ginville, estimée trente mil escus. Madame d'Estampes fait son frere cardinal(1), troisiesme de ce temps creé par amour des femmes. Les Gantois abandonnez s'accordent à l'Empereur, qui leur fait une citadelle; va en Allemagne travaillé des Lutheriens, tient diette à Ratisbonne. Tout est remis au concile sans forcer les consciences; en ceste consideration luy est accordé secours contre le Turc, qui avoit esté attiré par l'entreprise de Ferdinand, se disant heritier de Loys, roy d'Hongrie, son beau-frere, deffait par Soliman, dont voicy le droit. Cependant que les parentelles et droict de succession estoient debattuës entre l'empereur Federic et Mathieu Corbin, Ladislaos, sorty de Jean Spux (2), gouverneur de Transsilvanie, avoit esté esleu roy d'Hongrie par la noblesse, comme le plus apparent en l'absence de Estienne Battori. Ferdinand succede au droict de Federic, prit Budes, vainquit Jean Spux. Solyman, en l'an 1528, assiege et desassiege Vienne, revient en Hongrie, aux prieres dudit Jean Spux, non par les menées des Français, comme les Allemands disoient : il est repoussé de Linx; huict mil Turcs, separez de son armée, furent deffaicts; il treuve l'Empereur en un camp fermé pres Vienne, avec quatre vingts mil hommes de pied et dix mil à cheval. Le Turc s'en retourne ayant r'estably Jean Spux, les armées se rompent. Ferdinand entreprend, dont suivit la defaite de Cazjanal, son lieutenant. S'estoit fait un traicté entre Ferdinand et Jean Spux, que la coronne seroit au dernier survivant : ledit Spux meurt, laisse son fils Estienne, aagé de deux ans, en la protection de Soliman et tutelle de George Moine (3), evesque de Varradin, qui gouverne avec la mere du Roy, nommée Isabelle, fille du roy de Polongne. Ferdinand prend cette occasion pour se faire roy de toute la Hongrie, gagne des forteresses, assiege Budes par Roquendolf, devenu de maistre d'hostel general; il l'assaut et le faut. Soliman, requis de secours par sa mere et tuteur de l'enfant Estienne, leve le siege et defait les Chrestiens par Mahomet bachat, son lieutenant. Luy, arrivé en son armée, se rend maistre de la ville, de l'enfant et du royaume, cependant que l'Empereur assiege malheureusement Argiers (4), où il rompt son entreprise et armée par la tourmente, laissant brusler sa maison pour embraser les autres.

Le Roy sçavoit comme il avoit trompé l'Empereur, ne luy ayant ratifié ses promesses à la sortie d'Espagne, ainsi qu'il estoit obligé; est si inconsideré, que sur une semblable fausse promesse de Milan pert l'occasion de la conqueste de Flandres, laisse passer l'Empereur par ses païs, qui semblablement, se souvenant du passé, luy refuse de ratifier la parole donnée dudit Milan pour son fils, qu'il devoit faire à la premiere ville de son obeïssance.

Il n'est loisible de tromper les trompeurs; la méchanceté seroit contagieuse et infinie, les gens de bien ne doivent prendre exemple sur les meschans : Dieu est vengeur des parjures. L'observation de la parole au maniement des affaires sert; nul ne veut traicter avec un homme sans foy; les villes, les provinces, ne le croyent, ne se rendent à luy; ses gens s'en defient. Les promesses sont differentes : celles qui sont extorquées par persuasions, artifices et abus, sans suject; le manquement est excusable; le menteur treuve le menteur contraire : les parfaictement gens d'honneur et advisez ne doivent promettre en quelque façon que ce soit ce qu'ils ne veulent tenir. C'est pusillanimité ou infidelité de rompre la foy; et vaudroit mieux encourir de tres-grands perils que de perdre la creance parmy les hommes.

Les papes et roys ne peuvent donner absolution de la foy violée, ainsi qu'ils ne peuvent donner la reputation. Pour la conscience, Sa Saincteté peut absoudre les parjures, non que pour cela l'honneur soit rendu : s'il faut fausser sa foy, ce doit estre pour regner, disent les impies; puisque le peché est égal, il vaudroit mieux se perdre à bonnes enseignes. Les Turcs [comme infidelles], ne l'observent en ce qui touche l'accroissement et manutention de leur Estat, auquel ils disent avoir le premier serment.

Il est dangereux de donner conseil à son maistre, dont souvent le sinistre evenement cause la ruine du conseiller appelé à garent de son advis : les sages n'en donnent point, debattent les raisons pour et contre, dont ils laissent le choix à leur maistre, se contentant de dire que si c'estoit à eux ils feroient ainsi, non sans protestation que le mal advenir ne leur puisse estre imputé. Les grands en sont incommodez; n'estant secondez franchement, leurs resolutions n'en sont si entieres. Aucuns conseillers rendent les

---

(1) Antoine Sanguin, évêque d'Orléans, fut en effet créé cardinal, et prit le nom de cardinal de Meudon. Sa sœur avoit épousé le frère de la duchesse d'Étampes.

(2) Jean Zapol Scepus.
(3) Georges Martinuzzi, depuis cardinal.
(4) Alger.

raisons plus fortes où ils inclinent; mauvais serviteurs qui les plient selon leur affection, non selon l'interest de leur maistre, qu'ils devroient preferer au leur et vaincre leur pusillanimité par la valeur et honneur de ceux qu'ils conseillent. Le connestable estant defavorisé, ses ennemis l'accusent d'avoir cherché le restablissement du duc de Savoye, pour l'alliance qu'il avoit en sa maison, et pour s'en prevaloir apres la mort de son maistre. Les evenemens des conseils dont les actions sont subjectes à la punition des pechez des souverains, ne doivent estre imputez à ceux qui les donnent de bonne foy; les parfaicts princes prennent conseil d'eux-mesmes, comme Cesar : ils les doivent avoir esprouvé à ce qui leur en est reüssi au passé de s'estre creu. Les autres font election d'hommes, sçavent choisir le meilleur advis; les moins habiles suivent les conseils par amitié et faveur; les ignorans se croyent et se perdent par opiniastreté. La cognoissance de soy-mesme est difficile; chacun se flatte et a bonne opinion de soy, il ne manque de presomption, l'esprit est le plus esgal partage que Dieu ait fait: chacun en pense avoir en suffisance, et ne voudroit changer au plus parfaict du monde, flattent leurs fautes, accusent la fortune ou leurs amis : deux voyent mieux qu'un, la difficulté est au choix des conseillers. Les grands capitaines en credit sont perilleux, l'instinct des hommes est desireux de monter; ne pouvant estre plus qu'ils sont en l'Estat monarchique, ils aspirent à estre souverains, vivant ou mourant leur maistre. Le conseil des financiers, secretaires, sert pour maintenir, non pour conquerir; leurs advis ne sont genereux, plustost machiavelistes de croire ceux que l'on aime. Tel persuade une femme qui ne persuade une ville; qui s'habille bien s'arme mal; qui dispose bien la chasse, les festins, n'ordonne pas bien les batailles : c'est ainsi que si on appelloit des excellens joüeurs de flutes pour medecins, parce qu'ils sont parfaits en leur art. Plusieurs conseillent selon leur utilité, cupidité, amour, coüardise, inclinations, dessein particulier, paix ou guerre desirée, qu'ils colorent de raisons selon leur interest, pour se rendre necessaires et pescher en eaüe trouble, couvrant leur pusillanimité et inexpertise du bien de paix, qu'ils fortifient de l'interest du maistre, duquel quelquesfois ils desirent la ruine, ou le tenir bas pour s'en prevaloir, postposant la peine d'une veille, d'une courvée hazardeuse à l'honneur d'iceux; n'ayant les recompenses de leurs travaux et perils esgales à celles de leur prince, qui en a tout le profit et l'honneur, et eux souvent la perte et le peril; à ces fins sement des irresolutions, et principalement aux heures du combat, lequel mis en deliberation, de la pluralité de tels conseils est retardé ou faillie l'entreprise. La premiere perfection d'un conseiller c'est l'amitié de son maistre. Vaudroit mieux avoir un ignorant amy pour conseil, qu'un habile qui ne fust affectionné : faut qu'il soit interessé à la perte ou gain, considerer s'il n'y a point en ses conseils de son particulier, soupçonnant son naturel, son inclination; s'il desire la guerre, il allegue la generosité, l'honneur, la memoire eternelle, mesprise l'oisiveté : s'il aime les femmes, les plaisirs, fait Dieu auteur de paix, la guerre le plus grand mal des autres; si ambitieux, dissipe les bons advis par crainte que ses compagnons ne soient employez, ou que l'on l'y employe mal à propos : persuaderont, adhereront à une entreprise pour ruiner leurs compagnons, les lairront embarquer sans secours, feront semblant d'adherer à un dessein pour estre ouïs et le ruïner; apres, ne manquera de ligues des uns avec les autres. Ainsi le choix de conseil est la plus difficile action des princes. Ceux qui ont manqué par l'advis des gens d'espée sont plus genereux et excusables que ceux qui ont failly par le conseil de la plume. La petite noblesse n'est si propre que les gentils-hommes de race mediocre, dont la ruine et defaveur [pour leur peu d'alliance] ne frappe coup à l'Estat, qu'ils se peuvent chasser sans peril : qu'ils ayment le prince, soyent vaillans, gens de bien. Et si le prince ne les peut choisir pour ne les cognoistre, doit s'enquerir de ses amis et du peuple, de la suffisance d'iceux; les conseils ne se doivent conclurre par pluralité de voix; mieux en vaut un que cent, et cent n'en vallent un.

Les resolutions ne se doivent changer sans accident, sans lequel il ne les faut remettre sur le tapis en nouvelle deliberation; autrement l'on ne se souvient des raisons debatues, d'où procede que tout se tourne en irresolutions.

Les magnanimes ne reçoivent plaisir si ce n'est en intention de le rendre; les effects obligent non les paroles, qui se recompensent par semblables, et les princes ne peuvent bonnement reprocher les manquemens des services qui leur sont promis s'ils n'ont obligé les hommes, ayant eu recompense du vent de leurs offres et soubmission en pareille monnoye.

La medecine a des incertitudes, la chirurgie en est plus exempte; ils ont des autheurs qu'ils suivent de poinct à autre, comme si les regions, les naturels, le temps, n'avoient changé les corps; infinis sont morts avant que les maladies et complexions soient cogneües : ces docteurs ont plusieurs fois changé leurs drogues et metodes. Peu guerisoient au commencement des arquebusades ; de mon temps ils faisoient de grandes incisions, dilatoient la playe pour donner voye à la postume avant qu'elle aparust ; mal sur mal pire que les coups, le rasoir amy estoit plus dangereux que la balle ennemie. Ils appliquent des unguens chauds pour provoquer le pus, qui ne peut estre sans extreme douleur, attrition et accidents, dont ensuit la gangrene et la mort, ainsi que si on ne pouvoit guerir un mal sans en faire un plus grand. J'en ay veu penser de charpie et d'eauë fraiche, qui, tenant la playe nette, en guerissoient plus que les chirurgiens, ne faisant douleur par sonde, attraction d'unguents, laissoient faire nature ; l'incision de la peau ne sert, puisque la postume n'est encore formée au dedans, et quand elle se monstre au dehors qu'ils nomment absez, c'est le temps de l'inciser. Ils tuent la nature la voulant prevenir, et luy ostent son secours par trop de secours. Les chirurgiens les plus excellents empeschent la postume, et n'ont à combattre que le coup originel et non l'accidental. Ils diront qu'il en mourra beaucoup par ceste practique, on respond qu'ils en sauvent fort peu des grandes blessures. J'en parle par experience, pour avoir esté dix fois blessé, et, Dieu graces, jamais par derriere, pensé des meilleurs chirurgiens des roys et des princes. J'eus une arquebusade en la jambe, où j'avois une balle ramée qu'ils medicamenterent dix jours, comme s'il n'y eust rien eu d'estrange dedans : au dixiesme, mon chirurgien vint de Bourgongne, qui me tira la balle, me sauva vie et jambe preste à coupper. Croyez les chirurgiens, ils vous tuent ; ne les croyez point, ils vous accusent : s'ils vouloient bien estre creuz, il faudroit qu'ils donnassent caution et qu'ils fussent punis de mort s'ils manquoient à guerir. Aucuns de ce temps guerissent les grandes playes n'y mettant qu'une feuille de choux, et les Turcs ne les pensent qu'avec de l'herbe et racines, desquelles ils font les unguents et les tentes. De tels medicamens fut guery le sieur Destaix en Vallaquie, estant avec moy blessé de neuf coups, tant d'epieux que d'espée.

Qui entre libre en la cour des roys, devient serf [dit trop tard Pompée]; la moitié des genereux anciens sont morts pour la liberté. Estre assubjecty aux voluptez, plaisirs, imperfections d'autruy, lever, coucher, disner, marcher, chasser, se tenir debout, n'est avoir son corps à soy : non plus que l'ame est libre qui flatte, mesdit, se plie, desguise, farde, cache le vray, publie le faux, rapporte, dissimule, s'offre à ses ennemis, trompe ses amis, conseille guerre, mort, subsides, se ligue avec les meschans sans salut; faisant au contraire il ne peut subsister en la Cour. Pourquoy engagerons-nous corps et ame, puisque l'honneur depend de nous? Si les roys donnent des grades sans merite, c'est autant de honte : le nain n'est plus grand au dessus du clocher. Le sieur de Tavannes ne regardoit pas au parement des femmes, mais à la beauté du visage : nous regardons les hommes et non leurs estats ; les braves ayment mieux conquerir une ville que la faveur des roys ; les hommes honorent les estats, non les estats les hommes. Bien peuvent les princes donner moyen de faire de beaux effects aux vertueux, et aux vitieux de recevoir de la honte : aux grandes charges l'honneur est subject à ceux que l'on conduit et commande ; celuy qui est conducteur de soy-mesme, le sien ne depend que de luy : monter au lieu d'où l'on ne peut descendre sans se rompre le col, ne se doit desirer.

Prenant charge aux cours des princes, adieu plaisirs; pressé, importuné, ennuyé, en crainte, plein de contraires, en soupçon ; un songe, un rapport, une femme, ruïnent la faveur, qui ne se peut souvent perdre sans la vie et l'honneur. C'est folie de travailler pour ce qui se perd si facilement, s'acquiert avec tant de labeurs, et se conserve avec tant de peines : les genereux ne peuvent estre courtisans, dont les regles se peuvent observer des pusillanimes. Aymer ce que son maistre ayme, loüer, flater à propos, prevoir les desirs, desseins, et s'y conformer, se faire aymer des favoris, courtiser sans importunité, demander, donner, parler, escouter artificiellement, sont conditions propres aux ames basses et non relevées. Si l'ambition nous jette en Cour, et que la faveur des roys serve de chariot pour acquerir honneur, il en est de deux sortes : defendre la patrie, la restaurer, en chasser les ennemis, c'est chose desirable : l'honneur qui n'est honneur que par faveur, doit estre à mespris; si c'est pour acquerir des estats aux enfans, qui sçait s'ils seront cause de leur perte ?

Ceux qui sont naiz coüeffez se ruïnent par presomption ; la faveur de leur pere leur acquiert autant d'envie que de bien veuïllance : si c'est pour laisser memoire de nous, faudroit acquerir des royaumes, gagner cinquante batailles, encores demeurent-elles ensevelies dans les livres, en la cognoissance de peu de gens lettrez. De plus, il faut estre roy ou souverain soy mesme pour obtenir ces gloires immortelles, non courtisant des autres ; le vulgaire ayme autant les fables que les histoires. On respond aux livres de cent ans que le papier se laisse escrire ; passé ce terme tout est mis en doute : les charges sans actes genereux apportent moins de loüanges que les richesses possedées des avaricieux. « Je les ay veu [dit la saincte Escriture] vestus d'or, entourez de gens, dans les voluptez, applaudissemens, gloire et honneur; et repassant, je n'ay plus trouvé que la poudre. » Toutes ces grandeurs ne servent que pour tresbucher les ames : les plaisirs reïterez deviennent fades. Darius, en sa defaicte, trouva l'eau d'un bourbier meilleure que l'eau sucrée d'Aiguebatane. Henri III possedoit la France, souhaitoit d'estre gentilhomme possedant dix mil livres de rente, et vivre en repos : les diademes cogneus sont poussez du pied. Combien de soupçon, de crainte, de bourreaux de conscience, leur attachent l'espée à un filet de soye sur la teste? Les grandes compagnies nuisent, les affaires tourmentent, les vivres delicieux inquietent, tuent le corps, et le maniement des affaires, l'ame. S'il y eut jamais temps pour mespriser la Cour, c'est celuy auquel nous avons vescu. Les anciens rois guerissoient des escroüelles, austres du mal de Sainct Jean, et ceux-cy de l'ambition, donnant les charges et estats à gens de peu de merite; n'estant plus ces grades marque d'honneur, ains seulement de faveur, les genereux ne les recherchent, croyant, par la multitude de ceux qui les possedent indignement, qu'il y a plus d'honte que d'honneur de les avoir. Et puis que cette seule porte de faveur est ouverte, c'est la pierre de chopement pour la posterité, qui ne cherchera experience, vertu, aguerriment, esprit ny valeur, estant en ce temps ces parties les plus grands ennemis que les genereux ayent pour parvenir, soupçonnez des favoris.

Les Europiens avoient tousjours vaincu les Asiatiques; les Turcs d'Asie vainquent les Chrestiens d'Europe; les empereurs romains faisoient miracles en Afrique, avec les armes [hors le feu] pareilles aux nostres, contre gens nuds, ainsi que sont encore les Mores; nos Empereurs de ce temps s'y perdent. L'observation des loix militaires estoit plus exacte, les princes, les republiques plus absolues, et n'estoit licite au soldat de faire autre mestier jusques en l'an sexagenaire; qui les rendoit tous experimentez. Ceux de maintenant, au contraire, apres un voyage, un butin, se mettent à autre vacation; tellement que ce sont tousjours soldats nouveaux : ils devroient estre contraincts, ayant une fois pris la solde, de finir leur vie à cest exercice, si ce n'est par excuses legitimes. Les Turcs continuellement sont aux armées, s'y rendent experts : tout va à la guerre, tout combat pour la patrie à peine de mort. Les Chrestiens ne vont à la guerre s'ils ne veulent : d'un royaume d'où il peut sortir cent mil hommes, il n'en sort dix mil. Les Romains avoient cest advantage sur les peuples de ce temps, la moitié d'eux alloient à la guerre et se faisoient soldats par amour ou par force. Que si cela estoit imité des Europiens, ou d'une tierce partie d'iceux, ils feroient des armées trois fois aussi grandes que celles des Infideles.

Faillir est commun aux hommes : le Turc en Hongrie menace Vienne, Charles cherche guerre en Afrique, l'ayant à sa porte; semblable diversion profita aux Romains, Scipion assiegeant Carthage; et celle de l'Empereur fut heureuse. Le Turc ne se soucie d'Argeres : bien eust peu faire l'Empereur la diversion à la façon des Romains, assiegeant Constantinople : ce que n'estant en son pouvoir, il semble que celuy qui tire les bons hommes de l'Europe en sa necessité soit en intelligence avec Solyman. L'Empereur juge ne pouvoit resister en bataille; et prend excuse de ne s'y hazarder sur les Lutheriens, ausquels il ne se pouvoit fier, les ayant subjuguez et maltraictez; chercha commodement ceste excuse d'aller en Barbarie, craignant qu'ils le trahissent.

L'esprit ne demeure en mesme assiette, il change en sept ans comme le corps, les prosperitez l'augmentent, les adversitez l'amoindrissent :

Pas ne demeure aux affligez seigneurs
Le mesme esprit qu'ils avoyent aux bonheurs,

dict Plutarque.

Il vieillit aux uns plus qu'aux autres : les temeraires, ardens, bilieux, choleriques, l'aage les meurit; les mornes et flegmatiques en jeunesse ont du desavantage en vieillesse. Rien n'est où l'entendement soit si necessaire qu'aux armes, où l'on hazarde à toute heure vie, bien et honneur; il se pert en un quart d'heure ce qui s'est acquis en toute la vie. Cedez, astrologues, legislateurs, medecins et longues robes, aux armes : deviner le cœur de son ennemy, le contraindre au combat et s'en defendre, loger advantageusement, se garder des stratagemes, en faire, commander, obeyr, cognoistre les fautes, vaincre soy-mesme, les siens et les ennemis, eviter les traistres, pourvoir aux vivres, finances, gagner le cœur d'amis et d'ennemis, estre doux, juste, craintif, audacieux, respondre à cinquante personnes, pourvoir à vingt evenements; il y faut d'autres livres que ceux d'Aristote, Barthole et Galien. Le sens vif et net, sans trouble, y est recommandable, avec un aage florissant, et encores faut-il du bon-heurs. Tel a pourveu à tout qui pert la victoire; elle gist au ciel et non en la multitude des soldats, qui, surpris de terreurs paniques, de l'ardeur ou tardiveté particuliere, ne suivent l'ordre qui leur auroit esté sagement donné par leur general, lequel ils perdent avec eux ; leurs dispositions ou affections changent de jour à autre; l'Anglais dit : Bon homme pour le jour. L'Empereur ne se doit excuser sur le grand exercice de ses ennemis; il y a certain nombre jusques où sont limitées les armées, le reste est superflus. Tous les deux freres ont manqué, l'un feignant d'aller combattre pour ne combattre point, chercher guerre loingtaine en Asie, et la fuir chez soy en Hongrie; l'autre, Ferdinand, par ambition, sous couverture de religion, cause la perte d'Hongrie par le secours du Turc attiré à Budes par l'enfant royal duquel Ferdinand vouloit l'Estat.

Peu de serviteurs veulent mourir pour leur maistre : si les capitaines ne vont aux charges, les soldats n'y vont point ; si Ferdinand eust marché au lieu de Roquendolf, Budes estoit pris. Ce n'est pas tant d'honneur de posseder les royaumes que de les acquerir; il vaut mieux gagner une ville en personne, que douze par les lieutenans. L'excuse de l'Empereur est qu'il ne se pouvoit fier aux Lutheriens allemands, et que, allant à Argier et Tunis, il estoit proche des Estats d'Italie que le Roy menaçoit : s'il fust esté bien conseillé, il devoit vaincre le soupçon, donner Milan au Roy pour prendre Constantinople ; il faut advoüer la debte, il craignoit les Turcs.

La pluspart des hommes ont fait leurs plus beaux actes de vingt à quarante ans, tant pour l'incommodité de la vieillesse que par le sang qui se refroidit, et que l'on craint les perils esprouvez où l'on ne veut plus retourner, aussi que l'experimentée vieillesse voit d'une seule veüe tous perils qui embarrassent ses irresolutions.

Les Roys nous doivent la justice, nos juges sont les cours souveraines : c'est mal fait de faire faire le proces des hommes par commissaires, vraye marque de tyrannie, sortans leurs subjects de leurs juges ordinaires, sans que les protestations et taciturnité leur puissent servir, puis qu'il leur est commandé de respondre à peine de conviction; ce qui est violer les loix, et dequoy les souverains sont responsables devant Dieu, ces commissaires estant un tesmoignage qu'il n'y a preuve suffisante contre ceux qu'ils veulent perdre.

Le Pape et le conclave des cardinaux devroyent prendre garde aux prieres et nominations que les roys font des cardinaux, puis qu'il est indecent que les hommes montent en ceste qualité de pouvoir estre chef de l'Eglise, par voye indirecte et amour des femmes, ainsi que les cardinaux Le Veneur, de Givry, de Meudon, de Joyeuse, de Sourdis, et autres de nostre temps.

Le Roy, trompé de l'Empereur, ou plustost du connestable, pour rabiller ses fautes, s'asseurer ses amis, envoye Fregouze à Venize, Rangon à Constantinople : ils sont tuez sur le Pau, par le commandement de l'Empereur, qui en refuse justice au Roy, lequel, resolvant la guerre, craint le roy d'Angleterre offencé par la premiere alliance d'Escosse, et pour la seconde de la fille de Guise, vefve du duc de Longueville, mariée au roy d'Escosse. Les surprises d'Italie proposées et negligées par la soudaineté des Français, le Roy entreprend sur Rossillon et Luxembourg [1542]. Le premier avoit esté rendu à Ferdinand d'Arragon par le roy Louys, persuadé par conscience et scrupule d'Olivier Maillard, cordelier, son confesseur ; le second, pour avoir le roy François le droict des heritiers de Luxembourg, spoliez par Charles de Bourgongne. La conqueste de Rossillon fut commise à M. le Dauphin, assisté de M. d'Annebault, sous l'intelligence de M. de Montpezat, gouverneur de Languedoc. A Luxembourg fut employé M. d'Orleans, assisté de M. de Guise; se fie au sieur de Tavannes, qui luy esleve le cœur aux honneurs et couronnes ; l'emulation de M. le Dauphin luy sert d'aiguillon ; son naturel ouvert à la française surpassoit celuy de son frere : tous courent se preparer. Le sieur de Tavannes prend l'occasion de voir son pere ; arrivé avec vingt chevaux d'Espagne et d'Italie, d'abordée ses gens indiscrets deslogent les chevaux du vieillard, qui depuis, en l'absence de son fils, couppe les licols et les chasse dehors, apprenant aux enfans que la faveur et grandeur de la Cour ne dispense de la reverence paternelle ; et sur la priere qu'il luy fit de luy aider d'argent pour poursuivre sa fortune, luy donne la clef de son cabinet de Dijon, l'admoneste de n'y prendre tout ; où arrivé, il trouve cent sols en liarts, qu'il jette par la fenestre, s'en va trouver son maistre prest à partir pour Luxembourg, reçoit la lieutenance de sa compagnie. M. le Dauphin, avec les susnommez, Suisses, vieilles bandes, legionnaires, la plus part des princes et noblesse de France, partent. Le Roy suit avec le reste des forces ; M. d'Orleans eut six cens hommes d'armes, huict mil lansquenets, six mil Français, assiegent Dampuilley (1), où se joignent six mil lansquenets, sous la charge de Reycrotte et du Reintgrave. M. de Guise veut commander,

(1) Damvilliers.

comme tuteur de la jeunesse de M. d'Orleans; il se met hors de page et s'y oppose, donne des conseils meurs et resolus : M. de Guise en recherche la source, la treuve au sieur de Tavannes : les voila ennemis secrets. La garnison de Dampuilley se rend; ledit sieur de Tavannes mene M. d'Orleans à la grande eglise, pour sauver le peuple, les femmes et les enfans. M. de Guise veut que les soldats soient prisonniers, le general dit leur avoir promis liberté, mande secretfement au sieur de Tavannes, qui gardoit une porte, qu'il les laisse sortir : il est obey. M. de Guise luy demande s'il ignoroit sa charge, et par quel commandement il avoit laissé aller les prisonniers; il respond, par celuy de son maistre, apres luy qu'il luy obeyroit. M. d'Orleans embrasse M. de Guise, et appaise tout.

Apres le demantelement de Montmedy, La Ferté, Challencey, Vireton pris, Yvoy est assiegé; deux mille, commandez par le bastard de Sombressel et Gilles de Levant, la deffendent. Les approches estoient difficiles, et les tranchées mal faites, l'artillerie posée trop pres, la batterie precipitée, le canon, mal couvert, est abandonné; les assiegez, à la faveur des harquebuzades des courtines, le gaignent, soudain sont repoussez. Cest accident, force de la place, bonne mine des assiegez, en desespere la prise. Les pieces changées du costé des Ardenes, la breche non raisonnable, non attaquée, les munitions faillent; quinze jours s'escoulent pour en amener de Sedan et Mouzon. Le Roy, adverty, craint l'armée de la royne Marie, commande de lever le siege; M. de Guise y conclud, disant que l'on ne peut faillir d'obeyr à son maistre. M. d'Orleans fluctuë, le sieur de Tavannes le resout à part, luy dit : « Le Roy pert une ville, vous l'honneur; le cours de vostre vie suivra vos premieres entreprises; vostre frere prendra Perpignan, et vous la honte : M. de Guise n'y a tel interest que vous. » M. d'Orleans retourne au conseil, proteste qu'il y demeureroit mort ou victorieux. Les difficultez diminuent, les poudres arrivent : M. de Guise continuoit la batterie en mesme lieu. Le sieur de Tavannes avoit recogneu a l'opposite l'entre-deux d'un rampart non continué de terrain, flanqué d'une seule cazemate, le monstre à M. d'Orleans, juge la breche facile, objecte que M. de Guise l'empescheroit, resolvent de placer l'artillerie avant que luy dire : pendant qu'il reposoit, ayant veillé la nuit, à la pointe du jour M. d'Orleans mene quatre canons au lieu susdit, couverts d'un chemin creux et de quelques gabions. M. de Guise aborde, treuve M. d'Orleans qui portoit le sieur de Tavannes en crouppe, blasme cest acte, offre de quitter sa qualité de prince pour combattre et maintenir que c'estoit mal entrepris. Ledit sieur de Tavannes recognoist qu'il en veut à luy, se voit en peril de perdre sa faveur à faute de courage, ou d'avoir un puissant ennemy, se jette à bas, s'excuse sur ce qu'il a pensé estre le bien de son maistre et le service du Roy, dit estre le serviteur de M. de Guise, que s'il luy plaisoit de quitter sa qualité pour le combattre, qu'il luy feroit un grand honneur, et le trouveroit fort homme de bien. M. d'Orleans impose silence d'auctorité, supplie M. de Guise d'appaiser son courroux, car s'attaquer au sieur de Tavannes c'estoit en vouloir à luy, et avec grand peine les repatria. L'artillerie demeure où le sieur de Tavannes l'a placée, bat de huict à une heure apres midy. Les assiegez, voyans une grande bresche, se rendent à l'honneur de M. d'Orleans et establissement entier du sieur de Tavannes. Yvoy donné en garde à M. de Cedan, Arlon et Luxembourg se rendent apres bresche faite; il en sort trois mil hommes de guerre : Thionville demeure seule à l'Empereur, mais a de forces le bon succes des premieres entreprises. La difficulté d'argent, mais plustot la jeunesse de M. d'Orleans et les piques de ses gouverneurs, mal-gré le sieur de Tavannes, l'emportent treuver le Roy, sur le bruit de bataille qui se devoit donner en Languedoc; pert l'occasion de faire de beaux effects, cause la perte de partie de sa conqueste, où il met ordre precipitamment. Celuy qui plaist est en opinion d'estre le plus sage : le sieur d'Annebault, allié de madame d'Estampes, du cardinal de Meudon, sur entreprises imaginaires du sieur de Montpezat, assiege Perpignan, apres avoir perdu l'occasion par l'attente des Suisses et longueurs ordinaires aux plus courtisans que capitaines, avec la proximité de l'hyver, contrainct de lever le siege avec quarante mil hommes de pied et deux mil hommes d'armes, qui eussent esté plus utiles à l'entreprise de Milan. L'hyver sonne la retraicte aux armées royales.

Par trop de severité ou douceur les peres faillent; la premiere oste l'audace; la communication, les bons conseils, et les reprehensions douces sont plus necessaires : la seconde, de trop de douceur, plus dangereuse, naissance de mespris, de presomption, d'incorrection et imprudence. La voye du milieu, tirant plus à douceur que severité, se doit suivre, selon la cognoissance de la disposition des enfans : les enseignemens des vertus valent mieux que les heritages qu'on luy laisse : par l'imprudence se perd l'ame, l'honneur et les richesses, par sagesse elles se conservent et s'accroissent. Les enfans doivent estre poussez aux cours des roys et aux guerres cinq ans durant, cognoistre si leur esprit est capable de grande fortune, leur aider entierement. Au contraire, s'ils sont voluptueux, joüeurs, chasseurs, n'aymans la cour que pour estre en liberté, il les faut retirer, s'ils ne peuvent ou veulent parvenir. Il est plus juste que les peres vieux dependent à leurs plaisirs, que les jeunes qui s'en mocquent et n'en sçavent gré; et comme pere faut porter cette injure du temps, que l'amitié ne monte envers les peres avec telle force qu'elle descend aux enfans, desquels s'en treuve plusieurs qui tacitement souhaittent le decez de leur pere, et ne se soucient de leurs commodités, pourveu qu'à quelque prix que ce soit ils obtiennent la leur : ce qui est tolerable quand ils ont de la vertu et de la valeur en esperance d'advancement; si au contraire, il est plus raisonnable que les peres employent leur bien à leur plaisir, que leur en donner pour le leur s'ils l'employent en effects inutils.

Le nom de prince vient de premier commandant à la jeunesse de Rome, ou de president au senat en l'absence des empereurs; anciennement les fils et parens d'iceux prenoient cette qualité. Si les roys estoient electifs, ainsi que ceux de France ont esté et qu'ils sont encor en Pologne, l'election, sautant de race en autre, empliroit de princes toute l'Europe, s'ils pouvoient donner ce grade à toute leur parenté. Il y a apparence que ceux qui sont parens des roys dont les couronnes s'obtiennent par succession se pourroient dire princes ; mais, pour avoir eu des souverains en leur race, et n'ayant plus de souveraineté en icelle à quoy ils puissent pretendre, ceste qualité doit estre perduë. En Espagne, ils ne tiennent princes que ceux d'Austriche, encore que plusieurs soient sortis de maisons royales, se contentans du nom de LOS GRANDES, comme qui diroit en France, illustre. Les maisons de Nevers, de Lorraine, de Longueville, de Nemours, retiennent ceste qualité de prince en France, à quoy les Français adjoustent le surnom d'estranger, sans que les souverainetez auxquelles ils peuvent pretendre, de Lorraine, de Savoye et de Mantoüe, puissent acquerir ce titre franc. Combien de banquiers en Italie, de gentils-hommes en Allemagne, parens de leurs ducs, se disent princes sans sujet! En France, ceux de la maison de Luxembourg, Courtenay, de Guymenet, de Foix, de Lautrec, le seroient semblablement s'ils avoient des parens souverains : les seuls de Bourbon sont recogneus pour princes en France. A Rome, les empereurs se contentoient de nommer leurs enfans princes du senat ou de la jeunesse, n'honoroient freres ny cousins de ce titre. En Pologne, en Hongrie, en Turquie, ils n'usurpent ce titre et preeminence, qu'ils ont seulement par les grades qu'ils obtiennent de leurs souverains. Les roys ne peuvent faire ny princes ny gentils-hommes : plus ils en donnent des lettres, et plus aneantissent ce nom, qui se forme par la grande ancienneté et approbation du peuple, continuation des charges, et reïterez beaux actes des predecesseurs de ceux qui possedent cette qualité. Les roys peuvent bien abbaisser et obscurcir les rangs des gens de qualité aux ceremonies, non que leurs ordonnances empeschent la verité des races que tous cognoissent : eux et les princes sont sortis et faits des gentils-hommes, pour et à l'aide desquels ils ont esté creez ; la seule qualité de roy et de prince du sang est exempte de combattre en duel pour l'interest public ; ceux qui ont le nom de prince, qui sont de maison illustre, ne s'en peuvent parer contre les gentils-hommes, qui sont du bois dequoy ils sont faits, quand les querelles sont jugées justes, et dont le droict est remis au sort des armes par les superieurs, puis que la coustume du combat n'a peu encores estre ostée en France, et qu'il y a tant de familles venuës de grandes maisons et mesmes des rois, qu'iceux se peuvent esgaler à tous ceux qui ne sont du sang royal.

Victoires, prises de places suivies soudainement, apportent des progrez que l'on n'eust pensé ny s'osé promettre. Il ne se peut estimer combien un succez heureux donne de moyens d'en acquerir davantage, quelque petit qu'il soit : le courage croist aux amis, et l'estonnement aux ennemis ; le repentir demeure à ceux qui n'ont suivy leur bon-heur ; estant à reprendre la commune des hommes, qui, n'ayant pas le courage assez eslevé, se contentent de peu lors que la fortune leur met beaucoup entre les mains.

Les capitaines chargez de guerre et d'un prince de quinze ans sont en grande peine : aage sans conduite, ambitieux outrecuidé, qui se laisse flater, posseder, empesche plus que l'armée ; eschappé de la veüe de son gouverneur, s'il ne se pert il en pert d'autres, met confusion, attire combat qu'il ne peut demesler ; s'il fuit, la honte en est au chef; s'il vainc, il gagne de l'outrecuidance, mesprise le conseil, se prepare à lourde cheute. Ses mignons luy preschent la liberté, vice, voluptez, haine de celuy qui le tient subject, qui est accusé de larcin, de faire pour les siens, de manque d'amitié. Cependant que les capitaines veillent contre les ennemis, le pupil et ses mignons veillent contre eux ; les lions prisonniers n'offencent point, on s'en garde ; les princes assubjectis estranglent à l'improviste, sans bride, ils prodiguent l'argent, menent à la boucherie, blasment les actions, et font perdre leur conducteur, et quelquefois eux-mesmes de despit. Rarement s'est veu un grand prince aymer ceux qui l'ont tenu subject : il ne s'en faut charger qu'à douze ans ; s'ils en ont seize ou dixhuict, protester au pere de leur obeyr et conseiller, sans s'obliger à la garentie des evenemens : ne s'en charger en façon que ce soit, c'est le mieux ; j'escrits d'experience. En l'an 1594, au declin de la guerre pour la religion en France, M. du Maine me donna son fils aagé de dixsept ans, avec une petite armée en Bourgongne : je me trouvay plus empesché de luy que des ennemis. M. de Guise l'estoit moins ; les mignons de M. d'Orleans estoient capitaines, et ceux de M. le prince du Maine ne l'estoient pas ; si ne me peurent-ils empescher de prendre de places, tenir six mois la campagne, presenter le combat à toute heure ; et m'ose promettre que, sans eux et la trefve qui porta le grand coup de la ruïne de la Ligue, nous eussions mis nos ennemis hors de Bourgongne.

[1543] Au sortir de Perpignan, La Rochelle se mutine pour la gabelle ; eux et le sieur de Jarnac leur gouverneur vont en differentes plaintes au Roy : le sieur de Tavannes, avec la compagnie de monsieur d'Orleans, est envoyé pour y entrer en garnison : ils le refusent en gros, non la communication des siens, qui entrent par diverses portes en divers temps. Les gendarmes se glissent dans les hosteleries, s'assemblent en un logis où le sieur de Jarnac avoit coulé des armes, lequel prie ceux de la ville de laisser entrer la garnison : sur leur refus, le sieur de Tavannes sort en la ruë avec cent cuiraces, monstre qu'il estoit dedans sans leur sceu : à mesme temps s'approchent de la ville huict cens arquebusiers ; l'alarme sonne, il declare que vif ou mort il demeureroit dans la ville, ou qu'il brusleroit tout et s'enseveliroit dans les cendres. Le combat douteux et la crainte du Roy fit accorder que les Rochelois poseroient les armes entre les mains du sieur de Jarnac, entretiendroient la compagnie de gendarmes et quatre cens arquebusiers jusques à la venue du Roy, lequel arrivé, leur remit leurs privileges, pardonna leurs fautes et osta la garnison. Sa Majesté louë le sieur de Tavannes de ce qu'il avoit fait. MM. de Langez et marquis du Guast prenoient et reprenoient l'un sur l'autre Carignan et autres petites villes en Piedmont ; le sieur d'Annebault y est envoyé, par mauvaise intelligence des chefs n'y fait rien qui vaille, fault Cosny, retourne en France ; M. de Langez meurt. Thurin, sous Boutieres, fault à estre prins par des soldats cachez dans des chariots de foing ; en may fut le camp de Marolles. Le Roy, avec huict mil chevaux et vingt cinq mil hommes de pied, fortifie Landrecy, court devant Monts et Maubeuge. Ferdinand, par le marquis de Brandebourg, assiege Peste en Hongrie sans fruict ; Soliman le secourt, et en suitte prend Albe et Strigon par la faute des Chrestiens. Le Turc peu devant avoit accordé au Poulin, depuis baron de La Garde, ambassadeur de France, l'armée de mer hors temps, sans fruict que la prise de Nice, reprise apres par le chasteau. L'Empereur retourne d'Espagne contre le duc de Claives, qu'il avoit quitté pour ne luy avoir voulu permettre la qualité de duc de Gueldres pretenduë par Sa Majesté ; le Roy luy avoit donné la fille de sa sœur mariée au roy de Navarre ; sur l'appuy de quoy ledict duc de Claives en l'an 1541 envahit la Flandres. Le Pape, à Plaisance, veut en vain divertir l'Empereur de la vengeance sur ce duc, monstre que Soliman descend en Hongrie, et l'armée de Barberousse sur les costes d'Italie : la vengeance emporte l'Empereur, qui laisse le Pape mal-content, fait reveüe à Bonne de trente mil hommes de pied et seize mil chevaux de toutes nations, prend d'assaut Dure, estonne le reste du duché de Claives, qui se rend et son duc à la misericorde de Sa Majesté, qui luy oste ses deux meilleures places, change la qualité de duc en celle de gouverneur. Le Roy, contant de garnir ses frontieres, laisse perdre son amy le duc de Gueldres à sa veüe, depesche M. d'Orleans à Luxembourg, qui demande le sieur d'Annebault au lieu de M. de Guise, suivant le conseil du sieur de Tavannes, pour monstrer que sa precedente victoire dependoit de luy seul. Il prend Arlon et Luxembourg pour la deuxiesme fois ; le Roy y arrive, et fut adverty du siege de Landrecy, s'approche de l'Empereur, qui avoit quarante mil hommes de pied et quatorze mil chevaux, avec lesquels, ayant tenté les batteries, se resout de l'avoir par famine. Le Roy s'approche à la faveur des bois et des ruisseaux, envitaille et change la garnison de Landrecy, pour n'avoir l'Empereur pris la place de bataille entre ses ennemis et la place qu'il assiegeoit. Le Roy, paré d'un ruisseau, apres quelques escarmouches, se retire de nuict sans honte, avec honneur d'avoir sauvé Landrecy, congedie son armée à Guise : l'Empereur fait le semblable à cause de l'hyver.

[1544] En ce temps nasquit le petit roy François.

Les secours des princes esloignez arrivent hors temps et sont inutiles : tel estoit celuy du Turc au roy François, celuy du roy d'Espagne aux Catholiques liguez en France. L'assistance demandée ne s'accorde quatre mois apres : avant que les nouvelles soient sceües de l'un à l'autre, la necessité est passée ou le party opprimé, et n'est plus question de ce qui estoit lors ; les entreprises se treuvent faillies, les parties ruïnées, l'argent sans soldat, le soldat sans argent, venus mal à propos, se despend et se desbandent. Faut des sources de deniers et d'hommes proches, avec agent qui puisse resoudre les affaires comme le souverain, et ce à six journées au plus du gros de la guerre, pour l'Espagne à Milan, pour le Turc en Barbarie, si ce n'estoit que dés le commencement de la guerre fust donné pouvoir et fourniture de tout ce qui seroit necessaire, ce qui est mal-aisé.

Les petites troupes peuvent capituler à temps dans une foible ville : nul ne veut aller le premier à la mort ; les generaux d'armées ont d'autres affaires, ne demandent que gagner du temps et hazarder l'honneur des mal-advisez ; les foibles sont fort empeschez à se resoudre, et, quelque defence qu'ils facent, tousjours la perte de la place leur donne du blasme.

Les foibles potentats et usurpateurs courent fortune, sont subjets à de grands perils : le mieux est de se liguer avec leurs semblables ; ils sont contraints de mandier le secours qui les opprime ; s'ils donnent des villes ils en sont depossedez, s'ils n'en donnent point ils sont secouruz par acquit. Il vaudroit mieux endurer de leurs empereurs, ou mettre dés le lendemain partie de leur Estat entre les mains de celuy qui les secourt, lequel, interessé, les defendroit comme siens : et resteroit l'esperance au foible prince d'y r'entrer, ou d'en avoir recompense, laquelle il faudroit traicter auparavant, et mettre aux choix de son superieur de la donner ou de luy rendre le païs, sans monstrer aucun regret ni deflance ; reigle de laquelle sont exceptez ceux qui peuvent subsister avec peu de secours qui ne les puisse opprimer.

Les Turcs n'ayment ny ne secourent les Français que par interest commun, qu'ils ont guerre au roy d'Espagne ; quand il y a paix avec le roy Catholique, les ambassadeurs de France ont peu de credit à Constantinople.

La vengeance et inimitié n'ont lieu à l'endroit des grands capitaines, qui doivent estre conduits d'honneur et d'utilité.

Il ne faut regarder à faire une retraicte de nuict qui apporte l'honneur de la victoire, ayant fait ce que l'on desiroit : qui a le profict de la guerre en a la gloire ; et ne faut oüyr les jeunes et ambitieux qui contrarient ceste seurté, laquelle ils disent honteuse si elle n'est recherchée de plein jour, et seroient les premiers peut estre à se desordonner au peril.

Il est difficile de se retirer devant des capitaines qui ont volonté de combattre ; la crainte, le malheur, le mespris des chefs mal-fortunez, fait desdaigner le commandement ; le souvenir de la honte oste le respect des soldats, lesquels, desordonnez et une fois tournez, abandonnent le salut public pour penser au leur particulier : pressez en ceste confusion, un leur semble plusieurs, et les esprits des communs soldats, portez par la terreur hors de leur siege, duquel elle a jetté la raison, ne leur permet de se recognoistre ; l'imagination frappée ne leur concede autre pensée que de retraicte ; le gallop, quelque petit qu'il soit, se convertit en fuitte, et malaisement s'en peut-on desdire, si quelque chef [duquel l'accoustumance des perils les fait mespriser] ne fait quelques charges à la faveur d'un fossé ou d'une haye. Les chevaux de ceux qui suivent ne sont d'esgale force ; les plus vistes, mal secondez, voyant faire ferme à quelques uns, sont contraints d'attendre leurs compagnons ou estre chargez foibles : neuf ou dix d'iceux renversez à propos est le salut de la retraicte.

Telles charges ne se doivent faire en gros par cent ou six vingts, qui ne se peuvent depestrer commodement : trente chevaux suffisent en ce desordre pour faire faire halte aux plus pressans. En ces hastives retraictes les soldats, se sentans les pistoletades et les arquebusades dans le doz, les mots de : *Tournons, faisons ferme*, sont proferez de la bouche, et les cœurs affoiblis piquent les chevaux au contraire. Plusieurs, avec ces beaux mots et de mauvais effects, sont comme les putains dont la bouche refuse ce que le reste du corps concede : ainsi ceux qui ont trop attendu et qui sont tombez en cet inconvenient, malaisement retournent à la charge. Autres sont les retraictes qui se font en ordre et en gros, et quoy qu'elles se facent partie au trot, ne perdent le commandement, ayant quelque peu d'advantage : ceux qui les veulent attaindre se desordonnent autant que ceux qui se retirent, lesquels à tous fossez, à toutes hayes tournent, et, estans trop pressez, laissent des gros derrier un bois ou au couvert d'un chemin ou vallon, pour [non apperceuz] charger en flanc ceux qui poursuivent trop chaudement. Tel gros doit estre laissé pour chargé dans le flanc gauche des ennemis, et faire leurs charges en se retirant demy tournez ; et d'autant qu'ils ne profondent dans les victorieux, ils se peuvent retirer, et est necessaire qu'ils soient soudainement soutenus d'un autre gros qui face la charge de mesme que celle qui a esté faite, s'il est besoin, ou en face la mine. Infailliblement ils rompront ou arresteront les testes de ceux qui suyvent ceux de la retraicte qui auront les premiers chargé, selon le succez doubleront le trot pour regager les grandes troupes qui auront fait un peu de halte à la faveur d'une haye ou chemin, pour favoriser ces charges. Les histoires sont pleines de ceux qui, pour avoir trop suvly la victoire, l'ont perduë : les retraictes precipitées se doivent eviter; ceux qui sçavent comme il faut forcer ceux qui se retirent, hazardent cinquante cavaliers avec commandement expres de se mesler, les suyvent en gros et soustiennent ordre. Il est tres-malaisé de se garentir de honte, si on n'est fort experimenté. Cela soit dit pour les troupes particulieres et non pour la retraicte d'une armée, pour laquelle il faut autre prudence dicte en autre lieu.

La haine des Français rompt les beaux desseins de Charles-Quint. Il sçait que Scanderbey a vaincu, et Jean Uniade resisté aux Turcs, contre lesquels il pouvoit mener cent mil hommes aguerris, ruïner au premier bon succez leur monarchie. La vengeance le porte en France, en Gueldres et par tout ailleurs que contre les Infideles; n'ayant raison que la defiance des Lutheriens, disoit les entreprises turquesques imaginaires. Le maintien de sa maison, dont la Flandre est le cœur et la France la peur, porte sa resolution ailleurs : il ne peut eviter blasme de vindication contre les Français, et de crainte des Turcs : il n'avoit courage pareil aux Cesars, qui croyoient se preserver des foibles assaillans les plus forts.

L'Empereur, sans avoir esgard à l'offence ancienne de sa tante, excommunication du Pape, changement de religion, recherche le roy d'Angleterre, qui luy promet passer en France en haine de l'alliance practiquée des Français en Escosse ; partissent l'Estat de France avant que l'avoir assailli, practiquent en vain les Suisses, defendent la sortie de Germanie aux Allemands, assiegent Luxembourg par le comte de Fustemberg, desassiegé par le prince de Melphe. Le marquis du Guast prend Montdevis sur des lettres contrefaites du sieur de Boutieres portans ne le pouvoir secourir, prend et fortifie Carignan. M. de Boutieres renforcé assiege Yvraye, lequel prest à prendre le quitte ; offencé de l'arrivée de M. d'Anguien, creé nouveau lieutenant en Piedmont, se retire en sa maison.

M. d'Anguien prend Cresantin, assiege Carignan, nouvelles conquestes et fortifications, et cinq boulevarts du marquis du Guast, garnis de quatre mil Espagnols que lansquenets ; l'impossibilité de la forcer resout à la famine, et les Imperiaux au secours s'approchent avec grand nombre de lansquenets nouvellement armez. M. d'Anguien se place à Carmagnolle entre les assiegez et ses ennemis, demande au Roy congé de donner la bataille et argent pour payer ses soldats : le premier est accordé, et le second selon la necessité de sa Majesté. Au bruict du congé de la bataille partent de la Cour en poste pour s'y trouver les sieurs de Tavannes, de Dampierre, Sainct André, Bonivet, Jarnac, Colligny, Descars, de Rochefort, de La Hunaudaye; à leur arrivée le general leur depart des charges. Le sieur de Dampierre, en faveur du Dauphin, eut l'arriere garde avec les guidons ; le sieur de Tavannes, pour son experience, est retenu pres de luy avec le sieur de Sainct André. Le marquis du Guast logé à Cerizolles, resolu de combattre ou d'envitailler Carignan, marche entre Cerizolles et Sommerive, pour, se parant d'un ruisseau, couler à Carignan. M. d'Anguien marche pour recognoistre avec sa cavalerie, descouvre le flanc des ennemis, reprend ceux qui l'avoient empesché d'amener toute l'armée, branle d'envoyer querir ses gens de pied. Le Guast descouvrant l'ennemy, reveint loger à Cerizolles. M. d'Anguien, considerant que les troupes, dés la pointe du jour en campagne, fussent esté trop fatiguées de loger sur le champ, les fit retourner à Carmagnolle, d'où le matin il partit pour s'aller mettre au devant dudict Carignan et couvrir le pont du Pô, d'où venoient les vivres au marquis ; lequel encouragé, luy semblant que les Français tournoient le doz, laisse le grand circuit, marche sur la piste du jour passé. Rapporté à M. d'Anguien, il retourne pour donner la bataille, qui fut le lendemain de Pasques, treiziesme avril 1544.

Les Imperiaux estoient dix mil Allemands, neuf mil Italiens, six mil Espagnols ; ainsi, plus forts de huict mil hommes de pied que les Français, se rangerent en trois bataillons; sa cavalerie, de huict cens chevaux inferieure à celle du Roy, estoit sur les aisles. M. d'Anguien se met quasi en pareil ordre : M. de Boutieres, revenu au bruict de la bataille, conduit l'avant-garde, composée de trois mil hommes de pied français, à leur droicte trois cens chevaux legers, à la gauche M. de Boutieres avec quatre vingts hommes d'armes. De mesme front marchoit la bataille, de trois mil Suisses flanquez de M. d'Anguien avec deux cens hommes d'armes ; à sa gauche les gens de pied italiens, Gruiers flanquez du sieur de Dampierre, avec le reste de la cavalerie. Le nombre de tout estoit de cinq mil hommes de pied gascons, huict cens hommes d'armes, cinq cens chevaux legers, quatre mil

Suisses, trois mil Gruyers, Provençaux qu'Italiens. Se tire des rangs huict cens enfans perdus sous Montluc, l'artillerie à la teste des bataillons; l'escarmouche s'eschaufe, desirant chacun des enfans perdus gaigner les flancs des bataillons ennemis : l'artillerie endommage des deux parts. Ce que ne pouvant endurer les capitaines français du regiment de M. de Tetz colonnel, le contraignent d'aller au combat, ne descouvrant seulement que le bataillon des Italiens conduicts par le prince de Salerne, où ils s'acheminoient. Pareille contrainte avoient faicte les lansquenets du Guast à leur capitaine, ennuyez de l'artillerie, et venoient charger le bataillon de M. de Tetz par flanc : dequoy adverty, cognoissant sa faute, s'arreste et fait mettre le ventre en terre à ses soldats pour se parer de l'artillerie, donnant temps au bataillon de dix mil lansquenets ses ennemis de venir à luy et couvrir ses Italiens, qui, pour ce sujet, ne combattirent point. Les Suisses de la bataille s'estoient advancez de mesme front que les Français; chargent ensemble et partie par flanc pour estre leur front grand. Les lansquenets avoient esté contraincts au passage du marets se mettre aucunement en desordre, furent tirez d'un nombre d'arquebusiers à roüet cachez derrier le premier rang des piquiers français, qui chargerent tous ensemble aidez des Suisses qui donnoient par flanc, tenant leurs piques par la moitié si courageusement, qu'ils rompirent le grand bataillon de lansquenets, aidez de M. de Boutieres, qui charge à un coing du bataillon avec cent hommes d'armes devant les Suisses, en mesme lieu où avoit desja passé quelque cavalerie des ennemis fuyant.

Le marquis du Guast, voyant le desordre advenu par l'impatience des lansquenets, s'estoit confié en cinq mil soldats espagnols esleuz, destinez pour combattre les Gascons, lesquels Espagnols avoient esté contraincts suivre les lansquenets au combat, et, voyant leur desordre, tournent à gauche, pensant avoir les Gascons, chargent les Italiens et Gruyers, qui ne soustindrent seulement leur regard ; ils suivent la victoire. Sur ceste grande incertitude, M. d'Anguien est conseillé de faire ferme, le sieur de Tavannes dit : « Chargeons, monsieur, commandez à Dampierre » et Termes qu'ils donnent à ceste cavalerie du » duc de Florence, et choquons ce bataillon de » vieux soldats, en quoy consiste le gain de la » bataille. » M. d'Anguien croit le sieur de Tavannes, et l'envoye faire charger le sieur de Dampierre, avec lequel, estant victorieux de ceste mauvaise cavalerie, il revient, disant : « Monsieur, il faut boire ce calice. » Mene mondict sieur d'Anguien à la charge avec tout ce qu'il avoit de cavalerie, contre les cinq mil vieux soldats, qui retournoient de la victoire des Italiens et Gruyers : la charge fut grande, il s'y perdit beaucoup de gens de bien. Les Espagnols perdirent beaucoup de courage appercevans revenir les Français et Suisses victorieux des lansquenets : M. d'Anguien passe trois fois parmi eux, à la troisiesme ils jettent les armes. La victoire fut douteuse, et n'estoit pas demeuré cinquante hommes à M. d'Anguien, où tout se r'allie. Le Guast se sauve, laisse quatorze pieces d'artillerie, douze mil morts, trois mil prisonniers. M. d'Anguien loüe trois hommes, les sieurs de Montluc, Dampierre et de Tavannes, lequel nous laissa ceste bataille peincte de sa main. Il se vantoit peu ; je luy ay ouy dire qu'il servit beaucoup en ce combat, qui fut gagné par faute d'ordre des ennemis, pour avoir trop tost et sans commandement commencé la bataille : la fortune y eut sa bonne part.

C'est peu de lire du succez des batailles, qui ne remarque les fautes d'icelles pour en profiter. Celle de Crecy aprend de ne laisser desbander les volontaires, qui pour leur honneur particulier hazardent le general ; que l'infanterie mal ordonnée mise devant la cavalerie, au moindre desordre l'empesche d'aller au combat, s'il n'y a des places laissées entre les bataillons pour y aller ; qu'il ne faut hazarder à jeun les hommes lassez contre des frais et bien repeuz, et qu'une avant-garde bien renforcée est souvent utile, servant la bataille et arriere-garde d'ost de reserve, sans se mouvoir qu'ils ne voyent le commencement du bon succez de leur avant-garde, sert quelquesfois de beaucoup.

Le roy Jean aprit à ses depens qu'un petit nombre placé avantageusement peut estre victorieux d'un grand qui assaut en desordre, et qu'un petit front bien defendu, flanqué d'archers ou d'arquebuziers, et qu'en mesme temps sortent d'autres endroits des troupes chargeant en flanc les assaillans, dont l'ardeur est r'allentie par les traicts, souvent emportent la victoire ; et a apris que ceux qui sont si mal advisez d'attaquer tout ensemble queüe à queüe ceux qui sont placez, au moindre desordre se perdent et se renversent les uns sur les autres, et qu'il seroit mieux les attaquer avec pareil nombre qu'ils sont, esloignant ce que l'on a de plus, tellement qu'ils ne se puissent ressentir du desordre qui pourroit advenir aux premiers attaquans.

Le roy Edoüart, genereux, se servoit des grands sans les contraindre ; son royaume d'Angleterre estant depuis sa mort tombé en quenoüille et en enfance, iceux eurent peur de leurs subjects, justiciant les meilleurs et principaux capitaines : ils restraignirent le moyen de leurs conquestes par le sang des seigneurs de leur pays, ruynant les gentils-hommes, et eslevant la populace, dont la pluspart est inutile à la guerre.

La Bicoque tesmoigne que malheureux est le general dont la force consiste en estrangers, qui demandent argent, combat ou congé, selon leur fantaisie : ces requestes mal affectionnées meritent congé, pour eviter la defaveur d'une bataille, où il y a apparence qu'ils ne feront leur devoir, pour leur injuste requeste. Il y a difference de la defaveur de perdre des places par faute d'hommes, ou les perdre par la perte d'une bataille : c'est folie de donner, suyvant l'humeur des soldats, de la teste contre un rempart fortifié ; les assaillans, quand bien ils entreroient dedans, peuvent estre chargez en flanc. Le commencement de ceste guerre, en laquelle fut donnée la bataille de La Bicoque, enseigne qu'il ne se doit entreprendre une guerre sur l'esperance de prises de villes, qu'il faut compter pour rien : elles sont fautives, et faillant, elles descouragent entierement toute l'entreprise.

La bataille de Ravenne apprend que c'est faute de se tenir en un camp à demy remparé, duquel les canonades font sortir en desordre ; qu'il faut estre resolu par où sortir, et comme se feront les charges, d'autant que si le camp est tout environné de fossé et rempart bien fortifié, semble qu'il doit estre defendu par les gens de pied. Que si le fossé est petit, et que le dessein soit d'attendre que la cavalerie ennemie le passe pour la charger en flanc, ou, à demy passée, s'ils ont de l'infanterie qui gagne le haut du rempart, ils peuvent faire plier la cavalerie de ceux du fort, et à leur faveur faire passage à la cavalerie qui assaut, au grand desavantage de ceux du camp fortifié, d'autant qu'il y a tousjours plus de courage en ceux qui assaillent qu'en ceux qui defendent. Ainsi faut que le fossé et rempart soit bon et defendu de gens de pied, ou bien ne vaillant guieres, n'attendre point qu'ils soient forcez de sortir en desordre par les canonades ou arquebuzerie ennemie ; au contraire, après les salves de l'infanterie, sortir par les grandes espaces vuides bien recogneües, qui seront esté reservées pour l'issue de la cavalerie. Semblables issues doivent estre observées, encore que les camps soient bien fortifiez, pour, après la premiere impetuosité de l'ennemy perdue dans le fossé et proche du rempart, les pouvoir charger en flanc ; et telles issues, qui servent aussi de retraicte à un besoin, doivent estre si bien flanquées, que les ennemis, voulans suivre les troupes qui se retireroient, soient battuz d'artillerie et mousqueterie, et chargez en flanc de piques et de cavalerie.

C'est inexpertise de se penser paré d'un fossé et petit rempart faict à la haste : que l'artillerie voye par dessus dans le camp, ou batte en courtine, parce qu'il en faudra sortir et le quitter, en danger que ce ne soit en desordre.

En la bataille de Nicopoli, donnée la veille Sainct Michel, l'an 1395, par Sigismond, roy d'Hongrie, contre toutes les forces turquesques commandées par Bajazet, par mauvaise emulation des Hongres et des Français ambitieux, croyans les Français pouvoir obtenir la victoire sans en faire part aux Hongres, huict mil d'iceux Français passerent au travers de toute l'armée turquesque, mal suivis et secondez, par envie des Hongres qui firent halte, furent defaicts au prejudice desdits Hongres, qui porterent la peine de ceux qui ont plus d'ambition que de zele à la religion. La mauvaise intelligence perdit tout : que si quarante mil hommes qu'ils estoient se fussent bien entenduz, secourus et chargé à temps, sans separement s'enferrer dans les croissans des Turcs, sans doute la victoire estoit à eux. Ils ont appris que quand les nations sont de differens langages et pays, de ne s'y fier qu'à propos, et aller à la charge l'un quand l'autre, et vaincre la vanité et l'ambition pour sauver l'honneur et la vie.

A la bataille de Varne, donnée le dixiesme d'octobre 1444 par Ladislaos, roy d'Hongrie, et Jean Uniade, assistez de cinquante mil Hongres, Polonais et Vallaques, contre Amurat commandant à deux cens mil Turcs, Tartares et Asiatiques, Jean Uniade defit toute l'aisle des Asiatiques, et ayant admonnesté Ladislaos de tenir ferme et servir d'ost de reserve, chargea encores, et eut l'advantage de l'autre aisle composée des Europiens, et Amurat fut prest de fuyr et de tout quitter, quand le malheur de la chrestienté poussa par ambition Ladislaos, pour avoir part à la victoire de Jean Uniade, de se precipiter dans les bataillons de janissaires, et par sa mort rendit le courage à ceux qui l'avoient perdu ; joinct à la faute des Vallaques, qui, au lieu de poursuivre la victoire, donnerent aux bagages, et pillerent les tresors d'Amurat, avec quoy ils se retirerent, et sans lesquels desordres la victoire estoit tellement asseurée, que tout estoit rompu : et Jean Uniade, se retirant en gros et au pas, fit foy du peu de courage qui estoit aux Turcs apres la victoire qui estoit retournée de leur costé.

Ce qui monstre que ces deux aisles et pointes d'armée de la cavalerie turquesque d'Europe et d'Asie peuvent estre rompues ; et si le fort roulant d'infanterie chrestienne approchoit celuy des Turcs, et que leur cavalerie fust beaucoup meilleure et la plaine large, apres avoir deffaict la cavalerie turquesque, ils pourroient defaire leur infanterie et gagner leur fort; et d'autant que les Chrestiens sont plus inexpers à ceste poursuitte, et qu'ils peuvent estre encloz par des Tartares et Turcs, il seroit mieux qu'ils ne poursuivissent point la victoire plus de deux cens pas, et se tinssent proches de leur infanterie. En ceste bataille, Jean Uniade s'aida des chariots ou carrosses, qui portoient chacune trois moyennes, bastardes, ou gros mousquets : invention qui n'est point à rejetter. La faute de Ladislaos prend aux vieux capitaines, qui sont contraincts d'aller à la charge et se separer des jeunes princes, qu'ils commandent de laisser aupres d'iceux de vieux capitaines leurs amis, qui forcent par autorité ceste chaleur de jeunesse, et par remonstrances, à suyvre l'ordre qui a esté donné des plus vieux et plus sages.

Ce fut une grande brutalité aux Suisses à la bataille de Marignan, donnée en l'an 1515, de s'y estre portez par presomption tumultueusement, mal conseillez de ceux qui les pensoient invincibles, et de n'avoir fait un logis hors de Milan, tant pour se reposer que pour donner loisir aux forces papales et espagnolles d'oster la mefiance en laquelle ils estoient entrez, et se venir joindre à eux, encores plus, de n'avoir consideré que, ne commençant la bataille qu'à deux heures, s'il y avoit resistance, ils ne pourroient parachever, et que de sejourner la nuict sans vivres il leur seroit incommode ; aussi que donnant temps de la nuict aux Français de se recognoistre, ils se reordonneroient mieux, experimentant qu'il est peu seur d'attaquer une armée qui est placée, et la trouvant à une forte poste, ils se doivent camper aupres, pour considerer les meilleurs moyens de les attaquer, en tournant sur le flanc de l'armée, sans les assaillir par la teste, qui est tousjours la mieux fortifiée.

Les fautes ne se reprochent aux victorieux ; neantmoins le Roy n'avoit assez fortifié la teste, que les Suisses esbranlerent, et est croyable qu'ils eussent mieux gardé le fossé qu'ils perdirent, si, pour diminuer la premiere furie, ils eussent faict charger quelque troupe de la bataille par flanc. Il ne fut esté loüable que le Roy eust suivi la victoire en desordre ; mais s'il avoit son armée encore ordonnée, et qu'il eust fait faire de vives charges à la cavalerie, la victoire eust esté peut-estre toute entiere. Ce combat apprend que la vaillance ne suffit pour gagner les batailles, que ordre et entendement y sont autant ou plus necessaires, d'autant que ceux qui en sont defavorisez changent souvent le pas au trot, la crainte en peur, et l'ordre en desordre.

Pour sauver une ville il ne faut hazarder un royaume : ce que mil chevaux peuvent faire il n'est pas besoin d'y mener une armée, par ostentation ou ambition du general de vouloir presenter une bataille sous l'esperance de retraicte, ou du moins faut aller en resolution de combattre si l'on y est forcé.

Il ne faut faire recognoistre l'avenuë par laquelle l'ennemy peut venir par gens inexpers.

Qu'il ne faut estre aheurté et resoudre de ne changer rien de l'opinion et resolution que l'on a prise au logis devant que partir, laquelle deliberation il faut changer selon l'evenement : ce n'est pas tout de dire qu'il se faut retirer sans combattre, mais sçavoir si on le peut faire.

Voyant que l'on ne se peut retirer sans desordre, il faut de bonne heure se resoudre au combat, et vaux mieux estre tué par devant, avec quelque esperance de victoire, qu'honteusement par derriere. Des petites troupes sont assez aisées à retirer, mais les armées entieres sont difficiles, principalement en presence. Toutes et quantesfois que l'on fait retirer les vallets et le bagage, encore que l'on face bonne mine à la teste, si les ennemis s'en apperçoivent, c'est leur donner un grand courage et diminuer celuy de ceux qui sont en opinion de retraicte. Il seroit besoin de les avoir fait en aller de bonne heure, et encore meilleur de ne les avoir approchez.

C'est grande faute de mener une armée en un renvitaillement de là où l'on se veut retirer sans combattre, ou de se charger de l'artillerie, qui ne peut manquer d'engager à la bataille.

La presomption et vanité du general d'avoir fait une belle retraicte, ne le doit porter à mener une armée pour un effect qui se peut faire par partie d'icelle avec moins d'hazard.

Ceux qui menent des troupes et qui voyent un desordre des plus advancez qu'eux, se doivent mettre hors du chemin des fuyards, ou ils seront en danger d'estre renversez par les leurs mesmes, qui portent dans eux l'effroy et le desordre, dont ensuit la fuite generale.

La bataille de Pavie apprend à ne diviser ses forces quand on est proche des ennemis et que l'on attend la bataille, pour quelque belle entreprise que ce soit, d'autant que le general et le gros estans ruinez, tous les membres separez le sont ; qui a la victoire, toutes entreprises apres sont faciles.

Eviter la bataille, puisque sans icelle les ennemis se minent par faute d'argent ou de vivres ; et pour ce sujet reculer, desloger se mettre en lieu seur et hors de combat, est honnorable.

C'est folie de vouloir conserver les ombres d'honneur, et hazarder l'honneur par effect : il vaut mieux reculer pour mieux sauter, et ceder quelque peu pour gagner tout avec le temps.

Que l'amitié ne nous transporte et aveugle le jugement, nous faisant croire que ceux que nous aymons sont les plus sages, et que pour iceux [bien souvent jeunes et inexperts] nous mesprisons les conseils des vieux capitaines ; et se garder de s'opiniastrer sur l'advis d'un seul, croyant qu'en plusieurs advis unis au contraire il y doit avoir fondement de raison plus entiere.

Ne s'opiniastrer par honte à ne se dedire d'un advis, lequel, bien repensé et consideré, se doit quicter et ceder aux conseils plus fortifiez de raison. Que la chaleur, la valeur, les branlements des ennemis, les rapports, les nouvelles de ceux qui disent qu'ils s'enfuyent ou qu'ils sont defaits, ne facent perdre les avantages, ny les lieux où l'on aura placée l'armée, et encor moins marcher tellement en avant, que l'on vienne à couvrir son artillerie et empescher, pour s'estre mis entre deux, qu'elle ne fasse effect sur les ennemis. Et doit-on fort considerer de ne changer l'ordre qui a esté pris au logis, qu'avec grande consideration et que l'on ait grand loisir, attendu que ce changement en presence des ennemis apporte ordinairement confusion.

Que c'est une grande folie d'asseoir la principale force de la bataille sur des amis reconciliez, mais bien d'avantage de se fier, se servir et payer ceux que l'on avoit battu et defait trois ans auparavant, lesquels ont encore la vengeance dans le cœur ; inconsideration du roy François de s'estre servi des Suisses battus à Marignan, qui s'en vengerent en l'abandonnant à Pavie.

Les forces de cavalerie et infanterie doivent estre tellement disposées, que deux escadrons ou bataillons ennemis ne se jettent sur un : ce qui advient principalement aux grands bataillons de gens de pied, là où le trop d'ardeur des uns et la coüardise des autres les font marcher de pas inegal ; et souvent par crainte, et quelquefois par trahison, un bataillon fera ost et laissera engager son compagnon se tenant en pied, pour avoir moyen de se retirer si la bataille est perdue, et pour laisser abattre la rosée ; et lors qu'ils voyent quelque prosperité au combat, ils s'avancent. Autres, enflez de vanité, feront halte, pour [apres avoir veu leurs compagnons vaincus] avoir le loz d'avoir remis la victoire de leur costé : à quoy ils peuvent estre souvent trompez. C'est pourquoy le sage general et mareschal de camp les fera marcher tout d'un front et à pas mesurez, et plustost avancera de quelque peu devant ceux qu'il soupçonne vouloir faire ce mauvais traict, que l'on appelle proprement joüer à la fausse compagnie. C'est ce qui fait loüer l'advis des Espagnols, de mesler un bataillon de toutes nations, Espagnols, Vallons et lansquenets, desquels l'obeissance est plus grande, ne pouvant tant de diverses nations de differens langages prendre autre resolution entre eux que celle que leur donne le general.

C'est grande imprudence de faire naistre aux ennemis l'occasion de combattre par desordre et desavantage que l'on se donne, lesquels ennemis n'avoient dessein de donner bataille que celuy que l'occasion leur en donne ; que s'ils ne l'eussent donnée advantageuse, ils se fussent retirez.

A la resolution de la bataille, qui se fait sur la cognoissance de la valeur et du nombre des soldats, le general ne s'en doit fier qu'en soymesme ; les capitaines, maistres de camp et commissaires, n'y doivent estre creuz ; les reveües faites aux alarmes à l'improviste, doivent apporter certitude. C'est une excuse impertinente, apres la bataille, de dire : Les commissaires, les colonels et les maistres de camp m'ont trompé et desrobé : les soigneux de leur estat et de leur honneur ne s'en fient qu'en eux-mesmes.

Le marquis du Guast ne se peut excuser d'avoir mis le regiment d'Espagnols routiers pour combattre des Grisons sans valeur, et avoir opposé les Italiens de peu de courage pour seconder son bon bataillon de lansquenets ; l'un foible et l'autre fort eurent en teste deux forts bataillons de François et de Suisses, et les Italiens faisans halte, tant à cause de leur naturel, que pour avoir esté renversez sur eux la cavalerie italienne, le grand bataillon de lansquenets imperiaux en eut à combattre deux forts, qui estoient les Suisses et Gascons, et fut aisement rompu, et la victoire que les Espagnols eurent des Grisons ne servit de rien, parce qu'estant les Espagnols occupez à la chasse, à leur retour ils trouverent les lansquenets et Italiens [enquoy consistoit la force de leur armée] defaits ; et tous les victorieux leur tombant dessus, ils ne peurent resister, et se perdit la bataille.

Le Guast pouvoit avoir leu que les Romains ont quelquefois mis leurs soldats plus foibles à l'opposite des plus forts ennemis, et les plus forts au droit des plus foibles. Cette ruse se practiquoit parce que lesdicts Romains commandoient à leurs foibles alliez de faire halte, et de ne s'advancer point que les plus forts n'eussent rompu les plus foibles de leurs ennemis ; et neantmoins ne devoient estre si esloignez les plus foibles, qu'ils ne fissent tenir en halte les plus forts des ennemis, à ce qu'ils ne chargeassent en flanc ceux qui poursuivroient les plus foibles des leurs; lesquelles poursuittes ne se faisoient loing, et les forts victorieux, et les foibles qui n'avoient combattu, chargeoient les plus forts de leurs ennemis, qui demeuroient en estat et en avoient le dessus : mais tout exemple ne se rencontre utile.

Je croy que de ceste bataille les Espagnols ont appris à mesler leurs bataillons de Suisses, lansquenets, Espagnols et Vallons, comme ils font aujourd'huy, se parant de cet inconvenient des bataillons composez d'une nation, qui sont trop vaillans, ou trop lents, ou coüards, s'en vont sans combattre; mais composé de toutes ces nations, fait un temperament dans le bataillon, une obeissance plus grande, et les uns sont encouragez des autres, et ne peuvent prendre party ny faire refus ainsi que s'ils estoient divisez, et marchent tout d'un mesme temps.

Soit que la force consiste à la cavalerie ou à l'infanterie, il faut tousjours ranger le premier rang de l'escadron de cavalerie, au dernier rang des bataillons de gens de pied : que si la cavalerie ennemie charge la teste des piques, les escadrons se peuvent avancer pour les charger en flanc : et si les bataillons de gens de pied affrontent des bataillons plus foibles d'infanterie, quand ils sont aux mains la plus forte cavalerie peut aller charger l'autre. Et pour eviter inconvenient de troubler [advenant un malheur] les bataillons d'infanterie, faut expressement que le general plus fort de cavalerie, aye laissé de grands et larges espaces vuides entre les bataillons de gens de pied; et jamais ne faut avancer la cavalerie entierement au front des bataillons, ny au milieu d'eux, si ce n'estoit par le desordre de la cavalerie ennemie, qui auroit donné dans les testes des piquiers. Infailliblement, si la cavalerie s'advance trop, et qu'elle vienne à estre rompue, la peur, les charges, le danger, les coups troublent le jugement; et tout ainsi que ceux qui se noyent empoigneroient des trenchans d'espées, et ainsi que ceux qui, pour eviter les poignards, se jettent par tout où ils pensent leur salut, il ne faut esperer que ces gens, qui ont par la fuitte perdu le sens, qu'il leur demeure la consideration de glisser le long des bataillons, et se r'allier derrier eux, si les espaces d'entre iceux ne sont de grande distance. Au contraire, pour se mettre à sauveté, ne pensant jamais y estre, ne faudront pas de se jetter dans le bataillon ou escadrons amis, ainsi que les enfans dans les bras de leurs nourrices pour se sauver du foüet; et ne leur reste plus en teste le salut general, ny ne leur demeure la consideration qu'ils desordonnent et qu'ils rompent ceux qui pourroient remettre l'honneur de la victoire de leur costé. Les miracles de la peur de ce sang perverty sont extremes; les fuittes de vingt lieües, les noyez, les precipitez en font foy, qui, pour se sauver d'une estincelle de feu, se sont jettez dans les flammes.

Que voyant une armée qui desire passer, monstrant le flanc, ou estant en quelque desordre, il ne faut que la chaleur de prendre l'occasion nous haste ou precipite, à ce que nous n'encourions en la mesme faute que nous voyons aux autres, sortant de nostre advantage, et nous rompant par trop de haste.

Il se doit penser que les armées bien conduites, encores qu'elles monstrent le flanc, peuvent estre soudainement remises en bataille, et tourner le front à leurs ennemis. C'est pourquoy, sans se promettre de l'advantage où il y en a peu, il faut tousjours estre et marcher en bon ordre.

Les generaux doivent prendre garde à qui ils donnent leur avant-garde ou partie de l'armée à conduire, si ce n'est point un amy feint ou reconcilié, lequel, pourveu qu'il puisse sortir à son honneur du danger, ne se soucie de son general. Et faut que ledict general face tousjours combattre son avant-garde devant luy, afin de l'engager, et qu'elle ne s'en puisse dedire; autrement, faisant ferme, celuy qui mene la dicte avant garde, ou il veut garder les gages, ou du moins avoir tout l'honneur de la victoire.

Que c'est grande folie d'employer la vigueur de la cavalerie à faire des charges dans les Suisses ou gens de pied ennemis aux campagnes de France, d'autant qu'il est aisé à juger que la cavalerie estant defaicte, il faut que l'infanterie se perde. Il fait grand bien à un qui mene quatre ou cinq cens chevaux, d'en faire charger cent devant luy, lesquels abattent la rosée : les pistolets ennemis sont tirez, et leur escadron en quelque desordre, et venant apres ceux qui suyvent, qui ne se sont point meslez, ont bon marché aux despens de la peau des autres, qu'ils ont fait charger devant eux, desquels n'en eschappe la moitié. Mais il ne s'en treuve guieres qui veulent faire ceste charge par le milieu, ou il faut qu'ils ne soient pas bien sages, ou qu'il y ait un grand amour et devoir au chef, et une ambition particuliere qui aveugle leur sens. Communement, les rusez capitaines que l'on employe à charger les premiers dans un escadron, n'en prennent qu'un petit coing, ou chargent dans le flanc proche des derniers rangs ennemis, pour eviter la reprehension qui leur pourroit estre faicte s'ils n'avoient obey, et laissent le gros en son entier,

8.

pour rendre à ceux qui les suivent ce qu'ils leur auroient voulu prester.

Sont de mauvais associez pour resoudre une armée au combat, qu'estre chargé du butin et s'estre mis en opinion de retraicte; ceux qui viennent chercher le combat ont l'advantage dans le cœur.

Quand le chef est malade, les membres ne peuvent bien agir; lors qu'un general tombe en infirmité il faut mettre l'armée en seureté: quoy que trois cens chevaux ayent rompu et mis en fuitte partie des ennemis, s'ils se sont meslez ils ne le peuvent avoir fait sans s'estre desordonnez; la premiere charge qui leur vient apres les emporte. C'est pourquoy il les faut soustenir, et doivent estre suivis de pres, du moins pour charger en flanc les ennemis qui arrivent, qui n'ont point encore combattu et viennent charger les victorieux.

Que la vaine gloire et le vouloir faire ostentation de nous ne nous portent à presenter la bataille quand nous ne la voulons point donner, se souvenant que ce sont les effects qui emportent les victoires et non les apparences, et considerer que promptement les ponts rompus se peuvent refaire, et que ceux qui en charrient de bateaux en peuvent construire, et que les mediocres rivieres n'empeschent le combat à ceux qui les cherchent.

Que pour veiller au passage où l'on craint que nostre ennemy ne passe, la seconde personne de l'armée n'est pas trop bonne pour y estre la nuict en garde : il ne se faut fier en une seule compagnie, ains y employer deux ou trois capitaines des plus experimentez, et souvent les visiter.

Qu'il se faut de bonne heure resoudre au combat ou à la retraicte dez les premieres alarmes et apparences des ennemis, sans attendre qu'ils soient en presence; car lors il y a peu de remede, sinon le combat à quitte ou à double.

Que les petits ruisseaux guayables en plusieurs lieux, le defenseur estant plus foible que l'assaillant et ne pouvant faire teste tout du long, les plus forts cherchant le passage plus haut ou plus bas, estans divisez, contraignent le deffendant à monter ou descendre le long du ruisseau et quicter les premieres places, où passans les escadrons des ennemis, ils se trouvent en queüe desdicts descendans, dont la teste court le long du ruisseau ou fossé pour empescher le passage, lequel une fois passé apporte plus de terreur aux defendans que s'ils n'en eussent entrepris la garde : aussi faut-il bien que les assaillans prenent garde qu'ils ne soient pris à demy passez, et qu'ils ne puissent estre chargez en flanc par les plus foibles.

C'est folie de penser se descharger de l'infanterie, qui ne se descharge aussi des vallets et bagages, pour rendre les troupes plus legeres à faire une retraicte, laquelle est d'autant plus malaisée, que les escadrons sont en plus grand nombre; le principal est de la faire de bonne heure, sans faire des haltes inutiles par ostentation, laissant approcher les ennemis, desquels apres on ne se peut defaire.

Depuis que l'on a mis en deliberation la retraicte, qu'il y a plus de raisons pour icelle que pour le combat, il la faut executer promptement, d'autant que ceste opinion, prenant place dans les cœurs des capitaines, glisse soudain par conference dans celuy des soldats, leve le courage des uns et des autres. C'est imprudence, quand la retraicte est resoluë, et que l'on la peut faire la nuict ou gagner un avantage, de vouloir attendre le jour, pour faire dire : Un tel ne s'en voulut aller la nuict pour se faire defaire au poinct du jour : defaicte qui est la defaveur et ruyne de tout, pour eviter laquelle il faut estouffer toute autre consideration. Qui a l'utilité de la guerre, il en a l'honneur : il est profitable d'eviter le combat, si l'on n'a quelque advantage : il ne faut adviser aux dependances et particularitez de la reputation, où il est question de la sauver en gros.

Il n'est honorable de partir de nuict, cela fait perdre le courage aux soldats : nos gens, voyant que nous fuyons le combat, se debanderont; cela apportera defaveur au party; nos partisans, les villes, nous laisseront, il y aura un grand embarras, tout sera en confusion. Voila de beaux mots en apparence, et en effect c'est perdre tout et prendre l'ombre pour le corps : il vaut bien mieux partir de bonne heure que se perdre, et pourvoir tant qu'on peut à tous ces petits inconveniens des retraictes nocturnes.

A la guerre il faut tousjours vouloir le contraire de ses ennemis ; s'ils veulent le combat, l'eviter; s'ils esquivent, les y contraindre ; ne tomber jamais sur ces termes : Nos estrangers nous laisseront ou trahiront dans un mois par faute d'argent; combattant, nous ne perdrons que ce que nous devions perdre. C'est un tres-mauvais mot; il vaut bien mieux estre abandonné et quasi [si j'ose dire] trahy, que de perdre une bataille qui porte la ruïne de tout avec soy.

Il ne couste guieres aux jeunes, qui, par advis et magnifiques paroles, se veulent faire croire vaillans, de conseiller le combat; et peut-estre le lendemain, au lieu d'y aller, seroient cachez dans le bagage, ou bien voudroient avoir changé d'opinion et treuver quelque remede à la veüe des ennemis, alors qu'il n'est plus temps d'y penser, et qu'il se faut sauver avec les mains non avec les pieds. Il y a aucunefois des conseillers du general qui luy portent envie ou à leurs compagnons, qui voudroient que tout se perdist, esperant se bien demesler des charges en tenant bride, et d'autres qui sont si saouls de la guerre pour leurs incommoditez, qu'à quelque prix que ce soit ils en voudroient voir la fin, mesme au peril et perte du party. La bataille ne se doit conclurre par pluralité de voix, et moins encores par passion; il faut que ce soit par experience et par affection au party : et si le general est habile homme, apres avoir eu le conseil de tous, il se doit resoudre soy-mesme, à qui il touche plus particulierement; l'honneur et la honte sont seuls à luy, et le danger commun à tous. Les capitaines n'y ont pareil interest; ils ne perdent leur pays ny tant de reputation, et treuvent tousjours moyen de composer; mais la teste du general est en danger des ennemis, et d'autre costé du roy ou de la republique qui luy commande. Faut aprendre par cela au general de faire combattre son avant-garde devant luy, ou du moins l'un quant et l'autre, sans oublier les artifices necessaires de s'esbranler pour faire marcher les autres, à ce que personne ne joüe à la fausse compagnie.

C'est grande imprudence d'avancer des escadrons et bataillons de gens de pied et artillerie pour gagner un avantage, si l'on n'est du tout resolu de les soustenir et hazarder la bataille, avenant qu'ils fussent chargez. Encore est-ce plus grande faute de les avancer et les separer de l'armée par quelque vallon, fossé ou bois, qui retarde la bataille et l'empesche de les secourir. Et de dire que l'on le fait à ruse, pour taster les ennemis et, selon leur contenance, marcher et suyvre la victoire, ou se retenir, selon que les troupes avancées feront bien ou mal, cest essay pourroit sembler bon à d'aucuns par sept ou huict cens arquebuziers, soustenus de quelque deux cens chevaux en pays fort, mais non de la quatriéme partie de l'armée, d'autant que la desconfiture d'iceux apporte une telle defaveur, que si les vainqueurs suyvoient leur victoire ils seroient en chemin de gagner la bataille entiere.

Quand l'une des armées defait trois mil hommes à la teste de l'autre, c'est sa faute si elle n'a la victoire entiere, si ses ennemis ne sont dans un bon fort, d'autant qu'une telle defaicte apporte un si grand esbranlement et mauvaise opinion au reste de l'armée qui a souffert ceste perte, que la victoire poursuivie peut amener la totalle ruyne d'icelle.

Le sage capitaine se doit treuver des premiers au rendez-vous general, pour estre employé devant les autres aux occasions et evenements fortuits qui arrivent d'heure à heure à la guerre; selon la diligence et promptitude le mareschal de camp donne les places honnorables où s'acquiert l'honneur.

L'armée ou les escadrons et troupes qui veulent fuyr le combat, lesquels sont beaucoup plus foibles que ceux qui le desirent, se doivent descharger de leur bagage et marcher à grande traicte, sans endurer d'estre veuz en presence; autrement ceux qui suivent, debandans des gros de cavalerie, qui marchent plus legerement que ceux qui sont empestrez de bagage, contraignent les commis à la retraicte par pistoletades et arquebuzades de tourner teste et s'engager au combat, sur peine d'estre defaicts et mis en desordre.

Ceux qui se retirent devant une armée qui n'est de guieres plus forte qu'eux, s'ils marchent à grande traicte, sans doute ceux qui les suyvent [audacieux de leur retraicte] s'avanceront, n'attendants les uns les autres, suyvront en desordre, et lors se peut presenter une belle occasion, se resolvants tous ceux qui se retiroient au combat et chargeans resolument : il y a apparence, ou que ceux qui suivent n'y seront pas tous, ou que, voyans ce qu'ils n'eussent pensé, leur outrecuidance tournera en crainte : ce qui adviendroit mieux, si ceux qui sont suivis prenoient une poste forte, pour à l'improviste charger ceux qui les poursuivent en flanc.

Ceux qui commandent les volontaires et autres doivent avoir leurs armes et grands chevaux proches d'eux, qu'ils ne tournent pas pour les aller chercher. Tel a tourné pour prendre son casque et son meilleur cheval, que ceux qui l'ont apperceu [ou par envie ou parce qu'il leur sembloit ainsi] luy ont imputé à fuitte : que si l'on est pressé, il vaut bien mieux combattre sans casque et comme l'on se treuve, que laisser passer l'occasion pendant que l'on cherche ses vallets.

Il a esté disputé des anciens et de ceux de ce temps, s'il estoit meilleur d'aller au trot au combat, ou d'attendre de pied coy les ennemis : il semble que l'esbranlement et le gallop accroissent la force des hommes et des chevaux pour faucer les escadrons; mais aussi elle donne beaucoup plus de moyen à ceux qui n'ont volonté de se mesler parmy cet eslancement, de faire halte, tenir bride et se depestrer de la charge : tellement que soldats nouveaux et desquels le capitaine ne se fieroit, il semble qu'il feroit mieux de les faire attendre en ordre et de pied ferme, du moins ne prendre le trot ou le gallop que de vingt pas, parce que l'on cognoistroit ceux qui se desbanderoient, et les coüards auroient trop de honte de demarcher et quitter leur place à l'abordée des ennemis, d'autant qu'ils seroient plus aisément veuz et recogneuz de leurs capitaines, qui les forceroient d'estre vaillans malgré qu'ils en eussent.

Tous escadrons, combien qu'ils fussent de mil ou douze cens chevaux, si avant que se mesler ils sont chargez par soixante ou quatre vingts par flanc, sans doute cela les desordonne, tellement que venant puis apres à la charge contre ceux qui leur sont en teste, ils sont plus facilement emportez.

Ceux qui se retirent en gros et en ordre ont souventesfois de beaux moyens de faire des charges à ceux qui les suyvent et qui les pressent trop, et peut advenir telle occasion qu'ils changent les pertes en victoires, ou du moins rendent celle des ennemis sanglante et non honorable.

Jamais le general ne doit estre à la teste de ceux qui poursuyvent ses ennemis, d'autant que s'il advient un desordre, et qu'il soit contrainct de se retirer, toute son armée en prent un tres mauvais exemple : aussi n'est-il pas au lieu ny en l'estat pour remettre l'ordre et faire soustenir ceux qui sont renversez. Et encores est ce pis de faire comme M. de Guise, qui par trop d'ambition se meslant parmy les ennemis fuyants, se fit blesser et renverser de telle sorte, que s'il n'y eust eu de bons capitaines, on eust eu de la honte au lieu de la victoire, qu'ils acheverent d'obtenir apres sa bleceure, en contraignant les deux mil reistres de se rendre.

Avant que prendre party de retraicte, il faut estre bien adverty de la resolution des ennemis. Deux mil hommes de cheval venoient ce sembloit à la charge à Dormans, et depuis ils se rendirent à cent chevaux, qui n'avoient rien qui les soustinst à quatre lieuës d'eux ; et si ces cent chevaux eussent pris party, M. de Guise blessé estoit pris, eux defaicts, et leur victoire retournée du costé des reistres.

Ceux qui par desespoir de leurs affaires se veulent rendre y doivent bien penser : faut considerer que le trop de peur de la mort ne leur tourne le sens, d'autant que bien souvent ceux à qui l'on se rend se contenteroient de ne rien entreprendre les uns sur les autres.

Il faut considerer si les remedes d'un peu de mal present apportent point plus d'incommodité et d'hazard que la chose nuisible n'apportoit d'empeschement.

C'est faute de vouloir entreprendre de lever un advantage des ennemis et de n'y mener toutes les forces entieres, parce qu'il est croyable qu'iceux voulans maintenir ce qu'ils ont gagné, ils y porteront toutes les leurs.

C'est mauvais ordre en lieu estroict de separer trois cens chevaux en quatre ou cinq troupes ; l'ennemy venant serré avec deux cens, renversant ces petites troupes les unes sur les autres, porte estonnement et desordre. Bien peut-on faire charger trente chevaux devant, quand on est en plaine, pourveu que l'on les suive de pres, parce qu'il y a assez large pour les retirer et les empescher qu'ils ne nuisent à ceux qui vont à la charge ; mais cela n'est permis en lieu estroict, autrement ils apportent plus de mal que de bien.

Tous lieux estroicts, serrez de rivieres et de montagnes, rendent les plus foibles egaux aux plus forts, et leur donnent encore plus d'avantage, d'autant que si le bon heur les accompagne et qu'ils renversent les premieres troupes, les plus forts estans placez entre la coline et les rivieres en lieu estroict, ceux qui s'en fuyent sont contraincts de se sauver dans ceux qui les soustenoient, chargent les leurs, tombent l'un sur l'autre et les renversent ; les victorieux entrent par les trous que les fuyards font dans les escadrons des leurs qui n'avoient encore combattu, et les bouleversent les uns sur les autres à la perte de tous.

C'est pourquoy l'on perd entierement en lieu estroict l'avantage que la campagne donne aux forts pour faire arrester les victorieux d'un escadron, lesquels, chargez par un autre qui leur est posé en flanc, n'osent poursuivre, ou sont chargez par ledict flanc de ceux qui, n'ayant encore combattu, les emportent facilement.

Quesi on est contrainct d'aller chercher le combat en lieu si estroict, il faut trouver moyen à demy de la coline de placer des troupes de cavalerie ou d'infanterie, pour charger par flanc les victorieux ; et s'il ne se pouvoit, il vaudroit mieux s'aider de l'infanterie en ces lieux si estroicts, ou ranger la cavalerie à fort peu de front, et empescher, par quelques chariots qui marcheroient devant eux, que les fuyards des leurs ne se jettassent dedans eux, et qu'ils fussent contraincts de couler au long, à ce que, s'ils estoient poursuivis, les troupes qui les soustiendroient eussent moyen de charger en flanc, ou du moins d'aller au combat sans empeschement.

Les escadrons ou regiments d'infanterie ou cavalerie, qui, pour se treuver trop engagez ou abandonnez des leurs, se rendent, doivent estre soudain desarmez ou defaits ; autrement, st, demeurans en gros, la victoire change de nom, sans doute ils reprendront le party des leurs avec la victoire.

Lors que l'on juge à la fin du combat que les ennemis font ferme par leur retraicte auprès ou derrière leur infanterie, tesmoignent qu'ils n'ont pas la mesme ardeur qu'auparavant les charges, il se faut resoudre à en passer plus outre et hazarder, parce que sans doute ceste froideur et mauvaise mine sont les voisins de la perte des ennemis.

Il est fascheux d'attaquer ses ennemis en lieu là où l'on ne les peut totalement defaire, comme lors qu'ils ont recogneu une place par laquelle ils se peuvent retirer, s'il leur advient un desastre, dans un passage ou lieu fortifié où la victoire ne peut estre suivie pour le peu de cognoissance que l'on a de l'assiete.

Il y a bien difference entre ceux qui se servent d'estrangers pour subvertir un Estat, et ceux qui se servent de ceux du pays pour le maintenir ; les cœurs de ceux qui combattent pour la solde, et de ceux qui combattent pour leurs biens, femmes, enfans, ne sont semblables.

Quand un grand se treuve empesché et qu'il crie qu'il se rend, sa prise n'est asseurée qu'il ne soit demonté, desarmé et hors de la place, parce qu'au moindre changement un coup d'esperon le peut sauver.

Les conquerans doivent chercher de combattre : il s'en faut beaucoup que ceste maxime soit generale, laquelle peut servir à ceux qui sont les plus forts d'hommes et d'aguerriment. Nonobstant que la coronne n'appartienne de droict à l'entrepreneur, s'il est receu par la plus grand part des villes du royaume, il n'est plus conquerant, mais bien celuy à qui la succession de l'Estat appartient, et auquel n'en reste qu'une petite partie. Celuy qui a le gros de l'Estat, les villes, l'argent, la faveur des estrangers, peut mieux subsister que celuy auquel ne reste qu'une portion du royaume.

Les clercs qui donnent conseil de donner la bataille ne doivent estre creuz ; ce n'est ny leur mestier ny leur profession de cognoistre en quoy consiste la force des armées : ceux qui participent à l'honneur et à la honte, au danger et au salut, doivent estre plustost creuz que les robes longues, qui bien souvent, pour se fascher de la guerre ou pour autre dessein particulier, conseillent d'hazarder le general du party.

Quand en un conseil de combattre il se treuve un capitaine de mediocre reputation, proposant, s'il y a cent raisons qui suadent la bataille, qu'il y en a deux cens contraires qui la defendent, il faut considerer, peser, repasser son advis, parce que la perte d'une bataille traisne aprez soy une telle ruïne, que, quand mesmes les raisons se balanceroient, il faudroit choisir celles où il y a moins d'hazard.

La difference est escrite en ce discours, du courage des estrangers qui combattent pour l'argent à celuy de ceux du païs qui defendent le leur : la fortune appuyée sur les mercenaires et auxiliaires est perilleuse. Les arriere-gardes ou osts de reserve, qui ne combattent qu'à toute extremité, font le gain des batailles ; ceux qui n'en ont point ont un grand desadvantage. Quand les ennemis font halte, si on ne se sent un grand advantage d'hommes ou de courage, ce n'est pas sagesse de sortir de sa poste pour l'aller chercher.

Que sert-il d'avoir donné un bel ordre que la cavalerie ne marchera point devant les piques, que l'on attendra les ennemis, si à la veuë d'iceux la chaleur ou imprudence transporte les osts de cavalerie, et leur fait couvrir leur infanterie, empeschent l'arquebuzerie de les favoriser, estant contrainte toute l'armée, par le commencement du desordre, de s'estre trop avancé, de prendre une autre forme à sa perte?

Nonobstant que l'ennemy semble monstrer le flanc pour gagner un village ou un petit advantage, il ne faut que le desir de prendre l'occasion ou de l'empescher face sortir les troupes de l'ordre qui leur sera esté donné.

L'artillerie doit estre placée à l'eminence devant, et au lieu qu'elle puisse offencer les ennemis ; celle qui tire la premiere a l'advantage, depuis que par mutuel consentement l'on s'est approché aux canonnades, et qu'elles portent dans les troupes avec beaucoup de dommage, qu'il semble estre force d'aller aux charges : l'on y peut aller, avec ceste exception que, quelque danger des canonnades qu'il y ait, il ne faut rompre l'ordre prescript, et ceux qui sont ordonnez de combattre premiers, les laisser faire et les seconder ainsi qu'il a esté conclud.

Il est necessaire de prendre une telle place, que l'on ne puisse estre contrainct de la laisser par l'offence des canonnades : que si l'on est forcé de l'abandonner pour aller aux ennemis, que la plaine soit egalle, pour tousjours advancer l'infanterie et les piques devant, ou avoir bien projetté si encor entre deux il y a une assiete forte pour la reprendre avant le combat.

Ceux qui mettront les reistres sur le flanc droict d'une bataille, sans doute ils la mettront en desordre, parce que leur aguerriment n'est pas de passer au travers des escadrons, mais bien, ayans tiré leurs pistoletades, de tourner à gauche et faire le limaçon pour se mettre en seurté, et aux lieux où ils puissent recharger leur pistolets ; ce qu'advenant, tournant sur la gauche, ils rencontrent l'ordonnance dè leur bataille et la rompent. Au contraire, s'ils sont en ordre sur la pointe gauche de l'armée, ils ne peuvent rien rompre, faisant leur limaçon à gauche.

Ce n'est pas bien fait de faire aller les reistres et personnes de peu de valeur les premiers à la charge; leur routte touche au cœur de tous ceux de leur party : au contraire, si les premices du combat sont heureuses, elles animent le reste à bien faire.

Certainement l'advantage est tres-grand de la part de la cavalerie qui est assistée d'arquebuzerie, lesquels, bien conduits, font tresbucher les plus beaux des ennemis devant qu'ils puissent estre meslez.

Le general est par dessus le mareschal de camp : c'est un coup de chef de changer l'ordre à la veuë des ennemis, et si, apres l'avoir fait, il en prend mal, il s'en doit prendre à soymesme qui n'a voulu croire, et non pas aux autres.

C'est en vain que l'on se travaille de se r'allier, apres une routte, sur l'asseurance des bataillons des Suisses qui ne sont esté chargez, s'il n'a esté fait dez le commencement un grand ost de reserve, lequel, n'ayant point combattu et faisant teste devant les Suisses, donne temps à ceux qui s'enfuyent de se remettre en bataille aupres d'eux. Autrement, s'il n'y a ost de reserve, lors que l'on se pense r'allier, les victorieux font le tour des bataillons des gens de pied, n'en donnent le loisir, et defont facilement ceux qui se veulent r'allier.

Si jamais l'advis estoit à rejetter de ceux qui disent qu'il faut donner la bataille, d'autant que les estrangers par faute de payement se veulent retirer, et qu'eux s'en allant l'armée est rompuë et la campagne perduë, qu'aussi bien l'on ne perdra que ce que l'on devoit perdre, c'est à ceste bataille icy que ce conseil devoit estre rejetté, qui estoit donné par des clercs et gens de robe longue, qui ne sçavoient pas que ce n'est pas beaucoup de perdre les estrangers, mais que c'est beaucoup, et mesme le tout, de perdre l'honneur d'une bataille, qui emporte la piece et faveur des villes, des soldats et des intelligences.

C'est grande habileté d'avec mil chevaux, se depestrer de deux mil et de quantité d'infanterie, ce qui n'est esmerveillable à ceux qui font practique du mestier de la guerre; lors que l'on a une ville pour retraicte asseurée, telle que Sainct-Denis. Jetter de l'infanterie dans des villages retranchez, coucher et hazarder deux cens chevaux pour faire mine de combat au front des ennemis, cependant prendre la gauche d'iceux, sans se mesler avec eux ny les charger, et, ayant gagné le derrier des escadrons et bataillons, tourner et monstrer la ville de retraicte à ses compagnons, n'y ayant salut qu'à la regagner; iceux vont à la charge devant mesme que les ennemis ayent quasi tourné visage à eux, et gaillardement passent à travers pour gagner leur retraicte et le derrier de leur infanterie, qu'ils avoient laissé dans les villages. Certainement, qui pourroit faire charger deux cens chevaux par le derrier des escadrons ennemis, avant qu'aller au combat, seroit un grand advantage, et faut confesser que l'admiral de Coligny estoit capitaine.

Ceux qui ont assiegé une ville doivent lever le siege pour combattre les ennemis s'ils sont forts, ou pour se retirer, et y employer tout sans separer ses forces. Les armées l'une devant l'autre, il faut estre resolu de se battre, et marcher contre les ennemis, si la plaine est esgalle et que la situation soit aussi advantageuse d'un costé que d'autre; mais si l'on veut attendre devant les ennemis qui viennent au combat, il faut donc mettre la cavalerie en lieu que l'artillerie ennemie ne donne dans eux; autrement les soldats contraindront leur chef de les mener desordonnement au combat, ou y voudront aller eux-mesmes forcément, qui causera la perte. Il faut juger et prendre garde quelles gens sont ceux qui viennent au combat, pour ne prendre point de pistoliers bien montez et armez pour arquebuziers à cheval, comme fit Balagny, bastard de l'evesque de Valence, qui fut cause de la perte de la bataille que M. de Longueville gagna (1).

Les corcelets usitez aux compagnies françaises, composées de bourguignotes ou sallades et brassarts, avec des larges espaulieres et longues tassetes, sont empeschantes, mal-aisées à porter, et ne parent des pistoliers, qui coulent du long des rangs; aussi les soldats s'en defont et en jettent une piece apres l'autre. Il seroit mieux avoir un plastron à l'espreuve, du moins ceux du premier rang, garny de moignons et tassetes de mailles, une coiffe ou secrette de fer sous le chapeau. Un liston de fer au bras gauche suffiroit pour armer les piquiers, sans qu'il soit necessaire leur armer le doz, lequel estant veu par les ennemis, ils sont defaicts; et eux se souvenans n'estre armez que par le devant, tourneront tousjours le visage. Les morions, avec leurs larges bords et grandes oreilles, empes-

(1) Il s'agit ici de la bataille de Senlis, gagnée le 17 mai 1589, sur la Ligue par les troupes royales. La Noue commandoit sous le duc de Longueville.

chent les arquebuziers ; les crestes, les poinctes, ne sont qu'ornemens ; une secrette de fer, avec un petit orle, pour empescher que le coup ne glisse sur le visage, leur serviroit mieux. Ils se peuvent parer de leurs arquebuzes, et ne sont tuez le plus souvent par la teste, ains par le ventre, où les cavaliers portent plus ordinairement leurs coups. Les piques sont les meilleures armes des gens de pied, lesquelles ne doivent estre empeschantes ny rompantes, non si grosses aux Français et Espagnols qu'aux Suisses et lansquenets ; entre lesquelles celles des premiers rangs doivent estre les plus renforcées, celles des troisieme et quatrieme les plus legeres, parce que les unes soustiennent et les autres frappent. Les halebardes, pertuysanes et demy piques de six en six rangs de piquiers sont utiles à la meslée, d'autant que les piques ne se tournent si facilement : que si la force des combats estoit aux gens de pied comme au passé, il y a apparence qu'elles serviroient beaucoup, d'autant qu'il se faut approcher et venir aux mains, et depuis que l'infanterie à l'infanterie est meslée, et les premiers coups donnez, les piques ne se manient pas facilement. Les Romains, ayans combattu et vaincu les phalanges macedoniques contre le roy Perseus, ne changerent pour cela leurs dards, plus legers que nos pertuisanes, d'autant qu'ils en jettoient aucunes contre les ennemis. C'est pourquoy a esté proposé que les gentilshommes ou soldats, cuirassez avec l'espée et le pistolet, venans aux mains, pourroient vaincre estans meslez un bataillon de Suisses, et au change de leurs coups de taille et d'espées à deux mains, donner des coups d'estoc et pistoletades. Le plus de mousquets qu'il y peut avoir aux regimens, c'est le meilleur ; peu de cuyraces au premier coup y resistent ; appuyez ils tirent justement. Quelques arquebuziers à roüet sont necessaires pour tirer derrier les premiers rangs, et pour un temps de pluye : les montures des arquebuzes des Espagnols et Italiens sont plus utiles que les courtes inventées par les Français, qui sont fautives.

Dieu est seigneur des batailles : preud'hommie y peut plus que prudence. Les sages n'hazardent que par force ; c'est donner son honneur, vie et bien, à joüer à autruy. Nos pechez, inimitiez, inexpertises, desordres, peur, terreur panique, marché tost, tard, bruit, poudres, confusions, emulation et envie, peuvent perdre une bataille. La multitude est mal-aisée de mettre en ordre, et plus de l'y maintenir ; le chef n'est en tous les escadrons pour l'observation de ses ordonnances, tout se change par divers accidents non preveus. Rarement, en tant d'agitations, de crainte de mort, d'arquebuzades, de bruits, de coups, de cris, de son de trompettes et tambours, l'esprit peut demeurer en son assiette, ni les communs capitaines en leur bon sens. L'hardiesse des soldats n'esgale celle d'un general, l'interest n'est semblable, le peril est commun, la perte ne leur est importante, leur but est de se tirer et depestrer du danger.

Les soldats romains, participans au gouvernement de la republique, estoient plus interessez à la perte ou à la victoire, que ceux qui n'y sont obligez que par la solde : celuy qui s'hazarde doit estre asseuré de l'advantage, de valeur, nombre, ordre, conduite, affection des siens. Plusieurs sans argent ont dit : Nous ne perdons que ce que nous devons perdre, aussi bien les soldats non payez nous laisseront : il vaudroit mieux estre abandonné cinquante fois, et se retirer, que de perdre une bataille. Il est aisé à un capitaine de s'empescher de combattre : un ruisseau, un fossé, haye ou coutau, servent de barrieres à ceux qui ne se veulent precipiter desavantageusement. Le bien placé ne peut estre assailly sans perte ; la mousqueterie dans les lieux forts, maisons, bois ou fossez, empesche de venir au combat sans recevoir toutes les salves. Tirer par troupes et à propos, avant que la cavalerie puisse venir aux mains, treuvant d'estroictes advenües pleines d'arquebusiers, empesche de charger. Ceste infanterie fortifiée d'assiete, un coup en vaudroit quatre de ceux que l'on tire en peur devant les escadrons en la campagne ; la bataille ne se doit donner que ceste infanterie ennemie ne soit desplacée. Reste l'invention de faire venir au combat à coups de canon : le remede est de choisir une place eslevée en front ; un doux pendant en arriere met l'armée à couvert ; les cannonades ne peuvent offencer que le premier rang, ne laissant montagne proche qui puisse estre occupée.

Si la force est en la cavalerie, que l'armée se place en campagne, en despit de celle qui est plus forte de gens de pied ; si elle la vient chercher, la plus forte cavalerie fera piroüeter l'autre à l'entour des bataillons de gens de pied ennemis, qui les verront defaire en leur presence sans les pouvoir secourir ; puis, cavalerie et infanterie joinctes ensemble, deferont la forte et meilleure infanterie. Reste un moyen à la mauvaise cavalerie, d'estre placée derriere tous les bataillons d'infanterie, si ce n'est en plaine ; et que la bonne cavalerie face le tout de l'armée, elle la mettra en semblable peine. La mauvaise cavalerie doit estre cachée derriere les gens de pied, fortifiez de chariots, de hayes ou fossez, avec quelques espaces estroictes et vuides, pour aller aux charges, lorsque la cavalerie ennemie pliera aux mousquetades; et faudroit qu'elle sceust le lieu apres les avoir chargez, pour se retirer et se recouvrir de piques sans apporter desordre. Si les forts de cavalerie approchent leur artillerie, l'infanterie la peut gagner par entreprises à l'improviste, temporisant, couvert du pendant du coutau, de retranchemens ou fossez; jusques à ce que la cavalerie ennemie s'esloigne à l'entrée de la nuict pour aller loger, pourront considerer s'il sera bon d'entreprendre. Les forts de cavalerie desirent les plaines; voyant leurs ennemis placez fortement, tournent pour couper les vivres; les advisez les empeschent, se placent sur une riviere, ou proche d'une ville d'où ils peuvent avoir vivres : celuy qui a le dernier escu et pain, par retranchemens, a la victoire.

Ceux qui ont eu de grandes infortunes, qui ont perdu des batailles, sont plus experimentez que les victorieux; la prosperité fait sortir les hommes d'eux-mesmes, et leurs esprits ne pensent qu'à recevoir le fruict de leurs labeurs, et se donner du plaisir, au contraire des infortunez, qui gravent en leurs esprits leur malheurs, par qui commencez, pourquoy, et comment ils sont arrivez, recevant autant d'admonestemens que de fois ils y pensent : tellement, que, se trouvant en pareil hazard qu'ils ont esté, ils ont tant de crainte de tomber aux mesmes fautes et malheurs, qu'ils soupçonnent et pourvoyent à tous les evenemens fortuits qui peuvent arriver. Celuy que la prosperité a accompagné croit qu'elle ne le laissera jamais, et que elle luy en doit de reste : sans soin, consideration, ni prevoyance, se porte aux hazards et affaires, dont l'issue, differente à celle du passé, luy fait cognoistre l'instabilité de cette vie. Pourveu que ceux qui ont perdu et ceux qui ont gagné soient de mesme sens et prudence, il vaudroit mieux prendre l'advis des malheureux que des heureux, parce que les accidents qui arrivent ne viennent coustumierement de la faute de prudence et prevoyance du chef, ains de quelque chose que les payens ont attribué à la fortune, et que nous recognoissons venir de Dieu, pour la punition des pechez des hommes ou autre cause secrette, et faute des capitaines et soldats qui sont sous les generaux; quoy que bien commandez, ne suyvent l'ordre qui leur a esté donné, subjects aux passions, ostentations, crainte et ardeur, comme hommes. Et les fautes ne peuvent estre attribuées au sage general, qui avoit pourveu à tout : mais il ne peut tenir les cœurs, les brides, ny les esperons de tous les bataillons et escadrons, ne pouvant estre par tout.

Les Espagnols blasment les Français des traictez qu'ils ont avec les Turcs et les heretiques; eux sont tombez en mesme faute par les traictez faicts avec les Hollandais et autres, et n'a pas tenu à eux qu'ils n'ayent eu un ambassadeur à Constantinople : ce qu'ils n'ont peu obtenir.

Desseigner un successeur à un general d'armée ou gouverneur de place, est quelquefois perilleux, et qu'ils ne laissent tout en desordre, à ce que celuy qui leur succede n'acquiere plus de reputation qu'eux, et que par ses fautes il monstre le prejudice du changement. Il faut donc prevenir ces desseins, qu'ils soient plustost hors de charge qu'ils n'en soient menacez, soit les envoyant querir à la cour du prince, ou les employant en quelques autres effects où ils ne puissent nuire.

Ceux qui ne se fient en leur cavalerie par manquement de courage ou de nombre, ne la doivent mettre en lieu où elle puisse estre chargée; le mieux est de les placer derriere les gens de pied, tellement qu'il ne se puisse aller à eux que l'infanterie n'ait combattu : ce que connoissans les forts de cavalerie, doivent tenter par canonades de deloger l'infanterie de son assiete, avec discretion de n'engager leurs canons trop proche : les moyennes coulouvrines avec double attelage sont propres, se peuvent mener et retirer au trot selon la necessité. Et d'autant que le devoir de l'infanterie est de se placer sur une coline, dont le pendant derriere les premiers rangs oste le dommage de l'artillerie, qui fait tousjours haut et n'attaint que ceux qui sont aux premiers rangs; ceux qui sont plus forts de cavalerie doivent tourner avec leurs moyennes coulouvrines sur le flanc de l'assiete des ennemis, lesquels les endommageront et contraindront de deplacer en presence, s'ils ne sont couverts de bois, ou que la coline ne soit en pendant de tous costez. Pour ne rendre les foibles de cavalerie inutiles, faut observer des espaces entre les bataillons et chariots, pour (apres que les ennemis temeraires, ayant trop approché, tirez par l'infanterie, plieront aux mousquetades), sortant la cavalerie par ces espaces vuides, faire leurs charges, et suivront, s'ils le connoissent necessaire; sinon, faisant le caracol, se retireront par les lieux et espaces vuides qui leur seront esté monstrez pour retraite, repassant entre les mesmes bataillons, là où, si les ennemis sont si fols que de les suivre, ils se trouveront chargez d'une autre cavalerie, et par flanc combattus de mousquets et de piques, et trouveront encor un autre espace ou barriere de chariots, qui les gardera d'enfoncer dans le cœur du camp, ainsi que monstrent les portraits que j'en ay faits. Ceux qui sont plus forts de cavalerie doivent chercher de combattre en campagne : les escadrons ne doivent estre placez l'un apres l'autre ; s'ils sont huict en advancer quatre, les autres placez plus en arriere, au droit des grandes espaces vuides qui demeurent entre les quatre premiers. Et pour empescher confusion que les uns ne se renversent sur les autres, quelque quantité qu'il y ait d'escadrons, il les faut mettre en deux rangs, si esloignez les uns des autres, que la defaicte de l'un ne nuise à son plus proche, et ceux qui se retirent puissent prendre la gauche ou la droicte sans apporter confusion, donnant commodité à ceux qui les soustiennent de charger en flanc ceux qui les poursuivent, sans rencontrer les leurs qui se retirent. La vaillance de la cavalerie estant creue fermement par les arquebusiers, il n'est pas tant necessaire de les placer en lieu fort ; la bonne opinion qu'ils ont d'icelle les fait tirer dans la plaine asseurément ; laquelle cavalerie par sa seule force se peut exempter d'inconveniens, observant de ne loger incommodement si pres de leurs ennemis, que par l'entreprise d'une nuict ils puissent estre deffaicts ; moins se porter dans les charges avant que desloger la mousqueterie, qui dans lieux forts flanque les ennemis, lesquels, ne pouvant aller à eux la cavalerie, il faut deplacer par l'infanterie.

Desloger en presence c'est hazarder la bataille, oster le courage et l'ordre aux siens ; si ce n'est de nuict, les ordres ne se changent sans peril en presence : il se peut donner divers preceptes. Il faut mesestimer ses ennemis devant ses soldats, sans les mespriser en son cœur ; ne croire au premier bruit qui vient, considerer les personnes, d'où ils sont, et leur naturel, faire reconnoistre par gens experimentez amis du chef, soupçonner leurs rapports selon leur tardiveté ou chaleur, ne se laisser persuader sur le bruict des capitaines, faire taire les chefs et soldats qui donnent leur advis mal à propos, resoudre les affaires à trente pas des escadrons avec peu de choisis, ne se laisser porter à l'hastiveté, aux bruicts, aux bonnes nouvelles ny aux coups de canon, prendre temps de se resoudre rassisement, considerer si son esprit est en bonne assiete, si le desir de combat, la crainte d'iceluy, la colere, les diverses paroles des chefs ne l'ont point esbranlé. La pluralité des voix n'est la meilleure ; peu concluent à l'hazard, participans au danger et non à la gloire du chef. Ne soient jamais mis les escadrons l'un derriere l'autre, ou autrement un deffaict en rompt plusieurs. Tout escadron qui charge, quoy que victorieux, se rompt en chargeant : qui le charge par flanc l'emporte. Celuy qui a plus d'escadrons a l'advantage : ils ne doivent estre de plus de trois cens chevaux, qui peuvent faire dix rangs ; mettre douze des mieux montez au premier rang, doublez et triplez de semblables derrier eux aux autres rangs, et les placer dans le milieu ou sur un costé de l'escadron ; cela fend et ouvre comme un coin fait l'arbre. A chaque rang un chef, au derrier, des mareschaux de logis frappans les poltrons. Les soldats se doivent mener au pas, ou bien au petit trop, à la charge, ou ils s'en dispensent ; faut s'arrester souvent pour voir si tout marche, les chefs les écriant par leurs noms. En ces haltes, à quarante pas des ennemis, se doit laisser tirer les enfans perduz et arquebuziers à pied. La cavalerie ne doit estre chargée d'armes, le devant du casque, trois lames des tacettes, moignons et devant de cuirace à l'espreuve, et non par derrier, pour n'estre combattus de ces armes. Les pistoliers sont les meilleurs, et s'il y a quelques lanciers italiens, il les faut mettre sur les flancs droicts pour charger aux gauches ses ennemis. Sera assez de soixante lances à un escadron, et seroit mieux qu'il n'y en eust point du tout : icelles lances doivent charger sur le flanc proche des derniers rangs des ennemis. Il faut un ost de reserve, qui jamais ne combatte que la victoire ne soit asseurée ; l'artillerie ne soit placée en lieu trop haut, autrement elle tire à plomb et ne tuë qu'un homme ; il faut qu'elle raze. Il n'est que les coups chargez au logis, ou des arquebuziers asseurez d'un fossé, ou des piques. Le duc de Palme, voulant faire combattre ses lanciers, les mettoit par cent chevaux en croix, croyant que, donnant dans un ost de trois cens pistoliers, les premiers seroient battus, les seconds desordonneroient, et les troisiesme et quatriesme emporteroient : quoy qu'ils disent, l'advantage est de ceux qui vont en gros de trois cens. Soient mis les meilleurs hommes aux fronts, c'est un prejugé ; les premieres charges ostent ou donnent le cœur. Regarder que les meilleurs ne chargent pas les pires, d'autant que les meilleurs du costé des ennemis demeurans sans estre occupez et chargeant les plus foibles, la victoire demeure en doute ; faudroit encores debattre un coup comme à Cerizolles. Dans les charges il ne faut aller qu'au petit trot et se r'allier ; la charge en flanc est la ruine des escadrons. Il est necessaire d'avoir cinquante chevaux tirez pour soustenir ses ennemis s'ils en avoient autant pour charger en flanc ; et s'ils n'y pretendent, faut faire ce qu'ils devoient faire, les embarrassent fort et diminuent leurs forces. Certainement un regiment de mil chevaux, s'il est chargé de cent par flanc avant que se mesler, diminue fort de sa force; de mesme ceux qui chargent cent pas devant les escadrons donnent grand advantage à ceux qui les suivent. Il ne se faut point fier que la cavalerie soit hors de combat, qui est entre des regimens de gens de pied, parce qu'il n'y a pas plus de peril d'aller à eux, que s'ils estoient en campagne flanquez d'arquebuziers; et pour la mettre hors de combat, il la faut mettre directement derriere les bataillons de gens de pied, dont ils peuvent sortir quand les ennemis plieront aux mousquetades, ou affoiblis de charger dans les piques.

Des coureurs forts reüssit souvent de bons effects, et n'engage s'ils sont reversez : le sage capitaine au combat qui tient sa troupe esloignée, les reçoit, et se retirent ensemble avec prudence. Les escadrons incommodez d'artillerie, ou tentez de belles occasions, ou desirans d'eux mesmes reparer un desordre, ne doivent se mouvoir sans commandement du general ou du mareschal de camp : pensans bien faire pour leur salut, ou de quelques particuliers, ils hazardent le gros des batailles dont ils ne sçavent le nœud : ardeur, crainte, hayes, envies, rompent l'ordre des combats. Il est mieux de souffrir les canonnades et mousquetades des ennemis, que, pour se trop tost advancer, couvrir les siennes et les empescher de faire effect. Marcher au pas, et par consideration petit trot, faisant halte, par fois retient le commandement; la confusion se glisse aisement parmy les trop hastifs. Quelque fort que l'on soit de cavalerie, il ne faut attaquer ses ennemis flanquez d'infanterie sans y en mener, et les deloger, si ce n'est que la victoire soit toute apparente. Ceux qui sont bien placez ne doivent de chaleur abandonner leurs postes, mesmement voyant les ennemis venir à eux, qu'il vaut mieux recevoir en son assiete favorable, qu'en sortir pour les aller chercher : la routte des premiers escadrons porte malheur et mauvais exemple au reste, qui juge l'issue du combat par les premiers evenemens. Les fronts doivent estre de bons hommes, les osts de reserve sont necessaires conduicts par bons capitaines et qui ne s'estonnent de voir leur armée en route: ils ont plusieurs fois donné la victoire aux vaincus; c'est pourquoy les victorieux doivent suivre sans debandement. Plusieurs ont opposé les plus foibles aux plus forts, à ce qu'iceux forts, s'eschaufans à les suivre, se desordonnent, soient chargez en flanc et defaicts. Aucuns, par grandes escarmouches souvent rafraischies, ont tenté l'evenement du combat, qu'ils ont pris à heure et à temps, et sur les mouvemens ou demarche de leurs ennemis ont changé l'escarmouche en bataille. Le general ne peut estre par tout, il doit avoir des mareschaux de camp et vieux capitaines qui le soulagent, sçachent son but, son intention, et courent de costé et d'autre. La multitude de ceux qui demandent ce qu'ils ont à faire, les divers evenemens parmy tant de cris, de bruits de trompettes, de tambours, ne se peuvent pourvoir ni remedier par un seul : de tant plus il est necessaire que l'ordre soit dit et escrit avant le combat, qui apporte tant de confusion, meslant l'ordre prescrit et celuy qui seroit necessaire en presence, que la fortune y a bonne part. Infinis autres preceptes se peuvent donner qui ne sont icy.

Inimitié ancienne ny offence nouvelle n'empeschent les princes de se reconcilier et s'associer avec leurs ennemis; ils ne se ressentent du passé au respect de leur utilité.

L'interest est le maistre de tout, et ne faut faire aucun fondement [principalement en France] sur ces divorces, lesquels finiront lors que l'un ou l'autre aura moyen de contenter son ennemy, ou de le faire craindre.

Toutes lettres portans reddition aux assiegez doivent estre suspectes ; l'artifice est commun aux assiegeans d'en contrefaire, et ne sçay comme les anciens ont esté si grossiers que d'y adjouster foy, et encore pis de les faire voir et publier parmy les soldats.

Ceste victoire fut importante, le marquis du Gast devoit entrer au Lyonnois s'il n'eust esté defaict. M. d'Anguien offre de prendre Milan à l'aide de Stosse et de ceux de La Mirande sus pied en Italie pour le Roy. Sa Majesté commande de prendre Carignan et de luy renvoyer ses forces; il est obey à l'un et à l'autre. Strosse, au bruict de ceste bataille, pense aller au siege de Milan, court à sa defaicte par le manquement de cavalerie que M. d'Anguien luy devoit envoyer, de sorte qu'il fut rompu à deux journées du camp des Français, où plusieurs se sauveront. L'alarme de l'entrée de l'Empereur retire les forces de Piedmont en France; apres qu'elles eurent pris Albe joincts à Strosse, ils firent suspension d'armes et vont au secours de France. Quatre vingt mille hommes et dix huict mil chevaux doivent assieger Paris. L'Anglais, ayant pensé à faire les affaires, assiege Boulogne au lieu de Paris; Guillaume de Fustemberg gagne par famine Luxembourg; l'Empereur joint à luy prend Commercy et Ligny. Le Roy, sans estranger (1), est blasmé des siens, à quoy il respond qu'il n'en veut qu'au declin de l'armée imperiale.

(1) Sans secours étrangers.

L'Empereur assiege Sainct-Dixier, au lieu qu'il devoit assieger Paris, huictiesme juillet 1544, esmousse les pointes de ses feux. M. le Dauphin et le sieur d'Annebault viennent à Jaïllon, mettent la riviere de Marne entre leurs ennemis et eux, jettent M. de Brissac à Vitry, avec des gens de pied et des chevaux legers. Il en est deslogé, et son infanterie defaicte, apprenant qu'il ne se doit garder un logis que l'on ne veut secourir à la teste d'une armée ennemie. Deux coups de canon tuent La Lande, premier des assiegez, et le prince d'Orange, seconde personne des assiegeans. L'Empereur donne l'assault redoublé de toutes les nations, et est repoussé, tant parce que la bresche avoit laissé des flancs, que pour ceux qui estoient couverts.

L'Empereur, la sappe tentée, desespere de la prise, invité à parlement sur lettres contrefaictes de M. de Guise, contenant aux assiegez que le Roy ne les pouvoit secourir. Ces escrits, le peu de vivres, le devoir qu'avoient fait les assiegez, fait rendre le comte de Sanserre, apres avoir adverty le Roy qu'il attendroit huict jours secours. Il avoit donné temps aux Suisses et forces de Piedmont d'arriver; le Dauphin menace de bataille l'Empereur, ayant despendu temps et argent devant une bicoque; l'Anglais, ne voulant quitter Bologne, manquant à la promesse d'assieger Paris, l'Empereur entend à la paix. Il avoit premedité de tenter le chemin de Paris, et, s'il trouvoit grand obstacle, resolu à la retraicte par Soissons, se parant de rivieres, comme il fit. Les deputez furent messire Ferrand de Gonzague et Granvelle, l'admiral d'Annebault et le garde des seaux de France. Ils ne font rien au premier parlement; les armées se voyent pres Chalon, la riviere entre-deux : le comte de Fustemberg la veut sonder de nuict, il est pris. L'Empereur prend Esparnay, passe la Marne à tous evenements, feignant vouloir aller en Brye, où le Dauphin se retire; couvre Paris, dont l'espouvante des habitans, qui se sauvoient en Normandie en despit du cardinal de Meudon (1), fait croire que si l'Empereur eust marché droict à Charenton, que l'armée du Dauphin déplaçant eust mis Paris en branle. Le Dauphin prend le temps, requiert au roy François que le connestable soit r'appellé; la faction de madame d'Estampes et d'Annebaut contrarie ceste proposition, envoyent querir M. d'Orleans; tout est en mesfiance. Si les Anglais et l'Empereur se fussent bien entendus, ils mettoient en mauvais estat la France. L'Empereur à Chasteau Thierry, sur les deux chemins, resout sa retraicte par Soissons, lieu par luy dés longtemps premedité. Le Roy, sçachant la prise de Bolongne par l'Anglais, envoye M. d'Annebault à l'Empereur pour la paix desirée des deux parts; Sa Majesté pensoit avoir beaucoup fait de sauver son royaume, et l'Empereur son armée ruinée. Le Roy en fut adverty; mais son sang estoit refroidy de vieillesse et fortune passée. La paix se fait : l'un se contente de paroles, l'autre d'en donner. L'Empereur continuë ses artifices, promet Milan, sa fille ou sa niepce à M. d'Orleans, dans huict mois, se reserve les chasteaux du duché jusques à ce qu'il y eust enfans de ce mariage, et le Roy devoit rendre le Piedmont. Incontinent Sa Majesté donne sept villes, partie de Luxembourg; l'Empereur en rend un tiers moins, resolu de tromper de Milan. Le Roy feint ne le cognoistre, estant saoul de la guerre, se contente d'estre trompé.

Lettre de M. de Villefrancon, frere du sieur de Tavannes, à un de ses amis, sur la sortie de l'Empereur, par laquelle paroist la peur de ceux de Paris.

« Monsieur mon compagnon, pour satisfaire à vostre desir, je vous diray qu'au partir du camp de Jaillon, voyant que l'Empereur s'en alloit le chemin de Paris, nous dressames la teste de nostre camp droict à Brye contre Robert, pour estre au devant de luy. Et estoit nostre deliberation [s'il fust marché plus avant] que nous allions camper au pont de Charenton, et de là au marché aux porceaux, où l'on s'estoit fortifié un camp. Et estoit la ville si espouvantée, qu'il n'y avoit demeuré que bien peu de gens, et sans ce que le Roy y alla, je croy qu'il n'y fust demeuré personne. Selon qu'il se disoit que l'Empereur venoit à Paris, M. le Dauphin manda au Roy qu'il seroit bon d'envoyer querir M. le connestable pour mettre dans Paris : le Roy le trouva fort mauvais, et envoya querir M. d'Orleans pour aller audict Paris, lequel y alla en poste, et je demeuray au camp. Pendant cela l'Empereur marcha droict à Chasteau Thierry, où ses gens ont beaucoup gagné, car l'on n'avoit rien retiré; et en faisant ce chemin l'on traictoit tousjours la paix, et estoit à accorder des ostages. Et ce qui differoit de passer outre, estoit à ce que ses gens fissent leur profict : toutesfois il fut defendu de ne rien brusler, et n'a-on pas bruslé en tout six ou sept villages.

---

(1) Le vicomte de Tavannes auroit dû dire : En dépit du cardinal Du Bellay ; car c'est ce cardinal qui mit Paris en état de défense.

De Chasteau-Thierry il dressa son chemin droict à Soissons, où il a séjourné trois jours, et là fut faicte la resolution de la paix, la ville ayant esté auparavant pillée, et n'avoit le peuple rien tiré; ils ont fait de grands butins. Et fut mandé M. d'Orleans pour venir trouver l'Empereur audict Soissons, et partit ledict seigneur de Paris en poste, et me manda au camp que je l'allasse trouver à Villiers Couterests, et y arrivasmes jeudy au soir; et le lundy, en poste, nous vinsmes disner audict Soissons, et en estoit deslogé l'Empereur, et estoit à Nicy : passasmes nos chevaux de poste fort las et vinsmes audit Nicy, où le vice-roy nous vint au devant avec un roy d'armes et environ vingt et cinq chevaux, et dit à Monsieur que l'Empereur estoit delogé, et qu'il alloit coucher à Crepy en Launois, à trois lieuës de là. L'Admiral vint aussi au devant, et presta une haquenée à Monsieur. Et nous sur nos aridelles par les chemins rencontrasmes l'arriere garde de l'Empereur, et y avoit trois fois plus de bagage que nous n'en avions, en grand desordre. Si nous eussions rien valu, nous en avions grand marché, car son armée estoit fort diminuée, et n'y avoit pas en tout vingt mil hommes, accompagnez de quatre à cinq mil chevaux. A nostre arrivée à Crepy, l'Empereur vint au devant de M. d'Orleans jusques à la porte de son logis, et luy fit un grand bon recueil, et le mena en sa chambre, où ils parlerent longuement ensemble, et le logea en une chambre pres de la sienne, et emmena mondict seigneur jusques en sa chambre pour le faire dehouzer, et fut servy de la cuisine de l'Empereur ce soir là, comme il a tousjours esté jusques à maintenant.

DE VILLEFRANCON. »

Les bourgs fossoyez se peuvent en trois sepmaines accommoder, pour s'empescher d'estre emportez d'emblée et contraindre leurs ennemis de faire un logis sur la bresche, faisant des retranchements au dedans, s'aydant des murailles des jardins et maisons percées, et petits fossez devant icelles hastivement faicts, lesquels, ne se pouvans voir de la premiere batterie, forcent à loger le canon sur les ruines de la bresche, pour battre le retranchement. Le siege en sera plus long, et principalement s'il y a temps de faire des logis et flanquer la contrescarpe du premier fossé, où les cazemates et traverses sont necessaires; lesquelles se peuvent faire en un moment avec des bois et tonneaux, qui ne peuvent estre veuz si le canon n'est logé sur le fossé, ou la contrescarpe percée. A ces forteresses foibles et nouvellement construictes ces defenses sont inutiles si la place est veüe en courtine : à quoy l'on seroit contrainct de faire plusieurs petites espaules ou traverses, où seroit employé le temps qu'il faudroit mettre à fortifier les lieux susdicts plus necessaires. Toutes encogneures s'ouvrant font voir en courtine quand un cavalier a esté eslevé, à quoy ne sont subjectes les places qui ont un peu d'eminence, et à ce moyen empeschent l'artillerie posée sur un cavalier nouvellement construct de voir dans la ville. A ces places foibles faudra un peu remparer les cogneures, ou du moins à cest endroit hausser la contrescarpe, qui empeschera que la batterie faicte en la courtine, ne tirant qu'à moitié muraille, elle fera haut et passera sur la teste de ceux qui sont à la defence de la bresche.

Paris, reduict en extreme necessité par vingt mil hommes en l'an 1570, monstre que si les Anglais et Imperiaux ne se fussent amusez à Bologne et Sainct-Dixier, qu'ils eussent esbranlé la France par le siege de Paris, ou contrainct les Français à un combat desadvantageux. C'est par là qu'une grande puissance avec intelligence peut faire beaucoup de mal estant fort facile de jetter la timidité parmy les peuples.

Roys, princes, conseillers d'Estat, resolvez, repensez; Dieu se reserve tout, se mocque des prudences humaines : ceux qui tombent en la faute d'autruy se vantoient peu auparavant d'avoir esté faits sages par icelle. Cessez, peuples, d'admirer leurs conseils : plus ils y pensent, et plus de confusion, presomption, inimitié et injustice cause des pertes irreparables. Celles de l'Empereur et du Roy estoient innombrables, celles du premier luy sont attribuées, et celles de l'autre à ses conseillers. Celuy qui a accoustumé d'estre soulagé, soit aux faits ou au conseil, devenu paresseux par coustume mauvaise, ne peut plus rien faire sans l'aide d'autruy. Loyse, mere du roy François, et le grand maistre de Savoye, le connestable son beau fils, madame d'Estampes, M. d'Annebault, sont responsables des erreurs de leurs maistres; les admiraux de Bonivet et de Brion y ont leur part, et par tout les dames eurent trop de pouvoir : tous conseilloient mal, il falloit ou du tout la guerre ou du tout la paix; le milieu se nomme broüillerie et confusion. Les païs du roy d'Espagne sont en Europe divisez en trois, Espagne, Flandres, Italie : l'entreprise d'Espagne, malheureuse à Charlemagne, bien fortunée au connestable du Guelquelin par les intelligences qu'il y eut; il en faudroit rechercher en Portugal, attaquer pied à pied Navarre : premierement, couper les aisles de ce corps, Flandres et Italie; l'une et l'autre est isle pour le roy d'Espagne, qui n'y peut aller que par mer, occupant le comté de Bourgongne et se rendans les Français plus forts sur la mer : les hommes, les bois, les cordes, ferremens abondent plus en France qu'en Espagne. Les Espagnols ne peuvent passer en Flandres ny Italie que par la France, autrement il faut qu'ils naviguent. Si au lieu de Perpignan et Luxembourg on eust attaqué l'Italie, favorisé de Barberousse, on eust emporté Milan ou Naples, et peut estre tous les deux : autant est on damné de s'aider du Turc pour prendre une ville que pour prendre un païs. Les premieres barrieres de la conscience faussées, les autres se rompent ; il ne s'en falloit aider, ou que ce fust à bon escient : autant de blasme eut le Roy d'avoir fait venir le Turc que s'il s'en fust bien servy. L'Empereur lors seulement avoit bien cogneu, quand il gaigna Bourbon, que France ne se vainc que par France, l'imprudente conduitte de ses desseins les fist avorter à leur naissance. Et à la descente des Anglais, l'Empereur sçavoit que ses predecesseurs ducs de Bourgongne ne s'estoient jamais peu servir de l'Anglais à propos, ou pource qu'ils failloient à jour nommé, ou qu'ils arrivoient ou trop tost au trop tard ; il devoit, au lieu de leur envoyer le comte de Bures, les aller querir à Bologne, et les amener à Paris sans attaquer Sainct Dixier. Il est admirable que ces grands secours d'Anglais, de Turcs, pratiquez avec grande peine, ont esté si inutiles. L'exemple du duc Charles de Bourgongne devant Nuce, de l'empereur Charles devant Sainct Dixier, et du roy François à Perpignan, rend inutiles ces secours. Ce n'est pas tout de les obtenir, mais de s'en bien aider ; le premier dessein des armées doit estre grand et utile ; s'il ne reüssist, il ne laisse d'estre honorable.

Voulant entreprendre sur diverses nations, il faut lire les livres, pour eviter les fautes ausquelles les anciens sont tombez. Les Français ne sont changez de la description qu'en fait Cesar : vaillans à l'abordée, moindres en continuant le combat, prennent resolution sur les premieres nouvelles, subjects à se repentir ; les Genevois et Florentins, mouvans, de foy suspecte. De mesme se doivent regarder les entreprises faictes et faillies par plusieurs : les histoires bien leües nous feront eviter infinis perils, pourvoir à plusieurs accidens, nous garder de beaucoup de malheurs, et reüssir nos desseins ou les rompre avant que de les mal entreprendre.

Voyant les entreprises si bien projettées tourner à neant, fait croire qu'il y a de l'ouvrage de Dieu, semble qu'il a mis des barrieres qu'il ne veut estre passées legerement : à l'Espagne les monts Pirenées et la mer ; à la France, la mer, les Pirenées, le Rhein, les montagnes de Suisse et de Piedmont : l'Italie a la mer et les Alpes. Et neantmoins il y a des exceptions à l'empire des Turcs, qui possedent la Grece et ont passé le Bosphore de Constantinople : les Espagnols en la Flandre et dominent en Italie ; vray qu'il y a peu de temps et est mal aisé que la possession de païs si escartez dure. C'est autant d'honneur au roy d'Espagne d'avoir acquis Portugal, que de blasme à la France de n'avoir gagné l'Alemagne et la Flandre jusques au Rhein, dont la conqueste eust esté plus aisée que l'entreprise d'Italie, tant de fois en vain tentée.

Dieu fit voir sa volonté, qui n'estoit que les limites susdictes fussent faussez, ny qu'il se fist un monarque, ayant de mesme temps fait naistre de grands capitaines, l'empereur Charles-Quint, le roy François premier, Solyman, seigneur des Turcs, Henry, roy d'Angleterre, à ce que l'insuffisance de l'un ne donnast toute la puissance à l'autre. Ausquels il fit succeder quatre autres princes de mediocre valeur, les roys Henry de France, Philippe d'Espagne, Selim de Turquie, et Elizabeth d'Angleterre. Que s'il y eust eu un de ces grands princes susnommez du temps de ces mediocres, il les eust opprimez. De nouveau il semble que Dieu continuë en ceste mesme volonté que la France, l'Espagne et l'Angleterre soient si esgalement puissantes, qu'ils ne puissent accroistre au prejudice les uns des autres : ayant rendu le royaume de France par la paix uny, puissant et formidable, d'autre part a joinct le Portugal à l'Espagne, et l'Escosse à l'Angleterre, à ce qu'ils ayent force et moyens de se garder esgalement les uns des autres, empescher la monarchie et conserver leur Estat.

C'est merveille que l'Italie se laisse suppediter par chasteaux, et que deux mil Espagnols la tiennent en subjection : la multitude de potentats interessez à leur conservation particuliere, estans ennemis d'une seule puissance, en maintient en egalité quatre grandes, le Pape, l'Espagnol, les Venitiens et Florentins, lesquels, pour ne rien alterer et ne souffrir agrandir les uns au prejudice des autres, maintiennent les moindres puissances d'Urbin, de Luques, de Mantoue. L'Espagnol n'en peut estre absolu, pour estre estranger et n'avoir guiere d'hommes, les Venitiens pour avoir de l'argent sans soldats, les papes pour estre eslectifs et ecclesiastiques, excepté les Espagnols : celle de ces puissances qui se sent opprimée appelle les Français, desquels ils se defont quand ils n'ont plus de peur. Et à cela ayde fort que les habitans ne sont aguerris, et unanimement plongez dans la volupté, en laquelle les souverains les poussent et maintiennent, joinct à la crainte de la justice.

L'indiscretion des Français ruine leurs affaires. Le roy Charles VIII donne à ses mignons les vivres des chasteaux de Naples qu'il vouloit garder, aussi-tost un voyage de mer faict ou rompu. Vaisseaux, armes, vivres, poudres, artilleries, sont données aux femmes et aux mignons au lieu de les conserver, comme ont de coustume les roys d'Angleterre; leur imprudence, la douceur de leur pays, auquel ils desirent retourner promptement, les rend incapables de tous bons desseins; et le peu de secours d'hommes et d'argent qui leur devroit estre envoyé de France, fait naistre et sert d'excuse de leurs capitulations et traictez honteux qu'ils font.

Il est admirable que la lecture des livres, l'exemple des vivans, la prevoyance tant de fois repensée, le conseil des amis et la prudence ne peuvent empescher que l'on ne tombe aux resolutions pernicieuses que l'on a blasmé auparavant en autruy avec des risées et serments que l'on se garderoit bien de pareils inconveniens. Neantmoins, persuadez et scillez, je ne sçay quoy conduit à faire ce qu'on disoit qu'on ne feroit jamais, lequel, une fois fait, le considerant à loisir, plein de merveille, l'on s'interroge s'il est possible qu'on ait fait une telle faute, si on ne s'estoit pas bien proposé de ne la pas faire. Il ne s'en peut rendre autre raison, sinon que la sagesse de Dieu renverse les conseils humains et les fait marcher au contraire de leurs resolutions, pour magnifier sa gloire. Pour ne tomber aux fautes et prendre un bon advis, il faut se mettre en bon estat, pureté de conscience, et prier nostre Seigneur qu'il nous assiste; mais la principale assistance est que les desseins et resolutions soient vertueuses et telles que doivent estre celles des gens d'honneur.

Souvent il advient que lors que nous avons crainte de nos ennemis, ils l'ont pareille ou plus grande; les occasions passées de part et d'autre, ce mot se dit: « Si nous fussions esté advertis. » C'est pourquoy il ne faut tant considerer nostre foiblesse que celles des contraires, lesquels sont souvent plus incommodez que nous, et plus en estat d'entreprendre sur eux.

La paix se traicte, l'Empereur, en crainte de la misere de son armée, veut avoir ostages pour sortir seulement de France; le Dauphin, les capitaines français blasment ses traictez: ainsi va fortune à la guerre. Ceux qui se mesfioient il y a huict jours de pouvoir garder Paris, disent, maintenant que l'on est sur le traicté, qu'ils prendront l'Empereur si on leur veut permettre; tant sont ces grands princes vains et mal advertis. M. d'Orleans, envoyé du Roy, arrive en poste à Crespy vers l'Empereur, assisté du sieur de Tavannes son conseiller et son lieutenant de gendarmes, auquel estat il avoit pourveu par la mort du comte de Sanserre, resolvent plier aux volontez de l'Empereur. Le sieur de Tavannes conseille à M. d'Orleans de demander la Bourgongne, remettant au dessus le nom de la plus grande maison de la chrestienté, par l'intermission de l'Empereur; l'accueil ouvert de Sa Majesté faict croire les traictez sans fraude. M. d'Orleans en asseure le Roy à son retour, ce qui est confirmé par les sieurs de La Hunaudaye et Laval, qui avoient esté donnez pour ostages de seurté à l'Empereur, lesquels apporterent de Bruxelles la ratification du traicté et lettres d'asseurance du duché de Milan et de la fille de l'Empereur, duquel le dessein estoit de diviser la France par les enfans d'icelle, recevoir le fruict de Piedmont qui luy devoit estre rendu dans huict mois, et, si la partialité et inimitié ne se mettoit entre les enfans de France, rechasser les Français par les chasteaux qu'il retenoit de Milan, à l'aide des Milanais, qui se saouleroient des Français et desireroient nouvelleté. M. d'Orleans dresse son equipage, demande la Bourgongne d'appennage; l'inimitié du Roy et du Dauphin en demeure sur le sieur de Tavannes, conseil de M. d'Orleans. Le roy d'Angleterre, abandonné de l'Empereur pour n'estre venu à Paris comme il luy avoit escrit, prend Bologne, rendu legerement par le sieur de Vervin; il assiege Montreüil, s'en retire à Calais, et là en Angleterre. L'armée de M. le Dauphin donne par entreprise à la basse Bolongne, où les munitions des Anglais estoient, et par desordre en est repoussé avec perte; l'hyver et la faute des vivres font licentier l'armée de M. le Dauphin, qui laisse le mareschal de Biez en Picardie, lequel entreprend des forts pres Bolongne.

Le roy Jaques d'Escosse (1) meurt, laisse une fille de la fille de M. de Guise au berceau: il s'estoit du tout allié avec le Roy avant sa mort, qui avoit envoyé le comte de Lenox, sur la declaration qu'il fit contre l'Anglais: le sieur de La Brosse est envoyé en Escosse avec le sieur de Lorges. [1545] Au commencement de l'année 1545 est faicte une armée de mer par le Roy, joinct les galleres de Marseille par le conseil du sieur d'Annebault, pour se rendre le plus fort sur mer et affamer Bologne: l'armée de mer

---

(1) Jacques V, roi d'Écosse, fut tué en 1542 à la bataille de Flodden-Field.

anglaise se met sur la defensive, en lieu où les bancs empeschent le combat maritime. Le sieur d'Annebault, general de l'armée de mer, n'estant resolu de faire entiere descente en Angleterre, en tente deux ou trois, où il est repoussé, en diverses resolutions de se battre ou fortifier l'isle d'Aix, en fin se retire sans combat ny utilité au fort de M. de Biez, lequel ne l'avoit rendu en defence comme il avoit promis. Le Roy en l'abbaye de Foresmontier pres Bolongne, les enfans de France s'exerçoient à toute sorte de tournois; M. d'Orleans en sens, fleur de jeunesse et valeur, surpassoit tous les autres, lors que, revenant tard de la chasse, il monstre une comete au sieur de Tavannes, qui luy respond en riant que c'estoit peut-estre la sienne; M. d'Orleans s'en mocque, n'y ayant rien qui luy puisse faire penser à la mort, laquelle luy advint tost apres.

Il n'est licite à un gentilhomme français de se donner entierement aux princes, seigneurs ny freres des roys, au prejudice du service de Sa Majesté, moins en prendre pension : les grands veulent leurs serviteurs tous à eux, desirent d'Iceux assistance et conseil pour et contre l'Estat, autrement les mesprisent. Ceux qui ont bonne conscience ne s'y engagent, principalement à ceux qui aspirent à troubler l'Estat : bien peuvent-ils assister leurs maistres de conseil pour faire leurs conditions meilleures envers le Roy. Estant jeune, le sieur de Tavannes conseille M. d'Orleans de demander la Bourgongne au prejudice de la France, et vieux ne veut prendre pension de M. d'Anjou, qui fut depuis Henry III, sans permission du roy Charles IX : tant sont diverses et changeantes les opinions selon les aages. Je conseillerois d'estre esclaircy de l'intention des princes auparavant que se donner tout à eux, à ce que pour peu de gratificatioñ ils ne peussent engager la vie, l'honneur et le bien de ceux qui les suivent dans les rebellions de l'Estat.

La guerre est plus incertaine que toute autre science : theologiens, medecins et advocats, n'asseureront la conversion, la guerison ny le gain. C'est imprudence aux capitaines de promettre une victoire, la prise d'une ville, la reputation et construction d'une forteresse dans un temps limité, parce qu'aux moindres accidens tous desseins se rompent qui dependent de la puissance d'autruy. Si l'on en vient au bout, les maistres disent seulement que l'on a fait ce qu'on avoit promis : s'il y a faute, c'est plus grande perte d'honneur et reputation que si on ne l'avoit promis. Il faut faire comme les medecins, mettre tout en doute; les affaires reüssissans il y aura plus de gloire, et les princes et generaux doivent plus de secours et provisions necessaires, n'estant si asseurez de l'execution de leurs commandements.

Les roys, les princes ne sont tels que le ciel face demonstration de leur mort par cometes, la multitude des mourans rempliroit les cieux de signes; à peine s'en voit-i en vingt ans une. Sont exaltations chaudes et seiches enflammées en la moyenne region de l'air : ceux qui leur donnent signification le preuvent par experience, s'estant rencontrez semblables signes aux morts des princes, famine et guerre. Ces superstitions restent de l'ancienneté des Gaulois : les Siciliens craignoient les eclypses, jusques à ce qu'ils en eussent apris les raisons. Les sainctes Escritures portent que ne devons esperer aucuns signes jusques au dernier jour. Il est difficile, au lieu où nous ne touchons que de l'esprit, d'asseoir jugement certain de ce qui s'y agit. Les astrologues ont donné leur opinion pour loy, laquelle ils ne peuvent prouver leur niant les principes. Ils maintiennent que le soleil est septante fois plus grand que la terre, qu'il y a unze cieux invisibles, preuvez par autant de differents mouvemens, y attachant les astres comme les clous dans les roües tournantes, et qu'un ciel est meu par l'autre jusques au dernier moteur; accommodent les qualitez des cieux selon leurs foibles opinions, les font froids, ardents, pour en former leurs neiges, leurs flames, font du ciel un orloge dont l'une des roües dentelées tourne l'autre par mouvemens contraires. Ils ne sçavent rendre raison d'eux-mesmes, et en veulent donner du ciel; qui seroit supportable s'ils vouloient confesser leur doute. Ils ne sçavent l'estre, l'essence de l'ange dernier moteur, ny de son laborieux travail, comme la terre se tient suspenduë sans tomber au ciel, d'où vient le flus et reflus de la mer, pourquoy elle ne passe ses limites, quelles roües sont dans les corps qui font marcher les hommes, quel cabinet dans leur entendement qui contient memoire de cent volumes. Ils disent que la terre est suspenduë parce qu'elle titre au centre; que c'est la puissance de Dieu qui a mis un definit poinct où toutes choses graves tirent. Qu'ils disent donc de mesme de tout le reste, que c'est l'ordonnance du Tout-Puissant, et laissent nos opinions libres puis qu'il n'y a certitude aux leurs, et ne facent de leur fantaisie des arrests, et qu'ils ne nous empeschent de dire que le soleil est chaud parce que nous le sentons, le ciel de la couleur d'azur comme nous le voyons, les neiges, les gresles levées par les vents des regions glacées; qu'il n'y a pluralité de cieux, puis qu'il ne s'en voit qu'un; qu'il n'est besoin de figurer quantité de roües ou instruments pour mouvoir les estoiles. La puissance qui tient la terre en l'air est celle qui fait marcher les astres en leur rang lentement ou rapidement. Ceste parole n'a besoin de causes secondes, d'instruments, roües ny orloges : il est plus aisé de les regir que de les avoir creé de rien, comme le corps d'un flegme, l'ame d'un souffle. Il est aussi permis de dire que la nature n'ayant rien fait de vuides, les corps celestes sont habitez d'innombrables esprits heureux ou malheureux; qu'à iceux la terre ne semble qu'une estoile, que la mer est ce qui reluit, la terre ce qui est obscur en la partie des estoiles que nous regardons. Au commencement du Genese Dieu separa l'estenduë des eaux; celles qu'il mit au ciel furent nommées ciel, et celles de la terre mer. Qui sçait si les estoiles nagent dans les eaux celestes ou si les astres ont des ames, des aisles, se mouvans par eux-mesmes, ou si les esprits heureux ou penitents les roulent? Tout doit estre referé à la puissance divine, à quoy les imaginations humaines ne peuvent atteindre ; c'est sçavoir de sçavoir ne sçavoir rien.

Les Anglais, impatiens de voir faire le fort pres Bolongne, sortent dixhuict cens de Calais, nommez les Moutons Blancs, pour leurs casaques blanches; costoyant leur terre d'Oye, saccagerent les frontieres. Le sieur de Dampierre, en garnison à Ardres, advertit le Roy, qui envoye le sieur de Tavannes avec la compagnie de M. d'Orleans ; s'assemblent à Ardres en nombre de deux cens maistres, ont advis que les ennemis marchent, incertains du chemin; se separent en deux, les Anglais de mesme. La plus forte troupe, de douze cens picques, rencontrée par le sieur de Tavannes en bataillon quarré, le flanc gauche couvert d'une forte haye, ledict sieur de Tavannes, sans demander conseil, marche moitié pas et trot, s'arreste, s'advance en ordre, fait charger trente chevaux sur la droicte des ennemis, qui les met en quelque desordre. Leurs arquebusiers et archers tirerent, les piquiers de la teste tournent au secours du flanc. Au mesme temps le sieur de Tavannes avec quatre vingts lanciers charge moitié teste, moitié flanc, passe à travers de coing à autres sans s'arrester à combattre, perd quinze gentils-hommes, rompt ce bataillon par trois charges, r'allie trois fois; huict cens morts demeurent sur la place, quatre cens prisonniers emmenez, et quatre enseignes sont emportées. Le sieur de Dampierre malheureux en trouve six cens proche un village, charge en lieu fort à deux cœurs, tastant il fut blecé, contrainct de se retirer sans effect. Le sieur de Tavannes arrive victorieux à M. d'Orleans son maistre, qu'il trouve à l'extremité de maladie, change son ris en pleurs, entre en sa chambre, luy monstre les enseignes, nomme les prisonniers : M. d'Orleans l'embrasse avec ces mots : MON AMY, JE SUIS MORT, TOUS NOS DESSEINS ROMPUS, MON REGRET DE NE POUVOIR RECOMPENSER VOS MERITES. Il mourut le huictiesme septembre 1545, emporte la vertu et l'honneur de la France, meurt en quatre jours, prest d'entrer en grande fortune entre dans le cercueil. Le sieur de Tavannes cognoist son travail, temps et espoir perdus, craint l'inimitié du Roy et du Dauphin, dont il fut esclaircy aussitost : esperant de luy les mesmes services qu'il avoit fait à feu son maistre, le reçoivent, le pourvoyent de l'estat de chamberlan et luy donnent la charge de la moitié de la compagnie de M. d'Orleans. Le Roy va à La Fere, craignant une levée de lansquenets faicte par les Anglais, qui se rompt d'elle mesme. Sa Majesté, ennuyée de la longueur du fort que faisoit le mareschal de Biez, luy commande de prendre la terre d'Oye : sont trois lieuës de pays entre Calais et Gravelines, remparée de mer et de marets, à la teste fortifiée de Guignes et Ardres, d'un grand fossé flanqué de ravalins faicts par les Anglais. Le sieur de Tavannes, desirant prompte mort ou honneur, conduit par la permission du Roy à ceste entreprise la compagnie de feu M. d'Orleans; par son advis est attaqué le premier fort, où il donne à pied avec l'infanterie : icelu y emporté, il remonte à cheval avec M. de Brissac, charge deux mil Anglais à une lieuë de là, les defait par son advis et assistance de la compagnie du sieur de Boizy. Le sieur de Tavannes n'a laissé que ce combat, celuy de Montcontour et Cerizolles desseignez de sa main. La terre d'Oye conquise, demy bruslée, l'hyver retire les armes.

[1546] Le Roy envoye le sieur d'Annebault à l'Empereur sur la mort de M. d'Orleans, remonstre la promesse de Milan faicte en sa consideration et non en celle de son fils deffunct. L'Empereur remercie Dieu de luy avoir donné moyen de rompre honnestement ce qu'il n'estoit pas bien resolu de tenir : sa responce le fit cognoistre. Le Roy dissimule de crainte et de vieillesse : son conseiller le sieur d'Annebault fait de mesme ; craignant les armées és mains du Dauphin, et par consequent du connestable, fait une paix honteuse : Bologne et Guignes doivent estre rendus au bout de huict ans, dans lesquels Sa Majesté devoit payer huict cens mil escus. Advint une revolte à Naples pour l'Inquisition, contre Pierre de Tollede, lieutenant de l'Empereur : la voulant establir, les Espagnols sont r'enclos par le peuple dans les chasteaux; eux, assistez de galleres, battent la ville de plusieurs endroits, se couvrans de tranchées. Ce feu estoit soufflé, non nourry de matieres suffisantes, par le Pape et Roy, qui n'envoyerent le secours promis; le vice-roy ayant quatre mil hommes au chasteau, ne vouloit sortir pour ne ruiner la ville. Trefves se font, tout est remis à l'Empereur, qui commande que le peuple, avant tout œuvre, donne les armes au vice-roy. Obey, il pardonne à tous, hormis à huict ou dix, se contentant de monstrer au reste l'impossibilité et injustice de leur entreprise.

Les septentrionaux sont vaillans, les meridionaux spirituels ; le froid serre les esprits pres du cœur, la chaleur les dilate et attire à la teste, où est le jugement. Les regions temperées meslent vaillance et prudence ensemble : les Français, Romains, Allemands, Macedoniens, qui habitent en païs temperé, ont fait de plus grandes conquestes que tous autres, pour avoir esprit et force joints ensemble. Il est plusieurs sortes de vaillances : les jeunes, en sang boüillant, non experimentez, s'hazardant plus que les vieux; les vieux devroient estre plus hazardeux, pour n'avoir pas tant d'années à perdre que les jeunes. La hardiesse naturelle naist avec nous; l'acquise, par discipline, celle du vin ou de l'opion, par transports d'esprit; autre s'accroist par son de trompettes et armes reluisantes. La valeur de la noblesse, qui ayme l'honneur plus que la vie, est à estimer plus que celle qui s'obtient par art, ou chastiments exemplaires de ceux du tiers estat; celle des gentil-hommes d'autant plus asseurée que fuir c'est mourir parmi eux : aucuns se sont tuez pour avoir fuy. L'hardiesse croist aussi par disposition et force corporelle, la vaillance se peut donner et accroistre par ordre et discipline : par icelle les Romains et les Grecs ont vaincu le monde, et les Espagnols se maintiennent. Le coüard, par bon ordre prend courage; la bonne opinion qu'il a de son capitaine et de ses compagnons le fortifie, n'esperant se sauver qu'au fort des piques, et par ses bras. Il sert de leur monstrer qu'il n'y a tant de peril aux charges comme ils pensent, que les corps ne se coupent comme des courdes, que de cent il n'en demeure un; faut mespriser les ennemis, prevenir les cœurs des siens avant l'apprehension du danger, à ce qu'ils ne treuvent rien de nouveau, n'estans les premiers mouvemens nostres. Les yeux, les oreilles, s'ils ne sont premiers advertis par l'entendement, le sang brutal les gagne, et apres l'esprit troublé les jette en confusion, sans loisir de se recognoistre, et ne sont plus à eux mesmes. Le jugement hors de son assiete ne se peut mettre; le sage en soupçon de ses sens n'obeït ny à la veüe ny à l'oüie, les appelle à compte, et s'en rend victorieux, considerant que c'est raison de preferer la mort à une vie deshonorée. Partie de la vaillance des soldats depend de la discretion du chef; il ne doit mener au combat ceux qui sont en crainte, les asseurer par petites defaictes des ennemis, les faire despiter des injures et paroles picquantes receües d'iceux, monstrer ceux qui ont chassé l'ennemy, magnifier les moindres actes, à un besoin mentir, ou faire mentir par fois discrettement; ne permettre aux prisonniers de loüer leur party, esclaircir les soldats de ce que les capitaines croyent qu'ils pourrroient ou penser ou douter, avec visage asseuré, lire dedans le cœur, accuser les poltrons et loüer les braves. Le vin, la bonne chere peuvent sur plusieurs; les opinions à jeun ne ressemblent celles de l'apresdisnée ; souvent une entreprise faicte apres souper, dilayée de la longueur du chemin, proche les ennemis mise au conseil, se change à ne combattre, encores qu'il ne soit rien advenu de nouveau. La vraye vaillance doit avoir premedité la honte, l'honneur, la mort, et la vie considerée, resoudre ce qui se fera à tous evenements, avoir signal avec ses sens, et les picquer, qu'au danger ils se resouviennent des resolutions prises par l'entendement en repos. Les capitaines ne meneront leurs soldats au combat s'ils ne chargent les premiers. La vertu est accrüe par l'opinion : les reistres, craints en France, y sont à mespris; les Huguenots, au commencement redoutez, à la fin battuz; la Ligue avant la bataille de Sanlis menoit tout fuyant devant elle, à son tour fuyoit de mesme. C'est pourquoy les Anglais disent : Bon homme pour le jour, la valeur ne demeure en mesme estat : tel est vaillant en duel pour sa force, science et escrime, qui craint l'arquebuzade ; tel asseuré aux arquebuzades, qui ne veut aller sur le pré. Aucuns veulent estre veuz dans la nuict, ou seuls ne font rien qui vaille. La vaillance à toute heure, en tout temps est extremement rare et doit estre prisée, pourveu qu'elle ne soit par brutalité, ains par discours et prevoyance. Les anciens devoient estre plus vaillans que nous ; ils croyoient la predestination, et que ceux qui mouroient pour leur patrie alloient en paradis : le christianisme defend le sang et les armes, promet paradis à ceux qui endurent coups et injures. La vaillance a ses artifices comme les autres arts : j'ay veu des generaux estimez, qui n'estoient vaillans qu'en apparence ; bien montez font charger devant eux, se demeslent, tiennent bride à dix pas des charges; s'il reüssit bien, ils suivent ; sinon, ils sont les premiers à prendre party. Il est plus facile à un general qu'à un capitaine de couvrir son jeu, lequel, une fois descouvert, ne mene plus gueres de soldats dans le combat. Ces feints vaillans cognoissent les hommes quand ils branlent pour les charger, et s'ils voyent le desordre de leur costé, font ferme ou se retirent; ils sçavent que peu de gens veulent mourir, et qu'allans determinement aux combats, peu les soustiennent.

Les soldats d'Ariovistus, par longs cheveux, teintures, soüilleures et balafres, se rendoient affreux; les reistres par leur noircissement vouloient sembler des diables; et les Français aux armes reluisantes de flames, s'accroissant par pennaches, desiroient porter la crainte dans les yeux ennemis devant que la raison eust temps de la mespriser : cecy peut servir contre soldats non advertis ny aguerris. Les bons chefs, haranguans leurs compagnons, tournent ces appareils en risée ou en espoir de butin, et les font cognoistre ainsi que les fantosmes, qui d'abord apportent quelque crainte, et apres sont renversez et moquez. Ces remedes tesmoignent que ceux qui les inventent ne se sentent assez de courage en eux-mesmes pour faire peur, cherchant des adjonctions exterieures. Les armées et espées reluisantes, les pennaches qui font paroistre les personnes plus grandes qu'elles ne sont, se peuvent user avec discretion, sans que la dorure des armes, la profileure et bordure des escharpes et casaques puissent accroistre la cupidité, qui excite la hardiesse des ennemis. Ces ornemens sont seulement necessaires pour servir aux gens de guerre de ce que les beaux habits servent aux courtisans, pour les faire plus entrans, s'estimer davantage, et avoir horreur de soüiller ces beaux ornemens par une fuitte honteuse, et d'estre recogneu en lieu indecent à la valeur. Plusieurs nations, allans aux charges, crient et font un grand bruict, disent qu'ils s'encouragent l'un l'autre et intimident leurs ennemis; autres vont au combat avec silence, qui est une marque de resolution, de l'opinion desquels je suis, car parmy les criailleries les commandements ne peuvent estre oüys; les soldats sont subjects à se desordonner, et aucuns sous ce bruict s'en veulent faire accroire et faire les capitaines. Par ce bruict ils exalent partie du vent de leurs forces, qui doit estre enclos et retenu pour les affermir, et eslever les coups en plus de disposition de frapper. Ces voix ne peuvent servir qu'aux surprises nocturnes, encore en faut il user tellement qu'elles n'embarrassent l'ordre ny le commandement. Ces paroles de tuer, reiterées, au premier mouvement estonnent les endormis, et ne nuisent à ceux qui sont accoustumez dans les allarmes.

Les terreurs paniques viennent de l'ire de Dieu, et en causes secondes elles sont attachées à la mauvaise opinion que les soldats ont des chefs, ou d'eux-mesmes, ou de la crainte de leurs ennemis, la cognoissance d'estre mal ordonnez, de n'estre en garde ny en devoir, et n'avoir les capitaines preoccupé les sens par discours dans les cambrades ou en campagne, pour avoir ouy dire que l'on vouloit lever les sieges, faire une retraicte en campagne, ce qu'il vaut mieux faire que dire. De nostre temps des armées entieres s'en sont fuyes : en l'année 1602, à Cauize, toute l'armée s'enfuit; en l'année 1572, à La Rochelle, où il y avoit mil hommes d'armes ayant pied à terre avec des piques, dix mil arquebusiers prests de donner l'assaut à une bresche, l'alarme se donne en teste des soldats, d'aucuns qui estoient sortis de la ville pour aller querir un mort dans le fossé; en mesme temps une autre alarme donne en queüe d'un des assiegeans, qui vouloit tuer un soldat indiscret qui approchoit avec une mesche des poudres : ces deux bruicts se rencontrerent dans le milieu de nos tranchées, sans que personne les chargeast; la pluspart de nos soldats, et mesme de la noblesse, s'enfuyent et se jettent dans un marets : nous qui estions en teste, n'en voyans aucun sujet, croyons que cela se fist par enchantement ou par gageure. Pour eviter ces peurs, il faut que chaque capitaine demeure en sa troupe, en son devoir, sans laisser mesler ses soldats parmy les autres, s'ils ne sont commandez; et qu'il joüe de l'espée, et parle audacieusement assisté de quelques amis, force les soldats à se recognoistre et rentrer en eux-mesmes. Grandement sert de mespriser ses ennemis devant les soldats, et estimer ses propres forces, et ne permettre qu'il se parle à l'advantage des contraires, et penetrer dans le courage des siens, pour par exhortations et harangues, en un besoin, leur chasser la peur, pour empescher ce desastre qui est si contagieux.

Les sons mesurez, la musique ravit les esprits. Les Spartiates usoient de flustes en leurs guerres, avec son grave et lent, qui faisoit marcher considerement et resolument leurs gens au combat. Les Turcs usent de cornemuses, de haubois, et semble que les sons soient plus propres pour danser que pour combattre, monstrant par ceste resjouissance le mespris qu'ils font du danger, et r'alentissent le trop d'ardeur, dont naist souvent le desordre. Les Chrestiens usent de trompettes, de tambours, aucuns de cimbales de cuyvre en sons aiguz et bruyans, tendans à mettre l'entendement hors de son assiette, pour n'aprehender le danger, et, par une gaillardise ou furie, les priver de la pensée de la mort et du peril : ainsi se trompent les fantasies des aprehensifs. Au boute-selle, au monter à cheval, à la retraicte, et au son de la charge des trompettes, s'en devroit joindre et inventer pour aller au pas, au trot, faire halte, se mettre trois à trois ou en escadron, tourner à gauche et à droicte, de differens tons. La plus belle batterie des tambours est celle des Espagnols, qui laisse les personnes en leur sens ; celle des Français est trop prompte, mesmement pour gens qui ont le naturel bouillant et actif, lesquels elle semble precipiter. Que s'il ne la falloit changer, du moins faudroit demeurer trois fois autant aux poses, que l'on demeure à battre les cinq coups de la batterie, les Français estans subjects de se mettre en desordre et en confusion. Ny les trompettes des uns, ny les tambours des autres n'ont assez de sortes de sons differens pour faire entendre et signifier la diversité des changemens necessaires à la guerre ; il faudroit qu'au seul bruict de l'un et de l'autre chacun sçeut ce qu'il doit faire, pour marcher, se haster, au pas, au trot, separer les arquebusiers, tirer les enfans perdus, avancer, reculer, marcher à droicte et à gauche ; tout cela peut estre signifié par plusieurs divers tons de trompettes et tambours ; à quoy estans une fois accoustumez, les soldats feroient incontinent ce qu'ils doivent, sans qu'il fallust que le general se fiast de faire courir de tous costez gens qui negligent, ou embarassez de bagages, ne peuvent aller si viste que le son, ny rapporter ce qui leur est commandé ; l'incommodité seroit que les ennemis proches l'entendroient comme les amis. Les sons se pourroient diversifier par fois, et charger en signals qui s'esleveroient au-dessus d'une cornette, ainsi qu'aux batailles navales tout se commande par signes faicts de la generale. Je loüe les signals qui se donnent au dessus de grandes lances ou piques, denonçant à la generalité des troupes la proximité des ennemis, à ce que sans ces criailleries d'armées quelquefois effroyables, chacun se mette en son devoir aussi-tost le signal de l'alarme apperceu.

Les marques des Chrestiens ont esté les croix ; elles ne sont changées en escharpes en France, que depuis que les Huguenots se sont meslez parmi les Catholiques : ce signe faisoit penser de n'entreprendre des guerres injustes, de ne faillir à son devoir, ni faire extorsions ou meschancetez ; et quand ce ne seroit que ces escharpes sont imitations des Huguenots rebelles, seroit utile de les laisser pour reprendre la croix. Les anciens portoient des cottes d'armes, Il y a vingt ans que l'on portoit des casaques, et depuis des mandilles ; maintenant l'on s'arme à cru : cela, disent-ils, estonne plus les ennemis, et contraint les soldats de s'armer entierement, leur ostant les moyens de couvrir leur paresse de leurs casaques. Les armes blanches du temps passé faisoient encore plus d'ostentation, laquelle profite contre les gens non aguerris, et de quoy les experimentez se moquent ; plus de pennaches, plus d'armes dorées, plus d'espoir de butin et de bons prisonniers. Les cottes d'armes du passé et mandilles estoient utiles, elles empeschoient les pistoliers de choisir et atteindre facilement le corps de ceux qui les portoient. Les nations ont un cry, ou un mot par lequel elles s'encouragent, se reunissent et reprennent cœur au peril, qui ne se doit prononcer que dans les charges ou en quelques dangereux accidents. Les Français crient *Saint Denis!* les Espagnols *Saint Jacques!* les Bourguignons *Saint George!* puis *France, Bourgongne, Espagne*; il leur semble que ces cris, souvent redoublez, accroissent leurs forces et les mettent hors du danger ; ce qui advenoit, non seulement par la puissance de ces saincts, mais parce que, ce mot generalement prononcé, chacun entendoit qu'il faloit redoubler ses forces, et que cela leur remettoit en memoire les vertueux actes passez de ceux de leur nation, pour ne degenerer et perdre la reputation acquise, mesmement quand ils prononçoient le nom de leur patrie, France, Espagne et Bourgongne.

Qui sert qui, negocie fidelement et prudemment se rend recommandable pour ne manquer de maistre ny de fortune : perdant l'un, il en trouve un autre par sa bonne reputation ; mesme les ennemis de ceux qu'il a servy conjecturent qu'il fera le semblable pour eux qu'il a fait pour leurs contraires.

Tout traicté de reddition de places à terme entre les grands d'un ou de deux ans, ne reüssit pour les evenements et changemens fortuits ; mieux en vaut une possedée que trente promises. Il ne manque d'eschapatoires, d'interpretations des promesses, et de couvertures pour rompre la foy promise, dont le mieux qui se peut esperer est d'entrer en autre paction et composition dommageable.

La valeur des Anglais n'a causé leurs conquestes ; La division des François en Guyenne, Bourgongne et autres lieux, en est la source, joint au mespris, ignorance, connivence ou trahison de leurs contraires. Ils doutoient tout, marchoient en ordre sagement, pleins de defiance quand ils estoient en France ; s'ils l'assailloient maintenant sans intelligence, ils se perdroient. Les Anglais avoient de l'advantage aux guerres civiles de France sur les Espagnols, qui ne peurent gagner que les ligueux prinssent la croix rouge et se fissent espagnols ; mais les Anglais firent prendre la rose blanche et quitter le nom français à ceux qui les assistoient, honteux apres de s'en desdire. De plus il y avoit plusieurs ducs partialisez contre les roys, chacun desquels travailloit à diminuer leur puissance ; et les seigneurs particuliers dans les provinces retiroient beaucoup plus d'avantage des estrangers que de leurs souverains, qui croyoient que leurs subjects estoient obligez par devoir de les servir sans recompense. Les Cimbres, les Suisses, les Gaulois, multipliez par longue paix, inonderent l'Italie et autres païs. Ainsi firent les Anglais en France, ce qu'ils ne peuvent maintenant, pour avoir participé en nos guerres de Flandres et de France, où ils ont perdu autant d'hommes à peu pres que nous : ces inondations ne sont à craindre, parce que la saignée est universelle. Guillaume conquist l'Angleterre, le comte de Richemont s'en fist roy, la sœur de Philippes le Bel, à l'aide des Normands, suppedita le roy son mary ; l'intelligence anglaise leur servit, et la religion catholique, dont ils sont le quart, nous fourniroit d'avantage de practique : leur païs, sans forteresse, se peut subjuguer par batailles en peu de temps. Cyrus, Alexandre et les Romains vainquirent les Assyriens, les Asiatiques et Macedoniens, apres une ou deux batailles. Les guerres entre les maisons d'Yorques et de l'Anclastre se terminoient en une journée, les vaincus jettoient les armes bas sans resourse, n'ayant r'alliment aux places fortes. La conqueste d'Angleterre est facile à une armée arrivée à bon port ; ce que cognoissant, les Anglais se sont fortifiez sur mer, où ils sont vincibles, si les Français ne remettent leur equipage de mer, ou que les Espagnols ne regagnent la Flandres, Zelande et Olande, qui peuvent faire autant de navires que les Anglais. Ce qu'ils n'oserent se presenter à l'admiral d'Annebaut faisant descente en Angleterre, fait penser que les Français se peuvent esgaller à eux en mer. Leur armée de mer est inutile, puisqu'il y a differents ports en Angleterre ; facilement on y peut entrer par l'Escosse et plusieurs autres lieux de l'isle, et faudroit qu'il y eust six armées pour empescher la descente. Calais et Dieppe sont propres pour y entreprendre : vingt mil hommes aguerriz abordez, leur armée de mer est inutile ; tel nombre se peut rendre maistre de l'isle apres une bataille gagnée, n'estant leurs communes aguerries ny armées. Si l'armée du duc de Palme y eust prins port, il en estoit maistre ; son mescontentement pour n'avoir esté eslu general de terre fit retarder et rompre ceste entreprise, d'où sourdit sa defaveur en Espagne. M. de Guise avoit entreprins d'y faire une descente avec douze mil hommes, composez le tiers de lansquenets et les deux tiers français. J'estois un des douze chefs qu'il avoit nommez pour mener les troupes. L'intelligence que nous y avions avec les Catholiques me fa t croire qu'il se fust faict roy d'Angleterre et eust delivré sa parente la royne d'Escosse, n'y ayant forteresse qui vaille. Les Anglais se sont conservez en troublant leurs voisins : il y a trente ans qu'ils entretiennent la guerre civile en France et en Flandres, desirans espuiser l'argent de l'un et les hommes de l'autre, à ce qu'ils ne puissent entreprendre sur eux ; esmeuvent les guerres entre les Espagnols et Français, sement, dilatent, embrasent le feu et le sang en la maison d'autruy pour sauver la leur. Ainsi meurent les Français, ainsi l'argent d'Espagne se depend, ainsi les ames se perdent en l'heresie par le moyen et pour le profict de la paix des Anglais. Leur royne estoit souveraine, et nonobstant liguée avec des rebelles des souverains dont elle ne vouloit que ses subjects suivissent l'exemple, faisant trancher la teste aux plus grands, ayant la faveur et bienveüillance du peuple pour seurté de ces meurtres contre la noblesse. Avant les guerres civiles elle tint les roys de France et d'Espagne en guerre, à la forme des Veniliens et foibles potentats, se jettant tousjours du costé des plus foibles : ainsi fit Edoüart VIII apres la prise du roy François. Merveilleux secret de Dieu, qui a maintenu cette femme en prosperité, née en inceste, adultere et heresie ! qui doit faire esperer par ses deportements sa punition en l'autre monde, puis qu'elle n'a peu estre en terre. Sa manutention estoit l'impossibilité qu'il y a d'accorder les roys de France et d'Espagne à l'entreprise qu'ils devroient d'eux mesmes, également offencez, resoudre pour la conqueste de cette isle : c'est la manutention de la religion catholique, leur utilité et vengeance ; il n'y auroit pour trois mois d'occupation, eux unis, ce qu'il ne faut esperer : l'un d'eux tiendroit trop grand l'autre fortifié de ce royaume ; et encore moins de ce temps, que le roy de France est dés sa jeunesse aucunement obligé aux Anglais, et que le roy d'Escosse est roy d'Angleterre. Si n'y a-il personne au monde qui en puisse mieux venir à bout que Sa Majesté, pour sa grande valeur et hardiesse. Les Huguenots n'ont raison d'y contrarier par leurs articles de paix ; ils doivent renoncer à toutes ligues, puis qu'ils ont liberté de conscience et que les Catholiques ont abjuré leur intelligence estrangere. Sa Majesté seule est assez puissante pour faire cette entreprise et s'opposer à eux, pourveu qu'ils la tiennent secrette : un seigneur de son royaume l'a voulu faire. Le dessein est plus difficile au roy d'Espagne ; neantmoins ce qu'il avoit entrepris peut encore renaistre. Il luy faut vingt mille hommes, dix mille lansquenets, six mille Espagnols et quatre mille Vallons ; la plus grande difficulté est que c'est le prince le plus desrobé de tous les autres, et luy faudroit [s'il ne pourvoit mieux à ses finances] des puits d'or pour mettre sus cette entreprise. Mal-aisément l'archiduc en pourroit venir à bout ; il faut un courage extremement relevé pour cest effect : si Dieu luy avoit fait la grace d'estre maistre des Païs Bas par la force, son entreprise seroit facile. Ces roys se pourroient accorder que celuy de France laissast le secours qu'il donne aux rebelles Flamands, les permist subjuguer au roy d'Espagne, qui en recompense le favorisast à la conqueste d'Angleterre. Le principal seroit de trouver des asseurances, puisque les sermens n'obligent les princes, et de plus luy roy d'Espagne croiroit l'Angleterre joincte à la France ne pourvoir tenir le Païs Bas, de quoy il luy faudroit donner seurté par quelques ports à luy asseurez en Angleterre, ou bien s'accorder d'un roy anglais qui fust catholique. Il est vray qu'au passé les partages des conquestes des Français et Espagnols ont esté mal fortunées aux Français au royaume de Naples ; c'est de l'ouvrage de Dieu, qui donnera la victoire aux Catholiques lors qu'ils auront plus de religion que d'ambition.

Ferdinand et Isabelle, par le conseil du Pape, inventerent l'Inquisition contre les Mores nouvellement chassez d'Espagne ; elle servit depuis contre les Lutheriens. Les formes sont cruelles, les accusateurs dangereux, recompensez du tiers des confiscations, les autres deux tiers au Roy et aux pauvres ; les juges et les tesmoins sont parties ; les prisons sont fort longues, là où elle est il n'y a point d'heresie. C'est mal, mais mal necessaire qui sauve les ames, les empesche d'estre infectées de paroles, garde les Estats, honneurs, vies et biens, qui, sous couverture de religion, sont envahis : les disputes, les libres paroles prophanes [source des doutes] y sont taryes ; l'Inquisition, disent les heretiques, est perte de liberté et pleine de cruauté. Ces peines ne s'adressent qu'au corps, le travail en est heureux pour le salut de l'ame ; elle est avoüée de Dieu, puisque son Eglise l'apreuve. Aucuns disent qu'elle oste le merite, faisant aller à l'eglise par force ; y allant sans y estre contrainct le merite en seroit plus grand ; que ceux qui doutent ne se peuvent esclaircir, n'osant disputer ny faire des questions ; qu'elle sert de vengeance et d'avarice. La response est que les sermons, les livres leur peuvent lever toute mauvaise opinion, avec les prieres de Dieu qu'il nous fasse la grace de prendre le royaume des cieux, comme les petits enfans, en innocence et pureté de cœur, et ne desirer comme Adam de mourir pour estre trop sçavans ; que l'avarice, la vengeance ne sont frequents, puisque les juges sont ecclesiastiques et esleus des plus gens de bien ; que les exemples de la multitude forcez à leur devoir est suivie de tant plus grand nombre de peuple. Non que les royaumes et republiques qui peuvent maintenir et conserver la religion catholique sans ladicte Inquisition, ne soient beaucoup plus heureux, et sont excusables ceux qui craignent ceste grande subjection, laquelle n'est point pesante à ceux qui veulent bien faire.

Les gens de guerre hors de leur pays, lesquels n'ont place, forts ny retraicte, et qui souvent ne se fient en leur general, n'ayant pour toute seurté que l'ombre de leurs enseignes, combattent mieux que dans leur patrie, cognoissant l'hazard auquel sont leurs vies, et qu'une fois rompus, non seulement leurs ennemis les courent, mais aussi sont massacrez de la populace, n'ayant aucun salut qu'en leurs armes.

La paix, la mort de M. d'Orleans perdent l'esperance et changent les desseins du sieur de Tavannes ; se resout à se marier : le cardinal de Tournon, gouvernant la cour avec M. d'Annebaut, qui cognoissoit sa valeur, lui propose la fille du comte de Morver, son beau-frere, qui avoit deux filles d'un premier mariage, dont la mere estoit de Vienne, issuë des anciens roys de Bourgongne, et ledict comte de Morver de La Baulme, sorty de la maison illustre de Grece, qui fait le quinziesme comte de ceste maison. Ces deux filles (heritieres de leur oncle de Listenois, tué en Piedmont, dont la succession se partagea entre mes dames de Sombernon, de La Fayette, et premiere femme dudict comte de Morver ; les filles representant leur mere, qui furent sœurs et heritieres dudict sieur de Listenois) obtindrent le tiers de la susdicte succession. Le comte de Morver avoit une fille de Tournon, qu'il donna à un de ses cousins de son mesme nom de La Baulme, avec tout son bien, et desherita les filles de son premier lict, qui resterent avec le bien de leur mere. Le sieur de Tavannes, accompagné de valeur, faveur et bonne grace, eut le choix de ces deux filles, prit la plus jeune, laissa l'aisnée au marquis de La Chambre ; s'espousent en mesme jour, sans perdre la resolution de suivre la fortune, ayant choisi une retraicte pour tous evenemens. [1547] Le roy d'Angleterre, Henry VIII, meurt, laissant la coronne à Edoüart, aagé de huict ans. Ce prince avoit eu toute authorité sur ses subjects, rompt les barrieres de preudhommie, par luxure repudie Catherine d'Aragon, dont il avoit une fille, pour Anne de Boulan, qu'il fit mourir depuis, convaincue d'adultere. Ce divorce n'ayant esté approuvé, il se fit heretique, se declare chef de l'Eglise : ainsi un peché est naissance d'un plus grand. Le roy François meurt à Rambouillet, aagé de cinquante six ans : les dames plus que les ans luy causerent la mort; il eut quelque bonne fortune et beaucoup de mauvaises. Il eslevoit les gens sans sujet; s'en servoit sans consideration, leur laissoit mener la guerre et la paix pour se descharger. Les femmes faisoient tout, mesme les generaux et capitaines, d'où vint la varieté des evenements de sa vie, meslée de generosité qui le poussoit à de grandes entreprises, d'où les voluptez le retiroient au milieu d'icelles. Il aymoit les sciences et les bastiments. Trois actes honorables luy donnerent le nom de Grand, non la difference du petit roy François : La bataille de Marignan, la restauration des lettres, la resistance qu'il fit seul à toute l'Europe. Se releva courageusement d'un grand malheur et prison : l'excellence de l'empereur Charles-Quint luy donne gloire; le vainqueur d'Allemagne, d'Asie, d'Afrique, de Gueldres, des Turcs, a borné son plusoutre aux rivieres de Marne et Durance, et fait naufrage en France avec deux grandes armées. Si du temps du roy François, la division que trouva Charles VIII en Italie eust esté, il y eust fait de grandes conquestes. Et tous ces beaux faicts n'estoient suffisans pour luy acquerir le nom de Grand, n'y ayant rien d'egal à Alexandre, Pompée et Charlemagne, honorez de ce titre : plusieurs roys de France, qui ont fait plus que luy, Clovis et autres, n'ont pris ce nom de Grand. Mourant, il descharge sa conscience : l'alliance des Turcs, confederation des Lutheriens allemands estoient les plus grands faits d'icelle, ce qu'il n'estimoit pour les torts que l'Empereur luy avoit faits; il recommande l'admiral d'Annebaut à son fils.

RÈGNE DE HENRY II.

Le Roy enterré, la cour, la faveur change, le connestable de Montmorancy est mandé du roy Henry, se souvenant des honneurs acquis par son moyen au camp d'Avignon et au pas de Suze, et de la honte qu'il eut à Perpignan, assisté de M. d'Annebault. Le connestable luy avoit donné plusieurs prudents conseils secrets, cependant qu'il se contenoit sagement relegué en sa maison. A son arrivée, il renvoye MM. d'Annebault et de Tournon chez eux, lesquels suivirent le chemin du connestable par luy tracé en sa defaveur; se retirent sans contestation. Restoit le mareschal de Biez en credit; le connestable le ruïne par son nepveu de Vervin, dit qu'il ne se faut fier à l'oncle duquel on a tranché la teste au nepveu, suscite des accusateurs; le mareschal est pris, sort avec un arrest ignominieux, depuis cassé à la requeste de son fils. Madame d'Estampes donne les bagues du roy François à madame de Valentinois, et sort avec son frere le cardinal de Meudon (1), par la porte Dorée; se retire en sa maison. Le Poulin, Longueval d'Escars, d'Antibes, Grignon, recherchés pour n'avoir fait cas du connestable en ses infortunes, eurent besoin d'argent et d'amis pour sortir de la leur. Le comte de Morver participe à la defaveur du cardinal de Tournon, son beau frere; le connestable luy oste son gouvernement de Bresse, le donne à La Guiche, lieutenant de sa compagnie. Le comte, parlant au Roy la main sur l'espée, se justifie, blasme ses ennemis et n'obtint rien : la raison n'a lieu là où la faveur gouverne. L'on comprend le sieur de Tavannes en la defaveur de M. de Tournon, par son alliance; il s'en mocque, dit avoir sa fortune en sa teste et en son bras, s'addresse au Roy, qui luy maintient sa compagnie de gendarmes, promet l'accroistre d'honneur continuant son service. Le connestable, nocher et patron de la navire dont madame de Valentinois tenoit le timon, consent que le duc Claude de Guise ait le gouvernement de Bourgongne, pour avoir aydé à defavoriser M. l'admiral de Brion, et pour ce sujet avoit esté favorisé de madame d'Estampes. A ce nouveau regne, ledit sieur de Guise se maintient doucement avec le connestable, couvertement gagne Diane de Poictiers, sur la proposition du mariage de sa fille aisnée à monsieur d'Aumale, asseure son credit, dont la confirmation fut le mariage de Marie Stuard, royne d'Escosse, aagée de dix ans, fille de sa fille, que Sa Majesté desiroit pour le dauphin François II. En cette consideration, le Roy donne l'archevesché de Rheims à Charles de Lorraine, son frere puisné, favorise le mariage du fils aisné de Guise avec la fille du duc de Ferrare, sortie de la seconde fille du roy Louis XII. M. de Guise balance la faveur du connestable, excepté l'inclination naturelle que Sa Majesté avoit à son compere, duquel nom il l'honnoroit.

Le roy Henry eut les mesmes defauts de son predecesseur, l'esprit plus foible, et se peut dire le regne du connestable, de madame de Valentinois et de M. de Guise, non le sien. Il est source des malheurs de France, donnant à deux seules maisons les charges, honneurs, finances et gouvernemens de son royaume. Il s'est veu en l'une d'icelles maisons en mesme temps un connestable, un grand maistre de France, un admiral, un colonel d'infanterie, les gouvernemens de Guienne, Languedoc, de l'Isle de France et de Provence, capitaineries de la Bastille, les bois de Vincennes, les places de Bologne, trente compagnies de gendarmes possedées par ses amis, et en l'autre maison, les gouvernements de Bourgongne, de Champagne, generalité de galeres, colonel de la cavallerie legere, plusieurs lieutenances de Roy faites de leurs mains, vingt compagnies de gendarmes. Nul ne peut approcher du Roy que par l'une de ces deux maisons; tout se donne et oste par eux, recompenses et chastiments demandent tous les jours, estant maxime que les roys, eslevant des personnes en telle grandeur, ne leur peuvent plus rien refuser, pour la crainte qu'ils ont d'eux, et de peur de perdre ce qu'ils y ont mis et le bien qu'ils leur ont fait. Et sembloit que le Roy eust conjuré avec eux de leur partir la France, à la ruine de ses enfans et de son royaume, qui de-

(1) Le cardinal de Meudon encore une fois n'étoit que le beau-frère du frère de la duchesse.

voit advenir, sinon de son règne, tost apres, l'inimitié d'icelles maisons venant à esclater; il en veid les preparatifs de son vivant.

La moitié du monde est medecin, qui donne advis aux malades; il est autant de gens se disans d'Estat qui veulent donner conseil; c'est beaucoup d'en avoir un en un royaume, et cinq ou six en un siecle : il faut le sens naturel, l'acquis et l'experience des affaires. J'en cognois jaloux de cette qualité, qui n'advoüent qu'eux au monde; je les ay veus sur la fin de la Ligue, où ils n'ont fait des miracles, je les vois gouverner heureusement le roy Henry quatriéme en ces années 1602 et 1603 : le bien qui en reüssit ne leur doit estre attribué, ains à Dieu, qui donne la paix pour la pitié du peuple. C'est par luy que tout ce qu'ils font ou conseillent mal retourne à bien; leur maistre ny eux n'ont davantage de loüange que celuy qui se precipite au fossé où il a veu tomber les autres. Tant de fautes commises monstreroient le chemin aux aveugles, encores que les plus habiles d'eux ne laissent de faillir. Les vaillans, fins, experimentez, ou bien alliez, n'ont charge, de crainte qu'ils n'entreprennent; mettent divisions entre les grands, monstrent qu'ils les veulent abbaisser; eslevent le peuple, dont ils gagnent les principaux par pensions, qu'ils reçoivent sous le nom d'officiers royaux; favorisent les rebelles des souverains, endurent un party dans l'Estat, pour y recourir au besoin; tiennent les subsides hauts pour appauvrir le peuple, à ce qu'il pense, disent-ils, plustost à vivre qu'à se revolter : ils ne donnent rien à personne, ne payent les gendarmes. Le Roy, ses enfans, ont les charges, les gouvernements, les compagnies, et nul autre; caressent peu de gens sans se contraindre : les finances et partie des armes sont maniées par gens de peu : ils offensent plusieurs de paroles, sans se souvenir de ce qu'ils ont promis : en mesme temps, mescontentent tous les princes et les bravent, sous la seurté de la division qu'ils y ont engravée; esperent de forcer les gentils hommes d'aller à la guerre, par l'arriere-ban et non par la solde; et n'y a gouvernements ny grades que pour les enfans de Sa Majesté; divisent toutes les charges, nul ne fait la sienne. Le Roy fait et prend tout, laisse le reste sans argent ny authorité, desesperant les soldats, qui se vont faire tuër au pays estranger.

Cette forme de gouverner en autre temps seroit dangereuse, et en cestuy-cy tout reüssit, et de tout en vient bien : Dieu maintient la paix au peuple, pour la misere qu'il en a soufferte. J'ay veu que, si les gens de valeur eussent cogneu ne pouvoir parvenir, ils n'eussent retardé leur entreprise que du temps qu'il faut pour la bastir : plus de division semée, plus fut esté d'amitié preparée parmy eux; les peuples se fussent rebellez pour les subsides, les gens-d'armes pour n'estre payez, les courtisans de n'avoir rien, et generalement les Français d'estre offensez au lieu de caressez : le party huguenot enorgueilly d'estre maintenu et stimulé à desirer de plus en plus, les gouverneurs eussent entrepris pour s'asseurer des places de leurs gouvernemens, divisé en temps de paix, ne pouvant esperer d'ailleurs et craignant leur ruine : les Espagnols eussent semé les doublons pour moissonner les hommes en la guerre civile, rendant ce qu'on leur preste sous main, et en mesme forme. Tout s'endure, se soustient, s'estouffe par l'arrest de la supresme puissance; ceux qui voudront suivre les preceptes d'estat du roy Henry IV, n'ayant son heur ny sa reputation, periront. Ce qui la favorise, est que tous les braves de son royaume sont enterrez, les peuples ayment autant la mort que la guerre, s'estans faits sages des ruines passées; les capitaines et soldats sont morts aux voyages estrangers, ou habitent les maisons et labourent les terres des trespassez qui leur ont fait place; et les courageux, voyant les gens de peu de valeur pourveus aux charges, les mesprisent et se bannissent chez eux de toutes affaires : les rebellions des rebelles luy ont donné la victoire.

Il y a des livres de preceptes d'Estat; j'en mets peu, pour n'y estre savant : les princes ne doivent avoir gouvernement, principalement de frontieres; s'ils en ont, ne leur donner les places, et que les lieutenans de Roy dependent de Sa Majesté, et plus ennemis qu'amis des gouverneurs. Le Roy ne doit donner à la priere des grands, à ce qu'ils n'acquierent des serviteurs à ses despens pour s'en prevaloir contre luy; doit commander que tout s'addresse à Sa Majesté; les conseils des gentils-hommes mediocres, peu alliez, sans desseins, vaillent mieux pour se maintenir que ceux des grands. Deux gouvernements, deux compagnies de gendarmes, deux regiments ne doivent estre donnez en mesme race; les regiments ny les places ne se donnent à des jeunes gens de bonnes maisons, plustost à vieux estropiez.

Un roy puissant ne se doit soucier de places fortes qu'aux frontieres, diviser les puissances, princes, ecclesiastiques, noblesse, gens de justice, financiers, bourgeois, marchands, laboureurs; chacun sert Sa Majesté en son estat : empescher les intelligences, separer chasque estat, gagner les puissances d'iceluy : il ne peut que les roys n'en ayent tousjours la meilleure part, qui esbranle le reste avec la qualité de roy;

empescher leur alliance, continuer les subsides sans augmentation, pour ne suggerer le desespoir, faire punir les grands par la justice et forme ordinaire, avoir les entrées de France fortifiées, et non autres, Lyon, le Havre, Abeville, Nante, Marseille, Tholose, Bourdeaux, Calais; et s'il ne peut estre maistre dans ses villes, fortifier des bonnes places fortes, y mettre de vieilles gens parens de ses enfans, et laisser les autres villes libres, lesquelles ont cogneu, par les dernieres guerres, ne se pouvoir mettre en liberté, et qu'il leur faut un roy pour en eviter cinquante, que la noblesse, plus grande qu'en Allemagne et Suisse, les fera tousjours venir à raison. Les places fortes en quelques endroicts sont necessaires, parce que, n'y en ayant du tout point, la France seroit subjecte à estre vaincue en deux batailles, comme l'Angleterre et Pologne; aussi n'y en faut-il tant qu'elles donnent moyen de guerres civiles. Entretenir l'amitié des Suisses est necessaire à un prince qui ne se veut que conserver; rompre toutes societez, ligues et confrairies, gagner ceux qui peuvent, au party huguenot, mettre la justice en force, oster les armes aux soldats, ce sont regles pour se maintenir, differentes de celles d'un conquerant, toutes inutiles sans la premiere, qui est servir et exalter l'honneur de Dieu, exercer justice, ne faire à autruy que ce qu'on voudroit luy estre fait, ne favoriser les rebelles des souverains, et ne faire guerre injuste; faire grand amas de deniers et de munitions dans les places asseurées; l'experience monstre la force de l'argent dans les guerres, tant civiles qu'estrangeres.

Ceux qui entrent en faveur ne ruinent ceux qui y estoient, craignans qu'estans en pareil estat le semblable leur advienne; l'habile courtisan met autant en reserve qu'il acquiert, la moitié pour sauver le reste advenant naufrage : tout se garentit par argent; c'est pourquoy il ne craint les recherches advenir, espere de passer là où sont passez les autres; la suitte des favoris participe plus en leur ruine qu'eux mesmes. Et de ce temps ils ont cherché de seurté à avoir grande quantité de gouvernements et places fortes, à ce que leur maistre mesme ne les puisse defaire, lesquels, maladvisez, par ce moyen donnent naissance aux partis, dont la division de l'Estat est souvent suscitée.

Soixante compagnies de gendarmes prirent party avec ceux de Guise, de Chastillon et de Montmorancy; les capitaines menent les compagnies entieres aux rebellions; les soldats, creez par les chefs, oublient le Roy, la multitude d'aguerris n'estans payez s'adonne aux guerres civiles : l'experiance est contraire à ceux qui disent que, pour eviter ce peril, ne faut point de gendarmes; il vaut mieux enseigner le moyen d'y remedier. L'Anglais a occupé la France, les Bourguignons assiegé Paris, plusieurs batailles perduës par faute d'aguerriment; vingt ans de paix sans en retenement de gendarmes, il n'y aura ny capitaines ny soldats qui sçachent leur devoir, dont le pays sera en proye et la moitié conquis avant qu'avoir r'apris le mestier des armes. L'Estat doit estre soustenu par force du païs ou estrangers, l'assistance auxiliaire est peu utile et de grande despence; armer son peuple est dangereux, la noblesse seule peut bien servir, estant entretenue en la gendarmerie. Aux années 1603 et 1604, la gendarmerie est reduitte à quatre compagnies du Roy et de ses enfans, et deux autres compagnies payées à moitié au connestable et duc de Mayenne. Le Roy fait estat [si la guerre vient] de donner quarante compagnies de chevaux legers à autant de seigneurs choisis de deux cens gentils-hommes pensionnaires qu'il entretient, espere de s'ayder de l'arriere-ban par saisie des terres de gentils-hommes advenant la guerre. Cest entretenement est foible; les soldats nouvellement levez seroient peu aguerris : les ennemis du Roy auront, avec argent d'Angleterre ou d'Espagne, plustost fait des levées que luy, et de meilleurs hommes; les soldats y courront, ne croyant point estre obligez, ny avoir de serment ailleurs, n'ayant en France que leur corps. Et quant à l'arriere-ban si le Roy force encore deux fois les gentils-hommes d'aller à la guerre [ainsi qu'on fit au dernier siege d'Amiens], il en adviendra quelque revolte. De plus, il ne s'en peut servir que trois mois, et s'ils ne sont nullement aguerris, Sa Majesté ne peut r'establir la gendarmerie sans donner des gendarmes à soixante personnes, dont ils se defie de cinquante, qui se joindront aux factions pour relever les maisons affoiblies et les partis ruynez. Le remede est que le Roy continue les pensions à soixante des plus fideles experimentez des siens, et employez aux gouvernements des compagnies de gendarmes, par commissions seulement en temps de guerre, laquelle finie, ils demeureront sans charge, pensionnaires ou capitaines entretenus qu'ils estoient. Et pour créer les gendarmes sans capitaines, que le Roy commande aux baillifs d'envoyer des roolles de tous les gentils-hommes et signalez soldats de leurs bailliages aux cours de parlement, et maire des villes le semblable; Sa Majesté choisisse en chaque province cent cinquante hommes, qui sont aux seize provinces deux mil quatre cens hommes d'armes, des commissaires qui leur feront faire montre, et non les capitaines pensionnaires, qui ne s'y trouveront. Advenant la mort des soldats, le Roy y pourvoira luy-mesme sur les roolles qui luy seront envoyez : vaut mieux qu'ils soient moins vaillant que recommandez par autruy de qui ils dependroient. Ces soldats ne se pourront dire estre d'autre compagnie que de celle de Sa Majesté, ne recognoissant leur capitaine qu'à la guerre. Pour un voyage qui se passe en six mois, si un soldat se met à la suitte d'un prince ou seigneur, le baillif ou la cour en advertira le Roy, pour le casser. Les garnisons doivent estre meslées des gendarmes de toutes les provinces, sous l'obeissance d'un chef, dont le commandement ne durera que pour un quartier en temps de paix.

Qui se marie perd sa fortune entiere ou la moitié d'icelle : les femmes, les enfans, le mesnage, l'avarice, le repos, le plaisir, la crainte du hazard, occupent, empeschent, rompent et accourcissent les voyages, entreprises et desseins. Le meilleur aage de se marier est à trente ans, ayant partie de la fortune qu'on peut avoir, et n'est trop tard pour laisser ses enfans en estat de manier ce qu'on leur laisse, ny trop tost pour en estre incommodé : c'est paradis d'y estre bien, enfer d'y estre mal. Il y a plus de mal que de bien au monde, plustost se rencontre desplaisir que plaisir. Il y a cinq choses requises et difficiles à treuver ensemblement : extraction de sages meres, et de maisons signalées de preud'hommie, honneur, richesse, beauté et prudence ; manque une, le reste est imparfaict ; tout y estant, l'orgueil tourmente les mariez, ces maux sont communs : si riche, plein de reproche ; si illustre, serviteur de ses alliez ; si belle, la jalousie ; si pauvre, necessité ; tellement que commodité et incommodité s'y balancent. C'est espouser des querelles, des maladies hereditaires, des procez, et souvent des debtes. L'on se doit marier, non pour ce qui s'escoule en deux ans, beauté, bonne grace, ains pour ce qui s'augmente en vieillesse, sagesse et richesse ; sur tout regarder aux imperfections naturelles et hereditaires, tant du corps que de l'esprit, sans se marier à la fantasie d'autruy, puis qu'on se marie pour soymesme ; y estant, supporter les incommoditez qui n'attouchent l'honneur, comme le froid, le chaud, les vermines, et les vaincre par prudence, resolution et patience. Et ne faut chercher en ce monde des contentements parfaicts, ains s'accoustumer aux incommoditez, soupçonnant son naturel, et se garder d'estre offensé ou s'attrister au moindre sujet qui se presente.

Les vivans se soucient peu des ordonnances des morts ; ce qui ne s'execute de nostre temps, n'esperons qu'il se fasse apres, si ce n'est par bons contracts, qui encores ne sont sans dispute. Donations, fondations, restitutions par mort, ressemblent à celuy qui commandoit que son corps fust foüetté apres son trespas pour l'expiation de ses pechez ; c'est ordonner de ce qui n'est plus nostre, et estre liberal de ce qu'on ne peut emporter. L'obligation des parens et serviteurs n'est pareille que si les biens leur estoient faicts du vivant des donataires, estant assubjectis de passer par la main d'autruy : ils sont plus obligez aux executeurs des testamens qu'aux deffuncts. Les petites fondations se perdent, les grandes sont decimées et amoindries, et souvent ne s'en fait rien, si ce n'est qu'au deffaut de l'execution l'on ne donne les biens à gens puissans, qui, pour la crainte que l'on a d'eux, soient cause qu'elles s'observent.

Ce n'est rien de gagner des batailles, de garder les provinces, ny bien servir, qui n'entend la Cour. L'Estat est lamentable qui est sans certitude, là où recompense et punition se donnent sans raison et par faveur, où les subjects ont moyen de gagner l'une et eviter l'autre, en fraudant et forçant les loix. Miserable le regne des enfans, et plus malheureux celuy des ignorans, subjects à estre possedez et gouvernez au prejudice de leur reputation, et malheur de leur Estat ! Là où les particuliers font leur maison, s'enrichissent et font pour leurs amis contre tout ordre, n'ayant pour droict que la force et la puissance royale, de laquelle ils s'aident à leurs plaisirs ; bannissant la valeur et la vertu, ayant pour suspects ceux qui ont ces bonnes parties, et reduisant tous les hommes au mespris d'icelles, puis qu'elles sont inutiles, et qu'il n'y a que la porte de la faveur ouverte : les grades reduits à non-valeur, profanez et donnez à personnes indignes, mesprisez des gens de cœur et de courage, les inventions, les exactions infinies appliquées au seul advantage des favorits ; et le sang du peuple ny la voix d'iceluy n'a aucun recours qu'à Dieu, qui est celuy seul de qui il faut esperer le bien des royaumes.

Voulant escrire des Lutheriens, pour plus d'intelligence d'iceux, je repete leur commencement dont j'ay dit partie cy-dessus. [1507] Martin Luther presche contre la croisade et argent levé pour aller à la Terre Saincte, diverty et employé aux sœurs, courtisanes et cuisiniers de quelques grands. La reformation de ces abus, avec quelque present de benefice, eust arresté cette heresie : Luther a confessé n'avoir pensé en venir si avant. [1518] Il escrit à Sa Saincteté la faute de ses questeurs, le tient pour chef de l'Eglise, met à ses pieds sa teste et ses escrits. La doctrine des prophetes et des apostres est née du Sainct Esprit, tout à un coup, non par pièce comme les Lutheriens, selon qu'ils estoient piquez ou desesperez de salut. Luther est banny du Pape et de l'Empereur [1521] en la diette de Vormes : se voyant sans remede, se soustrait de leur obeyssance, blaspheme contre eux, ce qu'il n'eust fait si, après quelque reformation, on luy eust donné absolution et conferé des benefices. Il rencontre le duc Federic de Saxe en crainte de l'Empereur pour sa grandeur, et inimitié du Pape pour ses exactions de la croisade et entreprise sur son duché et université de Vitemberg. Ce duc resout de s'opposer à eux par ligues et armes, faute de leur Saincteté et Majesté de ne l'avoir asseuré et deschargé son peuple des exactions ecclesiastiques, et contenté luy et les docteurs de son université.

Ce duc, source de la mort éternelle et humaine de cent mil hommes, palia et endura au commencement lentement ceste religion, craignant de perdre le gain que luy apportoit sadite université ; ce schisme, sans luy, estoit aisé à opprimer à sa naissance. [1529] Cette religion s'accreut par la liberté qu'elle donne de mal faire ; les ecclesiastiques se marient, les princes se soustrayent de l'obeïssance de l'Empereur, les gentils-hommes jouyssent des biens d'Eglise, les villes imperiales en dessein de se mettre en estat populaire, vivre sans reprehensions [1529]. A la journée de Spire, l'Empereur, foible, declare impunité, pour la crainte du grand nombre des Lutheriens accreus, qu'il ne pouvoit opprimer [1532]. Ils font une ligue avec le duc de Saxe, landgrave, George de Brandebourg, Ernest, François de Lunebourg et le prince d'Anhald, les villes de Strasbourg, Nuremberg, Houlmes et Constance ; sept princes, vingt-cinq villes confederées appellent des decrets de Spire aux conciles legitimes, escrivent au roy de France, qui les favorise pour s'en servir contre l'Empereur. Les Lutheriens, assemblez à Ausbourg, donnent une confession de foy ; l'Empereur dissimule pour les guerres des Turcs et de France, les remet au concile, consent un colloque. Paul Farnaise accorde la ville de Trente en Allemagne, pour tenir le concile, parce que les Lutheriens ne vouloient aller en Italie, et commencent à se remparer contre le concile, disant appartenir à l'Empereur la convocation d'iceluy, que leurs princes et ministres y devoient avoir voix deliberatives. En cette année [1537] les Lutheriens s'assemblent à Smalcade, pourvoient à leur conservation : le Pape fait quelque legere reformation. Ferdinand, roy de Boëme, le duc de Bronsvich, et plusieurs autres Catholiques, à l'imitation des Lutheriens, font ligue

pour se maintenir contre les heretiques, qui protestent contre eux. En l'an 1542, le landgrave prend le duché de Bronsvich, sans ce que le duc fust declaré criminel ny mis au ban de l'Empire. L'Empereur remonstre au conclave des cardinaux que le Roy empesche le concile, et qu'il s'allie au Turc, qu'il negocie avec les Protestans ; l'audience est déniée aux Français, l'Empereur à la diete obtint secours contre eux, d'où vint son entrée en France, et prise de Sainct Dixier. Albert de Brandbourg, seigneur de Pruce, de grand maistre s'estoit fait duc, aidé du lutheranisme, est condamné de l'Empereur, et l'election nouvelle de Wolfgang advoüée. La faveur des Français sert aux lutheriens et au Turc ; l'Empereur dit qu'il eust supprimé l'un à sa naissance, et resisté à l'autre, sans esperance que les Lutheriens et le Turc avoient du secours des Français. L'an 1546 et 1547, Sa Majesté imperiale se prepare contre les Lutheriens.

La necessité rend les armes justes, et licencie de se venger d'un mal par un semblable. L'Empereur corrompt Bourbon et André Dore, et est soupçonné d'avoir fait empoisonner le Dauphin ; prend Naples et Milan injustement. Le roy Henry deuxiesme, s'ayde des Turcs et des Lutheriens contre luy ; il est blasmé de l'alliance du Turc, comme le roy Henry troisiesme de celle de Geneve ; contre quoy les Français objectent l'interim permis par l'Empereur, le tribut et orloge presenté par Ferdinand au Turc à Budes, pour posseder l'Hongrie et s'allier avec luy ; la paix en Afrique avec les Infideles, l'alliance des Anglais excommuniez recherchée par l'Empereur. En l'an 1544, ils faillent, ils offencent, ils manquent tous deux en l'alliance du Turc, des Lutheriens et rebelles : Dieu leur envoye de tel pain souppe. L'Anglais, favorisant l'Huguenot, change l'Empereur de la faveur donnée aux Lutheriens par les Français : le peché des ennemis ne doit estre imité, c'est celuy qui combat pour le contraire. Les malheurs de France viennent de l'alliance du Turc et des heretiques ; du feu que les Français ont aidé à souffler, est sortie la flamme qui a embrazé quarante ans leur patrie. C'est miracle qu'il n'a esté subjugué par les Anglais ou Espagnols, tant de sang, de biens et d'ames perduës, la posterité des Valloys sans vie et sans royaume, les partis demeurez entiers, pour servir de pretexte à la ruine de la Couronne.

Aucuns, agitez et ennuyez des mouvements faicts à cause de la religion, contrarient l'advis des prelats ; que c'estoit authoriser les Lutheriens de reformer l'Eglise ; disent qu'il falloit des leur premiere naissance, sans contraincte, assembler le concile et pourvoir aux abus ; rendre, ou bien employer les deniers de la croisade; que les ames se sauvent par confession, satisfaction, repentance et penitence, moyennant quoy le pardon des papes est utile, non autrement. Les statuës des saincts en l'Eglise, pour avoir milité sous icelle, comme celles des grands capitaines aux republiques, seroient aussi bien de costé aux parois que sur les autels. Le mariage, defendu aux prestres, et permis en la primitive Eglise, le devroit encore estre, parce que les putains et bastards des prestres servent de pretexte aux Lutheriens, et que sainct Paul à Thimothée dit que le prestre se contentera d'une seule femme, dont ils se peuvent abstenir le jour qu'ils diront la messe, qu'il ne devoit estre permis de celebrer qu'en l'aage de cinquante ans, lorsque les concupiscences commencent à s'esteindre; les plus jeunes pourroient servir de diacre et psalmodier; que les moines ne fissent vœux perpetuels qu'ils n'eussent quarante ans; punir les adulteres, paillards et blasphemateurs.

Les heretiques font parade que les apostres donnoient, et que les prestres prennent; ils alloient pieds nuds, et qu'eux sont bien vestus; ils obeyssoient, que les prestres commandent; ils cherchoient la paix, et eux division; Jesus-Christ preschoit l'humilité aux deserts, les papes la guerre en triomphe. Qu'il seroit necessaire de reformer l'orgueil et richesse de l'Eglise, et que les biens estoient donnez à icelle par les Chrestiens, pour ne se sentir suffisans de les separer aux pauvres; ils estoient destinez pour prier pour les ames, pour l'instruction de la jeunesse, et resister aux infideles. Que depuis, l'Eglise a party le bien des ecclesiastiques et tiers, pour les pauvres, pour les reparations, et pour l'abbé, et que le dernier prend tout; qu'il employe à ses parens, bastiments, voluptez, chasse et amour, ce qui est destiné à pieté. Tiennent plusieurs benefices, et n'en peuvent desservir qu'un, auquel ils doivent estre pourveus par l'eslection de leurs freres, qui ont l'imposition des mains. Que les papes se disent seigneurs spirituels et temporels, qu'ils ne sont pourveus à l'un que par l'autre, se doivent regler à la saincteté, hayr la guerre, prescher la paix, excepté contre les Turcs et heretiques. Peuvent accepter les Estats que Dieu leur envoye, sans semer divorce entre les princes pour s'agrandir, les admonestant contre les indeus mariages et mauvaises vies, sans excommunication ny mettre leur royaume si soudainement en proye. Lesquelles opinions ont esté rejettées, pour la crainte que plusieurs avoient que les heretiques, ayant obtenu partie de ces points, ils en demanderoient d'autres. Autres disoient qu'il n'est loisible de faire mal à fin que bien en adviene, et les papes ne doivent permettre ny les bordels, ny la conference des benefices aux roys, pour crainte de leurs mauvaises graces, ny se soucier de gagner la faveur d'iceux, ausquels ne doivent estre accordé que ce qui est juste. Que les conciles sont pardessus les papes, lesquels sont establis seulement pour faire garder les decrets d'iceux; et que si un concile a declaré les papes superieurs, ils le sont jusques à un autre concile, où repose le Sainct-Esprit, qui tomba sur chacun des apostres egalement, et sur leurs successeurs. Cecy est escrit sous la permission et correction de l'Eglise, seulement pour monstrer les diverses opinions de ce temps-là et les moyens que l'on cherchoit en vain pour accorder les deux religions.

Aucuns plus politiques que religieux, ont proposé que les roys de France et d'Espagne, d'accord, pourroient et devroient reformer l'Eglise, estant plusieurs ceremonies superfluës et inventées, d'où adviendroit la reünion des heretiques, n'appreuvant l'adoration des papes, les pardons, les images, l'impudicité des prestres, les voyages, les offrandes, les reliques; qu'il fust dit moins de messes et plus de predications; ce qu'advenant, ils pensent que les heretiques croiroient aux saincts sacrements, et se rangeroient en l'obeissance de l'Eglise. Aucuns les ont voulu persuader, leur alleguant que, s'ils ne veulent, ils ne prieront poinct les saincts, ny ne croiront point au purgatoire, ny ne s'inclineront point devant les images, ains seulement qu'ils croyent aux sacrements de l'Eglise, ainsi que les Catholiques : proposition qui leur estoit faicte pour les attirer à la reünion des deux religions, à quoy ils n'ont voulu aucunement entendre. Cela n'est une affaire qui se puisse terminer par les hommes; c'est une œuvre de Dieu, qui touchera les cœurs des peuples quand il luy plaira et qu'ils le meriteront.

Les Catholiques bien sensez treuvent ces propositions vaines; quand bien il se tiendroit un concile general où les heretiques assisteroient, meritoirement la jurisdiction d'iceux est aux ecclesiastiques qui ont l'imposition des mains : Sa Saincteté ny les conciles ne cederoient aucuns des poincts suscripts, croiroient les heretiques, apres en avoir obtenu quelques uns, en demanderoient d'autres, à la perte de la religion catholique. Que si on touchoit aux offrandes, aux prieres des morts, aux pardons, ce seroit oster les deux tiers du revenu et auctorité des ecclesiastiques. Les ministres de la nouvelle opinion ne subiroient à leur jugement, non plus qu'ils ont faict au passé, et voudroient que tout se traictast de pair à pair, ou du moins de leur consentement; desireroient les eveschez et benefices, demanderoient les mariages des prestres, et, generalement tous n'estans satisfaicts, en vain se chercheroit de les ramener à la vraye foy; le contentement de personnes seditieuses seroit impossible. Les roys d'Angleterre et princes d'Allemagne, qui joüissent du revenu ecclesiastique, ne s'en voudroient dessaisir. Le roy d'Espagne, qui se sçait servir des papes et de l'Inquisition, et qui se maintient par l'appuy et conservation de la religion, ne consentiroit à ce traicté par raison d'Estat, ayant faict une faction des Catholiques hors du meslange des heretiques, où les autres potentats de l'Europe sont embroüillez. Le roy de France pourroit agréer aucunement à ce dessein pour reünir ses subjects et diminuer la puissance des papes, maintenir les privileges de l'Eglise gallicane, et qui se serviroit mieux des heretiques reconciliez que le roy d'Espagne. Le roy d'Angleterre, qui a tousjours esté en crainte de France et d'Espagne, lesquels royaumes, unis ou separez, pourveu qu'ils ne se contrariassent, le peuvent aisement ruiner. Ses predecesseurs ont appuyé leur domination sur la rebellion de l'Eglise, joinct aux heretiques d'Allemagne, de Flandres et de France : faisant une faction pour luy dans les subjects des deux roys de France et d'Espagne, pour s'opposer à la grandeur de l'un et de l'autre et se conserver, par les rebelles, de ses voisins; protection qui cessera si les religions estoient unies. Pareillement, les ducs de Saxe, comte Palatin et autres princes d'Allemagne, qui ont tousjours craint qu'un empereur leur ostast l'autorité et rendist l'Empire hereditaire, qui se sont aidez et ont faict une faction de la religion lutherienne contre la grandeur de la maison d'Austriche, alliez à celle d'Espagne, s'opposeroient à ce traicté.

Ainsi par raisons humaines il ny a nulle apparence de reünir les religions, et ne la faut esperer que par miracles, ou bien que les roys de France et d'Espagne, sans connivence, trahisons, artifices, ny fauces intelligences, se resolussent tous deux, chacun en mesme temps, d'assaillir les heretiques en leurs Estats par les armes, de la ruïne desquels il y a apparence qu'ils viendroient à bout; et n'en pourroient estre empeschez ny par les Anglais ni par les Allemands, parce que les Huguenots sont fort foibles en France, et que l'on sçait les moyens de prendre promptement les villes mieux qu'au passé; et ne leur reste espoir qu'aux mal contants Catholiques français, dont le peril cesseroit, d'autant que le roy d'Espagne ne favorisant point leurs desseins et ne leur donnant point d'argent, ils n'abandonneroient leur roy, et facilement par la force on changeroit en un mouvement les cœurs des Huguenots et Lutheriens, ainsi que par icelle furent changées les volontez de soixante mil hommes à la reddition d'Anvers sous l'obeissance du roy d'Espagne. Pareillement Zelande et Ollande n'estans point soustenus sous main du roy de France comme ils sont, le roy d'Espagne les ameneroit à leur devoir et y feroit de bonnes citadelles. Il faudroit commencer ceste guerre en mesme temps, et non sous le pretexte de la religion, ains pour avoir les villes de seurté qu'ils tiennent, à ce que les roys d'Angleterre et princes d'Allemagne ne prinssent l'alarme que l'on voulust esteindre la religion lutherienne, et que pour le commun peril ils ne les assistassent; encore que, quand ils le feroient, ils ne sont point à craindre, parce que les Allemands ne marchent sans argent, et que le roy d'Angleterre en fournira fort peu. Et en estant venu à chef en peu de temps, tant en France qu'en Flandres, ces deux rois resolus donneroient la loy à l'Allemagne et à l'Angleterre, et les contraindroient de revenir à la religion catholique : tout gist en une bonne intelligence entre eux. Et au pis, s'il faloit que ces deux roys entreprinssent la guerre contre toute la faction, je ne fais doute que, bien intelligents, ils n'eussent la victoire contre leurs subjects, et apres aviseroient ce qu'ils devroient faire sur les Anglais et Allemands, parce que la guerre se feroit d'autre façon sous des roys majeurs et capitaines, qu'elle ne s'est faite en semblable cas au passé, estant le feu et le zele des heretiques estaint et tres-affoibly. Il y a creance indubitable [estant la religion chrestienne la meilleure] que Dieu assisteroit ce dessein, que tous les bons subjects de l'un et de l'autre royaume doivent desirer et implorer par bonnes œuvres et prieres envers Dieu, conseils, remonstrances et admonestemens envers leurs superieurs; de quoy j'ay escrit ailleurs plus amplement.

C'est la verité qu'il n'appartient qu'aux ecclesiastiques et theologiens de juger ou controller ce qui est receu de l'Eglise universelle, sous la permission de laquelle aucuns se peuvent licentier de parler et respondre à tant d'objections et calomnies des heretiques, incredules et mondains. Il y a trois sortes d'ecclesiastiques : ceux qui ont l'imposition des mains, les evesques, predicateurs et curez, qui preschent et enseignent la doctrine chrestienne, excitant le peuple à magnifier la gloire de Dieu, pureté et netteté de conscience. Le second ordre est des religieux et moynes, qui se sont volontairement sequestrez du monde, pour incessamment mediter et chanter les loüanges de nostre Seigneur, iceux fondez et rentez à cest effect, et pour prier Dieu pour les ames des defuncts. Dans cest ordre sont ceux de Sainct Benoist, les Celestins, Bernardins, et autres rentez, partie desquels devoit enseigner au commencement ; et par l'intermission d'iceux les Jesuistes fondez ont pris naissance. Le troisiesme ordre sont les Quatre Mendians, Cordeliers, Jacobins, Carmes et Augustins ; en suitte desquels les Capucins, Recolects, Carmes reformez et autres qui vivent d'aumosne. Il faut advoüer que les hommes ne sont faicts que pour glorifier Dieu, et leurs devoirs les y obligent ; c'est pourquoy sont fondées toutes ces religions.

Pour le premier ordre, c'est le plus utile des trois autres, observant tant de vœux et de regles si sainctement establies : ils doivent estre reverez, prisez et estimez, sous la licence desquels plusieurs souhaitteroient des adjonctions qui seroient sans aucun prejudice à la foy catholique, apostolique et romaine, ne touchant aux poincts principaux d'icelle. Desireroient qu'au sortir des messes ou aux prosnes d'icelles il se fist de grandes et ferventes prieres, adaptées selon les textes de l'Evangile, estant tout le peuple prosterné à genoux, sans avoir esgard à ce malheur qui est advenu, que les heretiques ont prevenu, de psalmodier en français ; que tous les pseaumes qui se disent tant aux grandes messes qu'aux vespres, fussent interpretez et chantez en la langue maternelle, demeurant seulement à prononcer en latin au prestre qui seroit à l'autel et les responses de ceux qui seroient au pulpitre ; et que les chants français fussent tellement composez, qu'ils fussent plus intelligibles que les traduits par les heretiques, avec telle gravité et loisir, que les peuples les peussent entendre de mot à autre, à fin d'exciter leurs devotions et lever leurs cœurs à Dieu, et mesme chanter avec les prestres, ceux qui en seroient capables, les exhortations des curez tres-frequentes pour abolir toutes superstitions et idolatrie du peuple, les confirmant en une vraye et juste creance. Aucuns eussent desiré que les prestres fussent mariez, ainsi que sainct Paul dit que les ministres de l'Eglise se contenteront d'une seule femme, leur donnant le choix d'estre mariez ou non. Que s'il y avoit du scrupule de l'administration des sacremens à gens mariez, se pourroit reduire à ceux qui auroient voulu vivre au celibat, ou qui seroient en viduité et grandement aagez. Les oraisons et les pseaumes en français sont tres-saincts et tres-utiles, parce que les peuples n'entendent point ce qui se prie, et mesme la pluspart des prestres ne sçavent ce qu'ils proferent ; ce qui fait qu'il n'y peut avoir aucunes devotions. L'allegation est impertinente, que ceux qui disent leurs heures en latin quoy qu'ils ne l'entendent, puis que c'est à bonne fin, font aussi bien que ceux qui sçavent ce qu'ils disent : en quoy il n'y a nulle apparence, y ayant grande difference de l'exaltation et devotion.

Ceste mesme incongruité est en l'ordre des religieux : de cent d'iceux il ne s'en treuvera dix qui entendent ce qu'ils chantent ; c'est un grand peché qu'ils commettent, psalmodiant cinq et six heures, dans lesquelles, n'entendant point ce qu'ils proferent, ont leurs pensées ailleurs, tellement que, parlant d'une façon à Dieu et pensant de l'autre au monde, ils font entierement contre leur salut. Outre ce qu'il est mal-aisé d'astreindre entierement ses pensées et son cœur une si grande espace, sans avoir l'esprit bandé à la fervente priere qui seroit necessaire, qu'ils considerent l'erreur qu'ils feroient si, parlant à un roy, ils avoient leurs cœurs ailleurs, et combien plus ils y prendroient garde s'ils parloient aux roys que au Roy de tous les roys. Il vaudroit beaucoup mieux faire les prieres plus courtes et les loüanges, hymnes et pseaumes en telle quantité que la multitude n'alterast la devotion, y ayant assez de pseaumes et de loüanges pour journellement en dire quelqu'unes, sans qu'il fust besoin de tant de reditte reiterée sans devotion. Mais on ne leur peut pardonner la peine qu'ils disent avoir pour gagner paradis, puis que tous ces religieux bien fondez, chauffez, nourris et bien vestus, n'ont aucunes incommoditez. Et puis qu'ils sont ainsi entretenus, il vaudroit beaucoup mieux que partie d'eux, et nommement les jeunes [puis qu'ils ne sont pour enseigner et prescher], s'employassent à la guerre contre les infidelles, ou travaillassent, comme sera dit cy-dessous, pour de leur revenu et labour nourrir les pauvres, rachepter les prisonniers des mains des infideles, et aller à la guerre contre iceux, là où leurs confreres qui demeureroient au logis leur feroient tenir l'argent qu'ils recevroient ou gagneroient : et quand il ne se feroit point de grande guerre contre les infideles, tousjours peuvent-ils [si les riches nobles et beneficiers y veulent contribuer] avoir de vaisseaux pour proteger les Chrestiens sur la mer.

Il est plus mal-aisé à reprendre et à treuver à dire au troisiesme ordre des Mendians, Capucins et autres, lesquels semblent suivre le chemin des apostres, contraire neantmoins en ce qu'ils ne travaillent point, et que sainct Paul dit par exprés qu'il faut que chacun vive de son labeur et de son travail. Deux defauts leur sont objectez : un, qu'ils mangent le bien des pauvres, attendu qu'ils ne font rien et qu'ils vivent de l'aumosne, laquelle seroit beaucoup mieux employée à tant de mendians, vieilles gens, vefves et orphelins qui ne peuvent gagner leurs vies. Plusieurs, accusez d'avoir pris cet ordre plus pour avoir moyen de vivre que par devotion, comparés aux freslons qui mangent le miel des bonnes mousches, que les gens de bien sans eux porteroient aux hospitaux, où sont tant de pauvres malades qui en ont faute. Autres blasment leurs façons de silice et de foüets, dequoy ils disent macerer leur chair; façon inusitée aux apostres et aux successeurs d'iceux. Le jeusne estoit recommandé, non ces blessures, lesquelles ne devroient estre, quand ce ne seroit qu'à la consideration des Turcs, qui exercent ce mesme chastiment sur leur corps pour Mahomet et pour leur lubricité, s'incisant et bleçant par demonstration d'amour à leur religion et aux femmes. C'est une grande defiance de soy-mesme de s'obliger à ces vœux extraordinaires, desquels plusieurs se repentent apres. Il y auroit beaucoup plus de merite sans ces vœux, se garder de peché et avoir les mesmes devotions qu'ont les susdicts religieux. Comment est-il possible de voir sans se plaindre trente mil jeunes hommes en ces religions, les bras croysez, vivans sans rien faire de la peine et travail d'autruy; mandier, importuner de toutes parts, fascher et l'estre à toutes heures sans consideration, se jettant multitude dans ces ordres de mendians sans avoir pensé qu'en une guerre, une famine, faudroit que la pluspart d'iceux rompissent leurs vœux et se comblassent de peché.

La reformation des rentez qui vivent sans rien faire, et des mendians subsistans par le bien d'autruy, appartient au ciel et à Sa Saincteté, et pour leur donner exemple, semble qu'il faudroit fonder un autre ordre dans lequel se pourroient reformer tous ceux cy-dessus mentionnez, et en voicy le projet.

Le premier fondement de cest ordre est, apres avoir loüé Dieu sur le travail, suivant le precepte de sainct Paul, non seulement que chacun vive de son labeur, ains aussi qu'il en substante les pauvres, et selon l'Escriture c'est donner tout son bien et suivre Jesus-Christ que donner le travail de ses bras ausdicts pauvres. Leurs vœux seront d'obedience, de travail pour les pauvres, et de chasteté; et quant à ceux qui excederont l'aage de cinquante ans, ils pourront celebrer la messe, ou s'ils ont esté si heureux d'avoir attaint le don de continence, et non autrement. Se dira une seule messe en leur eglise, apres laquelle psalmodieront tous les freres en françois l'espace d'une heure, et à la fin d'icelles se feront des prieres en la mesme langue sur l'evangile du mesme jour: se rassembleront à cinq heures du soir et psalmodieront une autre heure: tout le reste du jour seront employez à travailler de plusieurs mestiers, tant à labourer qu'à tous autres arts mechaniques, et seront obligez d'aporter l'argent de leur gain à un recteur qu'ils establiront dans leur convent. Ces deniers seront employez à nourrir les vieillards de leur ordre, et le surplus donné aux pauvres, ou dans une bourse pour rachepter les prisonniers. Que si leurs moyens se treuvent plus grands, pourront estre employez à soudoyer ceux de leur ordre qui voudront aller contre les Infidelles, se nourriront de leurs bleds, vin et jardin, et de l'argent provenant de tous les autres metiers à quoy ils travailleront, sans neantmoins aller dans les boutiques parmy les marchands, ains se contenter de debiter ce qu'ils auront fait dans ledit convent, et ce à ce qu'ils tiennent à honte de demander l'aumosne, ayant moyen par leurs bras de se la donner et de la donner aux autres, s'abstenant entierement de mal faire. Et en cas que quelqu'un d'eux tombast en quelque forfaicture, seront degradez de l'ordre. Leurs habits seroient decents comme ceux des religieux. Les Jesuistes approchent de cet ordre, n'estans obligez qu'à une petite messe, et à travailler le reste du jour pour l'education des hommes.

Il y a eu de grands abus en l'opinion que l'on a voulu donner au peuple qu'il revenoit des trespassez, ou que les demons se monstroient aux personnes. Plusieurs hommes d'Eglise y ont eu beaucoup de tort, lesquels ont feint que par fois les ames retournoient, à ce que les parens qui estoient en opinion qu'ils estoient en peine, fissent des donations pour les en retirer. L'espreuve de cest abus est qu'il y a cinquante ans que ceste creance estoit si grande dans l'esprit des personnes, que, soit par l'apprehension qu'ils avoient, ou par ceux qui contrefaisoient les esprits, il se trouvoit peu de personnes qui ne dissent en avoir veu et ouy, non une fois, mais plusieurs. Maintenant que les hommes sont plus fins, et que la religion debattuë a plus esloigné les abus, il ne se trouvera de cinquante un qui dise avoir veu ny ouy les ames desdits trespassez ny les esprits. Et ce qui monstre plus l'abus, est que les Lutheriens ny Huguenots, qui en devroient estre les plus tourmentez, et qui n'y croyent guieres, n'en voyent point du tout; à quoy on peut objecter que parce qu'ils sont hors de l'Eglise et comme perdus, les esprits ne se manifestent à eux; au contraire, c'est à ceux-là que les bons esprits devroient paroistre pour les remettre au bon chemin, ou si l'amitié se conserve encores hors du monde, les visions des parens morts serviroient pour les admonester s'ils pouvoient revenir. Neantmoins il se faut conformer à ce qu'en dit la saincte Escriture, laquelle est assez forte et puissante en verité, sans qu'il soit besoin par mensonges et fables d'exciter la devotion. En quoy ignoramment ont failli ceux qui disent que telles choses soient loisibles pour augmenter la devotion; outre que c'est grandement offenser Dieu, qui n'a besoin de telles feintes pour magnifier sa religion, ains aussi icelles descouvertes font naistre l'impieté. J'ay cogneu un gentilhomme et une dame qui, estans couchez au mesme lieu là où l'un fut tué et l'autre mourut un an apres, songerent leur mort et la predirent le matin quasi en la mesme forme qu'elle advint: sçavoir si c'est un instinct naturel, ou, comme nous croyons que nous avons de bons et mauvais anges, si ceste revelation procedoit d'iceux.

La France est subjecte aux decrets des conciles, ne sert d'alleguer les privileges de l'Eglise gallicane, qui devoit plier sous le concile de Trente, legitime pour estre convoqué du Pape et de l'Empereur, puisque de tout temps l'un ou l'autre ont eu pouvoir de l'assembler. Le Pape a ceste puissance, puis qu'il est chef de l'Eglise, et non l'Empereur; les princes n'y ont point de voix deliberatives, c'est aux successeurs des apostres, evesques et ceux qui ont l'imposition des mains. La pluralité des voix n'y est point admise, ains ceux qui sont proveux de tout temps aux ministeres, moins les heretiques, y doivent avoir part. Ceux qui ont l'imposition des mains sont avec droict les juges des heretiques, qui ne l'ont point: le Pape est chef de l'Eglise, successeur de Jesus-Christ, sainct Pierre et autres qui tiennent la place du souverain sacrificateur d'Israël; et neantmoins aucuns croyent qu'il peut estre deposé par un concile. Les cardinaux l'eslisent, qui sont ses creatures: aucuns desireroient qu'il fust esleu par tous les evesques, et selon l'ancienneté ceste eslection se faisoit par le clergé, sous lequel nom estoit comprise une grande partie des ecclesiastiques de l'Europe, et dont la nomination estoit apres confirmée des empereurs avant que les cardinaux fussent creés: puisque les conciles ont approuvé la forme de ceste eslection, il faut croire que c'est la volonté de Dieu. Maintenir qu'il ne se doit rien traicter aux conciles que ce qui est aux Escritures sainctes, est un erreur, pourveu qu'on n'aille contre les ordonnances d'icelles; les conciles ont puissance de resoudre sur l'ordre et ceremonies du service de Dieu. Il eust esté meilleur de reformer l'Eglise; c'estoit vaincre les Lutheriens tout en un coup, leur ostant le moyen de parler de l'argent de la croisade, des garces, bastards, questeurs et idolastres, amandant sa vie, et rendant la doctrine intelligible par presches frequents; ils n'eussent sceu que dire, et ne fussent esté suivis mesmement, si on eust donné et lasché quelque chose pour satisfaire à l'ambition et avarice de leurs autheurs.

La plus-part des biens d'Eglise sont donnez pour prier pour les morts; les heretiques, ostans le purgatoire, appauvrissent icelle. Ils n'ont objection que la misericorde de Dieu, supprimans sa justice: à leur dire, le meschant et le bon, repentans esgallement de leurs peschez, iroient en mesme lieu; le mauvais auroit meilleur temps que le sainct, ayant trente ans de voluptez, s'il estoit quitte pour un repentir. Les ames purifiées, ayant satisfaict par penitence, entrans au ciel n'apportent aucune envie ny ennuy à ceux qui ont faict mourir leurs corps ou trahy iceux, sçachans qu'ils ont esté punis et purgez au purgatoire, ou justifiez par la misericorde de nostre Seigneur.

C'est peché aux gentils-hommes de posseder les biens d'Eglise n'ayans point d'enfans pour les y colloquer. Ils respondent que ces biens ont esté donnez anciennement pour ceux qui maintenoient la religion contre les Turcs, qu'ils les ont pour avoir servy contre les heretiques, par la tolerance des papes, bien advertis que le Roy les confere; s'ils ne les acceptoient, ils seroient donnez ou à des heretiques ou à des femmes, et qu'il vaut mieux que les gentilshommes les possedent, pourveu qu'ils fassent faire deüement le service, selon l'intention des fondateurs. Et encore qu'il se die que Sa Saincteté le tolère sans son sceu, ou pour n'y oser remedier, craignant que les souverains se dispensent de l'obeyssance ecclesiastique qu'ils luy doivent: pour le premier, il se sçait veritablement que Sadicte Saincteté est bien advertie de cest abus, et ce qu'il n'y met ordre en fait la possession plus à la descharge de conscience: et quant au second, de la crainte des souverains, l'Eglise ne doit plier, ains trancher, maintenant la verité et justice.

Les pechez ne se commettent qu'à faute de foy: si nous croyons la vie eternelle, au lieu de demander le bien d'autruy, nous donnerions le nostre aux pauvres et nous ferions hermites; celuy seroit fol qui voudroit avoir un quart d'heure de plaisir pour mil ans de mal; moins est nostre vie au pris de l'eternité. Et si les rois et souverains gravoient ceste creance dans leurs cœurs, tant de guerres mal fondées sur l'ambition seroient esteinctes, et tant de procez mal entrepris laissez ou bien terminez.

Sans la grace de Dieu ce que l'on pense qui edifie ruïne; les richesses accreurent au commencement l'Eglise, et l'abaisserent depuis, ont fait plusieurs Lutheriens pour voller les biens ecclesiastiques, et sont empeschez de cognoistre leur erreur par l'utilité des benefices qu'ils possedent en propre. Le diable, par les ministres, propose aux evesques d'Allemagne de faire de leurs eveschez des duchez hereditaires : le grand maistre de Pruce de Brandbourg suit cest enseignement, et se fait duc de Pruce avec moins de droict que n'a aujourd'huy le grand maistre de Malthe. Les chanoines n'eslisent plus d'evesques de grande maison, depuis le mariage contracté par Trousex, evesque de Cologne, en l'an 1584, qu'il fut forcé de renoncer à son evesché.

C'est bien fait de donner aux pauvres miserables qui souffrent en ceste vie, cela est agreable à Dieu ; et quand il n'y auroit autre consideration que l'humanité sans espoir de recompense, encores se devroient-ils assister. Le bien que nous possedons, nostre Seigneur nous l'a donné sans l'avoir merité, et les avons acquis souvent sans rien faire, soit par succession ou leger travail, aucuns par flaterie des princes, autres par larcins, et plusieurs à qui ils viennent en dormant. S'il plaisoit à Dieu, il donneroit aux moindres païsans tous les biens que les riches possedent, lesquels, par la foy et service qu'ils font à Dieu avec leur ignorance, les meritent mieux.

Si les serviteurs sont assis sur le trosne royal, et les roys prosternez en terre par la puissance divine, combien le devons nous remercier, puis qu'il nous maintient en nos honneurs et biens, et ne faire comme plusieurs qui ne veulent donner aumosne, entrans en consideration que ceux qui la demandent n'en ont point de necessité, qu'ils ont tous leurs membres et ne sont point malades, qu'ils peuvent gagner leur vie, que mesme c'est pecher de leur donner, les accoustumer à mandier et les rendre paresseux, pour avoir pris une habitude en ceste façon de vivre, et les nomment saouls d'ouvrer. Tels sont plusieurs pelerins, qui pour vivre font quatre et cinq fois le voyage de Sainct-Jaques, non que je veuille dire qu'il n'y en ait plusieurs qui les font à bonne intention ; infinis qui font croire avoir esté bruslez ou vollez sur la mer ; autres feignent estre malades ou estropiez, et n'ont aucun mal. Neantmoins, ne donnant point à toutes sortes de personnes, et voulans faire le jugement de leur necessité et pauvreté de nous mesmes, nous treuvons excuses impertinentes, la charité se refroidit en nous contre nostre devoir, et ne donne-on rien à plusieurs qui en auroient grand besoin et necessité ; tellement que je loüerois qu'indifferemment l'on donnast à tous ceux qui demandent l'aumosne, peu ou beaucoup, selon le jugement et la cognoissance de la pauvreté ; et donnant à bonne intention, le bienfaict de l'aumosne retourne tousjours à celuy qui la donne, et le peché sur ceux qui, n'en ayant point de necessité, demandent, d'autant qu'ils semblent derober l'aumosne des autres, et diminuer la charité des donneurs. Il vaudroit mieux en donner à cinquante qui n'en eussent point de besoin, que d'en refuser à un qui en eust necessité. Les vrays pauvres sont les estropiez, malades, vieillards, qui ne peuvent gagner leur vie, les orphelins, les pauvres vefves, les passans et voyageurs qui se seront mis en chemin sur des esperances infructueuses et tombent en necessité et maladie. Entre tous ceux qui mangent le bien des pauvres, semble que sont ceux qui joüissent des benefices, les moynes, les abbez et religieux, les jeunes Capucins qui vivent en oysiveté, Cordeliers et autres mendians qui pourroient gagner leur vie. Les fondations et les biens donnez à l'Eglise sont esté faictes pour deux choses principales, l'une pour loüer Dieu, et à cause du purgatoire pour prier pour les ames des trespassez ; et font trois parts des biens donnez à l'Eglise, l'une pour les reparations, l'autre pour l'abbé, et la troisiesme pour les religieux et moynes.

Pour le premier, ceux qui font de bonnes œuvres en donnant aux pauvres, font autant que s'ils faisoient prier incessamment pour eux pour les autres fondations ; c'est bien la verité que la creation de l'homme ne peut estre referée à autre chose sinon que pour loüer Dieu, à quoy nous sommes totalement obligez.

Ceux qui joüissent des biens d'Eglise n'en peuvent mettre le tiers aux reparations, n'estans les ruïnes si grandes qu'il y puisse estre employé : ils en donnent fort peu aux pauvres, et voit on par toutes les abbayes des moines qui vivent avec plus de contentement et de repos sans rien faire, que ceux qui sont au monde, tellement qu'il sembleroit que ceux qui ne sont point en religion sont ceux qui sont religieux, ayant plus de peine et de travail d'esprit et de corps que les moynes, qui sans soucy sont bien nommez et ne perdent une seule heure de leurs plaisirs, sans incommodité aucune, joüent, chassent, se promenent, passent leur temps, ayant cela de plus que les laiz, qu'ils n'ont aucun soucy ; et plusieurs devroient rougir quand ils disent que par la peine qu'ils endurent en ceste vocation ils gagnent paradis. C'est pourquoy les Jesuistes meritent mieux qu'eux, parce que du moins ils travaillent et enseignent, vont prescher aux Infideles et sont utiles ; au contraire ceux qui demeurent aux convents ne servent au public, ny souvent à eux-mesmes ; qui fait ne trouver estrange si maintenant les hommes, cognoissans les abus, ne donnent plus rien aux eglises. Et à la verité ceux qui sont accompagnez de pieté et charité doivent estre empeschez comme ils disposeront de leurs biens quand ils voudroient faire de fondations comme au passé ; enfin, par decimes, negations de rentes et vendition des biens ecclesiastiques, tout vient à rien, et demeure si peu de tant de fondations faictes, que, par permission du Pape, telle eglise qui doit cent messes est dispensée de n'en dire qu'une pour tous les fondateurs, parce que toutes les rentes sont perduës ou venduës. Tellement que je loüerois de faire bien et donner aux pauvres du vivant des hommes, par une somme qu'on leur departiroit, tant pour marier de filles que pour tirer tout pour un coup de pauvreté les miserables, ou bien donner aux hospitaux qui sont bien reglez, et dont l'argent n'est point desrobé ny affecté aux parens des principaux des villes et administrateurs des hospitaux, qui par faveur y admettent ceux qu'il leur plaist ; si ce n'estoit que le Pape permist ; ainsi que j'ay escrit, de faire un nouvel ordre, qui, apres avoir loüé Dieu le matin deux heures, s'employeroit le reste du jour à travailler pour les pauvres, ou pour servir contre les Infideles.

Henry de Bronsvich, pensant venger sa honte, l'accroist ; tenant mal à propos de reconquerir son païs, est pris du landgrave en bataille, demy traictant. Le concile commence à Trente lentement, pour n'oster le moyen de paix ; les points de l'heresie ne se decident considerant le succez des armes preparées. Le landgrave [sans fruict] confere avec l'Empereur, de mesmes les ambassadeurs des Lutheriens à Ratisbonne ; ils se retirent au bruit de la guerre. L'Empereur separe Moris et Brandbourg, qui rompent leurs serments et abandonnent leurs amis confederez par ambition de l'electorat à eux promis par Sa Majesté, qui le vouloit oster au duc de Saxe ; lequel duc, avec les villes imperiales, s'arme le premier, penetrant le but de l'Empereur par la paix de France et d'Hongrie qu'il avoit faicte ; jugent que c'est à eux à se defendre; ils pouvoient chasser l'Empereur d'Allemagne, qui n'avoit encores des forces. Le nom, la reputation de Cesar combat pour luy, campe foible seurement pres Eynguelchetat (1), attend de toutes parts quarante mil hommes de pied et douze mil chevaux pour en empescher la venuë. Les Lutheriens occupent l'entrée d'Italie, s'amusent à camper quand il faut assaillir, donnent loisir aux forces estrangeres de passer. L'Empereur à Landsfreit (2) joint treize mil Italiens, huict mil Espagnols, trois mil chevaux, tourne aux Protestans, passe le Danube à Eynguelchetat et se fortifie dans un camp fermé. Les Lutheriens attaquent et perdent l'occasion ce jour-là, que le retranchement de l'Empereur n'estoit en defence, lequel fut achevé la nuict d'apres. Le landgrave decampé loge à Tonnenver (3) ; il a nouvelle des froideurs des roys de France et d'Angleterre à le secourir. L'Empereur, joint avec douze mil hommes du comte de Bures, suit ses ennemis, costoye le Danube pour avoir vivres, prend neuf bourgs, fait reveüe de quarante mil hommes de pied et neuf mil chevaux, s'advance devers Tonnenver : les Protestans costoyans tiennent le chemin de Marlinque (4) ; l'Empereur en bataille menace leur flanc ; eux retournent à luy, la riviere d'Aigre entredeux (5). Sa Majesté prend Tonnenver et y campe, incommodé [par la prise de petites villes sur le Danube] des Lutheriens. Chestel, colonnel d'Ausbourg, mescontant, les abandonne ; l'Empereur, marchant à Oulme, s'arreste pour l'arrivée des Protestans, se loge advantageusement et les fatigue. Cependant Ferdinand et Moris prenent le duché de Saxe, les Lutheriens se faschent, se separent ; l'Empereur pert l'occasion de le defaire : à ce depart le landgrave se retire chez luy, l'armée reste au duc de Saxe, qui s'esloigne de l'Empereur. Cependant le comte Palatin, la ville d'Oulme et le duc de Vitemberg se reconcilient à l'Empereur, le duc de Saxe reprend partie de son païs, le concile se retire à Bologne malgré l'Empereur, qui reçoit la plus part des villes imperialles traictant avec luy. Le duc de Saxe r'entre en reputation par la conqueste de son païs ; Ferdinand et Moris demandent secours, l'Empereur gouteux y court ; le duc de Saxe amene avec luy vingt cinq mil hommes, campe sur la riviere d'Albe à Milebourg (6), ayant bruslé le pont, 24 avril 1547. L'Empereur gagne des barques, et d'icelles le passage de la riviere par la vertu des Espagnols, passe à guay sur un pont de bateaux soudainement faict au dessus des ennemis qui le pouvoient charger à demy passé ; eux inexperts à l'alarme, voulant gagner un bois, sont chargez et vaincus par l'Empereur : le duc de Saxe pris et la victoire entiere, tout favorise le vainqueur. Vitemberg est rendu pour salut de la vie du prisonnier ; toutes places de Saxe, horsmis Gotta, semblablement ; chacun traicte. Le landgrave vient sur la parole de Moris et Brandbourg qu'il

---

(1) Ingolstadt.
(2) Landshut.
(3) Donnawert.

(4) Nordlingue.
(5) L'Iser.
(6) Mulberg sur l'Elbe.

ne seroit prisonnier perpetuel ; l'Empereur luy fait signer estre à luy l'interpretation des articles de sa capitulation, et apres il le constitue prisonnier, interpretant le traicté artificiellement, que ne le pouvant tenir en une prison perpetuelle, il le pouvoit mettre en une terminée à sa volonté, d'autant que le mot *eivich* en allemand signifie à jamais. Sa majesté interprete qu'il a promis de ne tenir ledit landgrave perpetuellement prisonnier, mais que c'est à luy à definir le temps, en intention de le prolonger à sa volonté. Sadite Majesté victorieuse tient diette à Ausbourg, contre ses premiers manifestes, qui disoient la guerre n'estre pour la religion ; fait promettre d'obeir aux decrets du concile. Moris et Brandbourg alleguent des exceptions et ne laissent de signer, esperant retirer le landgrave. Le Palatin par crainte, et les ambassadeurs des villes lutheriennes suivent et accordent le concile remis à Trente à la poursuite de l'Empereur ; tout semble se disposer à l'obeyssance de l'Eglise, les cœurs offencez ne se descouvrent. Moris et Brandbourg, mescontans de la prison du landgrave, auquel ils avoient donné leur parole, faschez de la perte de la liberté d'Allemagne qu'ils apprehendent, commencent des secrettes menées contre l'Empereur.

Le roy Henry est coronné à Reims, fait de belles et peu durables ordonnances, envoye une armée, sous M. d'Essey, en Escosse, au secours de la Royne, vaincüe en bataille par les Anglais, en hayne du reffus de sa fille au roy Edoüard ; les Français battent les Anglais, prennent Sainct André, amenent Marie Stuard (1), aagée de six ans, depuis royne de France. [1548] En ladite année, les deux Charles de Bourbon et de Lorraine, nouveaux cardinaux, sont envoyez à Rome disposer le Pape contre l'Empereur. Antoine de Bourbon, et François de Lorraine, espousent Jeanne d'Albret, et la fille d'Hercules d'Est, duc de Ferrare, et de Renée de France, fille du roy Louys douziesme. Le Roy visite son royaume à la fin de l'esté, année 1548, hausse les gabeles en Guienne ; ceux de Xaintonge, Angoulesme, Bordeaux, en nombre de cinquante mil hommes, s'eslevent, tuent gabeleux, officiers et gouverneurs. Le sieur de Moulins (2), lieutenant de Roy à Bordeaux, sorty imprudemment du chasteau Trompette, est massacré ; ce desespoir ne produict aucun conseil à ce peuple pour durer ny sauver leurs vies ; se dissipans sans ordres, ne se preparent, emportent le butin qu'ils avoient pillé. [1549] Le Roy leur envoye

(1) Marie Stuart débarqua à Brest le 15 juillet 1548.
(2) Le sieur de Monneins.

de bonnes paroles, et de mauvais effects, par le connestable, qui oste les vies et privileges aux seditieux ; ils cognoissent leurs fautes premieres, et la seconde, plus grande, pour n'avoir cherché salut, pour n'esperer salut.

Dieu donne un fils au sieur de Tavannes, qui porte les noms des roys de France et de Navarre, et de feu M. d'Orleans, Henry Charles Antoine : madame de Savoye fut commere. Forces lances rompuës, combats à pied et à cheval, à l'imitation des chevaliers errans ; despense de dix mil escus à Dijon, dont ceux de la ville croyent la bourse du sieur de Tavannes espuisée, luy nomment mil escus ; il les reçoit à injure, et en met vingt mil sur la table, reste de sa despense ; tesmoignage que sans la faveur des roys, desquels il n'avoit encore guieres eu, ses biens estoient grands.

En sieges, en campagne, tous parlemens sont dangereux, principalement aux plus foibles ; les soldats perdent courage, negligent, se corrompent, trahissent et vendent souvent leur chef ; l'espoir des traictez alentit et divertit les capitaines, le desespoir de paix donne resolution suivie souvent de victoire. Je prins un meschant chasteau Savoisy avec cent cinquante coups de canons ; cependant que le capitaine traicte d'un costé, aux arquebuzades de l'autre nous l'emportions d'assaut, moitié paix, moitié guerre. On est surpris si on parlemente, faut estre asseuré de ses soldats, et de les pouvoir persuader que c'est pour tromper l'ennemy. Les traictez ne se doivent entamer sans estre resolu de recevoir les moins mauvaises conditions, parce que le parlement est un tesmoignage de si grande foiblesse, qu'il oste le courage aux assiegez, qui, apres les traictez rompus, ne se peuvent remettre en la mesme assiete qu'ils estoient auparavant.

Aux entreprises d'Estat, le tiers manque par crainte, l'autre par corruption et legereté. C'est donner moyen aux miserables de faire meilleure fortune, et obtenir pardon de leurs fautes, accusant les conspirateurs sans danger, sans hazard, recevoir plus grande recompense qu'elle ne lui eust succedé par l'execution de l'entreprise. Les petits desseins sont aisez à supprimer, les grands à descouvrir ; et si jamais tels desseins furent dangereux, c'est en ce temps que la trahison et perfidie regne ; dangereux desseins à celuy qui les trame sans seureté de sa personne. Fols sont ceux là qui à demy pensent faire peur, et par icelle induire leurs contraires à traicter advantageusement : ce qui ne se doit que par la force forcée, sans rien espargner, preposant le suject de l'entreprise à toute autre consideration.

Le nom, la reputation, la terreur combattent pour les grands : ce sont vanitez qui n'ont pouvoir parmi les fins. Les roys ne sont rien sans forces, aussi aisez à combattre mal accompagnez, que le moindre soldat de leur armée. Combien se trompent ceux qui les treuvent plus habiles qu'ils ne sont ! à cause de leur nom, croyent qu'ils ont pourveu à ce qu'ils n'ont pensé n'en ayant le pouvoir; ils sont subjects à estre surpris comme les autres hommes. Le principal est d'oster l'opinion qui est parmy les gens de guerre, et leur monstrer que le nom d'empereur, sans forces aguerries, ne doit estre en estime.

Les passages foibles, gardez par peu de gens, leur amenent plus de ruïne que s'ils estoient en resolution de combattre sans deffendre le passage; lequel perdu, perd le cœur des soldats, et hausse celuy des assaillans : qui attaque à l'advantage. Et ne se faut abuser à garder un passage ou retranchement foibles, si ce n'est en resolution de se perdre dans la perte d'iceluy.

Il ne se faut fier, ny se jeter dans un peuple irrité qu'en tuant; il n'a foy ny pitié : si elle est aux plus proches les esloignez les poussent, tuent et massacrent : les trois quarts ne se peuvent faire obeyr au reste. Sur la dispute du salut de la vie de ceux qui traictent, l'on doit deffendre le logis et l'advantage; s'il ne se peut garder, resoudre promptement de se perdre valeureusement, ce qui estonne le peuple et la mort mesme: mieux vaut mourir les armes en la main, en reputation, que, les ayant posées, estre tué par derriere. Et quoy qu'il y ait une grande multitude de peuple, lors qu'il faut entrer par une porte estroicte aucuns d'iceux ne veulent mourir les premiers, et donnent temps de se defendre; le mal est qu'ils n'ont point de foy, et que les capitulations et compositions sont mortelles.

Les roys desobeïssans aux conciles, à l'Eglise et à leurs superieurs, leurs peuples font le semblable en leur endroict; les seigneurs qui n'obeissent aux roys, leurs subjets et soldats les trahissent : qui ne recognoist une puissance est sans puissance.

Veritablement l'obeissance se doit aux roys par subjection et utilité; naiz sous la monarchie, nous sommes obligez à la conserver; y faillant, c'est se procurer infinis malheurs, meurtres, exactions, bruslemens, accidens peculiers aux changemens d'Estat, joinct à la division d'iceluy qui s'ensuit; et vaux mieux obeyr à un mauvais roy puissant, qu'à plusieurs souverains et republiques, qui partagent les royaumes, lesquels, s'entrechoquans pour leur accroissement l'un contre l'autre, reduisent le tout à pluralité de tyrannies. Bien est-il loisible de souhaitter et prier Dieu de changer le cœur des roys de mal au bien; ce que n'ayant obtenu

aucuns, croyans que nostre Seigneur s'ayde des secondes causes, se sont portez en plusieurs occasions contre les Majestez, desirant le bien public et la reformation de l'Estat. Et quant aux reproches que les roys leur peuvent faire, qu'ils ont tousjours pris les armes contre eux et leurs predecesseurs, respondent que ç'a esté à leur regret qu'ils les ont portées, non contre leursdictes majestez, ains contre leurs mauvais conseillers, impies, sans justice, exacteurs, et tyranniseurs des peuples, qui engloutissoient les revenus de l'Estat, prophanoient les charges, et les donnoient à personnes indignes et incapables. Hardie fut la responce que le centenier fit à Neron, lors qu'il le condamnoit à mort pour avoir entrepris contre luy : « Tant que je t'ay veu ver- » tueux, je t'ay fidelement servy; mais depuis » que je t'ay veu brusler des villes, fleau et » ruyne des peuples, je t'ay hay et desservy. » Et n'a pas esté sans dispute au royaume de Pologne, que lors que les souverains manquent à la promesse qu'ils ont solennellement jurée à leur sacre, les subjects doivent estre dispensez de leurs serments.

Ainsi que ceux qui jurent haut et se desdisent bas, ne laissent d'estre parjures, ainsi les princes qui, sous mots captieux à deux ententes, trompent ceux qui se fient sous leurs paroles, ne laissent de manquer à leur foy, quelques interpretations qu'ils donnent, lesquelles n'ayant point esclaircies franchement au commencement du traicté, sont perfides. Le roy qui jure sur le reliquaire dont il a soustrait les reliques, est sans foy.

Les victoires s'aneantissent à plusieurs grands, soit parce qu'ils se les attribuent, ou ne remercient Dieu, qui change sa volonté et retire sa grace, rend les vainqueurs vaincus; le difficile passé, ils faillent au plus aisé, paroissant la puissance divine. L'Empereur triompha de l'Allemagne captive, et suivit la voye du milieu, qui est la ruine des grands desseins : il exige de l'argent des villes, tient prisonniers le duc de Saxe et le landgrave, mescontente Moris et Brandbourg, et apres se fie en eux; opprime sans opprimer les Lutheriens, laissant leurs puissances entieres. Ou il falloit eslargir les prisonniers, leur rendre leurs Estats, se contentant de leur foy et de celle des villes d'Allemagne, empescher l'accroissement des Lutheriens par douceur et sans force, reformer les abus des prelats, faire approuver les decrets du concile sans violence, permettant aux Lutheriens le mariage des prestres, relaschant les jeusnes, oster les images, rendre ou employer bien l'argent de la croisade. Ce qu'estant, il est certain qu'ils eussent quitté les poincts plus importans, aidez des princes qui s'y fussent intermis ; sinon, suivre l'autre extremité qui sembloit plus seure. Mettre prisonniers Brandbourg et Moris avec le duc de Saxe et le landgrave, tenir par garnison Ausbourg. Oulme, Witemberg, Strasbourg, Prague, Vienne, frontieres qui commandent aux principales rivieres et sont les citadelles d'Allemagne ; et à un besoin changer et transporter les habitans, establir des colonies, et chasser les Lutheriens, joindre la domination d'Allemagne à la Flandre, et la rendre hereditaire. Les principaux princes et grandes villes prises, les deux tiers d'Allemagne du moins demeureroient en la maison d'Austriche, les heretiques ruïnez, et Moris n'eust trahy l'Empereur comme il fit depuis.

La prise des armes, pour justes qu'elles soient, offence Dieu si ce n'est pour son nom ; c'est une pierre jettée qui ne se peut retenir. Il faut avoir une bonne intention, et apres ne se repentir par travail, artifices, bruits, pitié ou menaces. Toutes considerations doivent estres mises en arriere, les requestes des parens, des amis, avoir cette exception et responce : « Accordé, pourveu que cela n'empesche le bien du party, » lequel ruïné, l'on est mocqué, foulé aux pieds de ceux ausquels on a fait grace et bien-faicts. Il falloit considerer avant que d'entreprendre ces malheurs. Trop, ou trop peu, est la perte commune : le sang, le feu, la mort et la pitié, se doivent considerer avant que de resoudre, ou estre mocqué, ainsi que fut le duc de Berry, apres la bataille de Mont-lhery, du comte de Charrolois, qui dit que guerre et pitié ne vont ensemble. Brutus en fit trop, ou trop peu, ne tuant Antoine avec Cesar. De nostre temps le connestable de Montmorency favorisa trop, ou trop peu, ses nepveux de Colligny ; les Huguenots devoient achever ou n'entreprendre, sans se fier à la Royne. A la Sainct Barthelemy furent tuez trop, ou trop peu ; aux Barricades, M. de Guyse, attaquant le Roy, fit la mesme faute ; le Roy pareillement tuant M. de Guyse, qu'il n'acheva le reste, ou ne l'entreprendre. C'est cruauté de faire patir les innocens ; l'Estat sera dissipé, les Anglais, les Espagnols se partageront le sang, le feu perpetuel. Cela est bon à la bouche des gens de bien, et avant que commencer ; mais ceux qui rompent les barrieres de preud'homie sont autant damnez pour peu que pour beaucoup. Si cherchez tard reputation de preud'homie, nul ne croira qu'ayant troublé le monde vous desiriez la paix ; plustost serez accusé de poltronnerie, faute de courage, et crainte de vostre propre ruine ; aux entreprises, principalement contre l'Estat, la voye du milieu est perissable.

C'est chose ridicule de se retirer du monde pour y vivre, d'un grand dessein d'envahissement d'Estat en faire un racourcy, mandier et establir une faveur sous un prince que l'on a pensé esgaier ; c'est s'exposer aux mocqueries, affronts, traverses, et peu d'esperance. Si pauvreté nous force, ou crainte d'estre opprimez, mocquons-nous de nous, qui n'avons sceu mourir en nos entreprises, ou endurons patiemment, reconfort à la necessité qui enterre toutes vanitez.

Monstre à plusieurs testes, ingrat, cruel, inconstant, leger, sans amour, temeraire en prosperité, sans cœur en adversité, cherche son mal, fuit son bien, croit de leger, mouvant au premier bruit sous lettres feintes semées des ennemis, soupçonneux, calomniateur, rendant responsable son chef des evenemens de fortune, les chassent, bannissent pour une vanité, pour une parole mal interpretée, faute d'intelligence, desireux, incapable de secret : dites leur, ils le publient ; ne leur dites point, ils se mutinent, ils devinent, favorisent les meschans, desquels ils font leurs chefs, composez de coquins esperans au changement et mouvement : c'est bastir sur l'araine de s'appuyer sur eux.

Le Roy donnant le gouvernement d'un peuple sans chasteau donne la mort ou la crainte, si ce n'est en plaine paix : faudroit estre ange pour se maintenir sans mespris et soupçon parmy eux. Envoyé ou appelé au gouvernement d'un peuple, s'en faut rendre maistre dans deux mois, par garnisons ou citadelles ; lier le malade pour luy faire avaller la medecine : au troisiesme mois ou devant il se saoulent, se changent, cherchent nouvelletez. Cependant, au commencement, il ne faut faire rien que par leur advis, et ne prendre la supreme authorité sans forces entieres ; supporter les injures, resolu à la mort, et estre chassé au moindre evenement malheureux. Si forcé d'attendre, armer une faction des plus mauvais, qui servent de garde, les interesser par argent, bien-faicts et conseils à nostre profit et dommage d'autruy, les laisser offencer et piller leurs contraires riches, se tenir tousjours au milieu d'eux. Crassus s'en alloit aux Parthes, Licurgus se bannit volontairement, l'admiral de Chastillon se fait mourir à Paris, M. de Guyse se fait tuer à Blois, pour ne retourner à leur mercy. Ce que les peuples firent pour la Ligue estoit en esperance d'establir des republiques. Il ne se doit brider le cheval par la queuë, luy donnant soupçon par l'exemple des voisins opprimez par citadelles, ainsi que M. de Nemours fit à Lyon, ayant construit des chasteaux à Montbrison, Thoissey et Chastillon, avant que bastir la citedelle de Lyon : il ne leur faut pas donner l'apparence qu'ils ne sentent l'effect ; et faut, ainsi que dit l'Escossais, brider avant que seller, parce qu'à l'alarme extreme ils montent à cheval sans selle.

L'on est esclairé d'un million d'yeux qui accusent sans subject, combien plus s'il y a quelque veritable soupçon : les soldats doivent estre dans les villes devant qu'ils sçachent pourquoy. Ces entrées, ces surprises se doivent preparer : s'il y a assietes ou portes fortes, les garder par sa faction, changer doucement les autres sous feinte de les relever de fatigues, y mettre nos amis, soldats ou domestiques. Il y a des regles pour vivre parmy eux un temps : ne les laisser sortir pour aller à la guerre, les parens des morts s'eslevent ; ne se rendre trop familier parmy eux, se monstrer et faire croire ne vouloir rien faire sans eux, sans leur advis, et qu'ils pensent que c'est eux ou leurs magistrats qui fassent tout, et que le gouverneur n'est que pour suivre leur advis et les servir. Cependant ne se fier, et estre tousjours en garde sans le faire paroistre, les empescher d'oppression, permettant qu'ils pillent et reçoivent utilité de la guerre, leur bailler en proye quelques-uns des riches mal apparentez.

C'est faire pour un peuple, n'estant sous un grand roy, de luy oster la liberté ; eux-mesmes se perdent. Florence n'est heureuse que depuis qu'elle est opprimée, il est plus facile de corrompre plusieurs villes, entreprenant sur une monarchie, que commander en seureté dans une factieuse. Cesar se sceut ayder des peuples estrangers, ayant des legions pour citadelles, et enfin il se perdit pour s'y estre trop fié, comme M. de Guise ; si l'un et l'autre se fussent bien gouvernez sur la fin, ils estoient au bout de leurs desseins, s'ils se fussent meffiez et gardez.

Au commencement de la Ligue, en l'an 1598, je considerois quelles forces nous appuyoient, concluois l'argent d'Espagne pouvoir faillir, que la noblesse nous abandonneroit : je propose de s'aider du peuple, qui eust esté le salut de l'entreprise, s'estans d'eux-mesmes armez en Normandie, en nombre de vingt mil hommes ; je voulois leur donner des piques, comme Suisses ou Macedoniens. Toute la France eut suyvi cest exemple, et fait cent mil hommes armez ; la crainte qu'ils ne se jetassent sur nous, et se missent en republiques, ainsi qu'ils estoient anciennement, l'empescha. Il y avoit des remedes ; et messieurs de Lorraine fussent demeurez chefs sans estre à la mercy des ennemis, lesquels ruinez, ils n'estoient hors d'esperance de restablir la royauté en leur maison. Les Huguenots n'eussent pas contenu leurs villageois qu'ils ne fussent joints à ceste societé, chatoüillez du commandement. Le peuple a branslé trois fois pour venir à ce point, et y viendra si jamais les guerres civiles sont grandes, ou qu'il y ait des chefs experimentez et desesperez.

En Dauphiné, en l'an 1578, le peuple de la province fut defaict à Morans par M. de Mandelot ; en l'an 1589, furent defaicts les Gautiers par M. de Montpensier. En Normandie, au declin de la Ligue, ils voulurent s'eslever aupres de Beaune et Montsaujonnois, à la suasion des villes de Beaune et Langres, s'armerent et barricaderent : voyant qu'ils favorisoient nos contraires, nous y donnasmes sans marchander ; apres le feu mis en quelques villages inadvertemment, peu de sang esteint ceste fumée. Mil villages regardoient le succez de cent qui avoient commencé, et fussent esté suivis d'un tiers de la France, qui se faschoient de la guerre : la cruauté est necessaire contre les entreprises populaires, elle est le seul remede. Ceux qui gouvernent les peuples doivent entrer en soupçon, ne se fier ny aller sans garde ; si maistre absolu, se gouverner justement comme ne l'estant point, en tant que la faveur des soldats de nostre faction le peut permettre sans s'alterer : le peuple vit de la ruine des riches, dequoy il ne se soucie, pourveu qu'il en profite.

En juin, le Roy, la Royne font entrée à Paris, le grand tournois est publié en Italie, Allemagne et Espagne ; M. d'Aumalle, qui fut depuis M. de Guise, MM. de La Marche, de Saint-André, de Tavannes, de Gouffier et de Sipierre sont tenans ; le Roy, les princes, plusieurs de la noblesse et les estrangers, assaillans. Les ceremonies anciennes observées, tous les tenans blessez, excepté le sieur de Tavannes, qui soustint durant les huict jours, et rompt sur des roussins d'Allemagne, mesprise les chevaux d'Espagne ; le faiz et l'honneur du tournois tombe sur luy ; brise soixante lances par jour, alloit au bal quand les autres se couchoient et n'en pouvoient plus ; il plongeoit son bras dans de l'huile d'amandes douces, avec des ligatures qui le conservoient quand les autres l'avoient tout noirci : il estoit estimé le meilleur homme d'armes de France. En ladicte année 1549, l'Empereur, maladif, fait venir son fils pour l'establir au Païs Bas, espere le faire eslire empereur.

Le roy Henry, se souvenant de l'honteuse paix des Anglois, descend au Boulonnois avec les princes, connestable, les sieurs de Sainct André, de Tavannes, plusieurs forts sont pris à l'improviste ; les Anglais ne resistent, comblez de seditions intestines, empestrez d'un roy enfant ayant de meschans tuteurs. Edoüart de Sommercet, oncle du Roy, qui avoit fait pendre son propre frere, est arresté prisonnier, chargé de n'avoir pourveu à la conservation des conquestes de France. Quatre cens mil escus font rendre Bologne, promesse de mariage de la fille de France au jeune roy d'Angleterre, lesquels s'accomplissent rarement entre les enfans, principalement des princes. [1550] Claude de Lorraine, premier duc de Guise, meurt, tost apres le cardinal de Lorraine son frere : il fonda la grandeur de leur maison accreüe par François de Lorraine, duc de Guise, son fils. Le cardinal d'Amboise meurt, le pape Jule commence le concile de Trente, peu paravant revoqué de Bologne-la-Grace. Le 17 novembre 1550 se trouve en France quantité de monnoye limée, rongnée et diminuée; plusieurs cruels supplices s'en ensuivent conformément aux edicts du Roy. Sa Majesté desire guerre avec l'Empereur pour ses pretentions et offences reçeues, aussi pour l'heureux succez de Bologne; desire de paroistre plus que son predecesseur; s'esleve par presomption, poussé par les desireux des nouvelletez, qui promettent plus qu'ils ne vouloient tenir, et par le connestable, pour aggrandir sa maison, secondé de M. de Guise, allié du Dauphin par sa niepce, et au plaisir du Roy par son frere, mary de la fille de la duchesse de Valentinois : le mareschal de Sainct André les tierce. Le Roy s'y porte, faute de se cognoistre plus propre à maintenir qu'à conquerir, par persuasions hazarde sa fortune pour faire celle de ses serviteurs; la fin monstre le profit qu'il en reçoit, vendant toutes ses conquestes, la vie et le sang de France pour tirer de prison un seul homme. La teste couppée à Wolfemberg, le bannissement du reintgrave et reicrotte d'Allemagne pour avoir servi la France, ne sont suffisants pour colorer la prise des armes. Le pape Paul III, de la maison de Farnaise, en peint la couleur plus vive : il avoit donné à Pierre Loys, son fils, Palme et Plaisance changée au duché de Camerin appartenant aux Farnaise, par le consentement des cardinaux. Ce seigneur de Palme favorise Jean Louys de Fiasque à l'entreprise de Genes, faillie pour s'y estre noyé; il y fut tué Janetin Dore. En vengeance André Dore, par permission de l'Empereur, gagne le comte Augustin, Claude Palvoisin luy promettant sa niepce : ils avoient esté envoyez à Genes par Pierre Loys Farnaise traicter pour son bien; il traicte pour sa mort. Augustin et Palvoisin, joints au comte de Popoly, tuent Pierre Loys dans la citadelle qu'il avoit bastie avec intelligence de Gonsague, gouverneur de Milan pour l'Empereur, qui en mesme temps occupe Plaisance. Le Pape dissimule, envoye Camerin Oursin à Palme, mourant ordonne par testament qu'elle soit à Octave, son nepveu, fils de Pierre Loys, qui avoit esté marié à la bastarde de l'Empereur, pour avoir l'investiture du duché de Plaisance. Le cardinal Arrestain faict pape, se souvenant avoir esté advancé par son predecesseur, fait rendre Palme à Octave Farnaise, qui, en jalousie de ses voisins, et ne pouvant fournir à la despence de ses garnisons par les menées d'Horace Farnaise son frere, duc de Castre, promis à la bastarde du Roy, se met en protection de Sa Majesté, lequel trouve ce pont pour passer avec apparence de justice en Italie, le reçoit, remplit la ville de Palme de Français sous Sipierre et d'Andelot. Le Pape craint l'Empereur, qui avoit chassé son predecesseur; se joinct au Roy (1), assiege Palme par Ferrand de Gonzague, esleu general de l'Eglise; le nepveu du Pape y est tué; les Français ont du meilleur.

Le mareschal de Brissac, successeur du prince de Melphe en Piedmont, envoye des soldats à La Mirande, lesquels sont tuez de sang froid par Gonsague.

[1551] Le Roy fait guerre ouverte, renforce le sieur de Brissac du sieur de Tavannes et de sa compagnie, où il y avoit cent gentils hommes ayant leurs chevaux bardez d'acier. Par son aide et conseil, le sieur de Brissac, gouteux, commet l'execution de l'entreprise de Foussan au sieur de Tavannes, où, entré par un trou avec cinquante, il la recognoist double, sauve par audace et braves paroles ses troupes, les ostages des traistres renduz pour quatre capitaines qui y avoient esté pris. Le sieur de Brissac arreste le sieur de Tavannes contre la volonté du Roy, pour le recognoistre utile capitaine, dequoy il ne se pouvoit passer; prend Sainct Damien, Quiers et plusieurs autres villes. Gonsague, en jalousie de Milan, des assiege Palme, et y court.

La royne d'Hongrie arreste tous les marchans et gentils hommes français frequentans au Païs Bas; les ambassades vollent de toutes parts pour justifier ses armes, chacun rejette le trouble sur son voisin. Cela se debat devant le Pape, la verité est forte, le Roy est aggresseur; l'Empereur, gouteux, embroüillé d'Allemands et de Turcs, n'eust voulu commencer la guerre. Le dixhuictiesme decembre, George, evesque de Varadin, n'agueres cardinal, est tué de Jean Castalde Sforce et de Palvoisin, par le commandement de Ferdinand, roy d'Hongrie, qui le soup-

(1) Jules III au contraire se déclara contre Henri II.

çonne de nouvelle practique avec les Turcs ; son advancement est tel. Le roi Loys d'Hongrie tué et defaict par les infideles, Ferdinand d'Austriche, mary de sa sœur, veut occuper le royaume; la haine continuelle des Hongres aux Allemands leur fait eslire roy Jean Veyvode Spux de Transsilvanie, qui est secouru de Soliman contre Ferdinand, auquel il reste peu en Hongrie. Le roy Jean, auparavant gouverneur de Transsilvanie, est servi utilement de George, gouval de nation (1), qui s'estoit repenty de s'estre fait moine, n'en retient que le froc, se jette aux armes, aux ambassades, finances et affaires d'Estat, par tout reussit, premier à la cour du roy Jean, tellement qu'iceluy mort, il demeure tuteur de l'enfant Estienne, resiste à Ferdinand qui disoit la coronne luy appartenir par pache faicte avec le defunct que le survivant sera roy de toute la Hongrie, donnant une province aux enfans du mort. Les tuteurs et le pupil envoyent au Turc, qui fait lever le siege de Budes, assiegé de Roquendolf, lieutenant de Ferdinand, avec courte joye de la Royne, tuteur et pupil. Soliman luy oste Budes ; l'enfant meurt ; Isabelle, royne d'Hongrie, se retire en Polongue vers son pere; le moine demeure gouverneur de Transsilvanie, appuyé du Turc. Les victoires de Charles et les practiques de Ferdinand, le chapeau de cardinal ou sa conscience, fait traicter George avec ledit Ferdinand, traicté qui le mene à la mort, ne se donnant qu'à demy, voulant entretenir ses practiques avec le Turc, pour se maintenir à un besoin contre Ferdinand : sa grandeur, son pouvoir, engendre soupçon et cause sa perte, dont Ferdinand souffre sa punition sur le champ, pour cest acte indigne d'un brave courage, en hayne duquel tous les Hongres de la province de Transsilvanie se jettent en la protection du Turc.

Aux intelligences du peuple faut considerer s'ils sont guidez par injures receües, religion, avarice, ambition, folie ou sagesse; examiner leur vie, leurs mœurs, leur naturel, separer, diviser le discours et les negociateurs ou prisonniers, recognoistre leur but vray ou faux : la parole des grands estonne et gehenne les meschans. Le general se doit cognoistre, ou celuy qu'il commet à negocier, pour par trop de courage ne se rendre les choses faciles, ou par timidité difficiles; traicter s'il se peut soy-mesme: les pleges et cautions, quoy que prisonniers en nos mains, ne nous levent le danger; l'esperance reste aux traistres de les r'avoir par ceux qu'ils prendront. Il est necessaire d'estre le plus fort en campagne pour eviter le peril des entreprises doubles, qui sont fort dangereuses et fautives, avec necessité de grandes conjectures et observations, secret et taciturnité jusques à ses plus proches, si on n'est forcé de ceux desquels on ne se peut passer en la negociation et execution des desseins.

L'exercice de l'escrime donne la hardiesse, sauve la vie et l'honneur, necessaire pour les frequents duels usagez en ce temps. Celuy de monter à cheval, voltiger, sauter, dancer, le jeu de la paume, ne sont à mespriser des jeunes; cela leur croist la force et disposition ; quelques fois une de ces perfections les jette en faveur des roys et des dames, pour estre apres employez à quelque meilleure chose, faisant planche à l'entrée du maniment des affaires. Et pour faire preuve de valeur en longue paix, se devroit rendre les tournois plus dangereux, permettant de rompre en camp ouvert à fer esmoulu, combattre à l'espée trenchante espointée, bien armez : il n'y auroit grand peril, la durée des combats donneroit temps de les separer, satisferoit à ce feu de jeunesse desirant la guerre pour manier les armes, sans qu'ils advisent si elle est juste. Il n'y a que six vingts ans que les combats s'exerçoient avec les susdits perils quasi à outrance ; les juges les separoient avant l'extreme danger, donnoient l'honneur à qui il appartenoit : c'estoit un attiedissement du desir des guerres civiles; ce qui se practiquoit par les anciens, tesmoigné par les vieux romans, où sont naïvement depeints tournois, inventions et devises d'armes et d'amours : sur quoy les Perseforets, Lancelot, Giron le Courtois et autres, sont esté inventez pour esmouvoir la valeureuse jeunesse à ses exercices honnestes.

La noblesse française, ceux qui font profession des armes, sont reduits entre deux extremitez de perdre l'honneur, ou, le deffendant, estre en peril d'une mort honteuse par les edits du Roy. Six mil gentils-hommes sont peris en combats singuliers pour avoir receuë l'opinion pour droict, fortifiés d'appartenances et satisfactions faictes à leur fantaisie ; à quoy plusieurs ont contribué, pensant plus à exalter ou blasmer ceux qui s'y estoient embrouillez, qu'à chastier leur insolence. Le desir intemperé d'obtenir l'honneur par les armes [que la paix denioit], fait que les jeunes mal-advisez obligent les sages à cette folie, les uns voulant acquerir, les autres conserver, par des imaginations non receües d'aucuns estrangers, practiquée en ce royaume sur la confiance qu'aucuns ont de ce qu'ils scavent de l'escrime, esperant de tuer sans l'estre; qui feroit souhaiter les escrimeurs esloignez,

(1) Allemand.

puisque cest art sert de peu aux batailles et assauts, pour lesquels la noblesse se doit conserver, considerant qu'il y a peu d'honneur en ce qui est commun aux moindres soldats et plusieurs matthois qui sçavent parer et se battre pour plaisir. Tous remedes et moyens salutaires de pourvoir à cette maladie d'esprit sont esté recherchez; edicts, defences, arrests de mort, confiscations de biens, rien n'a reüssi, et ne profitera s'il ne s'abolit entierement les fausses creances et mauvaises maximes. Sur des legeres injures ils se donnent des dementis reparez par attouchemens, repoussez par des coups de bastons, iceux par le sang, et le sang par l'advantage, par la mort ou demandes de vies. Ce deffaut doit produire des loix contraires, dans les bornes desquelles l'honneur soit conservé en son entier, et la vie protegée, à ce que personne n'offence ny ne se tienne offencé que selon icelles, en la creance des vieux capitaines et juges experimentez. Semble necessaire d'establir en chacune province de France six gentils hommes, lesquels avec le seneschal ou bailly principal decideroient de tous differents et querelles.

Les injures, dementis proferez sans sujet par colere ou autrement, peuvent estre reparées par semblables paroles et negatives; et où l'impudence porteroit aux invectives, sur le tesmoignage de gens de qualité, les delinquants seroient condamnez aux amandes pecuniaires et reprehensions notables.

Les coups donnez ou receus forment la querelle, et feront recourir aux juges pour en avoir satisfaction.

Expresses deffenses, à peine de la vie, à toutes personnes de mettre l'espée au poing, quoy qu'ils soient offencez, auquel cas auront recours aux juges, qui les feront satisfaire ou leur permettront le combat, et d'iceux y aura appel devant les mareschaux de France estans pres du Roy, devant lesquels seront decidées lesdites querelles.

Toutes celles qui se sont esmeües pour les honneurs de l'Eglise, procez, chasses, cedules, contracts, obligations, sont amendables, puisque les oppressez se peuvent pourvoir à la justice ordinaire.

Les juges d'appel, mareschaux de France, auront tout pouvoir de chastier les insolents, faire reparer les injures receües, ordonner des satisfactions et reparations, de permettre aux offencez de rendre coup pour coup, ou mettre les aggresseurs entre leurs mains, pour en tirer discrette satisfaction, ainsi qu'il en sera convenu: condamner à servir le Roy aux frontieres, aux amandes pecuniaires et impositions de marques notables aux quereleux.

Les duels prohibez de l'Eglise, laquelle convie de tolerer un peu de mal pour en tirer un grand bien, il est mieux de permettre le combat à un petit nombre que voir perir par iceluy toute la noblesse d'un Estat.

Le duel anciennement accordé pour l'accusation de trahison, d'avoir fuy aux batailles, l'honneur des femmes, et pour les assassinats, ces regles selon les indices où il y a preuves, il n'y eschoit combat, lesquels neantmoins seront necessitez plus qu'au passé, pour diminuer par exemples l'ardeur de ceux qui semblent chercher ce que peut-estre ils ne voudroient trouver.

Pour eviter la mort precipitée de tant de noblesse, soient changées les armes des combattans, usitées en chemise, à l'espée et poignard, à des lances et espécs, couverts d'armes legeres à pied avec jaques, corcelets entiers ou my partis. Autres moyens practiquez des anciens, par lesquels la vie des gentils-hommes ne perira si outrageusement, donnant loisir aux juges du camp de jetter le baston : les separer pour les appointer, tournant les edicts rigoureux de traisner les armes et justicier les vaincus, à donner des sentences qui ne deshonorent la posterité et satisferoient aux presens.

Les juges conserveront l'advantage appartenant aux vieux capitaines sur les jeunes qui ont besoin d'honneur, tant en l'election des armes qu'en la consideration s'il est raisonnable d'hazarder l'honneur acquis en plusieurs assauts et batailles, contre ceux qui n'en ont que seulement ouy parler.

Les sentences données par les juges seront receües et creües tres-veritables et justes, sans qu'il soit loisible de les reprocher à l'advenir, ny dire chose que ce soit au contraire.

Les cours de parlement, la justice ordinaire aura son cours sur ceux qui mettent l'espée à la main, pour les punir exemplairement.

Les parlemens, les justices ordinaires et extraordinaires n'auront aucun pouvoir, puissance ny authorité sur les arrests des juges d'appel, sentence d'iceux, ny sur le camp clos, ny sur ceux ausquels le combat sera permis, pour quelques inconveniens, mort ou blesseures qui puissent advenir dans les combats, pour lesquels il n'y aura besoin d'autres graces ny pardon : et suffira la seule permission des mareschaux de France et des juges gardiateurs des voyes d'honneur.

Les six gentilshommes establis à ceste jurisdiction s'employeront de tout leur pouvoir à accorder et composer tous procez des gentils hommes, qui seront obligez de n'en commencer aucun avant qu'avoir tenté devant iceux la voye d'accord, considerant qu'il est mal seant que les officiers de justice s'accordent entre eux et ne plaident point, que les marchands ayent des juges consuls pour leurs differents, et que la noblesse se destruise en procez, à la mocquerie des autres estats du royaume.

Les combats, les arrests, les sentences accordées par les juges establis au lieu susdit, sur les difficultez qui se presenteront, seront communiquées et envoyées aux mareschaux de France, devant lesquels il y aura appel, et jugeront en dernier ressort.

Sera tres-humblement supplié le Roy de faire des edicts et declarations conformes aux articles susdits, ou à d'autres meilleurs, s'il se peut, pour conserver la vie et l'honneur de la noblesse, pour le service de Dieu et de Sa Majesté.

Depuis cest advis, la Royne mere avoit commencé ce que le roy Louis treiziéme a parachevé, de jurer et s'obliger solemnellement de ne donner aucune grace des duels, et appliquer la confiscation des delinquans aux pauvres. A la verité cela a servi tellement, que depuis la maladie s'est aucunement temperée, non du tout guerie, d'autant que ceux qui ont leur honneur plus cher que la vie, ne se soucient point de l'hazarder dans l'ignominie de la justice, de laquelle ils esperent se sauver, ayant desja l'esprit preoccupé du peril où ils sont resolus; tellement que depuis il n'a laissé d'y en avoir, et de personnes si signalées et aymées, que leurs Majestez ont esté contrainctes de manquer à ce qu'ils avoient promis et de leur donner grace, et mesmes sont advenus quelques assassinats depuis. C'est pourquoy je persiste à l'advis d'octroyer quelques combats, lors qu'il ne sera trouvé honorables moyens d'accommodemens, à la charge qu'ils se decident, ainsi qu'il est dit, par les gentils-hommes, avec la lance, l'espée et les armes non à l'espreuve, et par les soldats, ou ceux qui seront d'accord du choix d'icelles, à pied, armez de corcelets sans espreuve, à ce qu'apres la durée du combat les juges ayent temps de les separer.

Ce seroit un spectacle qui donneroit contentement au peuple à les voir : et remettre la cavallerie, dequoy les anciens ont tant escrit et les poëtes italiens, Larioste, Le Tasse et Petrarque, en l'honneur des Français; ce qui seroit bien plus honorable, estant permis par justice et équité. Les anciens Romains permettoient et faisoient faire ces combats pour le contentement du peuple. Je ne sçaurois assez blasmer ces mauvais conseillers qui disoient au feu roy Henry IV que, pour eviter la guerre civile, il faloit permettre les duels pour purger ce feu et ce sang boüillant de la noblesse, qui, ne pouvant agir contre lesdits estrangers, agit contre sa propre patrie. Et de là seroit venu que ceux qui avoient le meilleur et la victoire des duels, et qui le recherchoient, ils estoient loüez dans les chambres des roys, et ceux qui par discretion enduroient des folies, imprudence des paroles, et qui quant et quant ne sautoient aux coups et aux armes, estoient blasmez, ainsi que si l'on eust voulu attizer le feu et aguiser la faulx de la mort, pour moissonner tant de brave et courageuse jeunesse française : invention qui fait paroistre une grande timidité des souverains qui en usent, ainsi que s'ils ne pouvoient par les armes supprimer les folles entreprises de leurs subjects.

La falsification des monnoyes est sans nombre : les ignorans les blanchissent, dorent, rongnent, diminuent par eaux fortes et souffre; les plus fins les r'allient, se contentent du tiers gain provenant de la marque et alliage qui se met à la fabrique des monnoyes du Roy, et des deux tiers de fin qu'ils y joignent : pour avec plus de seurté exercer ce mestier; tellement qu'ils rendent les pieces qu'ils font contre toute espreuve, hormis celle de la coupelle; poids, son et couleur y sont necessaires; beaucoup de broüillons, peu de bons maistres en cest estat. Ils sont boüillis en l'huile pour l'interest du Roy; les blasphemateurs offençant Dieu ont seulement la langue percée; la fausse monnoye est le moindre crime des autres, c'est un leger peché à ceux qui ne gagnent que le tiers. Les roys, les potentats les falsifient : avant que leurs droicts et celuy de leurs officiers, maistres des monnoyes, fondeurs, affineurs, graveurs, soient pris, avec l'abus qu'ils y commettent, quasi le mesme tiers que les faux monnoyeurs desrobent est volé sans reprehension. Ceux qui falsifient legerement, que le lendemain le jaune et le blanc s'en va, et le peuple trompé, doivent estre plus rigoureusement punis, estant grande charge de conscience de prendre la marchandise d'une pauvre personne, qui la vend quelquefois pour substanter ses enfans, lesquels apres demeurent en necessité. Celles qui passent un long temps sans estre descouvertes et ne peuvent estre qu'à la fonte et à la separation, les fabricateurs se contentans [comme dit est cy-dessus] de gagner le tiers, le dommage n'en vient qu'aux fondeurs, qui les espreuvent par l'eau de separation, dont la punition est juste, parce qu'ils en falsifient assez d'autres.

Les roys sont les premiers faux monnoyeurs; le peuple de Paris s'en est mutiné au passé; l'excuse est de la quantité d'alliage qui est necessaire pour empescher l'or de plier. Il se respond qu'ils fassent les escus espais comme les soldans et aspres de Constantinople, qui sont de pur or et d'argent. Si la monnoye estoit d'un seul metail, il y auroit moins de faux monnoyeurs, et donner taux aux especes estrangeres. Les plus grands abus sont aux decrys des monnoyes; plusieurs princes les font exprés, à ce qu'elles estans portées au billon, fabriquées et marquées en autre sorte, ils regagnent de nouveau l'alliage et la marque, et de plus le larcin et falsification des maistres des monnoyes, qui tombe tout sur le peuple.

En l'an 1592, au declin des affaires de la Ligue, moy commandant en Bourgongne, je fis mettre en doubles deux pieces d'artillerie, pour le payement des soldats; en quinze jours les estrangers les emporterent : ils fabriquoient d'un double et de trois deniers de fin et d'alliage un sol, les Comtois en faisoient des pieces de six blancs et de carolus. La France estoit pleine de faux monnoyeurs, les grosses monnoyes en estoient bannies, il n'y restoit que des pieces de six blancs, dont les trois quarts estoient fausses et les meilleures ne valoient gueres : si cela eust encores duré un an, le fin estoit emmené de France, et n'y demeuroit que du cuivre et metail. Je fis decrier les pieces de six blancs, et parmy les desordres je mis moy seul cest ordre en France, suivy d'amis et d'ennemis; par tout les escus et la grosse monnoye revindrent à leur prix, et toutes les pieces de six blancs nouvellement fabriquées portées au billon en toutes les villes. C'est à ces changements de monnoye qu'il faut esclairer les maistres; je vieillis et ne peux empescher d'y estre aucunement trompé. En ces descriemens les monnoyeurs doivent donner de l'argent au Roy; cette caballe bien entenduë, il y a de grand gain pour les souverains, et larcin pour les fabricateurs. Les hommes qui ont tant soit peu de bien ne se doivent mesler de fausse monnoye; s'ils font faire des medailles pour plaisir, qu'ils esclairent leurs fondeurs, à ce qu'ils n'en mesusent au prejudice de leur honneur. J'ay cogneu des gentils-hommes faux monnoyeurs, qui se disoient gens de bien, ne faisant que tales et florins, en vengeance, disoient-ils, du feu que les Allemands avoient mis en France; et n'en faisant de celle du Roy, ne croyoient estre reprehensibles. Ils nommoient leurs maistres faux monnoyeurs du nom de philosophe ou distillateur, et ne le cachoient point, et sortoient des fourneaux pour s'asseoir à la table de leur maistre sous ce nom de philosophe: leurs voisins les soupçonnoient, et avec leurs risées ils furent descouverts en Allemagne et en France, en peine, en danger et perte d'honneur.

Il se doit negocier avec ennemis ouverts ou dissimulez par parens fidelles, amis asseurez ou gens impuissants de nuire : ordinairement les negociateurs sont gagnez pour persuader leur maistre, desguiser le vray, ou pour les abandonner et trahir; chacun s'ayme mieux qu'autruy. Les imperfections et deffauts de leurs maistres cogneus d'eux, le mespris des chefs ausquels ils sont, promesses des contraires, font que les entremetteurs reviennent tous autres qu'ils ne sont allez, et peuvent beaucoup nuire, sçachans les affaires d'amis et d'ennemis. Le plus grand peril est de traicter avec les roys, qui peuvent donner et promettre autant aux ambassadeurs que ce que leur maistre possede, et plus qu'ils ne pourroient esperer d'eux. Il ne faut employer capitaines ny gens de credit et authorité, qui sçavent les conseils et resolutions; vaudroit mieux negocier par les gens mesme du Roy, desquels on est en garde, que d'estre en crainte que les nostres en disent ou fassent qu'il ne seroit utile.

La fable du serpent bouchant ses aureilles de sa queüe pour n'oüyr la voix enchanteresse qui l'arreste, apprend aux hommes imparfaicts de n'escouter les persuasions. Les anciens peignent Hercules menant les peuples enchaisnez, attachez à sa langue par leurs oreilles, monstrant la source de l'eloquence, qui enflamme, intimide, glorifie, magnifie et rabaisse ce qui luy plaist, s'adapte aux inclinations des escoutans. Combien d'injustes causes justifiées, d'heresie semée, d'hommes tresbuchez par l'artifice des paroles, poinctes aiguës vivement prononcées, couvertes de bien, esperance de prosperité, se decouvrent en fin à la ruïne de ceux qui les ont escoutées! Soient les oreilles fermées aux persuasions, puis qu'elles mettent en doute les resolus, les resolutions prises : quel besoin d'escouter, si on est resolu au contraire des persuasions? Souventes-fois les plus habiles, qui, fluctuans de part et d'autre, veulent esplucher toutes les raisons, sont quelques fois plus aisez à tromper que les ignorans.

Si une ame est damnée pour meurtrir, forcer, rançonner, brusler un homme, un marchand, une femme, une maison, les roys qui sont cause par la guerre d'un million de tels actes doivent atttendre autant de supplices. Ils s'excusent de ne commander point ces maux, et que la guerre les amene On leur demande pourquoy ils la font; ils disent que les armes sont un mal necessaire, elles sont justes quand elles sont forcées. Responce qu'il ne se faut flatter à les prendre : guerres d'ambition et d'avarice sont injustes, de mesmes reconquestes d'Estats perdus, s'ils sont bien regis, ou que les autres fois les subjets ne tendent les bras et n'appellent leurs premiers seigneurs. Si les nations avoient droict sur ce qu'elles ont possedé, les guerres seroient immortelles : les Assyriens, Perses, Macedoniens et Romains ont possedé le monde, en suitte de quoy ces nations diroient les guerres justes pour reconquester ce qu'ils ont perdu. Dieu donne et oste les royaumes à qui il luy plaist; nous n'avons droict sur les hommes que celuy qu'ils nous permettent, la subjection est volontaire, estans composez les hommes de mesme estoffe : s'excuser de faire guerre par crainte de l'avoir n'est pas receu, elle peut estre divertie ou esloignée, c'est se jetter au feu pour se sauver de la fumée; telles palliations, pretextes, ne servent devant Dieu. Les guerres justes sont contre les heretiques, selon les bulles du Pape, non de nostre mouvement, et de se venter de faire la guerre de soy-mesme pour la religion : Dieu peut changer les heretiques et les Turcs en un instant, sans que nos espées luy soient necessaires. Les princes mocqueurs disent que les adversitez causées exemptent de purgatoire, lequel se fait au monde; c'est à l'imitation de Julien l'Apostat, qui disoit appauvrir et martyriser les Chrestiens, parce que leur religion porte que c'est leur chemin de paradis.

Plusieurs desesperent de la divinité, qui permet tant de malheurs, sans se souvenir qu'il y a une autre vie où seront puniz les meschans ; par la paix, chacun loüe Dieu, le service divin ny la justice ne sont empeschez. Maudit est le prince qui fait la guerre pour sa particuliere gloire et utilité!

Il y a extreme danger, peine et travail aux foibles qui veulent faire fortune d'eux-mesmes : ils sont forcez de tromper, de ne se fier à ceux dont ils s'aident. La maxime premiere est de ne tomber au pouvoir d'autruy ; les voyes extraordinaires et grandes entreprises requierent des natures eslevées par dessus tous perils : les negliger, se jetter à tous hazards, trouver la mort ou la vie asseurée soudainement, se mettre en admiration de ses amis et terreur de ses ennemis. Si la disposition des Estats, l'impuissance, l'incommodité, les imperfections combattent et empeschent d'estre maistre, il en faut choisir un de bonne heure et se jetter franchement entre ses bras, non à deux cœurs, parce que si c'est à dessein de s'en retirer, une scintille d'apparence cause la perte entiere ; laisser ce penser de retour, ainsi que s'il n'en falloit jamais esperer. Ceux qui se donnent aux princes, et qui veulent garder leurs places et leurs amis, qui ne dependent que d'eux, en campagne, dans les villes, pres leur general ou leurs lieutenans, sont en perils continuels, principalement si d'ennemis ou tiedes amis ils se sont renduz subjects. Me voulant conserver avec Auxonne et Saulx-le-Duc au party de MM. de Guise sans qu'ils y entrassent, j'ay experimenté les perils susdits : la calomnie, le soupçon glisse au sein des nouveaux maistres, qui entreprennent sur la vie, places et amis de ceux qui se sont donnez à demy à eux. Pour eviter ce malheur, faut suivre les volontez du chef de party, luy donner ses amis sans s'en faire suivre, ouvrir ses places, y mettre les siens, ne manquer d'un seul mouvement, pour estouffer le soupçon ; l'ambition des princes et l'envie des concurrans en font naistre assez : il y a plus de jalousie en ambition qu'en amour du prince, qui desire occuper les places et les cœurs des hommes. C'est estre son corrival de les reserver, ou pour seurté il se faut tenir dedans sans y voir son general le plus fort, ce qui se practique avec peril et incommodité. Vaudroit mieux mettre tout entre ses mains et s'insinuer en sa bonne grace ; le choix seroit apres d'y demeurer avec plus de seurté, ou s'en retirer avec ce qu'on auroit apporté et d'avantage, pour la fiance acquise par la franchise que l'on auroit fait paroistre, qui auroit levé toute mesfiance.

Ceux qui donnent sans espoir de recompense, de service, de loüange, ou de crainte d'estre trompez, qui exercent la liberalité par amitié sans espoir d'aucune recognoissance, sont vrayement liberaux ; autrement ce n'est donner, ains plustost changer ou vendre : c'est donner peu pour avoir beaucoup, ou pour avoir autre chose qui leur soit plus commode que ce qu'ils donnent ; ce que consideré par ceux qui reçoivent le bien faict, ils n'ont l'obligation entiere, non plus que ceux qui sont payez pour les services qu'ils ont faicts, estant ce qu'ils reçoivent payement et non present. Il ne se doit attendre que l'on ait besoin des hommes pour les obliger, faut prevoir long temps devant qu'on en ait à faire, et leur donner sans qu'ils s'apperçoivent pourquoy : autrement ils diront, ainsi que les subjects du duc de Milan, qu'ils estoient tenus aux Français de l'argent que leur duc leur disperçoit, et ne luy en sçavoient gré d'autant que si les Français ne le fussent venu assieger, il n'eust rien donné.

Les liberalitez qui se reçoivent d'un qui perd son estat et sa fortune, ne s'estiment, parce qu'on croit qu'il donne ce qu'il ne peut garder : la prodigalité n'oblige point les personnes, elle est attribuée à folie, et tant de gens s'en ressentent, que ceux qui en obtiennent se tiennent peu obligez au donneur. Celuy qui a peu et de ce peu fait part à ses amis, les oblige d'avantage ; qui donne par importunité, artifices et longueurs semble estre payé de ceux qui le reçoivent, lesquels croyent avoir gagné ces biens faicts par leurs moyens et importunitez. Si le danger a prevenu le prince avant pouvoir monstrer sa liberalité, encor vaut-il mieux tard que jamais, à ce que ses amis reçoivent de ses mains ce que ses ennemis luy osteroient. Ceux qui donnent en bonne fortune obligent bien d'avantage, d'autant que ceux qui acceptent les dons les pensent garder sous eux : c'est liberalité aussi grande à celuy qui refuse un bien-faict qu'à celuy qui le donne.

Les grands sont fort empeschez à distribuer leurs dons pour en tirer utilité, et ceux qui en ont plus receu souvent sont les premiers qui les abandonnent pour sauver ce qu'ils possedent, et ne doivent neantmoins s'en desgouster, ils en donneront cent qui n'en valent pas un, et en donneront un qui en vaudra cent. Le mieux, c'est qu'ils donnent à plusieurs, n'estant pas possible que d'une multitude il n'en demeure quelques-uns qui les recognoissent ; et se doivent plustost donner aux pauvres qu'aux riches, d'autant qu'il faut beaucoup pour obliger un riche homme, au contraire les pauvres se gagnent de peu. Si est-ce qu'à donner il faut cognoistre le naturel des hommes, d'autant qu'il y en a que l'on ne sçauroit obliger, ne se sentant tenus mesmes à ceux qui les ont faicts. Soigneusement prendre garde de donner aux gens de bien et d'honneur : s'ils sont autres, comme est-ce qu'un meschant, un volleur, peut sçavoir gré, si l'on luy donne ce qu'il osteroit s'il en avoit le moyen et la force ? C'est grand malheur que ceux qui ont mediocre entendement, et ceux qui n'ont guieres d'esprit sont moins ingrats que ceux qui en ont beaucoup, ce qui ne se devroit. La subtilité de l'esprit se devroit porter par generosité à recognoistre leurs bien-facteurs ; en cela la preud'hommie fait plus que tout. L'homme de bien se sent obligé dequoy les meschans se moquent : il n'y a vice si commun que l'ingratitude ; les hommes se resouviennent des petites injures, et non des grands bien-faicts ; neantmoins les richesses et biens aux grands ne servent que pour user de liberalité, qui leur donne loüanges en vivant, et leur sert apres leur mort. Ils doivent considerer qu'ils laissent leurs richesses à des heritiers, lesquelles pensans qu'elles soient venües en une nuict, les dissipent et prodiguent mal à propos, plustost avec blasme qu'avec honneur. Jamais homme de bien ne recevra bien-faits sans resolution de servir son bien-facteur, et ce d'autant plus qu'il n'a point merité cette liberalité.

L'Empereur sceut que les revoltes du Peru estoient esteintes, Pisarre et autres rebelles les testes tranchées ; ils avoient tenu quatre ans la souveraineté du Peru, descouvert en l'an 1525, par François Pisarre, son frere, et dom Diego Almagro, qui se tuerent en querelle ; sur quoy fut envoyé Blasco, vice-roy qui chastia par confiscation les deux partiz, et envoya leurs despouïlles à l'Empereur, pour les employer aux guerres de l'Europe. Les deux factions offensées font chef Consalve Pisarre, qui prit le vice-roy Blasco et le païs, et en joüit jusques à l'arrivée du docteur Gasque, envoyé par l'Empereur, qui par prudence et douceur, gagna les deux tiers des rebelles, et vainquit le reste : dequoy suivit la paix et la justice susdite.

L'Empereur pense estre au-dessus de fortune ; il avoit dompté l'Allemagne, restably la religion (1), changé les magistrats des villes, tenoit les princes rebelles prisonniers ; plein de gloire et presomption, source d'imprudence, casse son armée, conduict ses prisonniers en Flandre, gardez estroictement par Jean de Guevarre. Aussi-tost il fut contrainct retourner à Ausbourg, pour les bourdonnements secrets des Lutheriens, et les ouvertes menées de ceux de Magdebourg, qu'il avoit proscripts. Le landgrave est mené à Maligne ; ses prieres, ny celles de la royne Marie d'Hongrie, assistées de Moris et Brandbourg, et sommation des enfans du landgrave, de la liberté duquel lesdits Moris et Brandbourg s'estoient renduz caution, pour la clause qu'il ne seroit en prison perpetuelle, sont inutiles. L'Empereur, imprudent, se contente d'absoudre Moris et Brandbourg du plege et serment qu'ils avoient fait au landgrave, qu'il ne seroit retenu prisonnier, et force rigoureusement le fils dudict landgrave de rendre les lettres qui obligeoient Moris et Brandbourg. Le prisonnier desesperé, voulant essayer de se sauver, cognoist par espreuve la difference de l'effect et des promesses de ceux qui offrent de se jetter au peril ; dont la proximité d'iceluy les retire, donnant des retardements et des difficultez pour resolution. Le landgrave persuade son frere bastard, ses gardes rendues plus faciles par liberalitez ; le landgrave sort dans une allée pour se couler par une fenestre ; son malheur luy rencontre le capitaine sortant de sa chambre ; le bastard descouvert tire une pistoletade, se rembarre dans une chambre où il est tué, le landgrave resserré, et quatre ou cinq des siens decapitez.

(1) L'*Interim* ne rétablit pas la religion ; il ne fit que mécontenter les Catholiques et les Protestants. Il fut présenté à la diète d'Augsbourg le 15 mai 1548.

Les Indes, peuplées d'Espagnols alliez aux anciens habitans, ne se revoltent par la prudence du conseil d'Espagne; nul estranger n'y va, nul exercité aux guerres et broüilleries de l'Europe; les Castillans y sont admis pour leur fidelité; chicaneurs, medecins n'y passent; les vieux impotens, les docteurs sans espées, sont vice-roys. Il y a seize gouvernements au Peru, sans autorité l'un sur l'autre; la pluralité des commandeurs empesche la guerre civile : tant de chefs ne se peuvent accorder aux revoltes, un manquant à tous les autres contraires : les conseils qui ont la superiorité, composez plus de docteurs que de guerriers, se maintiennent sans rebellion. Aux conquestes que les Espagnols voulurent faire en France, ils desseignoient de bastir ces conseils comme aux Indes; autre chose est le cheval, autre chose est le lion, toutes brides ne sont bonnes; les Français et les Indiens sont differents : il seroit injuste aux roys de France et d'Angleterre d'entreprendre au Monde Neuf. Les Espagnols ont fait les premieres descouvertes et conquestes, couru les principaux hazards et travaux, autorisez des papes, et y ont planté le christianisme. Mais aussi, puisqu'il n'y a point d'apparence de les troubler en ce qu'ils possedent, il y a encore moins de justice et de raison, puisque de trois mil lieuës de pays descouvert ils n'en possedent la centiesme partie, pourquoy empescheront-ils les Français de s'establir en ceste grande quantité de pays des Indes et de l'Americ, ausquels et à la pluspart ils ne possedent que quelques ports? Et cependant, par avarice du commerce, veulent empescher l'establissement de la foy de nostre Seigneur en ces lieux où ils ne dominent pas. Si ceste guerre pouvoit divertir celle d'Europe, trois mil Français peuvent conquerir le Peru, et autres lieux des Indes portugaises et espagnoles. Ils n'y ont point de forteresses en guerre civile, ou en la defense de ces pays-là, ils n'ont paru que cinq ou six cens Espagnols au Peru, assistez des sauvages mal armez; la conqueste est facile, la garde difficile aux Français, l'ardeur refroidie en six mois, leur negligence sans secours à l'accoustumée. L'Esgnol advisé, y entreprenant puissamment, les en chasseroit, et les Français restez en France s'en mocqueroient, ou ne s'en soucieroient. Comme secourroient ils les Indes separées de tant de mers, s'ils ont perdu leurs patriotes et partisans enclozés chasteaux de Milan, Cremone, Naples, par faute d'assistance, où ils pouvoient aller sans passer la mer? Ceste revolte du Peru fut la quatriesme esteinte par Charles-Quint, comptant celle de Gand, de Naples, et de Gennes; heüreux qu'elles ne vindrent tout en un temps, et que les Français s'en sceurent si mal aider. La misericorde est utile pour assoupir les revoltes; la diligence, la cognoissance des revoltez, d'où depend leur puissance, qui les agite, les moyens de les diviser : les promesses, dons et legeres punitions, sont necessaires.

Nous blasmons, nous mocquons les barbares et sauvages de leurs coustumes, sans considerer que nous en avons d'aussi ridicules et ineptes qu'eux, lesquelles par accoustumance se tolerent. Ils mangent la chair humaine pour se nourrir, nous en usons en medecine pour nous guerir; ils assomment leurs peres vieux, plusieurs mettent les leurs sur la paille, à ce qu'ils soient tost passez, ce qu'ils disent faire pour ne les laisser languir; ils servent les images, et nous portons à manger à celles de nos roys quand ils sont morts; ils loüent des gens pour pleurer leur decez, et les vefves des gentils hommes se mettent en lieu où elles ne voyent jour de six sepmaines. Nous trouverions barbare aux autres nations s'ils s'alloient tuer pour une folle parole, ainsi que l'on fait en France, semblablement que les gardiateurs des consciences en permissent la ruïne. Le Pape sçait que les benefices se donnent aux maquereaux, aux putains et aux Huguenots, neantmoins on envoye les bulles en France. Les estats de judicature sont acheptez, et le premier acte de leur injustice est de faire serment qu'ils n'en ont point donné d'argent : tout un peuple jure de n'avoir esté corrompu pour l'election d'un maire ou magistrat, et chacun d'eux en particulier en a receu de l'argent. Les lois sont escrites, et les juges jugent à leur volonté. Il n'y a moins de fantaisies aux habits et conversations des personnes. Quelle follie qu'il faille baiser toutes les femmes que l'on rencontre, et qu'icelles baisent indifferemment toutes personnes, offençant la santé et la pudicité! On n'est moins fol aux habits et ornements : les bonnets carrés des advocats, les brayetes, les vertugadins, perruques et infinies autres choses ridicules : tellement que les sauvages et barbares trouveroient, s'ils avoient le jugement, avec raison nos façons aussi estranges que nous pourrions faire les leurs.

Les prisonniers de qualité, courageux et habiles, sont de perilleuse garde; les conservant, ce n'est que faire son devoir; les perdant, c'est honte, defaveur et soupçon. Tenez les estroictement, ils exclament, leurs parens se plaignent, ils deviennent ennemis; donnez-leur trop de liberté, ils se sauvent; et les gardes en sont encores plus dangereuses dans les forteresses.

Commandant à Roüen, je prins et mis Bourric, abbé de Mortemart, qui faisoit la guerre et pilloit de sa maison; prisonnier dans le fort de Saincte Catherine, il corrompt ses gardes, fault à prendre la place et le capitaine, ayant gagné la moitié des soldats, sans la descouverte que je fis de l'entreprise. S'ils ont gardes dans leurs chambres, ils les gagnent; s'ils n'en ont point, n'eussent-ils qu'un cousteau ou canivet, ils gratent, ils liment leur salut; le soldat de quatre escus de paye se corrompt par promesse de vingt mil : il vaut mieux deplaire à son prisonnier que se perdre pour luy. Les habiles hommes les peuvent garder sans cruauté : les cages inventées du roy Louys onziesme au milieu des chambres, fermetures doubles [que Philippe de Commines dit avoir experimentez sur luy], sont seures et cruelles; pour conserver les prisonniers plus doucement, il ne leur faut laisser aucuns de leurs gens, leur donner trois hommes avec eux, parens ou esprouvez amis du capitaine, qui doivent estre changez de jour à autre : ne les laisser seuls, visiter les lettres, les filets, les cordes qui se cachent, se jettent aux viandes, aux souliers, par tout; qu'ils ne sçachent nouvelles de dehors, et que les capitaines soient partie du jour avec eux; les remplir d'esperance, leur faire mesme chere et honneur semblable en tout temps; autrement c'est les mettre en peine. Le prisonnier subtilise; tous mouvemens, toute action les affligent, desesperent; se precipitent.

Les preceptes du prisonnier sont : gagner la bonne grace du chef et soldats par honneur, pitié, discours, douceur, liberalité; donner de l'argent aux soldats; soubs couverture de vin, de jeu, se laissent perdre, ou les employant en quelque commission. Il y a plusieurs autres inventions de leur faire accepter des presens; ce sont preparatifs pour se sauver : prendre moins de liberté qu'il ne s'en accorde, ne paroistre estre offensé de rien; quelque mauvais traictement qu'il y ait, remercier et dire bien de tous; ne se descouvrir à personne pour se sauver; les soldats en font assez d'offre, une fois pour avoir occasion de tuer les prisonniers, autre de descouvrir leur intention : il faut estre extremement habile homme pour se tirer de ce mauvais passage. Il est trop dangereux se descouvrir à un soldat; si on ne veut estre trompé, l'entreprise la meilleure sur les villes est celle sans intelligence; semblable est celle d'un prisonnier : s'il se peut sauver sans se descouvrir à personne, c'est le meilleur.

La liberté doit estre preferée à tous les biens du monde; nous ne goustons la santé quand nous la possedons; malades et prisonniers, il nous semble que serions en paradis si estions sains et libres. Le captif qui peut sortir à une heure ne doit attendre à deux; une minute change le civil au criminel, il naist divers inconveniens et accidens, tout est ennemy, les amis tiedes, les vengeances recherchées, les pechez veniels sont faits mortels; ses paroles, ses actions sont criminelles, ses esprits subtilisez, interpretez au contraire; il ne se treuve ny argent ny credit; l'un s'excuse de parler, l'autre ne se veut rendre odieux ny hazarder sa faveur, aucun ne se veut mettre en peril : Je me rendrois criminel de leze-Majesté, disent-ils, ainsi que luy, si j'en parlois. La poison, les coups de dagues intimident les prisonniers; la souvenance des morts tuez en prison afflige : que d'agitation, combien de peines! Les forces corporelles impuissantes font honte à l'esprit qui demeure lié pour le corps; le malade ne doit penser qu'à santé, le prisonnier qu'à liberté, tout le reste des affaires laissées.

J'escris pour mes parens, et souhaitte qu'ils soient veus de mes amis, qui leur serviront d'enseignement s'ils tomboient en pareils accidens que j'ay passé. J'en devrois estre maistre, ayant esté prisonnier quatre fois en trois cruelles prisons du peuple, tousjours en crainte d'estre assassiné des souverains ennemis, blessé, en crainte de poison et des mauvais onguents; et des Turcs je craignois d'estre mis en esclavage. Dieu m'a sauvé miraculeusement; je devinois ce qu'on faisoit contre moy, à l'estonnement de mes gardes; je gaignois leurs cœurs par douceurs, complimens et artifices.

Nous prismes les armes en l'an 1585, avec M. de Guise : le roy Henri III sans enfans, pour empescher que la couronne ne tombast aux heretiques, qui sembloient estre favorisez de Sa Majesté; soudain la paix se fit à Nemours. Me fiant à ceux d'Auxonne, mes obligez, d'où j'estois gouverneur, suscitez du Roy et des gentilshommes voisins envieux, voulans obtenir par finesse et trahison ce que leur peu de courage et valeur leur denioit, aydez d'ingrats et meschans que j'avois advancez en biens et honneur, ceux de la ville, en vengeance du party des Catholiques où je les avois traisnez, me trahirent, blesserent et prindrent devant le prestre, faisant mes pasques à l'eglise, et tuerent un des leurs que j'avois renversé sous moy, dont ensuivit la prise du chasteau que je tenois. Estant leur prisonnier, ils deliberent cent fois de me tuer, et autant de fois Dieu m'en garentit; ils me donnerent un coup d'halebarde en prison : nostre Seigneur me fait dissiper leurs conseils, leur faisant croire que je craignois la justice de Paris, lors que j'eusse desiré estre en la conciergerie du palais, hors de leurs mains, pour monstrer mon innocence. Mes parens gagnent le Roy, qui feint m'envoyer querir pour me faire mourir; les vilains le croyent; autrement ils m'eussent empoisonné ou tué, comme ils essayerent la mesme nuict que je sortis. Je change Paris à Pagny, où l'on me conduit d'une prison cruelle en une impiteuse, entre les mains du comte de Charny, envieux, offensé de moy pour avoir esté de la Ligue et l'avoir aydé à chasser de son gouvernement. Il me garde à yeux d'Argus; vingt hommes autour de moy n'empeschent qu'en un seul quart de vingt et quatre heures, auquel seul je m'en pouvois aller, je ne me sauvasse à l'ayde d'un des miens, descendant cinquante toises de muraille, receu de vingt chevaliers. Je donne dans les portes d'Auxonne, pris les principaux de ceux qui me trahirent, et leur donne la vie. Le Roy, craignant M. de Guise, le contente par la permission qu'il luy donna d'assieger Auxonne ; je puis dire que moy seul et Rosne [l'ayant investi et defait leur secours] la prismes, dont ingrattement M. de Guise ne me rendit le gouvernement que j'avois perdu pour son suject; ce qui depuis a nuit à leurs affaires et aux miens. En l'an 1591, Noyons assiegé par le roy Henry quatriesme, j'y conduits avec quatre cens chevaux trois cens harquebusiers sur la contrescarpe : les ayant laissez, ils se rompent par leurs fautes au premier bruit; j'attire toute l'armée du Roy sur mes bras. Je me perdis pour sauver les miens : ceux que j'avois ordonné pour faire la retraicte s'estonnent; je fis ferme, et soustins avec vingt chevaux pendant que tout se retiroit : voulant charger les plus importuns, mon cheval glisse et tombe sur le pavé du faux-bourg; je fus abandonné des miens, hormis d'un de mes cousins de Trestondan. Ainsi, blessé de trois coups d'espée, un bras rompu, je demeure seul pour tout le reste, apprenant à ceux qui liront ces broüilleries de ne mener secours dans villes pour s'en retourner : il n'y a la centiesme partie de peril d'y entrer, qu'il y a à se retirer. Prisonnier du Roy, qui ne m'aymoit pas, moy ayant herité en cette inimitié de mon pere, qu'il accusoit du conseil de la Sainct Barthelemy, mal pensé et bien gardé, resolut de me confiner en prison. M. de Longueville l'empesche, et, apres s'estre mecontenté, m'obtint, pour tirer de prison sa mere, femme et sœurs qui estoient retenües à Amiens, ausquelles j'eus cest honneur d'estre changé ; elles avoient offert cent mil escus pour sortir. Sa Majesté, me recognoissant mal, estimoit ma prison plus importante que l'amitié de M. de Longueville, auquel il me refusa par plusieurs fois. Je faillis à me sauver à Compiegne ; douze de mes gardes imprudents, comme j'estois couché, se panchoient sur la table pour joüer; je sortois à leur ombre, n'eust esté que je fus asseuré que le lendemain les dames susdites seroient changées pour moy : si je fust sorty, et me sauvant depuis, comme je fis de la Bastille, l'on eust cru que je me fusse fait invisible. Ainsi un pauvre gentil-homme fut changé à quatre princesses, une de Bourbon, de Claives, de Gonzague, et deux d'Orleans de la maison de Longueville.

[1595] M. du Maine perdit son party pour ne s'estre resoult à temps à la paix ny à la guerre, et par traictez frequents s'estre mis en soupçon des Espagnols, de ses parens et amis, qui laisserent perdre les villes de Bourgongne sans secours, mandiant la paix du Roy à l'insceu des Espagnols et de tous autres. Ceux du chasteau de Dijon, en estans advertis, commencent à traiter avec le Roy ; moy, au semblable, estant retiré à Tallan, les bourgeois de Dijon ayans ouvert leurs portes, Sa Majesté qui me promet un estat de mareschal de France et infinies autres conditions, à quoy m'ayant manqué, je demeure à Tallan avec des forces que je payois à quinze cens escus par mois, Sadite Majesté craint que je trouble la Bourgongne, m'envoye sauf-conduit escrit de sa main, attesté d'une lettre semblable du sieur de Biron, gouverneur du païs, et m'asseure que l'allant trouver il me donneroit tout ce qu'il m'avoit promis. J'obeys, j'y arrive, il me force d'aller à Amiens sans effect de ses promesses ; je luy refuse avec des paroles plus libres que sa prosperité ne luy permettoit d'ouyr, que j'estois son subject, non son esclave, que les gentils-hommes français n'estoient subjects qu'aux arrierebans, nommément ceux qui n'avoient aucun estat de Sa Majesté, et ausquels on manquoit de promesse, me fiant du tout sur sa parole et sauf-conduit. Partant de là à trois jours, il envoye ses gardes apres moy, qui font courir le bruit que j'avois tué Sa Majesté : le peuple à ce cri s'esleve à dix lieuës à la ronde ; je fus pris et mis en la Bastille. Un page m'apporte du filet et une lime, j'ourdis une corde, couppe un barreau et en sors en l'eau jusques au col ; je me sauvay d'une prison d'où personne si bien gardé n'estoit jamais sorty. Dieu m'en tira, m'inspira de demeurer en paix, laquelle se fit entre les roys de France et d'Espagne quatre mois apres. Miracle ! vengeance divine ! le sieur de Biron, qui m'avoit envoyé sauf-conduit escrit de sa main et du Roy [à quoy ils me manquerent] sous mesme sauf-conduit de Sa Majesté, luy estant en disgrace en l'année 1602, est mis au mesme lieu où j'avois esté emprisonné, où il a perdu la teste. Qui m'eust dit en tant de souspirs que je jettois sur la fenestre de ma prison, que d'icelle dans peu de temps on verroit justicier celuy qui estoit en partie cause de mon malheur? J'ose dire, avec la grace de Dieu, que si j'eusse esté en sa place, j'eusse peut-estre trouvé salut, soit par responses aux procedures ou par invention essayé de me sauver. Ma quatriesme prison est la plus legere, qui est celle des Turcs, escrite cy-dessus : de toutes lesquelles et d'infinis perils, blessé dix fois par devant, j'ay cogneu visiblement la toute-puissance divine, qui m'a tiré de ces malheurs pour me donner temps de recognoistre la vanité du monde, et m'en sortir en meilleur estat.

Ce ne me fut pas peu d'honneur d'avoir esté jugé si necessaire à mon general et au peuple, que l'on ait rendu quatre princesses pour moy, lesquelles offroient peu auparavant cent mil escus; non moins la response que fit le roy Henry IV au sieur marquis de Mirebeau quand j'estois prisonnier, me voulant avoir pour changer à son pere, qui estoit en mesme fortune, disant Sa Majesté que je le pouvois plus desservir en une heure que tous les siens ne le pouvoient servir en trente ans.

L'Empereur, triomphant du Pape, d'Italie, de Rome, d'Allemagne, d'Afrique, de France, en son periode decroist et fault à se perdre. Par son commandement Moris avoit assiegé les seuls rebelles de Magdebourg avec argent et forces ; Sa Majesté n'avoit consideré son cœur lutherien allemand, ulceré de la detention du landgrave ; sans cela encores estoit-il aisé à juger que son mescontentement secret s'acorderoit facilement avec celuy de ceux de Magdebourg au prejudice de l'Empereur ; la conformité de leurs offences, le reproche des parens de Moris, que luy seul estoit cause de l'esclavitude d'Allemagne et de la prison du landgrave : tellement que la noblesse et les ministres des Lutheriens [de la religion desquels il estoit] le blasment de la perte de la liberté d'Allemagne, dont ils l'accusoient, pour la promesse secrette qu'il avoit fait à l'Empereur à condition de la promotion de l'electorat qu'avoit son cousin le duc de Saxe prisonnier. Tous ceux-cy le persuadent, le prient, luy absent de l'Empereur, le resolvent à se tourner contre luy ; tellement que le siege de Magdebourg se termine par accord secret entre eux. La ville, Moris et Brandbourg en commune intelligence, les portes ouvertes conformes en desseins, les gend'armes assiegeans et assiegez retenus sous noms supposez avec les sermens secrets faicts à Moris, lequel n'obeit aux commandemens de l'Empereur de les licentier, s'excusant sur le payement ; Brandbourg, en habits deguisez, traicte en France, conclud la guerre contre l'Empereur, donne ostages et en reçoit respectivement. Sa Majesté fournit cent mil escus, s'oblige d'amener une armée en la frontiere : pretextes ne manquent à qui a force et guerre en main; tout est pour la liberté de l'Empire en apparence, en effect pour le particulier des associez. L'Empereur r'envoye Philippes son fils en Espagne, apres avoir essayé vainement de le faire roy des Romains, à quoy s'opposa son frere Ferdinand, qui le fut depuis. Le concile transferé à Trente par le pape defunct, Farnaise, son successeur, le continué. L'Empereur va pour penser coronner l'œuvre, affermir la religion et se retirer glorieux en Espagne, arrive en Enipont (1), proche de Trente [en novembre 1551]. Moris se fait citer reïterement des enfans du landgrave, qui menacent le faire declarer chelme (2). Les ambassadeurs des princes alliez demandent à l'Empereur la liberté des prisonniers ; Sa Majesté cognoist tard sa faute d'avoir donné les armes entre les mains de personnes suspectes, adverty à demy du traicté de France et de Moris : son destin, sa prosperité luy sillent les yeux ; abusé des grandes obligations de Moris en son endroict, et de ses paroles et ambassades artificielles, se commect desarmer, luy, son Estat et sa fortune entre les mains de ses ennemis, et sur fauces maximes que les Germains sont de bonne foy et longs en leurs desseins. Moris, grossier allemand, trompe les Espagnols et les Italiens sur espoir de paix et d'aller au concile, marche avec le marquis de Brandbourg, les fils du landgrave, ceux de Jean Federic, assistez des forces protestantes sorties de Magdebourg, et de celles qui luy avoient esté commises par l'Empereur si inconsiderement : luy seul, armé en Allemagne, r'appelle les ministres, prend Ausbourg, plusieurs autres petites villes, y establit le lutheranisme. L'Empereur, trop tard en haste, leve des forces de rechef; abuzé du traicté de Ferdinand son frere, donne moyen à Moris d'arriver à Hemsbert, passage des montagnes gardé par quatre mil lansquenets de l'Empereur ; il les rompt, marche à Enipont. L'Empereur, adverti à onze heures du soir, desloge à minuict avec flambeaux de paille, laisse son bagage piller d'amis et d'ennemis, toute la Cour à pied par les vignes, fanges, mauvais chemins, grande pluye, en desordre : l'Empereur, honteux et fuïtif, quitte et sort d'Allemagne, se retire à seurté à Villarseau au

(1) Inspruck, en latin *OEnipons*.
(2) Parjure.

Fryoul (1) frontiere des Venitiens. Il avoit mis hors de temps Jean Federic de Saxe en liberté, à ce qu'il ne fust obligé à Moris, qui arrive la mesme nuict à Enipont, fault de six heures à prendre l'Empereur et toute la Cour.

Le Roy, conseillé du connestable, avec contentement, resolut l'entreprise d'Allemagne, esperant en profiter ou abaisser l'Empereur son ennemy; laisse la regence à sa femme, les armes à M. d'Annebault, ne craignant plus le connestable qu'iceluy balançoit sa faveur, estant comme roy luy-mesme. Sa Majesté envoye querir le sieur de Tavannes en Piedmont, au regret du sieur de Brissac, qui se fioit du tout en luy. [1552] Le Roy le crée et le sieur de Bourdillon mareschaux de camp de l'armée, composée de cinq mil chevaux, dix-sept mil hommes de pied françois, et douze mil Allemands. Le Roy à Juinville, la duchesse de Lorraine, niepce de l'Empereur, abandonnée de secours, le vint trouver, forcé belles paroles; son fils est envoyé en France, qui depuis espousa la seconde fille du Roy, Nancy et toutes les autres places en la main de Sa Majesté, qui mit gouverneur M. de Vauldemont, au regret de la doüairiere, laquelle se retire. Le Roy, ayant gagné dans Metz ceux de Heu, par presens et promesses, joints à la division du peuple, dont la negligence n'avoit à rien pourveu, arrive aux portes. Le sieur de Tavannes est employé comme mareschal de camp, et agreable à ceux de Metz, pour le nom de Tavannes, grande maison au comté de Ferrette, d'où il estoit sorty du costé de sa mere : il les harangue, les intimide, les emplit de promesses, tire parole d'eux de recevoir le connestable avec ses gardes et une enseigne des gens de pied, puisque le Roy alloit pour la liberté d'Allemagne; il ne pouvoit moins qu'avoir son logis en leur ville : il conduit les bourgeois au connestable; soudainement tous les meilleurs hommes de l'armée sont mis sous une enseigne; entre en la ville de Metz les deux mareschaux de camp à la teste. Le sieur de Bourdillon s'advance en la place, le sieur de Tavannes demeure à la porte que les bourgeois vouloient à tous coups fermer voyant ceste enseigne si accompagnée, et tousjours les en garda par belles paroles. Un capitaine suisse, à la solde de ceux de Metz, tenant les clefs, en ayant veu entrer plus de sept cens hommes, les jette à la teste du sieur de Tavannes avec le mot du pays, *tout est choüé*, et quitte la porte que le sieur de Tavannes tint jusque le connestable arrive.

La ville asseurée, le Roy fit son entrée à Metz au commencement d'avril 1552, y laisse le sieur de Gonnor gouverneur; les clefs de la ville de Thoul lui avoient esté apportées. Le sieur de Bourdillon est envoyé en France conduire le jeune prince de Lorraine. Le sieur de Tavannes demeure seul mareschal general de camp, et le sieur de Rabauldanges, adjoint. Le Roy marche à Strasbourg pour y faire de mesme qu'il avoit faict à Metz; eux monstrent l'inconvenient de leurs voisins les avoir faits sages, et qu'il faloit commencer par eux, ou à mesme jour, ce qui eust esté [peut-estre] en danger de n'avoir ny l'un ny l'autre. Sa Majesté prend Aguenaut et Vicebourg, recherche les evesques et autres d'alliance contre l'Empereur : il en est esconduit. Il eut advis que Moris traictoit, qui [apres l'entreprise d'Enipont faillie] se retire à Passau reprendre les arres de paix proposée par Ferdinand à Linx; trefve accordée entre l'Empereur et eux, pendant laquelle se font plusieurs actes d'hostilités par le marquis de Brandbourg, contre les evesques, villes de Heldebert et Oulmes. Dernier juillet 1552, la paix fut faite entre l'Empereur et Moris, les prisonniers mis en liberté, et se devoit tenir journée impériale pour le repos d'Allemagne dedans six mois, dans lesquels nul ne sera inquieté pour la religion; que le Roy seroit ouy s'il vouloit recevoir la paix. Moris ayant obtenu ce qu'il desiroit, traicte sans Sa Majesté, et s'en mocque. Le Roy cognoist sa faute de n'avoir pris de bons ostages et d'en avoir donné; se repent d'avoir favorisé Moris pour si peu de recompense que Metz : sur mauvais jeu brave response; dit aux ambassadeurs des confederez qu'il avoit obtenu ce qu'il desiroit, la paix et la liberté d'Allemagne, et qu'il se retiroit, les priant luy garder leur amitié, et se ressouvenir du bien qu'ils avoient receu par son assistance.

Rien ne demeure en mesme estat : la fortune en son periode diminué, si elle n'est liée par une bonne paix; il faut un but en nos actions, travailler pour avoir repos, ou se resoudre en guerre immortelle : celuy de l'Empereur estoit la paix universelle; il n'avoit merité cette gloire envers Dieu. Lors que nous sommes prests d'obtenir nos pretentions, c'est où il faut prendre garde : il advient des fautes en un jour qui perdent le travail de plusieurs années.

Ceux qui cherchent repos pour changer de condition, de lieux et d'habitude, cherchent en ce monde ce qui n'y est pas. Les affaires, les infortunes assaillent les particuliers chez eux, ainsi que s'ils manioient les affaires d'Estat; les petites negociations ennuyent et affligent ainsi que les grandes; c'est le mal du monde.

(1) Villach en Carynthie.

La vraye tranquillité d'esprit ne peut estre qu'au ciel, et s'il y en a quelque peu icy bas, les bons entendemens le possedent, parce qu'ils se sont preparez contre tous accidents, lesquels ils souffrent constamment, cognoissant qu'il faut qu'ils adviennent, et que tout se doit perdre. Ils ne se passionnent point pour mort d'amis, pertes de biens, querelles et procez, prenant les choses comme elles viennent, et sans s'en ennuyer; ils y pourvoyent des moyens humains, et reçoivent le reste pour l'expiation de leurs pechez. Ceux qui ont une grande resolution par les frequentes infortunes, ils sont accoustumez, et n'ont tant de deplaisir que les foibles esprits, ny aussi tant d'expiation de leurs pechez; ainsi que les religieux qui ont pris habitude à jeusner, trois mois apres ils ne souffrent plus : le mieux qui se puisse, est de prevenir par meditations tous accidents, s'interroger soy-mesme, si telle chose advenoit, comme on la supporteroit. A la verité, les malheurs sont griefs à ceux qui, d'une grande felicité, sont precipitez dans iceux. Aucuns se sont veus, à qui Dieu avoit donné tout à souhait, honneur, bonne reputation, richesses, femmes sages et enfans, estats, places et grades, qui, pour imprudemment ne se contenter, se sont perdus. Ceux qui sont pourveus de telles choses doivent loüer Dieu, se garder de l'offense, à fin de n'en deschoir. Il ne se peut exprimer le travail et ennuy que c'est de tomber de l'une de ces extremitez à l'autre, principalement quand on n'y a pas preveu, ainsi que la prosperité en oste toute apprehension.

C'est imprudence de donner charge aux soupçonnez, de laquelle ils puissent nuire sous espoir de les regagner, ou pour crainte qu'ils ne facent mal; au contraire, c'est leur donner commodité d'en faire. Vaudroit mieux les ruïner du tout, ou du moins ne les employer point, si par impuissance ils ne se peuvent opprimer, ou qu'on ne les puisse seurement regagner; se garder d'eux, les laisser faire, et ne leur donner commodité par armes et par argent de faire mal de nos propres moyens. Si un mal-content a commission d'assaillir son semblable, tous deux s'entendront souvent au prejudice du general : ainsi fut Auguste Cesar, envoyé contre Antoine et Lepidus.

Les opinions et inclinations humaines sont inconstantes, changent selon l'aage, evenemens et occurrences du temps. Moris avoit abandonné religion, parens, amis et patrie pour l'Empereur, sous la promesse de l'electorat, et depuis laisse le mesme Empereur, duquel il avoit receu tant de biens, regagné de ses parens, persüadé de ses amis et du bien de sa patrie : il faut considerer que ces changemens sont merveilleusement dangereux, et que rarement il en reüssit du bien.

L'impatience est blasmable; l'ancien proverbe est que plusieurs perdent leur sepmaine pour un samedy, c'est-à-dire, apres avoir travaillé long-temps, et lorsqu'on est prest de recevoir le fruict de son labeur, l'impatience prend et arrive, laquelle, si on n'a preveuë par raisons, fait de mauvais effects.

Quelquefois elle advient pour estre les naturels et compositions des corps impatiens; les sanguins et coleres y sont fort subjects; autrefois par contagion et discours, ainsi que l'on a veu plusieurs en une armée faillir à leur honneur la veille d'une bataille, s'en aller et se laisser emporter à la multitude, lesquels, par frequentes conferences et raisons adaptées à leurs affections, communiquent la maladie d'impatience à ceux qui les escoutent et sont proches d'eux.

Plusieurs seront demeurez à attendre les roys et princes six heures à leurs portes, et pour ne vouloir encore demeurer un quart d'heure, perdent la commodité de parler à iceux, preferant ce peu d'attente au temps ja passé; et ceux qui font de longues poursuittes de plusieurs années, les perdront pour ne vouloir attendre un mois, une sepmaine, ou un jour. Les Français sont plus subjects à ceste infirmité que les Espagnols et Italiens; neantmoins les impatiens ne sont sans excuses, parce qu'ils voyent plusieurs devant eux qui ont fait de longues poursuites, et dependu le temps et l'argent qu'ils eussent beaucoup mieux employé ailleurs; et si ce n'estoit pour des biens et honneurs, du moins à leur contentement, les malheureux sont excusables. Et la cognoissance que l'on a des heureux et malheureux, c'est qu'aux uns les biens viennent en dormant, et souvent quasi sans les demander, avec peu de peine; les autres se consomment, se perdent, se travaillent, et leur fortune ne vient point, ou tard, ou à coups de marteau, ou bien, quand ils la pensent tenir, il se trouve des obstacles qui naissent de la terre, quoy qu'ils ne manquent de prudence, diligence et bonne conduicte. Mesme les saincts personnages ont esté subjects à ces impatiences : Moyse en rompit les tables de la loy, Jonas et autres en ont murmuré, et ne peuvent attribuer ces causes les naturalistes, sinon qu'il y a heur et malheur en ce monde, et les sages le referrent à la puissance de Dieu. Quoy qu'un affaire soit conduit avec toute prudence, si ce n'est par sa grace, il ne reussit : la longueur du temps, l'impatience qui procede quelquefois de la punition divine, rompt et renverse les desseins, et souvent la mesme punition engage à des poursuittes qui n'ont point de fin.

L'alliance du roy Henry II avec Moris fut au prejudice de la religion catholique en Europe; la vengeance suit : la posterité des Valois, sous pretexte de la mesme religion qu'ils avoient favorisée en Allemagne, ont eu en France trente ans de guerre civile, et s'y sont perdus à la fin. Pour commettre un tel peché, il falloit conquerir non seulement Metz, ains la moitié de la Germanie; et devoient leurs Majestez penser que de la mesme mesure qu'ils mesureroient les autres, ils seroient mesurez; et les princes souverains doivent bien penser, avant que de proteger les rebelles, de leurs semblables; exemple pernicieux suivy de leurs propres subjects.

Gloire et honneurs mondains sont autant de folie et vanité : un grand empereur, Charles-Quint, vainqueur en Europe, soustenant la religion catholique et la justice, s'enfuit de nuict, laisse piller ses amis, son logis, son bagage et sa ville, lorsqu'il estoit au periode de toute grandeur : consolation des capitaines malheureux, au mespris de la recherche de grande fortune, puis qu'elle est si subjette à se perdre, et qu'elle n'a exception de grandeur ny de vertu, haussant et eslevant plusieurs pour leur preparer une plus grande cheute.

Les favoris conseillent la guerre aux Roys, quelquesfois à leur prejudice, à ce qu'ils soient employez en puissance absoluë de mort et de vie sur les hommes. Ils acquierent de l'honneur par le sang d'autruy, sans peril; ils ne rendent compte de l'argent manié, mettent leurs amis aux charges et en destituent leurs ennemis; desquels deportements ils se suscitent de tels envieux, qu'ils en sont chastiez puis apres. Ceste entreprise d'Allemagne est remarquable par l'imprudence de l'Empereur, legereté du Roy et ingratitude de Moris. L'Empereur, apres son malheur, ne pouvoit faire mieux que se r'abiller avec les Allemans, voyant tant de contraires : le Roy abandonné se retire par contrainte; Moris, continuant la guerre, ne se pouvant faire Empereur pour l'opposition du duc de Saxe, le landgrave et Bradbourg, fit bien de faire paix. Le Roy pouvoit faire mieux : occuper la plaine Delsaz, fortifier les frontieres du Rheim, comme protecteur, et, sans davantage irriter l'Allemagne, se contenter du duché de Lorraine; recompenser le duc en Anjou, faire une place imprenable aux montagnes de Saverne ou sur le Rheim, borner son royaume de Mets, de la forest Noire, montagnes de Saverne jusques à Luxembourg : il s'estendoit jusques au Rheim, entre lequel et les montagnes de Saverne il n'y a point de places fortes. Ce fut esté le restablissement du royaume d'Austrasie joint à celuy de France : le Roy n'estoit assez habile; le connestable, qui l'eust desiré, eust esté contrarié de M. de Guise, qui commençoit à balancer sa faveur.

L'inclination des hommes est plus au mal qu'au bien; fait que les obligations anciennes sont oubliées par legeres offences : il ne faut s'asseurer de recevoir recompense de vieux bien faicts de ceux ausquels on a fait de nouveaux desplaisirs, lesquels font oublier tous les biens passez, ou donnent moyen de couvrir l'ingratitude de plusieurs.

Les mariages font la maison d'Espagne et defont celle de France; iceux abaisserent la grandeur du roy Henry deuziesme : celuy de Lorraine, auquel il donna sa fille, luy rendant son duché; le second, en Espagne, qui eut sa fille aisnée; et celuy de Savoye qui espousa sa sœur; pour lesquels mariages furent rendues deux cens villes, avec la perte du plus pur sang et argent de France, par la paix qui fut la naissance des guerres civiles. Au contraire, par les mariages de Marie de Bourgongne, Ysabelle d'Arragon, et de l'alliance de Portugal, la maison d'Austriche s'est mise en la grandeur en laquelle elle est.

Vaudroit mieux avoir affaire à l'Allemagne qu'à un souverain bien obey : elle consiste en puissances divisées; celle de l'Empereur sans grande auctorité, des ducs partiaux, des evesques ecclesiastiques separez, des villes et du plat païs, tout de nouveau encores divisez par la religion : avant que les diettes imperiales soient assemblées, le tiers d'Allemagne doit estre pris, eux si peu aguerris qu'il s'en prendroit beaucoup à coups de petards et d'abordée. Ceux qui sont esloignez du mal contribuent pour la guerre à regret; les proches ne s'entendent, et ont les mesmes incommoditez que les associations et ligues; les Français eussent mieux fait leur profit de ce costé-là qu'en Italie.

Le Roy haste son retour en France pour chasser la royne d'Hongrie, qui, par diversion, faisoit guerre en Picardie; ceux de Luxembourg, ayant assiegé Stenay, se retirent et se mettent sur la defensive à l'arrivée de Sa Majesté, laquelle, au mois de juin 1552, prist le chasteau de Vangdemar (1). L'admiral d'Annebaut, avec l'armée restée en France, le joint; le Roy bat d'Ampvilliers de trente canons; la bresche faite, ils se rendent à discretion; le sieur de Chastillon, colonel de l'infanterie, nepveu du connestable, en eut le principal butin. En ce mois le Roy entra à Verdun, ville imperiale, par la foiblesse de la ville et des habitans, et persuasion du car-

(1) Rodenach.

dinal de Lorraine, leur evesque, pareil en grade, non en authorité et pouvoir, aux evesques de Cologne et Mayence. Le Roy, se disant vicaire de l'Empire, leur fit faire le serment, change les magistrats, les princes, donnant davantage en esperance des services advenir, que pour la recompense des passez. La suffisance et valeur, plus que recompense du sieur de Tavannes, luy firent avoir le gouvernement de Verdun, avec garnison de cent hommes d'armes et deux cens arquebusiers, jugeant que ceste ville seroit la premiere assiegée. C'est establisement fut en consideration de ses grands services, à quoy il fut nommé du propre mouvement du Roy, sans faveur de personne; aussi ne vouloit-il rien tenir que de Sa Majesté, ce qui apporta un grand retardement à sa bonne fortune, n'y ayant que les portes de Montmorancy et de Guise ouvertes pour entrer en credit, par lesquelles il ne vouloit passer.

Tout estoit à leurs nepveux ou alliez; mareschaussées, gouvernemens de provinces, gendarmes, rien ne leur eschappoit. Reste la moindre puissance au Roy, de pourvoir de quelque gouvernement, comme de celuy de Verdun; ainsi ceux qui n'estoient appuyez que de Sa Majesté estoient mal. Ces deux, de Guyse et de Montmorency, differens en tout, s'accordent en un poinct, qu'il ne falloit faire place à une tierce faveur; les petites fortunes estoient permises, les grandes empeschées. La valeur du sieur de Tavannes, voulant esclater, eut tantost l'un, tantost l'autre contraire, et souvent tous deux; plus de vertu, de valeur, plus de services, plus de reculement, plus d'opposition il y avoit.

Le Roy a le moins de suitte et pouvoir sans le cognoistre, et à grand peine peut obtenir de ses favoris susdicts d'agrandir le mareschal de Sainct André, auquel ils firent place, estans forcez de l'amitié extreme que luy portoit Sa Majesté. [23 de juin] Yvoy fut battu, pris à discretion avec son chef, le comte de Mansfeld; Linx se rend par composition, sans que la diversion pretendue par la royne d'Hongrie, qui prend Hedin et brusla la fontiere de Picardie, peust empescher ces progrez; elle se retire voyant arriver M. de Vendosme, qui reprend Hedin. Le Roy, malade à Sedan, le connestable quitte l'armée, court vers Sa Majesté pour garder sa faveur, fait M. d'Annebaut chef pour empescher les princes d'y pretendre, donne partie des forces au mareschal de La Marche, qui cependant reprend son duché de Boüillon qu'il avoit perdu depuis trente ans. Le sieur d'Annebaut prend Treslon, Cymet et autres places, où le sieur de Tavannes portoit tout le faiz comme mareschal de camp. Le Roy, retiré à Caussi, rompt et renvoye rafraischir son armée.

En ce temps, au mois d'aoust, les Siennois s'entretenoient libres sous la protection de l'Empire, couverture de laquelle plusieurs villes se sont servies pour se mettre ou maintenir en liberté. Ils reçoivent dom Diego de Mendosse, lequel, sous couleur d'empescher les divisions des nobles et populaires, feignant de favoriser l'un au deceu de l'autre, leur donnant des promesses en particulier des deux parts, commence une citadelle; ils s'en apperçoivent, et de la perte de leur liberté; se rapportant les uns aux autres les artifices et paroles de Mendosse, s'accordent et introduisent le comte de Petilane et trois mil hommes, qui leur aydent à ruyner la citadelle, et chasser les Espagnols. Mendosse estant pour lors absent à Rome, eux cognoissant l'offence commise contre l'Empereur, recourent aux Français, au sieur de Termes et comte de Montefior; la guerre se fait en prix et perte esgalle.

Strosse arrive pour commander à Toscane, par le commandement du Roy, avec trois mil Grisons, autant de Français et cinq mil Italiens, ausquels s'oppose le marquis de Marignan, general de l'Empereur, avec quinze mil hommes. Les armées proche à Moncalde campent; Strosse, mal placé, est endommagé de l'artillerie et des escarmouches; diminue le courage des siens, qui l'abandonnent la pluspart; s'opiniastre, pensant faire desloger le marquis; ses incommoditez augmentent, se resout de decamper de jour en presence, pour maintenir reputation; qui fut sa perte, tellement que, chargé, blessé et defaict, se sauve à Montalsin. Les Siennois, par ceste perte, veulent composer; Montluc, envoyé du Roy, les r'asseure, tiennent encore quelques mois, enfin se rendent par famine et faute de secours au Espagnols, qui les donnent à Cosme de Medicis.

Il ne se faut mettre en place pour se rendre : toutes capitulations sont dangereuses et de peu d'honneur; des secours promis le quart ne s'effectuë : l'on se doit excuser d'une mauvaise commission, aidé de ses amis, tant que l'honneur le permet. Les capitulations, sans avoir enduré la batterie, font soupçonner de trahison; celles qui se font la bresche faite sont dangereuses et peu honorables, si l'assaut n'est soustenu; le mieux pour le chef est de n'endurer le canon, ou d'endurer l'assaut. Le bien du general est de soustenir jusques à l'impossible; tant plus on tient, plus de temps gagné, et plus de munitions des ennemis perduës, et mieux pour le prince que l'on sert. Il est plus honnorable de sortir avec le baston blanc apres l'assaut, qu'enseignes desployées sans batteries; les calomnies d'amis et d'ennemis redoublent apres estre sorty d'un siege : le tiers des places s'emportent en parlementant; c'est lors qu'il faut avoir l'œil ouvert. L'assiegé ne doit faire trefve generale, marquer le lieu du parlement; il ne se doit capituler, pour se resoudre apres de tenir, si les soldats assiegez n'entendent et ne croyent fermement que c'est une tromperie, pour gagner temps et recognoistre les desseins du dehors.

La capitulation doit estre vingt fois leuë et bien entenduë, sans mots à deux ententes qui se puisse interpreter en divers sens. J'avois mis en une capitulation d'une place que je pris, que les soldats sortiroient; les capitaines, voyans qu'il ne se parloit d'eux, se jugerent prisonniers. Il se doit mettre en seureté plusieurs copies signées des traictez, et ne les porter, pour en un manquement de foy ne les perdre avec soy, et qu'iceux demeurent aux amis pour faire reproche de la capitulation violée. Il ne se peut trop tost recevoir place à composition : s'arrester aux pointilles amene des inconveniens; l'assiegeant ne doit laisser de battre pendant les traictez, ny abandonner aucun advantage, travailler et ne laisser recognoistre les assiegez. Le chef, ny personne de credit ne doit sortir pour parlementer, ains negocier par escrit, ou par les ennemis : ordinairement les deputez se gagnent. Il vaut mieux mourir que se rendre à discretion, ou se retirer de nuict. Les princes qui n'observent la foy prennent peu de villes par capitulation : le desespoir des assiegez leur fait faire des miracles; la parole et foy rompuë ne profite qu'une fois et nuit plusieurs.

L'Estat est miserable où les serviteurs ont plus de pouvoir que les maistres : les services sont expliquez à desservice; la verité contre les favoris, ditte aux roys qui se laissent posseder, est un avant-coureur de mort ou defaveur; leurs Majestez redisent tout à ceux qui les gouvernent. Sous un roy peu habile faut suivre les favorits, ou se tenir chez soy, ou perdre son temps à la Cour, et se mettre en danger : les roys ne croyent ce qu'ils voyent, ce qu'ils touchent; illudez et prevenus de l'amour de ceux qui les gouvernent. Il est facile d'obtenir une faveur commune, les grandes sont pleines d'obstacles et de precipices. Les simples capitaineries de gendarmes, lieutenances de Roy, s'obtiennent, limite et borne où pouvoit aspirer la noblesse de France. Les offices de la Couronne, les gouvernemens en chef, s'obtiennent rarement qu'il n'est parent ou ami des favoris; maintenant ces offices sont marque de faveur et non de valeur; en l'année 1620, il s'en fera à douzaine, avec plus d'honneur aux vertueux qui en seront privez, qu'à ceux qui les possedent avec honte sans merite.

Le mareschal de camp loge et met les troupes en bataille selon l'ordre qui luy est donné par le general habile, et fait la charge de ceux qui ne le sont pas : ils sont lieutenans en l'armée, se meslent de tout. Leurs charges sont restraintes, quand le general est capitaine et a de l'entendement, et doivent laisser travailler les maistres d'artillerie, colonnel d'infanterie, sans usurper leurs charges : bien peuvent-ils assister aux resolutions des tranchées et batteries, qui sont conduites par lesdits maistres d'artillerie et colonnel d'infanterie. Ils doivent entendre et sçavoir faire les cartes par les elevations, par instruments mathematiques, en campagne, ou du moins en une chambre, sur le rapport de ceux du pays, mypartissans de plusieurs cercles pour marquer la distance des lieux; ou bien prenant la proximité ou esloignement des villages au compas, observant les passages des bois, des rivieres, par lesquels la place peut estre secouruë, et moyen d'avancer sur les advenuës les arquebuziers à cheval, dont la perte n'est importante; que les quartiers se puissent secourir l'un l'autre, faisant refaire s'il est besoin les passages entre les logis, tellement qu'ils se puissent assister.

La place de bataille general doit couvrir la ville assiegée du costé de la venuë des ennemis et donner des places de combat particulieres à la teste des quartiers, pour assembler un ou deux regiments en gros et marcher vers la grande place de bataille à l'alarme. Pour l'eviter, outre la garde ordinaire de cheval, se doit envoyer plusieurs batteurs d'estrades, à ce qu'à l'improviste les ennemis ne tombent sur la place de ladite bataille. Les approches doivent estre bien faictes sans se precipiter, faire les tranchées hautes; la ville qui a de grands faux-bourgs proches est à moitié prise : faut observer dans les tranchées, de cent en cent pas, un fort pour tenir cinquante hommes qui flanquent les testes des tranchées. La batterie ne doit exceder deux cens pas : la plus proche est la meilleure, pourveu qu'elle soit bien couverte et flanquée, que les pieces ou arquebuzades de la ville ne la puissent faire abandonner. Il ne faut jamais battre sans voir le pied de la muraille; s'il y a casematte, gagner la contrescarpe, la baisser, la percer, et les rendre inutiles avant que donner l'assaut. Si la ville bastionnée est gardée de peu de gens, les assiegeans forts de munitions et canons, on peut emboucher la canonniere d'un boulevart avec trois canons et rompre le parapet, et en l'autre boulevart faire breche, donner l'assaut, et en mesme temps faire tirer incessamment à la canonniere et parapet opposite. S'il y a multitude de gens, les bastions bien faicts, le siege est long; plus on se precipite et plus de reculement. Pied à pied, la contrescarpe estant gagnée, il faut jetter de la terre dans le fossé, se parer d'un flanc d'un des boulevarts, et s'acheminer par dedans le fossé vers la courtine de l'autre; sinon, la contrescarpe percée, creuser le fossé s'il est sans eau, s'acheminer à la pointe d'un des bastions, favorisé de l'artillerie et des mousquets, qui doivent estre logez sur la contrescarpe : faire faire bresche à la pointe par canon ou mine, tenter de s'y loger avec peu de gens; plus y en a, plus de confusion : le logis faict, le rendre capable, et y estre tousjours deux cens cuirasses et nombre d'harquebusiers en garde; ne donner jamais assaut inconsiderément : la pointe des braves morts, la ville ne se prend plus. Et s'il faut hazarder quelqu'uns, que ce ne soit l'elite de tous les regimens, ains d'un seul : ne faisant point perte, tousjours l'on augmente, et les assiegez diminuent.

La science et experience est si necessaire à cet estat, qu'il y faudroit un vieillard, ou du moins, pour le travail assidu, un de moyen aage : il se commet tant de maux sous eux s'ils ne sont gens de bien, que la punition de Dieu tombe souvent sur toute l'armée et fait perdre les victoires. Ce n'est peu d'art de se sçavoir faire obeyr sans tuer les hommes, qui est une coustume usurpée en France par les maistres de camp et capitaines, que je n'apreuve nullement : un soldat seroit aussi tost fait prisonnier que tué. Les advisez qui se font obeir par l'espée en blessen peu et font plus de peur que de mal. Sçavoir mettre en ordre les regiments en un mouvement, selon la quantité des soldats, en bataillon carré, de terrain ou d'hommes, en tirer des escadrons volans et replacer les soldats sans alterer l'ordonnance; faire les descharges à propos, remettre un combat rompu au dessus; par une voix, un signe, advancer, arrester les troupes, leur donner chaleur, les r'allentir; se fortifier dans les camps fermez, guidé des tranchées, les redoutes et dehors des places; sçavoir recognoistre et loger sur une bresche, disposer un assaut, sont parties requises au maistre de camp non temeraire ny trop lent. La guerre depend de tant de parties, premierement de Dieu, des pechez, des commandemens mal donnez et mal executez, des evenemens fortuits, qu'un malheur advenu à quelque chef ne doit empescher son election en plus grande charge, si ce n'est par plusieurs fautes reiterées, qui preuvent son ignorance, ou qu'il soit mal-heureux. Le general d'entendement cognoistra à la parole, au conseil, et mieux aux effects, les capitaines plus dignes de ceste charge. Les jeunes maistres de camp se voyans quinze cens hommes à leur devotion, il est dangereux qu'ils ne bastissent des desseins des revoltes ou mutineries; et plus ils sont d'illustres races, plus ils sont à craindre. Ce sont charges qui regardent autant le tiers estat que les gentils hommes, et desquelles il ne faut exclurre les soldats : autrement ny ceux des villes ny ceux des champs ne travailleroient que pour le butin, et s'en iroient quand ils l'auroient gagné. L'ordre estoit bon en France, lors qu'il n'y avoit qu'un colonel et un maistre de camp; les capitaines de trois cens hommes n'estoient à craindre tant que ceux qui commandent à quinze cens et à deux mil; ny colonel ny maistre de camp ne pouvoient gagner les capitaines qui estoient pourveus par le Roy. Il n'y a lieu là où la justice soit si necessaire qu'à l'infanterie : que si elle n'est exercée, il advient d'estranges accidents qu'il faut prevenir, tant pour l'acquict de la conscience que pour le service des roys.

On ne se doit mettre en soupçon du peuple que lors qu'il ne peut plus faire mal, et le jour qu'on entreprend contre luy; apres ne s'y jamais fier : plus de sermens ils font, plus de tromperie ils trament. L'Escossais dit qu'il faut brider avant que seller : il se peut monter à cheval sans selle et non sans bride, qui est comparer à la citadelle. Grand artifice doit estre employé pour tromper ce peuple en defiance, lequel à tout moment invente des ombrages, dont le meilleur remede est de gagner les audacieux et ceux qui ont credit, ne negocier ny faire un pas sans eux, et tenir grandement couvertes ses pensées, prenant garde que se voulant couvrir on ne se descouvre, et prevenir les opinions des plus mutins par subtiles inventions, jusques à ce qu'on les ait bridez.

J'ay dit que desloger de jour en presence est tres-dangereux; le cœur se perd aux soldats, quoy qu'on leur face entendre que c'est une honorable retraicte; c'est brutalité ne vouloir desloger la nuict, pour se laisser deffaire le matin.

En l'an 1591, le Roy, assisté d'Anglais et d'Allemands, se resout d'assieger Roüen. J'estois sorty du gouvernement peu auparavant, ayant esté pris voulant secourir Noyons. Estant prisonnier, Sa Majesté propose de me faire dire par force les plus foibles endroicts de la ville, je l'eusse trompé s'il m'en eust creu; si je luy eusse voulu aider, il se fust logé entre la ville et le fort Saincte Catherine, par le costé de

Sainct Paul, à la faveur du fauxbourg de delà l'eau qu'il tenoit, et eust attaqué la ville par les endroicts faciles; il l'attaqua mollement et par le plus fort. Voyant qu'il ne pouvoit rien apprendre de moy, il commanda à M. de Longueville, qui alors me gardoit pour me changer à sa mere, femme et sœurs, de ne me laisser sortir. Il fut mal obey : ledit sieur de Longueville, desireux d'avoir ses plus proches, me mit en liberté, ce qui cousta cher à Sa Majesté. J'ose dire estre seul cause d'avoir advancé le duc de Palme au secours de Roüen : je l'estois venu trouver, et m'addressay à luy pour les longueurs de M. du Maine; je luy donne plusieurs advis par escrit : le president Richardot, qui les recevoit, le pourroit tesmoigner; je sçavois l'inclination de ce duc de ne combattre que dans les retranchemens. Je luy monstre le pays de Normandie couvert de bois et de levées qui separent les heritages, qu'en deux heures peut estre faict un retranchement en quelque logis qu'il arrive, et que si les armées estoient en presence, qu'il se pourroit retirer de nuict à six lieües de là en un autre fort logis, où il pouvoit avoir des vivres; je le resolus, et suivit mes advis.

Il en advint ainsi que je luy avois dit : nous marchasmes à Chasteau-Neuf. Le Roy paroist avec cinq gros de cavalerie en la plaine d'Aumale, ses arquebuziers à cheval pied à terre, enseignes desployées et tambours battans. Cela fit croire au duc de Palme que toute l'armée de ses ennemis estoit presente; il perdit du temps à se mettre en ordre et à faire recognoistre; apres que les mieux montez eurent descouvert par un grand circuit qu'il n'y avoit rien qui soustint le Roy, tout marchoit au trot. Le Roy se retire avec mil chevaux par le pont d'Aumalle en lieu si estroit, estant blessé d'une harquebuzade dans le dos, que s'il eust esté blessé un peu d'avantage, il se perdoit avec la pluspart de tout ce qui estoit avec luy, si la tardiveté espagnole et irresolution du Français ne luy eust donné temps de retraicte; apprenant à ceux qui se trouveront en cas pareil, que lors qu'il paroist des trouppes, il se doit envoyer soudainement des hommes à droicte et à gauche bien montez, prendre tour et circuit pour descouvrir le dernier promptement et se resoudre.

Le Roy se retire en son siege de Roüen, laisse trois cents chevaux dans Chasteau-Neuf, craignant d'estre suivy, pour amuser. Le duc de Palme les prend, leur donne la vie à la priere de La Chastre, beau-pere de Givry, qui commandoit dans la place : le respect d'un particulier gaste le general : c'estoit autant d'ennemis deffaicts et de terreur dans le cœur des contraires; la guerre ne veut exception. Le duc de Palme craint d'hazarder la bataille contre tant d'Anglais et Allemands. La coustume des Espagnols est d'aller voir le logis qu'ils veulent faire le lendemain avec sept ou huict cens chevaux, pour cognoistre à quoy l'ennemy se preparera croyant leur deslogement. Il est dangereux d'y estre rencontré foible; nous estions partis à ceste intention, et estions à une lieüe de nostre armée avec tous les chefs d'icelle.

Je fus le premier qui dis au duc de Palme qu'il s'en retournast, qu'il se mettoit en hazard de se perdre et tous les capitaines de son armée; il me creut, sans cela il estoit deffait. Il envoye le prince Arnoul son fils, Rosne, le comte de Chailligny et moy plus avant, avec soixante chevaux : à deux mil pas de là le comte de Challigny, qui menoit nos coureurs, est rencontré de huict ou dix cavalliers; il revint à nous : le fils du duc de Palme dit à Rosne : « Seigneur, *vediame.* » Rosne, qui descouvroit trois mille chevaux venans au demy galop, dit : « Morbieu, j'ay trop veu; » se retira avec ledit prince de Palme tant qu'il peut. L'entreprise estoit sur le logis de M. de Guyse, traversé d'une riviere; j'y courus, et n'eus loisir que de dire au jeune La Chastre, qui vouloit faire teste dehors le village : « Ils sont trois mil chevaux, » passez l'eau et retirez ce que vous pourrez. » Il ne me creut, et à peine se peut-il sauver, et perdit son bagage, que le Roy enleva avec tout ce qui estoit separé de la riviere du costé de Sa Majesté. Je ne passay point l'eau et demeuray bien monté du costé des ennemis et quasi parmy eux : si Sadicte Majesté eust passé ceste petite riviere et suivi, il eust apporté un grand desordre en l'armée de ses ennemis; il se retire avec peu d'effects.

M. de Guyse demande permission de se jetter dans Roüen avec mille hommes, parce que Villars, qui y commandoit, se vouloit rendre n'il n'avoit secours. M. du Maine, craignant la reputation de son nepveu, offre d'y aller avec deux mille hommes. J'avois mis un capitaine dans un chasteau à cinq lieües de Roüen, qui avoit pris l'escharpe blanche par force; approchant, il me mande qu'il tenoit le chasteau pour moy : je dis au duc de Palme que c'estoit tout bois, et que par le moyen de ce chasteau Roüen se pouvoit secourir. Il demande si les deux mil hommes de M. du Maine y pourroient aller; l'asseurant qu'ouy [comme je le fis recognoistre aux siens], il dit que, puisque deux mil hommes y alloient, que toute l'armée y pourroit aborder, et qu'il y vouloit aller luy-mesme, craignant ou de demeurer seul, ou que les autres n'acquissent la reputation. Ainsi ces trois princes, par ambition l'un de l'autre, conclurent d'hazarder tout et exposer une armée à la bataille apres avoir fait sept lieuës, dont il en faloit faire quatre de nuict, avec les accidens que l'obscurité apporte à un tel grand corps.

Il y avoit douze mille hommes aguerris que ledict duc de Palme separa en quatre : le premier à M. du Maine, le second à luy, le troisiesme à Rosne, et le quatriesme à moy, partissant les canons, munitions et bagage en quatre. Il m'estimoit plus que je ne valois. Indubitablement nous eussions donné jusques à Roüen : le Roy, logé au large, et tard adverty de ceste entreprise, n'eust peu advancer soudainement que quelque cavalerie, qui ne nous en eust empesché. A cinq lieuës de Roüen ceste entreprise se rompt par advis que l'on apporta que les assiegez avoient faict une grande sortie et pris cinq canons : gens qui vont à la mort et temporisent, se refroidissent et se ravissent pour peu de chose : il fut dit qu'ils n'avoient besoin de secours maintenant. Retiré, j'opiniastray qu'il falloit envoyer cinq cens hommes à Roüen; je l'obtins; Rosne et moy les instruisismes si bien qu'ils y entrerent.

Le prince de Palme retiré vers Ruë, le Roy opiniastre Roüen; les assiegez, sans avoir faute d'argent, d'hommes ny de vivres, declarent qu'ils se faschent d'estre assiegez et qu'ils se rendent s'ils ne sont secourus : la fortune tourne le mal en bien; mondict sieur du Maine donne journellement des mescontentemens à ses serviteurs, principalement à M. de Guise son nepveu, qui se repentoit de l'estre venu trouver apres sa sortie de prison, et qu'il n'estoit demeuré en Guienne pour se faire chef de part, traictant de luy seul avec les Espagnols, comme M. de Nemours et de Mercur faisoient. Il part pour s'en retourner à Bourges; j'en fais de mesme pour aller en Bourgongne, parce que M. du Maine ne me tenoit aucunes promesses de celles qu'il m'avoit fait me tirant de Roüen.

Le Roy sçait nos departemens, devient plus nonchalant, son armée se dissipe au siege : le duc de Palme et M. du Maine nous renvoyent querir, nous prient de retourner, qu'ils alloient combattre à la française; nos mescontentemens se perdent, nous voicy de retour, nous marchons à Roüen. Le Roy se retire au Pont de l'Arche : tout homme qui se retire monstre sa foiblesse et se doit suivre et combattre : nous fussions esté aussitost au Pont de l'Arche qu'à Roüen, et eussions combattu Sa Majesté à demy passée; il ne se tint conseil que l'occasion passée, le Roy eut loisir de passer l'eau. Apres ceste faute, je conseille de prendre Codebec pour degager Roüen promptement, avant que les forces des ennemis fussent remises ensemble : le malheur advient que le duc de Palme y est blessé, la place choisie entre Roüen et Codebec en une haute plaine environnée de terre et de bois. Ceste plaine, pour son elevation et circuit du bois, ne pouvoit estre endommagée du canon, au pis aller que les premiers rangs : sur la droicte y avoit une advenue où il fut basti un fort; le bois à la teste estoit libere aux ennemis. La pensée du duc de Palme estoit que la cavallerie, dont le Roy estoit le plus fort, ne pourroit entrer dans ce bois qu'il ne l'en jettast; que si l'infanterie y entreprenoit, la sienne meilleure luy feroit quitter à demy lieuë de la place de bataille. Sainct Paul entreprend de garder un village avec trois cens chevaux et deux cens arquebusiers; je maintins qu'il s'y perdroit; que puisque la place de bataille estoit choisie derriere, il faloit qu'il quittast son village pour s'y retirer, ou que la place de bataille advantageuse fust laissée pour le secourir; la premiere plus honorable, et l'autre dangereuse : il estoit bon capitaine de chevaux legers, et non plus.

M. du Maine, qui avoit conclud à son opinion, se tenoit dans le village. L'armée du Roy, qui avoit esté renforcée, repasse au Pont de l'Arche et nous approche de trois mousquetades. Je dis à M. du Maine qu'il s'en retirast; Rosne et moy nous en allasmes à ce qu'il nous suivist; sans cest advis il se perdoit. Le Roy et M. de Biron donnent à l'instant, font fuir [qu'ils appellent retirer] Sainct Paul et Vitry jusques à la place de bataille. Le Roy prend la sienne proche nostre armée, qui estoit environnée de bois et empeschoit la veüe l'une de l'autre : un petit bois carré estoit au milieu des deux, plus proche de celle du duc de Palme, qui ne se souvenant de la faute du jour precedent, Sainct Paul, La Motte, Graveline et Balançon opiniastrent qu'il le faloit garder avec deux mil hommes : je maintins que c'estoit les perdre, qu'il y falloit toute l'armée ou l'abandonner; la pluralité l'emporte. Ce bois donné en garde à La Brelotte avec douze cens hommes, quinze cens Espagnol mis au bord du grand bois qui couvroit nostre place de bataille pour les soustenir, erreur trop grande; non seulement c'estoit perdre ceux qui estoient au petit bois, mais hazarder les quinze cens Espagnols qui les soustenoient : estans separez de la place de bataille, ou il falloit qu'ils se retirassent, ou que toute l'armée les vinst secourir là, perdant l'advantage, et qui estoit contrarier tout l'ordre resolu.

Le Roy à la diane emporte le bois avec six mille hommes, met en fuitte les douze cens de

La Brelotte, donne l'effroy aux quinze cens Espagnols qui les soustenoient, à la teste desquels j'estois. M. du Maine demandoit qu'il falloit faire; l'on estoit aux arquebusades, celles du petit bois gagné portoient dans la rive du grand bois où nous estions. Contraire, capitaine espagnol, dit que si on retournoit en la place de bataille, tous ces quinze cens Espagnols se mettroient en fuitte, dont ensuivroit la perte de l'armée s'ils estoient suivis; conclud qu'il falloit là combattre : une faute amene l'autre.

Il avoit esté fait trois corps d'infanterie en la place de bataille; l'on en tire un, et luy fait-on passer le bois pour secourir ces quinze cens Espagnols : ils sont mis en bataille à la teste du grand bois du costé des ennemis; voilà nostre armée separée en deux d'un quart de lieuë et d'un bois, ne se pouvant secourir l'un l'autre. Si les Anglais eussent gagné une haye que M. du Maine fit defendre avec les Italiens de Camille Capsoulte, ils commandoient dans ce corps d'Espagnols, qui avoient esté separez, eussent esté contraints de quitter leur place, et se fussent rompus. Deux coulevrines, amenées de la place de bataille le matin proche des douze cens Espagnols, donnent à la cornette de cavalerie du Roy, ce qui luy fit faire halte et juger que l'on vouloit donner la bataille; ce qui servit de beaucoup.

Le duc de Palme s'y fit porter tout blessé, se plaint de ce separement d'armée, me demande qu'il falloit faire : je luy dis qu'il les falloit tenir là jusques à la nuict puis que la faute estoit faicte, qu'il y avoit eu imprudence en les advançant, et y auroit beaucoup de peril à les retirer, qui encourageoit les ennemis de s'advancer; je le resous ainsi. Le Roy, ne cognoissant son advantage, ou se deffiant de son infanterie, se retire, quitte le petit bois qu'il avoit gagné, et nous fit plaisir : il pouvoit deffaire le tiers de l'armée à main salve; huict jours passerent campez l'un devant l'autre en necessité. Le duc de Palme, se souvenant de mes advis, deloge de nuict, fait quatre lieuës, reprend une autre place de bataille plus forte, pres Codebec : le Roy s'en approche; ne nous pouvant forcer au combat, passe imprudemment pour nous coupper les vivres du costé du Havre, nous donne moyen d'envoyer nos bagages à Roüen et passer la riviere.

J'avois dit au duc de Palme que ladite riviere fait un fer de cheval au droit de Codebec : qu'il falloit que le Roy fist douze lieuës de tour pour aller passer au Pont de l'Arche pour le combattre : que luy, avant que ce tour fust fait, auroit loisir de s'esloigner de vingt lieuës, qu'il ne pourroit estre attrapé : il le treuve veritable et m'en remercia estant proche de Paris; à la verité je perdis beaucoup à sa mort. J'ay esté contrainct de faire ce grand discours pour monstrer que M. Strosse ne devoit craindre de s'en aller de nuict; puis qu'un si grand capitaine que le duc de Palme a fait le semblable avec honneur, desgagement et salut de Roüen, ayant fait ce qu'il vouloit faire, sans s'arrester aux propositions de quelques bravaches, qui, avec magnifiques paroles d'honneur dans les conseils, sont les premiers cachez au danger.

La France a monstré son effort quand elle estoit plus opprimée; la guerre civile au milieu et aux quatre coings d'icelle empesche les soldats d'aller chez eux, les contraint se tenir en l'armée, n'ayant seureté dans leurs maisons. C'est pourquoy aisément le roy Henry quatriesme resistoit aux forces d'Espagne et d'Italie, d'où il ne vient que les plus volontaires, et souvent beaucoup d'inutiles; ils trouvoient en France jusques aux femmes armées par les guerres civiles. Les Espagnols disoient qu'ils auroient meilleur marché la France n'estant divisée, qu'il seroit impossible au Roy de tirer les gentils-hommes et subjects de leurs maisons s'ils y trouvoient seurté. Ces dernieres guerres civiles font cognoistre ce royaume invincible; plus de guerre intestine, plus de soldats il fournit; c'est retenir la mer que de tenir la noblesse de France, qui peut vivre en seureté chez soi; ils se peuvent contraindre de demeurer apres leur resolution prise de s'en aller pour quinze jours ou un mois. S'ils sont contraincts ils deviennent mal contents; s'ils peuvent eschapper se souvenant y avoir esté tenuz forcément, ils n'y reviennent de long-temps; au contraire, leur donnant franchement congé, ils y retournent d'eux-mesmes : il est vray que ce qui rend les armées fortes, c'est lors que la noblesse ny les soldats n'ont point de seurté chez eux. L'inconstance et impatience des François est de ne demeurer gueres en un lieu ny en mesme estat sans se fascher : heureux Cesars, qui aviez des soldats dont les tantes estoient leurs maisons!

Les François se rafraischissent pour resister aux premieres entreprises de l'Empereur, lequel, d'accord avec Moris, avoit partie licentiez, partie envoyez en Hongrie : les plus mutins des siens se rejettent au milieu d'Allemagne, comme s'il ne leur eust fait la guerre; restablit les magistrats d'Ausbourg et autres villes, deposant ceux que Moris y avoit mis par raisons d'Estat : ne pouvant faire autrement, souffre le presche dans deux eglises d'Ausbourg, gagne les villes imperialles, leur monstre qu'il n'y alloit de la religion, mais bien de garder son auctorité, offensé du rabat de sa gloire causée de l'intelligence des Français avec Moris, par son inimitié naturelle à ceste nation, accreüe des offences nouvelles, accusent le Roy aux diettes imperialles, disant que Sa Majesté tres-chrestienne, sous couverture de secourir la religion lutherienne qu'il persecutoit en son royaume, vouloit opprimer la liberté des princes, qu'il divisoit l'Allemagne, la saccageoit pour l'intelligence du marquis de Brandbourg, qui ne s'estoit accordé avec Sa Majesté imperialle.

Par ces ardentes remonstrances, il obtint des estats d'Allemagne quatre vingts mil hommes pour reconquerir Metz, où le Roy jette M. de Guise avec la pluspart de la noblesse, et le sieur de Tavannes dans Verdun, d'où l'Empereur s'approchant plus que de Metz, il y mist un grand ordre. Le marquis de Brandbourg, n'ayant accepté la paix de Moris, pillant les evesques et les villes imperialles, se retire devant l'Empereur, arrive plustost que luy en Lorraine, esperant de se reconcilier advantageusement par quelque notable service, et, s'il estoit desesperé, se donner au Roy. Il demande des vivres pour degarnir Metz; M. de Guise, en soupçon, luy en refuse : il fait sa paix avec l'Empereur secrettement. M. d'Aumalle, favorisé de madame de Valentinois par son alliance, commandoit à douze cens chevaux de la cavalerie legere, ordonnez pour costoyer le marquis, qui en avoit quinze cents et huict mil hommes de pied. A la fin de l'année 1552, M. d'Aumalle, placé sur une montagne à la veüe du marquis, sans resolution de combattre, faisoit attaquer, l'escarmouche pour gagner quelque bagage; apres que le marquis en eut beaucoup enduré, il s'ordonne, il court à la charge avec toute sa cavalerie.

Les Français, qui n'estoient là pour hazarder en gros, furent pris sur l'irresolution; moitié retraicte moitié combat, sans commandement absolu de leur general, sont defaicts. M. d'Aumalle, ne voulant combattre, ayant ordonné la retraicte à sa compagnie ne la sceut prendre pour luy, et ayant tout perdu pour ne s'estre resolu de bonne heure à se perdre, desesperé, voyant la confusion et les pistoletades dans le doz des siens, charge avec le tiers de la cavalerie dans le gros des reistres, ou il est blecé et pris avec beaucoup d'autres gentils hommes français; le marquis de Brandbourg presente son prisonnier à l'Empereur, est bien receu

Le vingtdeuziesme octobre 1552, l'Empereur, contre l'hyver et l'advis de ses capitaines, qui luy avoient persuadé d'assieger Verdun et Thoul, assiege Metz, transporté de l'inimitié des Français : ayant essayé à Sainct Dixier qu'une petite ville munie donne autant de peine qu'une grande, et craignant de perdre ceste grande armée pour peu d'effect, il assiege ceste ville forte, pleine de fleur de noblesse et d'un bon chef; quoy qu'il y eust envie entre M. le connestable et M. de Guise, elle n'estoit, comme il y en a de ce temps, jusques à desservir leur maistre. Les forces du Roy sont separées à M. de Nevers, gouverneur de Champagne, qui prend Vireton aidé des troupes que le sieur de Tavannes luy envoya de Verdun; l'autre partie des forces du royaume, donnée à M. de Vendosme en Picardie, empesche le Roy de rien attaquer contre l'Empereur. Le sieur de Tavannes, garenty du siege à tous mouvements, rompt les vivres et les troupes de l'Empereur avec deux cens chevaux; le Roy revoque partie des forces de M. de Nevers pour assister M. de Vendosme, ensemble le sieur de Chastillon, nouveau admiral de France, par la mort du sieur d'Annebault. Le sieur de Ru, apres avoir pris Hedin, bruslé partie de la Picardie, s'estoit retiré; M. de Vendosme reprend Hedin.

L'Empereur, battu en plusieurs sorties, incommodé de la prise de ses vivres, precipite une furieuse batterie [grand capitaine qu'il estoit] sans voir le pied de la muraille, ny celuy de la faussebraye, qui receut toutes les ruines, demeurant la muraille de la faussebraye, et partie de celle de la ville, tout à plomb et restée droicte. Un simple capitaine en fust esté mocqué; il falloit percer la contrescarpe, et mettre la bouche du canon aussi bas que la faussebraye; car elles sont nuisibles aux assiegez, parce que la muraille desdites faussebrayes aide à faire pont. L'Empereur, apres grande perte de munitions, ne pouvant donner l'assaut à la forme commune, se met aux mines, où il n'est non plus heureux qu'à la batterie : combattu de l'hyver, des maladies, et mauvaise volonté des Protestans, demandans assaut ou argent, leve son siege à la fin de decembre, sans avoir peu assaillir aucune bresche, ayant tiré ses munitions mal à propos à la tour d'Enfer, porte de France, et courtines d'icelle, faute d'avoir bien fait recognoistre.

L'Empereur n'est tant blasmable du presche permis à Ausbourg, parce qu'il y fut contraint estant trahy d'amis et d'ennemis: la coulpe en est au Roy, qui assista Moris en une guerre injuste et revolte infidelle dudit Moris.

Preceptes communs et necessaires à ceux qui attendent un siege : Premierement se mettre en seurté des traistres, mutins et faillis de cœur; faire sortir l'un et l'autre : le soupçon occupe et rompt l'esprit; mieux vaut chasser cent innocents que laisser un coulpable; oster les bouches inutiles, faire recolte des vivres sans pitié, ordonner la despence sans toucher au magazin qu'à necessité ; regler les vivres et les supputer justement, selon la quantité d'hommes, à quoy l'on est souvent trompé s'il n'y a gens fideles à la garde d'iceux et ne sont souvent visitez ; retrancher les portions, sans attendre l'extremité, et les faire bien voir par gens experimentez, d'autant que la quantité illude le jugement, qui se treuve en fin mesconté par la fin à la supputation : il la faut tousjours croire beaucoup moindre qu'elle n'est ; nul que le chef doit sçavoir le fond des magasins ; empescher que les soldats ne sçachent le lieu ny le temps de leur garde, mesler leur escoade avec les habitans, faire garde sur la contr'escarpe et des rondes de dehors ; disposer des gros dans les places et devant le logis du general, et que la nuict il y ait tousjours des patroüilles par dans la ville ; punir severement les defaillans aux gardes, defences aux soldats et habitans de se promener sur les remparts qu'au lieu où ils sont commandez, et de ne parler aux ennemis ; faire provision de chirurgiens, onguents, mareschaux, charpentiers, maçons, palles, hottes, pics, marteaux, charbons, civieres, laines, tonneaux, gabions, pots de fer et de fonte, poix, resine, salpestre, poudre, balle, mesche, golderon, grenades, cercles, artifices à feu, dont les magazins soient separez en divers lieux, desquels les plus preud'hommes ayent les clefs, les poudres esloignées l'une de l'autre ; les donner par compte aux capitaines, remarquer les soldats qui l'espanchent aux escarmouches pour s'excuser et se tirer du danger ; travailler incessamment aux fortifications, plus dedans que dehors, brusler tous fauxbourgs, maisons, bois, hayes, esplaner les fossez et couverts proches des contr'escarpes ; separer les quartiers aux plus fideles, les changer quelquefois, diviser les manœuvres à gens soigneux, les ouvrages à tous les habitans en quarts, chasque homme et femme travaillants de vingt quatre heures six, et le labeur demeurera continuel ; enroller trois cens des meilleurs pour les assauts et assistance des gouverneurs ; ne parler que de combattre, de resistances, resolutions, mespris de la mort et d'ennemis ; ne souffrir magnifier aux trompettes, tambours, ny prisonniers les contraires ; n'endurer causer les soldats sans respect, et par trop familierement ; se sçavoir taire et parler quand il est necessaire devant eux.

La prise des places s'est facilité en Flandres, l'experience a fait naistre des inventions pour les forcer, et n'a servy de tenir les ennemis loing des villes, par tranchées et petits forts, qu'ils ont fait abandonner pied à pied en gagnant le derrier ; moins encore les contrescarpes flanquées, lesquelles ont esté gagnées sans perdre temps à les prendre pied à pied. Il a esté inventé une machine composée de bois, de brique et de terre, qu'ils ont nommée saulcisse, laquelle les soldats roulant devant eux, vont les premiers jours loger sur les contrescarpes : ces saulcisses, à l'espreuve des mousquets et moyennes, estant roulées, les hommes qui demeurent à couvert derrier, une fois posez, proche ou dessus la contrescarpe, avec le pic et la palle font soudainement un grand logis, puis percent les contrescarpes, et les fossez pleins d'eau sont remplis ou passez avec des ponts, se couvrant les soldats en teste et en flanc de toilles tenduës qui font perdre la mire et le jugement aux ennemis. Et pour passer sur les marets, apportant de longues fascines, ils en mettent qui sont soutenuës par des travaux ; et aux mers basses, ils font des digues de bois avec des tonneaux, tellement que rien ne leur est imprenable ; si bien qu'avec peu d'ayde du canon, ils gagnent le pied des ramparts. C'est à ceux qui veulent defendre les villes de chercher nouvelle defence, autrement elles se prendront toutes.

Les anciens disoient que les villes sans secours ne peuvent durer ; l'experience maintenant a rendu ceste maxime sans doute : les Grecs, les Romains ont tenu le siege dix ans devant des villes ; et en fin les ont prises. Le plus long siege de ce temps a esté celuy d'Ostande qui a duré trois ans, pour estre à toute heure secouru : si les Espagnols eussent la premiere année fait ce qu'ils firent la derniere, ils l'eussent prise. Il n'y a que deux places parfaictes au monde : pour rocher, le chasteau de Corfou ; pour plaine, la citadelle d'Anvers : je crois que l'une et l'autre sont prenables avec le temps. Qui pourroit faire une place que l'on ne peut prendre de trois ans, elle se pourroit quasi dire imprenable en l'Europe, pour la pluralité de souverains qui y sont, et divers accidens qui peuvent advenir de leur division et de celle de leurs Estats.

Pour en construire une qui puisse durer ce temps, il est certain que si elle estoit bastie sur le bord de la mer [estant de facile secours], qu'elle subsisteroit davantage. Pour la faire de longue durée dans une plaine, il faudroit construire trois enceintes bastionnées avec leurs fossez, qui commandassent les unes aux autres. La premiere seroit de sept bastions, la seconde de six, et la troisiesme de cinq, eslevez les uns sur les autres : il seroit necessaire que tous les fossez fussent d'une extreme profondeur, la moitié du premier qui joint la contrescarpe plein d'eau profonde qui ne se peut oster, à fin que, ladicte contrescarpe estant percée, et que voulant jetter des ponts sur l'eau par le sec du fossé, les assiegez peussent faire des sorties, et empescher les ennemis de passer le pont et s'advancer sur le sec du fossé, ce qui seroit facile. Que si ceux qui assaillent estoient logez sur la contrescarpe pour tirer à plomb aux assiegez, il faudroit avoir fait de bonne heure des petites tranchées là où il n'y eust point d'eau, pour, à couvert, malgré ceux qui tireroient de la contrescarpe, aller aux mains contre ceux qui passeroient le pont, lesquels, passant à la file, ne pourroient resister. Il seroit bon d'avoir fait des mines secrettes, tant dans la contrescarpe que dans les remparts et pointes des bastions, pour faire sauter ceux qui logeroient dessus, sans oublier de faire des retranchements par tous les bastions : les tranchées, redoutes et petits forts, à deux cents pas de la contrescarpe, seroient pareillement necessaires aux assiegez, lesquels ils tiendroient tant qu'ils pourroient : les casemates dans la contrescarpe, et au bord sec du fossé, seroient utiles. Et quand toutes ces difficultez seroient vaincues, tousjours seroit-il mal-aysé de loger sur le haut du rempart commandé par la seconde courtine ; et n'y a que ce seul moyen, que les assaillans fassent des fosses rondes dedans, et allent tousjours en avant, coupant le rempart de biaiz, sans guider lesdictes fosses toutes droictes ; autrement ceux qui y viendroient seroient veuz de l'eminence de l'autre enceinte, et encore sur le premier rempart les assiegez se pourroient retrancher ; tellement que devant qu'avoir gagné la contrescarpe, fossez, premiere enceinte, retranchements, mines, il y auroit un extreme temps : et de là l'on trouveroit une autre place plus forte que la premiere, et puis une derniere semblablement meilleure pour sa hauteur que les deux autres.

Cecy est escrit plustost pour plaisir que pour possibilité, n'ayant souverain en l'Europe qui puisse construire une telle place, moins la garnir de vivres et munitions, et de quatre ou cinq mil hommes qui seroient necessaires pour la garde d'icelle. J'ay escrit des moyens de rendre l'effort du canon moindre contre la muraille, la couvrant de dix pieds de terre grasse; j'ay pareillement escrit de ce qu'il faudroit pour [nonobstant la batterie] empescher d'abattre la muraille si on ne rasoit tout, parce qu'elle seroit soustenue par de grandes poutres de bois ou de longues arcades. Et quant aux places que l'on pourroit rendre imprenables, construictes sur les rochers, faudroit eslire une montagne, non de roc tendre, mais de pierre dure, de celle qu'on ne peut sapper qu'avec le feu et le vinaigre, et tailler avec grande despense des flancs dedans ceste force, qui, servans de muraille, mal aisement le canon y pourroit faire beaucoup ; et faudroit faire comme à Corfoul des enceintes par le bas et d'autres plus hautes, ainsi que l'elevation du roc en donneroit les moyens, les entourner d'autres enceintes. Que si le roc, quelque dur qu'il fust, n'avoit point de flanc, et qu'il fust escalable, il se pourroit emporter, parce que les assiegez n'oseroient paroistre aux bresches, ayant les assiegeans pareil advantage. Que s'il estoit entierement hors d'escalade et qu'il y eust des flancs, il seroit tres-difficile à prendre en longues années ; et quand bien les assiegeans logeroient au pied, il y auroit grande difficulté de percer ce roc dur pour y faire des mines. Ces forteresses imprenables sont impossibles à faire, il faudroit une longue paix, de grands monarques et de grands moyens ; et de plus on les peut bloquer.

Les roys d'Espagne en plusieurs années n'ont peu faire qu'une fortesse parfaicte, qui est la citadelle d'Anvers, le chasteau de Milan ne l'est point entierement, et la France n'en a aucune qui soit bien bonne. S'il y a eu de la difficulté, du temps et de la despense à construire la citadelle d'Anvers, il y en auroit bien plus à faire trois places l'une sur l'autre, dont la premiere seroit cinq fois aussi grande que celle dudit Anvers. Et quand bien elle seroit faicte, il faut une grande quantité de vivres, de munitions, d'argent, d'habits pour les soldats, desquels il faudroit cinq ou six mil au moins pour la garder ; sçavoir si ce grand nombre pourroit subsister trois ans sans division. C'est pourquoy il ne se peut faire une place imprenable, et se faut contenter d'en construire avec les regles que nous avons plusieurs fois dittes ; les remparts bons, les bastions non trop grands, qu'ils se puissent defendre d'arquebusades, les retranchemens sur les bastions, les mines et contremines pour prendre ceux qui voudront loger dessus ; faire les murailles à grandes arcades ou soustenues par de grandes poutres couchées sur un rempart de dix pieds de terre grasse devant, et à une toise d'icelles construire les casemates dans la contrescarpe et sur le sec du fossé, lequel soit moitié plein, la contrescarpe flanquée, et des tranchées et petits forts au dehors, et autres inventions, lesquelles pour briefveté ne sont mises icy.

Considerant plusieurs fois à part moy, la facilité, qu'ont treuvé les Espagnols pour prendre les places, j'ay cherché les moyens de faire regagner l'avantage aux assiegez que l'invention nouvelle leur a fait perdre, et leur donner le moyen, sinon imprenable, au moins les faire durer plus long temps.

Je me treuvay en presence de MM. du Maine et de Boüillon, deux des plus vieux et meilleurs capitaines de ce temps, où il y avoit un ingenieur huguenot qui avoit esté en toutes les guerres de Flandres; je luy dis, en presence de ces seigneurs, qu'il y avoit maintenant beaucoup de moyens de prendre les places inventez par les Espagnols, et peu de moyen de les defendre, s'il sçavoit point d'expedient pour les remettre au premier estat de leur defence, lors que l'on en croyoit plusieurs imprenables : je ne le peuz jamais faire respondre à ce poinct, soit qu'il n'en sceust aucune invention, ou qu'il la voulust celer. C'estoit un Huguenot subtil et fort opiniastre, et donna seulement les moyens qu'une place où il y avoit trois mil hommes assiegez de dix mil, que si toutes les deux forces estoient sans augmentation et rafraischissement de gens, que ceux de dedans, faisant leur devoir, pouvoient ruïner l'armée qui seroit dehors; que si l'armée qui estoit dehors se rengrossissoit à mesure de leur diminution, qu'il falloit que la place perist, d'autant que le plus emporte le moins. Et encores ne dit-il point que si le nombre de trois mille hommes qui estoient dans la place estoit tousjours complet, qu'ils puissent resister : aussi croy-je que les dix mil estant tousjours faits complets par leur secours, en effect prendroient les trois mil; et voyant que ledit ingenieur n'alleguoit point de moyens, je ne me voulus descouvrir davantage. Et apres, comme j'ay dict, avoir pensé plusieurs fois quels remedes il y auroit, à la verité je n'en treuve point pour rendre une place imprenable, bien pour la faire durer d'avantage.

Qu'il faudroit une scituation là où l'on peust beaucoup creuser sans treuver de l'eau, et rendre un fossé de soixante pieds de profondeur et d'extreme largeur ainsi que celuy de Corfoul, qui est aux Venitiens, parce qu'il seroit tres-mal aisé de le remplir que par grande succession de temps. De plus, faudroit avoir fait des mines sur toutes les contrescarpes et de corridor, mesme dans le bas du fossé.

Et parce que l'une des plus grandes receptes est de tenir l'ennemy loing, il ne faudroit pas faire seulement des tranchées et redouttes à la façon que les Olandais les faisoient pour tenir le dehors; il y faudroit faire des forts, les uns à cinq cens pas de la place, les autres à deux cens; les uns, estans plus avancez que les autres, flanqueroient, et les derniers defendroient les premiers. Et affin de rendre plus vaillans les personnes qu'on y mettra, il faudroit qu'ils eussent de secrets moyens par dessous terre ou autrement, affin de se retirer à sauveté, non devers la ville, parce que, le fort estant pris, ces allées sous terre pourroient estre suivies, mais en lieu où ils se peussent retirer, et de là venir à la ville; autrement, quand les soldats se voyent sans espoir de salut, ils composent soudainement. Pour cela il faudroit un grand meurtre de gens, lesquels sont necessaires de conserver aux assiegez, leur estant la perte d'un plus importante que vingt aux assiegeans. En effet je treuve les mines qu'on peut faire sur les pointes des bastions et sur les contrescarpes, mesmes au lieu des aproches, fort necessaires, parce qu'apres avoir defendu tout ce que l'on peut on fait sauter ceux qui se veulent loger, pourveu que les mines soient bien faictes, en pendant devers le dehors, à ce qu'elles ne renversent sur les assiegez, et si bas qu'elles ne puissent estre esventées.

Il y a un autre moyen de construire une place qui seroit de grande despence et là où il faudroit beaucoup de gens : au lieu d'une forteresse, en faire trois parfaictes qui commandassent l'une à l'autre; le modelle est escrit cy dessus au traicté des fortifications.

Je treuverois mieux, pour eviter ces grandes despences, que ces forteresses se fissent sur les rochers, lesquelles valent maintenant mieux que celles de la campagne. A la verité une forteresse assise sur un roc, et que le roc donnast la commodité d'y observer des flancs reguliers, je la presentois meilleure que les autres, non que par la longueur du temps et artifices des hommes l'on ne peust gagner le dessus du roc. Et quand bien l'on seroit au pied, si le roc estoit dur, il seroit tres-mal aisé d'y faire des mines, et quand on en feroit, elles ne feroient grand effect, mesmement si on avoit fait des puits qui servissent de contremine dans la roche. La place de Corfoul, qui est aux Venitiens, a deux pointes de roc; sur chacune il y a un fort, et est environnée de deux enceintes de fortifications, dont l'une est toute entourée de mer, et d'un costé d'un fossé extremement profond. A la verité les places situées de ceste façon sont des moyens de faire durer le siege, mais non pas de les rendre imprenables si elles n'ont du secours. Bien diray-je que la grande vaillance d'un chef et l'obstinée resolution des soldats experimentez, mesmes desesperez de salut, peuvent beaucoup. Nous n'entendions rien à attaquer les places au siege de La Rochelle : les soldats de dedans resolus, et en doute qu'on ne leur tinst la foy, fut cause de leur salut, comme j'ay dit ailleurs.

Il ne faut approcher à deux cœurs les ennemis en gros, sans avoir resolution de combattre, si ce n'est en lieu advantageux, en intention, s'ils y viennent, de les defaire à la faveur d'un bois, d'un fossé ou d'un passage estroit. Une petite troupe peut mieux recognoistre une armée qu'une grande, et jamais ne mespriser ses ennemis, pour, à la veuë d'eux, attendre de naistre l'occasion d'un desordre.

La fin du monde est menacée par le periode et perfection de tous les arts; il semble qu'il ne se peut rien adjouster aux inventions des hommes. La deffence des places a esté selon le moyen qu'on avoit inventé pour les prendre; les beliers rompans les clostures des bois, les murailles furent inventées; la sape fait trouver les machicoli, l'artillerie les flancs, la batterie le rampart, les mines, les contremines; les cazemattes furent couvertes des espaules des bastions. Maintenant tout de nouveau les ingenieurs cognoissent leurs fautes, qui faisoient de grands boulevards deffendus d'artillerie, lesquels sont meilleurs mediocres et si proches qu'ils se puissent deffendre de la portée de l'arquebuze, tant que permet la regle de ne faire des boulevards trop aigus; font les cavaliers bien posez hors l'emboucheure des bastions pour y commander, le rempart de la courtine plus haut que le boulevard, fossé moitié sec, moitié d'eau, les contrescarpes flanquées pour éviter le logis sur icelles. J'ay inventé en quelques endroits de la contrescarpe, et sur les poinctes des bastions, et au milieu des courtines, une voute plus basse que les fondements servant de mine, pour, lors que l'ennemy aurait fait son logis dessus, le faire sauter sans endommager la ville, pour estre le plan de la mine pendant contre le dehors, et voyant les inventions d'assaillir plus puissantes que les deffences.

Comme le mol affoiblit le fort, je pensois à un terrain de conroy qui fust à quatre toises par le dehors des courtines, et des casemattes doubles et longues pour flanquer derrier et devant, à ce qu'estant dans le fossé il ne servist de parapet à l'ennemy. Les courtines basties à grandes arcades contraignent à coupper tout du long par canonnades; une pile restant est suffisante pour tenir partie de la muraille, et si les voutes estoient doubles, les dernieres arcades tiendroient les premieres. Ou faire de grandes poutres de bois traversant le terrain, soustenant le haut de la muraille qui seroit construite dessus de la hauteur d'une toise, tellement qu'il faudroit que le canon battit par tout, et ne serviroit de coupper la muraille par le pied, qui seroit soustenuë par le haut.

J'escris cecy pour encourager les ingenieurs et leur faire croire qu'il se peut adjouster et inventer journellement aux fortifications : les defences augmentées accroissent celles d'assaillir. J'ay veu qu'il ne se prenoit point de ville; maintenant pied à pied j'ose dire que, si l'on me croid, je prendray les plus fortes du monde qui ne seront secouruës. Il se pourra peut-estre treuver des inventions à l'advenir à l'espreuve du canon aussi facilement que l'artillerie a esté inventée. Je voulois faire essay par des mortiers, jetter cent cacques envaisselées avec des cercles de fer portant des meches terminées sur une bresche; autre invention, de couvrir les gens de pied de la cavalerie, en fermant deux cens hommes portant chacun trois bastons, pour les mettre en chausse trape. J'ay aussi enchaisné de chariots, inventé de porter des moyennes pieces et bastardes poussées en avant par les chevaux, sans qu'il fust besoin de tourner pour les descharger; et aux places qui sont munies d'artilleries, lever par contrepoix vingt mousquetaires au haut de deux bois de la grandeur de six toises, qui verroient dans le rempart : ainsi il se peut journellement adjouster à l'art de la guerre. Il n'y a nulle forteresse parfaicte en France; les meilleures sont de grands terrains flanquez de tours; le chef, arrivant à l'improviste, ne peut faire que des esperons par dehors qui flanquent la contrescarpe, traverses et cazemattes dans le milieu du fossé; faire aux angles des platesformes pour empescher d'estre battus en courtine par ceux de dehors, qui pourroient hausser des cavaliers pour y loger des pieces. Et faut que le chef se resolve à defendre ces grands terrains, sans se fier aux retranchemens, et bien loger les pieces pour les contre-batteries. Là où il n'y a point de terrain ny de bastion, il faut garder les villes par retranchements, cazemates, flanquer les contrescarpes et faire des dehors et tranchées hors la contrescarpe, pour tenir l'ennemy au loing. L'ennemy ne voyant le pied de la muraille, faut qu'il prene temps pour loger sur la contrescarpe, pour percer les traverses, pour battre les murailles, se loger dessus, et temps pour y mener le canon et battre le retranchement. Cependant l'on est secouru, ou l'on fait composition honorable après avoir enduré un assaut, et ne se peut par une premiere bréche entrer en la ville où il y a un retranchement, ains on est contraint de se loger sur les ruines de la muraille, et y amener le canon.

Dixhuict ans sont passez que j'avois commencé ces escrits, et depuis intermis; j'avois dez ce temps proposé de faire un terrain flanqué de doubles bastions au milieu du fossé, pour amollir et rendre inutiles les batteries : invention que maintenant, en l'année 1619, le duc Maurice pense avoir inventée, et en a fait faire un livre imprimé ; avec des plans de mesme façon que je les avois desseignez.

Il y a trente ans que les places estoient si bien fournies de defences par l'ignorance du temps, que plusieurs se jugeoient imprenables, et mesme celles qui estoient fort foibles estoient tres-mal aisées à expugner. L'armée espagnolle fut une année entiere devant Masticq, celle de France huict mois devant La Rochelle sans la prendre, et un an devant Sancerre. Maintenant les assaillants ont gagné le dessus, et la deffence des villes tellement affoiblie par l'experience, qu'il se peut dire que, sans secours, non seulement de petites trouppes, mais aussi d'une armée, icelles ne peuvent subsister. L'allegation d'Ostande n'est recevable ; elle a tenu trois ans contre toutes les forces d'Espagne ; dedans ou dehors il est mort cent mil hommes : que si on y eust fait dés la premiere année ce qui se fit à la derniere, elle fust esté prise deux ans auparavant, quoy que son assiette estoit grandement favorable, située sur le bord de la mer avec un bon port, lequel ne pouvoit estre barré, ainsi que celuy de La Rochelle fut, et à pleine voile y pouvoit entrer du secours, ne pouvant les navires contraires demeurer en garde dans le milieu de la mer.

Une ville scituée comme cela, et qui a un secours tel qu'Ostende l'avoit de toute l'Ollande et Zelande, c'est opposer force d'hommes contre force d'hommes, pouvant à toute heure mettre dedans deux et trois mil hommes ; et neantmoins elle a esté emportée par ceux qui avoient le pied ferme. Par cest exemple toutes autres peuvent estre prises par la force et pied à pied ; maintenant les capitaines, tant de la part espagnole que des estats d'Ollande, ont mis en art la prise des villes, quelques fortes qu'elles puissent estre, et donné le temps et le nombre des jours qu'elles peuvent durer. Disent : Nous demeurerons tant à gagner les redettes et tranchées du dehors, tant à loger sur la contrescarpe, à la percer, entrer au fonds du fossé qu'aux galleries pour gagner la pointe des bastions, tant pour les saper, loger dessus et prendre la place. Pour à quoy parvenir et gagner temps, ils ont fait plusieurs inventions : ils conduisent les tranchées hors de la veuë des pointes des bolevarts, à fin de les despecher ; au lieu de tranchées ils mettent des fascines appuyées contre des bois qu'ils nomment des chandeliers, lesquels se tiennent, sans les planter en terre, sur les croisées qu'ils ont aux pieds. Ceux des courtines de la ville perdant de veuë [à cause de ces fascines] ceux qui passent, tiennent à folie de tirer au travers, aussi ne voyant rien, ils n'y peuvent faire grand mal. Ils ont inventé de plus une liaison de bois, de terre et de briques, qu'ils appellent saulcices, lesquelles ils roulent devant eux, impenetrables aux mousquetades et mediocres pieces, avec lesquelles promptement ils s'avancent sur les contrescarpes, et tranchée contre tranchée ; le fort emporte le foible, contraint les assiegez de quitter leur redutte avec une invention de faire travailler les soldats estrangement puissante.

Ils marchandent avec eux tant de pas de tranchées, ou de gagner un advantage promptement sur l'ennemy, sans espargner l'argent, et, selon le marché qui se fait, et qu'ils soient vingt ou trente, que la moitié ou les deux tiers soient tuez ; il se donne tout ce qui a esté convenu et promis à ceux qui restent, qui leur fait faire de grands effects ; estant sur la contrescarpe ils tiennent la ville à moitié prise. Le fossé percé, ils font un pont de bateaux quand il y a de l'eau, et soudainement mettent des toiles d'un costé et d'autre du pont, lesquelles toiles comme des fascines ils nomment blinde, qui est un mot allemand qui veut signifier aveugle, parce que ces toiles et fascines empeschent que les ennemis ne voyent ceux qui marchent derriere. Estant sur les contrescarpes, ils sont aussi maistres des fossez que les assiegez, et les conservent avec des mousquetades. Ce pont de bateaux pouvant aborder au terrain, et qu'ils puissent faire un logis dans une pointe de bastion de vingt hommes, ils l'augmentent bien tost pour en loger deux cens ; et quand ils cognoissent que les flancs des bastions peuvent endommager le pont, ils jettent telle quantité de terre dans le fossé, que cela couvre le flanc de l'artillerie. Et leur grande experience à fortifier des grands corps de garde garnis de quantitez de piques, fait qu'ils ne sont subjets à aucuns inconveniens.

Jusques à cest heure il n'a esté faite aucune invention pour defendre les sieges, sinon qu'il est certain qu'il faut tenir les ennemis le plus long que l'on peut, et les contraindre d'employer un grand temps aux aproches. Pour cela se fait grande quantité de fortifications dehors, qu'ils nomment redettes, tranchées flanquées à deux cens pas des murailles, et des retraictes d'une à autre, pour lesquelles il faut quantité de gens pour les garder ; que si elles sont esloignées et foibles, elles s'emportent fort aisément de plein assaut. Il y a plus de dix ans que je m'estois imaginé quelques moyens de resister aux assaillans que depuis un an le duc Maurice [comme j'ay dit cy-dessus] a practiqué, et jusques là qu'il y en a un livre nouvellement imprimé. C'estoit de faire un grand fossé fort large, et au milieu d'iceluy eslever un terrain de l'espesseur de dix pieds, lequel seroit flanqué de couverture des boullevarts, qui seroient aussi de dix pieds, tous de terre, tellement qu'il y auroit doubles fossez, double flanc et double bastion; et n'eslever ce terrain qu'à la moitié de la hauteur de la courtine de la muraille, demeurant les murailles de la ville à couvert de ce terrain et ne pouvant estre battuës pour la couverture d'iceluy. Il seroit force que l'on donnast assaut à ce terrain, ou bien que l'on le gagnast pied à pied; qui seroit un grand temps, estant plus bas que les courtines des boullevarts et murailles. Le logis y seroit dangereux, mais aussi faudroit-il que les flancs de ladite chemise fussent bien gardez. Je croy que cela serviroit, et ne faut treuver estrange que deux opinions de capitaines se ressemblent quelquefois. Pour la courtine de la muraille, j'avoy pensé de faire de grandes et larges arcades, comme des arvaux d'un pont; et s'il en avoit cinq ou six en une courtine, il faudroit que le canon rencontrast de couper tous les piliers pour faire breche, qu'ils seroient contraints de faire fort longue. Autres pourroient mettre de grands sommiers de bois, deux pieds plus bas que le parapet de la muraille, tellement que ledit parapet pourroit estre soustenu, quand bien la breche se feroit plus bas: vray est-il que ceste fortification seroit de grande despence.

Il reste un moyen que je croy pouvoir servir, qui est de faire des forts à cent pas de la contrescarpe, forts que je voudrois faire de telle sorte, qu'ils peussent endurer un ou deux assaux, et avoir des retraictes sousterraines pour sauver les soldats, non que je voulusse que ces retraictes fussent percées jusques au fossé, d'autant que les ennemis s'en aideroient, mais seulement à cinquante pas du fort, ils pourroient sortir, non du tout en devers la ville, favorisez de la mousqueterie des courtines et de quelques sorties; ils se pourroient retirer dans une redutte qu'il faut faire à moitié entre le fort et la contrescarpe. Ces petits forts peuvent estre deffendus de l'artillerie des bastions de la ville; et quant aux fossez, ceux qui sont accompagnez d'un petit fossé au milieu plein d'eau, de la hauteur d'un homme, sont les meilleurs: tellement qu'ils ont terre et eau dans les fossez; et sur tout que les casemattes des bastions soient si fortes et larges, qu'on y puisse loger des canons et des coleuvrines pour battre forcément et en batterie le terrain que les ennemis peuvent jetter dans le fossé, et rompre leurs blindes et leurs ponts.

Tout consiste à avoir quantité de gens aguerriz, parce qu'il est nécessaire d'hazarder fort souvent aux sorties, pour empescher le logis de l'ennemy, lequel dit qu'avec six mil hommes il en emportera quatre mil dans une place: d'autant qu'ils veulent fortifier leurs armées de telle façon, qu'ils font une autre ville pour les conserver de tous perils; mais ils entendent qu'à mesure qu'il en mourra des six mil proposez, qu'il en viendra d'autres pour remplir le nombre, et que les quatre mil assiegez, n'en ayant point, viendroient journellement à diminuer, tant par les coups que par la fatigue, travail et maladie. Mais si les assiegez font une ville dehors et que l'on fust quantité de gens, il faudroit aussi faire une seconde ville dedans par retranchemens, à charge que le retranchement fust plus haut que le premier rampart, s'il se pouvoit, et avoir l'eminence par dessus luy: autrement si le retranchement est bas, il sert fort peu, et les ennemis, ayant l'advantage du haut terrain, facilement viendront au bout du reste.

En un temps les places sont imprenables, en un autre elles se prennent toutes, et en cetuy-cy nulles sans secours resistent; cela advient selon que les inventions d'assaillir ou de defendre augmentent et diminuent. Le mol obeit et resiste au fort, la foudre n'offence ce qui plie et rompt ce qui resiste: les balles de laine, les licts, les terrains soustiennent plus une batterie que les murailles. Un rampart de six pieds de terre grasse, couvrant les courtines des villes, serviroit pour amollir les coups, practiquant ceste invention nouvelle en telle sorte qu'elle ne nuise aux casemattes des boulevars et qu'elle ne puisse servir de couverture ou tranchée aux ennemis.

M. d'Alençon, frere du roy Henry troisiesme, print les armes contre luy pour augmenter son appennage, les colorant du bien public et de la liberté des Estats, joinct aux Huguenots, qui avoient amené une grande armée de reistres: il les abandonna et fit la paix pour le diviser et faire perdre credit, à ce qu'il ne se r'alliast plus avec les Huguenots, pour le rendre irreconciliable. [1578] Son frere Henry troisiesme l'envoye assaillir Issoire, que tenoient les Huguenots peu auparavant ses associez; il y fait trois breches: je donnay le premier à celle que M. de Guise assailloit et me precipitay dans la ville, me jettant du haut de la muraille au dedans. A trente pas de là, je trouve un retranchement suivy de douze des miens; les ennemis le quittoient si nous fussions esté suivis: je perdis sept gentils-hommes, dont le plus brave estoit un de mes cousins nommé Trestoudan; je receus unze arquebuzades, dont les cinq porterent. Je me jugeay perdu me voyant abandonné, ne pouvant retourner: Dieu invoqué m'aide, le canon ren-

12.

verse la muraille de la ville, qui estoit derrier moy, par où je n'eusse peu remonter autrement, et par là je me rejettay sur la bresche. Ceste boutade les contraignit de paroistre, et la muraille qui estoit gagnée et bordée de mousquets: je fus cause qu'il leur fut tué cent hommes, estans contraints de paroistre au dessus de leurs retranchemens pour se defendre de moy; qui causa leur reddition, le lendemain la ville bruslée, les chefs pendus, et moy miraculeusement guary de cinq arquebuzades: sans ce retranchement et contrescarpe flanquée gardée, ceste ville fust esté prise d'abord; ce qui est dict pour monstrer l'utilité des contrescarpes fortifiées.

[1553] Les revoltes de Moris, la prise de Luxembourg, levée du siege de Mets et maladie de l'Empereur, decadence d'une grande fortune, luy font desirer la paix: il est reconforté de la vengeance de ses traistres ennemis. Albert de Brandbourg, plus soldat que religieux, et homme nourry aux guerres et revoltes, nonobstant tous traictez, continuë la guerre contre les evesques et villes imperialles, se fondant sur les promesses de l'Empereur, qui luy avoit permis de garder sa conqueste, sans considerer que les souverains se ressentent des injures et des paix forcées. L'Empereur favorise l'evesque de Bamberg et de Vicebourg; ils obtiennent arrest à la chambre imperialle contre Albert, qui ne laisse de prendre les armes, brusle et saccage leur païs. Les evesques de Trefves et Colongne, le duc de Vitemberg et Moris conjurent contre Albert à la suscitation de l'Empereur.

Moris luy en veut depuis la paix, pour les mocqueries et paroles de mespris dittes de luy par le marquis de Brandbourg, lequel pille la terre d'Henry de Bronsvich, tournant à l'entour de Moris le contraint prendre les armes, assisté de la noblesse de Franconie, du duc de Bronsvich et des troupes de Ferdinand, qu'il avoit essayé en vain de mettre mal avec l'Empereur son frere, l'accusant qu'il s'estoit ligué avec les princes contre Sa Majesté. Les armées s'approchent; ils estoient des deux costez plus de dix huict mil reistres, une grande part gentilshommes, et apres quelque pourparler d'accord sur un mot mal entendu, dit inconsiderément à un jeune gentil-homme envoyé de Moris, qui n'estoit qu'une formalité et de peu d'importance, mal rapporté par iceluy, tout traicté se rompt. Les armées se rencontrent, font plusieurs charges; il demeure quatre mil cavaliers sur la place; grande execution de pistoletades: Moris, blessé à mort, vesquit deux jours apres la victoire, son tombeau orné de trente-quatre enseignes et quinze cornettes conquises, qui luy furent monstrées avant sa mort, en suitte sa responce: « Que me sert ceste gloire, puis que je perds la vie? » Albert se sauve, ses forces se rompent; il fut malheureux depuis en deux combats; au ban de l'Empyre, son païs perdu, se retire et meurt en France. Federic, duc de Saxe, ny le landgrave ne le survesquirent guerres. L'Empereur, vengé de ses ennemis par ses ennemis, picqué contre les Français, fait assieger Theroüane par les Flamans et ce qui estoit resté du siege de Mets 1553: apres un assaut soustenu, la ville est emportée en parlementant; le semblable advint à Hedin en juin; le Roy mande son armée, qui arrive tard.

Les rencontres, piquantes paroles, injurieuses, servent peu et nuisent beaucoup: les princes ont souvent fait ou continué la guerre pour ce seul respect: elle enflame et donne courage aux adversaires, qui postposent toutes incommoditez à la vengeance d'icelles.

Dans le feu des armes ennemies soit pris garde de n'envoyer de jeunes gens ou des ignorans pour traicter, parce qu'un seul mot mal dit ou rapporté enflame le tout, ainsi qu'il advint en ce combat de Moris et de Brandbourg. Pareillement les ambassadeurs qui prennent leur audience hors de temps, en public, ou lors que les courages sont eschauffez de vanité, de vin et de viande, sont dangereux.

Ces quatre princes de differente humeur, le duc de Saxe, peu fin, se laisse emporter à son université de Vitemberg, perdit son electorat qu'il quitta à Auguste, fils de Moris, de son vivant. Le landgrave, plus soldat, de foible entendement, se fit prendre sur des paroles à deux ententes: Moris, fin et sans foy, manque à ses parens, à sa patrie au commencement, et à la fin à l'Empereur son bien-facteur, qui le chasse d'Allemagne; et depuis se racommode par une paix, gagne l'electorat, et est au bout de ses finesses combattant Albert; est tué sur le conseil de Ferdinand, son ennemy reconcilié. Albert, grand soldat, mauvais homme d'Estat et negociateur hazardeux, vaincu et vainqueur, tousjours combattant; l'argent, les menées, les subtilitez espagnolles les perdirent, tresbucherent et les firent entretuer; mais pour cela l'Empereur ne regagna l'auctorité qu'il pretendoit sur l'Allemagne.

Le corps de la gendarmerie est sur pied promptement, les arriere-bans sont de peu d'effect, la multitude des fiefs qui est entre les mains des roturiers et ecclesiastiques les rendent inutiles: les gentils-hommes ne vont au mandement des roys s'ils ne veulent, parce qu'ils sont receus envoyans des hommes pour eux à l'arriere-ban, où ils disent n'estre obligez de servir que trois mois. Le Roy en l'an 1597 les contraint d'aller au siege d'Amiens, disant que, s'ils estoient francs des tailles, c'estoient pour estre continuellement à la guerre; ceste contrainte reüssit, la continuë est dangereuse de revolte. La guerre est plus facile au Turc, qui force tous indifferemment d'y aller: les ecclesiastiques ny les juges n'en sont exempts, aussi font-ils trois cens mille hommes. Si les roys de France estoient bien advisez, ils feroient aller à la guerre les juges, officiers et financiers. Pour tirer profit de l'arriereban, qui ne se leve qu'en temps de guerre, faudroit contraindre tous les gentils-hommes qui ne seroient des compagnies de gendarmes d'y aller en personne, et ceux qui en seroient, de donner homme aussi suffisant qu'eux, ou du moins qui fust bon soldat pour servir trois mois, veu que prendre la paye d'un costé et s'exempter de l'arriere-ban de l'autre, ce sont deux soldes. Pareillement, tous officiers qui tiennent fiefs seroient contraints de fournir de braves hommes, ou, s'ils estoient jeunes, d'y aller eux-mesmes. Et le Roy se pourroit servir par quartier de l'arriereban de France, et en pourroit avoir tousjours deux mil chevaux dans ses armées, et faudroit restablir les bannieres comme au passé.

A l'exemple de Luther, chacun explique les Escritures selon la capacité de sa creance: Calvin fait une secte à part et est suyvi par des femmes et gens de mestier, se delectant à chanter des psalmes. Le Roy, suivant les decrets des conciles, avoit fait plusieurs edicts contre eux, persuadé par les ecclesiastiques, et plus par crainte de reddition de ce qu'il avoit presté à l'Empereur en Allemagne, favorisant ses rebelles: il creut ces nouveaux Chrestiens pretendre à l'Estat, pour le tourner en democratie, le fait brusler. Plusieurs, pour diverses considerations, endurent la mort constamment, par laquelle ils accroissent leur secte. Calvin crie contre les feux de France et les allume à Geneve en la personne de Cervet, trinitaire espagnol, declaré heretique par les heretiques, et fut bruslé nonobstant qu'il se retractast; en suitte de quoy ils escrivent contre eux-mesmes les heretiques se devoir justicier par feu.

Solyman tuë son fils Moustaffa, persuadé par Rossa sa seconde femme, dont il avoit deux enfans, se souvenant que son pere, par trop de faveur des janissaires, avoit chassé Bajazet son ayeul, craignant qu'il luy fist le semblable.

L'armée du Roy s'assemble sous le connestable proche Amiens; celle de l'Empereur, affoiblie par la prise de Theroüane, se retire, les chevaux legers se rencontrent sur la riviere d'Ostie: cinq cens chevaux imperiaux sont defaits, le duc d'Ascot pris et plusieurs autres, faute de recognoistre, inconsiderement attirez au milieu de l'armée, où le Roy estoit pour lors le plus puissant: l'Empereur se met sur la defensive, il joüe aux barres; l'un et tantost l'autre le plus fort, se recognoissent, et le fond de leurs bourses qui espuisées rompent leurs armées, composées d'estrangers. L'Empereur desesperoit, pour son aage et maladie, de subjuguer la France; le Roy pensoit beaucoup faire de se defendre, n'estimant ses conquestes qu'entant qu'elles luy estoient necessaires pour resister à si puissant ennemy; reduisent leurs efforts à cinq ou six mois de guerre d'esté. L'Empereur choisit l'assiete de son camp proche de Valentiennes, sur la riviere de l'Escot: le Roy, ayant passé devant Cambray, luy presente la bataille entremeslée de reistres, lansquenets, Suisses et Français; le sieur de Tavannes, faisant l'estat de mareschal de camp, a laissé l'ordre de l'armée escrit de sa main. Quelques legeres charges faites, Sa Majesté n'est conseillée d'assaillir le camp de l'Empereur, ny de decamper à faute de vivres, et moins encores d'attaquer une grande ville: l'armée est malade, puis que le connestable [eschauffé à la conduite de l'avant-garde] le devint; la maladie fait retirer l'armée à la loüange des deux Majestez, l'une pour avoir presenté la bataille, l'autre pour n'avoir esté contraint de l'accepter; l'Empereur licentie son armée et se met sur la defensive.

Avant que les maladies soient cogneuës, le tiers des hommes meurt; combien sont morts d'arquebuzades et de ladreries, dont les remedes sont maintenant faciles! Jamais maladie de cerveau ne fut si mal pensée que le calviniste; il ne falloit les brusler, ny si extraordinairement user des remedes, et laisser faire nature, plier doucement au mal, parce que plus une chose est prohibée, plus est desirée. Les cruautez constamment supportées les confirmerent en leur opinion, encore que ceux qui entreprennent tuer les ames meritent plus de supplices que les assassinateurs, d'autant que le corps meurt et les ames sont eternelles: l'accroissance du mal fait juger les remedes impropres. C'estoit assez de les priver d'offices et benefices, les condamner aux amandes pecuniaires, brusler leurs livres, amander nos ecclesiastiques: Dieu a peu estre irrité en la cruauté de leurs supplices, et ne leur falloit faire l'honneur qu'ils pretendissent estre martyrs: aucuns d'eux seduits croyoient qu'ils mouroient pour Jésus-Christ; la religion gist en creance qui ne peut estre forcée que par raison, et non par flammes.

Il se fit dix fois autant d'Huguenots avant

l'interim d'Allemagne, qu'il s'en est fait depuis que les feux et cruautez furent cessez ; l'edict du roy Charles IX, leur permettant de demeurer en France, en leurs maisons, pourveu qu'ils ne portassent les armes, en convertit beaucoup en la liberté de conscience qu'ils ont maintenant en France [1602] : tant s'en faut qu'ils accroissent, qu'ils diminuent tous les jours. Au commencement ils resolvoient leurs freres à endurer le feu, par remonstrance que quand ils se retracteroient ils n'obtiendroient grace, mais plustost de la mocquerie ; que puis qu'il falloit mourir, qu'il valoit autant faire une mort genereuse qu'une miserable. C'estoit une grande erreur aux juges, qu'ils ne sauvoient quelqu'un des retractans, lesquels, demeurans sans ignominie, eussent esté imité par les autres, qui n'eussent souffert la mort, estant asseurez de leur vie se desdisans : la mort endurée constamment ne doit confirmer une mauvaise opinion pour peu de sujet.

Plusieurs sont allez gayement au trespas, autres l'ont recherché pour peu d'occasion ; les vierges milesiennes se faisoient mourir par fantasie ; des soldats, des Cesars se sont tuez, refusans de recevoir la vie qu'ils disoient avoir accoustumé de donner aux autres : quelques-uns se sont tuez sur la sepulture de leurs empereurs ; les Milanais, desesperez par Bourbon, se pendoient eux-mesmes dans leurs maisons ; les Payens se tuent journellement ; non que je n'admire et reserve ceux qui souffrent la mort pour nostre Seigneur, sans autre consideration ny artifices : les bons martyrs sont approuvez par la suite et augmentation de la religion, ceux-cy improuvez par l'abolition de la leur, puis qu'ils ont rompu la haye de la vigne du Seigneur. Calvin ne devoit trouver estrange si le porceau Cervet et les autres bestes comme luy entreroient par le trou qu'ils avoient fait ; il est plus loisible aux gardiateurs anciens de la vigne de punir les larrons qui y entrent, qu'aux larrons de punir leurs semblables.

Les Othomans se perpetuent par la pluralité des femmes, qui leur font plus de successeurs que s'ils se contentoient d'une : ils maintiennent leurs monarchies par le meurtre de leurs freres, et par fois de leurs enfans. Preste-Jean tient les siens enfermez dans les hautes montagnes, tenant l'opinion que pluralité de Cesars n'est bonne : cruauté blasmable, qui neantmoins les exempte souvent de guerres civiles.

Les Suisses ny les Turcs n'obligent la France par leur amitié, elle est à dessein et contrainte ; l'un hayt les Chrestiens, l'autre craint ceux d'Austriche : ils s'allient aux Français pour leur interest particulier.

Les puissances approchant d'egalité de l'Empereur et du Roy, ne se peuvent ruiner l'une l'autre, pour la quantité des forteresses qu'ils possedent, et des villes qui sont en liberté, et petits potentats, qui secourent les plus foibles des deux, ayant interest à l'egalité de la balance, et qu'il n'y ait point de monarque. L'une et l'autre Majesté pouvoit faire mieux pour ruiner son ennemy ; le Roy devoit estre sur la defensive en France, et attaquer vivement l'Italie ; l'Empereur de mesme, sur la defensive aux Païs Bas, pouvoit attaquer la frontiere de Bayonne ; et s'ils cognoissoient ne pouvoir venir au dessus l'un de l'autre, il n'y avoit ny salut pour les ames, ny honneur pour ces princes, de tenir le monde en trouble, cause de tant de maux, bruslemens et pertes, pour si peu de sujet que deux ou trois villes qu'ils conqueroient ou perdoient en une année.

Sçavoir fortifier un camp est la meilleure partie de l'aguerriment du jourd'hui ; les Romains en usoient, les Turcs s'en servent, et les Espagnols à leur profit. Les pallis des Romains ne seroient utiles qu'à l'abordée ; les fascines et la terre sont soudainement eslevez par les Espagnols, qui travaillent franchement ; et les nostres, qui s'en mocquent, seront contraints d'en suivre l'exemple, ou qu'ils soient souvent battus. Les bonnes assietes d'armées doivent estre choisies sur des rivieres, à la faveur de grandes villes, pour n'estre affamées ; anciennement ceux qui estoient campez l'un devant l'autre, par longues tranchées se coupoient les vivres ; maintenant que la guerre est plus chaude, la construction des forts seroit plus necessaire, en bastissant plusieurs autour des ennemis ; et ne faudroit enfoncer dans leur païs, prendre pied à pied les villes, pour n'estre subjects aux convois, qui sont souvent deffaicts, quoyqu'ils soient remparez de chariots. Il manque à l'aguerriment chrestien le moyen de vivre ainsi que les soldats turcs, de ris, biscuit et poudre de chair ; les Espagnols en porteroient pour deux mois en leurs grands chariots. Il y a peu de belles situations d'armée qui n'en laissent une pour son contraire ; prendre garde que les montagnes n'y commandent, l'accompagner de rivieres et de bois. Les pendans eslevez en la teste couvrent les armées des canonnades ; l'assiete, la construction non si grande qu'elle soit hors de defence, ny si petite qu'elle empesche le maniement des armes.

Toutes assietes pour placer les armées où le canon peut battre ne sont parfaites ; la meilleure est sur une colline qui commande à la plaine. Si l'armée est forte d'infanterie, celle qui est environnée de bois d'un des flancs, et couverte à l'autre flanc d'un ruisseau, qu'il n'y a avenuë que par la teste, où il ne se peut aborder qu'en montant, qui empesche l'artillerie ennemie de donner dans les batailles, et peut estre fortifiée d'un petit retranchement, est la plus utile. Et si l'armée est foible d'infanterie, et forte de cavalerie, au lieu d'estre fermée de bois, il ne faut que des hayes fortifiées, faciles à debattre et à maintenir, par lesquelles il y ait des issuës pour faire des sorties par la cavalerie; autrement, si on se couvre d'un bois, les forts d'infanterie le peuvent gagner, et avec la mousqueterie et les picques se maintenir et tirer dans la place du combat, et contraindre l'armée ennemie de desplacer en desordre. Et quant aux scituations des plaines, pour s'empescher d'estre contraint de venir au combat à coups de canon, il n'y a remede, sinon à faire des retranchements et levées, lesquels ne sont pas si tost faits pour entourner une grande armée. C'est pourquoy il seroit necessaire de choisir, ou fossez ou hayes, pour se couvrir, à fin de gagner la moitié de l'ouvrage; et n'y a rien de plus propre pour promptement remparer, que les fascines et branches d'arbres qui eslevent soudain et en huict heures un rempart. Il est mal aisé de faire venir à la bataille les troupes qui n'en ont point d'envie, d'autant qu'un chemin creux, un fossé, une haye l'empesche. Il n'y a art qui soit plus necessaire pour l'aguerriment que de sçavoir bien camper, placer, et loger une armée, d'autant que l'experience de la grande ruyne qu'apportent les batailles perduës est si cogneuë, que personne ne les veut hazarder, si les armées ne sont quasi asseurées de la victoire par le nombre ou par le courage d'icelles. Ils voudront estre logez tellement qu'ils ne puissent estre contraints au combat, et qu'ils y puissent forcer leurs ennemis à leur desadvantage, soit en leur coupant les vivres, ou en se logeant mieux qu'eux. Les bons mareschaux de camp seront plus necessaires que jamais ils n'ont esté, d'autant plus que l'art de camper et fortifier les camps est recogneu utile.

Premier qu'entreprendre, il se faut garder. Le camp estant fermé, les Romains, pour contraindre leurs ennemis au combat, tiroient de grandes aisles et tranchées, et de cent en cent pas un fort de bois à garder, parce que l'on n'usoit point alors d'artillerie; et tiroient ces aisles si longues, qu'ils barroient le chemin des vivres au camp de leurs ennemis, ce qui se peut practiquer encores, faisant, en lieu de forts de bois, des forts de terre, et le dernier, qui seroit à deux mil pas, si grand, que l'on y peust tenir garnison; et se pourroit secourir, d'autant qu'il est à presupposer que ceux qui voudroient user de ces fermetures doivent estre plus forts. Maintenant se peut practiquer par tranchées que les plus forts campez peuvent approcher les plus foibles. Et quand on se treuvera par tranchées à deux cens pas pres du camp des ennemis, l'on peut eslever un cavalier qui battra dans leur fort; que si, en battant dans le camp, on fait tant que de faire desloger en presence, c'est un grand acheminement de victoire. A cela il y a trois remedes : l'un à la façon de Flandres, de mettre des profonds canaux entre deux, lesquels ne se puissent combler; l'autre, qui est le moins utile, à mesure que l'on avance retirer la fortification, combien que cela soit dangereux; le troisiesme, de se camper au dessus d'une montagne; qui est le mieux, là où on ne peust eslever cavalier proche qui y aborde et puisse battre dedans.

Les Romains, les Grecs fermoient leurs camps de pallis et de fossez, et ne laissoient que certaines portes pour faire des sorties, l'une plus grande que l'autre, au milieu des courtines; et quand ils estoient attaquez, ils defendoient les remparts à coups de mains, et selon la contenance de leurs ennemis faisoient des sorties par les principales portes. Cela faisoient-ils facilement, parce qu'ils estoient ordinairement douze ou quinze mil hommes ensemble, et se defendoient comme dedans une ville; et en chaque legion de six mil hommes, y avoit cinq cens chevaux, et souvent mettoient les alliez dehors. Mais, encores que nos armées ne soient pas si grosses, nous sommes forcez de faire de plus grands enclos, pour recevoir la cavalerie, l'infanterie, et le bagage qui est en grand nombre; et si on attaquoit par derrier nos camps fortifiez, et que voulussions separer nostre armée par l'enclos et entour de nostre camp, le rempart ou fermeture ne se treuveroit bordé que de trois ou quatre rangs; et venant ledict rempart à estre attaqué par des bataillons en ordre et espaiz de piques, ceux du camp seroient emportez, d'autant que chacun demeurant en sa poste, n'estant que trois de front, ils ne pourroient resister à un si grand bataillon.

Il est donc mieux, puisqu'on est contraint de faire un grand enclos, de garnir les flancs d'hommes et border le rempart de quelques uns, et mettre les gens de pied en bataillon quarré à cent pas du rempart, pour survenir à l'assaut : et est croyable que ceux-cy, arrivant apres que leurs ennemis ont beu toute la salve des flancs, et qu'ils ont passé un fossé, qu'aisément ils peuvent tuer les temeraires, et repousser ceux qui seroient montez et entrez dans le camp. La cavalerie, qui doit estre en bataille dans l'enclos, venant à sortir par les espaces gardez vuides entre les flancs et le rempart, et venant à charger les bataillons qui assaillent en flanc, ils font un grand eschec, rompent leur furie; et si la cavalerie se treuve chargée, ils sçavent leur retraicte par d'autres espaces conservez vuides entre les forts et les remparts; et y a beaucoup d'apparence qu'ils feront souffrir de la honte aux assaillans.

A la verité, l'ordre des Espagnols est fort, qui entournent leurs armées marchantes de triples chariots enchaisnez les uns aux autres, dans lesquels sont enclos trois grands corps d'infanterie de cinq mil hommes chacun, et leur cavalerie en seurté au milieu d'eux, les fronts herissez de piques, garnis de bandes de mousqueterie; tellement que les armées fortes de cavalerie ne sçavent comme attaquer une telle ordonnance : d'enfoncer les bataillons de piques par le front, c'est se precipiter, et, apres les premieres charges, pliant ou manquant, le danger est que la cavalerie, qui estoit couverte de ces corps d'infanterie, ne sorte, charge, et emporte ceux qu'auparavant qu'ils se fussent hasardez en une telle folie ils n'eussent osé regarder.

Mais y ayant moyen par tout aux bons capitaines, ceste ordonnance se pourroit attaquer en ceste forme. Il faut separer cinq mil chevaux en trois, les accompagner chacun de trois couleuvrines et autant de moyennes, ausquelles il faut doubler l'attelage pour les pouvoir mener et retirer au trot, selon la necessité; il faut que chacune de ces trois parts ait de l'infanterie garnie de piques et de mousquets, le plus grand nombre qu'il se pourra; puis faudra paroistre la premiere troupe de cavalerie au front des piques, et tirer leur artillerie avec apparence de vouloir aller à la charge, toutefois sans s'approcher de si pres qu'ils y puissent estre contraints par la course de l'infanterie espagnole. Et en mesme temps, les deux autres escadrons de la meilleure cavalerie, avec les pieces, doivent couler sur le flanc et sur le derriere, menant l'artillerie au trot, tirer dans les chariots, et, apres deux ou trois volées, marcher au grand pas avec des escadrons de piquiers, lesquels fourniront pour rompre les chariots qui se voudront r'allier apres avoir esté rompus de l'artillerie. Et en mesme temps, la cavalerie par les espaces vuides, flanquée de leurs piques, chargera, et peut-estre les premiers s'y treuveront trop empestrez, parce qu'il est à croire que ces grands corps de piques ne faudront de tourner aux bresches des chariots. Et, pour eviter (si la cavalerie estoit repoussée) qu'il n'en ensuivist quelque desordre, à cause que celle des ennemis, qui estoit au couvert dans les escadrons, voyant plier, sortiroit sur ceux qui se retireroient, faut que l'un des trois corps que j'ay dit cy-dessus, de cavalerie française, fasse ferme, et, s'il advient que la cavalerie ennemie sorte sur le desordre, la charger en flanc. Or, est-il à croire que la cavalerie espagnole, qui n'est si bonne que la française, seroit aisément repoussée. Que si le corps des piques, qui seroit à la teste, faisoit mine de vouloir secourir les flancs, lors la cavalerie, qui avoit premierement paru avec de l'infanterie, pourroit attaquer à la teste. Et, à la verité, si les armées espagnoles estoient dans les grandes plaines de Champagne, les armées françaises, plus fortes de cavalerie, menant des couleuvrines au trot, sans les approcher si pres qu'elles peussent estre engagées, tirant tantost dans un flanc et puis dans un autre, il est mal aisé qu'elles n'entrassent en desordre.

Roys, princes, faites-vous capitaines, et travaillez : qui s'accoustume à s'appuyer est boiteux sans baston : si vos naturels vous y contraignent, apprenez de vous servir de plusieurs et non d'un seul, à ce que son courroux, sa passion, n'assubjectissent vostre naturel à ses imperfections, et vos armées à ses maladies. Il ne manque de capitaines ny de conseillers de roys; plus vous en employez, et plus d'honneur. Si le conseiller est seul, il s'attribue l'heureux succez, donne le blasme des contraires à son maistre; si malade ou contraint de s'absenter, il conseille la retraicte, ou de n'entreprendre, à ce que personne n'empiete son maistre et sa faveur, et ne donne moyen d'acquerir honneur à quelque autre. De plus, il y a peril qu'avec tant de credit il n'entreprenne ou ses successeurs sur les roys leurs maistres et bien-facteurs.

Les grandes armées se ruïnent en peu de temps par defaut d'argent, de vivres, ou par maladies, mescontentemens, necessitez ou butin des soldats. Il seroit bon se tenir au commencement à la defensive, laissant jetter le feu et l'argent à ses ennemis, et, lors qu'ils viennent à decliner, se faire fort et entreprendre.

L'Empereur, aucunement vengé du siege de Mets par la prise de Theroüane, affligé de grandes maladies, diminué d'esperance, d'ambition et de vengeance, juge qu'il falloit laisser jetter le feu aux Français, dont l'armée ne duroit que quatre mois, à la fin desquels il se rendroit le plus fort à son tour, et en auroit l'honneur, premeditant sa retraicte en Espagne. [1554]

Le Roy, voyant l'armée de l'Empereur congediée, au printemps assemble la sienne, et la separe en trois par l'advis du connestable, qui en retient la moitié, donne le reste au prince de La Roche sur Yon et de Nevers. Il employe les princes du sang, commençant à craindre la faveur de M. de Guise et finesse du cardinal son frere, aucunement maintenu par la duchesse de Valentinois, qui avoit fait payer la rançon de M. d'Aumale, son beau-fils, par Sa Majesté. M. de La Roche sur Yon deffait deux cens chevaux, court et pille l'Artois, M. de Nevers les Ardennes, prend Haussimont, Boïn et autres chasteaux : le connestable, avec la principale force, gagne Mariembourg, où le Roy et toute son armée se joignent proche Dinan. Bouvines pris, razé, et faite bresche peu raisonnable au chasteau de Dinan, quoy que l'infanterie donne froidement, ils se rendent le lendemain, et demanderent le sieur de Tavannes, mareschal de camp, pour escorte, l'ayant remarqué sur la bresche avec M. de Monpesat, le jour de l'assaut, apres que les soldats furent repoussez. L'Empereur passe le printemps, traicte le mariage de son fils avec la royne d'Angleterre, craignant que le Roy assiege Namur. Au mois de juin 1554, il mande son armée sous M. de Savoye; le Roy la fait retirer et passer la Sambre, brusle Boïn, Mariemont et plusieurs beaux bastimens, en vengeance de la royne d'Hongrie qui avoit bruslé Folembret. A l'accoustumée l'armée de Sa Majesté diminuë, environnée de grandes garnisons du Quesnoy, Landrecy, Valencienne, Cambray, celle de l'Empereur augmentée de deux mil pistoliers. M. de Savoye s'approche du Roy, avec resolution de combattre par surprise de nuict; il trouve l'armée veillante par le sieur de Tavannes, mareschal de camp, logeant en prevoyance et dexterité. Il soustint l'effort avec sa compagnie, jusques à la pointe du jour, en si bonne mine, qu'il n'y perdit qu'un homme, donna temps à M. le connestable de se mettre en bataille. Le jour fait voir M. de Savoye accompagné de huict mil chevaux pres de Velly, ayant tenté toute la nuict la bataille; le sieur de Tavannes eut l'honneur de l'avoir empesché et conservé l'armée. L'inimitié des Français fait que l'Empereur se reconcilie avec l'Anglais.

Ceux qui bruslent les bastimens sont plus meschants que les Turcs, lesquels laissent Saincte Sophie à Constantinople, et les palais genevois à Pere; les Huguenots ont bruslé les eglises de France : cruauté qui ne pardonne aux edifices et architecture, tient de l'ancienne barbarie des Gots et Wandales. Le Roy se pouvoit vanger du bruslement de Folembret sur les hommes et non sur les pierres : cela est à blasmer, tant à la royne d'Hongrie qu'à luy. Encores que les edifices se doivent peu estimer, la ruine en estant prompte, laquelle advient de soy si elle n'est procurée d'autruy, l'immortalité en est vainement pretenduë : les bastimens demeurent, le nom des constructeurs s'oublie; et quand ils dureroient, ce n'est gloire aux hommes, non plus que d'avoir un bon cheval ou une belle robbe, qui sont des parties hors de nous : la reputation gist aux belles actions; s'il y avoit honneur à bastir, il appartiendroit aux maistres maçons et architectes. C'est une maladie qui se guerit par raison et qui porte son chastiment avec soy; et faut considerer qu'il n'y a plus belle cimmetrie et architecture que le ciel, que tous les chemins sont allées, tous couverts empeschent le soleil et la pluye. Nous voyons les beaux edifices bastis des anciens ez mains estrangeres, hors de leurs familles; ainsi adviendra-il des nostres. Autant de part ont les païsans qui entrent aux bastimens que les maistres, cinquante ans passez ils y auront mesme droict; la nature fait une habitude de mauvaise accoustumance. Tel est en peine qui n'a plus de procez, plus de bastimens à construire, prenant plaisir de se faire des affaires : un bastiment n'est jamais si bien fait qu'il ne s'y trouve à redire; mesme ceux des roys leur laissent regret de n'avoir fait mieux; plusieurs voudroient avoir l'argent qu'ils leur ont cousté, pour rebastir d'une autre façon : quand ils sont parachevez ils sont mesprisez; les façons en changent tous les jours, les Français les voudroient changer comme leurs habillemens; et quand ils sont faicts se vendent par decret, dont se moquent ceux qui les achetent, n'estans aux ventes des terres prisez. C'est grand heur de trouver sa maison faicte, et sagesse, estant mediocrement logé, de vaincre par raison la maladie de bastir.

Pour loger une armée faut choisir la place de bataille, y placer de l'artillerie et les corps d'infanterie, et se doit couvrir la teste d'icelle de trois logis d'arquebusiers à cheval (dont la perte est indifferente), sostenue d'un logis de cavalerie legere : le gros des chevaux legers ne doit estre du tout devant, seulement un peu advancé de costé et d'autre de la place de bataille, logez au flanc d'icelle, pour n'estre contraincts par retraicte precipitée de descourager l'armée. Deux cens arquebusiers à pied barriquez à mil pas devant la place de bataille servent à retirer tous les petits logis tant d'arquebusiers à cheval que des chevaux legers : et quant à eux, s'ils peuvent, à la faveur des hayes ou ruisseaux se sauvent, sinon combattent dans leurs forts ou eglises, sans que l'armée soit obligée à les aller soudainement secourir, et avant avoir recogneu les ennemis, pour ne changer l'ordre arresté, et qu'ils ne soient contraincts de quitter l'advantageuse place de bataille pour en prendre une que l'advanture et le secours forcé auroit produite : et vaudroit mieux laisser defaire ces deux cens arquebusiers, estant sur la defensive, que deplacer mal à propos. La cavalerie legere ne se doit advancer ny s'engager pour combattre en gros sous esperance de secours, puis que seroit ruyner l'armée de deplacer pour aller à eux : et quand les ennemis sont bien recogneus, les troupes se peuvent lors advancer, selon la quantité qu'ils sont.

S'il faut venir au combat, choisir les lieux advantageux, pour, quand l'armée sera ensemble, donner temps d'aviser s'il sera bon de quicter la premiere place de bataille pour aller au combat et suivre les ennemis : les bagages, les vivres doivent avoir leur rendez-vous à l'allarme aux deux coings derrier la place de bataille, sous les prevosts de camp, dehors de tout embarrassement. Le general doit estre au milieu de l'infanterie, ou tout contre la place de bataille; la gendarmerie doit estre logée derrier ladite place, ayant les deux flancs couverts de deux regiments de gens de pied barriquez, deux logis d'arquebuziers à cheval et un de cavalerie legere advancez sur les costez, qui couvrent le flanc desdits regiments de gens de pied, ausquels ils se retireront à l'allarme ; et tous tiendront ferme à la faveur des logis des gens de pied, jusques l'ennemy soit recogneu. Les corps de cavalerie n'auront leur rendez-vous à l'allarme, ains à la place de bataille advancée, où ils iront droit sans reculer. Les petits quartiers se mettront deux ensemble, chargeront fort et foible, tout ce qui se treuvera d'ennemis entre la place de bataille et eux. L'ennemy recogneu, on peut aller au secours du quartier attaqué, selon l'ordre que donnera le general ou mareschal de camp; et chaque regiment de cavalerie fera recognoistre, aussi tost qu'il sera logé, par quel chemin il se rendra à la place de bataille, et sera pris garde par les prevosts que les entrées de la place de bataille par derriere ne soient embarrassées de bagage, à ce que les regiments de cavalerie puissent aller en leur place.

L'armée qui s'arreste à assaillir un logis d'infanterie donne grand advantage à ses ennemis : s'ils s'apperçoivent que ce ne soit toute l'armée, le general, le mareschal de camp et mesmes l'armée y peuvent aller, apres avoir fait reconnoistre le derrier et les costez jusques à une lieuë de là, pour entreprendre avec prudence sans poursuivre follement : où il y a vallons et païs couverts, ordinairement il fait mauvais sortir sur l'entreprise de son ennemy. Le mareschal de camp logé à la teste proche la place de bataille, un chef suffisant à l'arriere-garde, les armées estans proches, il doit avoir cent ou deux cens hommes à cheval, considerant la contenance des ennemis, d'autant que, les logis estans escartez, aucuns ont entrepris autrefois de gagner la place de bataille avant que les trouppes puissent estre assemblées. Pour à quoy pourvoir, les sentinelles et les batteurs d'estrade se doivent redoubler la nuict, prendre garde qu'il n'y ait rivieres qui empeschent les troupes de venir à la place de bataille, considerer que s'il faut qu'ils filent de nuict à cause des mauvais chemins, ils y arriveroient tard. Et leur seront monstrez les chemins les plus larges plustost que les plus courts, pour les venir esplaner ou faire ponts, s'il y a temps. Il est mal-aisé de trouver logis au large et logis de guerre ensemble; le mareschal de camp ne doit avoir consideration qu'à la seurté de l'armée, non à la faveur ny exemption de villages, ny à loger au large les capitaines qui se plaignent d'estre serrez; les loger en gens de guerre: il vaut mieux [plustost que se perdre] dire comme le prince de Palme, *Crepe qui volie* (1); vaut mieux armée arassée que deffaite. Pour se rafraischir il se faut esloigner des ennemis, prendre logis couvert d'une riviere, favorisé d'un bois où l'on mette l'infanterie; et là encore on ne doit separer les quartiers en deux par rivieres ou chemins inaccessibles. Il vaut mieux camper que d'estre mal logé : envie, calomnies, querelles n'abandonnent le mareschal de camp, qui doit estre accompagné pour resister à ces inconvenients.

M. de Mayenne soustenoit qu'une armée composée de quatre mil chevaux et dix mil hommes de pied pouvoit resister à une trois fois plus grande : il s'appuyoit sur l'avantage des logis, et disoit qu'un camp fortifié du travail de huict heures ne pouvoit estre forcé au combat. La demonstration estoit que promptement il faisoit une fortification en tenaille, et pointes qui flanquoient l'un l'autre; qu'il falloit mettre des escadrons de cavalerie et des bataillons d'infanterie dans le camp, en mesme ordre qu'ils se mettroient en campagne; que ces fortifications se peuvent defendre par quelque quantité de mousquets et escadrons volans desbandez, sans toucher au gros de l'ordre; que si les ennemis venoient à teste baissée pour gagner ce retranchement, la mousqueterie des poinctes et l'ar-

(1) Blâme qui voudra.

tillerie leur feroient un grand mal, principalement si ces pointes avoient quelque peu de fermeture de tous costez ; et les ennemis voulant forcer les courtines [quand bien ils en viendroient à bout, ce qui est mal-aisé], ou il faut qu'ils demeurent dans les courtines fortifiées, ou qu'ils passent outre : s'ils font sejour dans lesdites courtines, ils sont accablez des mousquetades des pointes, se pouvant les soldats là mis secourir les uns les autres, sans le desbandement du gros ; et s'ils passent outre desordonnez, c'est leur perte entiere, d'autant qu'ils treuvent les bataillons en ordre et la cavalerie en estat pour charger advantageusement ceux qui seront passez. Estans desordonnez d'avoir passé les retranchemens, n'estans assistez de cavalerie, qui n'y peut passer, ils seroient chargez par flanc et par teste de la cavalerie ennemie, et facilement defaits. Tellement qu'il n'y a moyen que cette grande force puisse forcer ceste mediocre, et ne se peut avoir espoir pour les ennemis qu'au deslogement de l'armée, lequel se peut tousjours faire de nuict, apres avoir fait reconnoistre un lieu de forte assiete, que l'on peut gagner avant que les ennemis soient advertis.

Ainsi fit M. le duc de Palme à Godebec, deslogeant à dix heures du soir, et se rendit à six heures du matin en un lieu plus fort que celuy-là où ils estoient, quoy que ceux du roy de Navarre s'en aperceussent. Mais deux incommoditez se presenterent à eux en ce deslogement : que les troupes logées au large ne sont si soudainement averties ; puis la doute de quelque stratageme, et de tomber par les tenebres dans le piege des ennemis ; qui à la verité se pourroit faire, disposant la mousqueterie de telle façon, et les piques, que ceux qui suivroient de nuict se mettroient en peril et entre les mains de ceux qui auroient fait ceste feinte.

L'Empereur, pour resister aux Français, fait espouser Philippe son fils à Marie, fille de Catherine, royne d'Angleterre, tante de Sa Majesté, premierement mariée à Artus, qui la laissa vierge de douze ans. Depuis, Henry, roy d'Angleterre, l'espousa, et la quitta pour Anne de Boulan, dont il fut excommunié de Clement septiesme, et pour ce sujet se declara chef de l'Eglise en son royaume, y establit le lutheranisme. Il eut Elizabet d'Anne de Boulan, qu'il surprit en adultere et luy fit trencher la teste ; il se remarie pour la troisiesme fois, dont nasquit Edoüard sixiesme, par l'advis des ducs de Sommelsel et Notombellande, qui, voyant Edoüard sixiesme prest à mourir, luy font declarer Jeanne de Suffolc, sa cousine, heritiere du royaume, et luy donne le duc de Sommelsel, son tuteur, un de ses fils, pour estre roy, faisant desheriter au jeune enfant Edoüard Marie et Elizabet. Marie, secourue des forces imperialles et de l'assistance du peuple, regagne Londres et la coronne, fait trencher la teste à Jeanne et à Guifort son mary, qui avoient esté coronnez à Londres, fit mourir le duc de Notombellande, auteur de la revolte, restablit la religion catholique, espouse Philippe d'Austriche, assoupit l'elevation pratiquée par Elizabet sa sœur, qu'elle constitue prisonniere. Les conditions du mariage du roy Philippe estoient de n'estre maistre du royaume qu'apres sa femme : tost apres advint la mort de Marie et le regne d'Elizabeth, fille d'Anne de Boulan, qui remit sus le lutheranisme.

Les roys ny les puissances, leurs dons et grades, punitions et cruautez, ne changent la religion des gens de bien, qui encore moins doivent estre d'une religion et faire profession d'une autre ; autrement c'est craindre les hommes plus que nostre Seigneur, qui menace ceux qui le renient de les renier devant Dieu son pere. Admirable fragilité humaine ! les Anglais en trois ans sont lutheriens, puis catholiques, et apres lutheriens : cent mil personnes estoient heretiques à Gand et Anvers ; iceux, estans pris du duc de Palme, se firent tous catholiques : les saincts n'en convertissent tant en un jour par predications, que les forces humaines en font revenir à l'Eglise. La difference est en la conversion volontaire et forcée : sont secrets de Dieu, scrutateur des cœurs des hommes ; les peuples suivent les religions des souverains. Les Turcs ne permettent le schisme, bien consentent-ils aux Chrestiens et Juifs de vivre parmy eux : les princes d'Allemagne impudemment blasment les roys de ne vouloir souffrir deux religions, eux qui n'en veulent qu'une dans leur païs souhaittent ailleurs les revoltes qu'ils craignent chez eux.

Les femmes regissent incommodement : les royaumes ne sont comme les possessions et heritages, ausquelles elles peuvent succeder : les roys sont creez pour servir aux peuples, qui peuvent estre sans roys, et non les roys sans peuples ; ils sont obligez d'aller à la guerre, exercer la justice ; les femmes en sont incapables. Si elles sont roynes, l'estat de connestable et de chancelier se peuvent donner aux femmes ; leur domination est pleine d'inconstance, sujecte à estre oppressée, et ne s'en treuvent gueres dont le regne ait reüssi comme celuy d'Elizabeth d'Angleterre, à laquelle tous les heurs et bonne fortune du monde sont advenus, ayant regné en longue et heureuse paix jusques en l'année 1603, qu'elle est morte en son lit, nonobstant qu'elle fust née d'illegitime mariage, excommuniée, declarée bastarde, sa mere justiciée pour adultere, ayant maintenu sa paix par la guerre de toute l'Europe, fait des cruautez incroyables, fomenté, nourry des rebellions en France, Espagne et Flandre. Ce n'est le premier de ceux qui, nourris au sang, sont parvenus par moyens illegitimes, et nonobstant leur injustice ont esté en longue prosperité. Ne t'esbahis si durant cette vie souvent tu vois prosperer le meschant; il en est une autre, et ne peuvent moins les potentats vicieux que d'avoir un peu d'heur en cette-cy, qui est la recompense de quelque bonne œuvre qu'ils ont faicte; plus heureux sont les affligez battus de tous malheurs, qui patiemment attendent le salut eternel.

Ce regne feminin advance les beaux, les mignons, les bien-parez; naissance de toutes voluptez, balets, masques, impudicité, ignorance, ingratitude, cruauté, vengeance, division, et partialité; advançant les impudiques hommes et femmes, au prejudice des capitaines, sçavans justiciers et gens de valeur. Non qu'il n'y ait de l'exception, et qu'il ne se treuve de vertueuses roynes, au contraire de celles de Naples et autres qui ont gouverné dans les voluptez. Et, quoy que ce soit, elles font de telles fautes et desordres, que non seulement ils sont mal-aisez à r'establir, mais aussi sont de mauvais exemples suivis par leurs successeurs.

Caton, ayant cognoissance de l'estat de la republique de Rome, que la liberté estoit opprimée sans remede, voyant que l'imprudence du peuple tramait le lien de leur oppression, corrompu par pernicieuse liberalité des empereurs, lesquels, pour les commandemens continuels et victoires obtenuës, avoient gagné le cœur des soldats, pour supporter leur tyrannie, de laquelle ils tiroient profit, conseilloit à son fils de ne se mesler aucunement des affaires publics, tant pour ne les pouvoir remettre en meilleur estat, que pour le danger auquel il couroit, sans aucune utilité pour luy, la vertu n'estant recompensée selon son merite. Quand en un Estat la principale puissance se porte aux desordres, et que d'iceluy les officiers, les mignons, les grands et les gens de guerre en vivent et en tirent utilité, à laquelle ils sont interressez, que peut faire un particulier, ny une foible partie de l'Estat, sinon de se perdre et allumer des guerres et des malheurs à la ruyne du general, et de soy-mesme, sans profit? Et ne sert de monstrer les inconveniens que ce gouvernement nous amenera, que la pieté est renversée, la justice, les grades, estats et charges en vente; les peuples affligez par imposts, les gens de bien chassez et esloignez, les incapables et meschans preferez; les deniers, les finances desrobées, le public abandonné pour le particulier; chacun ne se souciant du bouleversement de tout, pourveu qu'il obtienne ses interests.

Ainsi que Cesar, passant le Rubicon, se propose que, demeurant en son devoir dans le gouvernement des Gaules, c'estoit le bien de la republique, son danger et peril particulier demeurant dans l'ordre d'icelle; passant la riviere du Rubicon, confin de son gouvernement, pour porter la guerre à Rome, c'estoit le commencement des maux de tout le monde: il prefera son salut particulier au general. Si, apres la mort des roys, les favoris eussent voulu r'establir l'ancienne regle de l'Estat, et se contenter de mediocres bien-faits, ils croyoient que c'estoit le commencement de leurs perils, et qu'il valoit mieux pericliter tout le reste; tellement qu'aucuns ont choisi de maintenir la desolation du public, acquerir grande quantité de places, armes puissantes, interesser les plus grands à leur particulier, regner par la force: ce qui leur est facile lors qu'ils possedent la supreme puissance.

Si est-ce que de nostre temps les favorits du roy Louys XIII, ayant pris ceste voye, ont failly à se perdre, et ne se sont sauvez que par l'imprudence des trois quarts de la France eslevez contre eux, tellement que ce sont effects qui ne reüssissent pas toujours, ainsi qu'à Cesar par sa valeur, et à eux par la sottise de leurs adversaires inexperimentez, femmes, jeunes gens, guidez par la presomption, incapables de donner conseil ny d'en recevoir, sinon de ceux qui les gouvernoient et trahissoient. Or est-il que du mal qu'on leur vouloit ils ont tiré leur bien, soit par la volonté de Dieu, hazard de la fortune, imprudence de leurs ennemis, et impuissance des gens de bien à se faire croire aux jeunes princes en la conduitte des affaires, lesquels estant appuyez d'un si grand party, sont succombez par leur faute: qui mal commence, mal finit. Et il est advenu que ceux qui ont auparavant pris les armes pour le bien de l'Estat, contraires à iceluy, ont fait paroistre qu'ils ne s'aydoient de ce specieux pretexte que pour leur interest; car non seulement ils l'ont abandonné, ains en ont fomenté la perte, donnant hardiesse de monter à ceux qui n'osoient regarder en asseurance le pied de l'eschelle.

Qui sera fait impudent ou imprudent, qui voudra r'allumer un feu dans le milieu des tourmentes dans lesquelles il s'ensevelira sans profit, et ne servira que d'huile dans les flames, à la ruïne generale du peuple, qui ayme mieux souffrir toutes les incommoditez et ruïnes, qu'une guerre entreprise en une impossibilité; et faut chercher de vivre dans l'Estat, sans penser maintenant que l'Estat puisse revivre par nous. Dieu n'est-il pas assez puissant pour changer le mal en bien? ne serons-nous pas assez patiens d'endurer que par iceluy nos pechez soient expiez? Quand bien une tyrannie absoluë seroit establie [ce qui n'est pas encore], et que la medecine seroit pire que la maladie, laquelle seroit sans remede, pourquoy la chercher puisque les ingrediens employez à ceste guerison apporteroient d'autres plus grands inconveniens?

Aucuns experimentez diront qu'il n'y a qu'à tenter, qu'un simple progrez des armes peut changer la volonté des peuples. Qu'ainsi ne soit! Plusieurs advoüentque si l'admiral de Chastillon, des quatre batailles qu'il a donné aux roys, en eust gagné une, il estoit en voye de changer l'Estat ou la religion ; et en ses dernieres entreprises iceux remarquent plusieurs fautes : que si une ou deux ne fussent point esté, il y a grande apparence que l'on fust venu au bout de ce dernier dessein. Mais quoy! qu'appellerons-nous fautes? Toutes et quantes fois qu'il se fera une entreprise semblable, et par telles gens sans conseil, il ne manquera d'y en avoir, ou peut estre de plus grandes. Cognoissance de la puissance de nostre Seigneur, lequel esblouït et obscurcit, empesche de s'ayder ny conseiller aux extremitez, et mesme reduit les entreprises les mieux premeditées à rien par evenemens impreveux, lorsqu'il cognoist les cœurs des entrepreneurs. Et si leur dessein eust reussi, et que tant de chefs fussent esté contentez des gouvernemens, places et argent qu'ils demandoient, la dissipation de l'Estat et la ruyne du peuple estoit sur le tapis, nommement si le principal d'entre eux n'eust conservé l'estat royal, en s'opposant aux injustes demandes qu'eussent fait ceux qui y estoient entrez pour leur propre interest seulement.

Reste à voir si nous pouvons profiter en nous mesmes de nous employer pour le public : l'ancienne opinion de plusieurs est que l'ingratitude en est la recompense, si ce n'est que nous la voulions prendre en ce que les actions vertueuses nous satisfont; parce que, de s'attendre aux gratifications des superieurs, faudroit qu'ils fussent autres qu'ils ne sont, avoir de long-temps gagné leur amitié, ou estre parens de ceux qui les gouvernent, ou du tout adherans à leurs opinions, quelques injustes qu'elles soient, ce qui est indigne des gens de bien, et d'autant plus de ceux dont la vieillesse leur a apporté cognoissance de la Cour, qui devroient estre mocquez et mesprisez s'ils perdoient leur liberté, et ne pourroient profiter à l'Estat, moins à eux. De là il faut inferer que Caton avoit raison, et les gens de bien à imiter ses admonestemens, estant la France en pareille decadence qu'estoit l'empyre romain lorsqu'il conseilloit son fils.

Au mariage du roy Philippe et de Marie d'Angleterre, les Anglais monstrerent tant de fiance, servitude, et impuissance de celuy qui espouse leur royne, que cela servit à rompre le mariage d'Henry troisiesme avec Elisabeth. Aux grandes negociations se doivent voir les livres qui traictent de choses semblables, pour se resoudre ; le temps rarement change les mœurs des peuples. L'entreprise de Genes estant proposée à M. du Mayne, à moy et à d'autres nos amis, pour changer le gouvernement et remettre l'estat populaire au-dessus, fut retardée et rompue par la lecture de leur inconstance et legereté passée.

L'empereur, apres le mariage de son fils, arrive en juin en son armée; le Roy fait revuë de la sienne pres de Crevecœur, part pour aller aux frontieres d'Artois, en crainte des Anglais nouvellement alliez de ses contraires, pour, attaquant une place, contraindre l'Empereur au combat. Ranty choisi et assiegé, l'Empereur vint au secours, les armées l'une devant l'autre, un vallon en forme de fossé large de cinquante pas entre deux. L'empereur retranché à Ranty à sa main gauche, à sa droite un bois continuant de son armée jusques à celle du Roy. Sa Majesté juge ce bois d'importance, lequel gagné il s'y pourroit placer de l'artillerie pour battre l'Empereur et le faire desloger de son assiete, Il donne la charge de ce costé à M. de Guise ; le connestable ne peut estre en deux lieux. L'avant-garde, pour mieux assieger Ranty, estoit separée d'un ruisseau, sur lequel il faisoit faire plusieurs ponts, et n'estoit gardé ce logis delà l'eau, que pour empescher l'Empereur de le prendre et envitailler Ranty. M. de Guise fait passer de nuict à la teste du bois trois cens hommes, moitié piquers, moitié arquebusiers, partie embusquez. L'Empereur y fait donner devant jour; ils ne s'apperçoivent de l'embuscade; chargez devant et derrier, se retirerent à la faveur de la nuict, rapportant à l'Empereur plus grande troupe qu'elle n'estoit au bois.

Le treisiéme d'aoust 1554, la batterie de Ranty redouble, l'Empereur craint la honte de le voir prendre devant luy; resout de gagner ce bois en gros, sans s'obliger à la bataille, pour le retranchement et vallon qui l'empeschoit ; juge l'armée du Roy occupée à la batterie, divisée avec son avant-garde d'un ruisseau; le païs estroit, fait marcher quatre mil arquebusiers italiens et espagnols, quatre pieces de campagne pour gagner le pont, et deux mil lansquenets, couverts de deux mil reistres sousteuus de douze cens chevaux legers. Le comte Wolfgang leur chef avoit eu charge sous Albert de Brandbourg quand il prit M. d'Aumalle : cela l'encourageoit; estimant ses pistoliers des diables noircis, se ventoit de passer sur le ventre de toute la gendarmerie française, presomptueusement porte en sa cornette un renard mangeant un coq. M. de Guise advertit le Roy qu'il mist son armée en bataille à une arquebuzade du bois. Le connestable repasse le ruisseau, commande à ce qui est proche du Roy. M. de Guise, par l'advis du sieur de Tavannes, mareschal de camp, place et fait marcher quatre cens chevaux legers, le reste d'iceux estant sous M. d'Aumalle de l'autre costé du bois, pour estre preparé à tous evenements : ces quatre cens chevaux legers sousteuus du sieur de Tavannes, avec sa compagnie bardée des premieres bardes d'acier qui s'estoient veuës ; le guidon et les archers de M. de Guise sousteuus du regiment de gendarmerie dudit sieur. D'abordée les trois cens arquebusiers sont renversez et le bois gagné par les quatre mil Espagnols et Italiens, à la chaleur que leur donnoient les deux mil reistre costoyans le bois; commencent à tirer du bord d'iceluy en la plaine, où estoit en bataille l'armée du Roy avec les Suisses, Italiens et Français. M. de Guise fait charger les quatre cens chevaux legers du regiment de M. de Nemours : ils sont renversez, le baron de Curton et les chefs tuez par les reistres.

Le sieur de Tavannes fait charger Forges son guidon avec celuy de M. de Guise dans ce gros, qui eurent pareille fortune et les chefs tuez; ce gros escadron perce toutes les hayes de cavalerie qui se presentent. Le sieur de Tavannes r'allie les defaits, les place derrier sa compagnie, choisit le temps, charge moitié en flanc et en teste, n'ayant que sa compagnie seule et ses r'alliez si à propos, que ce gros escadron aucunement desordonné des charges precedentes, il les rompt, les emporte; et son cheval estant tué, fut remonté par les siens dans le milieu d'eux, et les suivit si courageusement, qu'il semble que cette compagnie vainque toute l'armée, parce que les reistres se renversent et rompent leurs chevaux legers, qui les suivoient apres leurs lansquenets. L'infanterie espagnolle, voyant le desordre, se retire en fuitte, poursuivie de l'infanterie royale, qui donne apres eux dans le bois. Tout est suivy par le sieur de Tavannes, sousteuu de M. de Guise, MM. de Nevers et Bouillon, jusques sur le bord du vallon, passé en confusion par les fuyards favorisez de l'artillerie de l'Empereur. Quatre pieces des Imperiaux gagnées, cinq cornettes defaictes, dix enseignes de lansquenets la pluspart tuez, le sieur de Tavannes demeure à la teste.

M. de Guise essaye luy oster l'honneur; il s'en pare courageusement en ces mots : « Monsieur de Tavannes, nous avons fait la plus belle charge qui fust jamais. » Ledict sieur de Tavannes, ne luy voulant advoüer qu'il y eust esté, respond : « Monsieur, vous m'avez bien sousteuu. » Apres, M. de Guise luy mande qu'il s'allast rafraischir, qu'il en avoit besoin, desirant que son escadron demeurast à la teste. Le sieur de Tavannes fin respond qu'il est en la place que Dieu et son espée luy avoient acquise. Il envoye au Roy la cornette du renard qui mangeoit le coq, qui denotoit les Français, du mot *gallus*, devoir estre mangez par les renards allemands. La defence en fut à propos pour le sieur de Tavannes, tant parce qu'il estoit bon Français, que parce que les armes de Tavannes, du costé de sa mere, sont un coq. Il n'est besoin de raport; le Roy, ayant tout veu de ses yeux, envoye querir le sieur de Tavannes, lequel, l'espée sanglante devant toute l'armée, Sa Majesté s'oste l'Ordre du col et luy met au sien; honneur qui a peu de semblables.

Le Roy, sans suivre la victoire, se campe au lieu du combat, presente le lendemain la bataille à l'Empereur et se retire : Sa Majesté devoit suivre sa victoire ou prendre Ranty. Le vainqueur se vante d'une bataille, les vaincuz n'advoüent qu'un rencontre; chacun s'attribue de l'honneur. Le Roy dit n'avoir attaqué Ranty que pour faire venir l'Empereur à la bataille, que l'ayant gagnée il se contente. L'Empereur dit qu'il estoit venu pour lever le siege de Ranty, et en estoit venu à bout.

Les rencontres et batailles prennent leurs noms selon le grand ou le peu d'exploit : les combats où le canon tire de part et d'autre sont nommez rencontres; le nom de bataille s'attribue à l'entiere victoire, coñqueste du champ, artillerie, enseignes et bagages. Le doute est si le gain de quelques enseignes et d'artilleries [les armées restans en presence, et celle qui a faict perte se retirant en ordre] se doit nommer bataille ; les opinions en sont diverses : la mienne est que ce nom de bataille n'appartient qu'à la route et perte entiere, et que Ranty n'est qu'une rencontre. Si le Roy eust cogneu son advantage, les tranchées de l'Empereur n'estant parfaictes, la victoire entiere estoit sienne ; tant les premices infortunées des combats apportent d'espouvante et de dommage. Il faillit de ne suivre son bon-heur, et l'Empereur davantage, s'estant laissé vaincre pour avoir myparty son armée d'un vallon, se tenant fortifié de l'autre costé; qui estoit donner partie de son armée à son ennemy.

Les bardes d'acier, caparaçons, flancars de beufle, de mailles, servoient aux batailles anciennes, qui se demesloient avec l'espée et la lance; le peu de perils rendoient les combats longs. Tel a esté fait en Italie, les hommes et les chevaux si bien couverts, que de deux cens meslez ne s'en tuoit quatre en deux heures. Les grands pistolets rendent ces bardes inutiles, et la meslée si perilleuse, qu'un chacun en veut sortir, faisant les combats plus courts, où l'on ne fait que passer soudainement; les hommes estonnez, le nombre des mourans et blessez font les victoires promptes. Les chevaux armez y seroient inutiles, à cause de la pesanteur des espreuves; ils sont assez chargez de porter l'homme et ses armes, sans en porter davantage : neantmoins un chanfrain à l'espreuve et quelques platines au poictral pourroient servir.

Les armes de mailles, cuyr bouïlly, cotonnines, servoient aux anciens, lors que le fer estoit rare et les nations non disciplinées; les lances, les espées firent inventer les corcelets et salades; les pistolets, les cuiraces, les casques à l'épreuve. Si les armes offensives continuent d'augmenter ainsi qu'elles font, par les longs pistolets, violets, mousquets, poudres et balles artificielles, il sera necessaire d'inventer des defences. Les cuirasses battuës à froid, trempées, se renforcent de quelque chose, non pour resister à cette force extraordinaire. Ceux qui ne veulent rien commettre à fortune ont renforcé leurs cuiraces, fabriqué des plastrons doublez de lames, leurs casques à l'espreuve du mousquet, se rendans incapables de servir dans les combats, estans combattus, enchaisnez et liez de la pesanteur de leurs armes : ils deviennent enclumes immobiles, chargeans tellement les chevaux, qu'aux moindres accidents ils succombent dessous; leurs courages, leurs entendemens travaillez; demy vaincus, n'hazardent, n'agissent, ny ne font rien qui vaille. Ceux qui s'arment sans espreuve ne veulent venir aux mains, ou en sortir bien tost, posans l'artifice au lieu de valeur; c'est une cognoissance de ceux qui desirent bien combattre, quand ils s'arment bien et non incommodément. La mesure entre ces deux extremitez est d'avoir le devant des cuiraces, du casque, deux lames de tassettes et brassarts à l'espreuve de l'arquebuse, et quelques plastrons contre le mousquet; je dis le devant, pour n'apprendre à tourner le derriere, et suffira que le reste des armes resiste à l'espée. Tous les soldats n'ont de bons pistolets chargez artificiellement; ils n'y mettent la peine ny la despense; et si l'espreuve susdite ne sert contre les coups choisis et chargez à loisir au logis, elle resistera au commun, du moins elle asseure les timides; la poudre, balles, cartouches, ne se chargent parmy les tumultes et transports, ainsi que les preparez au logis, qui emportent la piece. Il est impossible que les capitaines, dans les pesants casques et cuiraces frappez reiterément de leurs fers et agitez du cheval, puissent faire leur devoir : la conception, l'imagination, partie de l'esprit est si joincte au corps, qu'elle diminué par l'excessif travail d'iceluy. Il est difficile à ces enferrez de demeurer en mesme assiete en sens rassis, de voir, d'ouïr, de galoper, selon la necessité, laquelle voudroit que le general et le mareschal de camp volassent, ou eussent en mesme temps plusieurs corps pour ordonner par tout.

Les valeureux hommes de commandemens proposeront leur honneur au danger, et au milieu des arquebuzades jetteront les armes si pesantes, qui les empeschent de comprendre, d'ouyr et faire ce qu'ils doivent. Du moins faut avoir les yeux fort descouverts, porter une forme de bourguignotte, le devant à l'espreuve, avec la lame sur le front avancée pour couvrir le visage : si celuy qui commande se veut ayder de casque et de plastron à l'espreuve du mousquet, il ne les doit prendre que lors qu'il va à la charge. Affligé et combattu de cette pesanteur d'armes, retournant des entreprises où j'avois esté, je cherchois moyen de me descharger de ce faiz sur le cheval, desseignant une grande selle d'armes à l'espreuve, dont le devant finist au milieu de l'estomac et le derrier au dessous des espaules, avec un grand haussecol à l'allemande à l'espreuve, portans ces moignons. Et faudroit des pieces tenans à ladite selle, qui fermeroient à crochet, et couvriroient le corps depuis le genoüil jusques au dessus de la hanche : ainsi ledit cheval porteroit les deux tiers du poids de la cuirace, tassettes et culotes. L'incommodité seroit de pouvoir bien remuër les bras, sans empeschement de la selle, de laquelle on se pourroit depestrer aisément si le cheval tomboit, en levant les crochets qui fermeroient les tassettes; et semble qu'à tirer du pistolet lesdits bras n'ont pas grande peine. Ce n'est pas que je ne juge les armes dont on se sert plus utiles et propres que ceste invention, que je faisois pour me vanger de l'importunité de celles de maintenant.

Les armes de nos ayeuls estoient la lance, la hache, masse d'armes et l'espée : la derniere nous reste, les autres sont estimées de peu de valeur, tant pour estre les armes à l'espreuve qui ne se percent ny enfoncent facilement, que pour estre l'invention des pistolets meilleure. Pour donner un bon coup de lance, l'homme et le cheval doivent estre forts et bons, au trot ny au galop il ne fait point d'effect; il faut qu'il soit donné à pleine course, en beaux pays, les chevaux fraiz, le fer bien esmolcu, l'arrest et le cuyr qui l'arreste certain, la lance médiocre : si elle est trop forte, elle est crainte de celuy qui la porte et luy fait plus de mal qu'à l'ennemy mesmes, et l'ayme mieux laisser couler à terre que la rompre; si foible [ainsi que ceux qui les redoutent ont accoustumé de les affoiblir et cheviller], elle volle en esclats sans effect. Cinq ou six coups d'icelles souvent ne percent ny ne font aucun dommage, si ce n'est aux chevaux, là où [voyant l'invention de l'espreuve des armes] l'on commandoit de donner.

Il se peut alleguer des difficultez aux pistolets; la poudre, la balle, la pierre, le ressort, le canon, sont plusieurs parties dont le manquement de l'une rend inutile le reste; qu'il faut que le bout touche, ou le coup est incertain et de peu d'effect. Cela se peut alleguer pour disputer, non par raison : le pistolet emporte le dessus; il perce, il tue, il porte la mort et la crainte avec soy; les plus foibles hommes, pourveu qu'ils ayent du courage, s'en peuvent bien servir, mesmes sur des meschants chevaux. Il seroit necessaire que les soldats portassent trois pistolets, et du moins deux : celuy qui se met à la main allant à la charge n'empesche plus; les deux autres se peuvent aproprier au long des selles, qui ne nuisent à la bride, ny ne peuvent estre saisiz des ennemis, qui ont autre chose à penser dans les charges.

Quoy que l'on ait peu monstrer aux Italiens l'inutilité des lances, eux, pour y estre nourriz et apris, ne les ont voulu quiter : s'il est force de s'en servir, il les faut mettre au flanc droit, pour charger dans le flanc gauche des ennemis, non en esperance qu'ils passent au travers, mais pour les desordonner et faire tirer et descharger leurs pistolets. Pour preuve que les armes de feu d'aujourd'huy sont plus offensives et font plus d'effect que la lance et espée des anciens, il s'est fait plusieurs combats en Italie avec les armes anciennes, qui duroient trois et quatre heures, et entre cinq cens il ne se tuoit pas dix hommes : le reste, bien armé contre les coups d'espées, chamailloit sans effect; maintenant une heure oste ou donne la victoire. L'espée est une arme tres-utile à tous, et principalement aux vaillans qui s'en sçavent ayder et se mesler. Les estocs non trenchans ne sont si bons que les espées renforcées, bien afûlées, qui servent de l'un et de l'autre, de donner dans le flanc des chevaux et du trenchant sur les visages et bras descouverts.

La vraye monture du soldat sont chevaux d'Allemagne ou de France : ils ne sont delicats, ne begayent point, et n'ont imperfection, sinon la bouche forte [ce qui se peut corriger], et encores vaut-il mieux qu'ils l'ayent forte, que si, pour l'avoir trop tendre, ils estoient renversez. Les chevaux frizons, les roussins, despaysez, exercitez par mesure quelque temps en la France, nourris de gerbes et de tous grains, changent d'estre et de courage, et ne doivent rien aux autres chevaux; le tout est qu'ils soient si forts que l'on puisse demeurer droict dans les combats. Les compagnies d'arquebuziers à cheval servent pour couvrir le logis des armées, aller aux entreprises et faire des degasts; tirant à cheval ils ne font rien qui vaille; ils doivent estre contraincts de mettre pied à terre. Les mousquets sont necessaires parmy eux pour flanquer les escadrons : outre leurs armes, doivent porter des cordes et des chaisnes pour enchaisner les chevaux et en faire hayes, si la necessité les contrainct. Ils sont grandement necessaires pour les advancer en de meschans logis, couvrir la cavallerie et luy donner temps de monter à cheval : barriquez dans les eglises à demy lieuë de la teste des armées, sont tres-necessaires, pour par leur perte [de nulle importance] empescher une surprinse. Les carabins bien montez comme les chevaux legers sont utiles, servent des deux armes, et mesmement pour faire sortir la cavallerie, qui tient ferme de son advantage, s'advançant et retirant à propos.

Qui charge à propos et en ordre est victorieux: les troupes mises en bataille en queüe l'une de l'autre se renversent; la peur jette les vaincus au milieu de ceux qui les soustiennent et les rompent : les assietes estroictes doivent estre considerées. C'est advantage de charger en flanc; ceux qui vont au galop menent peu de gens desordonnez au combat : marcher au pas, faire souvent des haltes, les capitaines estans en front et sur les pointes, les mareschaux des logis derrier, frappant les coüards. Si le capitaine ne charge des premiers, ne sert d'exemple, tout va mal : bien peut-il faire charger trente hommes devant luy, jeunes et valeureux; autrement ils laissent la part du capitaine et n'efflorent qu'un coing. Les poltrons aisément se deffont des charges, tenant à bride à six pas des ennemis, et laissant enfoncer leurs compagnons; mais les charges au pas, au petit trot, les font cognoistre tels qu'ils sont, et leur font perdre l'artifice ; les derniers rangs les poussent mal-gré eux.

Une douzaine de braves, ayans de forts chevaux, dans un rang de trente, fendent les ennemis ; c'est ce que fait le coing de fer au bois, sans essayer de passer un à un, se serrer et fendre l'escadron ; ils se retiennent en estat de r'alliement apres la charge : il se doit reserver trente hommes contre ceux qui voudroient charger en flanc ou gagner le derrier. Charger de haut en bas, le soleil et la poussiere au dos, est utile ; attendre les ennemis est advantage : le marcher inconsideré desordonne. Il se peut prendre assiete couverte d'un fossé ou d'une haye, que l'ennemy ne passe sans se rompre. L'ordre des reistres en limaçon, tirant leurs pistolets, est aisément battu ; passer au travers seroit mieux : de vaillans à vaillans, le plus de pistolets, d'asseurance et de bons chevaux, l'emportent. Plusieurs passent par les escadrons sans frapper, en sortent pistolets bandez et espées blanches, faute d'estre admonestez avant les charges, au moins de monstrer qu'ils ont frappé un coup. Les roussins, les frisons, sont meilleurs que les chevaux d'Italie.

Ceux qui sont au milieu des escadrons doivent estre advertis de ne tirer au dos des leurs, prevenir les bruits de la peur, passion ou ardeur. Ceux qui se fient aux leurs peuvent charger avec eux de quinze pas au petit galop, l'eslancement sert : faut cognoistre ceux que l'on fait charger devant soy, par ce que les couards rompent les leurs, s'arrestant sur la consideration du danger d'estre entre deux, se renversent coustumierement sur les leurs mesmes. Seroit mieux les faire charger par un coing ou par flanc, s'ils n'estoient bien determinez à charger par le milieu, d'autant que ces trente donnant sans feinte dans le milieu, il ne s'en sauve les deux tiers : et si c'est un capitaine rusé, cognoissant qu'il faut qu'il boive tout le danger, s'il n'est fort excité, souvent ne charge que par un coing, faisant un caracol pour laisser la meilleure part du hazard à son chef. Les capitaines et soldats proches des ennemis doivent s'accoustumer à porter leurs armes, sans se fier aux valets, evitant le desordre qui advient quand ils les vont chercher au bagage.

Le capitaine ne se doit fier aux soldats de leurs armes, ny de leurs chevaux ; il les doit espreuver, visiter et cognoistre. Il sert de sçavoir le nom des soldats, qui, se sentans nommer, ont honte de retourner, et marchent en avant : leur remonstrer de ne perdre l'entendement, et de ne tirer en vain ny en l'air. L'esprit des soldats doit estre preoccupé par advertissement et par ordre ;

loger l'hardiesse en leurs cœurs, autrement par l'imagination et bruicts la peur s'y met : les paroles hautaines sont necessaires ; monstrer regret que les ennemis ne sont davantage, pour avoir plus d'honneur. Ne croire les battus ny les fuyards, dont la peur augmente le nombre des ennemis ; ne permettre aux soldats de parler ny de donner advis, blasmer leur indiscretion. Se resoudre à trente pas du gros que l'on conduit, à ce que les raisons de retraicte deduittes [si elle est necessaire] ne la facent soudainement prendre aux soldats ; et que l'on soit adverty premierement qu'eux, sans qu'ils sçachent nouvelles que ce que le chef jugera bon leur estre communiqué : les rangs observez exactement empeschent les confusions. Il suffit que le devant du casque et de la cuirace soient à l'espreuve, trois lames des brassars et tassetes reservées à l'espreuve pour les capitaines. Les lanciers doivent estre à droicte des escadrons pour charger au flanc gauche des ennemis. L'arquebuserie est necessaire à la cavalerie ; aucuns les font marcher sur les flancs, autres devant l'escadron : ils peuvent tirer ensemble estant placez, le premier sur un genouil, le second courbé, et le tiers droict.

La cavalerie ne se doit avancer avant qu'ils ayent tiré, qui doit estre de cinquante pas ; aucuns les couvrent d'un rang de chevaux, qui s'ostent voyant les ennemis. Il faut monstrer à l'arquebuserie la seureté de sa retraicte, si ce n'est qu'ils ayent grande fiance à la cavalerie ; autrement ils ne font rien qui vaille de peur. Ceste arquebuserie et mousqueterie est necessaire avec la cavalerie ; elle apporte l'advantage, estropiant hommes et chevaux des premiers, des plus courageux, avant qu'ils viennent aux mains. Cesar blasme Pompée d'avoir fait tenir ferme à ses soldats : l'eslancement de la course augmente la force, emporte et sert principalement à la cavalerie, les esperons mettant les chevaux hors des considerations du danger. Ceux qui prendront le galop de plus de quinze pas sans prendre garde à leurs soldats, sont en danger d'aller seuls à la charge s'ensevelir dans les ennemis ; tellement qu'il vaudroit mieux attendre la charge que d'y donner desordonnement.

Ceux qui marchent lentement, et ne prennent le grand trot ou petit galop qu'à dix pas des ennemis, ne se precipitent seuls. Il faut prendre garde de ne se desordonner ny transporter aux bruits et advis ; il vaut bien mieux prendre temps pour penser, que de faire quelque chose sans consideration et à la volée, et ne changer de bas en haut ; se donner loisir de considerer et recognoistre l'empeschement des hayes, des fossez ;

eviter le sable, la bouë, le mauvais ou bon chemin, pour conserver l'haleine aux chevaux. La foiblesse, l'accoustumance de battre ses ennemis, leur peu de courage, et leur desordre bien recogneuz, dispensent de quelques unes de ces observations, toutesfois avec telle discretion, que trop d'opinion du defaut d'autruy ne fasse faillir soy-mesme, et ne tourne l'advantage du costé de ceux qui l'avoient perdu.

Les charges de maintenant se font au trot; les six voltes sont necessaires comme ancienement aux combats de lances et d'espées en haye. Un soldat peut dresser son cheval, parer et tourner à toutes mains : les courbettes relevées renversent les chevaux aux charges, leur egarent les bouches : les embouchenres se cognoissent par experience. L'art d'escuyer, comme les autres, pipe les hommes ; un escolier et un cheval se peuvent dresser en trois mois pour la guerre; le reste est superflu, si ce n'est pour les cavaliers combattans à cheval en duel. Les roys, les republiques ne devroient laisser perdre temps à la jeunesse qui depend des années aux choses inutiles, non en cest art seul, mais en plusieurs autres ; ils ont inventé des longueurs, forgé des mots obscurs et des observations difficiles et inutiles, pour tirer de l'argent des ignorans : d'un mestier on en fait trois ou quatre.

La theologie, droict, medecine, ont de plus courts chemins que ceux qui se practiquent maintenant : les Jesuistes apprennent en trois ans ce qu'on apprenoit en dix ; il en viendra cy-apres qui l'apprendront en dix-huict mois. Les Turcs n'ont advocats ny procureurs ; les advocats devroient estre procureurs, les medecins apotiquaires, les escuyers escrimeurs, les marchands vendre toutes danrées, et bannir les arts inutiles, à ce que plus de gens se missent au labourage. Les deux tiers des hommes se nourrissent sans rien faire ; s'il y avoit plus de laboureurs, les terres en seroient mieux cultivées, et l'abondance plus grande ; les estrangers auroient plus besoin de nous que nous d'eux.

C'est une invention de recompenser les hommes sans despence du public; les Perses permettoient aux vaillans de porter des bracelets et chaisnes ; les Romains, des couronnes, des bagues; les Turcs, des plumes et pointes sur les turbans : les roys de France, d'Espagne et d'Angleterre recognoissent les signalez de leur ordre, qu'ils estiment plus que quantité d'or. Cette invention de chevalerie est née en Angleterre, n'estant du tout fable ce qui se dit de la table ronde : les ordres de l'Estoille, Sainct Michel, Sainct Esprit, ont esté creez et changez en divers temps, pour remedier à la confusion de la multitude des pourveus, qui les avoient obtenu par importunité et faveur. L'ordre de Sainct Jaques en Espagne, la Toison en Bourgogne, l'Annonciade en Savoye, la Jarretiere en Angleterre, ont esté envoyé des roys mal à propos l'un à l'autre, parce que les serments d'iceux ne se pouvoient observer estans ennemis. Tous ces rois faillent, pourvoyans à cest ordre les princes de leur sang et les plus riches, au lieu qu'il n'y devroit estre receu que les plus vaillants, mesmes leurs Majestez ne le devroient porter que l'ayant merité en bataille. Ce n'est une marque de richesse ny de maison illustre, mais bien de valeur. Il ne se doit faire des chevaliers de l'Acolade avant le combat ; il seroit mieux apres qu'ils l'auroient merité. Il semble que le mot de chevalier, dont l'ethymologie est d'une beste, est mal inventé, ainsi que si le cheval participoit à cest honneur, et qu'il ne peust estre conferé à ceux qui combattent à pied. Cest ordre ne se devroit donner que par l'advis de tous les chevaliers, apres avoir debatu leurs merites ; c'est pourquoy il y a un secretaire et un chancelier des ordres, pour escrire les actes genereux de ceux qui aspirent à cette dignité.

Le roy Henry III, auteur de l'ordre de Sainct Esprit, vouloit reduire les abbayes en commanderies, à l'imitation du roy d'Espagne ; il fut empesché du Pape : ce fust esté une grande descharge de conscience pour la noblesse qui possede des benefices pour recompense de services. Sa Majesté desiroit asseurer les grands par serments. Ceux qui jurerent au Sainct Esprit manquerent, nommément MM. de Guise aux serments qu'ils avoient fait sur le sainct sacrement, qui semble avoir dispensé le Roy de fausser celuy qu'il fit à Blois sur l'hostie, dont advint la mort d'iceux seigneurs de Guise, et du Roy apres : l'un et l'autre manquerent. Si j'eusse accepté cest ordre du Sainct Esprit, qui me fut alors offert, je n'eusse esté de la Ligue, pour estre le serment à la personne plus qu'à l'Estat : voyant le desordre des roys, je suis esté gouverneur de païs, de places, capitaine de gendarmes, et me suis tousjours abstenu de faire serment à leurs Majestez, aux chanceliers et commissaires des guerres, encor que nous ayons le serment de naissans. C'est se tromper de se desdire dans le cœur du serment proferé de vive voix; les protestations secretes sont inutiles devant Dieu.

Cest ordre du Sainct Esprit fut calomnié que les chifres des manteaux estoient faits pour l'amour de Quellus et de Maugiron, mignons de Sa Majesté ; que c'estoient leurs jeux funebres comparez à ceux d'Ephestion et Alcinoi : aussi le roy Henry IV a fait changer les chifres et coliers. Quasi le pareil desordre est au grand nombre des chevaliers du Sainct Esprit qu'il estoit en celuy de Sainct Michel. Tous ces ordres ont esté si à mepris, que, m'estans offerts, je les ay desdaignez, et les pouvois avoir honnorablement apres le rencontre de Dormans et autres lieux où je me suis signalé. J'ay souvent eu trois membres en ma compagnie qui avoient cest ordre de Sainct Michel, que je ne voulois porter, et avois dans les coffres de mon père, en blanc, demye douzaine de patentes d'iceluy ordre, pour donner à qui il me plairoit. Jamais la confusion ne fut telle en ces ordres qu'elle a esté en l'année 1620, que les trois quarts de ceux qui ont esté pourveus de ce colier n'ont jamais tiré leurs espées ny veu combats qu'en peinture, et plusieurs d'iceux d'obscure extraction. Ainsi l'ordre qui estoit donné aux chevaliers errans aagez de vingt ans, ou à ceux de l'Acolade, qui se donnoit avant que venir au combat pour l'esperance du bien-fait advenir, renaistra en France, et sera marque de faveur et non d'honneur.

Et quand ceux qui portoient ce colier au passé estoient veus des peuples, iceux les honoroient, et ne doutoient point qu'ils ne fussent esté en de grandes batailles, assauts et combats, ou fait de grands services au Roy : maintenant ils s'en moquent, et n'en font aucun cas, connoissant que c'est une marque de faveur et non d'honneur. Est admiré que quelques uns de valeur ont voulu prendre cest ordre parmy tant d'autres qui ne l'ont merité, plus à leur honte qu'à leur honneur. Et à quel propos donner cest ordre, qui ne se donnoit que pour merite et pour avoir servy, puisque depuis vingt ans il ne s'est presenté occasion là où ils le puissent avoir acquis? Et qu'est devenue ceste vertueuse ceremonie, qu'il faloit dire dans leur chapitre les faits genereux et grandes entreprises executées qui rendoient digne de ce colier ceux qui le demandoient? Que diront ils? qu'ils ont bien esté à la chasse, bien fait l'amour, ont sceu faire plusieurs exercices, vestus de clinquants pour toutes armes, courtisans advisez qui ont bien sceu joüer à boutehors : bref ils ne peuvent alleguer, la pluspart d'eux, aucune generosité vertueuse.

En septembre, l'armée premiere preste fut premiere à se rompre : le Roy court aux plaisirs; le connestable congedie l'armée et en laisse partie à M. de Vandosme, en Picardie. L'Empereur, adverti, defait sur la retraicte les Escossais; l'hyver separe la guerre. Les Anglais procurent la paix, tiennent leur alliance peu utile avec l'Empereur, pour sa vieillesse, dont les infirmitez affoiblissent le corps et l'esprit, et attiedissent le sang et le courage. Sa Majesté imperialle mesprise les vanitez, desire le repos pour travailler au salut de l'ame; la paix se doit souhaitter quand on a l'avantage : tous deux en pensent avoir : l'un en l'alliance d'Angleterre, l'autre en la rencontre de Ranty; ils advoüent les propositions d'accord, et en rejettent l'effect. Mariambourg, conqueste du connestable, à l'estroit de vivres, est renvitaillé par MM. de Nevers et de Bourdillon, en presence des ennemis ; le mareschal de Claives construit le fort de Philippeville, il meurt, ses troupes se dissipent. Mil chevaux d'arriere-ban furent defaits par les Imperiaux, pour estre plus soigneux de butin que de garde.

[1555] Le pape Jules fait place à Marcel Servin de Montulpian, qui meurt en vingt et un jours : Pierre Caraphe, napolitain, est esleu pape, nommé Paul quatriesme. La route de Strosse avoit renversé les affaires de France en Italie, aucunement relevez en Piedmont par M. de Brissac, qui fortifie Sainct Jaques, surprend Cazal endormis en festins. Le duc d'Albe, successeur de Gonzague, assiege Sainct Jaques sans effect, diminue son armée à l'usance des sieges. Le sieur de Brissac assiege et prend Vulpian et Montcalde. Le duc d'Albe affoibly se retire à Milan, d'où il avoit esté fait gouverneur par la faulse imputation de dom Jean de Lune, espagnol, castellan de Milan, et François Tavernier, chancelier italien, contre Ferrand de Gonzague, parce qu'iceux ne se jugeoient avoir assez de part au gouvernement, richesses et grades, enviant que Gonzague [comme gouverneur] vouloit tout faire; ils tirent de luy un blanc signé pour les affaires du gouvernement, le remplirent de traicter avec les Français, l'envoyent à l'Empereur, qui mande Ferrand. Il advoüe sa signature, non le superscrit contrefait, se justifie. Dom Jean de Lunes, descouvert, est receu fugitif en France, le chancelier Tavernier chastié. Dom Ferrand, voyant vertu et verité n'estre assez fortes pour se maintenir d'elles-mesmes, et qu'elles sont subjettes au blasme et à la fortune, considere le peu de seurté qui reste aux choses du monde, l'abandonne, se retire pour servir Dieu et prendre ses honnestes plaisirs.

Les papes, les empereurs, les roys, vivent peu; les cardinaux eslisent les plus vieux, pour le gain qu'ils ont aux elections nouvelles : s'ils sont meschants, Dieu les oste; si bons, les mauvais les empoisonnent. Le changement de naturel aux vieux est mortel : travail, joye, ambition, envie, portent accidents et maladie. Les roys, aussi subjects aux poisons, flatez des medecins, se dispensent de leurs ordonnances, veulent commander aux medicaments comme aux hommes. Ces medecins dangereux peuvent empoisonner ans reprehension, tout est couvert du mal; deux scrupules de drogues davantage ensevelissent les plus grands : les voluptez prises sans discretion les tuent, les passions les agitent, les provocations aux appetits desreglez les enterrent.

Aux envitaillements des villes menez par convoys de chariots, les vivres durent peu : il faut estre maistre de la campagne quinze jours, allant et venant les chariots, sans que les troupes du secours vivent de ce qui est dans les villes. Aucuns en envitaillant ont autant mangé de vivres qu'ils en apportoient, pour attendre la commodité de s'en retourner sans peril ou par imprudence. L'an 1577 M. du Maine entreprend en Dauphiné, contre Les-Diguieres, qui possedoit quasi tout le païs; Tallard, assiegé depuis huict mois par ledict Les-Diguieres, prest à se rendre, M. d'Angoulesme, bastard de France, gouverneur de Provence, essaye en vain de lever le siege. M. du Maine m'y envoye avec quatre cens chevaux, moitié gendarmes et arquebusiers à cheval ; je trouve le grand prieur et les Provençaux en crainte des Huguenots ; je les r'asseure, marche droict à Les-Diguieres sous promesse d'estre soustenu. Il se presente en bataille, la Durance entre deux ; Morges son cousin, et plusieurs autres des siens, furent blessez : je me repentis depuis de n'avoir passé la riviere, quoy que rapide et dangereuse ; l'advantage que les ennemis ont d'une riviere n'est si grand que la crainte qu'ils reçoivent de l'audace de l'avoir passé contre eux. Je passay le lendemain ladicte riviere de Durance aupres de Tallard, commandant à Alphonse Corse, depuis mareschal de France ; et, sans attendre les Provençaux je fais lever le siege à Les-Diguieres, qui se retire à Gap au trot : si le Corse m'eusse voulu ou peu suivre, je l'eusse defait. Nous demeurasmes trois jours à l'entour de Tallard, mangeasmes la moitié des vivres apportez. Je fus contrainct d'aller assister M. du Maine au siege de La Meure : sans la reputation de nos armes et prise de ladicte Meure, nostre envitaillement eust esté inutile. Nos heureux progrez en la reddition de plusieurs places asseurerent Tallard et tout le Dauphiné, et contraignirent depuis Les-Diguieres à la paix, et à rendre soixante places fortes. J'apris là qu'il faut du temps, de l'ordre et des vivres, pour faire un envitaillement valable.

Plusieurs grands mettent aux places des gens de basse qualité : à leur imitation, MM. de Guise, aux guerres qu'ils eurent contre le Roy, mirent capitaines de leurs chasteaux leurs maistres d'hostel, escuyers et valets de chambre, les chargerent d'estre en garde sur les gouverneurs qu'ils envoyoient aux provinces, avec defences de les recevoir les plus forts en leurs chasteaux ; leur permirent de faire des ligues avec des autres capitaines de chasteaux et peuples, pour contrarier les gouverneurs envoyez d'eux. Ils jugeoient que ces petits, creés d'ames et de corps d'eux, ne les tromperoient, pour n'estre de credit et parentée, et ne pouvoir empescher qu'ils ne se vengeassent d'iceux à l'advenir, en despit de ceux avec lesquels ils traicteroient de leurs places, desquelles, les vendant, ils ne demeureroient les maistres. Les hommes pauvres pretendent du bien, non d'estre general, pour leur obscure extraction. Ces princes ne tenoient les chasteaux à eux, qui estoient commandez par gens puissans et de grandes maisons, croyant qu'ils aspiroient aisement à la mesme grandeur qu'ils desiroient : ces considerations sont emportées de plus grandes, l'experience monstre leur faute, et de nouveau en Normandie en l'année 1620. Les gouverneurs de païs cognoissent la mesfiance par le refus des entrées des forteresses, perdent le courage de bien faire, desirent se saisir des places, ou par vengeance de ceux qui les tiennent, qui les bravent, ou pour mieux servir leur maistre. Les chastelains ne desirent que la prosperité des affaires, acquierent reputation au gouverneur ; crainte d'estre opprimez par la faveur qu'ils acquerront, traversent leurs desseins dans le pays, leur credit aupres du maistre. Ce ne sont que rapports, mesfiances et calomnies : encor que le general ne croye, il fait semblant de croire, pour ne mescontenter les chastelains, qui journellement sappent l'autorité des gouverneurs, se liguent, se preparent contre eux, qui, desesperez, cognoissans lesdicts chastelains en plus de credit qu'eux, et qu'ils sont mieux respectez du prince, sont forcez se preparer contre le maistre mesme, leur conscience aucunement satisfaicte, parce que celuy duquel on se mesfie est à demy absous et excusé s'il trompe. Ces gens de peu, en seurté et repos dans leurs chasteaux, comme des goutteux dans leur lict, trament tant d'artifices et de mauvais moyens, que hors chrestienté on se feroit turc pour se venger d'eux.

Je parle d'experience, ayant esté envoyé par M. du Maine, en l'an 1592, pour commander en Bourgongne, c'est-à-dire en a campagne : il avoit mis les capitaines des places en ombrage de moy; je trouve ceux des chasteaux de Dijon, Seurre, Beaune et Chalon intelligens, une autre faction de gentils-hommes establie en campagne. Ces chastelains estoient gouverneurs, et le gouverneur estoit leur valet ; à la moindre dispute ils me jettoient aussi-tost en soupçon de M. du Maine, où ils estoient soustenus d'un secretaire ayant tout credit et comme principal conseiller.

Si le gouverneur ne leur obeyssoit, ils le prenoient prisonnier; desja en avoient fait prendre deux, le sieur de Fervasque, depuis mareschal de France, mis au chasteau de Dijon : le sieur de Senecey, qu'ils firent prendre par M. de Nemours. En despit d'eux j'y servis bien, me gardant plus de leurs prisons et trahisons que de celles des ennemis; les trois parts du temps estoient employées en garde contre eux. Leur extreme ambition, avarice, artifices, calomnies, divisions, acheverent de ruiner M. du Maine leur maistre, qui sans eux eust peu au moins conserver son gouvernement par la paix.

Il valoit mieux faire ses valets lieutenans generaux, ou donner tout pouvoir aux gouverneurs sur ces capitaines de place, et pouvoir d'entrer aux chasteaux les plus forts; il faudroit estre diable, non homme, pour tromper quand on se fie du tout. Si les gouverneurs sont meschants, les foibles chasteaux ne les peuvent empescher; la Bastille n'empescha le sieur de Brissac de rendre Paris : je concluds qu'il faut bien cognoistre avant se fier, et apres se fier du tout et non à moitié. J'admoneste, je prie je conseille à mes enfans, mes parens, mes amis, de ne prendre commandement ez provinces sans estre maistres des principaux chasteaux, ou avoir l'entrée libre : le contraire n'est le bien du prince du pays, ny de soy-mesme, pour les inconveniens qui en arrivent. Et neantmoins se practique maintenant que les chastelains sont advertis prendre garde, si le gouverneur se saisissoit d'une place, fist acte et apparence de revolte, de luy refuser l'entrée de celle où ils commandent.

En septembre, la diette accordée par le traicté de Passau, causé par la trahison du duc Moris, se tint : l'Empereur y fait assister son frere Ferdinand, ne pouvant endurer les decrets qui s'y proposerent contre les Catholiques. Là fut resolu l'exercice des deux religions, que les benefices occupez par les Lutheriens leur demeureroient, et pour l'advenir les beneficiers se faisans heretiques perdroient leurs biens ecclesiastiques. L'Empereur, affligé de vieillesse, des gouttes, et plus de l'instabilité de fortune, qu'il n'avoit peu vaincre par prudence et vertu, mesprise le monde, dont la conqueste n'empesche ny la mort ny la reddition du compte des pechez commis. Sa Majesté quitte les royaumes à son fils, et l'Empyre à son frere, au regret de ses subjects, estonnement de la populace, loüange des sages, contentement des favoris du roy Philippe, le vingt-troisiesme octobre 1555, en grande solemnité à Bruxelles : de là il se retira en un monastere d'Espagne, avec quatre serviteurs, se reserve cent mil escus de rente pour donner en aumosne.

Avant sa retraicte il avoit employé deux mois pour enseigner le roy Philippe son fils quels estoient ses Estats, forces, finances, serviteurs, amis, ennemis, fiance, soupçon de ses voisins, subjets et alliez; quels moyens de guerre ou de paix; luy conseille les deportemens severes à aucuns, aux autres plus doux; preceptes dont l'experience et vieillesse peuvent faire des maximes infaillibles. Il luy commande de ne lever plus sur les Espagnols que de coustume, ne se fier aux Italiens, se conseiller et se servir de ses parens, éloigner la guerre d'Italie; ne desesperer les Français, faire paix avec eux; estre gracieux aux Flamands, ne laisser croistre ny diminuer le duc de Savoye, auquel il ne se floit point pour la jalousie d'Italie.

L'Empereur ne se peut excuser de l'interim et permission de l'exercice de la religion lutherienne : il se descharge sur ce que le roy Henry deuxiesme l'y contraignit par l'argent donné au duc de Saxe et au landgrave de Hesse pour les revolter contre luy, et semblablement par l'usurpation de la ville de Metz et l'alliance de Moris, rebellé contre luy. La paix avec les princes subjects ne doit troubler celle de l'Eglise; la perte des coronnes terrestres n'est rien au prix des celestes; Dieu donne les moyens selon les justes desirs. Si l'empereur Charles-Quint eust eu autant de jeunesse que de courage, il eust rompu ceste diette contraincte assemblée contre la religion; ses ennemis blasment la deposition de ses Estats, la qualifient un desespoir de ne pouvoir parvenir à ses desseins, ayant le roy Henry pour puissant ennemy, l'Allemagne desobeissante, le traicté de Passau pour regret, les bravades des princes d'Allemagne en defiance, le siege de Mets et combat de Ranty pour ennuy, et ses maladies luy faisoient ceder l'Empire, pource qu'il ne le pouvoit plus exercer, ne pouvant porter les charges des affaires. Ses amis respondent que les mespris des grandeurs, de l'ambition et vanité du monde, sont source de ceste demission : peu de grands, encores que vieux et maladifs, ont fait de semblables renonciations; des particuliers en l'aage decrepite, à peine laissent-ils les biens à leurs enfans : qu'il pouvoit tenir l'Empyre, sa presence n'estoit necessaire aux guerres, ayant esté plus heureux en son absence par ses lieutenans que par luy : assisté de conseil, pouvoit manier les affaires et conserver son authorité dans un lict, ses freres et enfans manians les armes.

Cet acte est genereux et plus magnanime que tous ses precedents, ausquels les capitaines e soldats avoient part; luy a le seul honneur de ce dernier. Ce n'estoit crainte de guerre, puis qu'il refuza la paix accordée par son fils apres la demission; aussi n'estoit-ce foiblesse, laissant ses Estats plus forts par l'alliance d'Angleterre, qu'ils n'avoient esté. Il n'y a comparaison aux deux empereurs romains, Diocletian et son compagnon, qui se desmirent de leurs charges; la crainte des soldats [dont ils estoient souvent tuez] leur en donnoit sujet. Lotaire fils de Loys le Debonnaire, plus par simplicité qu'autrement, se desmit de l'empire. Amurat, empereur des Turcs, s'en osta, se repentit, et revint au siege, par l'amitié qu'il s'estoit reservée de son premier baschat. Cette retraicte de Charles-Quint est attribuée à prudence, parce qu'il ne s'en repentit jamais; seulement menaça-il de retourner au monde pour faire pendre les financiers, qui desroboient à leur accoustumée, et ne luy payoient les cent mil escus qu'il s'estoit reservé, qui fut une menace sans effect, et acheva le reste de sa vie en prieres, œuvres pieuses et contemplatives.

> L'honneur se seme par parole,
> Et la parole n'est que vent,
> Qui tout soudainement s'envole,
> Ainsi qu'elle meurt en naissant.

Ceux qui cognoissent la vanité des loüanges les mesprisent durant la vie et apres la mort. Toutes reputations ne sont honnorables; il faut estre amateur des bonnes, non des grandes : les rivieres, les montagnes, ont des noms perdurables, et n'en sont plus estimées. Deux gloires s'attribuent aux roys : l'une d'estre homme de bien, amateur de justice et de la paix; l'autre est d'estre conquerant et se faire monarque : la premiere est plus aisée et plus loüable. Cesar, Tamburlan et Alexandre, seroient empeschez en ce temps, pour la multitude des forteresses : le seul empyre des Turcs se peut vaincre en deux batailles, parce qu'il n'y a point de places fortes. Pour y parvenir, faudroit estre empereur de la moitié de la chrestienté, ce qui est quasi impossible; et quand bien il se pourroit, et qu'on en viendroit à bout, ce qui a esté fait par autre n'est admirable. Il est perilleux de conquerir, mal-aisé de garder les conquestes, et plus difficile de les laisser à ses enfans. Quelqu'uns loüeront les victoires, autres les blasmeront, les qualifiant vollerie. Ainsi le corsaire respondit à Alexandre qu'il n'y avoit difference de leur vollerie, sinon que l'un pilloit avec une galere, et l'autre avec une armée. Le merite seroit grand de christianiser les Turcs, si on n'avoit autre ambition. Les plus vicieux et brutaux ont esté monarques : Tamburlan commandoit à huict cens mil hommes; Abalipa du Peru, à trois cens mil : la renommée ne se conserve par les escrits; le feu, l'eau les perd, et de cent hommes il n'y en a un qui lise. Si par le Sainct Esprit la saincte Escriture n'eust esté revelée aux septante interpretes, la memoire en seroit perduë. Combien y a il d'Alexandres avant le deluge et en la monarchie des Assyriens, dequoy il ne se fait mention! Les livres donnent gloire à Achilles et et Hector qui peut-estre ne furent jamais. Ceux qui feroient escrire trois livres differents, et en quelques endroits de chacun d'iceux feroient faire mention de soy-mesme, feroient croire à la posterité qu'ils auroient faict ce à quoy ils n'auroient pensé. Les excellens escrivains ont mis les Grecs et Romains à l'honneur; les Gaulois ont fait d'aussi beaux actes dont il n'est point de memoire. Ces gloires sont vaines et incertaines, celle d'homme de bien est desirable; si elle n'est de durée, elle a reconfort d'esperer paradis. La reputation de Brutus valoit mieux que celle de Cesar; celle de Transibule et de Dion meilleure que celle des tyrans de Grece et de Cicile.

L'an 1595, M. du Maine, ne voulant traicter ny pouvant combattre, se retire au comté de Bourgongne, en l'armée espagnole du connestable de Castille, nous laisse perdre et nous force de capituler. Apres je dis au roy Henri IV qu'il estoit de l'une des deux voyes escrites cy-dessus, d'essayer à se faire monarque, ou, demeurant en paix, par justice et preud'hommie acquerir reputation immortelle : il s'arresta à la derniere, soit qu'il eust plus d'inclination à ses plaisirs qu'à la guerre, ou qu'il craignist l'instabilité de fortune plusieurs fois espreuvée par luy; le mal est qu'il ne suivit ce chemin parfaictement. La pieté n'est observée, l'injustice extreme; la noblesse, appauvrie, sans gages, est contraincte de chercher la mort aux guerres estrangeres, pour fuyr la pauvreté; le peuple est surchargé, les larrons financiers enrichis, les vices regnent; il faudroit regler ces desordres, qui voudroit acquerir beaucoup d'honneur.

C'est flatter le Roy de dire qu'il ait plus de reputation que ses predecesseurs; combien de princes affligez ont eu victoire de leurs subjects qui estoient assistez d'estrangers! Charles VII, n'ayant que Bourges, chassa les Anglais, la Bourgongne et la Flandre hors de Paris, qui avoit esté possedé par eux quarante ans. Plusieurs roys des premieres lignées ont gagné toute la France, qui estoit mi-partie et en partage entre leurs freres, parens et estrangers. Clovis en chassa les Romains et les Bourguignons; recemment le roy François a resisté à l'Empereur, aux Papes, à l'Allemagne, à l'Italie, à la Flandre, à l'Angleterre, à l'Hongrie, et à M. de Bourbon, grand capitaine, son parent, subject et intelligent en son royaume. Le Roy a gagné deux batailles, Coutras et Yvry, s'est rendu esgal à la rencontre d'Arc, où ses ennemis estoient dix contre un; enfant, il a perdu les batailles de Moncontour et Jarnac, a bien fait en plusieurs combats, pris beaucoup de villes d'assaut, regagné son royaume, duquel il a acheté la meilleure part. Cette reputation est commune avec plusieurs de ses devanciers; la fortune et ses ennemis ont combattu pour luy; n'estant disposé, ou ne pouvant atteindre à la couronne de la monarchie, il doit regretter celle de pieté et justice qu'il luy estoit facile d'obtenir, pour avoir esté redouté et obey entre tous les roys qui furent jamais en France. En cette consideration, la superiorité de l'Europe luy estoit preparée par la victoire de la Ligue et la paix faicte avec le roy d'Espagne, laquelle estoit au vray temps de rompre pour la querelle du marquisat de Saluces, ayant tant de soldats aguerris en France, les estrangers estonnez de toutes parts : estant resolu de mourir dans ses armes, il y a apparence qu'il fust mort empereur d'une grande partie du monde; il avoit eu trop d'honneur et trop de victoire pour s'arrester en si beau chemin.

Quelle vanité de s'enyvrer des loüanges que nos amis, les flatteurs, les courtisans donnent, artifice si commun maintenant; que c'est l'introyt de toute negociation! C'est merveille comme les gens de courage souffrent ces adulations; comment ne regardent-ils si c'est leur merite ou l'artifice de ceux qui veulent gagner leur amitié ou obtenir d'eux? Et encore plus considerable à se parer des artificielles loüanges qui sont discrettes et avec quelque apparence, les fortifiant de quelque petit acte approchant de la vertu et generosité attribuée à celuy qu'ils veulent gagner. Encore plus blasmable la vanité à tant de particuliers de desirer reputation apres la mort, pour laquelle faudroit avoir gagné une douzaine de batailles, restauré ou occupé un Estat, une souveraineté ou royaume; à peine la memoire de ceux qui en ont fait davange subsiste; le pis est qu'elle leur sert de peu apres la mort, au contraire nuist à leur salut.

Les sages, les mediocres entendemens, les ignorans, mettent le souverain bien selon une des quatre humeurs qui domine plus en eux, et ainsi que la capacité des cartilages de leurs testes, où leurs esprits resident, leur suggere; conviennent que liberté, santé, richesses hors de crainte, sont à souhaitter; different en ce que ses vertueux habiles le colloquent en pureté de conscience, en honorable reputation, charge meritée, bien justement acquis, sans ambition, avarice ny pretention de l'advenir hors de necessité, resolus à tous evenemens premeditez; ne craindre ny desirer la mort, vivre en repos avec ses amis, parens et familles, bien faire et se resjoüir.

Ceux qui desirent des charges, honneurs, reputation vivant et apres leur mort, le repos leur est travail insupportable, leurs plaisirs estre sans cesse à cheval, coucher dans les tranchées, veiller aux entreprises; et dans la paix artificiellement s'employer à s'advancer et suplanter tous autres par moyens subtilement imaginez, gehenant et forçant leurs esprits assiduellement, dont l'apparance et l'esperance sont les vrais alimens, se cruciant à toutes sortes d'evenemens contraires. Plaisir dans ce labeur, qu'ils ne voudroient changer à autre condition, se repaissent de vents et de fumée; ayant les yeux et l'entendement fermé, qui leur perdent la cognoissance, courent apres un ombrage qui s'ensevelit avec eux dans les sepultures aussitost leurs yeux clos. Ils courent mil hazards de la vie, de l'honneur et de leur salut, pour une si fresle ambition, à quoy ils sont reduits : source de passions, abysme de regrets au moindre defaveur de la fortune, plein de coups, plein de faim, sans aucun assouvissement, ne pouvant dans une monarchie estre Cesars, ou se redimer du fleuve d'oubly qu'à grand peine un millier d'hommes ont passé.

Les avaricieux sont plus à mespriser : c'est une soif d'hydropiques; plus ils boivent, plus ils veulent boire, comme s'ils avoient deux ventres à remplir, ou deux corps à vestir; languissent auprès de leurs biens qu'ils ont eu peine à acquerir et plus grande à maintenir; courent, travaillent, s'eslanbinquent l'esprit sans cesse et sans repos : pain bis, lumiere de lampe, l'esclat des escus les nourrit : tousjours en peur et en crainte que l'on les desrobe, engagent à tous propos et l'ame et le corps, accumulant argent sur argent et or sur or, sans sçavoir à qui ils appartiendront apres leur decez, souvent à leurs ennemis, ou à ceux qui, en contant leurs richesses, se moqueront d'eux, se riant et blasmant leur mechaniqueté, ennemis de toutes compagnies, solitaires, melancoliques, cachez, hays des hommes, des anges.

Les plaisirs, les voluptez au boire, au manger et aux femmes, parfums, musique, irritemens d'apetits, molesses, delicatesse, habits, pierreries, y attirent les autres, sans considerer que la privation est ce qui fait gouster le plaisir, et que la vraye sausse d'iceluy est l'appetit, que la sacieté le pert. Darius trouva l'eau dans un chemin meilleure que toutes les sucrées qu'il avoit beu en prosperité ; voluptez, naissance des gouttes, des catarres, maladies, et de la mort des corps et des ames ; vie de pourceau et d'Epicuriens, dont l'amour intemperée des femmes, des vins et viandes delicates prises sans mesure, affligent le corps les nuicts d'inquietudes, et les jours obscurcissent l'esprit.

Autres, qui ne sont du tout si malades, mettent leurs contentemens aux bastimens, jardinages, peintures, lecture, chasses ; courent tout un jour apres une beste, se font foüetter le visage par les bois ; trottent depuis le matin jusques au soir apres une balle de layne ; employent le jour et la nuict dans les jeux d'hazard, dont ils ne partent sans grand desplaisir ; achetent armes et chevaux, sans jamais en user.

Tous diront que le contentement de l'esprit est à suivre son inclination, et à ce que l'on se contente et prend plaisir ; que les capacitez de leurs esprits ne les portent plus avant qu'à ce qu'ils s'addonnent. A quoy il se respond, que, tout ainsi que les malades appetent et desirent ce qui leur est contraire, semblablement ils veulent leur perte ; que le plaisir est plus grand d'autant qu'il approche plus de la perfection ; qu'ainsi que les malades cherchent les bons medecins, ils doivent chercher les sages et vertueux conseils, pour se guerir. Suivre, ainsi que cy-dessus est escrit, l'advis des prudens et sages, en pureté de conscience, et forcer son mauvais naturel ; autrement, quel contentement pourroit avoir celuy qui, dans tous ses plaisirs, sçauroit que six mois apres il doit estre condamné à mort par justice ? Bien se peut-il gouster les passetemps, entant que la vertu et preud'hommie le peut permettre.

La tristesse et melancholie sans subject legitime est une punition meritée, une mecognoissance de la grace de Dieu, qui nous a creé immortels, en creance et esperance de la vie eternelle. C'est un excés de bonheur de recevoir des biens lors que nous meritons les chastimens par les pechez commis. Santé, liberté sans necessité sont tresors inestimables. Considerons l'affliction des prisonniers, la douleur des gouteux, la crainte des mal-facteurs, les pauvres exposez au froid, à la faim, au mepris ; les roys, les roynes, princes et grands justiciez honteusement, non que n'ayons desservy de semblables ou plus grands chastimens. Le contentement est grand d'estre exempt de ces malheurs par nostre Seigneur, si nous le sçavons cognoistre : cognoissance qui paroist, lors que nous sommes privez de cette liberté et santé, accablez dans la crainte et pauvreté, estimée alors d'un prix excessif. Que demandons-nous ? plus de bien, plus il faut rendre compte ; hors de necessité, nous n'avons deux corps à vestir, ny à nourrir. Si des grades, si de l'honneur, il faut avoir restauré ou renversé une monarchie de bien en mieux : à grande peine des empereurs, des roys laissent memoire d'eux, apportant jusques à nous autant de blasme que de gloire.

Si Diocletian, Charle Quint, Amurat, ont preferé la libre solitude au sceptre et couronne, quel cas se doit-il faire d'estre colloqué aux plus grands grades sous une monarchie, lesquels vivans et morts ne se retirent d'oubly ? Combien de milliers d'hommes sont pourveus en tels et plus grands grades, en tant de royaumes mondains ! Combien de peines à y parvenir, et encores plus à s'y maintenir ! En peine de contenter les poursuivans, en crainte de succomber par l'envie et mauvais office, hays, maudits des peuples, qui croyent dans les roses ceux qui sont dans les espines. Mais, disent-ils, c'est moyen de faire du bien à ses parens et à ses amis : ce sont les premiers qui se moquent de la peine prise. Nous avons de l'honneur, il est court et cher vendu ; c'est un pauvre antidote contre les vers. Et quel honneur d'estre ce qu'un million sont ? Chercherons-nous en ce monde ce qui n'y est poinct ? Puis que nous sommes composez de quatre humeurs, dont le flegme et la melancolie ont la meilleure part, quoy que tout à souhait, si faut-il qu'elle regne avec les trois autres, et que le jour ne passe sans faire son effect.

Les plaisirs ne se goustent que par privation d'iceux ; les privez de ces grands contentemens jouïssent des moindres, avec autant de plaisir que les plus grands : chascun a son defaut en cette vie. Ceux qui ont des biens ont faute d'esprit ; ceux qui en ont, ont manque de commoditez ; ceux qui ont les deux, ont de grandes maladies. Le souvenir du passé dont nous sommes descheuz nous tourmente. C'est un maigre soucy, puis qu'il n'y a de remede ; ny le passé ny l'advenir ne meritent contrition, sinon des pechez commis. Tout se tourne en un instant ; il faut faire provision contre les adversitez, pour les soustenir courageusement par prevoyance.

Mais, dira-on, en voilà qui s'advancent en richesses, grades et grandeurs : penetre comme ils y viennent, et combien ils dureront, et la peine qu'ils y souffrent. Quelle apparence de tristesse à ceux qui ont liberté et santé ? Qu'est-ce qu'ont les roys que les particuliers ne puissent recevoir sans l'importunité à laquelle ils sont subjects, puisque la vanité, les grades et les honneurs sont mesprisables? Les vivres, les femmes, les chasses, les jeux, senteurs, musiques, habits, bastimens, lectures, conversations, compositions, se peuvent mieux posseder par les gentils-hommes mediocrement riches, que par leurs Majestez. Ce n'est pas là le mal d'où procede cette tristesse imaginaire, c'est la crainte du loup, la peur de la mort, la punition des pechez. Et bien il y faut pourvoir; n'avons nous pas les sainctes Escritures? y eut-il jamais meilleur ny plus salutaire remede en toute autre religion? une confession, une intention de bien vivre, un repentir, les bras de Dieu sont ouverts pour nous recevoir : à quoy de bonne heure il se faut resoudre. La bonté et tranquilité de l'esprit est le supreme bien de tous autres; par iceluy se chasse toute crainte, se resout à se resjouyr et contenter, en servant Dieu et bien faisant.

Plusieurs ont de grandes tristesses et fascheries cachées, sans en chercher la cause ny le remede; elle advient par naturels accidens passez ou advenir : les hommes sont composez des quatre humeurs; la melancolie y a une grande part; en vain est cherchée la guerison à quelques-uns, cest humeur ayant gagné tellement le dessus des autres, qu'il les met hors de soy, et par excés les approche de pervertissement de sang et de la folie. Les medecins y cherchent les remedes par purgations, precautions et considerations, y ayant plusieurs medicaments qu'ils disent purger cest humeur noire; il est croyable que leur precepte et regime y peut servir, mais les bons discours davantage, qui sont encore plus puissants que leurs medicaments.

Tout consiste à cognoistre l'origine du mal, à quoy la musique, la chasse, les promenades, changemens d'air peuvent profiter et temperer le mal, lequel concurre avec les moindres accidents; tellement que, quoy qu'il se puisse faire pour les resjouyr, un refus, une parole mal interpretée, un presage, une superstition imaginaire les font retomber, ce qui advient par le defaut de nature. Mais quand la tristesse occupe les hommes d'entendement, et que, par la longueur du temps, elle a logé chez eux, ils s'en defont malaisément; il la faut guerir par raison et par discours, et chercher par frequentes demandes, argumens et exemples de la deraciner. Si c'est la consideration de la mort, il ne faut craindre ce qui ne se peut eviter; l'amour de Dieu, la conscience nette, le repentir, la creance en ostent la peur, et les livres sont remplis d'antidote contre icelle : il n'y a rien qui soit à regretter que les pechez commis.

La patrie est en servitude, la medecine des armes en est pire que la maladie, je servirois grandement à la delivrer : garde que tu n'ayes plus d'ambition que d'affection : chacun abonde en son sens, c'est l'egal partage des humains; tous croyent en avoir assez, et ne voudroient changer à un autre. Dieu peut susciter des hommes qui vaudront mieux que nous, et quand cela ne seroit, autant de tyrannie et d'exaction sur les peuples, autant de pechez effacez le souffrant patiemment. Si j'eusse fait cecy, si j'eusse fait cela, si j'eusse receu ou donné bon conseil, seulement fait ce qui estoit facile, j'estois eslevé en gloire, honneur, reputation et grade; mais il n'y a plus de remede, sinon celuy du fleuve d'oubly; nous ne voyons les accidens qui eussent suivy cette meilleure conduicte, et peut-estre fussent esté pires que ces resolutions. Nous n'avons plus de grandes charges ny estats, il ne se parle plus de nous, sommes en mespris; c'est advoüer la debte, et que c'est vanité et ambition qui nous porte, non le bien public.

Ce n'est pas le principal d'avoir des estats, c'est de les meriter, et ceux qui les possedent maintenant sans merite font perdre cette cupidité, marque en ce temps de faveur, et non d'honneur. En quelle peine sont-ils! le peuple les regarde comme des paysans parez de drap d'or, de robbes empruntées, toutes les maledictions, les combles d'execration, leur effronterie honteuse se cognoist. Ils se sont attachez à un rocher dont ils craignent la cheute, à tout moment prest à tomber : quels deplaisirs, repentirs et craintes les environent! pour un content, mille qui conjurent contre eux; ils s'enfuyent, ils se cachent, se destrapent, s'enferment; il n'y a assez de portes ny de galeries pour les sauver d'importunité. Grades si communs en tant de royaumes et republiques, les possedant sans merite et sans experience, ils apportent plus de honte que d'honneur, et ceste reputation dont les particuliers sont plus esloignez que la terre n'est du ciel, que les monarques ont mesprisé, se releguant dans des monasteres, et que Cesar mesme croyoit apres tant de victoires que la memoire s'en perdoit, en vouloit chercher d'autres : vaines comparaisons, et non propres à des particuliers qui vivent sous des roys dont l'honneur et reputation est si basse et si tost esteincte, qu'elle ne vaut d'y penser; mauvaise provision contre les vers : s'il faut acquerir nom, c'est en paradis où il faut esperer.

Que si les regrets s'estendent sur l'avarice, et de n'avoir acquis de bien, ou de les avoir perdus sans les laisser à leur posterité, il en faut peu pour nous, il ne faut que se resoudre selon iceux faire la despense; et quant aux enfans, il s'en perd plus pour leur avoir laissé trop de bien, source de voluptez, qu'autrement. La liberté perduë a ses resolutions, l'esprit ne se peut enfermer; le reconfort en Dieu, la consideration de l'autre vie fait tout souffrir patiemment, mesmes la douleur; goutes, gravelles, coliques, s'endurent par grande resolution, esperant que Dieu nous les envoye pour purgation de nos pechez.

Reste le regret de l'honneur perdu, qui est le plus preignant des autres; s'il ne se peut r'acquerir promptement par genereuses actions, il se peut supporter n'estant advenu par nostre faute; et quand il advient par icelle, s'il n'y a point de remede, il faut se reconforter promptement en ce qui est du christianisme, qui apprend à endurer toutes injures, et laisser la vengeance à Dieu : le principal honneur gist à ne l'avoir offencé, car, quant à celuy du monde, pensant à la mort, il ne doit estre pour rien conté.

Grande ignorance de chercher des plaisirs, des bonnes nouvelles, des passe-temps et voluptez qui ne sont point en ceste valée de misere, et de s'ahurter à tous inconveniens; les proches hayssent, les parens plaident, tous les hommes font du pis qu'ils peuvent. Je suis calomnié et accusé faussement, je n'ay receu que des ingratitudes de ceux que j'ay bonifié ; tout cela se peut vaincre en un instant à ceux qui ont de l'esprit. Divertissons-le du monde, puis qu'il n'en vaut la peine ; voyons que tous les hommes ont des deffauts : celuy qui a l'entendement n'a point de bien, le riche peu de santé, le vertueux des envieux, des ennemis; chacun a son fleau, et nul n'en est exempt; tel est jugé heureux qui en est bien loing. Ne regardons à ceux qui sont mieux que nous, mais à ceux qui sont pis; combien de pauvres, de malades, d'affligez et endebtez, qui voyent perdre leur bien devant eux ! et puisque tout se doit perdre, faut-il regretter ce qui dés cette heure mesme, considerant ce peu de temps que nous avons à en jouyr, ne peut estre appellé nostre.

Resouvenons-nous des perils evitez, des douleurs, des maladies passées ; remarquons jusques aux moindres plaisirs qu'avons eu, qui nous sera un grand reconfort ; et apres avoir fait ce que nous pouvons et devons, Dieu fera le principal. Examinons-nous et decidons toutes les poinctes de ces regrets et ennuis qu'il faut vaincre par prudence ; compensons les deplaisirs presents par les contentements passez, par les charges, honneurs, victoires et prosperitez obtenues, à la cognoissance que tant d'autres sont peris, porté des charges honorables sur des eschafaux honteux : ceux qui estoient heureux en honneurs, en grades, en biens, qui prosperoient, que tout le peuple suivoit et aplaudissoit, qui commandoient glorieusement, je les ay cherché, ainsi que dit le Psalmiste, et je ne les ay peu trouver; les escueries de Carthage sont vuides d'elephans, les chambres dorées d'habitans, et tout est tombé en ruine. Tançons ces vanitez de peu de durée : au contraire le deplaisir, la douleur n'est pas sans contentement; nous avons merité plus que nous ne souffrons, ce qu'endurant patiemment, c'est autant d'acquitement et purgation de nos pechez. C'est encore un reconfort à ceux qui n'ont rien de n'avoir rien à perdre, estimant ce reste de santé et liberté que nous possedons ; prenons garde que nous ne portions le mal avec nous par inclination et mauvaises habitudes. Confessons et cognoissons que ceux que Dieu a doüé de bon entendement et jugement peuvent remedier à tous inconvenients, et se decharger de ceste tristesse et plaintes qui diminuent et alterent la santé de l'esprit et du corps, et qui est entierement deplaisante à nostre Seigneur, auquel seul il faut avoir recours.

L'honneur est malaisé d'obtenir aux particuliers et hommes privez ; s'ils entreprennent contre les tyrans, pour le bien du pays, ils ne le peuvent aisément sans voir charge d'eux ; ce qu'ayant, c'est perfidie de les tromper, n'estant ceste regle general receüe, que le serment de la patrie esteint celuy des maistres et bienfacteurs. Il n'est pas permis à un particulier d'entreprendre de regler un Estat ; il s'en trouvera plus qui diront qu'il faut laisser faire Dieu, qui envoye les mauvais superieurs pour les pechez du peuple, que de ceux qui seront d'advis de les opprimer par force : nostre Seigneur les ostera sans avoir affaire de nos armes, mais bien plustost de nos larmes et amandement de vie.

Le bon ou mauvais succez fait juger faussement l'entreprise juste ou injuste, selon l'evenement. Brutus et Cassius, gens de bien, sont declarez meschans pour avoir esté vaincus, et Cesar, qui estoit usurpateur, homme de bien parce qu'il est victorieux : Laurent de Medicis, qui tua son cousin Alexandre, oppugnateur de la liberté de Florence, se perdit par le mauvais succez qui en suivit. La royauté tombe rarement aux personnes privées ; le droict de succession leur manque, et ne leur reste que l'usurpation et election, pour laquelle il faut estre vertueux de race illustre. Il n'y a que le papal, l'Empyre et la Poulogne où les coronnes se puissent aspirer : et quant à l'usurpation, elle est tres-difficile, et encore plus de s'y maintenir ; tous plaisirs l'abandonnent, le soupçon et la crainte l'ensuit. Combien seroient les diademes desdaignez s'ils estoient bien cogneuz ! combien qui y sont montez voudroient estre au pied de l'arbre! Le roy Henry III souhaittoit avoir dix mil livres de rente en paix. Et quand bien on seroit roy, depuis le commencement du monde il y en a eu un million : seroit un beau grade s'ils commandoient aux montagnes, rivieres et bestes, ou qu'ils fussent immortels; ils ne sont roys que de leurs especes. Commander à un royaume et à sa maison, il n'y a de difference que des limites; et si on desire estre grand pour laisser memoire de soy, il faudroit avoir acquis autant d'honneur que ceste trentaine de Grecs et Romains dont Plutarque a escrit, et outre cela avoir les historiens amis; sinon ils font du bon roy Minos le prince des enfers. Commandant en Normandie, voulant qualifier un menteur, je le nommois historien : adage qui a depuis eu cours par la France. L'argent noircit ou rougit le papier. Le sieur de Tavannes [duquel j'escrits] estoit trop genereux pour en donner, aussi les historiens en ont peu fait de mention au respect de ses merites. Les aveuglez d'ambition se font croire estre ceux de qui on a fait mention; plusieurs ont changé de noms : si j'avois merité d'estre escrit, une partie seroit sous le nom de vicomte de Ligny, puis vicomte de Tavannes, par fois capitaine de gendarmes, tantost colonel de chevaux legers aux guerres du Dauphiné, gouverneur d'Auxonne, d'Auxerrois, de Normandie, de Bourgongne; mareschal de camp, mareschal de France nommé, et depuis retourné à ce nom de vicomte de Tavannes, par le mespris et desdain que j'ay fait de toutes les charges et grades de France, qui sont en vente aux prix d'argent, donnez à des personnes sans merite ny honneur. C'est pourquoy j'ay peint en ma galerie ce mot : C'EST HONNEUR, C'EST ESTAT N'AVOIR EN CE REGNE NY CHARGE NY ESTAT. Les siecles, les regnes sont differents; la posterité regardera de quel temps les gentilshommes sont esté parvenus aux charges honnorables, mespriseront ceux qui les ont obtenuës au temps qu'elles se vendoient et se donnoient à personnes indignes; qui estoit une marque honteuse à ceux de vertu et de courage qui les possedoient ou poursuivoient en ce temps-là.

C'est peu d'ambition de desirer de gouverner les Roys; ils peuvent pourvoir aux charges pour acquerir de l'honneur, non le donner; il depend de nous : mieux vaudroit la reputation du gain d'une bataille ou d'une ville, que gouverner leurs Estats sans merites. Si les connestables, mareschaux de France et officiers de la coronne resuscitoient, il y en auroit un million. Pour acquerir ces grades par faveur, l'on est subjet à crainte, querelles, soupçon, perte de liberté, envie, incommodité; une fois obtenu, contraincts s'enfermer contre l'importunité, se voir donner au diable, plusieurs conspirent contre eux. S'ils sont capitaines, ils sont en crainte d'acquerir trop de gloire, trop de reputation, trop d'amis, qui est la mort et ruïne de ceux qui vivent sous les roys. Les Français, imitateurs des singes, montent de branche en branche, et à la plus haute monstrent le derriere; plusieurs, sans y penser, se perchent si haut qu'ils ne peuvent descendre. Le sieur de Tavannes, gouvernant la France durant les six mois devant sa mort, regrettoit la vie privée de laquelle la hauteur de son grade l'empeschoit. Un Spartain à Athenes, voyant condamner à l'amande un citoyen qui ne se mesloit de rien, requeroit de voir celuy qui estoit pris pour vivre heureusement, d'autant qu'en la ville de Sparte il estoit defendu de se mesler des affaires. Je remercie Dieu, qui m'a donné moyen de vaquer à son service, pour avoir esté condamné à ne rien faire, selon la loy des Lacedemoniens, pratiquée maintenant en France contre ceux qu'on presume avoir quelque esprit. Le roy Henry IV me confina chez moy, pour estre fils du sieur mareschal de Tavannes, que l'on dit avoir esté du conseil de la Sainct Barthelemy, pour avoir esté de la Ligue, et estre accusé à tort d'avoir de l'entendement, du credit, et pouvoir entreprendre, où je suis comme ceux qui sont dans les machines, voyans ceux qui tournent les roües d'icelles, et partant n'en admirent point les effects, ainsi que ceux qui par leur peu d'experience ne voyent que le dehors.

Je considere les officiers et mignons des roys, non en l'estat qu'ils sont maintenant, mais à celuy auquel ils seront d'icy à cinquante ans. Mon imagination voit le corps au travers de l'habillement, la poudre, la pourriture dans l'or, me souvenant du verset : Je les ay cherchez, et ne les ay peu trouver. Je demandois : Où sont ces corrompus medecins d'Estat? où ces generaux d'armées inimitables, ces financiers insatiables? combien ont-ils eu plus de mal et de regret de mourir, que ceux qui estoient de basse condition! et ne leur est resté qu'une grande reddition de compte devant Dieu, dequoy sont exempts ceux qui n'ont rien possedé. Un esprit solide leur eust dict : Gardez vos teriaques, vos habits de comedies [mais plustost de farce], qui ne durent qu'une année; laissez moy vivre et mourir à mon aise, et r'habiller par repentence et prieres mes fautes passées. Il ne faut couvrir l'ambition sous ce mot, que nous ne sommes pas naiz pour nous mesmes. Dieu n'a besoin de nous, il en suscitera assez d'autres pour executer ses commandements : la honte est assise aupres de l'honneur, l'un succede souvent à l'autre ; ils dependent plus de fortune que de nous. Si les honneurs et charges viennent, ils se peuvent recevoir, non pour principal but, qui doit estre à servir Dieu seulement, ains pour s'en departir legerement sans ennuy. Si l'inclination rend les esprits malades, ainsi que ceux qui prennent plaisir à se faire fouetter le visage à courre le cerf, d'autres à user leurs corps apres une balle de laine, ou qui prennent la tempeste pour tranquillité, ainsi que les hydropiques et desgoutez boivent et mangent ce qui leur est contraire, ils se doivent faire guerir par les sages.

[1556] L'obeyssance filialle, la persuasion des Anglais et le desir de s'affermir en ces nouveaux Estats, faict proposer la trefve au roy Philippe. Le roy Henry l'accepte, ou plustost le connestable, qui gouvernoit, craignant que ceux de Guise establissent leur credit par armes. La duchesse de Valentinois, maistresse du Roy, y consent pour avoir plus de moyens de recouvrer argent : la trefve pour cinq ans est publiée le quinziesme fevrier. Les factions de Montmorency et de Guise croissent : madame de Valentinois, liée d'amour au connestable et d'alliance à M. d'Aumalle, tient le milieu et esloigne la Royne des affaires et de son mary, encores qu'elle n'eust rien de beau par dessus elle, non sans soupçon de sortilege. La Royne s'en plaint au sieur de Tavannes, qui offre couper le nez à madame de Valentinois : elle luy objecte sa perte ; il respond qu'elle luy seroit agreable pour esteindre le vice, malheur du Roy et de la France. La Royne le remercie, se resout à patience. Villegagnon, par le commandement de l'admiral, descend au Peru (1), assisté des ministres huguenots. Dieu ruïne ses desseins et le renvoye en confusion. Carafe, pape, nommé Paul quatriesme, faict ennemis des Espagnols par la mort de Scaigne Colonne, son parent, estranglé au chasteau de Naples, et autres injures receües d'eux, estans ses predecesseurs partizans d'Anjou, au royaume de Naples, Charles Carafe son parent estant au service des Français, le porte sous la faveur d'iceux à recouvrer Naples. L'Espagnol en garde se pourvoit des soldats : Sa Saincteté, pour n'estre prevenu, en remplit Rome, desarme les suspects, prend le cardinal de Sainct Flour, Camile Colonne; et saisit leur chasteau : ils implorent l'ayde du roy Philippe, lequel secourt Marc Antoine par le duc d'Albe, reprend avec les chasteaux plusieurs territoires de l'Eglise, met le Pape à l'estroict. A ce malheur se joinct la reconciliation d'Octave Farnaise avec le roy d'Espagne, sans qu'iceluy eust esgard que l'Empereur estoit autheur de la mort de son pere en l'entreprise de Ferrand de Gonzague, et qu'il tenoit son salut de France : il reçoit Plaisance et le revenu de Novarre, et s'accorde avec l'Espagnol.

Les vieux experimentez en sain entendement peuvent par prevoyance donner des preceptes infalibles, l'ancienneté des esprits prophetise l'advenir par le souvenir du passé.

Dieu veut que sa religion soit preschée par tout le monde ; il n'a permis que les infectez d'heresie s'establissent aux Indes : ce seul sujet est cause que la France n'y a point de part.

Les grands proposent leur profit particulier à toutes injures ou bien faits receus, quelques grands qu'ils soient : les parens et alliez sont faciles à reconcilier aux despens de ceux qui s'y fient. Meritoirement les Espagnols demandent de grandes asseurances ou des places à ceux qui implorent leurs secours; les reconciliations advenans, il ne leur reste que la perte de leurs soldats et de leur argent; ce qu'ils ont experimenté en la ligue de France, et qui les rend plus tardifs à y employer leurs doublons, ayant tenté en vain de la diviser et d'en prendre leur part.

En juin arriva en France Charles Caraffe, faict nouveau cardinal : il demande secours contre les Espagnols de la part du Pape son oncle, excite le Roy par l'exemple de ses predecesseur, protecteurs du Sainct Siege, facilite la conqueste de Naples et de Milan. Sa Majesté, accoustumée se faire porter par autruy, ne peut marcher de luy-mesme, parle au connestable, qui, en dessein contraire, veut la paix pour abaisser ceux de Guise et favoriser le duc de Savoye. Madame la connestable sa femme, sortie du bastard de Savoye, la race de Coligny, yssuë de Bresse, l'inclinoit au Savoyard, et luy faict remonstrer l'interest de la foy rompuë à Sa Majesté.

Le cardinal, rebuté de luy, s'adresse à la seconde faveur, qui estoit MM. de Guise, les comble d'esperance du royaume de Naples, qu'il disoit apartenir à leur maison, à cause de René, roy de Sicile, et leur promet assistance. M. de Guise employe ses amis, M. le Dauphin par la royne d'Escosse, madame de Valentinois par M. d'Aumalle son beau-fils, qui gagne par amour le Roy, en fin le connestable, d'autant plus que son fils de Montmorency se vouloit de-

---

(1) C'est au Brésil que Villegagnon fonda sa colonie de Protestants en 1555.

flancer à Rome d'avec une fille de Pienne, et que c'estoit envoyer son ennemy M. de Guise en Italie, cymetiere des Français. La Royne ayde à ce voyage, hayssant le duc de Ferrare, et pour l'amitié de Strosse son parent, qui desiroit la guerre. Le secours du Pape resolu, le bruit fut semé faucement que les Espagnols avoient failly de prendre Metz et Bordeaux, qu'ils avoient mal traicté les prisonniers : dequoy M. de Boüillon (1) estoit mort en prison, par vengeance de la haine ancienne de ceste maison avec l'Empereur.

Le Pape promet des vivres, de l'artillerie, huict mil hommes de pied et huict cens chevaux legers. Le duc de Ferrare, allié avec M. de Guise, commande à toute ceste entreprise, avec huict mille Suisses, quatre mille Français et douze cens hommes d'armes. Les sieurs d'Aumalle, d'Elbeuf, de Nevers et plusieurs seigneurs l'accompagnent. Le sieur de Tavannes est faict mareschal de camp, charge qu'il n'accepte sans estre fort prié du Roy, duquel seul il dependoit. Sa Majesté le congedie à son regret : le gouvernement de Bourgongne avoit esté donné par la faveur de madame de Valentinois à M. d'Aumalle. Les premieres armées, ausquels courent les plus valeureux, inclinent le sieur de Tavannes en ce voyage d'Italie : pour tesmoignage que le Roy croyoit du tout à luy, il luy donne la lieutenance de Bourgongne, vacquant par la mort du sieur d'Espinart, dequoy il laisse la charge au sieur de Villefrancon son frere.

Anciennement il n'y avoit point de gouverneurs aux provinces de France; les seneschaux et baillifs y commandoient, les mareschaux de France à la guerre estoient employez au pays et frontieres où elle se faisoit. L'inconstance et importunité française fit creer aux roys des gouverneurs qui furent long temps sans lieutenans, lesquels en fin ils creerent pour commander en leur absence. Les roys, jaloux, voulurent que lesdits lieutenans se dissent lieutenans de leurs Majestez, et non des gouverneurs, les choisirent plus ennemis qu'intelligens d'eux. Le sieur de Tavannes les mit hors de page ; il disposoit de tout en l'absence du gouverneur, sans l'en advertir. M. d'Aumalle arrivant en Bourgongne, apres qu'il l'avoit veu une fois, il se retiroit en sa maison, et retournoit en la charge quand ledict sieur estoit dehors, conservant son autorité. Il se moquoit des affaires du gouvernement et de ceux qui en font les empechez, disoit qu'à temps de paix il n'y avoit à s'empescher pour une heure la sepmaine. Les estats des gens de guerre se dressent au conseil du Roy ; la cour de parlement exerce la justice, les finances sont interdictes aux gouverneurs, ils ne sont necessaires et peuvent nuire, prenant party contraire à Sa Majesté, peuvent preparer les armes et prendre les villes avant que d'estre aperceuz : le roy Henri IV, pensant y remedier, a quatre lieutenans generaux en Bourgongne en ce temps que j'escris, qui du vivant du sieur de Biron n'osoient rien sans luy, pour le peu de courage qu'ils avoient, la Bourgongne jugée d'importance, pour les derniers mouvemens qui en sont esclos en France et pour ceux advenus il y a sept vingts ans contre les ducs de Bourgongne. Sa Majesté recherche des remedes, à l'exemple des Huguenots, qui separoient les commandemens à plusieurs ; ce qui aporte d'autres inconveniens. Il seroit mieux oster tous les gouverneurs et lieutenans generaux de France, tenir la justice en force, et que les baillifs advertissent le Roy de ce qui se feroit en leur baillage, et aux guerres employer des mareschaux de France par commission, ou seigneurs signalez aux gouvernements, pour tant que la nécessité le requerroit; que si c'est un mal volontaire, faire les gouvernements triennaux, ainsi que l'Espagnol et Venitiens, qui s'en treuvent bien.

[1557] M. de Guise arrive à Turin, hasté du Pape qui avoit perdu Ostie et toutes les places d'alentour de Rome nonobstant la deffence de douze cens Français coulez à Rome sous les sieurs mareschal de Strosse et Montluc. Le sieur de Tavannes, commandé par M. de Guise, se presente à Valence, ville du duché de Milan, les laisse tirer les premiers à ce que la rupture de la trefve vinst d'eux ; faict des trenchées et approches, rembarre les sorties de plein jour, use de menaces, augmentées par l'arrivée de M. de Guise. Palvoisy, avec deux mil arquebusiers dans la ville fortifiée, estonné, se rend sans coup de canon ; en consequence la trefve est rompuë entre les roys : M. de Guise est blasmé que ce soit pour si peu d'effect, qu'il la falloit rompre ensemblement en Picardie.

Le mareschal de Brissac conseille d'attaquer Milan : M. de Guise ne le croit, marche vers Rome, donne courage au Pape de reprendre plusieurs petites villes. Sa Saincteté fait une trefve pour attendre sans peril M. de Guise ; et le duc d'Albe l'avoit accordée pour avoir temps d'aller mettre ordre à Naples. Le marquis de Pesquaire tente en vain faire effect sur l'armée de M. de

---

(1) Maréchal de La Marck, fils du maréchal de Fleurange. Il avoit épousé la fille de la duchesse de Valentinois.

Guise, pour le bon ordre du logis fait par le sieur de Tavannes, mareschal de camp. Le duc de Ferrare, general de l'Eglise, joinct M. de Guise, avec peu de force; s'excuse du voyage de Naples sur la conservation de son duché, conseille à M. de Guise d'aller à Rome. Le cardinal Caraffe, au contraire, luy donne advis d'entrer par la Marque d'Ancone au royaume de Naples; M. de Guise se plaint du peu d'apareil du Pape et de son pourparler de paix, et ne s'ose enfoncer dans le royaume de Naples sur les belles promesses de Caraffe.

Apres avoir pris Scapoli, assiege Civitelle, qui, bien munie et mieux deffenduë, le desespere de la prendre; indiscrettement se plaint du Pape au marquis Antoine Caraffe, l'injurie et frappe d'un plat d'argent, lequel offencé se retire sans congé; grande imprudence, d'offencer celuy dont le pluspart de l'entreprise depend, et qui peut entierement nuire. Le duc d'Albe approche pour lever le siege, advance trois cens chevaux et cinq cens Espagnols fantassins, sous dom Garcy de Tolede, pour jetter dans Civitelle; les sieurs de Tavannes, vidasme de Chartres et Sipierre les defirent heureusement. Tous les Espagnols qui y estoient furent tuez ou pris; leur maistre de camp, Pierre Henry, presenté prisonnier par le sieur de Tavannes à M. de Guise, lequel tost apres contrainct lever le siege, offre la bataille au duc d'Albe, qui la refuse, esperant à l'accoustumée la ruyne des Français par temporisement. Le comte Petilanes Jules Ursin, prindrent quelques places pour le Pape, sur Antoine Colonne, en la campagne de Rome. Marc Antoine fortifie Salimes; le duc d'Albe le secourt, defait le comte de Popoli, et remet le Pape à l'estroict, qui mande M. de Guise, lequel s'approchant de Rome, cognoist la foiblesse de Saincteté et du duc de Ferrare, qui avoient plus besoin de secours que d'en donner. Les deux factions des Colonnes et d'Ursin desirent la conservation du Pape par la paix.

M. de Guise recognoist tard son entreprise appuyée sur gens foibles, l'espoir du Turc frivole, sa descente à Naples empeschée par Contignac, ambassadeur de France à Constantinople, qui trompoit son maistre et estoit corrompu par le roy d'Espagne. M. de Guise se repent d'avoir creu ceux qui sont accoustumez d'appeller les Français pour [sous eux] faire leurs affaires, les trahir à la fin, et se reconcilier : il advertit le Roy du pourparler de paix, qu'il falloit plus de forces pour faire effect à Naples, et ne se fie qu'en soy-mesme. Il eust esté mieux de croire le sieur de Brissac : attaquant Milan, les forces de M. de Guise estans entieres et proches du secours de France, il eust forcé le duc d'Albe de quitter Rome pour venir secourir Milan, où il ne fust esté à temps, ou bien il l'eust contraint à la bataille. Les Caraffes eussent mieux aymé le royaume de Naples pour eux que pour M. de Guise; ils l'avoient demandé foible, à ce qu'il dependist d'eux. Cependant que Sa Saincteté traicte, et que M. de Guise attend nouvelles de France, se fit un duel entre Poulaigne, français, et un Italien, par permission de M. de Guise, contre l'advis du sieur de Tavannes, qui le mena au combat : le Français eut du pire. Peu auparavant, en l'an 1555, le sieur de Brissac permit de rompre des lances à M. de Nemours, MM. de Vassé, et de Traves français, contre le marquis de Pesquaire, de Malespine, et dom Albe; les princes faillirent d'atteindre, et les deux Imperiaux, tuerent les deux Français : l'honneur fut aucunement recouvert par Mouchat, qui perça de bende en bende le comte Caraffe, neapolitain, nepveu du Pape.

La quantité des places nouvellement fortifiées en Italie la fait croire de plus difficile conqueste quelle n'estoit anciennement : les remparts ne gardent les villes, mais bien le cœur des aguerris. Nos Français gardent des jardins, les Italiens perdent des forteresses; ils s'estonnent en un chasteau de Milan, et permettent de plain jour escheller des bastions par faute d'aguerriment. Les Romains par iceluy ont acquis la domination du monde, et par faute d'estre aguerris sont vaincus aujourd'hui : les terres portent les vignes et chevaux meilleurs, selon la bonté de la situation. La vaillance croist par tout : n'estant de l'opinion de ceux qui dient les habitants des pays froids avoir plus de courage, parce que le froid chasse le sang aupres du cœur, qui eschauffe leur resolution. Les Espagnols, venant de pays chauds, subjuguent partie du monde : l'ordre observé parmy eux en est cause. Charles VIII subjugua l'Italie aisement; les Italiens, plus aguerris, prennent le Roy à Pavie : à l'abordée les Français feront des miracles en Italie; si la guerre continue, les Italiens, necessitez d'apprendre l'art, les en chasseront, pour peu d'ayde estrangere qu'ils ayent; et si les Français deviennent oysifs [comme ils en sont en chemin] et que les Italiens s'aguerrissent par autres guerres, ils feront en France ce que les Romains y ont fait. Je concluds que l'aguerriment et continuation des guerres est source des conquestes et victoires.

L'aguerriment se change journellement; l'experience fait cognoistre le dangereux prejudice de la perte des batailles, qui est la perte et ruine des provinces, quelquefois des royaumes, estant la reputation perdue, laquelle maintient les Estats, qui esbranlée donne naissance aux revoltes et accroist les ennemis. Cela cogneu fait que toutes les nations s'empeschent de cest hasard, n'estant les victoires assurées au plus grand nombre, ny quelquefois au mieux ordonnez, y ayant des evenemens non preveuz : la fortune, le malheur, ou, à mieux dire, nos pechez dominent. C'est ce qui a fait avoir recours aux anciennes formes des Romains, qui fermoient leur camp avec des pallis qu'ils portoient avec eux, et apres l'entouroient de fossez ; les Allemands les environnoient de chariots, et le grand Turc faisoit un fort au milieu de son armée. Tellement que ceste invention de se retrancher n'est pas nouvelle, ains imitée des anciens, et fort usitée en Flandre en ces dernieres guerres avec facilité, pour estre non seulement la terre aysée à remuer, ains aussi le pays plein de canaux et de fossez, et naturellement fort ; et se sont tellement duicts à ces retranchements en Flandre, qu'ils n'ont point craint d'assieger des villes, approchant en forces esgales à leurs contraires, se retranchant tellement, et fermant de fossez tout leur camp, qu'à mesme temps ils assailloient la ville, et ne pouvoient estre forcez de lever le siege, ny dans leur retranchement. Ceste forme de camp fermé et fortifié n'est assaillie par ceux qui sont vrayement capitaines, puisque mesmes ils entrent en consideration ne devoir assaillir une armée qui auroit pris la scituation forte, ou la poste advantageuse, quoy qu'ils ne soient retranchez. La Flandre, le Milanais, la Savoye, les montagnes de Dauphiné, sont pays propres pour les retranchements, non si utiles aux guerres de France, où les campagnes sont grandes et ouvertes.

Quand il faut changer les logis de l'armée du matin au soir, les retranchements sont mal-aisez d'estre faicts si soudainement ; et quant aux pallis portez par les soldats et plantez à la haste, demeurans couverts de l'artillerie, ils ne servent pas. Pareillement le fossé bas et non parfaict ne couvrant la terre jetée au dedans des coups d'artillerie, il est dangereux de courir la mesme fortune que l'armée du Pape et des Espagnols fit à Ravenne, la où, n'estans leurs fossez parfaicts et bien couverts, M. de Foix les contraignit à coups de canon d'en sortir et venir à la bataille desadvantageusement, parce que les evenemens qui adviennent contre les desseins projettez avant le combat, apportent souvent un grand desordre, pour ne s'estre deliberé contre ce qui se peut presenter.

Les pallis enchaisnez peuvent servir pour soustenir la force de la cavalerie qui viendroit troubler l'armée avant que la fortification fust faicte. Et comme ils ne sont suffisans, le mieux est de promptement faire les fossez et remparts en telle profondeur que la terre qui en sort puisse eviter le danger de l'artillerie ; ce qui ne se peut faire bien promptement en quatre heures, comme le duc de Palme fit devant Lagny, lequel s'ayda des branches des arbres et fascines, qui est le vray moyen d'hausser incontinent un rampart.

La defence de ces camps fermez est en divers advis : aucuns disent que dix mil hommes se peuvent defendre contre quinze mil, qu'il est necessaire de mettre l'armée foible en bataille au milieu du camp fermé et tenir seulement des mousquetaires et arquebusiers dans les poinctes et au flanc ; que les ennemis ne peuvent passer les fossez qu'en desordre, et que, trouvant des gens en bataille bien ordonnez, ils sont aisement defaicts et rechassez dehors, entant qu'ils voudraient s'ingerer de passer le fossé et rempart pour venir au combat. Les autres disent qu'il faut defendre les remparts du camp fermé, comme on defendroit une muraille d'une ville assiegée : à quoy il s'objecte que si le rempart estoit gagné estant defendu de toute l'armée, qu'elle seroit en grand peril. Je croirois qu'il faut defendre les flancs et les poinctes avec la mousqueterie et piquiers d'escadrons vollans, qu'il ne faudroit jamais quitter ; avoir aussi des arquebusiers et mousquets sur les courtines, mais tenir tous les bataillons de gens de pied et les escadrons de gens de cheval en bon ordre dans le camp fermé, sans en tirer les soldats que par ordonnance et au besoin : ces camps ainsi fermez, il y a peu d'aprence qu'ils soient assaillis, et moins forcez. Estant repoussez d'un effort imprudemment tenté, le succez en advient du debandement ou de la defaicte des audacieux entrepreneurs, ainsi qu'il en advint à La Bicoque.

Les regles de l'ancien aguerriment faillent, à ce que nous tenons que, deux armées en presence, celle qui desempare la premiere court fortune. A quoy M. le duc de Palme remedia devant Codebec : il deloga en presence, mais ce fut de nuict, et apres avoir choisi une place de bataille où il se pouvoit rendre avant que les ennemis s'apperceussent quasi de son deslogement. Si ay-je opinion, principalement en France, là où les fossez et retranchements naturels ne sont si frequents qu'en Flandre et Milanais, qu'une armée estant suivie le lendemain qu'elle desloge, et n'ayant loisir de se retrancher, joint à la mauvaise opinion que les soldats ont d'une retraicte, qu'estans suivis de bonne heure se pourroit apporter du desordre à l'armée qui fait retraicte.

Anciennement les armées de France, d'Espagne, du Pape en Italie, ne demeuroient que fort peu de temps en mesme estat, et faisoient des progrez ou pertes bien tost, par gain ou pertes de batailles, sieges de villes en presence des ennemis, et autres desseins, qui donnoient l'advantage de la guerre bien tost à un des partys. Dernierement en Flandre, et à ceste heure en Savoye les armées font des camps fermez, se retranchent les uns aupres des autres, s'empeschent d'entreprendre l'un sur l'autre, et font durer la guerre ; ayant chacun deux grandes provinces au derrier d'eux qui les fournissent et de vivre et d'argent, y ayant de main gauche et de main droicte en Flandre le païs fort traversé de fossez, et en Piedmont de montagnes : tellement qu'ils ne peuvent quasi passer que l'un aupres de l'autre, avec de tres-grandes incommoditez. Et quand ils pourroient s'enfoncer dans le païs l'un ou l'autre, laissant une armée derniere, s'ils ne trouvoient à vivre dans la campagne, où il faut qu'ils se tiennent serrez, et n'y ayant ny villes ny forts qui les favorisassent, ils se trouveroient empestrez. Si sans intelligence ou faveur de villes il falloit s'advancer, il faudroit que le païs eust commodité de les nourrir, ou que ce fust en temps de moissons, ou que l'on fust assuré de prendre incontinent de grandes bourgades ou villes mal fermées, pour avoir commodité des vivres.

Les anciens, quand les grandes armées se trouvoient à front l'une l'autre, ils jettoient des aisles et des tranchées, faisoient des tours de bois ou petits forts de trois cens en trois cens pas, et taschoient, par ces longues aisles et fossez qu'ils faisoient à l'entour du camp des ennemis, de leur coupper le chemin des vivres, estendant ces fortifications sur tous les costez, et jusques au derrier. Et estoit à croire que ceux qui faisoient ceste entreprise estoient beaucoup plus forts et mieux aguerris que ceux qu'ils entouroient : ce qui seroit trop difficile en ce temps, tant pour l'impatience que pour l'artillerie.

Resteroit donc maintenant, ce semble, si deux armées quasi de pareille force estoient fortifiées à une mousquetade l'une de l'autre en plaine egale, et qu'ils fussent esté si advisez qu'il n'y eust point d'eminence de part ny d'autre, parce que, s'il y en avoit une, l'advantage seroit du tout du costé de celle qu'elle seroit ; et celuy qui seroit le plus fort d'artillerie et de munitions pourroit faire un grand et haut cavalier de terre et de fascines, lequel, commandant dans le camp ennemy, les pourroit desloger.

Et au lieu des tours que les anciens faisoient, ceux qui sont en plus grand nombre dans les camps peuvent construire des petits forts de cinq cens à cinq cens pas, pour entourner et incommoder les ennemis, ou leur donner sujet de les attaquer, et par ce moyen venir à la bataille.

Ceste façon de guerre sera malaisement usitée en France, pour le grand espace des campagnes et incommodité de vivres ; et ne pourroient les armées estrangeres esloigner les frontieres, et seroient contraincts d'user de combat, qui est une grande incommodité quand les armées y sont reduictes ; et les plus fortes contraindroient bien tost les plus foibles à desloger en presence, leur coupant les vivres. Je ne dis pas que les armées ne puissent tousjours vivre en France, qui est si abondante en vivres, pourveu qu'elle marchast quasi tousjours ; mais je dis que, marchant pour vivre, ils ne se pourroient retrancher valablement et seroient bien tost contraints à la bataille. Ainsi le mieux seroit, pour une armée estrangere, ne s'enfoncer point dans la France, et l'assaillir pied à pied, ne laissant derrier ny villes ny forts, qui pourroient estre tousjours secourus de vivres de leur pays et province. Fors et excepté pourroient-ils marcher en avant, s'ils n'avoient bonne intelligence et fussent joincts à quelque faction de France qui possedast des villes, mesmement sur les rivieres.

En effect, les camps fortifiez pour le mieux doivent estre des deux parts du costé des ennemis sur des colines ou petites montagnes, qui empeschera l'artillerie ennemie qui est au bas de contraindre à sortir pour la bataille. Ou si le retranchement est en plaine, et non à l'espreuve, s'ils ne veulent sortir, il faut que les capitaines trouvent du couvert, ou qu'une partie des soldats se couchent par terre et endurent patiemment la fureur du canon jusques à la nuict, qu'on pourvoira au changement de logis ou à donner la bataille.

Les secretaires, agens et negociateurs de ceux de qui nous dependons, ne se doivent mescontenter, ny accuser, sous esperance de mieux traicter avec leurs maistres, vers lesquels lesdits agens sont establis, et ont cognoissance de leurs humeurs, et feront tousjours trouver les deportemens de ceux qui les blasment desagreables et mauvais aux princes leurs maistres, encore que ce soit contre l'utilité d'iceux, parce que leurs maistres les croyent, et un simple mot qu'ils escrivent à leurs amis ruïne ceux qui les veulent ruïner. M. du Maine, traictant avec l'Espagnol, mescontenta don Diego Divarro pretendant traicter en Espagne et le faire revoquer de sa charge : dom Diego, par ses amis, ruïne M. du-Maine, le met en soupçon ; et fut renvoyée toute la negociation et traictez audit dom Diego, croyant les souverains esloignez ne pouvoir decider si bien les affaires que leurs agents qui les cognoissent, ausquels ils sont presents, qui faict qu'ils se reglent selon leur advis; il faut gagner l'agent, qui veut jouïr du maistre.

En plusieurs duels qui se sont faicts en Italie, les Italiens ont egalé les Français; leur artifice, adresse et subtilité est plus grande, d'autant plus que les Français les passent de vaillance: ils ne se jettent au combat sans sçavoir quelque finesse qui egale le courage des Français, sans laquelle ils seroient tousjours vaincus, pour estre les dicts Français plus courageux qu'eux. C'est pourquoy je leur conseillerois [s'ils avoient l'election des armes] de se battre à pied et en chemise, où sans doute ils auroient le dessus facilement.

La trefve rompue par la prise de Valence, le mareschal de Brissac prend Valfenieres en traictant, Queyras de force, et fut repoussé de l'assaut de Calvi; l'approche du marquis de Pesquaire luy sert d'excuse honneste d'en lever le siege pour l'aller combattre. Il est contrainct de se retirer avec son infanterie par les montagnes, debandant sa cavalerie dans Foussan, qui est investy, et la cavalerie defaicte en voulant sortir mal à propos. Le roy Philippe se prepare contre le Pape et le Roy, et quant et quant se met sur la defensive à Naples et sur l'offensive en France, fortifié des Anglais, qui defient le roy Henry. L'Espagnol assemble quarante mil hommes; Sa Majesté cognoist sa faute d'avoir envoyé en Italie, veut renvoyer querir M. de Guise, l'accuse et blasme du malheureux succez du siege de Civitelle. Diane de Poictiers, pour l'amour de son beau-fils d'Aumalle, les cardinaux de Lorraine et de Guise [favorisez par le mariage d'Escosse de M. le Dauphin à leur niepce], r'abillent ce mescontentement.

L'admiral de Chastillon rompt trop tost la trefve, faut Douäy et pille Linx en Artois: quatre mois se passent en preparatifs; les Flamands faillent Rocroys. Le roy Philippe faict estat de trente mil hommes de pied et douze mil chevaux, qui s'assemblent sous le duc de Savoye et comte d'Aiguemont pres Guise; feignent l'assieger, investissent Sainct Quentin mal muny, esperans la prise ou la bataille. Le connestable, moins accompagné à cause du voyage d'Italie, assemble à Attigny six mil chevaux et vingt mil hommes de pied, jette l'admiral de Chastillon, avec deux cens chevaux, de nuict à Saint Quentin, qui le treuve mal pourveu, abandonne le faux bourg, a du pire à une sortie, et demande secours. Le connestable y envoye M. d'Andelot, qui est defaict: l'armée de quinze mil Anglais aux assiegeans redouble l'importunité de secours pour les assiegez. Le connestable, interessé en son nepveu au service de son maistre, passe sur toutes difficultez que sa passion luy facilite, resout de secourir Sainct Quentin sans combattre avec le meilleur de son armée, laissant les bagages.

Toute l'armée espagnolle estoit logée au delà des marets; il n'y avoit que quinze cens hommes qui gardoient le faux bourg du costé de la France, entre lesquels et la ville passoit le marets. Le connestable arrive: ne pouvant forcer le faux-bourg des Espagnols essaye en vain de donner secours par batteaux; il en est empesché de la vaze et confusion. Il tire quinze coups d'artillerie dans le camp du duc de Savoye, ledict marets entre deux, sur lequel, à une lieuë de la ville, ils estoient advertis d'un passage mal recogneu par ceux de M. le connestable, qui l'avoient asseuré qu'on n'y pouvoit passer que quatre chevaux de front, que les ennemis ne pouvoient passer en quatre heures: il redouble sa faute, envoye une cornette de reistres, gens mal aguerris, pour prendre garde au lieu qui estoit le plus important. Le duc de Savoye, qui avoit preveu ce qui pourroit advenir, se r'asseure, se met en bataille avec le comte d'Aiguemont, passe ce marets trente de front, renverse les gardes sur les bras du connestable, lequel à peine croyoit ce qu'il voyoit, et admonesté de charger les premiers passez, luy, ayant pris sa resolution du logis, ne donne lieu à celle que l'evenement et occurrence luy devoit faire prendre, et croit ce qu'il avoit en sa teste, de se retirer sans combattre: repousse le nouvel advis, se persuade que l'armée ne pouvoit si tost passer; rabroué, injurie tous ceux qui parlent à luy, defend de se mesler, sur peine de la vie, esperant tousjours se retirer sans combattre.

Huict escadrons, composez de sept mil chevaux passez, s'hardierent l'un l'autre, voyant le dos de ceux qui se retiroient. M. d'Anguien mande au connestable qu'il ne vouloit estre tué par derrier, et tourne au combat accompagné, comme ceux qui s'y sont treuvez sçavent qu'en une retraicte il est mal-aisé d'estre bien suivy à la resolution laissée, puis reprise, de faire une charge. Le comte d'Aiguemont et de Pont de Vaux enhardis, voyant tourner tous les valets et bagages que l'on faisoit gagner le devant, soustenus du duc de Savoye, chargent avec sept mil chevaux, rompent et tuent M. d'Anguien, chef de la retraicte, mettent en route la cavalerie, renversent morts sept cens gentilshommes et cinq mil hommes de pied. Le connestable est pris et blecé avec MM. de Montpensier, Sainct André, de Longueval, de Mantouë, de Vassey et plusieurs autres. Les soldats fuyans appelloyent MM. de Guise et de Tavannes, disans que s'ils eussent esté là ce malheur ne fust advenu. La victoire est suivie trois lieuës; MM. de Nevers et de Bourdillon, avec le tiers de l'armée, se sauverent. Le neufiesme d'aoust, jour Sainct Laurens 1557, le Roy r'asseure les Parisiens, qui abandonnoient leurs murailles, faict nouvelles levées, renvoye querir M. de Guise et partie des forces du sieur de Brissac, lequel [dependant de sa valeur] ne s'estoit jetté à pas une des deux maisons de Guise ny de Montmorency; il s'estoit mis du party du Roy, qui estoit le plus foible : Sa Majesté estant mesme partisant de ces maisons, ledit sieur de Brissac luy conseilloit au contraire de s'en faire croire et de manier ses affaires luy-mesmes; monstre que ceux des autres leur estoient recommandez plus que les siens, et que leurs passions ruïnoient Sa Majesté et son Estat.

Le duc de Savoye mesprise le conseil d'aller à Paris, faute de cognoistre son heur et sa force; continuë son siege, où le sieur d'Andelot, entré pendant la bataille, y porta peu de fruict. Le roy Philippe y arrive; apres trois grandes bresches faictes, la ville est emportée par un assaut general le vingt septiesme d'aoust 1557, qui fut suivie de la perte du Castelet. Les accidents accoustumez aux armées victorieuses arrivent à celle du roy Philippe, qui s'enyvrent de la prosperité, deviennent plus hautains et glorieux, se mutinent pour le butin et demandent de l'argent, empeschent les progrez et le fruict de la victoire.

En ce mois, le Pape et son ambition d'avancer ses parens à Naples, et la haine des Espagnols, se refroidit en luy par l'impossibilité et crainte du danger où il s'estoit veu, desire la paix : son irresolution resolue par la perte de la bataille de Sainct Quentin, il la conclud avec le roy Philippe, d'autant plus commodement, que M. de Guise le consent, lequel estoit mandé de de France. Le duc d'Albe entre à Rome, M. de Guise et partie de ses forces s'embarquent à Ostie, laisse un pesant faiz au sieur de Tavannes, de ramener l'armée parmy tant d'ennemis. Le roy Henry se plaint d'avoir esté mal conseillé, chacun le rejette sur son compagnon : ceux de Montmorency blasment la foy rompue par l'ambition de ceux de Guise, qu'ils accusent avoir eu volonté de se faire roy de Naples et le cardinal de Lorraine pape. Eux disent au contraire que le mal n'est venu de la rupture de la trefve, ains de l'imprudence du connestable, qui a hazardé et perdu mal à propos la bataille de Sainct Quentin. Ceste entreprise fut mal considerée de toutes parts, et plus de ceux de Guise, qui laissoient de vrays ennemis en France qui leur pouvoient nuire, pour suivre de feints amis en Italie, avec de si petites forces qu'ils ne leur pouvoient donner la loy, et qui ne devoient faire doute que la guerre n'en reüssist; ou il ne faloit tirer la noblesse de France, ou entreprendre plus pres pour la secourir au besoin.

Aux resolutions importantes il faut estre en soupçon de nos passions, inclinations et ambition, qui aveuglent les perils, precipitent les resolutions; le soupçon de nous-mesmes et de nos imperfections doit redoubler nos considerations : le conseil des sages non partisans en est le remede, et les nouveaux evenements importans doivent changer les resolutions du logis, d'autant que la guerre se fait à l'œil, les evenements de laquelle sont fortuits et plus à observer quand ils sont contraires que lors qu'ils favorisent.

Il est malheureux qui sert ceux qui se laissent posseder par leurs serviteurs, qui ne voyent que par leurs yeux, n'oyent que par leurs oreilles, et ne sçavent se servir du conseil que les gens de bien leur donnent, dependre d'eux est estre rien, puis qu'eux-mesmes sont des factions de leursdicts serviteurs, lesquels s'ayment mieux que leurs maistres, et leur donnent des conseils selon leur interest, et ruïnent ceux qui les veulent faire voir clair.

Les idolatres romains font honte aux Chrestiens, parce qu'ils ne commençoient guerre sans envoyer defier leur ennemy et sans advertir leurs voisins de la justice de leur querelle. Surprendre pour avoir esté surpris, tromper les trompeurs, n'est pas sans contrarieté d'advis s'il doit estre permis à gens d'honneur. Les roys, les princes punissent les assassinateurs, et font pendre ceux qui tuent meschamment sans avoir adverti leurs ennemis de mettre les armes à la main; et ces mesmes roys, preparez secrettement, tout d'un coup inondent un pays, le comblent de fer, de feu, de sang, sans advertir ny defier leurs contraires, lesquels non seulement se devroient defier, ains faire declarer les guerres justes par Sa Saincteté, ou qu'il y eust tant de droit en leur entreprise qu'il ne peust estre mis en doute.

Le general ne se doit rendre si rude, que les capitaines et soldats craignent de luy parler et donner advis de ce qu'ils sçavent. Il se perd beaucoup de bons advertissements couverts de ce mot : Nous ne l'eussions osé dire, craignant d'estre moquez ou injuriez de nostre chef. Ceux qui sont en grandes charges se laissent aisément couler à ce vice : la presomption, la colere, les empeschements des affaires, l'inobeïssance, rendent chagrins ceux qui commandent. Il se faut advertir et prevenir soy-mesme pour ne tomber en ceste faute, et tenir le milieu, pour aussi ne donner licence au commun de crier et contrefaire les capitaines et conseillers, au mespris et confusion du chef et des affaires, et ne fermer la bouche aux sages et experimentez qui n'en abusent point, et, pour leur donner plus libre accez, se familiariser discretement.

C'est la perfection d'un capitaine de recognoistre s'il se peut retirer sans combattre : ces belles retraictes des Français qui se sont faites, ont esté devant des Espagnols et Italiens consideratifs; s'ils eussent eu à faire au roy Henry IV ou aux capitaines de son temps, qui debandent deux cens arquebuziers à cheval qui tirent dans les reins et commandent à quarante cuiraces de se mesler ou de se perdre, suyvant avec le gros en ordre, ils ne se fussent demeslez ny venus au bout de ces belles retraictes. C'est fuyr de se retirer au grand trot; il n'y a plus d'obeyssance ny de commandement, et ne tient qu'à l'ennemy d'avoir la victoire. Le general advisé doit supputer le temps, disant : Quand je tourneray ils suivront au trot; je gagneray cet advantage avant qu'ils viennent à moy, puis j'auray moyen de m'en aller. Il ne s'y faut tromper : quand l'on juge de la difficulté à se retirer, il vaut mieux hazarder tout et se souvenir que dez l'heure que l'on tourne le courage diminuë tellement aux hommes, qu'il est mal-aisé de les mener apres tous à la charge. Si c'est pour entreprise, supputer l'heure que l'on advertira les troupes, celle qu'il faut pour porter l'alarme, le temps qu'il faut aux ennemis pour monster à cheval, le temps que l'on aura pour faire l'effect que l'on desire et pour se retirer : compter le temps des advertissements que peuvent porter les espions, sçavoir les passages, rivieres et montagnes; quel temps pour passer les lieux estroicts, et en prendre tousjours d'avantage qu'il n'est necessaire. Si M. le connestable eust mieux recogneu le lieu où ils passoient trente de front, et que les inexperimentez avoient dit n'y en pouvoir passer que trois, et que, ne les croyant, il se fust mis en bataille sur le passage, chargeant les premiers passez, il eust peu attendre la nuict pour se retirer; mil chevaux eussent faict l'effect qu'il vouloit faire, et n'eust hazardé l'armée : les grands ambitieux veulent tout faire et sont jaloux de la reputation des autres.

Qui a le dernier pain et le dernier escu est victorieux; l'un est plus vray-semblable que l'autre : l'honneur, l'offence, l'affection, suportent le manquement d'argent et non de vivres. Le camp fortifié au pied d'une grande ville où s'assemblent deux rivieres, ne peut estre forcé au combat : de trois pointes de pays separez de rivieres, l'un peut estre tousjours libre; l'armée seulement asseurée d'une riviere peut estre incommodée des plus puissans de cavalerie, faisant des forts et des ponts haut et bas de la riviere, pour rompre les vivres de tous costez. La grande multitude de soldats et de citoyens assemblez, proches et dans une ville, perdent et gastent beaucoup de vivres. Il y a deux remedes à l'armée affamée ou incommodée : l'un, d'entreprendre de nuict, sur la place de bataille de ses ennemis, là où la cavalerie logée au large ne se peut rendre si promptement, et qu'autant que pouvoir venir à l'alarme ils trouvassent leur infanterie defaicte et leur artillerie prise. Cecy est dit pour ceux qui auroient esté si indiscrets de loger trop proche le corps de leur armée, dont les membres de cavalerie [pour la commodité du logis] seroient separez. L'autre moyen est de descamper nuictamment, sans que les ennemis s'en apperçoivent, et se retirer à cinq ou six lieües en une assiette plus forte et plus commode; les ennemis, oyant le bruit du deslogement de nuict, n'osent poursuivre, craignant les ruses de leurs contraires. Le premier de ces moyens fut proposé et non executé à la prise de Lagny par le duc de Palme contre Henry IV; et le second [retraicte de nuict] fut executé à Codebec. Des armées campées en plaines, les plus forts de cavalerie incommodent les autres, allant souvent à la guerre du costé que viennent les vivres, et ont de l'advantage de ne pouvoir estre si aisement forcez à la bataille, leur estant indifferent de remuer souvent leur camp, pourveu qu'ils choisissent des assietes telles, que, pour venir à eux, les forts d'infanterie soient contraincts de passer les plaines, avec ceste exception de telle vigilance, qu'icelles ne puissent estre passées soudainement de nuict, sans alarme, et sans avoir moyen de les combattre.

Les camps fortifiez des anciens sont pratiquez maintenant; les Espagnols y contraindront les Français. C'est beaucoup de se mettre en estat de n'estre battu; le prejudice et dommage qui suit la perte des batailles fait rechercher les moyens de les eviter, et ne les hazarder qu'avec grandes arres de victoire. L'eminence, l'eau, le bois, l'air, la terre facile à manier, se considerent aux assietes; un bois, une riviere en flanc, rend moindre le travail de la closture du camp, qui se fait au commencement quand on est pressé de chariots, et, s'il y a loisir, avec terre et fascines en courtine, repliées ou flanquées par petits destours et avancements. Et pour plus de force et seurté, seroit necessaire de construire des forts advancez à cent pas de la closture du camp, qui se flanquassent les uns les autres, et la courtine du camp tellement disposée, qu'elle defende ces forts du moins de deux costez ; ce qui se pourroit mieux juger par le portrait que par escrit. Les bois sans fossez aux foibles d'infanterie ne servent de couverture ; ils se peuvent gagner par les plus forts s'ils ne sont un peu remparez et flanquez. Sera necessaire d'observer des yssues, et, selon la commodité, faire que la cavalerie puisse aller à la charge. Les camps de bois inventez par aucuns ne sont utiles, puis que les chariots peuvent servir de ce qu'ils servoient, qui est d'empescher la soudaine entreprise des ennemis. Ny les bois, ny les pallis portez par les Romains, ny mesmes les chariots ne servent maintenant que pour donner loisir de lever un terrain à cause de l'artillerie, ou un petit rempart fasciné, pour se parer des canonnades ; autrement, approchant des coulevrines d'une closture de bois ou chariots, ils contraindroient ceux qui y seroient enclos, ou de s'avancer pour venir au combat, ou d'estre fort endommagez. La closture de terre, moyennant qu'il y ait quantité de bois proche [seul moyen de l'hausser], se peut mettre en defence en vingt-quatre heures.

Ceste route, cet estonnement, estant les meilleures forces en Italie, font penser que si le duc de Savoye eust suivy sa victoire, qu'il pouvoit faire beaucoup de mal à Paris. La difficulté de le garder s'il l'eust pris, ayant la France contraire et une armée pleine de butin alleguée ; il se respond que vingt mille Anglais de nouvelle descente joints à l'armée du roy Philippe, eussent esté bastans pour la conserver et sortir en campagne. Le roy Henry quatriesme, en l'an 1589, faillit de peu de prendre Paris à coups de petards par la porte de Sainct Germain, qui fut un temps abandonnée : si par eau il eust donné à l'isle du Palais, il l'emportoit. Il avoit gagné les faulx-bourgs, par l'imprudence du sieur de Rosne, qui pensoit garder ceste grande enceinte avec peu de gens, où il falloit cent mil hommes ; sur son asseurance le peuple des faulx-bourgs perdit le bien et la vie ; il failloit commander de retirer le meilleur à la ville, deffendre les ruës des faulx-bourgs par barricades tant qu'il se pourroit, sans s'y engager, à cause que les ennemis gagnent le derrier et le dessus des maisons.

Ce fut la faute de M. du Mayne d'avoir laissé sortir le Roy de Diepe à l'arrivée de M. de Longueville, non la mienne, qui luy conseillay trente fois de combattre l'un ou l'autre, pouvant dire que Paris estoit perdu pour la Ligue sans l'extreme diligence que moy, estant mareschal de camp, fis faire à l'armée de mondict sieur du Mayne, ayant fait en un jour dix lieües chargé de grand nombre d'artillerie et de bagage, passé une grande riviere, refait le pont Saincte Messance sur la riviere de Somme, lors que Paris consultoit de sa reddition ; nous y entrasmes à deux heures apres minuit. Je conseillay de prier Dieu, de repaistre et sortir dans les faulx-bourgs par toutes les portes sur l'armée du Roy, fort empesché, par sa propre confession, veu le grand pays de faulx-bourgs qu'il gardoit. Les considerations de M. du Mayne l'emporterent. Sur le midy, estant monté au clocher Sainct Victor avec luy, je m'offris, voyant leur armée estendue en tous leurs faulx-bourgs, de donner dans celuy de Sainct Marceau, divisant les forces de Sainct Germain et de Sainct-Victor en deux, et eussions contrainct le Roy de desloger en desordre s'il y fust demeuré : nos conseils estoient si froids, qu'encores que nous fussions plus forts que luy, non compris ceux de la ville, je ne sçay si nous nous fussions laissez assieger. Sa Majesté cognoissant le peril où il estoit, desloge dés la pointe du jour, laisse M. du Maine à Paris, apesanty et chargé de ses propres forces, qui luy demandoient de l'argent.

Si telle chose advient jamais à ceux qui commanderont à Paris, et que les faulx-bourgs soient en l'estat qu'ils sont, je leur conseille de les defendre par barricades, sans s'opiniastrer contre le canon, et aux roys de se moquer de leurs predecesseurs constructeurs de ces grandes enceintes, qui requerroient cinquante mil hommes de garde. Il faudroit se restraindre à fortifier le fauxbourg Sainct Germain, et rompre les murailles de la ville qui sont entre deux, et ruiner les deux tiers de ces grandes ruës des autres faux-bourgs, et fortifier en tenailles ce qui resteroit le plus pres de la ville, et faire des pointes dont les angles approcheroient des murailles de la ville, finissant les pointes ausdicts tiers desdicts fauxbourgs que l'on voudroit garder. Les roys ne la fortifieront jamais, n'y pouvant faire facilement des citadelles vallables ; et cognoissant la legereté du peuple, ils veulent qu'elle demeure foible, l'ayant veu par trois fois anglaise, bourguignonne et espagnolle ; et quiconque la tiendra en sera tousjours bien empesché : mais si la division de l'Estat advient, elle sera ruïnée et fortifiée, si Dieu n'y met la main. La vraye force du royaume est celle qui tient la campagne ; le plus grand advantage de tenir Paris est l'exemple que les autres villes prennent pour suivre le mesme party.

L'an 1557, les estrangers croyent que toute la noblesse de France est morte ou prise, tant en France qu'en Italie, et que le royaume est en proye. A ce bruit Paule-Ville, du comté de Ferrette, cousin du sieur de Tavannes [estant la maison de Tavannes, de laquelle estoit sa mère, extraicte des principaux dudict comté], entreprend en Bourgongne pour le roy Philippe, avec dix mil hommes. Il y treuve le sieur de Villefrancon, frere et lieutenant du sieur de Tavannes au gouvernement, avec tant d'ordre et prevoyance en la garde des places et rupture des intelligences, qu'il fut contrainct changer de dessein. Le sieur de Villefrancon, fortifiant par tout, abat l'eglise Sainct Nicolas, située au faux-bourg de Dijon, qui commandoit sur le rampart de la ville : en recompense et par pieté [contre l'utilité de sa maison, et pour le public], il donna la chapelle Sainct Nicslas dans la ville, qui avoit esté construicte et fondée par ceux de Saulx, qui maintenant est une eglise parochiale. La ville de Dijon, pour lors foible, fut fortifiée, depuis de deux boulevarts, dont l'un se nomme encore aujourd'huy le boulevart de Saulx, par le sieur de Tavannes, à son retour d'Italie.

L'intelligence, le dessein de Paule-Ville rompu par le bon ordre mis en Bourgongne, il passe par le Comté, assiege Bourg, où estoit le sieur de La Guiche, successeur du sieur comte de Morvel, qui avoit participé à la defaveur du cardinal de Tournon, oncle de sa femme. La Guiche en crainte, la ruyne de ceste armée est destinée au sieur de Tavannes, ramenant celle de M. de Guise d'Italie. Il s'approche au mois d'octobre 1557, fait lever le siege de Bourg avec plus d'apparence de fuitte que de retraicte. En ce voyage d'Italie il s'estoit fait une defaicte de quatre cens chevaux, cinq cens hommes de pied, dont il eut l'honneur, joinct à celuy de ramener l'armée en seurté, et à son arrivée en defaire une plus grande. Il fut victorieux de dix mil hommes de pied et douze cens chevaux sans combattre : Paule-Ville n'en ramene que trois mil au roy Philippe, et le reste s'estoit debandé.

Madame de Valentinois, voyant le connestable pris et blecé, panche du costé de ceux de Guise, attirée de son beau-fils d'Aumale joinct au cardinal de Lorraine, dont le Dauphin en ce temps avoit espousé la niepce, royne d'Escosse. Double faveur, de folles amours à madame de Valentinois, et d'amitié envers M. le Dauphin son fils, possede le Roy non accoustumé d'agir de soy-mesme, et, en crainte du credit de M. de Guise, quasi forcement luy accorde la lieutenance generale. M. de Vendosme n'estant assez experimenté, M. de Nevers ayant esté participant du desastre de Pavie, ils sont postposez en ceste charge de lieutenans à M. de Guise, laquelle il obtint au regret des partisans de Montmorency. Le dixseptiesme septembre 1557, le roy Philippe bat et prend Han, surprend Noyons et Chauny, les fortifie; M. de Nevers Compiegne; le roy Philippe laisse ses places garnies : l'hyver les fait retirer.

La cognoissance des humeurs et inclinations des hommes est necessaire à ceux qui les veulent gouverner : l'amour des femmes, amitié des hommes, crainte d'infortune, espoir d'honneur, avarice, vengeance, voluptez, ambition, envie, sont les passions des princes qu'il faut cognoistre, et eviter l'opinion qu'ils prenent que l'on est interessé aux conseils que l'on leur donne, se faire croire estre touché du particulier de ceux que l'on veut persuader, feindre quelquefois que l'advis vient d'eux, les y laisser tomber d'eux mesmes s'il est possible avant que se descouvrir, ou les faire proposer par autre pour avoir plus de force à conclurre; et souvent s'opposer à ce qu'on voudroit qu'il fust resolu, interposer des personnes agreables, ne paroistre affectionnez : les passions cogneües, l'on est jugé partial, et de tels les conseils sont rejettez. Prendre garde à la creance qu'aucuns envieux veulent donner au prince, qu'il se dit par tout que toutes ses actions honnorables ne sont de luy, et qu'il se laisse gouverner, ce qui leur fait rejetter les conseils salutaires qui leur sont proposez, mesmes par les amis auxquels ils deviennent ennemis, estant un mauvais office que l'on fait à ceux qui sont favorisez des princes, de leur dire qu'ils se laissent gouverner par un particulier.

La conscience et bon naturel doit faire agir pour le public, non la recompense ou la reputation qui s'en espere. Rien n'est plus ingrat qu'un peuple; travailler pour tous, c'est travailler pour nul; le particulier n'en sçait gré ny n'en a souvenance, et leur semble chose deüe : se proposent follement que s'ils estoient en charge ils feroient mieux; que l'on est assez recogneu d'avoir l'honneur de commander, la recompense s'en doit esperer au ciel, et la satisfaction à nous-mesmes d'estre bons patriotes, sans l'esperer du prince ny du peuple.

Le roy Henry avoit des deniers, lesquels luy avoient esté accordez par les estats assemblez à Paris; l'alarme, la bataille perduë, font mander toutes les forces du dedans et du dehors du royaume; toute la France y court. M. de Nevers fortifie un camp pres Compiegne, se met sur la defensive; M. de Guise arrive avec la lieutenance generale, l'armée s'accroist de celle d'Italie, Suisse et lansquenets; ne pouvant en hiver assaillir la frontiere, resout l'execution de l'entreprise de Calais, premeditée par M. de Senarpont (1), que M. le connestable a dit depuis estre de son invention.

(1) Gouverneur de Boulogne-sur-Mer.

[1558] Le sieur de Tavannes est mandé pour avoir son advis. Il fit cacher ses armes dans ses coffres, dit que c'est pour des tournois. Par son conseil est feint d'envoyer M. de Nevers attaquer Luxembourg, proche duquel il devoit renvoyer ses forces à M. de Guise, qui, faisant semblant visiter les places de Picardie, marche à Calais, prend le fort de Neully, empeschant la venuë de terre, et celuy de Richeban, qui gardoit celle de mer; monstre de vouloir battre la porte de la mer, canonne le chasteau, qui pour estre creux, la bresche fut incontinent raisonnable : le fauxbourg de l'eau gagné, le chasteau est emporté d'assaut. M. d'Aumalle et le sieur de Tavannes y demeurent pour le garder la nuict, et en vain furent assaillis diverses fois des Anglais pensant regagner leur perte; dequoy desesperez, ils capitulent avec le sieur de Tavannes, mareschal de camp, qui fut ordonné de M. de Guise pour entrer dans la ville.

Il choisit douze gentils-hommes des meilleures maisons de France, l'un desquels estoit le sieur de Mortemart, qui avoit bien fait en ce siege, et espousa depuis la fille aisnée dudit sieur de Tavannes. Entrant dans la ville, tous les Anglais avec grands hurlemens quitterent leurs armes; le sieur de Tavannes avec ses douze gentils-hommes sans confusion donna si bon ordre, que la capitulation fut observée. Son butin fut en livres grecs, hebrieux et latins, qu'il donna à son frere de Villefrancon, amateur des lettres. Calais pris en janvier 1558, en sept jours par M. de Guise, Guines fut pris deux jours apres : le millort Grec rendit le viel chasteau sa vie sauve; ensuite fut la conqueste de la terre d'Oye, à la consolation des pertes passées de la France. M. de Guise, sçachant le sieur de Tavannes avoir le mieux fait en ceste conqueste, luy donna le millort Grec pour prisonnier, qu'il envoya à Dijon, et en tira dix mil escus, avec lequel il escrivit à sa femme que renard endormy n'a la gorge emplumée.

Deux forts gardoient Calais, un en mer et l'autre en terre; c'a esté bien advisé les ruiner tous deux, pour fortifier la ville; leur prise espouvante et sert de blocus. Du costé de la mer y a un petit faux-bourg entier lequel a esté fait de mauvais bastions; c'est l'endroit le plus foible, les Espagnols l'ont pris par là. Les chefs sont blasmables, qu'ils ne remedient aux villes qu'ils prennent, aux intelligences, trahisons, vivres, fortifications qu'ils donnent : remarquer pour les reprendre s'ils les perdoient; aucuns ont fait des voutes souterraines et trous secrets pour cet effect. Ceste ville fut prise des Anglais en l'an 1347, apres que Jean de Vienne, admiral de France, bisayeul de madame de Tavannes, l'eut gardée un an, et ce avec d'autant plus d'honneur, que M. de Guise en chassa les Anglais en huict jours, et le sieur de Rosne et le comte de Fointe en quinze les Français.

Les entreprises sans ou par intelligences, par escalades ou surprises de portes, sont fautives; les intelligences sont les plus certaines : une femme, un bruict, une inconsideration de soldats, arrivée d'une heure trop tost ou trop tard, l'espouvante, la crainte, rompt le dessein. Celles qui sont faictes, comme celle de Calais, avec premeditation et preparatifs, arrivant à l'improviste avec une armée et artillerie, sont les plus seures. Faut observer le nombre d'hommes, foiblesses des flancs, terrains, murailles, la quantité des coups de canons necessaires, porter des gabions pour faire approches, ou avoir recogneu des lieux pour planter l'artillerie à couvert, gagnant le temps de faire des tranchées; supputer le moyen de secours, de vivres, laissant peu ou rien à la fortune. Il n'y a assez de supplice pour punir un presomptueux ingenieur ou capitaine se faisant fort de ce qu'il ne peut executer, ny assez de recompense pour donner à un sage experimenté chef qui dit : Asseurement nous arriverons à telle heure, à telle l'artillerie sera en batterie, nous tirerons tant de coups de canons pour les flancs, tant pour la bresche, qui sera faicte à telle heure : il n'y a que tant de gens, il en peut estre tué tant; le fossé de facile descente, sans casemates, ou s'il y en a, nous les couvrirons de ruines; l'assaut se soustiendra tant de temps, sera rafraichy, et l'emporterons dans une telle heure. Il n'y a rien impossible à la grande experience : aucuns se sont veus proches des ennemis plus forts qu'eux, qui ont deviné : Nous battrons et prendrons la ville, à telle heure l'ennemy sera adverty de ses espions, à telle le dernier de nos rangs sera dedans, et tournerons pour faire teste aux premiers du secours des ennemis.

Le secret qui est dit perd son nom : c'est peu de sens de dire ce qui apporte la mort ou l'honneur. Brutus fait foy qu'il ne faut dire son secret aux femmes. Portie ne pouvant supporter le grand dessein de son mary s'embarasse sur le poinct de l'execution contre Cesar. Il y a de la prudence à se taire, et non moins à empescher de deviner ce qu'on veut faire. Pour couvrir le vray faut semer le faux : l'esprit des soldats, non arresté à quelque creance, soupçonne, observe, esple, et descouvre par presomption la verité. Les amis, les serviteurs, les femmes, regardent, cognoissent le naturel, inclinations, observent toutes actions, taciturnité, pensées, soing, tristesse, mots entrecoupez d'aucuns, les discours longs, les commandements faicts; entretiennent les valets de ceux qui arrivent, considerent la saison, ce qui se peut et devroit faire, quelles gens parlent à leur general ou maistre, secrettement ou à heure induë : deux ou trois curieux rapportant toutes les actions sur le tapis, il leur est aisé de deviner la verité; ce qu'avenant, sans ce que le chef leur ait dit, soit par mescontement de n'avoir esté advertis, ou qu'ils croyent n'offencer, ne se sentent obligez à taire un secret qui ne leur a esté commis et qu'ils ont appris par finesse, le divulguent et accroissent, et plus le chef use d'artifices grossiers pour se couvrir, plus il se descouvre.

Observations qui sont necessaires aux villes assiegées à l'impourveu : Ils doivent reserver des flancs cachez qui ne paroissent qu'à l'assaut, à ce qu'estant cogneus, ils ne soient levez. Toute la coronne de la contrescarpe du fossé ne peut estre occupée; il est besoin d'en tenir tant qu'il se pourra, par petites pointes ou corps de garde, afin qu'aux soudaines entreprises les assiegez puissent flanquer la bresche du dedans du fossé, d'où ils ne peuvent estre chassez que la contrescarpe ne soit toute gagnée. Toutes bresches laissent deux pointes où il se faut loger dans le terrain pour flanquer icelle; s'il manque de parapet, en faut faire de bonne heure, eslargir le terrain au dedans de la ville par taudis et doubles triangles que j'ay inventé; pour soudainement plateformer, faire plusieurs petites espaules de la hauteur de six pieds, pour empescher d'estre veu en courtine si la muraille fait angle. Faut eslire ceux qui soustiennent l'assaut, separer les quartiers aux moins aguerris et plus fidèles, disposer les gros de rafraichissement; donner les lieux pour aporter les munitions, pour retirer les blessez, pour les feux d'artifices et poudres. Les assaillans sont en doute aux moindres repoussements, de quoy les assiegez encouragent leurs inexperimentez : l'avantage est aux assiegez; les pieces, mortiers, grenades, pots à feu, huiles, chaussetrapes, des poutres sur les roües couvertes de canons, d'arquebuses, font pour eux. Les puissants assaillans, voyant tant de danger, se contentent de loger au pied ou dessus la bresche, contraignent leurs ennemis de sortir pour les deloger, ou ils rendent le logis si fort qu'il n'y a plus de remede. Si les assaillans sont repoussez de la bresche sans y estre logez, et que les assiegez ayent soustenu l'assaut, ils ne doivent parler de capituler, d'autant que souvent les ennemis proposent de lever le siege en mesme temps que les assiegez parlent de se rendre.

En l'année 1589, par le commandement de M. du Mayne, j'investis Pontoise; je defis à la pointe du jour deux enseignes de lansquenets dans leurs faux-bourgs. M. du Mayne, et l'armée, attaché aux plaisirs de Paris, me laisse cinq jours avec six cens arquebusiers logez dans les portes de Pontoise, la riviere d'Oyse entre Paris et moy. MM. de Longueville et de La Noüe, avec cinq cens chevaux, veulent couper la chaussée de Beaumont, et empescher M. du Mayne de venir passer l'Oyse pour me secourir; ils en sont divertis pour avoir tenté de prendre nos bagages, qui resisterent contre eux à l'ayde de cent arquebusiers qui les gardoient en un bourg moitié ferme, et pour s'estre presentez pensant nous estonner : ayant pour ennemy la ville et eux, nous, comme un gaufre entre deux fers, fismes de necessité vertu; la valeur, la bonne mine nous sauva, et fit que ceux de dedans la ville, qui estoient plus forts que nous, avec l'assistance de toutes ces grandes troupes de cavalerie desdicts sieurs de Longueville et de La Noüe, ne nous peurent forcer, et nos ennemis se retirerent confus : le peril passé, M. du Mayne arriva, battit et prit Pontoise.

Les entreprises nocturnes, bien premeditées, souvent reüssissent; ceux qui assaillent portent la terreur et la mort en leurs mains. Je defis une compagnie de chevaux legers, à la teste de l'armée du Roy, en Normandie; une autrefois j'emportay les enseignes du regiment de Sainct Jean pres Gornay, et mis en pieces la garnison de Dieppe à deux lieuës de leur ville; je fis retirer M. de Montpensier six grandes lieuës, de Rugles à Evreux : toutes ces quatre executions se firent à la faveur de la nuict.

Ce n'est pas avoir gagné une ville, si elle ne reçoit des soldats plus forts que les habitants. En l'année 1588 je contrains Vezelet de se mettre de la Ligue, les ayans tenu assiegez deux jours avec cent chevaux seulement; et apres avoir gagné quelques-uns par crainte, autres par argent; et les avoir fait jurer, ils demeurerent bien dans le party, mais ils choisirent un autre gouverneur que moy, qui estois contraint demeurer aux armées, et les ostages qu'ils m'avoient donné se sauverent et abandonnerent le party quand il leur pleust.

Aux extremes malheurs il faut d'extremes remedes : pour avoir trop avancé un canon à Meulan, les ennemis s'en saisirent : j'y cours, j'hazarde tout à la faveur de la fumée d'un autre que je fis tirer ; je regagne la piece perduë avant qu'elle fust enclouée ny rompuë : il ne faut estimer sa vie quand l'honneur est en proye.

En avril 1558, les nopces du roy dauphin se firent avec Marie Stuard, fille de Jaques Stuard, roy d'Escosse et de Marie de Lorraine, sœur de

M. de Guise, qui avoit esté en premieres nopces mariée à M. de Longueville; qui fut un coup advantageux pour ceux de Lorraine, secondé d'un autre, qui fut l'accusation de l'admiral de Coligny d'estre huguenot, par un nommé Braville, espagnol, en un pourparler de paix avec le roy d'Espagne. Le Roy hayt les Huguenots plus pour son Estat que pour la religion, en crainte que les estrangers s'aydassent de ses subjects contre luy, ainsi que s'estoient aydez les princes lutheriens d'Allemagne, subjects de l'Empereur contre luy-mesme. Nonobstant l'amitié du connestable, le Roy ne laissa d'envoyer le sieur d'Andelot prisonnier au chasteau de Melun, pour avoir esté recogneu heretique, sur des questions de religion que Sa Majesté lui fit faire par l'advis de M. le cardinal de Lorraine.

Soit que M. de Coligny fust abusé, ou qu'il y eust commencement de dessein de revolte, à l'exemple des princes d'Allemagne, au printemps 1558 M. de Guise ne perdit temps : M. le connestable et ses nepveux prisonniers, ses contraires descheus de credit et reputation, ils desseignent deux armées, l'une pour assieger Thionville, l'autre, sous le mareschal de Termes, à la frontiere de Flandre, pour divertir, et qui devoient se r'assembler à Luxembourg; ils envoyent les sieurs de Tavannes et de Bourdillon, suivis de M. de Nevers et de luy, investir Thionville. L'armée separée en deux, M. de Nevers commandant d'un costé de la ville, M. de Guise de l'autre, les tranchées faictes, et quelques batteries commencées, respondués de canonnades de la ville, dont l'une tua le mareschal de Strosse, le sieur de Montluc, colonel des gens de pied, en la place du sieur d'Andelot prisonnier, gagne la contrescarpe et les cazemates. Ceste ville non fortifiée de boulevarts, les cazemates perdues facilitent le logis dans une grosse tour non flanquée : les ennemis estonnez demandent capitulation. Les sieurs de Tavannes et de Bourdillon la font par le commandement de M. de Guise, qui escrivit au Roy que trois hommes avoient causé la prise de la ville, les sieurs de Tavannes, de Montluc, et luy. Arlan fut pris apres, et le dessein d'assieger Luxembourg retardé par la mutinerie de l'armée de M. de Guise, et grande garnison de ladicte ville, joinct à l'advis de la defaicte du mareschal de Termes, advenuë en juillet 1558, lequel se devoit venir joindre à M. de Guise avec une nouvelle armée que dressoit M. d'Aumale, qui avoit esté fait general par la faveur de madame de Valentinois, de laquelle il estoit beau-fils.

Le sieur de Termes prend Bergues et Donkerques, puis se retire devant le comte d'Aiguemont, avec trois incommoditez, maladie, butin et desir de retraicte; son advant-garde soustint les charges (1), renverse les premiers du comte d'Aiguemont, lequel avec son gros [n'ayant combattu] vainquit les victorieux, qui, fuyant portent l'espouvante à la bataille conduicte par le sieur de Termes, la desordonnent, et furent defaicts entierement à la Blanchetaque, en voulant passer l'eau; tant grande et dangereuse est que les troupes esbranlées voyent leur retraicte passant une riviere, ou se jettant dans une place pour se mettre en seurté; lors est-il mal-aisé de les retenir ou commander.

Ce malheur fit retourner M. de Guise proche du Roy, qui assemble ses forces pour resister à celles du roy d'Espagne, qui estoient sur pied en incertitude de leurs desseins. Les fils de Jean Federic, duc de Saxe, en crainte de la maison d'Austriche, se souvenans des plaisirs receus du Roy, avoient amené de grandes forces d'Allemands. Sa Majesté fait une reveuë où M. Guise eut besoin du sieur de Tavannes pour mettre ceste grande armée en bataille; il la met en bon ordre selon ce temps-là, la rangea en croissant, les plus forts au milieu ; les arquebusiers à cheval, où commandoit le sieur de Ventoux, soustenus de chevaux legers; aux pointes, les gendarmes, fantassins, reistres et lansquenets, si entremeslez, qu'une nation seule ne pouvoit prendre resolution dangereuse de revolte : estoient disposez quatre cornettes de reistres, et puis autant de gendarmes français, un regiment de lansquenets, et aupres un regiment d'arquebusiers français, le tout en fort bon ordre. Au mois d'aoust les Anglais, au nombre de cinq mil, descendent et pillent le Conquest en Bretagne : trente mil de la populace les chassent et font r'embarquer. Le vingt-uniesme septembre 1558, mourut l'empereur Charles-Quint, au monastere Sainct Justin, deux ans apres avoir quitté le monde : il vesquit cinquante-sept ans huict mois, impera trente-huict, regna quarante-quatre.

Il est heureux qui peut souffrir la mort pour la vraye religion, qui est une rare liberalité de nostre Seigneur; qui le renie devant les hommes, il le renie devant Dieu son pere. Les Chrestiens sont obligez, à la premiere inquisition, de faire libre confession de leur foy, sans crainte des tourmens : les Catholiques d'Angleterre faillent quand ils vont aux presches des heretiques ; c'est craindre les hommes plus que Dieu, et aymer son profit plus que son salut.

(1) Bataille de Gravelines.

L'artifice des generaux d'armées les garde de tous perils, excepté des canonnades, ausquelles ils sont subjects comme les soldats : la prevoyance y apporte quelquefois remede; voyant le feu dans l'esmorce, il y a temps pour se parer d'un gabion ou d'une muraille; aucunefois en se remuant l'on cherche le coup que l'on eust evité, si ce n'est qu'ayant recogneu la canonnerie, l'on se jette du costé que la piece ne peut estre tournée. Le roy Henry IV avoit une tres-grande cognoissance servant à eviter ce peril; ce qui advient pour estre doüé de la veüe et jugement, qui l'accompagnoient tellement, que souvent il se mocquoit de ceux qui le vouloient retirer du danger qu'il cognoissoit n'estre point. Les François se mocquent de ceux qui baissent la teste, les Espagnols n'en font difficulté, les Suisses se couchent : je croy le liberal arbitre, et qu'il est en nous d'eviter nostre mort. Les Espagnols, courbez en devant, se racourcissent d'un pied; autant vaut d'en avoir par la teste et par le ventre ensemble, que seulement d'en avoir à la teste; les Suisses couchez evitent les coups qui raclent la campagne. Les François se moquent mal à propos de ceux qui se baissent; eviter la mort sans s'enfuir, c'est prudence.

Plus la cavalerie passe proche des villes, moins l'artillerie [qui ne peut plonger commodement] l'endommage; l'artillerie braquée proche coustumierement fait haut. Les cavaliers qui sont contraincts de faire halte à la portée du canon, à chaque volée qui leur a esté tirée se doivent remuer et changer de place. Le canonnier fait haut, bas, puis donne dans ceux qui ne changent point de lieu. Il est mal aisé d'offenser ceux qui marchent, pour ne pouvoir tourner si promptement les affuz, si ce n'est que l'artillerie soit braquée en un chemin marqué par les canonniers, qui y mettent le feu quand la cavalerie y arrive. Les soldats qui sont forcez de demeurer en une mesme place ne doivent s'esparpiller ny remuer, quelques coups qui donnent parmy eux; autrement le canonnier juge avoir donné dedans eux et continue. Le bon canonnier doit cognoistre sa piece, sa poudre et sa piece par experience et espreuve : par fois il est contraint de braquer à quatre pas du lieu où il veut donner, selon que sa piece est gauche, sa poudre foible ou forte; la poussiere des balles, les chercheurs d'icelles, donnent jugement aux ennemis.

Nul art n'a souffert tant de changements que le militaire : les preceptes et les livres de trente en trente ans sont peu utiles; non seulement les armes ont changé, mais les ordres. Au camp d'Amyens, les generaux n'avoient soin que de placer les regiments d'infanterie et cavalerie pres l'un de l'autre, et diviser leurs armées en bataille, avant-garde et arriere-garde. En lieu d'arriere-garde, maintenant se fait un escadron de reserve, qui ne combat que le dernier, et quand tout est desesperé. L'infanterie ne sert de guieres, si on ne la fait tirer et combattre devant que l'on puisse aborder les gendarmes, sinon apres les charges, pour se r'allier derrier les picques. La force consiste en cavalerie : la meilleure chasse l'autre, l'infanterie reste en proye ; la cavalerie victorieuse peut chasser les vaincuz autour des bataillons des gens de pied. Les François avoient l'avantage en la gendarmerie, composée de noblesse aguerrie, par ordonnance et entretenement, et neantmoins estoient inferieurs en ordre de combat et aux armes, combattans en haye avec des lances contre les escadrons massifs de reistres pistoliers. Les François, ayant pris cet ordre, ont regagné cet advantage, d'autant que la cavalerie françoise est meilleure que l'espagnolle et allemande.

Il semble que les deux roys aient choisi de mettre leurs principales forces, l'un en la cavalerie, qui est le roy de France, à la forme des Parthes, et le roy d'Espagne aux gens de pied, ainsi que les legions romaines; ils doivent estre differents aux ordres de bataille, l'un pour faire combattre sa cavalerie à son advantage, et l'autre ses gens de pied. Le duc de Palme fit reüssir son dessein de la levée du siege de Paris. Apres que le roy Henry IV eut gagné la bataille d'Ivry, la prosperité le rendit maistre de la campagne : il assiegea Paris durant huict mois, le reduit en extreme necessité; siege remarquable à l'honneur de l'aguerriment. Sa Majesté n'avoit que quinze mil soldats separez en divers faux-bourgs, et tenoit soixante mil habitans assiegez, qui estoient quatre contre un, lesquels n'osoient sortir. Apres reiteré commandement du roy Philippe d'Espagne au duc de Palme, qui ne vouloit laisser la Flandre, craignant qu'on luy donnast un successeur, il arrive à Meaux; et apres plusieurs considerations nous partismes pour lever le siege de Paris. Il ne se voulut mesler avec les forces qu'avoit M. du Mayne, que je mis en ordre, servant d'avant-garde; luy marche apres en forme de bataille : toute son esperance estoit aux vieux regiments espagnols, lansquenets et vallons, desquels il fit trois grands corps, les meslant chacun de trois nations, pour eviter les mutineries et faciliter les commandements. Entre ces bataillons il observe trois espaces estroictes, met douze cens chevaux derrier les bataillons des gens de pied, flanquez de chariots; à la teste, huict cens chevaux italiens et espagnols en douze troupes, separez en forme de croix, esperant qu'il chargeroit les escadrons du Roy par flanc, par teste et par derrier, et que s'ils s'esbranloient de ces petites charges [comme tous escadrons en ayant soustenu une ou deux se rompent], il croyoit les emporter avec la quatriesme; et s'il n'avoit du meilleur, esperoit retirer sa cavalerie, par ces espaces observées entre les bataillons, à la faveur de la mousqueterie; iceux rejoints avec les douze cens chevaux qui estoient derrier, et selon le desordre qu'auroit mis la mousqueterie dans les poursuivans, qui n'auroient peu enfoncer les piquiers, retourner avec la cavalerie à la charge. Neantmoins, craignant qu'il n'y eust de la confusion, et que les lanciers ne rompissent les gens de pied en se retirant, il changea cest ordre à Lagny, mettant toute la cavalerie derrier.

Nous marchasmes vers Paris; le Roy leva le siege vingt cinq lieües au-devant de nous, les deux armées prestes de donner la bataille, et ayant laissé Lagny, petite ville tenue par le Roy de l'autre costé de la Marne : les deux armées en crainte l'une de l'autre, ne desirant la bataille; celle qui y fust allée resoluë eust eu l'avantage. Le dessein du prince de Palme estant de prendre Lagny pour avoir des vivres, et ne combattre point, sachant que les Français se faschoient du siege, prit une assiete entre un bois et une riviere, sa cavalerie derrier, et son infanterie devant en trois grands bataillons, ne laissant que deux cens chevaux à leur teste. Le premier jour le Roy pouvoit combattre, le lendemain il luy fust esté impossible, ayant le duc de Palme en six heures retranché le front de son armée avec terre et fascines, qui la couvroit de la hauteur d'un homme. Les armées l'une devant l'autre dix jours, furent si incommodez de vivres, qu'avec le long siege le Roy ne peut plus maintenir la noblesse, qui l'abandonna.

Le duc de Palme eut l'honneur et le profit de son entreprise de tant plus à estimer, que les mesmes incommoditez de vivres avoient fait proposer en son conseil d'aller assieger Compiegne pour divertir le siege de Paris. Luy, opiniastrant au contraire, propose plustost [les armées estant à demie lieüe l'une de l'autre] de partir à minuict, defaire les Suisses du Roy, gagner son canon et prendre sa place de bataille devant que la cavalerie de Sa Majesté, qui estoit logée à trois lieües de là, y peust arriver. J'escrits cecy pour faire voir l'ordre que doivent tenir les plus forts d'infanterie, qui doivent couvrir leur cavalerie, se flanquer de chariots, de bonnes piques en teste defenduës avec les manches des mousquets, combatant la cavalerie foible par boutades, selon l'occurrence, faveur ou defaveur du combat, par sorties et retraictes de ce camp fermé de chariots,

et s'en retirant par les ouvertures qui leur auroient esté laissées; qu'il y eust des escadrons de cavalerie qui chargeassent en flanc ceux qui les poursuivroient, aydez de la mousqueterie, et qu'ils prinssent garde de se retirer à propos; autrement, si la peur leur perdoit le jugement, en danger d'endommager les leurs en se retirant. Il faudroit laisser faire les charges aux ennemis dans les piques, et apres qu'ils auroient receu les salves des mousquets, s'ils plioient ou branloient, que la cavalerie qui seroit en bataille derrier l'infanterie sortist en temps et lieu pour les emporter. Ceux qui sont plus forts de cavalerie se doivent mettre en un autre ordre, les escadrons de cavalerie de deux cens cinquante chevaux mis en ordre, à trente par rang, flanquez d'arquebusiers à pied, lesquels, se fiant en la bonté de la cavalerie, tirent asseurement, non de telle asseurance que s'ils estoient couverts de piquiers, de haye ou de muraille, se considerans perdus si leur cavalerie ne fait son devoir. De cavalerie à cavalerie, celle qui a le plus de gros l'emporte, les victorieux d'un escadron sont defaicts par un autre qui les charge en flanc : les forts de cavalerie sont meilleurs pour conquerir, les forts des gens de pied meilleurs pour conserver.

Les descentes maritimes sont dangereuses; il ne se doit prendre port à deux cœurs pour conquerir un païs; brusler ou r'envoyer les vaisseaux est le mieux, se resoudre à la mort ou à la victoire. Les forteresses et ports asseurez, comme les Anglais avoient en France au passé, sont necessaires, ou avoir une grand puissance de gens aguerris, et plus que ceux dont l'on veut conquerir le païs.

Les hommes sont plus sages en adversité qu'en prosperité : la Cour est une tourmente, la faveur une guerre; les nochers, les guerriers cherchent le conseil des experimentez. Les favoris, sans abord, sans oreilles, se precipitent dans les vanitez; il les faut sauver pour garentir l'Estat, puis qu'ils ont occupé l'esprit du Roy, qui n'agit de soy-mesme, ains comme les anciens roys sous les maires du palais : naissance de malheurs, de guerres civiles et divisions d'Estat, deniant à Dieu la recognoissance des graces concedées par le choix de celuy qui a atterré l'estranger, qui preferoit sa conservation au salut de l'Estat; et au lieu de suivre ceste genereuse action, la justice pervertie, les larcins continuez, les imposts augmentez, le party du rachapt du domaine brisé; argent, charges, estats vendus, augmentez et possedez sans discretion. Epaminondas (1)

(1) Timoléon et non pas Épaminondas. Cette erreur a déjà été relevée deux fois.

tue son frere qui se vouloit establir tyran de Thebes ; il luy fut dit : « Si tu fais bien, tu auras tué le tyran ; si mal, tu auras tué ton frere. » Le mareschal d'Ancre disposoit des finances, advançoit ses amis, se fortifioit des gouvernemens, suscite guerre pour sa conservation. Luynes, au semblable, pert la gloire qui luy restoit en la paix, puis qu'une guerre plus injuste est suscitée par luy ; tombe en la commune faute, de n'estre du tout bon ou tout mauvais.

Si en l'assemblée des notables l'on eust aussi bien resolu la reformation de l'Estat que l'exclusion des princes et grands du conseil [seul sujet de cette convocation], c'estoit la bonne voye ; et pour prendre la contraire, en laquelle ils se sont glissez, une arrivée, la retention de la Royne et du duc d'Espernon, quoy qu'injuste estoit l'autre chemin. Au contraire ils sont demeurez entre deux resolutions fluctuantes, l'une desquelles n'estoit plus en leur puissance, pour avoir esté leurs deportemens trop estranges depuis le commencement de leur domination. Enfin ils sont esclatez et se sont jettez dans le gouvernement extraordinaire, maintenus par les armes depuis le partement de la Royne. La cognoissance qu'ils ont de combien il est perilleux de faire la guerre à Sa Majesté et tenir le premier prince du sang prisonnier, les fait conclurre à la paix, guerre pour eux. Le duc de Guise et prince d'Orange assassinez au milieu de leurs armes, et les mignons tuez par les Parisiens dans les chambres des roys, leur servent d'exemple. Les grands de l'Estat ne souffriront le gouvernement estre entre leurs mains s'ils ne font mieux, cognoissans la puissance d'agir jusques à maintenant defectueuse au Roy, et les deux partis offencez en guerre ou en paix, dangereux qu'ils ne se joignent à leur ruine ; et semblera à tous que la liberté consiste à la paix, ainsi qu'elle estoit au mareschal d'Ancre : mort qui a offencé la Royne joinct à la perte du gouvernement et de sa liberté, danger de son honneur ; à quoy il n'y a qu'un seul remede, qui est de bien faire et assembler les estats generaux, ou faire ce qu'ils feroient estant assemblez. Vray est-il que depuis, un peu mieux conseillez, ils ont fait la paix et l'entreveüe du Roy et de la Royne conditionnellement en tel artifice, que le soupçon nourry entre eux, plus augmenté que diminué, ne les garentit ; entreveüe de leurs Majestez non premiere, qu'ils n'ayent commencé fort advant à s'establir ez gouvernemens, places et charges : et pour perfection de leur conduitte, ils ont mis M. le prince en liberté, lequel en ceste obligation a parachevé leur establissement ; liberté tellement conditionnée qu'elle ne les a empeschez d'avoir ce qu'ils desiroient, au contraire les y a maintenus et favorisé du tout.

Le principal est à faire, qui est le restablissement des anciennes loix de la France, reglement de la justice et descharge du peuple, au soulagement duquel ils seront fort empeschez, estant les finances entierement espuisées par la guerre et grande recompense des gouvernemens et places qu'ils ont achetées : pareillement que, faisant ce reglement, ils craindront de prejudicier à l'autorité royale et d'offencer les grands de l'Estat ; ce qui ne seroit considerable si la prudence dominoit en eux, guidez par la crainte de Dieu, qui les osteroit de beaucoup de perils : et par ce qui est advenu depuis a paru que ceste premiere veüe n'estoit qu'un replastrement, et neantmoins jusques à maintenant tout est tourné à leur grandeur et puissance entiere.

Les grandes armées se rangent en croissant, pour enclorre les moindres et les charger avec leurs pointes par flanc : et si lesdictes poinctes sont premierement attaquées, le milieu s'advance, pour les soustenir et donner par flanc à ceux qui les chargent. Les batailles de front ayant l'infanterie avancée en telle forme que la cavalerie ne se puisse attaquer que l'infanterie ne soit en route, est un ordre utile aux armées fortes d'infanterie ; d'autant que, comme j'ay dit cy-dessus, si la cavalerie ennemie mal conduitte charge imprudemment dans les piques et mousquetaires, la cavalerie ennemie contraire [nonobstant qu'elle soit foible] en a bon marché apres.

Charle-Quint se peut comparer aux anciens empereurs : il estoit genereux, prudent, patient, secret, capitaine negociant par soy, et neantmoins trop vindicatif, proposant sa passion à son utilité, qui à contre-temps le portoit en France et en Afrique. Son honneur est qu'il a apaisé les seditions d'Espagne, prit le roy de France, subjugua l'Italie, prit Rome et le Pape, defit les forces d'Allemagne, prit le duc de Saxe et le landgrave, chassa le Turc de Vienne, saccagea Tunes en Afrique, receut les roys refugiez, gagna le Peru et plus de païs aux Indes que l'Espagne ne contient ; defit Pizarre revolté au Peru, subjugua le duc de Claives, rangea les Flamands seditieux, fut receu en triomphe de ses ennemis, passant amiablement en France, où il entra trois fois en armes, et la derniere en sortit avec paix honnorable. Il a commandé à l'Espagne, en Italie, en Allemagne, Flandres, à l'Angleterre, Hongrie, Boësme, en Afrique, au Peru et aux Indes en mesmes temps ; sans la revolte de Moris, qui fut aydé des Français, il ruynoit les heretiques. Ny Alexandre ny les Romains n'ont combattu deux grandes puissances en mesmes temps ; luy resista aux Français et aux Turcs : ce qui luy empescha sa monarchie entiere fut les grands capitaines qui vivoient de son temps, le roy François, Soliman, MM. de Guise et de Montmorency, Moris, Barberousse et le landgrave, marquis de Brandbourg qui n'ont peu empescher qu'il n'ait vaincu à diverses fois leurs nations l'une apres l'autre.

Le jour sainct Mathias estoit heureux à l'Empereur, auquel il nasquit, fut eslu et couroné empereur, gagna la bataille de Pavie, prit Afrique et mourut : mort approuvée du plus grand heur que les hommes puissent avoir, puisque chrestien elle luy advint en mesme jour de ses prosperitez. Le roy Henry III gagna la bataille de Montcontour, fut eslu roy de Pologne et luy escheut la coronne de France en mesme jour. Les sainctes Escritures, les Grecs, les Romains marquoient les malheureux jours et ne permettoient de combattre durant iceux. Aucuns s'en sont mocquez, et par nouveaux bon-heurs ont rendu les jours malheureux heureux : pour rendre le jour heureux, faut estre bien avec Dieu et que les entreprises soient justes, bien premeditées, secrettes et conduittes par prudence.

En septembre 1558, les roys approchent leurs armées à six lieuës l'une de l'autre, à Amiens et Dourlans, sur la riviere d'Ortie : les mareschaux de camp [l'un desquels estoit le sieur de Tavannes,] visitant les moyens de s'approcher, les jugent incommodes ; sans vivres faire six lieues et donner la bataille, estoit dangereux ; camper en mauvais logis le jour devant que de donner, incommodé d'une mauvaise nuict, pour assaillir les ennemis en leur assiete, n'estoit appreuvé : ny l'un ny l'autre ne voulant ceste incommodité, temporisent ; cependant il se fait plusieurs petites entreprises ; le vidasme fault Sainct Omer. Les deux armées estoient fortes d'estrangers : les Français aguerris tenoient quantité de villes en Piedmont et Italie, r'encouragez des prises de Calais et Thionville, esperans aux mouvements d'Italie et Allemagne : celle de Philippe, triomphant de deux batailles, de Sainct Quentin et de Gravelines, enrichie de prisonniers de qualité, ses soldats en grande esperance par les victoires passées, tous deux desirent la paix, l'un pour tirer les prisonniers et respirer des pertes passées, et l'autre pour son utilité. Nul ne veut commencer le pourparler : la doüairiere de Lorraine rompt le silence, la paix se traite à l'abbaye de Cerceau (1) par plusieurs deputez. Les principaux estoient le connestable et dom Rigaume (2) de Silve, favoris de leur maistre, qui se separent sans effect.

Il y avoit deux grandes faveurs en France, de Guise et de Montmorency, s'aydant egalement de madame de Valentinois, pour l'alliance de MM. d'Aumalle et d'Amville, maris de ses deux filles : l'amitié et l'amour avantage le connestable ; l'alliance du Dauphin, prudence du cardinal de Lorraine, les prises de Calais, Thionville, perte de la bataille Sainct Quentin, faisoient pour ceux de Guise : l'accusation de la rupture de la paix, le voyage d'Italie infructueux, inclination du Roy, compagnon de la table et du lict avec le connestable, suplante la faveur de ceux de Guise, et concluent la paix secrettement, durant le voyage qu'artificielement le connestable fit faire au cardinal de Lorraine vers le roy Philippe, pendant lequel ledict connestable arriva vers le Roy, ayant eu congé de venir sur sa foy, là où il fut receu en incroyable faveur ; et au second pourparler fait à Calais, le connestable est mis à rançon, à ce qu'il eust voix deliberative à la paix premeditée et ja conclue entre luy et le roy Philippe. [1559] M. le connestable fait pour M. de Savoye, duquel il a l'alliance, luy remet son pays ; ce qu'il recogneut en sa posterité, par le secours donné au sieur d'Amville, depuis faict connestable par le roy Henry IV. Les armées se congedient, il ne va ny force ny argent en Piedmont. Le duc de Selces prend trois ou quatre villes ; M. de Brissac croyoit se pouvoir maintenir par ses merites, sans dependre ny de l'une ny de l'autre faveur ; avoit parlé trop parlé trop librement, conseillé au Roy de ne croire ses favoris de Montmorency ny de Guise, agir de soy-mesme : faute en sa conduicte, qui n'estoit pardonnable à un si habile homme qu'il estoit, cognoissant le defaut de Sa Majesté, incapable de recevoir ce bon conseil : M. le connestable l'en fait ressentir. Le manquement de Piedmont rend la paix plus advantageuse pour les Espagnols, qui regagnerent deux cens villes, sous couverture des mariages de dom Carles, fils du roy Philippe, et Elizabet, fille du roy Henry, et du duc de Savoye avec madame Marguerite, sœur de Sa Majesté.

Ceste paix, toute de Montmorency, fut dommageable à la France et advantageuse à l'Espagne. M. de Guise, descheu de sa lieutenance generale demandant l'estat de grand maistre, disant M. le connestable ne pouvoir tenir deux estats, reçoit des paroles en lieu d'effects, cognoist que seroit perdre temps de s'opposer à la paix. Le sieur de Tavannes et autres capitaines en parlent plus librement ; les rebutz du Roy et

---

(1) Cercamp.
(2) Ruy Gomez.

crainte de l'inimitié des prisonniers mis en liberté leur ferment la bouche. La mort de Marie d'Angleterre en novembre, suivie de celle du cardinal Paule, de la maison d'Iorque, ruine la religion catholique en Angleterre, par la succession d'Elizabet, fille de Anne de Boulan, lutherienne, de prisonniere faite royne : cet accident facilita la paix. Le roy Philippe, veuf, ne demande plus Calais, veut Elizabeth de France pour luy, non pour Charles son fils, lequel fils offensé dit et fit depuis ce qui luy causa la mort. Le Roy Henry donne sa seconde fille au duc de Lorraine, et luy rend son païs; tant furent les mariages de ce temps là prejudiciables à la France.

La paix conclue le troisiesme avril, ensemble les mariages du roy Philippes et duc de Savoye avec Elizabet et Marguerite de France, dont s'ensuit la reddition de Savoye, Bresse, Montferrat, Syenne, Thionville, isle de Corse, Piedmont sauf Pignerol et Savaillan, en promesse du roy Henry de les rendre au premier fils du duc de Savoye; Calais reconquis, Saluces, Metz, Thoul et Verdun gagnez et conservé, furent le reconfort du roy de France, qui oublie le sang espandu de tant de Francais et la reddition de cent villes, pour change desquelles l'Espagnol ne rend que Sainct Quentin et Han. Promettent respectivement les deux roys ne permettre les Lutheriens vivre en leurs Estats, craignant l'exemple de la revolte d'Allemagne, où fut envoyé le sieur de Bourdillon, qui obtint la garde et protection de Metz, Thoul et Verdun pour le Roy, par la division et lascheté des Allemands. A ceste conclusion, le sieur de Tavannes recognoist un espion double qui l'avoit servy de pallefrenier, mal en poinct, lors la chesne d'or au col, et du conseil du roy Philippe.

Les princes ont deux amitiez : l'une aux guerriers, conseillers d'Estat, pour leur utilité et qu'ils ne s'en peuvent passer; l'autre à ceux qui leur donnent plaisir, ministres de leurs voluptez, gardiateurs de leurs secrets et de leurs amours. La premiere amitié, qui est aux guerres, est subjette à changement et n'a mesmes forces en tout temps : les armes sont mises au crochet durant la paix, et quelques fois les capitaines, pour trop de reputation, pour trop de credit, leur suscite des ennemis. La seconde faveur, creée pour les plaisirs des princes, est moins honorable et plus asseurée : ils sont tousjours presens, ils tiennent leurs maistres par les parties du corps les plus appetissantes, et les guerriers souvent par la moindre partie du cœur: telle estoit la difference de la faveur de MM. de Guise et de Montmorency.

Les princes se doivent cognoistre pour avoir experimenté leur prudence, s'ils veulent manier leurs affaires eux-mesmes, comme Charle-Quint et le roy Henry IV, ausquels il se pouvoit librement parler de ce qui leur importoit contre leurs serviteurs et mignons, et les fortifier en leur opinion de resoudre d'eux-mesmes. Si ce sont princes possedez des favoris gouvernans l'Estat, ayant accoustumé par paresse se deschargher des affaires sur eux, comme ceux qui se sont laissez à ne plus marcher ne peuvent aller si on ne les porte, à ceux-là il se faut garder d'encourir en la faute du sieur de Brissac, de leur parler trop librement. En vain leur dit-on qu'ils reprennent les affaires, et avec moins de fruict se blasment ceux qu'ils favorisent, ausquels ils redisent tout; et ne s'en fait que tant pis, ne sert qu'à la ruine de ceux qui usent de ces parolles libres. Puis que le Roy n'est plus logé chez luy, ains dedans ses favoris, c'est imprudence de le chercher dans luy-mesme, il faut dependre de ses mignons, s'adonner à eux; si on ne treuve leurs deportemens bons, la voye de la vie privée et ouverte, qui se peut choisir plus genereusement que d'en prendre, mesmement il se cognoist qu'ils se preparent contre l'Estat : cest accident de se laisser posseder advient aux roys peu sages, aux enfans, ou aux femmes.

Plusieurs d'eux se sont laissez tellement gouverner, qu'on a creu qu'ils estoient enchantez ou idiots : au contraire, ce n'est que ces artifices, que ceux qui se rendent agreables leur gravent dans le cœur, qu'ils aiment leur bien plus que le leur propre, et en ayant donné des preuves, plient les roys à leurs desirs, passions et voluptez, et, sous ombre de les descharger de peine, occupent les affaires, reçoivent leurs plus secrettes pensées, et prennent telle autorité qu'ils font un monde nouveau, jusques aux moindres officiers; tout depend d'eux, les ayant introduicts ou recompensez : le prince n'est à luy-mesme, un autre garde ses volontez; toutes ses paroles et actions sont rapportées aux favoris. Ceux qui ont parlé à luy, jusques aux moindres contenances sont nottées, ne voyent ny n'oyent plus que par les yeux et oreilles de ceux qui les possedent, ou de ceux de leur faction desquels ils sont entournez et baricadés. Si quelque homme de bien veut faire voir la verité, il est soudainement opprimé : si ces favoris sont deux ou trois, ils s'associent, artifice qu'il faut qu'ils suivent pour posseder le prince : prince qu'ils tiennent en continuelle crainte et terreur de poison, de prison, d'estre depossedé, de perdre l'autorité, le remplissent d'exemples de roys assassinez, tondus et cloistrez, le mettent en mefiance et soupçon des grands, des puissants et du peuple de son Estat, et sur les moindres apparences prennent sujet de renouveller la peur et timidité, laquelle ayant pris pied sur un homme s'augmente journellement.

Quel moyen audit prince de se depestrer de ses liens, puis qu'il tombe en un plus grand peril de ceux qu'il a si fort advancé, et qui ont toutes les places, parens et amis dans les charges, que les defavorisant, ils sont autant à craindre que ceux qu'ils avoient mis en mefiance? Tous voyent ce mal, chacun en parle et nul n'y peut appliquer remede; les favoris se deschargent des fautes sur le roy, et prennent la loüange des bons actes pour eux. Et d'entreprendre sur eux par voyes indirectes, c'est se perdre, c'est attenter sur le Roy, lequel, demeurant en force, fait des chastimens exemplaires. Bien lisonsnous dans la vie des anciens roys qui avoient les defauts susdicts, que les grands de l'Estat ont fait mourir aucuns desdicts favoris lorsqu'ils commençoient à s'accroistre, et plusieurs ne s'en sont pas bien trouvez. Si les entrepreneurs sont foibles, ils sont tost opprimez, et s'ils sont forts, c'est naissance de la guerre, lamentable pour la ruïne du peuple : le mieux est que ceux qui empietent ces grands gouvernemens jusques à donner à eux et aux leurs tous les grands estats, charges, places et forteresses, qu'iceux soient de basse ou mediocre extraction ; autrement, s'ils estoient princes et grands en l'Estat, il y auroit peril qu'ils ne se fissent roys, suivant les exemples des Martels, Capets et plusieurs autres, qui ont occupé les coronnes par ces extraordinaires faveurs et credit.

Les anciens disent : Si l'ost sçavoit ce que fait l'ost, l'ost deferoit l'ost ; les traistres, les espions, qui sont necessaires aux generaux d'armées, sont de plusieurs especes : les traistres sont ceux qui se laissent gagner, ou qui sont envoyez aux ennemis, qui leur prestent serment et prenent leurs livrées. C'est d'eux d'où viennent les plus certains advis, non des vivandiers et goujats, qui ne rapportent que les bruits communs. Il est necessaire que les espions ne se cognoissent l'un l'autre, c'est commodité plus grande d'entrer par les flancs et derrier des armées, estant dangereux de se trouver à la teste d'icelles : les plus certains espions sont ceux qui sont doubles, ausquels il ne se faut fier d'entreprise, sinon qu'ils donnent des ostages ; et depuis qu'ils ont advoüé estre doubles et qu'ils disent estre contraincts de donner quelques petits advis aux ennemis pour avoir entrée, c'est la où il faut avoir l'œil ouvert, d'autant qu'il est en eux de se r'aviser et tromper celuy qu'il leur plaira ; puis qu'il faut qu'il en trompe un [sans se flatter], prendre garde n'estre pas celuy-là. Le soldat sans marque, donnant dans une armée, ne peut estre dict espion ; plusieurs portent leurs escharpes ou croix couvertes jusques au quartier de leurs ennemis, et les autres qui n'en portent point du tout, s'ils sont pris, peuvent estre plus cruellement traictez que ceux qui sont pris portans livrées. C'est une grande fidelité à ceux qui comme un Sopirus se vont rendre aux ennemis pour servir leurs amis, desquels il se trouve peu de bien asseurez. Prendre garde dans les armées qu'il n'y ait point de gens sans adveu, et sur tout au marchand et vivandier, qui doivent respondre de ceux desquels ils se servent : c'est au prevost de camp d'y pourvoir sur les moindres soupçons, par expres commandement du general, et celuy qui est arresté et soupçonné, se peut gagner pour estre double, et s'y fier avec discretion.

La paix honteuse fut dommageable, les associez y furent trahis, les capitaines abandonnez à leurs ennemis, le sang, la vie de tant de Français negligée, cent cinquante forteresses rendués, pour tirer de prison un vieillard connestable et se descharger de deux filles de France, qui fust une pauvre couverture de lascheté. La mesme justice, qui estoit de rendre le Piedmont par les Français, devoit estre de rendre Milan par les Espagnols, qui n'y ont aucun droict. Ils afinerent les Français, et estoient dans les places renduës qu'ils pensoient que ce fust un songe d'y estre, n'ayant jamais esperé d'y r'entrer. Paix blasmable, dont les flambeaux de joye furent les torches funebres du roy Henry II, sans laquelle les Huguenots eussent eu beau à faire la chatemite et prescher en rhetorique ; ils n'eussent attiré ny capitaines ny soldats, sortes de gens qui courent et font la guerre d'eux-mesmes s'ils peuvent, quand ils sont desesperez et non employez. La paix traictée en l'année 1595, entre le roy Henry IV et la Ligue, ne laissa aucune nouvelle revolte des soldats, parce qu'ayant eu sept ans de guerre civile continuelle, tout estoit saoul des armes, et plusieurs avoient esté tuez ou morts de necessité, dans les maisons desquels les soldats vivans se jetterent et s'allierent aux vefves. L'Hongrie et la Flandre, où estoit la guerre, et la justice passionnée et vindicative, en firent mourir plusieurs : sans ces accidents, quelque artifice qu'on y eust employé, les soldats français fussent malaisement demeurez en paix, non plus que les dix mil soldats revoltez apres la paix de France et d'Angleterre.

L'Estat aristocratique et democratique ne s'approprient les conquestes pour en disposer à leur fantaisie, ainsi que font les roys, qui en marient leurs filles et leurs sœurs, usant des deniers et du sang public comme de leur propre habillement, sans se souvenir qu'ils sont creez du peuple pour luy administrer justice, par le travail duquel ils regnent et conquierent, et sans l'advis duquel justement ils ne peuvent traicter. Les gouverneurs françois avoient raison de s'opposer à la reddition des places et de demander descharge des estats generaux, mesmement quand le royaume tomba en minorité.

C'est imprudence d'establir des maximes d'Estat pour les suivre ponctuellement : elles doivent changer selon le temps; ce qui reussit une fois fault une autre. Un conquerant, un rebelle, doivent combattre; les peuples desirent nouvelletez, les incommoditez les changent : si le nouveau chef des rebelles n'execute promptement avec telle puissance qui les puisse garentir de mal, aux adversitez ils l'abandonnent, se retournent et traitent avec celuy qu'ils ont offencé. Ces vieilles maximes des livres causerent le gain de la bataille d'Ivry par le roy Henry IV contre M. du Maine, lequel croyoit trop aux gens de lettres. Deux presidents, Jeanin et Vetus, conseilloient la bataille, soit qu'ils se faschassent de ne voir promptement la fin de la guerre, pour estre en repos à leur plaisir; vouloient que M. du Maine imitast l'empereur Othon, Brutus et Cassius, qui, pour delivrer le peuple de tant de maux, hazarderent, disant que la paix et la tranquillité retourneroit au monde par leur victoire ou par leur mort, qui advint par leur main propre.

Si ce conseil fust nay de la generosité de M. du Maine, il estoit honorable; il venoit des presidens qui estoient à Paris, joüans à la paume, qui conseilloient selon leur passion, pour joüir en paix de leurs biens, ou pour acquis de leurs consciences, hazarder leur maistre. Ils mandoient qu'un conquerant devoit combattre, sans regarder que ce n'estoit plus M. du Maine qui avoit ceste qualité, puis qu'il possedoit les trois quarts de la France : c'estoit vrayement le roy Henry IV qui pour lors se pouvoit nommer tel. L'Estat n'avoit esté usurpé sur luy, ains sur son predecesseur : Sa Majesté estoit de differente religion. M. du Maine se porta à leur advis; espuisé d'argent par mauvais mesnage et dons immenses aux femmes et aux personnes inutiles, avoit fraischement depandu trois cens mil escus du roy d'Espagne; tiroit peu des finances de France, ne pouvant contenter les Suisses, les reistres, ny les Vallons, qui menaçoient de l'abandonner. Ceux qui concluoient la bataille disoient avec luy ce meschant mot, qu'ils ne perdroient au combat [n'ayant que quatre cens chevaux françois] que ce qu'ils devoient perdre quinze jours apres;

qu'il seroit abandonné des étrangers, faute d'argent, sans considerer la consequence et la suitte de la perte d'une bataille et de la reputation.

Mon opinion fut au conseil, qu'il y avoit cent raisons pour resoudre la bataille, et qu'il y en avoit deux cens plus preignantes pour ne la donner point et conclurre au contraire : ce qui fut remarqué de plusieurs en temps qu'on se pouvoit encore empescher de combatre. Nous donnasmes la bataille et la perdismes, pour n'avoir que des estrangers, Suisses, Vallons et Espagnols, qui n'ont le cœur, obeissance ny volonté pareils à ceux pour lesquels ils combattent : c'est proprement donner son argent à joüer à un autre. Ces maximes des livres, remarquées par ces presidens, ne sont tousjours propres, quoy qu'ils considerent par la lecture les inclinations anciennes. Par exemple, il se peut entreprendre sur Genes, sur Florence, inclinans de tous temps aux nouvelletez; les premieres furies des François soustenues, ils se peuvent vaincre. Toutes ces maximes ont des exceptions; ce qui se voit, en ce que les Français plus subtils que les Anglais aux traitez, et les Espagnols plus fins que tous deux, gagnoient les particuliers gouvernans les rois, et tiroient les negociations en longueur; et estans les Anglais impatiens, les Français precipitez, la froideur et temporisement des Espagnols le gagnoit. Cela est changé au dernier traicté de Vervin, en l'an 1595, entre les roys Henry IV et Philippe d'Espagne : les Français ont obtenu par patience et temporisement la reddition de douze villes, et fait que les Espagnols ont abandonné le duc de Savoye, qui depuis en a perdu la Bresse : ainsi à ce coup les Français sont meilleurs negociateurs que les Espagnols, contre les maximes des livres.

Charles-Quint, plus jeune que le roy François, le prit à Pavie, entra trois fois en son royaume, et le chassa du duché de Milan, et de Claives. L'empereur viel, le roy Henry deuxiesme rompt ses desseins, le broüille en Italie, gagne le Piedmont, prend Mets, Thoul et Verdun, chasse l'Empereur d'Allemagne, le bat à Ranty. Le roy Henry venant sur l'aage, Philippe fut victorieux à Sainct Quentin et Gravelines, rompit ses desseins d'Italie, et le trompa en la negociation de la paix. Cela fait croire que les armes favorisent les plus jeunes, parce qu'ils hazardent et entreprennent plus souvent que les vieux; et qui assault le premier a de l'advantage : les jeunes sont plus hardis, mieux servis des leurs, pour l'esperance qu'ils ont de leur longue vie, et plus aidez de leurs alliez et amis, qu'ils n'ont encore circonvenu ny trompé. Les vieux ont tant veu d'inconveniens passez, qu'ils se rendent lents en leurs entreprises, plus adonnez à leurs plaisirs et plus incommodez de maladies, remplis d'irresolutions et de soupçons, ce qui empeschoit le roy Henry IV ; et neantmoins devroient estre plus vaillants que les jeunes, parce qu'ils n'ont pas tant d'années à perdre qu'eux : l'aage plus propre à mener des armées, et manier de grands affaires est de trente à cinquante ans.

M. le connestable possedoit entierement le Roy ; M. de Guise perdit la lieutenance generale et partie de sa faveur à l'advenement du roy Charles IX : il ne manque de picques entre ces deux maisons de Guise et de Montmorency. Les connestablistes reprochent la paix rompuë par l'ambition des freres de Lorraine, qui se vouloient faire pape et roy de Naples, disoient que c'estoit s'entendre avec le roy d'Espagne de diviser les forces pour ne faire rien qui vaille en Italie, et mettre en proye la France. Ceux de Guise au contraire les accusoient de la perte de la bataille de Sainct Quentin, par l'imprudence du connestable, et la paix honteuse faicte pour son suject, non sans soupçon d'intelligence avec le duc de Savoye, allié dudit sieur connestable. Selon l'article secret de la paix, les heretiques furent bruslez en France, plus par crainte qu'ils ne suivissent l'exemple des revoltez d'Allemagne, que pour la religion. M. d'Andelot, accusé d'heresie, est mis en liberté ; les sçavans se mocquent des Lutheriens ; ils abusent les mediocres, disent qu'il ne faut croire que ce qui est aux sainctes Escritures ; ils gagnent des ambitieux, des femmes, des fols et des enfans, sur le mespris de l'adoration des images, des reliquaires et miracles feints, des pardons, des putains et enfans des prestres, dont ils font leur principal pivot ; corrompent les manouvriers par les chants de Marot, principalement ceux qui pouvoient exercer leurs langues sans le bruit de leurs mains.

L'Eglise ressemble aux royaumes qui sont de longtemps en paix, lesquels n'ont point de capitaines pour n'avoir esté attaquez : la necessité en fait naistre ; ainsi les ecclesiastiques s'esveillent, et se font sçavans par l'entreprise des Huguenots, les rembarrent, alleguent la perpetuité de l'Eglise, l'imposition des mains, la creance de la Trinité, et cheute de Lucifer, peu mentionnez en l'Escriture, et qui neantmoins sont apreuvez des heretiques, contre ce qu'ils disent, qu'il ne faut croire que ce qui est escrit ; advoüent la reverence, non l'adoration des images, dressées à l'honneur des saincts comme les statuës des grands capitaines. Il y avoit contrarieté d'arrests entre les chambres : la grande condamnoit au feu, la Tournelle au bannissement (1). Le Roy les assemble aux Augustins, fait prendre les conseillers qui concluent au bannissement, qui estoient Anne du Bourg, de Faux, de Foy et Fumée, dont aucuns furent bruslez.

Il y a en France des Catholiques et des Huguenots royaux, en toutes les deux religions des factieux et ambitieux ; autres libertins, qui meslangent les deux ensemble, croyant ce qu'il leur plaist ; le tout divisé en trois factions. Celle du Roy la plus forte, l'huguenotte subsiste, la Ligue est quasie esteinte, nonobstant sert de pretexte aux Huguenots, qui s'attaquent aux Jesuites, comme chefs d'icelle, et font croire estre en soupçon, non du Roy, ains de ceste faction de Catholiques liguez, qui est ruinée.

Il eust esté necessaire que Sa Majesté eust en mesme temps abbaissé les uns et les autres, sans laisser les Huguenots en telle puissance qu'ils soient semence de troubles.

Ils accusent les Jesuites d'avoir donné commencement à la Ligue, laquelle est dez le concile de Trente pour resister aux confederations lutheriennes, et accreüe par les fautes d'Estat : se treuvera que les conseils s'en sont tenus aux Chartreux de Paris et autres convents, et non aux leurs.

Les Jesuites ont escrit qu'il estoit permis de tuer les tyrans ; un de leurs escoliers entreprit sur le roy Henry IV. La communauté d'un ordre n'est responsable des fautes particulieres ; et tant que les Huguenots ont esté foibles, ils ont escrit qu'il faloit tuer les roys : ce qui se voit par le Reveille-matin et le Tocxain des Français, qu'ils ont fait imprimer ; ils ont entrepris à Amboise et à Meaux sur leurs Majestez, et Poltrot tua M. de Guise à la persuasion de Beze.

Ils ruïnent, disent-ils, les universitez, seduisent la jeunesse, et sont espagnols. Dittes mieux, Huguenots : Ils descouvrent nos caballes, nos ignorances, seductions, s'opposent à nos desseins, voyent clair dans les affaires du monde ; mettant fraternitez contre fraternitez, intelligence contre intelligence, nous sappent par nos mesmes armes ; ils veulent l'union, et nous, Pretendus Reformez, le contraire. Quand il n'y avoit point de Jesuites en France, les Huguenots perçoient le col et les yeux aux Cordeliers, qu'ils menoient en laisse, et faisoient le semblable à tous ceux qui publioient leur ignorance.

La pluspart des seditieux se couvrent du nom de bon Français : pour meriter ceste qualité, il

---

(1) La grand'chambre étoit présidée par Le Maistre, Saint-André et Minart ; la Tournelle, par Harlay, de Thou et Séguier.

faudroit estre net des intelligences anglaises, ollandaises, protestans d'Allemagne, fraternité et ligues. Les accusations et plaintes que font plusieurs, ne sont pas pour inimitié qu'ils portent à leurs contraires ; ils seroient marris que les Jesuites ne fussent point, parce qu'ils s'en servent de pretexte pour se fortifier contre le Roy mesme.

Ils disent que le pere Ayolle (1) estoit espagnol, et que toute la secte l'est, et qu'à cette cause il les faut mettre hors du royaume. Luther, aucteur de leur secte, estoit d'Allemagne ; il faudroit commencer à eux. Plusieurs, huguenots catholisez, conseillent les roys et les provoquent, comme les Philistins faisoient ceux d'Israel de chasser les prestres et commettre des fautes, à fin que Dieu les abandonne, et qu'apres ils puissent entreprendre sur eux.

Il y a un arrest du parlement contre les Jesuites, qui a peu estre revoqué, aussi bien qu'ils l'ont esté contre les Huguenots. L'heresie, source de division, travaille à diviser les papes d'avec les roys, et les grands l'un d'avec l'autre, pour y profiter : le Pape advoüe les Jesuites ; le Roy les desavoüant, c'est une discorde, commencement de schisme et forme de faire adherer leurs Majestez à leur opinion.

Et en fin Dieu a permis que, mal-gré tous les artifices, calomnies et accusations des heretiques, qu'iceux Jesuites soient esté restablis en France à l'exaltation de la pieté et augmentation des bonnes lettres.

L'execution de la paix estoit hastée des uns pour vivre en volupté, et des autres pour utilité. En juin, le Roy marie sa fille au roy d'Espagne, par le duc d'Albe, procureur, assisté du duc de Savoye, comte d'Aiguemont, et prince d'Orange. Sa Majesté, MM. de Guise et de Ferrare, soustenans à un tournois, MM. le connestable et de Tavannes, juges à l'imitation des anciens tournois : ces combats durerent deux jours ; le troisiesme, Montgomery, escossais, apres quelque refuz de courre contre le Roy, brise sa lance en sa cuirasse ; l'un des esclats leve la visiere, l'autre perce l'œil de Sa Majesté, sort par l'oreille et glace le cœur de M. le connestable, qui voit sa faveur perduë. L'un accuse l'armurier, l'autre l'impatience du Roy, qui n'attendit que l'on mist le crochet à la visiere. Il est emporté aux Tournelles ; avant sa mort, par la sollicitation de M. le connestable, il fit espouser sa sœur au duc de Savoye, et mourut deux jours apres de ce coup.

Les heretiques se plaignent d'estre bruslez,

les ecclesiastiques respondent que c'est selon le concile de Constance, qui est une assemblée de l'Eglise universelle, où l'esprit de Dieu assiste. Ces jugements sont cruels aux Chrestiens, dont la loy est fondée sur l'humilité et misericorde : les Catholiques disent qu'il vaut mieux chastier quelques uns que d'ouvrir la porte à toutes religions et atheisme. Autres disent que les feux confirment les heretiques ; leur constance en ceste mort cruelle les fait imiter : une mort en gaste mil vivans, qui s'imaginent que s'il n'y avoit quelque certitude en leur creance ils ne souffriroient si constamment, estant offert à aucuns la grace abjurant leur religion. Il ne falloit les brusler, et se contenter des bannissements et amandes, et de ne les pourvoir aux charges et offices ; la defence trop expresse excite le desir et la curiosité. Ceste patience de se laisser brusler eust esté plus fructueuse entre les Turcs et Juifs, que pour difference de quelques points entre les Chrestiens, puis que ces deux religions croyent en un mesme Jesus Christ. Les Huguenots disent que si tant de leurs pretendus martyrs ne fussent esté assistez de la grace de Dieu, qu'ils se fussent plustost dedits que souffrir les tourments et la mort. Autres respondent que ceste pertinacité naissoit de l'advertissement que leur donnoient leurs amis, que dedits ou non ils mourroient, qu'ils estoient condamnez, et que leur retraction leur tourneroit à moquerie et non à salut. Le roy Henry II pense de ces feux secher les sources des guerres civiles ; Dieu, qui rend le guerdon selon les merites, avoit justement prononcé sa sentence. Le Roy avoit empesché l'extirpation des heresies d'Allemagne, par intelligence et assistance qu'il fist au duc de Saxe, landgrave et prince Moris, naissance de l'interim qui fut cause que le regne de sa posterité fut remply de guerres civiles, la fin desquelles contrainct Henry III son fils se joindre aux Huguenots, dont ensuivit sa mort et l'extinction de la race des Vallois, apres trente ans de guerre malheureuse.

Les cours de parlements s'atribuent pouvoir de corriger et modifier les edits des roys, tenus invalides sans leur interinement. Si les Estats de France estoient en force, que ces cours fussent gardiateurs de leurs decrets et liberté du peuple, s'ils estoient confirmez et advoüez desdits Estats composez des trois corps d'iceux, leur pouvoir seroit juste ; mais ils sont creez et payez des roys, leur prestent serment, ne leur peuvent resister, sont forcez d'obeyr par suspension de gages, interdiction d'entrées, pertes d'offices, faveur et presens des roys, lesquels vainquent leurs difficultez et font passer tel edict

(1) Loyola.

qu'il leur plaist, lors qu'ils entrent et president dans leurs parlements. Leurs Majestez s'autorisent de prendre les presidents et les conseillers prisonniers ; ils sont en telle crainte que leurs remonstrances faictes ils n'osent contrarier les volontez de leurs dictes Majestez. Les gens de bien ne devroient accepter ces offices ou s'opposer à l'injustice ou foule du peuple, et se resoudre à perdre leur Estat plustost que leur ame. La justice ne plie point, elle n'a consideration, crainte ny exception; seroit honneur d'estre interdit du parlement pour maintenir l'equité et justice; du moins si le plus grand nombre des meschants emporte le bon, que les bons laissent leur opinion escrite à la posterité ; si leur pouvoir n'est qu'en remonstrances, qu'ils laissent doncques les magnifiques noms de souveraines cours. Ils devroient avoir grande honte de monstrer leur foiblesse de cœur d'interiner les edicts et lettres injustes en l'absence du Roy; c'est une marque honnorable d'hazarder son estat pour le bien public.

Tout est plein d'incertitude en ceste vie; l'homme propose, Dieu resout; c'est à luy qu'il faut appointer. Quand l'on pense estre hors d'affaires, se donner du bon temps, du repos et plaisir, le malheur ou la mort teste proche. Un grand roy sorty de la mort de la guerre, la treuve en se joüant : les chasses, les amours, les festins, les masques, qu'il s'estoit proposé, en change il treuve des cirurgiens, medecins, des pleurs, des torches, prestres, bieres et chants funebres. Nous disons : Si je puis avoir apointé ce procez ou ceste querelle, payé mes debtes, je ne penseray qu'à avoir du bon temps ; c'est où fortune et le trespas nous espient, où ils ont tendu leurs filets. Parmy ces empeschements, prenons du plaisir ce qui s'en peut permettre honnestement, sans attendre un meilleur estat, qui peut estre n'arrivera jamais : la fin de nos travaux est souvent la fin de nostre vie ; folie de chercher repos en ce monde, où il n'y en a point.

Le roy Henry II regna douze ans, eut plus de vertu corporelle que spirituelle. Il fut heureux en ses desseins, pour avoir de bons capitaines. Il chassa l'Anglais de France, reprit Bologne, Calais, acquit l'Escosse pour son fils, protegea Octave Farnaise contre le Pape et l'Empereur, sauva Palme et La Mirande de ces deux puissances, garda Sienne, gagna l'isle de Corse, prit Mets, Thoul, Verdun par l'intelligence et rebellion de Moris, Dampviliers, Monmedie, partie du Luxembourg, Marienbourg, Piedmont, Thionville; leva le siege de Mets, gagna la bataille de Ranty, et perdit beaucoup de reputation en celle de Sainct Quentin, pour croire trop le connestable de Montmorency, et en l'honteuse paix qui ensuivit, à la persuasion des femmes et mignons qui le possedoient. Il donna imprudemment commencement aux divisions de France, par l'accroissement immoderé des deux maisons de Guise et de Montmorency, lesquels il fit si grands, au contraire des maximes que doivent observer les souverains, de n'eslever ny exalter si extraordinairement leurs subjects, que les malheurs des guerres de France leur sont attribuez : et est beaucoup moindre faute d'eslever une maison ou race seule, ainsi que fait en ce temps le roy Loys XIII en la personne du sieur de Luynes, que d'en exalter et enrichir deux en pareille grandeur, lesquels conçoivent telle inimitié les uns contre les autres, que la guerre civile en advient, en danger de la subversion de l'estat royal.

Il se fait mauvais joüer à son maistre, pis quand ils sont princes, et perilleux aux roys. Aux jeux d'hazard ils se faschent qu'ils ne gagnent; se laisser perdre c'est sottise, mocquerie et dommage. Aux exercices de mains et tournois, ils ne veulent que l'on se feigne ; autrement il leur semble estre mesprisez ; et si on fait de son mieux, tant qu'iceux roys ou princes tombent, ou ayent du pire, en luitte ou en tournois, quoy qu'ils n'en fassent semblant, ils ne pardonnent à ceux qui leur sont superieurs. Il est fascheux de se laisser vaincre; non seulement l'honneur, mais l'apparence d'iceluy est si chere, que rarement elle se cede à son propre frere ; et de tenir le milieu, sans que le prince ny assistans cognoissent qu'il y ait feinte, et que la resistance soit telle qu'elle ne laisse l'entiere superiorité aux roys, il est malaisé : quoy qu'ils commandent, il faut eviter de rompre lances, donner coups d'espée, luitter contre eux, et nommement tous exercices où il y a hazard d'estre blecé. Les actions humaines sont si incertaines, que plusieurs en jeu ont rompu bras et jambes de ceux qu'ils aimoient le plus : l'esprit eschaufé, entourné d'armes, de trompettes, sort aucunement de son naturel, et empesche de garder la discretion et le respect qui se doit : celuy qui refuse ces jeux par crainte d'offencer, pourra recevoir quelque legere parole des princes ; il les vaut mieux endurer que d'encourir plus grand malheur. Aucuns diront que si tous avoient ceste consideration, les roys et princes ne pourroient passer leur temps. Cecy n'est escrit que pour servir à nos plus proches parens.

REGNE DE FRANÇOIS II.

[1559] Le nouveau roy François II, roy de France et d'Escosse, met en credit ces MM. de Guise, oncles de sa femme; la Royne mere, ambitieuse et craintive, se joint à eux, sous promesse que tout se feroit par son advis. Toute la Cour change à la disgrace de M. le connestable de Montmorency; la Royne mere luy reproche qu'il avoit soustenu madame de Valentinois, et que si Dieu ne luy eust donné des enfans, ils l'eussent renvoyé à Florence. L'alliance d'Aumalle maintient la duchesse de Valentinois, qui, prudente, s'estoit alliée aux deux grandes faveurs, contre tous evenemens, et principalement appuyée du connestable, non sans soupçon d'amour illicite : elle rend les pierreries de la coronne, conserve son bien et se retire de la Cour. MM. de Guise menent le Roy au Louvre, prennent l'occasion, laissent le corps du mort à ceux qui en avoient possedé l'esprit.

Le connestable sent son mal, viel courtisan reduit en semblable fortune qu'il avoit esté du temps du roy François I; il ne navige contre la tempeste, et plie au vent, ainsi que celuy qui est dans un navire se laisse emporter des vagues hors de sa route pour ne submerger; il reçoit les commandemens du Roy, qui luy annonce la perte de sa faveur, luy dit avoir choisi MM. de Guise ses oncles pour chefs d'armes et de conseil. Sa Majesté luy offre le choix de demeurer en sa Cour, ou se retirer en sa maison : le connestable se contente de tout, se montre sans ambition, represente doucement ses services et de ses nepveux. Le sieur de Tavannes, qui sembloit pancher entierement du costé de MM. de Guise, et tel le croyoit M. le connestable [à grand tort, parce qu'il ne regardoit qu'au Roy], le jour de la mort de Sa Majesté, M. le connestable, se retirant en son logis, est abandonné de cent gentils-hommes qui avoient accoustumé de le suivre; le sieur de Tavannes le console, conduit et offre service, lors et depuis, quand il se retira en sa maison, auquel lieu ledit sieur connestable estant retiré, soit qu'il fust en crainte, ou qu'il jugeast le Roy majeur de quinze ans malaisé à troubler, il n'envoya querir le roy de Navarre pour faire teste à MM. de Guise, comme plusieurs luy conseilloient. Ce roy François eut plus de generosité à prononcer la sentence de retraicte au connestable, que la royne Marie regente n'eust à l'endroict du grand escuyer qu'elle vouloit defavoriser; aussi parloit-il en roy majeur. Lesdicts sieurs de Guise precipitent leur establissement et celuy de leurs amis.

Le sieur de Tavannes les dissuade de se tant haster, pour le bien de l'Estat; n'estant cru il se retire en son gouvernement de Bourgongne, prevoyant beaucoup de malheurs. Tout suit, tout crie, *vive Guise!* Il est grand maistre par la demission forcée du connestable, condamné de ne pouvoir exercer deux grands estats ensemble; pour recompense, son fils de Montmorency est faict mareschal de France. L'Estat et les garnisons sont changez à la devotion de M. de Guise; il revoque le cardinal de Tournon, ennemy du connestable; r'establit le chancelier Olivier, defavorisé par madame de Valentinois; gagne les mareschaux de Sainct André et de Brissac, dont le dernier s'estoit faict sage par sa defaveur, regardant neantmoins à la Royne, qui lui fit donner le gouvernement de Picardie refusé au prince de Condé. Les princes du sang sont esloignez en diverses commissions, celuy de Condé envoyé en Flandre pour l'execution de la paix : le roy de Navarre, le prince de La Roche-sur-Yon et cardinal de Bourbon, sont faicts conducteurs de la royne d'Espagne, et ne demeure de princes auprès du Roy que MM. de Guise. Les chambres ardentes sont erigées pour persecuter les Huguenots, et ce d'autant plus que les princes du sang et les freres de Coligny favorisoient la religion nouvelle. Le domaine est reüny, pour avoir moyen de faire perdre ce qu'en tenoient les ennemis de MM. de Guise, lesquels menent le Roy sacrer à Rheims le 18 septembre 1559, executent des articles de paix de poinct à autre, craignant par la guerre civile estre contraincts se servir des estrangers.

Les defavorisez qui se veulent maintenir malgré leur maistre tombent en hazard de leur vie, perte de biens et d'honneur; tant plus ils estoient grands, plus il y a de peril : plier, et se retirer de la presence, s'esloigner sans bruict, et attendre le temps, sont les souverains remedes; autrement ils tomberont dans les recherches perilleuses, mespris et mocqueries des peuples.

La faveur fait des ennemis; les fautes et mauvaistie des maistres sont attribuées à leurs favoris, lesquels ont raison de se preparer en leur faveur contre les evenemens fortuits, encore que rarement on les ruine du tout, pour la crainte qu'ont les nouveaux mignons de tomber en mesme accident : c'est se mocquer de s'offrir en prosperité; les habiles en credit cognoissent bien que ces offres sont faites à leur faveur, et non à eux, et ne s'offencent de ce qui se dit d'eux, pourveu qu'ils se puissent mettre en telle seurté, qu'ils ne se puissent perdre sans la ruine de l'Estat.

Les conseils sont blasmez ou loüez, selon les evenements : MM. de Guise sont repris d'avoir precipité et fait paroistre leur grande faveur, qui causa l'entreprise d'Amboise; leurs conseillers respondent que ce dessein d'Amboise ne se pouvoit executer sur eux sans qu'ils fussent advertis, et que la faute d'iceluy fit tellement pour eux, qu'ils s'establissoient en pleins estats, et faisoient trencher la teste au prince de Condé leur ennemy, sans la mort du petit roy François leur maistre. Les opinions contraires sont qu'ils devoient faire plus de part du gouvernement à ceux de Bourbon et de Montmorency, pour ne les point desesperer. Ils repondent que plus ils eussent fait pour eux [n'estans leurs amis], et tant plus ils leur eussent donné de moyens de leur nuire. MM. de Guise, grandement favorisez de la Royne leur niepce, qui gouvernoit le Roy son mary, pensoient n'avoir rien oublié de ce que permet la prudence humaine pour s'establir : l'excuse de leur precipitation est que lors ils possedoient le Roy, et que l'occasion est chauve, qu'elle se perd en un moment.

Le choix de repos ou de travail est difficile; en l'un et en l'autre la vie s'escoule : la reputation grande est impossible d'obtenir sous les roys, la commune est mesprisable. Les injures portées patiemment sont plus utiles que les victoires en la loy que nous tenons. Les hommes privez ne se peuvent mesler des affaires d'Estat s'ils n'y sont appelez : s'ils disent qu'ils s'y poussent pour maintenir la justice et equité, Dieu a assez de moyens sans eux pour pourvoir aux desordres. Les hommes se flattent et sont mauvais juges de leur suffisance, pour cognoistre s'ils sont naiz pour eux ou pour le public. Les natures eslevées qui languissent en repos peuvent suyvre leurs inclinations, quoy que peu utiles, puis qu'ils ne peuvent sous la royauté attaindre à grandes choses; les paisibles qui suivent le repos, mesprisent les grandeurs et vanitez, sont plus heureux et font mieux leur salut.

Les princes du sang, ceux de Montmorency et de Chastillon esloignez, les heretiques persecutez, conferent leur mescontentement. La royne Catherine de Medicis, florentine, nation desireuse de nouvelleté, conseillée par des Italiens, assistée des dames de Montpensier et de Roye, demye lutherienne, haissoit, comme belle mere, la Royne sa fille, qui l'esloignoit des affaires et portoit l'amitié du Roy son fils à MM. de Guise, lesquels ne luy departoit du gouvernement qu'en ce qu'ils cognoissoient qu'elle ne pouvoit nuire, luy donnant credit en apparence sans effect. Surquoy ladite Royne se resout de favoriser les mal-contens [tant est l'amour d'ambition plus forte que la maternelle], se couvrant de la crainte que ceux de Guise n'usurpent la coronne sur leurs pretentions qu'ils disoient estre issus de Charlemagne.

En effect Sa Majesté veut deux cordes en son arc, remplit de nouvelle esperance ces deffavorisez; tout est plein de cris, de bruits et de libelles diffamatoires : en mesme temps le president Mignard fut tué d'un coup de pistolet par Stuard, escossais, pour avoir condamné les heretiques. Les seigneurs d'Escosse, sous pretexte de religion, prennent les armes par les menées des Anglais et Huguenots français, contre la royne doüairiere d'Escosse, sœur de MM. de Guise, et par leur revolte chassent M. de Martigues d'Escosse. L'autorité du Roy, non encore mesprisée en France, dissipe les desseins des mal-contens, et renvoye le roy de Navarre en Bearn, que ceux de Montmorency avoient faict venir sans fruict, apres luy avoir reproché la trahison de M. de Bourbon, et gaigné partie de ses serviteurs, luy ayant en partant le Roy declaré qu'il vouloit que ceux de Guise eussent les principaux commandements en France.

Les plaintes estoient grandes des cruautez exercées contre les nouveaux evangelistes; les mal-contents publioient que les princes estrangers possedoient le Roy, et qu'il avoit besoin de tuteurs esleuz de ses plus proches parens, comme si Sa Majesté n'eust esté majeur de seize ans; croyent qu'il falloit tenir les estats, interpretans les loix de France, comme ils faisoient les sainctes Escritures, à deux ententes, et en tant qu'elles faisoient pour eux; disputoient sur ce qui se doit au Roy et ce qu'il doit à son peuple : en fin se trouvant empeschez de l'auctorité royale, qui dissipoit leurs desseins, les mal-contens se resolvent d'user de voyes de faict [dernier remede au desespoir des defavorisez]. Les chefs principaux estoient l'admiral de Chastillon et prince de Condé, assistez de ministres huguenots, qui resolurent de se saisir de la Cour, prendre MM. de Guise, les tuer ou leur faire faire leur procez ; à quoy ils font adherer le roy de Navarre, et donnent à entendre au connestable retiré chez luy qu'ils ne vouloient que presenter une requeste et se rendre les plus forts pres du Roy.

Ce qui estoit plus admirable, est que la royne mere y consent, pour r'entrer au gouvernement qu'il luy sembloit luy estre osté par la Royne sa belle fille, et en effect par MM. de Guise, esperant, pour la foiblesse des freres de Chastillon, bonté de ceux de Bourbon, de les diviser, joinct à la haine que l'on portoit aux Huguenots ; que s'aidant d'eux, ils seroient contraincts, apres avoir chassé MM. de Guise, de faire ce qu'elle voudroit. Les parolles emmiellées des Huguenots, les soldats, les compagnies, capitaines de marines, dependant de MM. de Chastillon, joinct aux commandements secrets de la royne mere, fournirent de soldats ; et neantmoins furent forcez de se nommer chefs secrets ou muets, par ceux qui craignoient le desadveu de la Royne et des princes de Bourbon, si l'entreprise ne reüssissoit.

La Regnauldie, plus cogneu par la rupture des prisons criminelles de Dijon que par autre vaillance, fut faict chef. Les Eglises pretendues reformées y jettent leurs hommes, ces princes et seigneurs leurs capitaines. M. le prince de Condé fut contrainct de parler à beaucoup d'iceux, et leur donner des pouvoirs signez de sa main, avec promesse de les luy rendre.

[1560] Apres plusieurs assemblées, il s'en fit une derniere à Nantes, auquel lieu La Regnauldie enrolla sept cens hommes la pluspart huguenots, et prirent rendez vous au quinziesme de mars, à trois lieuës de Blois. Ils devoient surprendre la porte du parc à la pointe du jour, et lors les chefs [qu'ils nommoient muets] qui estoient MM. le prince de Condé et de Chastillon, devoient se declarer, et, apres s'estre rendus les plus forts dans le chasteau de Blois, faire faire le proces à MM. de Guise, et tenir les estats generaux, là où il devoit estre establi un conseil au Roy, composé des princes du sang. Les mouvements sont difficiles de cacher aux roys : MM. de Guise furent advertis des soldats qui avoient milité sous eux, et par l'advocat Avenelle qui s'estoit feint huguenot. Ils conduisent le Roy à Amboise, mandent leurs amis, font escrire Sa Majesté pour empescher l'entreprise.

Les conjurez, encores qu'ils sceussent estre descouverts, pensoient estre assez forts pour executer par intelligences de la Cour, malgré MM. de Guise. Leur entreprinse par estonnement prend coup en confusion ; les ordonnez de se cacher au logis du prince de Condé ne furent envoyez, ny les cinquante qui devoient loger dans un grenier pour surprendre la porte du chasteau. Le rendez-vous des entrepreneurs sceu par l'accusation de quelques uns de leurs troupes, MM. de Guise envoyent M. de Nemours et leurs amis aux lieux où ils se devoient treuver, auquel ils tuerent La Regnauldie et defirent ses troupes, se saisissent de neuf ou dix capitaines et d'un secretaire chargé des rolles de ceux qui estoient de l'entreprise. Ces capitaines furent gehennez et decapitez ; le secretaire, pour se sauver de la question, accuse M. le prince de Condé et l'Admiral, lesquels avec contenance asseurée, et l'assistance de la Royne, qui leur reveloit les conseils et empeschoit de leur mal faire, les faisoit sembler innocens. Plusieurs furent tuez et jettez en l'eau, et la plus grande part r'envoyez à dessein, comme ayant esté seduits et mal conseillez.

Les desseins et modelles en petit ne reüssissent souvent en grand ; autre est le gouvernement d'un duché, autre est celuy d'un royaume : faire des citadelles, desarmer les peuples, semer des divisions, les tenir en querelles, exiger sur eux, entreprendre sur les plus riches, se mefier de tout, pourroit servir à Florence, à Savoye, et non pour la France, dont les regles d'Estat sont toutes differentes. Les actions des roys de France doivent estre franches, genereuses et pleines de preud'hommie, qui leur sert de citadelles et de gardes ; entretenir paix parmy les leurs, esteindre les divisions, prevenir les mescontentemens, et chastier valeureusement les premiers qui entreprennent contre l'Estat, non injustement ny extraordinairement, ainsi que le massacre de MM. de Guise à Blois, et de la Sainct Barthelemy à Paris : que tant s'en faut qu'ils esteignissent les guerres civiles, qu'ils les enflammerent perilleusement ; et si le marquis d'Ancre fut esté aussi bien François grandement apparenté, tué sans forme de procez, cela ne se fust passé sans trouble en l'Estat. Le roy Henry IV, bien advisé, fit faire le proces et condamner le sieur de Biron par la cour de parlement de Paris. La Royne mere en crainte d'estre r'envoyée en Italie, ou de demeurer en France sans credit, il luy semble que la division fait pour elle ; esperant de deux partis en avoir tousjours un favorable, ne se soucie d'hazarder la coronne, pourveu qu'elle espere de r'entrer au gouvernement

Les Huguenots revoltez contre leurs souverains, les subjects d'Allemagne, de France, d'Escosse et de Flandres entreprennent contre la justice, et contre la vie de leurs superieurs, et sont source de toutes les guerres civiles et troubles qui ont suivi, tant d'iceux que depuis la Ligue, lesquels n'eussent eu aucun pretexte s'il n'y eust point eu d'heretiques.

Imprudente entreprise, qui estoit creüe secrette des conjurez avec peu d'apparence, puis que cent hommes la sçavoient! un suffisoit pour tuer M. de Guise, auquel consistoit toute la faveur. C'estoit mal avisé à MM. le prince de Condé et de Chastillon, quand bien leur entreprise eust reüssi, de penser qu'apres avoir offencé le Roy en la mort ou prison des oncles de sa femme, et esloignement d'icelle, de pouvoir r'entrer en grace; et une grande meschanceté si c'estoit en intention de tenir Sa Majesté prisonniere et voller la coronne, qui estoit la seule seureté des conjurez.

L'ambition, la crainte et la vengeance agitoient la Royne mere, voyant la faveur et le regne de ceux de Guise et de sa belle fille; ce qui la transporta à hazarder ses enfans au consentement de ceste entreprise, de laquelle elle n'avoit caution que M. l'admiral de Coligny, que les entrepreneurs ne se fissent roys apres l'execution, sur l'esperance qu'elle avoit [le coup faict] d'empescher, par ceux de Chastillon et de Montmorency, le prince dè Condé, et demeurer seule au gouvernement; autrement elle se perdoit elle-mesme: et de quelque façon que ce fust, l'entreprise fut mal divisée, et plus mal executée. Aux defavorisez ne reste que les armes ou l'esloignement de leurs maistres, qui d'amis leur sont devenus ennemis; plus ils s'importunent et s'approchent, plus ils sont en danger, et moins ils font leurs affaires; et de bonne heure doivent cognoistre l'estat auquel ils sont reduits, pour y remedier sans peril.

Les gehennes sont cruelles et incertaines, dont la seule crainte fait advoüer le crime non commis; plusieurs coulpables la soustiennent, se justifient par patience et tolerance, cognoissant que, condamnez par la cour à la recevoir, le commissaire n'en peut faire grace, ny diminuer les crans qui sont ordonnez, tellement que non ne couste pas plus à dire que ouy. Les breuvages de savon et autres qui endorment n'y sont espargnez, quand les patients ont commodité de les prendre: l'horreur des tourments a fait advoüer le meurtre du pere au fils, qui, apres avoir esté pendu, est revenu vivant demandé son enfant à la cour. La gehenne injustement est donnée aux condamnez à mort; si la crainte de Dieu [allant mourir] ne leur fait dire la verité, malaisement par les tourments le diront-ils; mais plustost, pour eschapper d'iceux, respondront au contraire. S'il reüssit un bien de ces cruautez, il en reüssit deux maux; j'advoüerois, pour l'eviter, ce à quoy je n'aurois jamais pensé.

Qui ne s'abstient de crime par la crainte de la mort, ne s'en garde par les roües, feux et tenailles: combien d'ames sont ensevelies au desespoir par ces tourments! Le plus grand supplice devroit estre de couper la teste: l'apprehension de ceste mort, sans estre malade, est extreme; ceux sont obligez à Dieu qu'il en exempte; le seul reconfort est de mourir innocent. Heureux estoient les martyrs, qui rioient dans les flammes, esperant la vie eternelle. La consolation des justiciez est que leur esprit, estant entier, non tourné ny perverty par maladies, affoiblissement ou illusion, recognoist Dieu: c'est n'estre desdaigné de luy d'en estre chastié. C'est un mauvais signe à une conscience ulcerée, quand tout luy succede avec prosperité; il est heureux qui gagne sa vie sans hazarder sa conscience; pernitieuse vaccation de juges, où les prieres des meres, femmes, enfans, crainte des rois, des parens, contrarieté de loix, ignorance, melancolie, presents, corruption et argent, combattent la justice et perdent les ames!

J'ay veu mourir huict personnes d'authorité: les comtes d'Aiguemont, d'Orne, l'admiral de Coligni, les deux freres de Guise, les sieurs de Biron, d'Essex et d'Albigny: tous estoient advertis du mal qu'on leur preparoit, et ne le peurent eviter, soit que les arrests du ciel ne se peuvent rompre, ou que l'imprudence accompagne les constituez aux grandeurs et faveurs pour leurs pechez. Quatre ont esté condamnez par les officiers de justice: les comtes d'Aiguemont, d'Orne, d'Essex et de Biron; et quatre par le commandement absolu de leurs Majestez: l'admiral de Coligni, MM. de Guise et d'Albigni; et seroit augmenté ce nombre du marquis d'Ancre, et comte de Bueil assassiné par le duc de Savoye, dont le fils avoit espousé une de mes filles.

Plusieurs ont blasmé les roys et souverains qu'ils n'avoient fait faire leur procez, nommément à l'admiral de Coligni, que l'on disoit pouvoir estre aussi bien pris que tué, et à MM. de Guise. Il se respond que l'on ne pouvoit pas faire le procez ny aux uns ny aux autres, parce qu'ayant fait la guerre, ils avoient des edicts de paix, abolitions interinées aux parlements: ils ne se pouvoit faire leur procez que sur nouvelles entreprises, lesquelles n'ayant point faictes, il falloit [les mettant entre les mains des cours] corrompre de faux tesmoins; autrement les justes juges ne les pouvoient condamner de droict, les roys ayant advoüé tout ce qu'ils avoient fait; aussi que la capture de ces chefs de factions pouvoit estre empeschée, et quand elle eust esté faicte, il y avoit du danger que la grande quantité d'hommes qui dependoient d'eux ne prinssent les armes en esperance de les delivrer. Et quant à Albigni, le duc de Savoie n'eust peu rien prouver contre luy, sinon qu'il aymoit mieux les Espagnols que son haltesse, sans avoir intention de le desservir. Pour le comte d'Essex, d'Aiguemont, d'Orne et Biron, ils n'avoient point eu de pardon, et estoient arrestez sur le commencement de leurs entreprises, pour s'estre fiez aux roys et souverains, en consideration qu'au temps de leur prise ils estoient en volonté de ne poursuivre leurs desseins, et ne consideroient pas qu'ils pouvoient estre convaincus d'avoir entrepris.

Aucuns fussent esté d'advis que, sans les faire mourir, ils fussent esté mis prisonniers, et se pouvoient remettre en liberté selon l'evenement du temps. Ces conseils sont douteux, parce qu'offencez et remis en liberté, il y a grande apparence qu'ils courroient à la vengeance, seroient d'autant plus contraires à l'Estat, qu'ils se garderoient d'estre repris.

Et ne se sçait pas ce qu'il fust advenu ne les faisant point mourir; mais l'on a veu, par experience et mauvais conseil d'Estat apres l'execution, que la mort du comte d'Aiguemont, d'Orne et de l'admiral de Chastillon, ne mirent la paix en France ny en Flandres, et que les guerres y ont toujours duré depuis; encore moins celle de MM. de Guise, qui amena huict ans de troubles, et fallit à renverser l'Estat: celle de MM. de Biron et d'Albigni n'en ont point apporté en France ny en Savoye; en effect toutes ces morts n'ont guieres profité à ceux qui les ont commandées; les sept sont morts pour avoir trop de pouvoir en l'estat de leurs maistres; le huictiesme, qui estoit Albigni, de crainte qu'il ne fust plus espagnol que savoyard. Le duc d'Albe hayssoit les comte d'Aiguemont et d'Orne; le secretaire Cécile envieux du comte d'Essex; l'admiral de Chastillon se precipita pour vouloir forcer son maistre à faire la guerre aux Espagnols; MM. de Guise firent trop paroistre leur puissance; et le sieur de Biron se perdit par imprudence et paroles audacieuses.

Et quant à Conchine, il ne falloit craindre sa delivrance; estant en prison, son extraction estrangere ne luy concedoit aucun appuy. Et pour le comte de Bueil, qui n'estoit suject ny vassal du duc de Savoye, ains sous ombre d'une confederation faicte entre leurs predecesseur en egalité, que le duc interpretoit faussement hommages, en suitte fit faire le procez sous terre secrettement par juges incompetents, et, sans aucun adjournement ny defence dudict de Bueil, le fit assassiner pour occuper son estat, son argent et ses meubles; injustement procedé et meschante entreprise, là où il n'avoit non plus de droict que s'il l'eust faicte contre le duc de Mantoüe et autres souverains.

Veritablement sont actions dangereuses; les Roys sont heureux qui ne sont forcez à faire mourir leurs subjects: s'il en faut venir là, la meilleure forme est, pour en oster le blasme, de les faire juger par les cours de parlement et justice ordinaire.

Plusieurs sont esbahis qu'en Espagne il ne se fait point de guerres civiles; les Espagnols se vantent qu'il n'y a point de traistres parmy eux: cela advient qu'il y a fort peu de places fortes en leurs pays, qu'ils ne donnent point de gouvernement de provinces aux grands, à ce que la commodité ne fasse le larron; que les peuples de Catalogne et de la pluspart d'Espagne n'ont point de subsides, et les roys n'imposent pardessus leurs privileges; la religion y est bien observée par l'Inquisition: quand les Espagnols voudroient, il n'y a pretexte ny pouvoir d'entreprendre contre le Roy. Outre ce, ils ont beaucoup de moyens de contenter les grands seigneurs, les envoyant vice-roys en tant de royaumes et provinces qu'ils possedent. Neantmoins ils n'ont esté exempts, aux Indes ny au royaume de Naples, d'Espagnols qui ont voulu entreprendre à l'advenement de Charles-Quint. A cela ayde que la force gist au peuple, dont sont tirez les gens de guerre, lequel peuple, pour n'estre point tourmenté de subsides, n'est point enclin aux revoltes; et leurs villes, mal fortifiées, seroient incontinent opprimées, outre ce que les habitans employez aux guerres s'enrichissent.

Les opinions sont diverses, si ceux qui sont condamnez à mort doivent haranguer sur l'eschafaut, s'il vaudroit mieux se taire, blasmer le prince, ou en dire du bien.

Ne parler point fait croire que justement on est puny, qui se tait consent; c'est pusillanimitié de loüer celuy qui oste l'honneur et la vie; et d'en dire du mal à ceux qui vont rendre compte devant le grand Juge, c'est pecher. Si on est condamné justement, l'on ne se peut plaindre; si innocemment, plus on se tait, plus de merite. Ces deux contraires ont esté practiquez par le comte d'Essex judicié par la royne d'Angleterre, et par le sieur de Biron condamné par la cour de parlement, à la requeste du roy Henry IV. Le premier, par douces paroles, disant tousjours bien de la royne sa maistresse, luy laisse un repentir au cœur; aucuns disent que cela l'avoit fait mourir, nommant à sa derniere heure continuellement le nom d'Essex : ses honnestes paroles à sa fin graverent un regret à toute l'Angleterre de son malheur.

Lorsque le sieur de Biron esperoit grace il parla modestement; desesperé il blasma, et dit beaucoup de choses contre le Roy qui ne se doivent escrire; qui fut cause que l'on sema divers bruits de sa fin, qu'il estoit mort comme enragé.

A la verité ceux qui sont innocens du crime pour lequel ils meurent, ne se doivent taire, et advoüe bien que c'est un grand contentement en ce dernier accident de pouvoir dire la verité de ses ennemis, monstrer qu'on n'est point condamné par un prince equitable, que c'est preuve de preud'hommie quand on est jugé par les meschans. Les prophetes, les apostres et innocens ont esté condamnés des tyrans, ainsi que j'ay dit cy-dessus : les reproches et paroles aigres nuisent à l'ame et souvent au corps et à leur posterité. Il s'en est veu ausquels on a apporté la grace sur l'eschafaut, autres ausquels on ordonnoit, pour avoir trop parlé sur l'eschafaut, double supplice.

Il semble que, puisque l'on est condamné à mort, et qu'il n'y a nul espoir de salut, qu'il vaudroit mieux se taire et endurer patiemment, si ce n'estoit qu'une extreme innocence fist parler; auquel temps il faut mettre tout son cœur à Dieu, sans vengeance, et quitter le monde entierement. Outre ce, voulant haranguer entre les sens troublez, la crainte, le regret, la colere, il est impossible qu'il ne se face plusieurs incongruitez; dira plusieurs paroles qui seront expliquées à deux ententes, ausquelles l'on adjouste foy ordinairement selon la passion des peuples, qui expliqueront plustost au mal qu'au bien, tant pour le naturel des hommes que parce qu'ils sont subjets de celuy qui tient la justice; et aucuns, pour avoir dit des paroles de ceux qui ont esté justiciez, se sont eux-mesmes ruinez de fortune.

Plusieurs se moquent de ces harangues, et disent que c'est joüer une tragedie sur un eschafaut; et parce que c'est un grand crevecœur de dire bien de ceux qui nous font mourir, je conclus encores une fois qu'il vaut mieux se taire entierement devant les hommes, et parler devant Dieu, auquel à ceste heure là toutes les pensées et paroles doivent estre adressées; et quoy que l'innocence soit au crime pour lequel on est justicié, il s'en commet tant d'autres en la vie des hommes, desquels la punition a esté retardée par la divinité, qui disoit esmouvoir à patience les condamnez en la purgation des autres pechez qu'ils ont commis.

Les roys ne se doivent attribuer droict de regner selon leur volonté, pour avoir esté esleuz de Dieu. Ceste eslection fut en son ire lors qu'il advertit son peuple que ces roys les affligeroient, prendroient leurs femmes, leurs enfans et leurs biens; ce qu'il leur disoit pour les dissuader de leur demande. Il y a des roys par election, par conquestes et par succession : les peuples peuvent estre sans roy, non les roys sans peuple. Les esleuz sont pour servir à la guerre et administrer la justice, à condition et avec serment, duquel se dispensans ils dispensent aussi d'obeyssance leurs subjects; ils sont obligez d'observer les loix de Dieu, conserver les biens et personnes de leurs subjects, garder leur privileges, n'exiger rien sur eux : et quant aux conquerans, ils sont tenus de faire part de leurs conquestes aux capitaines et soldats qui les ont assisté.

Il n'y a difference des peuples conquis, et de ceux qui ont aydé à conquerir, et de ceux qui volontairement se sont assubjectis : les uns doivent estre traictez comme freres, les autres comme subjects. Pareillement l'usurpateur est obligé à ceux qui l'ont coronné; ny les uns ny les autres [estans chrestiens] ne peuvent user de leurs subjects comme de leurs esclayes et bien propre. Les roys ne sont creez ny assistez des peuples pour servir à leurs voluptez; au contraire les peuples les eslisent pour tirer du bien et commodité d'eux; les subjects ayant payé les droicts aux seigneurs particuliers, ils ne peuvent exiger davantage. Il n'y a raison qu'un homme s'assubjectisse à un autre, qui n'a non plus de force ny d'esprit que luy : que les roys excellent le commun en pieté, justice, vaillance et sagesse, à ce qu'ils soient jugez dignes de regner, et considerent qu'ils commandent à leurs semblables, qui preferent quelquefois leur mort à la tyrannie. Un seul mot de non ou de refus general perd le commandement : la servitude volontaire se maintient par prudhommie et artifices; la juste royauté est le meilleur gouvernement, et la tyrannie le pire.

Les hommes sont obligez à maintenir l'Estat où ils sont naiz, et n'est pas sans dispute si les particuliers se peuvent opposer à la tyrannie, dix ans de laquelle n'affligent tant qu'un mois de guerre que l'on est forcé de faire contre les tyrans : la perte d'un œil est moins que la personne entiere : d'un tyran il s'en fait mil par la guerre. Les princes, les grands prennent les armes, disent-ils, pour le public, et les posent pour leur profit.

Heureux sont les Castillans et les Anglais, au pays desquels il ne s'impose sans leur consentement! Les Français feroient beaucoup pour eux, si doucement ils se pouvoient reglisser à ce privilege dont ils ont joüy, et qui leur estoit conservé par les assemblées d'estats, qui estoient gardiateurs du bien public. Ce fut un mauvais dessein au roy Louys XI, lequel, mettant ses successeurs hors de page, se mit hors de bonne conscience et de seurté, tousjours en danger de guerre civile et en peril du cousteau des assassinateurs. La justice de Dieu chastie les peuples par l'iniquité des roys, et les empesche de regagner ce bon-heur auquel il ne faut esperer que par l'assemblée des estats libres en la minorité des roys, pourveu que les grands et les particuliers fussent mieux zelez qu'ils n'ont esté en l'an 1614. Ce n'estoit par l'entreprise des Huguenots à Amboise qu'il falloit regagner ceste liberté; c'estoit faire les affaires de MM. de Condé, de Montmorency et de Chastillon, non ceux du Roy et du public. Les assemblées d'estats doivent estre procurées generalement de tout le peuple, et non des particuliers, princes, ou seigneurs, qui ne desirent ces assemblées que pour leur interest, auquel estans satisfaicts ils abandonnent le public.

Les Huguenots, qui de ce temps-là demandoient la tenuë des estats, estoient desja en dessein d'establir une democratie ou aristocratie, et continuent tellement, qu'en l'année 1605 et en celle de 1620 leur estat est vrayement populaire et aristocratique, ayant les maires des villes et les ministres toute l'authorité, de quoy ils ne font part à la noblesse de leur party qu'en apparence : tellement que s'ils venoient au dessus de leurs desseins, l'Estat de France deviendroit comme celuy de Suisse ou les Estats de Flandres, à la ruine des princes et gentils-hommes.

Infinies raisons empeschent que les estats de France ne se mettent en autorité et liberté : le royaume est composé de plusieurs pieces divisées en ecclesiastiques, noblesse et peuple, officiers de justice et de finances, qui conservent leurs biens, scituez en la campagne, par l'autorité royale ; et sont esté tant trompez, qu'ils croyent que la pretenduë liberté cousteroit plus cher que la servitude volontaire où ils sont. Il y a des gens d'Eglise, partisans dependans du Roy, du nombre desquels sont ceux qui tiennent les abbayes par recompenses; autres qui regardent immediatement au Pape, et plusieurs qui demeurent chez eux et voudroient bien la reformation, leur descharge et celle du peuple, si elle se pouvoit obtenir sans trouble. De la noblesse, aucuns sont pensionaires ou commandent aux forteresses, autres ont pris party avec les princes et factions, plusieurs ayment leurs maisons. Le peuple est divisé en officiers royaux, aucuns qui ont des seigneuries, en artisans et villageois. En ce temps, où la religion est en peu de recommandation, le bien general l'est encore moins; chacun prefere son particulier que le public. L'ambition fait que toutes ces parts sont tronçonnées et divisées en eux mesmes, par l'inimitié des familles, avarice et envie entre les riches et les pauvres : peu d'iceux voudroient l'agrandissement les uns des autres, et sont entretenus artificiellement en hayne et division. Il est mal-aisé de balancer egalement la puissance d'un grand Estat, tellement que la monarchie, aristocratie et democratie y ayent mesme part; et faut necessairement que l'un gagne la superiorité, autrement ils demeurent en perpetuelle guerre et seditions : le but de l'un est de suppediter les autres, ce qui ne se peut faire qu'avec le malheur general. Les ecclesiastiques et les nobles cognoissent que si quelque estat avoit à emporter la domination, ce seroit le peuple, parce qu'ils tiennent les villes et sont douze contre un : ce qu'advenant, et le gouvernement populaire estant en puissance, les preeminences et privileges des ecclesiastiques et des nobles seroient mis en controverse, les faveurs et dons des roys perdus, parce que les peuples veulent expressement l'egalité.

Les paysans des champs considerent qu'advenant la guerre, ce sera à eux premierement à patir, et ne desireroient que, pour cinquante ans de reglement, il y en eust un de guerre. D'autre part, que deviendroient les princes et seigneurs favoris des roys, si les estats estoient en credit? ils perdroient leur autorité et mettroient en peril leurs biens et leurs personnes [ce disent-ils]: ce qui ne se peut adapter qu'à ceux qui sont agrandis et advancez sans merite, contre les formes anciennes; car quant au general des princes et seigneurs qui veulent se maintenir et vivre selon les regles d'Estat et sous la juste royauté, les estats generaux et libres font du tout pour eux : nonobstant qu'il y ait des estats en Bourgongne, Dauphiné, Languedoc et Provence, le Roy y tient des forteresses, y a des officiers et serviteurs, et l'intelligence ne pourroit estre entre eux de faire guerre et moins s'accorder d'un chef. Les estats peuvent supplier le Roy de mettre ordre à leurs plaintes, sans user d'aucune force ny contrainte; autrement aussi-tost que l'on cognoistroit leur desir de nouvelletez, il seroit facile à Sa Majesté d'y pourvoir.

De se mettre sous un prince qui entrepris sa protection, c'est un abus : ils prenent les armes pour eux, non pour limiter la puissance des roys, ains pour se mettre en leur place s'ils peuvent, ou pour diviser l'Estat : quand ils seront contents, ils abandonneront le bien public; et adviendroit tel desordre, pour avoir voulu mettre ordre, que ce seroit la confusion et perte de tous. Que si on venoit à eslire un chef, il ne seroit ny agreé ny suivi. Il ne se faut regler sur ce qu'en France anciennement le royaume se gouvernoit par les villes; toute la noblesse s'y tenoit; il n'y avoit point de chasteaux en campagne; tous les trois corps des estats de maintenant n'en faisoient qu'un s'assemblant dans une mesme ville, et neantmoins il y en avoit tousjours quelqu'un qui se faisoit seigneur, et portoit la guerre et la paix en sa main au prejudice de ses patriotes. Moins les Suisses ne servent d'exemple, parce qu'avant leur revolte il y avoit fort peu de noblesse en leur pays fortifié de montagnes et assietes; ce seroit une mauvaise imitation pour les ecclesiastiques et nobles, parce que c'est le peuple suisse qui a la superiorité au prejudice d'iceux. Les estats de Flandres ne se peuvent plus dire composez des trois corps d'Eglise, noblesse et tiers estat, ains une pure democratie, ayant une partie des bourgeois chassé ou suppedité la noblesse et les ecclesiastiques. Et est tres-dangereux qu'en voulant mettre le peuple en liberté, qu'il ne se deschaisnast et mist les deux autres estats en captivité. S'il advenoit changement en France, il ne se fera un par l'assemblée des estats : les villes occuperont à la façon des imperialles, et donneront les armes aux villageois : ceux qui auront des forteresses se feront, comme les princes d'Italie, petits potentaux, avec beaucoup de confusion et de guerres.

Par la Ligue le chemin y estoit du tout ouvert, et si les chefs d'icelle n'eussent eu peur de perdre leur authorité, et que les peuples ne s'en fussent fait trop à croire, ceste forme de gouvernement sans doute fust advenuë, parce que la France y estoit toute portée, et avant qu'on eust peu establir une paix entre eux, comme elle est en l'Empyre, ceux qui vivent seroient morts. Pour eviter ces malheurs, il n'y a rien mieux que s'opposer aux guerres civiles, maintenir le Roy, et par supplications et artifices garder l'ancienne religion, practiquer la descharge du peuple et la correction de la justice : ce qui ne se peut obtenir que par bonnes œuvres et prieres à Dieu, qui donne la paix et le repos à ceux qu'il luy plaist. Et quand bien la reformation adviendroit par la suscitation d'un prince, iceluy tireroit à luy toute l'authorité des roys, qu'il pourroit enfin deposer s'il vouloit.

Les roys de France estoient à leur commencement electifs : les elections et successions ont leurs incommoditez. L'election non corrompue, dont le choix d'un roy appartient aux plus sages d'un Estat, est utile; ceux qui viennent à la coronne par succession, le peuple par les loix est obligé à les recevoir tels qu'ils sont. Les guerres civiles sont coustumieres à la minorité des roys, et les brigues qui se font aux elections n'en sont exemptes : à la succession, les femmes, les enfans gouvernent. L'election qui se fait de l'Empereur en Allemagne n'est au profit de l'Empire, parce que les sept electeurs ne desirent la grandeur de l'Empereur, de crainte qu'il ne les ruine; celle de France, qui estoit populaire, n'estoit pas bonne, par l'ignorance turbulante accoustumée au peuple. Celle qui se faict en Pologne par les principaux ecclesiastiques, seigneurs et gentils-hommes, semble meilleure. Et quant au droict successif, il n'est ny ne doit estre plus exempt de bien regir que l'electif, parce que ce droit successif ne se peut ny doit estendre sur la jouyssance du domaine affecté à la coronne, pour d'iceluy s'entretenir et vivre, et du surplus ayder au public; et quant aux impositions, tailles et subsides, il ne le devroit lever ny exiger, non seulement par l'advis des estats du royaume, mais aussi par conscience, et pour estre contrainct à entretenir quelque force dans l'Estat, non pour faire la guerre injustement, ou pour donner à des favoris, et satisfaire aux voluptez desreglées : ce qui est dict pour les roys qui pretendent et desirent aller en paradis.

Le nom de prince est donné à ceux qui sont issus des roys; ceste qualité est maintenue ou perdue selon sa fortune, ou courage de ceux qui la possedent : plusieurs qui sont sortiz de races royalles, sont maintenant laboureurs; nos enfans auront eu des empereurs de Lascharis, des roys de Boëme, de Vienne, anciens roys de Bourgongne et des roynes de Cicile pour predecesseurs, et ne seront que gentils-hommes. Ceux d'Aulneau, de Courtenay, et plusieurs autres qui sont en France, sont descheuz de ce rang de prince, encores qu'ils soient issus de la seconde lignée par Loys le Gros, roy de France. Le nom de prince n'est receu au Levant, en Pologne, ny en Espagne : c'est un tiltre en beaucoup de personnes appreuvé par fantasie et voix populaire; les gentils-hommes français s'egalent aux princes estrangers, et les renvoyent en leur païs pour tenir leur rang. L'opinion commune est que les princes ne se peuvent dire tels quand il n'y a plus de souverain en leur race.

L'entreprise faillie qui estoit faicte pour ruiner M. de Guise l'establit; ce qui est advenu au sieur de Luynes à present; ledict sieur de Guise est declaré lieutenant general par toute la France, pour reprimer les seditions. Les troubles continuoyent en Escosse contre la royne Marie, amenée en France apres la mort de Jacques V, son pere, roy d'Escosse : si le mariage d'Anne de Boulan est illegitime, la succession luy appartenoit comme fille d'une sœur du roy d'Angleterre (1); elle estoit la plus proche de la Coronne : c'est pourquoy à son avenement furent jointes les armes d'Angleterre à celles de France. Elizabet offensée gagne le comte d'Haran sous espoir de mariage, l'advertit et le met en soupçon de Sansac, luy fait croire qu'il avoit commandement de le prendre à Chasteleraux : sur cet advis le comte d'Haran se sauve en Escosse, là où, assisté des forces d'Angleterre, cause que les Français abandonnerent l'Escosse. MM. de Guise y font la paix pour tant mieux resister aux desseins du prince de Condé et de Chastillon, dont l'entreprise avoit esté encore plus descouverte par la prison de Seile leur serviteur.

Les sieurs de Condé et de Chastillon, estonnez et accusez, demeurent en cour, sur l'asseurance et intelligence de la Royne mere ; ils donnent des dementis à leurs accusateurs. Le prince de Condé feint d'aller en Picardie, se retire en Bearn. Il se fait diversité d'edicts selon l'hardiesse ou timidité de MM. de Guise. Le pardon general fut aussi-tost violé par l'emprisonnement de plusieurs : au temps de l'entreprise d'Amboise s'en faisoit d'autres en divers lieux, en Provence, en Dauphiné. Les capitaines et soldats, mal-contents de la paix, prenent Valence, Romans et autres places : Montluc, evesque de Valence, fait dire messe en français. M. de Guise, gouverneur du Dauphiné, estant en soupçon de Clairemont Tallard, lieutenant au gouvernement du pays, pour la religion huguenotte et parentage de madame de Valentinois, qui favorisoit le connestable, il fait creer lieutenant general du Roy par commission, en Lyonnois, Dauphiné et Forests, le sieur de Tavannes, et l'assiste de trois compagnies de gendarmes et de seize enseignes de gens de pied, avec lesquels ledict sieur de Tavannes entre en Dauphiné, accompagné de la noblesse de Bourgongne et du pays. Les rebelles, estonnez du chef et des forces, parlementent : le sieur de Tavannes, les cognoissant du temps de la guerre du roy d'Espagne, se mocque d'eux et de leur religion, leur fait advoüer, que c'est pour avoir esté des-apointez

(1) Henri VIII.

qu'ils ont pris les armes : il leur offre des grades, pensions et compagnies de la part du Roy ; Mouvans, Montauban et autres les acceptent, abandonnent les manans, posent les armes, et promettent de servir le Roy.

Le sieur de Tavannes prend l'occasion à peu de forces, se coule dans Valence, harangue le peuple : un bourgeois le prie de sortir pour les laisser resoudre ; il joüe à quicte ou à double, luy donne un soufflet, le menace de le faire pendre dans une heure apres, et le met prisonnier. Ceste hardiesse estonne le peuple, qui considere que ce coup n'estoit faict sans grand appuy : la place se vuide, le peuple se retire chacun en sa maison ; le sieur de Tavannes remet la paix au pays, ayant gagné la noblesse, et retourne triomphant en Bourgongne.

Depuis, M. de Guise y envoye le sieur de La Motte Gondrin, qui imprudemment rompt ce que le sieur de Tavannes avoit fait : il des-apointe les gentils-hommes et capitaines, les mescontente comme auparavant ; eux se revoltent aydez du peuple, et le pendent dans la ville de Valence à une fenestre.

Une religion nouvelle meslée de toutes heresies se presche à Roüen ; la Royne estourdie du coup d'Amboise, s'en revient, tient secrettement unis les princes du sang, ceux de Montmorency et les Huguenots, pour se parer de la grande authorité de MM. de Guise ; en apparence elle se jette à eux, en effect aux autres. Lesdicts sieurs de Guise, pensant la gagner, luy permettent de donner les sceaux au sieur de L'Hospital, qui favorisoit les Huguenots, comme faisoient tous les mal-contents, seul remede de leur defaveur. Tout se faisoit au profit de ceste religion, sous couleur de laquelle la Royne obtint une assemblée, pour divers pretextes, des principaux seigneurs du royaume, esperant que le roy de Navarre et le connestable reprendroient l'authorité. MM. de Guise y acquiescent, sçachant bien que le Roy estoit pour eux, ce qui leur ostoit toute crainte. Le roy de Navarre et le prince de Condé, en doute, n'y assisterent point ; M. le connestable de Montmorency, en presence de MM. de Guise, rend compte de sa charge, authorisé du Roy. Sur l'asseurance de la Royne, l'Admiral presente la requeste des Huguenots, sur quoy trois poincts sont resolus : de rendre le Roy le plus fort, par l'assemblée des compagnies de gendarmes, la tenuë des estats, et le concile national, s'il se treuve necessaire à la tenuë d'iceux ; que cependant nul ne seroit puny pour la religion. Les partialitez et inimitiez accroissent, la querelle du comté de Dammartin se remuë entre le connestable et M. de Guise.

L'usurpation des armoiries d'Angleterre est infructueuse, si en mesme temps les Français n'entreprenoient de passer la mer : de mesme celle de France prise en Angleterre, c'est une mocquerie ; les menaces, injures, mesdisances, servent de peu, nuisent beaucoup, et sont des advertissements pour se garder.

La messe ne se doit dire en Français, le changement et reformation des ceremonies ne se doit faire sans l'approbation d'un concile general ; neantmoins il faut confesser que les peuples seroient excitez beaucoup plus à la devotion, s'ils entendoient en leur langue les chants des prestres et pseaumes qui se disent en l'eglise.

Tant plus l'on accorde à ses ennemis, plus on se met en danger ; ils ne se gagnent par bienfaicts ; la crainte et l'impuissance les empeschent de mal faire ; il est plus aisé de se garder de leur desespoir que de leur pouvoir, d'autant qu'ils tournent leur pouvoir et bien-faicts contre les bien-facteurs.

La fidelité, le secret et sobrieté sont parties requises aux negociateurs, qui ne doivent estre vanteurs, glorieux, outre-cuidez, ambitieux ny avaricieux, et qui n'ayent but que le bien de leur maistre ; il vaut mieux donner de l'argent à porter que du secret, parce que l'honneur est plus que le bien. C'est faciliter les moyens aux Infideles de profiter aux depens de leur maistre, de leur communiquer les affaires importans. Ceux sont heureux qui peuvent negotier par eux-mesmes ; une parole ditte, une lettre trouvée, les conjectures en crime d'Estat font appliquer à la gehenne ; peu de soustiennent, estant leur salut proposez à celuy de ceux qui les ont employez.

Aux extremes dangers de tumultes populaires faut les extremes remedes ; c'est salut de n'esperer salut. En l'année 1575 je fus lieutenant general du roy Henry III à Auxerre, en la guerre qu'il avoit contre son frere M. le duc d'Alençon, qui estoit assisté des Huguenots et de huict mil reistres. Je n'avois que cent arquebusiers estrangers, si bien conduits que les ennemis passerent sans m'attaquer. Le peuple, glorieux de cest acte, se rend inobeissant, tue à la porte [avant que je peusse y estre] des deputez de la Royne traictant la paix entre ses enfans, par le commandement de leurs Majestez. Je fis justicier les meurtriers au milieu de la place d'Auxerre, assisté de douze des miens à cheval, n'ayant les habitans, quoy que je commandasse, permis l'entrée aux cent arquebusiers que j'avois aux faux-bourgs. A l'instant le peuple de la ville prend les armes, vient pour sauver les prisonniers avec force arquebusades : je fis ferme, soustins les faiz courageusement, pendant que le seul procureur du Roy, de mon party, avec un de mes gens reprenoient les eschapez du bourreau par le bruit des arquebuzades. En mesme temps un des criminels est pendu : ce que voyant le peuple, et me considerant resolu à la mort, quoy que les derniers tirassent, les premiers s'estonnent et se retirent ; je fis achever la justice, la force me demeura. Si j'eusse branlé ou monstré estonnement, j'estois taillé en pieces ; puis qu'ainsi comme ainsi on est perdu, mieux vaut que ce soit genereusement, parce que la resolution sauve souvent du danger.

Les assemblées particulieres faictes aux provinces qui envoyent deux deputez separement, avec supplication et requeste aux roys, sont plus utiles à leurs Majestez que les estats generaux, pourveu qu'ils se soumettent aux loix et à la raison, reglent la justice, deschargent le peuple selon les plaintes qui leur sont faites : ce qui est receu avec plus de gré que s'ils estoient forcez par la requeste de tous les estats ensemble, et sans crainte que par ces assemblées particulieres on leur puisse lier les mains : et ce que le peuple tiendroit des estats, il le tiendroit de la bonté de Sa Majesté, faisant Sadite Majesté ce que lesdits estats feroient s'ils estoient assemblez pour le public. Mais de se vouloir servir de ce moyen, comme aux deux assemblées qui se sont faites à Roüen, pour seulement s'auctoriser d'avantage et se descharger du passé, sont effects et assemblées tres-inutiles.

En 1558 mourut un pape, un empereur (1), les roys de France, d'Angleterre, Portugal et de Dannemarc, les roynes de Pologne, d'Angleterre, d'Ongrie, la royne Eleonor, trois cardinaux, les patriarches de Venise, les ducs de Ferrare et de Venise.

Jean Ange, cardinal de Medicis (2), fut esleu pape au lieu de Paul IV, duquel il prit le nom, et fit estrangler peu apres le cardinal Carafe, pour la crainte des menées et entreprises qu'il continuoit. En avril 1560, le vice-roy de Sicile, le grand maistre de Malthe, les galeres de Florence appellez des Arabes discordans des Turcs, les Chrestiens entreprennent sur Tripoli, font un fort aux Gerbes ; pendant les Infideles se reünissent : l'occasion perduë et la nouvelle de la venuë de l'armée turquesque arrivée contre l'ad-

---

(1) Cette date n'est pas exacte pour tous. L'Empereur, Charles-Quint, la reine d'Angleterre, Marie, moururent seuls en 1558. Le Pape, Paul IV, le roi de France, Henry II, le roi de Danemarck, Christiern III, moururent en 1559. Jean III, roi de Portugal, étoit mort en 1557.

(2) Il prit le nom de Pie IV.

vis des capitaines, le vice-roy sejourne; André Dore, quoy qu'il cogneust le peril, se laisse persuader et resout tard le partement à minuict, et plus follement ne l'execute le remettant au lendemain matin. Pialli baschat, avec huict vingts galeres, paroist subervant; les Chrestiens, plus foibles de trente galeres, resolvent la fuitte non le combat; estourdiz de peur, guindent les voiles pour s'en aller plus viste, et par ce moyen sont descouverts et defaicts des Turcs, lesquels gagnerent trente galeres et firent donner en terre le reste; où les Turcs descendus razerent le fort des Gerbes nouvellement construict, et s'en retournerent victorieux par la faute de prudence du vice-roy de Sicile.

Le roy de Navarre et M. le prince de Condé, persuadez par M. Chastillon, et excitez de la Royne, cognoissent n'avoir recours qu'aux armes : voyant le Roy en la puissance de leurs ennemis, ils conclurent de faire prendre Lyon et autres villes par les Huguenots : sur l'execution, l'assemblée de Fontainebleau les refroidit, et leur entreprise est contremandée lorsque les conjurez estoient cachez dans Lyon, qui furent descouverts à leur retraicte. MM. de Bourbon couvrent leur crainte, et s'excusent de ce qu'ils ne venoient treuver le Roy, sur ce qu'ils estoient advertis que la gendarmerie avoit esté mandée, et qu'ils ne vouloient troubler les estats. La resolution de les tenir fut debattuë; le cardinal de Tournou dit à MM. de Guise que, gouvernans le roy François, ils avoient travaillé vingt ans pour abolir la liberté et assemblée des estats, qui mettent les roys en tutelle, et qu'iceux favoriseroient les princes du sang plustost qu'eux. MM. de Guise, mieux conseillez, jugent que le Roy, majeur de dix sept ans, seroit maintenu par les estats generaux interessez à sa ruïne, croyant aussi qu'iceux, composez de Catholiques, condamneroient l'heresie, et le prince de Condé pour les entreprises d'Amboise et de Lyon, present ou absent qu'il seroit, et que l'assemblée des Estats faisoit pour la maison de Guise. Ayans telle prise sur le prince de Condé et ses adherans qu'ils avoient, ils hasterent la levée des compagnies de gendarmes, et les entremesleront tellement que leurs ennemis ne s'en pouvoient prevaloir. MM. de Guise ne communiquent rien au Roy que ce à quoy ils sont contraincts pour les affaires qui se presentent, sçachant que par le moyen de la Royne leur niepce, ils luy feroient faire ce qu'ils voudroient, et augmentent l'inimitié qui estoient entre les Roynes mere et fille; tiennent secrets leurs desseins contre M. le prince de Condé.

Le Roy, s'estant rendu fort des compagnies de gens d'armes et gens de pied, escrivit par le conseil de MM. de Guise au roy de Navarre, qu'il amenast le prince de Condé pour se purger des entreprises dont il estoit accusé; luy envoyent sauf-conduict pour cest effect. Le roy de Navarre avoit deux factions en sa maison, ce qui est ordinaire aux grands d'avoir deux partis pres d'eux, chacun desquels les conseille pour leur interest particulier, ou pour depossefer leurs contraires. Le roy de Navarre estoit d'un naturel leger, fort irresolu; se portoit d'un costé et soudain de l'autre; ainsi fluctuoit entre deux, et l'opinion qu'il avoit abandonné luy sembloit la meilleure, et la reprenant sans rapporter les raisons qui la luy avoient fait quitter, s'y remettoit; et y estant, la crainte presente la luy faisoit trouver plus perilleuse que celle qu'il venoit de laisser, et la changeoit soudain : la peur du roy d'Espagne, de celuy de France et de ses ennemis armez, et faute d'argent pour se maintenir, le portoient à la Cour; d'autre part les entreprises descouvertes, les offres des Huguenots, les admonestements de ceux de Chastillon de le fraie mourir avec MM. ses freres, qu'il avoit eu de la princesse de Condé, à laquelle la Royne mere l'avoit dit pour les en advertir, le dissuadent.

Ladicte Royne mere escrit au roy de Navarre qu'il vinst, y estant à demy forcée pour plaire à MM. de Guise, et, craignant d'estre descouverte, sans escrire faisoit entendre secrettement à la princesse de Condé que c'estoit la mort de son mary s'il venoit à la Cour. Le roy de Navarre et prince de Condé adjoustent foy aux escrits de la main de la Royne, non aux advertissements secrets qu'elle donnoit au contraire, les croyant proceder de la crainte de la princesse de Condé, et d'autant plus que leurs serviteurs dependans du Roy et de MM. de Guise estans avec eux, les faisoient passer pardessus tous advis et difficultez preoccupant leurs esprits.

M. le connestable, esloigné de dessein et des armes, tant pour sa vieillesse que pour sa reputation acquise, les sieurs de Chastillon estonnez des forces qui estoient à la devotion de MM. de Guise, dissuadent la venuë du roy de Navarre en Cour, et ne luy font point d'offre de se declarer pour luy s'il ne venoit, en cas qu'il fust assailly en Bearn. Sa Majesté, plein d'apprehension de perdre par l'Espagnol le reste de ses souverainetez, croyant qu'il ne pouvoit estre accusé des entreprises de son frere, guidé plustost par la force du destin que par prudence, apres avoir failli plusieurs fois de s'en retourner, arrive proche Orleans, où le Roy estoit depuis le 18 octobre avec forces, gardes de cavalerie et de gens de pied.

MM. de Guise avoient laissé M. le duc d'Anjou au bois de Vincennes pour la seurté de l'Estat, et pour separer MM. de Bourbon, desquels ils avoient gagné la moitié; ils firent donner le gouvernement de Touraine à M. de Montpensier, et celuy d'Orleans à M. de La Roche-sur-Yon, qui estoient des gouvernemens au milieu du royaume, et par consequent mal propres pour entreprendre des nouvelletez. Les deputez des estats, arrivez sans armes à Orleans, n'estoient pour faire la loy au Roy ny à MM. de Guise, qui estoient armez. Lesdicts sieurs de Guise en pleins estats, qui avoient esté tant requis du roy de Navarre et des Huguenots, se preparent de faire faire le procez au prince de Condé, d'affermir leur gouvernement et chasser les heretiques; tant les princes du sang et Huguenots s'estoient trompez en leurs passionnez desirs de ceste assemblée : les sieurs de Chastillon se retirent chez eux. MM. de Guise avoient asseuré le Pape et le roy d'Espagne de chasser du royaume les Huguenots; desseignent [apres le procez du prince de Condé et luy executé] d'envoyer de la gendarmerie et de gens de pied sous la charge des sieurs de Sainct André, Termes, Brissac et Sipierre, leurs amis, pour chasser les heretiques et faire obeyr le Roy.

Le roy de Navarre et prince de Condé arrivent : la Royne mere [contre l'advis de laquelle ils estoient venus] estoit pleine d'estonnement et de larmes, cognoist l'establissement entier de MM. de Guise. M. le prince de Condé fut pris, et le roy de Navarre n'eut guieres mieux. Madame de Roy, belle mere de ce prince, et quelques autres servans aux verifications des crimes de leze majesté, qui luy estoient imputez, sont arrestez. Le procez precipité en pleins estats nonobstant refus de respondre, oppositions ou appellations du prince de Condé furent soudainement vuidées, avec injonctions de respondre à peine de conviction. Le Roy luy eust fait trencher la teste dans deux ou trois jours, sans la mort qui le prevint, la sentence estant ja minutée, le tout par le conseil de MM. de Guise, ausquels il sembloit n'en devoir estre mal-voulus, et que tout tourneroit sur le Roy : le crime estant tout averé de l'entreprise d'Amboise, MM. de Guise faisoient semblant de s'esloigner de ceste poursuitte, esperant que le roy de Navarre croiroit que la ruine de son frere ne procedoit d'eux, ou bien, s'il avoit quelque opinion qu'ils en fussent les autheurs, pensoient luy faire oublier par sa legereté. Le Roy tomba malade d'un mal d'oreille, et mourut huict jours apres, quelque secours qu'on y peust opposer, pour estre mal habitué; mort soudaine et non preveüe, qui changea tout le gouvernement de la Cour et de la France.

Dieu appelle en mesme temps les grands roys, les grands capitaines, pour egaller les dominations; en un autre temps, donne des enfans ou des ignorans, considerant que restant un de ces grands capitaines parmy des regnes d'enfans ou des princes imprudents; ils se feroient monarques.

Où il va de l'honneur, de la vie et du public, les capitaines ne doivent escouter les persuasions d'amis ny d'ennemis, sans avoir egard aux larmes et salut d'un petit nombre, pour en leur consideration hazarder le tout à l'exemple mesme des serpens, qu'il se dit se boucher les oreilles de la queüe pour n'entendre les mots enchanteurs. L'armée des Gerbes se perdit avec le fort qu'elle pensoit conserver : la retraicte resoluë et publiée ne se doit retarder, une demye heure pert ou sauve une armée où l'opinion de s'en aller a pris place; le combat ne treuve point de lieu, puis que les esprits sont preoccupez de retraicte : il la faut faire en ordre et soudainement, et ne s'arrester sur les paroles de ceux qui veulent paroistre vaillans par icelles, et sont souvent les premiers dans le desordre à la suitte. C'est malheur aux jeunes capitaines d'estre deshonnorez par leurs fautes avant qu'avoir l'experience : ils ne r'aquierent les commandements pour reparer leur faute, parce qu'on ne leur fie semblables charges pour la honte qu'ils ont receüe.

L'ambition des grades, gouvernements et dons, separe les freres et les cousins imprudens, les arme l'un contre l'autre pour soustenir leurs bien-facteurs : ainsi l'ambition, l'avarice est plus fortes que les parentelles. Vray est-il qu'ils se peuvent reünir aux despens de ceux qui les ont divisez, et pour les maintenir en inimitié il faut que le bien-faict se reçoive annuellement, non tout à coup, et que ce soit par les mains des maistres; autrement, s'ils ont les places ou des armées, se pouvans passer de ceux desquels ils les ont receües, ils escoutent les persuasions de se reünir à leurs freres et cousins, contre lesquels ils auroient esté employez des souverains.

L'irresolution est le vice ordinaire des spirituels, parce qu'ils regardent en mesme temps et de mesme veüe beaucoup de bien et beaucoup de mal de toutes parts, et ne sçavent auquel se jetter. Les entendements parfaicts et imparfaicts du tout prennent party plus promptement que les mediocres; c'est une extreme peine d'estre irresolu. Se conferant aux amis, il faut prendre garde s'ils sont passionnez ou interessez, parce qu'en chose douteuse leurs persuasions emportent la balence, non du costé plus salutaire à leurs amis, mais de celuy qui est plus utile aux conseillers ; conferant à un autre porté au contraire, il renverse les raisons du precedant, et de tant plus l'irresolution croist à celuy qui demande conseil. Pour la vaincre de soy-mesme, faut escrire les raisons des deux conseillers et les siennes ; compter, non par la pluralité des raisons, ains par les plus justes et utiles; se mefier des inclinations et prendre resolution selon Dieu et le droit, sans avoir egard au profit et danger. Les theologiens esclaircissent sçavoir s'il se doit obeyr à Dieu ou au Roy, qu'il n'est llcite au Chrestien de prendre les armes, qu'il faut obeyr aux magistrats, et ne suivre Cesar, qui disoit : « Si je ne fais guerre, c'est ma ruine particuliere ; si je la fais, c'est celle du monde. »

Le Chrestien, pour sauver son ame : doit preferer le public à son particulier ; les advis selon Dieu doivent preceder ceux qui sont au contraire : en deux dangers, en deux precipices où il faut necessairement passer, en choisir un ; y mettant le pied il s'y voit tant de peril, que l'on se repent de ne l'avoir mis en l'autre, le danger present fait croire celuy qu'on a laissé moins perilleux. Apres avoir tout pezé, il se faut jetter sans plus penser en arriere : si prenant une resolution on pense d'en sortir, c'est ne faire rien qui vaille. En affaires d'importance, il ne se doit gueres demeurer irresolu, d'autant que l'irresolution est une espece de resolution de ne faire rien de bien. Heureux les ambitieux qui peuvent satisfaire à leur desir sans offenser Dieu, se rencontrant la justice des armes avec leurs affections !

Nous sommes souvent entraisnez par le destin et allons à nostre malheur ; je ne sçay quoy nous fait marcher aux lieux infortunez contre nostre conseil, celuy de nos amis et advertissements receuz : nous touchons et sentons le mal que ne pouvons divertir ny rejetter, et semblent que nos pieds conduisent nostre teste malgré elle. Les Payens disoient estre enchaisnez de la necessité, que les Chrestiens appellent jugement de Dieu, lequel ne veut que les prevoyances humaines empeschent ses ordonnances. Quand nous tombons en ce combat, que contre raison nous sommes portez [par quelques inclinations internes] à nostre mal, nous devons recourir à la Divinité, qui a puissance sur les destinées. Cesar, bien adverty contre sa premiere resolution, se laissa conduire au senat, où il fut tué. M. de Guise, estant bien adverty, non seulement ne s'en alla point de Blois, mais il ne se peut garder d'aller au conseil, où il fut poignardé. Depuis peu, le sieur de Biron, de mesme bien adverty de son malheur, porte sa teste au Roy, qu'il luy fait trencher dans la Bastille, prison de laquelle je m'estois sorty.

Deux ans apres la paix de la Ligue, 1597, le roy Henry IV m'envoya plusieurs seurtez escrites de sa main et de ses serviteurs plus affectionnez, me donna asseurance et sauf-conduit : mon inclination et volonté n'estoit d'aller à la Cour; j'avois plusieurs advis qu'il m'en viendroit mal, qui me furent confirmez sur les chemins ; je cognoissois mon malheur, et estois à toute heure prest de m'en retourner, ce qui estoit hors de ma puissance, estant entraisné de ma mauvaise fortune. J'allay à Paris sur la parole et escrit de Sa Majesté, laquelle il ne m'observa pas; et apres avoir parlé à luy il me fit mettre prisonnier en la Bastille et garder estroictement, duquel lieu peu ou point de gens sont sortis comme moy ; ce qui fut miraculeusement, par l'ayde de Dieu seulement, auquel je priois d'en estre du tout obligé à luy seul.

C'est une admirable consideration que les exemples de la mort de l'Admiral, de M. de Guise, de tant de foy violée par les roys, ne peuvent dessiller les yeux que nostre Seigneur obscurcit ; les prieres peuvent rompre l'arrest du destin. Ceste royne qui vit les lyons et leopards figurant la premiere et seconde lignée de nos roys, et les renards et loups se dechirans l'un autre, denotans la division de l'Estat devoir advenir à la troisiesme race ; l'an climaterique du nombre des roys, composé de neuf fois sept et de sept fois neuf ; la longue durée de la domination française contre le temps que doivent subsister les royaumes, presageoit la dissipation de l'Estat de France; les destinées s'y portoyent, les desseins en estoient naïz. Nonobstant, du temps du roy Henry IV l'Estat demeure en son entier, est affermy avec apparence qu'il continuera apres son decez, pour estre morts et dedans et dehors plusieurs gens remuans d'entendement et de courage, qui pouvoient favoriser la division. Il est à croire que les prieres des Français, les afflictions receuës ont changé les arrests de Dieu prononcez contre la France.

L'Estat ancien des Gaulois estoit populaire, obeissant aux plus illustres et valeureux d'entre eux volontairement : les Français amenerent les rois qu'ils avoient desjà esleuz en Allemagne; ny les uns ny les autres ne resolvoient guerre, paix ny subsides, qu'aux assemblées generales, parlements ou estats generaux. Les rois se dispenserent de ces assemblées et s'en firent croire par la corruption des grands. Ils proposoient le bien public et faisoient le leur particulier en levées de deniers, guerre et paix, ausquels les peuples, par dons et crainte, ne vouloient ou n'osoient contrarier : et enfin ont tellement bridez les estats, qu'ils n'ont plus de force qu'à la minorité des roys; encore se laissent-ils guider à ceux qui sont les plus puissants et qui ont le plus de credit.

L'Empereur Charlemagne ne resovloit rien de grande importance sans les estats, qu'il nommoit parlements, ils ont eu force jusques au Roy Loys XI. Si la justice de l'authorité d'iceux est considerée, ils seroient pardessus les roys, puis qu'ils les ont esleuz, du moins durant le temps qu'iceux seroient assemblez. Les Anglais, les Espagnols, gardent mieux leurs privileges que les Français, se rendans dignes de la liberté qu'ils ont, parce qu'ils ne se laissent diviser aux artifices des princes, et semble en France que leurs gouverneurs, officiers et magistrats se separent du bien public, comme si leurs enfans devoient heriter de leurs grades.

Nul Estat ne peut estre meslé en un temps des trois gouvernements en mesme autorité, l'un est superieur : les consuls, le peuple, les senateurs romains, ont chacun à leur tour eu les puissances souveraines à Rome; l'Estat de Venise est aristocratique, et celuy des Suisses populaire ; l'Empire et le royaume de Pologne est aussi aristocratique, et l'Estat de France est vrayement monarchique, ayant sa puissance non limitée; celuy du Turc entierement tyrannique. Si les roys, par bon naturel, ou par remonstrances et prieres qui leur sont faictes, ne maintiennent leur peuple en liberté, le remede des Chrestiens est de prier Dieu et endurer; autrement ils seroient contraincts en France de mettre en pouvoir les estats generaux, qui seroit une aristocratie qui rendroit les roys pareils en autorité à l'empereur d'Allemagne : à cela l'establissement de puissans princes ayderoit.

L'execution en seroit difficile; les estats [qui ne s'assemblent que par la permission des roys], les divisions d'entre eux, les capitaines des places, les officiers, les princes, sont contraires; et adviendroit qu'en voulant reprendre leur liberté, desirant se remettre en meilleur estat, ils tomberoient en un pire; et y auroit danger que l'Estat ne devinst populaire, qui est le pis de tous les autres, ou separé en petites tyrannies. La noblesse et l'Eglise d'Olande, Zelande et partie de Flandres, pensans reprendre leur liberté, se sont jettez en l'Estat populaire; les Suisses en firent de mesme. L'on peut objecter que la France n'est pas dans les eaux ny dans les montagnes, comme les Flamands et Suisses, et que la noblesse y est en grande quantité, le peuple des champs puissant, lesquels joincts peuvent estre maistres de la campagne, pour donner la loy aux villes; l'Estat de France changeant est plus capable d'imiter la forme de celuy d'Allemagne, meslé de princes puissants, villes libres et menu peuple qu'autres. Il est difficile qu'estant un roy establi, si ce n'est par sa preud'hommie, les peuples reprennent leur liberté, sans occuper la puissance souveraine. Pour cela faudroit que les estats rendissent les forces à eux, faire un conseil creé des provinces, resoudre les assemblées de six mois en six mois, regler les finances et justice; qui seroit en effect changer l'Estat, et en danger de devenir populaire. A la verité, il vaut mieux souffrir, que s'il falloit chercher la liberté par ces moyens dangereux : les choses faictes à demy perdent les auteurs. Il est impossible que les estats puissent d'eux-mesmes r'avoir leur liberté, et d'entreprendre sous les princes; l'experience monstre qu'ils font leur profit et laissent celuy du public, et ne tendent qu'à usurper des tetrarchies tyranniques, lesquelles obtenues, la monarchie estant entrecoupée, les parties divisées s'entrechoquent jusques à ce qu'elles ayent perdu la pluspart de ceux qui s'y sont entremis.

C'est heur de vivre sous un grand roy non tyran : les subjects des petits potentaux d'Italie et d'Allemagne sont serfs; leurs princes sçavent leurs facultez, les robes, les noms d'iceux, les tyrannizent au double, tousjours en soupçon les tiennent en crainte. Les roys d'eux-mesmes devroient regler leurs puissances à l'exemple de leurs voisins, tant pour la crainte de Dieu, pour la justice, que pour la conservation de leur Estat, estant impossible qu'en une licence si effrenée de levées excessives, la justice corrompüe, les bienfaits si mal recogneuz, les vices non punis, qu'iceux n'engendrent des mouvemens dangereux, n'estans les moyens et richesses au peuple qu'en tant que le Roy, les favoris et officiers de justice le permettent. Et quand les roys se tiendront en leur devoir, Dieu permettra que tous leurs subjects se tiendront au leur. Jamais tyran n'est en seurté, quelques divisions qu'il jette parmy son peuple : si son grand establissement et sa valeur le font durer un temps, qu'il recognoisse ces dons de Dieu, et que les peuples n'attendent que les moyens de reprendre leur liberté perdue. Le danger y est plus grand maintenant en ce royaume qu'il n'estoit; les citadelles s'en vont toutes ruynées en France; les Français ont apris de traicter avec les estrangers : les exemples des fautes de plusieurs font les entreprises plus dangereuses. Pour tirer les roys à ceste reformation sans armes, ils devroient avoir une bonne intelligence entre les princes, seigneurs, ecclesiastiques et gentils-hommes, et avec tres-humble supplication requerir leurs Majestez d'y pourvoir.

Les jugements des criminels par commissaires, qui sont des personnes choisies selon la passion des rois, sont tyranniques, et les conseillers tirez des cours des parlements, qui y sont employez, offensent leurs consciences et se meslent de ce qui ne leur appartient pas : il sont blasmez comme leurs maistres, soupçonnez de corruption ou de vengeance par leur eslection. Les juges des Français sont les parlements; le Roy, estant partie en crime de leze majesté ny en autres, ne peut equitablement changer les juges ordinaires. C'est une extreme meschanceté, que telles gens condamnent à peine de conviction de respondre devant eux; plusieurs mourroient plustost qu'y respondre. Le roy Henry IV, au procez criminel du sieur de Biron, l'a mieux entendue que ses predecesseurs, l'ayant faict condamner par arrest de la cour de parlement de Paris, toutes les chambres assemblées : la coulpe et l'inimitié est la plus part rejettée sur le parlement, et là conviction du criminel plus averée. Deux fois en peril d'estre jugé par commissaires, Dieu m'a preservé; cognoissant mes juges, passionnez ennemis du party des Catholiques que j'avois tenu, j'estois resolu me laisser contumacer plustost que de respondre devant eux, puis qu'aussi bien par leurs meschancetez je ne pouvois eviter la mort, de laquelle Dieu m'a tousjours sauvé miraculeusement.

Les pairs de France sont dits tels, pour avoir eu part en France durant le temps de Charlemagne, devant et apres les ducs evesques, qui avoient ceste qualité, recognoissoient seulement la souveraineté aux roys, lesquels peu à peu les ont ruïnez et se sont appropriez les duchez de Bourgongne, de Flandres, Champagne, Berry, Normandie, Guienne et autres, et ont osté la puissance aux evesques de France qu'ils avoient : telle que ceux de Mayence, de Cologne et de Treves ont pour le jourd'huy en Allemagne. La guerre, la paix, les imposts se faisoient par les estats generaux et par leur advis. Lesdicts pairs, le Roy y presidant, jugeoient en cas de crime leurs compagnons sans presidents ny conseillers : Huë Capet maintint ceste forme de pairs en apparence, et en crea d'impuissants à sa devotion, pour balancer et equipoller le pouvoir des grands, maintenant sont pairs en peinture, sans authorité, pour laquelle abaisser les roys ont augmenté le nombre de douze jusques à trente. C'est un tiltre imaginaire, leur procez se fait à la cour de parlement de Paris, leur gardant seulement ceste preeminence de les appeler : s'ils s'y trouvent, leur voix est estouffée de la pluralité des conseillers, et n'y venans apres avoir esté sommez, l'on ne laisse de passer outre. Et les vrays pairs de France estoient et seroient ceux qui possederoient des duchez et eveschez, en telle authorité que ceux d'Allemagne, lesquels auroient ce nom effectif.

Ceux qui ont escrit sont bien d'accord que ce nom de duc vient de *dux*, qui est à dire conducteur, soit parce qu'ils conduisoient les provinces qui leur estoient données en charge, ou les gens de guerre qu'ils y menoient, ainsi que le nom de comte estoit pareillement des offices et commandements, tant aux escuyries qu'autres charges proche les empereurs romains. A l'imitation d'iceux, les rois ont usé du nom, et non de l'effect. La difficulté est de sçavoir en quel temps et par quel moyen ils ont esté erigez en duché et se sont appropriez les provinces où ils commandoient. Cela n'estoit point du temps que les Romains, les Français et les Gauls partageoient la France, durant le regne de Clovis, qui en occupa la plus grande partie; bien quelques provinces avoient quelque commencement de prince qui les dominoit, tant en Bourgongne qu'ailleurs. La pluralité d'enfans sortie de Clovis, fit des royaumes de Metz, de Soissons, d'Orleans, et y a quelque apparence que les enfans de ces roys, dont la possession des biens qu'ils tenoient n'estoit assez grande pour continuer le nom de roy, se seroient contentez du nom de duc, recognoissant les souverains : aussi que ceux de Suede et Norvegue, qui envahirent la Normandie, prindrent ceste qualité de duc, sans que pour cela ceux qui ne s'estoient point appropriez les provinces laissassent de prendre ce tiltre, encore qu'ils ne fussent employez que par commission. Plusieurs, de mesme advis, soustiennent que ceste usurpation de duchez en proprieté a esté du temps de Pepin et Charlemagne, augmentée en heredité par Huë Capet.

Il s'est fait deux usurpations en France, l'une du temps des Martels, Pepin, Charlemagne, qui depossederent les Meroïngens et usurperent la coronne; l'autre du temps de Huë Capet, qui spolia la lignée de Charlemagne et osta le royaume à celuy de Metz, auquel il appartenoit, et le mena prisonnier à Orleans. Tous ces deux changements ont eu grand besoin et affaire de l'assistance des papes et de la noblesse de France;

c'est pourquoy Charlemagne, qui est celuy qui a institué les douze ducs et pairs de France, pour gagner le Pape et avoir l'Eglise de son costé, fît six evesques ducs et pairs de France en double artifice : l'un, parce qu'il obligeoit le Pape et l'Eglise ; l'autre, parce qu'il mettoit des principales villes entre les mains des prestres, qui, n'ayant point d'espées, estoient portez à l'obeissance et manutention de l'Estat, pour eviter l'oppression de ceux qui vouloient entreprendre contre eux. Les six autres ducs et pairs furent choisis de ceux qui avoient biens et puissance dans les provinces de Bourgongne, Champagne, Normandie, Berry, Guyenne, et partie d'iceux sortis de la lignée des roys, lesquels il falloit gagner pour consentir à ceste usurpation. Depuis, venant les roys de la lignée de Charlemagne à decliner en valeur, estans sortis d'iceux plusieurs princes de la race des roys, ils commencerent de s'approprier entierement les provinces où ils commandoient, et s'en firent accroire ; et mesme les grands du royaume, employez au gouvernement des provinces, se les approprioient par tolerance : ainsi fit Hugues le Grand, sorty de Huitequin, que Charlemagne amena de Saxe, et duquel yssit Huë Capet, qui osta la coronne à ceux de la race dudit Charlemagne.

Les Normans aussi se qualifioient ducs, et y avoit des comtes de Champagne, de Berry et autres provinces, lors que Huë Capet usurpa la coronne par l'assistance du pape Zacharie (1) et par les seigneurs de France, un bon nombre desquels il fit ducs et comtes hereditaires des provinces et terres qu'ils tenoient, moyennant quoy il les gagna pour assister et favoriser son usurpation : et estant de ceste opinion de Charlemagne, qu'il practiqua puis apres, tant luy que ses successeurs, qui estoit de ne se soucier point, pour usurper la coronne, de faire plusieurs grands et petits ducs et comtes en proprieté, pour l'asseurance qu'il avoit de les ruiner les uns apres les autres et r'assembler le tout à la coronne ; ainsi qu'il avoit desseigné, ainsi est il advenu, ayant reuny à la coronne les duchez de Normandie, comté de Champagne, duché d'Anjou, de Berry, de Guyenne, de Bourgongne, Languedoc, d'Auvergne et Provence, et tous les autres particuliers possedant des villes ou chasteaux, les uns par faute d'heritiers, les autres par la force, et plusieurs pour avoir contrevenu à la justice, battu des sergens et fait des legeres fautes. Or pour couvrir tous ces changemens et usurpations que les roys faisoient, ils voulurent laisser quelque apparence de liberté, laisserent le nom de duc à plusieurs, non pas des provinces susdictes, ains seulement de quelques terres qu'ils tenoient sans aucune authorité dans icelles ; seulement ils avoient leurs rangs dans le conseil des roys et aux cours de parlement, leur ostant tout pouvoir, mesmes celuy qui s'observoit anciennement, que ceux qui estoient pairs de France ne pouvoient estre jugez que par leurs semblables.

Le moyen pour abbaisser la puissance d'un grade est d'en faire plusieurs, et mesme de personnes indignes de les posseder ; tellement qu'il en a esté creé grand nombre, et les terres de peu de valeur qu'aucuns avoient sont esté erigées en duché et comté, neantmoins imaginaires et sans puissance, ainsi que ceux de Nevers, de Guise, de Nemours, qui neantmoins estoient conferez aux princes, c'est à dire à ceux qui estoient parens de souverains, ainsi que sont ceux de Bourbon, de Nevers, de Lorraine et de Savoye. Et pour couvrir ces usurpations, tant au sacre des roys que aux grandes ceremonies, l'on prend de ces ducs imaginaires que l'on fait seoir à la place des anciens ducs et pairs qui l'estoient par effect.

Or maintenant le desordre est venu si grand par la naissance des guerres civiles, ausquelles il a fallu faire pour plusieurs, nommément pour assister les favoris qui se sont voulu establir, tellement qu'il s'est faict des duchés de deux mil livres de rentes, et des comtés de quatre cens livres, ainsi que celle de Creusille, d'Espernon, de Seurre. L'ancienne voye estoit neantmoins peu practiquée, qu'il falloit quatre royaumes pour faire un empire, autant de duchez pour faire un royaume, quatre comtez pour creer un duché, semblable quantité de barons pour une comté, et quatre feodaux avec leur arriere-fief portans banniere pour faire une baronnie. Mais on a passé non seulement par dessus les anciens ordres de l'Estat, mais aussi rompu les nouveaux, mettant tout en confusion, et tous ces grades en peu d'estime, possedez par personnes incapables et possedant peu de moyens, et y en a eu de nostre temps de quatre sortes.

Les parens des roys et souverains, de Bourbon, de Guise, de Nevers, de Nemours, d'Elbœuf, d'Aumalle, du Maine, d'Eguillon, tous lesquels [excepté ceux de Bourbon] sont estés creés de nostre temps, et n'y a pas cinquante ans qu'ils n'estoient que comtes et marquis ; par richesses, les ducs de Mombazon, de Ventadour ; par faveur, les ducs de Retz, de Joyeuse, d'Espernon, de Suilly ; par crainte de guerre ci-

---

(1) Il y a là un énorme anachronisme. Le pape Zacharie vivoit au temps de Pépin-le-Bref. Le vicomte de Tavannes ne connoît guère que l'histoire de son époque.

ville, les ducs de Les Diguieres, de Boüillon et de Rohan; et pour maintenir les favoris du Roy, les ducs de Belle-Garde, de Brissac et autres nouvellement creés par le duc de Luynes, qui a retenu ceste premiere qualité pour luy. Et voicy ce qui n'a point encore esté veu : il s'est bien parlé des roys et ducs qui faisoient de nouvelles villes et leur imposoient leurs noms, mais non jamais qu'ils ayent changé le nom des villes pour y perpetuer le leur : et neantmoins les sieurs de Luynes et de Belle-Garde, aux terres qu'ils ont acquises, veulent non seulement s'en dire ducs, mais aussi changer leurs propres noms et leur en imposer d'autres par arrest de la Cour, ainsi que les duchez nommés maintenant de Belle-Garde et de Luyne, lesquels auparavant estoient nommés Seurre et Maillé, faisant condamner à l'amende ceux qui les nommeroient d'autre nom que du leur : vanité surpassant toute autre vanité, et qui ne peut durer, dont la memoire sera plus à blasme qu'autrement, estant tousjours l'humilité grandement estimée de la posterité.

C'est merveille que les Français suyvent l'exemple des singes, lesquels montent de branche en branche jusques au dessus des arbres, et puis monstrent le cul; et le pis qu'ils ne regardent pas par quels degrez ils montent à ces triomphes, si c'est par batailles gagnées, victoires, sieges de villes, grandes et heureuses negociations, et autres actions dignes d'immortaliser leurs noms, et que la posterité ne considerera pas les lieux où ils sont, ains les eschelons par lesquels ils y sont montez, ayans les Français herité des vanitez et gloire d'aucuns anciens noms de leurs victoires et vertus, estant monté des particuliers subjects des roys jusques à telle affronterie que de vouloir bastir des nouvelles villes, et leur donner tel nom qu'il leur plairoit. Le sieur de Rosny, d'extraction de simples gentils-hommes possedans deux mil livres de rente, à la faveur d'Henry IV commença Pubel, lequel par justice est demeuré du tout imparfaict et sans habitation. Il estoit bien plus tolerable au duc de Nevers d'edifier la nouvelle ville aupres de Meziere, Charleville. C'estoit des actes des Alexandres et des Cesars de nommer Alexandrie, Constantinople, Demetriade, et non de ces personnes vaines qui n'ont imposé ces noms que par gloire et vanité. Et en ceste quantité d'erection de ducs et mareschaux de France, la perte en est aux rois, estant ces dignitez tellement ravalées, considerant plusieurs personnes qui les possedent, que les gens valeureux et de courage les mesprisent, choisissent plustost de demeurer chez eux et à ne s'employer point, que rechercher ces grades par merite et services signalez, qui ne seroient honorables à eux non plus qu'à ceux qui les possedent.

Les poëtes, les philosophes, les mages d'Egypte, ont couvert leurs sciences de plusieurs fables, de mots inventez, obscuritez et chifres : ainsi ont faict les docteurs de France, meslant les loix humaines et ecclesiastiques, ordonnances des empereurs, edicts des roys, clauses et interpretations, practique de palais, coustume de païs tout ensemble, avec infinis mots qui ne sont ny latins ny français, pour [par ces difficiles erudictions] bannir la noblesse des judicatures, sçachant bien que rarement les peres font estudier leurs enfans, empestrez de la necessité, et cognoissant qu'en ce temps il faut une partie de leurs biens pour acheter des offices. En ceste confusion, les juges de maintenant se dispensent des loix, et disent les interpretations d'icelles estre à leur choix : il est admirable que les gentils-hommes se laissent exclurre des estats de judicature. Les juges de ce temps rejettent sur eux, et les accusent qu'ils ne font estudier leurs enfans; mais quand bien ils les feroient apprendre, ils ne pourroient avoir voix parmy ceste multitude qui a jà occupé les places.

C'est une notte aux gentils-hommes de peu de sens ou de courage, puisqu'ils maintiennent l'Estat et ont la force en la main, endurer que leurs vies, leurs biens et ceux de leurs enfans soient sousmis au jugement des plebeyens; ils devroient obtenir qu'en ce qui leur concerne les juges seroient moitié de la noblesse. Petit nombre d'Huguenots ont obtenu des chambres myparties, qui ne leur estoient tant necessaires qu'elles sont à la noblesse. Parce que les gens des villes se soustiennent l'un l'autre, le sçavoir n'est tant necessaire, la preud'hommie suffit; les loix sont faites par bon sens naturel, et les gentils-hommes bien sensez en sont capables. Aux parlements des duché et comté de Bourgongne, ont esté establis par les ducs des chevaliers de la Cour gentils-hommes; il y a quarante-cinq ans que j'ay un de ces estats, et n'y ayant que deux en chaque compagnie, leur pouvoir est estouffé, et neantmoins servent de faire rougir les conseillers du tiers estat, quand iniquement ils jugent la noblesse. Et quand ainsi seroit que les gentils-hommes ne seroient si sçavans en chicanerie, la preud'hommie d'iceux bien choisis suppleeroit, et feroit que l'injustice qui se fait ordinairement par les juges de ce temps, se monstreroit bien plus grande que celle qui adviendroit par faute d'avoir estudié aux loix.

C'est grand malheur aux princes et capitaines tenus pour gens d'Estat remuans et factieux, d'estre arrestez prisonniers, encores qu'ils soient innocens : la crainte que ceux qui les ont pris ont qu'ils s'en ressentent est imputée à crime, ensemble la honte qu'ils ont d'avoir pris un homme de bien, fait faire leur procez injustement. De là viennent les confinations, empoisonnements, autres ausquels on fait croire qu'ils sont tuez se sauvant : ainsi tout est contraire aux prisonniers de grande qualité. Ces mots sont communs en la bouche de ses ennemis : que l'homme mort ne mord point ; eux prisonniers ne doivent faire autre dessein que de penser à sortir, et peu parler ; l'on leur fait assez croire qu'ils disent ce qu'ils n'ont pensé, pour de tant plus irriter ceux qui les tiennent.

Ceux qui ont passé par ce chemin le peuvent enseigner aux autres : j'ay esté quatre fois prisonnier, deux par soupçon en l'Estat et crainte de ce que j'y pouvois, sous les roys Henri III et IV, en pleine paix ; une à la guerre, et la quatriesme des Turcs : la prudence sort de beaucoup de malheurs. Premierement crier mercy à Dieu, se mettre en bon estat, le remercier de ce qu'il luy plaist permettre que soyons chastiez, qu'il luy plaise que cela serve à l'expiation des pechez ; le prier ardamment et remettre le tout à sa volonté ; prendre garde que les afflictions ne tournent l'esprit : à quoy la resolution à la mort est un souverain remede ; considerer qu'on ne peut perdre que ce qui se doit perdre : plus de mal, plus proche de Dieu, pourveu qu'il soit supporté patiemment et sans murmurer : ceux qui souffrent innocemment sont plus heureux, se souvenans qu'ils ont fait d'autres pechez qui meritent ce chastiment ; c'est pourquoy ils doivent tousjours dire que Dieu est juste.

Deux choses sont necessaires aux prisonniers : la liberalité et l'humilité ; l'argent, la pitié, amollissent les hommes ; en comptant ses malheurs, ladicte pitié que l'on faict attendrir le cœur des escoutans ; l'argent donné sert, pourveu que l'on colore les presens, à ce qu'ils ne se puissent interpreter à corruption, soit en payant deux fois autant pour sa nourriture, ou faisant achepter par ses gardes, ou leur permettant d'y desrober, et en donner plus qu'il n'a cousté, feignant de ne s'en appercevoir. En effect, à ceux qui veulent prendre il ne leur faut rien refuser, et quand on n'a point d'argent, supplier par belles paroles et promesses : ceux que l'on cognoist ses plus grands ennemis et qui sont cause du malheur, sont ceux qui doivent estre recherchez s'il se peut parler à eux, et leur faire croire, par diverses raisons, qu'on leur est obligé, que l'on n'en est point offensé, et qu'on espere son salut par eux, qui n'ont trempé à leur prise, ou qu'ils y sont esté forcez. Les prisonniers ne doivent par leurs plaintes offenser personne, et se garder bien de dire ceux qui sont cause de leur prise, ny de les accuser, au contraire, faut feindre que l'on n'en sçait rien.

Un prisonnier doit laisser tous autres desseins, et ne penser qu'à sortir : s'ils sont deux, parler sobrement à son compagnon, encore que leur cause soit jointe, nonobstant toute amitié qu'ils pourroient avoir eu ensemble au passé. Plusieurs viennent voir les prisonniers, feignent se plaindre avec eux pour les faire parler : il faut penser à ce que l'on dit, et ne dire chose qui en pensant servir nuise, ny qui se puisse expliquer à deux ententes, parce que la passion, l'ardeur et le discours font dire souvent ce qui nuit apres, et se pensant descharger l'on se charge. Le malheur est que quelquefois ceux qui visitent font croire les prisonniers avoir dit ce à quoy ils n'ont jamais pensé, et s'employer sagement à gagner ses visiteurs si souvent, que tels semblent avoir compassion de l'affligé, qui sont venus pour le surprendre. Que si on a moyen d'escrire, faut bien considerer que l'on ne donne ses escrits qu'à personnes ausquelles on se puisse fier, desquels les malheureux ne treuvent guieres, si ce n'est qu'il soit permis à quelqu'un des siens de parler à luy.

L'on se peut perdre par fier, et non par meffier ; plusieurs ont esté prisonniers dans des villes de leurs ennemis, ausquels quelques uns qui estoient dedans, affectionnez au mesme party duquel ils estoient, leur ont voulu communiquer des entreprises sur la ville où ils sont detenus ; ce qu'il faut rejetter entierement, pour estre tres-dangereux, parce qu'il n'y a rien plus fautif qu'une entreprise, ny plus certain que la mort des prisonniers qui entreprennent. C'est pourquoy je leur conseille, s'ils apprenoient ou se doutoient de quelques desseins, de les descouvrir à ceux qui les tiennent prisonniers, parce qu'à une entreprise faicte sur une ville, les prisonniers, encores qu'ils ne la sçachent, si elle est faillie en patissent.

J'estois prisonnier de guerre dans Compiegne du roy Henri IV, gardé pour estre changé à quatre princesses de Bourbon, de Longueville et de Nevers ; celuy qui tenoit Pierrefont, pres de là, me fit secretement proposer l'entreprise qu'il avoit sur ledit Compiegne, de laquelle je m'exemptay fort bien, en cognoissant le peril. Si les gardes des prisonniers leur proposent de se sauver, c'est chose perilleuse de s'y fier. Quelquefois ceux qui tiennent des prisonniers ne veulent avoir ce reproche de les avoir fait mourir de sang froid, attirent des soldats, qui, en promettant de les sauver, les conduisent à la mort. S'il y a moyen de se sauver de soy-mesme ou par les siens, il se peut tenter, pourveu que l'on cognoisse qu'il y ait certitude entière de le pouvoir faire. Je suis esté prisonnier de guerre et d'Estat, et non de crime; l'on n'a jamais commencé à m'interroger pour faire mon procez. J'ay ouy dire qu'il est necessaire de parler peu, et tendre tousjours à recuser les tesmoins, sans les tenir pour gens de bien, et n'advoüer jamais aucuns escrits, dire qu'ils ont esté contrefaicts, et prendre garde aux juges subtils qui, par multitude d'interrogats embarrassez, font couper les criminels, et, confrontant une response à une autre, cherchent l'ambiguité, pour embroüiller la verité, ou pour la descouvrir: et considérant des responses qui ne sont semblables, contraindront de respondre sur une troisiesme, dont ils tirent des consequences et conjectures prejudiciables, sur lesquelles ils jugent et condamnent, avec des indices vrays ou imaginaires.

C'est le mieux d'estre tousjours ferme en un propos sans vaciller, parce que la dissemblance et contrarieté des responses aggrave et nuit fort à un prisonnier : et ne faut qu'il se haste jamais de respondre, afin d'avoir temps d'y penser. En peu de mots il sert ou nuit beaucoup d'avoir des juges favorables ou ennemis; c'est pourquoy il ne faut point oublier d'artifices pour les gagner et adoucir. Un prisonnier ne doit jamais se rejoüir que lorsqu'il est dehors, ne jamais manger ny boire excessivement, dire tousjours du bien du Roy et de la seigneurie d'où il est subject, et de ceux qui le tiennent et gardent prisonnier; penser à tout ce qui peut advenir et aux interrogats que l'on luy peut faire, pour en premediter les responces, qui doivent estre de telle façon, que les juges ne le puissent accuser qu'elles sont faictes à dessein, arrogamment, ny en se ventant; ne confesser rien, hormis la clarté du jour et l'obscurité de la nuict, avec raison; et ne faut oublier d'estre humble et gracieux aux juges à leur entrée et sortie : et faut que la condition du prisonnier se change entierement jusques à ce qu'il soit dehors; ne retarder une heure de sortir si on a les portes ouvertes, parce qu'il peut advenir des accidents pour les fermer. Dehors il faut rendre graces à Dieu, tirer proffit du malheur, pour une autre fois l'eviter et n'y jamais retomber, par la cognoissance des pieges et filets qui y ont conduit, et que l'on a surmonté par la prudence. Et sert beaucoup, soit à la guerre, soit à la paix, d'avoir assisté au jugement des criminels condamnez dans les armées ou ailleurs, pour s'en prevaloir au besoin.

La vie des papes, des roys, n'est de longue durée. Dieu retire souvent les bons pour la punition des peuples, les mauvais par maledictions : et que chacun desire cest estat; les voluptez les accablent, il leur semble estre immortels, que rien ne leur sçauroit nuire; aveuglez de leur bonne fortune, les viandes non communes, les femmes, les artifices, irritent les appetits au prejudice de leur santé; les medecins les tuent, et ne desirent leur parfaicte guerison, desacrochent les ressorts de nature, comme les infidelles horlogeux font sur les monstres, à ce qu'on ait tousjours affaire d'eux. Il ne se peut mieux conseiller aux roys, pour leur santé, que se traicter comme les autres hommes, et de ne penser commander aux maladies comme ils font aux personnes.

REGNE DE CHARLES IX.

Le cinquieme decembre 1560, la mort du Roy apporta un grand changement; la Royne, delivrée de la crainte qu'elle avoit de MM. de Guise, qui possedoient le feu Roy son fils, tomba en peur de MM. de Bourbon, pour la regence qui leur appartenoit. MM. de Guise descheuz, plus de faveur que de courage, leurs amis arrivez, favorisez des estats, dont la pluspart avoient esté choisis par eux, resolvent de se maintenir. Le roy de Navarre et prince de Condé pensent plus à se jeter hors de crime qu'au gouvernement.

[1561] Le connestable et ses nepveux arrivent à la Cour; la Royne et M. de Guise s'accordent pour empescher la regence du roy de Navarre, luy font voir ses accusations criminelles de l'entreprise d'Amboise, qui le rendoient incapable de ses pretentions. Sa Majesté luy remonstre le danger auquel estoit son frere M. le prince de Condé; peu auparavant, une dame advertit le roy de Navarre qu'il accordast tout ce que la Royne luy proposeroit, autrement que luy et son frere courroient fortune de la vie, joinct au credit de MM. de Guise dans les estats. Cela fit que ledit roy de Navarre accorda de partir l'authorité avec la Royne, lui ceda l'ouverture des pacquets et en effect le gouvernement, se contentant de la lieutenance generale au lieu de la regence; ce traicté est signé d'eux, qui, par mesme moyen, se reconcilient avec MM. de Guise.

M. le connestable s'en fait croire, chasse les gardes, dit que celles des roys doivent estre en la bienveüillance de leurs subjets: moyenant le traicté susdit, le prince de Condé est eslargy avec des gardes, et declaré innocent par le conseil d'Estat et la cour de parlement, ayant esté emologué cest arrest par l'assemblée des estats, à la poursuitte de la Royne et de MM. de Guise. Les Huguenots, ayant repris cœur, disputent en vain la commission des estats estre expirée par la mort du Roy, et qu'il falloit proceder à autre eslection de deputez. Le temps des estats se passe en harangues et menées; la conclusion est artificiellement remise à Pontoise: c'est la volonté de tous les partis, pour cognoistre le cours du marché.

Le Pape publie la continuation du concile de Trente, en suitte du dessein qui avoit esté conclud avec le petit roy François, par le conseil de M. de Guise d'extirper l'heresie. La remise des estats donne temps pour faire des pratiques; l'on demande la recherche de ceux qui avoient manié les finances et receu des dons immenses: le concile national poursuivy par M. l'admiral de Chastillon, duquel la Royne se servoit secrettement pour la confirmation du gouvernement, qui luy estoit permis par le consentement du roy de Navarre, lequel en estant repris et stimulé par lesdits seigneurs de Chastillon, sur ce qu'il avoit quitté son authorité, il resolut de s'en aller de la Cour; M. le connestable luy promet de s'en aller avec luy. La Royne y remedie par un absolu commandement du Roy, qu'elle fit faire audit connestable, de n'abandonner Sa Majesté.

La Royne [conseillée par des Italiens] tenoit tout en balance; fomente et accroist la partialité des grands, avec creance que, maintenant deux factions, elle en auroit tousjours une si l'autre luy estoit contraire. MM. de Guise luy semblent trop forts, pour leur valeur et amis; le roy de Navarre [foible pour son trop de bonté] resout de ne l'accroistre ny les uns ny les autres, de favoriser les Huguenots, et se fier en MM. de Chastillon, qui possedoient M. le prince de Condé.

A cest effect, il est permis aux Huguenots de prescher, et accroist un peu plus l'authorité du roy de Navarre. La Royne l'amuse par l'amour d'une de ses damoiselles nommée Rouhet; ses artifices ne luy servent de gueres: MM. de Guise la cognoissoient; ils gagnerent M. le connestable, malgré son fils de Montmorancy; par sa preud'hommie luy remonstre que la Royne mere establissoit l'heresie et nourrissoit les partialitez, pour se maintenir à la ruïne de ses enfans: ny son fils M. de Montmorancy, ni ses nepveux de Chastillon, ne peuvent empescher M. le connestable de s'unir pour la conservation de la religion et de celle des roys [qu'il appelloit ses petits maistres], avec lesdits sieurs de Guise.

La Royne mere fait tenir le colloque à Poissy en faveur des Huguenots, de quoy il avoit esté parlé du vivant du feu Roy à l'assemblée de Fontainebleau. Les cardinaux y assistent, les ministres sont parties, et des enfans les juges : apres plusieurs blasphemes des heretiques, leur diversité de sectes, l'imposition des mains qu'ils n'avoient point, et autres poincts à eux reprochez, leur religion est condamnée par les prelats. Le cardinal de Lorraine leur ayant proposé leurs divisions, Hussistes, Lutheriens, Calvinistes, Zuingliens et Anabaptistes, qu'il falloit que premierement ils s'accordassent entre eux, auparavant que d'estre admis ni ouys en telles assemblées.

La Royne tient tout indecis; les heretiques favorisez d'elle, le prince de Condé et ceux de Chastillon brouillent, mutinent et accroissent la division; ce que la Royne procuroit, d'autant plus que MM. de Guise, le connestable, de Nevers, de Nemours et de Montpensier s'estoient associez; et le roy de Navarre, par sa legereté, estoit de tous costez, qu'elle craignoit se joindre en fin aux plus forts, et en consequence demeurer sans authorité, ou estre renvoyée en Italie : et pour faire une contre-ligue et leur resister, consent que le prince de Condé, les trois freres de Chastillon et les Huguenots se joignent, se lient ensemble publiquement, et secrettement avec elle ; ils luy offrent cinquante mille hommes devenus huguenots depuis ces mouvemens. Par leur advis elle fait une assemblée de conseillers à eux affectez, tirez des cours souveraines, et partie de ceux du conseil qui dependoient d'elle et des Huguenots. MM. de Guise, connestable et de Montpensier, voyans ses desseins, n'y voulurent assister.

[1562] En cette assemblée, l'edict de janvier est resolu en l'an 1562, qui permettoit le presche partout et la liberté de conscience. Ce coup aussi-tost faict, la Royne mere [comme femme] s'estonnant, est rencouragée par les Huguenots; luy remonstrant qu'il n'estoit plus temps de se retirer, qu'elle estoit trop declarée, la font resoudre à l'interinement, qui fut fait au parlement de Paris, suivy des autres cours souveraines de France, hormis de celle de Bourgongne, où ledit interinement fut vertueusement empesché par le sieur de Tavannes, lieutenant general, qui s'y opposa directement, dont il receut beaucoup d'honneur. Cest edict, fait à l'aide de la Royne, est la porte par où les Huguenots sont entrez en France : Sa Majesté a depuis plusieurs fois dit que ce qu'elle en faisoit lors estoit, non pour conserver son authorité seulement, mais pour abaisser le pouvoir de MM. de Guise, qui abusoient par belles paroles le roy de Navarre et M. le connestable, la conservation de l'Estat et de la coronne, à laquelle elle les soupçonnoit d'aspirer, pour leur trop grande puissance, valeur et quantité d'amis.

Une grande generosité est requise pour soudainement monter d'une mauvaise fortune en une bonne; les hommes se contentent d'estre sortis du danger, et craignent d'y retomber par entreprise nouvelle; ils ont le cœur affoibli des adversitez passées. S'ils consideroient cette folle et inconstante fortune, ils ne lairroient d'entreprendre hardiment, l'occasion estant favorable : il est par fois plus aisé de monter en extreme grandeur, que se maintenir en mediocrité.

La preud'hommie n'a esgard ny exception aux parens, amis, ny à soy-mesme ; elle doit estre resolue à tous malheurs, pourveu qu'elle suive le droict ; c'est une action plus divine qu'humaine.

Les gardes des souverains composées de trois cens, de deux mille, ou de vingt mille hommes : la premiere estoit celle de nos anciens roys, celle de deux mil avoit esté conseillée au roy Henry troisiesme ; celle du Turc est de seize mil janissaires. Avec l'une, il faut vivre selon les loix, l'autre ne se peut maintenir sans marque de tyrannie et grande dépence ; et la troisiesme, il faudroit, comme au païs du Turc, n'avoir point de forteresses, et que le peuple fust desarmé : ce grand nombre est la citadelle des infideles, qui ne peut estre aux princes chrestiens qu'en faisant la guerre incessamment, d'autant que cette manutention d'une armée en temps de paix, ne se peut entretenir que par tyrannie. La principale garde des roys est d'avoir la conscience nette, vivre selon les loix et serment qu'ils ont fait à leur sacre, entendre les affaires d'Estat, cognoistre ses subjects. Il ne sert de se garder vingt-trois heures, pour donner prise sur soy la vingt-quatriesme; cela semble les villes fortifiées par tout, hormis du costé par où elles se prennent.

Les roys sortent de nuit, eux deux et troisième, pour amour, vont en coche de jour en pareil nombre, s'égarent à la chasse, se promenent sans compagnies dans leurs jardins, et n'ont responce, sinon que ces heures sont incertaines aux entrepreneurs ; les resolus qui les observent les rendent dangereuses. Plusieurs empereurs et roys ont esté tuez par leurs gardes, aucuns par leurs amis devenus ennemis, et par connivence de leurs plus proches ; sont coups que les princes ne peuvent parer : s'ils ne se gardent avec quatre cens hommes, ils ne se garderont avec trois mil, ayant les roys de France la gendarmerie entretenue comme leurs predecesseurs, dont il y en ait qui tiennent garnisons à vingt lieuës d'eux, moyennant quoy ils s'en peuvent ayder au besoin, et ne seront en danger d'iceux, comme s'ils estoient dans leur cour et faisant garde devant leurs portes.

Les empereurs romains estoient souvent tuez par les legions pretoriennes qui les gardoient. Les gardes estrangeres sont corruptibles; les Suisses vendirent le duc de Milan : il est bon d'avoir d'estrangers petit nombre, comme les gardes escossaises; les mediocres de quatre cens Français semblent les plus utiles. La preud'hommie n'empescha pas la mort de Galba : il est quelquefois autant de meschans qui entreprennent sur les bons, que de bons sur les meschans. En temps de paix, en reformation, en crainte de guerre, les gardes sont necessaires aux roys, non si excessives qu'elles marquent une tyrannie, et rendent la despence insuportable, ny si petites qu'elles leur soient inutiles. Vray est-il que pour eviter les elevations civiles, au temps que les subjects y sont disposez, que deux mil hommes de pied et quatre cens chevaux seroient utiles aupres des roys; non que ce nombre puisse asseurer leurs personnes, s'ils ne se veulent garder eux-mesmes, et prevoir les insidiations, contre lesquelles la vertu, l'innocence et la crainte de Dieu sont de puissantes gardes parmy les Français.

L'Eglise est universelle; il ne s'y doit faire decret ny innovation que par les conciles generaux, ausquels le Sainct-Esprit preside: s'il s'en tenoit plusieurs nationaux, les opinions seroient diverses, et l'union de l'Eglise rompuë; Dieu n'y assisteroit pas : les conciles generaux verifient sa promesse, que son Eglise doit durer à perpetuité. Il ne se peut rien decider de valable en un concile national; et si celuy de Poissy n'estoit qu'un colloque, il ne devoit tenir que par l'adveu ou commandement du Pape, sans l'autorité duquel il ne faut disputer avec l'heretique; et encore que Sa Sainceté y eust envoyé le cardinal Farnaise, ce fut pour empescher ceste conferance plustost que pour l'advoüer. De penser vaincre les Huguenots par disputes, l'assemblée estoit trop grande, et devoit on penser qu'eux demeurans en leur opinion de ne changer leur religion, qu'il n'en reüssiroit que de mal, puisque, par leur saufconduit, assistance et faveur de la Royne, ils ne pouvoient estre condamnez ny punis; les evesques, preschans et les faisant admonester de leur erreur en leurs dioceses, eussent apporté un plus grand fruict.

Ce colloque estoit faict par la Royne à l'exaltation des Huguenots, et à sa manutention, qu'elle coloroit pour garder ses enfans contre la grande puissance de MM. de Guise : les credits qui permettent l'exercice d'une religion nouvelle sont contre Dieu. Ce n'est aux roys à se mesler de faire des decrets contre les statuts anciens de la religion catholique : Dieu permet que ceux qui entreprennent sur l'authorité d'autruy, perdent la leur. Les roys se diront forcez de permettre l'heresie pour tenir le peuple en paix et empescher la guerre : c'est esteindre le feu par l'huille. L'Escriture saincte dit que les royaumes divisez seront desolez : vouloir maintenir la paix par divisions, c'est vouloir faire du blanc avec du noir : le royaume de deux partis, de deux opinions et de deux factions, est en guerre, ou y entrera bien tost. Et si le roy Henry IV demeure en paix [maintenant ces deux religions], qu'il l'attribue à la quantité des maux et ruïne advenue aux guerres passées, avec tant de cruautez, que tous les abhorrent, joinct à la crainte qu'on a de ses prosperitez, dexterité et prudence, et non à la permission qu'il donne aux deux religions, qui à la premiere occasion recommenceront la guerre; ce repos sera de peu de durée. Et quand ainsi seroit que ceste permission de deux religions apportast paix à luy seul, il n'est raisonnable que pour son interest particulier il fasse bresche au general de l'Eglise, non plus que si quelqu'un [pour sauver sa maison du feu] rompoit une digue qui inondast tout le païs. Que si les roys se licentient des commandemens de l'Eglise pour leur particulier, ils ne sont plus puissans par dessus leurs subjects, que les conciles sont par dessus eux, et est dangereux que leur peuple ne se soustraye de leur obeïssance, comme leurs Majestez font de celle de l'Eglise : la paix qui n'est selon Dieu est la guerre des ames.

Le nom de politique a esté inventé pour ceux qui preferent le repos du royaume, ou de leur particulier, au salut de leur ame, et à la religion, qui ayment mieux que le royaume demeure en paix sans Dieu, qu'en guerre pour luy. Ces politiques disent : Ne permettant qu'une religion, toute la France sera remplie de guerre; permettant les deux, c'est la paix et le repos du royaume. Cela seroit bon qui seroit stable et permanant : Dieu oppose glaive contre glaive. Le chemin des espines est celuy de paradis; les plaisirs, les voluptez sont contraires. Les Romains disoient que depuis la reception du christianisme ils avoient tousjours esté en guerre et en malheur : heureuse est la guerre qui se fait pour maintenir les commandemens de Dieu, mesmement quand les intentions sont justes et non ambitieuses! Vray est-il que si par une paix concedée il y a apparence de l'aneantissement des heretiques et accroissement des Catholiques, que telle paix doist estre preferée à la guerre.

Quatre choses separent les peres des enfans, et les freres des freres : la religion, le bien public, l'avarice et l'ambition, estant de differente faction, ils se sauvent l'un l'autre ; cela est bon pour un paradoxe ou apparence de verité, mais en effect c'est leur ruïne. Si à dessein ils prennent differents partis, c'est trahison ; si fortuitement ils se sont faicts ennemis, leurs chefs, leurs soldats, le peuple, les soupçonnent, ne se fient en eux, les calomnient, interpretent leurs actions selon leurs opinions ; quoy qu'ils facent bien, l'on dict tousjours qu'ils pouvoient mieux s'ils ne se fussent entendus, et s'ils ont du malheur, ils sont accusez que c'est par l'intelligence qu'ils ont avec leurs parens. Non qu'estant toute une maison d'un party, il n'advienne d'autres accidents, ainsi que MM. de Lorraine [par ambition qu'ils avoient l'un sur l'autre] se sont laissez ruïner aux roys Henry troisieme et quatrieme. L'amitié n'est pas tousjours entre les parens : si diray-je le peril estre moindre estant tout d'un costé, principalement à ceux qui ne sont chefs de l'entreprise : j'y suis experimenté. Mon frere, du party du Roy, moy des Catholiques liguez, faisions chacun de son costé ce que gens de bien pouvoient faire ; il ne laissa de se treuver des meschans qui disoient au contraire que nous nous entendions, ce qui estoit faux.

Le roy de Navarre, par les menaces des Espagnols et promesses qu'ils luy faisoient du royaume de Sardaigne, par sa legereté, et par ses serviteurs gagnez par MM. de Guise, se joint avec eux et avec le connestable ; il se separe de son frere le prince de Condé, lequel en fait de mesme de luy par ambition et offence recente de sa prison. Le sieur admiral de Chastillon le fuit avec pareille ambition, et le sieur d'Andelot se joint à eux abusé de la nouvelle religion, et abandonnent tous deux M. le connestable, leur oncle, lequel de son costé les quitta par pieté et preud'hommie, et pour ne pouvoir avoir une si grande charge, estant rebelle, que celle qu'il avoit sous l'Estat : ce ne fut sans que ses nepveux de Chastillon luy reprochassent qu'il se repentiroit de s'estre lié avec MM. de Guise, ses ennemis, et avoir abandonné ses parens.

Au semblable, le prince de Condé blasmoit le roy de Navarre, l'accusoit de peu de courage, de ce qu'il le laissoit, luy qui estoit son frere, pour s'allier avec MM. de Guise, lesquels il sçavoit n'y avoir pas trois mois qu'ils les avoient voulu faire mourir tous deux : ces remonstrances ne servirent de rien. Le roy de Navarre avoit assisté en janvier à l'edict dè Sainct-Germain, qui permettoit les presches et liberté de conscience aux Huguenots, et soudainement au mois de mars suyvant les abandonne, et s'associe avec MM. de Guise et M. le connestable. Ny la promesse qu'il avoit faicte à la Royne, ny les voluptez où elle l'avoit plongé en l'amour de la damoiselle de Roüet, ny l'amitié de son frere, et moins les supplications de sa femme, n'eurent pouvoir de le divertir, et se joignit precipitément à MM. de Guise et connestable.

Ces grands divisés, il ne reste aux Huguenots que MM. de Condé, de Chastillon, et quelques seigneurs catholiques que la Royne y fit jetter, laquelle, voyant ceste union du roy de Navarre, de M. de Guise, et du connestable, qu'elle jugeoit estre faicte pour luy oster tout pouvoir, se fust volontiers precipitée avec ses enfans entre les bras des Huguenots, si elle eust creu s'y pouvoir maintenir, parce que dés lors elle jugea son authorité perduë ayant veu le roy de Navarre, cardinal de Bourbon, et M. de Montpensier, prendre le party de MM. de Guise et des Catholiques. Elle se voulut r'accommoder parmy eux, et donner des modifications à l'edict de janvier, trop tard ; ce qui ne luy servit que de diminuer sa puissance, laquelle tombe en apparence sur le roy de Navarre et connestable, mais en effect à M. de Guise, tant par sa prudence, que pour l'intelligence des Catholiques du dedans et du dehors du royaume. Prudemment il se retire de Cour, pour ne monstrer vouloir trop gouverner ; laisse en apparence tout le maniment au roy de Navarre et connestable, apres avoir pris resolution entre eux de s'opposer aux Huguenots et à la Royne, et abolir l'edict de janvier. Les Huguenots comparoient ceste association au triumvirat des Romains.

La Royne, voyant ces grandes intelligences, s'unit plus fermement avec le prince de Condé et ceux de Chastillon, et fortifie les Huguenots, encourage M. le prince de Condé, lequel, conseillé de Sa Majesté, court à Paris, donne advis à tous ses amis et Huguenots de France, pour l'assister à s'en saisir. M. de Guise, mandé en diligence du roy de Navarre et connestable, luy ayant jugé qu'il falloit s'opposer par la force à cest edict, lequel ils ne pouvoient faire changer autrement, pour n'avoir la Royne ny le Roy à leur devotion, commence à Vassy, où il arrive à l'heure du presche des Huguenots, fait prisonnier le ministre, tue plusieurs Reformez, ses soldats devalisent le reste ; puis va à Rheims, où se trouve le cardinal de Lorraine. Ceste action donne l'alarme aux Huguenots, jà preparez à la force pour se faire maistres de Paris. La Royne les anime aux armes, les favorise dedans et dehors le royaume, conjure et admoneste les serviteurs du Roy et d'elle se jetter en ce party, employe les sieurs de Pienne, de Cursol, de Millot (1), et plusieurs autres en diverses provinces. La puissance estant du costé du roy de Navarre et de MM. de Guise, qui se treuvent quasi aussitost à Paris que le prince de Condé et sieurs de Chastillon, ils les contraignirent d'en sortir, estant la force à eux, favorisez de la justice, du peuple, et des ecclesiastiques, ausquels ceste nouvelle religion estoit odieuse.

Les Huguenots, ayant failli la ville capitale, veulent recouvrer à se saisir du Roy à Fontainebleau, où ils estoient mandez de la Royne mere pour c'est effect, laquelle estoit en desespoir de son authorité. Le roy de Navarre et MM. de Guise se rendent les premiers à la Cour, le tout sous couverture d'un commandement que la Royne avoit fait faire aux deux parts de sortir de Paris. Proche Fontainebleau se fait un appointement entre M. de Guise et prince de Condé, comme s'il n'eust esté question que d'une querelle particuliere. Le prince de Condé, se jugeant trop foible, s'esloigne de la Cour, recueillit toutes ses forces sur le chemin d'Orleans, dans laquelle ville il entra le plus fort par l'intelligence huguenotte. Cependant M. le connestable ruine les temples des Huguenots à Paris, et fut resolu entre eux d'y mener le Roy, la Royne outrée de douleur, soit qu'elle cogneust son authorité perdue, ou bien qu'elle craignist qu'iceux, se voyans forts, ostassent la coronne à ses enfans, et que ceux de Guise ne l'empietassent, se souvenant de tant d'exemples passez, et nommement de celuy de l'usurpation d'Huë Capet, qui fit mourir en prison le juste heritier de la coronne.

Toute la Cour estoit pleine de gens du roy de Navarre et de MM. de Guise ; l'autre faction prit la campagne ; et parce qu'il avoit esté deliberé entre le roy de Navarre et ceux de son party que l'on meneroit la Royne et ses enfans à Paris, elle y repugnoit, et se croyoit en tel peril, qu'elle se fust volontiers jettée avec ses enfans entre les mains du prince de Condé et de ceux de Chastillon, ausquels elle avoit plusieurs fois escrit à cest effect ; et resolut une fois de sortir de nuict avec ses enfans, et aller à Orleans au party huguenot, et envoya deux fois le sieur de Sarlan, premier maistre d'hostel du Roy, pour conclurre son partement et sa reception. Ce dessein fut rompu par la vigilance du roy de Navarre et de MM. de Guise. La Royne, ayant offencé lesdicts sieurs de Guise par l'edict de janvier, et les ayant abandonnez, ne croyoit plus de seureté pour elle avec iceux.

La Cour fut forcée de partir, moitié d'amitié, moitié de force, pour aller à Melun ; et le connestable menace de coups de bastons ceux qui ne vouloient destendre le lict du Roy pour la crainte de la Royne, à laquelle il s'offre une occasion de se mettre en liberté, par le moyen de Rostain, gouverneur dudict Melun, son serviteur, lequel, au lieu du commandement qu'il avoit de ceux de Guise, de loger le Roy dans la ville, le logea dans le chasteau, là où estant la Royne se retira de leurs mains [assistée des serviteurs du Roy et des gardes], tellement qu'eux voyans là où ils en estoient, se raccommoderent aucunement avec la Royne, et allerent à Paris, n'estant plus Sa Majesté tant en leur subjection. M. le prince de Condé et MM. de Chastillon ayans failly la ville principale et le Roy, leur restoit une grande faction à Orleans, là où ils s'estoient jettez bien accompagnez, tant d'Huguenots que de plusieurs Catholiques que la Royne y avoit envoyez. M. le prince de Condé s'estant rendu maistre d'Orleans, se treuve deux mille chevaux et huict mil hommes de pied, tant avoit peu l'artifice des predicans à la seduction du peuple, et le credit de la Royne mere.

Le roy de Navarre, le prince de Condé, M. le connestable et MM. de Chastillon, furent mal conseillez de se separer : s'ils se fussent maintenus ensemble, ils emportoient le gouvernement de l'Estat, à la ruine de MM. de Guise, qui avoient esté leurs ennemis ; ou du moins ils ne se fussent perdus et abbaissez comme ils le firent, et eussent fort empesché leurs ennemis. A quoy il s'objecte que la Royne se fust joincte avec MM. de Guise, mais estant le premier prince du sang, le premier officier de la coronne ensemble, avec raison ils eussent obtenu la regence, ou du moins leur guerre eust esté juste.

La prise du Roy ou de Paris est la moitié de la victoire en guerre civile : l'on fait parler l'un comme l'on veut, et l'exemple de l'autre est suivy de grande partie des villes du royaume. Le saisissement des princes pupils ou fols se peut colorer, non celuy des roys majeurs [qui est injuste et dangereux], pour lesquels se porteroient tous les gens de bien de France, et ne sçauroient mieux faire pour leurs ennemis ceux qui y attenteroient. Paris porta toutes les villes au commencement du costé de la Ligue ; Paris les donna et osta à la Ligue, selon qu'il se prit et reprit.

Les entreprises des femmes sont defectueuses, pour estre vindicatives, craintives, de legere

---

(1) De Crussol. De Milhaud.

creance, irresoluës, inconstantes, soudaines, indiscretes, glorieuses, ambitieuses plus que les hommes : à peine se resolvent elles si elles ne sont assistées à la continuation des entreprises hazardeuses, ausquelles n'estans tenues de pres, elles en sortent, s'en eschappent, et se ravisent en un instant. Ceux qu'elles employent doivent executer promptement, sans leur donner temps, ny pouvoir de changer. Les anciens Gaulois croyoient les femmes, et les tenoient pour prophetes; ils faisoient la guerre et la paix par leurs charmes et devinations. Les usurpateurs des Gaules, sortis de Franconie, voyant qu'ils ne s'en estoient bien treuvé, changerent les loix des vaincus et au contraire excluent du regne et du gouvernement des pupiles, les femmes, la regence desquels et du royaume ils ont donné aux plus proches princes du sang, autant imprudemment que sagement ils en avoient exclus les femmes. Donner à garder la religion aux heretiques, l'argent aux avaricieux, et l'Estat aux ambitieux, rarement en advient bien; les moyens de faire mal tentent les hommes.

Le prince plus proche de la coronne ayant ses nepveux ou cousins en garde, est dangereux qu'il n'envahisse l'Estat et la vie des pupils, qui devroient estre donnez en garde aux meres, et l'Estat à plusieurs des parens, la puissance desquels doit estre limitée et balancée du conseil esleu par les estats en toute puissance, composez des officiers de la coronne capables et autres grands, et ne donner la regence aux plus proches parens, qui peuvent pretendre apres la mort des enfans soudainement la coronne, ains à tous les parens ensemble avec le conseil susdit. Ce ne seroit du tout guerir le mal, si on donne le commandement des armées aux premiers princes du sang, d'autant que, commandant à icelles en tant d'authorité, il fait naistre ou continue des guerres civiles ou estrangeres : plus il treuve d'obstacles, plus l'envie luy croist de commander absolument, et luy semble n'estre responsable de enfans qui sont mis en la garde d'autruy. Pour y pourvoir, faudroit les exclurre du commandement des armées, et les donner à conduire aux connestable et mareschaux de France, et que la guerre, la paix, l'administration des finances, chastimens et recompence, ne se fissent que par le conseil susdit, et que les generaux d'armées fussent responsables de leurs charges au conseil, lesquels n'ayant aucune pretention à l'Estat, ils ne penseroient qu'à le bien servir, n'estans de la qualité de ceux qui peuvent estre roys. Ce reglement est mal-aisé si les estats ne r'entroient en quelque autorité.

La fortune et l'occasion sont chauves par derriere, et meritoirement sont ainsi peintes; elles n'ont souvent qu'un point, qu'un mouvement, un quart d'heure, lequel failly et passé ne se recouvre plus : en grands affaires les hommes doivent estre tousjours en garde, advertis et prevoyans, ou elle glisse et s'esvanoüit de leurs mains. Ceux qui l'ont une fois faillie par negligence, ignorance, presomption et ambition, ou par leur propre faute, la recouvrant tres-malaisément, et d'autant plus qu'elle s'estoit monstrée favorable à eux, elle s'enfuit et ne retourne point. L'entreprise de Vassy est blasmée d'infraction d'edict : le roy de Navarre ayant assisté à l'edict de janvier [faict en sa presence], estoit obligé à n'y contrevenir sans une declaration nouvelle. Le pouvoir de Sa Majesté estoit en dispute, tant par sa facilité que parce qu'il avoit partagé son autorité avec la Royne.

Les Huguenots [avec quelque raison] se plaignent d'avoir esté surpris et tuez, contre l'edit qui n'estoit revoqué : de là inferent que le Roy et la Royne estoient prisonniers du triumvirat à Paris, avec quelque apparence, parce que c'estoit malgré la Royne et ses enfans qu'ils y avoient esté conduits. Les Huguenots s'aydent des loix de l'Estat comme des Escritures sainctes, en tant qu'elles leur nuisent ou profitent : disent que l'entreprise d'Amboise estoit juste sur le roy François deuxiesme, majeur de quinze ans; qu'il avoit besoin du roy de Navarre et prince de Condé pour le gouverner; et autant que le roy Charles n'en avoit qu'onze, disoient que le roy de Navarre, qui devoit par les loix en estre tuteur, le tenoit prisonnier.

Orleans pris, Poictiers, Lyon, Bourges, Romans, Valence et autres, se jettent du party des Huguenots, par des lettres secrettes et commandements de la Royne faits aux gouverneurs : elle estoit extremement irritée de se voir sans autorité entre les mains du roy de Navarre, de MM. de Guise, connestable et mareschal de Sainct André. MM. les princes de Condé et de Chastillon, pour estre secourus des estrangers, envoyerent à l'Empereur, aux princes d'Allemagne et aux Suisses, les lettres de plaintes que la Royne leur escrivoit, qu'elle et ses enfans estoient prisonniers entre les mains de MM. de Guise, des mains desquels elle se vouloit sauver et les aller treuver; et furent envoyées avec d'autres lettres que Sa Majesté escrivoit au canton de Berne, pour assister les Huguenots et faire des levées pour eux. Ces missives furent enregistrées dans les chancelleries des princes d'Allemagne et republique de Suisse, à la requeste du sieur d'Andelot, principal negociateur, qui avoit esté vers les princes d'Allemagne pour les Huguenots, desquels il obtint des levées de reistres. D'autre part, le roy d'Espagne offre secours pour le roy contre les Huguenots.

Le prince de Condé publie une justification de la prise des armes, qui contenoit que le Roy et la Royne la mere estoient prisonniers entre les mains de ceux de Guise et du connestable de Montmorency, sans faire mention de son frere le Roy de Navarre, lequel, estant premier prince du sang, rendoit d'autant plus sa cause injuste. Le Roy au contraire fait une declaration par lettres patentes, de l'advis de M. de Guise, que Sa Majesté est en toute liberté. Le sieur de Tavannes demeuroit en son gouvernement à dessein, voyant ces contrarietez : les corps de leurs Majestez entre les mains des uns, et leurs esprits avec les autres, il estoit en doute quel party Sa Majesté, estant majeur, appreuveroit, de la Royne sa mere et des Huguenots, ou du roy de Navarre, MM. de Guise et connestable de Montmorancy, qui l'avoient mené par force à Paris. Il tenoit son gouvernement paisible, avec d'autant plus de gloire, que le feu, le sang, l'assassin et sacrilege couroit par toute la France.

MM. de Guise font des soubmissions à la Royne, essayent de la gagner; elle feint de l'estre, favorise les Huguenots à l'accoustumée; enfin, estant en soupçon de leur foiblesse, leur procure le temps d'attendre leurs estrangers, par une conferance pres Baugency, presentes les deux armées, du consentement de MM. de Guise, pour ne rompre du tout avec la Royne; il n'en reussit que la prise de Baugency par les Huguenots. La paix rompue, toute la France est en armes en diverses provinces.

En Bourgongne, le sieur de Tavannes avoit pris garde que les capitaines des places et maires des villes fussent catholiques, et avoit tiré un conseil des plus habiles hommes qui luy estoient affectionnez, de la cour de parlement de Dijon, et divisé leur compagnie, pour estre adverty de tout ce qu'ils faisoient : il tenoit la province de Bourgongne par amitié et par crainte en son obeïssance, avec intention de la conserver au Roy, et non à MM. de Guise, estant à tort soupçonné d'estre leur serviteur.

En ce temps advint la sedition d'Auxerre, où il y eut plusieurs Huguenots tuez, où le sieur de Tavannes fut envoyé, selon le commandement expres de la Royne : il fit pendre les agresseurs catholiques, et recevoit differentes depesches de la Cour : celles de MM. de Guise portoient qu'il falloit tout tuer, et la Royne tout sauver, et quelquefois autres commandemens plus temperez, selon que l'ambition, la crainte ou l'esperance les agitoient. Le sieur de Tavannes, cognoissant le dessein de la Royne de maintenir la division, ne pouvoit l'apreuver; ennuyé de ces incertitudes, avoit envoyé un gentil-homme à Fontainebleau avant les armes prises, qui, treuvant tous les chefs des partis dans le conseil du Roy, se plaint des differentes depesches et commandemens, favorisans et soudain disgratians les Huguenots, admoneste leurs Majestez de parler franc, avec promesse de les faire obeyer en son gouvernement, et d'y exalter le party qu'il plairoit; qu'il ne faloit que les souverains dissimulassent, au contraire devoient commander ouvertement et absolument, sans qu'il fust besoin de tant d'artifices. Ces paroles libres et non accoustumées estonnerent la Royne en plein conseil, qui vouloit tenir la balance, pour hausser et baisser ceux qu'il luy plaisoit, selon la necessité de ses affaires. Ne sçachant bonnement que respondre, tourne ces libres admonestements en jeu, disant à messieurs du conseil : « Ne cognoissez-vous Tavannes ? je » sçay quel il est, nous avons esté nourris pages » ensemble. » Ce gentilhomme retourné sans plus d'esclaircissement de la volonté de leurs Majestez, et sur cela La Motte Gondrin ayant esté tué à Valence par les Huguenots, esveille davantage le sieur de Tavannes.

Il ne s'arreste plus ny aux enigmes couverts, ny secrets commandemens de la Royne, ny de MM. de Guise; resout maintenir les Catholiques et la force de son costé, pour s'en prevaloir et pouvoir en tout temps se porter avec son gouvernement au service du Roy. Il descouvre l'entreprise des Huguenots sur Dijon, où ils estoient douze cens resolus de le tuer et se saisir de la ville : ils avoient percé les maisons de la ruë des Forges, pleines de ceux de la religion nouvelle, et se pouvoient assembler secretement tous en une quand ils vouloient : les gens de mestier huguenots s'estoient fournis de chacun cinq ou six soldats, qu'ils disoient estre leurs serviteurs et apprentifs. Le sieur de Tavannes dissimule de ne sçavoir leur entreprise, eux la retardent pour entreprendre sur le chasteau de Dijon, qu'ils craignoient, et comme mal resolus, ils tastent, ils sondent le sieur de Tavannes par un de ses serviteurs huguenot, qui s'efforce luy faire croire que ceux de la religion estoient les plus forts dans la ville, et luy conseilloit de s'en retirer. Sur quoy ledit sieur de Tavannes n'eut recours qu'à l'audace et à la bonne mine, pour avoir temps de faire venir des forces. Il respond à celuy qui le pensoit intimider, que dans le lendemain au matin toute la ville seroit pleine d'armes catholiques, et qu'à luy seul il sauveroit la vie; et envoya defendre, à peine d'estre pendu, de sortir des maisons de nuict. La rebellion estoit si preste, que les Huguenots tiroient des arquebusades aux trompettes qui publioient ce commandement. Le sieur de Tavannes se saisit d'une maison proche du chasteau, commandant à trois ruës : le maire, qui avoit promis cinq cens hommes armez, n'en avoit pas cent de son party.

Cette bonne mine suspendit et estonna les Huguenots, et donna temps à M. le comte de Morvel, conduisant la compagnie de M. de Savoye, d'approcher, selon le commandement du sieur de Tavannes, apres trois canonades pour signal tirées du chasteau sur la minuict. Ledit sieur de Tavannes fait entrer cette compagnie par le chasteau, et se rendit maistre ; chassa quinze cens valets huguenots, mit douze prisonniers des plus seditieux au chasteau, pour caution de sa vie, qu'ils avoient menacée. A Beaune, Auxonne, furent saisis les factieux par son commandement : prevoyant ces malheurs, il avoit mis ses cousins de Torpes et de Vantoux gouverneurs d'Auxonne et de Beaune. Il court à Seurre, d'où il osta le capitaine Mochet, auquel le sieur d'Andelot avoit fait donner le gouvernement, à dessein de s'en prévaloir.

Les premiers mouvements, qui sont souvent favorables, se r'alentissent apres que les partisans sont recogneux par leurs incommoditez ; plusieurs se faschent aupres de M. le prince de Condé, et desiroient d'aller faire la guerre en leur province, et aucuns d'eux, plus repentans, disputoient s'il estoit licite de prendre les armes pour establir une religion nouvelle; d'autres s'en alloient sans congé. M. le prince de Condé, bien conseillé, ne les retint par force, se met sur la defensive, separe ses forces aux villes surprises. Aussi-tost l'armée du Roy se rendit maistre de la campagne, assiege et prend Bourges, auquel siege le sieur de Tavannes avoit envoyé son fils aisné, sous MM. de Guise et le connestable.

Les gouverneurs doivent dissimuler et couler le temps, sans observer les commandements des roys, quand ils leur levent l'auctorité et le pouvoir, ou sont contre leur honneur. Ceux qui favorisent les nouveaux mouvements selon les passions de leur maistre, fomentent leur mort et leur honte. Mieux vaut estre osté ou défavorisé du prince et quiter sa charge, que si, pour l'avoir creu, l'on estoit chassé ou tué, qui seroit perdre l'honneur entier : il ne se faut couper la langue ny le bras de soy-mesme, et ne permettre les armes à ses ennemis pour en estre battu.

Aux desesperez perils faut paroistre sans peur et audacieux, c'est ce qui apporte souvent salut ; mespriser le danger, braver la mort, est plus seur qu'une plainte ou priere effeminée. Et vaut mieux que l'on envoye vers les chefs qui ont force et puissance en main, que si, pour les avoir perduës, ils alloient se plaindre dans les cours des roys, où ils demeurent à mespris.

Les commandements des roys, reglez selon Dieu et le droict, ne doivent estre cachez et dissimulez, artificiels, craintifs, ny à deux ententes : commandant franchement et ouvertement, les bons obeïssent, les meschants craignent ; l'asseurance et la puissance des roys rompent les mauvais desseins. Il ne faut rien cacher ny craindre, quand leurs ordonnances sont justes et pour maintenir l'estat royal.

Esteindre le feu des seditieux par leur sang, est plus dangereux en France qu'en Angleterre, où ils sont accoustumez à perdre leur teste : la saignée a augmenté le mal en France, principalement quand elle est faicte sans les arrests des cours de parlement. La douceur et le pardon du roy Henry IV profite plus que la cruauté de Charles IX ny d'Henry II. Les remedes sont dangereux, dont la mort d'un en offence plusieurs ; le pardon et la cruauté ont produit de bons et mauvais effects. Ceux qui pardonnent [bien qu'ils se ruïnent] ont de reste qu'ils n'ont l'ame ny les mains soüillées de sang, et suivent le commandement de Dieu, qui pardonna sa mort. Jules Cesar donna grace à ses ennemis, et fut tué par ses amis ; tant sont incertaines les maximes et regles mondaines.

Les gouverneurs pretendent de pourvoir aux places de leurs gouvernements ; l'entrée leur en estoit libre devant les guerres civiles : à nouveaux accidents nouvelles regles. Il est mieux que les roys pourvoyent aux places, et que les capitaines d'icelles obeyssent à leurs gouverneurs, excepté quand leurs Majestez les soupçonnent ; lors, advertis, ils leur doivent refuser l'entrée, s'il leur est ordonné, et prendre garde à ce qu'ils pourroient avoir faict en une place, pour garder la leur ; et ainsi ne s'en pourroit perdre deux à un coup. Les vice roys, providadeurs de Venize, ne s'essayent d'entrer les plus forts dans les places fortes de leurs gouvernements. L'Espagnol pourvoit jusques aux plus petits officiers des places importantes, qui se tournent au moindre commandement du souverain contre leur capitaine.

Lyon, pris le dernier avril 1562 par le moyen et faveur du sieur de Saulx, gouverneur, à ce persuadé par le sieur de Cursol, envoyé de la Royne avec de ses lettres à cest effect, Chalon et Macon firent de mesme ; le peuple, mal aguerry, fut surpris par les Huguenots, plus esveillez qu'eux. En mai, des Adrets fut esleu pour chef à Lyon, depuis depossedé par Sousbise, par le commandement du sieur admiral de Chastillon, pour estre plus soldat cruel que gouverneur politique. Montbrun, capitaine experimenté, apres avoir pris la plupart du Daufiné, arrive à Chalon avec huict cens hommes. Les Huguenots, par lettres de la Royne mere, obtiennent en juillet six mil Suisses du canton de Berne et de Vallais, qui arrivent à Lyon.

Le sieur de Tavannes, voyant Chalon et Mascon pris, une armée huguenotte dans Lyon soustenuë du Daufiné et des Suisses, ne perdit courage; sans attendre le secours de la Cour, qu'il cognoissoit impossible pour y avoir assez d'autre besoigne taillée, en soupçon de la Royne, qui favorisoit les Huguenots, resolut de faire la guerre des forces de Bourgongne et de ses amis; s'ayde du bien des Huguenots fugitifs et des reliques des eglises, sous une lettre missive obtenuë du Pape, et assemble six cens chevaux et douze cens arquebusiers soudainement; se resout d'intimider les Huguenots, encores qu'il eust à faire à Montbrun, vaillant et accompagné. Il arrive devant Chalon, ses forces si bien disposées, le commandement si bien donné, et l'embuscade encore mieux dressée, qu'ayant Montbrun sorty grande partie de ses soldats à l'escarmouche, ils tomberent dans l'embuscade, et en mesme temps furent chargez de la cavalerie jusques dans les portes; tellement qu'une partie de ceux qui estoient sortis y demeurerent, ensemble trois ou quatre capitaines, avec tel estonnement de Montbrun, que la mesme nuict il quitta la ville et se retira à Tornuz, à Mascon, et de là à Lyon.

Le sieur de Tavannes entra à Chalon, qui fut une perte importante à Lyon, et sur sa bonne fortune investit Mascon, qui eust faict comme Chalon, n'eust esté le secours de Lyon qui arriva, aussi que ledit sieur de Tavannes reçoit des lettres du Roy et de la Royne de se retirer de devant Mascon, favorisant toujours leurs Majestez ceux de la religion huguenotte. Le secret du courrier estoit que la Royne vouloit faire la paix, et qu'il falloit laisser les armes; à quoy ledit sieur de Tavannes prevoyant, n'y voulut obeyr, soit qu'il voulust estre maistre de son gouvernement [y allant de son interest], ou qu'il voyoit bien qu'en depit de la Royne il falloit venir à la guerre, et qu'elle seroit en fin contraincte de se ranger du costé des Catholiques, qui seroient les plus forts. Ainsi fait baterie de six cens canonnades, soit que la bresche ne se treuvast raisonnable, ou que ce siege ne se fist que sur l'esperance d'une surprise conduitte par un nommé Mussy, descouvert et pendu par les Huguenots dans la ville. Le siege [entrepris à la teste d'une armée et d'une ville de Lyon] est levé le quinziesme juillet 1562; avoit une grande embuscade contre ceux de la ville, où les Huguenots ne tomberent, se contentans d'estre eschapez du siege.

Le sieur de Tavannes laisse garnison à Tornuz, se retire à Chalon, où le vint treuver le sieur de Maugiron avec quinze cens hommes, lequel avoit esté chassé du Dauphiné par le baron des Adretz, qui s'en estoit rendu maistre pour les Huguenots. Le sieur de Tavannes fault de prendre Belle-Ville, bourgade scituée entre Mascon et Lyon; Sainct Poinct, un de ses capitaines, qui menoit ses coureurs, prit un batteau chargé de reliques du pillage de Mascon, que les Huguenots envoyoient à Lyon, qui furent employées au payement des Catholiques, contre la fausse calomnie d'aucuns Cordeliers, qui ont escrit que ces reliques n'estoient point conduites par les Huguenots à Lyon, ains par des Catholiques pour les cacher et sauver, et qu'elles furent separées entre le gouverneur et capitaines; ce qui est faux.

Le sieur de Tavannes de retour à Chalon, il passa un joueur de luth de la Royne, qu'il envoya querir à l'hostellerie; il s'estonne et cache sa valise. Le gentil homme luy dit qu'il falloit venir malle et tout; parolle qui empescha le sieur de Tavannes d'estre mareschal de France dix ans devant qu'il l'ait esté, par l'offence qu'en receut la Royne mere. Ce courrier passoit sans peril parmy les Huguenots, que la Royne favorisoit, et estoit envoyé à madame de Savoye, qui agreoit ces nouvelles opinions, et à laquelle estoient adressées toutes les lettres qui estoient dans ceste malle. La Royne luy escrivoit qu'elle estoit resoluë de favoriser les Huguenots, d'où elle esperoit son salut contre le gouvernement du triumvirat de MM. de Guise, roy de Navarre et connestable, qu'elle soupçonnoit vouloir oster la coronne à ses enfans; et prioit madame de Savoye d'aider lesdits Huguenots de Lyon, Dauphiné et Provence, et qu'elle persuadast son mary d'empescher les Suisses et levée d'Italie des Catholiques : à quoy elle fut obeye, soit que le duc de Savoye creust sa femme, ou qu'il desirast à son accoustumée les troubles du royaume, pour y prendre part : il envoya des bleds à Lyon, retira et favorisa les Huguenots en son païs.

Le sieur de Tavannes, ayant veu les lettres, laisse passer le porteur : voulant s'excuser ou s'esclaircir davantage des volontez de la Royne, il reçoit maigre responce, luy conserve son authorité pour avoir moyen de mieux servir le Roy, et continuë d'assembler des forces. M. de Sousbise, ayant les six mil Suisses et grand nombre de gens de pied de Dauphiné et Vivarez, les met ensemble, fait une bonne armée sous Poncenat, qui marche avec icelle à Mascon, et de là à Tornus où estoit partie de la compagnie de gendarmes du sieur Tavannes et quatre ou cinq cens arquebusiers. La ville ne vaut rien ; ils la defendent six ou sept heures, et la quittent tumultueusement de nuict, joinct à la tempeste et orage qui survint ; il se perdit deux bateaux et quelques soldats : ils pouvoient faire leur retraicte plus seurement, puis qu'il n'y avoit point de bresche faicte. Le sieur de Tavannes, les voyant si voisins, fortifie Chalon en diligence, esperant que le secours qu'il attendoit des Italiens venu, il se remettroit en campagne. Cependant, pour ne perdre de temps, il s'occupe à gagner les Suisses et à l'entreprise de Mascon, jugeant que celles où il y a moins d'apparence reüssissent plustost. Le Roy, par le conseil de M. de Guise, depesche Mendosse à Berne : il leur demande s'ils vouloient rompre l'alliance, ou, s'ils la vouloient garder, qu'ils revoquassent leurs gens qui estoient avec les Huguenots ; ce qui luy fut refusé. Le sieur de Tavannes envoye un heraut avec un habile homme, pour traicter avec le colonel Diesbach et ses capitaines, lesquels estoient dans Tornus ; leur remonstre qu'ils avoient esté trompez, et que le Roy estoit en toute liberté ; qu'on leur avoit fait entendre que le prince de Condé estoit en armes pour Sa Majesté : il offre de leur faire voir le contraire, leur demande s'ils trouveroient bon que leur Majestez assistassent leurs subjects rebellez de leur seigneurie ; que jusques à ceste heure il n'y avoit offence des cantons suisses, ayant esté circonvenus, mais que d'ores en avant ils ne se pouvoient plus excuser ; leur offre argent et moyens honorables de retraicte, que leur traicté n'estoit que pour soustenir la ville de Lyon. Il negocia tellement avec le colonel Diesbach, que dez l'heure mesme il le pria d'asseurer le Roy qu'il se retireroit en son pays à la premiere commodité, et arresta ce traicté secrettement avec luy. Poncenat, cognoissant ne pouvoir rien faire à Chalon ny aux forces du sieur de Tavannes, entreprend sur les petites places, fault Loüans, prend Cluny et Senecey, si proche de Chalon qu'il tenoit tout ce qui estoit derrier luy bien asseuré.

Le sieur de Tavannes fait partir huict cens arquebusiers et deux cens chevaux, qui se destournoient de deux lieües pour eviter l'armée ennemie ; passant par les montagnes à Lourdon et à Saint Point, se treuvent une heure avant le jour proche Mascon, où ayant mis ses forces en embuscade, envoye trois chariots chargez de gerbes à la porte, iceux si artificiellement faicts, que tirant une cheville les assis tomboient et empeschoient de lever le pont et fermer les portes : ceux qui les conduisoient estoient soldats desguisez en paysans. Proche la porte de la Barre furent cachez en une maison trente hommes. Les portiers ouvrent, voyant que c'estoit du bled dont ils avoient besoin ; le laissent entrer, non si tost qu'ils ne missent dehors du peuple, qui descouvre l'embuscade de la maison, qui fut si prompte qu'elle porta l'alarme à la porte avec elle ; tiennent un chariot sur le pont, et les chartiers aux mains avec les portiers : ils se rendent maistres de la porte, où accourans ceux de dedans et ceux de l'embuscade au signal qui leur estoit donné, le fort emporte le foible. Apres avoir combattu une demye heure, la ville est prise avec estonnement à l'armée huguenotte, ne pouvant imaginer comme cela estoit advenu, veu qu'elle couvroit Mascon, et apres que les chefs eurent jetté la faute l'un sur l'autre à l'accoustumée.

Antrages, auparavant gouverneur de Mascon, qui peu finement avoit abandonné la ville pour suivre l'armée, propose de la reprendre par escalade ; à quoy estant mal suivy, la peur augmentée, il se retira en fuitte avec les Suisses mal-contens, et perdirent l'artillerie, leurs munitions et bagages, que le sieur de Tavannes prit, et leur donna l'alarme sur la retraicte proche Belle-Ville. Les Suisses, contre leur coustume, fuyent toute la nuict à Lyon, où arrivez tiennent ce qu'ils avoient promis au sieur de Tavannes, s'en revont hormis trois cens en leur païs. Il les avoit suivi jusques à Ance, et sembloit qu'il menast toute ceste armée battant devant luy, pleine de morts et d'espouvente. Il fit trois choses remarquables : il gagna les Suisses, prit Mascon, rendit une armée de douze mil hommes inutile et vaincuë, et rompit leur dessein. Ceste defaicte sauva l'Estat, parce qu'il descendoit deux fois autant de reistres qu'il en entra depuis en France, dont la moitié devoient venir joindre Poncenat et les Suisses, et couler du long de Loire. Si ceste armée fust demeurée en estat, il n'y a point de doute que la bataille de Dreux eust esté perduë, et le royaume fort esbranlé. Il se joint au sieur de Tavannes quatre mil Italiens commandez par le comte de Saincte Fleur, envoyez du Pape, et toutes les forces catholiques de Forests et Vivarets : il arrive avec ces troupes, assiege Lyon du costé de la porte de Vaize.

Là se firent plusieurs belles escarmouches, dont il eut tousjours le meilleur, serrant et bloquant tellement les Lyonnais, qu'ils perdirent leurs vendanges. Il attend l'artillerie et des munitions qu'il faisoit venir de Bourgongne pour battre Lyon, que sa bonne fortune et son nom avoient mis en si grande terreur, qu'ils avoient produit des intelligences infaillibles dans la ville : nul ne doute qu'il ne l'eust pris.

MM. de Guise qui vouloient obliger M. de Nemours à eux, la Roine, se souvenant de la malle ouverte, fit donner la charge de general audit sieur de Nemours, avec supplication au sieur de Tavannes de demeurer pres de luy avec tout pouvoir ; ce que luy confirmant M. de Nemours, l'assurant qu'il commanderoit à luy mesme, le sieur de Tavannes se ressent du tort à luy faict : apres avoir bien servy l'on luy trenche le fil de ses victoires : il ne voulut obeyr à M. de Nemours, et luy remet toutes les forces et munitions entre les mains, se retire en son gouvernement pour le soulager et maintenir en paix.

La faute de luy avoir osté le commandement fut cogneuë lors que l'on veit que M. de Nemours ne faisoit rien qui vaille au siege de Lyon, et qu'il perdit quatre cens des meilleurs hommes qu'il eust en une double entreprise ; et n'eust esté que le baron des Adretz fut mal contenté des Huguenots, par lettres interceptes que les Catholiques surprindrent, où l'admiral escrivoit à M. de Sousbise qu'il se faloit servir de luy comme d'une beste furieuse, et puis le laisser là ; sans ce mescontentement M. de Nemours eust couru grande fortune. Quoy qu'il en soit, Lyon ne fut pris, et ne se rendit que par la paix. Le sieur de Tavannes, de retour en Bourgongne, commence deux citadelles à Chalon et Mascon, villes pleines d'Huguenots, voisines des Suisses, frontieres du duc de Savoye, pour les maintenir en l'obeissance du Roy. Ces citadelles, plus pour eviter surprise que pour extreme resistance, desseignées selon l'argent qu'on peut lever d'une province en guerre civile sans moyens, ne furent si parfaictes qu'il les desiroit.

Pour commander à nos semblables qui ont autant d'esprit, de courage et de forces que nous, il se faut faire meilleur, plus sage et plus vaillant qu'eux, à ce qu'ils cognoissent que meritoirement la domination appartient à ceux qui les surpassent ; autrement il n'y a raison qui acquiere aux hommes la superiorité des hommes : ce ne sont bestes, ausquelles mesme il est besoin d'artifices pour les dompter, de familiarité, douceur, severité. S'aider de l'un et de l'autre temperament est le moyen de maistriser les soldats : s'ils sont interessez au gain et à la perte du general, l'obeissance en est plus facile ; au contraire, s'ils cognoissent qu'ils n'y puissent rien esperer, ils se rendent farouchez. Il se faut cognoistre : plus de foiblesse, plus d'artifices. Il y a difference d'estre general sous un puissant Roy, ou sous un petit souverain ; autre est l'obeisssance rendue à un grand capitaine, que celle que l'on concede à celui que les soldats ne croyent tel ; autre celle des victorieux, autre celle des infortunez dans les rebellions. Le doux, l'aigre, le temperé s'appliquent selon le temps et les evenements.

Les commandements d'un foible general de guerre civile doivent estre considerez et assistez de gardes ; dissimuler selon sa condition, feindre ne voir ny oüir beaucoup de choses, non ce qui importe au salut general, qu'il ne faut cacher. Cent obeissans vallent mieux que mil depravez ; il est mieux estre abandonné d'une partie de ses gens, qu'estre desobey : c'est honneur avec peu de faire quelque chose, et honte avec beaucoup ne faire rien. Les hommes comme les chevaux veulent sentir qui est sur eux : s'ils cognoissent de la crainte, ils deviennent rebours ; si par leur audace et timidité du chef ils gagnent un poinct, le lendemain ils en voudront un autre, jusques ils soient totalement debridez, pour abandonner, forcer ou tuer leur superieur, dans le visage duquel ils lisent la peur et l'audace, surquoy ils fondent leur resolution. Aux premiers commandements bien considerez il se faut cognoistre : il vaut mieux mourir une fois que mourir tous les jours, et perdre l'honneur et le party auquel on est : et faut dans le milieu des regiments herissez de piques courageusement prendre les malfacteurs, seditieux, et en faire le chastiment exemplaire ; non que je veuille conseiller de se precipiter, mais bien d'y travailler par artifices, pour cognoistre l'heure de diviser et ne se perdre sur le poinct du dessein des revoltez, dont la cognoissance aux advisez est facile, par l'observation des actions des mutins, armes, voix proferées et remuées egallement à mesme temps : ce sont les signes du danger. Au contraire, quand ils se contrarient en confusion et ne sont bien unis, il faut prendre le temps, les chastiments non si frequents qu'ils desesperent les soldats, s'examiner et ne faillir par colere, legereté et faux rapports, crainte ou soupçon mal pris. Il faut esclaircir sa volonté promptement, et ne tenir les soldats longtemps en desespoir de leur vie.

La severité des commandements, l'austerité de la campagne est mitigée par douce conversation du logis : Compagnons à la table [disent les vieux] et maistres à cheval ; les commandements non si longs que la tardiveté nuise, ny si prompts et à la volée qu'ils soient inconsiderez, clairs, non à deux ententes ny subjects à double interpretation. Si le chef ne se peut resoudre soy-mesme, et qu'il ait besoin de conseil, qu'il le prenne tel que les soldats ne s'en apperçoivent; autrement ils attribuent au conseiller l'honneur qu'ils doivent à leur chef, lequel, cognoissant son imperfection, doit se conseiller à un qui soit du tout à luy, et qui ne luy puisse rendre [pour sa grandeur] de mauvais offices. Le commandement des gentils hommes est different de celuy des soldats: frappez, injuriez, ils perdent l'honneur, et ne s'y faict bon fier apres; la discretion est requise pour tenir les ressorts d'obeïssance : l'infanterie au contraire doit estre conduicte l'espée à la main, selon la necessité. Les conseils, les resolutions, les rapports, ne se doivent debattre ny ouyr meslez parmy les troupes, desquelles en ceste action il se faut esloigner.

Les commandemens se font aux experimentez ou favoris, autres par compliments, par acquit, pour obliger, entretenir, occuper, et quelquefois par vengeance et pour ruine de ceux qui les reçoivent. Les exploits importans ne se doivent commettre qu'aux prudens, vaillans et experimentez amis. Que si la faveur et compliment force d'employer des jeunes hommes qui manquent d'aucunes des parties susdittes, ils se doivent faire assister par gens sages, qu'ils croyent et que l'on pense qu'ils croiront. Et pour occuper ceux qui se plaignent de n'estre employez, il se presente plusieurs commissions de leur portée, sans peril du general; à un besoin il en faut feindre de peu d'importance pour les contenter. L'amitié ne doit varier le jugement des capitaines, qui se persuadent follement que l'experience d'aucuns corresponde à la faveur qu'ils leur portent.

Ceux qui sont trop hazardeux font d'aussi lourdes fautes que les timides : donner tous les commandemens à un seul, parce qu'il en est digne, est mescontenter plusieurs; c'est trop espreuver sa bonne fortune, et quelquesfois, tel que l'on ne jugeroit reüssiroit aussi bien que ceux qui ont desja de la reputation, lesquels ayant beaucoup acquis, craignent de beaucoup perdre, se mesnagent, esquivent le hazard. Cognoistre et dresser à temps les jeunes hommes affectionnez, sert pour soulager les vieux; employer des personnes de marque en choses hazardeuses, est dangereux, leur perte en offence plusieurs et en descourage beaucoup, et s'ils reüssissent bien, s'exaltent trop au prejudice des chefs.

Les commandemens par inimitié sont autant d'offences devant Dieu; c'est se venger de soy-mesme : que si les hommes qui se perdent touchent l'honneur du general, les commandemens ne doivent estre si hazardeux que les assistans les remarquent infailliblement mortels, et qu'au partir de là ceux qui en sont revenus disent à leur chef, avec raison, qu'il ne leur commandera jamais. Aussi se faut-il garder de jetter de l'huile dans le feu, de donner à un audacieux [qui se voudra comparer au general et le troubler] commandement par lequel il puisse s'accroistre, acquerir credit et se parier à son maistre. Il vaut mieux adresser ces commissions à ses amis tres-affectionnez et asseurez, lesquels, par ingratitude, ne tourneront l'honneur acquis par le moyen du chef, contre luy-mesme. Et vaut beaucoup mieux que les grands soient malcontens, que leur donner moyen d'obtenir ce qui apporteroit plus de prejudice par la perte des ennemis qu'ils deferoient n'apporteroit de proficte.

Aucuns demandent des commandemens à dessein; il faut cognoistre pourquoy, s'il n'y a rien de caché dessous leur entreprise. Plusieurs jeunes princes et capitaines de chevaux legers ne se soucieroient pas que devinst l'armée, pourveu qu'ils eussent defaict dix ou douze hommes et ensanglanté leurs espées. Au premier mouvement du commandement, regardant fixement ceux qui les reçoivent, au visage il se cognoistra s'ils sont disposez de l'executer, et encores plus à leur response et difficultez qu'ils alleguent, ou incommoditez qu'ils representent: s'il se voit qu'ils n'y vont gayement et franchement, sans les offencer remettre ou changer de dessein, ou le commander couvertement à un autre, est necessaire; autrement l'employé donnera un artifice et excuse pour combat.

Il y en a d'autres si inconsiderez et boüillans, qui reçoivent tant de gloire de l'honneur que l'on leur fait, qu'ils n'entendent la moitié du commandement, et s'en vont desordonnément se perdre. Plusieurs ont tant de crainte et de respect à ceux qui les commandent, que, pour ne leur oser faire repeter deux fois ce qu'ils ont dit, s'en vont sans estre instruicts ny sçavoir la moitié de ce qu'ils doivent faire. Aux premier et second il faut dire deux et trois fois une mesme chose; les faire respondre, parler et entendre s'ils l'entendent; et afin que le general ne fust du tout responsable, il doit appeller quelque homme de commandement pres de soy, pour tesmoing qu'il n'aura tenu à bien ordonner qu'il ne soit bien reüssi.

La prudence peut prevoir tous les evenemens, disant : Vous irez, vous chargerez, et vous retirerez en cet ordre, par ce chemin, et les conseiller sur l'evenement fortuit. Ce n'est pas tout aux generaux de se descharger sur ce mot qu'ils ont tant accoustumé : Vous estes capitaine, vous jugerez bien ce que vous devez faire : il est bon de leur dire pour la descharge du general; mais si ne faut-il laisser de se faire entendre une ou deux fois, d'autant qu'il participe plus à la honte qu'à la gloire de ceux qui vont sur son commandement. Et s'empeschera le chef de dire des paroles que ceux qui les reçoivent puissent intèrpreter à deux ententes; autrement les commandez couvriront leur honte par l'ambiguité du general, duquel les paroles doivent estre claires, pures et nettes.

Ce n'est pas tout apres avoir commandé à un capitaine : Vous prendrez deux couleuvrines, vingt hommes de chaque compagnie de gens de pied, tant de cavalerie, vous partirez à une telle heure, et puis s'aller coucher; au contraire, il faut que le general veille et envoye ses serviteurs par toutes les troupes sçavoir s'il est obey, et ne reposer point qu'il n'ait fait partir ce qu'il a ordonné, à ce que sans manquement l'entrepreneur marche à la mesme heure que luy sera esté ordonné, à laquelle le general se doit treuver, ou un second soy-mesme, pour voir le partement ; autrement ce qu'il aura commandé se devoir faire le soir, ne se fera que le lendemain matin. Les capitaines ne veulent pas donner les soldats ; les gendarmes sont allez aux vivres, sont fatiguez de gardes ; les chevaux de l'artillerie sont logez loin ; les munitions ne sont pas prestes, tout va en longueur et desordre sans le general. Cependant le temps passe, et voilà les ennemis advertis qui font l'entreprise double. Et quelquesfois ces longueurs procedent d'envie que l'on porte au chef employé, et bien souvent de luy-mesme, qui essaye de rompre par retardement sa commission : le sage general, surveillant et alerte, pour ces petites difficultez ne rompt pas son dessein.

Il y a autant d'affaires de recevoir à propos le commandement, que le donner ; ceux qui sont requis et obtenus par importunité, rendent responsables ceux qui les ont mandiez des evenemens fortuits, malheureux et non premeditez ; outre ce qu'ils ne peuvent faire accorder leur requeste souvent, qu'en remplissant le chef et le conseil d'esperance d'heureux succez, lesquels manquant, l'on est tenu pour menteur et venteur : et quand bien en reüssit, il n'est pas estimé, au respect des promesses et paroles que l'entrepreneur est contrainct de proferer pour estre employé ; et s'il vient au bout de ce qu'il a promis, la moitié de l'honneur s'en perd, n'ayant fait que ce qu'il avoit dit. Celuy qui desire d'estre employé doit faire naistre l'occasion d'ailleurs par ses amis ou parens, ou, deduisant l'affaire aux conseillers du prince, sans s'offrir, faire naistre dans eux le desir de l'effect proposé, qui puis apres luy pourra estre commis.

C'est honneur d'être commandé, ce qu'advenant, il ne faut monstrer une extreme joye, ains la cacher au dedans, à ce que l'apparence du contentement ne promette trop d'execution, dont, reüssissant apres peu d'effect, il y a perte de reputation. Il ne faut aussi paroistre triste, à ce que l'on ne croye qu'il y a manquement de courage ; bonnement il n'est loisible ny honnorable de refuser les commissions, bien que ruyneuses. C'est là où les amis acquis servent, lesquels peuvent destourner, retarder les mauvais coups de ces commissions par artifices. De penser les rompre en alleguant plusieurs difficultez, elles ne sont recevables de celuy qui est employé, et enflameront quelquefois le general, ou autre, ou le confirmeront d'avantage à ordonner pis, ou commander à un autre. Non que je veuille dire qu'il ne faille alleguer les difficultez raisonnables sans crainte, pour avoir les provisions necessaires et n'avoir honte de se faire reïterer l'ordre que l'on doit tenir, et repliquer, si telle chose advient, ce qu'il faudra faire, alleguant tout ce qui peut succeder s'il est possible en presence de gens, à ce qu'ils puissent tesmoigner, s'il advient route ou defaicte, que ça esté en suivant l'ordre du general, et non de la faute de celuy qui reçoit le commandement. Ne debattre pas toutes les circonstances, mais les principales, à ce que la multitude de paroles et petites difficultez n'empeschent de pourvoir aux grandes. Que si l'entreprise est de long temps divulguée, il n'en faut rien celer au general, et dire à un ou à deux capitaines de ses amis : Vous vous souviendrez comme quoy je pars, et de ce que l'on m'a dit. Et si apertement il y a manquement de ce que le chef a ordonné, il le faut faire dire avant que partir, et ne se contenter de ce mot si commun : Vous sçavez vostre mestier. Il se faut souvenir d'employer toute la diligence qu'il se peut, ayant à se garder nonseulement des ennemis, mais de la tardiveté, meschanceté et feintise des capitaines, soldats, commissaires et thresoriers,

Eviter les commandements de David contre Urie, qui sont des moyens de se defaire d'un homme, ou luy faire perdre l'honneur, ou esloigner du maistre, ausquels il faut grande prudence pour les descouvrir, et encores plus pour les eviter, et sçavoir le sujet qu'on a donné. Il est au pouvoir du general d'employer et faire advertir sous main les ennemis, d'envoyer aux bresches d'où l'on ne revient point, et au lieu où l'on laisse l'honneur. Telles commissions se peuvent presenter et prevoir par l'estat et deportement passé, et par ce qui peut advenir, cognoissant la preud'hommie du general nousmesmes, son credit et le nostre, si nous y sommes à charge, s'il nous soupçonne ou envie, si nous possedons des estats, maisons, femme, qu'il puisse desirer à soy ou à autre, ou que nos ennemis le possedent : en ce cas il est utile de refuser tout à plat la commission, et s'esloigner, ou, faisant plus honnestement, la recevoir, et par une grande prudence et experience l'esquiver; estant à cheval, se destourner du chemin que le general pense que l'on doit tenir, et au lieu de donner en un costé donner en un autre, et par un effect hazardeux se defaire d'un plus perilleux.

Les commandemens, quand le general est en presence, en campagne ou aux assauts, ne sont pas si faciles à parer, il y faut bien plus d'artifices; c'est quasi un arrest de mort que l'on ne peut eviter, parce que mil et quelquefois dix mil sont tesmoins de la connivence ou hardiesse. Si est-ce qu'aucuns ont par fois evité le danger en conservant leur honneur, et au lieu de charger par le milieu de l'escadron ennemy, escornoient sur la pointe gauche, qui est la moins perilleuse, un coing, ou bien tournant chargeoient par flanc, et si proche, qu'ayant fait quelque peu d'halte l'escadron du general approchoit pour les soustenir et en recevoir leur part. Autres, ayant bon œil, se sont sceu parer des flancs des bresches, choisir le temps, leur advantage, et sont revenus, contre l'espoir de tous, sans estre blessez, mais si en furie et si passionnez, qu'ils ont dit au chef, ou à trois pas de luy, qu'il ne leur commanderoit jamais; à quoy ils paroissoient de peu de courage, monstrant penser avoir esté en grand danger : il suffit de reserver ceste resolution en soy, et se partir de là quelque temps avec honneur.

Lever des soldats et des imposts sans commandement du Roy, est crime; se laisser tuer ou deposer de sa charge, c'est deshonneur; les loix qui n'aportent utilité ny seurté ne se doivent observer en la nécessité : il vaut mieux respondre de sa faute au conseil du Roy, avec sa charge entière, que desnué d'icelle. La faute de n'obeïr aux roys quand ils commandent de se desarmer, pour eviter d'estre en danger d'estre assassiné ou ruiné avec leurs services, est necessaire : souvent les roys ne sçavent ny cognoissent leurs affaires; il s'appelle d'eux devant eux bien conseillez, mieux advertis, ou hors de passion ou du conseil des mignons.

C'est sacrilege de prendre les reliques de l'Eglise, et pieté de s'en servir pour maintenir la religion contre les Turcs et les heretiques; elles ne sont données pour les saincts, qui n'en ont que faire, que pour l'accroissement de la foy et salut des ames : la permission du Pape y est necessaire, et, à son defaut, celle des ecclesiastiques de la province. C'est un tresor en reserve pour servir à la defence de la religion.

Si la guerre est juste, les biens des ennemis ne se doivent espargner; moins ils en ont, moins ils en font de mal. La perte du bien perd le courage et les moyens de nuire; ou la crainte de la perte d'iceux r'amene les ennemis à leur devoir, ou ils n'auront moyen ny pouvoir de se si bien maintenir au party contraire. Et si à l'advenir l'on prend le bien et les maisons generalement de tous les Huguenots rebelles, et qu'icelles soient rasées et possedées, c'est sans doute que ce sera leur ruyne entiere, et que nul ne se tiendra avec eux, pour ne perdre son bien. Les guerres anciennes estoient plus courtes, qui reduisoient les hommes en esclavitude, confisquoient et prenoient leur bien pour tousjours.

Il faut oster les ennemis de parmy les amis, sans leur donner sauvegarde; y demeurant, ils font pis que ceux qui sont declarez; divertissent, corrompent, descouragent, destournent les conseils, les moyens, les commoditez, rendent les affaires difficiles; prompts à tumultes, sement nouveaux bruicts, et eux absens l'on s'aide de leurs biens : la consideration de la perte d'iceux, la necessité des femmes, enfans et parens, les contraignent de retourner au juste party.

C'est aux roys et aux grandes puissances qu'il appartient de mener le canon; il y a plus de merite et d'honneur, estant incommodé de munitions, de forces, de faire peu, qu'aux grands avec de grands moyens faire beaucoup. Assieger villes sur les promesses des provinces affligées, est dangereux; y estant, ils disent que l'on y est pour son propre peril et honneur, et se moquent les premiers de la honte reçue : munitions, argent, hommes sont fournis en paroles, en excuses, en papier; moyens non recevables où il y va de la mort et de la reputation. C'est pourquoy, ou il ne faut entreprendre, ou faire marcher le tout ou du moins les deux tiers devant soy, pour ne tomber en la mercy des hommes.

Assieger places, l'ennemy estant egal ou plus fort en campagne, est perilleux. Le sieur de Tavannes dit s'estre trouvé à a prise d'une ville en Piedmont, les ennemis plus forts en campagne, laquelle reussit par supputation ainsi : Nos garnisons s'assemblent à telle heure, tant pour venir et aller, tant d'heures pour battre, faire bresche et donner l'assaut, en tant les espions advertiront nos ennemis, il faut tant de temps pour les mettre ensemble pour venir à nous, qui ne sera qu'apres l'assaut donné, et nous en seureté dans la ville conquise. Et dit que la supputation se trouva vraye : les derniers rangs entrans, la ville prise, tournerent texte aux ennemis qui vouloient la reprendre par la mesme bresche, d'où ils furent contraincts de retourner, à leur honte.

Je fis mesme supputation en l'an 1590 : le Roy avoit assiegé Paris, M. du Maine retiré à Soissons, je parts de Roüan avec six cens chevaux et deux mil arquebusiers, trois pieces de batterie; fis onze lieües de traicte; assiege Vernon, où je ne pouvois demeurer que le lendemain sans estre combattu, qui estoit le temps que le Roy mettroit à venir des fauxbourgs de Paris pour le secours ; faute de gabions, qui m'estoient promis par un gentilhomme voisin, je fus contrainct de prendre couvert d'une muraille et battre de loing. Le Roy et le comte de Sainct Paul, de Paris et de la riviere d'Oize, oyent la batterie, viennent à moy, Sa Majesté disant que par ma diligence j'avois porté le canon en ma poche. Ils arrivoient à tard sans deux malheurs, la faute de gabions, et que je fus bruslé du feu qui se mit aux poudres, et la bresche pour la batterie, qui avoient esté contraincte d'estre trop esloignée, ne fut raisonnable : apres avoir faict donner un faux assaut, je leve le siege le mesme jour. Une heure apres arrive le comte de Sainct Paul, et partie de l'armée du Roy ; je me retire devant eux sans perte : leur honte estoit entiere si j'eusse pris ceste ville à la teste de leur armée, par ma supputation.

A ces entreprises limitées il faut cognoistre les endroits les plus foibles. S'il n'y a couvert, porter des gabions posez en lieu que la contrescarpe n'empesche de voir le pied la muraille, qu'il n'y ait cazemattes dans le fossé ; ne s'abuser à battre des tours : c'est à faire à l'assaut de perdre quelques soldats d'avantage. Quand je prins Blainville, j'estois en cette vieille erreur de battre les flancs ; fis tirer cent cinquante coups de canons, sans effect, en une tour massive ; je laisse la tour pour battre le corps de logis, où j'entray incontinent. Telles entreprises limitées ne s'executent qu'aux villes foibles, peu munies, et bien considerées.

Profitable est l'ignorance du secret des roys si on n'est en extreme faveur ; leur legereté le publie sans qu'ils s'en souviennent, puis accusent les sages de ce que les fols ont dit : l'on est respondant des devinations par conjectures des mal-contents. Encores est-il plus dangereux de vouloir sçavoir et deviner les secrets par voyes indirectes, malgré les princes, leur monstrant entendre ce qu'ils pensent : les prudens se feignent, taisent, dissimulent, et se gouvernent proche d'aucuns princes comme parmy les lions.

Il y a deux sortes d'entreprises, par, ou sans intelligence ; celle où il n'y en a point, et qui est faicte pour avoir bien recogneu la muraille ou la porte est plus seure, parce qu'il n'y peut avoir trahison, d'autant qu'il ne se peut tirer seurté vallable des traistres par leurs femmes ny enfans qu'ils donnent en ostages ; ils esperent par les prisonniers qu'ils prendront enclos en l'entreprise les r'avoir : si ce sont gens envoyez par les entrepreneurs, et receuz des ennemis, c'est leur donner le moyen [descouvrant l'entreprise] d'avoir rescompense sans peril. Il n'y a point fiance en ceux qui sont necessitez de jurer à autry ; encore qu'ils ayent un precedent serment, ils sont au choix lequel ils tiendront. Les entreprises sont fautives, les soldats les devinent, les femmes, les oyseaux, la poussiere, l'heure, le jour, le bruit, le feu, l'eau, l'envie, la poltronnerie les accusent ; infinis accidents impreveuz surviennent à moitié et en l'execution. La paix ne se doit rompre sous esperance de surprises : les entreprises plus asseurées sont d'estre le plus fort, sans crainte [l'entreprise faillie] d'estre taillé en pieces ; les moins mauvaises sont quand il n'y a que nous qui les puisse dire, n'en ayant parlé à personne.

Il y a quelque seurté aux intelligences, lors qu'estant au pied de la muraille un des gagnez descend de la ville, et se met entre les mains des entrepreneurs, avec soumission, s'il y a tromperie, d'endurer la mort. J'ay experimenté ces moyens en l'entreprise de Verneüil, en l'an 1589, que j'estois gouverneur de Normandie : j'eus intelligence de deux soldats gagnez par un qui avoit esté du party des Catholiques ; je parts avec deux cens chevaux, sans dire m on entreprise à homme du monde, me meffiant de tous les soldats que je menois, parce que je n'estois du païs. Je leur fis faire quatre journées sur le chemin de Caen, et puis rebrousser court devers Evreux et Mantes, tant pour oster cognoissance aux ennemis de mes desseins, que pour empescher les miens de deviner. J'arrive à quatre lieües de Verneüil à la nuict fermant ; considerant le plain chemin, je me mets au trot, laisse la pluspart des miens derrier, avec soixante maistres. Je mets pied à terre, resolu de ne donner point si je ne voyois le chef de l'intelligence, lequel se vint volontairement mettre en mes mains, me donne asseurance sur sa vie. Et apres je passe l'eau jusques au col, donne en une fausse porte qui m'est ouverte par deux de l'intelligence ; je me rends maistre du chasteau et du gouverneur ; tous les miens ensemble, je ne me treuve accompagné que de cent cinquante. Dans la ville estoit Morinville, de la maison de Dreux, cousin du Roy, avec trois compagnies de chevaux legers montans à deux cens cinquante chevaux et trois cens arquebusiers, assistez du peuple, qui nous estoit en partie contraire. Une grosse et grande tour forte, bastie par Cesar, tenoit contre nous, et estoit construicte devant le pont du chasteau, et empeschoit nostre entrée à la ville. Je me jugeay perdu si je m'en rendois maistre, resouls de m'ensevelir dans le milieu de la ville, faits sortir quinze hommes, desquels le capitaine fut tué à mes pieds. Voyant la grande resistance de dedans la ville, je r'enforce la teste de cinquante cuiraces, et retins le reste par force pres de moy, prevoyant ce qui advint : je ne fus pas trompé en mon opinion. Apres avoir fait deux cens pas dans la ville, toutes ces compagnies de cavalerie, assistez de gens de pied, Morinville à la teste, vindrent à la charge dans la place, et renverserent les cinquante que j'avois mis devant. Ils me treuverent en bon ordre, tellement que je les soustins : et apres que Morinville eut une arquebuzade dans le visage, et nous les chargeant vivement, l'estonnement se met parmy eux, et les tournasmes en fuite ; si bien qu'il se peut dire que huict vingts hommes en deffirent six cens. Morinville meurt tost apres de ce coup; plusieurs de ses capitaines y furent tuez; trois cornettes de cavalerie et trois enseignes de gens de pieds furent gagnées : si je me fusse refroidy sur les paroles des miens, je m'en fusse retourné cinq ou six fois en chemin.

Ce mot est bien dit, que les paroles du soir ne ressemblent à celles du matin : le travail de la nuict, des armes, la lassitude, affoiblit le cœur, et fait changer la resolution du soir prise apres souper, que le repos et les viandes avoient eschauffé les soldats ; et ne faut jamais le matin mettre au conseil le combat, ains faut suivre les deliberations du soir, sans s'en laisser divertir, principalement n'estant rien survenu de nouveau, et dire : Puisque j'ay resolu ceste entreprise, je toucheray les murailles. Le chef doit estre au pied de l'eschelle aux entreprises, doit charger des premiers, avec consideration en campagne, ou rien ne reüssit.

L'envie, l'ambition, revoquent par faveur ou calomnies les generaux d'armées, au peril et dommage des roys. Celuy qui se sent preparer un successeur ne fait plus rien qui vaille: il souhaitte de preparer la confusion, pour faire cognoistre la difference de luy et de celuy qui entre en sa charge, et par mesme moyen se vanger de son maistre qui le destituë. Si ces revocations et changements sont necessaires, ils doivent estre à l'improviste, et sans donner temps de mal faire. Les roys [plus subjets que les republiques à ces fautes] se laissent transporter par ceux qui ne se soucient du bien de leurs affaires, pourveu que celuy qui les manie soit de leur faction, quelque sot ou inexperimenté qu'il soit ; et souvent ces changemens adviennent par le conseil des mignons, longues robes et secretaires, desquels il se faut donner garde.

Les citadelles nuisent ou profitent, selon la difference des revoltes; elles sont necessaires pour reprimer les populaires, et nuisibles aux rebellions des nobles : un se gagne mieux que mil. Les citadelles d'Orleans, de Lyon, chasteau de Dijon, causerent la revolte des villes; en l'an 1588, la citadelle de Mets, Angoulesme, chasteau de Bourdeaux les conserverent pour le Roy. Ce qui s'en peut definir est que les couteaux entre les mains des furieux sont mortels, entre celles des sages profitables. Les citadelles sont bonnes possedées de gens fidelles, mauvaises au contraire sous un roy qui veut laisser un successeur pupile, pour lequel mieux seroit de n'avoir citadelles, mesmes en ce temps que les villes ont experimenté ne se pouvoir mettre en republique, pour la multitude de noblesse, et que le gros de l'Estat y repugne, qui se portera tousjours au Roy, estant la generalité ennemie de la dissipation pour l'interest particulier. Si au contraire la couronne doit estre disputée par gens puissans, et que le pupile manque de force, les citadelles sont necessaires au roys, lesquelles ils doivent mettre entre les mains de gens fidelles, parens, obligez et affectionnez du pupile, principalement en cinq ou six endroits qui sont les portes de la France : Mets, Maisieres, Amiens ou Abeville, Calais, Diepe, le Havre, Quillebuef, Sainct Malo, Nantes, Bourdeaux, Broüages, Bayonne, Narbonne, Aiguemortes, Antibes, Gap, Grenoble, Lyon, Chalon, Auxonne, Langres, et Chaumont. Et quiconque tiendroit ces places susmentionnées, la pluspart situées sur les grandes rivieres qui sont les portes de France, il possederoit ce royaume facilement ; et les roys doivent empescher leurs favoris d'avoir ces places, estant soupçonneux qu'ils ne pretendent à l'Estat.

Les rebelles estans à Orleans, leurs coleres et esperances refroidies, les mescontentemens anciens comparez aux presents, le peril, travail, perte de bien, tombent en leur consideration;

la Royne, n'escrivant plus à ceux qu'elle avoit mis en ce party, agite diversement les esprits des Huguenots et de leurs partisans : plusieurs en eussent voulu estre dehors, aucuns s'en retirent, les autres y demeurent pour le danger et honte d'en sortir. Les timides couvrent leur crainte de la perte de leurs biens, alleguent l'obeïssance qu'on doit aux roys, et disputent s'il est licite de planter la religion par armes, comme si leur deliberation estoit en son entier, et qu'ils n'eussent desja pris les armes. Ceux qui n'osent parler ouvertement mescontentent leurs compagnons par discours, source de tumultes.

L'Admiral et prince de Condé prindrent un sage et prompt expedient ; retiennent les affectionnez pres d'eux, se mettent sur la defensive en attendant leurs estrangers, et envoyent les mal-contens faire guerre prés de chez eux, lesquels, n'estant practiquez, firent mieux qu'ils ne pensoient, aucuns pour leur conservation, autres en esperance d'establir des tetrarchies, et infinis par saccager. Plusieurs combats adviennent en differents evenemens aux provinces de Guienne, Normandie, Languedoc, Dauphiné et Provence, où s'exercent les meurtres, sacrileges et assassinats enormes ; les pretextes couvrent les passions et meschancetez des François, les Catholiques fortifiez de lettres patentes du Roy, et les Huguenots des secrettes de la Royne, dont l'inexperience ne peut empescher que M. de Montpensier ne remette Blois, Amboise, Poictiers, et plusieurs autres villes en l'obeïssance du Roy, n'estans encor les peuples rebelles aguerris.

Tous changemens se treuvent estranges ; changer de party est dangereux ; le peril paroist plus grand lors qu'il est sans remede : soupçon, regrets, souhait de mort le suivent. Il ne se doit sortir facilement de l'obeïssance des superieurs, mais une fois dehors, plustost mourir qu'y retourner, ny par passion, conseil des parens, amour d'amis ny vengeance ; autrement faut se resoudre d'estre mocqué, injurié, sans credit, esclave, sans honneur, monstré au doigt : gouttes, coliques, ne sont telles douleurs qu'un esprit affligé de ce changement. C'est se venger de soy-mesme de laisser son maistre ; l'on est mieux miserable avec honneur en son party, que riche honteux en un nouveau. Si nous changeons de party pour les biens, l'honneur seul enrichit ; si pour des souverainetez, tout y est contraire, le chef de party à ce but mesme, et devient ennemy plus que les ennemis, s'il se cognoist que l'on aspire à la domination : si c'est pour la reformation de l'Estat, les princes n'en sont jamais gueres auteurs, et les peuples une fois desbridez changent le gouvernement contre nos volontez ; si par vengeance ou mescontentement, c'est perdre la santé du corps pour effacer une tache du visage. Quelle lettre, quelle seureté qu'en un autre party on ne soit plus mal content ? la vengeance, la colere sans profit est dommageable, indigne des bons esprits. Si par ambition l'on sort du party où l'on est nay, c'est vanité ; le juste ne manque de charges, qui sont possedées avec d'autant plus d'authorité que le party est plus licite. Ceux qui se veulent faire roys, ne sont pour leurs serviteurs plus que les roys, et les craignent comme iceux.

Le chef de parti doit se sentir le courage, l'entendement, la valeur, les moyens pardessus tous autres, resolu à tous perils, trahisons, tromperies, mutineries, inconveniens, privation d'authorité, perte de commandement et de puissance sur ses propres soldats et subjets : se propose d'estre abandonné, mourir et tout perdre, pour mespriser sa vie, et s'hazarder à tous accidens à la necessité ; s'il arrive mieux, le prendre sans se l'estre promis, estre tousjours preparé à la mort. Ce qui fait reüssir les genereux desseins, c'est en effect par ambition ne vouloir ceder à un pour servir à tous. La necessité, les capitaines, les soldats commandent aux chefs de parti, les menassent ouvertement, secrettement, procurent souvent leur ruine pour leur salut et profit.

Dangereux pretexte de la religion, dont se servent les meschans ! les volleurs et assassinateurs, qui entreprennent sur le corps, sont meilleurs que les ambitieux, qui se servent de la religion pour s'agrandir : ces premiers ne tuent que ce qui doit mourir, les derniers tuent les ames eternelles.

Les remedes pour maintenir et accroistre la religion catholique sont les jeusnes, aumosnes et œuvres pieuses, qui divertissent l'ire de Dieu, qui est assez puissant pour maintenir sa cause. A un instant il peut porter la chrestienté en Turquie : le christianisme est contraire à la violence, au meurtre, et est plein d'obeïssance envers les superieurs, ordonne de patir, souffrir, porter la croix : les bonnes religions se maintiennent, les mauvaises se ruïnent, et est plus besoin de larmes que d'armes. L'objection de ceux qui les prenent est que les bonnes œuvres sont necessaires, qu'ils n'en est point de meilleures qu'opprimer les ennemis de nostre Seigneur, qui se qualifie Dieu des batailles, qui nous a donné nostre liberal arbitre : il ne veut parler aux humains par les portes du ciel ouvertes, ne faict miracles evidents, s'ayde des secondes causes, des hommes contre les hommes. C'est à luy que sont nos consciences, il les touche, les enflame contre les roys heretiques. Que s'ils sont seigneurs des corps, ils ne le sont des ames : rendez à Cesar ce qui est à Cesar, se peut entendre de son image, non du tribut : les apostres, les prophetes, preschans la reverence des magistrats, ont plustost esleu la mort que de leur obeïr contre les consciences : combien de bruslez du temps des persecutions, que s'ils eussent peu, comme les enfans d'Israël, passer la mer rouge en armes, se retirans avec icelles l'eussent evitée! Il est juste de se maintenir en sa religion contre un roy heretique, injuste de prendre les armes contre les magistrats pour une religion nouvelle; nos consciences, nos intentions nous jugent, et Dieu par les evenemens. Nous avions toutes les bonnes armes et conseil de l'Europe, le Pape, le roy d'Espagne, l'Italie, les trois quarts de France pour la Ligue; il nous sembloit, et le publiions, que nos armes maintenoient la religion catholique avec apparence, puisque nous avions un roy heretique. Dieu monstre soudainement qu'il n'avoit que faire de nos forces pour garder sa religion, nous met en pareille confusion que la tour de Babel, d'un heretique en fait un roy catholique, monstre que tout depend de luy; les mal conseillez, les foibles ont suppedité les habiles et les forts. Dieu met la defence de sa religion entre les mains de ses plus grands ennemis, qui ne se doivent glorifier de leurs heureux progrez, lesquels doivent estre attribuez aux pechez et ambition des ligueurs.

Les Huguenots en l'an 1587, temps auquel MM. de Lorraine prindrent les armes pour les Catholiques, proposerent par La Nouë de ne parler de la religion, et de prendre le pretexte de la reformation de l'Estat et du bien public, contre les mignons du Roy : promet que les Huguenots se joindroient avec MM. de Lorraine, et se declareroient contre le roy Henry III. M. de Guise, intelligent du Pape et du roy d'Espagne, refuse leur association, s'arreste à la defence de la religion, pour la manutention de laquelle il force le Roy à la guerre contre les Huguenots, qui en effet desirent la dissipation de l'Estat, prevoyant qu'un roy catholique et paisible leur levera l'authorité, et fera payer des subsides et nouveaux imposts, de quoy ils sont exempts, et n'en payent qu'à leur volonté. Leur desir a esté [comme il est encor] d'establir l'estat populaire, en ce temps principalement, et plus que jamais, que la superiorité de leur party est entre les mains des bourgeois des villes. Aussi M. de Guise eut bon nez, cognoissant la difference qu'il y a de la guerre de religion à celle de reformation, et combien davantage à celle qui touche les ames et les corps, en comparaison de celle qui n'est que pour l'interest des biens et de la police, lesquels sont aisez à contenter et dissiper par les souverains. De plus les doublons d'Espagne y estoient joincts, voulant par ce moyen de religion le roy Catholique obtenir la superiorité et domination sur tous les autres puissans.

Les gentils-hommes ne doivent estre forcez de demeurer aux armées, qui n'en veut estre mal servy; une fois contraincts, ils n'y retournent plus : la volonté de se desbander est contagieuse et debordée, qui ne se guerit que malaisément. Celuy qui a honte de s'en aller seul mescontente et desbauche les autres, pour participer et diminuer la honte de sa retraicte. C'est pourquoy les compagnies composées de soldats se maintiennent mieux que celles des gentils-hommes, revoquez par leur passe-temps et leurs biens chez eux. L'inconstance françoise veut la guerre, soudain le repos, auquel se faschant incontinent, desire de retourner au camp; fait plier à leur humeur, y disposer la forme de la guerre, et la faire par boutades, selon leurs inclinations. Il vaut mieux qu'ils s'en allent avec congé que sans iceluy, autrement sont autant d'ennemis et de mal affectionnez, qui ont honte de retourner pour estre partis sans licence : leurs pensées, leurs mescontentements doivent estres prevenus par discours, par liberalitez, au moindre signe que les generaux en ont, sans attendre qu'ils se desbandent par desbordement; et considerer la source de la maladie, pour y appliquer les remedes; gagner ou menacer le particulier qui commence ces mauvaises practiques, le contenter ou l'en envoyer secrettement.

Il est dangereux de traicter avec un chef de party, soit pour se mettre de son costé, ou pour se rendre à condition : donnant son corps, ses armes et ce qu'on possede, semble qu'il n'y a plus de reserve, qu'il est à l'option du prince, ayant la personne et ce qu'il pretendoit, de tenir parole ou non, et d'interpreter ses promesses selon sa mauvaise intention; coustumierement les grands les donnent à deux ententes. Il y a trois sortes de traictez, pour prendre party avec les princes : se remettre du tout à leur volonté, sur leurs promesses verbales, ou les obliger par escrit, ou prendre des places fortes d'eux, desquelles il faut estre saisi avant que mettre son corps en leur puissance, et s'en tenir loin apres : le premier est le moins dangereux et le plus infructueux. Ceux qui traictent sur la parole doivent croire avoir en leurs personnes chose pour se rendre necessaire et utile apres le traicté, en valeur ou en entendement, non par les troupes qu'ils amenent, ny par les places qu'ils apportent, et moins par services faicts à leur advenement; cela sert de peu, les troupes leur seront gagnées, les places ostées et le service oublié. Les promesses par escrit ne sont guieres de plus grande seurté que les paroles, et sont plus perilleuses, d'autant que les princes ne les tenant point, c'est se mettre en leur inimitié et dangereux de les monstrer ; les princes ne treuvent que trop d'excuses pour couvrir leur perfidie, et d'accusations fausses. Pour le troisieme, qui est de recevoir des forteresses des chefs de parti, les remplir de soldats qui ne dependent d'eux, c'est leur faire cognoistre que ceux qui les tiennent estant morts, ils sont en danger de perdre les places, et que mesme ils n'y entreroient les plus forts; ce qui est perilleux, parce que, s'ils peuvent, ils y entreprendront estant chefs de party : il leur est aisé de gagner les capitaines, lieutenans et soldats, et se peut asseurer celuy qui traictera ainsi de n'estre agrandy de plus d'autorité ny de places que de celles qu'il tiendroit.

Nul ne peut escrire de ces traictez mieux que moy, pour avoir plusieurs promesses des roys et des princes, si expresses qu'il sembloit qu'ils n'y pouvoient manquer avec leur honneur, lesquelles ils n'ont observées. J'ay experimenté les autres façons de traictez, et suis esté trompé, non par faute de prevoyance, mais par le manquement absolu des grands. Je concluds que le meilleur traicté est de prendre des promesses des princes par escrit, et aussi tost qu'on s'est mis avec eux, les leur rendre, avec declaration de n'en vouloir rien pretendre que ce qu'il leur plaira, et ne les gehenner par leurs promesses. S'il se reçoit des places d'eux, ne cesser qu'on ne leur ait renduës, ou qu'ils ne s'y soient veu les plus forts, pour oster tout soupçon, et monstrer qu'on ne veut subsister que par eux. C'est chose fascheuse de servir en mefflance; que s'il faut prendre des places, se tenir fort contre ceux qui les donnent. C'est le mieux de faire la guerre sans en bouger, et dans les provinces ne voir jamais les princes, ny se treuver en lieu là où ils soient les plus forts ; ce qui ne se peut pour un long-temps sans s'oster du party. Considerant la fin, il faut avoir autre dessein, ou de se faire chef de party soymesme, ou de sortir de la faction, parce que les princes ne pardonnent jamais cette apparence de meffiance, et ainsi qu'ils font courre fortune à qui ils promettent, ils n'en sont exemps. Les gens de courage, se voyans trompez, ordinairement les quittent, changent de party, et quelquefois entreprennent sur eux à la ruine de la faction, tournent contre eux et les villes et les armes. Il n'y a rien de si facile qu'une entreprise sur un general d'armée, qui est forcé d'estre en tous lieux avec peu de compagnie.

Meritoirement les princes sont trompez, qui sont accoustumez tromper les autres : ont-ils plus de droit de piper leurs inferieurs, leurs soldats et subjects, qu'iceux de les circonvenir ? La force et le pouvoir estant aux princes, ils doivent estre plus observateurs de la foy que les inferieurs; manquans de promesse, ils devroient remettre les choses au mesme estat [s'il se pouvoit] qu'elles estoient quand ils s'obligerent; s'ils ne le peuvent, qu'ils tiennent parole. Mais au contraire, ils recherchent souvent que les offencez de leur foy violée disent des paroles et fassent des demonstrations, sur lesquelles les princes prennent occasion de leur davantage manquer de parole : c'est un artifice meschant. Ceux ausquels ils ont promis sont excusables de se plaindre, ayans perdu leur bon heur et leur fortune, pour accroistre celle des roys : heureux qui se passe de se fier en leurs promesses, soit en capitulant ou se mettant à leur service! Si elles ne sont promptement acquitées, il ne faut faire cas d'icelles, sinon pour s'en servir par maniere d'acquit, et avec la resolution qu'elles ne doivent estre mises en compte des clauses favorables du traicté.

Les princes qui veulent gagner les hommes et les places, doivent prendre garde que ceux avec lesquels ils traictent ne reçoivent mescontentement avant qu'ils ayent ce qu'ils pretendent d'iceux; autrement il en advient comme au roy Loys onziesme, lequel mescontentant le prince d'Orange sur le traicté, perdit le comté de Bourgongne, et faillit à en faire de mesme du duché. M. du Maine me promit sa lieutenance generale incontinent apres les armes prises ; à l'instant qu'elles se levent il treuve moyen de r'avoir sa promesse, effaça le mot d'incontinent; dequoy offencé, et croyant que, ce mot osté, il vouloit manquer à sa parole, faillit par desespoir à nous perdre tous, et me retire mal content dans mes places, d'où il fallut beaucoup d'artifices pour me faire r'entrer au party.

Les sages roys ne permettent de vendre les gouvernemens des places, ny les charges et estats ; le vendeur et l'achepteur ont souvent mauvaise intention, l'un de se retirer, l'autre de s'en prevaloir contre le prince, auquel il ne se sent obligé. La place, la charge acheptée de leurs deniers, semble estre à eux, et qu'ils en peuvent disposer pour prendre tel party qu'ils choisiront. Bien peuvent les princes donner l'argent pour faire les achapts secretement, s'ils ne se tiennent asseurez de ceux qui les possedent. Le roy Henry III permettoit la vente des capitaineries; j'ay veu proposer d'en achepter huict ou dix, pour faire un party dans son Estat. Les achepteurs semblent, sans charge de conscience, pouvoir desrober les payes des soldats, et exiger sur le peuple et sur les marchans, pour retirer l'interest de leur argent; et les officiers de judicature, des finances, par là se licentient et se corrompent. Jamais ne se vit ny se verra les honneurs, les charges, les places tellement en vente que maintenant, estant du tout impossible d'en avoir qu'à prix d'argent excessif : si celles qui estoient les marques honnorables des personnes genereuses qui avoient espanché leur sang, leur bien, leur travail en effects tres-signalez pour les obtenir, sont maintenant données à gens sans merite, qui ne firent jamais aucune preuve d'eux ny service, comment est-ce que les valeureux en feront cas? Quelle pitié à ceux d'illustre extraction et de bon courage, et de ne pouvoir entrer en aucune dignité qu'à prix excessif, et que maintenant l'honneur soit entierement perdu en France!

Thurin et trois autres places (1) sont renduës au duc de Savoye, qui promet secours à MM. de Guise, et d'austre costé asseure secrettement la Royne, par sa femme, de favoriser les Huguenots ; reste Saluces, Pignerol, Savilian, et quelques autres petites places au Roy. Le sieur de Bourdillon de gouverneur est fait mareschal de France pour consentir cette reddition. M. le prince de Condé, trop fort pour tenir seulement Orleans, et trop foible pour se mettre en campagne, avoit pourveu au mescontentement des siens, les separant en diverses provinces; avoit envoyé le sieur d'Andelot en Allemagne, et Briquemaut en Angleterre. Le premier obtint des reistres, pour la crainte qui leur estoit restée des armées papales et imperiales qu'ils avoient veües en Allemagne. Les heritiers du duc de Saxe, du landgrave, et du comte Palatin, accorderent des levées en leurs pays; à quoy servirent les promesses, faveurs et lettres de la Royne, escrites au prince de Condé, leües publiquement à la journée imperiale que tenoit l'empereur Ferdinand : le landgrave advance les deniers. Rolthossen, tres-vaillant allemand, est faict chef. Briquemaut obtient argent et Anglais, pour le Havre, qu'ils rendent et vendent à la royne d'Angleterre, laquelle entre en ligue avec les Huguenots, tant pour estre lutherienne que pour desirer le trouble en France. M. de Guise et le connestable tiennent la campagne, continuent le siege de Bourges, qu'ils avoient attaqué, cognoissant qu'il estoit mal aisé de forcer Orleans, qui pouvoit estre secouru des reistres.

La Royne desire la paix pour conserver son authorité, va à l'armée et laisse partie de ses enfans à La Bourdaiziere. Bourges, ville forte, assiegée par l'armée du Roy en aoust 1562, est rendue par Yvoy et Genlis (2), non experimentez aux sieges ny aux manquements des promesses des princes, qui ne leur furent espargnées, et apres mal effectuées. De là l'armée catholique alla assieger Roüen, emporte le fort Saincte Catherine : l'artillerie y placée, qui battoit en courtine, causa la prise de la ville par assaut, que Montgommery soustint quelque temps sous asseurance de sa retraicte, à quoy il ne faillit : se sauvant dans une gallere avec quelques Anglais, passa par dessus les chaines tendues à Codebec, et se retira au Havre.

En ce siege le Roy de Navarre fut tué derrier un gabion, ce qui n'apporta aucun changement, d'autant qu'il n'avoit que l'apparence ; l'authorité et effect estoit entre les mains de M. de Guise et du connestable, en mediocre intelligence de la Royne. Le roy de Navarre se laissoit posseder de ses favoris, plus adonné aux plaisirs qu'à l'ambition, aux apparences qu'aux effects, fluctuant en ses resolutions, et facile à tromper.

Cependant arrive trois mil cinq cens reistres, la pluspart noblesse, et quatre mil lansquenets, qui passent aux sources de Seyne et d'Yonne, se joignent au prince de Condé à Pluviers; lequel, renforcé de toutes parts des Huguenots de France, marche vers Paris, pensant l'estonner et luy faire demander la paix à telle condition qu'il luy plaira. Apres avoir logé à Montrouge quelques jours passez en escarmouches, consumerent le temps en parlemens inutiles avec la Royne, estant le prince de Condé trop accompagné pour traicter, et la Royne commençant à craindre le trop establir, et qu'il n'emportast la balance : n'estans MM. de Guise et connestable disposez à la paix, elle fut rompue. Genlis quitte les Protestans et se rend au Roy, voyant Paris sans peur, eux comptez et recogneux, la frequentation ayant asseuré les Catholiques, et que l'armée victorieuse de Roüen commençoit un peu à s'approcher. Les reistres criant à l'argent, le prince de Condé et l'Admiral resolvent d'aller en Normandie, pour en querir et joindre les forces d'Angleterre ; ce que voulant empescher, MM. de Guise et connestable coupent le chemin pres de Dreux, et se joignent si pres l'un

---

(1) Quiers, Chivas et Villeneuve d'Asti.

(2) Yvoi seul défendit Bourges.

de l'autre qu'ils ne se pouvoient separer sans bataille, dont il y eut des presages des deux parts.

Le vieil La Brosse songe que luy et son fils mouroient à la bataille gagnée des Catholiques; M. le prince de Condé que MM. de Guise, connestable et de Sainct André estoient morts, et que les ayant survescu, il estoit tué à une autre bataille : tous les deux advindrent depuis. Les ministres, pour l'enhardir, imiterent la feinte de Cesar passant le Rubicon, lequel avoit faict ouyr des trompettes et voir des fantosmes; ceux-cy susciterent une vieille femme, qui embrasse le genoüil au prince de Condé passant la riviere, luy dit que Dieu estoit avec luy. Ce prince ne s'en pouvant plus dedire, l'armée catholique barrant le chemin de Normandie, il fait marcher la sienne sous esperance de passer à la main gauche et loger à Trion; resout de ne refuser le combat si l'occasion s'offre, pour maintenir la reputation.

L'Admiral menoit l'avant-garde de quatre cens chevaux français, douze cens reistres, deux mil lansquenets, et quinze cens hommes de pied français; la bataille, conduicte par le prince de Condé, de cinq cens lances, deux mil reistres, deux mil lansquenets, et quinze cens Français. Celle des Catholiques estoit separée en trois : le mareschal de Sainct André avoit dix-neuf compagnies de gendarmes, treize enseignes d'Espagnols, autant de Français, et onze d'Allemands, quatre pieces d'artillerie ; avec peu de separation estoit le connestable, conduisant vingt compagnies de cavalerie, vingt-deux enseignes de Suisses, et dix-sept de Français. M. de Guise avoit cinq cens chevaux choisiz à l'autre main du connestable, et s'estoient placez en lieu couvert, pource qu'ils estoient trois fois plus forts d'infanterie que le prince de Condé, qui avoit pareil advantage sur eux en cavalerie. Les Huguenots, pensant eviter le combat, passent sur le chemin de Trion, monstrent le flanc aux Catholiques, lesquels, faisant tirer l'artillerie dans eux, les font marcher au trot; ce que voyant, le connestable eut esperance de les mettre en route : son armée estoit composée dix-neuf mil hommes de pied et deux mil chevaux; celle du prince de Condé, de quatre mil chevaux et six mil fantassins. Le connestable marche hastivement pour se prevaloir du desordre qu'il avoit veu, laisse son infanterie. Le prince de Condé se treuve au droict de luy, et l'Admiral au mareschal de Sainct André. Le prince, pensant [imprudemment] qu'une bataille ne peut estre gagnée qu'en defaisant les gens de pied, il fait fondre trois troupes de cavalerie dans le regiment des Suisses, lequel estant presque tout rompu, le mareschal d'Ampville charge les reistres avec trois cens chevaux en haye : leurs escadrons massifs le defirent facilement. La mesme raison fit que l'Admiral chargeant avec les reistres en gros, la cavalerie du connestable en haye les vainquit ; prennent prisonnier le connestable et tuent le mareschal de Sainct André. Ce grand nombre d'infanterie qu'avoyent les Catholiques leur fut inutile. Le bataillon de Suisses r'allié se retire fort interessé vers M. de Guise, qui avoit vu passer tous les Huguenots et reistres, suivant leur victoire par devant luy, sans aucunement s'émouvoir ; avoit vaincu l'impetuosité des siens, qui le vouloient contraindre de marcher, luy disant à tous coups qu'il n'estoit encore temps, considerant tant de charges de ne pouvoir estre faictes que les victorieux ne fussent desordonnez comme ils étoient.

A son arrivée ses ennemis rompus des charges et victoires precedentes, les reistres se retirent devant luy, pressez, poussez et mis en desordre. En ceste retraicte le prince de Condé, qui s'en alloit à regret, fut pris par un archer de M. d'Amville. M. de Guise pense avoir entierement tout vaincu, tient ferme; poursuivant lentement, donne temps à l'Admiral de r'allier quinze cens reistres et trois cens chevaux français, couvert d'un bois qu'il repasse, et vient au combat contre luy. M. de Guise advance les compagnies du sieur de La Brosse et comte de Charny; les reistres chargent ces deux compagnies rangées en haye, tuent La Brosse et plusieurs autres, reçoivent la salve des arquebuziers espagnols et Français flanquans M. de Guise, n'osent enfoncer, et se retirent suivis en vain, à cause de la nuict. Son bagage, artillerie et champ de bataille reste à M. de Guise, qui demeure seul chef, tenant le prince de Condé prisonnier, estant le connestable entre les mains des Huguenots : l'Admiral, esleu chef de ce qui restoit, se retire vers Orleans.

La Royne estant à Paris, qui, n'ayant la supreme autorité, disoit avec Rome que Cesar et Pompée feignent de combattre pour la liberté, et que le vainqueur l'opprimeroit, entendant que celuy qui gagneroit seroit maistre de la coronne, de sa personne et de ses enfans. Le succez luy donne ennuy et peur entiere ; voyant l'honneur du combat à M. de Guise, le prince de Condé entre ses mains, la creance de la noblesse, les forces, les villes et soldats de France, font qu'elle luy confirme et donne [forcée de l'evenement] la charge de lieutenant general, qu'elle ne luy pouvoit oster, parce qu'aussi bien l'avoit-il en effect. M. de Guise recueille toutes les forces, proffits et honneurs, reüssit ceste bataille mieux qu'il ne l'eust sceu souhaitter, son compediteur le connestable pris, ses ennemis, les forces et l'autorité en ses mains. La Royne en crainte, d'autant plus que ledict connestable estoit pris, lequel elle jugeoit n'aspirer à la coronne, elle renoüe et rafraischit ses precedentes intelligences avec M. l'Admiral, l'admoneste de ne perdre courage, luy donne esperance de paix, s'humilie et s'entretient avec M. de Guise en grande crainte et deplaisir.

Toute la noblesse allemande souloit combattre à pied, se nommoient lansquenets, qui est à dire serviteurs du païs; depuis l'invention des pistolets en la guerre de Charles-Quint, ils se mirent à cheval, ne restant à l'infanterie que les bourgeois et païsans. Les gentilshommes furent les premiers qui se rangerent en escadrons composez de quinze et seize rangs; prindrent une meilleure façon de combattre que celle des hayes des Français, et neantmoins leurs ordonnances imparfaictes, parce que trouvant resistance ils ne passoient au travers de leurs ennemis, et tiroient à l'abordée sans enfoncer. Le premier rang tourne à gauche, descouvre le second qui tire de mesme, et le tiers semblablement, l'un apres l'autre, faisant un limaçon et s'esloignant à main gauche pour recharger.

Les Français rangez en escadrons, à leur exemple ont obtenu l'advantage sur les reistres, qui virevoltans n'enfoncent point : les Français les prenans en ce contour et desordre, passent au travers avec peu de resistance, n'estans les derniers rangs que vallets. Les reistres de Dreux en gros escadrons, n'ayans faire qu'à des hayes de lanciers, ne leur estoit besoin de faire ce tour à gauche, les emporterent facilement. Les reistres avoient esté aguerris avec le duc Maurice et marquis de Brandbourg; le landgrave de Hessen leur chef disoit que pour argent on doit aller à la charge une fois, pour son païs deux, pour sa religion trois, qu'il y avoit esté quatre fois en ceste bataille pour les Huguenots français.

Dreux conserva les reistres en reputation, jusques les Français eurent changé l'ordre de combattre, lesquels n'avoient pas esté bien aguerris avant les guerres civiles; soit que leurs roys les craignissent, ou que les combats ne fussent si frequents que depuis, ou pour autre consideration, leurs Majestez se servoient des Suisses et Allemands; au camp d'Amiens le Roy en avoit deux fois autant que de ses subjets. C'est pourquoy plusieurs gentils-hommes de son royaume envoyoient leurs enfans en Allemagne, croyant qu'il ne se pouvoit faire guerre qu'avec ceste nation, considerant que tout l'argent de France s'employoit en leur payement, peu aux Français; esperans que leurs enfans, aprenans l'allemand, seroient employez aux levées des reistres, les envoyoient en Allemagne.

En ceste creance, en l'an 1568, mon frere et moy y fusmes envoyez : la nourriture en est mauvaise, ne pouvant apprendre ceste langue qu'en jeunesse, là où les vertus et les vices se forment. Les Allemands sont grossiers et ivrongnes, et ne s'y peut aprendre que la langue, qui ne profite aux Français que pour avoir charges de reistres, pour à quoy parvenir il faut estre allemand ou du moins lorrain; il ne se voit guieres de Français qui en ayent conduit. Que si c'est pour converser parmy eux, la langue ne sert de guieres, ayant à faire à une nation qui ne veut qu'argent, à laquelle l'on se fait entendre par truchements : et maintenant qu'on a apris à les battre, peu de jeunes gentils-hommes y sont envoyez pour apprendre la langue.

Les Allemands sont inventeurs des arquebuzes et pistolets, des escadrons et meilleures formes de combattre; les Français les mettent à leur perfection, et les battent en fin de leur mesme invention.

Ceux qui n'exercent sans intermission la guerre s'y treuvent estranges, pour les changements frequents qui y arrivent : si le prince de Condé eust employé les charges faictes aux Suisses [inutilement] contre la cavalerie de M. de Guise, il eust mieux profité; il devoit considerer que, la cavalerie defaicte, l'infanterie est bien malade.

Les compagnies doivent estre de cent hommes, non compris les chefs ny les officiers, et payez en trois differentes payes; les trente de la plus haute, signalez de race ou d'actes genereux, armez et montez à l'advantage pour charger les premiers; les moyens approchant des premiers, les troisiesmes armez et passablement montez. Les uns travailleront pour estre capitaines, les autres pour avoir les premieres payes, les derniers pour les secondes. Les dernieres payes seront employées au service de la compagnie, dont les premieres sont dispensées, tant pour leur qualité que pour espargner leurs chevaux à meilleures occasions. Pour [sans confusion] les mettre soudain en bataille, il les faut ranger six à six, les deux premiers de main droicte des mieux montez et armez, les moyens au mitan, les deux de la derniere paye sous la gauche, et chaque file sera remplie en suitte de ceux qui sont pareils en grade et paye que les six du premier rang; ce qui se fait pour les ranger en escadron soudain. Ceux de la main droicte mettent la teste où ils avoient le flanc droict, tournant au quart les chevaux; ils se trouveront seize de front, imitez par les second, troisiesme, quatriesme, cinquiesme et sixiesme; moyenant quoy se formera un escadron de seize de front et de six de file, et en restera quatre, qui, joincts à un qui pourroit estre levé de chaque rang, seront dix pour servir de coureurs, ou pour charger en flanc, ou les premiers s'il est besoin : nombre de dix qui peut estre accreu, prenant deux files de six ou davantage ainsi qu'il plaira au chef, soit pour charger par flanc, par derriere des ennemis, ou devant luy. Le capitaine et l'enseigne doivent estre au milieu du premier rang, les lieutenans et guidons sur les flancs, les mareschaux de logis derriere, et en chaque rang un premier gendarme, qui prendra garde que chacun marche. Et quand cet escadron [par un passage estroict, ou pour aller plus commodement] se voudra rompre et se conserver en estat se r'assembler soudainement, le premier gendarme du coing du flanc de main gauche mette la teste de son cheval où il avoit le flanc, tournant le quart de la volte, suivy par ceux qui estoient de son front, lesquels feront file, et imitez de ceux qui estoient derriere luy, ils se trouveront à six de front et à seize de file, advançant les trois suivis de leur file, et demeurant un chef à la teste des trois autres, qui se trouvera au milieu des files : tout l'escadron sera trois à trois et facile de remettre à six, et de six en escadron ; ce qui ne se peut si bien comprendre par escrit qu'en la campagne. Je fais ce petit escadron de quinze par rang, et de six de file, nombre qui me semble suffisant pour pousser les premiers, et non si espais que les armes des derniers demeurent inutiles; lequel escadron se peut joindre avec deux autres, qui feront trois cens, ainsi qu'il est dit cy apres.

Trois compagnies composées chacune de cent hommes, non compris trente, tant chefs qu'officiers, peuvent former un escadron à trente de front et dix de file, en levant cinquante hommes, qui sont cinq files de dix chacune, pour charger devant les capitaines, ou par flanc les ennemis. Restera vingt-cinq hommes de front et dix d'espaisseur, et quinze capitaines qui prendront place devant et sur les flancs, laissant les mareschaux de logis derriere, et sur les costez un chef à chaque rang, pour leur faire tenir l'ordre. Les cornettes aux premiers rangs donnent plus de courage, au second sont en plus de seurté : il suffit qu'il y en ait deux à la teste, et un au quatriesme rang où redouble l'effort. Pour promptement mettre cest escadron en bataille, il faut commander aux capitaines de ranger leur compagnies des cent hommes à dix de front et dix de file, joincts ensemble ; l'escadron sera aussi tost dressé. C'est la forme la meilleure, le front n'estant point si estroict qu'il se puisse enclorre, ny si espaiz qu'il apporte plus de confusion que de combat, et que les derniers soient inutiles. Si le capitaine treuve des compagnies inegales, ou que pour faire ces trois cens il luy en manque plusieurs, sçachant la quantité de ceux qui peuvent estre en chaque rang, la supputation s'en fait en un mouvement, commandant au capitaine qu'il mette plus ou moins de soldats de front, selon le nombre d'hommes qu'ils ont. Et d'autant que les flancs sont volontiers attaquez, les chefs auront esgard que quatre files des deux flancs soient de bons hommes, à ce que le desordre n'en advienne, si on y estoit chargé. Il faut observer qu'au milieu des vingt et cinq de front ou sur un costé, de mettre dix des meilleurs hommes montez sur les plus forts roussins, et derrier eux pareil nombre de bien montez, jusques au troisiesme rang ; sont ceux-là qui percent et fendent l'escadron des ennemis, et faut qu'iceux ne découvrent les lieux où ils sont, à ce qu'ils n'opposent pareille force à la force. Ainsi qu'un coin de fer serré donne voye au plus espais de sa suitte, ainsi ces dix font passage aux autres dans le milieu des escadrons des ennemis.

Le duc de Palme, cognoissant que rien ne peut sauver la cavalerie d'estre chargée, si elle n'est couverte des bataillons de gens de pied, craignant la cavalerie du roy Henry IV, en la plaine d'Aumale, forme deux grands bataillons en teste, et couvrit deux mil cinq cens chevaux derrier eux, un autre bataillon de gens de pied de reserve au milieu, et entourna les flancs et le derrier de triple chariots. Ainsi ne se pouvoit combattre la cavalerie que l'infanterie ne fust deffaicte, esperant que la cavalerie contraire, affoiblie des charges qu'elle feroit dans les piques, et des mousquetades de l'infanterie espagnole, seroit apres chargée par sa cavalerie, qui en auroit bon marché.

J'ay mis icy un advis que je donnay au duc de Palme à deux effects ; l'un pour monstrer les moyens de secourir une ville sans combattre, l'autre pour faire voir la crainte qu'avoit ce sage general d'hazarder le tout pour le tout : cet advis, avec plusieurs autres que je donnay, le resolurent à lever le siege de Rouën, ainsi qu'il fit heureusement.

Les dangers et difficultez rendent les entreprises honorables, la prudence et discretion heureuses ; les bons jugemens devinent et cognoissent par frequens discours l'evenement des choses, lesquelles cogneües il se peut remedier à tous accidents : l'acheminement ne nous rend le deliberer entier, semble que nous soyons abstraints au secours de Roüen, ou à laisser du nostre.

Par le chemin d'Amiens, Aumalle et Neufchastel, la campagne, la diligence et l'argent fourniront sans doute abondance de vivres. Nous laissons à gauche le païs de Bray, plein de bois, marets, fanges et broussailles; la droite, que nous tenons, est plus seiche et plus descouverte, où nous ne prendrons de bois que tant qu'il sera necessaire, pays de vallons et petits cotauts. De deux en trois lieües ruisseaux et moyennes rivieres : s'il est jugé trop fort, plus l'on prend la droicte vers le païs de Caux, plus il est plain.

Les ennemis nous attendront, ou ils viendront à nous, ainsi qu'ils se vantent : s'ils s'acheminent à cinq, six, ou sept lieües au devant, faut choisir assiete commode, dequoy ce pays est rempli ; au haut d'une colline mettre la teste, et l'un des flancs couvert de ruisseaux portans vallons, et la gauche d'un bois : il se treuvera beaucoup de tels lieux au chemin que tenons, et quand il n'y auroit qu'un ruisseau et vallon en teste, il suffiroit avec nos chariots.

Il n'est pas croyable, et la raison ne veut, qu'ils nous attaquent en nostre assiette ; s'ils le font, ils se perdront.

Estans en veüe, ils ne peuvent avoir laissé trois mil hommes à Roüen : de main gauche et main droicte, il faut envoyer cavalerie dans la nuict, ou de jour à l'improviste pour secourir Roüen, traicter avec ceux de la ville de defaire ce qui sera resté au siege.

La cavalerie des ennemis ne demeure trois jours au piquet; la nostre peut plus, pour estre accoustumée et payée. S'ils logent loin dans les villages laissant l'infanterie, nous qui en sommes plus forts, pouvons entreprendre.

Si les ennemis, pour chercher le foible des flancs, ou pour coupper les vivres qui nous viennent d'Amiens et de la riviere de Somme, tournent à une lieüe de nous, je ne conseille [si ce n'estoit un grand desordre d'eux tanté d'une grande escarmouche] de sortir de nostre assiette. Pour pourvoir à ce tournement, dés la premiere veüe des ennemis faut fortifier le derrier du camp, à fin que la teste se tournant selon eux, elle se treuvast en mesme advantage. Et ne faudroit avoir touché aux vivres et magazins des charrettes jusques alors : ils seront incommodez de vivres quasi autant que nous, principalement si nous tenons Neufchastel; il ne leur resteroit que Diepe pour vivre. Il n'est pas à croire, en ce tournement, qu'ils laissassent des gens à Roüen. Aussi pourroient-ils estre deffaicts joignant quelque cavalerie à celle des assiegez, et les vivres pourroient venir de Roüen : si ce n'estoit à suffisance que l'on fust contrainct de deloger en presence, qui est leur dessein pour nous attaquer en marchant, les bagages pourroient partir de nuict, comme les ennemis firent à Chelles, pres Lagny, et sans que l'on s'en apperçoive marcher contre Roüen. S'ils estoient advertis, et qu'ils pressassent, se faudroit arrester sur l'autre assiette du cotaut où les ennemis seroient esté campez au commencement, et ainsi marcher d'assiette en assiette forte, avec grande sagesse et vertu.

S'ils nous attendent, et qu'ils soient campez au dessus de Roüen, esperans le prendre en nostre presence, à quoy la raison les invite, il n'y a que deux moyens : tourner sans les approcher de trois lieües, afin qu'au marcher et en parant le flanc ils n'ayent lieu de combattre avant qu'ayons telle assiette que desirons. Tournant à gauche, faudroit passer pres Blainville, Rys, Charleval et Fleury, droit au pont Sainct Pierre, et camper en un haut au deçà du Pont de l'Arche, sur la riviere de Seine ; l'on leur romproit les vivres qui viennent du haut, et Neufchastel pris empesche ceux de Diepe. Le moyen seroit ouvert de jetter par bateaux dans Roüen des hommes, ou faire un pont pour passer à l'endroit d'Orival ou Elbeuf, et envoyer trois mil hommes tailler en pieces ce qui est au faux-bourg Sainct Sevé, avec le comte de Soissons; ce qui est plus facile, d'autant que leur armée navale ne peut passer au pont de Roüen, et faudroit tirer des vivres pour nous des Andelis, Pontoise, Vexi-Français, et autres lieux.

L'autre chemin, de tourner vers Codebec, est plus aisé venir à Deucler ; mais l'armée navalle qui est au-dessous de Roüen peut empescher d'y couler des gens par batteau : la riviere large, et Quillebeuf fortifié, peuvent empescher le passage du costé de delà ; et n'y a moyen, sinon costoyant l'eau, ou montant contre Roüen d'assiette en assiette forte, mettre des canons par bas sur la riviere, qui batissent les lieux et vaisseaux plats qui sont pres de l'isle de Roüen ; puis, les ayant fait desloger à coups de canon, essayer le passage ou le secours par eau. Ce sont les plus propres moyens pour ne donner de la teste contre les ennemis, que Dieu, la prudence humaine, peut augmenter en marchant et tenant de bons conseils.

Si l'on peut soustenir un de leurs efforts qu'ils tenteront sans venir à la bataille, il ne faut douter que leur armée se rompra; ce qui est jugé par la cognoissance que l'on a des Français.

Plusieurs disputent s'il est necessaire aux assiegez, pour mieux combattre, d'avoir une retraicte asseurée, à ce que les soldats, pensant ne pouvoir estre tuez qu'au combat, et qu'apres qu'il n'y aura plus de remede à la premiere defence ils se retireront dans un retranchement ou chasteau, pour de là capituler de leur vie, croyent que cela leur donne plus d'asseurance. Une retraicte peut estre utile pour un chef, lequel, ayant moyen de capituler pour sa vie, ne craint point la perte de celle des autres, et de faire combattre jusques à toute extremité, s'asseurant du salut de sa personne par composition dans une tour ou chasteau. Au contraire, les retraictes sont dangereuses aux soldats; estant aux arquebusades sur les bresches, ils s'en ennuyent, et les quittent aisement pour se mettre à couvert au retranchement où gist leur cœur, et leur semble qu'à tous moments leurs compagnons tournent pour y courir : ce qui perd les premieres defences perd facilement les secondes, lesquelles n'estant point, les soldats prennent plus grande resolution.

Les songes tesmoignent l'immortalité, puisque le dormir, image de la mort, n'assoupit l'esprit. Il s'objecte que les chiens et chevaux songent; il y a difference : ceux des hommes sont pleins de discours, ceux des bestes n'ont que l'object de ce qu'elles ont veu le jour. Plusieurs personnes songent selon le trop ou peu manger : ceux qui auront pris beaucoup de vin et d'espices, verront du sang et du feu; ceux qui sont remplis de mauvaises viandes, de la melancolie et tristesse; ceux qui jeusnent, des apparitions, revelations, superstitions et crainte : chacun songe de son art ou de sa passion. Il se cognoist que la memoire des choses passées agit en dormant, tellement qu'il n'y a rien de plus incertain que d'asseoir jugement de presages veritables sur les songes, et faudroit que nostre esprit fust transporté de nostre corps, ou que les corps imaginaires qui se representent à nous fussent anges, penitents, ou demons. Plusieurs ne songent point, les vieillards moins que les autres: aucuns ne dorment jamais sans resver. Cette difference fait croire proceder de l'habitude ou accident des corps, et ne s'y peut asseoir aucun jugement. Si quelquefois ils rencontrent selon ce qui advient apres, c'est fortuitement. Il est impossible qu'en tant de diversité de songes quelques-uns ne rencontrent, ainsi que les almanachs, pour la pluralité et diversité des choses qu'ils escrivent. Ceux de Jacob, Joseph, Daniel, Nabuchodonosor, viennent de la divinité, et sont visions. Si je voulois croire en ces apparitions nocturnes, je voudrois estre certain que je ne dormois point lorsque je les aurois veu. Les cerveaux humides sont plus subjets aux songes que les autres; et faut advoüer que la quantité d'iceux procedent d'un esprit grandement agissant, et qui ne s'assoupit point : j'ay esté de ceux-là qui n'ont jamais fermé l'œil sans songer, et ce jusques à dire en songeant les representations de lettres, escrits et histoires.

Les capitaines qui se laissent emporter par chaleur au combat, ou par persuasion de leurs soldats et fausses imaginations qu'ils ont de leurs ennemis, ne se doivent dire experimentez. Plusieurs pour ne perdre l'occasion se perdent eux-mesmes; mieux vaut tenir ferme pour s'esclaircir, que marcher promptement en obscurité, et ne se pouvoir apres retirer. C'estoit à M. le connestable de faire abbattre la rosée à M. de Guise; c'estoit son rang, puis qu'il menoit l'avant-garde.

Les ennemis de M. de Guise l'accusent d'avoir fait ferme malicieusement pendant qu'il voyoit defaire la bataille, et que s'il fust allé au combat elle n'eust esté rompuë; qu'il estoit bien aise de voir ruiner ses feints amis par ses vrays ennemis : s'il luy a succedé c'a esté par fortune, estant la coustume des victorieux d'une partie d'achever le reste, leurs forces redoublans par le bon succez, lesquels ils doivent suivre en ordre. Qui pouvoit asseurer que ses ennemis s'amuseroient au pillage, qu'ils seroient rompus par les grandes charges qu'ils feroient, qu'il ne luy falloit autre commandement de combattre que l'esbranlement et marcher de la bataille, qu'il estoit obligé au salut de son general, auquel consiste souvent la victoire? Les membres doivent parer la teste; le chef mort, le reste est en desordre. M. de Guise estoit encores accusé d'avoir dit qu'il ne pouvoit perdre sans gagner, soit que le prince de Condé ou le connestable fussent deffaicts, l'un estant son ennemi ouvert, l'autre son amy reconcilié peu seur, pour le parentage qu'il avoit avec ses ennemis.

M. de Guise respond estre subjet du Roy, dont le principal but estoit la victoire, et qu'il ne se devoit soucier de la perte de son general, pourveu que Sa Majesté en eust le profit. Il ne luy avoit esté commandé d'aller à la charge, et M. le connestable la prit le premier mal à propos, imaginant les ennemis en desordre des canonnades; que le succez de la victoire, dont à luy seul estoit l'honneur, le justifie à sa gloire. Les Français apprindrent de cette bataille à marcher en escadron. Le sieur de Tavannes s'en servit à Montcontour, et força M. de Montpensier, qui menoit l'advant-garde, d'aller le premier au combat devant Monsieur, frere du Roy, qui menoit la bataille, et le vieil mareschal de

Biron vouloit tenir la place au combat d'Yvry qu'il avoit veu tenir à M. de Guise à Dreux.

La bataille de Dreux, gagnée le 19 decembre 1562, par la mort de six mil Huguenots et deux mil Catholiques, M. de Guise victorieux eut le cœur des soldats, des villes et des estrangers, fut declaré lieutenant general, la Royne n'ayant hardiesse de luy denier ce que fortune luy donne. Les capitaines des compagnies de gendarmes vaquans, les chevaliers de l'Ordre sont nommez et créez de luy, sur lequel toute l'authorité repose. Le prince de Condé est soigneusement gardé; l'Admiral, r'allié, fort de cavalerie, hors de crainte d'estre suivy, se retire à Orleans, où il laissa son frere, et mit ses reistres en Soloigne, alla en Normandie recevoir Anglais et angelots (1) pour payer ses reistres.

[1563] M. de Guise ne le suivit, prevoyant ne le pouvoir forcer au combat, pour y estre allé sans bagages; assiege Orleans, son armée renforcée d'Espagnols et de Français. Il mit la ville en telle necessité, qu'ayant pris le portereau, la tournelle, et les isles, la battant du costé de la riviere, elle n'eust duré huict jours; l'Admiral fust venu tard au secours, lequel apres avoir pris cœur se depeschoit tant qu'il pouvoit pour y arriver. En mesme temps un nommé Poltrot, le 24 febvrier 1563 (2) blessa M. de Guise, dont il mourut cinq jours apres; luy pensant se sauver, et croyant avoir faict vingt lieuës, n'avoit faict que tourner, fut pris proche le quartier des Suisses, caché dans une grange, mis à la gehenne, à la mort, dit avoir esté persuadé par M. l'Admiral et de Beze; l'Admiral advoüe luy avoir donné argent pour espion non pour assassin.

Le criminel accuse la Royne, qui, voyant les forces entre les mains de M. de Guise, en alarme pour la coronne de ses enfans, aucuns ont voulu dire qu'elle escrivit à M. l'Admiral pour s'en depescher. Depuis, au voyage de Bayonne, passant par Dijon, elle dit au sieur de Tavannes : « Ceux de Guise se vouloient faire roys, je les en ay bien gardé devant Orleans. » Peut-estre qu'elle craignoit ce à quoy M. de Guise ne pensoit, bien que la fortune luy eust mis en sa puissance de faire ce qu'elle apprehendoit le plus. C'estoit un prince qui avoit mis son nom et sa maison jusques au supreme degré, tres vaillant, sage et heureux, comme il monstra à Calais, Thionville et Dreux : cette mort changea les affaires; la Royne, hors de crainte, courut à Orleans faire la paix, ce qu'elle pouvoit, à ce que d'autres disent, pour avoir fait commencer la guerre; elle promit au prince de Condé la lieutenance generale, luy remonstre que sans la paix il demeureroit prisonnier et en danger; qu'il falloit un chef en l'armée, et qu'encores qu'elle y eust mis, pour y obvier, le mareschal de Brissac, sa vieillesse et impuissance feroit que le supreme pouvoir tomberoit sur M. d'Aumalle, par l'assistance du cardinal de Lorraine.

Ces raisons disposerent le prince de Condé à la paix, la Royne jugeant qu'elle faisoit pour le Roy son fils, faisant la paix avec ses subjects, qui retourneroient en obeyssance, et y auroit moyen de dissiper les partis pendant que ses enfans croistroient. M. le connestable, prisonnier entre les mains des Huguenots, y estoit disposé et encores que la Royne le voulust à quelque prix que ce fust, ledit sieur connestable ne voulut jamais consentir que l'edict de janvier eust lieu, la nullité duquel la Royne desiroit, crainte de rehausser trop les Huguenots. L'Admiral, adverty en Normandie, cognoissant l'instabilité des guerres civiles, comme j'ay dit, sortant d'adversité que l'on est pas capable d'embrasser une grande prosperité, il se contente de se secoüer du peril present, de se r'affermir et prendre haleine; tous consentent à la paix, qui fut faicte le 19 mars 1563 : chacun l'agrée à divers desseins. Tous mesfaicts sont advoüez; les presches, permis par tout par edict de janvier, sont restreincts à un en chaque bailliage, et en la maison des gentils-hommes qui avoient fief de haubert.

La Royne ne se depart de sa resolution de tenir les deux partis en mesme balance : celuy de Guise atterré par la mort du chef, elle le releva aucunement, donnant l'estat de grand maistre et de gouverneur de Champagne au fils de M. de Guise : ceste mort, ceste bataille, ce trouble furent presagez par le feu mis à l'arcenal peu auparavant. La paix faicte sous diverses esperances, chacun s'approche du Roy, attirez des promesses de la Royne : les Huguenots avoient abandonné les Anglais par la necessité de traicté, avoient promis à la Royne d'ayder à reprendre le Havre, monstrant que leur dessein n'estoit de jamais revenir plus aux armes, puis qu'ils faisoient la guerre à ceux qui les avoient assistez. Il est vray que ce n'estoit leur intention pour lors, parce qu'ils pensoient gouverner la France estant M. de Condé lieutenant general, et croyoient que s'ils estoient necessitez de reprendre les armes, qu'ils se r'habilleroient aisement avec les Anglais pour leur propre interest, et pour l'utilité qu'ils ont aux divisions de la France. Il leur

---

(1) Monnoie anglaise.
(2) Le 24 février est la date de la mort du duc de Guise qui fut blessé le 18.

sembloit avoir le vent en poupe pour la susdite lieutenance general promise au prince de Condé, ou par le commandement du connestable, oncle de ceux de Chastillon, qu'ils esperoient regagner. Le Havre investy par le mareschal de Brissac, et le reingrave avec des reistres et lansquenets, dont le fils aisné du sieur de Tavannes, Henry de Saulx, portoit la cornette generalle, où il se signala en plusieurs endroits, le connestable arrive avec le reste des troupes, le Roy s'approche de Fequan; les forces de la France rejoinctes, la peste dans le Havre, et le port barré, firent rendre les Anglais.

Le diable tente et persuade aucuns generaux romains de se voüer, sacrifier et precipiter aveuglement dans les ennemis, pour expiation et salut du peuple romain : des particuliers en France et en Flandres, pour la religion, pour leur patrie, ou par tentation, ont resolu leur mort pour la donner aux chefs de leurs ennemis. Les roys et les princes doivent servir Dieu et n'opresser ny faires injures à leurs inferieurs, puis que leurs vies sont en la main de ceux qui mesprisent la leur. Les livres sont pleins d'histoires de gens determinez qui ont tué des roys; dangereuse estocade, imparable quand elle n'est conceüe qu'au cerveau d'un seul. De trois perils coustumiers aux entreprises le premier cesse, ne pouvant estre revelé ce qui ne se dit point. Ces determinez sont inspirez de Dieu ou du malin esprit, de leurs mouvements fantastiques, ou sont persuadez : tout se fait par permission divine. La pluspart de ces grands coups en viennent; les docteurs, les sages du monde [s'il y avoit autre instinct], ne pourroient persuader un homme d'aller tuer un autre et mourir soudainement apres; ils ont une grande creance de l'autre monde, puis qu'ils quittent celuy-cy volontairement.

Aux guerres sainctes il se treuvoit des Turcs qui tuoient les princes chrestiens au milieu de leurs armées, apres s'estre resolus à la mort; ils se nommoient Assassinateurs, nomination turque demeurée jusques à aujourd'hui. Ils estoient persuadez des mouffetis, prestres de leur loy, et du Vieil de la montagne, puissant seigneur de leur party, qui faisoient ravir et emporter en dormant les jeunes soldats, leur bandoient les yeux, apres les avoir menez plusieurs nuicts par divers contours, les rendoient dans un jardin plein de delices, vins, viandes exquises, musiques, odeurs femmes, chasses, jeux; estoient servis de filles en habits d'anges, lesquelles ne leur parloient point; puis enyvrez, ils leur faisoient faire des apparitions d'une divinité qui leur disoit qu'ils estoient en paradis bien heureux. Apres leur commandoient d'aller tuer les princes chrestiens et d'endurer la mort, pour retourner incontinent en ce paradis : puis estoient retransportez de nuict yvres et endormis, posez au lieu où ils avoient esté pris. Ils croyoient avoir esté en paradis, et ne desiroient que la mort pour y retourner, faisant l'effect qui leur avoit esté revelé.

Les Jesuites semblent estre mal accusez d'avoir persuadé de tuer les roys : toutes les stimulations sont vaines pour resoudre un homme à la mort volontaire ; s'il se pouvoit, les ministres huguenots, dont la langue est plus fardée, artificielle et diserte, et qui ne manquent de bonne volonté, eussent fait mourir tous les roys catholiques de l'Europe. Entre infinis plus grands manquements de leur religion celuy-cy en est un, que nul ne s'est voüé à la mort pour la conservation d'icelle; nul n'a quitté son bien et le monde pour suivre les preceptes des apostres, ainsi que les Capucins : et ne s'estoit Poltrot voüé à la mort, luy estant facile de se sauver, à quoy il avoit preveu. Ils disent que la difference de la permission divine et l'instinct du malin esprit, est quand celuy qui tue se sauve, ou qu'il est pris et justicié. Baudille, les suscitez de Landry, un des Medicis, et plusieurs autres, qui se sauverent apres avoir tué leurs roys et les princes, estoient donques inspirez de Dieu, et Poltrot l'estoit du diable, puis qu'il fut executé. Leurs maximes sont incertaines; il se dict que, puis qu'il faut mourir, il vaut mieux que ce soit en sauvant sa patrie qu'inutilement; que les mouraus de gravelle et gouttes souffrent d'aussi grandes douleurs que les gehennes et les roües ; que l'Eglise et les magistrats le commandent : cela sont persuasions qui ne peuvent rien, si on n'est poussé d'ailleurs.

Que ces determinez soient fols ou privez d'entendement, cela ne se peut, car la conduite necessaire à telles entreprises monstre le contraire, ou il faut que ce soit un supreme entendement hors du commun, fort resolu à l'eternité, ou une humeur melancolique ; concluant en mon premier but qu'en ceste grande action, se laissant persuader, il faut qu'il y ait quelque chose d'ailleurs que de l'homme. Il y a plusieurs sortes de determinez : les plus resolus sont ceux qui veulent mourir en executant, comme Jean Georgui, qui bleça le prince d'Orange; le moine Clement qui tua le roy Henry III ; Chastel, qui bleça le roy Henry IV ; et le delli qui tua Mahomet visibachat au milieu de tous ses gens. Il ne s'est rencontré en plusieurs siecles tant de semblables hommes resolus qu'en celuy-cy. Quand à Poltrot, celuy qui tua le prince d'Orange, Montrevel, qui tua Mouhy, et depuis bleça l'Admiral, ils avoient moyen et intention de se sauver, n'estans ces coups admirables comme les premiers : le christianisme defend le meurtre, et mesme le mal, encore que bien en advienne.

Ceux qui commettent ces actes et y entrent par trahison, menteries et faux serments aupres des princes qu'ils veulent assassiner, sont blasmables. Leurs partisans respondent que Judith employa la menterie pour approcher Holofernes, que tout est loisible pour esteindre une tyrannie. Si seroit-il bien plus à loüer celuy qui tue un tyran sans se dire son serviteur ny se donner à luy, ainsi qu'un Chrestien faillit à tuer Amurat au milieu de son armée, sans poser la croix, à dix pas de luy : regardant quel estoit le general, il fut tué. Ny les gardes des princes, ny les observations, advertissements, phisionomies et peintures envoyées des soupçonnez, ny ne laisser approcher que les cognoissans, ne sert de rien si les malversations ont formé la sentence des princes au ciel.

La bonté de Dieu est si grande et a tellement reluit devant et depuis qu'il luy a pleu envoyer nostre Seigneur Jesus-Christ pour nostre salut, que nostre creance est qu'il a les bras ouverts pour recevoir tous ceux qui luy demandent pardon de bon cœur à l'heure de la mort. C'est un grand malheur quand en ce temps là les catharres, les coups, ou les douleurs, et surprise de la mort empeschent de recourir à luy, et semble que ceux à qui il a denié ceste grace sont en peril, et que pour leurs pechez il ne leur est donné temps de se recognoistre. Et à la verité la bonne fortune du feu roy luy manqua en ce poinct, estant tué d'un miserable si soudainement, n'eust esté qu'il fust recouverte aux devotes prieres qu'il avoit fait ce jour là ; grand defaut en sa vie, pour les jugements divers qu'en pourra faire la posterité.

Deux roys, Henry III et Henry IV, et deux princes, de Guise et d'Orange, ont esté assassinez. Henry IV fut premierement failly par Chastel, et le prince d'Orange par Jean Georgui. C'est une grande difficulté, de sçavoir si c'est par inspiration du ciel, par persuasions ou par frenaisie, ou par resolution de ceux qui commettent ces actes, sur la lecture des livres et jugemens qu'ils font des deportemens des roys et princes sur lesquels ils entreprennent. Aucuns disent que lorsque l'entrepreneur se sauve, comme fit Judith apres la mort d'Holofernes, que c'est une grande approbation que le coup vient du ciel : je suivray le commun bruit sur ces attentats. Poltrot, qui tua M. de Guise, fut persuadé par l'Admiral et de Beze, ministre; aucuns disent que la royne Catherine en fut consentante, pour la crainte qu'elle avoit que M. de Guise, ayant gagné la bataille de Dreux, tenant le prince de Condé, et le connestable estant entre les mains des Huguenots, que M. de Guise, ayant toutes les forces en main au siege d'Orleans, ne voulust occuper l'Estat. Poltrot, bien monté, avoit fait son entreprise tellement, que s'il ne se fust perdu d'esprit, il ne se pouvoit perdre de corps : il donna le coup de pistolet lors que M. de Guise n'avoit qu'un homme proche de luy. Il fut persuadé, et n'eust ceste grande resolution de mourir qu'eurent les autres, ayant premedité de se sauver apres le coup faict.

Jean Georgui, qui donna le coup de pistolet dans la joué du prince d'Orange en sa salle, où il estoit entourné de deux cens hommes, ne s'estoit pas aussi resolu à la mort, parce qu'ayant esté persuadé par les Jesuites, ils luy avoient fait croire qu'apres qu'il auroit tué le prince d'Orange, par la grace de Dieu il deviendroit invisible, et que la vierge Marie le sauveroit : de cela font foy plusieurs oraisons que l'on treuva sur luy, qui font mention des prieres qu'il faisoit à Dieu et aux saincts de sauver son corps apres qu'il auroit fait le coup.

Celuy qui paracheva l'œuvre et tua le prince d'Orange, ne s'estoit de mesme du tout resolu à la mort, car il avoit deux chevaux qui l'attendoient au delà de la muraille de la ville, et sans un grand page dudict prince d'Orange qui l'arresta le voyant courir effrayement, il estoit sauvé.

Jaques Clement, qui tua le roy Henry III, fut persuadé : il estoit fort imbecille; on dit qu'il trouvoit des billets sous son calice qui l'admonestoient de tuer le Roy, que l'on parloit à luy par une soubaterne quand il estoit couché, contrefaisant la parole des anges, et que quelques princesses avoient parlé à son prieur Jacobin, pour le faire resoudre à ce coup.

Jean Chastel, nourry dans les Jesuites, pour avoir ouy souvent disputer, et avoir veu dans des livres qu'il estoit licite de tuer les tyrans, se figurant [à tort] le Roy tel, se resout de le tuer. Le Jesuite que la Cour fit mourir, et l'arrest general contre leur Ordre, font croire à beaucoup qu'il fut persuadé. Il alla bien en resolution de mourir, parce que quand il donna le coup de cousteau ils estoient plus de cent dans la chambre; et neantmoins, l'ayant frapé et jetté le cousteau, il nioit que ce fust luy et essayoit à se sauver.

L'on tient que François Ravaillac n'avoit esté persuadé de personne; seulement ayant veu des livres et ouy parler plusieurs s'il estoit licite de tuer les tyrans, il jugea meschamment que les deportements du Roy le faisoient de ceste condition, voyant que Sa Majesté alloit faire la guerre au roy d'Espagne, qui luy sembloit maintenir la religion catholique. Les revelations qu'il dit qu'il avoit, font croire qu'il avoit les sens tournez et le jugement perverty : quoy que ce soit, il estoit resolu à la mort, et à ne se sauver point.

Ainsi de ces six entrepreneurs deux esperoient de se sauver par leur prevoyance, Poltrot et celuy qui tua le prince d'Orange, et Jean Georgui, le troisiesme, par l'aide des saincts : les trois autres, Clement, Chastel et Ravaillac se vouerent à la mort : quatre furent persuadez, Jean Chastel et Ravaillac se resolurent d'eux-mesmes.

C'a esté une dispute parmy les docteurs, s'il est licite aux particuliers d'entreprendre sur les roys, et selon leurs actions faire jugement d'eux-mesmes. S'ils sont ou ne sont tyrans et heretiques, ils sont condamnez au concile de Constance, et defence d'attenter sur les roys pour quelque cause que ce soit.

Quand les Huguenots ont pris les armes contre les roys, plusieurs d'eux ont escrit qu'il estoit licite de les tuer s'ils forçoient les consciences de leurs subjects, ou qu'ils se gouvernassent tyranniquement, et en ont escrit plusieurs livres. Aucuns Jesuites, comme Mariane et autres Catholiques, ont pareillement escrit qu'il estoit licite d'entreprendre sur les roys heretiques qui exerçoient tyrannie et souffroient l'heresie en leur royaume : neantmoins la generalité des docteurs conclud que c'est chose qui ne doit estre permise aux Chrestiens ; aussi n'y a-il point de droict ny de raison qu'un particulier face des jugements à sa fantaisie de la vie et les deportements des roys. En la primitive Eglise les Chrestiens commandoient d'obeyr aux superieurs : de tant de martyrisez du temps de Domitan, de Julien et autres, il ne s'en treuva un qui entreprist sur les empereurs ; au contraire, quand ils estoient commandez, ils alloient servir à leurs guerres, et y avoient de legions toutes chrestiennes. Tout homme de sain jugement n'appreuvera ces entreprises : celles qui se sont faites sur le prince d'Orange sembloient plus raisonnables, parce que c'estoit un prince heretique, qui s'estoit revolté de son superieur. Que s'il faloit faire tels desseins, il faudroit que ce fust un qui fust declaré par les conciles ennemy de Dieu et du monde.

C'est bien une plus grande dispute entre les doctes, sçavoir si ces assassinats viennent par le commandement de Dieu pour punition des pechez, par sa permission et tolerance, ou par le seul instinct de ceux qui les commettent : il est certain que Dieu nous a creé avec nostre liberal arbitre de bien ou de mal faire, et que sa divinité ne s'en meslant, telles choses arrivent par l'instinct de ceux qui les executent; ainsi que le mauvais ange les peut persuader, le bon ange les peut empescher. Si l'inclination des personnes est plus au mal qu'au bien, elle emporte la balance et fait resoudre à mal. De dire aussi que nostre liberal arbitre soit tellement franc que Dieu ne le puisse changer, et qu'il n'y intervienne et le divertisse quand il luy plaist, seroit une erreur.

Lors que Judith tua Holofernes, Dieu dit par ses prophetes la delivrance de Bethulie; sa divinité donc commanda la mort d'Holofernes, et y poussa Judith : et les prophetes qui ont dit plusieurs fois aux roys d'Israel qu'ils mourroient entre les mains de leurs ennemis, semble que c'estoit une punition de Dieu. Il peut estre aussi que, sans que sa divinité s'en mesle, il permet que le liberal arbitre d'aucuns les porte à ceste execution, laquelle, si Dieu, qui sçait toutes choses, vouloit, il pourroit empescher, et neantmoins le laisse à la volonté des hommes. L'on dira que Dieu n'est point autheur de mal ; c'est la verité, et ce qu'il permet quelquefois que telle chose advienne, c'est pour la punition ou des roys ou des peuples, lesquels, nettoyez par affliction, font facilement leur salut, d'autant qu'une si grande action, qui touche à tant de personnes, ne s'execute sans sa permission.

Un excez, deux ny trois, ne causent quelquefois les maladies; et lors qu'il y en a plusieurs ils desbordent et souvent conduisent à la mort : tel peut estre l'excez, qui un suffit pour reduire les personnes à l'extremité. Tels sont les pechez des hommes : apres que Dieu a beaucoup enduré de nos fautes, il envoye la punition tout à coup plus grande. Heureux en ce malheur ceux qui tombent seulement en maladie ou punition supportable, pour n'estre les excez si grands qu'ils causent la mort eternelle, par faute de demander pardon à Dieu !

Les hommes sont conceuz en peché, enclins à mal, tentez des diables ; si ce n'estoit la grace de Dieu, qui les protege, ils periroient à tous mouvements. Il n'est besoin, pour la punition de pechez, que Dieu envoye le chastiment ; seulement c'est assez de mal quand il retire sa grace des hommes, et qu'il les abandonne ; leur inclination les fait tomber en tous inconvenients, les tentations ayant tout pouvoir sur eux : ce qui advient d'autant plus que les hommes ont receu de plus grandes graces et bien-faicts de nostre Seigneur ; ce que mescognoissant il les abandonne, et ne suffit de le prier, mais de bien faire et pourvoir aux pechez passez. Plus on est eslevé en grandeur, plus se presente de moyens de bien ou mal faire : estant la couppe à plein bord elle desborde. Cet abandonnement de Dieu est ce que l'on nomme estre tombé en sens reprouvé : Nabuchodonozor, le sage Salomon, et plusieurs autres sont tresbuchez, ou par folles amours, ou par autres pechez.

Le roy Henry IV, obligé à nostre Seigneur de tant de victoires, d'honneur, de gloire, qui reluisoit entierement par la grace de Dieu, sans laquelle il luy eust esté impossible de parvenir là où estoit; Herodes, en habits triomphans, imitant les anges en splendeur, s'attribuoit la paix, les victoires, ainsi que le peuple les luy deferoit, fut soudainement ravy au milieu d'iceux, pour aprendre aux hommes que les biens ne viennent de la terre, ains du ciel.

La mort de Sa Majesté a esté toute remplie de miracles visibles : merveille qu'il soit esté tué le plus grand roy de l'Europe, arbitre de paix et de guerre dans icelle, qui sembloit tenir la fortune captive, auquel tout reüssissoit plustost qu'il ne l'avoit pensé; en plein jour, au milieu de sa ville capitale, dans un carrosse où huict de ses serviteurs estoient, ayant une grande armée sur pied, assisté d'un million d'hommes, entre les deux plus grandes solemnitez qui se soient faictes de son regne, du sacre et l'entrée de la Royne, estre tué par un homme qui n'avoit autre pouvoir que son couteau, ny persuasion que de son esprit, tellement aydée du malheur de ce prince, que huict choses favorisent son dessein.

Le commandement que le Roy fit à son capitaine des gardes de le laisser et d'aller au palais; le carrosse arresté et embarrassé aupres du cimetiere Sainct Innocent; les valets et gardes à pied, pour prendre le plus court, passent par la galerie d'iceluy; un vallet de pied, qui le suivoit ordinairement, s'arresta pour r'attacher sa jarretiere, le visage tourné d'autre part; ceux qui estoient dans le carrosse regardant ailleurs; Sa Majesté, ayant le premier coup qui n'estoit rien, hausse son coude pour parer son visage, et fit place au second mortel, lequel s'il eust eschappé ce jour le meurtrier estoit resolu de s'en aller : ceste intention luy avoit continué deux ans. L'on demanderoit pourquoy il n'a esté permis à l'assassinateur de l'executer qu'entre ces deux solemnitez si remarquables, et lors que ceste armée estoit assemblée : cela fortifie la creance que c'est un coup du ciel, duquel l'execution devoit estre faicte au milieu de tant de forces, pour de tant plus faire paroistre la puissance de Dieu : mort preditte par un Allemand plusieurs années auparavant; et luy-mesmes,

estant adverty du malheur qui luy devoit advenir en ce mois, ne le peut eviter. C'est un peché aux Roys et aux peuples d'attribuer à la valeur et sagesse du prince les victoires et la paix. Que si nos pechez ne l'empeschent, Dieu monstrera que sous le sceptre d'un enfant il peut maintenir la paix aussi bien que sous un grand Roy, parce que c'est de luy seul qu'elle procede.

A la verité ceux qui aymoient le Roy doivent avoir satisfaction en ce que l'on tient qu'il pria Dieu ce jour là fort devotieusement; parce qu'il est si misericordieux, qu'encores qu'on ait fait de grands pechez, si à l'heure de la mort on a le temps de fermement se repentir et demander pardon, il l'accorde. Si est-ce que c'est un grand bien quand il donne le temps de le recognoistre et luy demander grace; parce que les pechez peuvent estre tels que sa divinité ne depart ce bien aux mourans, et par ce defaut sont en voye de perdition, les uns tuez de coups, autres de catarres, maladies furieuses qui excitent les fumées au cerveau, pervertissent la memoire, sortent les hommes hors de devoir et de cognoissance. C'est pourquoy avec l'Eglise nous devons prier que Dieu nous garde de mort subite, et au commencement des maladies nous confesser et repentir, pour eviter le pervertissement des sens, et que d'heure nous puissions pourvoir à ce qui nous est necessaire, qui est le salut eternel.

Les opinions sont diverses s'il estoit mieux pour le roy Henry IV qu'il mourust plustost que tard, les affaires estans en l'estat qu'elles estoient. Aucuns disent que ceste grande armée, despense et preparatifs, n'estoient causez que d'amour qu'il avoit à la princesse de Condé, et qu'il n'estoit besoin de tant de gens et despense pour Claives, ainsi que le temps l'a monstré depuis. Il est bien vray que, ces grandes levées faictes, il fut tenté par les ennemis des Espagnols, les Venitiens, duc de Savoye, Ollandais et autres, de leur faire la guerre; enfin, son inclination au repos, la crainte de trouble et guerre civile, l'avoient suppedité, et estoit resolu qu'apres que la princesse de Condé seroit delivrée entre les mains de Sa Saincteté ou de son legat, qui la devoit remettre à M. le connestable son pere pour luy amener, de rompre son armée : il y a peu de son conseil qui sceussent son dessein; l'Espagne, l'Italie, la Flandre, l'Allemagne et la France, croyant que par grande generosité il vouloit entreprendre, à la ruine du du roy d'Espagne, de s'establir une monarchie. Autres disoient que par force, et à l'aide des Protestans, il se vouloit faire empereur, ayant esté tué sur ceste opinion que toute l'Europe avoit

18.

conceu en suitte de ce qu'il avoit fait au passé.

Il est mort en reputation d'une grande generosité et valeur, hormis d'aucuns qui disoient que ces montagnes n'enfanteroient que des rats. Plusieurs disent qu'apres qu'il fust sorty de cest affaire, il eust continué la paix jusques à sa mort, se fusse plongé dans toutes voluptez et plaisirs, en chasses, amours, jeux et autres passetemps : ayant espreuvé plusieurs traverses à la guerre, et que cent fois il avoit à peu tenu qu'il n'eust esté ruïné, sauvé par la seule imprudence de ses ennemis, il ne vouloit retomber en de semblables perils; tellement que ce reste de vie remplie de voluptez eust obscurci sa reputation acquise. Au contraire, estant mort en la creance susdicte, il a laissé une grande gloire, tant pour avoir esté favorisé de la fortune en sa vie, qui a esté expliqué à valeur, que pour en sa mort avoir laissé creance du dessein de si grandes entreprises : ainsi il est donc mieux pour luy d'avoir finy sa vie plustost que plus tard.

L'esprit se trouble, sort de soy, par morsures de chiens enragez, par folie, colere, crainte, son d'armes, de trompettes, et douceur de musique; entre lesquels la peur tient le premier lieu et a le plus de pouvoir, met en fuite les armées, precipite à la mort pour eviter la mort, entrave les pieds, fait outrer les chevaux sans consideration, qui [tenuz en haleine et non forcez] pourroient sauver leurs maistres. Poltrot faict une lieuë, et croyoit en avoir fait vingt de nuict : les estoiles, le vent, la mousse des arbres tournez au septentrion, un cadran, peuvent empescher ces accidents. Plusieurs Huguenots chassez se sont servis de la boussole, et sans entrer en village se sont sauvez en Allemagne. M. d'Haussun estoit vaillant, qui mourut pour l'expiation de sa faute : que sçauroit plus faire un hermite pour sa conscience, qu'il fit pour avoir la sienne d'honneur sans tache de honte?

La mort de M. de Guise luy osta le moyen d'acquerir de grande gloire estant homme de bien, ou une grande puissance estant mauvais. Il avoit pris le prince de Condé à la bataille de Dreux, le connestable qui luy estoit obstacle prisonnier parmy ses adversaires, toutes les forces du royaume entre ses mains, bien avec le Pape, les Espagnols et estrangers ; il avoit le cœur du peuple, tenoit assiegé Orleans prest à estre pris, le reste de ses ennemis battus et fugitifs aux extremitez de la Normandie avec peu de courage, le Roy et ses freres comme en sa puissance : s'il eust vescu et voulu prendre la coronne, favorisé du Pape et des Espagnols, il y avoit autant de droict, et y pouvoit autant esperer que Huë Capet (1) sorty de Robert le Grand, qui, à la faveur du pape Zacharie, et par l'amitié des Français, obtint la coronne, faisant mourir le legitime heritier et ses enfans dans une tour à Orleans. Au contraire, s'il eust voulu estre homme de bien, garder la foy à ceux à qui il la devoit, avec ses moyens et cette grande puissance servir son jeune Roy, r'establir la religion catholique, ruïner les Huguenots, et quand Sa Majesté eust esté en majorité luy rendre toutes ses forces, se ranger sous son commandement, il eust acquis la grace de Dieu avec plus d'honneur, ayant peu obtenir la coronne facilement, et y ayant proposé son devoir et sa foy, la laissant et conservant à celuy à qui elle appartenoit : il eust gagné [en vainquant soymesme et l'ambition] plus de trois royaumes ; la mort luy envia cest honneur ou ce profit.

Les cometes, les conjonctions de planetes, monstres, prodiges, ne sont creuz presager les evenements humains, que pour avoir observé en signes semblables qu'il est advenu de pareilles choses. Le feu aux poudres du chasteau de Milan, au temps de L'Autrec, annonce la perte d'Italie aux Français ; le feu en l'arcenal de Paris, l'establissement de la religion huguenotte, par la mort de M. de Guise. J'ay experimenté le feu estre mauvais presage ; c'est un advertissement de supremes puissances, à quoy il faut opposer le remede de ceux de Ninive.

La Royne, hors de crainte par la mort de M. de Guise, se glisse à l'entier gouvernement; M. le connestable ne s'y opppose, ne pretendant à l'Estat, ains seulement de conserver son authorité. Elle crée des serviteurs proche ses enfans, afin qu'ils ne dependissent que d'elle, et ne fussent obligez ny affectionnez aux deux grandes maisons de Guise et de Montmorency. C'est l'advancement du comte de Retz, d'Acier, de Lansac, de Losse, de Villequier, La Bourdaiziere et autres. Restoit la crainte à la Royne du prince de Condé, auquel elle avoit donné promesse de la lieutenance generale, et de l'admiral de Chastillon, qu'elle entretenoit d'autre promesse : à l'un elle oppose le cardinal de Bourbon, auquel, pour estre plus aagé que luy, appartenoit le gouvernement, comme plus proche du sang ; ce cardinal, d'esprit foible, est facilement gagné contre son frere. L'admiral de Chastillon est entretenu et embrouillé en l'accusation de la mort de M. de Guise, bride par laquelle la Royne le retenoit, avec les menaces de la vengeance des parens du deffunct.

Pour n'estre subjecte à tant de gens, la Royne,

(1) Même anachronisme que plus haut.

avant le temps prefix des loix, publie la majorité de son fils le roy Charles IX au parlement de Roüen, à quoy s'oppose celuy de Paris : il est respondu par le Roy, en son conseil, que leur devoir n'estoit que de se mesler de la justice, et qu'ils estoient ses officiers, non ses tuteurs. Cette majorité precipitée offence le prince de Condé, cognoissant qu'il ne faudroit plus de lieutenant general, et le fut davantage, en ce que les Catholiques ne pouvans souffrir les Huguenots en plusieurs provinces, il se faisoit divers tumultes, dont la justice ne leur estoit faite à leur gré.

La Royne change d'advis, n'a plus besoin de tenir les deux parts en mesme force ; l'une reduicte à rien par la mort de M. de Guise, pretend d'abbaisser l'autre, et garder toute l'authorité ; se resout voyager par tout le royaume, et monstrer ses enfans, esperant assoupir les factions, de parler à sa fille la royne d'Espagne, et s'associer à la conservation de leurs Estats ; esloigner les presches de la Cour et persecuter les Huguenots, en tant que la conservation de la paix le pourroit permettre.

Le sieur de Tavannes luy avoit envoyé plusieurs memoires pour abbaisser les deux maisons et tirer tout le pouvoir au Roy, establir des serviteurs qui ne dependissent que d'elle, leurs Majestez s'asseurant du tout de luy. Il estoit grandement affligé de la mort de son fils aisné, qu'il perdit au retour du Havre, où il estoit cornette du chef des reistres, avec promesse d'estre bientost colonel ; il eut des lettres de consolation de leurs Majestez. Le sieur de Tavannes, penchant aux nouveaux desseins de la Royne, fait requerir par les estats de Bourgongne que l'edict de la religion huguenotte n'y fust estably ; croyant la paix de durée, il se met à bastir le chasteau du Pailly, à deux lieuës pres de Langres, à quoy il employe son bon mesnage, s'exercite à la chasse, plaide et partage la succession de Listenois, valant soixante mil livres de rente, dont il obtint un quart pour le droit de sa femme.

[1564] Le Roy le trouve en ses plaisirs, en l'année 1564, à Dijon, auquel temps il alla au devant de Sa Majesté, à une lieuë de la ville, et, sans luy faire grande harangue, mit la main sur son cœur, et luy dit : « Cecy est à vous ; » puis la mettant sur son espée : « Voilà dequoy je vous puis servir. » Arrivé à Dijon, le sieur de Tavannes fit plusieurs beaux tournois, lesquels, hormis la mort, sembloient des combats entre ennemis ; il y fut rompu en foule, à camp ouvert, fit rouler sur des roües des camps fermez, assaillis et defendus, et apres un fort qui fut battu de quatre canons, et où il fut fait bresche si vivement, que la Royne demanda quels jeux c'estoient, et qu'ils luy faisoient trembler l'ame dans le corps : M. le connestable respond que c'estoient jeux accoustumez au sieur de Tavannes, qui, se riant, dit qu'il se vanteroit d'avoir fait trembler leurs Majestez. Ces inventions furent admirées. Il confirme la Royne à establir des creatures qui ne dependissent que du Roy et d'elle. La Royne le cognoissoit tel, et avoit ja tant fait de services, qu'elle luy eust donné l'estat de mareschal de M. de Brissac, vacquant par sa mort, s'il fust allé jusques à Mascon ; il en fut empesché d'une blessure d'un esclat d'espée, receue en la jambe aux Tournois : il respondit au sieur de Vantoux, son cousin, qui luy disoit que, s'il eust esté en Cour, il eust eu l'estat de mareschal, que leurs Majestez eussent plus faict pour eux que pour luy.

La Royne, le Roy à Lyon, ils y firent construire une citadelle, et ordonnent le desmantellement d'Orleans et de Montauban, villes favovorisans les rebelles. 1564 finit le concile de Trente par la condamnation des heretiques, reformation de quelques abus, sans que les heretiques se peussent glorifier que ce fust pour leur sujet. Les princes chrestiens requierent au roy de France l'observation du concile ; il se pare de sa minorité. La Royne, en crainte des Huguenots, deffend les sinodes, fomente les difficultez qu'ils reçoivent aux provinces ; s'estoit servie d'eux, comme les hommes font des sangsues, pour tirer le mauvais sang.

[1565] Le cardinal de Lorraine et ses Nepveux retournent de Trente, entrent avec garde à Paris, contre les defences du Roy ; rencontrez de M. de Montmorency, gouverneur dudict Paris, furent contraincts se sauver dans une maison. Sur leurs plainctes, le Roy ordonne, tant à ceux de Guise que de Chastillon, sortir de Paris. Le jeune Monlluc, allant au Peru, descend à Madere, où il est tué à la teste des siens, et la ville emportée : sa mort rompt ses desseins. Les roynes de France et d'Espagne à Bayonne, assistées du duc d'Albe, resolvent la ruïne des heretiques en France et Flandres. En la place de l'empereur Ferdinand, mort peu auparavant, est esleu Maximilien son fils. Selim estrangle son fils Moustaffa, persuadé de La Rousse, sa marastre, qui avoit gagné le visi-bachat : pour faire tomber l'empire à son fils Selim, un frere du mort de regret se tua en presence du pere. Soliman assiste le roy de Transsilvanie à la prise de trois chasteaux de l'Empereur, qui, par le meurtre de George Capestan, cardinal moine, faict par Castalde, espagnol, par le commandement de l'Empereur, avoit perdu toute la Transsilvanie. Le roy de Pologne perd temps de vouloir accorder ses differents ; l'Empereur se sert de Lazare Chevandy, qui luy conserve ce qu'il tenoit en Hongrie.

Les Espagnols [sous dom George de Tollede] chassent les Turcs du chasteau d'Affrique, lesquels assiegent Malthe, conduits par Moustaffa bachat, prenent le fort de Saint Elme, qui couste la vie de Dragut Raïs et à trois mil Turcs. Apres avoir donné quatre assaux à celuy Sainct Michel, estant entré le secours de six galleres à Malthe, et dom George de Tollede navigeant autour avec l'armée chrestienne, le Turc se retire en perte de vingt-cinq mil hommes, à l'honneur du grand maistre Vallette, qui avoit soustenu le siege, au secours duquel le comte de Brissac arriva tard avec quatre cens Français. Soliman irrité prend et deserte Syoul, qui estoit sous sa protection, sans qu'iceux voulussent rechercher secours d'ailleurs, ouvrent les portes, accusez par les Turcs d'avoir adverty les Maltois; le grand Seigneur, pour ne perdre reputation, entreprend en Hongrie. L'Empereur les previent, prend quelques chasteaux par le comte de Salme son lieutenant, qui fut contrainct de se retirer à l'arrivée de Soliman, lequel assiege Siguet et meurt devant.

Mahomet, visi-bachat, cele sa mort, advertit le bachat de Constantinople, qui envoye querir Selim à Amazia, distant de huict journées de là, le fait recevoir à Constantinople, de là vient en Hongrie, d'où il ramene l'armée; en ceste expedition fut M. de Guise, aagé de dix-huict ans. Le roy Philippe, à la requeste des Flamands, avoit emmené les Espagnols de Flandres, où il avoit laissé sa sœur, bastarde duchesse de Palme, assistée du cardinal de Granvelle, laquelle ne fist assez de part des honneurs et profits aux principaux du païs à leur gré : ils s'opposent et se liguent contre leur gouvernement, à fin que la religion huguenotte ne manquast à son accoustumée de glisser dans les pays par adultere, ambition, avarice et rebellion. Les princes d'Orange, comte d'Aiguemont, d'Orne et autres s'en aident, y meslent la conservation des privileges du païs, se declarent ennemis du cardinal de Granvelle, qui s'absente pour ne leur servir de pretexte. Leur but estoit de rendre la Flandre comme l'Empire, les grandes villes hors de servitude, ainsi que les Imperiales, et eux avec semblable authorité que les ducs de Saxe, comte Palatin et autres princes d'Allemagne, ayant authorité de gouverneurs aux provinces.

Ils vont, partie d'eux assistez du peuple, habillez en gueux, presenter requeste à la duchesse de Palme, contre les punitions et recherches qui se faisoient des heretiques, et bruit de l'establissement de l'Inquisition contre la liberté du pays: elle, se voyant sans force, dissimule. Ils envoyent en Espagne les ambassadeurs, ils y sont justiciez; l'offence commise, le peril auquel estoient les grands les esmeut, et se divisent; le peuple pour l'heresie revolte les principales villes, qui rompent leurs images. Pour obvier à ces desordres, la duchesse est contrainte d'employer les gouverneurs, les prince d'Orange, comtes d'Aiguemont et d'Orne, qui, feignant d'esteindre le feu, y versent de l'huile. Elle, forcée, reçoit commandement du roy d'Espagne de leur opposer ce qui luy restoit de fidelles serviteurs et subjects; et furent contraints les gueux [ainsi appellez pour avoir presenté la premiere requeste en cet habit] se declarer ouvertement par armes, ce que ne leur ayant reüssi heureusement, les comtes d'Aiguemont et d'Ornes ne s'emeurent, et eussent desiré de n'avoir commencé : estant les armes prises, il falloit autres que femmes pour les manier.

Le duc d'Albe est envoyé general de toute la Flandre, la duchesse revoquée. En cette année, la royne d'Escosse, vefve du petit roy François, par amour espouse le fils du comte de Lenox, duquel ayant un fils, et en crainte de perdre l'authorité tient des conseils secrets avec son secretaire : le roy d'Escosse, mal conseillé de ceux qui semoient division et jalousie entre eux, le tue en sa presence; elle offencée se met mal avec luy. Reconciliée, le jour qu'elle l'avoit esté voir en une maison, malade de la petite verolle, la nuict qu'elle en sort la maison sauta par mine; dequoy s'estant apperceu le Roy d'Escosse il eut temps de rompre un barreau; et se jetter par la fenestre; le lieu jà investi de ses ennemis, il fut estranglé. Baduel accusé d'estre chef de cette entreprise, la Royne soupçonnée l'espouse, dequoy suit la revolte de tous ses subjects. Apres une bataille perduë par ledit Baduel et la Royne, elle est contrainte de se mettre en mer, soit de force ou de gré, surgit en Angleterre, où elle fut prisonniere vingt ans, en fin decapitée par la royne Elisabeth, non tant pour conspiration descouverte contre l'Angleterre, que crainte que le conseil huguenot avoit, qu'advenant la mort d'Elizabeth, elle succedast en Angleterre et restablit la religion catholique.

Heureux qui vit sous un Estat certain, où le bien et le mal sont salariez et chastiez selon les merites ! par l'un on est asseuré d'honneurs, biens et recompenses ; par l'autre, des chastimens inevitables, sans qu'artifices, amis, argent, faveurs puissent ayder pour obtenir l'un ou eviter l'autre. Tel estoit l'Estat des premiers Romains, tel a esté celuy de France, tel est celuy de Venise, des Suisses et royaume de Pologne, dont la puissance des superieurs est limitée. Les roys de France, de Moscovie et Turquie out la puissance absoluë ; ceux d'Espagne, d'Angleterre, l'ont usurpée à moitié, se servant de l'assemblée de leurs estats generaux, ainsi que leur auctorité le peut permettre. Où la faveur, l'artifice et l'argent ont lieu, nul ne se peine à bien faire, sçachant d'autres portes que celles de l'honneur ouvertes pour parvenir aux grades et recompenses, non plus qu'aucuns ne se soucient de faire mal, d'où ils esperent eschaper par les moyens susdits.

Les biens, les fortunes ne se peuvent dire asseurez à ceux qui vivent sous les Estats exerçant la puissance absoluë; les faveurs de justice, fausses accusations, ces mots de *propre mouvement*, et, *ainsi est notre plaisir*, les fait perdre, et ne valent les biens jouys et possedez en crainte la moitié de ceux que les loix asseurent, et que l'on sçait ne pouvoir perdre que par sa faute. Les grades conferez ordinairement par faveur sont à mespris; les juges n'exercent justice qu'entant que le service ou volontez des roys le permet. M. l'admiral de Chastillon ne se fust sauvé du meurtre de M. de Guise, s'il eust esté subjet des Suisses. En Pologne, les gentils-hommes jugent leurs semblables. J'estois avec le roy Henry III en l'an 1574 : le borrosqui planta une lance de defy, un gentil-homme du comte de Tanchy la leve : le borrosqui ne le tenant de sa qualité met en camp un des siens, qui est blessé d'un coup de lance. Au sortir de la cour du chasteau le borrosqui tue le comte de Tanchy d'un coup de hache : les parens du deffunct amenent le corps au palais, et demandent justice. Le Roy s'employe pour le borrosqui, pensant gagner ses parens : malgré que Sa Majesté en eust, il fut banny à perpetuité par le senat : tant sont les puissances des roys limitées en ce païs là.

En la guerre de l'Union [1591] M. du Mayne en mediocre prosperité, je luy proposay que la France se pouvoit maintenir, comme une grande ville, par citadelles, fortifiant par emboucheures des rivieres, par lesquelles les vivres, l'argent, trafic et sel se conduisent; qu'il fortifiast Quillebeuf et Roüen pour la riviere de Seine; le Hourdet proche Abeville, pour Somme; Nantes, pour Loyre; Lyon pour la Saosne; la tour de Bourg pour l'embouchure du Rhosne : toutes lesquelles places il tenoit, conservant Paris par garnisons : encore qu'il eust perdu la campagne, il y avoit esperance que le temps changeroit les affaires et le remettroit en sa premiere grandeur. Les roys absolus de France, craignant de perdre de leur temps ou de leurs successeurs l'Estat, pouvoient adjoindre à ces citadelles les villes de Bordeaux, Broüages, Tholon, Marseille, Soissons, Langres et Maisieres, lesquelles fussent commandées des parens des enfans de leurs Majestez ou gens fidelles; autrement ces citadelles serviront de dissipation, au lieu de conservation : ces dix ou douze villes demeurans asseurées, la France ne se peut perdre pour le Roy.

Ce siecle, plein d'infidelité des freres aux freres, estant proposée l'ambition au parentage et obligation, fait que le Roy Henry IV ne se resout de suivre ces moyens, et qu'il espere plus en la voix generale du peuple, lequel ne veut la dissipation pour son interest, et croit que la generalité de la France supportera le legitime, aymant mieux s'y fier qu'aux infidelitez d'aucuns particuliers. Aussi son principal travail est d'empescher qu'il ne s'esleve personne pardessus les autres, et de tenir en egalité tous les grands de son royaume, dissoudre leurs alliances, les abaisser, et hausser ses officiers de justice interessez à la conservation de l'Estat, lesquels sont ennemis du gouvernement populaire, pour la crainte qu'ils en ont.

L'an 1590 je commandois à Roüen ; j'eus tout le sel de France en mon pouvoir, et en pouvois tirer cinq mil escus par sepmaine : de quarante lieuës le peuple le venoit querir sur le col. J'estimay le bien general du party plus que mon particulier ; j'obeys à la requeste de M. du Maine et priere de ceux de Paris ; je laissay monter le sel, qui fut une faute extreme à mondit sieur du Maine, lequel ne sçavoit qu'il demandoit ; toutes les villes que tenoit le roy Henry IV n'avoient point de sel, et le pouvois vendre au poids de l'argent. Si j'eusse eu plus d'ambition que de zele, j'avois moyen de tirer de ce sel plus d'argent que les deux partis ensemble, et crois que j'avois du sel, sans celuy qui fust venu, pour trois cens mil escus.

Le Hourdet est au delà de Sainct Valery, il peut empescher l'entrée de Somme et la mutinerie d'Abeville; Quillebeuf est plus important pour la Seyne, et plus utile que le Havre de Grace : les navires ne peuvent venir que jusques là d'une marée, les bans de sable mouvant, qui se changent d'heure à autre, necessitent de prendre un pilote à Quillebeuf. Ceux du roy Henry IV, cognoissant l'importance, s'en saisirent et firent quatre bastions à l'entour d'une eglise, couperent les vivres à Roüen ; j'y menay deux cens chevaux, huict cens arquebusiers et deux coulevrines, les surpris qu'ils n'estoient que soixante dedans : voyant que les coulevrines, que j'avois laissé derrier, tardoient, je donne deux assauts, un de jour et l'autre de nuict, avec perte de quelqu'uns des miens; je les forçay de se rendre, je gaignis quinze navires à la rade, et les donnay liberalement à mes capitaines. Je ne peux gagner sur ceux de Bourgongne, qui estoient à moy, qu'ils voulussent demeurer en ceste place : aussi, ne voulant faire paroistre que je me voulusse establir, je fus contrainct d'y laisser un Normand, qui la vendit trois mois apres; et puis dire que l'un des moindres des miens refusa la recompense que le Roy donna à un des plus grands des siens, qui estoit le sieur de Termes, depuis grand escuyer de France, apres qu'il l'eust gagné. Ceste place fortifiée vaut en guerre cent mil escus par an au gouverneur; si j'eusse creu aucuns gens de bien de la cour de parlement de Roüen, j'y eusse estably l'un des miens : depuis le Roy l'estima tant, qu'il voulut qu'elle se nommast Henry Carville; si la guerre eust duré, il y eust fait une grande place. Les noms des fondateurs des villes leur demeurent fortuitement, ou se perdent : nous voyons encore Alexandrie, Demetriade, Constantinople, et autres, qui ont changé leurs noms, soit par le temps ou par l'inimitié des usurpateurs; le Turcs, pour faire perdre le nom de Constantin, nomment Constantinople Stambola.

Toutes villes maritimes ne se prevalent de la mer pour secours quand elle n'y flue que par canals, comme à La Rochelle et autres lieux. Celles où la mer bat à plain, où il y a bon fonds, se peuvent secourir, parce qu'elle ne se peut barrer, ny l'armée ennemie s'y tenir continuellement pour empescher l'entrée.

Il y a diverses opinions du souverain bien; plusieurs les mettent aux voluptez, lubricitez, gourmandises, parfums, musiques; autres aux chasses, jeux, bastiments, jardins, peintures; aucuns à l'avarice, posent escu sur autre sans sacieté; infinis à chercher honneur, grades, reputation apres la mort, avec travail sans repos: plusieurs, plus malades d'esprit, se plaisent à se faire foüeter le visage de journées apres un cerf, se faire manger des chiens, et à s'user le corps pour suivre une balle pleine de bourre, avec estonnement de ceux qui les considerent, qui ne sont de leur humeur, comme ils peuvent durer en ces peines avec si peu de fruict. Un voluptueux au travail, un ambitieux au repos, un liberal à l'avarice, languissent. Tel se contente à du pain moisy, avec une lampe esclairant à la lueur des escus, dequoy il n'euse point, qu'il en quicteroit tous autres plaisirs. Le souverain bien, disent les hommes, est selon leurs affections et opinions, non que pour cela il soit veritable; il y a plus de maladies d'esprit que de corporelles.

Telles gens doivent chercher leur guerison, non vers les plus doctes, mais vers ceux qui ont le meilleur entendement, parce que la science peut estre sans jugement : le choix des medecins de l'esprit est difficile; les bons livres ne flatent les lecteurs comme les hommes. Je definis le souverain bien : avoir la conscience nette, observer la loy de Dieu, amender ses fautes, se mettre en estat de grace; il n'y a nul salut en doute de son salut. Toutes les voluptez, belles maisons, plaisirs, delices, ne plairroient à un criminel qui sçauroit estre condamné à la roüe au bout de l'an. Quel plaisir peut avoir au monde celuy qui est en doute d'estre apres sa mort tourmenté eternellement? La vertu est pleine de plaisirs, se recompense soy-mesme et satisfait ses auteurs : elle ne defend les justes amours, les chasses, le manger, la musique, les peintures, les bastiments moderez, sauve et garantit de l'exces, source de douleurs et maladies. Gouster à cœur saoul de mesme chose la fait mespriser; la vraye saulce est l'apetit : il faut perdre pour recouvrer : la temperance [selon la loy de Dieu] tient sain l'esprit et le corps.

De rechercher l'honneur aux bastiments, pierreries, chevaux et richesses, c'est vanité, cela est hors de nous : les belles actions sont seulement nostres, la reputation nous en demeure. Les bastiments perissent en deux cens ans; le temple de Salomon, la Diane d'Ephese, les jardins de Semiramis sont atterrez; des pyramides, des temples, des colonnes qui restent, les auteurs en sont incertains. Si c'est pour le plaisir present que l'on ayme les edifices, l'on se lasse des choses plusieurs fois veües; si les nouvelletez transportent d'adjoindre desseins sur autres, il faut croire que c'est maladie d'esprit qui se doit guerir par la raison. En cest art il n'y a nulle perfection entiere; aux plus grands edifices il se treuve à adjouster, lesquels estans faicts et bien considerez laissent un regret de n'avoir fait mieux. Le roy Henry IV a dependu un million d'or aux bastiments, sans avoir rien de parfaict.

Quel plus grand plaisir, quelle plus belle consideration, que l'architecture celeste et terrestre? que si nous sommes saouls de les regarder, nous le serons en un instant de voir cinquante toises de muraille en quarré par nous edifiées? De la maison bien bastie, l'honneur en est à l'architecte, au maistre maçon, non au seigneur d'icelle : un financier, un maquereau, un usurier, en font d'aussi belles que les plus gens de bien : les maisons faictes, communement elles se vendent, ou la mort en oste la joüissance : les façons de bastir changent, les bastisseurs disent que c'est l'ornement des royaumes.

Le sieur de Tavannes, duquel je suis heritier en ce desir, sur la proposition de reformation de la France, empesche la prohibition des bastiments, disant que c'estoit le moyen de faire gagner les pauvres. Les roys peuvent bastir, parce que par circulation ils retirent l'argent des maneuvres et maçons qui payent les tailles : ce que ne peuvent les gentils-hommes, lesquels doivent bastir par commodité ou necessité, non par superfluité, ny en divers lieux; non plus qu'un corps n'a besoin de deux habillements, ils n'ont que faire de deux chasteaux. Si c'est la consideration de la pluralité d'enfans, il suffit que l'un s'amuse à la belle maison, cependant que les autres cherchent leur bonne fortune. Les superflus s'excusent de ce qu'ils bastissent en plusieurs lieux, pour la commodité de l'hyver et de l'esté sans raison : il faudroit qu'ils fissent des chasteaux à cent lieuës l'un de l'autre, au septentrion et au midy, pour s'apercevoir du plus chaud ou plus froid païs. Tout ce que les monarques font se defaict : le mont Atos, taillé en figure d'homme, proposé à Alexandre, se pouvoit rompre ; les piramides, les colomnes, se renversent. Un roy pourroit destourner une riviere, construire ou aplanir une montagne, que son successeur pourroit refaire et remettre en son premier estat: les belles actions perpetuent la memoire, et non les bastiments.

Qui se commande est riche; celuy n'a que faire de rien qui mesprise tout par la cognoissance de la vanité du monde, et qu'il faut tout laisser. La douleur, le manquement, mauvais accidents et pauvreté sont plus frequens que leurs contraires : il se faut accoustumer à eux, combattre le desir aux premieres barrieres; la resolution de souffrir oste la douleur. Au retour des corvées le corps desire estre desarmé d'une partie, puis du tout, demande un banc, un tapis, en fin le lict : à quoy resistant, l'on dort aussi bien tout armé que sans armes ; obeyr à l'apetit et au desir rend l'esprit esclave du corps. Nous voulons des salles, et sommes à couvert dans un cabinet ; des pierreries, la rosée, la gelée attainte du soleil en fournissent : la mesme chaleur et froideur est aux habits de bure et toile, qu'aux dorez ; les livres fournissent de grandes compagnies : nostre contentement depend de nous guider par raison et jugement.

La loy de Moyse donnée de Dieu de facile interpretation, les autres faictes des hommes nos semblables sont faictes par bon sens naturel des gens de bien ; les loix des douze tables, aportées à Rome de Grece, n'avoient grandes difficultez, les gloses et commentaires sur icelles les obscurcirent ; ainsi que la multitude des medecins tuent les malades, l'exacte observation de l'apparence de justice en est la ruine. Plusieurs arts faciles, argumentez inutilement par les professeurs d'iceux, ont esté malicieusement rendus difficiles pour exiger plus de loyer de l'enseignement, et que le peuple cogneust moins leur faute. Les anciens philosophes couvroient leurs sciences de fables subjectes à interpretations ; les medecins dujourd'huy, outre le latin qu'ils alleguent à ceux qui ne le sçavent, font des recipes et des n' tranchez, avec chiffres non intelligibles qu'à ceux de leur caballe, ressemblans aux caracteres des sourciers. Les moindres arts, à leur imitation, ont donné une methode de leur science couverte et longue, inventé des nominations : les escuyers, les escrimeurs et autres peuvent aprendre en trois mois ce à quoy ils consument des annees : ainsi les docteurs du droict en ont prolongé l'enseignement de dix ans, pour empescher que la noblesse n'aprist leur sçavoir, l'impatience de laquelle ils ont jugé ne pouvoir aller jusques à ce terme, empeschez de la despense et legereté. Ils ont embrouillé les loix, s'aydant du droict romain, des gloses de Barthole et Jason, interpretations, droict escrit, coustumier, ordonnances royaux, arrests recueillis des cours ; ainsi, au lieu d'un livre necessaire [n'estant la loy de Dieu escrite qu'en deux feuilles, et celle des Romains en douze], il faut des chambres et sales pleines de livres, en telle confusion qu'ils rendent tout droit douteux balançant autant d'une part que d'autre, disent que c'est à leur choix d'appliquer le grain : ce sont les escus qu'ils reçoivent qui emportent le poids où il leur plaist.

Il n'y a vollerie plus grande que celle qui s'exerce sous le manteau de justice : ils disent que chaque chose a son tour ; ils veulent autant piller en paix que les soldats font en guerre ; les meschancetez qui s'y commettent ne se pourroient escrire. Les juges sont la pluspart parens, pour estre les cours sedentaires en une ville : toutes les bonnes familles alliées veulent estre de cette compagnie, composée d'escoüade et cambrade, comme les gens de pied, quelquefois les vieux bandez contre les jeunes, les jeunes contre les vieux. Un president en aura huict ou dix, un des anciens couseillers autant ; parlant à un c'est à toute la cambrade : ils font des compositions entr'eux, tellement qu'ayant condamné une partie à tort, l'autre luy rend la pareille en semblable cas.

J'ay veu plusieurs reconciliations faictes par la mort des innocens ; à la forme de Caïphe et Pilate, tout se faict par faveur, parentelle, ou argent ; sont phenix que les gens de bien parmy eux : A leur exemple, les advocats et procureurs vendent leurs parties, qui se fient en eux, leur revendent leurs papiers. Cresus conseille Cirus [pour empescher ceux de Babylone d'entreprendre sur luy] de leur faire porter des longues robes, et les faire plaider les uns contre les autres : les princes imitent ces conseils, employant le vif argent des Français en procez, ayans correspondances avec les juges pour immortaliser iceux par lettres de chancellerie, d'evocations, requestes civiles, propositions d'erreur, cassation d'arrests, procurans que les procez soient des idres, et qu'ils ne soient comme singes sans queuë.

Il y a en France quasi plus d'officiers de justice et finances que d'autres peuples, necessitez de gagner aux despens des mal-advisez, qu'ils recherchent pour mettre en leurs lacs, d'où ils ne sortent plus que ruinez : quoy qu'ils gagnent, ils perdent. Le Turc a trois cens mil payes, comprins les ecclesiastiques et juges qui combattent : il y a cinquante mil officiers en France payez, ils devroient estre contraincts de porter les armes; puis qu'ils ont la paye des gentils-hommes, ils peuvent servir de deux mestiers, ou que les gentils-hommes exercent leurs estats pour avoir leur paye.

Tant moins il y auroit d'officiers aux cours de parlement, plus il y auroit de justice, et [les loix estant reglées et les meschants chastiez] il n'y auroit pour occuper les bons trois mois en l'année. Les juges contraincts d'acheter leurs estats en gros, il leur semble estre permis de s'en rembourser en destail par la vente des parties, dont ils prenent les presents par longues circulations de clercs, procureurs, solliciteurs, ou personnes peu cogneuës, qui corrompent les femmes et vallets; tellement qu'ils croyent leur estre licite de prendre de l'argent de ceux qui ont bon droit : ils se trahissent, revelent le secret de la justice aux gouverneurs et parties.

L'on fait croire au Roy que la multitude d'officiers maintient son Estat, alleguant les derniers troubles : par exemple, que le peuple avoit pris les armes contre luy au commencement, et qu'à la fin ceux de la justice et ses officiers les prindrent et se declarerent pour luy. A quoy l'on respond que, s'ils ont servi au restablissement de l'estat royal, ce n'a esté d'eux mesmes; ils n'y pouvoient rien sans estre aydez, ce qui fut par trois de leur profession ausquels M. du Mayne se fioit, lesquels, ayant peur de la domination du peuple, ne voyant place assez grande pour leur ambition, luy firent craindre le gouvernement populaire qui l'avoit eslevé, et luy firent restablir la puissance des cours de parlement de Paris, les officiers de justice à Orleans, dont suivit la perte du party et la facilité ausdits officiers de servir le Roy, par la faute de M. du Mayne. S'ils eussent eu affaire à un autre qui ne se fust laissé gouverner; ces officiers estoient inutiles pour le restablissement, et le peuple les eust tenu tousjours emprisonnez sans authorité, et le pied sur la gorge.

Tant de tailles et subsides [de quoy les roys devroient vivre] sont employez à leur payement, et s'il ne se pouvoit mieux, le Roy pourroit casser la moitié des gages; les faisant servir alternativement, la justice en seroit mieux exercée. Il semble que l'advis donné à Sa Majesté est pernitieux, de n'entretenir ses gens d'armes et payer ses officiers, pour maintenir la paix. J'escris par experience, et pour estre chevalier de la cour de parlement de Bourgongne depuis quarante cinq ans : pour regler ce desordre, faut considerer que la justice en Suisse et Allemagne est brefve et juste, encores plus en Turquie, où les procés ne durent que quatre jours : faut-il que l'ignorance des uns et la barbarie des autres leur fournisse plus de justice, qu'à nous nostre science, et qu'il faille conseiller aux Français, si on demande leur manteau, donner plustost le reste des habillemens que de plaider? Ils ne peuvent dire leur bien estre à eux; le possesseur de cinquante ans [aussi tost le procés commencé] pert une partie de son droit, et souvent le tout est mis en compromis. Il faudroit oster l'obscurité de cette science, et considerer que les presidents prononcent des arrests, qu'encores qu'ils parlent français, si on n'est du mestier de la caballe, ils ne sont intelligibles.

Ces mots inventez par la chicanerie, et d'autres infinis, et mesme le latin, ne devroient estre plaidez ny escrits, mais bien un stil que jusques aux moindres paysans en fussent capables. Les genereux Romains, par tout où ils conqueroient, suprimoient les langues et establissoient la leur : au contraire, les Français maintiennent l'estrangere latine et en dressent des escoles, ce que jamais autre nation conquerante n'a fait. Par le bannissement de ceste langue le droict seroit intelligible et facile à apprendre; tous les arts de mesme s'enseigneroient en français; un homme seroit sçavant en autant de temps qu'il faut pour apprendre le latin. Les pedans disent ignoramment qu'il va par tout le monde : il ne sert qu'avec les Allemands et Polonais, dont il y en a autant qui parlent français que latin : que s'ils ont affaire des Français, qu'ils apprennent leur langue : faudroit reduire toutes les coustumes au droict escrit.

Semblent que les roys de France se defient de leur authorité, n'ayant ozé toucher aux coustumes des pays, desquels il faudroit assembler et brusler les coustumiers, les gloses, les chicaneries romaines, ne laisser que cinquante fueillets de papier, où seroit contenu tout le droict, du moins les regler tous au droict escrit : les arrest bien donnez passeroient en forme de loy, et qu'il ne fust permis à qui que ce fust, sans apparente defectuosité de sa personne, de faire plaider les advocats ny prendre procureurs, et pour les juger, qu'il y eust la moitié de gentils-hommes : que l'on esleust les juges, non tant par sçavoir que par preudhommie, et qu'il n'y en eust en chaque province que dix au plus; qu'annuellement le Roy envoyast des gens pour chastier ceux qui manqueroient à leur devoir, selon la plainte du peuple. Il y auroit des abus; mais ce ne sont les loix qui jugent, c'est la conscience; s'il y a d'injustice, il vaudroit mieux la souffrir par ignorance que par meschanceté : nous ne sçaurions estre pis que nous sommes, et vaudroit mieux joüer aux dez son droict, pour eviter l'iniquité des juges et longueur des procez. Anciennement il n'y avoit qu'une cour de parlement en France, qui ne faisoit estre le plus du temps; la justice estoit entre les mains des baillifs et gentils-hommes, comme elle est en Lorraine : la noblesse perd ses privileges; par la crainte que les roys ont d'elle ils l'abbaissent. Tant de corruptions en ce dernier siecle feroient souhaitter des juges aux provinces enfermez dans des tours inaccessibles, qui jugeroient sans cognoistre ny voir les parties, sous les noms supposez dans les escritures; les changer tous les ans, et qu'ils fussent examinez par gens de bien. Que si l'injustice accroist, c'est perdre les biens et les ames des François, et faudroit que la noblesse en pleins estats suppliast Sa Majesté d'y mettre ordre : les roys doivent la justice, c'est ce qui leur maintient la paix.

En ce temps, le Roy suit le conseil de ceux qui disent que ses vrayes garnisons et le soustien de son Estat est la multitude de ses officiers, qui, estant les principaux des villes, tiennent sous eux tout le peuple; qu'iceux officiers, interessez en l'estat royal, le maintiendront, et mesme la tyrannie si elle estoit; qu'eux bien payez, comme ils sont, il ne faut rien craindre, d'autant que, quelque desespoir qu'aye la noblesse ruinée de debtes et d'injustice, ils n'ont que la campagne, ils seront descouverts, et empeschez d'entreprendre sur les villes par les officiers; et que Sa Majesté peut faire ce qu'il luy plaira de sa noblesse et de son peuple, pourveu que ses officiers soit contents et bien payez. Le Roy est si grand, si valeureux, le peuple si ennemy de la guerre, qu'il oste le jugement, si le maniement des affaires d'Estat de ce temps est ce qui conserve la paix; parce que quand bien il seroit plus mauvais, pour la crainte de la guerre et la mauvaise intelligence des gentils-hommes, le peu de fidelité du peuple maintient l'Estat : si est-ce que ce conseil a son contraire.

Les officiers, dans les villes, par leur malversation sont ceux qui ont esmeu le peuple contre eux au commencement de la Ligue, lequel en vouloit aux riches qui le gouvernoient et justicioient imperieusement : et ceste lie du peuple, qui n'a rien à perdre, peut estre encor esmeüe contre eux, et, à l'exemple du passé, les mener du palais à la prison. Et la noblesse, qui n'est point entretenue ny payée, et appauvrie, par desespoir peut estre disposée à la rebellion facilement, ne leur manquant qu'une asseurance de ne se pouvoir perdre en prenant ou ayant pris les armes, et des doublons ou des angelots des estrangers. Le conseil seroit meilleur de reduire les officiers à petit nombre, et de leurs gages descharger le peuple, et entretenir au moins deux mil pauvres gentilshommes, sous la charge des plus fideles capitaines de France : ce seroit eviter un danger qui semble estre preparé aux premieres apparences de mouvemens. Et cela se voit aux elevations et rebellions si frequentes, là où les gentilshommes et soldats ne s'enquierent plus si c'est pour ou contre le Roy, seulement s'il y a de l'argent.

Les fortifications, quoy que parfaictes et en plaine, sont de difficile garde contre le Turc : innombrables gens se couvrent d'ais et parapets, remplissent de terre le fossé, portent les montagnes sur les villes, font marcher les moindres les premiers; les assiegez las de tuer, les arquebuzes de tirer, les feuz esteints du sang ennemy, les oppriment. Apres les estropiez arrivent les plus hardiz, qui font assauts de dix à douze heures, rafraischis d'heure à autre d'innombrables troupes; le nombre, le temps, la fatigue, les emportent. La puissance qu'usurpe le grand Turc sur les siens, leur fait desirer de mourir plustost par les mains des ennemis que des amis, leurs capitaines les massacrant quand ils les voyent tourner, joint à la creance de leur loy, qui promet paradis aux obeissans à leurs princes; cela les fait librement precipiter. Les places sur les roches sont plus propices pour leur resister que celles des plaines, parce qu'ils ne peuvent remplir les fossez. Les conseils des Turcs sont fermes, resolus en guerre, en paix ne dependent que des guerriers choisis et espreuvez de toutes nations, non abstraints aux imperfections des climats. La timidité des Italiens, la chaleur des Français, la lenteur des Espagnols, pesanteur des Allemands, se meslent : il y a souvent des capitaines de toutes ces nations d'où sortent des conseils temperez, bien choisis et recogneuz du prince qui est capitaine. La cruelle justice des Turcs empesche tous les artifices des conseillers; les citadelles du Turc sont quinze mil janissaires autour de luy. Ceste force d'aguerris, jointe aux affectionnez, commande à trois cens mil, et ne peuvent rien d'eux mesmes, d'autant qu'estans esclaves sortis des Chrestiens, il est licite au Turc de les faire mourir sans reprehension, veu que les particuliers Turcs naturels ont pouvoir de mort et de vie sur les esclaves.

Un millier d'ingenieurs ont escrit de ces fortifications; les derniers corrigent les premiers; il faudroit un livre entier pour en escrire deüement; je dirai en gros ce qu'il m'en semble. Les fortifications dressées et assaillies par ceux qui n'ont la pratique, sont autant differentes de celles des capitaines et ingenieurs experimentez, que l'ombre l'est du corps. Des monarques et republiques les fortifications en plaines sont les meilleures, y observant toutes regles; lesquels [pour quelques puissans qu'ils soient] n'en peuvent faire bastir grand nombre, pour l'excessive despence, travail et temps qu'il y a à les bien faire. Les places aydées de fortifications en montagnes, d'isles et rivieres, ausquelles il ne faut une si grande despence pour les rendre à leur perfection, se treuveront utiles; estant mal-aisé qu'aux forteresses de plaines, la chose qui y est necessaire y soit employée : de plus, il faut un grand nombre d'hommes en garnisons. Pour garder les grands bastions qui se font maintenant, cinq cens hommes ne suffisent en chacun, et si en ces places si bien construictes il n'y a la quantité d'hommes requise, elles se perdront ou surprendront plus facilement que les autres.

Aux petits bastions l'on ne se peut retrancher, les espaules sont foibles; mais il y a bien plus d'incommodité aux grands construicts en plusieurs lieux, dont les assauts ne se peuvent defendre d'arquebuzades des flancs des autres boulevarts. Je suis de ceux qui les desirent forts mediocres, et voudrois que leurs breches se defendissent à coup de pistolet, en tant que la proximité d'iceux le peut permettre; tellement qu'ils ne soient trop aiguz, ny les espaules trop estroictes. Quoy que c'en soit, la pointe d'un boulevart ne doit estre si esloignée de la cazemate de l'autre, que l'arquebuzier ne la defende de blanc en blanc, et que son coup ne puisse percer une cuirace; et ne faut s'attendre de deffendre les breches par artillerie, dont les promptes recharges n'egallent celle du mousquet. Le fossé sans eau est plus utile aux villes où il y a quantité de soldats; et où ils sont en petit nombre, celuy avec eau qui ne se puisse oster est le meilleur, et celuy-là où il y a une tranchée profonde d'eau par le milieu, et qui laisse du sec deçà et delà pour faire des traverses et cazemates, profite mieux que les deux autres.

Apres les cazemates et boulevarts couverts d'espaules, celles qui sont faictes dans la contrescarpe tiennent le premier rang, et ne se peuvent oster qu'en comblant le fossé, ou devinant l'endroict où elles sont. Les Espagnols ont battu l'orichon d'un boulevart, et embouché le flanc de la cazemate, et razé le parapet, tellement qu'il ne pouvoit flanquer à l'autre courtine du boulevart, auquel ils faisoient breche, et y donnoient l'assaut comme en un lieu non flanqué, parce que l'on n'osoit paroistre sur ledict premier boulevart qu'ils battoient de quatre canons.

Les assauts generaux sont tres dangereux; et ne se doivent hazarder si on ne bat en courtine, ou que les breches soient razées, les flancs tellement ostez, que la resistance soit impossible; autrement la fleur des armes se perd, le courage croist aux ennemis, le dommage et la honte est aux repoussez. C'est pourquoy ceux qui se disent capitaines de ce temps, ayant fait une breche, commandent qu'on se loge dessus, avec des sacs et balles de laine, et lors que l'on est logé il est tres difficile de les desloger. C'est pourquoy il faudroit observer, en faisant des poinctes de boulevart et faisant les fondements des courtines, de faire un lieu pour mettre de la poudre à quatre toises de la pointe du boulevart, ou au milieu des courtines, qui se peut pratiquer avec une voute, y observant une petite allée là où on ne puisse marcher qu'en se baissant; et estant bien bas [si l'eau n'empesche] icelles petites allées serviront de contremines. Quand la batterie se fait à vingt pieds de la pointe du boulevart, qui ne peut estre mangée du canon, lors que les ennemis sont logez dessus, et qu'ils y ont demeuré sept ou huict heures, contraincts d'y tenir deux ou trois cens hommes pour empescher les sorties, l'on remplit ceste voute sous terre de poudre, qui les peut faire sauter, et perdre la pluspart de leurs gens. Pareilles mines se peuvent pratiquer aux lieux là où on a opinion que l'on mettra le canon sous la contrescarpe, pour [s'il se rencontroit dessus] le faire joüer et rompre l'attelage. Il se fait coustumierement de deux sortes de retranchements; l'un à la haste qui n'est jamais bon, l'autre de bonne heure. Ceux qui les font à loisir retranchent les boulevarts par la moitié, observant deux flancs couverts d'espaules et de demy bastions; le terrain dudict retranchement doit estre plus haut que celuy du boulevart, à fin de commander sur la poincte et sur la bresche.

Tous soldats qui sentent le retranchement derriere eux n'opiniastrent pas la breche. Se contenter d'eslever à dix-huict pieds de la muraille un terrain qui serve de parapet, avec de petites traverses aux deux coings de la breche, incontinant qu'on verra la batterie, afin de battre dedans icelle; et pour empescher une soudaine surprise, les pallisades hors la veüe du canon faictes à l'extremité du terrain devers la ville, sont bonnes. Il n'y eut jamais breche qui ne laissast moyen de faire incontinant deux flancs pour la defendre; l'utilité des assiegez est de gagner temps. C'est la longueur du siege qui empesche la prise des villes; encores que ce fust un monarque paisible en tous autres lieux qui attaquast, il peut advenir tel accident par la longueur du temps, que l'on leve le siege, ou les roys revoquent par divisions les armées. Faute de payement, ou de commodité de vivres ou d'argent, font, ou que l'on leve le siege, ou que l'on est bien aise de s'en aller, en composant avec ceux qui sont dans la ville [comme l'on fit à La Rochelle], la place leur demeurant.

Pour remedier à cela quand on a fait les contrescarpes artificielles, que l'on y a porté des ruines des maisons, les bois et fascines, butin, ou si la scituation donne la terre mal-aisée à trancher, cela importe beaucoup.

Et comme la longueur sert merveilleusement aux assiegez, le plus que l'on peut empescher l'ennemy d'approcher de la ville, c'est le mieux. C'est pourquoy, qui pourroit faire de petits forts esloignez de la contrescarpe, et que par dessous terre estans debatus l'on se peust retirer, cela tiendroit beaucoup de temps, parce qu'à ce petit fort il faudroit faire les mesmes tranchées qu'à la contrescarpe.

Aucuns font comme ceux de La Rochelle, qui tindrent de meschans chasteaux à une lieuë d'eux, ou des maisons avec des petits esperons; si ce sont des fols que l'on mette dedans, ils endurent le canon; les autres composent à la venuë de l'armée, c'est autant gagner de temps.

Ceux qui ont observé les avenuës des villes, les retraictes, passages, les fossez, ruisseaux et chemins, peuvent sortir à cheval, et sçachant les chemins et passages de leur retraicte, se peuvent retirer en despit des ennemis, et si quelquefois ils sont suivis aux lieux estroits, ceux qui les soustiennent peuvent faire une charge à leurs ennemis à demy passez et embarrassez dans ce passage.

Les faux-bourgs sont les prises des villes, et n'y eut jamais gouverneur bien conseillé qui laissast maisons, hayes ny fossez sans esplaner, s'il a le temps, parce que le commencement d'un siege qui se fait au couvert apporte grand advantage aux assiegeans.

Si ce n'estoit la pitié, il seroit necessaire de brusler les villages à une lieuë des places fortes, et se faut bien garder [à la faveur de quelques uns de la ville] de respecter une maison, metairie, grange ou lieu de plaisance, parce que c'est coustumierement le logis du general.

Or est-il que si on dure jusques en hyver, que les grands, contraints de loger dans les tantes, se sentent si incommodez, que les valets font demander la paix aux maistres, les maistres aux capitaines, et ceux là au general, lequel luy-mesmes quelquesfois est si incommodé pour n'avoir point de couvert, qu'il s'y fasche, et tel general peut-il estre, que ses gens ont credit avec luy, ausquels la pluye et le vent sont ennuyeux. Il faut oster et brusler tous les tonneaux, palles, pioches, sacs, cuves, couper les bois à l'entour des places qui peuvent servir aux ennemis. Plusieurs ont jetté du bled dans la source des eaux, pour empoisonner les armées; aucuns ont essayé d'y mettre la peste et la maladie, qui sont des moyens que la generosité ne peut permettre.

Il sert beaucoup de faire croire dés le commencement que l'on est vaillant et que l'on a du courage; cela donne cœur aux assiegez et decourage les assiegeans. C'est pourquoy à l'abordée du siege il faut tellement faire, que l'on grave cette opinion au cœur des ennemis. L'on doit avoir premedité ce que l'on veut faire, les moyens d'assaillir et de se retirer : il vaut beaucoup mieux n'entreprendre rien que d'avoir du pis. Il est aisé d'ordonner d'une sortie sans peril; il faut bien prendre garde à tout, parce que le bon general qui a la force en main, fait coustumierement sauter dans les fossez, si ceux qui sortent n'y prennent garde.

Quand on vient à assieger, et que la place est recogneuë, si ce sont gens de jugement, ils peuvent tuer ou attrapper un general, un principal, soit par coups d'artillerie ou entreprise; comme l'escarmouche est bien eschauffée, on verra cinq ou six hommes à cheval qui iront recognoistre, ou un ou deux qui s'avanceront d'autre costé, et sur ceux-là il faut entreprendre et faire tirer.

Estant le camp logé et la nuict venuë, le general ou le mareschal de camp ne faudra point d'aller recognoistre la place, et iront trois ou quatre pas à pas jusques dessus la contrescarpe ; et afin de ne mener point de bruit, ils laissent leur gros derrier. C'est là où, chargeant, on les peut prendre ou tuer ; la nuit, qui n'a point de honte, fait qu'ils ne sont secourus. Pour attraper ces recognoisseurs, faut prendre à une heure en nuict, ou une heure devant le jour, qui est le temps qu'ils y vont.

Il est bon de remarquer, aux approches d'une ville, si les gros de cavalerie sont prés, et que l'infanterie attaque l'escarmouche ; c'est volontiers lors que le general ou mareschal de camp vient recognoistre, et faut observer que l'on attaque d'un costé, et recognoist-on de l'autre.

Les assiegez doivent recognoistre l'avenuë des chemins, pour y-pointer l'artillerie, et lors qu'ils voyent les chevaux des troupes ennemies à deux pas, que la teste leur mire, ils doivent donner feu : le temps du bruslement de l'esmorce, le deslogement de la balle, s'accordent au marcher des hommes ausquels ils tirent, et ne faillent de toucher.

L'on peut mettre des cailloux en petits meurgers la grosseur de deux tonneaux sur la contrescarpe, et aux chemins croisez, tirant une coulevrine au milieu ; la balle fait voler les pierres, qui tuent beaucoup de gens. Et s'ils veulent recognoistre si leurs canonniers sont justes, c'est lors qu'ayant tiré dans une troupe ils voyent qu'elle se remuë incontinent apres le coup.

Les villes qui sont en campagne raze font beaucoup plus grand meurtre de l'artillerie que celles qui sont en lieu haut, pour deux raisons : que la piece donnant de pointe, estant en haut, ne tuë qu'un homme. Il faut avoir differente mire ; une piece eslevée ne se doit pointer de blanc en blanc, ains se doit braquer six pieds, quelquefois vingt au dessous, ou elle ne toucheroit point.

Le bon canonnier doit cognoistre sa piece, et, si elle n'est parfaite, supleer à sa defectuosité ; si elle est gauchere, si elle porte haut ou bas, la corriger ; doit aussi recognoistre sa poudre et la quantité qu'il y en faut mettre. Les pieces portent haut ou bas, selon les poudres, et n'y a rien que l'experience qui puisse regler le bon canonnier. Avant le siege il aura essayé la portée de ses pieces, pour sçavoir si les ennemis sont sur la contrescarpe, si à deux cens, trois cens et cinq cens pas, comme il faut qu'il pointe sa piece.

Il y a trente ans que les places estoient si bien fournies de defences, par l'ignorance du temps, que plusieurs se jugeoient imprenables, et mesmes celles qui estoient fort foibles estoient tres mal aisées à expugner. L'armée espagnolle fut une année entiere devant Mastriq, celle de France huict mois devant La Rochelle, un an devant Sancerre. Maintenant les assaillans ont gagné le dessus, et la defence des villes tellement affoiblie, par l'experience, qu'il se peut dire que sans secours non seulement de petites troupes, ains aussi d'une armée, icelles ne peuvent subsister. L'allegation d'Ostande n'est recevable ; elle a tenu trois ans contre toutes les forces d'Espagne, dedans ou dehors il est mort cent mil hommes : que si on y eust fait dez la premiere année ce qui se fist la derniere, elle fust esté prise deux ans auparavant. Quoy que son assiete estoit grandement favorable, scituée sur le bord de la mer avec un bon port, lequel ne pouvoit estre barré ainsi que celuy de La Rochelle fut, et à pleine voile y pouvoit entrer du secours, ne pouvant les navires contraires demeurer en garde dans le milieu de la mer.

Une ville scituée comme cela, et qui a un secours tel qu'Ostande l'avoit de toute l'Olande et Zelande, c'est opposer force d'hommes contre force d'hommes, pouvant à toute heure mettre dedans deux ou trois mil hommes : et neantmoins elle a esté emportée par ceux qui avoient le pied ferme. Par cest exemple, toutes autres peuvent estre prises par la force. Maintenant les capitaines, tant de la part espagnolle que des Estats d'Olande, ont mis en art la prinse des villes, quelques fortes qu'elles puissent estre, et donné le temps et le nombre des jours qu'elles peuvent durer ; disent : Nous demeurerons tant à gagner les redutes et tranchées du dehors, tant à loger sur la contrescarpe, à la percer, entrer au fond du fossé qu'aux galleries, pour gagner la poincte des bastions, tant pour les sapper, loger dessus, et prendre la place.

Pour à quoy parvenir et gagner temps, ils ont fait plusieurs inventions : ils conduisent les tranchées hors de la veuë des poinctes des boulevarts comme au passé, et apres, à fin de se depecher, au lieu de tranchées ils mettent des fascines appuyées contre des bois qu'ils nomment des chandeliers, lesquels se tiennent, sans les planter en terre, sur les croisées qu'ils ont aux pieds. Ceux des courtines de la ville perdant de veuë [à cause de ces fascines] ceux qui passent, tiennent à folie de tirer au travers ; aussi, ne voyant rien, ils n'y peuvent faire grand mal. Ils ont inventé de plus une liaison de bois, de terre et de briques, qu'ils appellent saucieés, lesquelles ils roulent devant eux, impenetrables aux mousquetades et moyennes pieces, avec lesquels promptement ils s'advancent sur les contrescarpes et tranchée contre tranchée ; le fort emporte le foible, contraint les assiegez de quitter leur redutte, avec une invention de faire travailler les soldats estrangement puissante. Ils marchandent avec eux tant de pas de tranchées, ou de gagner un advantage promptement sur l'ennemy, sans espargner l'argent, et selon le marché qui se fait, et qu'ils soient vingt ou trente, que la moitié ou les deux tiers soient tuez; il se donne tout ce qui a esté convenu et promis à ceux qui restent, qui leur fait faire de grands effects; estant sur la contrescarpe, ils tiennent la ville à moitié prise.

Le fossé percé, ils font un pont de batteaux quand il y a de l'eau, et soudainement mettent des toiles d'un costé et d'autre du pont, lesquelles toiles, comme de fascines, il nomment blindes, qui est un mot allemand qui veut signifier aveugle, parce que ces toiles et fascines empeschent de voir les ennemis. Estant sur la contrescarpe ils sont aussi maistres des fossez que les assiegez, et les conservent avec les mousquetades. Ce pont de batteaux pouvant aborder au terrain, et qu'ils puissent faire un logis dans une poincte de bastion de vingt hommes, ils l'augmentent bien tost pour en loger deux cens. Et quand ils cognoissent que les flancs des bastions peuvent endommager le pont, ils jettent telle quantité de terre dans le fossé, que cela couvre le flanc de l'artillerie, et leur grande experience à fortifier des grands corps de garde garnis de grande quantité de piques, fait qu'ils ne sont subjects à aucuns inconveniens. Jusques à ceste heure il n'a esté faite aucune invention pour defendre les sieges, sinon qu'il est certain qu'il faut tenir les ennemis le plus loing que l'on peut, et les contraindre d'employer un grand temps aux aproches. Pour cela se fait grande quantité de fortifications dehors, qu'ils nomment reduttes, tranchée flanquée à deux cens pas des murailles, et des retraictes d'une à autre, pour lesquelles il faut grande quantité de gens pour les garder: que si elles sont esloignées et foibles, elles s'emportent fort aisément de plein assaut.

Il y a plus de dix ans que je m'estois imaginé quelques moyens de resister aux assaillans, que depuis un an le duc Maurice a practiqué, et jusques là qu'il en a un livre nouvellement imprimé. C'estoit de faire un grand fossé fort large, et au milieu d'iceluy eslever un terrain de l'espaisseur de dix pieds, lequel seroit flanqué de la couverture des boulevarts, qui seroient aussi de dix pieds tous terre, tellement qu'il y auroit doubles fossez, double flanc et doubles bastions. Et ne faudroit eslever ce terrain qu'à la moitié de la hauteur de la muraille, demeurant les murailles de la ville à couvert de ce terrain, et ne pouvant estre battues pour la couverture d'iceluy; il seroit force que l'on donnast assaut à ce terrain, ou bien qu'on le gagnast pied à pied, qui seroit un grand temps, estant plus bas que les courtines des boulevarts et murailles. Le logis y seroit dangereux; mais aussi faudroit-il que les flancs de ladicte chemise fussent bien gardez; je croy que cela serviroit: et ne faut trouver estrange que deux opinions de capitaines se ressemblent quelquefois. Pour la courtine de la muraille, j'avois pensé de faire de grandes et larges arcades comme des arvaux d'un pont; et s'il y en avoit cinq ou six en une courtine, il faudroit que le canon rencontrast de couper tous les piliers pour faire bresche, qu'ils seroient contraincts de faire fort longue: autre pourroit mettre de grands sommiers de bois deux pieds plus bas que le parapet de la muraille, tellement que ledict parapet pourroit estre soustenu, quand bien la bresche se feroit plus bas: vray est-il que ceste fortification seroit de grande despence. Il reste un moyen que je croy pouvoir servir, qui est de faire des forts à cent pas de la contrescarpe, forts que je voudrois faire de telle sorte, qu'ils peussent endurer un ou deux assaus, et avoir des retraictes sousterraines pour sauver les soldats. Non que je voulusse que ces retraictes fussent percées jusques au fossé, d'autant que les ennemis s'en aideroient; mais seulement, à cinquante pas du fort, ils pourroient sortir en devers la ville, favorisez de la mousquetairie des courtines et de quelques sorties, ils se pourroient retirer dans une redutte qu'il faut faire à moitié entre le fort et la contrescarpe. Ces petits forts peuvent estre defendus de l'artillerie des bastions de la ville; et quant aux fossez, ceux qui sont accompagnez d'un petit fossé au milieu plein d'eau, de la hauteur d'un homme, sont les meilleurs: tellement qu'ils ont terre et eau dans les fossez, et sur tout que les casemates des bastions soient si fortes et larges, qu'on y puisse loger des canons et des coulevrines, pour battre forcément et en batterie le terrain que les ennemis peuvent jetter dans le fossé, et rompre leurs blindes et leurs ponts.

Tout consiste à avoir quantité de gens aguerris, parce qu'il est necessaire d'hazarder fort souvent aux sorties, pour empescher le logis de l'ennemy, lequel dit tousjours qu'avec six mil hommes il en emportera quatre mil dans une place: d'autant qu'ils veulent fortifier leurs armées de telle sorte, qu'ils font une autre ville pour les conserver de tous perils. Mais ils entendent qu'à mesure qu'il en mourra des six mil proposez, qu'il en viendra d'autres pour remplir le nombre, et que les quatre mille assiegez, n'en ayant point, viendront journellement à diminuer, tant par les coups que par la fatigue, travail et maladie. Mais si les assiegez font une ville dehors, et que l'on fust quantité de gens, il faudroit aussi faire une seconde ville dedans par retranchement, à charge que le retranchement fust plus haut que le premier rempart, et avoir l'eminence pardessus luy; autrement, si le retranchement est bas, il sert fort peu, et les ennemis, ayant l'advantage du haut terrain, facilement viendront au bout du reste; il ne faut à un retranchement peu moins qu'à la fortification d'une ville.

Je voulois faire essay par des mortiers jetter cent caques envaisselées avec de cercles de fer, portant des meches terminées sur une breche; autre invention, de couvrir les gens de pied de la cavalerie, enfermant deux cens hommes portans chacun trois bastons faits pour les metre en chaussetrape. J'ay aussi enchaîné des chariots, inventé des pieces poussées en avant par les chevaux, sans qu'il fust besoin de tourner pour les descharger; et aux places non munies d'artillerie, lever par contrepoids vingt mousquetaires au haut de deux bois de la grandeur de six toises, qui verroient dans le rempart [comme j'ay dit cy-devant]. Ainsi il se peut journellement adjouster à l'art de la guerre.

Les roys par force, non par justice, peuvent faire mourir leurs semblables; ils n'ont nulle jurisdiction les uns sur les autres, estans sacrez de mesme unction : l'ancieneté de leur promotion à la coronne n'y peut rien, l'appel du jugement de leurs pareils se devroit relever devant le Pape et l'Empereur, assistez des roys chrestiens ou de leurs ambassadeurs, sans lesquels la royne d'Angleterre ne pouvoit faire mourir justement celle d'Escosse : elle estoit juge, partie, tesmoin, ennemie, interessée, et en doute de ce qu'elle en feroit la tenant, craignant l'entreprise des Catholiques et de ceux de Lorraine, parens d'icelle, et la mettant en liberté n'en pouvoit avoir seurté.

Les petars, les saucisses nouvellement inventées monstrent que tous arts se peuvent accroistre. Je fis des orloges qui debandoient en douze heures un roüet à l'exemple d'un reveille-matin, à ce qui coulez dans un magazin par un espion, le fissent sauter. De pareils peuvent estre enterrez au lieu où les ennemis se logent, faire joüer des mines, ou avec des filets attachez aux choses necessaires, desquelles ayant besoin les serviteurs arrivans au logis, les voulant changer de place, debandent les roüets, qui font sauter leurs maistres et maisons. En l'année 1589 j'investis Pontoise sur la parole d'un capitaine, qui me promit brusler leur magazin : il avoit mis des meches allumées d'un bout dans la poudre, et soustenues d'un baston, dont le saut en tombant les esteignit sans effect; nous ne laissasmes de prendre la ville. Les mesmes mines terminées peuvent joüer aux approches des villes, et aux batailles dans les chariots rangez devant les escadrons.

Les generaux et mareschaux de camp ne doivent charger les premiers, leur mort perd l'entreprise, leurs capitaines ne leur doivent permettre de s'hazarder aux premiers rangs, leur charge doit estre au dernier desespoir, et doivent nommer un chef pour succeder en leur place.

C'est un grand ennemy que la prosperité, l'inconstance, imprudence humaine ne permet de demeurer à son aise, fait mespriser ce qu'on possede sous esperance de mieux; le sage italien dit : Qui est bien s'y tienne : les evenements sont plus malheureux qu'heureux, et doivent faire craindre les changements. C'est prudence de gouster ce qu'on possede, folie de le mesestimer pour des vaines esperances guidées de la fortune; plusieurs, comblez d'honneurs et de biens, en cherchant davantage trouvent la perte de ceux qu'ils possedent en seurté.

Les jeunes se perdent par imprudence et ambition, courent aux guerres de Flandres et d'Hongrie inconsiderement, pour apprendre ou pour y trouver fortune : si pour aprendre, ils ne s'en donnent le temps, se font tuer aux premiers combats, qu'ils devroient eviter, sinon en gros, et tant que l'honneur les y convie, observer exactement les ordres des batailles, les aguerriments, les combats, sieges, faire son profit de tout, pour se donner loisir d'estre capitaine. Que si c'est pour y chercher des grades et richesses, elles ne s'y trouvent pas sans avoir les grandes charges, qui sont malaisées à obtenir parmy les estrangers : les combats sont rares en Hongrie. En Flandres, les Espagnols ne donnent les grades qu'aux leurs, se mesfient des autres : parmy les Estats revoltez il y a peu de recompenses; il y faut aller pour apprendre, et non pour esperer grande fortune. C'est grande faute aux parens de ne pourvoir les jeunes hommes de sages conducteurs, pour eviter la mort ou la honte sur les principes du mestier, ou qu'ils ne leur ont imprimé et bien apris ce qui leur peut servir ou nuire.

Les sinodes deffendus, les meurtres impunis, les modifications de l'edit de pacification, ne mirent tant en soupçon les Huguenots que l'assemblée de Bayonne, là où il fut resolu que les deux coronnes se protegeroient, maintiendroient la religion catholique, ruineroient leurs rebelles, et que les chefs seditieux seroient attrapez et justiciez.

[1566] La Royne, de retour de Bayonne, faict assemblée à Moulins pour reconcilier les grands du royaume : le cardinal de Lorraine, joint à la vefve de M. de Guise d'une part, contre l'admiral de Chastillon, qui se purge par serment de meurtre dudit seigneur de Guise, s'appointerent; aussi les sieurs de Montmorency et le cardinal de Lorraine, de l'affront qu'il avoit receu à Paris : le tout inutilement, pour la diversité des desseins. Les Huguenots ambitieux, en crainte et trompez, pensent aux armes, la Royne à s'establir, le cardinal de Lorraine à se mettre bien avec leurs Majestez; consent à ces appointements, sçachant que la Royne n'aymoit plus les Huguenots, et, n'ayant plus crainte de ceux de Guise, se servoit d'eux en apparence, et en effect de ceux qui ne dependoient que d'elle; avoit establi proche ses enfans Gondy, Villequier, Lansac, La Bourdaiziere et Sainct Sulplice, qui tous jurerent ne recognoistre qu'elle. Nourrissant ses enfans en sa crainte et respect, elle pouvoit leur donner des serviteurs, mais rarement des capitaines : rien ne se donne aux partiaux des deux maisons de Montmorency et de Guise. Le sieur de Gonnort, frere du sieur de Brissac, eut l'estat de mareschal du sieur de Bourdillon.

[1567] Voyant tant de mal-contens, les menées et entreprises huguenottes, la Royne, pour s'asseurer, prend sujet au commencement de l'année 1567 de faire une levée de neuf mil Suisses, colorez sur le passage du duc d'Albe qui menoit une armée en Flandres. Tout est remply de deffiance et de bruits; qui donne occasion au sieur de Tavannes [penetrant les desseins de la Royne et l'entreprise des Huguenots, à l'exemple de leur intelligence] de penser que la preud'hommie peut aussi bien fournir d'inventions de se conserver aux gens de bien, que la meschanceté de les offencer aux rebelles; que les Huguenots ne devoient avoir plus de zele à leur party que les Catholiques à l'ancienne religion, et que ceux qui la conservoient employans leurs vies, pouvoient employer leurs deniers pour secourir le Roy, pour estre le gouvernement des femmes et la minorité royalle espuisez de bon conseil et d'argent; resout d'opposer à l'intelligence autre intelligence, ligue contre ligue.

Il fit une confrairie du Sainct-Esprit, où il fait liguer les ecclesiastiques, la noblesse de Bourgongne et des riches habitans des villes, qui volontairement jurent servir pour la religion catholique contre les Huguenots de leurs personnes et biens, joinct au service du Roy; sans contrainte met bon ordre pour l'enroollement des gens de guerre et levées de deniers; crée surveillans, espions et messagers, à l'exemple des Huguenots, pour descouvrir leurs menées. Le serment souscrit justifie ce dessein; chaque parroisse de Dijon payoit leurs hommes pour trois mois, toute la ville deux cens chevaux et deux cens cinquante hommes de pied : la Bourgongne pouvoit fournir quinze cens chevaux et quatre mil hommes de pied, payez pour trois mois de l'an. Le sieur de Tavannes fit une assemblée en la maison du Roy, où mon frere et moy, bien que peu agez, assistasmes, avec beaucoup de noblesse et de peuple, là où le serment fut leu.

Rien n'estonna jamais tant les Huguenots que ceste confrairie; c'estoit les battre de leurs mesmes inventions de fraternite : ils se pourvoyent au parlement et par tout pour esteindre ce commencement, qu'ils jugeoient estre leur ruïne; disent que sans l'authorité du Roy ses subjects s'assemblent. Ceux de la Cour voyent la poutre dans l'œil de ceux qui vouloient oster le festu de celuy de leurs voisins, envoyent vers le sieur de Tavannes s'enquerir que c'est, et comme ils s'y devoient gouverner : il respond que c'est d'eux de qui il le vouloit apprendre : que la justice se peint tenant deux balances, s'ils en voyent une pleine de monopoles, heresies et rebellion, l'autre de l'honneur de Dieu, du service du Roy, extinction d'heresie et de rebellion, remettoit à leur prudence celle qui devoit emporter le poids : la Cour renvoye le tout au Roy. Le sieur de Tavannes sagement, sans declarer son affection pour eviter d'estre repris, maintient couvertement ceste association pour le Roy, sans autre consideration, esloigné de tous partis autres que celuy de Sa Majesté. Les armes prises quelque temps apres, les partisans huguenots à la Cour font rompre ces associations par des commandements exprez de leurs Majestez.

Serment de la confrairie du Sainct Esprit, commencée par le sieur de Tavannes, l'an 1567.

« Comme nous ayons esté admonestez et interpellez de la part de monseigneur de Tavannes, lieutenant pour le Roy en ce païs, lequel auroit commandement expres de Sa Majesté de faire la description de ses bons subjects de l'ancienne et catholique religion, desquels il se pourroit servir, advenant que ceux de la religion qu'ils disent Reformée vinssent entreprendre chose contre son authorité, ordonnances et edicts, ou qu'il fust occasionné de les reprimer et chastier; nous, obtemperans à la volonté de sadicte Majesté, et cognoissans que la parole seule ne suffiroit pour luy en donner plus ample asseurance, avons deliberé conjoinctement et par ensemble nous inscrire et obliger, tant envers sadicte Majesté que les uns envers les autres, par le serment suivant :

» Nous soubssignez avons, au nom de nostre Seigneur Jesus Christ, et par la communion de son precieux corps et sang, faict la description qui s'ensuit, pour de nostre pouvoir soustenir l'Eglise de Dieu, maintenir nostre foy ancienne et le Roy nostre sire, souverain naturel et treschrestien seigneur, et sa coronne, et ce toutesfois sous le bon vouloir et plaisir de Sa Majesté, et non autrement.

» Premierement, nous jurons par le tres-sainct et incomprehensible nom de Dieu, Pere, Fils et Sainct Esprit, auquel nom nous avons esté baptisez, et promettons, sur nos honneurs et perils de nos vies, que desormais, toutes et quantesfois que, par les chefs et esleuz qui seront cy apres nommez par le Roy sur la presente description, nous serons advertis d'aucune entreprise que l'on puisse faire contre nostre susdicte loy et foy dont nous avons faict profession en nostre baptesme, et que nous avons maintenuë avec la grace de Dieu jusques à present, et aussi d'entreprise que l'on puisse dresser en hayne de la manutention de ladicte foy contre ladicte majesté royale, de madame sa mere et de MM. ses freres, qui nous regissent par la permission divine ; maintenants nostre susdicte foy et loy sur la premiere sommation desdicts chefs et esleuz nommez par sadicte Majesté ; nous confererons toute l'ayde et devoir qu'il nous sera possible, tant de nos propres personnes que de nos biens, pour la manutention de nostredicte foy et religion, et de ladicte coronne, et pour reprimer toutes entreprises contraires. Et à ceste fin, promettons faire serment de toute obeissance à celuy qui sera esleu par le Roy chef de la dicte description, contre toutes personnes de party contraire, sans aucun en exempter.

» Semblablement nous jurons le tres-sainct et incomprehensible nom de Dieu, que toutes et quantesfois que, par ledict chef ou ses deputez, nous serons advertis d'entreprises quelconques que puissent faire aucuns de ce royaume, ou autres quels qu'ils soyent, à cause de contraire religion, contre la maison de Valois, qui regne à present en France, et continuellement depuis le chevaleureux roy Philippe de Valois, qui premier a esté nommé le Catholique, au titre de son enterrement, pour donner lieu à autre famille de cedict royaume, ou autre païs, quel qu'il soit ; nous confererons semblablement toute ayde et devoir qui nous sera possible, tant de nos propres personnes que de nos biens, pour la manutention de la coronne en ladicte maison de Valois, premierement au Roy et à MM. ses enfans, quand il plairra à Dieu luy en donner, et par ordre à MM. ses freres et leurs enfans respectivement, tant qu'il plairra à Dieu proroger ladicte famille et nom, et leur permettre nous regir en nostre susdicte religion ; et à ceste fin promettons aussi faire serment de toute obeyssance audict chef.

» Afin de maintenir ce que dessus, nous promettons nous quottiser chacun selon nos puissances et facultez, tant pour servir en nos personnes, selon nostre puissance, que pour fournir armes et chevaux, et de nos biens, toutes et quantesfois que l'entreprise sera faicte pour ladicte manutention. Lesquelles quottes nous jurons et promettons tenir prestes pour le jour qui sera commandé par ledict chef, et cependant advancer entre les mains du receveur qui sera cy-apres nommé, de nos biens si largement que nous pourrons pour faire fonds, qui sera employé pour ladicte manutention par l'ordonnance dudict chef, et selon ses commandemens, dont ledict receveur sera comptable.

» Jurons et promettons en la presente description rendre toute amitié et fraternité les uns aux autres, pour nous secourir reciproquement contre tous ceux de party contraire, s'ils font aucune entreprise contre aucun des soubssignez, à cause dudict party : et pour ledict secours, promettons respectivement les uns aux autres employer tant nos personnes que nos credicts et faveurs, sans rien y espargner. Et promettons aussi tenir tous articles dessus jurez, sans avoir esgard à aucune amitié, parentage ou alliance que nous puissions avoir avec ceux qui entreprendront au contraire.

» Jurons et promettons comme dessus tenir secrette la presente description, et ne la reveler à quelque personne que ce soit, quelque lien d'amitié que nous puissions avoir, soit femme, frere ou autre. Promettons n'en parler en aucune compagnie, et n'en signifier rien, directement ou indirectement, de bouche ou par escrit, sinon autant que par ledict chef il nous sera permis et commandé, pour l'execution et exploict d'icelle.

» Pour faire foy dudict serment, nous avons soubsigné les presentes. »

Ces associations et ligues doivent estre prises de plus haut ; l'origine a esté trouvée incontinant apres la ligue faite du duc de Saxe, landgrave, Brandbourg et autres princes de ceste religion à Smalcade, par Ferdinand, lors roy des

Romains, lequel semblablement fit association avec le duc de Bronsvich, evesques et ecclesiastiques, et autres princes catholiques, pour y resister; en suitte de quoy, au concile de Trente, où estoit le cardinal de Lorraine, auquel lieu la connivence de la Royne, des princes du sang et de Montmorency fut mise en advant, et pris resolution de faire une société sous titre de Fraternité des Catholiques dans la France, mesmes sans permission du Roy; auquel effect le cardinal de Lorraine offrit ses nepveux, parens et amis : ce qu'accepté et aggreé dez lors du Pape, ledict cardinal, de retour en France, y persuada ses amis.

Le cardinal d'Armagnac fit une association semblable à celle qui fut faite à Dijon, laquelle ne fut en façon que ce soit inventée par le sieur de Tavannes que pour maintenir l'authorité du Roy et la coronne entre la race de Valois, comme le serment sus escrit en fait foy. Neantmoins il est certain que toute la ligue faicte en France depuis, commencée par MM. de Guise aux années 1587 et 1588, a source et origine du concile de Trente, ayant suivy le chemin que le cardinal de Lorraine avoit tracé plus licencieusement, comme il est croyable, d'autant qu'estant faicte contre les heretiques, elle s'estendit à vouloir forcer le Roy par armes de leur faire la guerre, dont succeda la mort des autheurs à Blois, depuis celle du roy Henry III, et tant de maux qui en sont ensuivis. Toutes associations et ligues sont tres-pernicieuses en l'estat des roys, qui ne doivent pour quoy que ce soit les permettre.

Au commencement de l'année 1567, le sieur de Tavannes [mandé de la Royne] arrive à la Cour, composée d'Huguenots, de plusieurs dependans d'elle, et de petit nombre de ceux de Guise. L'admiral de Chastillon le convie à disner, et le pique de paroles sur les choses passées; à quoy il replique qu'ils gagneroient par surprises, et le perdroient en gros, et que la noblesse ne veut perdre l'Estat ny ses biens pour l'ambition des particuliers; conseillé de ses amis, crainte des poisons, il se retira de ces festins. Le Roy tenant une espée, l'admiral de Chastillon luy dict qu'il coupast la teste au sieur de Tavannes, lequel respond : « Vous avez mis la « vostre en hazard, je garderay bien la mienne. » Brocher, financier, craint la chambre erigée pour vuider les bourses des larrons; demande conseil au sieur de Tavannes; il luy enseigne l'herbe: Tien toy loin; il ne le croit, faillit à estre pendu.

La Royne se prepare contre ces menaces et menées huguenottes, envoye le sieur de Tavannes recevoir les Suisses en Bourgongne. Le duc d'Albe, qui servoit de couverture de ceste levée, passe au comté de Bourgongne, et va en Flandres; les Suisses s'acheminent à Paris; les Huguenots se resolvent aux armes, non tant de crainte que d'ambition, faschez d'estre exclus du gouvernement de la Cour, et qu'on avoit manqué de parole au prince de Condé, auquel on avoit promis la lieutenance generale. L'Admiral, souverain en ce party, artificiellement le comble de peur, pour l'induire aux armes, qu'il publie estre le seul salut de leur vie.

Le secret, la fidelité, le zele, estoient par eux gardez, lesquels ayans fait la cene estoient comme les sourciers qui ont esté au sabat, qui se jugent irreconciliables; les ministres, interpreteurs des livres hebraïques les suivent, et à leur exemple escrivent les naissances, les nombres, les aages, marquent les maisons, chemins, passages, par livrets, chiffres et signals. Les surveillans de Geneve, sans avoir esté en France, y arrivant avec leurs memoires et instructions, executoient dans icelle ce qui leur estoit commis, par les moyens sus escrits; establirent les finances et receptes sur eux, reservant le tiers des butins pour employer à leur cause. Postes à pied, jargons, signes, contresignes, escritures couvertes, chiffres ne sont espargnez; les eglises, les ministres, les surveillans plus fideles advertis, tout se prepare aux surprises, aux armes, trahisons et menées; ils trompent leurs freres, peres, amis, le Roy et sa Cour, non le sieur de Tavannes, qui advertit [sans estre creu] la Royne des entreprises, pourvoit à son gouvernement, sur le soupçon de l'achapt d'armes et chevaux, murmures, menées et passages des Huguenots, leur remonstre qu'ils sont descouverts, les ressouvient des courtoisies receües de luy, les prie de sortir de son gouvernement; ils luy obeïssent et s'en vont.

La Royne, trompée de l'Admiral, faisant semblant de jardiner en sa maison, et d'autres ausquels elle se fie, sejourna à Monceau, ne pensant les armes si promptes : sur l'advis du sieur de Tavannes elle gagne Meaux avec ses enfans et Suisses. A mesme jour de Sainct Michel furent cinquante places prises en France. Les Huguenots, sages d'experience, par la faute de n'avoir pris le Roy ou Paris aux premiers troubles, se treuvent cinq cens chevaux au rendez-vous pour se saisir de leurs Majestez. La Royne, advertie, avec ses enfans part à minuict au milieu des Suisses. Quatre cens chevaux, guidez de l'admiral de Chastillon, paroissent, ou faute de cœur, ou de ne s'estre tous treuvez au rendez-vous qu'ils avoient promis, sans cog-

19.

noistre qu'ils en avoient trop ou trop peu faict, se retirent, fardant et couvrant leur entreprise [qui estoit de prendre le Roy] d'une requeste qu'ils luy vouloient presenter en armes, et de l'inimitié du cardinal de Lorraine, qui prudemment s'estoit absenté pour leur oster ce sujet : dequoy adverty, il fut couru par eux sur le chemin de Juinville, confirmant par ce chemin contraire le mensonge de leur excuse.

Les Suisses en ordre rendent la Cour à Paris ; les Huguenots saisissent Sainct Denis et les passages d'alentour, non sans quelque imagination folle qu'ils avoient d'affamer Paris. De toutes parts les troupes arrivent au secours du Roy, et aux Huguenots, qui avoient pris Soissons, Orleans, Bologne, Auxerre, Mascon, failly Tholoze et Troyes. Ceux de Mascon estonnez [pour la faute du Roy et de Lion] offrent obeïssance et suspension d'armes au sieur de Tavannes, qui prend occasion d'envoyer au Roy seurement en la compagnie d'un des principaux de leur ville, pour procurer leur ruïne, et sçavoir du Roy s'il se serviroit de luy avec ses forces à Paris ou en son gouvernement. Leurs Majestez se fient en sa prudence et fidelité, le prient de venir. Le connestable, craignant sa suffisance, le retarde, luy procure une commission pour aller à Mets, dont la ville estoit prise par M. d'Ozans ; pareillement luy donne charge de demeurer sur la frontiere, pour empescher la venuë des reistres. Le sieur de Tavannes cognoist son dessein, ne laisse d'obeyr, fait l'un et l'autre. Proche de Mets, sa reputation joincte à la citadelle, qui tenoit pour le Roy, sort de la ville M. d'Ozans qui favorisoit les Huguenots, ce qu'ayant fait, s'achemine à la frontiere, pour empescher les reistres.

Grande diversité d'opinions a esté de l'etymologie du nom Huguenot : les uns l'adaptant au latin [*ut nos*], comme nous, ou avec nous autres, à ce qu'ils s'assemblarent à Tours sous la porte du roy Hugon, et plusieurs autres advis, lesquels n'ont aucunement rencontré ny touché au but. La veritable source de ce nom vient de Suisse, de l'estat populaire et rebellion contre la maison d'Austriche, dont les premiers associez usarent de ce mot allemand [*eid genosen*] : le mot d'*eid* signifie foy, et *genosen*, associez, et tels se sont nommez ; et ayant tousjours desiré les premiers ministres venus en France d'y establir l'estat populaire, usarent de ce terme [d'*eid genosen*] parmy les Huguenots, qu'ils ne vouloient que tout le monde entendist, et les premiers de ceste religion tenoient à honneur ce que leurs successeurs ont estimé à honte.

Sur le commencement de l'année 1566 mourut Guillaume de Saulx, seigneur de Villefrancon, qui avoit esté chamberlan du roy Henry deuxiesme quand il estoit dauphin, s'estoit signalé en plusieurs guerres, nommément à la retraicte de l'empereur Charles-Quint hors de France, apres le siege de Sainct Dixier. Il demeura lieutenant au gouvernement de Bourgongne, en l'absence du sieur de Tavannes son frere, qui estoit mareschal de camp en Italie ; soustint le faix dans le païs de l'infortune de la bataille Sainct Quentin ; se para de l'entreprise de Paule-Ville, general de quinze mil hommes ; changea par sa prudence ses desseins des villes de Bourgongne au siege de Bourg, où Paule-Ville alla, voyant ses intelligences rompuës. Il assista et obeït au sieur de Tavannes son frere, plus jeune que luy, au commencement des rebellions fit de grands services à l'Estat, commanda à Chalon et y fit bastir la citadelle. A la paix la Royne luy envoya l'Ordre, qu'il refusa pour la multitude de gens sans merite qui y estoient pourveus : servit un temps [par preud'hommie] d'arbitre à toute la noblesse. En fin, mesprisant le monde, fit bastir la maison de Repas au milieu d'un desert, où il se retiroit pour philosopher, et mourut content avec honneur.

La sage meffiance est source de seureté : il ne faut croire tous bruits des desseins des ennemis, et ce qu'ils publient vouloir faire, mais de ce qu'ils peuvent au prejudice du public, et de ce que l'occasion et le temps peuvent faire naistre ; et l'artifice de vouloir trop couvrir leurs desseins par subtilité inventée, les manifeste à ceux qui sont habiles.

Il est dangereux de faire cognoistre aux subjects ne vouloir ou ne pouvoir faire pour eux ; l'avarice et la resolution de ne donner se doit tenir secrette : les genereux ou ambitieux n'esperant en la vie des Roys, esperent à leur mort ou changement d'Estat, qu'ils desirent et recherchent ; les Souverains doivent couvrir leurs mauvaises intentions, et donner tousjours de bonnes esperances.

Desir et demande des importuns d'estre employez, lesquels ont cognoissance et pouvoir vers les ennemis, sont soupçonneux et suspects, voyages qui se font souvent à deux cœurs et à deux ententes. Au declin de la ligue, le gouverneur de Beaume me pressa d'envoyer au Roy un mal affectionné de sa ville, pour traicter une neutralité : je l'empesche, luy defends, luy remonstre son ignorance ; la desobeissance estant ja parmi nous, il ne creut et envoya celuy qui, au lieu de traicter de suspension, traicta de reddition, le vendit et le trahit par sa faute.

Pour faire un effect, cinq cens chevaux à l'improviste peuvent traverser la France, où il n'y a garnisons establies, les rivieres estant la pluspart guayables. En soixante lieûes de contenu de pays, sortent les plus grandes rivieres de l'Europe, qui coulent en differentes mers : le Danube, le Rhein, la Meuze, la Marne, Seyne, Rosne, Saosne, Loyre, qui tesmoignent que la Bourgongne est le plus haut lieu de l'Europe. Il y a plusieurs montagnes dont l'eau qui en sort tire aux quatre parts du monde en differentes mers : les rivieres sont guayables aux sources, et n'empeschent les armées ennemies d'entrer en France ; bien facilitent-elles la bataille, estant contrainctes lesdites armées de s'approcher au commencement des rivieres, les unes pour passer, les autres pour l'empescher ; les ponts, les passages divertissent ou hastent le combat, selon la suffisance des generaux d'armées, dont les experimentez treuvent invention de passer les rivieres, ou de se parer d'icelles. Un fossé, un ruisseau empesche la bataille, qui perd communement ceux qui les veulent passer en desordre, lesquels sont chargez auparavant qu'estre r'affermis. Les villes où s'assemblent les rivieres ayant trois poinctes de terres dans leur enclos, sont d'assietes admirables et difficile d'y forcer au combat les armées, quelque petites qu'elles soient ; les vivres, le secours, ne leur peuvent estre empeschez par un de ces endroits.

Deux chefs en egale puissance rarement font bien. J'ai veu MM. les ducs de Palme et du Mayne quand nous levames le siege de Roüen, que le Roy se retiroit en desordre au Pont de l'Arche, qui ne dirent leur advis de le suivre, pour n'estre garants de l'evenement ; mais faisoient opiner les capitaines, qui à leur imitation donnoient des advis douteux, debatant les deux raisons sans conclure. L'irresolution estoit resolution de n'y aller, et demeurer en l'estat qu'on estoit, parce que cependant que l'on conseille l'occasion passe, et les capitaines craignoient les reprehensions selon les accidents, comme leurs chefs : tellement que l'armée du Roy, qui pouvoit estre deffaicte parce que celle du duc de Palme fut esté aussi arrivée au Pont de l'Arche qu'à Rouen, et les eut pris à demy passez, se retira sans estre combattuë.

Pluralité d'entreprises ruinent les grands desseins : infidellité, indiscrettion, peur, recompense, hastivité, observation de tant d'allées et venuës, changement de visage, d'estat, de vivres, de discours observez par les curieux en soupçon, devinent et descouvrent ; si une est malaisée à celer, plusieurs le sont d'avantage : Mitridates à mesme heure, en divers lieux, fit tuer cent mil Romains par lettres arrivées en mesme temps. Les Huguenots à la Sainct Michel, pour estre fidelles les uns aux autres, prindrent cinquante villes. L'une des entreprises est celée par la hayne des Romains et authorité du chef ; l'autre pour crainte de mort, ne pensant nul salut apres avoir faict la cene. Douze montres bien adjustées, envoyées en douze troupes, les peuvent faire paroistre en mesme temps ; aux entreprises, qui trop embrasse mal estraint, [disent les vieux]. Si sans s'embrouiller de tant de desseins, les Huguenots eussent faict le seul de la Cour plus important que tout autre, ils l'eussent executé ; n'ayant l'esprit, forces et moyens occupez qu'à iceluy. Ils estoient entremeslez parmi ladite Cour, qui receut l'alarme, non d'eux qui estoient les plus proches, ains des provinces plus esloignées, où ils entreprenoient en mesme temps ; ce grand coup executé, tout le reste leur fust esté facile, et failly, le surplus estoit inutile.

Les assassinats des peres et freres ne peuvent appointer par les enfans et parens honorablement, si ce n'est que les meurtriers mettent leurs vies en puissance de l'offencé, qu'il conduit en lieu où il est le plus fort, et lui pardonne en consideration de Nostre Seigneur, qui a pardonné sa mort ; et faut qu'il soit sceu de tous, pour servir à couvrir la honte de tels apointements.

Les princes et les villes liguées sous l'Empire monstrent l'impuissance de leur chef. Imprudent est le Roy qui permet des confrairies, ligues, ou associations en son royaume, qui s'en fait chef, et qui n'essaye de les rompre ; et plus mal-habile le prince qui [au lieu de juge] se declare partisan. Les actions justes, les commandements absolus, ouverts et sans crainte regissent et restaurent les Estats. Les levées, les enroolements se doivent faire par le seul commandement des Roys et regles d'Estat, non des associez ; où ils usurpent l'autorité, l'Estat ligué n'est plus monarchique ; l'origine des ligues en ce royaume provient des Huguenots. Les ecclesiaques s'estoient establis finement, faisant des confrairies par tous les Estats chrestiens, sous couverture desquelles se pouvoient remuer les peuples, enrooller des hommes, et lever des deniers. C'a esté prudence aux roys de les abolir et defendre : les heretiques sont source des rebellions, et ont esté les premiers liguez contre les Souverains à Smalcade, et ailleurs en Allemagne, en Flandre contre la duchesse de Palme, avant et apres l'entreprise d'Amboise en France. Ils ne peuvent blasmer les catholiques de ce qu'ils ont fait à leur exemple, dont ils sont l'occasion et sujet. Les princes, les potentats chrestiens se liguerent pour l'entretenement des decrets du Concile de Trente, excepté les Roys de France et d'Angleterre, contre lesquels il fut resolu audit Concile de recevoir leurs subjects en la ligue, s'ils y vouloient entrer. Le cardinal de Lorraine est accusé de s'estre chargé à Trente d'y faire entrer le Roy, et à son defaut, ses freres et nepveux; sa Majesté s'excuse de le croire sur les troubles.

La minorité des roys, la confusion de la Royne pour regner, le peu de provision de secours, argent, intelligence, incertitude du costé que penchoient leurs Majestez, jetterent ce malheur en ce royaume, dont les principaux, d'instinct juste et naturel pour la conservation de la religion et Estat royal, n'estans poussez ny aydez de leurs Majestez, s'aydoient d'eux-mesmes. Le cardinal d'Armagnac, Montluc et autres seigneurs (1), s'associent pour la conservation de la religion. Le sieur de Tavannes commence la confrairie du Sainct Esprit : ny l'un ny l'autre ne profitent, embarrassez par les irresolutions de la Royne; toutes deux estoient faites, sans autre but que le bien de Sa Majesté, suplant au defaut de sa minorité, de laquelle ne pouvant recevoir ayde, ses subjects resouloient de s'ayder d'eux mesmes de leurs propres forces et argent, pour conserver la religion et la coronne en la maison de Valois. Ceux de Guise y favorisent, et en donnent des commencements ayant le cardinal de Lorraine veu celle que Ferdinand avoit fait en Allemagne, et cognoissant que c'estoit le moyen de ruiner les Huguenots; et suivent sous ceste couverture [sans que les auteurs des associations s'en apperceussent], les desseins pris par le cardinal de Lorraine au Concile de Trente. Il y eut articles expres en la paix d'abolir ces associations des confrairies du Sainct Esprit, et toutes autres à la requeste des Huguenots, prevoyans leur ruine par l'intelligence des Catholiques, seul point par lequel leur petite troupe resistoit contre la confusion du cahos de la France; l'extinction en fut facile à leurs Majestez, n'ayant ces premieres associations esté faictes que pour les maintenir.

En l'an 1576, François, duc d'Alençon, frere du roy Henry III, prit les armes contre luy, assisté des Huguenots et Allemands, mesle le bien public, liberté et appennage tout ensemble. Pour dissiper ces nuées composées de grandes troupes de reistres et de revoltez proche Paris, Sa Majesté promet d'augmenter d'Angoulesme et de Bourges l'appennage de son frere, de donner le gouvernement de Picardie et la ville de Peronne au prince de Condé, de tenir les Estats generaux. Les troupes separées et renvoyées par la paix, les gouverneurs des villes et provinces, les sieurs de Ruffet, de la Chastre, et d'Estourmet interessez, s'associent pour n'obeyr au Roy, lequel se monstra content de ceste invention, pour avoir moyen de s'excuser de sa promesse qu'il ne vouloit tenir; favorise leur dessein. Eux, en crainte d'estre enfin abandonnez du Roy, courus par son frere et par les princes du sang; recherchez par MM. de Guise, sur le project du cardinal de Lorraine faict au Concile de Trente, à l'extirpation des heretiques, s'associent tous à l'exemple des Huguenots qui s'estoient liguez avec le roy d'Angleterre.

Les Catholiques s'unissent avec le roy d'Espagne et le Pape qui les escoutent, les aydent et favorisent en diverses intentions : le Pape pour la religion; le roy d'Espagne pour n'estre davantage troublé des Français en Flandres; ceux de Guise par le mecontement contre les mignons; les gouverneurs pour se conserver. Le Roy cogneut la faute par l'advis qu'il receut des signatures secrettes qui se faisoient par tout son royaume, mal conseillé d'avoir aggreé que ses subjects respondissent pour luy, pour empescher la reddition des villes promises à son frere, et plus mal advisé, au lieu d'opprimer ces factions par edict, de s'en estre rendu chef, en esperance que tout se feroit sous son nom, ou que s'en disant autheur, le peuple craignant et soupçonnant ces charges nouvelles les romproit. Ce qu'ils eussent fait n'eust esté qu'ils esperoient que la ligue dependant d'eux-mesmes, ils ne payeroient plus de tailles ny de gendarmerie que celle qu'ils agreeroient, puis que les enrollements et levées de deniers se faisoient par eux, et qu'ils se mettroient en republiques.

Sur cest evenement, le Roy resout d'employer ses fideles serviteurs : mon pere m'avoit laissé de ceste condition; Sa Majesté me declare son intention, qu'il vouloit se faire chef de la ligue. Je luy fis voir le serment de la confrairie du Sainct Esprit faict par mon pere, pour la conservation de la Coronne en la maison de Valois : il le fit doubler par le chancelier Ghiverny, se resout de suivre le stile de ce serment bien different de celuy qui se signoit secrettement à Peronne. Il m'envoye avec plusieurs autres par les provinces, pour y establir ceste ligue en son nom. Le premier serment estoit à Dieu et à la religion catholique; Sa Majesté me le fit jurer, et me sert d'excuse veritable, si ayant Sadicte Majesté contrevenu aux premiers poincts de la religion, par

---

(1) En 1563, Montluc, recevant la cour à Toulouse, proposa de former une ligue en Languedoc et en Guienne. Mais sa proposition ne fut pas suivie d'effet.

la paix qu'il fit apres avec les Huguenots en l'an mil cinq cents soixante-dix-sept, je me dispensay du second article, qui estoit d'obeyr au Roy, puis que le premier estoit violé par Sa Majesté. Je me jettay avec MM. de Guise, d'où je sortis aussitost la paix de Nemours faicte en l'année 1585, parce que les Huguenots furent declarez ennemis du Roy, du service duquel le massacre depuis faict à Blois de MM. de Guise me dispensa, Sa Majesté contrevenant au serment qu'elle avoit faict sur l'Hostie de proteger les Catholiques. Quand le Pape advoüa le roy Henry IV, en l'année 1595, je me remis au service de Sa Majesté, estans nos premiers sermens à Dieu, et les seconds aux roys legitimes et justes.

Pour l'extinction de ceste association qu'on nommoit la ligue de Peronne, et pour s'empescher d'estre bridé par les Estats, le Roy fait conclurre la guerre contre les Huguenots à la premiere assemblée tenue à Blois, à cela porté pour empescher que lesdicts Estats ne diminuassent son pouvoir et authorité, pour l'execution de quoy il employe son frere M. d'Alençon, qui venoit d'estre chef des Huguenots, et fut soudain leur contraire; prenant et bruslant leurs villes il les offence. Sa Majesté, pensant avoir tout dissipé contre la resolution prise aux Estats, fait paix; son frere d'Alençon va en Flandres; aussitost mort que retourné (1). Le Roy, suivant la moitié des advis que le sieur de Tavannes lui avoit donnez d'abbaisser les deux maisons de Guise et Montmorency pour en eriger de nouvelles, ayant oublié la moitié de son rollet, en lieu de capitaine prend de jeunes mignons subjects à blasme enorme. L'esloignement trop à coup de ceux de Guise, la defaveur de la Royne à la persuasion desdicts mignons, qui desiroit plustost la Coronne au marquis du Pont son petit fils qu'au roy de Navarre qui ne luy estoit rien, firent reprendre les vieilles erres de la ligue sous divers desseins.

Lesdicts sieurs de Guise prindrent les armes en l'an 1588 : tout est couvert de religion et de bien public, les simples s'y portent; la Royne desirant ruiner les mignons, rempieter le gouvernement, et faire tomber la Coronne au marquis du Pont. Le Pape vouloit chasser les Heretiques, le roy d'Espagne faire guerre en France pour avoir paix en Flandres, MM. de Guise, pour entrer au gouvernement et en chasser les mignons ; chacun tire tant de son costé qu'ils rompirent la couverte, et vit-on jour au travers.

(1) C'est seulement un an après son retour de Flandre que le duc d'Alençon mourut à Château-Thierry (1564).

Il falloit opprimer ces ligues au commencement; sans la faveur de la Royne et credit de la Cour, celles des Huguenots n'eussent commencé ny duré, et pour celle des Catholiques, dez l'abordée il falloit defendre la ligue de Peronne ouvertement, franchement declarer de ne vouloir donner les villes à M. d'Alençon, ny aux Huguenots, non que le roy Henry III n'eust des incommoditez qui l'excusent, ne se pouvant fier à sa propre mere accablée des revoltes contagieuses, tracées des Huguenots; pour se sauver d'un peu de feu, il rompt la digue qui faut à noyer son Estat. Il est facile au Roy de maintenant prendre de meilleurs conseils sur ces fautes; ceux qui marchent les premiers aux tenebres bronchent plus lourdement. Je suis esté forcé d'escrire ce que dessus, pour faire mieux paroistre l'origine et accroissement de la ligue des Catholiques.

C'est grand heur d'avancer ses parens, et sagesse à ceux qui ne peuvent estre les premiers de les ayder à estre, sans considérer l'aage et jeunesse d'iceux; d'autant que si la reputation ne peut estre personnelle, du moins demeure-t-elle à la generalité de la famille, par l'ayde qui se faict à ceux qui, par dons de Dieu, de nature ou de fortune, treuvent moyen d'acquerir de l'honneur. C'est une grace du Ciel non concedée à tous ; quelques uns aymeroient mieux n'estre, que d'estre par leurs freres ; vice dependant de l'envie, auquel il faut appliquer le souvenir du bon naturel, le devoir que nous avons à nos maisons et posterité, qui nous sont autant que la patrie.

Puisque l'estat est honoré par l'homme, non l'homme par l'estat, semble que la multitude des indignes pourvuez aux grades, ne doit empescher ceux à qui on les donne de les accepter. Les grands, les peuples sont juges du mérite, et mettent difference entre ceux qui les possedent : de cinquante chevaliers de l'Ordre, six sont estimez; de douze mareschaux de France, deux ; le reste n'est guieres plus honoré avec leurs charges que s'ils n'en avoient point, et d'aucuns ne les sçachant exercer les possedent à leur honte; les raisons alléguées par ceux qui les refusent ne sont de peu de poids. Il y a plus d'honneur de demander pourquoy on n'a point faict de statues à Caton, que pourquoy on en a érigé à d'autres; c'est plus de gloire d'estre jugé digne d'une charge, que de l'avoir. Il est agreable d'entendre le peuple publier que l'on merite mieux les estats que ceux qui les ont; que ce n'est faute de valeur, prudence et experience, ains plustost pour en avoir trop; accusant l'ingratitude, la crainte, l'envie des superieurs, ausquels l'on donne pour maximes de n'eslever aux grades les braves, à ce qu'ils ne leur facent la part.

Les grades honorent sous les vaillans princes, et deshonorent sous les vicieux : les capitaines de Sardanapale et d'Eliogabale estoient des maquereaux et gens sans honneur. Les cinq ans premiers du regne de Neron, les braves, les sages estoient promeuz aux estats; les meschants ministres de voluptez les obtindrent au reste de sa vie ; et maintenant sont venus jusques là, que les charges sont à la honte de ceux qui les pourchassent, veu l'incapacité et obscurité de partie de ceux qui les possedent.

Toute la France tire à Paris, que les Huguenots effrontez publioyent avoir assiegé ; ils s'entretiennent devant sur les conseils, sur le nombre de soldats catholiques à eux revelez par leurs factieux de dedans la Cour, les femmes et amis secrets de leur secte. Leur hardiesse accreüe et maintenue pour estre advertis quand et comment on les vouloit combattre, proposent deux esperances de paix : la generale qu'ils publient par leur party, pour gagner temps sans estre combattus, et attendre leurs reistres; la secrette entre le connestable et ses nepveux, dont l'effect ne tint qu'au doute des variations de la Royne, qui n'avoit encore du tout perdu la volonté d'entretenir deux partys, craignant que ceux de Chastillon abandonnassent les Huguenots et se fissent Catholiques, laissant le reste en proye.

Ceste negociation rompue, le connestable depité, cognoissant le soupçon auquel il estoit, avoit fait offre qui ne fut acceptée de se retirer chez luy, se resout à la bataille à l'improviste, pour sortir de peine de ces ombrages, ou mourir. Il fait resoudre la Royne, qui se fiant en la multitude, conclurent le combat si soudainement, que les advertissements accoustumez ne previndrent leur dessein. Les Huguenots, se fians sur les traistres, et qu'ils seroient advertis de la Cour, avoient envoyé le sieur d'Andelot, avec partie des forces, saisir Poissy. Le connestable avec deux mil cinq cens chevaux, douze mil hommes de pied, Suisses et François, le dixiesme jour de novembre 1567, canonne Aubervillers et Sainct-Oing, pointe du logis des Huguenots, dont le corps estoit à Sainct Denis; eux luy opposent en bataille douze cens chevaux et dixhuit cens arquebusiers, en l'absence du sieur d'Andelot. Ils avoient peu de lances par defaut non par dessein, d'autant qu'ils n'avoient encores experimenté le peu d'utilité desdictes lances, et estoient assez mal armez; les Catholiques s'asseurent sur le nombre, les autres sur la retraicte de Sainct Denis. La rareté de pistolets rend les charges moins dangereuses; les Huguenots attendent le declin du jour, pour se servir de la nuict au besoin à leur retraicte. Le grand nombre des Catholiques de difficile ordonnance, l'embarras de la sortie de Paris, favorisent leur dessein.

Les Catholiques se mettent en bataille en hayes, aux espaces vuides qu'ils avoient laissé entre leurs gens de pied; les Huguenots de mesme, ne sçachans encores bien ce que valoient les escadrons massifs, couvrent leurs trois logis. L'Admiral commençant à subtiliser avoit faict un retranchement à Aubervilliers, qui deffendoit la teste de sa cavalerie, flanquez de petites troupes d'arquebusiers, leurs piquiers et alebardiers restez à Sainct Denis : ce qu'ils n'avoient voulu hazarder, ny s'empescher du corps de piques, monstre bien qu'ils pensoient à la retraicte. L'Admiral enhardy, cognoissant qu'en la grande estendue de l'ordre des ennemis, il n'y avoit qu'une haye d'hommes armez à passer, deffend la teste des retranchemens de Sainct Oing et Aubervilliers, par escarmouches, empeschant le dessein du connestable, qui estoit de les reduire dans Sainct Denis.

La cavalerie catholique indiscrettement aproche Sainct Oing ; l'Admiral leur fait tirer de pres tous ses arquebusiers; les voyant blessez, plier et en desordre [coustume des cavaliers qui se tournent à la portée de l'arquebuzerie], il charge et perce ceste haye de cavalerie qui plioit au droict de luy, et perce deux cens chevaux, s'avance trois mil pas par derrier les bataillons des Catholiques, jusques à la chapelle, où les fuyards mirent en desordre leur gens de pied. Le prince de Condé, selon la resolution prise, suit ceste mesme route, se conservant sans estre rompu d'aucunes charges, laisse l'escadron de Clairemont d'Amboise, pour empescher d'estre chargé en flanc ou par derrier, et pour defendre Aubervilliers, qui est sa proye, que l'Admiral laisse pour amuser le gros de l'armée des Catholiques, qui se jettent sur la troupe dudit Clairemont, et laisserent outrepasser toutes leurs troupes à l'Admiral et prince de Condé de trois mil pas [lesquels accreus de vaillance pour l'espoir de leur retraicte qu'ils voyoient à Sainct Denis], donnent l'espouvante à six mil badots de Paris, qui se rompent sans combat, s'en retournent et chargent le derrier de l'escadron du connestable, qui n'a loysir que de se retourner.

M. de Montmorency, qui estoit devant son pere, fut chargé par le prince de Condé, lequel apres prit un coin en flanc de l'escadron du connestable, lequel fut tué par Stoüard, Escossais huguenot, pour estre abandonné des siens, et sa cavalerie en confusion. La multitude nuist aux desordonnez ; les Huguenots ne s'arrestent, ayant le cœur à leur retraicte de Sainct Denis ; le mareschal d'Anville les souffre passer devant luy, l'ayant appris de M. de Guise à Dreux. Les logis d'Auberviliers et Sainct Oing quittez à la faveur de la nuict, tous les Huguenots se retirent à Sainct Denis ; leur canon ayant esté retiré de bonne heure, les Catholiques ne garderent le champ que jusques à minuict. Le sieur d'Andelot revenu le matin, la bataille est representée par les Huguenots, et refusée des Catholiques. La mort du connestable faict disputer la victoire de la bataille aux partisans de l'Admiral, dont à la verité ils eurent du pire.

M. le connestable, vaillant et malheureux, fidelle à la Coronne, et trop affectionné à ses parens, fut pris à Sainct Quentin, à Dreux, et tué à Sainct Denis ; monstre avoir eu plus de jugement dans les conseils qu'à la veüe des ennemis, favorisé et defavorisé, et en soupçon. Il passa sa vie moitié bien, moitié mal, lava deux fois de son sang les accusations d'ayder les Savoyards et Huguenots.

Marcher sans regarder derriere, est dit pour ceux qui ne partent qu'à regret; il se faut jeter du tout, ou il ne se fait rien pour soy, ny pour le public.

Combien, sans danger et sans fortune, font croire en avoir couru beaucoup! Ils se coulent avec troupes obeïssantes au long des escadrons ennemis, et ne chargent que ce qu'il leur plaist, derrier, sur le flanc droict, ou, ne prenant qu'un coing des escadrons, ne laissent d'avoir honneur d'avoir esté au combat, sans beaucoup de peril ; cognoissent l'esbranlement et desordre d'autry, et sont dits autheurs de la victoire, qui devroit estre attribuée souvent à la fortune et desordre, ou à ceux qui ont chargé par le milieu.

Plusieurs passent et repassent au travers des escadrons sans frapper; les capitaines les doivent requerir au moins qu'ils tirent ou donnent un coup qui porte en passant.

Plus de meslange de quantité de gens, plus de confusion ; l'honneur et la honte sont generals, et le danger particulier; les soldats meslez n'obeissent à leurs capitaines, l'espouvante s'accroist par la multitude mal ordonnée. Les breches se doivent tenter à petites troupes, et, selon l'apparence et l'esbranlement des ennemis, les renforcer, et y faire donner teste baissée regiment apres regiment, à ce qu'il y ait des chefs à qui se prendre, et qui ayent à responder de la laschetté ou faute de courage de leurs soldats ; aux grandes resistances faut faire un logis au pied, ou au milieu de la bresche.

[1568] La Royne, desirant la mort des grands, est contente de celle du connestable, resout d'oster le commandement general des deux maisons de Guise de Montmorency, et le porter à son second fils M. d'Anjou, qui fut depuis Henry troisiesme, et l'assister de bons capitaines; elle envoye vers le sieur de Tavannes, le choisit pour ses faits, escrits, conseils et fidelité : il dit qu'à bon cheval il ne faut point d'esperons, et toutesfois [considerant son aage] que c'estoit moutarde apres disner, qu'il ne pouvoit guieres joüir de ces faveurs. Les deux maisons de Guise et de Montmorency esgales en malheur par la mort des deux chefs, inimitié de la Royne, l'une d'enfans conduicts par un sage cardinal, l'autre d'hommes soupçonnez et mols, les Huguenots affoiblis vont au devant de leurs reistres. La Royne craintive n'ose lever le commandement entier à ceux de Guise, leur donne quelques forces pour suivre les ennemis par leurs gouvernements, et donne la conduite du corps de l'armée à M. d'Anjou son fils. Les Huguenots [pour favoriser les passages de leurs reistres] se saisissent de Bret, Pont sur Yonne, et Nogent sur Seyne. Le jeune duc de Guise [ayant secouru Sens] se treuve engagé à la teste de ses ennemis, fait retraicte de dix lieues, excusé pour sa jeunesse, et la faute remise sur Esclavolles et Pavans ses conseilliers.

Plusieurs levent des soldats aux provinces ; Poncenat et Mouvans avec sept mil hommes entrent en Bourgongne, attaquent Sainct Iangons le royal. Le sieur de Tavannes y envoye son cousin de Vantoux avec sept cens chevaux. Apres une legere escarmouche, chacun en crainte de son ennemi font retraicte la nuict de dix lieues, et estoient le matin à vingt l'un de l'autre. Le nom du sieur de Tavannes, que Poncenat pensoit y estre, lui avoit attaché des aisles aux pieds. Cependant M. d'Anjou fault à combattre les Huguenots à Nostre Dame de l'Espine et Saincte Mencoul, par manquement de capitaines; eux passent à Esparnay, vont au devant de leurs reistres.

Le sieur de Tavannes va treuver MM. de Guise et d'Aumalle avec quatre cens chevaux, par commandement de la Royne, à ce qu'elle eust un surveillant pres d'eux, souçonnant leurs actions, et que leurs troupes ne fussent du tout composées à leur devotion. Le cardinal de Lorraine prie le sieur de Tavannes de mener son nepveu, M. de Guise, à la guerre ; il considere que la honte seroit sienne, l'honneur à autruy; qu'il n'estoit utile d'augmenter la reputation de ce jeune prince avant celle de M. d'Anjou ; qu'il n'espere la recompense d'eux, et craint de desplaire à la Royne : respond au cardinal qu'il avoit donné tant de preuve de sa valeur, qu'il n'estoit besoin qu'il en fist davantage ; c'estoit à gens nouveaux d'aller à telles entreprises, et s'en excusa. M. d'Anjou [avec l'armée proche Verdun] demande au sieur de Tavannes ce qu'il feroit ; il lui conseille d'amener trois mil chevaux avec ce qu'avoient MM. de Guise, et qu'il deferoit les reistres harassez de longues traictes et non encores joincts aux Huguenots.

Cest advis fut adverty par ceux de Guise, qui ne vouloient perdre le commandement, et autres qui estoient proches de M. d'Anjou, lesquels pretendoient faire croire avoir autant de suffisance que de faveur. Les Huguenots joints aux reistres, les forces de M. d'Anjou et de MM. de Guise s'assemblent et se retirent à Troyes. L'expérience, les charges, les fautes faictes à Nostre Dame de l'Espine en Lorrayne, le commandement de la Royne, donnent toute l'autorité au sieur de Tavannes. La reveüe se fait à Troyes ; il met en bataille l'armée, change le premier l'ordre des armes, compose les escadrons de deux cens pistoliers en plusieurs rangs à la façon des reistres : quoy qu'il juge la lance inutile, sa vogue luy permet encore une file au premier rang et au flanc droit des escadrons. Il donne l'advis cy inseré pour l'ordre de la gendarmerie.

La gendarmerie estant en l'estat qu'elle est, il est mal aisé d'en tirer tel service que l'on en peut attendre, principalement à cause du changement et accroissement de l'ordre des gens de cheval ennemis ; et voicy la raison : premièrement lesdits ennemis viennent au combat en gens unis et serrez, de sorte que le plus grand fort et retraicte qu'ayent les leurs, quand ils sont quelquefois separez et rompuz, est sous les enseignes de ces grosses masses et escadrons insupportables à infinies petites bandes de trente ou quarante hommes d'armes, separez par plusieurs regiments qui sont donnez à plusieurs, sinon à la faveur, à tout le moins pour contenter les seigneurs destinez, qui sont pres du Roy ou de ses lieutenants ; tellement que l'on verroit ordinairement huict ou dix enseignes de gens d'armes à un tel de ces regiments où ne se treuve plus de trois cens chevaux, et le pis est que du passé ils combattoient en haye. Iceux regiments marchant en bataille, separez l'un de l'autre par le moyen des gens de pied, artilleries ou autres lieux incommodes à sé joindre les uns avec les autres, pour s'engrossir quand l'occasion se presente ; et encores qu'ils fussent en pleine campagne, si se joindront-ils fort envis (1), si de fortune le lieutenant de Roy ne se treuve là pour leur commander, ayant un chacun d'eux envie de faire paroistre leur valeur, sans considerer ceste grosse troupe, et [par maniere de dire] montagne d'ennemis qui leur vient tomber sur les bras ; ny la crainte que peuvent avoir les soldats, qui, pour se voir foibles et demesurez, sortent hors, espiant non seulement de vaincre, mais de vivre s'ils affrontent telle troupe, où ils se tiennent quatre contre un unis, serrez et en gros, comme dit est.

D'avantage lesdits soldats, pour estre de tant de pieces, sous tant d'enseignes et petites bandes, avec les opinions souvent diverses de leurs capitaines, se defient les uns des autres ; de façon que, se voyant menez au combat, desunis, entrent souvent en soupçon de leurs compagnies : et de là vient le desordre, non par faute de courage, mais de foy et asseurance telle que peuvent avoyr ceux qui s'aiment et se cognoissent. Par ainsi semble que pour mesler ceste foy et amitié avec l'honneur et devoir qu'ils doivent au prince, l'on doit faire les bandes plus grosses qu'elles ne sont.

A sçavoir les moindres bandes de quatre vingts hommes d'armes, sans croistre les gages des capitaines, et les autres bandes de cent ; et qu'il doit estre regardé combien de gentils hommes peuvent porter les provinces, pour en icelles separement y faire les capitaines et compagnies ; sçavoir est ceux de Normandie tous les Normands, ceux de Picardie tous les Picards, et consecutivement des autres provinces, tous separement, dont s'en suivra telle commodité que s'ils viennent au combat, ils se treuveront tous presque parens, amis et voisins, qui [encores que le service du Roy n'y allast] tous se pourront inciter à mourir l'un sur l'autre, outre l'envie qui sera de l'une des provinces à l'autre, à qui fera le mieux.

Estans ces bandes ainsi grosses, et se retreuvans en une armée où il peut avoir deux mil hommes d'armes ou plus, semble que pour rendre les troupes plus grosses et unies, et oster tant de diversitez de regiments, et gens que l'on veut favoriser, avec cela doit estre mis en quatre regiments, et donné à quatre chefs sans faveur, ausquels le lieutenant de Roy, selon la contenance et ordre des ennemis, commandera fort aisement, soit de faire joindre deux desdits chefs et faire mil hommes d'armes d'un ost, ou plus ou moins, selon les contenances qu'il verra ; bref que ledit lieutenant de Roy n'aura à commander qu'aux susdits quatre conduisants le regiment, lesquels paisiblement auront peu de capitaines

(1) A contre-cœur.

sous eux, et plus faciles à commander avec les soldats, parens, amis, se cognoissans l'un l'autre, et unis comme dit est ; il n'en sauroit reüssir que bon effect. Et ne faut craindre de faire les bandes grosses, comme des autres bandes de soldats, pour y estre Sa Majesté si heureuse, que c'est le moins desrobé prince du monde en sa gendarmerie, par les capitaines, qui tousjours remplissent leur roolle, de sorte que s'il y a quelque abus pour les deniers, cela vient des officiers de Sa Majesté, laquelle gendarmerie doit estre tenue plus subjecte en temps de guerre qu'elle n'a accoustumé, et laisser faire l'estat des chevaux legers et arquebusiers à cheval sans s'en mesler.

Qu'il pleust pareillement à Sa Majesté, pour entretenir les bandes bonnes et belles, et y attirer les gentils hommes de bonne part et qui ont dequoy, ne les recevoir du premier coup à sa Cour qu'ils n'ayent passé par lesdits estats, et eslir les capitaines des provinces d'où seront les bandes, et principalement, quand lesdites bandes viennent à vaquer, en pourvoir les lieutenans, s'ils sont gens de bien. Ce que dessus pourra servir pour l'execution et service de Sa Majeste en temps de guerre ; et pour le temps de paix ou garnisons ; les compagnies estant ainsi toutes d'un pays et d'une province, il ne leur faudra plus de garnisons pour le soulagement du peuple, ains pourront faire deux monstres seulement l'an en armes, où pourront assister les maréschaux de France, ou lieutenans de ladite province à faire lesdites monstres tout en un jour, et pour le plus loing en deux jours, seront retirez en leurs maisons à la grande descharge dudit peuple : il faudra peu de commissaires, de tresoriers et controlleurs, et outre cela le mal vivant sera promptement cogneu, treuvé et facile à chastier. Davantage advenant une affaire sur la frontière, il ne sera besoin traverser toute la France, ains seront lesdites provinces promptement en armes pour les deffendre du dehors, et quant et quant prests pour l'execution de la justice, faire obeïr le Roy, et executer ses commandements aux choses du dedans ; ce qui ne se pourroit faire promptement, estans les gendarmes de chaque compagnie de plusieurs pais, d'autant qu'il y a du temps à les assembler, et le susdis Royaume tousjours traversé, comme dit est, à la grande foule du peuple.

Les finances du Roy seront espargnées, tant sur le nombre des capitaines, commissaires, controlleurs, tresoriers, que pour des deniers ; le tout aussi au grand soulagement du Roy et du peuple.

L'on pourra alleguer quelque monopole à cause que les bandes sont toutes d'un pays : est à considerer qu'en temps de paix ils n'ont que faire dedans les places, et ne leur faut aucune garnison. Davantage ils seront plusieurs capitaines, chose difficile à s'accorder, et en temps de guerre sera besoin que les gendarmes des provinces voisines soient de la partie.

Les hayes de cavalerie sont inutiles ; les escadrons composez de quatre cens cavaliers sont les meilleurs ; ceux de quinze cens et de deux mil, qui est l'ordonnance des reistres, les emporteroient s'ils n'avoient à faire qu'à ces quatre cens ; et y en ayant douze cens en trois troupes chargeant l'une apres l'autre, je tiendray l'advantage de leur costé : tant de gens en gros n'apportent que confusion, et n'y a que la quatriesme partie qui combatte. Ceste grande quantité de soldats en un escadron sert aux reistres, parce que les trois quarts de leurs gens ne sont que valets. Les premiers qui chargent ces grands gros, les desordonnent principalement donnant par flanc ; et encore qu'iceux puissent resister aux premiers, les deuxiesme ou troisiesme escadron les emportent et defont, chargeant de bout à autre, et passant au travers : depuis que les deux premiers rangs sont passez, il y a peu de peril au reste. Qui a le plus grand nombre d'escadrons de trois et quatre cens doit obtenir la victoire.

Depuis le precedant advis du sieur mareschal de Tavannes, les armes souffrant un continuel changement, l'experience nous a fait escrire cest advis susdict pour la composition des escadrons,

Les Huguenots, apres avoir vuidé leurs bourses en celle des reistres, passent au pont des Trocheres à la valée d'Anglan droit à Orléans, pour le grand nombre de leurs ennemis et difficulté, ne cherchent le combat de l'armée catholique, renforcée de Français et Espagnols, parée de la riviere de Seyne proche de Troyes, laquelle de sa part ne veut aussi hazarder le combat, esperant la defaicte de ses ennemis par les incommoditez, et qu'il ne falloit jouer tout contre rien. M. de Nevers, avec le secours du Pape, aydé du sieur de Ventoux, cousin du sieur de Tavannes, sous-lieutenant en Bourgongne, par la mort du sieur de Villefrancon, frere du sieur de Tavannes, qui luy avoit fait donner cette charge, reprend Mascon. Les Huguenots, chargez d'hommes et d'incommoditez, attaquent Chartres, esperant l'adjoindre à Orleans, et faire une petite conqueste au milieu de la France. L'armée catholique s'approche ; la Valette logé trop pres, l'Admiral se jette au milieu de ses quartiers, assisté de trois mil chevaux, luy defait trois compagnies ; il couvre sa faute d'une heureuse retraite.

La Royne, craignant l'evenement de fortune, propose la paix pour laisser croistre ses enfans, dissiper les forces huguenottes et les attraper, esperant de rompre sa foy, comme eux avoient fait la leur à Meaux. La paix fut conclue. Les Huguenots estans desesperez de la prise de Chartres, pour le changement de batterie, joint au murmure des reistres et debandement de leurs troupes, advenu sur l'edit qu'avoit esté publié de la protection des Huguenots non factieux ne portans les armes, lequel fut publié de par le Roy par le conseil du sieur de Tavannes, mettant differance entre les rebelles et heretiques : les chefs desquels, en doute du mal advenir, sont forcez des soldats à la paix, sans lesquels ils ne pouvoient demeurer que sur la defensive, craignant de se perdre, monstrant que ceste difference des rebelles Huguenots avec ceux qui vouloient demeurer en paix, qui est le moyen de les separer, estoit trouvée par le sieur de Tavannes, cinquante quatre ans devant que celle que le roy Louys XIII a trouvé en ceste année 1621, qui par ceste division a ja pris quantité de leurs villes, sans qu'ils soient secourus : mettant différence entre rebellion et religion, par la protection en laquelle il prend les pacifiques Huguenots.

Le Turc, victorieux des Arabes, est chassé de leur païs à l'ayde des Portugais, qui estoient à Ormus, pres du sin Persique, Le roy de Suede, vainqueur des Moscovites, devient fol : les Estats mirent en sa place son frere qu'il tenoit prisonnier. Le duc d'Albe en Flandres en autorité royale, remplit les villes de garnisons, attire les comtes d'Ayguemont, d'Ornes et de Bures, qui pensoyent [pour s'estre retirez] estre exempts de leurs signatures rebelles, le dernier est envoyé en Espagne, et fait couper la teste aux deux autres. La Flandre estonnée obeyt pour un temps; Sampetre de Corse, ennemy des guerres civiles de France, allumant l'estrangere en Corse, est tué. Le roy Philippe fait mourir son fils en prison, pour le bien [disoit-il] de son Estat; les Espagnols l'accusent d'heresie, d'intelligence en France et d'entreprise sur son pere, le tout advenu par l'offence qu'il receut quand le roy Philippe, sondit pere, espousa Elizabeth de France qui luy estoit promise. Les Huguenots publient la jalousie de Sa Majesté d'Espagne contre ce prince et la royne Elizabeth, qui, par sa mort [advenue tost apres] confirme ce bruit.

Plusieurs sont qui entrent aux partis pour leur interest, hayne, amour, ambition et dessein particulier, sans soin du general, auquel ils n'aydent que tant que leur passion, commodité et desir de grandeur leur permet. Ceux qui font guerre aux provinces sans commandement de leur chef de party, ont des desseins particuliers, sont volleurs ou gens sans courage, qui se devroient autant souhaiter aux ennemis qu'aux amis. Ces commandements de provinces ne se doivent donner aux gens ambitieux, legers et mal asseurez; ceux qui auroient experimenté, comme nos generaux des guerres civiles ont fait, la peine de retirer telles gens des provinces dont l'imprudence ne juge que la teste coupée les membres sont inutiles, n'en employeroient jamais de semblables.

De troupes affamées celle qui craint et desire retraicte, doit considerer si la mesme volonté n'est point à ses ennemis; une heure de bonne mine donne la victoire; celuy qui deplace le premier est en peril.

Si les princes pouvoient donner autant de vertus que de charges, l'experience seroit inutile; elle se fait faire place aux perilleux evenements, ausquels volontairement les favoris cedent, ou sont promptement punis de leur outre-cuidance.

La crainte de mort et perte de biens arment les femmes et font porter les montagnes; le desespoir produit des miracles. Jusques à ce que les Huguenots fussent certains que, ne portans les armes, ils demeuroient en repos sans danger en leurs maisons, le desespoir leur faisoit faire merveilles : aussitost asseurez par edict du Roy, les contributions, les armes cessent; ils diminuent, refroidissent leur zele et abandonnent leurs freres; ce qu'ils feront bien davantage quand ils verront les biens des rebelles rasez et occupez, qui servira de leurre pour ramener ceux qui inconsiderement se seroient armez.

Abraham et Brutus, pour Dieu et pour la patrie resoulent la mort de leurs fils; Soliman et Philippe les tuent par ambition et par jalousie. Plusieurs peres meurent pour sauver ou agrandir leurs enfans; des femmes tuent les leurs pour sauver leur honneur, et d'autres ont desiré la mort pourveu que leurs fils imperassent, tant sont les affections du monde diverses : l'ambition est un grand monstre, puisqu'elle force le pere à tuer le fils. Anciennement les peres avoient pouvoir de tuer et vendre leurs enfans sans reprehension, qui faisoit qu'ils estoient bien obeys et respectez; maintenant il s'en trouve qui ne s'enquierent d'autre chose de l'aage de leur pere, dont ils desirent la mort; autres qui irreveremment les offencent, et prennent leurs biens, abusant de leur bonté : à la verité, recevant le mal dont il faut esperer le bien, et l'ingratitude cogneüe se supporte et endure beaucoup plus impatiemment que les offenses faictes par ceux qui ne nous sont rien, et ne sert la dissimulation que plusieurs font, quand ils ont des peres habiles qui voyent au travers d'icelle.

Il est mal-aisé d'inventer, facile d'augmenter : il estoit aisé de corriger la grosseur des escadrons, et d'oster les lances inutiles des fronts aux successeurs du sieur de Tavannes, et de rendre les gros de trois cents chevaux seulement, pour, par plusieurs d'iceux à diverses charges, defaire ces grands osts de quinze cents chevaux reistres : les arts naissent comme les ours, qui se forment par temps et travail.

La creance de valeur est la base de l'honneur, et vray fondement pour se rendre capitaine ; qui en a fait preuve se doit mesnager, sinon ils meurent jeunes, ou tombent en de grands accidents : il est bon homme pour le jour [dit l'Anglais]. Nous ne sommes tousjours pareils à nous ; le travail, mauvaise disposition, infirmité naturelle, la pluye, les veilles, le temps, transportent les corps, peuvent affoiblir et effeminer les courages. Estant logé à La Rochelle avec des gens de pied, assistant à toutes les approches, prises de casemates et assauts de bastions, je reçois lettres de mon pere, appreuvant mes actions jusques alors, et defence de ne m'hazarder plus qu'à propos. Pour acquerir honneur, c'est assez d'avoir donné deux ou trois fois preuve de sa valeur, et apres faire preuve de sa conduicte et prudence ne s'hazarder qu'en commandant à des troupes, et rarement en particulier, pour faire de beaux et grands effects premeditez.

> Quand le vivre plus que la mort ennuye,
> C'est le temps de mettre fin à sa vie.

Si vous nous commandez chose plus griefve que la mort, nous mourrons plustost [disoient les peuples aux tyrans]. La beatitude eternelle ne s'acquiert par les loix payennes licentieuses, ains par les chretiennes, qui nous lient plus estroictement, nous defendent de nous defaire : si est-ce que plusieurs saincts, sçachant mourir où ils alloient, semblent s'estre precipitez volontairement, et avoir recherché leur fin : encore plusieurs aux Indes disent se procurer la coronne de martyre. Nostre religion estend ce commandement : « Tu ne tueras point » sur nous-mesmes ; il n'est loisible à une ame d'abandonner son corps, non plus qu'à un soldat sa place de combat sans le commandement de son chef : puisqu'elle est creée de Dieu, semble que sortant de ce monde par nous mesmes, c'est mespriser le bien qu'avons receu de luy.

Les anciens croyoient que s'oster la vie n'estoit peché, et leur apportoit reputation, que ceste offence n'estoit qu'à soy : la loy chrestienne prive de ce bien estimé le plus grand du monde par les miserables qui se sont occis volontairement : autres se sont tuez en prosperité, pour ne vouloir attendre l'inconstance du monde, plusieurs pour braver la fortune, et luy oster puissance d'avoir prise sur eux. Cleomenes maintient estre laschete de se faire mourir, que ce n'est se sentir le courage assez bon pour resister aux adversitez de fuyr devant icelles par la mort. Quelques-uns disent que c'est braver le malheur de ne le vouloir souffrir, que l'homicide de soy-mesme devroit estre permis aux outrez d'extremes douleurs, de maladies, de gehennes, ou pour eviter un supplice ignominieux. C'est extreme punition de souhaitter la mort et de ne la pouvoir obtenir ; le choix n'en est aux prisonniers gardez, qui n'ont que la pierre pour donner de la teste contre : pour remede aux tourments et à la honte, les libres choisissent les poisons, les poignards, l'ouverture des grosses veines, l'opion et le pavot meslé de poison, qui marie le somme avec la mort.

Toutes donnent temps de se repentir et medicamenter ; le seul coup de pistolet tiré dans la teste est sans revocation, confond et embroüille le sentiment soudain ; la mort la moins premeditée est la plus douce, la peur fait plus que le mal. Cela me fait conclurre que nulle mort advancée par soy-mesme ne peut estre douce, encore moins aux Chrestiens, qui par icelle meurent eternellement.

Les supplices sont honteux sous le regne des justes, honorables sous celuy des tyrans, pour le bien de la religion et de l'Estat ; tel me l'a procurée qui l'a treuvée pour luy. Le sieur de Biron ayda à me mettre en prison dans la Bastille, sur des lettres contrefaictes et supposées escrites du roy d'Espagne ; Dieu m'en sortit, et permit qu'il fust pris sur des memoires veritables et certains, et eust la teste coupée en la mesme prison de la Bastille. A la verité, il faut pardonner à ces braves courages anciens, qui portoient un tuyau de plume plein de poison dans leurs cheveux, pour se delivrer de honte, de tourment et de malheur.

La cruauté et douceur produisent semblables effects. Cesar et Tamburlan, par ces differentes voyes, subjuguerent une partie du monde : la douceur se peut exercer par les princes establis ; l'usurpateur, le conquerant sont contraints à suivre le contraire ; les barbares font mourir des peuples entiers. Les Huguenots prospererent au commencement par cruauté ; l'emotion populaire en Normandie, au temps de la ligue, fut esteinte par feu et sang. Le roy Charles, le duc d'Alençon, le roy Henry III à Paris, à Blois, à Anvers, ne profiterent aux massacres, non plus que le roy Philippe en Flandres en la mort du comte d'Aiguemont et autres : Elizabeth, royne d'Angleterre, asseura son regne par le sang de ses millorts et subjects, qui n'eust reussy en autre nation. Le roy Henri IV treuve utilité en la douceur ; la cruauté n'est seure qu'à ceux qui sont tousjours armez. L'exemple de la douceur de Cesar est d'autant plus imitable qu'elle est proche du salut. Les bons roys ont de reste, apres leur regne, d'avoir la conscience plus nette que les cruels : heureux sont les Chrestiens qui vivent sans charge, et ne sont forcez de brusler tout un païs, chasser les femmes et enfans aux arquebusades des assiegeans ! Justicier un soldat pour un pain, en pendre soixante pour avoir evité le canon, necessaire aux generaux d'armées pour eviter la famine et gagner temps : ces actions sont injustes, tant sont les loix de Dieu contraires à celles de la guerre.

Plusieurs s'excusent de ce qu'ils font de petits maux, à ce que bien en advienne : il suffit [disent-ils] que le grand dessein soit equitable.

La cruauté sans utilité fait participer les hommes au naturel des bestes brutes, elle s'exerce par vengeance et colere des imprudens : mais le sage la reduit à l'utilité, et s'en sert par contraincte. C'est honneur de se pouvoir venger, et plus de s'en abstenir en ayant la puissance : aux jugements, aux propositions de cruautez, faut s'examiner avant que de s'y resoudre, si on est rassis, sans colere, sans melancolie, passions, affections ; et si on est nourri, habitué au sang, estre toujours en soupçon de soy-mesme, se donner temps pour faire faire l'execution, se corriger et raviser, considerant la peyne en laquelle il seroit s'il estoit au mesme estat de l'affligé : la cruauté seule entre les autres pechez est sans plaisir, suivie de regret et de repentir en ceste vie, et empesche de parvenir à l'eternelle.

Ceux qui usent de poisons sont traistres, sans courage et sans Dieu, n'ayans hardiesse de s'attaquer autrement à leurs ennemis : la France et l'Allemage sont moins infectées de ce vice que l'Italie, au contraire des anciens Italiens, qui advertissoient leurs mortels ennemis de se garder du poison de leurs traistres serviteurs. Les prisonniers en soupçon de l'estre [comme plusieurs fois j'ay esté] s'en empeschent aucunement, ne mangeant que des œufs et du pain sec : les plus grands prennent des antidotes et contre-poisons, qui s'appliquent selon les signes que l'on ressent d'estre empoisonné. Les medecins sont dangereux, lesquels peuvent empoisonner sans reprehension : deux dragmes de drogues de plus en leurs medecines envoyent en la mort, dont ils se sçavent couvrir finement sur la maladie ou mauvaise habitude du patient.

L'argent de l'Estat est desrobé au roy de France, et plus à celuy d'Espagne ; c'est peché de laisser voller le sang et sueur du peuple, autant que si on le prodiguoit : les tailles, imposts, subsides, exactions, sont plus grandes qu'au passé. Leurs Majestez ne donnent ni ne payent la gendarmerie, ne donnent aux femmes ny aux bastimens, et n'y a doüairiere ny partage en ce Royaume ; tant plus il y a d'officiers, plus il y a de larrons ; un seul faisoit anciennement ce que trente exercent. Ils prennent interest de l'achept de leurs offices à cent pour cent sur le souverain et sur les subjets, s'exemptent de tailles que les miserables surcharchez payent, composent des dons, assignations du payement des garnisons, des debtes du Roy par moitié ; sans crainte font plusieurs faussetez, qui sont passées par intelligence et corruption en leurs comptes : les larrons sont rarement punis, parce que les favoris sont des parties, ou recevant des presents sont interessez aux recherches ; ils serrent le tiers du gain pour se garantir de la corde, et sauvent le reste.

Avant que les collecteurs, receveurs generaux, particuliers, tresoriers de l'ordinaire et extraordinaire, tresorier de l'espargne, president, intendant, super-intendant, controolleurs et chefs des finances, cour de aydes, chambres des comptes, bureaux des tresoriers, esleus de païs, ayent signé, la moitié de l'argent est desrobé : ainsi il se depend autant par larcin, malgré le prince, que ses predecesseurs dependoient par liberalité. Sans le sceu des roys, l'on peut faire ses affaires avec leurs serviteurs infideles ; les financiers, plus que les autres estats, obscurcissent le mestier, pour faire croire qu'il faut estre né dans le maniment des finances pour les sçavoir exercer ; leur art est plus aisé que tout autre : Videville, financier, m'a monstré de son vivant, en deux feuilles de papier, le revenu et les charges de la France. Auguste avoit celuy de l'Empire romain en deux tablettes : la diversité de levées fait la multitude des financiers et larcins. En Espagne, à Venise, il ne se paye point de tailles ; l'argent est levé sur les marchandises insensiblement. En France, il y a des deniers du sel, du domaine, des traites foraines, des aydes, tailles, taillons, subventions, doüannes, parties casuelles, polletes, peages, gabelles, huictiesme, vingtiesme sur le vin, sur le bled, et sur toute marchandise, et plusieurs autres natures de deniers, sous lesquelles ils couvrent leurs volleries.

Seroit necessaire pour les eviter de reduire ces deniers à une ou deux sortes de payements, les mettre sur les marchandises, sel, ou sur les tailles payables à un terme : du moins chasque ville et village devroit sçavoir ce qu'il doit payer à chaque fois, et qu'il n'y eust qu'un receveur en chacune province, qui seroient seize en la France, lesquels respondroient à la chambre des comptes de Paris, et que ces receveurs fussent seigneurs de dix mil livres de rente, et non endebtez, aagez de cinquante ans. Ils auroient leurs consciences, leurs biens, leurs aages pour respondants de leurs malversations, plegeroient leurs commis employez aux charges susdites, et cesseroit le peuple d'engraisser de son labeur trente mil sangsues inutiles, au prejudice du prince, qui est interessé à la pauvreté de ses subjects. Les Turcs font honte aux Chrestiens : de trois cens mil payes ne se treuve aucun mescompte ny larcin, les tributs et les daces si exactement rendus à Constantinople et aux Sept-Tours, que le souverain n'y est endommagé.

De ce temps l'on a voulu faire le procez aux financiers, dont ils sont sortis par la porte dorée, avec injustice si manifeste, qu'ils ont fait payer les innocents autant que les coulpables; et un seul d'iceux par confiscation pouvoit payer douze cents mil francs qu'ils ont donnez. L'interest des favoris partisans a intercedé pour eux, et par cette composition ont confirmé le desordre et les larcins de la France : maintenant impunement ils prennent à toutes mains sans s'en cacher plus, prenant tout à coup les soixante et quatre-vingts mil escus au detriment de leurs ames et consciences : et s'ils voyent un larron qui ait derobé vingt escus, il merite la mort [disent-ils], eux qui l'ont dix mil fois tellement desservie, qu'il ne seroit plus besoin d'autre proces contre eux, sinon de leur laisser deux fois autant de bien qu'ils avoient quand ils ont esté receuz aux finances, et leur prendre le reste et mettre au profict du Roy. De nouveau ils treuvent un eschapatoire, de s'allier aux seigneurs et gentilshommes de France, desquels ils esperent leur salut, ce qui ne leur devroit estre permis, et ne laisser de rechercher ceux qui sont encore en petit nombre qui se sont mis sous ceste protection.

La paix faicte, à l'exemple du roy Loys XI, pour separer et dissiper les ennemis, la Royne pensant estre juste d'attraper ceux qui l'avoient faillie à prendre à Meaux; les Huguenots, necessitez à la paix, esperant prendre haleine et affermir leur intelligence estrangere par le payement de leurs reistres, et assembler argent pour corriger leur faute. La Royne demeure armée sous divers pretextes, met garnison à Orleans,

rendu par les Huguenots, mande au sieur de Tavannes qu'il defist partie des reistres passans par Bourgongne, auxquels Sa Majesté avoit donné saufconduit. Il rejette ce commandement, sachant que ceste action, sans guerre ouverte, estoit subjette à desadveu, dont le mal pourroit tomber sur luy, comme infracteur de paix, et avoir les princes du sang pour ennemis.

Le sieur d'Andelot luy demande par Sainct-Bonnet escorte et hommes pour compter et conduire cinquante mil escus que le Roy avoit permis aux Huguenots lever sur eux pour le payement des reistres. Ce mesme Sainct-Bonnet dict au sieur de Tavannes que le sieur d'Andelot luy mandoit avoir esté adverty qu'il avoit entrepris de le tuer : « Je remercie [luy dit-il] vostre « maistre, parce que lors que les Huguenots ad-« vertissent de telle chose, c'est signe qu'ils « veulent faire le semblable ; j'ai trop d'honneur « pour devenir Poltrot, et quand la guerre sera « ouverte je ne l'espargneray point; » qu'il donneroit escorte sans toucher cest argent, d'autant qu'il ne fut jamais comptable, ny ne le vouloit estre.

L'Admiral, cognoissant la faute de s'estre desarmé, envoye des hommes au prince d'Orange, pour estre une mesme cause, et avoir excuse de s'armer. Pour ce sujet Coqueville leve en Normandie : aussitost defaict, justicié par le commandement du Roy et desadvoué de l'Admiral. La Royne, assistée des cardinal de Lorraine et chancelier de Birague (1), resout au mois d'aoust d'executer le sujet pour lequel elle avoit fait la paix. Apres avoir essayé en vain de mettre garnison à La Rochelle, tient les troupes armées sous divers pretextes, envoye Gonthery, secretaire de M. de Birague, au sieur de Tavannes, avec commandement d'investir le prince de Condé dans Noyers, où ils s'estoient retirez n'ayant osé aprocher de la Cour. Le sieur de Tavannes, considerant ce commandement, respond à Gonthery que ceste creance estoit trop grande pour luy, et que Sa Majesté luy envoyast un capitaine : à quoy obtemperant, la Royne luy mande le sieur du Pasquier, avec mesme proposition.

Il respond que la Royne estoit conseillée plus de passion que de raison, et que l'entreprise estoit dangereuse, proposée par gens passionnez et inexpers, que luy n'estoit propre pour telles surprises; que s'il plaisoit à Sa Majesté de declarer la guerre ouverte, qu'il feroit cognoistre comme il sçavoit servir; que quand il voudroit

(1) Le chancelier n'étoit pas alors M. de Birague; c'étoit le président Morvilliers qui avoit les sceaux, rendus peu auparavant par L'Hospital.

executer ce commandement, que MM. de Condé et Admiral ayans de bons chevaux se pourroient sauver, et luy demeurer en croupe, avec le blasme d'avoir rompu la paix, luy restans ces princes et ce party pour mortels ennemis.

Cognoissant qu'il en seroit pressé davantage, et qu'il y avoit des forces sur pied à cest effect, que les regiments qui n'estoient entrez à La Rochelle rebroussoient du long de Loire, conclud donner alarme au prince de Condé pour le sortir de son gouvernement, où il ne vouloit qu'un autre que luy fust employé, et ne jugeoit devoir faire ceste entreprise. Il fait passer des messagers proche Noyers avec lettres qui contenoient : « Le cerf est aux toiles, la chasse est preparée. » Les porteurs des letttres sont arrestez, comme il desiroit, par le prince de Condé, qui, fortifié d'autres advis qu'il avoit, part soudain en alarme avec toute sa famille, et passe Loire pres Sancerre.

Ceste entreprise mal dressée de quenoüille et de plume, de la Royne, des cardinal de Lorraine et chancelier de Biragne, lesquels y devoient employer Monsieur, frere du Roy, sous lequel nul n'eust craint d'entreprendre, esperans en ce fautif dessein, ils se treuvent sans forces ny argent, donnant temps aux Huguenots de prendre Nyort, Fontenay, Sainct Maisant, Xaintes, Sainct Jean, Ponts, Coignac, Blaye et Angoulesme, avec cruautez et pilleries permises, ce qui les renforce : et quand leurs troupes de Languedoc seroient jointes, ils pouvoient faire trois mil chevaux, et vingt mil hommes de pied. L'imprudence et longueur de la Royne, embarquée sans biscuit, plus estonnée que ceux qu'elle vouloit surprendre, leur donne temps de prendre ces villes : si elle eust eu une armée preste, et les suivre aussitost son entreprise faillie, elle les eust enclos à La Rochelle, et les soldats qui les allerent treuver se fussent joints au Roy : tardivement elle achemine l'armée avec son fils à Estampes.

Le sieur de Tavannes mandé en mesme temps, Sansac et luy, seuls vieux capitaines, se picquent sur l'ancienneté de leurs commandements, empeschent la Royne à faire les hola. Le sieur de Tavannes, cognoissant Sansac vouloir gagner par querelle l'advantage qu'il avoit sur luy par prudence, luy offre le combat. Leurs Majestez appointent tout, ils demeurent en égale puissance aux armées, non en egal credit, pour estre le sieur de Sansac turbulent et colere, et en rien approchant de l'entendement du sieur de Tavannes.

[1569] L'edict publié, bannissant les ministres, au contraire de ce qu'on avoit faict entendre aux reistres, que la guerre estoit d'estat, non de religion, facilite la levée pour les Huguenots. M. de Montpensier, commandant en Poictou, par tardiveté et irresolution, faut de donner la bataille au prince de Condé, ou aux Provençaux qui n'estoient joincts. M. de Guise avoit passé à Orléans, auquel imprudement Sansac, qui assembloit l'armée, avoit donné dix-huit compagnies de gens d'armes, sans attendre le commandement de la Royne, ny de Monsieur. Cela joinct avec M. de Montpensier et Brissac advancez au Poictou, ils defont deux mil hommes du sieur d'Acier, auquel en reste dix-huit mil venus de Languedoc, qui se joignent au prince de Condé, où estoit arrivée la Royne et prince de Navarre. M. d'Anjou, frere du Roy, joint M. de Montpensier à Chastelleraux, et font quatre mil lances, dix mil hommes de pied français et six mil Suisses.

Les armées s'approchent à Lusignan, les mareschaux de camp se rencontrent à Panprou, perdent l'un et l'autre à son tour l'occasion de defaire sept ou huict mil hommes ; le tambour français battant à la suisse, empesche les Huguenots de charger, pensant toute l'armée y estre, gagnent quelque bagage. A la pointe du jour, le prince de Condé cherchant la bataille, les suit separé en deux, pour empescher l'embarras des chemins ; l'Admiral menant partie de leur armée, se fourvoye. Le prince de Condé attaque l'armée de Monsieur, mal logée, à l'improviste avec deux mille arquebusiers en païs couvert, porte confusion aux Catholiques, reparée par le sieur de Tavannes, qui soustint par troupes d'arquebusiers soustenus de corps d'infanterie ; se voyant pressé fait faire une charge aux chevaux legers, qui ralentit l'ardeur des assaillants : l'Admiral à la nuict joignit le prince, durant laquelle ils se retirent sans plus grand effect. Monsieur le suit le lendemain ; et les approche pour les combattre à Vertueil. La Riviere, capitaine de chevaux legers, vaillant et inconsideré, se laisse investir dans la tour de Jarnac avec cinquante des signalez et volontaires de l'armée.

Monsieur demande conseil : le sieur de Tavannes maintient qu'il ne se peut secourir sans l'hazard de l'armée, qu'il valoit mieux perdre l'ongle que le corps. Neantmoins, MM. de Guise et de Martigues ne laissent d'obtenir permission de Monsieur pour secourir La Riviere avec trois mil chevaux. Monsieur, cognoissant sa faute, vient à minuict au logis du sieur de Tavannes pour s'excuser de ceste licence, lequel [comme prophete] dit qu'il alloit tout perdre ; que l'Admiral attendoit ces princes en bataille, qu'il falloit desloger dez la pointe du jour, ne pouvant tenir ce logis en seurté, estant l'armée separée. Monsieur replique que M. de Guise n'estoit encores party : il le fait contremander et lui permet d'aller à la guerre avec sa compagnie s'il vouloit. M. de Guise contrainct de laisser les trois mil chevaux, trouve avec deux cens toute la cavalerie de l'Admiral en bataille, qui le chassa et poursuit jusques proche de l'armée, où estant, il jure qu'il croiroit à jamais le sieur de Tavannes de ce qu'il diroit, lequel se rendoit admirable par ses prevoyances.

Les prince de Condé et l'Admiral se retirent et reçoivent La Riviere à composition ; cet acte donne tout le commandement au sieur de Tavannes. La Royne invente une commission au sieur de Sansac [à ce que le sieur de Tavannes ne fust contrarié] pour assieger Vezelet, où il eut du malheur. Monsieur vint à Poictiers. M. de Brissac sauve son regiment d'une entreprise de l'Admiral, qui l'avoit assailly et mis en apparente defaicte, et ce, par le moyen du sieur de Tavannes, qui fit mettre toutes sortes de gens [venants de Poictiers] en bataille au-delà d'un ruisseau sur un coustau. L'Admiral [pensant estre combatu] quitte son entreprise lors que ledit regiment estoit tout en routte.

Monsieur, renforcé de cavalerie, cherche les Huguenots, prend Mirebeau, fait mine d'investir huict enseignes dans Loudun, au secours desquels les Huguenots arrivez mettent leurs troupes en bataille aux fauxbourgs. Les armées à un quart de lieüe l'une de l'autre, le combat est empesché de la glace ; Monsieur, incommodé de logis, se retire à Sainct Marcoul. L'Admiral presuppose treuver ses ennemis logez au large ; avec l'eslite de sa cavalerie et infanterie, il fait cinq lieues, treuve l'infanterie du Roy parée d'un petit ruisseau, Monsieur au milieu des Suisses couvrant sa cavalerie, logis extremement bien faict par le sieur de Tavannes, blasmé par les inexperts envieux, qui disoient que le general ne devoit estre à la teste, et ne consideroient qu'il estoit entre deux bataillons de picques. L'Admiral se retire sans effect ; l'hyver ayant tué et debandé plusieurs, les armées s'esloignent pour se refraichir ; il se leve des deux parts des logis endormis ; Monsieur, renforcé de deux mil reistres, tourne teste aux ennemis.

Le sieur de Tavannes, quoy qu'envié, prophetise la bataille dans quinze jours ; ses ennemis s'en mocquent. Il declara le secret à M. d'Anjou : « Vous irez [dit il] presenter le combat, la » Charante entre deux, à l'Admiral ; il est glo- » rieux ; nous approcherons puis apres d'une ri- » viere ; huict jours passez, je m'asseure qu'il » viendra rendre la pareille, lors nous passerons » la riviere et le combattrons ; » ce qui advint. Ayant bravé l'Admiral, Monsieur esloigne la riviere, et soudain la r'approche pres Chasteau neuf. L'Admiral, pour maintenir reputation, à son tour offre le combat la riviere entre deux, et, voyant le pont rompu, jugea qu'il ne se pouvoit si tost refaire. Le sieur de Tavannes le fait entretenir par escarmouches jusques à la nuict. L'Admiral ne pensant qu'il se peust passer à luy, loge et met gardes sur la riviere, lesquels faillirent à leur devoir.

Le sieur de Tavannes, qui avoit fait gagner le chasteau de Chasteau neuf, refait le pont, et plus bas un pont de batteau qui se charrioit avec l'armée, fait passer une heure en nuict par ordre et sans confusion. L'armée des Huguenots, affoiblie par l'hyver, s'aperçoit tard, et à la diversité des couleurs des casaques de toutes les compagnies cognoissent leurs ennemis estre passez. Le prince de Condé plus proche, advertit l'Admiral, qui ordonne la retraicte sans combattre, fait acheminer infanterie et bagage devant. Le prince de Condé, pressé de M. d'Anjou, mande à l'Admiral qu'il falloit plustost combattre qu'estre defaict en fuyant, qu'il n'y avoit plus de desdicte ; met en bataille ses gens à la faveur d'un petit ruisseau, dedans et proche le village de Bassac, où se fait une charge par MM. de Guise et de Martigues, en laquelle fut pris la Nouhe. La cavalerie du prince de Condé leur en fait une si rude, qu'elle les met en route ; et n'eust esté un gros de reistres que le sieur de Tavannes amena, faisant mine de charger en flanc les Huguenots, les sieurs de Guise et de Martigues estoient defaicts entierement. Sur quoy arrivant l'escadron de M. de Montpensier, le prince de Condé repasse sur la chaussée d'un estang, s'en couvre et d'un ruisseau qui sortoit d'icelle ; ce que voyant, le sieur de Tavannes fait recognoistre par Richemont, gentilhomme des siens, un passage plus bas, où l'on pouvoit facilement passer pour aller à eux, mande à Monsieur qu'il s'y achemine, et y conduit M. de Montpensier, commandant aux reistres, qu'en mesmes temps que l'on passeroit qu'ils passassent sur la chaussée apres les Huguenots, lesquels seroient contraincts de descendre et costoyer le ruisseau, et quitter la chaussée, là où lesdicts reistres passeroient pour donner jalousie aux ennemis d'estre chargez en queüe.

Les escadrons des Catholiques commencent à passer plus bas au ruisseau qui avoit esté recogneu ; ce que voyant l'Admiral, et qu'il ne s'en pouvoit dedire, descend et coule le long du ruisseau, et vient à la charge mollement ; il est soustenu de la Vallette et autres advancez. Le prince de Condé, plus resolu, avec une fleur de noblesse renverse les sieurs de Guise, de Martigues et la Vallette sur l'avant garde que menoit M. de Montpensier, qu'il treuve ferme et resolu pour l'assistance de l'escadron de M. d'Anjou, qui se joint proche de luy, luy donne force et courage d'emporter et defaire l'escadron du prince de Condé, où il fut pris et tué au milieu de deux cens gentilshommes des siens morts sur la place à l'entour de luy ; ce qui causa la routte de toute l'armée. L'Admiral n'ayant fait qu'une charge feinte, ne s'estoit guieres rompu, se retire avec d'Andelot à Sainct Jean d'Angelic hors la route des fuyards, pour n'estre attrapé parmy eux : les princes de Navarre et de Condé s'estoient de bonne heure retirez à Xaintes.

La victoire eust esté suivie, plus vivement, sans que toute l'infanterie huguenotte se treuva à deux lieües de là où la bataille s'estoit donnée en la ville de Coignac. Le sieur de Tavannes mit pied à terre avec MM. de Guise et de Martigues, lesquels l'abandonnerent à une sortie de douze cens hommes de la ville ; il se resolut et fit teste avec quelques uns des siens. Lesdicts seigneurs retournent pour l'assister, disent qu'ils font conscience de l'avoir abandonné : luy desgagé respond qu'il regarderoit mieux à l'advenir avec qui il iroit. Aux premieres charges du commencement de la bataille, il s'estoit mocqué de M. de Guise, qui luy disoit n'avoir point eu peur au combat : il luy respond que pour s'en empescher il falloit faire peur aux autres. Les Huguenots se parent des rivieres ; ce corps d'infanterie ne peut estre forcé à Coignac. Le discours de ce voyage, depuis le partement de M. d'Anjou jusqu'au combat de Jarnac, se verra mieux en la lettre ci-jointe, dictée par le sieur de Tavannes, excepté que luy, qui ne se vantoit jamais, la discretion luy a faict celer l'honneur qui luy apartenoit, lequel il donnoit à Monsieur.

« Monsieur mon cousin, j'ay receu deux de vos lettres, et à ce que je vois, mesmes par la derniere escrite à Paris du sixiesme de ce mois, vous desirez estre esclaircy des choses passées en ce voyage, vous en ayant esté mandé de par deçà et par delà d'infinies sortes, chacun selon son affection. Je vous manderay à la verité ce qui en est, vous priant que je ne sois allegué en ce discours que je vous en feray, combien qu'il soit veritable.

» Vous savez que dez le commencement que l'on cogneut la guerre declarée et le prince de Condé estre par deçà, que je fus ordonné d'y venir. M. de Montpensier y assembla les forces du pays, qui lors estoient fort petites, et n'eut guieres bon moyen de garnir les places, combien qu'il departit de ce peu qu'il avoit en d'aucunes, attendant que le Roy l'eust secouru de plus grandes forces pour le mettre à seurté, et aussi qu'il eust fait approcher les gendarmes qui estoient de ces costez de deçà, pareillement les gens de pied. Tost apres arriva M. de Martigues avec bonne troupe, tant de pied que de cheval ; comme aussi furent despechez les sieurs de Brissac et Strosse de la Cour, qui arriverent avec leurs troupes, à sçavoir, trente enseignes du sieur de Brissac, et douze du sieur de Strosse, qui donna grand contentement, pour l'esperance qu'on avoit que les gens de pied et quelque nombre de gendarmes seroient departis par les places, à fin de les tenir asseurées, et que mondict sieur de Montpensier se tiendroit à Poictiers, avec aussi une bonne troupe, pour favoriser et secourir les endroicts les plus agitez et pillez des ennemis, lesquels ayant paravant premedité la guerre, avoient tout en un temps asssemblé toutes les forces, et receu les gens de pied de Provence ; de sorte que sans lesdits Provençaux ils pouvoient estre de quatre et cinq mille chevaux, et huict mil hommes de pied : occasion que la deliberation du sieur de Montpensier [estant encore pour lors trop foible de se mettre sur la defensive] eust esté juste et raisonnable, attendant que l'armée de M. d'Anjou fust preste et arrivée ; mais comme estant stimulé par ces seigneurs de la Cour, pour envie de faire cognoistre leur valeur et acquerir reputation, ou bien pour ne vouloir les uns estre envoyez devant les villes pour les garder, ou pour quelques autres occasions occultes, demeurerent ensemble et en suspends, sans estre departiz à la garde desdites villes, esperans se fortifier tousjours assez à temps pour tenir la campague et venir au combat.

» Mais le malheur voulut que, pensant bien faire, l'on fist le rebours ; car M. de Guise s'en venant en poste comme pour estre des premiers, en passant à Orleans, où estoit le rendez-vous pour assembler ladicte armée, où le sieur de Sansac estoit pour recueillir les gendarmes, il en bailla audit sieur de Guise dix ou onze compagnies à mener, disant qu'il estoit fils de trop bon pere pour le laisser aller tout seul : occasion que ledit sieur de Montpensier, sentant venir ceste troupe de renfort, se resolut [à la persuasion de ceux qui estoient avec luy] de donner la bataille, et envoya demander congé de ce faire, ce qui luy fut accordé ; et pour estre encores plus renforcé, envoya dire au sieur de Montluc, qui avoit de bonnes forces, qu'il se vinst joindre à luy, et au sieur d'Escars pareillement, ce qu'ils ne firent, disant qu'ils alloyent au devant des Provençaux, et partirent pour y aller; mais toutesfois ils les laisserent passer.

» Mondict sieur de Montpensier, resolu de combattre encore que ledict sieur de Montluc n'y fust, s'achemina à Confolans, les ennemis estans au siege d'Angoulesme, qui au bout d'un temps fut renduë; de sorte que lesdits ennemis furent dedans deux ou trois jours premier que l'on sceust au camp, tant l'on est bien adverty. Tost apres ledit sieur de Montpensier eut advis de la venüe desdits Provençaux, où au lieu de combattre ceux qui estoient audict Angoulesme, encores que M. de Longueville ayant esté depeché à Estampes y fust arrivé avec autres vingt compagnies de gendarmes, delibera de s'en aller au devant d'eux, et les treuva à deux lieux de Perigueux, où les bandes qui marchoient derriere, que menoit Mouvans, furent defaites, ledit Mouvans tué, et quinze enseignes emportées; mais le sieur d'Acier avec la plus grande part desdits Provençaux se rendirent au camp du prince.

» Je vous ay fait ce discours cy-dessus afin que vous cognoissiez le malheur de ce commencement, advenu par la faute de messieurs nos coureurs de la Cour, qui ne se soucient de ce qui peut advenir aux despens du Roy et du public, et encores plus mal advisez ceux qui leur permettent et leur baillent des forces; car qui n'eust point donné ces forces là audict sieur de Guise en passant, ny souffert à tant de coureurs s'en aller devant pour gaster tout, ains demeurer à Orleans au rendez-vous où se devoit treuver l'armée; M. de Montpensier n'eust peut estre pas entrepris de donner la bataille, et se fust mis sur la defensive en mettant les gens de pied et autres forces, tant dans Angoulesme, Nyort, qu'autres villes perduës. L'armée de Monsieur eust été assemblée assez à temps pour les aller secourir; mais, faisant semblant de vouloir donner la bataille, ils ne l'ont point donnée, et si ont perdu les villes, qui est un malheur qui nous durera peut-estre plus qu'on ne pense.

» M. le duc d'Anjou estant arrivé à Orleans, où se devoit assembler tout le monde, ne treuva que l'artillerie, les Suisses et cinq ou six compagnies de gendarmes; et là fut mis en avant par le sieur de Tavannes de departir partie de l'artillerie, qui reviendroit facilement apres par eau rejoindre l'armée et envoyer à Sanserre, et fust depesché pour cet effect le sieur marquis de Villars. Mais [comme les opinions sont diverses] d'autres capitaines la firent changer, et fut l'entreprise rompuë, qui a esté un grand mal : car ils n'avoient ny gens, ny munitions quelconques, et estoient prests à se rendre. Donques mondit sieur s'achemina, avec ce peu de forces qu'il avoit treuvées audit Orleans, du costé de Blois, Amboise et Tours, allant tousjours retenu et en suspens pour attendre l'issuë de la bataille qui se devoit donner, et faisant tousjours recognoistre les villes, soit pour les fortifier, ou y faire dresser un camp fortifié, si le malheur eust voulu que l'on l'eust perduë.

» Mais estant en chemin, il eut advertissement qu'au lieu de combattre ledit prince de Condé, ledit sieur de Montpensier s'en alloit au devant desdits Provençaux, qui estoit se reculer plus de quarante lieuës en arriere, laissant l'armée dudit prince entre mondit sieur et eux : occasion que cela le fit encore aller plus retenu. Et neantmoine sans ledit sieur de Tavannes il recevoit une grande escorne; car encores qu'il eust infiniment debattu que l'on ne se devoit advancer, si est-ce qu'à la persuasion d'aucuns, il avoit esté conduit jusques au port de Piles, en deliberation de passer plus outre jusques à Chastelleraux et Poictiers, au grand regret dudit sieur de Tavannes, lequel, avec plusieurs protestations, supplia mondit sieur, s'en allant disner à Pressigny chez le sieur marquis de Villars, de descendre et vouloir encore tenir un conseil à La Haye, qui fut tenu en passant.

» Ce qu'il luy accorda; et fut remonstré par vives raisons, par ledit sieur de Tavannes, que l'armée, si foible, ne devoit point passer la riviere de Creuse, ny moins passer à Chastelleraux, que l'on ne fust joinct avec ledit sieur de Montpensier, d'autant que les ennemis y pouvoient facilement venir, et qu'il valloit mieux couler du long de la riviere de Creuse, et aller du costé du Blanc en Berry, et mander audit sieur de Montpensier s'en venir de ce costé-là, pour tous ensemble se joindre plus seurement. Mais estant le sieur de Sansac et quelques autres tousjours d'autre opinion, tout ce que peut obtenir le sieur de Tavannes fut que l'artillerie ne passeroit point ce jour-là ledit port de Piles, et qu'on sejourneroit un jour.

» Estant ce conseil departy, et les capitaines separez l'un deçà l'autre de là, chacun à leurs affaires, fit tant ledit sieur de Tavannes envers Monsieur, que l'armée sejourna quatre jours à La Guierche, dans lequel temps on envoya haster en toute diligence monsieur de Montpensier, qui ja estoit sur son retour. Au bout des quatre jours l'armée partit, et n'arriva pas si tost à Chastelleraux, que les ennemis, avec toutes leurs forces, et extreme promptitude, eurent passé la Vienne à Chavigny, et vindrent jusques à une lieuë de Chastelleraux. Mais ledit sieur de Montpensier ayant esté si fort hasté arriva le jour même; ses gens et chevaux neantmoins extremement ha-

20.

rassez, estant les ennemis logez à une lieuë de là. Mondit sieur le lendemain matin fit mettre l'armée en bataille, et fut ordonné le vicomte d'Ochy pour les aller recognoistre, avec quatre cens chevaux, sans toutesfois les attaquer qu'on ne luy mandast.

» Cependant ledit sieur de Tavannes ayant recogneu un ruisseau qui estoit entre leur camp et le nostre, il fit faire des ponts pour y passer la riviere, et fit passer les troupes de MM. de Martigues, de Guise et autres, pour soustenir ledit vicomte, qui avoit decouvert les ennemis, auquel il manda les attaquer, pendant que mondit sieur marcha avec toute son armée jusques audit ruisseau : mais ledit vicomte rapporta qu'il n'estoit demeuré que quelques-uns sur la queuë, et que leur armée s'estoit desja retirée pres dudict Chavigny, qui est à cinq lieuës dudict Chastelleraux, n'estans venus là en autre esperance, sinon d'attraper mondict sieur seul avec son armée, avant que M. de Montpensier y arrivast : ce qu'à dire la verité ils eussent fait sans la providence dudict sieur de Tavannes, et sejour fait audict la Guierche.

» Estant les ennemis ainsi retirez et repassez la riviere à Chavigny, pour s'en retourner en leurs conquestes, apres avoir donné deux ou trois jours de sejour aux troupes dudict sieur de Montpensier, fut mis en déliberation le chemin qu'on devoit tenir, sur quoy y eut plusieurs advis, estant le sieur de Sansac et d'autres toujours d'opinion que l'on allast à Poictiers, remonstrant que c'estoit le plus beau lieu pour une armée qu'il estoit possible, et que là on prendroit tel chemin que l'on voudroit pour treuver les ennemis. Ledict sieur de Tavannes, au contraire, disoit qu'encores qu'il n'eust point cogneu le païs, qu'il avoit entendu que Poictiers estoit en lieu fort, plein de baricaves (1) à l'entour, et que dudict Poictiers, en tirant vers Lusignan et Sainct Mexan, estoit un païs bien fort et plein de bois, de hayes et de colines; que les ennemis se retrouvans là, ayants vingt mil arquebusiers, comme ils avoient, et les nostres seulement deux mil, les Suisses et la cavalerie de peu d'effet en ce lieu fort, lesdits ennemis auroyent l'avantage; qu'il avoit entendu qu'on pouvoit à l'entour de ce païs-là, par les plaines du Mirebalais, se venir retreuver à Sainct Mexan ou Nyort : quoy faisant, tout le Loudunois et bas Poictou, qui n'estoient encores saisiz des ennemis, fussent demeurez pour fournir vivres; et qu'ayant ja esté le sieur de Ludes dans Poictiers, l'on y pouvoit encore envoyer des gens de pied ; que lesdits ennemis ne se pourroient attacher audict Poictiers, ny à Luzignan, qu'ils ne fussent combattus : mais ceste opinion ne pouvoit avoir lieu, et marche-on droict audict Poictiers en deux jours. Et avoit mis ledict sieur de Tavannes en avant à mondict sieur, qu'à tout le moins on ne fist que repaistre audict Poictiers jusques à mynuict, et soudain apres repartir pour aller treuver les ennemis, qui ne pouvoient estre qu'à cinq ou six lieuës de là.

» Mais tant s'en faut que l'on peut faire ceste execution, qu'à cause de la difficulté de ladite ville, qui se treuva si mal aysée que l'armée ne la peut passer en deux jours, et fut-on contrainct d'y sejourner : ladite armée passée, mondict sieur s'en alla à la maison de Teligny, où se treuva le païs difficile et couvert, comme dit est, et fut délibéré le lendemain faire une traicte assez bonne, pour s'oster de ce païs fort, et aller loger sur le bord de la plaine, et resolu que l'on iroit à Pamprou, l'avant garde à   la bataille à   Mais estans les mareschaux de camp arrivez audit village, treuverent que le lieu n'estoit point propre, et qu'il valoit mieux aller à Iazeneul, et envoyerent les mareschaux de camp advertir M. de Montpensier de ce changement, pareillement Monsieur. Toutesfois ledict sieur de Montpensier dit qu'il n'en fut point adverti, et ne laissa de passer outre avec l'avant-garde droict audict Pamprou, et Monsieur qui receut l'advertissement alla droict audict Iazeneul ; de sorte que l'avant-garde et la bataille se trouverent separées, et approchant ledict Pamprou, ledict sieur de Montpensier treuva que les ennemis y estoient : lesquels soudain furent en bataille, et se treuverent à la veuë les uns des autres, et si pres l'un de l'autre, que l'arquebuzerie joua longuement des deux costez ; mais la nuict soudain survenue les separa.

» Monsieur de son costé arrivant fort tard audict Iazeneul, luy fut rapporté par ledict sieur d'Ochy, qui logeoit l'avant-garde, qu'il avoit trouvé cinq ou six mil hommes logez audict   ; de sorte qu'estimant que ce fust toute leur armée, envoya en toute diligence chercher M. de Montpensier, qui manda soudain qu'il estoit à la veuë des ennemis, et que l'on allast à luy. Ainsi chacun pensoit, tant amis qu'ennemis, avoir toute l'armée devant soy : mais il fut advisé qu'estant mondict sieur chargé de l'artillerie, les gendarmes allez à leur logis, qu'il seroit impossible de marcher la nuict par un païs si fort que les ennemis ne les trouvassent en marchant, si forts d'arquebuzerie comme ils estoyent, à grand desadvantage, pour ne pouvoir ladicte gendar-

(1) Fondrières, précipices.

merie joüer, ny les Suisses, qu'il valloit mieux revoquer ledict sieur de Montpensier avec ses troupes toute la nuict, et cependant faire fortifier le camp de tranchées, afin que si les ennemis venoyent, l'on peust les soustenir, attendant que l'on eust peu faire les esplanades necessaires à la gendarmerie.

» Le sieur de Montpensier revint toute la nuict : mais plusieurs bagages, pour ne vouloir sortir de leurs logis de nuict, ou pour s'estre fourvoyez, faillirent à suivre la file, dont il y eut quelques-uns de perdus. Et tout ainsi que M. de Montpensier estoit reparty de nuict pour nous venir treuver, aussi les six mil hommes qui estoient à pres du camp de mondict sieur, partirent de nuict pour aller trouver le camp dudict prince audict Pamprou. Et voyant ledict prince que nous estions reduicts en ce païs fort, se promit incontinent la victoire, à cause de ceste grande arquebuzerie, et commença à marcher dez le grand matin, depuis ledict Pamprou droit audict Iazeneul, estimant nous treuver escartez, et en un logis fort desavantageux, et nos gendarmes separez par les villages. Mais ayant tresbien preveu ce qui pouvoit advenir, ils treuverent toute l'armée en bataille, à dire la verité, en lieu fort estroict et dangereux à cause de ladicte arquebuzerie ; et arriva leur armée sur le costé de la main droicte de la nostre.

» Soudain qu'ils furent à nostre veüe [qui ne pouvoit estre que pres à cause du païs], comme ils commencerent à desbander la leur arquebuzerie par troupes, le sieur de Brissac, l'un des colonnels de nos gens de pied, se mit pour les aller soustenir avec sept ou huict cens arquebusiers. Mais le sieur de Tavannes, ayant preveu le costé par où ils pouvoient venir, avoit fait lever huict pieces d'artillerie de la teste des Suisses, qui furent soudain conduictes sur ledict costé droict à la venue desdicts ennemis, avec extreme diligence par le sieur de la Bordaisiere, et lesquelles pieces porterent une extreme faveur aux nostres, pour en estre les coups si souvent redoublez, que nuls de leurs bataillons ne se pouvoyent advancer pour soustenir ceste grande arquebuzerie qu'ils avoient desbandée. Et estoit leur deliberation de venir assaillir le village du logis de mondict sieur par derriere, parce que l'ayant gagné ils eussent peu faire deplacer les Suisses et gens de cheval de leur place de bataille, en danger d'y avoir quelque desordre. Pour à quoy obvier, avoit esté pourveu ledict village par le bout d'en bas des bandes de Bretons, où n'y trouvant pas trop grande seurté, ledict sieur de Tavannes fit partir une troupe d'arquebusiers qui estoient au flanc des Suisses sous la charge du seigneur Strosse, et y voulut puis apres aller ledict sieur Strosse luy-mesme, et fut assailly à l'instant le coing dudict village fort rudement par une grande troupe d'arquebusiers, où les nostres [pour estre peu] les soustindrent fort vivement.

» Mais la plus grande charge estoit sur les bras dudict sieur de Brissac, qui en fin voyant les ennemis renforcez de trois ou quatre mil arquebusiers fraiz, ayant perdu plusieurs capitaines et beaucoup des siens, dit audict sieur de Tavannes qu'il estoit force qu'il se perdist, s'il n'estoit renforcé d'arquebuzerie. A quoy luy fut respondu qu'on feroit faire une charge par les gens de cheval ; qu'il n'y avoit point d'arquebusiers ; qu'il estoit plus que necessaire faire ladicte charge ; et se treuverent ledict sieur de Tavannes et le sieur de Martigues ensemble, et resolurent qu'il falloit faire ladicte charge ; sur quoy ledict sieur de Martigues prit la peine soudain d'aller parler au sieur de la Valette, qui estoit ordonné pour marcher à la teste de l'avant-garde, pour luy faire faire la charge en une petite plaine qui estoit entre les deux armées, où il y avoit toutesfois quelques hayes.

» Ledict de la Valette ne s'en fit pas prier ; comme gentilhomme courageux et fort advisé qu'il est, sortit de la place de bataille avec sa compagnie, et quelque autre trouppe, vint charger cette arquebuzerie ainsi desbandée, et les mena tuant jusques aupres des bataillons des ennemis, sans que nul des leurs fist un pas en avant pour les soustenir : et presume-on qu'ils ne s'oserent decouvrir à cause de ladicte artillerie, ou bien quelque autre raison. Et au mesme instant de l'autre costé furent ordonnez les sieurs de Rantigny et de Ramboüillet, pour faire la charge avec leurs gendarmes à ceux qui assailloient ledict Strosse et Bretons au coing du village : ce qu'ils firent fort vivement, et menerent toute l'arquebuzerie qui estoit de ce costé-là battant jusques dedans leurs troupes, et se treuva deux ou trois cens arquebusiers des leurs de tuez, mais beaucoup plus du costé dudict sieur de la Vallette que de l'autre.

» Ceste charge ainsi faicte, il n'y eut plus une seule arquebuzade tirée tout le jour, et se camperent les ennemis au lieu où ils estoient, et à un jet d'arc de nostre armée. Et à dire la verité, ceste arquebuzerie, que menoit le sieur de Brissac, fit merveilleusement bien, pour estre les ennemis dix contre un ; car ils les soustindrent deux ou trois heures, et meritoient bien d'estre secourus comme ils furent. La nuict survenue et toute l'armée en bataille, Monsieur commanda que l'on logeast au piquet, à fin d'estre plus pres, et luy-mesme, encor que son logis fust tout aupres, n'y voulut entrer, et print un arbre pour son logis, où à cause que chacun s'alla accommoder il demeura seul, et sans avoir nulles nouvelles de ses officiers, sans feu, encore que la nuict fust humide et bien froide. En fin vint passer un vallet qui estoit de la bande dudict sieur de Tavannes, qui portoit une chandelle, un pain et un flacon de vin, qui fust arresté, et print mondict sieur sa part du pain, et le reste le donna aux autres.

» Au bout de deux heures vindrent ses officiers, et fut apportée une tente, où apres qu'il eut soupé il mit en deliberation ce qui seroit à faire avec bien peu de capitaines qui s'y treuverent; demanda au sieur de Tavannes qu'il luy en sembloit; dict qui luy estoit advis que les ennemis n'avoyent point faict ce jour-là en gens de guerre, de veoir mettre en pieces à leur veüe leurs gens sans les secourir, et que d'avoir déterminé une entreprise sans l'executer, qu'il ne pouvoit penser qu'ils n'eussent le cœur tremblant faute d'asseurance; qu'il luy sembloit qu'on devoit commettre un des plus suffisans capitaines, sostenu des corps de garde et de quelques autres troupes, à fin de conduire un nombre de pionniers pour aller faire l'esplanade, emplir quelques petits fossez et couper trois ou quatre hayes qui estoient entre les ennemis et nous; qu'il se tenoit tout asseuré que le lendemain à grande peine se passeroit le jour sans combattre; qu'il esperoit la victoire asseurée, veu le departement du jour precedant, donnant advis audict sieur qu'il choisist le sieur de Lignieres, chevalier de l'Ordre et capitaine experimenté, pour ceste execution, en luy commandant d'aller prendre les pionniers vers le maistre de l'artillerie pour cet effect.

» L'ayant ainsi commandé mondict sieur audict Lignieres, il accepta ceste charge fort librement, et partit pour s'y en aller : toutesfois il ne l'executa pas, et n'en vint faire la responce que le lendemain, qu'il estoit une heure de jour, qu'il se vint excuser, disant qu'il n'avoit sceu treuver des pionniers, desquels toutesfois pour lors nous avions deux mil, et eussent suffit deux cens pour ceste besongne qui n'estoit pas grande, et qui se fust facilement executée; d'autant que nos sentinelles estoient estendues jusques bien avant dans le lieu où il falloit l'esplanade, et n'eussent esté empeschez des ennemis. Le jour venu, mondict sieur le fit recognoistre, qui estoit chose bien aysée, d'autant que l'on voyoit dez le camp toute leur cavalerie en une petite plaine sur un haut, et à laquelle l'on n'eust sceu aller qu'à la file, par faute de ladicte esplanade. Ils avoyent faict partir leurs gens de pied dez la nuict, dont l'on ne se pouvoit apercevoir à cause du païs fort; et n'eust-on peu juger ce deslogement, tant à cause de la fumée des feux de leur camp, comme de la bonne mine qu'ils faisoient, feignant se preparer pour venir combattre; et sur les neuf ou dix heures commencerent à disparoir petit à petit, estant jà leur infanterie à plus de trois lieües; de laquelle cavalerie [à ce que raporterent les espies] à mesure qu'on les avoit perdu de veuë, alloyent le plus grand train qu'ils pouvoyent pour r'ataindre leurs gens de pied, et ce jour là firent six lieües droit à Mirebeau.

» Monsieur retrouvant son armée harassée, ayant travaillé trois jours, jour et nuict à cheval avec plusieurs soldats blecez, advisa de la faire rafraichir à Lusignan, qui est à une petite lieuë de là, et fit present aux soldats blecez de cinq ou six mil escus. Ayant sejourné audict Lusignan deux jours, fut mis en deliberation ce qui estoit à faire : les uns disoyent qu'il falloit aller à la queüe des ennemis, autres qu'il falloit retourner auprès de Pamprou par la plaine droict audict Mirebeau, dont ledict sieur de Tavannes estoit d'opinion; d'autant que c'estoit se jetter entre eux et leur conqueste, à fin de les contraindre au combat. En fin le sieur de Brissac, colonnel de l'infanterie, fit entendre qu'il ne pouvoit point mettre ensemble trois cens hommes, d'autant que tous ses gens s'estoient debandez, et la pluspart retirez à Poictiers; occasion qu'il fut deliberé au conseil de passer audict Poictiers, pour aller retreuver les ennemis, ce qui fut fait, et y alla l'armée en un jour; où, apres avoir sejourné un autre jour, fut d'advis de marcher droict au pont d'Ozance sur le chemin dudict Mirebeau, pour retourner treuver les ennemis : auquel lieu les mareschaux allerent faire l'assiete du camp, et faisoient passer l'armée de l'autre costé de l'eau sur ledict pont d'Ozance, à sçavoir l'artillerie, les Suisses, les gens de pied, la cavalerie de l'avant-garde si avant, qu'elle pouvoit approcher à deux lieües desdits ennemis, celle de la bataille en arriere à deux et trois lieuës, la pluspart de l'autre costé dudict Poictiers.

» Mais mondict sieur arrivant sur le lieu, fut recogneu le logis par ledict sieur de Tavannes grandement desadvantageux, d'autant que, encore que l'on eust peu s'y retrancher pour attendre ladicte cavalerie, il se treuvoit une montagne battant dans ledict logis par derriere; de sorte que l'on n'y eust peu demeurer. Et d'autre part, tant de cavalerie advancée du costé de l'ennemy eust tourné le doz en danger de venir avec effroy, et perdre leur bagage, sans le peril où ils estoient d'estre surpris logez si pres des ennemis. Ainsi fut advisé, apres avoir entendu les raisons dudict sieur de Tavannes, que les Suisses et l'artillerie qui n'estoient encore passez, avec tous les gens de pied de la bataille, demeureroient logez en un lieu fort eminent et advantageux, mettant la riviere et pont d'Ozance devant eux, assez pres des fauxbourgs de Poictiers; que mondict sieur logeroit au fauxbourg le plus pres desdits Suisses, et une partie de la gendarmerie dedans la ville; les gens de pied, et la pluspart des gens de cheval de l'avant-garde, logerent audict pont d'Ozance, et le sieur de la Vallette à un village un peu plus avant sur l'avenue des ennemis : chose qui fut [à ce que disent ceux qui s'y recognoissent] tres-sagement preveuë; mesmes ayant advertissement que tout le dessein de l'admiral, ja experimenté par deux fois à Chastelleraux et audict Iazeneul, estoit [ainsi fort de gens de pied] de surprendre l'armée dans le logis, d'autant que la necessité de l'hyver contrainct le mareschal de camp de loger la gendarmerie escartée qui ne se peut rassembler en quatre ou cinq heures, quelques coups de canon que l'on puisse tirer pour advertissement. Outre ce, les nuicts longues pour executer les entreprises de loing, et estans ainsi logez à la campagne hors de Poictiers, se treuva encore moins de gens de pied que audict Luzignan : de sorte que ledict sieur de Brissac continua encores, et dict qu'il ne pouvoit mettre trois cens hommes aux champs.

» Neantmoins mondict sieur ne laissa de faire recognoistre deux logis : l'un de Bellefaye, qui estoit le droict chemin desdits ennemis et Mirebeau, l'autre de Dicey; et mit en deliberation auquel on devoit aller. Aucuns disoyent qu'on devoit aller à Dicey, autres à Bellefaye; les autres disoyent qu'il falloit passer le Clin pour aller audict Dicey. Ledict sieur de Tavannes fut d'opinion que si on vouloit passer la riviere d'Ozance et aller du costé des ennemis, pour estre iceux trop bien advertis, que l'on ne devoit point nommer le lieu où l'on devoit aller, qu'il falloit que l'armée marchast en bataille, et, le cul sur la selle faire l'assiete du camp au lieu que l'on treuveroit le meilleur, et qu'il estoit necessaire à la plaine le plus que l'on pourroit, pour estre foibles d'arquebuzerie, et forts de gens de cheval.

» En fin fut resolu que, à cause des pluyes continuelles qu'il faisoit, et pour estre si foibles de gens de pied, que tenir tousjours les gens de cheval à la campagne seroit les ruïner, qu'il valloit mieux les mettre en leur fort, attendant que les susdits gens de pied, qui s'estoient absentez pour l'injure du temps, fussent rassemblez, et que le sieur de Joyeuse, qui venoit de Languedoc; et le colonel Sarlaboüe avec deux ou trois mil arquebusiers, fussent arrivez, et qu'on passeroit la riviere du Clin, qui vient dudict Dicey à Poictiers, et iroit-on par l'autre costé de ladicte riviere loger : et soudain fut faict le pont de bateaux sur ladicte riviere, et le matin passa l'artillerie, les Suisses, une partie des gens de cheval de l'avant-garde.

» Estant Monsieur à disner dedans la ville, pour passer à travers sur les ponts, les ennemis avec toute leur cavalerie, et le reste de l'armée qui les suivoit, donnerent jusque sur le pont d'Ozance, où ils treuverent ce peu de gens de pied qu'avoit ledict sieur de Brissac, et luymesme en personne, qui à la faveur du chasteau dudict Ozance, qui est sur le bord du passage de la riviere, se defendirent vaillamment; partie toutesfois des ennemis passa tout outre jusquesla où estoyent logez les Suisses, et y tuerent quelques pionniers; de là vint l'alarme dedans la ville jusques au logis où estoit mondict sieur. Soudain monterent à cheval les sieurs de Tavannes, de Martigues, de Losse, de Carnavalet, sortirent et coururent à l'alarme, où y arriva plusieurs de toutes pieces, que ledict sieur de Tavannes fit mettre en bataille sur le haut, sous la conduite dudict sieur de Martigues, cependant qu'il s'approcha plus pres pour voir la contenance desdicts ennemis. Cela favorisa fort ledict sieur de Brissac et sa troupe, qui ja toutefois avoit commencé à se retirer par la valée du long de ladite riviere, à la faveur de quelques hayes et arbres : là y eut quelques soldats des nostres tuez et des leurs, entre autres un gentilhomme de Bourgongne, qui fut recogneu avant que mourir; et est pour certain que si nostredicte armée eust esté logée au susdit logis ainsi desadvantageux, elle estoit en grand danger de recevoir une honte.

» Cela ferma la bouche aux calomniateurs, qui disoyent que ledict sieur de Tavannes avoit fait recevoir une defaveur à l'armée de la faire reculer, pour autant qu'en changeant ce mauvais logis les Suisses avoyent reculé environ cinq cens pas; et à dire vray c'estoyent gens qui parloient sans l'entendre : car ils avoyent ouy dire qu'une armée ne doit point reculer; mais il s'entend quand deux armées sont si pres en bataille l'une de l'autre, qu'elles ne s'en puissent demesler, et non pas quand elles en sont à deux ou trois lieuës, pour eviter un logis dangereux, se mettre en celuy qui luy donne l'advantage, tant pour le soulagement des soldats en hyver, que pour la seurté et advantage d'où procedent toutes les victoires.

» Monsieur temporisa dans ladicte ville, attendant que les retraictes fussent faictes d'une part et d'autre. Les ennemis se retirent les premiers, comme il est à presumer, à cause de la grande pluye continuelle qu'il faisoit, lesquels furent suivis, et recogneu qu'ils retourneroient loger à quatre lieuës de là du costé dudict Mirebeau : et arrivé que fut ledit sieur de Tavannes vers son excellence, treuva que la pluspart des capitaines luy donnoient advis qu'il devoit coucher dans ladicte ville, veu le mauvais temps, et aussi qu'il avoit quatre lieuës à faire, et qu'il estoit pres de la nuict. Surquoy il demanda l'opinion audict sieur de Tavannes, qui luy fit responce [quelque pluye qu'il y eust] qu'il devoit coucher en son camp, qui estoit le lieu le plus honorable : dont ledit sieur monstra visage d'estre merveilleusement contant, comme celuy qui ne craint nulle tempeste quand il est question des armes, et monta à cheval soudain, au grand regret de plusieurs, par le plus mauvais temps, la plus grande pluye qu'il est possible de voir, et arriva audict Dicey trois ou quatre heures de nuict, en un bien fort mauvais logis pour l'armée. Toutesfois le lendemain chacun s'accommoda, et logea-on au large, à cause de la riviere du Clin, qui se treuva entre les ennemis et nous, où il y a plusieurs gays, dont les uns furent rompus, aux autres mis des corps de gardes, et là fut ladicte armée contraincte de sejourner dix ou douze jours, au grand regret de mondit sieur premierement, et de tous les gens de bien, lesquels sont aucunement excusables pour n'estre en façon quelconque payez.

» Durant lequel temps lesdits ennemis en estant advertis se tindrent toujours depuis ledict Mirebeau jusques à Bonnivet, qui n'estoit qu'à deux lieuës de nous, s'estans saisis du chasteau dudit Mirebeau, assez fort pour avoir esté mal pourveu comme les autres places, et se saisirent pareillement de Loudun; et comme ils sentirent que lesdictes troupes de Languedoc approchoient, et seroient bien tost à nous, partirent avec toute leur armée pour essayer de gagner un passage sur la riviere de Vienne pour aller treuver le prince d'Orange en Champagne, et allerent à Chastelleraux qu'ils treuverent pourveu, de là à l'Isle Bouchard, où, ayant pris le fauxbourg, les ponts furent bien defendus par la garnison qui y avoit esté envoyée, de là en firent autant à Chinon.

» Enfin se resolurent d'aller à Saumur, afin de pouvoir passer la riviere de Loire, et par consequent toutes les autres rivieres, à un coup; laquelle ville, de leur costé, ils avoient ja si fort approchée qu'ils commençoient à venir à la sappe; et de faict l'eussent emportée pour ne valoir gueres, ayant artillerie comme ils avoient, encore qu'il y eust des gens de bien dedans. Quoy voyant, mondit sieur fit haster ledict sieur de Joyeuse et Sarlabous; lesquels estans arrivez, fut monstré par ledict sieur de Tavannes, à part à mondict seigneur, qu'il ne falloit pas aller suivre les ennemis par le droict, et par là où ils estoient allez; mais qu'il estoit necessaire de couper au devant de leur conqueste, et aller droict à Mirebeau, afin de prendre la ville en passant, qui nous eust coupé les vivres, et laisser quelques forces et artillerie derriere à M. de Ludes, pour reprendre le chasteau; que les ennemis ne penseroient jamais qu'on voulust laisser derriere ledict Mirebeau, à cause des susdits vivres, et que cela seroit occasion pour pouvoir gagner au devant de ladite conqueste, et les contraindre à la bataille.

» Mondit sieur, estant trop plus sage que son aage ne portoit, tint ceste entreprise couverte de peur des ennemis, qui sont ordinairement dans les chambres et dans les salles des princes, comme les guerres civiles le portent, et ne la divulgua, ny au mareschal de camp ny autre, qu'apres la garde assize. Le matin partit, laissant les ennemis du costé de Saumur, comme dit est, marcha droit à Bellefaye, comme s'il eust voulu aller du costé de Nyort, estant à main gauche de Mirebeau : et quant et quant fut ordonné audit sieur de Tavannes qu'il fist marcher l'artillerie toute la nuict droit audit Mirebeau. Ce qu'il fit, et y alla pareillement le sieur de Losses, et firent faire les approches et la batterie en plein jour sans gabions, où le sieur de

(En cest endroit defaut un fueillet; le tout y eust manqué, ayant esté trouvé par hazard dans des vieux papiers escrits de la main du sieur mareschal de Tavannes, qui ne se soucioit qu'il ne demeurast à la posterité, se contentant de bien faire sans aucune vanité.)

Continuant tousjours :

» N'y eut autre chose sinon quelque escarmouche, et neantmoins la gendarmerie presque tousjours à cheval, qui ne se retiroient en leur logis qu'à la nuict, et ce, pour eviter une surprise ; d'autant que l'armée des ennemis estoit à couvert dedans la ville pour sortir à leur commodité, et nous à la campagne, lesdits gendarmes au village, et le jour subsequent, pour le grand travail que portoit nostredite armée, et n'ayant point de vivres, parce qu'audit Mirebeau [le chasteau duquel avoit esté pris ce jour là d'assaut, et mis en pieces ce qui estoit dedans] ne s'y estoit trouvé nul bled.

» Monsieur advisa d'assembler le conseil,

pour sçavoir ce qui estoit à faire, et fit cest honneur au sieur de Tavannes, d'autant qu'il s'estoit blessé, l'aller tenir au village où il estoit en son logis ; et là fut deliberé que, ne pouvant avoir vivres que de Chinon, et que le camp des ennemis estoit devant, qu'il falloit faire une lieuë en tournoyant à l'entour d'eux, et se mettre du costé dudit Chinon ; et estoit d'advis le sieur de Tavannes que l'on laissast le chasteau de Barroque à main droite, lequel est au dessous de la montagne que les ennemis avoient gagné le jour devant, et que si lesdits ennemis revenoient en leur place de bataille, qu'il y auroit quelque moyen d'aller à eux sans rencontrer point de fossé, et qu'il falloit recognoistre le chemin. A quoy fut debattu, par le sieur de Sansac et autres capitaines, que ce seroit passer fort pres d'eux, et monstrer le costé d'une armée en marchant, qui seroit chose dangereuse. Sur quoy fut debattu encores, par ledit sieur de Tavannes, que l'ordre des batailles se pouvoit faire ensorte qu'encore qu'on marchast en monstrant le costé de l'armée, les premiers rangs se pourroient facilement treuver en leur rang, sans gueres bouger de leurs places, faisant departir l'artillerie, une partie à l'avant-garde, l'autre partie à la bataille ; que le bagage pouvoit marcher à main droite, et estre couvert de l'armée, et que si on failloit à combattre les ennemis en ce lieu là, que l'on estoit pour attendre long-temps.

» Sur ces disputes fut resolu que les mareschaux de camp iroient le lendemain recognoistre le chemin et le logis : ils rapporterent qu'il ne se trouvoit point de logis propre en passant si pres des ennemis, qu'il falloit laisser le chasteau de Barroque à main gauche, et aller jusques à la Marsolle, une lieuë de là, qui estoit sur le costé dudict Chinon, pour avoir des vivres ; et le jour apres fut mandée toute l'armée : encore que ce mauvais temps durast tousjours, furent ordonnées toutes les batailles et l'advant-garde derriere, pour estre plus pres des ennemis s'ils sortoient à la queue, et apres que l'on eut commencé à marcher en un fort bel ordre, sortit de la ville environ de deux à trois mil chevaux, et faisoit un temps obscur comme broüillards, de sorte qu'on ne pouvoit descouvrir ce qui venoit apres ces troupes-là.

» Ledit sieur de Martigues et autres seigneurs manderent à Monsieur qu'ils estoient pressez, voyant ces grosses troupes à cinq cens pas d'eux, que l'on mandast ce qu'ils avoient à faire. Sur quoy, mondit sieur demanda audict sieur de Tavannes l'opinion de ce qui estoit à faire, et lui dit qu'il estoit d'advis qu'on mandast audict sieur de Martigues, s'ils passoient un chemin creux qui venoit du costé du parc à la vallée, lequel il avoit bien recogneu, qu'il leur vouloit donner la bataille, et qu'il cheminast tousjours pour les laisser passer, et que toutesfois il n'allast point à la charge sans que mondict sieur ne luy commandast. Parole que treuverent estrange quelques-uns de dire, comme il estoit possible que Monsieur, qui cheminoit tousjours devant avec la bataille, sans qu'il peust voir les ennemis, commandast à ceux de ladicte advant-garde de charger quand il seroit temps : ausquels fut apris secrettement que c'estoit afin qu'ils ne se perdissent allans à la charge sans que Monsieur fust tourné pour les aller soustenir ; et qu'à l'exemple de plusieurs qui ont treuvé leur bataille si loin de leur advant-garde, que l'un ou l'autre a esté defaict, ou bien tous deux, à l'exemple du sieur de Sainct Paul dernierement en Italie, et autres. Lesdits ennemis voyant le bel ordre auquel on se retiroit, qui [à dire la verité] estoit l'une des plus belles façons de retraicte qui aye gueres esté veu, mesmes en temps si mauvais, le verglas froid durant tousjours, les gens-d'armes, gens de pied et autres gens de guerre si harassez et morts de faim.

» On marcha en cest ordre jusques à la nuict sans desbander, qu'on arriva à ladicte Sainte Marsolle, et ne furent la pluspart desdicts gend'armes en leurs villages, qu'il ne fust minuict ou une heure apres. Le lendemain ladicte Saincte Marsolle estant de l'autre costé de la montagne et dudit Loudun, par un bien fort grand broüillars, ressortirent de Loudun, et revindrent en leur montagne, et amenerent quelque piece d'artillerie ; surquoy fut par le moyen de la nostre advertie ladicte gendarmerie, laquelle fut le plus tost qu'elle peut en leur place de bataille, et demeura toutesfois plus de trois heures à cause du verglas, qui fut cause que ledict sieur de Sansac, en tombant ce jour-là se rompit une jambe ; lequel ne fut pas tout seul ledict jour, et trois ou quatre jours auparavant ; car il s'y bleça plus de quatre cens gentils-hommes.

» Lesdicts ennemis s'aprocherent fort pres de nostre camp ; mais ce fut sçachant bien qu'on ne pouvoit aller à eux, d'autant qu'il se treuvoit entre deux une valée, et un ruisseau fort difficile à passer ; et y eut pour ce jour-là seulement des escarmouches, et force coup d'artillerie. Le lendemain, à cause que les vivres ne pouvoient venir par ce mauvais temps, fut advisé qu'on marcheroit encores deux lieuës, à un lieu nommé Mercey sur le chemin dudit Chignon, ce qui se fit ; et, estant arrivez là, infinis soldats par la necessité, tant de pied que de cheval, se desbanderent pour aller audit Chinon, et une grande partie des gentils-hommes qui accompagnoient mondit sieur. Toutefois, esperant que l'injure de ce mauvais temps passée ils reviendroient, sejourna audit Mercey quatre jours; mais en fin luy fut remonstré par les colonels des gens de pied, signamment par le sieur de Brissac, qu'ils n'avoient plus de gens, et estoient ses bandes et celles de Strosse si defaictes, que les enseignes estoient presque toutes seules, ne restant plus que Sarlabous, qui pouvoit avoir quinze cens hommes avec infinis malades et harassez, et une grande partie de la gendarmerie qui estoit demeurée.

» Mondit sieur advisa, tant pour ne combattre avec ce desadvantage que pour sejourner et refraichir son armée, de se loger audit Chinon avec les Suisses et l'artillerie, et fit passer la gendarmerie derriere pour se rafraichir; bailla au sieur de Brissac l'Isle Bouchard, pour ramasser ses bandes, audit sieur Strosse et au sieur de Sarlabous Saumur. Et pour autant que l'armée du prince d'Orange estoit entrée en France, et qu'on avoit advertissement que les ennemis avoient envie de forcer la riviere, mondict sieur pourveut toute la riviere de Loire et celle de Vienne, pour leur empescher le passage; de sorte qu'ils ne pouvoient passer sinon du costé de la Gascongne, ou devers Limoges. Mais lesdicts ennemis, qui avoient fort grande envie de forcer le passage de Saumur, s'estoient acheminez jusques à Toüars et Montrubellet, en esperance que mondict sieur romproit son armée, où ils sejournerent longuement; durant lequel temps se fit plusieurs entreprises, les uns sur les autres: entre autres le sieur de Brissac et plusieurs autres gentils-hommes de la Cour defirent deux enseignes, dont les drapeaux furent envoyez au Roy.

» Le sieur de La Riviere, qui commandoit audict Saumur, envoya garder une abbaye où il y avoit force bled et vin, par un capitaine avec des soldats qui la rendirent. Le sejour des deux armées fut fort long; ils delibererent de partir les premiers, et chercher quelqu'autre moyen pour leur passage, et s'acheminerent droit devers Nyort et Sainct Messan, en esperance de donner ordre à leurs malades dont ils avoient grande quantité, et departir ce qui estoit necessaire pour la garde des villes, et le surplus s'acheminer du costé de Limoges pour venir par le bout de la riviere de Loire passer en Bourgongne, pour aller treuver le prince d'Orange; et pour cest effect envoyerent pour prendre quelque passage sur la riviere de Vienne, comme Confolans et   qu'ils treuverent bien pourveuz.

» Quoy voyant, mondit seigneur marcha avec son armée aux plus grandes journées qu'il peut droit a la riviere de la Creuze, et jusques à La Roche-Posay; mais comme ils en furent advertis, leur entreprise fut rompue. Quoy voyant, mondict sieur, encore que son armée fust fort foible, resolut par conseil que l'on pouvoit passer jusques à Montmorillon, attendant que les reistres qui venoient fussent arrivez, et les Provençaux qu'amenoit le comte de Tandes fussent venus: ayant sejourné deux jours à Montmorillon, fut mis en avant par quelques-uns que l'on devoit aller jusques à Confolans pour tousjours gagner pays, et fut là un conseil fort debatu, si on devoit aller jusques audict Confolans ou non; fut remonstré par le sieur de Montreüil, qui servoit de mareschal de camp à M. de Montpensier, que ledict sieur de Montpensier y avoit esté avec son armée, et mangé tous les vivres, et qu'il n'y avoit rien deçà l'eau, que c'estoit pays de brandes, et qu'il falloit passer de l'autre costé.

» Ny pour cela la pluspart des capitaines fut d'opinion que l'on y devoit aller, à quoy ledict sieur de Tavannes se formalisa fort, remonstrant que, l'armée estant ainsi affoiblie, le secours de nos reistres prest à venir dans sept ou huict jours, qu'il n'y avoit point d'apparence d'aller audict Confolans; qu'estant là à mourir de faim l'on seroit contrainct de passer de l'autre costé pour chercher à vivre, en danger de donner la bataille au desadvantage; et puis qu'ils estoient encore reduicts entre les rivieres, ne pouvant passer pour aller à leurs reistres, qu'il n'y avoit nulle apparence de rien hazarder; que si on voyoit qu'ils eussent passé les rivieres, en danger de s'aller joindre au prince d'Orange, qu'il estoit d'advis, fort ou foible, qu'on les combatist, et que si d'avanture on passoit outre ledict Confolans, qu'il seroit le dernier [quelque foible que l'on fust] qui diroit qu'il fallust retourner; sçachant tres-bien combien les retraictes sont dangereuses aux Français mesmes qui ont à repasser la riviere.

» Ny pour cela le plus de voix l'emporta: estant mondict sieur jeune et courageux, tourna volontiers de la part de ceux qui parlent d'aller du costé des ennemis; de sorte que le lendemain l'on partit pour aller audict Confolans, là où, apres y avoir sejourné deux jours, toute la gendarmerie presque passe l'eau pour la necessité de vivres: fut tenu un conseil de ce qui estoit à faire en ce lieu si necessiteux, où tous les capitaines resolurent qu'il ne falloit bouger de là, jusques à ce que le secours desdicts reistres fust venu. Ceste opinion ainsi resoluë fut envoyée par le comte d'Ochy audict sieur de Tavannes estant malade et ayant pris medecine, pour sçavoir son opinion. A quoy il fut respondu par ledict sieur de Tavannes qu'il estoit d'opinion à Montmorillon de ne point passer plus avant; mais qu'à present il l'avoit bien changé, d'autant que la necessité de vivres avoit contraint la gendarmerie de passer de là jusques à deux ou trois lieuës, et que les ennemis pouvoient venir avec l'armée assaillir ceste gendarmerie, qui seroit contrainte [en perdant leur bagage] revenir en desordre repasser au pont dudict Confolans, et à nostre veüe peut-estre les voir defaire, ou en perdre une grande partie sans les pouvoir secourir ; qu'il estoit d'opinion que l'on envoyast le sieur de Biron dans le pays recognoistre un logis ou deux, et cependant, s'il pouvoit trouver quelque petite ville, comme Sivray et autres, qu'il s'en saisist pour faire preparer des vivres, et nous attendant que nous devions passer la riviere avec toute l'armée, et aller prendre place sur la riviere de Charente, comme à Vertueil ou Ruffec; lesquels on pourroit avoir gagné premier que lesdicts ennemis fussent assemblez : chose que Monsieur trouva tres-bonne pour les raisons susdictes, et mesmes puisqu'il falloit aller en avant; et le lendemain, contre la susdicte deliberation, on passa la riviere, et vint-on loger en un lieu qui s'appelle Champagne, ayant saisi ledict sieur de Biron la ville de Sivray et La Rochefoucaut, et y establi un commissaire pour dresser des vivres; et le lendemain vinsmes à Vertueil et Ruffec, ou fut pris le chasteau que tenoient les ennemis. Cependant ledict sieur comte de Tandes arriva avec environ deux mil Provençaux; fut advisé de faire quelque sejour audit Vertueil, attendant le comte Reintgrave et Bassompierre; qui amenoient ledict secours de deux mil reistres; durant lequel temps se fit quelques petites courses, les uns contre les autres; et cependant MM. de Martigues, de Guise et de Brissac, treuverent façon d'avoir congé de Monsieur, d'aller dehors sans le sceu dudict sieur de Tavannes, et y mener douze cens chevaux; et ledict sieur de Tavannes, sentant les ennemis gaillards, avec grande envie d'en prester une, dez l'heure qu'il l'entendit, supplia Monsieur de revoquer ce congé qui vint bien à propos; car ledict Admiral les attendit tout le jour en deux villages en embuscade avec deux mil chevaux et trois ou quatre mil arquebusiers.

» Durant lequel temps un capitaine de chevaux legers nommé La Riviere, ou pour le butin, ou pour autre chose, delibera de s'aller saisir de la maison de Jarnac qui estoit pleine de meubles, où il y a sept grandes lieuës depuis ledict Vertueil, à une lieuë et demy de Coignac, où estoit le camp des ennemis, et entre Angoulesme et ledict Coignac; il y demeura deux jours, accompagné d'environ cinquante ou soixante chevaux, et au troisieme il fut assiegé, sans qu'il mandast jamais chose du monde; et ne le sceut-on qu'un jour apres qu'il fut assiegé. Soudain que Monsieur en fut adverty, l'on estima qu'il estoit perdu, d'autant que ce n'est qu'une maison basse, et qu'il y avoit artillerie, et falloit un grand temps pour assembler l'armée; qu'il valoit mieux y envoyer le sieur de La Vauguion avec cinq cens chevaux pour le favoriser; que s'il n'estoit pris on le pourroit aller secourir avec l'armée. Ledict sieur de La Vauguion rapporta qu'il estoit pris, et toutesfois il ne l'estoit pas encore à l'heure qu'il y arriva, l'ayant assez mal recogneu ; mais il estoit bien pris à l'heure qu'il fit son rapport d'avoir executé sa commission. S'estant acheminé Monsieur avec l'armée jusques à Montagnac, pour deux occasions, l'une pour le secourir [s'il ne se fust si tost rendu], l'autre pour executer l'entreprise que le sieur de Tavannes luy avoit dez long-temps premeditée, pour aller faire le tour d'Angoulesme; et prendre Chasteau-neuf, ou estoit le pont de pierre sur la Charente, entre ledit Coignac et Angoulesme; aussi pour estre du costé de Gascogne, pour empescher le passage aux ennemis.

» Mais comme l'on estoit sur le point de marcher pour executer ceste entreprise, arriva un païsant menteur qui dit que le susdit chasteau de Jarnac n'estoit pas encores rendu; surquoy Monsieur demanda l'opinion de ce qu'on devoit faire. Tous les capitaines, vieux et jeunes, resolurent qu'il falloit passer l'eau, encores qu'il fust pres de midy, et aller du costé dudict Jarnac; surquoy je vis ledit sieur de Tavannes desesperé de voir rompre ladicte entreprise de Chasteauneuf, jusques à dire qu'il s'en iroit du camp; qu'il se tenoit asseuré que c'estoit une menterie, que ledit Jarnac estoit pris; qu'ils faisoient semer ce bruict et qu'ils pouvoient avoir quelque entreprise; qu'il falloit peser les inconveniens ordinaires d'aller sur l'entreprise de son ennemy, et qu'il ne falloit passer l'eau en façon que ce fust, et que dez l'heure que les reistres seroient arrivez, qui seroit le lendemain, l'on adviseroit ce qu'on auroit à faire.

» Sur ces entreprises vint nouvelles que les ennemis estoient en campagne, et qu'ils marchoient de nostre costé; surquoy les sieurs de Guise et de Brissac [accoustumez à se haster] monterent à cheval avec cinq ou six cens chevaux pour les aller treuver, et treuverent les ennemis, en nombre de huict ou neuf cens, qui estoient venus jusques à une lieuë de notre camp, qui commençoient là à se retirer. Ils se mirent à les suivre, le sieur de Brissac menant les coureurs, ledict sieur de Guise et la Valette menans les troupes. Ledit sieur de Brissac marcha fort pour aller sur la queuë; mais ils luy firent une charge, de sorte que son plus beau fut de se retirer droict à sa troupe.

» L'Admiral estoit à une lieuë de là pour les soustenir avec autres deux mil ou douze cens chevaux; et ceste grosse cavalcade qu'il faisoit, tendoit à deux effects : l'un pour attirer quelque troupe pour aller secourir ledict Jarnac, sur le susdit bruict qu'ils avoient fait courre par la voie d'une damoiselle catholique qui pensoit dire verité, luy ayant envoyé un homme de la part d'un sien parent qui estoit dans ledit Jarnac, dire qu'ils tiendroient encores ce jour-là, et le lendemain jusqu'à dix heures : l'autre, pour nous attirer sur la main droicte de la Charente, ou n'ayant point de pont pour nous de ce costé-là, il eussent peu passer du costé de Gascongne ou de Limoges, ou nous devancer de plus de quatre journées pour aller vers leurs reistres, avant que nous les eussions sceu r'atteindre.

« Le lendemain les reistres furent arrivez, et marcha mondit seigneur pour poursuivre ladicte entreprise de Chasteau neuf, y estant arrivé en deux grandes journées qu'il fit avec diligence; et ne se peut tant haster que lesdits ennemis qui arrivoyent, eu tout advis que nostre armée passoit audict Montagnac, ne fussent ja passez l'eau à Coignac, et acheminez partie jusques à Barbezieux pour prendre le susdit chemin de leurs reistres; mais, advertis de nostre arrivée, en toute diligence se retirent audict Coignac. Mondit sieur arrive audict Chasteau neuf; en le faisant recognoistre pour y mettre l'artillerie, un Escossais, qui avoit esté archer de la garde, capitaine dudict chasteau, avec quelque nombre de soldats, se rendirent dez le soir mesme.

» Et le lendemain, dez la pointe du jour, ledict sieur de Tavannes alla ordonner pour faire refaire une arche du pont qui estoit rompuë, laquelle fut refaite, par les charpentiers que le sieur de la Bourdaiziere y mit, en deux heures : et fit soudain mettre des pionniers pour faire un ravelin, à fin de garder le bout dudit pont de l'autre costé. Cela executé, il y fut mis une enseigne pour la garde, et fit ledit sieur de Tavannes treuver certains grands basteaux que lesdits ennemis avoient mis à fond, et ordonna à un bourgeois de la ville, nommé Tesseron, assembler les pescheurs de la ville, et lever ces grands basteaux de dessous l'eau, pour [quand l'occasion viendroit] s'en pouvoir ayder. Et ce soir-là delibera mondict sieur d'aller avec toute l'armée jusques pres ledit Coignac, où estoit celle des ennemis, et laisser tout le bagage audict Chasteauneuf, tant pour voir leur contenance, que, pour l'occasion qui se presentoit, essayer de leur en prester une. Mais ayant attaché quelque escarmouche seulement devant la ville dudit Coignac, tant s'en faut qu'ils sortissent en gros, que l'on aperceut toute leur armée qui marchoit de l'autre costé de la riviere, droict du costé dudit Chasteauneuf, et estoit ja sur les quatre heures apres midy. Quoy voyant, encores que le pont dudit Chasteau neuf fust fortifié, comme dit est, mondict sieur ne laissa de retourner coucher audict Chasteau neuf tout d'une traicte; et, ayant fait l'armée huict lieuës, fut deux heures de nuict avant que l'on y arrivast.

» Les ennemis demeurerent de l'autre costé de la riviere à Jarnac, qui est à deux lieuës de Chasteau neuf; et ledict sieur de Tavannes, ayant souventefois predit à Monsieur que la gloire feroit venir au combat ses ennemis, preveut bien qu'ils entreprendroient ou de venir faire quelques braveries et se presenter de l'autre costé de l'eau, ou bien quelque stratageme pour couvrir l'autre chemin; que l'on pouvoit prendre partie de leurs forces pour passer et repasser à Montagnac, et les rivieres de Vienne et Creuze, qui lors estoient gayables, pour s'en aller par le Berry treuver leurs reistres; et pour autant qu'il n'y avoit que le pont de la ville où il estoit impossible de passer toute l'armée, ledict sieur de Tavannes se leva avant le jour et fit appeler le comte de Gayas; et eux deux tous seuls, sans valet, allerent pour recognoistre le lieu où l'on pourroit faire un pont de batteau, et vindrent à un moulin treuver un petit bateau de pescheur avec lequel, pour autant que la riviere estoit trop large pour le peu de bateaux que nous avions, sonderent les endroits où l'eau estoit plus basse, pour y pouvoir faire des treteaux, à fin de croistre le pont et satisfaire aux bateaux qui n'estoient suffisans pour la largeur. Ceste deliberation ainsi arrestée, ledict sieur de Tavannes commit cette charge au comte de Gayas, d'aller prendre des charpentiers vers le sieur de la Bordaisiere, maistre de l'artillerie, et faire tenir tout le bois prest ce jour là en un lieu loing de la riviere, pour n'estre descouverts, à fin que, la nuit venue et la garde assise, l'on peust commencer le pont pour passer, chose qui fut executée, et y fit besongner ledict maistre d'artillerie luy-mesme en grande diligence. Ayant ledit sieur de Tavannes fait entendre à mondict sieur [qui lors estoit au conseil] l'ordre qui avoit esté mis, lequel en demeura fort contant.

» Sur l'apres disnée commença à paroistre l'armée des ennemis de l'autre costé de l'eau, et en fin marcha toute leur cavalerie sur le haut de la montagne, de l'autre costé du pont; surquoy mondict sieur fit sortir, tant des bandes de Strosse que du sieur de Brissac, mil ou douze cens arquebusiers, qui attacherent l'escarmouche avec quelques-uns des seigneurs de la cour; mais cela ne dura que demie heure; que lesdits ennemis commencerent à se retirer; à sçavoir, une partie s'alla loger du long de l'eau, du costé dudit Jarnac, en un lieu nommé Bassac, et l'autre partie, qui estoit de beaucoup la plus grosse, print le chemin comme si elle eust voulu aller du costé d'Angoulesme et Montagnac, et ne sceut-on pour ce jour là descouvrir où estoit allé loger ceste grosse troupe; et le soir [la garde assise] Monsieur mit en deliberation ce qui estoit à faire; fut incontinant resolu de faire poser le pont en toute diligence, ainsi qu'il avoit esté ordonné. Fut mis en deliberation si l'on passeroit : tout les princes et capitaines furent d'opinion qu'il falloit passer; surquoy fut ordonné au sieur de Biron, mareschal de camp, qui desiroit aussi infiniment que l'on passast, que, suyvant l'ordre qu'avoyent accoustumé les troupes de marcher, que chacun se treuvast à l'heure qui seroit dicte pour eviter la foule et desordre, et que chacun passast à l'heure qui luy seroit donnée, à commencer dez la minuict. Ledict sieur de Tavannes estant toutefois d'advis qu'avant que commencer à passer, et avant la minuict, que l'on devoit recognoistre qu'estoit devenuë la grosse troupe qui avoit pris le chemin de Montagnac, et que s'ils avoyent passé sur les ponts dudit Montagnac et Vars, et les rompre apres eux, premier que l'on sceut avoir passé l'eau, ils seroient si loing pour aller treuver leurs reistres, qu'ils ne pourroient plus estre r'attaincts, encores que l'on laissast tout le bagage dans les logis et chariots des reistres, qui ne sçauroyent estre passez en un jour, et que la moindre troupe qui estoit demeurée à Bassac du long de la riviere, pouvoit estre la garnison qui devoit demeurer à Xaintonge, qui [par aventure] se pourroit estre retirée la nuict; insista aussi vivement qu'il falloit laisser des troupes de gens de pied pour la garde du bagage, et fut resolu que l'on y laisseroit six enseignes de gens de pied, et que le capitaine La Riviere iroit recognoistre qu'estoit devenuë la susdite grosse troupe, et que la susdicte armée ne laisseroit d'estre mandée suivant l'ordre ordonné audit sieur de Biron.

» Surquoy chacun se retira pour reposer une heure, en peine toutefois pour ne sçavoir quel party avoit pris la susdite grosse troupe des ennemis, laquelle au bout d'un temps fut descouverte estre logée à une lieuë de là par ledit capitaine La Riviere, qui en vint faire le rapport à Monsieur, qui soudain envoya vers ledit sieur de Tavannes, pour se resjouir avec lui de ceste bonne nouvelle. Il lui fit responce qu'il avoit raison de ne pouvoir dormir de la joye qu'il avoit, et qu'il pensoit, avant que la journée du lendemain fust passée, luy faire advoüer estre un des plus contents princes qui se peust trouver.

» D'advantage fut donné ordre que tous les bagages qui estoient dedans la ville de Chasteau neuf ne bougeroient de leurs logis, et que tous ceux des reistres, de la gendarmerie et autres, tant de pied que de cheval, n'entreroient point dedans la ville, pour n'embarrasser le chemin des ponts; et se treuva ledict sieur de Tavannes luy-mesme à la pointe du jour, pour faire ressortir ceux qui estoit entrez, et arrester les autres. Fit commander que tous se mettroient sur le haut du costaut, en la plaine qui est au haut du chasteau, et laquelle se pouvoit descouvrir dez le costé de la riviere où estoient logez les ennemis; en sorte que, à juger de si loing, sembloit plus une grande partie de l'armée que du bagage; chose qui serviroit à couvrir le passage des gens de guerre. Ladicte armée ne commença pas à passer dez la minuict, pour autant que la gendarmerie estoit logée à deux et à trois lieuës de là, ains commença à passer seulement deux heures avant jour; et neantmoins, ayans esté les ponts et entrée d'iceux avec tant d'heur et extreme diligence achevez, passoient à souhait et sans embarrassement quelconque, durant lequel passage MM. de Guise, colonel des chevaux legers, Martigues, qui avoit esté ordonné tousjours à l'avant garde, ayant fait acheminer le sieur de la Valette devant eux, treuva que les ennemis commencoient ja à arriver sur le haut de la montagne, lesquels à l'instant se retirerent. Et voyant leurs troupes que les nostres avoyent prins la place de bataille à un quart de lieue delà du susdit village de Bassac, où à l'instant les autres susdites grosses troupes les vindrent treuver et se mirent en un lieu fort advantageux et tres difficile, à cause d'un ruisseau qu'ils mirent devant eux, où il falloit aller à la file.

» Durant lequel temps toute nostre armée se treuva passée, et laquelle mondict sieur [voyant les ennemis] fit descendre de la montagne en la plaine, et fut attachée l'escarmouche sur le bord dudict ruisseau, et furent menez de telle façon, que, contraints de quitter le ruisseau, firent retirer leurs gens de pied, les couvrant de grosses troupes de cavalerie, jusques à un autre quart de lieuë de là sur le bord d'un estang, et un autre ruisseau devant eux. Nostre avant-garde estant passée la premiere, les seigneurs qui alloyent les premiers, comme les sieurs de Brissac, de Guise et quelques autres, se hasterent tant qu'ils arriverent où estoient les ennemis en desordre, mesmes les enseignes desbandées, et se mirent en un village sur le bord de ladicte chaussée.

» Quoy voyant, ledict sieur de Tavannes [qui par le commandement de mondict sieur alloit à la teste pour voir le deportement] manda à mondict sieur qu'il voyoit un tres mauvais ordre à ceux qui alloyent devant, et qu'il falloit qu'il se hastast en toute diligence avec la gendarmerie, pour soustenir ceux qui estoient devant, autrement qu'il les voyoit en danger d'estre perdus, et luy en fit deux ou trois recharges; la derniere fut par le seigneur Marc Anthoine, de l'escuyrie du Roy : ce que mondict sieur fit en la plus grande diligence qu'il luy fut possible; mais cependant les nostres s'estans ainsi desbandez et advancez, receurent une grande charge dedans ledict village, de sorte que la pluspart tourna et l'abandonnerent presque du tout avec un grand desordre. Mais ledict sieur de Tavannes, n'ayant en cet endroit avec nulle troupe, et sa compagnie demeurée avec Monsieur, vint treuver le comte Rintgrave avec sa troupe de reistres, luy pria qu'il voulust venir à la charge pour soustenir les nostres; ce qu'il fit volontiers, et les mena ledict sieur de Tavannes au grand trost, à costé dudit village; quoy voyant, lesdits ennemis tindrent bride et se retirerent : chose qui vint bien à propos pour ceux qui s'estoient avec si mauvais ordre tant advancez; et là demeurerent ces troupes l'une devant l'autre, ne pouvant venir au combat que par la chaussée de l'estang, à cause du petit ruisseau qui partoit au dessous de ladicte chaussée et de certaines hayes.

» Quoy voyant, ledict sieur de Tavannes envoya en diligence un jeune gentil-homme nommé Richemont au dessous dudit ruisseau, recognoistre s'il y avoit moyen de passer, lequel soudain fut revenu et raporta que le passage estoit facile. Toutefois, puis que la chose importoit tant, et qu'il estoit question de venir à la bataille par ce costé là, ledict sieur de Tavannes pria les sieurs de Losse et de La Vauguion, et le seigneur de Baillon d'aller recognoistre si ledit gentilhomme disoit verité : lesquels soudain rapporterent que l'on y pouvoit facilement passer.

» A l'instant envoya ledict sieur de Tavannes à Monsieur pour le faire prendre à main droicte avec ses troupes, droict audit passage, et y faire acheminer l'artillerie et le reste de ladite armée ; et quant et quant fit marcher les sieurs de Guise et de Martigues qui estoient ressortis audict village, et r'alliez à leurs enseignes, et le reste de l'avant garde droict audit passage pour aller au combat, estant toujours l'armée desdits ennemis en bataille de l'autre costé dudict ruisseau, si prest et à la veüe l'un de l'autre, que l'un ne pouvoit rien faire que l'autre ne le vist. Et comme ces troupes commençoient descendre le long dudict ruisseau, ledict sieur de Tavannes, se doutant bien que les ennemis en feroient autant, alla à la troupe dudit Rintgrave, et le pria qu'il ne suivist point l'avant-garde, mais, comme il verroit lesdits ennemis desemparer ladite chaussée et le ruisseau, qu'il passast, et comme les nostres iroient à la charge, qu'il pourroit charger lesdits ennemis par derriere, ou à tout le moins par le flanc. Ce qu'il accorda, et se mit ledit sieur Tavannes luy-mesme au chemin, voyant que lesdits ennemis commençoyent ja à desemparer pour aller au devant de nostredite avant-garde; et s'en retourna ledict sieur de Tavannes soudain retreuver Monsieur, qui estoit son lieu, ayant charge de combattre avec luy.

» Nostre susdicte avant-garde arrivée au passage, treuva que partie de l'artillerie qui avoit pris la main droicte y estoit ja arrivée, et neantmoins si tard qu'elle n'eut loisir de tirer que deux coups. Là les ennemis vindrent à la charge les premiers, où l'on dit qu'estoient l'Admiral et d'Andelot fort mollement; car comme ils furent à la longueur des lances la plus grand part tourna à gauche, et celle du prince de Condé vint tout droict, et se treuva le premier à la charge; le sieur de la Valette avec sa troupe fort vivement, les sieurs de Guise et de Martigues estant pour le soustenir, se treuvans abandonnez de leurs gens, qui tournerent le dos, et ledit sieur de la Vallette mal soustenu; de sorte que toute la charge vint tomber sur M. de Montpensier et M. le prince dauphin, lequel prince dauphin tint ferme, où Monseigneur arriva avec sa troupe bien à propos; en sorte que les ennemis furent mis en route. Là fut tué ledit prince de Condé, et se peut dire que les reistres qui avoient passé sur ladicte chaussée servirent grandement, encores qu'ils allassent assez mollement à la charge; car s'ils eussent voulu, ils eussent donné par le derriere au prince de Condé à l'heure qu'il marchoit droict aux nostres, et neantmoins qu'ils tinssent bride, ce qu'ils firent servit de beaucoup. »

Le reste de ce discours qui ne s'est treuvé, est perte pour la verité et posterité. Le sieur de Tavannes, qui en est l'autheur, ne mentoit point, estoit esloigné de toute vanité, donnoit le loz et honneur qui luy appartenoit à son general, et parfois à ses amis.

La passion, l'ardeur d'ambition, de haine, ne doit porter les sages à vouloir forcer le temps ni la scituation et incommoditez des lieux, pour precipiter le combat : le chastiment suit la presomption, le blasme d'amis et d'ennemis, et redouble le dueil de la faute faite par inconsideration de l'autheur.

Les bons esprits, sages et vieux, prophetisent par experience et jugement; aucuns prudents capitaines ont fait croire estre revelation ce que la prevoyance leur donnoit. Celuy qui considere ce qu'il feroit s'il estoit en la place de ses ennemis, s'il est de semblable prudence qu'eux, souvent devinera ce qui adviendra; le monde est de peu d'estime, puisque la mine y sert plus que le jeu. Nul ne mesprise sa marchandise, tous s'aydent de vanité, les uns plus que les autres artificiellement : il faut toujours dire que l'on vaincra, que l'on battra les ennemis, les mespriser de paroles, et s'en faire accroire; cela asseure les soldats, intimide les ennemis, et fait reüssir les desseins. Les guerriers croyant leurs chefs fuyr le combat en deviennent de moindre courage; la reputation se perd, les amis, les alliez retardent l'aide et le secours, les vivres, l'argent et les provisions; les tiedes et les neutres se declarent ennemis. L'on peut presenter le combat et s'empescher d'y estre contrainct, ou de faire retraicte honteuse, pourveu que l'on advise prudemment de ne se trop advancer, ny sortir des lieux advantageux, à ce que la retraicte ne perde la reputation.

Les roys qui commandent aux capitaines de rompre la paix pour des entreprises secrettes subjectes à desadveu, les veulent plus vaillans qu'eux, qui ne s'osent declarer : la crainte de faillir, qui les garde d'entreprendre, doit estre plus considerée des particuliers, lesquels ils advoüent selon le bien et le mal qui en reussit, et souvent donnent telles commissions pour la ruyne de ceux qui les acceptent, persuadez de leurs envieux. Les amis, l'un pour l'autre, peuvent alleguer et debattre les impossibilitez, sans brusquement les rejetter, laissant parer le temps, et artificiellement proposer ou faire dire d'autres moyens sans refus absolu, pour exempter à la pareille leurs compagnons des commissions fascheuses; il vaut mieux franchement rejetter le commandement que se perdre en iceluy.

Les roys, les princes ne cellent leurs entreprises où il leur va de la vie; les mignons, les femmes les descouvrent : comment celeront-ils celles commises à autruy, où ils ne courent aucun danger de leurs personnes? Ny les lettres, sceaux et escrits de leurs Majestez n'asseurent s'ils ne sont veuz en plein conseil; ils disent qu'on les a obtenu par surprise : Strosse mort aux Essores, et Genlis en Flandres avec leurs amis, en font preuve, ayant esté desadvoüez, quoy qu'ils eussent des patentes secrettes. De mon temps, j'ay esté employé de la Royne mere; j'eus plus d'heur à la rupture de l'entreprise que de prudence à l'accepter : tel peut estre le dessein, et tel le maistre que l'entreprise se pourroit accepter. Il seroit necessaire d'avoir lettres patentes et instruction de leur main, contresignées de leurs secretaires, despechées presents deux ou trois conseillers d'Estat : le malheur est qu'elles ne se peuvent monstrer qu'à des particuliers; et la faute advenue, la generalité du peuple l'attribue à l'entrepreneur.

Les services des roys et des republiques ont de pareilles incommoditez; l'envie et le soupçon y dominent; le trop bien faire, les grandeurs, credits et richesses des particuliers y nuisent. Les valeureux sont mieux sous une republique; ils recompensent en absence, sont amateurs de la generosité : il n'est pas tant necessaire de courtiser des mignons et femmes; la porte des honneurs et grades est fermée aux luxurieux, boufons et flateurs plus qu'aux Cours des princes.

Le mareschal de camp soulage ou ruyne l'armée, la sauve ou la perd; l'inexpert la tient à cheval tout un jour pour faire une lieuë, la mande et renvoye à des rendez-vous generaux sans necessité, embarrasse les filles de bagages, porte confusion et desordre. Les prudents, hors la veüe des ennemis, exemptent les troupes de venir au rendez-vous general, et les font marcher par divers chemins : tel ne fait que deux lieuës qui en feroit dix; donnent diverses voyes à la cavalerie et aux gens de pied, artillerie et bagage; evitent les passages estroicts; separent les heures de marcher à ce que les troupes ne se rencontrent à mesme temps, et ne laissent d'arriver à mesme heure; envoyent les prevosts commander aux bagages, les font marcher tost et matin, considerent la commodité ou incommodité de l'armée, qui repose sur leur prudence; s'informe des chemins, rivieres, bois et montagnes, laisse des gens de pied derrier pour luy servir de retraicte, avec observation de ne s'advancer tant, que pour son salut la bataille ou un grand combat s'en ensuive mal à propos, fortifie la teste de son logis d'infanterie, couvre toute sa cavalerie, laquelle pour prendre sa place de bataille marche en avant.

Les charges de mareschaux de camp sont subjectes à l'envie, aux querelles, responsables des mauvaises gardes des endormis. Les troupes logées loing se plaignent, si à l'estroict encore plus par manquement de vivres, si proche des ennemis, d'estre trop harassez de gardes, offencent ceux chez lesquels ils les ont logez, qui en rejettent le ressentiment sur le mareschal de camp. S'il se sert de vaillans, il a les favoris contraires; si des favoris, il ne se fait rien qui vaille; sans cesse sans repos, ne peut contenter la moitié du monde, moins servir au gré de tous, offence l'un et l'autre, et ne se couche sans querelle ou ennemis nouveaux, souvent blasmé de son general inconsideré. Le pis est que sa peine, son labeur ne sont plaints ny estimez; au contraire envié, accusé de vouloir tout faire, d'estre ambitieux, rebarbatif, est semonds et convié de laisser faire aux autres. La presomption [vice plus commun] fait croire à plusieurs qu'ils feroient bien cest estat, duquel ils ne sçavent commencement, milieu, ny fin. Je ne conseille à mes amis, sans grande experience, promptitude, valeur, santé, fraternité et amitié de son general, d'entreprendre ceste charge, et excuse ceux qui l'ont de l'impatience et colere qu'ils font paroistre, ayant le general la cavalerie, artillerie, bagages et tous les ennemis sur les bras, à toute heure; et parmy tous ces embarras, les ignorans voudroient que l'on parlast comme femmes ou pucelles.

Les Turcs, les Suisses ont de l'advantage pour estre sans bagages; les petites puissances, exemptes de cest embarras, resistent aux grandes : pour cinquante mil hommes de combat chrestiens, il est necessaire d'avoir pour deux cens mil bouches de vivres, ce qui les rend inferieurs aux Turcs.

Les revoltes de France sont plus dangereuses d'hyver que d'esté; la force du Roy est en la noblesse qui ne patit aux armées. Les soldats des villes les suivent au beau temps; le froid, les incommoditez les en tirent; ce qui rend forts les plus foibles est que, n'ayans plus de seurté en leurs maisons, ils sont contraincts d'endurer la rigueur de l'hyver en campagne. De plus, les rebelles ont temps de s'establir et fortifier aux places surprises, d'autant que les sieges ne se font commodement d'hyver.

Tard en querelle, tost en sortir est le mieux, l'offence ne sçait quand ny comment il se vengera : il ne vit plus; pareillement l'offenceur languist en garde. Il ne faut prendre dispute en lieux de respect, ou les finir au mesme lieu; les ennemis indiscrets commençans, tous dangers doivent estre postposez à la perte de l'honneur. Le blasme d'inrespect est moindre que celuy de l'outrage receu; mieux vaut estre blasmé d'imprudence que de poltronnerie, opinion que j'ay practiqué à seize ans. Je donnay un souflet à Sainct Jean de Montgommery en la chambre du Roy, qui me desmentist; les espées à la main nous fusmes separez et prisonniers, ne pouvans estre punis l'un sans l'autre. La faveur de mon pere nous sauva tous deux, apres avoir demandé pardon au Roy, qui abolit l'offence. Montgommery interessé en conscience, me voulant appeller en Italie, est appellé par la mort, qui m'exempta de ceste courvée. Les roys, les capitaines qui prenent sur eux l'offence faicte en leur presence ou en leur logis, ne voudroient prendre les souflets ny les coups de bastons receux; leurs paroles ne servent de satifaction qu'aux descouragez, et ne purgent les consciences et ressentimens d'hommes d'honneur. Je loüerois qu'ayant esté offencé en lieu de respect, et forcé par le prince à l'accord, que, lors qu'il voudroit faire embrasser les quereleux, l'offencé, en la presence du chef, rendist par voye d'effect ce que son ennemy luy auroit pressé, assisté de quelques amis qui empescheroient la colere dudict prince, et apres offrir le combat; ce qui semble juste, mesmement ayant esté surpris et offencé sans sujet.

Je treuvai moyen d'apointer deux seigneurs dont l'un avoit receu des coups de baston, lequel par mon conseil fut satisfait, d'autant que celuy qui les avoit donné se vint seul mettre en la puissance de l'offencé pour en recevoir autant à sa discretion, lequel offencé luy pardonna estant accompagné de ses amis. Il est certain que toutes satisfactions qui se font par le commandement ou en presence des roys, princes, ou mareschaux de France, sont de peu d'effect, parce qu'il semble qu'elles sont faites par le commandement et authorité des superieurs.

Il ne se doit hazarder le tout pour partie; il ne faut engager portion de ses troupes; et si le malheur les engage avec impossibilité de les secourir, il vaut mieux se retirer que perdre le reste; si la perte est evidente, il ne faut joüer sa reputation. C'est le proverbe, qu'il vaut mieux se retirer de la rive que du fonds : les effects importants au salut general, le chef les doit voir et faire, ou un second soy-mesme qu'il doit visiter d'heure à autre, pour ne s'engager mal à propos; et si un presomptueux et temeraire s'est voulu perdre, il n'est pas raisonnable de se perdre pour luy.

L'infanterie qui n'avoit combattu, enfermée dans Coignac, soustint les victorieux. Cependant les Huguenots rassemblés se retirent vers la mer à Tonne-Charante, se parent d'une riviere, esperant de s'aller joindre aux vicomtes; qui amenoient quatre mil Gascons; enforcez de la royne de Navarre, reprennent courage. M. d'Anjou quitte Coignac, repasse à Jarnac la riviere, sous esperance d'intelligence fautive à Angoulesme: adverty que les Huguenots tiroient devers les vicomtes (1) à la Garonne, repasse audict Jarnac: là est sceu qu'ils changeoient de dessein, et n'alloient vers les vicomtes, ausquels ils envoyerent Montgommery, chargé de rafraichir Angoulesme en repassant. Monsieur debande, M. de Martigues apres luy, qui defait quatre cornettes, pour empescher de joindre les forces des Gascons avec l'Admiral. Monsieur prit des petites places, Mucidan où le comte de Brissac fut tué, voulant luy-mesme recognoistre, et apres avoir pris Aubeterre et Bergerac, petites villes qu'ils attaquoient pour ne pouvoir rien faire aux grandes, faute d'artillerie mandée de Paris, pour ne demeurer inutile, ne pouvant contraindre l'Admiral de combattre qui avoit les passages des rivieres libres.

En ce temps le sieur d'Andelot mourut à Xaintes: les vicomtes, sçachans Monsieur sur le passage resoulent de retourner en Gascongne, dont ils n'avoient envie de sortir pour le gain qu'ils y faisoient. Pendant la bataille de Jarnac, les Catholiques de Bretaigne avoient repris Tiffanges et couru tout le bas Poictou; l'Admiral y envoye des forces, y leve deniers, et prend des places que les Catholiques luy avoient ostées; il attaque Bourg sans effect. L'Admiral r'asseuré, renforcé, branle pour aller prendre les vicomtes en Auvergne, passer la riviere de Loire à Roüanne et aller joindre le duc des Deux Ponts qui amenoit leurs reistres. Monsieur adverty, gagne le logis de Ville-bois, coupe chemin à l'Admiral, fait mine d'aller prendre douze canons à Tours, venus de Paris pour attaquer les bonnes places; et ne pouvant faire les deux, envoye sçavoir lequel plairoit à la Royne, ou d'essayer d'empescher le passage à l'Admiral, ou que l'on attaquast les places. Sa Majesté estoit d'advis que l'on ne s'amusast aux villes, et empeschast l'Admiral d'aller au devant des reistres, qu'elle avoit mis bon ordre pour garder le duc des Deux Ponts de passer.

Monsieur, à cet effect, fortifie le comte de Ludes de troupes, et le jetta entre Poictiers et l'Admiral; cependant luy, à douze lieues de Poictiers vers Paris, prenoit l'advantage sur le passage. L'Admiral, considerant que par son absence toutes les villes demeureroient en danger, resout valloir mieux hazarder l'armée allemande que sa conqueste: il avoit tasté de l'incommodité des reistres devant Chartres; ceux-cy avoient esté persuadez se lever dez la fuitte de Noyers. Les Huguenots ne cesserent d'epouvanter les Lutheriens estrangers, leur faisant croire que l'on vouloit exterminer ceux que l'on disoit heretiques par ligue faicte avec le Pape et le roy d'Espagne. Les massacres de France, sceus en Allemagne et en Angleterre, fortifient leurs advis, monstrent l'entreprise faillie à Noyers, les edicts de defense à ce qu'il n'y eust plus qu'une religion. Cela esmeut la Royne d'Angleterre d'entrer en ligue avec les Lutheriens, ennemis jurez du Pape et des Espagnols, et dont la paix estoit sa guerre, la division de ses voisins son repos; raison pour laquelle elle les entretenoit en trouble. L'argent de la royne d'Angleterre, la sterilité d'hommes en Allemagne, l'heresie, le prince d'Orange, et comte de Ludovic chassé de Flandres, et Vollerade de Mansfeld, sont les sources de ceste levée de reistres.

La Royne, sans peur du cardinal de Lorraine pour sa prestrise, jeunesse de ses nepveux, et ignorance de M. d'Aumalle, imprudemment, comme Ciceron, renaist Jule en Auguste, favorisant le jeune seigneur de Guise: ceux de Bourbon et de Chastillon estoient ennemis declarez, ceux de Montmorency en soupçon. Le cardinal de Lorraine se glisse en authorité plus que la Royne ne l'eust desiré, continue de vouloir mettre ses nepveux en la charge de M. d'Anjou, ne l'ose blasmer directement, seulement calomnie ses gouverneurs et ses actions: propose de les retirer à la Cour, et d'appeler le duc d'Albe, et luy donner ses nepveux de Guise sous luy, pour commander en France. Le sieur de Tavannes penetre ses desseins, oppose la bataille de Jarnac; l'heureux commandement de Monsieur, qu'il maintient en reputation, s'ayde de l'amitié maternelle et intelligence de la Royne; le cardinal frustré, fait resoudre à leurs Majestez le voyage de Mets, pour s'esloigner des conseillers de M. d'Anjou. La Royne separée, ils la contraignent de donner le commandement à M. d'Aumalle son frere, de l'armée contre les reistres. Sa Majesté n'y peut resister; toute sa finesse est de faire

---

(1) C'étoient sept vicomtes gascons qui tenoient la campagne un peu pour leur propre compte: Jean Roger de Comminges, Bertrand de Rabasteins, Rabasteins de Paulin, Montaigne, Caumont, Antoine de Lomagne et Rapin.

dresser une seconde armée à M. de Nemours, sa creature, et les joindre, esperant que par la contrarieté ils ne feroient rien qui vaille, ce qui advint. Le Roy à Juinville, arrive Lignerolles, envoyé de M. d'Anjou par le conseil du sieur de Tavannes; requiert luy estre permis de laisser les gouverneurs des provinces en teste de l'Admiral en Poictou, et qu'il luy fust accordé d'amener quinze cens chevaux sans bagage, joindre les armées de M. d'Aumalle et de Nemours, qu'il donneroit la bataille au duc des Deux Ponts à son arrivée; la Royne y consentoit.

Le cardinal, ayant empieté plus d'authorité qu'il ne se desiroit, s'offence, menace, et rompt ce dessein tres-salutaire, et ce pour maintenir son frere en charge; comme si ce luy fust esté honte d'obeïr à un fils de France. Le sieur de Tavannes [sans passion, ne pouvant mieux pour l'Estat] conseille depuis Poictou M. d'Aumalle en Bourgogne; luy escrit qu'il y avoit audit païs une plaine de vingt-cinq lieuës de long, et de quatre lieuës de large, bordée de la Saosne et des montagnes, où il faloit que les reistres passassent. Ceste plaine, barrée en deux parts de la Thille et de l'Ouche pres de Trichasteau et de Nuys, donnoit lieu commode de combattre les reistres, ou les empescher de passer. M. d'Aumalle [la Royne estant retournée de Mets à Paris] marche aux montagnes de Saverne, pour empescher le passage du duc des Deux Ponts, imprudemment donne couleur aux bruslements en France, par ceux qui s'allument aux frontieres d'Allemagne; les reistres se mocquent, prennent le chemin de Montbelliard et du comté de Bourgongne. MM. d'Aumalle et de Nemours retournent hastivement, se treuvent au front du duc des Deux Ponts, qui passe à leur veuë, faillent une douzaine d'occasions de combattre, laissant prendre Nuys et La Charité. Ces chefs discordants, selon la prevoyance de la Royne, renversent les conseils l'un de l'autre, s'excusent que la Royne avoit deffendu le combat: prudent artifice de Sa Majesté, qui craint que la victoire n'exalte M. d'Aumalle et la maison de Guise, ou que leur perte n'haussast par trop les Huguenots; tant faut-il tenir la balance droicte à ceux qui donnent le commandement à personnes suspectes.

Les sages ne ruynent leur armée par imprudence, ne s'amusent aux places; estant leur ennemy fort en campagne; il faut opposer le gros au gros, chercher la fin de la guerre: c'est repos d'estre front à front de ses ennemis et seurté quand ils sont si mal advisez que d'entreprendre des sieges.

Plusieurs royaumes et armées sont gouvernez par simples conseillers et capitaines, l'honneur desquels est preferable à celuy des roys et generaux, puisque c'est d'eux que procedent les belles actions; c'est leur faire tort de les celer, pour donner la gloire à ceux qui ne l'ont merité.

Les edicts, les commandements contraires portent confusion; appreuver et impreuver les actions en mesme temps sans nouveaux evenements, donne soupçon d'imprudence, ou de legereté, et mauvaise foy. Les estrangers avoient esté assurez des ambassadeurs de France que le Roy estoit en guerre d'Estat, et pour conserver sa coronne seulement: bannissant par edict la religion huguenotte de son royaume, se voit qu'il y va de l'interest d'icelle, ce que les estrangers protestans ne voulants souffrir, cela hasta leurs levées de reistres.

Les reistres sont mesprisez des Français, qui à peine à main armée passeroient le Danube et Rhein, et n'iroient jusques à Vienne, non plus loing pour eux que La Rochelle est pour les reistres; le roy Henry II donnant secours à l'Allemagne, s'arresta sur le Rhein.

Esmerveillable soudaineté du changement de temps et d'experience des capitaines: le duc d'Aumalle vingt fois par le milieu des reistres avec douze mil hommes ne les ose combattre, ni lever aucun logis: son nepveu, M de Guise, vingt et cinq ans apres, avec quinze cens hommes, ruyne six mil reistres et six mil lansquenets à Vimori et Auneau, leur levant deux logis nuictamment.

Ceste armée de six mille reistres et d'autant de lansquenets, et deux mil Français, nonobstant le duc des Deux Ponts empoisonné par les vins de present d'un medecin d'Avalon, ne laisse de passer ny ayant faute de chefs. Et apres avoir pris La Charité par la negligence de M. de Nemours, qui n'y avoit envoyé personne, marchent au rendez-vous que l'Admiral leur avoit donné, pour se joindre à luy en Limosin. Monsieur se met entre deux, esperant de battre l'une des armées separement, favorisé d'une riviere au Blanc, se joint proche Preuly à M. d'Aumalle. Les reistres huguenots à grande traicte traversent le Limosin, lentement costoyez des deux armées de Monsieur et de M. d'Aumalle, necessitez de vivres, chargez de charroy: enfin furent approchez à la Souterrane, où Monsieur propose la bataille à ses reistres, qui estoient en nombre de quatre mil; ils s'excusent sur la faute de vivres. Monsieur ne laisse de suivre ses ennemis jusques au petit Limoge, où ses reistres firent le mesme refus de combattre.

Le comte de Mansfeld, chef de l'armée en la place du duc des Deux Ponts, passe la riviere de Vienne, joint l'Admiral. La Royne, poussée du cardinal de Lorraine, qui blasmoit les actions de M. d'Anjou, et plus de son conseil, vint à l'armée pour s'esclaircir de la faute de n'avoir combattu avant que les ennemis fussent joincts. Sa Majesté veut aller à la guerre avec le sieur de Tavannes, les armées à une lieuë l'une de l'autre, quasi egales en forces, treuve une escarmouche attachée, un ruisseau entre deux gayable. Les Huguenots feignent de s'enfuir, le cardinal de Lorraine crie que l'on poursuive vivement, que tout s'en alloit en vauderoute; le sieur de Tavannes le defend et fait tout retirer sur une coline. Soudain paroissent six mille chevaux qui estoient couverts d'une montagne; la Royne les vit la premiere, dit à M. le cardinal que si on l'eust creu tout estoit perdu. Le sieur de Tavannes replique qu'il est impossible d'estre bon prestre et bon gendarme, qu'à chacun son mestier n'est pas trop, qu'il se doutoit bien d'un garde derriere. La Royne retirée, les armées egales en forces, celle de Monsieur [nonobstant la faute de vivres] passe la riviere pour combattre les ennemis. Elle se debandoit journellement, comme si l'armée de M. d'Aumalle eust apporté cette contagion parmy celle de M. d'Anjou, en necessité de vivres, contraint de marcher sur les bruslements des Huguenots, qui se logerent à Sainct-Yrier advantageusement.

Monsieur vint à La Rochelle-la-Belle, distant d'une lieuë d'eux, assiette pareillement forte, ayant une marée, un marests en teste. Il y avoit une belle assiette plus proche entre les deux armées : le sieur de Tavannes est d'advis de la prendre, et de s'y placer à la pointe du jour, pour les desloger en desordre et les contraindre au combat, qui n'est executé par envie et contrarieté des capitaines. Le sieur de Tavannes, general et mareschal de camp, fait la pluspart des estats de l'armée, et avoit fait ce logis bordant un ruisseau de l'infanterie, la place de bataille tout proche et derrier eux. L'Admiral, qui avoit recogneu l'advantage de ceste assiette entre les deux armées, s'en saisit dez la pointe du jour, commence une escarmouche avec trois cents arquebusiers catholiques qui estoient en garde de son costé au-delà du ruisseau. Strosse, colonel, au lieu de tenir ferme, et retirer ces trois cents arquebusiers, et combattre, favorisé du ruisseau devant la place de bataille, ainsi qu'il lui avoit esté commandé par le sieur de Tavannes, s'advance avec quinze cens arquebusiers hors de son ordre, poursuit les ennemis qui feignent de se retirer. MM. de Guise et de Martigues firent la plus grande faute, sans commandement passent le ruisseau avec deux cents chevaux, la pluspart volontaires, donnent chaleur à toute l'infanterie, qu'il n'y eut plus moyen de retenir, et poursuivent plus de quinze cents pas pardelà le ruisseau les ennemis. Quatre mil chevaux paroissent, leur tombent dessus suivis de toute l'armée huguenotte, viennent à la charge; aussitost M. de Guise avec deux cents chevaux tourne, abandonne l'infanterie qui se jette dans des palissades, lesquelles estant aussi soudain rompues par la cavalerie huguenotte, l'infanterie se met en route, laisse prendre le colonel Birosse, et tuer quarante capitaines, ausquels cinq cens de leurs soldats tiennent compagnie à la mort, et y en eut plusieurs pris.

Incontinent le sieur de Tavannes adverty de ce desordre dit : « Je disois bien vray, que ces jeunes gens gasteroient tout, » court à la place de bataille, r'asseure, remet tout en ordre, borde le ruisseau d'hommes; que si les Huguenots l'eussent passé, il y avoit apparence qu'ils eussent eu la victoire entiere. Ils en furent empeschez par le sieur de Tavannes; eux tournent pour passer à un village où estoient logez les Italiens qui faisoient un bout du camp, par où ils pouvoient entrer dans l'armée. Le sieur de Tavannes y arrive premier qu'eux, treuve les Italiens embarrassez; leur infanterie et cavalerie, ne se pouvant secourir l'une l'autre, vouloient opiniastrer l'honneur du logis. Il remonstre à M. le comte de Sainct Flour qui leur commandoit, et fait quitter le village, qui estoit les deux tiers delà le ruisseau, les ramene en la place de bataille, qu'il met en tel ordre que les ennemis n'osent passer, et sont contraincts de se retirer.

En ces allées et venuës le sieur de Tavannes treuve M. de Guise cause du desordre, luy dit : « Monsieur, avant qu'entreprendre, il faut penser; il vous fust esté plus loüable de vous perdre et mourir que faire ce que vous avez faict. » Depuis, M. d'Anjou lui dit qu'il avoit bien lavé la teste à MM. de Guise et Martigues. Le sieur de Tavannes respond : « Ce n'est pas tout, il faut les chasser de l'armée, » qu'il auroit plus d'honneur d'avoir peu de gens obeïssans qu'un grand nombre de dereglez. Le sieur de Tavannes leur est contraire; il les cognoist desirer de l'honneur et des charges aux despens de Monsieur ou de son armée : assemblez au conseil, discourans de ce qui s'estoit passé, le roole des morts est apporté; le sieur de Tavannes le deschire, disant : « Il faut parler de combat, non de deuil. » L'armée estoit logée à La Roche-la-Belle, tres-advantageusement, et ne se peut blasmer le logis, mais bien la cavalerie, qui

21.

mena l'infanterie au combat, puis la laissa et s'enfuit.

Il y en a qui ne reçoivent ny ne suivent conseil s'ils n'en sont inventeurs, et le rejettent par inimitié, et quelquefois par opinion d'inexpertise de celuy qui le propose, et ce imprudemment, d'autant que les mal-habiles peuvent par fois donner de bons advis. C'est sagesse, s'ils sont tels, de les cognoistre, les accepter ou rejetter; celuy qui pense estre odieux doit faire faire ses propositions par autruy; les pierres fines se jugent fausses ez mains des pauvres, tant l'opinion se laisse illuder par le mauvais object.

Pour perdre une armée, une entreprise, ou une place, il faut donner le commandement égal à deux; l'honneur et l'ambition ne se partagent entre les freres; infinis ayment mieux se perdre que de procurer l'honneur à leur concurrant. Nul n'hazarde volontiers sa vie entiere pour donner la moitié de la gloire à son associé; peu estiment la reputation qui est my partie, et dont on n'a que la moitié, et n'ont soin du malheur, n'en pensent estre responsables, n'estant que par moitié, se deschargent des hontes, dommages et pertes sur leur compagnon. Si on l'eust creu, si on l'eust laissé faire, s'il n'eust esté empesché, s'il eust esté seul chef, tout fust bien allé. Gouverneur de Normandie en l'an mil cinq cens quatre vingts dix, pour obvier à l'inconstance du peuple de Roüen, je me rends maistre du fort Saincte Catherine. Ne treuvant homme des miens assez suffisant, je joints la prudence d'un à la valeur d'un autre, pense des deux hommes en composer un parfaict; trois jours apres l'un tue l'autre en duel; les ennemis proches, je perdois place, honneur et vie, si je n'eusse esté le premier adverty. Ces mots: « vous vous entendrez bien, vous saurez vous accommoder ensemble, » sont inutiles où il y va de l'honneur; le particulier prefere son interest à celuy du general.

Les lettres, conseils, armes, vivres, chevaux venans d'ennemis, sont suspects; poisons et trahisons peuvent estre mis par tout cela: apres avoir esté trahi des habitans d'Auxonne et de mes serviteurs leurs citoyens, ausquels je me flois, et avoir perdu mon gouvernement, j'assiege leur ville avec le sieur de Rosne, les puits et fontaines sont empoisonnez d'iceux, qui rendent la moitié des troupes malades. Ils envoyent un pestiféré me presenter une lettre trempée en sa peste coulante; je devine, dits au sieur de Rosne en riant: « Frere, prend la, c'est la peste; » il fut chassé à coups de pierre. Je me vengeay d'eux encores que je ne rentrasse au gouvernement, parce que je fus cause de leur reprise, et les livray entre les mains de M. de Guise leur ennemy, qui preposa son profit à la vengeance des traistres qui m'avoient trahy pour luy avoir fait service.

Les historiens, comparants les vertus anciennes aux modernes, ne treuvent rien de semblable. Voila M. d'Anjou premier joint à l'armée de M. d'Aumalle, deux autres camps ennemis s'assemblent en sa presence, perd l'occasion de combattre. Nous en fismes autant quand M. de Longueville amena le secours du roy Henry IV, que nous avions assiegé à Diepe: nous nous trouvasmes entre les deux armées et ne combatismes ny l'une ny l'autre, soit par manquement de bons conseils ou de resolution, veu que nous estions plus forts que toutes lesdites deux armées. Scipion, entre les camps de Syphax et d'Annibal, en un jour et une nuict les vainquit tous deux separément. A ces anciens la discipline, la punition de mort, la recompense des beaux actes, le peu de bagage, rendoient les soldats obeïssans et expeditifs. Si les auxiliaires eussent refusé à Scipion de combattre, comme firent les reistres à M. d'Anjou, il les eust taillé en pieces: il vaut mieux avoir peu de gens et les pouvoir chastier, que quantité de desobeïssans.

Les ruisseaux et chemins creux empeschent les batailles; nul ne les passe en desordre sur peine d'estre chargé en flanc, ou, à moitié passé, avant que d'estre en ordre de combat.

La prudence, prevoyance et valeur ne manquoyent aux capitaines anciens qui conduisoient leurs ennemis au periode de leur ruïne; et quand ils perdoient l'occasion de les vaincre du tout par malheurs secrets, et advenoit qu'ils se perdissent apres eux mesmes, ils disoient avoir quelques dieux contraires. Les Chrestiens l'attribuent à leurs demerites, ou merites de leurs ennemis; les sages infortunez ne doivent estre meprisez, non plus que les braves combatans en duel, qui sont tuez par le defaut des armes ou de l'escrime. Ce qui fait recognoistre la superiorité du ciel, parce que les prudens, prevoyants et experimentez, sont souvent vaincus par les ignorans, imprudens et foibles, quoy qu'ils soient plus forts, vaillans et en meilleur ordre qu'iceux.

Les armées mal logées, sans vivres, l'huguenote se recule de cinq lieües, s'aproche de Nyort, assiegé et quitté du comte du Ludes à leur arrivée. Eux, en se rafraichissant, desirent nettoyer leur conqueste de Poictou; par ambition, mauvaise intelligence des sieurs d'Amville, Montluc et Terrides, qui avoient assiegé Navarrin, leurs desseins ne prosperent point. La maladie de M. d'Anjou ne l'empesche de suivre les Huguenots, envoye des forces au comte de Ludes, pour garder les villes de son gouvernement que les Huguenots tenoient toutes en jalousie. Iceux, tournant teste de plusieurs costez, prenent Luzignan, ensemble les pieces du reste du siege de Nyort que le comte de Ludes y avoit retirées : sur ces occurrences, le sieur de Tavannes obeyt au commandement de la Royne, et luy mande son advis par la lettre souscripte :

« Madame, mon homme qui est par delà m'a escrit que luy aviez commandé que je vous mandasse mon opinion sur les affaires qui se presentent, ce qui estoit à faire si les ennemis tiroient du costé d'Orleans, comme l'on presumoit, et qu'ils en avoient pris le chemin, aussi ce qu'il me semble de leurs desseins. C'est chose assez difficile, et que vous, Madame, pouvés conjecturer mieux que personne. Quant à ma part, je tiens que l'un des principaux desseins qu'ils ayent et qu'ils doivent avoir, est en premier lieu pour cest esté, de bien borner et asseurer leur conqueste : car cela sera occasion d'entretenir les estrangers, qui cognoistront qu'ils ont un pied dans le meilleur endroict du royaume, et principalement les Anglais qui se tiendront tant que ceste conqueste durera en verdeur et esperance, et se pourront faire vosdits ennemis, par leur moyen, si forts par la mer, qu'ils tiendront en jalousie toutes vos costes d'icelles ; et s'ils gagnent l'hyver [comme je voy qu'ils s'y en vont, qui ny remediera], il sera mal aisé, encores que l'on luy aye donné la bataille, comme nous ferons, estans renforcez de gendarmes, et avec l'ayde de Dieu faict perdre la campagne, de reprendre les places qu'il n'y ait une merveilleuse longueur ; car vous voyez comme les moindres bicoques se defendent. Et faudra à la fin venir, comme je vous mandois il y a plus de six mois, à reduire le païs de leurdicte conqueste en friche, ainsi que fut le Boulonnois, qui est [à mon advis] le but où il faut tendre, encores qu'il soit bien long, et qui neantmoins ne se peut guieres bien executer, si le roy d'Espagne ne met une armée aux champs, pour arrester les forces qui peuvent venir d'Allemagne, et qui n'attendent sinon que ceux icy soyent empirez pour les rafraichir. Car Vostre Majesté sçait que c'est d'avoir toute la Germanie contre vous, et plus fort irritée à cause des alliances qui vous seront plus de reputation et despence qu'utiles, si Sadite Majesté Catholique ne s'y veut employer autrement ; car vous savez les forces et le credit de l'Empereur.

» D'autre part, ayant les Anglais pour ennemis, et un grand nombre de vostre peuple pris pied en un des coings de vostre royaume, et qui tiennent partie de vos villes, avec si estroicte intelligence dehors, il est impossible que seul vous puissiez resister. Vous pouvez quant et quant cognoistre la volonté de vos autres subjects las et harassez d'autrepart, et sçavez le fond de vos finances. Je dits donques que, par necessité, le roy d'Espagne, tant que ces guerres dureront, doit avoir une bonne et forte armée en campagne du costé de l'Allemagne, Vos Majestez une autre ; que le Pape et les potentats d'Italie doivent fournir [sans s'amuser à envoyer des hommes] une bonne somme de deniers, qui sera departie également aux deux armées, et que ceste guerre doit estre continuée, sans intermission aucune, tant et si longuement que l'on en voye le bout, en attachant, comme je vous dits dernierement, ces deux coronnes si estroictement ensemble, que l'une ne puisse tomber qu'elle ne mene l'autre apres soy, et considerer que la dissimulation de l'un porte la ruïne de l'autre.

» Le pis que j'y vois c'est à vous à courre ; mais c'est si fort, que vous en estes ja en la grosse haleine. Par ainsi rendez ces deux coronnes unies, comme dit est, en le cognoissant par effect et non de paroles, ou prenez party ; car j'aymerois mieux la ruïne de mon voisin et de mon frere que la mienne. Je ne dits pas qu'il faille faire paix, car elle est dangereuse ; mais il se faut garder d'avoir pis, et m'excuserez si je parle à vous librement, comme j'ay accoustumé. Et toutesfois, par maniere d'advertissement, si l'on vous joüe à la fausse compagnie, cognoissez l'estat auquel vous estes : vostre armée est si defaicte de gensdarmes, que malaisement les r'assemblerez vous de quelque temps. Si c'eust esté à moy, j'eus donné le saufconduit à l'Estrange d'aller parler à vous, à la charge d'une trefve cependant, durant laquelle il ne se peust rien fortifier. Il est vray que cela peut apporter mescontentement à vos alliez, tant à cause de la despence qu'ils font, que la peur d'une paix ; mais si faut-il qu'ils considerent qu'il y a six ou sept ans que vous estes en despence, et vos gens depuis deux ans sans cesse en campagne, la noblesse [qui est vostre force] bruslée et destruicte en leurs maisons, qu'ils ne peuvent moins qu'avoir un mois ou six semaines pour revenir, lequel temps vous est necessaire pour les laisser respirer. Et comme les capitaines de vosdits alliez qui sont icy en seront juges, lesquels, quelque bien payez qu'ils soyent, sont diminuez de leurs forces de la moitié, vous pouvez gagner ces six sepmaines, sous ombre de vouloir parler de la paix ; mais que cela soit né gocié secrettement. D'autrepart, vous fortifiez leur droict en la Germanie de les refuser; car ils font accroire qu'ils s'humilient, et qu'ils ne demandent que la seule religion, avec toute obeïssance et subjection. Aussi bien n'avez-vous pas moyen, durant le susdict temps, de les garder de tenir la campagne, et vous porter dommage. Cecy n'est qu'un pourparler que Vostre Majesté sçaura par son bon sens rejetter selon le jugement sain et entier qu'elle a, comme aussi un advis dont un mien amy, bon serviteur du Roy, m'a parlé ces jours passez : qui est que Vostre Majesté, comme Regente esleüe par les Estats, missiez en avant, durant la susdicte trefve, de les faire assembler, chose que lesdits ennemis ne pourroyent refuser, et adviser de mettre une tranquillité en ce royaume, et les assembler en grand nombre, comme de chaque cour de parlement six ou huict, et à l'equipolent des gens de l'Eglise, noblesse et villes en grande quantité, sans toucher en rien les affaires du royaume et gouvernement d'iceluy, qui vous apartient, et ne mettre en avant sinon ce qui concerne le faict de ses subjects desobeïssans.

» Vous les mettriez en tort, ou ils passeroient par ce qui seroit dit : et, en cas de desobeïssance, sera ordonné le remede d'y pourvoir, dont il seroit deliberé sur le champ, principalement où se prendroit la despence, et ce, à fin d'eviter la crierie des imposts que Vos Majestez sont contrainctes de mettre sur le peuple. Cependant si rien ne se pacifie, vostre armée et gensdarmes seront rafraichis, vous aurez un petit de despence d'avantage des estrangers : mais un mois luy fait plus de mal qu'à vous deux. Et pour vous dire, Madame, ce qui m'a fait advancer de tenir ce propos, est l'imprudence de l'ambassadeur d'Espagne, que j'ay veu par les lettres que vous avez escrites à Monsieur, qui desja veut commencer à parler en maistre, nous estimant comme abandonnez des medecins : ou bien il veut preparer pour faire venir le duc d'Albe en France, pour commander ou servir de pedagogue à Monsieur, et lequel ny viendra qu'avec une bonne grosse armée, avec une partie de ce qui se treuvera icy à sa devotion pour faire la loy : de sorte que cette coronne se treuveroit la gauffre entre deux fers : je vous laisse penser où cela va.

» Si vous treuvez quelque apparence en ce que dessus, et il vous plaist d'en ouvrir le propos à quelques-uns de vos fidelles serviteurs qui soyent sans passion, qui n'ayment que le Roy et le public, vous le pourrez faire, en m'excusant, s'il vous plaist, si je me suis trop emancipé. Au demeurant, Madame, voicy le mieux ne peut : nous allons gaigner le costé de la riviere de Loire, pour couvrir Orleans et Paris; mais si vous ne nous faictes avoir des gensdarmes, il est impossible que nous puissions faire rien qui vaille : dés l'heure que nous serons forts, nous nous tiendrons si pres des ennemis, qu'avec l'ayde de Dieu nous viendrons à la bataille.

» Mais si ces beaux gensdarmes veulent joüer des tours qu'ils ont fait par deux ou trois fois cette année, qui est que dés l'heure qu'on approche de l'ennemy de s'en aller sans dire adieu, tout ne peut aller à la fin que sens dessus dessous. Nous en sommes à ceste heure si fort diminuez, que je ne vous l'ose escrire ; jusques à ce que nous en soyons renforcez, nous serons contraints d'aller retenus, en danger de ne faire gueres, et qu'ils ne prennent quelques villes, et favoriserons toutesfois tout ce qu'il nous sera possible. On m'a dit que vous envoyez faire encores une levée de Suisses, et je ne sçay à quelle occasion ; car les creües de ceux-cy venuës, il y en aura autant que de cent mil ; et d'autres gens de cheval ou de pied que les nostres, il n'y en a point de meilleurs, ny de si bons ; mais qu'ils soient bien payez ils tiendront coup ; et faudra [sauf meilleur advis] faire servir la gendarmerie par quartier, et payer ceux qui se treuveront presens tous les mois, afin de leur faire tenir pied, et les gens de pied les payer tous les huict jours. C'est à faire à quelque petite despence d'avantage pour les commissaires, qui ne sera pas perduë : la police se pourra regler de cette façon, autrement sans argent il ne s'y faut pas attendre. »

Regret ne cesse au cardinal de Lorraine de voir le commandement hors des mains de ses nepveux ; il les anime, les esmeut, les excite, envoye à M. de Guise commandement du roy Charles sur les chevaux legers, preparant obstacle de son nepveu à Monsieur, favorisé de soupçon secret qu'il donnoit à Sa Majesté. M. de Guise veut aller journellement à la guerre, se plaint estre empesché en sa charge de colonel : apres plusieurs refusées, une luy est permise ; il se treuve engagé, ne peut se retirer à l'armée, est forcé de se jetter dans Poictiers ; il fait de necessité vertu, dit s'y estre mis pour le siege. Le sieur de Tavannes blasme cest acte avenu sans commandement, dit que sa personne feroit attaquer Poictiers. L'admiral l'assiege contre son advis ; forcé de ses capitaines huguenots de Poictiers, il le met en telle necessité, qu'aucuns des seigneurs assiegez opinent de se rendre. L'armée de Monsieur, affoiblie du depart de M. de Guise et des maladies, se refraichissoit.

Le sieur de Tavannes en colere de la faute de M. de Guise, le cardinal de Lorraine, voyant le peril de ses nepveux, remplit la cour de faux bruicts, continue blasmer le conseil de M. d'Anjou. Le sieur de Tavannes luy respond par le discours suivant, escrit à Beaulieu, le onziesme jour d'aoust 1569 :

« Pour autant que plusieurs, avec quelque apparence de raison, n'ayant entendu les choses qui sont passées en l'armée de Monsieur depuis l'arrivée du duc de Deux Ponts en France, et que ceux qui n'ont point esté au camp, qui ne le sçavent pas, ou peut-estre ne le veulent entendre, neantmoins en parlent, treuvent estrange, s'esbahissent, et font plusieurs interrogats sur tout ce qui est passé depuis la bataille derniere donnée pres Jarnac.

» Premierement, sur ce qu'ils disent n'avoir esté suivie la victoire, et autres plusieurs poincts dont ils semblent vouloir taxer Monsieur, et ceux qui se sont meslez de son conseil, depuis la susdite bataille jusques à l'arrivée dudit duc des Deux Ponts, et qu'apres avoir esté joincts avec l'armée de M. d'Aumalle, incontinent les ennemis n'ayent esté combattus et vaincus ; pour les relever de la peine où ils sont, ils pourront icy treuver la verité, comme le tout est passé jusques à ce jourd'huy.

» Quant à n'avoir esté suivie la victoire pour Jarnac, les ennemis furent courus huict lieuës le jour du combat. Et quant à ce qu'ils demandent pourquoy l'armée s'arresta audit Jarnac, qu'elle y sejourna le lendemain, et apres alla à Coignac, l'on vint faire rapport à Monsieur, qui suivoit la victoire, que les gens de pied et partie des gens de cheval des ennemis s'estoient sauvez audit Jarnac ; lequel soudain envoya commander à l'artillerie, encores qu'il n'y eust point de pieces de batterie, de s'acheminer droit là en diligence pour les forcer, ce qu'il fit ; du moins ils furent contraints abandonner la place, et passer de là l'eau par un pont de batteaux qu'ils avoient, le rompant apres eux, et estoit nuict. De façon que la pluspart de ceux qui estoient allez à la chasse ne revindrent point ce jour là : qui est l'occasion pourquoy l'on sejourna le lendemain, et pour refaire ledit pont. Le jour apres, fut advisé d'aller à Coignac, qui, pour n'avoir esté fortifié, l'on estimoit qu'ils ne s'y arresteroient point, et que le prenant ce seroit tenir Angoulesme en subjection. Joinct que de plus avant suivre les ennemis qui estoient retirez à Xainctes, Sainct Jean d'Angely et La Rochelle, ne seroit que perdre temps, principalement n'ayant point de grosse artillerie ; laquelle neantmoins avoit esté mandée plus de trois mois auparavant, pour avoir moyen d'assaillir les places, et attirer lesdits ennemis au combat.

» Et estans arrivez pres dudit Coignac, on les fit semondre, et fit-on semblant de faire quelques approches par le parc ; mais il se treuva que la pluspart de leurs gens de pied, jusques au nombre de quatre ou cinq mille, s'estoient sauvez là dedans, et n'ayant point de pieces de batterie, comme dit est, ni pour tirer d'autres pieces que deux ou trois cens coups, aussi qu'il falloit loger à descouvert, avec une pluye extremement froide, mondit sieur se logea à demie lieuë de là, resolu que ce seroit perdre temps de l'assaillir sans artillerie. Le lendemain ayant entendu que les ennemis se r'allioient du costé dudit Sainct Jean d'Angely, Nyort et La Rochelle, fut advisé de repasser l'armée audit Jarnac, pour les aller treuver ; apres toutefois avoir sejourné deux jours, à cause des grandes traictes que l'on avoit fait pour l'entreprise de Chasteauneuf, et de la bataille, et pour nos reistres qui ne faisoient qu'arriver à grandes journées, et marcha-on jusques auprés de Dampierre, dautant que lesdits ennemis estoient acheminez jusques vers Tonne-Charante. Et là fusmes advertis que, sentant nostre venuë, ils avoient passé ladite Charante jour et nuict, et estoient venus du costé de Ponts, et avions advis qu'ils devoient passer à la faveur de Piles, qui estoit à Bergerac du costé de la Guyenne, pour avoir les vicomtes.

» Quoy voyant, retournasmes soudain au passage dudit Jarnac, n'y en ayant nul autre plus prés, pour essayer de les attraper au passage de la Garonne, et fut debandé le sieur de Martigues, avec deux mille chevaux, pour aller devant : lequel treuva qu'ils avoient changé d'opinion ; et estoit ordonné seulement le comte de Montgommery avec huict cornettes pour y aller, desquelles il en deffit les quatre, dont les drapeaux furent envoyez au Roy, et vint retreuver l'armée qu'elle fust au passage dudit Jarnac. Sur quoy fut advisé d'envoyer querir quatre petits canons à Poictiers, que le sieur de Ludes amena jusques à la riviere de Boutonne, où toute l'armée l'alla querir, et ce pour prendre, en attendant la grosse artillerie de Paris, les petites places qui tenoient le passage de Gascongne, comme Mussidan, Aubeterre, Bergerac et autres petits chasteaux ; et n'avoient lesdits ennemis point de corps d'armée où l'on les eust sceu aller attacher, ains tenoient leurs gens tous dans Coignac et Xainctes, par le moyen desquelles villes et du port de Tonne-Charante, ils avoient les passages de la riviere à leur commandement, ne se pouvant forcer lesdites villes par faute de grosse artillerie, comme dit est. De sorte que mondit sieur s'achemina avec l'armée à Montmoreau, tant pour empescher l'armée desdicts vicomtes, que l'on disoit tous les jours devoir passer, que pour prendre ledict Mussidan et autres places avec les susdicts petits canons, qui n'estoient pas de grand effect, et alla plus de temps à la prinse dudit Mussidan que l'on n'avoit esperé : d'autant que ceux qui estoient dedans se treuverent resolus, et la firent combattre pied à pied. Depuis, apres l'avoir faict raser, advertis que lesdits vicomtes, à cause de la prise dudict Mussidan qui les favorisoit, avoient resolu de ne plus passer, et d'autre part que les ennemis faisoient estat d'avoir r'allié environ quinze cents chevaux, et deux mil arquebusiers, la pluspart à cheval, et des mieux en jambe, lesquels ils esperoient faire passer la riviere de Loire au dessus de Roüanne, pour aller treuver le duc des Deux Ponts qui commençoit à sortir d'Allemagne; et y avoit ja desdits ennemis huict cens dans Angoulesme.

» Quoy voyant, mondit sieur vint avec son armée se loger à Villebois, pour empescher ceste entreprise, toujours attendant la susdicte grosse artillerie, de laquelle quelques jours apres arriva douze canons à Tours. Cependant ledit duc des Deux Ponts arriva en la Franche Comté; surquoy fut donné advis au Roy, s'il luy plaisoit que l'on se mist à assaillir les places, ou bien que l'on empeschast le passage des ennemis, qui pouvoient aller passer au long de l'Auvergne, pour là prendre lesdits viscomtes, et aller droict au susdit passage de la riviere de Loire; lesquels viscomtes pouvoient tirer avec eux six mille arquebuziers et six cens chevaux : de maniere que tous ensemble eussent peu estre deux mille chevaux et huict mille hommes de pied, et leurs places tres-bien garnies, remonstrant que nous ne pouvions assaillir les places, et les empescher de passer.

» Surquoy Sa Majesté manda que l'on empeschast surtout le passage de ces troupes là, sans s'amuser aux places, comme chose plus importante, et que cependant le duc des Deux Ponts seroit fort bien empesché de delà. L'on sçait assez en quel estat ils estoient reduits, pleins de famine et de maladies, leurs villes comme à un coup toutes assiegées, et jà en grande necessité, ayant laissé les forces du sieur de Ludes du costé de Poictiers gaillardes, pour empescher la recolte, et mondit sieur de l'autre costé, quand les nouvelles vindrent que le duc des Deux Ponts avoit jà outrepassé la Bourgongne, et comme avec raison mondit sieur, pour n'estre forcé de combattre à si grand desadvantage, fut contraint de prendre party, et s'approcher de la Vienne, mesmes attendu que l'armée dudit duc, ayant forcé La Charité, venoit la premiere. Où estant arrivé au Blanc, M. d'Aumalle l'advertit et le supplia de prendre garde à soy, occasion qu'il achemina ladicte armée entre Preuilly et ledict Blanc. Et depuis estant approchée l'armée de M. d'Aumalle, fut advisé de se joindre, non toutesfois sans grande crainte que ceux de son armée, ja desobeissans, et qui avoient commencé à l'abandonner, vinssent à continuer, et servir d'exemple à l'armée de mondit sieur. Et depuis s'estre joincts à demy, et par maniere de dire en poste, en la presence de la Royne, on entra dans le pays sterile de Limosin, sans avoir temps d'y dresser nul magazin.

» Par lequel pays les ennemis qui avoient auparavant sejourné marchoient à grandes journées, et les vint-on rejoindre à La Sousterranne, où [par l'excuse que treuverent nos reistres sur les vivres] on ne les peut combattre, et marchaon avec la faim, jour et nuict, jusques delà mit Limoges, où ils furent encore r'attaints, et firent lesdicts reistres le mesme refus. De sorte que lesdits ennemis passerent la riviere de Vienne, où l'armée des Princes les vint approcher; et ayant l'armée de Monsieur outrepassé Limoges, les capitaines furent d'advis de suivre les ennemis le plus diligemment que faire se pourroit, et demanderent de porter avec eux pour un jour de pain, et ce, pour, s'ils trouvoient les ennemis en lieu si advantageux que promptement on ne les peust combattre, ils eussent quelque temps pour en chercher les moyens, ou bien s'ils faisoient quelque traicte, ils eussent moyen de les suivre, et oster toute l'occasion et excuse ausdicts reistres; mais il ne fut possible d'en estre secouru, encores qu'outre les commissaires des vivres, plusieurs de la suitte de la Royne s'en meslassent.

» Enfin l'armée passa la riviere pour aller trouver lesdicts ennemis, et le jour mesme la maladie ja commencée en Bourgongne, en la susdicte armée de M. d'Aumalle, vint à continuer, de sorte que son lieutenant partit; et s'en alla toute sa compagnie, fors huict ou dix, et infinis autres, tant de l'une que de l'autre armée, à son exemple, sans congé, et sans avoir esgard que nous allions pour donner la bataille, ny en la presence de Sa Majesté qui estoit encores audit Limoges; et continuerent depuis avec cest exemple à s'en aller les nostres, avec plus d'occasion toutesfois pour avoir campé pres d'un an, non qu'il y ait excuse qui vaille ny pour l'un ny pour l'autre.

» Quoy voyant, mondit sieur delibera, avant

qu'il y eust plus grande diminution, d'aller retreuver lesdicts ennemis, encores qu'il n'y eust nuls vivres, principalement pour estre contraincts de passer à leur suitte, et du feu qu'ils mettoient apres eux, et vint loger à La Roche la Belle, à une lieuë de Sainct Yrier, où ils estoient en lieu fort advantageux, et nous pareillement, pour avoir une allée et un marests à la teste de nostre armée. Là fut deliberé de ce qui seroit à faire, et furent quelques-uns d'opinion qu'on devoit passer à la vallée qui estoit entre les deux camps deux heures devant jour, afin de prevenir et prendre les places avant que les ennemis s'en saisissent; chose qui ne fut executée pour les difficultez qui s'y treuverent. Lesdits ennemis vindrent prendre la susdicte place le matin, où notre arquebuzerie, pour estre logée assez pres du vallon, au lieu de se venir rendre en leur place de bataille, sans commandement, ny sans regarder qu'ils ne pouvoient estre secourus des gens de cheval, allerent passer la vallée du costé desdicts ennemis pendant que l'armée se mettoit en bataille, et, non contents de ce, allerent par dedans le bois de haute fustaye monter jusques au haut du coustaut, et là attacherent l'escarmouche, et s'en ensuivit ce que plusieurs seigneurs et gentils-hommes pourront tesmoigner, qui s'y treuverent aussi sans commandement, sinon ceux que mondit sieur y avoit envoyez pour les retirer.

» Pendant lequel temps, mondit sieur envoya le sieur de Tavannes devers les Italiens, qui estoient logez à un des bouts du camp en un petit village, seule advenuë par où lesdicts ennemis pouvoient venir [en faisant toutesfois un grand tour], et trouva que lesdicts Italiens s'estoient mis en bataille, à sçavoir leurs gens de cheval dedans le camp, et leurs gens de pied dehors, le village entre-deux; de sorte que les gens de pied et de cheval ne se pouvoient secourir l'un l'autre, à cause des marests, sinon à travers ledit village, par un seul lieu bien fort estroit, l'arquebuzerie separée en certains bois de haute fustaye qui estoient plus avant. Sur quoy fut remonstré par ledit sieur de Tavannes à M. le comte de Saincte Flour, qu'il estoit raisonnable que les gens de pied repassassent dedans le camp, à fin de pouvoir combattre avec l'armée et leurs gens de cheval. Ledict sieur comte dit qu'il luy sembloit n'estre pas fort honneste d'abandonner le logis, mesmes que son bagage estoit encore dedans. A quoy fut respondu par ledict sieur de Tavannes, que le logis ne luy estoit donné sinon pour sa commodité, et non pour combattre; que le lieu du combat estoit avec les autres en bataille, et que [sauf son meilleur advis] il luy sembloit que son bagage devoit aller trouver le bagage de l'armée; que le bataillon des gens de pied devoit passer du costé des gens de cheval; que neantmoins se pourroit laisser quelque arquebuserie pour defendre le village le plus longuement que faire se pourroit; lequel toutesfois ne se pouvoit tenir, à cause d'une montagne fort pres de là qui luy estoit à cavalier: à quoy mondit sieur le comte s'accorda tres volontiers, et avec prompte diligence fit repasser ses gens de pied du costé du camp où estoient ses gens de cheval; et de là en avant se logea dans le camp en la campagne, au lieu que sur l'heure fut advisé, tousjours neantmoins sur la seule avenuë, ainsi que luy, comme personnage de valeur, le desiroit.

» Et pource qu'aucuns ont voulu dire que le susdict camp estoit fort debile et mal à l'advantage, il se treuvera, par le dire de ceux qui s'y entendent, qu'il n'en est point de plus avantageux, comme il se peut voir, apres que les batailles furent rangées ainsi qu'elles devoient. Le lendemain, lesdits ennemis partirent de leur logis, et firent une grande traicte de six lieuës du costé de Perigueux, qui avoit esté fort bien pourveu, non toutefois sans grande difficulté; et apres, mondit sieur estant contrainct par famine et necessité de prendre la main gauche, et aussi pour favoriser ledict Perigueux, l'armée vint à Lassac. Lesdicts ennemis treuverent ledit Perigueux si bien pourveu, qu'ils prindrent la main droicte, et depuis tout à un coup tournerent droict à Chabanay, Confolans et Le Dorat, qui estoit tourner la teste devers le païs de Berry ou Touraine. Occasion que mondit sieur entra soudain en jalousie qu'ils voulussent aller gagner à Tours ou autres villes qui sont sur la riviere de Loire, combien qu'il n'en pouvoit advenir inconvenient, ayant commandé à M. de Ludes, dez l'heure que les ennemis approcheroient de la Creuze, faire approcher le maistre de camp Onoux avec quinze enseignes pour se jetter dans ledict Tours quand il verroit l'occasion.

» D'autre part, depesche le maistre de camp L'Isle et les enseignes italiennes du duc de Somme, pour y aller et pourvoir Loches en passant; et de sa part considerant que nos gendarmes avoient tousjours continué de s'en aller, de sorte qu'il n'y en avoit presque plus, fut advisé de retourner par aupres de Limoges gagner le devant dudict Tours. Quoy faisant, lesdicts ennemis tournerent tout court droict à Lusignan, avec l'artillerie qu'ils avoient amenée d'Angoulesme, jusques aupres de Confolans, qui en quatre jours s'est rendu. Celuy qui estoit dedans, ou M. de Ludes, en pourront rendre raison, ayant esté laissé audict sieur de Ludes trente enseignes de gens de pied des vieilles bandes, et sept compagnies de gensdarmes, pour la garde seulement dudict Lusignan et de Poictiers, sans comprendre les compagnies qui gardoient la riviere de Vienne et Loire jusques à Saumur; et pour ce que ces forces là estoient trop gaillardes pour garder seulement deux places, ains estoient bastantes pour tenir lesdits ennemis serrez dans leurs places, et empescher la recolte, aussi pour, quand l'armée desdicts ennemis seroit passée en la Guienne, ou du costé de la France, se joindre avec les forces du sieur de Montluc, et se mettre en campagne, ainsi que leur avoit esté commandé, à fin d'essayer à reprendre quelques villes de leur conqueste avec l'artillerie qui estoit à Poictiers; ayant toutefois, ledit sieur de Ludes, commandement exprès, mesmes par le sieur d'Arjance qui luy porta la parole, de ne sortir et n'assaillir rien avec l'artillerie, que les ennemis ne fussent esloignez, comme dict est, et qu'ils ne peussent tourner à luy, toutefois Monseigneur entendit, incontinent qu'il estoit devant Nyort, et l'advertit par quatre messagers tout de rang, qu'il eust à prendre garde à soy, et se retirer avec l'artillerie, ce qu'il fit; mais ce fut tard, si qu'il en laissa une partie à Sainct Messan, et l'autre à Lusignan, et partie de ses forces demeurées audict Sainct Messan; le tout comme il sçaura mieux rendre raison, et pourquoy il s'avança tant de sortir, et l'occasion qu'il ne mit plus de gens dans ledict Lusignan. Comme aussi doivent rendre raison, luy et les autres gouverneurs, pourquoy les villes de Poictiers, Limoges, Perigueux, Libourne et Saumur, ne sont fortifiées: chose qui leur a esté commandée par plusieurs et reiterées fois, et envoyé ingenieurs, et commandement d'employer les pais pour cest effect.

» Or, estant Monsieur acheminé pour venir gagner Loches, M. de Guise demanda plusieurs fois congé d'aller à la guerre: chose qui luy fut refusée, mesmes en la presence de M. d'Aumalle, tant pour si peu de gens de cheval français que nous avions, dont l'on ne pouvoit desgarnir le camp, que pour le respect de sa personne, important pour le service du Roy et reputation. Mais enfin M. de Guise persista si instamment, remonstrant que le Roy luy avoit donné charge des chevaux legers, et qu'il falloit qu'il fust indigne de sa charge s'il ne la faisoit executer, de sorte que mondict sieur, à son grand regret, luy accorda son congé pour aller à la guerre entre leur camp et le nostre; et toutefois, la premiere nouvelle qu'eust mondict sieur fut qu'il s'estoit allé jetter dedans Poictiers avec ce qu'il avoit emmené.

» Quoy entendant, lesdits ennemis qui estoient encores à Lusignan, fust pour atrapper ledit sieur de Guise, ou pour attirer ceste armée sans gens d'armes à la bataille pour l'aller secourir, sont venus assieger ledict Poictiers; et estime-on que sa presence y aura servy, combien que M. de Ludes a toujours mandé que l'on s'asseurast de la place sans demander autre secours.

» Voilà comment le tout est passé jusques à ceste heure; mais pource que l'on a entendu que certains imposteurs ou ignorans ont mis en avant qu'il s'estoit perdu des occasions de combattre, par l'opinion de quelques capitaines particuliers, alleguant, d'une part, qu'estant au petit Limoges, si bien les reistres ne voulurent marcher, la cavalerie française, qui pouvoit monter jusques à deux ou trois mil, estoit bastante pour cest effect, avec l'arquebuzerie au passage de la riviere. Premierement, le passage n'estoit point si etroict qu'ils ne passassent cinquante chevaux de front, et y avoit quatre ou cinq gays pres l'un de l'autre; d'autre part, il n'y a capitaine si estourdy ny precipité, qui voulust conseiller, avec trois mil chevaux, en combattre huict ou neuf mil et davantage : ils n'estoient pas pas arquebusiers et sans gens de pied : calomnie ou ignorance trop evidente. Il en a esté autant dict quand les ennemis vindrent à Aysses, et que, faisant soudain passer trois ou quatre mil chevaux, l'on eust peu combatre ce qui paroissoit de l'autre costé : chose où il y avoit quelque aparence pour gens non usitez; mais il faut considerer qu'en gagnant l'on ne pouvoit sinon perdre, et estoit force que la chasse durast jusques à l'armée du duc des Deux Ponts, qui n'estoit qu'à deux lieuës de là ; outre ce qu'il faloit estre adverty à poinct nommé de ce qui estoit derriere, et si ladicte armée y estoit point en bataille; et falloit pour cest effect, pour le droict de la guerre, passer avec toute l'armée. Mais estant ja deux heures apres midy, et point de pont pour les gens de pied ny pour les poudres, il eust esté presque nuict avant que d'avoir passé : et de dire qu'il y ait quelque capitaine particulierement qui ait esté l'occasion de rompre les susdits desseins, il ne s'en trouvera point de particuliers, pour n'y en avoir un seul si lourdaut, qui voulust user d'un conseil si mal advisé et dangereux pour le service du Roy, outre ce que mondict sieur y eust tres bien sceu remedier.

» Reste à parler de la patience et incommodité soufferte, tant des capitaines que des soldats, depuis un an en çà, mesmes par le rude hyver qu'il a fait, avec infinies maladies et mortalité : chose grandement considerable et à loüer, mesmes sans avoir fait les gens de cheval qu'une monstre, et les gens de pied une autre. Bien y a-il eu quelque prest aux gens de pied, qui revient à peu, ainsi qu'on le pourra voir par l'estat cy attaché, par lequel se treuvera les payements avoir manqué des trois parts, de sorte qu'il se peut dire, si jamais armée patit, celle cy doit estre du nombre. Loüange et reputation aux bons et fideles serviteurs du Roy, qui ont toujours tenu coup, qui ne doit estre cachée à l'endroit de Sa Majesté et du public; il s'entend public, la France, Italie, Espagne, et tous autres potentats qui peuvent estre vexez de leurs subjects, et principalement de nostre Sainct Pere le Pape qui a icy M. le comte de Saincte Flour avec partie de ses forces, et celles du roy d'Espagne avec le comte de Mansfeld : tous deux personnages tres dignes, qui se sont treuvez aux conseils de partie de ce qui est cy dessus declaré, non toutefois si souvent que mondict sieur eust voulu. Et suplie Sa Majesté, d'autant que c'est le bien commun, les vouloir admonester d'icy en avant s'y treuver le plus souvent qu'ils pourront. Aussi si sadicte Saincteté et Majesté les revocquent pour quelque affaire, qu'ils en veulent envoyer d'autres, les plus suffisans qu'il leur sera possible, pour assister à cette saincte defence publique. Comme aussi remonstre à Sa Majesté le long temps qu'il y a que plusieurs des vieux capitaines sont continuellement en travail : les uns assez mal sains, autres qui peut-estre [comme chose bien raisonnable] voudroient avoir quelque peu de repos, pour donner ordre à leurs affaires, signamment le sieur de Tavannes, qui craint demeurer court à cause de son indisposition ; qu'il plaise à Sa Majesté le renforcer de quelques chefs de guerre, comme partie des mareschaux de France, et autres qu'il luy plaira adviser, pour assister aux affaires de telle importance qu'elle peut considerer. En outre, qu'elle vueille ordonner que, d'orenavant, les finances viennent à poinct nommé, à fin que la parole qu'il donne sur les estats qui luy sont envoyez se puisse trouver veritable, et son credit et auctorité entretenüe parmy les soldats, et les pouvoir regler, et reduire la police qui jusques icy, à faute de ce, y a esté mauvaise; aussi, pour pouvoir contraindre lesdits soldats, tant de pied que de cheval, à n'abandonner l'armée, qui est le seul moyen pour l'abreviation de la guerre pour laquelle et pour le service de Sa Majesté sa vie ne sera jamais espargnée. »

M. d'Anjou alla trouver le Roy son frere, par le conseil du sieur de Tavannes, et luy rendit compte de sa charge, en une harangue dressée par ledict sieur de Tavannes, où il n'oublie M. de Guise sans forces, sans congé à Poictiers. Le Roy demande les moyens de le secourir ; le sieur de Tavannes met en difficulté d'y opposer une armée rompue et dissipée; cent mil escus ne se doivent hazarder contre un; que les Anglais avoient esté chassés de Guyenne par patience, qu'il en faloit faire ainsi des Huguenots. Le conseil separé sans resolution, la Roy ne r'assemble ses fils importunez du cardinal, les sieurs de Tavannes, de Rets, et de Villequier ; le Roy dit qu'il veut perdre son royaume ou secourir Poictiers.

Le sieur de Tavannes invente le remede par le siege de Chastelleraux, où les principaux chefs huguenots estoient malades; qu'ils les prendroient [portant honte et dommage à l'Admiral] promptement, ou le contraindroient de lever le siege de Poictiers ; ce qu'advenant, il empescheroit M. d'Anjou d'estre combattu, le retireroit, et paroroit de la riviere de Boing, et du marets à Ingrande : aussi tost resolu, aussi tost exécuté. Il assiege Chastelleraux; l'Admiral avoit paty sept semaines devant Poictiers, et fait un pont sur le Clin, qui sert de fossé à la ville. Les assiegez tournent en force la foiblesse des colines de la ville, en font des plateformes, resolus pour les mauvaises murailles defendre la bresche à cheval : force sorties, force assauts aux fauxbourgs, gagnez et repoussez, qui empeschent l'Admiral de conclurre à l'assaut general ; refroidy, est en doute de la prise.

Il sçait, il entend la batterie de Chastelleraux plustost que l'advis du siege, subject qu'il prend honorable pour lever celuy de Poictiers ; il marche, son armée en bataille, droict audict Chastelleraux. Le sieur de Tavannes adverty, et les Italiens repoussez de l'assaut dudict Chastelleraux, à la faveur d'un retranchement treuvé sur la bresche, la poussiere porte nouvelles de l'arrivée de l'Admiral. Le sieur de Tavannes, froidement, sans embarras, avec le fruict de son dessein, retire artillerie, soldats et bagage. Monsieur, croyant les fols, voulut coucher à deux lieuës proche. « Demeurez-y si vous voulez, luy dicte sieur de Tavannes en colere, et je m'en vay avec ceux qui ayment le salut de la France : l'ennemy sera dans deux heures sur vos bras. » Monsieur, fasché du deslogement, le suit, fait marcher l'armée toute la nuict, passe la Creuse au port de Piles, garnit les passages d'arquebusiers et chevaux legers, qui amusent et trompent si bien l'Admiral qui suivoit, qu'il est forcé de loger, au lieu de suivre. L'Admiral suit droict à Selle, assiette remarquée dez long temps du sieur de Tavannes, environnée de riviere, marets et bourg retranché, n'y ayant qu'une estroicte avenuë où s'estoient placez les Catholiques.

L'Admiral treuve plus fin que luy qu'il ne peut forcer au combat; ne pouvant tourner au tour, s'esloigne de six lieuës, passe la Creuze le troisiesme septembre 1569, se rafraichist à Faye la Vineuse; le prince d'Orange se retire avec vingt chevaux en Allemagne. La faillite de Poictiers, maladie et famine, diminuent l'armée et reputation huguenotte. Ce stratageme, la levée du siege de Poictiers, augmente, grossit celle des Catholiques : la chance se tourne; qui fuyoit la bataille la cherche. Les Catholiques approchent trois lieuës les Huguenots, qui deslogent pour n'estre en bonne assiette. L'Admiral s'aperçoit de sa diminution par le courage de ses ennemis, resout de ne combattre qu'advantageusement, se retire vers le bas Poictou, esperant refroidissement et dissipation du courage soudainement pris des Catholiques, composez de noblesse et de volontaires, marche lentement entre opinion de combattre et ne combattre pas. Le sieur de Tavannes, devin ordinaire par son entendement, penetre leur dessein, non seulement ce qu'ils font, mais ce qu'il feroit s'il estoit en leur place, marche sans attendre autre advis, pour leur couper le chemin de leur conqueste où ils vouloient aller.

Les armées ont accroissement, periode et decadence, principalement les françaises, composées de noblesse privilegiée pour avoir eu part aux conquestes des Gaules, avec leurs rois electifs, qui vindrent de Franconie; se sont maintenus à ne pouvoir estre contraints de demeurer au camp plus de trois mois tenus à l'arriereban, excepté par l'ordonnance des estats generaux [maintenant abolis] et des roys inventeurs de la gendarmerie, composée de noblesse contraincte par la solde, le manquement de laquelle, la douceur de la France, la mollesse de leur nourriture, l'hyver et mesaise leur font souhaiter la retraitte. C'est la perte des conquestes des terres sainctes et d'Italie que la fertilité de la France, où l'on veut tousjours retourner. Maintenant la gendarmerie n'est plus payée, qui est un expedient propre à serrer de l'argent en paix, advenant la guerre tres-dangereux, parce que qui n'est entretenu en paix se congedie en guerre de luy-mesme. La paye d'une année qu'ils dependent chez les vivandiers ne les peut obliger ny arrester, considerant qu'au partir du voyage ils ne seront plus payez; c'est pourquoy maintenant l'on entretient les chevaux legers et les paye-t-on en gendarmes, estant une erreur de les qualifier du nom de chevaux legers, puis qu'ils tiennent la place de gendarmes; mais aussi la gendarmerie n'estant payée, et ne se fiant plus d'estre entretenue en temps de paix, s'en iront de l'armée comme les chevaux legers qui n'estoient entretenus faisoient; mais ils sont entretenus en si petit nombre, qu'ils n'empeschent pas dix fois une plus grande quantité qu'eux de prende party dans les guerres civiles, mesmes contre Leurs Majestez. Ceux qui sont semonds par leur devoir et contraincts de l'arriereban de servir deux mois, iceux passez, croyent en avoir trop faict. Les armées rebelles dont les soldats n'ont seurté chez eux, ont advantage sur celles des Roys, lesquels n'osent punir aux guerres civiles ceux qui s'en vont sans congé, en crainte qu'ils ne prennent party contraire.

Vous, generaux, employez vos florissantes armées, ne laissez r'alentir l'ardeur française; prevoyez qu'elle doit estre tost dissipée : et vous, plus foibles, mettez vous sur la defensive, temporizez; tel a dix mil hommes que le lendemain n'en a deux mil, tant est le desbandement d'armée maladie contagieuse; chacun peut tenter la fortune à son tour. Le plus salutaire remede est [quand les roys n'ont à faire à de puissants ennemis] d'employer le tiers des forces des provinces à la fois, à ce que, quand les unes se faschent, les autres retournent; dont il ne peut user contre les empereurs et roys d'Espagne, où l'on a affaire de tout, contre lesquels la France sera trompée en ce desordre et manquement d'entretien de gendarmerie.

Les maximes du danger de desloger en presence, faillent en M. d'Aumalle, parce qu'il ne vouloit combattre, quelque occasion qu'il en eust. Je resolus la varieté de M. le duc de Palme à aller lever le siege de Roüan, luy propose que la Normandie estoit pays d'infanterie, couvert de hayes et levées, qui l'empescheroit de combattre, et luy donneroit moyen [s'il estoit en presence] se retirer de nuict sans perir à cinq lieuës en arriere, et prendre autre assiette plus forte. Il me creut, et chassa le Roy du siege de Roüan, lequel revenu avec de nouvelles forces en presence, le duc de Palme se retire de nuict, parse la Seyne à Codebec, eut l'honneur et profit de son entreprise sans combattre, contre l'opinion du Roy, qui nous mandoit que serions les premiers capitaines du monde si nous nous demeslions sans bataille.

C'est inexpertise ou faute de courage qui empesche d'entreprendre : il y a tousjours moyen d'agir sur les armées qui sont en campagne. Gouverneur de Roüan, j'entrepris, avec douze cents arquebusiers et trois cents chevaux, de deffaire le vieil mareschal de Biron, auquel n'estoit resté que deux mil reistres, deux cents chevaux et quatre canons proche Andely, ayant emmené le Roy le reste à la guerre vers Paris. Ce dessein sans doute reüssissoit, sans que nous et nostre infanterie, allant de nuict par divers chemins pour empescher l'embarras d'une merveilleuse diligence, elle se treuve à front de nous hors du rendez-vous, nous donne l'alarme, et la prent : nos imprudents coureurs chargent sans bien recognoistre, en blessent et tuent, tout se met en confusion. J'arrive, j'y mets ordre, non tel que toute l'infanterie despitée ne m'abandonne et retourne à Roüan. En colere, je poursuis mon entreprise avec la cavalerie ; je donne, avec trois cents chevaux, dans le milieu du logis de mil reistres, y demeure demie heure, croyant qu'il n'y eust personne de logé ; eux qui ne faisoient ny guet ny garde, se contentoient d'estre par centaines dans les logis, montent à cheval dans les cours, sonnent leurs trompettes. Je leur defis cent cinquante hommes, emmenay autant de chevaux : me jugeant foible, je me retire devant quinze cents des leurs qui ne m'oserent enfoncer : sans ce malheur, je defaisois reistres, mareschal, et prenois leur canon. Malheur qui m'avoit suivy trois jours auparavant, que je pouvois gagner tous les bagages de l'armée du Roy, qui pareillement estoit à la guerre ; me contentay de defaire le regiment de Sainct Jean, et en emportay deux enseignes. Les fautes, celle de M. de Montpensier qui m'eschappa, le secours de Chartres, celui de Noyon, conduit jusques à la perfection, qui sembloit infailliblement, ne manquant de diligence, prevoyance et courage, et neantmoins empeschez, me font juger que mes pechez ou mon mauvais ange m'ont vollé grande partie de ma bonne fortune.

Les logis se levent par intelligence, rapport d'espions, ou à l'aventure ; quelquefois par la prise que les inexpers mareschaux de camp donnent sur iceux, pour par paresse et negligence, n'avoir esté sur les lieux, ou avoir trop legerement creu aux paysans, et à ceux qui, pour sauver leurs biens, ne se soucient du peril de l'armée ; quelquefois, par importunité des capitaines mal-contents, pour ausquels plaire et les regagner, le mareschal de camp les loge au large, contre le devoir de la guerre. Tout le logis ne s'estant peu voir, croyent et se fient aux ignorans, aux envieux, et quelquefois aux traistres, et à faute de l'avoir veu ou envoyé voir par experimentez capitaines, au lieu de demie lieuë s'en treuve une toute entiere ; et en change d'une plaine qu'on leur avoit dit, ils treuvent un ruisseau, une rivière, une coline ou montagne, et les troupes sont separées desdits bois et rivieres, fossez et chemins estroits, qui les empeschent de se secourir l'un l'autre, et aller à la place de bataille. Souvent la faute des logis arrive de la desobeyssance des chefs, qui se font loger eux-mesmes sans departement, pour ne sçavoir leur mestier et pour estre au large, se fiant de pouvoir retourner à leur rendez-vous à un besoin : chastiment qui doit estre exemplaire, ne pouvant iceux recevoir commandement, ne sçachant où ils sont logez, et ouvrant chemin aux entreprises, mesmes sur le general de l'armée. Et advient quelquefois ce mauvais logis par une situation si forcée, que le mareschal de camp, pour ne camper point, est contrainct de loger des troupes mal à propos, ou, contre son honneur et devoir, veut favoriser quelques siens parens ou amis, ou par timidité et crainte de querelle, ayant oublié ce mot : « Faisons ce que nous devons, *et crepe qui voglio*, » response du duc de Palme.

L'importance de ceux qui veulent lever des logis est de sçavoir l'assiete et logis des troupes ; celles qui sont advancées ou separées aux flancs, qu'elles les soustiennent ; les chemins et retraictes pour y aller et revenir ; ce qui s'en aprend par intelligence est dangereux ; qui trahit peut tromper à son choix celuy qu'il luy plaist, selon que l'evenement, les bien-faicts, le changement d'opinion, ou crainte l'agitent. Les rapports de divers espions conformes [pourveu qu'ils ne sçachent rien l'un de l'autre] sont plus certains. Les troupes envoyées à la guerre, prenant langue de prisonniers, peuvent apporter quelque seurté d'entreprise, ayant peu voir et juger à l'œil les logis, lesquels bien recogneux, sont plus aysez à defaire lors que les armées marchent, parce que les troupes arrivent tard, sont mal logées, et se fient qu'arrivant à la nuict l'ennemy ne sçaura leurs departements, negligent les gardes : aussi est-il mal-aisé d'y donner ; avant que l'on ait veu loger, advertir, assembler les soldats et marcher, l'occasion seroit passée.

Pour s'en prevaloir, faudroit avoir envoyé des espions de bonne heure, et leur donner un rendez-vous à une heure en nuict, à une lieuë du premier logis de l'armée, là où toute la troupe destinée pour l'entreprise se treuveroit, et non si avancée que la trahison des espions puisse faire entreprendre sur eux ; et faudroit mettre devant quelques-uns pour parler à eux, sans que la grosse troupe se mist en peril. Outre ce, cinq ou six cavaliers peuvent avoir veu loger l'armée, le rapport desquels, conforme aux espions, se peut plus facilement entreprendre. Ces rendez-vous se doivent faire [s'il se peut] sur un flanc de l'armée ; les espions ne peuvent sortir par les testes d'icelles, sans estre rencontrez, et leur faut temps pour se destourner, et ne se doit entreprendre sur la teste de l'armée, où est le meilleur ordre ; les flancs sont plus propres, pourveu qu'on ne se retire proche la teste de l'armée ennemie, où l'on se treuveroit chargé en flanc ou en queuë ; et vaut mieux se retirer hors du chemin de l'armée, et prendre un grand circuit pour n'estre rencontré par les ennemis, qui devinent les chemins de la retraicte.

Aucuns plus hazardeux, sans intelligence ny espions, ayant seulement leurs coureurs veu loger l'armée, en arrivent proches sur la minuict, et par la consideration des feus, grosseur et quantité des villages, sçachant le mestier, cognoissant là où sont les quartiers les plus gros et les plus foibles, où il y a de l'infanterie et de la cavalerie, où ils peuvent facilement donner, jugeant où le mareschal de camp ennemy doit avoir logé les gens de pied et arquebusiers à cheval pour couvrir le logis, font esquiver les uns et donner dans les autres. Ceste façon d'entreprise est fautive ; elle est meilleure quand les armées, par le sejour, ont donné temps d'avoir tout bien recogneu, les bois, les ruisseaux qui les separent, les commoditez des charges ou retraicte. L'heure sembleroit propre de donner dans un quartier à l'entrée de la nuict, ou à une heure de jour, temps que les gardes ne sont posées, ou elles sont levées. L'incommodité est que du premier on voit venir les troupes, et prend-on l'alarme, et du second l'on est contrainct faire sa retraicte de jour avec peril. Ceste heure-là n'est bonne que quand ceux qui entreprennent sont du moins aussi forts que tous les ennemis assemblez ; autrement l'heure la plus commode est de donner à deux heures apres minuict : les gardes sont travaillées, le vin est reposé, la nuict porte crainte et confusion, il y a temps pour se retirer : les troupes, qui montent souvent à cheval par feinte trompent les espions, et les ennemis ayant souvent de semblables advis les negligent.

Les logis d'infanterie sont mal aisez à lever s'ils font garde ; leurs barricades forcées, ils peuvent combattre dans les logis ; il y a peu de gain de les aller chercher dans les armées, d'où ils peuvent estre secourus. Pour lever un logis de cavalerie et infanterie logées ensemble, il est necessaire de sçavoir les avenues des villages, faire donner l'alarme à la plus grande avenue, et, guidé des paysans, entrer par les plus secrettes : que si l'infanterie qui defend les premieres barricades entend leurs ennemis derriere eux, elle quitte leur defence. S'il faut enfoncer determinement une barricade, l'on doit faire donner trente ou quarante hommes devant, pour faire tirer ceux qui la defendent, s'approcher à pied avec les cuiraces et armes de main, et, apres avoir fait tirer de vingt pas cinquante ou soixante coups d'arquebuse et de mousquet, donner la teste baissée, et en mesme temps avoir des arquebusiers qui rafraichissent les premiers. Et ceux qui veulent bien defendre une teste de baricade ou de tranchées, faut qu'ils envoyent au devant de leurs ennemis, et jettent des gens dehors, qui tirent par les flancs ceux qui les assaillent, ausquels il en faut avoir preparé pour y respondre. C'est chose certaine que ceux qui assaillent une baricade, si on ne les envoye rencontrer dehors par quelque troupe pour rallentir leur premiere furie, ont un grand avantage.

La nuict n'a point de honte, c'est le manteau des poltrons, la mere de confusion ; les armes, les soldats s'accrochent, s'embarrassent, tombent ; les mesches s'esteignent, les bruicts, les frayeurs s'accroissent ; elle fait des boiteux, des sourds et des aveugles. Allans à une entreprise, il ne faut mesler les troupes une le plus tard qu'il se peut, à ce que chasque capitaine responde de ses soldats, ny faire donner tous les capitaines ensemble ; l'honneur estant en commun, et le danger en particulier, faict qu'ils ne se soucient de l'evenement, premeditent de se descharger l'un sur l'autre. Pour le plus il ne faut donner qu'un chef ou deux, plustost faire assaillir les troupes l'une apres l'autre ; l'honneur qu'ils esperent, la honte qu'ils craignent, cognoissant que tous sçavent que c'est eux qui conduisent la teste, les empeschent de mal faire : et si c'est une grande resistance, et qu'il faille donner en gros, un maistre de camp aura la mesme crainte de faillir, ayant le commandement seul d'assaillir.

Non seulement faut avoir l'œil, et tenir les espions et paysans [dont le naturel est de mentir et de trahir], mais sur les soldats, qui, outrez de crainte, voudroient l'entreprise rompue, et estre de retour en leur logis, pour aller piller et courre la vache ; crient, font bruict ; monstrent la mesche, mettent le feu en leurs poudres, s'endorment, se desvoyent, coupent les fils, se degoustent, s'alarment l'un l'autre, disent qu'ils sont vendus, que l'entreprise est sceuë, qu'on les mene à la boucherie, qu'ils n'ont rien mangé il y a vingt quatre heures, qu'ils n'ont ny mesche ny poudre. Ces paroles lasches soient reprimées sur le champ à coups d'espées par les capitaines, qui aussi doivent avoir pris garde que leurs soldats ne disent la verité : s'ils sont à jeun, ils n'auront pas bon courage ; si leurs armes ne sont lestes, ils ne feront rien qui vaille; s'ils ne sont reconfortez par paroles de bonne esperance, ils s'aneantissent.

Les logis de cavalerie sont plus faciles à lever : il se faut presupposer de trouver des batteurs d'estrades, les sentinelles redoublées, corps de garde à cheval à l'entrée du village, quelque barriere à la grande avenue, soustenue d'arquebusiers à cheval, que la garde à cheval tiendra ferme, ou sera derriere une muraille ou fossez, pour charger en flanc les premiers, et donner temps aux leurs de monter à cheval et prendre leur place de bataille, par issue secrette, sur le flanc du village. Ceux qui assaillent doivent donner l'alarme à la grande avenue, où est le corps de garde, et, avec le gros, enfoncer par les avenues des flancs, guidez de ceux qui sçavent le pays. Le logis my party apporte confusion, ou bien, suivant les premiers batteurs d'estrade, qui ne s'arrestent sur la parole d'amy aussi tost qu'ils ont tiré, debander trente chevaux après eux, qui arrivent au village en mesme temps que l'alarme, et chargent le corps de garde sans recognoistre, et entrent pesle mesle par les lieux que les ennemis ont reservez pour retraicte, mettant d'abordée confusion dans le quartier. Les entrepreneurs les suivent au trot avec le gros, prenant garde de ne s'embarrasser dans des barrieres et chemins estroits, se mettant hors de moyen de combattre, et donner temps aux ennemis de faire le tour du village, et de venir charger en flanc ou en queüe. Ceste premiere cavalerie, qui s'avance au trot, doit estre flanquée ou secondée d'arquebusiers à cheval, pris dans les regiments, pour [à une resistance d'une barriere] se mettre pied à terre, pour la faire abandonner à quelques arquebusiers à cheval, qui ont accoustumé de defendre les testes de logis de cavalerie qui n'ont point de gens de pied. Le gain du combat consiste en ce gros qui marche en ordre, qui, selon la prosperité des trente chevaux qui ont donné les premiers, les suit, ou, s'ils sont repoussez, partie de ceste grosse troupe donne par le doz de ceste secrette avenue.

Il y doit avoir principalement un ost de reserve, qui jamais n'entre dans le village, pour soustenir les ennemis en cas qu'ils se ralliassent, et pour soustenir le secours qui vient des autres villages, ne se meslant qu'à toute extremité. Et doit prendre garde ce gros de reserve à sa place de bataille, non embarrassée, sur l'un des flancs du village, ou sur l'avenue du secours, tellement que ceux qui levent le logis soient couverts d'eux; c'est ce gros d'où depend la victoire et la seureté de la retraicte.

Ceux qui donnent dans les villages ne doivent mettre que la moitié d'eux pied à terre, avec les arquebusiers à cheval, pour enfoncer les logis : l'autre moitié doit transcourir et marcher en gros par le village, pour rompre ceux qui se rallient, et à cela sert d'avoir promis à tous de faire mettre le butin et prisonniers en commun. A mesme temps sera bon d'envoyer donner l'alarme à un autre quartier, pour empescher les ennemis de penser à se defendre, et partir la cervelle aux autres qui entendent divers bruicts, et ne sçavent auquel aller. Il seroit utile d'avancer six chevaux avec quelques trompettes sur l'avenue du secours : lesquels, sonnant la charge la nuict, hors du chemin du village où l'on a donné, contraignent ceux qui viennent au secours de faire halte pour les envoyer recognoistre, donnant autant de temps à ceux qui levent le logis de se retirer. Il serviroit beaucoup de sçavoir l'ordre qu'a donné le mareschal de camp aux ennemis, si un quartier doit secourir l'autre, ou se mettre deux ensemble, ou s'ils doivent aller à la place de bataille sans venir ayder à leurs compagnons, qui seroit un grand advantage ; et, selon ces advis, l'on employeroit le temps, qui doit estre supputé, en combien l'alarme sera portée, ce qu'il faut aux ennemis pour se resoudre, se mettre en bataille, et venir au secours. Le chef ayant une montre en main, selon la supputation fait sonner la retraicte, ayant adverty les soldats auparavant qu'il abandonnera ceux qui ne se retireront : il vaut mieux en perdre quelques uns que le tout; en l'espace d'une heure que l'on est dans un village, se donne beaucoup de pistoletades et de coups d'espées.

La retraicte est dangereuse ; les blessez, les chargez de butin, ceux qui courent de crainte d'estre abandonnez, et ceux qui de long-temps ont gagné le devant, donnent moyen au capitaine de monstrer prudence et experience, demeurant le dernier avec l'ost de reserve, tournant teste quelquesfois ayant l'ennemy proche, et faut faire retirer à coups d'espées ceux qui, pour faire les vaillans, veulent engager le tout. Que s'il est trop pressé, il n'y a remede ; à la faveur d'un fossé, d'un vallon, d'un bois, ou d'une haye, faut faire une charge aux plus avancez, en se retirant, sans pour cela s'enfoncer dans les gros des ennemis ; autrement les pistoletades tirées dans le doz mettent tout en confusion. Les combats sont dangereux et ennuyeux à ceux qui ont une fois pris la resolution de retraicte, empeschez de butins et de prisonniers : il ne faut laisser tant penetrer l'opinion de retraicte au cœur de ses soldats, qu'elle efface du tout la resolution de combattre : dequoy, en se retirant, il leur faut tousjours parler et monstrer desirer l'ennemy pour luy faire une charge.

Il y a moins d'experimentez capitaines qu'au passé, parce que les armes de feu en tuent cent fois autant que les anciennes; les bons se doivent garder. Je ris d'aucuns roys qui follement publient que les estats donnez aux hommes les font capitaines. Que ne disent-ils qu'aussi tost avoir donné un evesché, une presidenterie, le Sainct-Esprit descend sur l'evesque, sur le president, que l'un parle toutes langues, l'autre sçait toutes loix? Effronterie manifeste, comme si leurs lettres patentes formoient soudainement vaillance, prudence, prevoyance, temperance, experience et diligence. Ceste cire et ce parchemin auroient plus de force que les anges, estant le mestier des armes le plus difficile des autres. Puisque le temps et les armes esteignent les capitaines, le Roy devroit employer ceux qui luy restent, pour escrire exactement ce qu'ils sçavent de la guerre, pour servir de precepte à ses heritiers; enclorre ces memoires dans ses cabinets, à ce que par la longue paix l'aguerriment ne se perdist, et que par iceluy les estrangers n'obtiennent l'advantage par exercice que les Français ont maintenant sur eux. Et si Spinola, de citadin de Genes a esté fait grand capitaine en peu de temps, ce n'est pas grand merveille, ayant disposé de tout l'or des Indes et d'Espagne à sa volonté; que s'il fust esté dans la necessité des guerres civiles de France, il ne fust parvenu à ceste reputation, laquelle dans icelle est à toute heure hazardée par la necessité.

Auparavant que les arquebuses et canons fussent inventez, il estoit plus de capitaines que maintenant, parce qu'ils duroient plus long-temps, dautant que ceux de ce temps ne courent pas seulement si grande fortune, et ne sont en danger de mort lors qu'ils sont dans la meslée du combat avec les ennemis ; mais aussi en allant recognoistre, ou passant pres d'iceux, estans forcez de s'approcher pour juger de la contenance des ennemis, et ce qu'il faut qu'ils facent, plusieurs sont tuez d'arquebusades et canonnades avant qu'ils ayent l'experience necessaire. Les arbalestes et arcs des anciens ne pouvans attaindre si loin, le danger des capitaines n'estoit si grand, et eux se pouvans plus approcher prenoient de meilleures resolutions que ceux qui sont contraincts de juger de plus loin.

Si les roys estoient si genereux, et que leur aage leur peust permettre de ce servir de ceux qu'ils auroient fait enseigner, ou qu'ils previssent une telle generosité à leurs enfans qu'ils fussent tous guerriers, et que, pour desirer la guerre, ils ne craignissent point les guerres intestines de leur royaume, je leur conseillerois, puis que l'on dresse des academies pour apprendre à monter à cheval, joüer du luth, escrimer, qui n'importent qu'à la bienseance et au profit d'un seul, que l'on en dressant qui profitassent generallement à l'Estat, là où s'enseigneroit l'art de la guerre, les moyens d'estre capitaine et general experimenté, semblablement le maniment des affaires d'Estat, et extraire de tant de livres qui en sont escrits les moyens, stratagemes et conseils les plus utiles. Faudroit choisir des plus vieux et experimentez capitaines du royaume, et reduire les enseignements en art, tant pour les principes, progrez, que perfections; ces capitaines auroient des maistres experimentez sous eux pour les soulager. Aux premieres classes se monstreroit l'arithmetique, et en toutes les autres les mathematiques, moyens de mettre des soldats en bataille, les conseils de guerre, stratagemes; et aux dernieres classes des conseils d'Estat. Vray est-il que malaisement il se trouvera gens capables pour enseigner ce que dessus, et ne s'en trouvera pas trois ou quatre en un Estat.

Aussi ne conseillerois-je pas à un roy qui craindroit les guerres civiles, de faire apprendre indifferemment toute sorte de gens ces exercices, et suffiroit qu'il en eslist en son royaume une trentaine en l'aage de seize ans, et pourroient aprendre jusques à vingt ans, pour servir puis apres. Il faudroit que le Roy choisist des gentils-hommes bien naiz et de bon lieu, sans y admettre les princes, ny ceux que l'on craindroit [pour estre de grande parentée] pouvoir remuer, ou tenter à renverser l'Estat. Et faudroit que ces grands capitaines qui les enseigneroient recogneussent la capacité ou incapacité de ceux qui voudroient aprendre, pour ne perdre point temps à enseigner les timides, grossiers et sans jugement, ausquels on pourroit dire qu'ils se retirassent, apres les avoir recogneu incapables de pouvoir apprendre et exercer le mestier de la guerre et conseiller d'Estat; et seroit utile de prendre des races des maisons qui sont illustrées par quelques genereux actes.

De ces escoles sont partis Scipion, qui en vingt et deux ans commanda de general en Espagne, et Cyrus, qui, au partir de l'escole des Perses, defit l'empyre de Crœsus. Ce seroit honneur que les estrangers vinssent chercher les grands capitaines en France pour commander contre les Infideles.

Tant plus d'hommes, tant moins de seurté : si c'est une multitude desobeyssante, elle est inutile et vaincue facilement par les bien ordonnez. Il vaut mieux perdre la moitié de ceux qui font les mal-contents, que leur souffrir gaster le reste par mauvais exemple et impunité. Ou general ou rien, capitaine ou soldat, maistre ou vallet; la crainte de perdre le meschant ne doit empescher la justice. Mieux en vallent cent que mil, les victoires en seront plus glorieuses, les pertes plus excusables; le petit nombre de gens de bien se voit par toutes les histoires avoir vaincu la multitude des meschans, qui sont abandonnez de Dieu et mal ordonnez. Et aujourd'huy, toutes les victoires des Espagnols ne s'obtiennent que par l'obeyssance et bon ordre d'iceux.

Il faut prevenir l'espouvante avant qu'elle arrive, estouffer les bruits, cacher les morts, mespriser les forces ennemies, magnifier les nostres, dire soy-mesme le malheur qui ne se peut celer, l'amoindrir, s'en moquer, et en donner le remede: il se reçoit mieux des soldats venant de l'advis du chef, et n'occupe tant leurs cœurs quand la descouverte vient du general qui sait accommoder ses paroles. Tous ne ressemblent aux soldats de Cesar, lesquels il r'asseura leur disant: « L'on vous trompe publiant Ariovistus fort de cinquante mil combatants, grands et espouventables; ils sont la moitié d'avantage, et plus effroyables, et les veux vaincre avec la moitié de vous. » Admirable façon de r'asseurer les hommes.

Que les femmes facent les femmes, non les capitaines: si la maladie de leurs maris, la minorité de leurs enfans, les contraignent se presenter aux combats, cela est tolerable pour une fois ou deux en la necessité; il leur est plus sceant se mesler des affaires en une bonne ville proche des armées, que d'entrer en icelle, où elles sont injuriées des ennemis et mocquées des amis.

Les theologiens et capitaines qui presument sçavoir la science l'un de l'autre, en disputent ou la veulent exercer, se font mocquer d'eux. Il ne suffit quinze ans à un bon theologien pour apprendre la theologie, la diversité des langues, loix ecclesiastiques, civiles, et histoires. Il faut plus de temps aux capitaines pour apprendre les stratagemes, ruzes de guerre, et commandements necessaires de leur mestier.

Par l'advis du sieur de Tavannes, l'on marche droict pour couper le chemin aux Huguenots de leur conqueste: les deux armées, ne sçachans nouvelles l'une de l'autre, se rencontrent apres avoir fait quatre lieuës. L'Admiral surpris, ne croyant que la prudence du sieur de Tavannes devinast ses resolutions, pense ses conseils revelez, se treuve empestré en plusieurs petites charges que le sieur de Tavannes luy faict faire, se r'asseure à la faveur d'un ruisseau. Les armes front à front, le canon de M. d'Anjou tue plus de trois cents hommes des ennemis, sans estre que peu endommagé du leur. L'Admiral n'osoit guieres advancer pour n'estre forcé à la bataille, ne voulant deplacer de jour; la nuict en donne moyen aux Huguenots, qui, à grande peine, avoient gardé de passer le ruisseau aux Catholiques tout le jour.

Ils se logent à Montconcour; Monsieur faict taster le logis, le treuve fort et paré d'une petite riviere, marche pour passer à la source [chemin coupant la retraicte des princes]; leur conseil party sur le deslogement de nuict, ceux qui contrefaisoient les genereux, ou plustost les fols, emportent l'Admiral à attendre l'aube du jour, pour ne perdre reputation par la retraicte honteuse; il se laisse resoudre à ne fuyr entierement la bataille, et la donner s'il ne pouvoit passer autrement. En ceste deliberation ils vestent des chemises blanches, sont retardez des reistres et lansquenets, qui demandoient de l'argent et refusoient de marcher. Le sieur de Tavannes, qui avoient preveu que s'ils eschapoient ce jour il n'y avoit plus de moyen de les combattre, se voyant proche de l'hyver, fait marcher de grand matin l'armée, se treuve aussitost à la plaine de Montcontour qu'eux. L'armée de M. d'Anjou estoit de huict mil chevaux et de seize mil hommes de pied français, reistres, suisses et italiens, et quinze pieces de canon; celle des Huguenots, de sept mil chevaux et seize mil hommes de pied, unze pieces d'artillerie.

La campagne large, le sieur de Tavannes croit qu'homme pour homme ils seroient plus forts que les ennemis, à cause de la noblesse catholique. Il range les bataillons et escadrons d'un front, celuy des Suisses aucunement advancé, duquel il avoit couvert les flancs d'arquebusiers et chariots, entremesle les nations: sur le flanc droict un regiment de gens de cheval français, un de reistres, et un autre d'Italiens: sur le gauche, deux de cavalerie française, et au milieu un de reistres; fait un ost de reserve conduict par M. de Cossé, qu'il met derriere les Suisses, l'artillerie advancée sur les deux coings, proche laquelle estoit l'infanterie, l'aisle droicte en forme d'avant-garde, conduicte par M. de Montpensier, la gauche, qui estoit la bataille, par Monsieur. L'armée des Huguenots estoit de mesme estenduë, les lansquenets et les arquebusiers au milieu; l'Admiral conduisoit l'advantgarde sur le flanc droict, et le comte Ludovic commandoit à la bataille au flanc gauche; proches, l'œil voyant ce que la pensée a seulement conceu, il luy fait recommencer sa deliberation, et diminue souvent du premier courage. Monsieur, sur un tertre, accompagné de ses capitaines, voyant la bonne mine des ennemis, mettoit en doute et en nouvelle deliberation le combat.

Le sieur de Tavannes, cognoissant que, faisant halte, l'armée huguenotte à leur vue tireroit droit à Ervaux pour passer la riviere, dit : « Il n'est plus temps de deliberer, mais de combattre. » La bataille resoluë, demande à Monsieur un cheval d'Espagne, va recognoistre les ennemis, les approche, considere l'ordre de leur marcher, leur asseurance, les juge en peur parce qu'aucuns escadrons ne marchoient en gros uniment et laissoient des intervalles au milieu d'eux, et que les piques des lansquenets se battoient avec plus de contenance de confusion que d'asseurance, pour la haste qu'ils avoient de passer. Soit qu'il le cogneust ainsi, ou qu'il le feignist, il revint avec ceste remarquable et valeureuse parole : « Monsieur, avec l'ayde de Dieu ils sont à vous, je les ay recogneuz estonnez ; je ne porteray jamais armes si vous ne les combattez et vainquez aujourd'huy, marchons au nom de Dieu. » Parole qui fut receüe pour mot de la bataille, et sembloit que le seul corps du sieur de Tavannes mouvoit les escadrons et bataillons comme ses membres, craignant que les Huguenots n'esquivassent le combat.

Il tire l'armée plus à gauche, pour barrer le chemin d'Ervaux. Estans proches, tous les escadrons et bataillons s'arrestent d'eux-mesmes. Monsieur demande au sieur de Tavannes quand il faudra aller à la charge. Il respond que c'estoit trop temporisé, et que l'artillerie endommageroit les escadrons. Le souvenir du traict de M. de Guise, qui, faisant halte à Dreux, avoit fait combattre et perdre M. le connestable devant luy, pour apres avoir l'honneur et le fruict de la victoire, estoit cause que c'estoit à qui marcheroit le premier, ou M. de Montpensier qui conduisoit l'avant-garde, ou M. d'Anjou avec la bataille ; lequel le sieur de Tavannes ne voulant laisser attraper comme mondit sieur le connestable, fit faire halte à Monsieur avant que d'estre aux canonnades, envoyé par quatre fois commander à M. de Montpensier, conducteur de l'avant-garde, d'aller à la charge, qui autant de fois le refuse. Le sieur de Tavannes luy monstre estre plus fin que luy, dit tout haut à Monsieur : « Marchons, puisqu'il faut que vous serviez d'avant-garde ; » ce que voyant, M. de Montpensier marche, commence d'aller au combat.

Le sieur de Tavannes, voyant qu'il ne s'en peut plus desdire, avance jusques à un vallon, là où il se met à couvert des canonnades : la bataille s'y arreste pour donner temps à l'avant-garde de charger la premiere ; laquelle advancée ne peut plus faire halte, le canon ennemy donnant parmy eux, est contraincte de boire le calice : estant composée de quantité de noblesse, charge la bataille des Huguenots qui se treuva devant eux, et qui estoit composée la pluspart de bourgeois et des moindres reistres, ayant l'Admiral retiré le comte Ludovic et tout le bon, proche de luy à l'avant-garde, imprudemment, à l'instant du combat, et ayant laissé la bataille sans chef. Luy, qui menoit l'avant-garde, se treuve à l'opposite de la bataille des Catholiques ; ils demeurent ferme un temps l'un devant l'autre : ce que le sieur de Tavannes faisoit pour donner temps à l'avant-garde catholique de defaire la bataille huguenotte qui estoit foible ; ce que les deux parts virent advenir avant que la bataille des Catholiques et l'avant-garde des Huguenots se joignissent ; ce qui encouragea les uns et decouragea les autres. Et estans les escadrons passez les uns parmy les autres ; en fortune quasi egale, il y eut quelque desordre à cause du cheval de monsieur qui tomba, et fut relevé par le sieur marquis de Villars.

Le sieur de Tavannes envoye deux et trois fois haster les Suisses, qui, contre son ordre, et pour faire aller l'avant-garde à la charge, la bataille avoit esté contrainte de les laisser derriere. M. l'Admiral, considerant la defaicte de son avant-garde, qui estoit sa premiere faute d'avoir laissé charger les plus foibles aux plus forts, sans combattre tous ensemble, fait une seconde faute, faisant retirer MM. les princes de Navarre et de Condé trop tost ou trop tard, parce que sous ceste couverture il se retira plus de cinq cents chevaux avec eux sans combattre, outre la defaveur aux siens, qui croyoient que ce fust une fuitte entiere. En mesme temps les Huguenots de l'avant-garde, conduicte par l'Admiral, viennent à la charge à la bataille, passent aux travers les uns des autres, esbranlent fort l'escadron de M. d'Anjou et se rallient ; ce que considerant, le sieur de Tavannes envoye encore deux ou trois fois haster les Suisses ; cependant pour gagner temps mene à la charge un autre escadron de cavalerie française, lequel de soymesme fait halte à vingt pas d'un escadron ennemy, et à force de coups d'espées que ledict sieur de Tavannes donne sur le casque d'un enseigne, il les fait charger, et passant les uns parmy les autres, tous les escadrons français, reistres et italiens estoient fort rompus ; et luy, treuvant un escadron d'Huguenots entier, un de ses gens dit : « Monsieur, il faudroit charger ceux-cy. » N'estant que luy quatriesme passé au travers de la charge, il se prit à rire et respondit : « Sera donques toy et moy qui les chargerons, car nous ne sommes pas davantage ensemble. »

De tous costez se faisoient des ralliements au partir des charges, et le sieur de Tavannes, considerant ces ralliements necessaires proche des Suisses qui venoient quasi au trot, les approche, les haste, les ordonne. Et voicy la troisieme faute de l'Admiral : un gros escadron de reistres, de quinze cents chevaux, qui n'avoient point combattu, assistez de plusieurs ralliez, jugent la victoire estre en la defaicte des Suisses, marchent pour charger leur bataillon par flanc, les treuvent couverts de chariots ordonnez par la prevoyance du sieur de Tavannes, sont contraincts couler au long, recevant trois mil arquebusades de l'infanterie françaoise, placée entre les chariots et les Suisses, au bout desquels ils montrent le flanc, en faisant leur limaçon accoustumé, au maréchal de Cossé ayant son escadron qui n'avoit point combattu, lequel les charge à propos, les emporte. Ce gros de quinze cents chevaux s'enfuyant, et l'avant-garde des Catholiques ayant l'advantage sur la bataille huguenotte, tout ce qui estoit espars en la plaine de l'avant-garde de l'Admiral, qui avoit esté rudement chargé, se joinct, se retire en gros vers le reste de la cavalerie huguenotte, et ne se fait plus qu'un gros de quatre mil chevaux qui se retirent en ordre, abandonnent leurs lansquenets, sur lesquels la cavalerie catholique passe; les Suisses les achevent, et est defaicte toute l'infanterie de l'Admiral.

Cest ost de quatre mil chevaux ne peut estre enfoncé par ceux qui suivoient la victoire en petit nombre; les escadrons qui les soustenoient, ne pouvant aller si viste, estoient contraints de faire halte quand leurs ennemis tournoient et faisoient teste : l'Admiral avoit pris le devant, à cause d'une blessure qu'il eut au visage.

Ceste victoire n'est suivie que deux lieuës. Le colonel Grand-Villiers, du comté de Ferrette, commandant à dix mil lansquenets pour les Huguenots, estoit cousin issu de germain du sieur de Tavannes, qui, le lendemain de la bataille, le cherche pour le faire enterrer. Il ne peut estre recogneu, non plus que le marquis de Bades, qui avoit aussi esté tué. Les princes et le reste de l'armée huguenotte se sauvent par delà la Charente, Chastelleraux, Nyort, Fontenay, Sainct-Maixant, Partenay et Lusignan, suyvent la fortune des victorieux, qui, enyvrez de leur bonheur, tombent en differents advis : les uns d'attaquer les places; le sieur de Tavannes opinoit au contraire de suivre l'Admiral et ses reistres partoute la France les rendre dans une place et les assieger; qu'en ceste poursuitte les reistres capituleroient, renouant les pratiques qu'il avoit faictes parmy eux devant la bataille.

Plusieurs contrarient son advis, qui estoit gain de cause : ceux de Montmorancy, qui n'eussent desiré la victoire de l'Admiral ny sa ruïne; autres ne vouloient la reputation entiere de M. d'Anjou, craignant que les capitaines pres de luy vinssent plus en faveur qu'ils n'estoient proche du Roy. Le cardinal de Lorraine, de ceste mésme inclination, voyant par ceste grande reputation ses nepveux exclus du commandement, le comte de Rets, favory du Roy et de la Royne, souffle à Sa Majesté que la reputation de son frere luy doit estre suspecte, qu'il ne luy devoit permettre d'achever la ruïne des Huguenots, et se la reserver; ce qu'il persuadoit pour son interest, croyant devenir aussi tost capitaine qu'il estoit devenu favory.

Le Roy mande à son frere qu'il tienne ferme, qu'il alloit à l'armée. Le sieur de Tavannes debat le contraire, pensant vaincre par les raisons de guerre, ne prenant garde que celles de l'estat du Roy les emporteroient; Sa Majesté eust mieux aymé les Huguenots à naistre que la victoire entiere à son frere. Le sieur de Tavannes, contrarié et offencé, demande congé, obtint de Monsieur d'aller vers le Roy. Toute la France recognoissoit que ce qui estoit passé estoit par sa seule prudence et conduite, n'ayant M. d'Anjou experience que ce que l'aage de vingt ans lui en pouvoit permettre. Les batailles de Jarnac, de Montcontour, levée du siege de Poictiers, estoient attribuées sans difficulté audict sieur de Tavannes. Monsieur avoit fait porter toutes les enseignes et cornettes conquises en son logis, luy ordonnant de les envoyer au Roy, ce qu'il fit par Vedignac, enseigne de sa compagnie. Il arriva tost apres vers Sa Majesté, se souvenant tousjours de son opinion rejettée; prevoyant l'advenir, recherche le moyen d'avoir son congé, feint d'estre davantage cassé du travail des deux ans qu'il avoit esté continuellement à la guerre, demeure en son logis. Le Roy et la Royne le vont voir, le pressent de les accompagner au siege de Sainct Jean d'Angely. Il dit que ce n'estoit à luy à respondre, que Sa Majesté, qui avoit tout pouvoir sur luy, considerast s'il estoit de fer plus que les autres, et que malade, s'il luy permettoit de s'aller guerir, il s'en pouvoit servir deux fois : autrement, que sa maladie augmentant le rendroit inutile ; qu'il feroit ce qu'il luy commanderoit. Le Roy ne l'ose davantage presser :

22.

à cela ayde le rapport des medecins, qui, voyant son urine rouge, qu'il faisoit de long temps ainsi, le jugent plus malade qu'il ne disoit : il obtint son congé.

Le mesme jour la Royne luy mande que Movert, soldat de Mouhy, huguenot, l'avoit tué, et s'estoit venu rendre. Il respond : « Cela merite la corde, » que si telles gens se reçoivent, nuls capitaines de leurs serviteurs, ny Leurs Majestez mesmes, ne seroient en seureté. Il passe à Paris où sa reputation le precede, reçoit des citoyens tout l'honneur accoustumé à faire au sauveur de la France, avec present d'un vaze et d'un bassin aux armes de la ville, non jamais donné qu'aux tres-signalez capitaines et princes victorieux. Il s'en retourne chez luy, chargé d'honneur et de gloire, et ce d'autant plus que le Roy, Monsieur, et son armée, demeurant comme corps sans teste, n'ayant creu son conseil, ne font rien qui vaille, assiegent Sainct Jean d'Angely, perdent deux mois de temps : M. de Martigues et plusieurs capitaines tuez ruinent leurs armées, donnant loisir à l'Admiral de se r'asseurer, lequel juge ne pouvoir subsister dans les villes avec les reistres en danger d'estre pratiquez, leur promet et tient argent et conduite; va joindre en Gascogne Montgommery victorieux de Terrides, riche de ses despouilles employées au payement des reistres. Tous passent la Dordonne, arrivent en Quercy au temps que Nysmes fut pris pour eux par un treillys (1), et Vezelet failly par Sansac qui leve le siege. La prise de Sainct Jean d'Angely n'esmeut tant à la continuation de la guerre que la ruïne de l'armée, advenuë en ce siege, fit desirer la paix, aydée des contrarietez naissantes entre le Roy et son frere, qui se retirent à Paris, couvrans leur emulation, que les Huguenots rompus n'estoient plus que gibier des gouverneurs des païs, lesquels ils fortifient d'hommes.

[1570] Les Français, accoustumez d'obeyr au frere du Roy, ne suivent les gouverneurs, qui, par negligence et mal-entendu, donnent passage à l'Admiral en Languedoc et aux Savennes, et entre en Bourgongne. Le sieur de Tavannes estoit allé treuver le Roy par son commandement, qui disoit que sans luy tout son conseil ne faisoit rien qui vaille. Il le treuva à Argenton ; Sa Majesté luy demande s'il avoit veu son frere ; il entend que c'est à dire, replique qu'il ne faisoit la reverence à personne premier qu'à son maistre. Ceste responce pleut à Sa Majesté qui le mene chez la Royne, où il luy dit qu'il n'y avoit plus à la cour que les filles de son temps, parce qu'elles estoient mariées tard. Le sieur de Tavannes conseille la guerre ouverte, le Roy pour chef, ou, s'il ne vouloit employer son frere, qu'il employast le prince Dauphin (2), qui estoit sans dessein pour ruïner les Huguenots. Ceux qui proposent mauvais conseil à Leurs Majestez par temps et artifices gagnent la Cour, inclinent à la paix ; les malheurs survenus aux conducteurs des petites armées les y precipitent. Le mareschal de Cossé, avec une petite armée, s'oppose aux Huguenots à Arnay-le Duc, pert deux cens Catholiques ; l'avantage en demeure à l'Admiral qui s'en prevaut, se retire à La Charité, promettant paix et argent à ses reistres.

La trefve est en d'aucunes provinces : en Poictou, Puisgaillard, pour estre venu de loing chercher combat, se travaille et s'harasse ; La Noüe feint de fuyr devant luy, s'embusque en bataille dans un vallon, reçoit Puisgaillard desordonné ; pensant suivre une victoire, treuve une honte. Il avoit laissé son infanterie derriere; il est renversé sur eux, leur porte peur et fuit ensemble, sont defaicts en perte de trois mil hommes de pied et deux cents cinquante chevaux. Sur le point de la paix, ceste aigre nouvelle, portée au conseil, les attriste. Le sieur de Tavannes, qui oyoit un peu dur, demande qu'est-ce ? On luy dict : « C'est Puisgaillard qui est defaict. — Ho, ho, respond-il, cela n'est pas trop gaillard. » Ce mot receu en risée de Leurs Majestez en mespris de ceste perte, sortent du conseil riant, à l'estonnement des deputez huguenots qui estoient à la porte attendans la paix. L'Admiral se faschoit de la peine [que nul ne sçait sans espreuve] de faire la guerre contre le Roy, desiroit la paix : ces petites bastonnades la firent faire. La Rochelle, Montauban, Coignac et La Charité, donnez pour deux ans pour seurté des Huguenots, les reistres payez et renvoyez, l'Admiral et les princes se retirent à La Rochelle, resolus de ne se fier plus qu'à propos.

Pendant ces troubles de France, le duc d'Albe en Flandres, s'estans les comtes d'Aiguemont et d'Ornes (3) fiez sur de belles paroles, sont pris et decapitez. Le prince d'Orange, comte Ludovic et autres, ne s'estant voulu fier, levent des troupes en Allemagne, entrent au Païs Bas. Le duc d'Albe, qui s'y estoit affermy, ayant basty les citadelles d'Anvers et de Gand, par sa prudente conduite les chasse hors du païs, les contrainct d'entrer en France. Le prince d'Orange se joint avec le duc des Deux Ponts, et furent

(1) Machine de guerre.
(2) Le prince Dauphin étoit le fils du duc de Montpensier.
(3) Les comtes d'Egmont et de Horn périrent sur l'échafaud le 15 juin 1568.

une partie des reistres qui allerent à Montcontour se faire defaire. La royne d'Angleterre, ennemie des Espagnols, de contraire religion, desire empescher et s'opposer à la grandeur d'iceux, de qui leur guerre estoit sa paix; estant entrée en ligue avec tous les Huguenots d'Allemagne, France et Flandres, espere de se maintenir par le malheur d'autruy, favorise les rebelles de Flandres, comme elle avoit fait ceux de France; par son moyen plusieurs villes sont surprinses. En l'année 1569, la royne d'Angleterre qui avoit arresté celle d'Escosse prisonniere, l'accuse de conjuration avec le duc de Norfolck, le fait condamner par une vieille loy d'Angleterre qui defend d'espouser aucune princesse sans le congé du Roy : elle cherche les moyens de faire mourir la royne d'Escosse prisonniere, pour atterrer les souslevemens de ses subjets malcontens, et autres mouvemens qui se faisoient en Escosse pour la religion catholique, favorisant aux gouvernemens les plus grands qui estoient huguenots, entre les mains desquels estoit le jeune roy d'Escosse ; et le regent Jacques Stuard ayant esté tué par David, elle favorise le comte de Chastelleraux, qu'elle avoit tant hay, pource qu'il estoit le plus fort. En ceste mesme année, Selim veut faire une tranchée entre les rivieres de Tanahïs et la Boristene, pour faire aller les marchandises; remontans et descendans par ces rivieres, des Pallus Meotides en la mer Oceanne. Le Moscovite, craignant que cela luy prejudiciast, empesche l'ouvrage. Selim, jugeant que sans intelligence du Persan il n'eust osé empescher sa volonté, declare la guerre au Perse.

Ceux qui choisissent les belles assietes n'en laissent volontiers de semblables proche d'icelles; les sages regardent que rien ne commande dans leur camp. Les armées fortifiées l'une proche de l'autre, celle qui pour plus de courage et d'hommes a envie de combattre, sans se precipiter aux rampars de ses ennemis, peut remuer son camp de jour à autre, pour gagner le derrier desdits ennemis, et leur couper les vivres; estant à croire qu'ils se seroient campez aux lieux plus commodes pour en avoir, et à ce qu'eux voyant ce dessein ne deslogent de nuict. En ceste circulation ils ne se doivent abandonner de plus de la portée du canon, sans aussi les approcher si pres qu'ils puissent combattre à la faveur de leur fort, qu'ils soient contraincts d'en sortir s'ils veullent venir à la bataille. Pareillement campez et fortifiez proches, il se peut tirer des tranchées ou aisles de costé et d'autre, faisant de deux cens pas en deux cens pas un fort : ou les ennemis sortiront pour les attaquer, et en ce cas seront hors de leur advantage, ou bien ils se souffriront enclorre avec des forts qui esclaireront toutes leurs actions, et les incommoderont de vivres, s'ils donnent le temps, sans se lever en presence. Il se peut faire en un de ces forts un cavalier, avec des fascines et terre, pour loger des pieces et battre dans leur camp.

Ceux qui sont forts d'infanterie et veulent plus presser, doivent approcher leur rempart à la portée des arquebuzades de celuy des ennemis, pourveu qu'ils se couvrent en une nuict ; et lors il seroit malaisé de s'en dedire. Et estant si proche, se pourroit mettre des canons en batterie pour battre la courtine et les flancs du camp desdits ennemis, ainsi qu'il s'est veu quelquefois battre la courtine d'une grande ville, sans empeschement des grandes forces qui estoient dedans; et pour peu que les coulevrines fussent haussées, ils battroient en courtine et verroient dans les ennemis. Ces remparts de fascines nouvellement faictes, six canons y pourroient faire de grandes bresches et esplanades ; et faudroit que l'armée demeurast en bataille, les piques baissées, tant que la batterie dureroit, et selon l'estonnement des ennemis, ou le mepris et peu de courage d'iceux, assaillir le camp. Et au contraire, si le bon ordre et la bonne mine met en doute l'attaquement dans le rempart, il se faudroit pour ce jour contenter de la braverie; il vaudroit mieux tenter ce moyen qu'inconsiderement assaillir un rempart fossoyé et flanqué, ainsi qu'il se fit à La Bicoque, à nostre prejudice. Cecy est dit, non qu'il y ait grande apparence que telle chose advienne, n'estant les guerriers du jourd'huy tels que les anciens, et l'aguerriment changé par les armes de feu, qui ne souffrent ces proximitez. Ceux qui desireroient venir promptement aux mains, treuvant une armée fortifiée de chariots, peuvent conduire des pieces, qui [pour estre bien attelées] ne peuvent estre engagées ; et apres avoir tiré plusieus vollées dans un des coings, pourroient y faire donner des escadrons de cavalerie flanquez de bataillons d'infanterie, pour [en escornant] tenter l'evenement, sans engager les deux tiers de leur armée, qu'il faudroit en tenir esloignez, et qui, à temps, pourroient attaquer un autre costé sans desordre, et, selon l'evenement ou jugement, s'avancer ou se retirer.

Le jugement de la terreur, espouvante, courage et cœur des ennemis, fait et a fait des miracles en ces derniers temps. Tel n'estoit vaillant que par artifice et à moitié, qui le paroissoit entierement pour la grande cognoissance, remarque et observation des irresolutions, confusions et volonté de retraicte de leurs contraires, ce qu'il consideroit par l'advis qu'il avoit de leurs desseins, valeur et intention de leur chef. Plusieurs font bonne mine jusques à dix pas des coups : c'est ce que les anciens vouloient signifier, disans que l'on les cognoistroit aux lances baisser. A ces gens de bonne mine et mauvais jeu, desquels on se veut esclaircir, les attaquements, les chaudes escarmouches soustenues et rafraichies avec quelque gros, tant par la cavalerie que par l'infanterie, retenant tousjours le moyen de se retirer à la place choisie du combat, aydent beaucoup à recognoistre quelle est la resolution des ennemis.

Les arquebuziers à cheval vallons, montez à l'advantage, sont fort propres, lesquels sont asseurez soldats, qui vont tirer proche des ennemis, se reculent et se retirent au galop, et le font tellement à temps et par troupes, qu'il faut que la cavalerie ennemie [si elle n'est assistée d'arquebuzerie] se retire ou s'avance, pour eviter ou renverser la charge dont sortent ces mousches qui les piquent. Les jours veuz dans les escadrons et bataillons, partie des chevaux tournans le flanc, puis la teste çà et là, s'avançans inegalement plustost l'un que l'autre, coucourant trop soudainement à l'entour comme bien empeschez ; les escadrons se mouvants à contre temps, les bruits du combat differents, non prononcez unanimement en paroles courtes ; la multitude semblable à celle d'une populace, estans les tons differents de confusion et d'ordre; la poussiere qui ne s'esmeut en l'air en tourbillons, et au contraire s'espanche ; la contenance des valets et bagage, qui s'enfuyent ou se retirent par le commandement de leur chef, semblablement, quand les piques des gens de pied se battent et se croizent, et se voit des jours et places vuides en quelques endroits, le bagage non bien demeslé de parmy eux, allans à deux cœurs de costé et d'autre, comme irresolus ; et quand aux moindres affaires ils crient : « Cavalerie, cavalerie ; » tout cela tesmoigne l'espouvante et l'irresolution. Au contraire, la fermeté, l'unité, le parler, le taire, l'arrest, le mouvement esgal, à mesme temps, tourner d'un mesme vouloir, d'un mesme commandement, semblables aux grandes machines meñes par un seul ressort avec peu de bruict, sinon ceux du combat hardiment prononcez, denote resolution et conduicte.

La poudre qui se voit en l'air est differemment esmeüe par la cavalerie ou bestail : l'une se leve en gros soudainement redoublez ; l'autre s'espand et dilate, plus blanche, et avec moins d'espaisseur que celle de la cavalerie qui monte en tourbillon. Les corneilles, les pyes, pyroüetans et croaçans ; le bestail se retirant de costé et d'autre ; l'haleine, fumée de la sueur des chevaux, principalement en hyver, ou au matin, paroissent de loing, quoy que couverts de bois. Ceux qui, esloignez du bruict des leurs, mettent l'oreille contre terre, ayant bonne ouïe, au temps de gelée ou de secheresse, entendent de fort loing, et principalement de nuict, l'hannissement et la bature des pieds des chevaux : il faut escarter à droit ou à gauche plusieurs hommes, pour voir et entendre sur les colines et vallées ; les cavins, les vallons, les rivieres portent le son : la senteur des mesches, de la poudre, et mesmes le sentiment des hommes et chevaux [dont nature a donné plus aux uns qu'aux autres] sert. Les laquais, les garçons de pied, les chiens avancez fort loin devant, descouvrent souvent les embuscades ; il ne faut mespriser des petits moyens, pour apprendre l'intention de ses ennemis, et surtout se garder des paysans et femmes envoyez par iceux, qui asseurent n'avoir veu personne en campagne.

En l'année 1570, trespassa Claude de Saulx, seigneur de Ventoux, parvenu de grade en grade, de soldat capitaine d'arquebusiers à cheval au camp d'Amiens, despuis lieutenant de gensdarmes, gouverneur de Beaune, et apres lieutenant de Roy en Bourgongne, en l'absence du sieur de Tavannes, auquel il servit et aida à conserver la province contre les rebelles Huguenots, au commencement des troubles, et, en son absence, assista tres utilement M. de Nevers à reprendre Mascon, que les Huguenots avoient surpris une autre fois, depuis qu'ils en avoient esté chassez par le sieur de Tavannes. Et se trouvant seul commandant en Bourgongne lors que l'armée des reistres conduicts par le duc des Deux Ponts passa, conserva non seulement les grandes villes, mais les moindres, ausquelles il se jetta à la teste de l'armée huguenotte, que les sieurs d'Aumalle et de Nemours suivoient en queüe. En fin accablé des maladies suscitées par le faix des armes, mourut jeune et avant temps, suivit le chemin de son frere aisné, le sieur de Torpes, gouverneur d'Auxonne, mort une année auparavant : gens vaillants, et qui laisserent des enfants de mesme estoffe, dont l'un [qui estoit guidon de ma compagnie] eust flory et se fust signalé, si le trop de valeur n'eust precipité sa vie en querelles, qu'il devoit avoir reservée pour sa patrie.

Les places foibles, batuës, assaillies, qui ne sont emportées en trois jours, durent six sepmaines ; les mediocres non emportées en six sepmaines, ayant resisté aux assauts, peuvent durer long-temps : les foibles s'attaquent sans tranchées, les mediocres contraignent d'en faire, les fortes se prenent pied à pied. Les assauts soustenus encouragent; apres iceux, l'assiegeant peut cognoistre ce qui reüssira de l'entreprise, continuë ou leve son siege, selon la necessité des affaires : il vaut mieux quitter les ennemis que se perdre pour trop d'envie de les vaincre. Les capitaines advisez ne resolvent volontiers l'assaut general s'ils ne battent en courtine ; plus il s'envoye de soldats à l'assaut, plus de confusion; par petites troupes se loger sur les bresches est plus utile, pourveu qu'ils soient soustenus de pres.

La retraicte de nuict ne se doit mettre en difficulté quand on craint estre defaict au poinct du jour. C'est prendre l'espouvante, c'est perdre reputation de s'en aller de nuict : qui a le profit de la guerre en a l'honneur. Tel brave en conseil, qui s'enfuit à l'effect; tel donne advis, qui se mocque de ce qu'on l'a suyvi. Si les Catholiques ne se fussent retirez par l'obscurité apres le siege de Chastelleraux, ils n'eussent esté victorieux à Montcontour. Si les Huguenots eussent marché de nuict audict Montcontour, ils n'y eussent esté rompus le lendemain, ny Strosse en Italie vaincu par le marquis de Marignan. Le duc de Palme, des plus grands capitaines de nostre temps, se retira heureusement du champ de bataille qu'il tenoit à la portée du canon du roy Henry IV, de nuict, et se trouva apres à une assiette si forte au pres de Codebec, que Sa Majesté ne luy peut rien faire. Et sans vanterie, je diray que si je n'eusse asseuré ledict duc qu'approchant de Roüan où j'avois commandé il se trouvoit des assiettes fortes, de quatre en quatre lieuës, qu'il pouvoit prendre à la faveur de la nuict et s'empescher de combattre, il n'eust avancé si avant pour lever ledict siege qu'il fit.

Entremesler les auxiliaires parmy les siens contre les monopoles est necessaire : les Suisses, lansquenets et Italiens, sont mis en mesme corps de bataillon par les sages Espagnols avec leur nation. Ceste diversité ne se mutine en mesme temps, ne demande argent en mesme langue, ne refusent le combat tous ensemble : les affectionnez, les vaillans, tirent les autres apres eux, par exemple et par emulation. Les Romains separoient les auxiliaires; leur nombre, leur vaillance les excedant, ils ne leur pouvoient nuire, leur commandant comme à leurs esclaves non experimentez. C'est prudence d'opposer les forts aux foibles en bataille, pourveu que les foibles de sa part ne soient contraincts combattre avant la defaicte des moindres des ennemis, laquelle advenant descourage les contraires; le premier bon-heur d'un combat donne grand advantage. Et souvent ceste ruse s'est faicte d'amuser les plus forts des ennemis, leur mettant à l'opposite des foibles fort esloignez, cependant que les plus forts de leurs contraires advancez obtenoient la victoire sur les foibles de leurs ennemis.

Les passions, prieres, larmes, ny les presents, ne doivent esmouvoir les generaux d'armées, lesquels, à l'exemple du serpent, se doivent boucher l'oreille pour n'estre charmez, et [comme hommes] les ouvrir à temps pour n'opiniastrer contre la raison ; autrement ils sont soudainement chastiez : et pour vouloir exempter un logis par prieres ou argent presenté, ils ouvrent une porte pour endommager ou defaire leur armée, à faute d'estre logez en gens de guerre ; les evenements mauvais ne doivent faire regretter les sages conseils, qui pour lors ne se pouvoient ny se devoient donner autres; tellement que reprochez, ceux qui les ont donné disent ne s'en repentir, d'autant que l'estat des affaires de lors le requeroit, non qu'ils fussent obligez d'en garantir l'imprudence ou malheur des evenements fortuits.

Il est difficile de garder un passage aisé à forcer, contre ceux qui veulent combattre : une armée perdant ce qu'elle garde perd autant de courage. Les Lutheriens contre l'empereur en Allemagne, la defaicte des Français par Consalve, celle de l'Autrec, pres Milan, sont advenuës pour vouloir garder les passages des fossez ou rivieres. Je regretteray tousjours que, lors que je chassay Les Diguieres de devant Tallard et que je l'envitaillis, que luy, paroissant en gros sur le bord de la riviere de la Durance avec toutes ses forces, le jour devant que je ne la passis, sans doute il n'eust point rendu le combat. Le lendemain que je traversis la riviere, ils se tindrent si loing du bord, qu'ils eurent moyen de se retirer quand mes coureurs furent aux pistoletades avec eux.

Faut aprendre aux coureurs de ne remplir de doute, ny refroidir les premieres ardeurs des troupes par ces mots : « Les voici, ils desirent la charge, viennent à vous en bon ordre. » Le sage capitaine respond : « Si nous marchons, ils ne viennent plustost à nous que nous à eux. » L'advisé coureur, forcé de parler devant les troupes, couvre le courage des ennemis, disant: « Ils viennent passer pres de nous pour se retirer ; ils sont contraincts de couvrir leur peur de bonne mine et de combattre, pource qu'ils ne s'en peuvent aller. » A la chasse, en se promenant, en marchant, les capitaines peuvent recognoistre les bonnes ou mauvaises assiettes des armées, lieux eslevez, passages flanquez de bois, barrez de riviere, advenues faciles et difficiles à retrancher, d'où viendroient les vivres, et comme quoy ils peuvent estre empeschez, pour s'en prevaloir à la necessité, et se figurer des exemples pour s'en servir de semblables au besoin.

Les entreprises descouvertes sont faillies, honteuses et dangereuses, les partements sceuz fort perilleux : le secret ny la voix prononcée ne se peut retenir, et volle de l'un à l'autre, l'amy à un autre amy qui le dit au troisieme : la recommandation de se taire donne plus de desir de parler. L'ignorance, la vanité, envie et malveüillance sont autant de langues qui accusent les desseins. Aucuns, en crainte d'y aller, les descouvrent ou publient qu'ils sont ja descouverts, qu'il y a trois jours qu'il se dit que les ennemis le sçavent, qu'ils les attendent; et quelquesfois aucuns les advertissent au prejudice du general, pour se venger par emulation de leurs compagnons, empescher qu'ils n'entrent en pareil honneur qu'ils pensent estre, ou à celuy auquel ils aspirent. Les capitaines commandez d'un general qui dit son intention à ses conseilliers, lesquels demeurent au logis, participans au secret et non au peril, il leur est indifferent qu'il soit sceu, pourveu qu'ils n'en puissent estre accusez; quelques fois le diront pour rejeter la faute de la descouverte sur leurs compagnons. Les chefs indiscrets commandez d'aller à la guerre, pour haster leurs soldats, ou pour paroistre avoir de la faveur, disent ce qu'ils sçavent : d'aucuns qui sont sous eux, qui se voyant trainer aux dangers sans participer guieres à l'honneur, ne manquent de parler; et s'en est treuvé qui ont fait des bruits, signals, et tiré des arquebuzes au partement, en chemin ou proche des ennemis : autres par conjectures devinent l'entreprise : offensez de ne leur avoir esté communiquée, advertissent.

Pour remedier à ces perils, où le capitaine porte sa vie, son honneur, et engage ses amis, le meilleur seroit ne se fier du secret et de la resolution qu'à soy-mesme, duquel ne dependant l'entiere execution, n'ouvrir du moins la bouche qu'en cas de necessité forcée. Si le commandement, si l'entreprise est faicte par son general prudent et grand capitaine, apres s'estre enquis de ceux à qui il l'a communiquée, s'ils sont ses ennemis, envieux ou imprudents, il se doit excuser d'en prendre charge de l'executer, la rejetter sur autruy ou proposer des difficultez, selon qu'il cognoist que le dessein est descouvert; il vaut mieux estre accusé de tardiveté que de perdre l'honneur; que si le general ne prend excuse en payement, il faut parler clair avant que partir, avec protestations que s'il advient du malheur il sera rejetté sur le commandement divulgué mal à propos, et non sur celuy qui obeyt.

Là et en tous lieux les amis servent; ils peuvent dire des choses qui seroient mal seantes à la bouche de ceux ausquels ils touchent le plus, peuvent retarder et rompre le dessein, et prendre garde que l'inclination d'entreprendre ne facilite, ny trop de soupçon ne retarde les desseins, considerant l'amitié et suffisance du general, s'il est persuadé d'amis ou d'ennemis, si c'est point une commission pour se defaire de celuy qui l'entreprend, ou l'abaisser d'honneur. Heureux qui a rendu preuve de soy, et auquel le refus des commissions ne peut estre attribué à defaut de courage! Le dessein estant accepté, il faut se recommander à Dieu, n'aller en esperance de butin ou de vaine gloire, et marcher en intention de sauver ceux qui ne se mettront en defence, les ecclesiastiques et l'honneur des femmes, et d'attribuer l'heureux succez à nostre Seigneur, non à nos entendements, non à nos forces ny soldats.

Les partements impourveuz sont les plus seurs, et en mesme temps que l'on est contraint de faire monter à cheval, semer divers bruits au contraire de l'entreprise, ou faire donner une alarme, dire que le general veut voir les troupes marcher quelque temps sur le chemin opposite au dessein; faire entretenir les soldats par quelque confident, à ce qu'ils n'accusent leur chef de menterie, et leur imprimer en l'esprit de faux sujets pour lesquels ils partent en marche, colorez de raison, et là où il y a de l'apparence à ce que leurs esprits preoccupez ne devinent. Seroit bon monter deux ou trois fois à cheval et s'en retourner, ou demeurer aux champs, avant que d'entreprendre, quelques jours; et lors que les ennemis negligent, et pour tant de divers advis qu'ils auront receuz pensent l'entreprise faillie, ou que l'on soit party pour autre sujet, c'est le temps qu'elle s'execute : si le capitaine est favori du general, le meilleur seroit qu'il fist l'entreprise soy-mesme.

Apres avoir fait monter à cheval ses compagnons pour son dessein, qu'il n'a dit qu'à soy-mesme, il peut venir demander congé d'aller à la guerre, et n'en dire au general que ce qu'il en faut pour conserver sa faveur; et si l'execution est plus grande que la proposition qu'il luy aura dicte, de retour fera entendre que ce bonheur est venu par occasion et advis qu'ils ont eu sur le chemin. Les supputations aux entreprises servent infiniment : les espions verront seller les chevaux, partiront; il leur faut tant d'heures pour aller vers les ennemis, et aux entrepreneurs tant pour y estre. Avant que montrer signe de monter à cheval, seroit utile de mettre deux ou trois cavaliers sur le chemin ou faux sentiers, et mesme opposite aux ennemis, pour attraper les espions.

La seurté des entreprises est d'y aller fort, faire differents gros, à ce qu'à tous evenements les derniers soustiennent la confusion, si elle advient aux premiers. L'ordre nocturne est le plus difficile, se rompt, se confond soy-mesme par accident ou à escient, par les soldats mal nourris, lassez, endormis, qui monstrent les mesches, rompent la file, menent bruict, s'esloignent, se cachent des capitaines en païs estroict, entre bois et valons, se perdent facilement. Chaque troupe de cavalerie et d'infanterie doit avoir son guide et son chef, qui ne les souffrent mesler que le moins qu'il se pourra : qui n'a esté en ces entreprises ne sçauroit penser la confusion qui y arrive.

Les grandes troupes de gens de pied en chemins estroicts mettront une nuict à faire trois lieuës : de là vient l'advis des ennemis, la surprise du jour, et la faute d'arriver à l'heure premeditée; autre est la disposition de ceux qui cherchent combat à la grosse avanture. Les soldats [hors le casque] doivent porter leurs armes, pour n'estre contraincts les aller chercher lors qu'il n'y a temps que pour se mettre en bataille; c'est pourquoy leur casque doit estre à l'arçon de la selle : eviter que le bruict, l'appel des valets, le tour qui se fait pour le chercher, n'apporte estonnement. Le seul chef se peut exempter de porter ses brassards et tacetes, à ce que le travail du corps ne luy empesche celuy de l'esprit; joinct qu'il est contraint de courre de tous costez. Les capitaines respondant mieux des soldats marchant trois à trois, ou cinq à cinq, empeschent plus aisement qu'ils ne se debandent pour le butin et inobeissance, qui fait demeurer les cornetes seules, et rend les soldats pilleurs, le pays ruiné, et les ennemis advertis. Ces mal creez, se faisant coureurs quand ils veulent, qui aux moindres obstacles reviennent desbandez, portent l'effroy et le desordre avec eux.

Pour les empescher faut mettre les mareschaux des logis, et des advisez soldats à cinq cens pas sur les flancs et sur la queuë, commander à ceux qui menent les coureurs et ausdits mareschaux des logis, de tuer les hommes ou les chevaux de ces bandeurs desbandez qui font perdre l'occasion, l'honneur et la vie des hommes de commandements, lesquels ne doivent souffrir, en sorte que ce soit, passer devant eux. Tout git à estre bien adverty : le meilleur capitaine n'est pas trop bon pour mener les coureurs, desquels souvent despendent la victoire et la honte. Ils peuvent marcher mil pas devant le gros, laissant au milieu trois ou quatre chevaux pour advertir le chef de ce qu'ils voyent et de ce qu'ils font.

Les advis doivent estre portez comme esclairs : les coureurs peuvent mettre à cinq cens pas devant eux trois ou quatre chevaux à gauche, et à droite autant, lesquels peuvent apercevoir sur les flancs, que les montagnes, colines, ou bois cachent. Ces coureurs doivent s'esclaircir de ce qui leur sera commandé avant que prendre ce nom; et s'il est ordonné de combattre tout ce qu'ils treuveront, et qu'ils soient soustenuz de grandes troupes, il n'y a pas beaucoup de ceremonies : si au contraire ils vont en doute de la grande force des ennemis, dez qu'ils les voyent apres l'advis donné, ils doivent faire descouvrir le derrier d'iceux par circulation et escart, de costé et d'autre, de quelques advisez soldats bien montez, pour [s'ils sont trop forts] donner temps et moyen au gros de se retirer sans qu'il soit en presence, ou pour donner temps aux leurs de s'ordonner au combat, choisir et prendre leur advantage et assiete.

Aucuns ont fait leurs coureurs forts, auxquels ils commandent de charger; s'il leur reüssit bien, leur gros n'est si esloigné qu'ils ne puissent suivre la victoire; si au contraire les coureurs sont battuz, ledict gros n'est si proche qu'ils ne se puissent retirer. Cela est de l'expertise du chef, qui monte à l'advantage, et partant, hors de peril, fait charger ces coureurs sans se mesler, taste le courage des ennemis, et sans s'embroüiller revient en son gros pour le faire retirer, s'il est besoin, avant qu'il y soit contraint. Ceux qui sont foibles ne doivent faire leurs coureurs forts, pour n'estre engagez, et que le regret de les perdre ne face hazarder le paquet mal à propos.

A la premiere nouvelle des ennemis, le chef doit faire halte : il se faut mettre premierement en ordre de n'estre battus, avant que de penser à battre les autres. Ceux qui reçoivent l'alarme avec bruits et cris, et qui hastivement marchent en avant, monstrent de la legereté et font naistre la confusion. Les coureurs doivent estre advertis de ne la donner trop chaude, d'envoyer des hommes discrets, qui, au lieu d'encourager, n'apportent crainte. Ces mots : « les voicy qu'ils viennent à vous, ils marchent pour prendre la charge, ils sont bien ordonnez, ils sont beaucoup, » se peuvent dire avec la mesme signification, sans apporter crainte, et dire : « L'on descouvre quelques ennemis qui font mine de vouloir recevoir la charge, et font halte, ils s'avancent, quelques uns mal ordonnez. » Ainsi parlant froidement en public, l'imagination des soldats n'est soudainement mal frappée, encore que l'intelligence soit semblable. Et apres il est besoin que les chefs oyant les rapports des coureurs hors des gros, et les instruire et commander de ne parler qu'à eux et sans bruict. Ils peuvent aller au devant d'eux pour ouyr et resoudre, sans en dire aux troupes que ce qu'il est necessaire qu'ils sçachent et qui les peut animer au combat.

Menant des arquebusiers à cheval ou à pied, faut tellement les disposer qu'ils n'apportent embarras. Les bagages ne sont propres pour telles entreprises, si ce n'est que ce soit gens de pied desnuez de cavalerie, contraincts de mener des charretes pour les couvrir au besoin. Les capitaines doivent resister aux bruicts de ceux qui leur crient qu'ils se hastent, que les ennemis s'enfuyent, que l'occasion de la defaicte se perd; plusieurs se sont precipitez sur ces raports. Pour defaire les ennemis, il faut se mettre en estat de ne l'estre; avancer marcher, suivre tout par ordre, pour soustenir une grande embuscade, ou un retour des ennemis, leurs façons bien recogneües, et leur retraicte asseurée. Si elle se fait en gros, les arquebusiers à cheval bien montez, une troupe hazardée pour se mesler les engage, et fait paroistre leur resolution, leur fait changer le pas au trot, et le trot au galop; et lors il ne faut plus marchander, trente en battent cent. Le chef ayant laissé les troupes à son lieutenant, qui suit en ordre au grand trot, force de charger et mesler les siens avec commandement audacieux et aigre. Quoy que ce soit, ne mettre son gros en tel estat ou desordre qu'il ne puisse plus recevoir commandement. Et quand les rangs par la poursuitte sont rompus, et que tout marche confusement, comme une troupe de taureaux, les capitaines en flanc, en teste, sur la queuë, les peuvent encores retenir en estat de recevoir ordre : et vaut bien mieux perdre l'occasion que de la donner, laisser la proye que de se mettre en proye soy mesme.

L'ordre soustient l'assaut; les meilleurs doivent estre employez pour les bresches, et les moindres pour les gardes : faut des capitaines des quartiers, employer des bourgeois affectionnez, à l'artillerie, au commandement des ouvrages, pionniers et maneuvres, et les plus fideles aux vivres et munitions ; observer les chemins pour conduire les munitions, retirer les blecez, porter les reparations sans embarras, chaque chose en son lieu, en son temps, à son heure.

J'ay fait plusieurs inventions, tant pour les villes que pour la campagne, qui peuvent servir : la fumée inventée sur les bresches des courtines, des bois se tirans comme un rideau quand on veut donner à la bresche ; plus, des chariots qui couvriroient le flanc d'une armée, s'alongissant chacun de trente pas, des ponts de quarante pieds qui se jettent en despit des assiegez ; des poutres de mesme longueur eslevées par engins, où il y a des hommes couverts de mantelets au dessus qui tirent dans les bresches, et voyent dans la ville quand il n'y a point d'artillerie pour les desloger, des chausses trapes de six pieds enchainées pour couvrir les bataillons de gens de pied ; des pieces pour servir dans les escadrons, qui tirent sans estre besoin d'oster les chevaux ; un rang de vingt chevaux maillets pourtans des fauconneaux avec des soldats sur lesdicts chevaux, lesquels descouverts du premier rang peuvent tirer dans les escadrons sans tourner. Les inventions nouvelles estonnent les ennemis : infinies se peuvent fabriquer et augmenter meilleures qu'une partie de celles que j'ay inventées, desquelles il faudroit voir les modelles pour les bien entendre.

Les empoisonneurs et assassinateurs doivent estre punis et rejettez, à ce que nous ne soyons subjects à courre pareille fortune par leurs semblables. Les gens d'honneur, sous fausses marques ou promesse de service, perdent ce nom, tuans ou trahissans ceux ausquels ils ont engagé leur parole : au contraire, cachant sa marque au milieu d'une armée, et tuant les signalez, merite gloire et recompense.

Les livres, l'experience font croire qu'il vaut mieux aller à la bataille que de resoudre : nous marcherons devant eux, s'ils nous attaquent nous leur respondrons, sinon nous passerons. Les cœurs des soldats ne sont resolus, pensent que pour la cognoissance que le general a d'eux et de leur avantage, il se passeroit volontiers de combattre s'il pouvoit : ainsi ils donnent preeminence sur leurs cœurs aux ennemis, lesquels proposent la bataille à leur passage, et presument ceux qui veulent passer, que les autres ne viendroient au combat pour les empescher, s'ils ne se sentoient plus forts d'hommes et de cœur qu'eux.

Les troupes égales aux gardes ordinaires difficilement entrent aux villes assiegées ; trois cens chevaux les peuvent secourir sçachant le pays, attendu que les gardes ne sont composées de pareil nombre : sans advertissement ne sont jamais que quatre vingts ou cent chevaux, et cependant que pareille troupe est aux mains, les autres deux cens entrent. Il est facile de conduire des troupes jusques proche des villes assiegées, impossible de se retirer sans grand peril, ou il ne faudroit conduire le secours, ou estre le secours soy-mesme; le salut et l'honneur est à ceux qui entrent, le peril est souvent la honte à l'escorte qui se retire. J'en ay fait la preuve à Noyons, que le Roy assiegea en l'année 1591; avec quatre cens chevaux, je conduits le secours de trois cens arquebusiers à deux cens pas de la ville sans alarme : je les tenois dedans, et, me retirant au pas, je reçois partie de l'armée du Roy sur les bras, et ne treuvant personne de courage suffisant pour faire la retraicte, j'y demeuray pour sauver les quatre vingts chevaux : je me perdis, et fus pris, mal assisté dans une charge. Si j'eusse resolu de perdre tous nos chevaux et d'y entrer, j'en venois à bout sans fortune, n'y ayant que trente chevaux en garde ; le mal estoit que je n'avois le commandement de ce faire du general.

Aux effects hazardeux il faut se resoudre soy-mesme, ou avec un ou deux interessez à l'honneur. J'estois allé pour secourir Chartres ; à deux lieuës pres, les capitaines prindrent excuses sur la perte de leurs chevaux : tellement que je n'y peux jetter que quarante hommes, qui ne suffirent pour la garantir. Le meilleur precepte pour ceux qui secourent, est de ne l'entreprendre, ou de sortir du logis, determiné de combattre tout ce qui se presentera, sans mettre en deliberation en la campagne ce qui a esté resolu au logis, si ce n'est sous nouveau accident.

Les reistres sont peu valeureux de la façon qu'ils combattent. Ils n'enfoncent les escadrons ; le premier rang tire et tourne à gauche, descouvre le second qui faict de mesme ; le reste suit tournant en limaçon, se met en seurté derrier les autres qui n'ont tiré, et prennent un grand tour pour aller tous ensemble recharger leurs pistolets en sauveté. Les Français les enfoncent, et se meslans en ce contournement les emportent. L'ordre du combat d'Yvry est blasmé, parce que les reistres estoient au flanc droit, contraints pour leurs ordres et limaçons de tourner à gauche, où treuvant la cavalerie de leur armée, ils y apportoient confusion. S'ils eussent eu le courage qu'avoient ceux de M. d'Anjou à Montcontour, ils n'eussent point apporté d'inconvenients et eussent passé outre, comme les escadrons des reistres dudit Montcontour, qui par leur vaillance ne firent point de desordre à la cavalerie française des leurs qui estoit aussi placée sur leur main gauche, ayant esté placez entre deux escadrons de lanciers français ; si les reistres ne changent leur ordre de combat, ils sont aisez à defaire : je le juge par l'experience que j'en ay faicte.

M. d'Alençon favorisant les Huguenots et mal contens, en l'an 1575, M. de Thorey passe avec deux mil reistres et cinq cens cavaliers français, pour favoriser la sortie de la cour dudit seigneur d'Alençon, qui en partit en mesme temps que ces forces entrerent. Le Roy envoye M. de Guise accompagné de douze cens lances, desquels j'estois avec ma compagnie de soixante maistres. Nos ennemis faisoient de grandes traictes pour eviter le combat, et joindre mondit seigneur d'Alençon. Nous redoublasmes les nostres, si bien que nous les joignismes à une journée de Dormans, les retardans par escarmouches, escadrons d'arquebusiers à cheval soustenus. Ils se hastent d'une telle vistesse, que nos troupes harassées ne les peuvent approcher en gros : moy, plus diligent, me treuvay en la place de bataille au rendez-vous dez la pointe du jour.

M. de Guise continue les attaquemens par arquebusades qui portoient dans les derniers rangs des reistres : eux, craignant de perdre leurs bagages, resolvent le combat, renversent les escarmouches. M. de Guise s'estonne, n'ayant que ma compagnie, celle de Bezigny, la moitié de celle de M. d'Elbeuf et de Pienne, qui tous ensemble pouvoient estre deux cens chevaux. M. de Guise, conseillé du sieur de Biron, nous commande de soustenir et attendre la charge de pied coy, sans nous advancer ; fait mettre pied à terre à deux cens arquebusiers à cheval, tirez des regimens de gens de pied, au bout d'un marets et d'une haye à nostre main droicte. Il n'y avoit à demye lieuë de nous aucune cavalerie, n'estans arrivez les escadrons de MM. de Guise et du Mayne, composez de mil chevaux, ny trois cens reistres que nous avions.

Ce que considerant, nos ennemis viennent resolus, leur cavalerie française à droicte. Le sieur de Biron persiste de n'aller à eux, nous fait les attendre de pied ferme, pour ne nous desordonner. Ils viennent à la charge ; avant qu'y estre ils reçoivent la salve de deux cens arquebusiers ; partie de leur effort tombe sur les compagnies de Pienne et d'Elbeuf, j'en eux la meilleure part. Je charge dans le coing de leur escadron ; eux moitié tournez et chargez, je les emporte avec tel danger, que mon cheval tué, mon casque jetté hors de ma teste, en leur tournement me donnerent temps d'estre remonté par les miens. De bonheur mon enseigne, auquel je l'avois defendu, n'avoit rompu sa cornette : je le suivis, et se rallierent sous ma cornette plusieurs seigneurs, entre lesquels estoit M. d'Aumalle.

Environ quinze cens chevaux reistres ennemis se retirent en gros ; je reste seul à leur suitte avec soixante. Ils passent la Marne à Dormans, moy apres, avec cinquante, contre l'advis de tous mes compagnons. Je ne eux si tost passé, que r'alliez font mine de venir à la charge ; me voyant branler pour aller à eux, ils continuent leur fuitte par dedans un bois où eux et nous fusmes long-temps à le passer. M. de Guise, qui nous avoit fait charger à la premiere charge sans s'y mesler, cherche un passage plus bas, et se treuve à leur flanc quand ils sortoient du bois, où il fut blecé d'un arquebusier qu'il vouloit tuer. Sa blessure oste le courage à cinquante homme de cheval qu'il amenoit, dont plusieurs de bonnes maisons se cachent dans le bois.

Je r'asseure tout, et tost apres vindrent deux mareschaux de France sous ma cornette, MM. de Rets et de Biron; il y en eust soudainement de bien estonnez. Nous n'avions que soixante maistres, ny à quatre lieuës de nous autres forces des nostres, sinon M. de Guise blecé, parce que nous avions suivy plus de cinq lieuës la victoire, et que les regiments de MM. de Guise et du Maine avoient tenu autre chemin apres quelques gens de pied et bagages que les reistres avoient; et peux dire que si je n'eusse fait ferme, ces reistres, s'advançant, eussent pris M. de Guise qui estoit sur un brancard, à demy mort. Tous ces quinze cens reistres se mettent en ordre de combat, viennent à nous; de ces soixante maistres il ne m'en demeure trente: voyant le peril, chacun prend party, l'estonnement augmenté pour la blesseure de M. de Guise, que nous tenions mort. Je dits au sieur de Biron, qui estoit assez triste, que j'allois charger, avec ces trente chevaux qui me restoient, ces quinze cens pour sauver M. de Guyse, et qu'il se retirast, s'il pouvoit, avec luy. Ainsi que je m'advançois au trot, nous recogneumes dix trompettes nues testes; et ayant envoyé un des miens qui parloit allemand, le suivant de pres, ces trompettes nous dirent que ces quinze cens reistres se venoient rendre, les ayant M. de Thorey abandonnez, s'estant retiré avec cent chevaux; les mareschaux vindrent faire la capitulation, et r'amenerent avec eux les trente qui s'en estoient allez. J'eus l'honneur ce jour, avec cinquante chevaux qui me restoient de ma compagnie, d'amener quinze cens reistres prisonniers, et avions rompu au commencement les deux mil avec deux cens chevaux. Je continue en mon opinion, que c'est une nation [s'ils ne changent] fort aysée à battre, maintenant qu'ils ne sont pas tels qu'ils estoient à la bataille de Dreux.

La resolution que les Huguenots eurent de combattre à Montcontour, en l'année 1569, semble celle que M. du Mayne prist à Yvry, en l'an 1590. Leurs deux armées composées d'estrangers, toutes deux traictoient avec leurs ennemis, toutes deux eurent des conseillers [dont j'estois] de ne combattre, me souvenant avoir dit au conseil, le matin devant le combat, que cent raisons convioyent à la bataille, et deux cens la dissuadoient: une seule mauvaise raison emporta les deux chefs en divers temps, qu'ils ne perdroient que ce qu'ils devoient perdre, manquant d'argent; qu'en quinze jours leurs estrangers traicteroient et les trahiroient ou abandonneroient. Malheureux advis, sans considerer que la perte ne gisoit à estre abandonné des estrangers, mais bien en l'honneur et reputation des armes, qui est la ruyne des partis, suivie de toutes defaveurs. Apres la faute, les deux chefs de guerre civile, MM. du Mayne, admiral de Chastillon, le cogneurent et l'esprouverent à leur dommage et perte: les jeunes audacieux, et les clercs qui s'ennuyent de la guerre, sont des conseils dangereux.

Opiniastrer forcement, quoy que les conseils soient veritables, contre son general, est dangereux; faut maintenir son advis sans l'offencer; autrement par depit, pour ne se monstrer ignorans, ils suyvent les contraires opinions, encore qu'ils les sçachent moins utiles que les proposées: neantmoins, en ce qui emporte de la vie et de l'honneur, vaut mieux perdre la bienveillance du general que la ruïne du party à ceux qui en ont la generosité.

La retraicte estoit facile à l'admiral de Chastillon à Montcontour, s'estant retiré en gros, faisant souvent teste, s'empeschant d'estre chargé par petites troupes, lesquelles, contrainctes d'attendre leur gros, donnent loisir de retraicte, De ce temps les arquebusiers à cheval bien montez pressent fort ceux qui s'en vont, joinct à ce que les victorieux y precipitent des petites troupes pour arrester les fuyards; la prudence sans perdre l'entendement est grandement requise, depuis qu'on tourne le doz pour faire une retraicte, si on ne previent la crainte des soldats, et par bon ordre et paroles audacieuses, feignant que la retraicte se fait à dessein pour faire desbander les ennemis à la suitte, et avoir moyen de les defaire lors qu'ils pensent estre victorieux: ces inventions sont necessaires pour eviter le desordre. Mil chevaux en cinquante troupes prenans divers chemins, ayans mesme rendez-vous, se peuvent retirer sans grande perte, et se remettre ensemble à vingt lieuës de là où ils se sont separez; au pis ne s'en defait qu'une des troupes de vingt chevaux.

La perfection d'un homme de bien semble ne luy permettre feindre d'estre malade; il peut dire : « Je ne peux, ou je ne veux librement. » Ceux d'advis contraire blasment ceste franchise d'ignorance; est loisible à un homme de bien de dissimuler et mentir à bonne fin, si est-ce que la generosité et verité sont tousjours à priser : heureux sont ceux qui n'y sont contraincts par les manyments des grandes affaires !

Les maladies sont envoyées aucune-fois plus pour le bien que pour le mal des hommes, le trop de santé apporte souvent prejudice. Celles que j'ay eu m'ont osté le moyen d'acquerir de la reputation : que si la santé me fust demeurée depuis le temps que les guerres sont passées, sans doute je l'eusse employé à en rechercher de nouvelles en Hongrie et en Flandres, me ressentant assez de courage et d'experience pour acquerir de l'honneur. Mais aussi la guerre ne pouvant avoir autre consideration que l'utilité d'icelle, il n'y eust manqué d'occasion de peché et de damnation : et Dieu, qui sçait mieux ce qu'il nous faut que nous mesmes, qui quelquesfois nous veut sauver malgré nous, nous envoye des accidents que nous nommons malheurs, qu'en effect sont pleins de felicitez, purgeant nos peschez, nous empeschant de nous perdre en ceste courte vie, pour en acquerir une éternelle.

Hors des sanglants combats, sauvé de tant d'assauts,
Percé de douze coups d'arquebuse et d'espées,
Prisonnier quatre fois des Turcs et des armées,
En rompant leurs prisons par d'infinis travaux;
Je disois à part moy : Comme de tant de maux,
De feu, de fer, de sang à ma mort conjurée,
Dieu m'a voulu tirer, ma vie est destinée
Pour quelque illustre faict ou miracles nouveaux.
En retournant chez moy Dieu m'a ouvert les yeux,
Confirmé mon penser; mais en différents lieux,
Changeant le vain honneur au monde pretendu,
A un celeste espoir et de divine flame,
Consumant mes pechez, il m'a sauvé, perdu,
Et pour ceste grandeur avoit gardé mon ame.

Un gros au milieu du village placé evite les surprises; promptement et sagement courir à l'alarme, sans se precipiter, renverse les entrepreneurs, qui entrent à deux cœurs, en soupçon de trahison et entreprise double : les mots dicts à propos quelquefois de gausserie, en un grand peril r'asseurent les estonnez. Hannibal en usa à la defaicte de Cannes, respondant à Gigon que de tant d'ennemis qu'il contoit il n'y en avoit point qui eust nom comme luy.

Si les chefs de guerres civiles ne sont genereux, et qu'en peu de temps leur dessein ne succede, ils s'ennuyent, et souhaittent d'estre à recommencer, tant pour le danger des ennemis que pour l'importunité, menaces et monopoles des amis. Ceux qui en ont tasté ayment mieux vivre en une mal-asseurée paix, ou se precipiter dans les combats, qu'estre en la servitude des leurs, en danger d'estre trahis à tous mouvements. Il faut des parties non communes à un chef de part, mespriser la mort, laquelle se presente à tout coup, vigilant, agissant, sans repos, ny ayant seurté qu'en travaillant.

Le Turc desire joindre le Tanaïs avec la Boristene, pour rendre navigables les marchandises de la mer Noire en l'Oceane ; est empesché par le Moscovite, mais plustost de Dieu, qui a limité des bornes que les hommes n'ont puissance de passer. Les Venitiens tranchent quelques canaux, les rendent navigables pour peu d'espace; les grandes entreprises leur sont interdictes, ainsi comme aux Français de trancher le destroict de Sainct Jean du Lux pour entrer de la Mediterranée en l'Oceane, ny joindre Loire à Seyne, ny la Mouzelle à la Meuze. Les entrepreneurs de tels ouvrages en France, de joindre la Seyne à la Loire, la Saosne à la riviere d'Armançon, se sont faicts mocquer d'eux, et de leurs epitaphes ja desseignez pour les planter quand l'ouvrage seroit faict.

L'aguerriment des peuples s'accroist, se change, s'amoindrit en peu de temps ; quinze cens reistres tuez par M. de Guise au baron d'Aulne, lequel baron avec quatre mil qui luy restent fuit cinquante lieuës, et sort de France. Les reistres, perdant la bataille de Moutcontour, se retirent en gros en moindre nombre, traversent quatre vingts lieuës de montagnes, reviennent combattre à Arnay le Duc. Aux suittes de victoires le trop de prudence a ses incommoditez comme le trop de folie ses pertes. Les Huguenots se sont maintenus, ont fait la paix sans argent, n'ayant que cinquante villes ; ceux de la Ligue avec les deux tiers de la France, les forces du Pape et d'Espagne, se sont perdus ; ce peut en divers temps la difference des generositez. Il est vray que la Ligue avoit des incommoditez, estant de semblable religion que leurs ennemis; ils traictoient quand bon leur sembloit, ils n'esperoient avoir de leurs chefs par le danger que ce que le Roi leur promettoit par la paix.

Il est emerveillable d'où viennent tant de millions d'or levez en France, en trente cinq ans de guerre des Huguenots et de la Ligue : c'est que la guerre estoit auparavant sur les frontieres ou aux païs estrangers, non dans le cœur du royaume. Depuis les Anglais és guerres civiles des maisons de Bourgongne et d'Orleans [semblables aux dernieres pilleries], il y a eu six vingts ans : en ces six vingts ans de repos, le peuple avoit reservé et enterré de l'argent qu'il a falu sortir pour rachepter les vies des particuliers. De plus, il y a une circulation d'argent; ce qui se donne aux soldats est rendu par eux aux marchands et ouvriers, lesquels, pour avoir pain, vin et foing de la campagne [où ils n'osoient sejourner, ny mesmes les gens de guerre], le donnoient aux païsants qui le rendoient aux gendarmes par contributions. C'est pourquoy, en trente lieuës que contient la Bourgongne, se levoit au temps des guerres passées huict cents mil escus par an des deux partis; tant faisoit promptement cet argent sa circulation. Le Roy entrant en Bourgongne, en trois mois de sejour y apporta plus de dommage que six ans de guerre n'avoient faict, parce qu'ils emporterent l'argent et le bestail hors de la province, qui ne revint plus, duquel se faisoit ce contournement susdit. Et sans la venue de Sa Majesté, en l'année 1595, il y avoit assez d'argent en la province pour continuer les grandes levées, et faire la guerre trente ans, par l'ordre qu'on y avoit mis, pourvu que l'on ne se fust servy d'estrangers qui eussent emporté les deniers. La principale pauvreté de la France est advenue en la mort du peuple, et de ce qu'ils ont esté empeschez de labourer, d'autant que les Espagnols y ont apporté six millions d'or, qui est plus d'argent que la solde des estrangers n'en emportoit.

La reputation des armes sert de beaucoup: avant le siege de Poictiers les Huguenots se faisoient craindre, apres ils craignent. En la Ligue, jusques au combat de Senlis, dix de M. du Mayne en faisoient fuyr cent du Roy; apres, dix de Sa Majesté en faisoient fuyr cent de M. du Mayne; tant peut l'opinion en laquelle il se faut maintenir. Les capitaines ne doivent permettre aux ignorans ou timides d'aller à la guerre; ceux qui sont battus ou battent souvent, ostent le courage ou le donnent aux armées.

Ceux qui commencent les premieres guerres civiles, pour s'en prevaloir et changer l'Estat, n'en viennent à bout; les seconds ou troisiesmes entrepreneurs les font quelquefois reüssir. Sylla et Marius esbranlerent l'Estat romain, Pompée et Jules Cesar approcherent de s'en rendre maistres, Auguste l'obtint absolu, changea la republique en monarchie; ce qu'il n'eust peu sans ceux qui l'avoient precedé, qui travaillerent pour luy non pour eux, luy tracerent le chemin qu'il devoit suivre; se fit sage par leurs fautes, cogneut ce qu'il falloit faire et eviter pour ne tomber aux erreurs qu'ils avoient fait. Les troubles huguenots sont comparez à ceux de Marius et Sylla, Sertorius, Spartacus; ceux de la Ligue à ceux de Jules Cesar, ayant esté M. du Mayne aussi proche de la Coronne que luy: garde le troisiesme qu'il ne s'esleve un Auguste, ou plusieurs qui changent l'Estat, et facent le dessein plus court, les traictez d'estrangers plus fermes, et à ses partisans des effects et promesses plus asseurées, lesquels seront en defiance, en courage, resolution, actions. differents de ceux du passé. Du chastiment de l'ignorance de leurs devanciers naistra la prudence des successeurs, desesperera les traictez, vivront pour vouloir mourir, si la mort des vivans n'empesche ceste science qui ne s'apprend par livres. Dieu est maistre de tous ces changemens; la guerre, la paix adviennent selon nos œuvres. Le paysan du Danube, en plein senat romain, dit: Nous nous vengerons de vous lorsque vos dieux seront courroussez, les nostres appaisez, et que serons plus gens de bien que vous. » Si la France obeyt à Dieu il luy donnera sa paix, sa dissipation et ruyne si elle fait le contraire.

Il y a eu quatre changemens de divers buts aux Huguenots: les premieres guerres civiles se firent par les menées de la Royne, pour obtenir le credit de la Cour, et en deposseder ceux de Guise; les secondes par les Huguenots croyans occuper le Roy et l'Estat; les troisiesmes par necessité, et pour asseurer leur vie; aux quatriesmes ils furent tuez par leur outrecuidance à la Sainct Barthelemy, voulant forcer les Catholiques français de prendre leur querelle contre les Espagnols, et recevoir la perte, de laquelle ils vouloient tirer le profict. Ceux de la Ligue, au commencement sous M. de Guise, assistez de la Royne, firent la guerre pour entrer en credit, et chasser les mignons du roy Henry III. Apres la mort de M. de Guise, la necessité arma ses freres, l'heureux progrez le fit pretendre au supreme degré; de quoy tombez apres la bataille de Senlis, le decez du Roy r'alluma ce dessein d'occuper la Coronne, que les victoires d'Henry IV esteignirent en partie, et firent penser à la dissipation empeschée de Dieu, de la maladie du duc de Palme, imprudence et mauvaise intelligence des chefs de l'union.

L'honneur posé en la vaillance des gentilshommes, et la honte en la fuitte, sert beaucoup aux roys, pour lesquels eux portez au combat s'y maintiennent pour leur propre interest et reputation, sont plus braves par necessité que les citadins, qui ne sont tant dezhonorez en leur fuitte; mais lors qu'iceux gentils-hommes se mesallient, les enfans perdent souvent la juste moitié de leur valeur.

Apres tant de victoires la paix honteuse accordée par la Royne, pour gagner trois ans d'aage à ses enfans, necessaire pour gouverner et pour ruiner le party huguenot, lequel [ambitieuse] elle ne vouloit du tout atterrer, pour s'en prevaloir contre ses enfans propres à un besoin, ou autres qui voudroient la deposseder de son gouvernement, juge le profond repos contraire à son dessein et aux levées de deniers extraordinaires qu'elle desiroit. MM. de Lorraine consentent à ceste paix, sous esperance d'attraper les Huguenots desarmez, lesquels haussez des prosperitez advenuës depuis Montcontour par la faute des Catholiques, r'encouragez ne desseignent rien de bas.

Le sieur de Tavannes craint d'estre garent de ses conseils aux evenemens mauvais qui pourroient succeder pour n'estre creu qu'à moitié, contrarié par les divers buts et desseins de la Cour, ne s'oppose à la paix, pense à ses affaires domestiques, marie sa fille au sieur de Mortemart le plus riche gentilhomme de Poictou, son fils à la fille du sieur comte de Charny, auquel il fait avoir la reserve de l'estat de grand escuyer tenu par le sieur de Boisy son beau pere; luy donne la lieutenance de Bourgongne qu'il avoit, sous promesse de la rendre dans six mois à sondit fils; à quoy ledict comte de Charny manqua : tant peut l'amitié des peres qui se despouillent des grades pour faire avoir des filles heritieres à leurs enfans. Le Roy et Monsieur, son frere, en jalousie à qui seroit le sieur de Tavannes, chacun le desire : M. d'Anjou luy offre deux mil livres de pension; il les refuse, si ce n'est avec permission du Roy. Apres avoir monstré qu'il n'est loisible aux subjects de prendre pension que de leurs souverains, l'accepte par commandement de Sa Majesté.

M. d'Anjou, riche d'appennage et d'honneur, mignon de sa mere [qui le prepare pour s'en servir contre le Roy son fils, s'il luy vouloit oster le gouvernement des affaires], se plonge aux plaisirs. Le sieur de Tavannes l'en reprend, luy remonstre que la mort vient assez tost, sans l'avancer par voluptez et irritemens d'apetit extraordinaire, ruïne d'ame, de corps et de reputation. Les despences excessives continuantes aux nopces de M. de Guise et de la vefve du prince de Portian, ledict sieur de Tavannes s'en moque, dit au Roy qu'il vouloit faire un festin, et qu'au lieu des chantres qu'ils faisoient venir dans les nues feintes, il en feroit venir qui diroient ceste verité : « Vous estes des sots, vous despendez vostre argent en festins, en pompes et masques, et ne payez gensdarmes ny soldats; les estrangers vous battront. » Se mocquant des prodigalitez du Roy, faictes à gens sans merites, dict qu'il avoit tant fait battre un mauvais chien qui prenoit le meilleur morceau à la curée d'un cerf, qu'il rendit sa gorge, et que les Turcs mangeoient un batteau de foing devant les Chrestiens, ausquels ils faisoient payer de l'argent, disans qu'ils avoient mangé pour leur donner passe-temps; que les courtisans demandoient au bout de deux ans recompense : enquis pourquoy, ils ne pouvoient respondre, sinon que pource qu'ils avoient bien regardé Sa Majesté; dict que la Cour ressemble une estable de pauvre gentilhomme, là où l'on met les chevaux, les asnes et les bœufs, en mesme ratellier; son merite faisoit prendre toutes ses gausseries en bonne part. Les Huguenots, à l'accoustumée, continuent les plaintes dés le lendemain de la paix.

Le Roy nomme le sieur de Tavannes, avec autres de son conseil, pour pourvoir aux differents et rançons des prisonniers. Il le fait avec tant de justice que les Huguenots mesmes ne vouloient autre arbitre. Il refuse souvent d'aller au conseil des finances, respond ne se vouloir damner pour accroistre les tailles du Roy. Il se fust volontiers retiré pour faire son salut, n'eust esté le desir de la grandeur de ses enfans : son integrité paroit à la responce suyvante aux inventions du sieur de Marillac (1) :

« Je dis que tous ces articles proposez par le sieur de Marillac, financier, tendent à subsides, non seulement sur le pauvre peuple, ains aussi sur la noblesse et sur l'Eglise, d'autant que les poincts où il parle d'eriger officiers, sont tousjours plus de despence pour un chacun, et si en fin reviendra à grands fraisau Roy, pour la grande quantité d'argent qu'il faudra pour les gages; outre qu'au lieu de reformer la justice pour l'equité et soulagement du peuple, c'est y adjouster infinis pilleurs à sa ruïne.

« Quant au subside de payer un denier pour livre de chaque contract, ou vendition qui se fait, c'est la mesme taille pour la noblesse, et plus sur icelle que sur autres, d'autant qu'ils ont plus de biens, et contractent plus souvent.

» Quant aux subsides sur les farines et vin, il se trouvera de mesme; la noblesse sera plus à la taille que les autres, et perdront une partie du revenu de leurs moulins. Le pauvre peuple, comme laboureurs, en seroient aussi chargez par trop, d'autant que la pluspart ne vivent que de pain; enfin il se trouveroit bien dur que les hommes ne peussent manger un seul morceau qui ne portast subside.

» Il y a aussi fort peu de propos de prendre et payer le vin à la vigne, parce qu'il n'y auroit point d'egalité en ce subside par le royaume; et tel pays qu'est tout de vignoble, où est ordinairement le plus pauvre peuple, ne vivant que de ses bras, payeroit cent mil livres ou tant de subsides par an, plus que les meilleurs où il n'y a vignoble. Et à tous evenemens, s'il falloit prendre sur le vin et que l'on ne voulust craindre d'eriger subs-

---

(1) Guillaume de Marillac, seigneur de Ferrières, alors surintendant des finances. Il étoit frère de Charles de Marillac, archevêque de Vienne.

sides sur le peuple, le faudroit prendre lors qu'il se vend en destail, d'autant que partout il s'en vend, et y seroit la noblesse moins interessée.

» Et touchant celuy de vendre des bois par coupes, cela est juste et raisonnable, sans faire tort à personne.

» Et quant à reduire les rentes qui sont au denier quinze, il y a quelque apparence, attendu le gain qu'ont desja fait ceux qui les tiennent : c'est le moins mauvais.

» Apres avoir veu les moyens baillez par le sieur de Marillac, et consideré ce qui touche à l'estat de la Coronne, il n'est possible de treuver bon un seul des articles qui interesse la noblesse, ny qui la rend taillable, et de serve condition : d'autant que l'on sçait bien l'inconvenient qui en peut advenir au susdict Estat. Les exemples en sont recents de tous costez, et faut necessairement considerer que c'est ce qui soustient la hautesse du Roy et l'Estat pour estre courageuse, et partant doit estre tenuë libre et menée par amour, qui en fin ne veut mettre tout au hazard, en ce temps que les cervelles et fantaisies sont trop remuantes. »

Au mois de novembre 1570, le roy Charles espouse Elizabeth d'Autriche, fille de Maximilien, empereur, esperant en vain, pour le peu de puissance que les empereurs ont en Allemagne, par ce mariage rompre les levées des reistres, si accoustumez à venir en France.

[1571] Le sieur de Tavannes sans grade gouvernoit l'Estat; ses merites parlent pour luy; ennemy de toute faction contraire à Leurs Majestez, qui se plaignent de n'avoir aucuns estats vaquans pour le recognoistre. La Royne disant à madame de Tavannes qu'elle le creeroit cinquiesme mareschal s'il s'en estoit fait autres fois, elle repond que c'est chose inusitée de leur avoir fait gagner deux batailles en un an, qui meritoit recompense non accoustumée. Leurs Majestez se resolvent, luy donnent et le creent cinquieme mareschal de France, avec plus d'honneur que s'il eust esté pourveu par la mort d'un d'iceux : sa valeur estouffe l'envie; le choix est appreuvé generalement de tous, pour y avoir douze ans que la France le luy donnoit. La teneur de ses lettres fut telle :

« CHARLES, par la grace de Dieu, roy de France, à tous ceux qui ces presentes lettres verront, salut. Comme nous n'ayons rien plus cher ny recommandé que la vertu et preuve signalée des grands et gens de guerre, mesme de ceux qui ont vaillamment hazardé leurs vies et liberalement employé leurs biens et moyens pour s'acquerir la gloire que les armes peuvent apporter aux plus courageux, qui se sont exposez pour la conservation et augmentation de nostre Coronne; et considerans les grands, notables, dignes et remarquables services que le sieur de Tavannes, chevalier de nostre Ordre, conseiller en nostre conseil privé, capitaine de cinquante hommes d'armes de nos ordonnances, et n'agueres nostre lieutenant general au gouvernement de Bourgongne, a depuis quarante-cinq ans faits et continuez avec tout honneur et loüange aux feuz rois, nos tres-honnorez ayeuls, pere et frere d'heureuse memoire, et à nous, tant hors nostre royaume qu'au dedans iceluy, en plusieurs et importans affaires et voyages, assauts, defences de villes, rencontres et batailles, mesmes en celles de Pavie, Cerisolles, Ranty, et signamment des dernieres de Jarnac et de Montcontour, sous la charge de nostre trescher et tres-amé frere le duc d'Anjou et de Bourbonnois, nostre lieutenant general representant nostre personne par tout nostre royaume, avec telle reputation que nostre dict frere et tous les seigneurs, princes, capitaines et gens de guerre qui estoient le temoignent. Ayant aussi egard que dés le temps de notre seigneur et pere le roy Henry, et lors de ladicte journée de Ranty, où ledict sieur de Tavannes fit tres-grand devoir, ledict sieur Roy [pour memoire de sa vertu], en presence de l'armée, le voulut honnorer de son Ordre et luy donner celuy mesme qu'il portoit. Et depuis encores luy ont esté souventefois promis et asseurés de grands estats, selon qu'il a tres-bien merité :

» Sçavoir faisons que nous voulons de tresbon cœur, et ainsi qu'il appartient, et que nous devons recognoistre et favoriser un si digne, rare, affectionné et ancien serviteur que ledit sieur de Tavannes, et user envers luy de la remuneration et grace extraordinaire qu'il s'est acquis par sa vertu et valeur, et par ses longs, laborieux et extraordinaires services, à fin qu'il serve d'exemple pour estre imité par tous chevaliers genereux, et le gratifier en cest endroit;

» A ces causes, et autres tres-grandes raisons et considerations à ce nous mouvans, par le bon et prudent advis de la Royne nostre tres-honnorée dame et mere, et de nostredict frere le duc d'Anjou, et de nostre grace speciale, pleine puissance et autorité royale, avons [en faveur dudict sieur de Tavannes] fait, erigé, creé, ordonné et establi, faisons, erigeons, creons, ordonnons et establissons par ces presentes, et pour ceste fois tant seulement, un estat de mareschal de France, outre les quatre mareschaux de France qui ont accoustumé d'estre, et qui sont de present pourveuz. Et audit estat avons attribué et affecté, attribuons et affectons tels et semblables honneurs, prerogatives, franchises, libertez, gages, pensions, droicts, profits et emoluments, avec mesme pouvoir, puissance et faculté desquels lesdits quatre mareschaux de France et chacun d'eux a joüy et usé bien et duement, joüyt et use, suivant l'ancienne creation et institution, sans qu'il soit besoin d'iceux cy specifier ny declarer, et lesquels nous tenons pour tous specifiez et declarez, et à plein confians des grands sens, suffisances, preud'hommie, vaillance, grande conduicte, experience au fait de la guerre et des armes, et diligence dudict sieur de Tavannes;

» Luy avons liberalement, et en recognoissance de ce que dessus, donné et octroyé, donnons et octroyons par cesdictes presentes, le susdit estat de mareschal de France, pour par luy le tenir, exercer, en joüyr et user, ausdits honneurs, prerogatives, preeminences, franchises, libertez, gages, pensions, droicts, pouvoir, puissance et faculté dessus dictes, et comme l'un des autres quatre mareschaux de France, tant qu'il nous plaira; à la charge expresse, et non autrement, que ledit present estat de mareschal de France demeurera suprimé, et suprimons dés maintenant, apres le decez dudict sieur de Tavannes, ou apres l'avoir pourveu de l'un des quatre autres estats de mareschal de France, si aucun vient à vacquer durant sa vie. Et toutesfois alors ledict sieur de Tavannes ne sera tenu prester autre serment que celuy qu'il fera en vertu des presentes, ny prendre autres lettres de provision.

» Si donnons en mandement à nostre dict tres-cher et tres-amé frere le duc d'Anjou et de Bourbonnois, nostre lieutenant general, representant nostre personne par tout nostre royaume, à tous nos lieutenants generaux, gouverneurs, capitaines et chefs de nos gens de guerre, et à tous nos justiciers, officiers et subjects, et chacun d'eux, ainsi qu'il appartiendra, que ledit sieur de Tavannes, duquel nous avons pris et receu le serment requis et accoustumé, et, iceluy mis et institué en possession et saisine d udit estat de mareschal de France, ils le facent, souffrent et laissent joüyr et user d'iceluy, ensemble de tout le contenu cy dessus, pleinement, et à luy obeïr et entendre de tous ceux et ainsi qu'il appartiendra, és choses touchants et concernants ledict estat et office de mareschal de France.

» Mandons en outre à nos amez et feaux conseillers et tresoriers de nostre espargne, presens et advenir, que les gages, pensions et droicts que nous attribuons audict estat, tels et semblables qu'à l'un des autres mareschaux de France, ils payent, baillent et delivrent audit sieur de Tavannes, par chacun an, aux termes et en la maniere accoustumée, et par eux rapportans le *vidimus* des presentes, collationné au present original par l'un de nos amez et feaux notaires et secretaires, avec quitance suffisante. Nous voulons tout ce que payé et delivré aura esté à l'occasion que dessus, estre passé et alloüé aux comptes desdits tresoriers par nos amez et feaux les gens de nos comptes à Paris, ausquels nous mandons ainsi le faire sans difficulté, car tel est nostre plaisir; nonobstant la creation et institution desdicts quatre mareschaux de France, et quelconques edicts, ordonnances et coustumes à ce contraires, auxquelles, pour ceste fois seulement, et sans y prejudicier en autre chose, nous avons, pour les bonnes causes et considerations que dessus, derogé et derogeons par ces presentes, lesquelles nous avons voulu [en tesmoin de ce] signer de nostre propre main, et à icelle fait apposer nostre seel. Donné à Maizieres, le vingt-huitiesme jour de novembre, l'an de grace mil cinq cens soixante et dix, et de nostre regne le dixiesme. Signé CHARLES. Et sur le reply :

» Aujourd'hui seizieme de Fevrier, l'an mil cinq cens soixante onze, le Roy estant au chasteau de Boulongne, Monsieur, duc d'Anjou, frere et lieutenant general de Sa Majesté, a presenté à Sadite Majesté le sieur de Tavannes, et luy a fait faire le serment de mareschal de France en tel cas requis et accoustumé, et luy a mis en main le baston de mareschal de France, moy conseiller et secretaire d'Estat de Sadicte Majesté present. Signé DE NEUFVILLE. »

« CHARLES, par la grace de Dieu, roy de France, à tous ceux qui ces presentes lettres verront, salut. Combien que, dés le vingt-huictieme jour de novembre mil cinq cens soixante et dix, en pourvoyant nostre cousin le sieur de Tavannes d'un estat de mareschal de France, lors par nous erigé en sa faveur, ayons declaré, et soit porté par les lettres de provision dudict sieur de Tavannes, que sondict estat de mareschal de France demeureroit suprimé apres son decez, ou apres l'avoir pourveu de l'un des quatre autres estats de mareschal de France, si aucun venoit à vacquer durant sa vie; et toutesfois qu'alors ledict sieur de Tavannes ne seroit tenu nous prester autre serment que celuy qu'il feroit en vertu de cesdites lettres, ny en prendre autre provision; et partant estant intervenu le decez de feu nostre cousin le sieur de Villeville, mareschal de France, nostredict cousin le sieur de Tavannes puisse et doive, sans aucune formalité, ny lettres de provision, entrer immediatement au lieu et place de mareschal de France dudit defunct ;

» Neantmoins nous avons [en tant que besoin seroit] bien voulu rendre plus ample tesmoignage de nostre intention en cest endroit. Pour ces causes et autres à ce nous mouvants, avons dict, declaré et ordonné, disons, declarons et ordonnons par ces presentes, voulons, et nous plaist, que nostredit cousin le sieur de Tavannes entre immediatement en l'estat, dignité, pouvoir, departement, gages, pensions et droicts de mareschal de France, qu'avoit et exerçoit nostredict cousin le mareschal de Villeville ; et lequel estat luy avons de nouveau donné, octroyé et confirmé, donnons, octroyons et confirmons par cesdites presentes, sans qu'il soit tenu prester autre serment que celuy qu'il a desja fait en vertu de ses premieres lettres, à la charge que ledit estat de mareschal de France qu'il tenoit, et qu'avions erigé en sa faveur, sera et demeurera suprimé : car tel est nostre plaisir. En tesmoin dequoy, nous avons fait mettre nostre seel à cesdictes presentes. Donné à Duretal, le dernier jour de novembre, l'an de grace mil cinq cens soixante onze, et de nostre regne le onzieme. Et sur le reply, signé DE NEUFVILLE. Le Roy, la Royne presents. »

Soit que le Roy, à dessein, ne tint parole, ou que la haine inveterée des Catholiques causast les massacres en plusieurs lieux ; sur les plaintes huguenottes le mareschal de Cossé est envoyé à La Rochelle, les deputez de l'Admiral à la Cour, les desseins differents. La Royne possede ses enfans par MM. de Rets et Villequier, ses creatures, dissimule, temporise jusques à ce qu'ils soient en aage avec les Huguenots, lesquels [sans prendre temps] resoulent forcer Leurs Majestez à la guerre d'Espagne, et les allier avec les Anglais leurs amis ; practiquent guerre etrangere ou civile, cabalent en Cour par ceux de Montmorency, intimident, jalousent le Roy du credit et de l'honneur de son frere, proposent de le bannir de France par le mariage d'Angleterre, qu'un royaume ne peut souffrir deux Roys; que c'estoit marier la France à l'Angleterre, les Huguenots aux Catholiques, pour partager le monde : en effect, pretendent de chasser leurs ennemis, et, sous le nom du roy d'Angleterre, rendre M. d'Anjou captif, sçachant ne se pouvoir r'allier avec luy, parce que de leur honte procede son honneur.

Le jeune sang boüillant du roy Charles agrée ces discours : la Royne cognoist comme elle possede son fils, ses humeurs et gouverneurs, ne se donne peyne de ses opinions, s'asseure les pouvoir changer en un mouvement. Toutes resolutions sont remises à Blois, où la royne de Navarre et l'ambassadeur d'Angleterre devoient arriver. Le sieur de Tavannes, apres plusieurs reiterez advis envoyez par escrit à M. d'Anjou, est envoyé querir, sans nuls desseins arrestez, ny de la guerre d'Espagne, ny de la Sainct Barthelemy [quoy que les ignorants ayent escrit]. Les Huguenots espreuvent leur credit en la Croix de Gastine, erigée des biens d'un Huguenot brusté, qui est transportée de nuict de la maison razée, malgré les Parisiens, au cimitiere Sainct Innocent; joinct avec la faveur non dissimulée du Roy, qui, pour se defaire de son frere et de sa sœur en mesme temps, et acquerir reputation par les armes, estoit porté à eux. La Royne, voyant son inclination, fluctuoit : les desseins et esperances huguenottes estoient d'exalter leur party, d'abbaisser le roy d'Espagne et la religion catholique, bannir de France M. d'Anjou leur ennemy, gouverner la Cour par le mariage du prince de Navarre, jetter la guerre en Flandres, en recevoir le gain, et le Roy la perte, s'establir aux despens de tous. La vieillesse, la laideur, et les articles de la royne d'Angleterre, la haine, le soupçon des Huguenots, glacent M. d'Anjou, qui haste par courrier la venuë du sieur de Tavannes, luy demande advis qu'il reçoit. Luy l'admoneste de regarder ses mains sanglantes des Anglais et des Huguenots, les receptions, les affronts du roy Philippe, marié à Marie, royne d'Angleterre, leurs Roys, esleus plus prisonniers que Roys, luy propose de se descoudre sans deschirer, cognoissant la furie et ambition de son frere, l'inclination de la Royne et de Madame au mariage de Navarre, pour demeurer à la Cour. Roy, Royne, M. d'Anjou, royne de Navarre, millort Robert, ambassadeur d'Angleterre, le comte Ludovic de Flandres, le sieur de Tavannes, arrivent tous à Blois.

La Royne luy demande comment elle sçauroit le cœur de celle de Navarre; il se rit, respond : « Entre femmes, mettez-la la premiere en colère et ne vous y mettez point; vous apprendrez d'elle, non elle de vous. » Le sieur de Tavannes taste le nœud du mariage du roy de Navarre, essaye de le rompre [tant s'en faut que l'on pensast faire la Saint-Barthelemy ses nopces, que, sans Madame, fille du Roy (1), qui y avoit inclination, il se deslioit] Enfin est consenty par M. d'Anjou, pour, par un petit mal, eviter le sien plus grand d'Angleterre. Le

(1) Madame Marguerite de Valois étoit sœur de Charles IX, et non sa fille.

millort Robert fournit ses articles pareils à ceux du roy Philippe d'Espagne avec la royne Marie, excepté que la royne d'Angleterre vouloit estre mariée à l'huguenotte. M. d'Anjou, conseillé du sieur de Tavannes, le tranche court, dit au Roy son frere s'il luy commandoit qu'il s'y marieroit, mais qu'il sçavoit tres-bien qu'il n'y vivroit pas quatre mois; qu'il aymeroit mieux n'estre rien du tout en France, et y mourir pour son service, que d'aller en Angleterre. Ceste response, et l'intermission de la Royne, refroidit ce mariage. Le sieur de Tavannes le tourne en gausserie. L'ambassadeur couchoit avec la Royne sa maistresse; il dit à Monsieur : « Le millort Robert vous veut faire espouser son amie, faites luy espouser Chasteauneuf qui est la vostre, vous luy rendrez le pennache qu'il vous veut donner. »

En ceste grande assemblée le Roy propose un tournois; le sieur de Tavannes en donne l'ordre et invention, icy escrit de son stil, qui estoit une grande bresche defenduë, et une retraicte derrier un retranchement, où les assaillans entrez eussent voulu estre dehors, feinte à l'imitation de l'aguerriment d'alors.

« A la grande porte, vingt arquebusiers commandez par le capitaine   lesquels garderont quelque peu la porte avec arquebusades, apres se retireront tousjours en escarmouchant jusques au bout du pont du chasteau, où ils ne s'arresteront, ains couleront dans la porte de la vis pour monter audict chasteau.

» A l'autre, vingt arquebusiers, soustenus de dix corcelets, sous le capitaine   partiront des cuisines, et feront une charge à ceux qui auront gagné la grande porte, pour essayer de la regagner : ayant failli à la regagner, se retireront en escarmouchant pas à pas de là où ils seront venus.

» Le Roy ayant gagné la grande porte entrera avec son camp, se logera devant et dessous les galleries, fera la premiere assiete de l'artillerie, assoira ses corps de garde et sentinelles. Cela faict, debandera une troupe d'arquebusiers de l'un des costez de la place, et par l'autre Sadicte Majesté, seul avec deux capitaines, ira recognoistre, soustenu neantmoins de quelques arquebusiers, qui ne tireront, si ce n'est que Sadicte Majesté fust pressée; apres se fera les approches, posera l'artillerie, et tirera en batterie.

» Une troupe de six corcelets et quinze arquebusiers, sous le capitaine qui gardera le fauxbourg, lequel sera assailly apres l'escarmouche devers les cuisines, se retirer en la place, laquelle recogneüe et la bresche faicte; et en l'assaillant, le capitaine du bout de la grande viz, qui sera en embuscade en la salle sous la chambre de Monsieur, fera une petite sortie pour favoriser la retraicte de ceux du faux-bourg; lesquels mettront le feu aux tonneaux, et se retireront au chasteau par le pont. Et ceux de ladite sortie [pour favoriser la retraicte] se retireront par ladicte viz à la terrasse audit chasteau, et ne demeurera sinon que six ou sept arquebusiers sur le milieu du pont, qui tireront tousjours.

» Alors ceux du dehors emporteront le fauxbourg, rompront leurs tonneaux, et iront donner un assaut au parapet de la muraille, duquel ils seront repoussez, et sonnera-on la retraicte pour donner à l'assaut général par le Roy et sa grosse troupe; lequel marchera avec son bataillon jusqu'au milieu de la cour, et là s'arresteront et baiseront la terre pour aller à l'assaut. Sera envoyé devant la grosse troupe une petite troupe d'enfans perdus, de corcelets avec deux bandes d'arquebusiers pour gagner les deux coings de la bresche; lesquels corcelets seront repoussez, et demeureront les susdicts arquebusiers.

» Lors arrivera la grosse troupe du Roy, qui enfoncera ceux dudit parapet de pierre, et ira à l'assaut de toute sa force, lequel à la longue ne se pouvant soustenir, se pourront retirer ceux de dedans au retranchement. Sera envoyé sur les deux heures une bande d'arquebusiers, qui partira de dedans la grande salle, avec le tambour, et ira dedans le fort, où, apres y en avoir laissé douze ou quinze avec ledict tambour, se desroberont file à file pour revenir treuver mondict sieur, afin de l'accompagner; lequel apres partira avec ses deux enseignes et toutes ses troupes pour aller secourir le chasteau, de quoy il sera empesché : pendant lequel temps le capitaine qui sera demeuré avec les dix ou douze fera remparer; et les pieces amenées sur la bresche pour battre le retranchement, la capitulation se fera, et se rendront les assiegez. »

Le comte Ludovic (1) assure moitié des villes de Flandres estre à la devotion du roy Charles, qui n'avoit besoin de fiction pour faire croire aux Huguenots qu'il les favorisoit, desireux de guerre. Il estoit entierement à eux, soit ou parce que ceux de Guise y contrarioient, ou par la resolution prise avec le sieur de Tavannes d'esloigner ceux de Lorraine et de Montmorency des affaires, le Roy et ses freres estans assez grands pour les manier. Ce fut sans artifices, et par ces raisons que le cardinal de Lorraine et ses nepveux s'esloignent de la Cour. Reste le seul sieur de Tavannes amateur de l'Estat, qui s'oppose aux desseins du sieur admiral de Chas-

(1) Ludovic de Nassau, frère du prince d'Orange.

tillon pour la guerre d'Espagne ; monstre un royaume espuisé d'hommes et d'argent par les guerres civiles, opposé à un florissant Estat, fortifié de l'argent des Indes et d'une longue paix ; regrette, se plaint, et ne veut que les prisonniers et vaincus à Jarnac et Montcontour conduisent des victorieux selon leurs desseins.

Tous fluctuent, tous balancent, rien de resolu, contre l'opinion d'aucuns, croyans que Lignerolles avoit esté tué pour avoir decouvert l'entreprise de la Sainct-Barthelemy, qui n'estoit pas seulement pourpensée, et dont la naissance vint de l'imprudence huguenotte. La petite faveur de Lignerolles chassée par la plus grande de Villequier de chez M. d'Anjou, il se donne au roy Charles imprudemment, discourt aux despens de la Royne-mere, luy propose de sortir de tutelle. Sa Majesté, non capable de ce grand dessein, le redit à sa mere, laquelle, d'accord avec ses enfans, le fit tuer. Lignerolles mort, le sieur de Tavannes blasme cruellement cet acte, dict que l'on tuera les hommes jusques aux cabinets des Roys. La Royne luy impose silence, luy commande d'assister ceux qui alloient demander la grace des meurtriers; apres plusieurs refus, obeyt : tant peut la Cour sur les gens de bien. Il admonneste le Roy de ne se mesler point des querelles de ses serviteurs, leur commander accord ou combat promptement. En ce temps je fus malade à l'extremité : il dit que si je mourois qu'on sellast ses chevaux, qu'il s'en vouloit aller, qu'il estoit saoul d'honneurs, et ne travailloit que pour les siens.

[1572] Le legat du Pape arrive pour empescher le mariage du roy de Navarre, et faire celuy du roy de Portugal avec Madame sœur du Roy. Il est renvoyé avec paroles generales que Sa Majesté ne feroit rien au prejudice de l'obeïssance de Sa Saincteté. Le sieur de Tavannes, las des irresolutions de la Royne, prend congé : elle pleure et le prie, sçachant qu'il avoit des advis salutaires pour Leurs Majestez, qu'il laissoit sans aucune resolution. Les gentils-hommes de sa suitte le blasment de n'avoir pris garde aux larmes de la Royne. Il respond que les courtisans ne pleuroient leurs amis, mais un manteau qui leur restoit à engager; que Leurs Majestez avoient ses meilleurs ans, qu'ils pleuroient pour en avoir encore quatre ou cinq qui luy restoient à vivre en repos.

En son absence, le Roy n'a cesse que l'Admiral avec grande asseurance ne soit aupres de luy. La guerre d'Espagne toute resolue à l'insceu de la Royne qui n'y estoit encor qu'à moitié, les ligues d'Angleterre et des Protestans d'Allemagnes acheminées; le Roy, pour mieux gagner sa mere, employe Strosse son parent, qui, sous feinte d'aller aux Indes, devoit descendre en Flandres ; l'Admiral desseigne son embarquement de six mil hommes à Bordeaux. Dieu se sert des desseins des hommes contre eux-mesmes miraculeusement : cest embarquement se fait par providence divine proche de La Rochelle, non premedité ny des uns ny des autres, et qui furent employez au siege de La Rochelle, au contraire de ce à quoy ils avoient esté destinez.

La Noüe, huguenot, fait levée pour se jetter dans les villes rebelles de Flandres. Le sieur de Tavannes ayant respondu, sur la proposition du comte Ludovic, qu'il ne tenoit pas une des douze principales places, que quand ils auroient sur la frontiere deux villes, Sa Majesté mettroit en deliberation la guerre : les Huguenots envyrez de faveurs rendent leurs villes de seurté, levent la mesfiance. La royne de Navarre vient hastivement mourir à Paris; la colere, le chaut, l'apprehension dans un esprit subtilisé, causent sa fin sans aucun poison, quoy que l'on ait voulu accuser un parfumeur du Roy, maistre René, de l'avoir empoisonné avec une paire de gans. Les desseins embarquez ne se retarderent, l'alliance d'Angleterre est faicte, celle des protestans indubitable, le cardinal de Lorraine retiré à Rome. Monsieur, descheu de credit d'avec son frere joinct à la Royne, mande le sieur de Tavannes.

Le roy de Navarre, l'Admiral arrivent à Paris : le Roy feint de chasser, va au devant; mais ledict Admiral venant au lever de Monsieur frere du Roy, le sieur de Tavannes luy conseille de le faire attendre une heure à sa porte, ce qu'il fit, monstrant la difference des grades et des victorieux aux vaincus. Les deux Gaspards de Tavannes et de Coligny marchent ensemble à l'entrée du Roy à Paris, donnent parler à qui tromperoit son compagnon. L'Admiral asseuré et attiré de ceux de Montmorency ne se sentans assez forts sans luy pour faire resoudre la guerre d'Espagne. Le Pape crée le duc de Florence grand duc de Toscane, au mescontentement des autres potentats d'Italie. Le Turc, lié par sa loy de ne toucher au tresor public qu'en guerre chrestienne, ambitieux, cherche querelle pour Cypre, qu'il maintient avoir esté aux empereurs grecs dont il se dit successeur. Les Venitiens, unis avec le Pape et l'Espagnol, par les incommoditez et longueurs accoustumées des ligues, laissent prendre ceste isle à Moustapha. Tost apres les Chrestiens gagnent la bataille de l'Epante (1) pour avoir mis des grosses naves de-

---

(1) 1571.

vant, dont la salve endommagea et estonna les Turcs avant qu'arriver au combat; la victoire non suivie fut infructueuse par division, au grand dommage de la Chrestienté. J'apris depuis à Constantinople que les soldanes passoient toutes leurs richesses à Scutari, de là le trajet de l'Ellespont, et que cinquante mil Grecs se fussent revoltez si la victoire eust esté suivie. Les cruautez, les trophées, les impositions, les statues erigées du duc d'Albe, joinct aux artifices et menées du sieur admiral de Chastillon, causent la prise de Monts et de Valentiennes par le comte Ludovic, assisté des Huguenots de France : Valentiennes est secouru par le chasteau du duc d'Albe, qui resout le siege de Monts.

C'est crime de prendre pension des estrangers, et moins s'en doit recevoir des princes françois pour les servir, sans exception de ce qui se doit au Roy. Ceux qui tiennent rang n'en prennent sans consentement de Leurs Majestez; s'ils les acceptent il ne faut tromper ny l'estre : et si recevant la pension il n'est promis à ceux qui la donnent de les servir envers et contre tous, cela n'oblige contre nos souverains. Nostre naissance nous lie à leur service et de la France : qui n'y desroge par paroles expresses n'est tenu au contraire. Il n'est bien seant d'interpreter les intentions apres avoir receu les bien-faicts. Les pensions de princes estrangers ne requierent explications, elles ne se donnent ny reçoivent que pour mal faire; leurs pensions cachées sont dangereuses, se descouvrent et se sçavent; vaudroit mieux prendre ouvertement les armes que secrettement l'argent, tout se sçait : les comptes estrangers en sont revestus, perilleuse en est la descouverte, et honteuse la memoire. Qui reçoit pension estrangere se doit mettre en seurté, et puis apres se resoudre aux armes dans peu de temps, autrement il est en voye de se perdre. Et ne sert pas de demander congé à son souverain, à son maistre de prendre pension, ce qu'il concede pour ne vouloir offenser le serviteur qui en demande permission; mais dez ceste heure-là il ne les tient plus à luy, et en entre en soupçon; ce que le sieur d'Albigny esprouva à la perte de sa vie.

Les voluptez sont mesprisables, le commun les attache partie aux vivres et en l'amour; les plaisirs ne sont tels que les repentirs et incommoditez; les superfluitez de viandes engendrent les maladies; les exquises servent d'aiguillon pour en prendre outre mesure; le plaisir n'est aux meilleures, ains à l'appetit; les pauvres treuvent le pain bis et l'eauë trouble aussi delicieux que les riches les massepains et malvoisies. Darius en sa fuitte treuva l'eauë de bouë

meilleure qu'il ne treuva la sucrée en prosperité : les grands previennent l'appetit, et s'en desrobent le plaisir. Manger peu et de legeres viandes resjoüyt plus que les delicieuses et fumeuses, qui remplissent les cerveaux de pesanteurs, et les corps de descentes. Ceux qui sont saouls de pain, et ceux qui sont saoulez de friandises, la refection passée, ne reçoivent plus de plaisir; à l'un reste les pesanteurs et endormissement, à l'autre la disposition meilleure : c'est la ruyne des corps et plus des esprits.

Ceux qui ont prophetisé, descouvert des secrets, ceux qui se sont rendus agreables à Dieu et au monde ont jeusné. Le prejudice des viandes se voit en ce que les conseils du matin sont beaucoup meilleurs que ceux de l'apresdinée; le plaisir qui passe en un quart d'heure se doit peu priser : l'appetit desordonné est suivy de chastiment, de maladies, debilitation de sens, perte d'entendement, d'ame et de biens; en la beauté, la quantité, la joüyssance estouffent les plaisirs Si nous la constituons en masques, tournois despenses superflues, s'en sçavoir passer et se commander aportent davantage de contentement, restant le fruict de l'espargne. Si en bastiments et meubles, les pauvres qui les voyent y peuvent prendre plaisir comme les riches. Il n'y a point d'architecture plus belle que l'univers, ny plus belle voute que celle du ciel, ny plus beaux habits que la couleur des fleurs, ny plus belles allées que les chemins, ny plus beaux vergers que les forets : toutes sortes de voluptez se treuvent en la pauvreté egales à l'opulence, les inventions des riches ne sont qu'imitations de nature. Celuy qui oyt le rossignol n'a que faire de celuy qui le contrefaict; tout passe en un moment : le souvenir des plaisirs receuz n'est si grand que la memoire des malheurs evitez.

Le songe du mal apporte contentement au reveil, celuy du bien ennuye d'avoir perdu ce l'on croyoit posseder : la volupté est un songe mal regretté. Miserable est le riche qui [par emplastres et breuvages cherchant accroissement de luxure] treuve la maladie et la mort : plaisir forcé pert son nom, et le chrestien ne doit prodiguer le bien qui serviroit aux pauvres; en si peu de distance qu'il y a entre la vie et la mort, ils sont desja à moitié poudre. En vain se cherche la joye si nos corps sont composez d'humeur melancholique : de là vient que plusieurs sont tristes au milieu des plaisirs, sans sçavoir dire pourquoy; la joye et la melancolie dedans nous alternativement agissent, l'artifice n'y sert de guieres; le vrai plaisir est le bon esprit resolu à tous evenements, et asseuré de son salut.

Les jeunes doivent estre en garde et soupçon

des voluptez; nature incline plus au mal qu'au bien; il faut combattre à la premiere barriere, resister aux premiers instincts; les autres sont faciles à vaincre. La resolution à coucher sur la paille, à boire de l'eau et manger du pain bis, se convertit en habitude : qui ne resiste à la nature, elle n'est contente ny de licts de draps d'or, ny de viandes plus exquises, elle veut tousjours mieux ; peu de gourmands deviennent capitaines, peu de sobres sont ignorans. Epaminondas avoit plus de plaisir se souvenant des batailles qu'il avoit gagnées, que les Epicuriens de leurs festins.

Les bastiments sont un honorable appauvrissement à une espèce de maladie ; à peine ceux qui ont commencé s'en peuvent tirer. Si c'est pour laisser memoire de nous, elle tourne plus à l'architecte ; cela est hors de nous, ainsi que si ceux qui ont des chevaux, des pierreries et de l'argent, devoient acquerir reputation pour les posseder. C'est plaisir d'estre bien logé, pourveu que ce soit avec mediocrité : apres qu'on a basti en un lieu bastir en un autre, cherchant des excuses de pluralité d'enfans pour couvrir la maladie, et le pis qu'il ne se bastit au gré de la posterité, qui font souvent les portes là où ont esté faictes les fenestres, et peu de gens verront ces bastiments sans y trouver à dire. Que si nous cherchons la beauté, la cimmetrie, quelle voute plus belle que le ciel? quel jardinage, quelle allée plus belle que la campagne? Nous devons joüir de ce que Dieu nous a donné sans superfluité, ny incommodité, et sans s'endebter : termes dans lesquels il faut demeurer pour la construction des bastiments. Les meubles d'or, bastiments et jardins sont autant à ceux qui les regardent qu'à ceux qui les possedent, y prenant autant de plaisir les uns que les autres. Si les yeux du possesseur s'y arrestent plus long temps, assouvis ils les mesprisent : le plaisir de les avoir construicts est balancé pour n'y avoir si bien fait qu'il ne s'y treuve à redire. Ceux qui ne les possedent peuvent dire qu'ils y auront autant, de là à cent ans, que les maistres, ausquels n'en reste que la despense.

Il ne se peut attaindre à la perfection, ce qui se cognoist par les bastiments du roy Henry IV; les seconds estages des Tuilleries trop bas, les bas obscurcis, la galerie oste la veuë du Louvre qui est imparfaict ; le bastiment de Sainct Germain ne correspond à l'escalier qui s'en va en ruyne. Fontainebleau est une confusion, et n'y a que la grande cour qui soit belle, la seconde sans architecture, la troisieme partie ovale, triangle et quarrée, du tout imparfaicte : il ne faut treuver estrange si les gentils-hommes faute de moyens, font des fautes en leurs maisons, puisque celles des princes n'en sont exemptes; et quand bien on auroit construicts des grands et innombrables bastiments, les voyant tous les jours c'est une mesme chose qui enfin les rend mesprisables.

Si le roy Henry IV eust vescu, aymant les bastiments comme il faisoit, il pouvoit en faire un remarquable, achevant le corps de logis du Louvre, dont le grand escalier ne marque que la moitié, et au bout d'iceluy faire une mesme gallerie que celle qui est à la sortie de sa chambre en tirant vers Sainct Honoré, et depuis là faire une pareille gallerie que celle qui regarde sur la riviere, qui allast finir entre le pavillon des Tuilleries qui n'est pas faict, et l'escuyrie, et au lieu de gallerie s'y pouvoit construire des logis pour loger les ambassadeurs, et ruïnant toutes les maisons entre les deux galleries, le Louvre et les Tuilleries, se fust trouvée une grande cour admirable, et au regard de la cour du Louvre ; l'autre moitié du corps de logis au costé de l'escalier estant faicte, faire un pareil corps de logis que celuy où loge la Royne, et au costé du portail proche du jeu de paume faire une grande terrasse, de laquelle pourroit descendre par degrez, comme d'un theatre, les degrez deçà que delà du portail qui seroit au mitan, qui contiendroit en longueur les deux tiers de la terrasse; oster la chappelle de Bourbon et tous les bastiments qui sont entre le Louvre et Sainct Germain de l'Auxerrois, qui seroit la bienseance de la chapelle des roys, et se pourroit laisser la salle de Bourbon sans y toucher, se contentant de ceste grande place qui seroit depuis le Louvre à Sainct Germain. Mais à la verité, pour faire de tels bastiments, il faudroit que le roy de France fust au moins seigneur de tous les Pays Bas, et bornast son Estast de la riviere du Rhein, occupant les comtez de Ferrette, de Bourgongne et Savoye, qui seroient les limites devers les montagnes d'Italie, et d'autre part le comté de Rossillon, et ce qui va jusques proche des Pyrenées.

Il s'est definy trois moyens de laisser memoire de soy : par de grandes et genereuses actions, batailles, restauration d'un Estat corrompu, ou occupation d'iceluy par voye juste ; le second de reüssir grandement à composer des livres et escrits qui puissent durer à la posterité ; et le troisiesme par de pieuses fondations, quoy que tous ces moyens soient vains et non sans peché de chercher de perpetuer sa memoire, ce qui ne nous appartient point, ains à Dieu, auquel est deüe la gloire en toute eternité. Et entre ces trois moyens susnommez les bastiments sont fort à estimer, d'autant que c'est faire gagner le pauvre peuple, et leur rendre les tailles et rentes qui sortent d'eux; et ce qui faict que ceux de princes et seigneurs sont imparfaicts, c'est que l'envie de bastir ne vient qu'en la vieillesse: tellement qu'avant que les bastiments soient parfaicts la mort advient. Ainsi est-il advenu à mon pere, lequel avoit seulement tracé le bastiment de Suilly, lorsqu'il estoit mareschal de France, gouverneur de Provence, et avoit cent mil francs d'Estat du Roy. Moy, sans avoir fort peu de bien fait de Leurs Majestez, et beaucoup de malvueillance d'eux, enveloppé dans les guerres civiles, plusieurs blesseures et prisons, j'ai quasi parachevé ce que mondict pere avoit desseigné, qui ne se feroit à Paris pour cent mil escus. Bien est-il vray qu'il avoit basti une autre maison nommée Le Pailly, à la forme d'Italie, toute voutée; et si elle ne se peut dire des belles maisons, du moins la jolivité et commodité en est fort remarquable. En effect, ces bastiments et ces escrits, et ces fondations, tout perit par le temps; et de mille belles maisons qu'il y a en France, on ne sçait plus le nom de leurs autheurs.

Les roys devroient vivre de leur domaine, payer la gendarmerie des tailles, et faire la guerre des aydes; le peuple croit participer du gouvernement, si les levées se font par le consentement des Estats, qui accordent pour une juste guerre autant ou plus qu'il est necessaire, dont les sages roys se peuvent dispenser, pourveu qu'ils ne jettent sur leur peuple que ce qui est raisonnable. Les princes et leurs conseillers qui jettent des subsides pour des despences inutiles, en respondront en leurs consciences. Les roys sont creez des peuples pour administrer la justice et les defendre d'oppression, non pour les rançonner pour satisfaire à leurs plaisirs et à leurs mignons : il vaut mieux estre en la cour de chez soy, qu'en celle où l'on prostitue son ame aux mauvais desseings des princes. Les soldats vollent en guerre, les sergents en la paix, les pauvres et miserables payent. Les nobles, les officiers du Roy et plus riches citadins, se deschargent sur le plat pays; les oppressez sont les pauvres, ausquels ne reste que leurs justes plaintes pour desposseder les tyrans des sieges du ciel et de la terre.

Les finances avarement levées mettent l'ame et l'Estat des roys en peril; ils doivent les dispenser sans donner ny prodiguer plus qu'ils ne peuvent, et se reserver des tresors pour l'evenement des guerres. Les millions se dependent en festins, bastimens, dons immenses, amours, desquels huict jours apres la memoire est esteincte; les larmes, le sang et sueur des pauvres saccagez, et la vengeance en demeure eternelle. Ne vient-il point au devant de ces conseillers les licts, les meubles, les bien vendus par les sergens, les portes rompues, les pilleries sur les vefves, sur les enfans orphelins, ausquels on arrache le pain de la main, et commes esponges qui succent le sang et la sueur du peuple?

A sçavoir si un general doit desirer d'estre plus craint qu'aymé. La ferme amitié procede des bienfaicts passez, la crainte des punitions presentes qui ont plus de force; l'inclination des hommes est plus au mal qu'au bien, à s'aymer plus qu'autruy. Il n'y a rien si commun que l'ingratitude; il se treuve plus de beaux actes faicts par les chefs redoutez que par les aymez : qui n'est craint est mesprisé. Se faire craindre sans cruauté, se garder sans soupçon, allier crainte et amour ensemble, s'ayder de l'une et de l'autre à son tour est necessaire; s'il en faut perdre une, vaut mieux pour le general que ce soit l'amour que la crainte.

La liberté ne se peut assez acheter; plusieurs peuples l'ont preposée à leur vie. Il se doit souhaitter d'estre sous un juste gouvernement, où le bien, la vie, punitions et recompenses soient assurées. C'est estre en une tyrannie, si les richesses sont aux meilleurs chicaneurs, favorits et mignons, que les superieurs en disposent, et que les chastiments et recompenses ne soient données à ceux qui les meritent. Heureux ceux qui peuvent dire : J'auray du bien le bien, et du mal le mal, sans faveur ny misericorde. Ceux qui sont contraincts d'aller à la cour des roys pour conserver ce qu'ils possedent ne sont libres : qui entre en la maison d'un mauvais prince devient serf; si l'ambition nous y mene, les maux qui s'y endurent nous punissent. C'est se flatter de croire que les affaires n'estans bien administrez, et nous presupposants capables d'y mettre ordre, que nous allions pour le public à la servitude de la Cour; nous sommes mauvais juges de nostre capacité. Quand l'intention seroit bonne, c'est à sçavoir si Dieu benist nostre labeur, ou s'il veut chastier son peuple par les imperfections et fautes des princes qui ne veulent estre corrigez. Les conseillers de Galba ruynerent l'Empyre par precipitée reformation; ceux d'Othon et de Vitellius par licence effrenée. A la Cour on est contrainct suivre les vices du maistre, loüer ses meschans conseils; les blasmer est dangereux. Les princes sages n'ont besoin de nous, et nous n'avons que faire des princes : l'envie circuit les courtisans; ils n'ont point d'heure à eux, sont contraincts de rendre compte où ils ont esté, en perpetuelle crainte d'alteration de faveur; montez en grand credit, l'eschelle se rompt; pour en descendre il se faut rompre le col. Ils combattent en fin, non pour la faveur, mais pour leur vie, qui y est attachée : avant qu'y venir infinis affronts et rebuts sont preparez, les portes fermées, voir apeller et entrer les moindres et plus vicieux, prostitué à la mocquerie des regardans, se retirer plein de desdain et de vengeance, abstraint de courtiser, non les plus gens de bien, mais les plus favoris, qui ne parlent qu'en picque, quoy qu'ils soient loüez et admirez de leurs mensonges et foibles inventions.

Les rebuts aux courageux sont autant de poignards : mentir, feindre, dissimuler, cacher sa religion, son courage, sa prudence, ses biens, ses amis, sont necessaires en plusieurs cours; obeïr aux femmes, contrarier ses semblables, estre garand des actions des maistres, se preparer pour ne tomber apres leur mort, faire contre eux pour son particulier, celer ce qui leur nuist, estre triste, joyeux, loüer, blasmer selon l'appetit d'autruy : ainsi monter de branche en branche, et à la derniere tomber en un precipice, apres avoir fomenté quelques desseins dangereux pour maintenir sa faveur. Credit et envie nuisent : faire pour plusieurs est se rendre importun au prince, ne faire pour personne est se perdre soy-mesme; se monstrer et ouvrir à tous, c'est estre importuné; s'enfermer, se cacher, c'est estre hay. Les ingrats treuvent d'autres ingrats : quelles ongles bien aigues seroient necessaires pour se tenir seul où tous aspirent! La faveur est si variable, qu'elle consiste en songes, en rapport, en l'esprit de l'homme; les affronts en chassent les vaillans, les violemens de loix les consciencieux, la servitude les francs, l'avarice les pauvres : peine intolerable qui ne se devroit souffrir que pour le salut des ames, laquelle en est la perdition.

Heureux qui ne cognoist les roys, plus ceux qu'ils ne cognoissent, tres-heureux ceux qui en sont esloignez et ne les virent jamais! Pourquoy aller pour servir les roys, puisque c'est à leurs favorits et vallets qu'il faut faire la cour, considerer si on leur attouche de parentage ou d'alliance, ou si l'on peut servir à leurs desseins, qui peut-estre sont preparatifs pour se maintenir contre leur maistre mesme? favorits armez d'espines et de pointes comme les herissons, ou bien plustost comme les porcs-epics, qui lancent leurs pointes de loing, et atteignent ceux qui veulent approcher; s'advançant d'un pas on est reculé de cent. Ce n'est que rapports et mauvais offices, blasmes et mocqueries, pour ne laisser personne approcher. Favorits qui imputent à crime l'esprit, la valeur, la vertu, l'illustre extraction de ceux qui se veulent approcher des roys, craignant que ce soit à leur prejudice, disant que si les princes et les grands ont esté si mal habiles que de les laisser accroistre, qu'ils ne veulent pas faire le semblable, ny endurer qu'aucun les supplante ou depossede.

Il se doit rechercher pour espouser celles qui ont honneur, prudence, noblesse et richesse, parties lesquelles demeurent en vieillesse, non pour la beauté, bonne grace et mignardise, qui passent soudain. Les maledictions, maladies, querelles et vices s'espousent, et se transportent en la posterité par mariages; amour aveugle s'attache au corps et laisse l'esprit. Les mariages des roys doivent profiter à leurs Estats, qu'ils marient avec eux : plus de mal que de bien est venu des alliances estrangeres; ils ont plus allumé qu'estaint de guerres, et aucuns ont apporté enormes vices dans les familles royales. Seroit honneur à la France d'y treuver des roynes sans qu'il en fallust chercher ailleurs; l'alliance d'Austriche en sa mesme race conserve les fruicts plus semblables à eux mesmes; les femmes en sont mieux cogneües, l'amour plus certain, sans lequel les roys deviennent adulteres, peché par lequel Dieu a puni son peuple. Des timides et hardis naissent les mediocres, des braves et vaillants s'engendrent leurs semblables.

Le sieur de Tavannes fut heureux au choix qu'il fit de son gendre : le sieur de Mortemart [René de Rochechoüard], nay de maison ancienne et illustre, fut en tous les voyages militaires et entreprises de guerre de son temps : à Parpignan, au camp de Marolles, commandant un regiment; au camp de Jallon assista M. le Dauphin, fut avec cent des siens à l'assaut et prinse de Vulpian, et renversé sur la bresche en celuy de Cauny; estoit au camp d'Allemagne, aux sieges de Mets et de Hedin; defendit le premier, et au second il y fut pris; fut à la prise de Calais, vint treuver le Roy au tumulte d'Amboise, assista à la reprise des villes de Poictiers, Blois, Bourges et Roüan, qu'avoient prises les Huguenots, contre lesquel il fut aux quatre batailles de Dreux, Sainct Denys, Jarnac et Montcontour; combatit le premier à la defaicte des Provençaux, fit une grande charge proche Chastelleraux, defendit Poictiers, chargea à Fontenay Sainct-Estienne qui avoit mis la compagnie de M. de Montpensier en route, et sauva la pluspart d'icelle; assista aux sieges de Sainct Jean, La Rochelle et Broüage; fut capitaine de gensdarmes, et eust les ordres Sainct Michel et Sainct Esprit [legere recompense pour tant de beaux effects]. Il servit cinq roys fidelement, vesquit et mourut avec honneur en la religion catholique.

Le sieur de Tavannes luy donna sa fille aisnée, Jeanne de Saulx, non tant pour l'antiquité de sa maison, ny pour les biens qu'il possedoit [estant appellé, à cause d'iceux, roy de Poictou], que pour une grande valeur qu'il avoit veüe et cogneüe en luy en tous les voyages ci-dessus mentionnez : femme digne d'un si valeureux mary, qui n'a degeneré, ains a tres-bien imité et suyvi la vertu paternelle et la chasteté de sa mere. Elle demeura jeune vefve, chargée de plusieurs petits enfans, lesquels, au milieu du fer, feu et sang qui couroit par la France, elle esleva et nourrit vertueusement; les garda des entreprises faictes sur eux conservant leurs esprits, leurs corps et leurs biens de tout naufrage; aymée, reverée et admirée de tous pour sa pieté, preud'hommie et prudence.

Les traictez de mariages sous espoir de l'execution des promesses y contenuës à l'advenir, sont autant de repentirs, de querelles et procez; la moitié comptant vaut mieux que le tout à credit, non subjet aux interpretations et manquemens alleguez des grands, des procez suscitez des moindres, et impossibilitez : tout ce qui se peut promettre est incertain en ce temps.

Guillaume de Saulx, fils aisné du sieur mareschal de Tavannes, nourry enfant d'honneur du roy Charles IX, depuis gentilhomme de sa chambre, capitaine de cinquante hommes d'armes, chevalier des deux ordres du Roy et son lieutenant general en Bourgongne, assista son pere au devant des reistres huguenots en l'an 1567, et en toute ceste année-là jusques à la paix qui se fit avec eux à Chartres; se signala à la bataille de Jarnac et en plusieurs autres lieux; observa les commandemens que luy fit son pere au lict de la mort, de servir Dieu et obeïr au Roy. En ceste consideration, au temps que toute la France, sous MM. de Lorraine, s'esleva contre le feu roy Henry troisiesme, et que M. du Mayne se saisit des forteresses de son gouvernement de Bourgongne, sans estonnement ny sans places, encores qu'il fust prié, menacé et persuadé pour estre de la Ligue, n'y voulut adherer, demeura serviteur du Roy, et conserva la ville de Beaune, seule restée en la province, avec Chalon, sous l'obeissance de Sa Majesté.

En l'an 1588, que la mort mal premeditée de MM. de Guise aux estats de Blois enflamma et jetta les armes en la main de tous les Français, n'estant au duché de Bourgongne une seule ville du party du Roy qui s'estoit retiré à Tours, quasi seule à luy de toutes celles de son royaume, ledict sieur de Tavannes se mit en campagne avec vingt chevaux, prit les villes de Flavigny, Sainct Jean de l'Aosne, Semeur, Montcenys, Saulx-Lieu, toutes lesquelles places foibles, auparavant inutiles et sans nom, il fortifia, egala et opposa aux grandes villes du duché de Bourgongne; ce qui luy donna moyen d'estre tellement assisté, qu'il combatit par deux fois le sieur de Farvasque, lieutenant de la Ligue audit païs, accompagné de toute la noblesse, infanterie et forces dudit païs, qui n'emporta rien sur luy; et le mit ledit sieur de Tavannes en tel soupçon, que ceux de son mesme party le constituerent prisonnier dans le chasteau de Dijon.

Ledit sieur de Tavannes favorisa les passages des Suisses et des reistres, qui donnerent pouvoir au roy Henry troisieme de se remettre en campagne et assieger Paris, et au roy Henry quatriesme de se desgager du siege de Diepe avec l'aide d'iceux conduits par M. de Longueville; lesquels estrangers ne fussent entrez dans la France sans l'aide et assistance dudict sieur de Tavannes et places qu'il avoit reconquises en Bourgongne. Les belles actions, le bien faire, qui porte tousjours l'envie à ses costez, fit que ceux qui ne respiroient que par la faveur et ayde que ledict sieur de Tavannes leur avoit donné, les ayant eslevez de la poudre, tiré des cavernes où ils s'estoient mussez en ce grand mouvement, par trahison et meschanceté essayerent de le mettre en soupçon du roy Henry quatriesme, ce qu'ils n'eussent peu du vivant du roy Henry troisieme son maistre, et luy procurerent un successeur au commandement de Bourgongne, qui fut le mareschal d'Aumont, lequel, apres n'avoir rien fait qui vaille, repoussé du siege d'Ostun, et avoir perdu l'argent et les serviteurs du Roy en une entreprise double sur la citadelle de Chalon, où il se laissa piper par le sieur de Lartuzie, augmenta et fomenta le soupçon et division qui estoient parmy les serviteurs du Roy en la Bourgongne, à fin de se former un party qui ne dependist que de luy; osta par envie Sainct Jean de l'Aosne au sieur de Tavannes, qui l'avoit conquis, pour le donner à Vaugrenant, conseiller gendarmé du parlement de Dijon : et donna hardiesse au marquis de Mirebeau de prendre Flavigny sur ledict sieur de Tavannes, qui estoit de son mesme party; puis se retira honteusement, laissant le païs en tel estat, qu'il y avoit plus de division entre les serviteurs du Roy qu'entre ceux de la Ligue : discorde qui fut cause qu'ils demeurerent long-temps sans pouvoir tenir la campagne.

Ny le successeur ny les places, vollées par ceux de mesme party, ny les defaveurs du roy

Henry quatrieme, qui ne recognoissoit pas si bien le sieur de Tavannes que son predecesseur, ne luy peurent jamais par mescontentement particulier faire offencer le bien general de son prince et de son party; au contraire, s'employa tousjours à la conservation de ce qu'il avoit acquis au Roy en Bourgongne, secourant Verdun contre son frere qui estoit de la Ligue, et fit tout ce qu'il peut à son prejudice pour le service de Sa Majesté, non par inimitié qu'il luy portast, l'ayant assisté en son particulier en plusieurs traverses ausquelles ceux qui se meslent du mestier qu'il a exercé sont subjets.

A Fontaine Française, crise de la fortune du Roy, qui se treuva en extreme danger, ayant esté renversé sur Sa Majesté les premieres troupes; il assista le Roy, qui n'avoit que fort peu de gens, ayda à la victoire, qui apporta la paix en France, lorsque la guerre faisoit son dernier effort pour se rendre immortelle. L'imitation de ses beaux effects se pourroit par quelques uns, mais non si facilement ceux qui suivent. Luy, ayant tenu ses ennemis entre ses mains, et se pouvant venger du sieur d'Aumont et Vaugrenant, il a pardonné à l'un et obey à l'autre; pouvant reprendre les places qui luy avoient esté vollées injustement, il a postposé la justice de telle entreprise, et son particulier au service de son maistre. Et ce qui est de plus, apres avoir tant peiné, tant despendu, et sué sang et eau, lors que le Roy vint en Bourgongne en l'an 1595, que tout s'en alloit paisible en France, qu'il pouvoit jouïr de son estat de lieutenant general en paix [seule recompense de tant de travaux], comme s'il se fust voulu sacrifier soy-mesme pour le bien et service de Sa Majesté, pour gagner le baron de Sennecey, mais bien plustost la ville d'Auxonne, qui estoit de la Ligue, il offre sa lieutenance generale de Bourgongne au Roy, lequel honnestement le prit au mot, sans luy donner recompense vaillable : demeure desnué de toutes charges, voyant posseder au baron de Senecey, qui meritoit punition pour avoir de long-temps desservy, les grades et estats dont il luy appartenoit non seulement la conservation, mais accroissement, ne luy restant pour recompense que la vertu, qui a accoustumé de satisfaire à soy-mesme, et les voix et souspirs des peuples qu'il a sauvez et assistez, qui en son absence et presence se plaignent du tort que l'on luy a faict, publiant que les rois n'auroient un poulce de terre en la Bourgongne, si ce n'eust esté par son assistance, conduicte et valeur, et le tenoient pour un des hommes de bien du monde. Luy, contempteur de la vanité mondaine, parmy leur exclamation, dict estre assez recompensé estant parvenu au but qu'il desiroit, et pour lequel il travailloit, le bien de la religion, de l'Estat et du service du Roy.

Il est incertain quel langage les anciens Gaulois parloyent; leur science s'apprenoit plus par tradition que par lettres, et quand bien ils eussent escrit, les Chrestiens n'estoient moins soigneux de brusler leurs livres que leurs idoles. Les Romains portoient les loix et les langues en leurs conquestes, et n'y souffroient les anciennes, qu'ils nommoient barbares; establissans escole de la leur partout, ils voulurent que la religion et la justice fust exercée en leur langue. Depuis les conquestes de Cesar il ne se parloit quasi que latin, mesmes il n'y a que cent ans que l'on contractoit en latin. Cesar, ayant conquis les Gaules, se contente de plier avec les Gaulois; ne les pouvant chasser du tout, de deux peuples en fit un, et my-partit la France. En fin se meslerent et meslangerent leurs langues; et y ayant autant de Gaulois et Romains qu'il y avoit de Français sortis de Franconie, la langue latine emporta la pluspart des dictions, et y demeura peu des autres. Les Flamans, Lorrains et autres, nomment romain le français, monstrant qu'il ne se parloit que latin és Gaules.

Entre plusieurs mots restez de la langue allemande, le nom de mareschal est demeuré, qui est composé de deux significations : *marck* en tudesque signifie frontiere; *child*, que le temps a corrompu en *chald*, est à dire defenseur; ainsi mareschal s'interprete defenseur de frontieres; et toutes places du nom de Marche sont volontiers limites : la haute et basse Marche estoient du royaume d'Arles; la Marche qui est au duc de Boüillon de la Flandre; la Marche que je tiens sur la riviere de Saosne [dont j'ay herité de la maison de Grançon] est frontiere du comté de Bourgongne.

La lignée d'Hué Capet, sages par le trop de puissance et revolte des princes qui croissoient par la charge des armées qu'ils leur commettoient, joints à la grandeur de leurs races qui les rendoient redoutables et pretendants à l'Estat, se resoulent prudemment de leur oster les grands commandements, les donner à des gentilshommes dont le peu de parentage et richesses leur ostoient le soupçon et les moyens d'attenter à l'Estat; creerent mareschaux de France des simples gentilshommes parvenuz par la valeur, les firent conducteurs de leurs armées, commandans aux princes. De nostre temps, en Piedmont, cinq ou six princes venoient au lever du sieur de Brissac, qui avoit ceste qualité. Les roys ont augmentez ces Estats, selon qu'ils accroissoient leurs royaumes, premierement de deux, puis trois; et demeurerent à quatre long-temps, qui est la meilleure forme, la France se pouvant commodement diviser en quatre parties. Il ne se treuve aux histoires que l'on ait augmenté ce nombre pour la suffisance et service d'un capitaine, ainsi que le roy Charles fit pour le sieur de Tavannes qu'il crea cinquieme mareschal, et depuis fut du nombre des quatre, à quoy il fut reduict.

Le desordre est tel, qu'il y en a eu douze, et mesmes jusques à quatorze; qui a esté un moyen inventé par les roys en soupçon, pour diminuer l'autorité d'icelles charges : Leurs Majestez les ont voulu abaisser par pluralité, ainsi que l'ordre de l'Estoile fut donné au chevalier du guet et à tous ses archers, pour le rendre contemptible; et celuy de Sainct Michel donné à si grande quantité, qu'il a fallu inventer celuy du Sainct Esprit, qui bien tost courra la mesme fortune, puisque l'on en a pourveu beaucoup de personnes de peu de merite : et ont rendu ces estats de mareschaux peu honorables, tant pour les raisons susdites que parce qu'ils disent les avoir donnez par contraincte à ceux de la Ligue, non par leurs merites, ains pour avoir les villes et les hommes qu'ils possedoient; autres ont esté donnez purement par la faveur, autres pour faire lascher les places qu'aucuns possedoient.

En l'an 1595, que je traictay avec le Roy nouvellement catholique, l'estat de mareschal de France m'est promis, j'en ay des lettres patentes ; je n'insistay à joüyr, parce que plusieurs de peu de merite l'obtindrent par semblable capitulation, et desirois en prendre possession par service signalé, et me rendre different des autres qui l'avoient ainsi obtenu. C'est estat est tel, qu'il ne vaut si la personne qui le porte ne le fait valoir par suffisance; autrement c'est la honte de celuy qui la possede, lequel ne le sçait exercer, voyant employer leurs compagnons et ceux qui sont en pareils grades, ausquels il faut qu'ils obeissent. Et pour faire paroistre le manquement de foy et le tort que l'on m'a fait de n'estre pourveu dudit estat, icy sont inserez de mot à autre les brevets et patentes que j'en ay eu des roys, lesquelles sont esté manquées de foy et de parolle pour divers subjects.

« Aujourd'huy, douziesme de juin, l'an mil cinq cens quatre vingts quinze, le Roy estant à Dijon, ayant de long-temps desiré retirer à son service le sieur vicomte de Tavannes, et sceu par aucuns de ses plus fideles serviteur l'affection qu'il avoit de ce faire; Sa Majesté, voulant luy en donner toute occasion et moyen, luy a accordé dez à present de le tenir, comme de faict elle le retient pour estre cy-apres pourveu d'un estat de mareschal de France : quoy attendant, elle veut et entend qu'il en ait les gages et appointemens, avec la seance, presceance et voix deliberative en son conseil, qu'ont accoustumé d'avoir MM. les mareschaux de France et qu'en leur absence il face et exerce ladicte charge par commission. Et d'autant que ledit sieur vicomte de Tavannes a desja porté le nom de mareschal, Sadicte Majesté luy a permis et accordé qu'il puisse en ses tiltres et passe-ports prendre et porter le nom de retenu mareschal de France. En tesmoin dequoy Sadicte Majesté m'a commandé luy en expedier le present acte et brevet, qu'elle a pource voulu signer de sa main, et fait contresigner par moy secretaire d'Estat et de ses commandemens et finances. » HENRY.

DE NEUFVILLE.

« Aujourd'huy, quatriesme de mars mil six cents seize, le Roy estant à Tours, ayant veu le brevet octroyé au sieur vicomte de Tavannes par le feu Roy son pere, de glorieuse memoire, le douziesme de juin mil cinq cents quatre vingts quinze, signé de Neufville, par lequel Sa Majesté, recognoissant l'experience dudict sieur vicomte de Tavannes au faict des armes, luy auroit accordé de le pourvoir d'un estat et office de mareschal de France quand l'occasion s'en offriroit, et voulu que dés lors il eust voix deliberative et seance en ses conseils, ainsi qu'ont accoustumé les mareschaux de France, et mesme qu'en leur absence il peust exercer ladite charge par commission, et joüir pareillement des gages et appointements qui sont attribués audict office ; Sa Majesté, ensuivant le jugement du feu Roy son pere, a confirmé ledit brevet, et, en attendant qu'elle face effectuer tout le contenu en iceluy, veut et ordonne que dés à present ledict sieur vicomte de Tavannes ait voix deliberative et seance en son conseil, immediatement apres les officiers de la Couronne, et qu'il soit aussi payé des estats et appointements attribuez audict office de mareschal de France, et en ceste qualité employé dans les estats pour la somme de dix mille livres y attribuées, dont il a jouy cy-devant par forme de pension ; m'ayant, pour tesmoignage de ceste sienne volonté, commandé luy expedier le present brevet qu'elle a signé de sa main, et voulu estre contresigné par moy conseiller en son conseil d'Estat et secretaire de ses commandements et finances. » LOUIS.

POTIER.

Le roy Henry quatriesme disoit que ce qu'il ne m'avoit tenu promesse estoit en vengeance des services faicts par le sieur de Tavannes mon pere aux batailles de Jarnac et Montcontour, mais le principal, parce qu'il l'accusoit d'avoir conseillé la Sainct Barthelemy; ce qu'il disoit à ses familiers, et à tort, parce que ledict sieur de Tavannes en ce temps-là fut cause qu'il ne courust la mesme fortune que le sieur admiral de Coligny, comme il se dira cy-apres. Et quant au manquement depuis advenu de la Royne et du Roy d'à present, a esté que le mareschal d'Ancre et les favoris qui vouloient ce mesme estat, ne vouloient point de compagnon qui fust plus soldat qu'eux, et principalement ceux qui estoient alliez à MM. de Guise et du Mayne, estant en perpetuel soupçon de ceux qui avoient du pouvoir et de l'entendement : mauvais ingrediens et crainte des favorits; non que je me veuille exempter qu'il n'y ait eu aucunement de ma faute, en ce que voyant tant de personnes incapables en estre pourveuz, j'en ay mesprisé et negligé la poursuitte, n'estant plus une marque d'honneur, ains de faveur.

Les roys par les charges et estats ne peuvent donner l'honneur; ainsi que les lettres latines ne sont sciences, et que ce n'est que l'eschelle pour y parvenir, semblablement les grades conferez par les roys donnent moyen d'acquerir de la reputation. La suffisance sans charge ne peut paroistre : si Leurs Majestez employent des ignorans aux estats de connestables ou chanceliers, ils leur donnent honte au lieu d'honneur, il vaut mieux n'avoir estats et les meriter, que de les posseder sans merite. Les faveurs et grades des mignons du temps d'Henry troisieme estoient en abomination; celles de dom Rigaume en Espagne, et de beaucoup en France, ne leur acquierent pas plus de louange; c'est nous qui nous pouvons donner l'honneur, et non autre. Il ne gist en l'amitié des princes, ny en la peine qu'ils prennent, de laquelle le public ne leur sait gré, parce qu'ils en reçoivent le loyer satisfaisant à leur ambition, et du service qu'ils font plusieurs pensent que, s'ils estoient employez, ils feroient mieux.

L'honneur s'acquiert en gagnant des batailles, des païs et des villes, restaurant des Estats perdus, aux grandes negociations et ambassades : ainsi que les Roys n'ont puissance de faire plus grand un nain sur une montagne, ainsi ne peuvent-ils accroistre la vertu des hommes s'ils ne l'ont d'eux-mesmes, et encores qu'aucuns n'ayent le moyen de le monstrer, ils ne laissent de demeurer en eux. J'ay fait ce mesme discours aux plus grands mignons du roy Henry troisieme, leur protestant que j'aimerois mieux surprendre une ville en guerre pour le service du Roy, que s'il m'estoit donné en plaine paix sans sujet le gouvernement d'une province. Les offices de la Coronne et autres seroient desirables s'ils estoient possedez par gens de valeur et de merite; voyant ceux qui les tiennent incapables, vitieux et inexperimentez, cela les doit faire refuser et mespriser aux braves, qui ne veulent assubjettir leur liberté pour y parvenir par moyens indirects. La multitude de ceux qui ont possedé ces grades au passé, et de ceux qui les tiennent maintenant en Perse, en Turquie, en Espagne, en la Chine et en tant d'autres lieux, les fait mespriser.

Les peres amateurs de leurs enfans doivent devant leur mort brusler les papiers qui nuisent; l'inclination naturelle est de les imiter, heritier de leurs amitiez et inimitiez, actions, passions et desseins. Plusieurs enfans se sont perdus pour avoir voulu suivre les opinions paternelles treuvées dans leurs escrits; aucuns y ont veü des entreprises toutes faictes, autres des harangues pour prononcer aux roys et aux peuples; et n'ayant les mesmes ressorts, experience et amys que leurs predecesseurs, les voulant imiter ils demeuroyent accablez sous le faix.

Il faut disposer de ses papiers comme de ses biens, brusler les faux sentiers s'il y en a, et ne laisser que les grands chemins de la vertu. Les lettres patentes de plusieurs grades enflament la jeunesse au desir d'honneur, qu'il faut maintenir en ses limites, lesquelles passées changent leur nom à ambition, qui est blasmable parce qu'elle ne met difference de voyes pour parvenir à son but.

Mes enfans treuveront apres moy des lettres patentes des roys et des princes, et plusieurs promesses violées, qui peuvent servir comme les medecines, dont le mauvais usage hors temps tourne en poison. J'ay treuvé au cabinet de mon pere des lettres de gentil-homme de la chambre, lieutenant de fils de France, de mareschal de camp aux armées d'Allemagne et Italie, de gouverneur de Verdun, de lieutenant de Roy en Bourgongne, de commandement absolu en Dauphiné, de mareschal de France, d'admiral des mers de Levant, de gouverneur de Provence. Sa gloire est qu'il a receu tous ces grades par ses merites; sont lettres utiles à laisser aux siens, qui les peuvent exciter à suivre les roys. Ceux qui laissent des patentes et papiers à leurs enfans, faisans foy de divers desseins, est dangereux, s'ils ne sont vivants pour leur declarer le sujet qu'ils ont eu en la diversité des temps.

La maladie des princes et des Estats fait croire que si les sages eussent esté au temps que nous avons passé, peut-estre eussent-ils faict comme nous, ou pis. Un capitaine en reputation ne peut empescher d'estre recherché et persuadé, non plus que les belles filles : s'il falloit en cela chercher honneur, il se treuvera peu de gentilshommes en France qui laissent apres leur mort plus de divers lettres et patentes que moy, de gentilhomme de la chambre du roy Charles IX, de capitaine de gendarmes, de gouverneur des chasteaux, villes et vicomté d'Auxonne et Saulx le Duc; de lieutenant du roy Henry III en l'Auxerrois, de commandement sur la cavalerie legere en l'armée du Dauphiné; deux pouvoirs de general donnés de François de France duc d'Alençon, pour les entreprises du comté de Bourgongne et duché de Luxembourg; lettre du roy Henry IV, lors roy de Navarre, pour commander sur ce qui estoit de son party en France depuis Loire en Allemagne; au temps de la Ligue, lettres de mareschal de camp, deux patentes de gouverneur en chef de Normandie, interinées aux cours de parlement; deux lettres de lieutenant general en Bourgongne; lettres de mareschal de France de M. du Mayne, lieutenant general de l'Estat; ensemble l'interinement à la cour de parlement de Paris, brevets et promesses, escrites de la main du roy Henry IV, de l'estat de mareschal de France; autres brevets de la royne regente et du roy Louys XIII, confirmant la promesse de mareschal de France faicte par le roy Henry IV, et autres plusieurs abolitions, et beaucoup de lettres escrites de la main des roys et princes, encor que j'en aye bruslé les trois parts. Je conclus que si la vie ne me donne temps de faire entendre les occasions de tant de diversitez à mes enfans, qu'il vaut mieux leur laisser les cendres que les papiers, pour ne leur donner envie de suivre des voys si perilleuses.

Graccus, voulant reformer la republique romayne, est tué par le peuple; son frere Caius, treuvant les memoires apres sa mort, fut occasionné de suivre mesme fortune, et s'y perdit. Le roy Henry IV et ses conseillers, qui maintenant blasment ces diversitez qu'ils nomment broüilleries, qu'ils se souviennent qu'eux, agissans contre les roys Charles et Henry III et contre l'Estat, sont par là parvenus à la coronne et à la grandeur où ils sont maintenant, et ne doivent dire mal du mestier. Ils n'appellent pas broüilleries ce qu'ils ont faict pour se faire grands, mais bien ce que les autres font contre eux en les imitant. Et du regne d'Henry IV, les sieurs de Sully, de Jeannin et de Villeroy, dont le premier de faction huguenote, le second des premiers à la revolte de la Ligue, et le troisiesme qui s'y jetta, incessamment ont exercé pour trouver la place où ils ont esté du depuis cesdites broüilleries qu'ils ont tant practiquées.

Vengeance qui n'appartient qu'à Dieu nuist au salut, et perd la fortune : de tant de changements fortuits il me reste pour satisfaction que sans coulpe j'en ay tizez plusieurs apres moy. Nostre Seigneur a mis en mes mains mes plus grands adversaires, des grands, des cours de parlement, des peuples et des particuliers, ainsi que je leur avois predit, ausquels j'ay pardonné, et souvent oublié mes propres injures pour le bien general du party où j'estois. Ceux qui avoient entrepris de m'oster la vie m'ont confié la leur, et leur armée en mes mains, lesquels je n'ay trompé. Les cours de parlement qui m'avoient, lors que j'estois gouverneur d'Auxonne, pour des citadins que j'avois emprisonnez, adjourné et fait crier à trois briefs jours, moy estant lieutenant de Roy en Bourgongne, les deux parts d'eux estans convaincus de l'entreprise de Verne sur Dijon, je leur ay sauvé la vie à tous. Trahy de mes serviteurs audit Auxonne, en la perte de la place, blesseure et danger de ma vie, hazard de l'honneur, et mort de femme et d'enfans, j'ay tenu les autheurs de la conjuration prisonniers à genoux devant moy, je leur ay donné la vie.

Souvent pensant faire honte l'on donne l'honneur : sans la croix de Gastine il ne fust esté parlé de luy; la pyramide de Chastel fera souvenir de son acte : la posterité jugera selon ses humeurs. La sentence d'oublier le nom du brusleur du temple ephesien estoit meilleure que l'arrest de Chastel eslevé devant le palais; aussi, ayant recogneu la faute, la cour de parlement l'a fait abbattre. La memoire des hardis actes, quoy qu'ils soient ignominieux, excite à faire le semblable; il les faut plus ensevelir qu'eriger, autrement plus on s'essaye d'oster la reputation, plus elle s'accroist.

Ceux qui ont voulu enterrer les faits heroïques les ont eslevez. Il se demandoit pourquoy n'avoit esté erigée une statue à Caton parmy tant d'autres? il luy estoit plus honorable d'estre hors de ceste multitude et confusion. Les escrivains huguenots celent les faicts heroïques du sieur de Tavannes, jusques à en deguiser des batailles entieres, et les desrober à la France; ils accroissent par leur silence son honneur : l'histoire de ce temps ne se peut escrire avec verité sans faire honorable mention de luy : les lecteurs voyent leur malignité; et s'ils demandent, comme de Caton, pourquoy sa statue n'estoit erigée dans les histoires pardessus les autres, on respond que la grande multitude dont les escrivains partiaux par leur fard deguisent la valeur, luy donnent plus de lustre. Ce temps où ils ont tout credit se treuvera dementy par veritables historiens.

Les estrangers creés roys par mariage ou election ont peu d'authorité, sont subjects d'estre depossedez, leurs gens tuez, degradez et chassez : estre coronné par sa femme c'est estre serf d'elle et de ses subjects ; par election, c'est l'estre du public. J'estois avec le roy Henry III en Pologne ; je sçay qu'il eust voulu avoir cinquante mil livres de rente en France, dechargé du diademe. Pour acquerir authorité en Pologne, si l'on se sent valeureux, il faut les jetter à la guerre ; ils sont contraints de se servir d'estrangers, en garnir leurs bonnes places ; et, pourveu qu'il n'advienne fortune, et que tout prospere, on les peut maistriser, autrement leur peu de foy perd ceux qui les commandent. Dix ans de patience donnent temps de pourvoir à la plus grande partie des grades, establissent l'authorité des roys, qui font des creatures. De semer deux factions en cest Estat, c'est en perdre la moitié sur le champ, et avoir l'autre pour peu fidele. L'Empyre et le royaume de Pologne sont seuls en l'Europe où les princes peuvent aspirer par election, et les elections sont honorables aux pauvres princes valeureux : les grands font pour eux de s'en passer s'ils ne sont capitaines et courageux, pour s'en servir d'eschelle à monter en plus grande entreprise.

Tuer pour s'establir, suivant le proverbe que le mort ne mord point, ne vaut en France ny en Flandres, et est profitable en Angleterre, où il ne reste qu'une trentaine de millorts impuissans de se venger, et que les roys de ceste isle se sçavent ayder du peuple pour se maintenir par les supplices des grands : en France faudroit tuer mil seigneurs, ce qui ne se pourroit ; et ce qui reste offencé de l'injustice se joint aux parens des justiciez et mal-contents, enflame la guerre ; r'allume plus de feux que le sang des morts n'en a esteinct. Sylla et le triumvirat de Cesar, Antoine et Lepidus, tuant tous les grands, se maintindrent ; et au contraire depuis, les souverains de France et de Flandres, faisant mourir huict ou dix des grands, ont esprouvé le mal qui en procede, qui a failly à perdre leurs Estats. Cela les doit faire resoudre à pardonner à beaucoup, et en punir peu par les cours de parlement et voyes ordinaires, plustost en confiner plusieurs, puis que le mort ne peut revivre, et l'offence ne peut mourir : qui n'espereroit à la misericorde du prince, les guerres civiles seroient perpetuelles et dangereuses. Par ceste misericorde regne Henry IV en France, qui autrement ne fust plus. Puis que douceur et cruauté font de semblables effects, la douceur sans mespris est preferable, tant envers Dieu qu'envers les hommes.

Il est necessaire de cognoistre son credit pour s'en servir utilement, ou pour s'en departir asseurément. Les voyages proposez, esloignements, affronts, se doivent entendre incontinent, et penetrer l'intention du maistre ; soudain faire comme au lion d'Esope, mettre tout à ses pieds, places, grades et argent, n'en retenir que ce qui luy plaist, et se retirer où il veut. Se roidir, parler, se plaindre, se dire mal contant, est perilleux : il vaudroit mieux soudainement [si la precedente voye ne plaist] entreprendre, et s'esloigner pour eviter sa ruyne. Ceux qui sont en credit ne doivent perdre temps ; le prince qui commence à donner donne et augmente tousjours, craignant de perdre ce qu'il y a mis.

Les mariages des filles [qui est la ruyne des maisons] devroient estre limitez en France, corrigeant les coustumes : puis que la loy salique exclut les femmes du gouvernement, la mesme loy se doit exclurre de manier les biens. Des grandes maisons devroient estre appelez les plus proches masles des decedez, tant pour le regime desdicts biens que pour la succession, en excluant toutes les filles ; qui rendroit la loy salique plus authorisée, soustenue et tolerable, si la noblesse y estoit toute obligée pour son interest propre, et empescheroit que les vefves ne ruinassent entierement les maisons des maris decedez, ainsi que la pluspart de celles de France font ; lesquelles, ayant perdu leurs maris, vont à Paris en chercher d'autres sur des procez imaginaires, sans avoir egard à la quantité des enfans qu'elles destruisent.

Plusieurs travaillent pour la posterité, non pour eux ; s'ils ne croyoient laisser honneur et richesse aux leurs, ils ne s'employeroient pour le public, et à cinquante ans se reposeroient, mesprisans les biens, cognoissans en avoir assez pour le reste de leur aage. Les princes sages recompensent les enfans des peres morts, à ce que les vivans les en servent de meilleur cœur : les lions, les aigles engendrent leurs semblables ; les courageux font des enfans pareils à eux ; l'on aparie les chevaux et juments des bons harats pour en conserver la race. Les monarchies et republiques devroient marier les braves aux filles des vaillans, pour avoir des enfans genereux, exempts des meslanges et bigarrures des hommes, qui proportionnent les corps de capacité reglée : le temperament de la bonne nature fait que les esprits envoyez d'en haut exercent leurs fonctions de jugement, memoire et ratiocination, selon la cimmetrie excellente des vaisseaux engendrez par les peres. Les Dieux s'acouplant avec les femmes mortelles engendrent des Centaures, comparez aux illustres qui s'allient aux bourgeois.

Les roys regnent par justice, sans laquelle ils ne sont en estime; ils se doivent garder de faire assassiner les hommes, ou ils s'obligent au mesme peril : le subject peut attenter sur le prince, ainsi que luy sur le subject. S'il a des gardes, elles sont pareilles aux villes fortifiées en un endroict, qui sont foibles de l'autre ; en son palais, en son lict, tout est plein d'icelles gardes ; le lendemain luy troisiesme va à la chasse, ou battre le pavé, donne commodité aux entrepreneurs d'executer de mauvais desseins. C'est Dieu qui garde les roys, c'est luy qui les punit ; eux doivent ouvertement faire chastier les criminels par la justice. Les sages princes ne cherchent moyens indirects pour punir leurs subjects, il ne leur faut secrets ny artifices, la preud'hommie suffit, et le parler franc : la justice est faicte en leur faveur, et jamais ne doivent consentir à la mort d'autruy indirectement. S'ils hayssent un homme de bien, ils se doivent vaincre eux mesmes par la raison; autrement les mesmes menées qu'ils feront pour faire assassiner les hommes à tort, justement par la vengeance divine le mesme se feroit contre eux.

Le nom d'ambitieux est une injure : quand il se vouloit obtenir des estats à Rome du peuple, l'on donnoit et courtisoit pour avoir par corruption ce qui estoit desnié par merites, d'où derive le mot latin *ambire,* qui est de tourner et courir à l'entour de ceux qui ont puissance; pratique qui est continuée à la cour des roys. La reputation est semée de parole, et la parole n'est que vent; rien de si muable que l'opinion des hommes. Il y a renommée en la vie, et reputation apres la mort : celle durant la vie chatoüille et profite de quelque chose ; ceux qui considerent qu'elle doit estre tost esteinte la mesprisent. Celle d'apres la mort sert de peu apres le decez; pour laisser memoire de soy, il faudroit demeurer victorieux de cinquante batailles, ou, comme Cesar, avoir changé ou sauvé un Estat. A peine d'un million de vies en demeure cent illustres en la memoire : d'estre de ce petit nombre il est tres-mal-aisé ; et, quand se feroit les actes qui le meritassent, qui sçait si les escrivains diroient la verité ? Plusieurs oubliez ont aussi bien faict que ceux dont les histoires sont pleines; ils n'ont rencontré les bons ou favorables escrivains, comme Achille fit Homere, ou les escrits qui faisoient mention d'eux ont esté bruslez ou submergez. Nous nous pouvons imaginer estre ceux mesmes dont l'on a tant escrit; plusieurs noms sont semblables; et, quand ainsi seroit que l'on auroit bien faict et bien escrit, les feux, guerres et deluges perdent les histoires. Combien d'honnorables mentions de capitaines se faisoient en ceste biblioteque de Ptolomée, où il y eut douze cens mil volumes bruslez ! A obtenir ce grand honneur les roys ont la mesme difficulté ; il faut de gentilshommes devenir roys par valeur, ou de roy monarque ; ce n'est beaucoup d'appaiser des troubles en un Estat qui appartient justement, plusieurs ont faict le semblable ; et n'est grande chose d'esmouvoir un royaume, comme l'admiral de Coligny ou M. de Guise, si l'on n'emporte la piece, ou si l'on ne le reforme entierement.

Il faut desirer non grande reputation, mais bonne, sans imiter le brusleur du temple de Diane d'Ephese, ny celle des tyrans. Combien y a-t-il des livres creuz veritables qui ne le sont point ! Qui est ce qui nous empesche de faire escrire de nous des mensonges, et pour les certifier en faire escrire d'autres faisant mention des mesmes fables ? Plusieurs livres sont conservez pour estre doctement dictez, non pour la verité, mais pour l'elegance. Ceste reputation d'avoir bien escrit ne demeure qu'entre ceux qui lisent, la pluspart des lettrez ayment mieux la theologie, philosophie, droit et la medecine, où il y a à gagner, que s'amuser à lire les histoires, lesquelles, si elles ne sont bien dites, quelque verité et beaux actes qu'elles contiennent, sont laissées et desdaignées. Les hommes ne se doivent considerer avec les charges, estats, pompes, robes qu'ils possedent durant leur vie, mais à ce qui demeure apres leur mort, qui est une poudre infecte restant au sepulchre. De ceste grande apparence ne reste souvent que des debtes et des ennemis à leurs enfans, ausquels, s'il reste du bien sans faveur, ils retournent de la condition du commun, et ont de pis le reproche de l'avoir soudainement ou mal acquis. Que si les peres sont si heureux d'avancer leurs enfans aux grades de leur vivant, iceux ne pouvans le semblable envers les leurs, la troisieme lignée n'en joüyt pas. Ces vanitez ne meritent perte de la liberté, puis que Cesar, vainqueur de cinquante batailles, vouloit aller combattre les Parthes lorsqu'il fut occis, parce qu'il luy sembloit que ses genereux actes passez estoient ja oubliez. Que deviendront les petits effects de ceux qui de nostre temps se donnent tant d'estime ? Je conclus estre folie de chercher tant de reputation qui a si peu de durée ; la pluspart des hommes ne sçavent ce qu'ils demandent. Il ne se devroit souhaiter de monter en un estat duquel on ne puisse descendre : desirer grande faveur et du repos, c'est desirer que les choses humaines changent leurs regles. Coustumierement ceux qui sont montez en faveur ont rompu l'eschelle pour en descendre : s'ils s'en retirent, les ennemis acquis leur courent sus, leurs maistres leur reprochent ce qu'ils ont fait pour eux, ne les laissent en paix chez eux. Le sieur de Tavannes avoit desiré le repos de sa maison avant la Sainct Barthelemy ; ne s'estoit pris garde qu'il estoit monté en telle grandeur, qu'il n'y pouvoit retourner en paix : malheureux est l'Estat qui ne se peut changer. Il faut quitter l'une des deux voyes : l'ambition a ses plaisirs d'honneur, de gloire ; le repos a les siens tous dissemblables, les plaisirs, les voluptez ; il est impossible de gouster les deux ensemble. Que si à Paris et proche de la Cour aucuns les entremeslent, ils confesseront qu'ils ne joüissent ny de l'un ny de l'autre parfaitement.

Les sectes heretiques ont leur commencement de desobeïssance, presomption et ambition : Calvin et Luther estoient moines qui avoient juré obeissance, pauvreté et chasteté ; presomptueux, croyans sçavoir plus que les conciles ny que les saincts Peres, ambitieux, ayans voulu s'opposer aux princes, prescher la rebellion pour s'en prevaloir. En suitte les ministres ont dressé un gouvernement aristocratique, à l'exemple des Israëlites gouvernez par les sacrificateurs et juges : les anciens, les surveillans sont composez à leur imitation, et se veulent mesler des affaires d'Estat, ainsi qu'ils faisoient. Ils furent contraints de cacher leur intention par le bruit qui courut qu'ils entreprenoient sur la puissance des princes, seigneurs et gentilshommes ; et encores la celent et conservent, tirant tousjours secrettement à ce mesme but.

J'en ay veu des memoire envoyez de Geneve aux villes de France, dattez de l'an 1563, enjoignants au peuple de n'employer ny se fier à la noblesse. Les denombrements des lignées, familles, des lieux où elles demeurent, les signals, facultez, eslections de chefs secrets, sont prins de la caballe judaïque ; leur aristocratie fut avancée en France par la Royne jusques au colloque de Po¡ssy. Eux, pensans en passer plus outre, esperoient, quand ils se fussent veuz grand nombre, d'usurper le gouvernement, du moins sur ceux qui avoient fait profession de leur nouvelle religion ; surquoy advint le massacre de Vassy, et meurtre de plusieurs de leurs plus sçavants et seditieux ministres en divers lieux de France ; et voyant que leur doctrine n'estoit reçüe que des païsans bourgeois, et d'un petit nombre de soldats, furent forcez de s'ayder et rechercher les grands des maisons de Bourbon et de Coligny, lesquels s'en servirent pour leur mescontentement et vengeance, et usurperent sur eux le commandement entier.

Lors ils imposerent silence à leur aristocratie, establirent un estat seigneurial d'un prince et des grands ; bien s'ayderent ils de leurs enroollements, ordres et cuillettes de deniers de leur façon et invention, pour troubler l'Estat ; mais ces seigneurs, malgré les ministres, faisoient paix et guerre à leur volonté, selon le bien où necessité de leurs affaires particuliers ; par l'alarme qu'ils donnoient faisoient prendre les armes et les poser aussi-tost, sans que l'Admiral eust egard aux plaintes, conseils ny passions des ministres. Cependant les sinodes ne laissoyent de se tenir, contraincts de conclurre tousjours, et selon la resolution des chefs qui avoient usurpé l'autorité.

Apres la Sainct Barthelemy, où la pluspart de la noblesse huguenote mourut, se treuvant encores plusieurs villes de leur party en Languedoc, Guienne et ailleurs, encouragées secrettement de ceux de Montmorency, et de M. d'Alençon, fils de France, resoulent sans eux retourner à leur premier dessein populaire, prendre la puissance et le gouvernement, se dispenser du pouvoir de tous autres chefs ; à quoy ils estoient confirmez, pour estre la pluspart de leurs gentilshommes morts, et n'y avoit plus guieres que des citadins entre les mains desquels estoit la principale puissance : et parce que la ville de La Rochelle, non par sa conduite, mais par la trahison des Catholiques qui estoient devant, a resisté à la guerre, et fait la paix, elle les fit resoudre du tout à l'estat populaire, meslé d'aristocratie et du pouvoir des ministres. La resolution des sinodes de maintenant depend de la voye des ministres anciens et maires des villes, n'y ayant pouvoir les gentilshommes huguenots que par acquit ; bien dissimulerent-ils l'autorité du roy de Navarre, depuis Henry quatriesme, lequel, jusques à ce qu'il fust appelé du roy Henry III, n'avoit qu'une puissance fort limitée. Et lors qu'ils se joignirent à MM. les ducs d'Alençon et de Montmorency, ils avoient des conseils secrets, se mesfiant de tous ; ils mescontentoient et jalousoient les grands sous lesquels ils estoient, voulant penetrer jusques à leurs moindres actions ; tellement que ces seigneurs, se pensans estre en servitude, les abandonnerent, se reunirent avec le Roy, et leur firent depuis la guerre.

Ils se sont maintenus par pillages en guerre, et en paix payent fort peu de tailles : ceux qui demeurent en leurs villes en sont quasi exempts, comme aux villes imperialles ; n'y estant le Roy obey qu'entant qu'il leur plaist, ils ont moyens d'amasser et lever de grands deniers sur eux pour tous evenements. Depuis que M. d'Alençon les eut abandonnez, ils eslurent un chef, le jeune prince de Condé, auquel ils donnoient pension, limitant son pouvoir, comme les estats de Flandres faisoient au duc Maurice; et despuis, pour l'espoir qu'ils avoient à la bonté du roy Henry quatriesme, qui leur estoit obligé, ils n'en ont plus, avec tant de presomption qu'ils se vantent parmy eux de faire les maires des villes, ou bourgeois plus factieux, generaux et conducteurs de leurs armées; c'est une republique dans une royauté, si les ministres et maires des villes ont tousjours pouvoir. Le roy Henry quatriesme ayant esté avec eux, a cogneu comme ils se sont maniez, et de ce rendu plus advisé, gagnoit chaque capitaine en son particulier; faisant cognoistre aux maires des villes qu'ils ne profitoient à la guerre; leur donnoit pension, et à ceux qui ont le plus de credit, comme aussi aux ministres : à quoy il dependoit plus de cent mil escus annuellement; et n'y avoit jusqu'au moindre surveillant, eschevin, ou brouïlleur, qui n'eust sa pension, ainsi que les Suisses ont de France.

Le Roy a permis liberté de conscience et l'exercice de leur religion, donne pension à quelques seigneurs huguenots particuliers, pour les separer de la cause generale. Iceux ny les ministres et principaux des villes pensionnaires en toute liberté, avec peu de tailles, ne desirent la guerre, et se preparent, se faisant riches par exemption de subsides, pour en temps recommencer les cueillettes d'argent, et renouvellement d'alliances estrangeres à la dissipation de l'Estat, s'ils peuvent, pretendans leur seurté en icelle, qui est tousjours menacée en un royaume où il y a diversité de religion.

Neantmoins leur zele est fort perdu, et leurs cueillettes de deniers abolies, y ayant apparence que malaisement y retomberont-ils, si la guerre n'est faicte qu'aux rebelles et non à ceux qui demeureront paisibles. Et cet entretenement de republique est tousjours fomenté au regne de Loys tresiesme, que, sous le nom d'un petit party d'estat de finances pour eux, leurs ministres, leurs garnisons et plusieurs des factieux sont payez et pensionnaires : mauvais exemple de ceste republique establie dans une monarchie, et plus mauvais encore celuy d'Olande et Zelande, qui se font souverains. Les villes qui ne payent tailles ny de nouvelletez, parce qu'ils sont en ligue et s'entendent ensemble, donnent volonté et exemple aux Catholiques de s'allier par un party, pour jouïr de ces franchises et immunitez; ce qui est plus facile aux villes d'icy en avant, à cause de la mortalité et pauvreté des gentilshommes advenuë par les guerres passées; et n'y a rien plus à craindre en France que la puissance des villes ne dissipe l'Estat. Avant la venuë de Cesar en Gaule, toute l'autorité estoit à icelles, qui leur peut bien encores retourner, si on n'y prend garde : et si elles n'ont acquis pouvoir en ces dernieres guerres, c'est parce qu'elles n'ont point gouverné absolument, et ne se sont armées d'elles mesme, et qu'elles ne se sont entendues avec le peuple des champs : que si elles eussent suivy la metode et gouvernement usitez parmy ceux de Languedoc, La Rochelle et autres villes, qui ne se laissent gouverner, mais gouvernent l'estat de la guerre et de la paix, les choses ne fussent paisibles comme elles sont.

Je ne sçay comme nommer l'estat huguenot; il n'est point du tout populaire, ny du tout aristocratique, ains est meslé de deux, puisqu'on ne les peut imposer, ny mettre garnison dans leurs villes, qu'ils recueillent des deniers sur eux, prennent les armes et les posent de leur auctorité, occupent les marques de puissance souveraine. Au temps des Grecs estoit la ligue des Acayens, qui souventefois eslisoient le roy Philippe pour general : de ce temps il y a eu des ligues de Suisses et de Chevaube sous les empereurs, et dessous le Turc les Symarriots et ceux du mont de Sinay ; il n'y a rien à comparer avec les Huguenots, sinon les villes imperialles d'Almagne; La Rochelle, Montauban, Montpellier, Nismes, ne font que ce qu'ils veulent : les villes imperialles payent plus pour le Landfreid depuis que la guerre est en Ongrie, que les susdites villes ne payent au Roy.

C'est une democratie meslée d'aristocratie, une republique dans la monarchie, de laquelle elle fomentera la ruïne, parce que l'un de ces gouvernemens ne peut subsister ny demeurer en seurté sans la ruïne de l'autre, duquel, s'ils pouvoient, ils fomenteroient la perte. Et pour confirmer ce que dessus, se voit l'assemblée faicte à La Rochelle, en ceste année 1621, contre le commandement du roy Loys XIII, lequel les a declaré rebelles, et heureusement pris trente villes, places ou forteresses de leurs : ceste assemblée purement aristocratique, composée de ministres, a esleu les generaux d'armées, les gouverneurs des provinces, avec ordonnance expresse qu'ils dependront d'eux, en pouvoir de les creer et destituer à leur plaisir; et le bon heur de Sa Majesté veut qu'ayant pris en protection tous ceux de la religion, qu'il ne reste que deux ou trois villes declarées rebelles, dequoy il y a creance que Sa Majesté en sçaura bien venir à chef.

La liberté est de si grande estime, que les anciens l'ont achepté au prix de leurs sangs, biens et conscience : aucuns se sont tuez, plusieurs precipitez, desesperez de la pouvoir conserver. Infinis hommes sont morts pour la garder ; beaucoup, par la jalousie et crainte de la perdre, se sont jettez dans des malheurs ausquels ils ne fussent tombez ; pour eviter les maux incertains de l'advenir, se sont precipitez par soupçon dans les presens. Les hommes ne prisent ce qu'ils possedent ; la santé, la liberté n'est estimée lorsque l'on en joüit ; et quand elle est perduë l'on cognoist son prix et sa valeur, pour lesquels quelquefois on donneroit tous les biens que l'on possede.

Ceste liberté a differents degrez, il y en a beaucoup d'imaginaires. Le gouvernement populaire, là où le commun des hommes croyent vivre en plus de liberté, auquel un chacun d'eux a sa voix, puissance et authorité en main, asseurez de pouvoir deposer leurs magistrats et ceux qui sont esleuz, deslors qu'ils verseront mal et contreviendront, en quelque sorte que ce soit, aux loix du païs. Tels sont les Suisses et les villes imperialles d'Allemagne, ne recognoissant les advoüer superieurs et maires qu'entant qu'ils sont gens de bien et observateurs des loix de leurs païs.

Il y a quelque apparence de liberté en ces grandes republiques alliées les unes avec les autres.

Les petites mal appuyées qui y pensent estre, sont en plus de servitude que de liberté, d'autant qu'ils sont en perpetuelle crainte et danger d'estre opprimez des grands roys, princes et republiques qui les environnent : tellement qu'ils sont forcez à de continuelles gardes, despense de pensionnaires dans les cours de ceux qu'ils craignent, soldoyement d'estrangers, entretenement d'armes, d'espions ; en veille continuelle, tousjours en peur, tousjours en crainte : tellement que ceste liberté est beaucoup moindre que celle de ceux qui sont sous un grand roy. Celles sont les villes de Geneve, de Lucques, de Ragouse, et mesmes de La Rochelle, dont la liberté est entierement imaginaire, pour les grands soupçons ausquels ils vivent.

C'est un grand contentement et satisfaction d'estre sous une monarchie, empyre, royauté ou republique, là où l'on peut estre certain qu'en vivant bien l'on ne peut estre opprimé ; que, suivant la vertu, et servant le public, il se peut atteindre aux grades et recompenses que l'on merite, et qu'en faisant mal injustement et meschamment on est puny et chastié : tellement qu'il est en l'opinion d'un chacun de faire bien ou mal, son advancement ou sa perte. Au contraire, c'est vivre en grand regret sous les dominations, quand on cognoist que, quelque preud'hommie, fidelité, prudence et sagesse que l'on ait, que nonobstant les superieurs ne laissent, par leur inclination, tyrannie, envie, avarice, calomnies et faux tesmoignages, de ruiner et perdre les plus gens de bien, et que l'on voit eslever aux estats des personnes indignes, scelerats, corrompus et meschans, ou d'obscures extractions, sans merite, que toutes les meschancetez les plus atroces demeurent impunies. La France est fort subjecte à ces malheurs ; la Cathalongne en est aucunement exempte, et quelques provinces d'Espagne ausquels les roys n'osent faire injustice ny impositions extraordinaires, pour la crainte d'une rebellion ; l'Angleterre aussi : le peuple y demeure en beaucoup de libertez, encore que les grands sont aucunement subjects à ce desordre par soupçon.

Les bourgeois des villes qui vivent sous la protection des potentats d'Allemagne sont en quelque liberté, neantmoins inferieurs aux villes imperialles ; mais le peuple de la campagne est beaucoup oppressé. Semblablement en Pologne les palatins et gentilshommes sont en autorité, le peuple des champs est en servitude.

Aussi il y a differente liberté ; et tel y pense estre, comme est dict cy dessus, qui est en grande subjection et incommodité. L'Italie, les Venitiens, par leurs loix, conservent en liberté les peuples de leur domination, neantmoins à la necessité les oppressent. Ceux qui sont dans les terres du Pape, quand la guerre n'est point en Italie, goustent de quelque franchise, et ont leurs incommoditez du changement des Papes, qui avancent leurs parens à leur prejudice. Ceux qui sont sous un grand roy ont de l'advantage sur ceux qui sont sous des petits potentats : ceux-là sçavent le nombre des biens de leurs feodaux et subjects, leurs facultez et de leurs amis, desquels ils sont coustumierement en soupçon ou desir d'avoir ce qu'ils possedent et les abbaisser par inventions et accusations ; et ceux qui sont sous le gouvernement aristocratique d'un petit nombre qui a la superiorité, ne sont en mesme liberté, ne participans ny aux conseils, ny aux grades, ny charges honorables. Telles sont les republiques de Venise et de Genes : en l'une les gentilshommes ont occupé les supremes conseils et dignitez ; en l'autre le roy d'Espagne maintient les gouvernements des nobles au mespris de la populace, qu'il tient en subjection par ses galleres et proficts qu'il fait en Italie, et par l'argent qu'il leur doit.

Tout favorise le dessein huguenot, tout est

preparé à la ruine des Espagnols, le prince de Navarre accordé à la fille de France en faveur de l'Admiral qui en fait pivot pour son establissement, et c'est celui de sa perte : il assemble à Paris les Huguenots pour gouverner, ils y sont assemblez pour y estre tuez ; il envoye Strosse à Bordeaux pour envahir la Flandre, il sert pour assieger La Rochelle; de mesme Lorraine, France, Espagne, Italie, jurez à la ruine de ceux de Bourbon et des Gascons favorits, les establirent par la guerre et par la paix. Ce que nous pensons faire pour nous fait contre nous ; Dieu se sert de nous contre nous-mesmes, revoque les arrests de ses chastimens, arrache du trosne royal celuy qu'il y avoit desseigné, et, par l'offence nouvelle de celui là, il y remet le pecheur penitent qui a recogneu sa faute ; se venge des ennemis par ses ennemis, ou suscite un tiers, jettant le battu et le batteur à ses pieds. M. du Mayne avoit toute la France, les roys fuyoient vers La Rochelle devant luy, les peuples l'adoroient, les estrangers le favorisoient : il irrite Dieu, sa gloire est renversée ; une poignée de gens, une tierce personne, qualifiée le prince de Bearn, a l'honneur et le profict de tout son labeur. Ce mouvement general miraculeux de toute la Ligue ne peut estre referé qu'à Dieu ; c'estoit celuy à qui il faloit recourir, et garder que les nouveaux pechez des entrepreneurs ne fissent oublier les vieux de ses adversaires : il faloit se vaincre, se purger d'ambition, chercher la coronne au ciel pour l'avoir en terre ; assembler les estats legitimes, se contenter de la qualité qu'ils eussent donné, les mettre en toute autorité ; du moins les ruines en fussent esté plus honorables, et les esperances divines.

Pour ruïner son ennemi il se faut rendre meilleur que luy. Dieu n'eust revoqué son arrest, n'eust permis qu'au lieu d'arracher l'yvroye elle eust esté rehaussée, n'eust laissé la mauvaise plante huguenotte pour la punition des bonnes, et n'eust donné des biens à ceux qui en avoient perdu l'esperance. Arrogance, ambition masquées de religion, source de l'ire de Dieu, pertes des victoires et gehennes des consciences ; ce sont les autheurs des ruïnes du party de la Ligue, non ces raisons humaines qu'aucuns disent, que M. du Mayne se conseilloit à des escritoires, non à des capitaines ; voulant estre roy, qu'il devoit prendre l'advis de ceux qui desiroient estre ducs, non des longues robes, qui ne voyans assez de grandeur en un Estat separé, desiroient la paix à son prejudice : leur ambition n'estoit que d'avoir des biens, estant sortis de petits lieux ; leurs richesses ne pouvoient estre asseurées par la guerre. M. du Mayne vouloit l'estat royal entier, et ne se sentant assez de vertu par dessus les autres, contrarie les princes ses alliez et parens ; aymoit mieux que le party contraire prosperast qu'iceux, et il estoit en crainte, en jalousie de ses capitaines propres dés qu'ils possedoient deux forteresses ; craignoit la domination espagnolle et l'estat populaire : ainsi, en garde de tous, donnant coup à chacun l'un apres l'autre, chacun luy en rendoit à son tour ; il employoit une heure de temps contre ses ennemis, et vingt trois contre ses amis, parens et alliez en son mesme party.

Les zelez Ligueux luy disoient et proposoient qu'il ne falloit se soucier de la ruine de l'Estat, pourveu que ses ennemis le fussent, et que c'estoit assez de se conserver le lieu de superiorité ; qu'ils devoient suivre Huë Capet, donner des duchez et comtez, sans reserve que la souveraineté ; permettant la division de l'Estat, il fust esté roy absolu ou ses successeurs ; qu'il ne devoit croire le sieur de Villeroy et Vydeville, de la vieille Cour, qui ne vouloient faillir de changer et reveler ses conseils à sa ruïne; qu'il ne falloit croire ceux de ses conseillers qui aymoient mieux l'estat de la France que son particulier, et qu'ils vouloient sauver par la paix le gain qu'ils avoient obtenu par la guerre ; qu'il ne devoit s'amuser aux voluptez, donner l'argent d'Espagne à ses parentes et aux dames ; qu'il ne falloit user les selles des cabinets, pendant que ceux du party contraire usoient celles de leurs chevaux ; que les conseils des soldats se tiennent à cheval, et ceux des presidents en chambre ; qu'il ne faloit s'entretenir quatre ans en traicté avec le roy de Navarre, donnant soupçon à tous ses partisans, mais prendre hardiement la coronne, et declarer ducs et comtes tous ses parens et gouverneurs de provinces qui avoient plus de credit ; traicter avec les Catholiques qui estoient du costé du Roy, qui s'offroient volontairement de s'allier avec luy et de faire une grande entreprise, mesmes de mettre la main sur le Roy ; que s'il ne pouvoit estre roy, il faloit adherer aux Espagnols et les laisser faire ; qu'il ne faloit abbaisser la faction populaire qu'il n'avoit eslevé, n'abolir le conseil des Seize ny la confrairie du Cordon Blanc d'Orleans, pour se fier à La Chastre et à la faction contraire ; ne punir ceux qui firent mourir Brisson; qu'il devoit laisser sur la fin le gouvernement entre les mains de la populace, et deserter Paris plustost que se mettre en danger de le perdre : qu'il n'estoit besoin de combattre qu'à son advantage, ou pis ; faire des petites paix à l'exemple des Huguenots, et non des trefves, gardant les villes ; et ne devoit traicter en Espagne par ses serviteurs, qui leur estoient ennemis; se resoudre promptement avec les Espagnols de prendre la coronne ou de la donner, parce qu'iceux Espagnols et autres n'eussent eu que le nom de la royauté, et l'effect en eust esté à M. du Mayne; qu'en donnant la coronne il se pouvoit reserver un quart de France en souveraineté; accoustumer de bonne heure les provinces à donner de l'argent et non à en demander, qu'il falloit acquerir le peuple des villes et s'en servir; que l'on leur eust toujours bien levé l'authorité à la fin; que les chefs du conseil de M. du Mayne devoient estre du peuple et des Espagnols, qui estoient irreconciliables, et de ne craindre pas de prendre le nom de roy, puis que par une paix ils y pouvoient demeurer en une partie de France, veu que l'on dit que Henry III vouloit bien faire le duc d'Espernon roy de Mets et celuy de Joyeuse roy d'Arles en Provence; punir les delinquans sans crainte, qu'il valoit mieux un petit nombre de bien ordonnez que beaucoup de desobeissans, et perdre tout par trop d'ambition et trop peu de courage; qu'il devoit donner aux princes ses parens et principaux capitaines plus que le juste heretier ne leur promettoit; au lieu d'office de la coronne et gouvernements, donner des duchez et comtez, se reservant seulement le baisemain; qu'il ne faloit autres Suisses que les gens des villes aguerris; avec de bons capitaines, ils eussent fait comme ceux de Paris firent aux Barricades, non comme les Gautiers en Normandie, qui se perdirent à faute de chef; que c'estoit folie, avant que d'estre possesseur du royaume, de debattre avec ses parens à qui l'auroit; qu'il faloit premierement vaincre les ennemis, ainsi que Cesar, Anthoine et Lepidus firent avant que se battre ensemble; que pour avoir voulu voir trop clair, ils n'ont veu goutte, et pour s'estre voulu asseurer de tout devant temps, ont tout perdu: et s'estre trop et trop tost preparez [pour estre absolus à l'advenir], ils ont pris ruyne pour regne; que M. de Mayenne ne devoit mescontenter dom Diego d'Yvarra pour envoyer le president Jeanin traicter avec le roy d'Espagne son maistre, qui ne faisoit ni ne croyoit que ce que dom Diego offencé lui mandoit, et encore plus grande faute d'envoyer traicter en Espagne ce qui se pouvoit negocier en France par une personne qui s'aymoit mieux et l'Estat que son maistre, ce qui estoit des conseils de ces gens interessez qui s'aymoient mieux que le public.

L'Espagnol contrarioit M. du Mayne pour faire roy l'archiduc; M. du Mayne le broüille pour le maintenir entier à soy; ses parens y aspirent, il se bande contre eux : tellement que les six parts, qui estoient l'Espagnol, M. du Mayne, M. de Guyse, les princes, le peuple et le Pape, se contrarioient incessamment, avec tant de peur de l'aggrandissement d'un d'eux, que tous ensemble font pour le roy de Navarre, disant qu'ils aymoient mieux qu'il fust roy qu'un de leurs compagnons : ignorance nottée par les Ligueurs en M. de Mayenne, qui ne devoit s'opposer aux Espagnols et à la pluspart de ses parents, qui ne se devoient soucier qui le fust, pourveu que ceux de Bourbon ne le fussent, veu que la division de l'Estat estoit leur salut.

Ceux qui ont voulu tout ont tout perdu, pronostic que je fis par une lettre que j'escrivis à M. du Mayne au premier mescontentement que j'eus de luy, là où je luy mandois : « Qui toute la veut toute la perd; » ce qui estoit contraire à toutes ces fautes cy-dessus remarquées par ceux qui ont voulu parler contre mondict sieur du Mayne et contre l'Estat, dont nous devons desirer la conservation, et disoient que c'estoit grande sottise à M. du Mayne d'abandonner les Espagnols, veu ce qu'il avoit leu et ouy dire, que dés que le duc de Bourgongne laissa les Anglais ses associés, Louys XI le ruyna facilement apres. Ce ne sont pas tous ces manquements et ces fautes cy dessus remarquées, qui ont arraché l'esperance du sceptre des mains de M. du Mayne, et la conversion et ruyne entiere des heretiques; c'est la seule hypocrisie, et convertissement de la religion en la seule ambition; et vouloit circonvenir et illuder ce grand Dieu, lequel voit dans le cœur des personnes, et les juge et chastie, non seulement pour leurs mesfaicts apparents, ains pour leur plus secrette pensée et desseins cachez.

Le Roy n'est obligé à M. du Mayne de ce qu'il a fait pour luy, parce qu'il le faisoit pour soy-mesme; il empescha la dissipation pensant tout garder pour luy : moins est-il obligé aux conseillers d'escritoire dudict sieur du Mayne, lesquels, ne pouvant estre ducs pour n'estre de la profession, ny n'estimant estre assez de grandeur d'estre chanceliers en un Estat divisé, ils ont adopté, et en apparence fait par conscience, ce que leur ambition et particulier leur a fait faire à la manutention de l'Estat et à la ruyne de leur maistre. C'est que qu'aucuns de la Ligue disent, non moy qui abhorre ces raisons humaines et refere leur perte et ruyne à n'avoir suivy l'ordonnance de Dieu : ayant eu plus d'ambition que de religion, sa divinité a revoqué ses bienfaicts d'eux, et changé ses resolutions par leurs pechez, dirigeant leurs labeurs, contre leur intention, à l'exaltation d'un tiers qui y avoit peu d'esperance. Ils se vantoient que les croix de leurs espées defendoient celles de l'Eglise; Dieu a monstré qu'il n'avoit besoin des forces humaines. Tres-reluisant miracle! il a tiré la defence de l'Eglise de celuy qui en procuroit la ruyne, et a donné la puissance à celuy qui n'en avoit point. Ainsi se retournent les graces du souverain, quand il les a departies à ceux qui s'en rendent indignes. Tous ces deux feuillets cydessus ont esté colligez de ce que disent ceux de la Ligue, et n'est point blasphemer d'escrire ce que l'on entend dire, non que pour cela on l'advoüe.

Abbaisser l'Huguenot, retirer le secours de Flandres, rompre leur intelligence, estoit contraire à l'inclination du roy Henry IV : ce seroit l'exaltation des Espagnols ja trop formidables, quitter les vrays amis pour s'appuyer sur des conquis catholiques, les uns qui ont esté ennemis desclarez, et la pluspart encore amis simulez, sans asseurance certaine qu'il n'y ait de nouveaux mouvements de leur part, lesquels advenants, si les Huguenots estoient offencez, ils n'assisteroient Leurs Majestez, d'où naistroient differents partis; et seroit dangereux de tomber aux guerres huguenottes, qui en engendreroient une catholique contre l'Estat. D'autre part, maintenir l'Huguenot, la broüillerie de Flandres, l'alliance des Protestans d'Allemagne, est injuste : c'est secourir les rebelles des princes en mauvais exemple, c'est faire à autruy ce qu'on ne voudroit souffrir, et faire pour une religion contraire à celle dont Sa Majesté fait profession.

Il est estrange d'exalter un Estat aristocratique pour maintenir une royauté de laquelle il est ennemy. Diverses raisons fortifient ces conseils : de l'un le peril est present, de l'autre à l'advenir; l'un touche le Roy, l'autre le Dauphin. Il seroit mieux pour Sa Majesté s'opposer aux Huguenots, ruïner ou abbaisser les factions durant sa vie, que laisser son fils en peril d'icelles apres sa mort: mesmes, puisque la puissance des Catholiques liguès n'est plus à craindre, faudroit procurer la paix en Flandres, abaisser sourdement les Huguenots, obliger ses veritables amis pour maintenir la couronne à la posterité, sans craindre les mouvements heretiques, faciles à dompter de son vivant; nommement ne les forçant en leurs consciences, ny ne leur donnant sujet de desespoir, leur oster insensiblement les places et les charges, ou faire catholiques ceux qui les possedent.

Les princes chrestiens ne doivent faire guerre sans defier leurs ennemis : la faute est pareille à celle des gentilshommes qui frappent leurs semblables avant que les avoir adverty de mettre l'espée à la main. L'artifice n'est esloigné de trahison de ceux qui font parler de paix à leurs ambassadeurs, et resoulent la guerre en leurs conseils secrets : c'est confesser son peu de courage ou sa tromperie, c'est se sentir inferieur d'hardiesse, de droict et de valeur, de surprendre en pleine paix ses voisins. Puis qu'il n'est permis de tromper les trompeurs, pour la meschanceté d'autruy il ne faut nous faire leurs semblables, quoy qu'ils nous ayent auparavant surpris. Les Turcs sont fideles en ce seul poinct, qu'ils denoncent la guerre premier que l'entreprendre. Dieu hayt les meschans aggresseurs, les punit en ce monde ou ailleurs : les subjects, les voisins secourent plustost la bonne querelle que la mauvaise. Le conscience examinée, le droict approuvé par les ecclesiastiques et gens de bien, s'il est juste d'assaillir et se defendre selon Dieu, en ce que la raison peut permettre, c'est l'acte d'un Chrestien.

Il est mal-aisé de voir de grands effects des ligues et confederations qui dependent de plusieurs; chacun a un but particulier pour se prevaloir du profict et de l'honneur sur ses compagnons; les mefflances, mescontentemens, incommoditez que les uns souffrent plus que les autres, diminuë, change et pervertit leur intention; l'envie entre les capitaines, hayne entre les nations, soupçons et trahisons ne manquent. Qui veut tirer profict de ligue, il faut que ce soit promptement, et dés le premier jour pourvoir et faire les provisions d'hommes, d'argent, de vivres, de capitaines, d'officiers generaux choisis pour tout le temps que dure l'entreprise, et que les deniers demeurent confisquez au prejudice de ceux qui rompront l'association avant terme : partager les conquestes à venir, et les dommages et despens, petits ou grands qu'ils puissent estre, pour les supporter egalement; resoudre, avant que commencer, sur tous evenements qui peuvent rapporter jalousie et mescontentement; s'oster tant qu'il se peut le pouvoir de se desdire; ne destituer officiers ny pervertir les finances jusqu'au parachevement de l'entreprise. Grand advantage est à un seul souverain contre plusieurs liguez, qui par mauvaise intelligence et soupçon se defont eux-mesmes.

Les pauvres qui ne font guerre et n'exercent les cruautez, n'ont non plus de merite que les vieillards qui s'abstiennent de luxure par impuissance : cela ne les exempte de peché, pour n'avoir armes ny richesses; qui prend un escu volleroit une province; qui donne un coup d'espée ne s'abstiendroit de plusieurs meurtres s'il avoit le pouvoir; il ne leur reste que les moyens de mal faire, s'ils ont la volonté mauvaise, laquelle Dieu juge dans leurs cœurs.

Le conseil huguenot, pour ruïner l'Eglise, a

esté de luy oster les biens; leur proverbe estoit qu'abattant le colombier, les pigeons s'esgarent, la marmite renversée met en desordre les marmitons et ceux qui en vivent : suyvant leurs preceptes et desseins, les cures sont ruinées des decimes, par consequent les sacrements non administrez, ny les parroissiens instruicts. Si la vente du bien d'Eglise continué en France, avec l'augmentation des decimes, c'est faire pour les Huguenots et ruiner les Catholiques : si les ventes cessent, et qu'il soit ordonné aux ecclesiastiques de racheter les biens vendus; et pour cest effect, à leur defaut, y employer, par l'autorité du Roy, le quart de leurs revenus, l'Eglise se remettra en meilleur estat, pour avoir moyen à l'advenir d'ayder à la conversion des heretiques.

Les conciles prohibent que les laiz ne tiennent les biens d'Eglise, les papes l'endurent; iceux sont donnez pour le maintenir; ceux qui font la guerre contre les Heretiques semblent en pouvoir posseder, puis que Sa Saincteté le permet, et que tous sçavent qu'il en est bien adverty. Les abbayes sont données aux femmes, aux Huguenots et gens incapables; il vaut autant qu'un preud'homme laiz les tienne que telles gens. Ces pechez chargent les roys, qui, estant obligez des services que la noblesse fait, espargnent leurs bourses pour payer de celle de l'Eglise. Les papes sçavent les desordres, et n'y remedient, pour la crainte de la desobeissance des princes, qui causeroit un schisme; disent qu'il vaut mieux endurer des petites fautes que de donner lieu à de grandes, ainsi que l'on voit par experience au royaume d'Angleterre, qui s'est faict heretique pour n'avoir esté appreuvé un divorce. Et encores que l'on dise que les loix divines ne doivent rompre ny plier, il y a des exemples, au vieil et nouveau Testament, des prophetes et des saincts qui ont enduré beaucoup de choses des princes et des particuliers, pour les maintenir et r'amener au bon chemin. En effect, qui se peut passer des benefices c'est le mieux, et ceux qui en possedent par bien-faicts des roys et tollerance des papes, ont quelque consolation en leur conscience de l'acquiet de laquelle ils doivent obtenir pardon de Sa Saincteté; à quoy sont encouragez par la consideration de tant d'incommiandes faites en Espagne, possedées par des gens mariez, sous ombre d'un ordre de Sainct Jaques ou autres : pretexte qui a esté refusé au roy Henry troisiesme à la creation de l'ordre du Sainct Esprit, et qu'il valoit mieux accorder par Sa Saincteté, pour eviter le peché que commet la noblesse de France joüissant desdits benefices.

Ceux qui ont eu charge et grandeur un an doivent avoir autant de contentement que ceux qui les conservent quinze; il y a un bout, une fin à tous deux; rien n'est permanent. Il fache plus de perdre les estats à celuy qui en a joüy quinze ans, qu'à celuy qui ne les a possedez que deux. La mort est aussi fascheuse aux vieilles gens qu'aux jeunes : celuy qui a eu des auctoritez et les a quittées gouste deux vies, l'active et la tranquille : en l'active il est à autruy recompensé de gloire, au repos c'est être à soy-mesme recompensé de plaisirs. Qui est en une de ces vies desire l'autre, parce qu'en celle dequoy on joüist on ne sent les incommoditez presentes de celles de laquelle on s'est privé. Un philosophe jugeoit le tyran de Syracuse indigne d'estre maistre d'escolle en liberté, et hors de tant de traverses, craintes et travaux dont sont accablez ceux qui possedent les souverainetez, mesmement illicites. Je me contente avec raison : j'ay eu mediocre faveur des roys, grande auprés de M. du Mayne et duc de Palme dominant la France; j'ay commandé absolument dans trois armées, l'espace de deux ans, apres le general, et suis esté general moy-mesme en d'autres; j'ay esté gouverneur és plus riches et fortes provinces de France, Normandie et Bourgongne, en puissance absolue de vie et de mort, avec plus d'autorité que ceux qui sont en faveur des roys maintenant, qui n'oseroient commettre ce que je pouvois faire, et que mon integrité et preud'hommie a empesché. Maintenant, graces à Dieu, cognoissant les tromperies et vanitez mondaines, que toute chose n'est que poudre, qu'il n'en reste que les pechez commis, je gouste l'autre vie en tranquillité, repos et liberté, qui m'est d'autant plus chere qu'elle est proche de salut, et que j'ay cogneu et gousté les incommoditez de l'autre vie.

L'arc tendu à la ruïne ou establissement des Huguenots, le roy Charles porté à la guerre d'Espagne par leur subtilité, ils luy proposent d'obscurcir les combats de son frere par nouvelles victoires. La Royne fluctue entre paix et guerre; crainte de civile la penche à l'estrangere; les vieux Italiens ambitieux, ses parens, esperans grandeur en ceste guerre, la suadent : comme femme, elle veut et ne veut pas, change d'advis et rechange en un instant. Les Huguenots cornent la guerre, le Roy avec eux, dont ses grandes faveurs leur sont suspectes. Telligny, huguenot, possesseur et favory de Sa Majesté, en creance de ceux de Montmorency, estaint autant de soupçon que les ministres en allument. Soit que la justice de Dieu, ou la mauvaise fortune de l'Admiral, ou la crainte qu'il avoit de retourner aux guerres civiles, fermassent ses yeux et ses sens aux advis de sa ruine, croit qu'il n'y avoit point de milieu que posseder la Cour ou r'entrer en la guerre, aux incommoditez de laquelle il propose l'hazard de la perte de sa vie. Il ne voyoit ny ne prevoyoit ce qui n'estoit pour lors, d'autant plus qu'il n'y avoit encor rien de resolu contre luy, quoy que les ignorans des affaires d'Estat ayent escrit ou dit. Il s'eschauffe en ses desseins pour faire des malcontans et se preparer à tous evenemens, conseille la casserie des gens de guerre, pour [s'ils estoient contraincts de prendre les armes] s'ayder des malcontans : ceste casserie se fait à Madric. Le sieur de Tavannes reprend sa compagnie, qu'il avoit donné à ses enfans, contrarie la guerre d'Espagne, monstre la pauvreté de la France et puissance des Espagnols.

L'Admiral, memoratif de ses playes provenuës de la fidelité et service du sieur de Tavannes, le tient pour ennemy, entreprend sur sa vie. Leurs Majestez à Monceaux, le sieur de Tavannes à Paris se promene avec le sieur marquis de Villars et dix de leur suitte; l'Admiral de Chastillon le joinct sur le quay du Louvre, avec quatre vingts gentilshommes [partie premeditée] : l'Admiral veut une querelle d'Allemand, conduit le sieur de Tavannes en discours hors la ville, dit : « Qui empesche la guerre d'Espagne n'est bon Français, et a une croix rouge dans le ventre. » Le sieur de Tavannes, cognoissant le peril où il est, s'ayde de sa surdité, fait semblant de n'ouyr que partie du discours, auquel il respond doucement qu'il ne se falloit pas prendre à luy, mais au Roy, qui recueilloit les opinions des capitaines de son royaume; qu'en ceste qualité il disoit la sienne, à laquelle il ne se vouloit point arrester si par raisons on luy en monstroit une meilleure. Sans les offencer ny se monstrer timide, avec prudence se descharge d'eux, qui sur le champ changent de resolution de le tuer, et le laisent retourner en son logis, où arrivé, ses gens luy demanderent s'il n'avoit pas ouy ce que l'Admiral luy avoit dit : « Je serois, dit-il, bien sourd, un jeune homme s'y fust perdu; ils ne m'y tiendront plus. »

Là dessus arrive l'advis de la prise de Monts; les courtisans huguenots desbridez exclament contre la paix, criant guerre espagnolle ou civile. L'ambassadeur d'Espagne demande congé; le sieur de Tavannes le retient par commandement du Roy et de la Royne; fait donner à Gatey, gentilhomme du comté de Bourgongne, une chaisne de cinq cens escus par Sa Majesté, pour aller en Flandres asseurer son maistre qu'il n'avoit point de guerre : tant estoit tout en balance. Pour sortir de peine et de ces contrarietez, le Roy tenant conseil à Paris, le sieur de Tavannes propose que Sa Majesté devoit prendre le conseil de ses meilleurs capitaines par escrit; ce qu'il fait pour sa surdité, et pour n'entrer en dispute dans le conseil : ceste resolution suivie, tous aportent leurs advis. Celuy de l'Admiral disoit que c'estoit le moyen d'estaindre les guerres civiles par la conqueste de Flandres; que, pour gagner au passé deux villes d'icelle, une partie du sang de la France avoit esté espandu; qu'aux derniers conseils M. d'Anjou avoit dit que, lors qu'il y auroit de bonnes villes sur la frontiere prises, l'on pourroit parler de se declarer : Monts et une douzaine d'autres l'estoient maintenant; et se vante d'avoir telle intelligence, qu'il y auroit une revolte universelle contre le roy d'Espagne.

L'advis de M. d'Anjou, depuis Henri troisiesme, fut tel, dicté de mot à autre par le sieur de Tavannes :

« Monsieur, les occasions qui se presentent du costé de Flandres sont fort considerables, et y a apparence qu'icelles tentées avec vostre ayde, il s'en pourroit ensuivre quelques bons effects; et me grevera bien si, en quelque façon que ce soit, là ou ailleurs [estant en l'aage de travailler], je ne puis promptement vous faire paroistre l'envie que j'ay de vous faire service, mesme hors vostre royaume, et que telles occasions se passent sans courir le hazard et fortune qui en peut advenir. Mais, Monsieur, je m'estimerois bien mal fortuné, si, postposant toutes mes affections à la conservation de vostre royaume, où il vous a plu me faire lieutenant general, je ne vous faisois entendre l'estat auquel il est maintenant, me semblant estre une chose bien simple d'entreprendre porter un grand faiz sans premierement peser ses forces; je les dois cognoistre, pour s'estre adressez à moy toutes sortes de gens, à cause de mes estats. Or, Monsieur, la premiere et plus importante chose pour la guerre, et principalement dehors, sont les finances, dont vous estes, et de credit, si en arriere, et la puissance de vostre peuple si espuisée, que je ne vous la puis dire, sinon la larme à l'œil, et laisseray à messieurs qui les gouvernent à vous en rendre raison. Et quant aux hommes pour l'execution, je voy vostre gendarmerie à cause de son naturel courageuse, et neantmoins, pour avoir esté mal entretenue, avec une impression acquise sur tout depuis ces derniers troubles, qui est de souffrir peu de labeur de la guerre et abandonner les enseignes s'ils ne sont satisfaicts de leurs soldes; chose qui leur sera facile, se retrouvant pres du royaume. Et, à ce que j'entends, il y a moins de gentilshommes qu'il n'y eut onques, à cause du mauvais traictement, ayant l'injure et pauvreté du temps empesché de la regler par vostre commandement, suivant ce que j'en avois bonne intention.

» Quant à vos gens de pied, Strosse a mené les principaux capitaines avec luy ; par ainsy doit avoir la fleur des soldats : il en a passé un grand nombre en Italie qui aussi sont des meilleurs, et m'a on dit que plusieurs sont allez du costé du duc d'Albe. Vous sçavez les expeditions qui ont esté faictes pour la creüe des bandes par toutes les frontieres, qui, à mon advis, se treuveront gens nouveaux. Vostre Majesté a veu aussi les doleances que vous ont faictes tous les gouverneurs, pour les places, tant de Champagne, Picardie, Guyenne, Languedoc, Provence, que Piedmont, et generalement toutes vos frontieres, où il n'y a une seule ville en estat ; d'autre part vostre peuple miserable, tant à cause des guerres passées que de la cherté du temps : de sorte qu'il est mal aisé de juger en beaucoup d'endroits de leur affection. Toutes ces pauvretez et necessitez me font conclurre que, sur le dire des gens desesperez et chassez hors de leurs biens, qui n'ont rien ou bien peu d'asseuré ce qu'ils promettent que paroles, l'on ne doit rompre les choses promises, de faire de son amy son ennemy si grand, que vostre Estat puisse courir fortune à cause de tant de necessitez. »

En ce mesme conseil du 26 juin 1572, le sieur de Tavannes donne son advis :

« Les gueux de Flandres se promettent qu'avec leurs alliez, tant d'Angleterre, princes protestans, Français huguenots, qu'autres, leurs forces seront de dix mil hommes de cheval, et grand nombre de gens de pied à l'equipollent, tant arquebusiers allemands qu'anglais, les plus forts par la mer ; le Pays Bas malcontent, plusieurs villes prestes à se rebeller, et que tout cela s'offre estre à la devotion du Roy ; luy donnent advis qu'il doit declarer la guerre au roy d'Espagne ouvertement, d'autant que si ceste belle occasion se perd, malaisement se pourra recouvrer. Outre ce qu'il est à presumer qu'estant, le roy d'Espagne et le duc d'Albe, en soupçon de Sa Majesté, comme ils sont à cause du voyage de Strosse, encores que pour ceste heure ils tiennent fort beau langage, que venant à estre victorieux avec la grande armée qu'il y aura, ils ne donnent à la France, en grand danger [la trouvant depourveüe] d'y faire un grand eschec.

» A la verité il y a quelque apparence en ce dire-là, à qui ne considereroit en quel estat est le Roy et son royaume, et celuy du susdict roy d'Espagne, les affaires duquel sont allez jusques icy comme chacun sçait. Par ainsi, sans se tromper, faut considerer que le duc d'Albe n'a pas si mal pourveu à son faict, qu'il n'ait bien tost une des plus grandes armées qui ait esté il y a long temps ensemble ; et ores qu'elle n'excede point les susdictes forces de ses ennemis, la difference y est grande, dautant qu'il est sur la defensive et a l'argent pour continuer la guerre et mettre les choses à la longue, tient le pays de quoy il vivra, les autres en danger de mourir de faim, et n'aura que trois mois pour temporiser, que l'on sera en hyver, durant lequel ne se peut tenir la campagne en Flandres à cause des marescages et humidité dudit païs : et n'est vray-semblable qu'il puisse estre contrainct de combattre, luy qui est sage capitaine, ayant accoustumé d'estre retenu, si ce n'est au grand desadvantage et hazard de ceux qui l'iront assaillir.

» Et quant à ce peuple rebelle, sa puissance et bonne conduitte est ja monstrée par ceux qui sont descouverts ; le reste, encores qu'ils eussent bonne volonté d'user de rebellion, ne le sçauroient ny oseroient descouvrir. L'exemple y est, ayant veu le prince d'Orange avec une si grande armée en leur païs, sinon que l'on eust contrainct ledit duc d'Albe à la bataille, et il l'eust perdue : aussi s'il la gagne ayant les forces du Roy joinctes avec celles desdicts Huguenots, voilà le royaume en grand branle, et est le mettre sur le tablier au hazard contre la Flandre, mesme y ayant si grand nombre de peuple en cedict royaume de l'ancienne religion, et la pluspart mal contents, qui est pour se desesperer, à cause que n'ayant point de finances pour ceste guerre, il est force d'en prendre sur luy ; et est en somme porter la querelle d'une poignée de rebelles de dehors, pour en faire un grand nombre dedans.

» Lesdicts rebelles de Flandres ont ja preparé la cause de la rebellion de ceux de France, disant que ce qu'ils ont commencé est pour les subsides, desquels le susdict peuple français sçait bien à quoy s'en tenir ; subsides de fraische mesmoire levez pour chastier le peuple eslevé pour la religion qui se dit reformée, et à ceste heure autres subsides pour la sousteniṛ : chose tres-dangereuse pour les grands princes, qui se trompent s'ils cuident estre roys pour tenir des places fortes, maisons et autres choses ; car il faut estre roy du peuple, et estre obey et aymé ; autrement le mieux qui en peut advenir, c'est maistriser la religion, la rebellion, et sondict peuple par force avec les estrangers, les enrichir de leurs depoüilles à la ruyne de leur royaume, et s'acquerir le nom de tyran, avec perpetuel doute de leurs personnes. Joinct que si Sa Majesté commence, il sera assailly du costé de Piedmont et Provence, Languedoc et autres lieux, facilement par le moyen des amis de la Ligue et de l'armée de mer : et d'y envoyer de grandes forces pour y dresser une armée et y faire teste, se fiant qu'il ne faudra pas beaucoup ayder aux susdicts gueux, attendu qu'ils sont ja forts, il n'y a homme qui ne doive conseiller de se devoir tousjours rendre le plus fort, se joignant avec eux pour leur faire la loy et s'attribuer les conquestes. Davantage faut avoir secondes forces, pour [si on venoit à la bataille, que tous conquerans doivent chercher], avoir une ressource, d'autant qu'il est bien plus raisonnable de defendre le cœur du royaume que les membres.

» Ainsi, de mener une autre armée en Piedmont l'on sçait comme il est aisé; les places y sont en tres-mauvais estat, le pays, debile comme il est, perdu en un mois. Les forces d'Italie pourront tomber en Dauphiné ou Provence; M. de Savoye baillera vivres; l'entreprise du roy d'Espagne pour Alger se pourra remettre à une autre fois, et, à l'imitation du vieil empereur, s'ayder de l'argent levé pour cela. Et ores que ledict duc d'Albe eust perdu la bataille et la plus grande part des Pays Bas, la reputation et la force sera si grande à l'endroict des Huguenots, mesmes venant à mourir ou changer ceux qui les conduisent avec bonne intention, que le Roy et son royaume seront tousjours menez en laisse; et vaudroit bien mieux n'avoir point de Flandres et autres conquestes, que d'estre incessamment à maistre : par ainsi, en gagnant c'est se perdre du tout. Est aussi à considerer que les gueux grossiers trompent les Huguenots, subtils par leur mauvaise conduicte tant presente que passée.

» Je laisse la foy rompue d'un homme comme le Roy, qui fait profession de l'honneur, l'ingratitude d'avoir esté secouru en sa necessité, rendre mal pour bien : qui seroit entierement le contrepied du grand roy François, lequel, au lieu de recevoir ceux de Gand, donna passage à l'Empereur pour les chastier. Je laisse pareillement qu'on a veu les roys separer les peuples pour plus facilement les vaincre et mener à leur volonté, et qu'à ceste heure les peuples, ayans separé les roys, en pourront, s'ils veulent, faire de mesmes; dautant que tout cela est assez evident. Et pour conclurre, jamais roy sortant de misere ne fut en si beau chemin; ceux qui se sont eslevez dans le cœur de son royaume, qui tiennent une partie du peuple à leur devotion, y ont fait la loy, vont assaillir les ennemis, où il ne peut perdre sans gagner aux despens d'autruy, s'il faut lever le joug, qui sera tousjours sur le col de Sa Majesté [venant changer les chefs de bonne intention, comme dict est]. Et de dire s'ils sont defaicts ils seront suivis jusques en France, et tombera la mine au duc d'Albe sur luy, l'exemple y est de la retraicte qu'il fit dernierement, les ayant chassez de Flandres; et ores qu'il eust autre opinion, l'hyver l'y contraindra. Et pour remedier et prevenir à tout, faut lever ledit soupçon du roy d'Espagne contre Sadicte Majesté, en quelque façon que ce soit, voire plustost remettre ledit voyage de Strosse à une autre fois, et luy faire entendre que c'est pour le contenter. Et pource que quand les voisins s'arment, il est raisonnable de s'armer, soient disposées ces forces là aux frontieres, sans faire masse qu'il ne soit besoin. Le laufguelt et aureitguelt (1) se baillera à quelques reistres et lansquenets, sans les lever que l'on ne soit pressé, preparer doucement les Suisses aussi sans les lever; la gendarmerie tenuë en estat sans l'harasser; les gouverneurs à accommoder; munir les places et y renforcer les gardes. Cela sera suffisant pour, quand l'occasion se presentera qu'il y ait mauvaise volonté du costé dudit roy d'Espagne, se mettre en un camp fortifié pres d'une ville ou riviere que l'on sçaura choisir, et se conserver attendant les susdits reistres, Suisses et secours des alliez, et faire teste à ceux qui chasseront ou fuyront dedans le royaume à main armée : excuse bien raisonnable, sans mettre ledit roy d'Espagne en jalousie, remettant ceste belle occasion [si belle se doit appeler] à une autre fois qui ne se peut perdre, ny la volonté de ceux de Flandres, qui crieront tousjours à l'aide aux Français, tant et si longuement que les Espagnols les maistriseront.

» Et faut considerer que ces Païs Bas d'icy en avant ne peuvent plus de rien profiter au Roy d'Espagne, et que pour les regir il est contrainct les ruïner du tout, et ne luy peut tourner qu'à grande despense, crainte et deplaisir ; de sorte qu'il est à presumer qu'à la fin on y pourra mettre le pied par amour avec alliance, ou par force quand nostre foiblesse sera passée. Et enfin vaudroit bien mieux n'avoir point de proficit que l'avoir par le moyen de ceux qui tiennent tant d'hommes aguerris dedans les entrailles de la France, pour, à toutes les fois que leurs susdicts

---

(1) Le *laufguelt* étoit la somme qu'on payoit aux reistres et aux lansquenets en les enrôlant : le *aureitguelt*, celle qu'on leur donnoit pour les faire marcher.

chefs faillis, eux ou ceux qui viendront apres voudront fonder une querelle sur subsides, religion ou autre chose, mettre en proye le Roy et son Estat. Laissons donques l'entreprise si injuste, mal fondée, et qui nous est si dangereuse ; maintenons nostre reputation envers Dieu et les hommes, et la paix avec un chacun, sur tout avec nostre peuple, leur tenant la parole pour la religion ; et reprenons haleine en nous laissant decharger par nos ennemis, car c'est toute la necessité de ceste coronne et de l'Estat. »

Tous les gens d'Estat qui vivoient de ce temps-là, et ceux qui du depuis ont veu cet advis, l'ont exalté et loüé sur tous autres qu'ils eussent jamais veu ; et pour luy donner encore plus de lustre, j'en ay mis deux icy donnez par moy du vivant du roy Henry IV et de la regence de la Royne.

« Le Roy ne doit faire la guerre ; Dieu est offencé en la ruine du peuple et en la rupture de la paix jurée : c'est donner des armes aux malcontans ; les chemins d'Espagne et d'Angleterre sont trop frayez : la corruption du siecle nomme artifice ce que les anciens qualifioient trahisons. L'inclination des Français aux nouvelletez est redoublée par la pratique des guerres civiles, necessitez, manquement de solde et espargne de Sa Majesté, jointes à l'ambition, envie et hayne restées des partialitez. Le Roy [premier capitaine de ce siecle] doit empescher que ses armes n'en eslevent d'autres ; l'heur qui luy a esté favorable est soupçonneux : la fortune se plaist à defaire en un instant ce qu'elle avoit fait en plusieurs années. Si Sa Majesté va aux armées, les travaux, les dangers sont grands ; sinon il ne s'y fera rien : elles sont necessaires en Picardie, en Provence et en Guienne ; Sa Majesté n'a deux corps. Quel pleige, que l'employé ne s'en prevale ? quel general sans dessein, sans party, capable et fidele ? si ce sont des Huguenots generaux d'armées, plusieurs diront que c'est guerre de religion, non d'Espagne. Ceste republique huguenotte, dont les chefs sont obligez par un premier serment de religion, leur credit joinct à l'autorité royale est dangereux.

» Donner la generalité à ceux de Lorraine, il y a peu d'apparence : ce qui a esté peut estre ; les flambeaux esteincts facilement se r'allument. Les Huguenots, qui ne manquent de couleur pour se mettre à port, feindront craindre les massacres, demeureront en gros, pour, sur l'evenement, prendre party et argent, qui ne sera le premier qu'aucuns d'eux ont receu, non seulement des Anglais, mais des Espagnols. Le meslange des Reformez et Catholiques pourra durer un mois ; apres il ne manquera de partialitez : l'ambition ne sauvé les freres des freres, moins ceux qui sont en differents buts et partis. Les mareschaux de France n'ont les parties necessaires pour commander à vingt cinq mil hommes ; le gibier est trop gros, il y faut autre chose que vaillance et conduite commune. La gendarmerie cassée, les gentilshommes ne se sentent obligez ; la paye qui ne manquoit, la crainte de perdre leurs places de gendarmes, faisoit partir : maintenant que la solde finit avec la guerre, ils proposent le retour à une monstre qu'ils reçoivent.

» De payer ceux qui demeurent aux armées, cela sert pour les soldats de fortune, non qu'il puisse lier les gentilshommes, non plus que trois cens pensionnaires n'en contentent trois mil. La contraincte d'aller à l'arriereban, ou forcer ceux qui ont porté les armes de les reprendre, se peut pour un coup, le deuxieme porte revolte. Les effects contraires aux conquerans sont pratiquez depuis la paix ; les gentilshommes, les soldats se sont precipitez en Flandres, en Ongrie, pour fuyr la necessité et severité attizée des vengeances, des guerres civiles. Les capitaines experimentez morts ou envieillis, quinze années des meilleures du Roy perdues, l'argent de la gendarmerie, sous couverture de justice, donné aux officiers et conseillers des cours de parlement, esperant qu'iceux contenans la populace l'on n'auroit que faire de la noblesse qu'il falloit desarmer pour eviter la guerre civile.

» Ceste forme du gouvernement, si esloignée d'un conquerant qui doit tenir les soldats pour citadelles des peuples, non les peuples pour forteresse contre les guerriers, sera malaisée à r'accommoder par l'argent de la Bastille espuisé des secours de Flandres. Les millions durent peu en deux grandes armées, non semblables aux civiles, qui grossissoient du peu de seurté que les Français avoient chez eux ; maintenant ils veulent estre soldoyez. Si la monarchie fait desirer la guerre, les grands, les petits de l'Europe s'y opposent ; ils assisteront les foibles : c'est un dessein que l'experience monstre ne pouvoir reüssir. Il y a difference de force de la cavalerie de France dans les plaines d'icelle, à la force de l'infanterie espagnole sur les canaux de Flandres et Alpes d'Italie. Il n'est si aisé de conquerir le païs des estrangers que les chasser du nostre : ainsi la guerre n'est juste ny utile, et faut considerer si elle se peut eviter.

» Les Huguenots admonestent de prendre garde que, la pensant fuyr espagnole, nous ne la treuvions civile ; que le travail des estrangers est le repos de la France ; la vengeance juste, de favoriser les rebelles de celuy qui a suscité les nostres ; qu'il est utile de contrarier ses desseins, à ce que sa foiblesse suppedite son ambition; qu'il ne faut perdre les vrays pour les feints amis, ny garder la paix à ceux qui nous l'ont ostée; que les Huguenots ont changé de qualité depuis la Sainct Barthelemy : leur ruine fut preferée au danger de la guerre d'Espagne ; ils estoient accusez d'avoir entrepris sur les roys François deuxiesme et Charles neufléme, resisté au roy Henry troisiéme; maintenant viennent d'assister le roy Henry quatriéme, auquel ils disent avoir sauvé la couronne.

» Leurs ennemis disoient qu'il ne falloit quitter le Pape ny les Espagnols, secours des batailles de Dreux et Moncontour, pour se joindre à ceux qui les avoient données : le jeu est tourné ; ils disent qu'il ne faut laisser les Huguenots qui ont aidé à celles de Coutras, d'Arc et d'Ivry, pour s'allier aux Ligueurs et Espagnols qui y sont esté vaincuz, et cause de la mort et blessure du roy Henry troisiéme. Huguenots qui se dient la citadelle de l'Estat, pour ne recognoistre autre puissance que la royale, s'opposent à celle que Sa Saincteté [à l'ayde de François, plus Espagnols que religieux] veut usurper; que le Roy seroit mal conseillé de sortir de sa faction pour entrer en celle de son ennemy, de ceux qui l'ont nourry pour ceux qui l'ont trahy, du bras de ses amis victorieux à refuge vers ses ennemis vaincus, au regret des Huguenots, qui confessent ne se pouvoir perdre en Flandre sans l'interest general de leur religion, pour laquelle ils hazarderont, non seulement le respect et le devoir qu'ils doivent au Roy, mais leurs vies, leur sang et leurs biens; et aiment mieux se perdre avec leurs amis et confederez, qu'attendre les bras croisez que la defaicte des uns soit la ruine des autres; disent qu'il ne restera à Sa Majesté pour toute seureté que ses adversaires les Espagnols reconciliez, ses ennemis conquis, peu de Catholiques royaux, une bonne partie desquels, les cognoissant pour le vray appuy de la couronne, les assisteront; qui sera une confusion universelle, où les peuples retourneront à leurs fautes, dont l'unique remede est la guerre contre l'Espagne.

» Les Catholiques respondent que les Huguenots ne peuvent oublier ce mot qui leur cousta si cher le vingt-quatriéme aoust 1572 : « Faictes la guerre aux Espagnols, Sire, ou nous serons contraincts de vous la faire; nous ne pouvons plus tenir nostre peuple ; Dieu menace les injustes d'asseoir en leurs trosnes leurs serviteurs, d'un siecle de fer et terre d'airain. » La couronne celeste se doit preferer à la terrestre : faire profession de la religion catholique et ne garder l'autorité royale, secourir les heretiques et rebelles, n'est estre Chrestien ny homme d'Estat. La parole des bons princes doit estre selon leur cœur, sans dissimulation ; autrement il n'y a ny foy ny magnanimité : les bestes mordent de crainte, les genereux de courage. Ce brave Roy n'est pas necessité d'affoiblir ses ennemis par moyens illicites; ses predecesseurs ont resisté aux forces de l'Europe, Sa Majesté les a chassez de France. Le cheval et le peuple veulent sentir qui les dompte; sans milieu il faut donner la loy ou la recevoir ; la guerre estrangere n'est le repos de la France, elle engendre en ce temps son semblable par la civile fortifiant l'huguenotte ; la vengeance des princes ne doit passer leur utilité.

» L'empereur Charles-Quint corrompit M. de Bourbon ; le roy Henry deuxiéme secourut les Protestans d'Allemagne ; le roy Henry troisiéme et M. d'Alençon ayderent les Flamands ; le roy Philippe ceux de la Ligue : dix ans sont passez que le Roy Henry quatriéme secourt les rebelles de Flandres. La vengeance, comme le reste, doit avoir fin, de tant plus qu'elle a ruiné les ames, les corps et les peuples des roys de France et d'Espagne, sans s'apercevoir que leurs subjects leur font jouer ces tragedies pour se soustraire de leur obeïssance. Trente cinq ans de guerre dans les entrailles de la France, l'attentat d'Amboise et de Meaux, ostent aux Huguenots ceste qualité d'amateurs de l'Estat : l'on n'advoüe qu'ils sont cause du gain de sept batailles, battuz en quatre; ont servy de pretextes aux trois autres contre la Ligue, qui sans eux ne se fussent eslevez. Les bons subjects ne jettent leurs superieurs, par menaces, dans une guerre perilleuse : subjets, ou plustost maistres estranges, dont le repos, et seurté est une guerre cruelle, laquelle finie il la faudra recommencer avec eux. Ils offrent des armées, des villes, des alliances, intelligences, enrollements, levées de deniers : autant d'offre, autant de crime de leze majesté, puissance extorquée de la souveraineté à la ruine d'icelle. Presenter au Roy ce qui est sien, se prevaloir de forces, de deniers levez sans sa permission; qui doute qu'ils ne s'en servent contre luy-mesme? quelle fiance à ceux qui n'en ont point à leurs souverains; qui tiennent des villes de seurté contre leur Roy, l'accusent d'impuissance de se faire obeïr à son peuple, ou d'infidelité ; qui payent de menaces à l'acquit de leur foy? ils ont suivy le roy de Navarre comme partisant, et abandonné le roy de France comme souverain à Amiens; qui n'assistent qu'en tant qu'il leur est utile, cognoissant que la grandeur de la monarchie est la ruine de leur republique.

» C'est par ces raisons que les Catholiques disent que trop de crainte de venir à la guerre contre les Huguenots nous la rendra Espagnolle, et puis apres civile, en double danger qu'estant commencée contre les Espagnols, les Huguenots ne se declarent contre Sa Majesté, pour s'establir et tirer profict dans le trouble; s'entendans, comme au passé, avec les mal contans, voudront disposer des affaires en la vieillesse du Roy, et apres commander à M. le Dauſin, auquel ils ne se fleront jamais, d'autant que le second mariage du Roy a esté advoüé et permis du Pape, allié des Lorrains et favorisé des Italiens, parties principales du corps des Catholiques, contre lequel il se sont eslevez.

» Le Roy a envoyé pour une année neuf cens mil escus et cinq mil Français en Flandres, a favorisé le trouble du commerce des Indes, traicté en Italie et Allemagne contre les Espagnols, non pour s'acquitter de ce qu'il doit aux Huguenots et Flamands, mais de peur qu'iceux ne luy facent la guerre; pense que les perdre pour amis est faire jour à plusieurs Catholiques mal contans, qui se joindroient avec eux. Sa Majesté appuye son regne sur eux, et au contraire celuy de son fils est appuyé sur les Catholiques, sans esgard que l'amitié qu'il se porte est l'abbaissement de M. le Daufin, pour ne suppediter de son vivant le party qui luy sera contraire, en suitte de quoy de grandes pertes ou de grands gains adviendront: si perte, le Roy le sentira de son vivant; si gain, c'est au profict des Huguenots, et à la defaveur de la posterité royale.

» Le roy d'Espagne, craintif, outre la tardiveté [vice peculier de sa nation], cognoist son manquement de capitaines et de soldats; ayant luitté contre ce royaume et experimenté son desadvantage, veut assaillir la France par la France, et que l'intelligence d'une partie d'icelle soit l'ouverture de sa guerre; croit que le temps fait pour luy, qu'il vient, et que le Roy s'en va; ce qu'advenant, les portes de cest Estat luy sont ouvertes par nos confusions: cependant il bride les Grisons, s'affermit en Italie; s'establit en Flandres, et prepare les armes.

» Ces deux roys ennemis exercent tous mauvais offices l'un sur l'autre; ont choisi une province où ils consomment leurs hommes et leur argent: cependant leurs royaumes sont en paix, remplis de negociations perilleuses, dont s'esclot journellement entreprises sur autres. C'est merveille qu'ils ayent tant duré en cest estat sans faire guerre ouverte. Il y auroit quelque apparence de secourir les Flamands s'ils presentoient la Flessingue, quatre citadelles aux meilleurs ports de Zelande et Olande, icelles garnies des serviteurs du Roy, non de partisans huguenots, et que la guerre ne se fist par leurs maniements, parce que c'est perdre de conquerir par leurs armes: ils s'attribueront l'honneur, et rejetteront la perte au Roy; dangereux que leur mauvaise fortune ne soit suivie en France.

» La conduite des affaires de France n'a pieté ny magnanimité; les Catholiques ne doivent favoriser les heretiques, les souverains les rebelles; c'est se perdre de peur de se perdre, changer l'apprehension de l'advenir au peril present; c'est donner son bien à joüer à moitié perte, non à moitié gain; acheter en vain un peu de paix pour une longue guerre, nourrir le party qui sappe l'Estat, à la ruïne de la posterité royale, quitter le choix aux Espagnols de se declarer en heure opportune. De changer de conduite, retirer le secours de Flandres, les Huguenots feront la guerre en France: semble que soyons reduits à prendre, non le meilleur party, mais le moins perilleux, et de deux guerres en choisir une contre les estrangers, ou contre les nostres: l'estrangere est presente, il se peut remedier à l'huguenotte.

» La paix leur est gardée, ils ont des villes de seurté, possedent les premiers estats de France; ils n'ont raison de declarer la guerre, pour ne pouvoir rendre leurs souverains leurs partisans et protecteurs du corps des rebelles estrangers dont ils sont les membres, qui seroit tourner son couteau contre soy-mesme. S'ils sont subjets, qu'ils obeïssent; si comme souverains ils commandent la paix et la guerre à leur volonté, ils forcent l'autorité royale, et la despoüillent de la souveraineté, la mettent en mespris. En ce cas, faire la guerre aux Espagnols seroit proprement laisser brusler sa maison sur l'espoir d'en conquerir une autre: il vaut mieux estre roy obey de ses subjets, qu'en crainte d'iceux, protecteur mal-asseuré des autres.

» Si injustement les Hugenots prennent les armes pour n'avoir peu forcer Sa Majesté à leur volonté, les estrangers ne les secourront: l'on bat facilement les reistres, les places se prennent en ce temps aisement, l'on cognoist celles des Huguenots et leurs forces; bloquant La Rochelle, le reste se peut prendre; et là où elles resisteroient, les chasteaux d'alentour et le degast les affament en six mois. De plus les principaux Huguenots sont serviteurs de Roy, qui les abandonneront, cognoissant leurs armes injustes, puis que leurs traictez sont observez, non par crainte, mais par obligation, si obligation peust estre à ceux qui ont assisté les autres pour leur propre peril: sur laquelle se voulant trop appuyer, et donner la loy à celuy duquel ils la doivent recevoir, qu'ils considerent que

Manlius fut precipité de la roche du Capitol qu'il avoit conservée.

» La guerre du roy d'Espagne est de plus longue discution : il est maistre de son argent et de ses forces, l'experience a monstré comme il est mal-aisé d'occuper ses païs : il luy est plus facile de rendre sa guerre estrangere civile avec des doublons, qu'aux Huguenots de rendre leur guerre civile estrangere avec leurs paroles. Toutes deux sont fascheuses à l'Estat; la vieillesse du Roy et la jeunesse de M. le Daufin doivent faire desirer la paix, à ce que l'espée ne traverse le changement de sceptre. Elles sont differentes en ce que la guerre du roy d'Espagne est un preparatif d'autre avec les Huguenots, qui agrandissent leur party pour se preparer aux civiles; et la guerre des Huguenots les reduisant à l'obeïssance, c'est la paix et la monarchie affermie, et les pretextes des rebellions assoupis.

» Le plus sain remede est que le traité de la paix soit inviolablement gardé aux Huguenots, les villes de seurté continuées, les roys de France et d'Espagne unis, Sa Saincteté gardiateur de leur foy, dont les liens sont les bons offices que Leurs Majestez se feront, leur intelligence plustost concluë que sceuë, accorder les Flamands avec le roy d'Espagne, la paix sera universelle, ou une guerre tres-juste contre les heretiques, dont la fin sera la manutention de nostre religion, obeïssance des subjets et asseurance de l'Estat et du regne de M. le Dauphin. »

Ces raisons bien considerées et pesées, un an apres qu'elles furent escrites semble que le Roy prit le meilleur party et le plus salutaire conseil pour lors, de faire que par son moyen la paix du roy d'Espagne et des Flamands aye esté faicte; que les Olandais soient demeurez hors de la puissance du roy catholique en forme de republique, en creance et fiance des Français, desquels ils prenent des garnisons et se servent d'eux. Merveilleux accomplissement de la perfection du bonheur du roy Henry quatriesme, d'estre sorty du choix moins perilleux de l'une des deux guerres, à quoy il sembloit estre necessité par l'establissement d'une bonne paix generalle, lors que moins elle s'esperoit! Reste neantmoins deux espines en icelle; l'une, qu'à l'advenir l'on pourra qualifier l'argent qui se payera à entretenir ces garnisons, un tribut que l'on donne aux Olandais, pour la crainte que l'on a de la guerre d'Espagne, ainsi que les pensions des Suisses sont desja qualifiées tribut.

« Il fust esté mieux à souhaiter que les cinq millions d'or que le Roy a despendu en Olande pour leur conservation, et qu'imprudemment il leur a quitté, que Sa Majesté eusse eu des places d'eux en depost jusques ils l'eussent r'emboursé, ainsi que les Anglais firent des villes qu'ils tenoient engagées. L'autre prejudice est que les Olandais veulent que tous les Français qui leur seront envoyez et payez du Roy soient de la religion huguenotte; qui est un preparatif pour monstrer que toutes et quantes fois que Sa Majesté se voudra faire obeyr en son royaume de ses subjects huguenots, qu'ils luy seront contraires et les assisteront. Et le dernier, de tres-mauvais exemple pour la France, que des subjects se soient mis en souveraineté et republique: imitation tres-dangereuse que Dieu veuille destourner de ce royaume !

» La mort inopinée du Roy advenuë, a esté mis en deliberation par ceux qui ayment l'Estat s'il se devoit continuer le chemin tracé par Sa Majesté, de s'opposer au roy d'Espagne, lequel a pris le premier lieu, et s'est appuyé sur la religion catholique, apostolique et romaine, en premiere intelligence avec le pape et toute l'Italie et plusieurs Catholiques en divers royaumes; contre lequel le defunt Roy s'estoit associez avec le roy d'Angleterre, Ollandais, Suisses, Protestans d'Allemagne et Venitiens, ennemis ou en crainte de la maison d'Austriche.

» Ceux qui disent qu'il falloit unir les deux coronnes de France et d'Espagne, monstrent que c'est le party de la religion catholique qui est le plus juste, et par raisons d'Estat; que, s'alliant avec le roy d'Espagne par mariage, l'on pouvoit chacun de son costé ruïner les rebelles et r'establir la religion catholique, et que tant qu'il y auroit deux religions il seroit impossible d'y avoir une paix de durée; qu'il estoit fort deshonneste et dommageable contre droict et raison aux souverains de secourir les rebelles de leurs semblables; que la faction des Huguenots par l'ayde de la France se faisoient si puissans, qu'apres que ceux d'Ollande se sont soustraicts de la subjection d'Espagne, les Protestans d'Allemagne veulent donner loy à l'Empire, mal-gré lequel ils pretendent faire des electeurs à leur proffit, et continueront à opprimer tous les Catholiques, et leur puissance deviendra telle, qu'à l'ayde des rebelles de France, ils pourroient entreprendre sur les Estats royaux, y ayant un dangereux exemple pour les villes de France, que celuy de Zelande et Ollande, qui, mal-gré leur prince, se sont mises en republique.

» Contre ceste opinion s'allegue que, quand ce dessein seroit veritable de pouvoir unir les deux coronnes et vaincre les rebelles, il n'est utile sous un roy enfant, parce que cela ne se peut sans guerre; et en minorité tous troubles sont dangereux, en peril de desunir au lieu d'unir; que les pechez sont moindres d'endurer deux religions, forcez par la necessité des affaires, et par raisons d'Estat; quand il y a deux puissances coutraires, ou en soupçon de l'estre, qu'il faut secourir les plus foibles, d'autant qu'aydant les plus forts, il est dangereux que d'amis ils deviennent ennemis, et par une grande puissance oppriment ceux qui leur auront aydé. Ce qui est considerable contre le roy d'Espagne, redoutable pour sa grandeur, que, venant au dessus de ses rebelles, il n'entreprist apres contre la France; que, quand elle seroit venuë à bout des Huguenots, leur roy ne seroit davantage qu'il est; et celuy d'Espagne venant au dessus des Ollandais, auroit reconquis un païs qu'il a du tout perdu. De plus, la France est fort opposée, et proche des Anglais, Protestans et autres; et que les conseils sont changez, parce que ce seroit s'allier avec ses ennemis, puisque les Espagnols ont esté tenus tels les derniers, à cause de la ligue de Lorraine contre les feufs roys, dont le Roy d'à present est heretier, non seulement des biens, mais des affections, et quitter ses vrays amis, les Anglais, Huguenots, Flamands et Allemands, avec lesquels son pere a reconquis son royaume, et sauvé des practiques espagnolles, pour s'allier aux Espagnols, où il n'y a grande seurté; que les princes proposent leur profit et utilité aux alliances qu'ils prennent, et que la guerre estant commencée nonobstant icelle alliance, il seroit dangereux que les Espagnols ne s'accordassent, et laissassent tous les confederez huguenots offensez sur les bras des Français.

» Et d'autant que le mesme conseil du roy defunct vit en puissance, il y a apparence qu'il se doit suivre ses mesmes maximes, maintenant les alliances avec les Olandais et Protestans, conservant sa trefve des Païs Bas, sans offenser le roy d'Espagne que le moins qu'il se pourra; traictant avec les estrangers pour gagner la majorité du Roy, et eviter la guerre durant sa minorité: qui semble estre le meilleur advis, estant beaucoup faire de se maintenir sans guerre en une minorité. Pour à quoy parvenir, il ne faut point changer l'estat des affaires, et les maintenir sagement et sans mouvement, ainsi qu'elles sont esté trouvées à l'avenement d'une minorité à la coronne. »

L'advis du sieur mareschal de Tavannes, approuvé des non passionnez, n'estoit agreable au Roy, qui estoit enclin à la guerre, joinct à la vacillation de la Royne, possedée d'esperance, de timidité, et de sa fille qui devoit estre royne de Navarre, de la terreur d'une guerre estrangere, et du desir de l'avancement de Strosse et de ses parens: cela embrouille toutes resolutions. L'Admiral, entre espoir et desespoir, violentoit les conseils, sans considerer que c'est un mauvais moyen de faire craindre son maistre avec lequel il tient des colloques secrets, offre dix mil hommes; ce que le Roy ayant dit au sieur de Tavannes, il respond: « Sire, celuy de vos subjects qui vous porte telles paroles, vous luy devez faire trencher la teste: comment vous offre il ce qui est à vous? C'est signe qu'il les a gaguez et corrompus, et est chef de party à vostre prejudice; il a rendu ces dix mil vos subjects à luy pour s'en ayder à un besoin contre vous. » Le Roy, passionné et aveuglé, le redit à l'Admiral, tournant sa generosité en imprudence, suivant laquelle il croyoit que MM. de Retz et le secretaire de Sauve ne reveleroient ses conseils à la Royne, sans considerer qu'elle avoit pourveu à ses desseins, luy ayant dés son enfance donné ses creatures: elle dissimule, feint de ne sçavoir les conseils secrets de son fils, tant qu'elle fut resoluë.

L'ambassadeur d'Espagne insistoit sur la revocation du voyage de Strosse, qui estoit à Bordeaux avec huict mil hommes: tous preparatifs maritimes soupçonnez des Espagnols, divers bruits courent de cest embarquement en effect preparé pour la Flandre, non pour le Peru, et moins pour La Rochelle, encores qu'aucuns Huguenots qui ont survescu l'Admiral l'ayent creu. Il n'y avoit resolution de la Sainct Barthelemy, que celle que l'Admiral et ses adherens par imprudence firent naistre. Ceste entreprise de Strosse faisoit desirer à la Royne la guerre d'Espagne, par lettres qu'elle recevoit de luy. C'est assez rompre un voyage que le retarder: la saison fort advancée en juillet rend le voyage douteux, joint que l'ambassadeur d'Espagne demande congé s'il n'est rompu. Le conseil assemblé, le sieur de Tavannes donne cest advis.

« Il ne peut estre que le voyage de Strosse n'ait esté entrepris sous bonnes et grandes considerations; mais, attendu le changement advenu depuis, et qu'il est raisonnable aller avec le temps, et, selon les occurences de la guerre, augmenter ou retracter ses deliberations, sans s'opiniastrer contre la raison, qui ne veut à la fin tout perdre, voire bien souvent ceder à l'ennemy, encores qu'il y aille quelque peu de reputation pour eviter le dommage, estant chose certaine qu'en fin qui a le profit avec les armes, il a l'honneur. Je dis donc [sauf l'advis de meilleur jugement] qu'il ne peut estre que tres-dommageable, et voicy la raison: premierement est à considerer l'estat du royaume, pour assaillir le roy d'Espagne et entrer en une longue guerre;

les raisons en ont esté amplement deduites par les autres advis; reste de luy oster le soupçon, dont le premier et principal fondement est sur ledit voyage de Strosse, ainsi que Sa Majesté l'a entendu à la verité par son ambassadeur, et que le revoquant est continuer 'et asseurer la ferme amitié d'entre Leurs deux Majestez. Voilà le point de ceder à son pareil; mais s'il vous assaut, voicy le dommage fort apparent, de laisser aller les forces dehors, pour laisser perdre le dedans.

» D'autre part, pour ne pouvoir juger ce qui est dedans l'esprit des hommes, et que pour le droict il faut armer quand on voit armer, Strosse a des meilleurs capitaines et principales forces de ce royaume, et luy mesme qui a l'estat de colonnel, estimé des soldats avec beaucoup de gentilshomme, il est raisonnable de mettre cela à la frontiere, pour [s'il avoit mauvaise volonté du costé dudit roy d'Espagne] se mettre avec la gendarmerie en lieu advantageux, pour faire teste attendant les Suisses, reistres et autres alliez, pour lesquels semble n'estre besoin se mettre en despence, que l'intention bonne ou mauvaise ne soit decouverte. Davantage ledict Strosse, estant la saison si advancée, ne sçauroit aller en lieu qu'il ne porte prejudice audict roy d'Espagne, ne pouvant faire conqueste loing de luy, encore qu'elle se fist sur le Turc ou More, estimant les Français plus rudes ennemis qu'eux : ainsi seroit tousjours ouvrir la guerre s'il entreprend quelque chose plus loing, comme du royaume de Fetz, où autrefois les Espagnols estans allez en gros y ont esté battus, et ores qu'ils y prinssent pied en se fortifiant sur le bord de la mer, les vivres manqueront s'ils ne sont secourus, et faut une autre armée pour cela. Le capitaine Piton avec le jeune Tardes y allerent aussi avec des forces du temps du grand roy François, qui y furent battus. Il ne va pas moins à conquerir ce royaume-là que celuy d'Angleterre, et sembleroit la perte evidente dudit Strosse et de ses gens.

» Par ainsi, sans parler de la despence de quelques particuliers faite pour son voyage, qui ne vient à estre mise en consideration puis qu'il est question de l'Estat, je concluds que toutes les navires et l'equipage de ceste armée de M. de Strosse doit estre conservé, et les munitions renouvellées, s'il est besoin, pour [si ceste entreprise se treuve si avantageuse, et que les occasions qui escherront le permettent] l'entreprendre à la prime, et que ledict Strosse et ses gens soient revoquez et mis en la frontiere, aux places qu'il sera advisé, pour en faire selon les evenements, et tenir le royaume en seurté. »

Le franc conseil du sieur de Tavannes, fortifié des nouvelles de la grande armée du duc d'Albe, qui avoit chassé les Français de Valentiennes, assiegé Monts si à l'estroict qu'il estoit en voye de se perdre, estoit loué de tous les bons Français, et neantmoins non encores bien gousté du Roy ny de la Royne, imbus des raisons susdictes; joinct que l'Admiral crie au roy Charles que le sieur de Tavannes est son contraire, partisan de M. d'Anjou son frere, que ses conseils tendent à son exaltation et abbaissement de Sa Majesté, et s'en faisant accroire.

L'Admiral leve jusques à trois mil hommes sous Genlis, qu'il envoye au secours de Monts: les Espagnols, bien advertis par les ennemis des Huguenots qui estoient en France, les rencontrent à trois lieuës de Monts, paroissant au bord d'une forest. La cavalerie de Genlis, imprudente, va à la charge, laquelle soustenuë de leurs ennemis avec les piques, faveur du pays et deux mil mousquetades, elle plie, puis tourne et fuit. La cavalerie espagnolle tombe et charge sur eux en chaleur et soustenement des escadrons de piques en ordre; et, comme il advient à ceux qui ont peur, encores que ceste cavalerie française en fuitte se fust peu destourner de leur infanterie qui venoit au combat, ils se precipitent au milieu, y pensant plus de seurté; ayant du mesme party tiré les uns sur les autres de rage, par confusion se rompent, se desordonnent; et voila tous les Français en fuitte, suyvis en ordre des Espagnols tirans de pas à autre. Les retraictes par des chaussées estroictes causerent l'entiere perte et meurtre par les gens du païs.

Le travail de la nuict [ayant combattu tout le jour devant en païs marecageux] avoit osté aux Français la force comme le courage de se sauver, et demeurerent plus de deux mil, morts que pris; un petit nombre de despoüillez se sauvent par pitié en France, Genlis et plusieurs signalez pris. Ceste defaicte vole en Cour, change cœurs et conseils, apprend aux entrepreneurs ce qu'il importe de bien commencer, et se garder des accidents qui empeschent les resolutions du gros de la guerre. Ceste route jointe aux menaces et imprudence des Huguenots, sont autheurs de leur massacre. La peur saisit la Royne des armes espagnolles; le desdain, le despit, se conçoit dans l'Admiral, qui rejette ceste defaicte sur ceux qui avoient empesché le Roy de se declarer; l'audace augmente aux pacifiques; tout tonne dans la Cour. L'Admiral ne perd courage, possede le Roy, fait nouvelle levée de trois mil hommes de pied sous Villars et autres; emporté d'audace et du destin des prosperitez passées et adversité.presente, trouble son sang et ses yeux ; ne considerant quel et où il est, sur l'asseurance du Roy, outrecuidé dit qu'il ne pouvoit plus tenir ses partisans, qu'il falloit une des guerres espagnolle ou civile. Chacun demeure en garde sur la pointe de la resolution ; le sieur de Tavannes dicte un advis à M. d'Anjou, qui, comme lieutenant general, rend compte au Roy de ce qu'il avoit fait depuis la defaicte de Genlis, conseille faire levée sous les maistres de camp du Roy, à ce que les soldats ne prennent party sous ceux des Huguenots.

« Le conseil a esté assemblé à ce matin sur les affaires qui se presentent, et a esté parlé des finances, qui est le principal, dont MM. les intendans rendront raison. Et aussi a esté advisé, pour l'ordre de la frontiere, à ce qui avoit esté ordonné pour faire les creües des gens de pied, que l'on a entendu n'avoir esté executé. A ceste occasion, j'ay depesché pour faire la visite, et ay escrit à M. de Longueville, et suivant le rapport qu'en fera celuy que j'y ay envoyé, Sa Majesté y pourra encor r'envoyer un homme d'autorité, pour plus amplement faire effectuer ce qui aura esté deliberé. Et pour autant qu'il est venu nouvelle de la defaicte de Genlis, aussi qu'il est à presumer que le prince d'Orange, ayant passé la Meuze avec ses forces, viendra droit en Henault pour secourir son frere, et d'autre part l'armée du duc d'Albe pour y resister, toutes les deux armées sur le bord de la frontiere, l'on ne peut moins que douter les ennemis d'icelle, mesmes ladicte frontiere ainsi degarnie comme elle est.

» Le meilleur moyen qui se treuve pour le present pour avoir des hommes, est d'envoyer du costé de Guienne recueillir des soldats, tant ceux qui sont demeurez de Strosse, qui, à ce qu'on a dit, montera à un fort grand nombre, aussi des autres du païs qui n'ont esté levez pour cest effect, et les amener, soit par mer ou par terre, le plus commodement que faire se pourra, en Picardie. Ils pourront estre venus pour le vingtiéme d'aoust, qui est le temps que la gendarmerie fait monstre, aussi le temps qu'il se cognoistra quelque chose de la fortune des susdictes deux armées, qui se pourront jetter de ville en ville selon les occurrences, ou bien adviser s'il y aura occasion ou moyen de les mettre en camp fortifié, tel qui sera choisi, pour empescher l'entrée du royaume tant que l'on pourroit, aussi pour [si on voyoit quelque mauvaise intention] avoir moyen d'attendre le surplus de la gendarmerie, pareillement les forces estrangeres. Et semble que Caussains, Gohas et autres capitaines de Gascongne, pourront faire ce voyage pour amener lesdicts soldats, lesquels ils pourront lever avec quelque argent, et les amener, par estapes ou par mer, ainsi qu'il se treuvera le plus brief, au soulagement du peuple par le costé de Piedmont. Se pourra aussi treuver des gens de pied en Dauphiné, Lyonnais, Vivarets, Provence et Languedoc, qui serviroient pareillement pour Marseille et autres lieux au long de la marine.

» Il est question en tout cela de lever en Guienne quatre mil hommes pour la Picardie, et deux mil pour le costé de Provence et Piedmont, outre ce qui y est. Le principal est l'argent pour les payer pour deux mois, à fin de se lever les doutes et soupçons qui se presentent ; et mettant toutes choses à seurté, encores que le chemin de la mer soit le plus abregé pour les gens de pied, il y a apparence que le plus seur seroit par estapes, aussi pour lever la jalousie que pourroit prendre le roy d'Espagne ; et à ceste occasion faudra faire les levées avec le moindre bruit que faire se pourra. Et pour eviter la despence pour la susdicte levée de quatre mil hommes pour la Picardie, semble qu'il suffit de faire douze capitaines nouveaux, tels que lesdits Caussains et Gohas adviseront dans le pays, et lesquels leur ayderont à mener les troupes [leurs deux compagnies desduictes], à remplir toutes les compagnies de pardeçà : et est necessaire que lesdits Caussains et Gohas amenent les troupes eux-mesmes par les estapes, qui pour ce seront dressez par les gouverneurs par le plus droict chemin qu'ils aviseront par ensemble. Pour le Piedmont et Provence, faut seulement remplir les compagnies pour eviter la despence, et [sauf meilleur advis] ne faut que l'argent des creües soit baillé aux capitaines, ains au maistre de camp qui ira lever lesdictes creües, et les menera pour remplir lesdictes compagnies : Provence et Languedoc se pourront favoriser de leurs forces selon les occurences ; tout cela entretenu pour deux mois, comme dict est, pourra eviter plus grand inconvenient. »

La defaicte, le doute de la Royne et faveur de M. d'Anjou, qui penchoit à la paix, fait parler le sieur de Tavannes plus librement, resolu, à quelque peril que ce fust, de ne celer ce qui estoit utile à la France.

» Il est à penser quel inconvenient peuvent apporter ceux qui vont lever des gens de pied sans commandement du Roy ; car, outre l'auctorité qu'ils s'accoustument dans le royaume, ils le mettront tousjours à la guerre quand ils voudront, et contraindront à la fin par force et avec raison le roy d'Espagne d'aller chasser les bestes qui luy font mal dans les forest où elles naissent, et où elles se retirent, n'estant seulement la Flandre ruynée et perduë par les siens, mais la depence et ruyne de tous les autres pays. Et si une fois ceste guerre est commencée, elle est perpetuelle, ou du moins ne peut avoir fin sinon par la ruïne de l'un de ces deux roys, n'estant en la puissance du roy de France la paix, pour estre en la subjection de partie de son peuple qui veut la guerre, d'autant que ce n'est plus pour les villes que l'on combat, et qu'elles se peuvent rendre par la paix; mais c'est pour ceste partie du peuple qui ne se peut livrer, et neantmoins est ce qui cuide commencer la susdicte ruyne de l'Estat d'Espagne, avec le hazard de celuy de France.

» Donques, soit que l'on veuille la guerre ou non, il est necessaire de desaccoustumer la grande authorité que prend ceste partie du peuple, de creer capitaines, envoyer enseignes, s'eslever quand il luy plaist: et faut que tout se leve par commission du Roy, tant pour reduire tout sous son obeyssance, que pour ne bigarrer un camp de deux forces, et pour autres inconvenients que toutes gens de bon jugement peuvent considerer. Or, puis qu'on voit que tout le dehors est armé, et que nul ne sait que Dieu quel evenement auront ces deux grandes armées, si faut-il, foible ou debile comme l'on est, penser que l'on pourra devenir. De dire qu'on veut la guerre avec ceste foiblesse, il n'y a point d'apparence, ny homme de si mauvais jugement qui le voulust conseiller; par ainsi est necessaire de ceder au temps, non en apparence ains en effect, tout ce qui se peut pour avoir la paix.

» L'on n'ose plus parler de revoquer Strosse, qui toutefois en est le seul moyen, et qui ne sçauroit faire si petite chose contre le roy d'Espagne, que la guerre ne soit ouverte, estant advoüé d'autre façon par ceux qui vont allez commencer en Flandres sans commandement. Et si on ne veut prendre ce chemin-là, qui est le plus prompt et le plus seur, et que les moyens que l'on tiendra d'ailleurs ne se treuvent suffisants pour la paix, à tout le moins soient les frontieres fournies de gens levez par commission du Roy, pour les preserver, et soit defendu à tous autres de prendre ceste authorité d'en lever sans commandement et commission de Sa Majesté, en luy laissant toute l'authorité qui luy appartient.

» Ayans quelques forces aux frontieres, à tout le moins on pourra plus seurement attendre les evenements qu'il plaira à nostre Seigneur envoyer. Et pour dire en un mot, la fortune de Genlis emporte avec soy tous les advantages par cy-devant presentez en Flandres, pour crainte qu'auront les villes ja paravant refroidies; de sorte que non seulement elles cesseroient de monstrer vouloir changer de party, au contraire pour s'asseurer viendront aux armes avec le prince d'Orange, en faisant demonstration de leur fidelité. Et parce que l'on cognoist evidemment les occasions promises, qui ont fait fermer les yeux au commencement de ceste guerre, perdues, et nostre foiblesse si evidente, soient sagement suivis et executez tous les moyens qui se peuvent pour la paix. »

L'Admiral maintient ses propositions, qu'on ne devoit treuver mauvais si ceux de la religion s'eslevent pour servir le Roy et luy conquerir la Flandre; il ne s'aperçoit que la Royne s'esloigne de ses advis, ne cognoist la legereté du roy Charles, la puissance que ladicte Royne a sur ses enfans par ses creatures qu'elle leur a donné pour serviteurs dez leur enfance; imprudemment essaye d'y mettre la division; remonstre au Roy qu'il ne fera jamais rien qui vaille, s'il ne limite le pouvoir de sa mere et qu'il ne chasse son frere hors du royaume; propose de l'envoyer en Pologne [siege vaquant par la mort de Sigismond], nation qui veut estre creüe belliqueuse, et tousjours veulent la paix, nommément avec les Turcs. Leur royaume est pauvre, excepté trois villes; le Turc ne les veut conquerir; leur pauvreté les defend; eslisent un estranger, parce qu'ils ne se veulent ceder les uns aux autres; se laissent corrompre par argent de leur election. La reputation de M. d'Anjou le fait desirer; l'alliance que les Français ont avec le Turc, auquel les Polonais sont dés long temps associez, joint aux belles harangues du sieur de Valence, avec la hayne qu'ils portoyent aux Allemands, commandement et defence du Turc qui empesche l'election du fils de l'Empereur, prepare celle de M. d'Anjou.

L'Admiral, en estant adverty, publie qu'il falloit que Monsieur declarast ne vouloir sortir de France, si, apres avoir refusé le royaume d'Angleterre par alliance, il rejette celuy de Pologne par election: fondement aussi faux que sa conduite, voulant contraindre la France à deux extremitez dangereuses, ou la guerre d'Espagne ou la civile; ce n'est merveille si elle se tourne à sa perte.

MM. de Sauve et de Rets advertissent la Royne des secrets conseils, desseins et paroles du Roy; que si elle n'y entendoit les Huguenots le possederoient; qu'au moins, avant que penser à autre chose, ils luy conseilloyent de regagner la puissance de mere que l'Admiral luy avoit fait perdre. La jalousie du gouvernement de son fils et de l'Estat, ambition demesurée, enflamme, brusle la Royne dehors et dedans, et tient conseil de se defaire de l'Admiral.

Le Roy chasseur va à Montpipeau ; la Royne y court ; enfermée en un cabinet avec luy, elle fond en larmes, dit : « Je n'eusse pensé que, pour avoir pris tant de peine à vous eslever, vous avoir conservé la coronne que les Huguenots et Catholiques vous vouloient oster, apres m'estre sacrifiée pour vous et encouru tant d'hazard, que m'eussiez voulu donner recompense si miserable. Vous vous cachez de moy, qui suis votre mere, pour prendre conseil de vos ennemis ; vous vous ostez de mes bras qui vous ont conservé, pour vous appuyer des leurs qui vous ont voulu assassiner. Je sçay que vous tenez des conseils secrets avec l'Admiral ; vous desirez vous plonger en la guerre d'Espagne inconsiderément, pour mettre votre royaume, vous et nos personnes, en proye de ceux de la religion. Si je suis si malheureuse, avant que voir cela donnez moy congé de me retirer au lieu de ma naissance, et esloignez de vous vostre frere, qui se peut nommer infortuné d'avoir employé sa vie pour conserver la vostre ; donnez luy au moins temps de se retirer hors du danger et presence de ses ennemis acquis en vous faisant service, huguenots qui ne veulent la guerre d'Espagne, mais celle de France, et la subversion de tous Estats, pour s'establir. »

Ceste harangue artificielle esmeut, estonne, espouvante le Roy, non tant des Huguenots que de sa mere et de son frere, dont il sçait la finesse, ambition et puissance en son Estat ; s'esmerveille de ses conseils revellez, les advoüe, demande pardon, promet obeissance. Ceste mesfiance semée, ce premier coup jetté, la Royne, continuant son mescontentement, se retire à Monceaux ; le Roy tremblant la suit, la treuve avec son frere, les sieurs de Tavannes, de Rets et de Sauve, lequel de Sauve, secretaire d'Estat, se met à genoux, et reçoit pardon de Sa Majesté pour avoir revelé ses conseils à sa mere. L'infidelité, braverie, audace, menaces et entreprises huguenottes, sont magnifiées avec tant de verité et artifices, que d'amis les voila ennemis du Roy, lequel fluctuant ne pouvoit perdre le desir conceu d'obtenir gloire et reputation par la guerre espagnolle.

La Royne juge qu'il n'y alloit seulement de l'estat de la France, mais de ce qui luy estoit plus proche, du gouvernement d'icelle, de la renvoyer à Florence, et du danger de M. d'Anjou ; se contente d'avoir disposé le Roy sans luy en dire davantage ; resout avec deux conseillers et M. d'Anjou la mort de l'Admiral, croyant tout le party huguenot consister en sa teste, esperant par le mariage de sa fille avec le roy de Navarre r'abiller tout ; resout l'execution, et de se couvrir du pretexte de ceux de Guise, dont l'Admiral avoit aidé à faire tuer le pere.

Le cardinal de Lorraine absent, le paquet s'adresse à M. d'Aumalle, qui le reçoit en joye. Morver, assassinateur de Mouhy, est choisi, blasmé de ce premier coup par le sieur de Tavannes, maintenant par commandement de la Royne agreé par luy pour effect semblable ; il promet de tuer l'Admiral d'une arquebusade. M. d'Aumalle le loge dans le logis de Chally, son maistre d'hostel ; il s'affuste, il se couvre de drapeaux aux barreaux des fenestres, dispose sa fuite par une porte de derriere sur un cheval d'Espagne.

Cependant les nopces du roy de Navarre et de Marguerite de France se font, mariant les deux religions ensemble. Les Huguenots dans la nef de Nostre Dame, l'Admiral dit qu'il falloit oster les enseignes conquises sur les heretiques, marques de troubles ; demande gaussant les cinquante mil escus promis pendant iceux à celuy qui aporteroit sa teste. Masques, bagues, ballets, ne s'espargnent ; purgatoire, enfer, representez en Bourbon, où sont envoyez les Huguenots apres un combat de barriere, presage de leur malheur. L'Admiral, pressé, continue ses audaces, importune, se fasche, croit l'esprit de la Cour estre enseveli dans tournois et mascarades, menace de partir ; qui estoit le premier son de trompette de la guerre civile. Il est pourveu, retournant du conseil, par une arquebusade dans les deux bras ; la porte est rompue, pendant l'arquebusier se sauve.

L'Admiral porté en son logis, le Roy adverty s'offence, menace ceux de Guise, ne sçachant d'où venoit ce coup ; et apres un peu r'adoucy par la Royne, à l'aide du sieur de Rets, mettent Sa Majesté en colere contre les Huguenots [vice peculier par Sa Majesté d'humeur colerique] ; ils luy font croire avoir sceu une entreprise des Huguenots contre luy ; les desseins de Meaux, d'Amboise luy sont representez ; soudain gagné, comme sa mere se l'estoit promis, il abandonne les Huguenots, demeure fasché avec les autres que la blessure n'estoit mortelle.

Les Huguenots, encores aveuglez du Roy, ne penetrent ce coup ; passent à grandes troupes cuiracez devant le logis de MM. de Guise et d'Aumalle, menacent les attaquer : eux s'excusant, somment le Roy de prendre leur querelle ; ce qui fait que lesdits Huguenots penetrent plus avant, soupçonnent M. d'Anjou, demandent justice ou qu'ils la feroient sur le champ ; menacent Leurs Majestez.

Le conseil est tenu composé de six, le Roy present cognoissant que tout s'alloit descouvrant, et que ceux de Guise mesmes pour se laver accuseroient la Royne et M. d'Anjou, et que la guerre estoit infaillible, qu'il valoit mieux gagner une bataille dans Paris, où tous les chefs estoient, que la mettre en doute en la campagne et tomber en une dangereuse et incertaine guerre. Du peril present de Leurs Majestez et des conseillers tenus en crainte, naist la resolution de necessité, telle qu'elle fut, de tuer l'Admiral et tous les chefs de part : conseil nay de l'occasion par faute et imprudence des Huguenots, et qui ne se fust peu executer sans estre descouverte si elle eust esté premeditée.

La feinte du roy Charles n'eust peu estre telle que la verité; il ne luy estoit besoin de deguisement, puis qu'il estoit à eux et porté à la guerre : nul conseil de si longue haleine ne se cele dans la Cour. Le Roy jure, proteste son deplaisir, envoie visiter l'Admiral blecé, luy promet justice exemplaire. Toute la Cour est triste, aucuns du coup, et la plus grande part de la faute : les Huguenots interpretent ce dueil à leur advantage. Les principaux s'assemblent chez l'Admiral; le chirurgien l'asseure. Deux advis sont debatus par eux, de sortir le blecé en armes, malgré Paris et la Cour : aucuns se mefient de tous, autres accusent ceux de Guise, decoulpent Leurs Majestez, qui avoient, disoient ils, autre moyen de le faire mourir que d'une arquebusade. Telligny, beau fils de l'Admiral, le croit ainsi ; pour s'estre premier trompé, il asseure, il emporte le conseil, jure que le Roy estoit pour eux, qu'ils verroient punition exemplaire. Le parentage, la suffisance, l'amitié de Telligny, l'incommodité de transporter le blecé, resout le sejour de deux jours ; l'imprudence, les menaces continuent jusques à accuser M. d'Anjou que l'arquebuse treuvée en la maison de Chailly estoit recogneuë pour estre à un de ses gardes.

Le conseil du Roy r'assemblé, le peril present, la Royne en diverses craintes, la verification du coup que l'on doutoit s'esclaircir, la guerre ou l'execution presente pour l'empescher, luy tournent dans la teste. Si elle se fust peu parer de la source de l'arquebusade, malaisément eust-elle achevé ce à quoy l'evenement la contrainct : l'accident de la blessure au lieu de mort, les menaces, forcent le conseil à la resolution de tuer tous les chefs, ce qui est proposé au Roy, l'esmeuvent et le colerent contre les Huguenots, luy remonstrent le danger commun, les moyens de l'eviter, se destrapant de ses compagnons et maistres. Le chancelier de Birague, M. de Nevers, avoient esté adjoincts à cest ad-

vis ; la mort du roy de Navarre, du prince de Condé, des mareschaux de Montmorency et Damville, est sur le tapis; l'opinion du sieur de Rets est indecise, si c'estoit pour couper la source des guerres ou pour avoir leurs estats de mareschaux, est contredicte et rejettée par le sieur de Tavannes, lequel propose que l'innocence devoit exempter les uns, la jeunesse les autres ; que le roy de Navarre et prince de Condé estoient du sang de France qu'il falloit espargner et respecter ; qu'ils estoient jeunes et que l'on leur pouvoit donner des serviteurs qui leur feroient changer de religion et d'opinion. De ce seul advis et de ceste seule voix du sieur de Tavannes, ce grand roy Henry quatriesme, regnant aujourd'huy, et le feu prince de Condé tiennent la vie, et le malheur est pour la posterité du sieur de Tavannes que Sa Majesté n'en sçait la verité, et disoit davantage ledit sieur de Tavannes que ce coup de necessité devoit estre franc d'autre blasme.

La resolution prise, les Huguenots semblent ayder à leur ruïne ; aveuglez demandent les gardes du Roy, qui leur furent accordées pour garder l'Admiral, autour duquel les principaux se logent, autres avec le Roy de Navarre dans le Louvre, pour le conserver, disoient-ils, de ceux de Guise. Ils facilitent leur massacre : le Roy voit l'Admiral le samedy, qui luy dit que Dieu l'avoit reservé pour son service, mesle requeste, crainte et menaces, essaye de parler au Roy particulierement; il en est empesché par la Royne. Les Huguenots se r'asseurent, se gardent seulement de ceux de Guise, demandent justice un matin au jardin des Thuilleries insolemment. La Royne craintive s'en retourne au Louvre, haste la resolution de tuer l'Admiral et les chefs huguenots, qui murmuroient contre M. d'Anjou. Eux abandonnez de Dieu, Pardillant, huguenot, veut battre Nambur, huissier du Roy à la porte, qui ne le vouloit laisser entrer à son coucher.

Le Roy dissimule, entretient luy et La Rochefoucault de propos joyeux, leur donne congé, se couche et se leve soudain. La Royne et les conseillers appelez, elle [comme femme craintive] se fust volontiers dedicte sans le courage qui luy fut redonné des capitaines, luy presentans le peril où elle et ses enfans estoient. Deux compagnies des gardes mandées arrivent à mynuict: le logis de l'Admiral est investi de sentinelles ; de peu de Catholiques parisiens advertis il en manque la moitié, tant la crainte a de pouvoir, nonobstant l'autorité du Roy qui commandoit les armes. M. de Guise est envoyé querir, sous pretexte duquel est resolué l'execution ;

il luy est permis d'aller tuer l'Admiral, venger la mort de son pere : il y court, y arrive devant jour, enfonce les portes avec les gardes de Sa Majesté. L'Admiral cognoist sa mort; adverty que c'estoient les gardes du Roy qui l'attaquoient, admoneste ses amis de se sauver, qui montent sur les toicts, quelques Suisses tuez à l'abordée. Besme, Haultefort, Haittain treuvent l'admiral sur pied en l'apprehension de la mort; les admoneste d'avoir pitié de sa vieillesse; se sentant leurs espées glacer dans son corps, il prolonge sa vie, embrasse la fenestre pour n'estre jetté en bas, où tombé, il assouvit les yeux du fils dont il avoit fait tuer le pere.

Le tocsain du palais point avec le jour, tout se croise, tout s'esmeut, tout s'excite, et cherchent colere : le sang et la mort courent les ruës en telle horreur, que Leurs Majestez mesmes, qui en estoient les auteurs, ne se se pouvoient garder de peur dans le Louvre : tous Huguenots indifferemment sont tuez, sans faire aucune defence. Je sauvay La Neufville, Bethunes, Baignac, et ayday fort à La Verdin. Les gentilhommes et capitaines couchez en la chambre du Roy au Louvre en sont tirez et tuez; deux Catholiques parmy eux, pour ne vouloir marcher à la mort, s'exemptent n'ayans perdu l'entendement. Le roy de Navarre et prince de Condé craintifs, apres avoir essayé de parler à moy, qui ne leur osay respondre, et dequoy Sa Majesté s'est bien souvenu depuis à mon prejudice, sont menez au Roy. Il leur propose la messe ou la mort, menace le prince de Condé, qui ne se pouvoit feindre. La resolution de tuer seulement les chefs est enfrainte : plusieurs femmes et enfans tuez à la furie populaire, il demeure deux mil massacrez.

Le sieur de Tavannes sauve le mareschal de Biron, soupçonné sans suject de favoriser les Huguenots, par l'advis qu'il luy donne de se sauver dans l'arsenac. MM. de Guise, en exemptant d'autres, sont calomniez de ne vouloir l'extinction du pretexte des armes. Le sang s'estanche, la sac s'augmente; le seul sieur de Tavannes a les mains nettes, ne souffre que ses gens prennent aucune chose. Ceux de M. d'Anjou pillent les perles des estrangers; Paris semble une ville conquise au regret des conseillers; n'ayant esté resolu que la mort des chefs et factieux, au contraire tous Huguenots, femmes et enfans, sont tuez indifferemment du peuple, ne pouvant le Roy ny lesdicts conseillers retenir les armes qu'ils avoient debridées. M. de Guise suit en vain Montgommery, qui se sauve du fauxbourg Sainct Germain en Angleterre. Les mareschaux de Montmorency et Dampville, estonnez, s'abaissent, recherchent leurs amis, evitent le peril; leur maison estoit soupçonnée des intelligences huguenottes. Plusieurs villes du royaume tuent non seulement les chefs et factieux, comme il leur avoit esté mandé, ains se gouvernent en ceste effrenée licence parisienne.

Ce coup faict, la colere refroidie, le peril passé, l'acte paroist plus grand, plus formidable aux esprits rassis; le sang espandu blece les consciences. L'execution de l'acte avoit occupé les entendements, tellement qu'ils vacilloient aux pretextes, plusieurs fois changez selon les occurrences; monstre qu'il n'y avoit rien de premedité, et descharge les Huguenots de l'accusation de l'entreprise à eux depuis imputée. Les premieres lettres du Roy contenoient aux princes estrangers et ambassadeurs, que la blesseure de l'Admiral avoit esté commise par ceux de Guise, ses ennemis; le stil en est changé apres le meurtre general des Huguenots, les mesmes villes et ambassadeurs advertis par le Roy que c'estoient ceux de Guise qui avoient faict ce massacre; bruit qui eust continué si lesdits sieurs de Guise, plus fins, cognoissans le temps, que leur refus ne pouvoit retarder l'execution ja acheminée, n'eussent dit et publié que ce n'estoit eux, ains Sa Majesté, qu'ils supplioient ne les vouloir mettre en bute à tous les heretiques de la chrestienté ; que puis que Sa Majesté en avoit peur, par plus forte raison les devoient-ils craindre. Le conseil r'assemblé, la foy violée, l'himen arrousé de sang, contraint d'inventer un troislesme mensonge. Les Huguenots sont accusez d'avoir voulu tuer Leurs Majestez, dont la peur n'avoit donné temps ny moyen d'user de la formalité de justice, avoit contraint de la superseder jusques apres l'execution pour mieux prevenir la leur; qu'il n'y avoit danger de mentir en les accusant, puis qu'en l'entreprise de Meaux ils avoient feint que l'on eust entrepris sur eux pour prendre le Roy.

Sa Majesté advoüe l'acte assis en sa cour de parlement; l'Admiral traisné, pendu à Montfaucon par les pieds, sa teste envoyée à Rome, les processions generales se font. Le sieur de Tavannes separe les quartiers de la ville à plusieurs seigneurs, par le commandement du Roy, pour faire cesser le meurtre et le pillage. Briquemault et Cavagnes pris, liberté leur est promise s'ils advoüent avoir voulu entreprendre contre le Roy; eux bien advisez le nient, sçachans que puis qu'il falloit mourir, il valoit mieux que ce fust sans mentir, que essayer par artifices à sauver ce qu'il falloit perdre : ils sont pendus en Greve. C'est Dieu qu'il faut appaiser; esteignant des troubles, s'en allume d'autres. M. d'Alençon, offensé de n'avoir rien sceu de ce dessein, se lie davantage avec ceux de Montmorency; autre source de guerres civiles. Je vis partie des papiers de l'Admiral chez mon pere, le roolle de leurs hommes, leurs levées de deniers, les signaux et menées de leur party, avec un discours de Francourt prevoyant de point à autre ce qui advint : que l'on tireroit l'Admiral d'une arquebusade ; si failly, seroit cause du meurtre de tous les Huguenots et de leur party ; tant les hommes d'Estat ont pouvoir de denier. L'aubespin fleurit (1), une estoille non remarquée par le passé nasquit : tout est attribué à miracles.

C'est la verité que les Huguenots furent seule cause de leurs massacres, mettant le Roy en necessité de la guerre d'Espagne ou de la leur. Sa Majesté, par le conseil du sieur de Tavannes, esleut la moins dommageable et salutaire, tant pour la religion catholique que pour l'Estat et rebellions suscitées par les Huguenots. Et puis que l'on accuse le sieur de Tavannes de ce conseil, il faut donc que tous ceux de la religion catholique l'en estiment et le loüent, en considerant que, s'il n'eust empesché par son bon advis le mariage d'Angleterre avec M. d'Anjou, celuy du roy de Navarre estant ja faict, et le roy Charles estant porté à la guerre d'Espagne, qu'infailliblement le royaume de France, et en suitte toute la chrestienté, hormis l'Italie et l'Espagne, estoit dans le party heretique. Et depuis ce coup de la Sainct Barthelemy ils se sont tousjours diminuez et affoiblis ; tellement qu'au lieu qu'ils faisoient de grandes armées toutes de ceux de la religion, ils n'ont depuis peu tenir la campagne, en sorte que ce soit, qu'estans assistez des mal-contens et princes catholiques, des ducs d'Alençon, mareschal de Montmorency et autres ; et sans lesdicts malcontents sont tousjours esté reduicts dans les villes, et sur la defensive. Que l'on rende donc l'honneur à ceux à qui il appartient; non que ces grands meurtres soient loüables, mais bien d'avoir evité et empesché que par les mariages et alliances les trois parts de l'Europe ne fussent du party heretique, et d'avoir destourné de la France une guerre d'Espagne tres perilleuse lors que le royaume estoit affoibly : ce que le roy Henry IV a tellement jugé, que ceux d'Olande et Zelande se voulans donner à luy, il n'a point voulu faire la guerre aux Espagnols, cognoissant la difficulté de ce dessein et les maux qui en peuvent advenir, nommément à la religion catholique que le sieur de Tavannes a maintenuë, non seulement par les batailles de Jarnac et Montcontour, conservation et victoire obtenuë en Bourgongne et en Dauphiné, mais aussi par ce dernier empeschement des confederations prestes à reüssir au prejudice d'icelle.

Il est mal-aisé d'entreprendre sur un Estat sans la faveur de quelques uns de ceux qui gouvernent : ny les Huguenots ny ceux de la Ligue n'eussent peu rien faire sans l'assistance de la royne Catherine de Medicis, qui leur reveloit les desseins et conseils qui se resouloient en sa presence, et par conjecture les plus secrets. Elle a esté souvent trompée en ses projects, ne pensant que faire peur, ou quelque changement de faveur pour r'entrer au gouvernement ; a plusieurs fois hazardée la coronne de ses enfans, ne considerant l'impossibilité de remettre la bride à ceux ausquels elle l'avoit ostée, qui, ayant divers buts non conformes aux siens, se dispensoient au contraire de ce qu'elle n'avoit esperé. Elle favorisa l'entreprise d'Amboise, esloignée du gouvernement par ceux de Lorraine, qui possedoient son fils sous le credit de la Royne leur niepce, sa belle fille, sans considerer que si l'entreprise eust reüssi, ceux de Bourbon eussent peu passer outre s'ils eussent voulu, et se faire roys, contre lesquels ne luy restoient que ceux de Chastillon et de Montmorency, qui luy promettoient de l'empescher. Elle aida la prise des armes au commencement du regne du roy Charles, aucunement excusable ; cognoissant la puissance de ceux de Guise ; avec quelque raison elle doutoit de la conservation de la coronne pour ses enfans.

Sous Henry III elle favorise la Ligue, parce qu'elle estoit depossedée du gouvernement par les mignons; s'excusoit que voyant son fils sans enfans, qu'apres sa mort elle desiroit jetter la coronne au marquis du Pont, fils de sa fille ; et en effect estoit jalouse du gouvernement : elle trompoit plusieurs et estoit trompée de beaucoup. Ny ceux de Chastillon ny de Guise n'eussent entrepris sans elle ; les voyant affoiblis, elle se renoüoit avec ses enfans, et abandonnoit leurs ennemis. Que si son assistance aportoit asseurance aux prise des armes, aussi mit-elle en danger, et causa la mort [souvent sans y penser] aux entrepreneurs et chefs, lesquels, pensant qu'il ne se prendroit point de resolution sans Sa Majesté, s'y asseuroient : elle se trompoit avec eux et causoit leur perte. Son assistance apres l'entreprise d'Amboise faillie, fit tenir le prince de Condé à Blois, pendant que l'on justicioit ceux dont il estoit le chef. Sans s'estonner, pensant faire de mesme, il vint sur sa parole con-

---

(1) Un aubépin du cimetière des Innocents qui se couvrit subitement de fleurs, et qui ainsi fournit un argument de plus aux deux partis à la fois.

trainte aux estats à Orleans, où, sans la mort du petit roy François, il laissoit la teste trois jours apres. Pareillement, elle fit venir MM. de Guise à Blois, les asseurant que le Roy ne resoudroit rien sans son sceu : ils sont tuez et trompez avec elle, qui ne penetra ceste fois le conseil secret de son fils, qui se mesfioit d'elle : un sage entrepreneur ne se fie en sa mere propre.

Les opinions furent differentes à la Sainct Barthelemy sur la mort du roy de Navarre, prince de Condé, mareschaux de Montmorency, d'Amville, et generalement de tous les Huguenots et de ceux qui les favorisoient. L'advis du sieur de Tavannes fut que, puisque l'admiral de Chastillon forçoit d'entreprendre contre luymesme, et qu'il procuroit son malheur, voulant mettre imprudemment le Roy en nécessité de deux guerres, qu'il falloit que Sa Majesté choisist la moins perilleuse, et mettre Dieu de son costé ; que ces rebelles estoient bien attrapez de quelque façon qu'on les peust avoir, qui avoient entrepris sur les roys à Amboise et Meaux ; que s'ils eschappoient ils feroient mourir un million de pauvre peuple. Il est plus permis d'entreprendre contre les subjects par voyes extraordinaires, qu'à eux d'entreprendre contre leur roy. Conseilloit, puis que la blesseure de l'admiral les mettoit infailliblement à la guerre [source de tant de maux], qu'au premier jour on verroit les chefs de part en armes ; que puis que Dieu les avoit mis és mains du Roy, que l'on gagnast la bataille dans Paris ; que ceste execution devoit estre nette de toutes reprehensions, ayant esté faicte par contrainte, enfilée d'un accident à l'autre ; que les enfans, ces princes et mareschaux de France et pauvres personnes, en devoient estre exempts, et ne devoient patir pour les coulpables les jeunes princes innocens, parce qu'il y avoit espoir qu'estans instruits ils pourroient estre r'amenez à la religion catholique et à l'obeissance des roys leurs parens, assistez des serviteurs de Leurs Majestez qu'on leur donneroit. Quant à ceux de Montmorency, bien qu'ils favorisassent les Huguenots, ils n'estoient point convaincus de trahison, et que ce seroit esteindre toute une maison, qui hausseroit trop celle de Guise, qui sans obstacles à l'advenir penseroit à l'Estat.

Le mareschal de Rets maintenoit le contraire : qu'il falloit tout tuer ; que ces jeunes princes nourris en la religion, cruellement offencez de la mort de leur oncle et de leurs amis, s'en ressentiroient ; qu'il n'y avoit faute d'hommes pour les y porter, et qu'il ne falloit point offenser à demy ; que Brutus faillit se mettant sur la preud'hommie, declarant seulement Cesar coulpable, ne voulant qu'on tuast Anthoine, qui depuis revolta le peuple contre luy, et fut cause de sa ruyne ; qu'en ces desseins extraordinaires il falloit considerer premierement s'il estoit necessaire, contrainct ou juste ; les ayant jugez tels, il ne falloit rien laisser qui peust causer la ruyne du but de paix où l'on tendoit ; que, s'il estoit juste en un chef, il l'estoit en tous ; puisque des parties jainctes dependoit l'effect principal de l'action, il les falloit couper, à ce que les racines ne restassent ; aussi, s'il n'estoit juste, il falloit s'en distraire du tout, et n'entreprendre rien au contraire ; que si on rompoit les loix, il falloit les violer entierement pour sa seurté, le peché estant aussi grand pour peu que pour beaucoup. L'opinion du sieur de Tavannes subsista pour estre plus juste, et que l'on croyoit celle du mareschal de Rets ambitieuse des estats qu'il vouloit faire vaquer à son profit.

Aucuns disent que les roys ne doivent proceder extraordinairement contre leurs subjects ; qu'ils ont la justice en main pour les punir ; et que, lors que l'execution precede les informations, c'est une marque que les souverains ne pourroient prouver ce de quoy ils accusent leurs subjects, et qu'ils manquent de courage, n'osant encourir de l'hazard et danger en leur capture ; puisqu'on tourne le dos à l'equité et à la raison, il faut que ce soit du tout ; puisque l'on quitte le ciel se bien asseurer en la terre. Et disent ces pernicieux que si ces princes et ceux de Montmorency fussent morts, quoy qu'injustement et avec peché, peut-estre n'y eust-il eu tant de guerre, ny le sieur de Tavannes tant d'honneur de leur salut qui dependoit de sa seule voix.

La mort de MM. de Guise advint aux estats de Blois, en l'an 1588 ; il ne tint qu'au Roy que M. de Mayenne et d'Aumalle n'y fussent tuez. Sa Majesté n'eust pareille loüange de les avoir espargnez, parce qu'il craignoit de faire venir M. de Mayenne aux estats, à ce qu'il ne descouvrist son intention ; et s'enhardit de faire ce coup, parce que M. de Guise commandoit imperieusement sur ses freres et cousins, s'attribuant sur iceux une puissance absoluë, et luy sembloit qu'ils fussent faicts pour sa grandeur. Eux au contraire disoient que, s'il falloit obeyr à un maistre, ils vouloient que ce fust au Roy, et avoient une telle jalousie entre eux, que tous traictoient separément, et disoient que, si M. de Guise leur frere offençoit Sa Majesté, ils se departiroient d'avec luy, qui fit croire au Roy qu'ils ne se remueroient pour la mort de leur frere.

A l'exemple de la faute des Huguenots, de ne s'estre saisis du Roy à Meaux et Amboise, aucuns disent que, quand les premiers projects de la Ligue commencerent, il se tint un conseil entre MM. de Guise, de Nevers et quelques autres. M. de Nevers conclud, ou qu'il ne faloit rien entreprendre, ou qu'il se faloit saisir du Roy. M. de Guise, intelligent de la Royne [qui n'avoit pour lors dessein qu'à la ruyne des mignons, et se remettre en credit], luy qui se fust contenté de regouverner la Cour et la France, ruynant ceux de Bourbon et de Montmorency, pour se preparer apres la mort du Roy à quelque plus grande chose, rejetta ceste opinion. M. de Nevers, qui avoit bon nez et estoit mal-content parce que le dessein du Roy estoit d'abbaisser tous les princes en general, se resolut de ne deceler point l'entreprise, de garder les gages, et voir à quoy il se pourroit jetter. Avec cette prudente conduitte il faillit à se perdre; ce qui fait dire aux gens de peu de conscience qu'il ne faut que roys ny subjects facent entreprises injustes; que s'ils sortent de raison et de justice, il n'en faut pas sortir à demy, ains du tout, et asseurer l'entreprise, non seulement pour le present, mais à la posterité.

Beze respond au colloque de Poissy au cardinal de Lorraine, qui demandoit des miracles pour authoriser leur religion, que c'en est un grand de ce qu'il n'y avoit qu'un mois qu'ils estoient bruslez et chassez de la France, qu'alors ils preschoient à la Cour et par tout. Le roy Henry IV, nay de mere huguenotte, nourry en leur religion, chef de leur party, de leurs conseils et armées, leur esperance, leur appuy, s'est fait catholique, qui est un autre plus grand miracle, mesmes en ce temps qu'il se soupçonne d'eux pour sa posterité. Il s'en est fait plusieurs de nostre temps, qui sont escrits ailleurs, dans lesquels se voit apparemment la puissance de Dieu.

La France, l'Angleterre et l'Espagne sont en paix et en guerre; paix en leur royaume et guerre en Flandres : les hommes des deux balancent les escus du tiers; la guerre, non déclarée en leur pays, est ouverte en Flandres. Theatre de tragedies, sepulture de capitaines, source d'infidelitez, pointes des guerres entre les roys et villes, qui, sous pretexte de privileges, veulent des republiques, eslisent un capitaine general, comme les Grecs pour resister à Philippe de Macedoine, provinces desdaignées des Français pour leur legereté, sans citadelle ny secours; le peuple ingrat le plus fort en chasse ceux qui leur aydent; les roys les devroient recevoir comme Louys onziesme les Genevois, pour les donner au diable; le peril, la despence en demeure à ceux qui les secourent, et à eux le fruict. Ce qui empescha Henry IV de les recevoir, c'est le desespoir de les retenir, cognoissant qu'ils n'ont point de plus grand ennemy que leur maistre. Son inclination de ne faire la guerre est, non pour crainte des Espagnols, mais pour celle de ses subjects; il les assiste sous main pour affoiblir le roy d'Espagne, lequel, jeune, espuisé d'argent, d'hommes et de capitaines, dissimule, ne veut guerre ouverte, craint l'heur et reputation de son contraire, attend sa mort ou vieillesse, cognoissant le danger de ses pays escartez, et que l'Angleterre secourt tous les rebelles pour demeurer en paix. Secrets de Dieu admirables, que ces princes ne sont sautez aux armes parmy tant de mauvais offices qu'ils se font! L'Espagnol s'est vengé par la Ligue; faillit ses derniers desseins sous le sieur de Biron et comte d'Auvergne; prend haleine, et en rebastit d'autres, pour rendre à l'advenir le change en France de ce qu'il reçoit en Flandres.

Les Olandais et Zelandais gagnent à la guerre, pour estre maistres de la mer; tirans argent de France et hommes d'Angleterre, tiennent le loup par les oreilles : cas estrange d'avoir tant duré en cest estat. Les roys de France et d'Angleterre n'ont raison de secourir les rebelles, estans souverains, ny les heretiques, estans catholiques; ils ne voudroient qu'il leur fust faict le semblable; la guerre ouverte seroit plus juste, plus genereuse : ils ont assez d'autres querelles; et si le roy d'Espagne par or esmeut le fer en France, il ne se doit trouver estrange: il est impossible que dans l'année 1608 il n'y ait paix, trefve en Flandres, ou guerre entre les roys. J'ay predit, dés l'année 1607, ce qui devoit advenir en l'année 1609; que je corrige cest œuvre, qui est la trefve qui s'est faicte, sur laquelle j'ay fait le discours suivant:

Parce que la Sainct Barthelemy, la mort de l'admiral de Chastillon et tant de chefs de la religion huguenotte advint, parce qu'ils vouloient forcer le roy Charles de faire la guerre aux Espagnols, en suitte de laquelle ils promettoient la souveraineté de Flandres, la reddition volontaire et expugnation de toutes les villes du pays, j'ay jugé devoir monstrer de combien ils se mescontoient, et le peu de profict qui en eust reüssi à la France. Puis que le roy Henry IV, plus belliqueux, à ce qu'il se dit, que tous ses predecesseurs, ayant chassé de son royaume les deux tiers de l'Europe, et nommément les Espagnols, apres avoir despendu en douze ans six millions d'or, et perdu la vie de cent mil Français, il a esté contrainct de desirer la paix, et d'apointer les Olandais avec le roy d'Espagne, sans que pour cela il y ait seulement acquis un poulce de terre, sinon monstré de la foiblesse;

qu'il soit besoin d'artifice, pour, par une revolte de ses voisins, affoiblir ses ennemis, comme si la France n'estoit assez puissante pour subsister d'elle mesme. Paix qui fait une evidente preuve de la prudence en l'advis du sieur de Tavannes, lequel a, trente cinq ans devant ceste trefve, preveu qu'il n'y avoit rien à gagner à l'entreprise de Flandres, et beaucoup à perdre.

La guerre de Flandres en fin l'eust fait en France; le Roy n'en veut point pour l'infidelité des peuples, sçachant ne pouvoir estre estrangere sans estre civile, les cœurs alienez par les divisions passées plus fins, et l'ardeur d'iceux plus mal-aisé à esteindre, les intelligences et les chemins d'Angleterre et d'Espagne battus et aisez à suivre, la multitude des mal contents que l'avarice des superieurs et l'ambition des subjects font naistre. Que Sa Majesté a interest à toutes reputations que pourront acquerir les chefs de guerre; desirant estre seul en ce temps, il estoit forcé de secourir plus ouvertement et grandement les Flamands, et falloit que les Espagnols perdissent honneur s'ils ne luy faisoient la guerre. Qu'estant vieux, à l'exemple du roy d'Espagne, qu'il faut pour sa posterité que sa mort advienne dans la paix du royaume; dangereux, si les armes estoient à la main de quelque gros party, de perdre l'Estat. Il faloit plusieurs armées; qu'estant d'aage et goutteux il ne pouvoit plus faire ce qu'il avoit fait au passé : ayant plusieurs armées il faloit plusieurs chefs, lesquels acqueroient de la reputation, en danger de s'en prevaloir contre luy; là où il seroit qu'il auroit beaucoup de maux, et aux armées où il ne pourroit estre, du soupçon des feints amis qu'ils ne s'entendissent avec les ennemis. Qu'apres tant d'heur et de felicité quelque malheur estoit à craindre; que la guerre aguerrissoit son peuple, lequel tant plus il en sçavoit et plus de danger de revolte : qu'il avoit pour seurté les Suisses, et un autre bras aux estats pour contrecarrer les grandes puissances, royaumes et Indes espagnolles, estans ces pays entrez en ligue offensive et defensive contre luy. Que c'est tousjours bien faire, et selon Dieu, d'oster le feu et le sang d'entre les mains des hommes, et qu'ayant passé sa vie en travail, il est raisonnable qu'il ait sur ses vieux ans le repos avec l'honneur; qu'il est le seul arbitre de paix et de guerre en la chrestienté.

Il ne devoit ayder aux Heretiques, et pour le droict à des subjects rebelles contre leur roy, puis qu'il est souverain. L'exemple pernicieux que les villes, de droict et de raison subjectes à un roy, se dispensent de leur serment de fidelité, et à leur imitation toutes les villes qui seront en situation forte feront le semblable, mesme en la France quand l'occasion se presentera. Qu'en pensant affoiblir le roy d'Espagne, il fortifie les Huguenots par la manutention des estats de Flandres, lesquels tous ensemble feront un gros contre M. le Dauphin; que s'il vient à estre roy, ne le peuvent jamais aymer, ny luy eux, parce qu'il tiendra plustost du Pape, de l'Espagnol et du Lorrain, que d'autres.

Ce sont les raisons d'Estat qui ont faict que le roy Henry IV fut autheur et principal moteur de la trefve de Flandres, et c'est icy l'advis contraire de ceux qui y vouloient la guerre; qu'il valoit beaucoup mieux, pour asseurer son regne à la posterité, ruyner les Huguenots, les rebelles de France et de Flandres, et unir les deux coronnes par alliance, ayant semblable interest pour proteger leurs Estats et faire une ligue des souverains contre la ligue des rebelles, et affoiblir toute ceste puissance; puis qu'il semble qu'il ne peut fuyr la guerre, il valoit mieux la prendre maintenant qu'il y a encor cinq ou six ans de travail, que d'icy à cinq ou six ans qu'il ne pourra plus monter à cheval, accablé de maladie, et que l'Espagnol aura pris argent et baleine : aussi à ceste reputation qu'il veut si esclatante, il faloit tendre à des plus grands effects.

Quoy qu'il en soit, ainsi qu'il a fait, les deux puissances qui sont à craindre pour sa posterité et pour luy-mesme en sa vieillesse, demeurent en estat et en force, et sans doute sont toutes deux ennemies du Dauphin; et valoit mieux de son vivant avec beaucoup d'honneur en abbaisser et en ruyner, que les laisser toutes deux en force. Celle des Huguenots estoit plus facile à ruyner; la religion et le droict y estoit conservé; et celle des Espagnols estoit la moins à craindre, parce que leur puissance n'est pas dans les entrailles de la France, et que les Espagnols ont leurs pays dispersez. Ils sont assez empeschez de garder ce qu'ils tiennent; ils n'ont pas les peuples pour les garnisons et pour entreprendre : comment en auront-ils pour subjuguer la moindre partie de la France?

Semble que de ces deux advis le Roy avoit choisi le meilleur, de faire la trefve de Flandres et demeurer en repos; mais les Espagnols, ayant tant dependu de sang et d'argent sans aucun fruict, sont esté portez à la trefve peu honorable, pour avoir jugé qu'il y a trente cinq ans qu'ils font la guerre, sans y pouvoir voir une fin; qu'ils ont tasté la France divisée, et n'y ont sceu que faire; maintenant qu'elle est unie, et sous un roy qui est capitaine, et leur pays si escarté, qu'il y avoit danger qu'ils n'y perdissent plus que d'y gagner. Que le roy de France, qui secourt les Estats ouvertement, s'en va, et que le leur vient; qu'ils sont fort espuisez de deniers, et qu'il est necessaire qu'ils payent leurs crediteurs, à ce que la grande depence qu'ils font ne fist faire banqueroute à leur roy. Que les Indes ne rapportent plus ce qu'elles faisoient; que le trouble que les Olandais commettent [lequel est apaisé par la trefve] traverse l'establissement de la religion, et du profict qui en venoit. Que le roy de France estant vieux, et la coronne tombant à des enfans, ne peut estre sans trouble, là où ils pourront faire leurs affaires, par la quantité de differents partis qui sont au royaume, du moins comme le roy d'Espagne fit au temps du duc de Palme; cependant qu'il mit la France en trouble par son argent, il prit Anvers par sa force; ce qui se peut encore faire en Ollande. Que durant la trefve il se peut faire des practiques dans les Provinces Unies, prenant exemple sur la trefve de la Ligue, qui engendra la paix et la ruïne d'icelle Ligue. Qu'à tous accidents du roy de France, d'entreprises preparées ou d'argent recueilly, ils peuvent rompre la trefve, laquelle communement ne se tient qu'entant qu'elle apporte utilité; qu'ayant grande quantité d'argent et de moyens, ils peuvent regagner les principaux des Provinces Unies, dont une grande part des chefs sont bannis des villes de Flandres qu'ils tiennent encor maintenant, ausquelles estans r'appellez et receuz, c'est autant affoiblir les Estats, où ceux qui estoient exilez et retournez en leurs pays pourront faire des practiques.

L'Archiduc, n'estant capitaine, est forcé d'employer ceux qui le sont, lesquels acquierent de la reputation; et luy, demeurant aux villes, la pert. Il ayme le repos et la paix, et se veut faire chemin à l'Empyre si son frere mouroit; c'est pourquoy il se monstre n'estre pas contraire aux heretiques en favorisant la trefve. L'Infante, de grande despence, est plus contente de tourner l'argent à ses plaisirs qu'à la guerre, et craignoient tous deux que le peu d'effect, et la mauvaise fortune, les eusse revoquez pour aller en Portugal, comme ils en ont esté menacez : craignoient que la longueur de la guerre n'apportast des revoltes generales dans les villes de Flandres, ainsi qu'elle a fait cy-devant. Ils avoient tasté des incommoditez et perils de la guerre, et en craignoient davantage si la guerre de Flandres amenoit celle de France.

La cause principale de ceste trefve a esté du duc de Lermes, lequel prevoyant que continuant la guerre, il faudroit qu'elle fust avec les François; que s'il demeuroit aupres du Roy son maistre, l'Espagne le tiendroit pour un faineant, et jetteroit l'œil sur les capitaines et generaux d'armées, acquerroient reputation, dont leur naistroit le moyen de luy faire perdre sa faveur; aussi que s'il vouloit estre general d'armée en Flandres ou à Milan, quelqu'un prendroit sa place et se feroit favory de son maistre : tellement qu'il valoit beaucoup mieux pour luy que les choses demeurent en l'estat qu'elles sont, estant luy seul qui gouverne le Roy, royaume et les finances. A quoy l'on respond :

Trois choses principales sont à objecter aux Espagnols contre la trefve qu'ils ont faict. Ce n'est pas tout d'avoir de l'argent et des forces, c'est le principal de maintenir la reputation des armes, et que, par traict, on ne fasse paroistre sa foiblesse, necessité et peu de courage. Autrement c'est enhardir toutes les puissances voisines à entreprendre, pour le mespris en quoy ils ont ceux qui ont commis une lascheté par leur traicté : et communement qui a la reputation des armes, il en a le dessus. Qu'il faille qu'une province de quarante lieües de circuit aye donné la loy à tant de royaumes, et en fin se soit soustraicte de l'obeïssance, injustement ayent acquis la souveraineté, estant autant subjets de la coronne d'Espagne que l'Espagne mesme. La couverture que le roy de France leur aydoit sous main est foible. Si les roys d'Espagne n'ont donné une seule ville aux Français par la paix, au contraire leur en ont osté plusieurs, comme est-ce qu'un roy des Espagnes, de Portugal et de toutes les Indes, aye esté forcé, par les armes couvertes des Français, de quitter et perdre cinquante villes qui de droict luy appartiennent du moins par la cession de souveraineté qu'en ont fait les Français, declarant si honteusement qu'il traicte avec elles comme ne pretendant rien sur eux ?

Le second point est l'exemple de tous les Païs Bas, lesquels maintenant les Espagnols n'oseroient plus charger d'aucuns impots ny subsides, ny mesme faire payer les anciens : autrement ils peuvent dire qu'ils ne sont non plus au roy d'Espagne que l'Olande et la Zelande, et suivront leur exemple s'ils veulent; et ne faut plus faire estat de regner sur eux absolument, ains de les flatter honteusement.

Et pour le troisième que dirons nous de ces gens qui avoient appuyé leur coronne sur la religion catholique et sur l'inquisition, qui maintenoient qu'il ne falloit jamais traicter avec les heretiques ? Avoir rendu les heretiques en exercice de leur heresie, les avoir faicts souverains, planté et affermy leur religion par le traicté, c'est estre decheuz de ce poinct, vraiment catholiques. S'ils se couvrent de la necessité, quelle necessité a un roy de tant de royaumes? Et, quand ainsi seroit que la necessité fust vraye, la foy ni la religion ne reçoivent point d'excuses : faisons ce qu'elle nous commande, quand le monde et nous mesmes devrions perir; il faut que les raisons d'Estat et les raisons humaines cedent à la religion, d'autant que l'ame est plus que le corps : il falloit faire son devoir, et remettre à Dieu le reste.

Conclusion, que les Espagnols n'ont rien faict qui vaille en ceste trefve, ny pour la religion, ny pour la reputation ; et valoit mieux maintenir les armes perilleuses que les quitter honteusement, ayant fortifié la France des Ollandais ; à quoy ils ne peuvent trouver à dire, puisque par la souveraineté qu'ils leur ont abandonnée, ils peuvent, comme souverains, traicter avec ceux qu'il leur plaist.

Le roy d'Angleterre, sans impieté, sans despence, a obtenu ce qui luy estoit le plus necessaire : il avoit plus à craindre de la grandeur des Espagnols que le Roy, et en a faict paroistre moins de soucy, se reglant sur le droict, qu'il n'estoit raisonnable de secourir les subjects rebelles contre les souverains, et ne faire à autruy que ce que l'on voudroit qu'on luy fist; a escouté les Espagnols et demeuré en paix avec eux ; cependant a gardé la Flexingue et autres villes, qu'il dit tenir par engagement, et a laissé faire la despence au Roy, ne s'en meslant que de bonne sorte, par patience et prudence, à ce qu'il desire. Les puissances mediocres doivent tenir la balance entre les souverains, à ce que l'un ne s'agrandisse plus que l'autre, et par sa puissance n'opprime les mediocres. Si le roy d'Espagne venoit à bout des Païs Bas, il importeroit à l'Angleterre : si les Français avoient supreme pouvoir dans la Flandre, encore plus; il doit empescher que l'un des roys ne s'agrandisse excessivement au prejudice de l'autre. C'est pourquoy le roy d'Angleterre secourut les enfans de France quand le roy François estoit prisonnier : la trefve luy est utile, la guerre eust abaissé une des puissances sous l'autre. Les Flamands luy sont une barriere contre les deux roys ; et encores que le roy de France les aye secouru, si auront ils tousjours une plus estroicte amitié avec l'Anglais, qui tient et possede leurs cœurs ; et se sont les Anglais bien gouvernez, et à leur profit, en ceste trefve.

C'est beaucoup quand la moitié des hommes que l'on promet aux entreprises secrettes y arrive. Ceux qui donnent et prennent des esperances se trompent, ou leurs amis ; c'est faillir de s'asseurer sur ce qui n'est à nous, et là dessus astir un dessein hasardeux, pour l'execution duquel il faut estre entierement asseuré qu'il n'y aura manquement d'hommes ny d'argent.

Les procez faicts par commissaires, voye extraordinaire contre la justice : c'est pour perdre les gens de bien de leur donner des juges passionnez, leurs ennemis, sans conscience, qui dependent des superieurs, lesquels desirent leur mort, et leur commandent de respondre à peine de conviction, contre les privileges des Français. Plusieurs [s'ils n'estoient abusez de l'esperance qui continuë jusques sur les eschafaux], ayans recogneu ces juges ennemis, feroient plus genereusement de n'y respondre, et empescheroient fort les commissaires. Puis que respondre ou non il faut mourir, ce seroit monstrer l'innocence et se venger, parce que, n'ayans point respondu, la voix commune seroit qu'on auroit esté condamné par contumace sur les formalitez et non par justice.

Il se doit prevoir et fuyr les occasions de recevoir un malheur : ceux qui vont chez leurs ennemis donnent temps et moyens d'entreprendre contre eux, font naistre leur mal qui ne fust advenu ny n'estoit premedité par leurs contraires, invitez de la commodité qui engendre l'occasion et facilite l'execution.

Plusieurs s'esmerveillent que l'Admiral de Chastillon, qui avoit tant de finesse et artifice, assisté de tant de conseilliers habiles et de tant de ministres versez aux cabales hebraïques qu'ils disoient suivre, que celuy et eux se soient, non seulement venus perdre dans la Cour, ains parmy les Parisiens ses mortels ennemis. L'asseurance du roy Charles, qui, comblé d'ambition, veritablement estoit entierement porté à la guerre contre l'Espagne, le persuada grandement, avec la conduite de Telligny, son beau fils, qui avoit negocié fermement dans la Cour. Et quelquesfois estant blasmé de ses amis de la resolution qu'il prenoit, respondoit ces paroles de remarque : « qu'il croyoit à la non feinte parole et serment de Sa Majesté, l'hazard du manquement de laquelle il aymoit mieux encourir que retomber au labeur des guerres civiles, travail, danger et incommodité d'amis, d'ennemis et de necessité ; qu'il aymoit mieux perir que d'y retomber.

Mais ce n'est pas cela seulement, ains que l'arrest de sa perte estoit desja minutté dans le ciel, et que nous ne pouvons eviter nos destinées, quoy que nous cognoissions nostre malheur apparemment. Il n'estoit pas seulement adverty des siens, ains d'une partie de ceux de la Cour, et de ceux qu'ils nomment de leur Eglise ; coup sur coup l'advertissoient, et mesme Francourt, chancelier de la royne de Navarre, luy nottoit point par point ce qui luy adviendroit. Neantmoins, à deux cœurs et fluctuant, ne se peut empescher de s'acheminer à la mort : et puisque le destin a tant de force, c'est donc en vain que l'on reproche à ceux qui se sont perduz que c'est leur faute, et qu'ils estoient bien advertis. Nostre Seigneur advertit sainct Pierre que avant que le coq chanstast deux fois, qu'il le renieroit trois ; luy, qui estoit disciple et avoit tant veu de miracles, ne s'en peut empescher.

Beaucoup plus blasmables que cest Admiral sont ceux qui, à son exemple, devoient estre devenus sages pour eviter la fosse où ils s'estoient precipitez. MM. de Guise, sans y avoir esgard, apres avoir pris les armes contre le roy Henry troisiesme, l'avoir chassé honteusement de Paris, ayant attiré tous les cœurs des peuples de France contre l'authorité de Sa Majesté, l'ayant forcé à declarer le roy de Navarre et prince de Condé ses ennemis, contrainct à faire la guerre contre les Huguenots, et ayant toute puissance dans les estats contre la volonté de Sadite Majesté ; pour conclusion d'icelle, il est adverty de cinquante parts qu'il seroit tué ; soit à table, en son cabinet, par tout il trouve des billets qui lui annoncent sa mort ; presomption, audace et generosité hors de temps pratiquée, et contre laquelle se doit estre en garde, luy faict tout mespriser : en fin il entre dans les conseils et dans les cabinets, où il pert la vie.

J'avois porté les armes durant toute la Ligue, participé aux conseils des ducs de Palme et du Mayne des premiers, et aux effects militaires qui en ensuivirent ; je ne m'estois empesché de parler du Roy aux prisonniers qu'avions pris à diverses fois ; paroles dont les offenses ne s'oublient guieres. Je ne me ressouvenois estre fils du sieur mareschal de Tavannes, que le roy Henry quatriesme et tous les Huguenots accusoient de la Sainct Barthelemy et du massacre des leurs ; que le jour d'icelle je ne voulus parler au roy Henry quatriesme, qui m'envoya par plusieurs fois querir lors que je me promenois en la cour du Louvre, où il estoit ja en sa chambre prisonnier ; et que j'estois allié en la maison de Guise, ayant espousé une des belles filles de M. du Mayne ; que je tenois Tallant et autres places ; qu'avec ce qu'il restoit de Ligueurs je faisois trembler toute la Bourgongne et contraignois le sieur de Biron à quitter le siege d'Amiens, et venir pourvoir à son gouvernement, qui tenoit en hazard que j'y demeurasse, ayant mandé au Roy que si je n'en sortois qu'il quitteroit le siege d'Amiens. Toutes ces considerations estoient tournées, retournées dans mon esprit ; j'avois des advis de Paris, de la Cour, de l'ambassadeur de Savoye, accusé d'avoir traicté depuis la paix avec les Espagnols ; et tout ne me servoit de rien, le destin m'entraisnoit. Et quatre autres advis en chemin furent mesprisez, me fiant en des lettres d'asseurance et promesses de la main du Roy, en caution du mareschal de Biron qui en escrivoit de semblables ; asseurances et promesses qui furent toutes violées, et moy mis prisonnier dans la Bastille : que s'il se fusse trouvé moyen de faire mon procez, ils n'y eussent point manqué : j'en sortis par la seule grace de Dieu, ce que n'ont peu faire encores tous ceux qui y ont esté prisonniers.

Le mareschal de Biron, qui avoit traicté avec les Espagnols, receu de l'argent d'eux, escrit infinis memoires contre l'estat du Roy, et accusé de luy avoir voulu faire perdre la vie devant le fort de Saincte Catherine, et d'avoir aydé et favorisé les entreprises sur sa personne, que Sa Majesté avoit eschappé miraculeusement : il sçait, il cognoist, et neantmoins se laisse persuader contre cinquante advis qu'il eut en chemin ; il porte sa teste à Paris, qui luy fut couppée. Les dessusdits ne sont que borgnes, mais voicy les aveugles.

M. le prince, qui sçavoit que l'inclination de la royne Marie de Medicis estoit de le hayr à mort, ce qui s'estoit dict et escrit d'elle durant l'elevation qu'il avoit faicte, les paroles aigres et dangereuses qu'il avoit eües avec Sa Majesté durant les estats, la puissance qu'il avoit monstrée à Loudun en l'assistance de tant de grands du royaume, premier prince du sang, dont le credit et la puissance est assez de crime pour faire entreprendre sur luy par le souverain ; apres avoir pillé une partie de la France, avoir faict despendre vingt cinq millions de livres et tout l'argent de la Bastille pour luy resister, il se fie sur des paroles et des escrits, se resout d'aller à Paris ; qu'estant jeune comme il estoit luy est pardonnable, mais non pas au mareschal de Boüillon, lequel luy-mesme avoit desja eschappé tant d'hazards en semblables effects, et qu'il voyoit tant d'exemples devant luy, une partie cy-dessus mentionnez, qu'il aye conseillé de venir à Paris à M. le prince, ou, y estant, de n'avoir peu cognoistre en quel peril ils estoient, voir faire secretement des nouveaux serments aux personnes signalées de la Cour contre eux, et enfin la prise de M. le prince, de laquelle ils sauverent leurs testes miraculeusement, qui ne leur fussent demeurées que l'espace qu'il y a de la prison à la Gréve ; et quoy d'autant plus honteusement, que les precedens ont esté circonvenus par les roys, et qu'eux se sont laissez affiner par une femme ignoramment, à quoy les plus basses et imprudentes personnes ne fussent tombées. Et voicy l'excuse de tout : confessons qu'il est un Dieu tout puissant, que c'est luy qui dirige toutes nos actions ; les advertissements et moins nos volontez n'ont puissance d'aller contre les siennes. C'est ce que les anciens ont nommé destin, et que nous nommons inevitable ordonnance de nostre Seigneur, que nous ne pouvons esquiver ny outrepasser pour nos pechez, parce qu'ainsi luy plaist. C'est à quoy il se faut conformer, en portant patiemment toutes les adversitez qu'il lui plaira nous envoyer.

S'il se propose un dessein qui profite ayant des incommoditez, il ne faut debattre les contrarietez hors temps, à ce que, par ces difficultez du mal non encores present, le bien qui peut advenir ne se perde. Ainsi sagement firent MM. de Guise, ne contrariant la proposition de se charger du meurtre de l'Admiral au commencement ; mais attendirent qu'il fust faict pour dire qu'il n'estoit raisonnable qu'ils fussent coulpables de ce que le Roy avoit fait faire pour son utilité.

Ce n'est dés cette heure que l'on adapte les prodiges aux actions humaines ; plusieurs grands capitaines s'en sont aydez. De Beze rencontra, sur une estoile née ou non jamais veüe auparavant, la Sainct Barthelemy, pres du siege de Calciopé, disant qu'ainsi il nasquit une estoille lors qu'Herodes tua les Innocens. Les Catholiques respondoient au contraire que ceste estoile annonça le salut au temps d'Herodes, que ceste-cy apres la Sainct Barthelemy promettoit tout bon heur ; que l'aubespin fleury à Sainct Innocent en automne denonçoit un siecle florissant. Les naturalistes respondent que les fleurs naissent en automne comme au printemps en plusieurs pais. Ainsi chacun fait des interpretations fantastiques à son advantage. Avec raison s'usoit de ces artifices entre les Huguenots, desquels la religion est remplie de pernicieuses subtilitez.

Au danger eminent que le sejour peut apporter prejudice, et le partement asseurance, il n'y a point de conseil ; il se faut mettre en seurté, encores qu'il soit honteux de partir : c'est une espece de folie de conserver l'apparence de la reputation, et l'hazarder du tout en effect. L'Admiral, blessé imprudemment, met en deliberation son partement, qu'il devoit faire sans conseil.

Plusieurs disent que l'entreprise des Huguenots et de la Ligue sont injustes, pretextées et ambitieuses ; disputent laquelle des deux causes estoit meilleure, ou moins mauvaise. Les Huguenots disent avoir treuvé de grands abus à l'Eglise, force idolatrie, les prestres depravez par paillardise et avarice, la redemption des ames en vente pour enrichir les courtisannes de Rome, le service de Dieu perverty, les creatures adorées au lieu du Createur ; tout dissemblable à la primitive Eglise, à laquelle ils disent avoir recours, suivant les traditions des apostres, preschans l'Evangile selon leur doctrine, reputant toutes les ordonnances et decrets ecclesiastiques [excepté quelques conciles qu'ils appreuvent estre opinion d'hommes] hors de la vraye foy des sainctes Escritures, ausquelles il n'estoit licite d'adjouster ny diminuer, mesmes aux anges de paradis ; qu'ils se sont assemblez et armez contre la defence des roys, parce qu'il faut plus obeïr à Dieu qu'aux hommes ; que meritoirement ils se sont meslez de l'Estat, estans membres d'iceluy, et ayant un prince du sang de leur costé, en ce qui leur a semblé juste et utile pour sa manutention ; favorisé les princes du sang contre ceux de Lorraine, qui avoient occupé et charmé par leur niepce d'Escosse le jeune roy François deuziesme, en danger de luy oster la coronne ; dequoy ils ont esté advertis, et suscitez à son secours par la Royne sa propre mere, qui leur a commandé ayder à l'entreprise d'Amboise ; qu'à l'advenement du regne du roy Charles ils se sont tenus de la part des princes du sang, ausquels appartenoit le gouvernement, veu la minorité de Sa Majesté ; n'ont rien fait ny entrepris en cela que par l'admonestement et commandement secret de la Royne mere ; qu'il s'est faict un triumvirat où le roy de Navarre circonvenu se jetta avec le connestable et M. de Guise, lequel sieur de Guise, plus fin qu'eux, s'en servoit en son ambition pour occuper l'Estat ; ils assisterent secrettement la Royne à s'y opposer ; et apres les estats d'Orleans, que par edit du Roy [interiné aux cours de parlements] il leur fut permis de prescher et vivre en leur religion, oüys et permis de disputer en presence de Leurs Majestez et de leur conseil au colloque de Poissy : leur intention n'estoit de prendre les armes ; mais qu'estans massacrez à Vassy par le duc de Guise en vengeance de ce qu'ils s'opposoient à son ambition, furent tuez au contraire des edits de Sa Majesté, interinez à la cour de parlement de Paris, et non revoquez. Et voyant la liberté de leur conscience empeschée, l'Estat en peril, le roy de Navarre trompé servant à l'ambition d'autruy, partie des princes du sang et officiers de la couronne esloignez du gouvernement, la Royne mere en peur, les priant de la recevoir, avec les enfans de France, entre leurs bras, dequoy elle est empeschée et tenue comme prisoniere par le Triumvirat, ils ont esté forcez, pour la delivrance de l'Estat, avoir recours aux armes, tenues justes quand il n'y a plus d'esperance qu'en icelles pour defendre leur religion, la couronne et leurs vies, et lesquelles ils ont posées aussi tost après la bataille de Dreux, et la mort de M. de Guise, qu'ils soupçonnoient vouloir envahir l'Estat, leur estant donné seurté de leurs personnes et exercice de leur religion à l'acquit de leurs consciences ; cognoissant la crainte cessée que ceux de Guise ne se fissent roys, par la mort du plus puissant d'iceux, assisterent à chasser les Anglais, ennemis de la France, qui, sous couverture de leur ayder s'estoyent saisis du Havre. Depuis, advertis de la resolution de Bayonne entre les Espagnols et la Royne, laquelle, hors de crainte par la mort du duc de Guise, et changée de pour contre eux, resolue de les exterminer, eux s'assemblerent, ne pouvans estre autrement oüys pour presenter requeste au Roy à Meaux, et chasser les mauvais conseilliers qui lui donnoient advis de faire mourir ses subjets et ruiner son peuple. Empeschez par les Suisses de parler à luy, soupçonnez d'attentat, continuerent leurs plaintes ; et les armes qu'ils poserent à Chartres, encores qu'ils eussent une florissante armée lors qu'on leur permit liberté de leurs consciences, furent forcez de les reprendre tost apres, quand on vouloit prendre le prince de Condé, l'Admiral et autres leurs chefs, à Noyers. Et apres la perte des batailles de Jarnac et Moncontour, où ils furent battus, et que leur perseverance eut fait cognoistre qu'ils ne pouvoient estre ruinez, ils poserent les mesmes armes victorieuses à la rencontre d'Arnay-le-Duc contre le mareschal de Cossé, et defaicte de Puisgaillard en Poictou, sous la promesse de liberté de conscience ; se sont tellement asseurez de leur innocence, abhorrant les guerres civiles, qu'ils s'estoient fiez en la foy du Roy à la Sainct Barthelemy, où, sous pretexte de mariage, elle leur est violée, leurs chefs et peuple massacrez en la pluspart des bonnes villes de France. Que toutes et quantes fois qu'on leur a offert liberté de conscience, ils ont cessé la guerre, oublié les injures, et obey le Roy, contre lequel ils n'ont pris les armes, mais bien contre les mauvais conseilliers, ou contre ceux qui tenoient Leurs Majestez prisonnieres, abusans de son aage pour luy oster l'Estat et la coronne, et à eux de leur religion. En foy dequoy ils ont posé les armes quand ils en ont esté requis, apres le siege de La Rochelle, et depuis sous M. d'Alençon, frere du Roy, qui s'estoit fait leur chef ; et les reprindrent forcément apres les premiers estats de Blois, qu'ils furent declarez ennemis, et tost apres les abandonnerent quand on leur promit seurté ; qu'ils se sont joints au vray et legitime heritier Henry quatriesme, empesché la dissipation de l'Estat ; et à l'aide de leurs armes les Espagnols ont esté chassez, les ligues renversées, la couronne maintenüe, sous laquelle [preuve de leur integrité] ils vivent maintenant en obeissance et en paix.

Au contraire, ceux de la Ligue disent que l'Eglise de Dieu, catholique, apostolique et romaine, durera eternellement ; demandent où estoit celle des Huguenots depuis quinze cens ans ; qu'ils se sont introduicts sans miracles, vocation ny imposition des mains, s'estans immis d'eux-mesmes aux ministeres et interpretations des sainctes Escritures par eux falsifiées ; qu'ils sont cognuz par leurs œuvres, estans source des meurtres, assassinats, volleries, forcements, et de tous autres pechez communs et inevitables aux guerres qu'ils ont suscitées, pour maintenir les mal-contents et rebelles en Flandres, France, Allemagne et Angleterre, eslevans les puissances des peuples contre les superieurs, infracteurs de la vigne du Seigneur. Par la breche qu'ils y ont faicte, sont entrez Lutheriens, Calvinistes, Zuingliens, Œcolampades, Trinitaires, Nicolaïstes, Anabaptistes, et, le pis de tout, l'atheïsme : ont mis la moitié du monde en doute de son salut ; ils ont voulu ouvrir les yeux, et ils les ont crevez, ainsi que le serpent fit à Adam au paradis terrestre. Docte et saincte ignorance qui nous estoit utile, puis qu'il faut prendre le royaume des cieux par bonté et innocence, ainsi que les enfans : pour reformer un abus ils en ont fait mil, pour oster une tache legere ils ont gasté le visage et la face de l'Eglise.

Ignorans par malice, disent que l'Eglise de Dieu ne repose sur les conciles et congregation universelle des fideles, et qu'ils peuvent errer : leur peuple a voulu changer le royaume de France en republique, leurs chefs se sont voulu faire roys. En Angleterre ils ont soustenu l'inceste et le divorce, en Allemagne la desobeyssance contre les superieurs d'Austriche, ont introduicts les Anglais et reistres, anciens ennemis de la France, dans icelle ; leur ont donné le Havre, donné des batailles aux roys, entrepris sur leurs personnes, assassiné leurs generaux, fait enrollemens, levées d'hommes et de deniers, comme superieurs des Estats qui ne leur appartenoient point : liguez et associez avec les estrangers contre la couronne, ont fait paix quand ils n'en pouvoient plus, pour attraper les Catholiques. Estoient enfin devenus si puissans; qu'ils vouloient forcer le Roy à faire guerre et paix aux estrangers à leur volonté : devant la Sainct Barthelemy sont cause de tous les maux de la France, peres de ceux de la Ligue, leurs imitateurs, sans lesquels et leurs pretextes ils ne se fussent peu eslever. Ont tourmenté les corps et les ames, dont il en est un million qui ne sont plus de leur secte ny de la catholique romaine, pour estre les sainctes lettres prophanées entre les mains des fols, femmes, enfans et chanteurs marcadans, qui les ont interpretées en autant de sectes et d'heresies que leur ignorante fantaisie leur en suggeroit. Si ceux qui ont outragé les corps et les biens sont punis de mort, combien plus grand supplice faut-il pour ceux qui perdent les ames eternelles, leur preschant par ambition la religion qu'eux-mesmes bien souvent ne croyent pas!

Ceux de la Ligue ont creu ne pouvoir avoir repos en la conscience ny en l'Estat tant qu'il y aura diversité de religions permises par les roys pour l'esperance du repos de leur Estat, non par les conciles, ny par les Papes, gardiateurs des decrets d'iceux. Que les roys ont usurpé la puissance qui ne leur appartient; qu'il ne pouvoient accorder exercice de la nouvelle opinion que par la congregation de l'Eglise universelle de la chrestienté, de laquelle ils ne font qu'une partie : la recognoissance se doit à Dieu, à son Eglise, et aux successeurs de saint Pierre; qui lient et delient les ames. Que les roys, qui n'ont pouvoir que sur les corps cognoissant que les diables, sous le masque de Lutherien et Huguenot, allument des ligues pour opprimer la verité chrestienne. Sa Saincteté, inspiré des anges, a commandé des ligues en Allemagne au temps de Charles-Quint, par Ferdinand et par les evesques electeurs, duc de Bronsvich et autres, pour leur resister ; les a commandé en France à ceux de Lorraine [estans ceux de Bourbon partie heretiques et partie parents d'iceux], non contre l'Estat ny contre les princes du sang, ains seulement contre les heretiques et fauteurs d'iceux : ligues faictes et approuvées au concile de Trente.

Le roy Henry III a approuvé et confirmé les ligues catholiques, et s'en est dit le chef, et declaré en pleins estats à Blois ne vouloir que la seule religion catholique en son royaume; ce qu'il jura sur le sainct Sacrement publier par edict les Huguenots ennemis. Depuis leur ayant fait la guerre par maniere d'acquit, apres la prise de trois de leurs villes, change d'opinion, fait paix, accorde des presches heretiques, contre l'advis du Pape et des Catholiques qui avoient juré avec luy, lesquels entrent en soupçon de Sa Majesté, parce qu'elle donnoit toutes les places de son royaume à deux jeunes hommes, de Joyeuse et d'Espernon, dont l'un fut envoyé vers le roy de Navarre, pour lors huguenot, nouveau successeur de la couronne par la mort du frere du Roy. Les Catholiques romains craignans de tomber en des mains heretiques, estre, comme les Anglais, contraincts de changer de religion et tuez, s'assemblent [en crainte que le roy Henry III ne le declarast son successeur], advertissent le Pape, qui leur commande de faire des remonstrances au Roy, et le supplier d'exclurre tous heretiques de la pretention de la couronne; requierent de la seurté à Sa Saincteté, qui leur conseille que par la force ils s'ostent la crainte en presentant leur requeste.

La Royne mere les suscite, les appelle aux armes, les advertit de la mauvaise volonté de son fils envers eux, soit qu'elle voulust s'en ayder pour chasser les mignons de son fils qui luy avoient osté le gouvernement, ou qu'elle voulust faire planche au marquis du Pont, son petit fils, à la succession du royaume. Elle favorise ceste eslevation, qui ne se peut dire estre contre la personne du Roy, d'autant qu'ayant sa mere de leur party, et estant advouez du Pape, en armes en l'an 1585, ils requierent tres humblement le Roy de chasser l'heresie de son royaume, de nommer un successeur catholique; le Roy l'ayant promis, ils posent les armes à Nemours. M. de Guise entreprend contre les Huguenots de Sedan; M. de Mayenne est envoyé en Brouage; les deux jeunes hommes, mignons du Roy, de Joyeuse et d'Espernon, en Provence et Languedoc. Le Roy porte faveur aux Huguenots, veut rendre la guerre inutile et la paix necessaire, monstrant la pernicieuse contrainte de ceux de Lorraine, et que les Huguenots ne se peuvent ruïner par la force ; s'entend avec leurs reistres et Suisses qu'il avoit fait lever secrettement; il appuye puissamment ses mignons, et donne des armées sans secours d'argent, avec des obstacles de ses serviteurs contre M. de Mayenne en Guyenne, qui nonobstant ne laisse d'y faire effect; commande au baron d'Aulne, et dix mil Suisses huguenots, de ruïner la Lorraine, esperant que les Lorrains crieroient autant la paix qu'ils avoient desiré la guerre, et que la France blasmeroit la contraincte qu'ils avoient faicte à Sa Majesté de prendre les armes contre les Huguenots.

Dieu en ordonna autrement : les reistres imprudents ne veulent demeurer en Lorraine, et moins s'aller joindre au roy de Navarre; entrent dans la France, où ils sont defaicts par M. de Guise en deux nuicts, se retirant en desordre hors la frontiere. Cela donne une si grande reputation à M. de Guise que le Roy est contrainct de continuer la guerre contre les Huguenots, là où M. de Joyeuse, qui eschapa au Roy par l'imprudence de luy avoir permis de s'allier à ceux de Guise, qui l'avoient gagné et avoient autre but, hazarde sans commandement le combat, et est defaict par le roy de Navarre. M. de Guise, desirant de se r'accommoder et mettre bien avec le roy Henry III, vint à Paris avec six chevaux : le peuple le favorise; le Roy, jaloux, fasché, en soupçon de ceste amitié, introduit douze cents Suisses en armes dans Paris, contraint M. de Guise [ne pouvant sortir pour estre les portes fermées], pour sauver sa vie, de faire des barricades sur le poinct qu'il demande accord avec le Roy, et à luy crier mercy de ce qu'il n'avoit voulu laisser perdre ses amis, et avoit servy de chef à ceux de Paris.

Sa Majesté, apres avoir demeuré trois jours audict Paris entre ses mains et du peuple, se defiant de sa mere qui negocioit le traicté, se retire en la ville de Chartres, où il se reconcilie avec M. de Guise, faict tenir les estats, jure la Ligue et la ruyne des Huguenots sur le corps de Notre Seigneur, commande à tous ses subjects d'en estre, et fait declarer le roy de Navarre et le comte de Soissons inhabiles à succeder à la couronne. Apres ces sermens solemnels, il fait mourir M. de Guise et le cardinal son frere. Ce que voyant, M. de Mayenne et tous les Catholiques, croyans ne pouvoir eviter semblable traictement, prennent les armes pour la defence de la religion et de leurs personnes, qu'ils continuerent jusqu'à ce que le Roy descouvre et fait voir l'intelligence et faveur qu'il portoit aux Huguenots, se joinct à eux, assiege Paris, où il est tué d'un moyne ; dequoy les Catholiques se treuvent innocens, n'y ayant eloquence qui puisse persuader homme à faire un tel coup.

La guerre continue contre le roy Henry IV; quelque offre qu'il ait faicte, M. du Mayne ne voulust faire paix avec luy qu'il ne la fist avec Dieu : monstrant qu'il n'estoit en armes pour son particulier, requiert Sa Majesté de se faire catholique, se faire absoudre du Pape, auquel cas il luy offre obeissance. Le Roy obtempérant, et le Pape ne l'ayant absous, M. du Mayne ayme mieux se voir reduict à deux villes que de le recognoistre, encores qu'il luy presentast des provinces entieres.

Enfin, le Pape ayant benist le roy Henry IV, M. du Mayne, sans se soucier de faire sa condition bonne, quoy qu'il eust beaucoup de forces entieres en Gascongne sous le marquis de Villars, M. d'Espernon qui s'offroit à luy, les Espagnols en Picardie, Cambray repris d'eux, M. de Mercur en Bretagne, sans avoir esgard à tout cela, fait la paix, puisque le Pape l'avoit faite; perd son gouvernement, à la ruyne de tous ses amis, pour avoir trop attendu à traicter. Que si le Pape n'a adstrainct le Roy de faire la guerre aux Huguenots, de les chasser de son royaume, et que l'on ait faict depuis des edicts à leur faveur, ce n'est la faute de M. du Mayne ny des Catholiques, puisque le chef de l'Eglise l'a voulu ainsi, contraire à la resolution du defunct pape à la prise des armes : qui fait croire que Dieu, pour les pechez, ne nous sentit dignes de coupper ceste racine heretique vivante, à la forme des Philistins parmy les enfans d'Israël, pour fleau et chastiment de leurs pechez. Qui doute qu'il n'ait esté en la puissance de M. du Mayne de diviser l'Estat, non seulement avec les estrangers et ceux de son party, mais avec les serviteurs et parens du Roy, qui promettoient de livrer Sa Majesté mesme ? Il pouvoit prendre la couronne apres Henry III, ou la donner à l'archiduc d'Autriche ou à M. de Guise, la moitié des villes de France aux Espagnols pour conserver le reste, mettant feu et sang à perpetuité en France, ce qu'on luy disoit estre son seul salut. Pour la paix, pour le bien de tous, il apporte sa teste à ses ennemis, n'ayant seurté que celle que ceux de ceste condition peuvent donner, au contraire de Cesar passant le Rubicon : « Si je le passe, dit-il, c'est le commencement des maux de tout le monde, mais si je ne le passe, c'est le commencement des miens particuliers. » Il a mieux aymé ne passer ces limites, conserver l'Estat en son entier et la religion, sceu l'adveu du Pape, et se perdre cent fois soy mesme.

L'objection des Huguenots est que MM. de Guise se gouvernerent si insolentement en la faveur du petit roy François, obtenue par leur niepce, qu'ils desespererent les princes du sang et officiers de la coronne; qui furent source des entreprises d'Amboise et autres, imputées à leurs mauvais gouvernements : le Roy mort, leur faveur perdue, ils traictent avec l'Espagnol; qui se verifie par le regret et justice que lesdicts Espagnols demanderent de l'assassinat de M. de Guise, commis proche d'Orleans, lequel auparavant avoit abusé et s'estoit servy de la facilité du roy de Navarre, auquel il avoit fait promettre le royaume de Sardaigne par les Espagnols et preud'hommie du connestable, pour ayder à son ambition.

Le cardinal de Lorraine, comme prince de l'Empyre, evesque de Mets, se ligue avec le Pape au concile de Trente, avec Ferdinand et autres princes allemands, promettant à Sa Saincteté le faire cognoistre superieur en France, au prejudice de l'authorité royalle, sous pretexte de la conservation de la religion catholique. L'ambition imperieuse apres le gain de la bataille de Dreux, où la liberté de France et le service du Roy ne furent disputez, mais seulement à qui seroit maistre, ainsi que Cesar et Pompée à Pharsalle, avidement M. de Guise engloutit l'authorité, fond la balle et allume la poudre, cause de sa mort, où les puissances superieures trempent, joinctes à l'artifice de l'Admiral. Les confrairies de Tholose et de Bourgongne favorisent ceux de Guise en intention de transporter la puissance royalle en l'ecclesiastique. Les vieux de Lorraine morts, les jeunes suivent leur trace, entrepenent, usurpent l'authorité à toutes mains. Les remedes d'Henry III accroissent la maladie; son mauvais gouvernement, l'insolence des mignons esleus, au lieu des vieux capitaines, pour abbaisser les deux maisons de Guise et de Montmorency, donne sujet à M. de Guise, mal contant de se les voir preferer, de continuer et d'entreprendre la Ligue, en doute si ce seroit sous pretexte du bien de l'Estat ou de la religion.

Favorisez de la Royne, prenant les armes s'aydent de l'argent estranger contre leurs souverains ; accusez de n'avoir eu faute de volonté d'entreprendre sur le Roy, et qu'ils furent empechez de la Royne, laquelle n'avoit but de r'entrer au gouvernement et credit que les mignons luy avoient osté, et apres sa mort porter la coronne à son petit fils de Lorraine. La paix fut faicte à Nemours, pour crainte d'estre decouverts et abandonnez ; que lors des barricades ils avoient plus de volonté que d'hardiesse d'arrester le Roy, à quoy ils estoient resolus sans la Royne, et de luy changer de conseil, officiers et serviteurs domestiques ; qu'ils entreprenoient sur le Roy, plustost religieux que souverain, lequel fut contraint de se prevenir à Blois pour n'estre prevenu ; qu'ils estoient en mesme dessein pour exclurre ceux de Bourbon, joincts à la Royne et en but contraire, l'un de faire roy son petit fils de Lorraine, M. de Guise se faire roy soy-mesme ; que le meurtre advint à Blois par la mauvaise intelligence des freres de Lorraine et advis de leurs cousins propres, qui fournit d'hardiesse à la resolution.

Les armes ne se prindrent de M. du Mayne par vengeance et generosité, ains pour crainte de n'avoir seurté ; que leur progrez heureux dependent de fortune, et mort d'Henry III de leurs persuasions et de leur sœur de Montpensier; que la coronne est laschée de crainte par M. du Mayne, non par devoir ; qu'il recognoist que le roy Henry IV n'est tenu à l'amitié et bonne volonté dudict sieur du Mayne, mais bien à son irresolution et ambition ; qu'il vouloit tout pour luy. Si l'Estat n'a esté dissipé et party entre les Espagnols et Français, c'est la mauvaise intelligence et desobeyssance de ses parens, et la discorde generale de la Ligue, et que M. du Mayne ne vouloit qu'aucun participast à la coronne, voulant en mesme temps et tout à un coup la conserver entiere, la mettre sur sa teste, et se l'attacher absolue, au lieu qu'il falloit se contenter de l'apparence, et remettre l'effect de la puissance royale apres la defaicte de ses ennemis ; que la seule irresolution dudict sieur du Mayne fournit l'attente de l'absolution du Pape, le reduit à deux villes ; que les armes sont verifiées injustes par la paix, où il n'est parlé de la religion catholique, qu'icelles armes prises, favorisées du Pape, ne pouvoient estre posées de son successeur sans l'assemblée du concile. Les traictez des particuliers à leur seurté, argent, estats donnez à leur profit, montrent quel zele, quelle religion ils ont eu ; la ruïne de la France le tesmoigne, la mort de tant de gens le preuve : au lieu de ruyner les Huguenots ils les ont establis ; trois ans de paix d'Henry III les perdoient, et huict ans de guerre les ont recouverts. Les roys de France, ennemis de la Ligue protestante huguenotte, sont par la Ligue [quoy que catholiques] forcez de faire leur pivot des Huguenots, s'obligent de paroles et par bien-faicts receus à les maintenir. La Ligue a irrité Dieu, en ce qu'il luy sembloit que le pouvoir humain estoit la conservation de la religion, a prolongé le fleau des peuples, et enfin se sont honteusement soubmis, n'ayans pour salut et seurté que la verité et parole de leurs ennemis.

Sçavoir de ces deux causes qui ont des conformitez laquelle est plus juste. Toutes deux commencent par l'ambition et mescontentement pour le gouvernement de la Cour ; toutes deux favorisées des ecclesiastiques, ministres et des villes, par espoir de secoüer le joug et se mettre en republique ; toutes deux ont traicté avec les estrangers ; toutes deux ont eu la Royne mere pour eux ; toutes deux ont eu grande quantité de villes au commencement, et les ont quitées sur la fin ; toutes deux ont perdu des batailles contre les roys, ont eu l'advantage aux rencontres. Les Huguenots, battus à Jarnac, Moncontour et Dreux, s'advantagent aux rencontres de La Rochelle-la-Belle et Arnay-le-Duc. Ceux de la Ligue, battus à Senlis, Ivry et en Auvergne, se maintiennent à Arques, et vainquent sous M. de Mercur. Les Huguenots faillent de prendre François II et Charles IX à Amboise et Meaux, assassinent M. de Guise, lieutenant general ; ceux de la Ligue tuent Henry III à Sainct Clou : les deux chefs sont attirez et tuez, l'admiral de Chastillon à Paris, M. de Guise à Blois sous la foy des Roys violée. Les successeurs de tous deux font la paix ; de tous deux est venuë la mort de plusieurs, la pillerie et ruyne de la

France : differents en ce que les Huguenots ont traicté en corps, ceux de la Ligue en particulier; differents, que la fortune a accordé aux Huguenots un roy de leur party, auquel directement appartenoit la coronne; que ceux de la Ligue sont forcez de ceder au droict, vivent sous la foy et misericorde de leurs ennemis, leur intelligence morte, leur party dissipé et esteint : differents en ce que les Huguenots sont esté effigiez pour avoir pris les armes contre les roys, et Dieu m'a permis que ceux de la Ligue l'ayent esté, ne pouvant alleguer M. d'Aumalle, qui l'a esté depuis la paix pour estre avec les estrangers; differents en ce que la revolte des Huguenots est source de celle de la Ligue : toutes deux blasmées en plusieurs poincts; les Catholiques plus justes pour avoir pris les armes authorisées du Pape, les autres sans vocation; les Huguenots pour introduire une nouvelle secte, les Catholiques pour l'assoupir et maintenir l'ancienne; les Huguenots pour obeyr aux nouveaux sinodes, les Catholiques pour obeyr aux anciens conciles.

Le destin ne se vainc, ne s'esvite par advis, prophetie ny divinations : l'Admiral ne peut esviter sa mort, ny M. du Mayne la ruine de son party, sans que l'exemple des anciens leur ait servy. J'ay monstré plusieurs fois à M. du Mayne que rien ne luy adviendroit qui ne fust advenu à d'autres. Les guerres de la Ligue et celles de Bourgongne comparées, l'une estoit par inimitié commencée aux maisons d'Orleans et de Bourgongne, et ceste-cy une malveillance entre ceux de Guise et de Montmorency, toutes deux fondées sur l'ambition. Le duc d'Orleans fut assassiné d'une part, et le duc de Bourgongne, sur la foy du Daufin, de l'autre : M. de Guise est tué d'un costé, le roy Henry troisieme de l'autre; les uns s'ayderent des Anglais, les autres des Espagnols : toutes ces deux nations estrangeres tindrent Paris, toutes deux en furent chassées par les Parisiens et par leurs partisans, auxquels elles se fioient. Le duc de Bourgongne en soupçon des Anglais, le duc du Mayne des Espagnols, tous deux les abandonnent et traictent sans eux avec les roys; tous deux excluent de la paix les meurtriers de Jean de Bourgongne et d'Henry troisieme, et de tous deux est advenuë la ruine de leurs maisons par cet abandonnement, les uns des Anglais, les autres des Espagnols. Le duc Philippe cause la mort du duc Charles son fils, pour avoir quitté les Anglais, l'avoir laissé puissant et en defiance; M. du Maine conserve sa vie pour s'estre mis en la puissance et au mespris de ses ennemis pour sa foiblesse et maladie : et tous deux disoient ne se pouvoir fier aux Espagnols et Anglais, dont ils craignoient la domination et entreprise sur leurs propres vies, en doute qu'ils n'occupassent entierement l'Estat; et que s'il falloit n'estre roy et avoir des maistres, il valoit mieux choisir ceux à qui la coronne appartenoit; autrement seroit une guerre perpetuelle pour peu de chose en un Estat party entre plusieurs. Leurs amis leur remonstrent que c'est estre vaincu que d'estre sous leurs ennemis, leurs vies et honneur mal asseurez; que la dissipation de l'Estat estoit le seul salut; que les Espagnols ny Anglais ne pouvoient occuper toute la France, seroit assez d'y estre les plus puissans apres eux; que traicter avec les roys estoit le dernier remede qui ne peut manquer; qu'il valoit mieux commander absolument à la moitié d'une province qu'à une douzaine subjectes aux roys leurs ennemis. Ils ne creurent; les premiers moururent par la mort, et les derniers sont morts en vie.

Ces chefs de party, MM. du Mayne et de Chastillon, semblables en quelque chose, differens en beaucoup; et n'y a comparaison ny de leurs actions ny de leurs naturels, seulement des evemens de leur fortune.

L'Admiral sous les roys n'a fait de grands effects; il garda Sainct Quantin jusques à ce que son oncle eust perdu la bataille; il fut colonnel de l'infanterie au camp d'Allemagne, emporta quelques villes d'assaut.

M. du Mayne, à dix huict ans, à la bataille de Moncontour, se mesle dans les reistres qu'il ayde à mettre en fuitte; soustient le siege de Poictiers avec son frere de Guise contre les Huguenots et estrangers; va en Levant contre les Turcs, sous dom Joüan; au jour du gain des cazemates à La Rochelle, où j'estois, de quoy je fus tesmoin, reçoit une arquebusade estant dans le fossé. En l'an 1577, lieutenant general en Guienne sous le roy Henry troisiesme, et maistre de la campagne, prend Tonne-Charante, Broüages et autres places; ayde à forcer les Huguenots à la paix. En l'an 1579, en Dauflné, là où je l'assistay, il prit La Mure et Beauvais la premiere année; la seconde, par la terreur de ses armes, il se rendit à luy deux cens places huguenottes, les chefs [dont estoit Les-Diguieres] contraincts de se mettre entre ses mains; et les menasmes en triomphe, comme vaincus, à Grenoble, rendant ledict païs paisible. En Guienne, contrarié de son propre maistre, prend Montegu, Chastillon, et tient la campagne malgré le roy de Navarre, depuis Henry quatriesme, qui ne paroist devant luy. L'an apres, charge de nuit avec sa cornette mil reistres à Vimory, dont suivit la victoire et ruïne totale de l'armée huguenotte, joint à l'effect que M. de Guise, son frere, fit à Auneau. Reputé grand capitaine sous les roys, prince de foy et de police, plus heureux, plus expert sous eux, que quand il commandoit souverainement aux guerres civiles.

L'Admiral perd la bataille de Dreux, depuis assiege le Roy dans Paris, a le meilleur de la bataille de Saint Denis, perd celle de Jarnac et Moncontour. M. du Mayne leve le siege d'Orleans avec une poignée de gens, gagne les faux-bourgs de Tours en presence du Roy et en chasse toute son infanterie, assiege le roy Henry quatriesme à Diepe, a le meilleur de la rencontre d'Arques (1), perd la bataille de Senlis ny estant point, gagne celle de Crau par M. de Mercur, pert celle d'Ivry. Depuis, joinct au duc de Palme, fait lever le siege de Paris, et apres celuy de Roüan ; est auteur [apres Dieu] de la conversion du roy Henry quatriesme, n'ayant tenu qu'à luy de traicter lors que Sa Majesté n'estoit encores convertie, qui obtenant son royaume sans estre Catholique, ledict sieur du Mayne fust demeuré chef de part, et eust my party l'autorité, à quoy il prefera le bien de la religion et la puissance du Pape.

Tous deux ont fait la guerre aux roys, tous deux ont fait la paix : de celle des Huguenots est advenuë la mort de l'Admiral et plusieurs guerres ; de la paix de M. du Mayne est sortie celle de France. Ledict sieur du Mayne avoit besoin du naturel actif de l'Admiral, et l'Admiral de sa foy.

Pour respondre au blasme de la prise des armes de ceux de Lorraine aux premieres guerres, ils y sont portés par mescontentement et mauvais gouvernement des roys; aux secondes, pour le meurtre de M. de Guise. M. du Mayne paroist sans ambition, aymant mieux se perdre que de donner des villes aux Espagnols. Henry quatriesme estant huguenot luy offre des provinces en souveraineté; il ne les accepte, attend que Sa Majesté se convertisse; alors s'est contenté de rien. Quand les armes espagnolles, en Picardie et en Bretagne, luy donnoient moyens de ressource, les gentils-hommes et villes de France sont tesmoings de sa douceur, qui s'est monstrée tousjours en sa grande fortune, en la mediocre et en sa ruïne. Le mauvais traictement de luy et des siens, le peu d'observation de foy par Leurs Majestez, est dangereux et pernitieux, et servira d'exemple à ceux qui prendront les armes cy apres au dommage de la France, pour se sepulturer dans icelle.

MM. de Guise et de Chastillon furent tuez

(1) Il y a ici une singulière erreur. Le duc de Mayenne eut au contraire le pire à Arques.

sous la foy des roys ausquels ils avoient fait la guerre : les livres fournissent assez d'inventions pour eviter pareil danger ; ny la lecture d'iceux, ny l'exemple recent n'empesche M. le duc du Mayne de se fier au roy Henry quatriéme, son ennemy. Les princes pardonnent les injures passées, oppriment, tuent et manquent de foy à celles qu'ils prevoyent et craignent pouvoir advenir. Les deux susnommez, restez en puissance et en party, causerent leur mort : la pauvreté, la maladie, les gouttes, parent et gardent M. du Mayne, qui se couvre de mespris, de maladie et impuissance de nuire, pour avoir abandonné les Espagnols, de l'avoir esté de ceux de son party, avec telle offence que les parties coupées ne se peuvent rejoindre ; à ce aidé de la perte de son gouvernement par la paix, et dont la manutention de quelques serviteurs l'eust mis en soupçon et causé sa mort, plus heureuse que le reste de sa vie, puisqu'autant de souvenir du passé et du present luy suggere autant de coups de dagues au travers du cœur, se voyant marchepied de ses ennemis.

Les bastons du general de revolte doivent estre plustost brulez qu'eslevez : qui se charge contre les roys d'autorité, se charge de soucy et perils extremes ; il est trahy, environné de gardes, au lieu d'un maistre en a mil, se perd d'argent et de biens, pour en treuver se rend auteur de toutes meschancetez : le contemnement des feints amis qui l'abandonnent, vendent et advertissent ses ennemis, tousjours en crainte d'estre assassinez ; inquietez, sans nul repos : subjets à calomnies, inventions, artifices, ennuis, mesdisance ; autant d'estrangers, autant de seigneurs ; paix, guerre se font à leur mot ; faut estre preparé à toute ruine. C'est pourquoy l'Admiral dit à ceux qui le dissuadoient d'aller à la Cour, qu'il alloit mourir une fois pour ne mourir tous les jours : incommoditez des guerres civiles, qui ne se vainquent que par un courage eslevé par dessus tous autres. N'ayant cogneu de mon temps que M. de Guise tué à Blois capable de telle charge, là où le moins de danger est du costé des ennemis declarez; encores avoit-il de grandes imperfections d'amour et de Cour.

C'est imprudence, voulant persuader les roys d'estre favorables en nos desseins, de se faire ennemis de celuy qui les gouverne et conseille : qui a premierement pour but son particulier, puis celuy de son maistre, fait ce qu'il peut, non seulement pour contrarier, mais pour ruïner ceux qui veulent porter sondit maistre à leurs desseins, qui ne luy agréent, sçachant qu'eux estans ses ennemis et le maistre adherant à leur opinion, iceux entreroient facilement en sa place. Imprudemment M. l'Admiral attaque de paroles le sieur de Tavannes, luy donne occasion de joindre au conseil de l'Estat la conservation de sa personne, doublement à son prejudice : cela vient aysement sans y penser, parce que, differens en opinion, celuy qui cognoist estre le plus foible et avoir obstacles à ce qu'il desire, pensant mieux faire, s'attaque de paroles au particulier, l'accuse envers le maistre, devient ennemy, se rendant d'autant plus contraire le conseiller favory.

En la Ligue les Espagnols imprudens, voyans le president Jeannin posseder M. du Mayne qui concluoit à la paix, leur faisant de mauvais offices, soit qu'il le fist pour l'Estat, ou que parmy la dissipation il ne vist place assez grande pour luy, estant peu que d'estre chancelier d'une partie divisée du general, ou, ne se pouvant faire souverain des villes à cause de sa robe, à quoy d'autres pretendoient, il desire le repos pour jouir de ses biens au prejudice de son maistre et de qui il appartiendroit ; ce que cognoissans, les Espagnols l'hayssoient sans dissimuler ; en font demonstration, qui redouble d'autant plus le conseil du president Jeannin de les mettre en defiance de son maistre. En pareille faute tombe M. du Mayne, qui se pique avecques dom Diego d'Yvarra, pretend le ruiner envers le roy d'Espagne ; mais au contraire ledict d'Yvarra depesche, escrit soudainement, et soustenu du conseil d'Espagne et de ses parents et amis, facilement est creu. Il ruine M. du Mayne, qui estoit abusé de vouloir traicter en Espagne, et qui eust mieux faict de se reconcilier et traicter avec d'Yvarra : ce qu'il pouvoit cognoistre, ayant esté r'envoyé d'Espagne à luy, et que le roy Catholique ne voyoit que par ses yeux. Il faut traicter par les ministres des roys, il seroit plus facile d'entreprendre sur leurs vies que sur leurs conseillers : ce qui n'eust pas tant nuist à M. du Mayne s'il se fust resolu à guerre ouverte sans traicter, estans meritoirement les Espagnols en defiance de luy, parce qu'en six ans de guerre qu'il a faicte il n'a esté six mois sans negocier avec leurs ennemis.

Les conseillers qui hayssent ou veulent entreprendre sur l'estat de leurs maistres, les rendent odieux à leur peuple, par mauvais conseils d'imposts, subsides, exactions, vengeances ; cruauté, suppressions, casseries et innovations. L'Admiral conseille la casserie de Madric, pour se prevaloir en France du mescontentement des soldats : advis pretexté du profit du maistre, et en effect pour son dessein particulier.

La violence ou l'observation des loix differe le tyran du roy ; sous l'un il n'y a rien de seur, sous l'autre tout en seurté ; l'un est faict pour le peuple, l'autre tient que le peuple est faict pour luy : le bon obeït à la justice, sert pour punir les meschans ; le mauvais ne s'en sert que de pretexte : mesmes chastimens des perfides se peuvent mieux par justice ouverte que par voye indirecte sans calomnie. Si la qualité des personnes, si la crainte de leurs armes resout le chastiment avant la conviction, pourquoy ne resout-elle la prison ? qui peut tuer peut prendre. C'est se moquer de faire le procez aux morts : l'Admiral à Paris, M. de Guise à Blois, de nouveau Conchine, et leurs consors, pouvoient estre pris et jugez par les cours souveraines, par lesquelles fussent esté les roys hors de blasme de tyrannie et d'injustice ; Henry quatriesme, à la mort du sieur de Biron suivant ceste forme de justice, s'oste de blasme. Il s'objecte que le procez ne se pouvoit faire à ceux dont la prise des armes estoit advouée et approuvée par la paix interinée aux cours de parlement. La declaration que le Roy eust faicte, d'avoir esté forcé aux edicts de paix, suffisoit : voye meilleure que celle qui fut inventée, de les charger de nouvelle conspiration. S'il leur avoit esté loisible d'enfraindre les premiers edicts par la prise des armes, il l'estoit au Roy de les rompre pour les faire punir par la justice : tout eust appreuvé cest acte : les femmes, les innocens n'y eussent esté opprimez, les factieux utilement punis.

Quelle pusillanimité à un prince, quel tesmoignage d'impuissance, d'estre contrainct d'engager sa parole et sa foy aux sacrements pour tromper ses subjets ! s'ils ont violé leur foy et leur serment, le Roy, tout bon, tout vertueux, doit maintenir le sien, puis qu'il a assez de force en son autorité pour vaincre les meschans ; ses paroles doivent estre ouvertes, franches, sans dissimulation, hors de tous faux tesmoignages, accusations et corruptions. Ce fut malheur des trois freres de Valois, qui rompirent leur foy : Charles, à la Sainct Barthelemy, contre les Huguenots ; François, à Anvers, contre les Flamands ; Henry troisième, à Blois, aux personnes de MM. de Guise.

Ces trois manquements, suivis de meurtres, de ruines et de la mort des auteurs, privent la posterité des Valois de la Couronne ; qui sert d'exemple à tous que, nonobstant toutes injures receües, la foy doit demeurer inviolable. Les conseils de tous ces trois actes furent rompus et renoüez ; tous trois s'en repentirent, tous trois furent tragiques. C'est une offence irremissible qu'apeller Dieu à tesmoin, garand et caution des massacres conceuz. Malheureux ordre du Sainct Esprit, dont les freres [recevant Dieu] juroient fidelité aux roys pour les tromper trois jours apres! A l'entreprise des armes de la Ligue, heureux moy, qui entray en ce dessein sans ce colier, quoy qu'il me fust offert, ny sans faire le serment, qui estoit, sans exception, mesme de la religion, fait immediatement à la conservation de l'autorité du Roy; le violement duquel serment, fait par MM. de Guise et du Mayne, je croy avoir causé partie des malheurs qui sont advenus. Et ne sert de faire des protestations et des excuses à Dieu tacitement au cœur contre ce que la bouche profere. C'est vanité de soustraire les ossements des sainets des reliquaires sur lesquels on jure : Dieu, scrutateur des cœurs, offensé de ces folles finesses, chastie les parjures qui preferent leur utilité à leur serment.

Je ne sçay qu'il pourra advenir de la pluspart des habitans des villes de France, qui juroient la Ligue la veille qu'ils s'en vouloient oster, tellement que le serment ne leur servoit que pour mieux frauder. Juste jugement divin trompant les trompeurs : celuy que je cognois avoir abusé le monde a esté trompé et laissé de tous. Combien sont ils esloignez de la vertu du payen Regulus, qui proposa l'observation de sa parole à sa mort! Et quand il n'y auroit point peché, c'est mauvaise conduite d'estre jugé et tenu sans foy; nul ne traicte avec eux qu'en doute, plusieurs se dispensent et tiennent pour justice de tromper un trompeur. La foy promise par force aux voleurs pour les attraper, la foy promise par circonvention, foy promise aux Turcs, doivent estre tenuës, bien que le violement en soit plus tolerable. Moins semble-t-il que Sa Saincteté puisse dispenser du serment presté; et s'il y a quelque apparence pour la conscience, il n'y en a point pour l'honneur engagé. Aucuns tiennent que la foy promise à condition, manquant icelle, l'on est quitte de sa promesse, nommement en ce qui est de grande importance, comme de changement de party sous des esperances et promesses certaines de recevoir ce qui importe à la vie et à l'honneur; et seroit licite de requerir, s'il se pouvoit, ou que l'on tinst parole, ou qu'on remist les choses en l'estat qu'elles estoient.

La crainte d'estre descouvert, de faillir, et la joye de vengeance en l'execution, empeschent les entrepreneurs de pourvoir à la suitte de leurs desseins; ne se preparent de forces pour s'en ayder apres l'effect; s'ils en ont ne sçavent s'en prevaloir; tellement qu'à faute de prevoyance ils demeurent estonnez apres l'execution : faute du roy Charles qui avoit huict mille hommes sous Strosse faisant la Sainct Barthelemy, du roy Henry III qui en avoit autant sous M. de Nevers à la mort de M. de Guise. Ils perdirent le temps en irresolutions et à deliberer comment et qui devoit estre employé à la ruyne du party qu'ils avoient attaqué; tellement qu'ils donnerent temps de se recognoistre et fortifier contre eux.

La prompte resolution est requise aux guerriers, qui se doit prendre à cheval sans perdre de temps, non assis dans les longs conseils inutiles, procurez des escritoires, qui ne sont bons qu'à iceux, ne pouvans qu'en ce lieu-là posseder leurs maistres; les vrays conseils sont proche et à la veuë des ennemis ou du danger.

Sur la resolution qui balance, celuy qui persuade doit eviter tous obstacles et evenements fortuits contraires à ce qu'il desire; autrement sur les moindres accidents les princes leur eschapent, et joignent leur deliberation avec leurs contraires.

Les meres, freres et enfans se reconcilient souvent au prejudice de ceux qui les ont voulu diviser; il est dangereux s'hazarder parmi eux indiscretement.

La teste principale d'un party formé couppée ne l'esteint, il ne manque de successeur; celle du naissant qui n'a encores esclatté estant ostée, contient les partisans, de tant plus qu'ils croyent n'estre descouverts, ainsi qu'estoient les adherans du sieur de Biron.

Les sciences, artifices et finesses mondaines sont vanitez; les conseillers inventeurs d'entreprises, trompez de plus fins qu'eux, aveuglez de Dieu, tombent à l'envers; eux-mesmes se lient, se garrottent dans les mains des roys qu'ils avoient failli de prendre à Meaux, et dans celles de ceux de Paris qu'ils avoient assiegé auparavant, et dans les heritiers de ceux de Guise dont ils avoient tué le pere; manifestant les miracles et puissance de Dieu plus claire que le soleil.

La feinte ignorance est utile de sembler ne penetrer les conseils des roys, qui s'offencent quelquefois de la suffisance de leurs conseillers, s'en tiennent mesprisez; sçavoir leur secret est dangereux. Le peuple est un cheval debridé; qui luy donne les armes ne les luy oste à sa volonté; il les tourne contre les auteurs, contre leurs desseins; exerce toute avarice, cruauté et ingratitude.

L'aage, les adversitez, les grandeurs, les prosperitez, changent les hommes; le monde ne semble tel à trente ans qu'à vingt, à soixante qu'à quarante; le goust, l'amour se pert; les esprits, les contenances, les fortunes ne sont semblables : celuy qui commandoit il y a un an ne se recognoist sortant de prison; l'audace, la façon, le port des heureux ne ressemblent aux afiligez.

Il ne faut se perdre d'entendement jusques au dernier souspir; il ne peut advenir pis que la mort, et si l'entendement se conserve, peut-estre se peut-elle eviter.

Ce dessein de la Sainct Barthelemy non premedité, porté par les evenements et imprudence des massacrez, executé par femme negligente en prosperité contre rudes ennemis; le contrecoup, la grandeur de l'acte considerez à sang froid, estonne les superieurs, empesche les provisions necessaires à la suitte du dessein, qui estoit la ruine du party huguenot, dont la premiere reprise d'haleine fut l'edict de seurté, leur permettant de demeurer en leurs maisons pour ne les jetter au desespoir. Les mesprisez, les mal-contents, les parens et amis des tuez, dissimulent et conspirent, il se fait des levées secretes: Stross n'obeit, mal contant de la rupture de son voyage de mer; partie de ses troupes se jettent dans La Rochelle; non la generosité huguenotte, ains la confusion catholique, leur sert de ressource. Les mareschaux, les conseillers partisants, offencez, entrent aux affaires, les sçavent, et advertissent les Rochelais des conseils, comme aussi les Sancerrois, qui, par leurs advis, evitent les entreprises qui estoient infailliblement sur eux.

Le seul sieur de Tavannes, timon de ce navire [en tourmente de trop de prosperité et de mauvais conseil], combat les bruits, artifices, advis du party renaissant de M. d'Alençon, troisiesme frere du Roy, des mareschaux de France partiaux [dont les creatures menacent que la descente des Suisses, que la Royne faisoit venir, seroit empeschée]; surquoy le 29 d'aoust 1572, le sieur de Tavannes respondit, par ses advis, au doute de l'empeschement du passage des Suisses, paix et repos de l'Estat.

« Geneve tient, et le pas de l'Ecluse peut pour empescher les Suisses de sortir de leur païs du costé de Lyon, desbandez comme ils avoient accoustumé, et leur est empeschée la main gauche par la Savoye. A la main droicte leur demeure entierement la Franche-Comté, qui est sous leur sauve-garde et tributaire, par laquelle ils peuvent entrer plus de trente lieües de long, depuis Sainct Claude jusques à la Lorraine, et n'y a rien qui les puisse empescher. Il est vray que par cy devant ils sortoient à leur aise desbandez, payant leur escot par le Comté jusques au duché, et qui leur voudra empescher ils feront leur masse sur le bord de leur pays et passeront par force, soit par Geneve ou par ladicte Franche-Comté, aux depens du pays où ils passeront, et se feront tousjours ouvrir le pas malgré ceux qui s'en voudront mesler. Si le duc de Savoye [foible comme il est] les veut empescher, il sera battu; s'il est sousteneu du roy d'Espagne, les Suisses le seront du Roy; et faut envoyer M. de Bellievre, ou homme fort suffisant, pour les entretenir, afin que M. de Savoye, qui est dangereux, ne les gagne; car c'est l'importance et non pas la perte de Geneve qui est et sera le germe de la nouvelle religion, ruine de France. Bref, quoy qu'il couste, faut maintenir les Suisses, nos amis, par les vives raisons que l'on fera entendre, et, s'il est besoin, par quelque present particulier, laissant faire à ceux de Berne, qui sont contraires audict duc, pour soustenir Geneve: c'est le moyen de les faire parler plus clair pour nous qu'ils n'ont accoustumé. Soit doncques despeché l'homme qui ne peut estre trop suffisant, pourveu qu'il n'ait point d'affection à la religion huguenotte, ny autre dessein que ce qui regarde le Roy. »

Les contrarietez des conseillers favorisants les Huguenots, et ce qu'iceux estoient si estonnez, qu'au commencement ils ne faisoient aucun acte d'hostilité, sembloit qu'il y auroit moyen qu'ils oubliassent les massacres passez, et qu'ils se continssent en l'obeyssance du Roy; c'est pourquoy le sieur de Tavannes commença à donner les advis suivants, pour, durant la paix, descharger le peuple, maintenir la justice, et garder les privileges de la noblesse.

« Quelque bon party que l'on puisse representer pour faire la guerre, soit par ceux de la religion ou autres, il ne se trouvera point que l'on soit en estat pour cela, et que la ruine totale de ce royaume n'en depende, affligé comme il est.

» D'argent il n'y en a que ce qui s'exigera sur le peuple ja desesperé, en danger d'attirer l'ennemy, qui peut-estre avec ce desespoir en treuvera beaucoup à sa devotion.

» Et de se fier aux forces de la religion sans les Allemands, l'on sçait comme elles sont debiles, et que la pluspart sont à ceste heure des ordonnances, les autres marchands retournez en leurs maisons. Quant aux gens de pied, ils iront pour l'argent comme les autres; le pareil feront les Allemands, à l'endroict desquels ledict ennemy a le meilleur credit; et verra-on, si l'on commence, la premiere chose à venir, la paix avec le Turc, qui ne la refuse jamais, ayant le profit, comme il a, de l'isle de Cypre. Au partir de là, à fin de reduire la chrestienté en un, voilà deux armées en France, l'une de la Ligue, l'autre du roy d'Espagne; les villes point fortifiées, gendarmerie necessiteuse et peuple mal-affectionné, la paix sera mendiée, et toute chose en extreme peril. Parquoy semble qu'il est plus necessaire continuer la paix avec le roy d'Espagne, et envoyer vers luy. S'il requiert instamment qu'on entre en la Ligue, luy faire entendre le zele de la religion, l'occasion et necessité de la reconciliation avec les subjects, qui ne tend qu'à avoir moyen de sortir des affaires, pour se rendre à la plus seure et saincte partie ; ce qui se fera apres avoir respiré. Il est vray qu'on y pourroit entendre dés ceste heure avec la foule du peuple, qui est bon et loyal; mais il ne se peut, qui ne le veut par trop appauvrir apres tant de pertes qu'il a eu, que pour la conservation du royaume il ne trouve rien ny trop chaud ny trop pesant; mais pour sortir dehors, il est pour ceste heure trop mal-aisé; que le temps apportera tout ce qui se peut demander en ce faict, et que dés ceste heure l'on en feroit la declaration ouverte ; mais les remuements qui sont encores boüillants le retardent ; ce qui se pourra faire avec le temps, comme dict est. Davantage, presenter une chose qui pour encore ne se peut executer, ce seroit abuser de la verité qui doit estre sincerement observée en cecy ; joinct qu'il n'est pas raisonnable [ores que les finances y fussent] de lever les forces fideles de ce royaume sans premierement avoir asseuré les autres, et oster la defiance qui est entre eux : chose dont l'on pense venir à bout par douceur, qui est la seule cause de la douce reconciliation de laquelle on commence à user envers eux. Le tout pour trouver plus court chemin pour venir à l'union et declaration generale que l'on demande ; et le mariage qui s'est fait est pour plus briefvement venir à oster ceste defiance, et reduire toutes choses à leur premier estat, estant à esperer que le marié et tout se tournera à la fin selon la volonté du Roy ; et partant prie que l'on ait patience, l'asseurant de tout ce qui se pourra, non seulement pour le general, mais pour le particulier, envers tous et contre tous.

» Et les choses asseurées de ce costé là, semble que, pour sortir des affaires, remettre le Roy en son royaume, en sa splendeur, qu'il faut oster ceste coustume de lever des subsides et impost extraordinaires, dont le peuple est desja tant en desespoir, et aussi pour oster le peril où Sa Majesté se met ayant l'indignation de ses subjects ; outre ce, que ce mot de subside se nommera à la fin tyrannie, en danger [s'il se leve quelque prince, seigneur ou autre mutin, qui parle du bien public, assisté facilement par sous main, ou à descouvert des estrangers] de faire prendre les armes, le tout au grand hazard de l'Estat.

» Et parce qu'il semble chose mal aysée sans s'ayder avec quelque extraordinaire de son peuple [sauf meilleur advis], je ne voudrois en sortir qu'avec bon mesnage ; qui ne se peut faire au contentement de ceux qui ont ordinairement les grands bien faicts et pensions. Mais il vaut bien mieux avec equité faire deplaisir au petit nombre, qu'avec iniquité mescontenter le plus grand, qui est le peuple, par les susdits subsides, au danger de l'Estat, comme dict est. Par ainsi ceux qui ont quelque amour au Roy et à leur patrie, avec sain jugement, doivent treuver bon pour quelque temps tous retranchements, et considerer que Sa Majesté, en asseurant son royaume, asseurera leurs biens quant et quant.

» Doncques faudroit, sauf meilleur advis, abolir generalement toutes les pensions, tant privées qu'estrangeres, soit à l'endroit des princes, seigneurs, femmes, gentilshommes et tous autres, pour trois ans. La pluspart ont estat de quoy ils se doivent contenter, fors du costé d'Italie La Mirandolle, pour y avoir tousjours un pied, et les Suisses, où l'on ne peut toucher ; de l'autre costé toutes celles qui sont deça le Rhein, fors Sedan ; et entretenir celles de delà, plustost les augmenter, car c'est pour encores de là que viennent les hommes qui font la loy ; oster tous les gens de pied, reservé ce qu'il faudra aux villes de frontiere, qui se pourront à la fin remettre à l'ordonnance du passé ; faire petit à petit un magazin d'armes : il se trouvera tousjours des hommes ; au demeurant, entretenir sa gendarmerie, gardes et gentils-hommes de la maison, et ceux qui sont en l'estat de Sa Majesté, toutesfois en les reglant au petit pied, à sçavoir les vieux qui ne sont plus de service, tant grands que petits sans en rien respecter, une partie de leurs gages en leurs maisons, et les trop jeunes aux ordonnances ; qu'il pleust à Leurs Majestez regler le surplus de leur depence selon leur revenu, et qu'il plaise au Roy retenir à donner selon l'ordre qu'il deliberera, et dont il y a un petit advis cy attaché. Bref, la gendarmerie payée, les susdicts Suisses, pensions delà le Rhein, La Mirandolle, Sedan, les places de frontiere et reparations d'icelles, peu à peu lesdicts gardes et gentils hommes ; que Sa Majesté regle les susdicts estats et depence selon son revenu, comme dict est ; qui est à dire dependre et espargner ce qu'on a du sien, sans, avec charge de conscience que le peuple doit respirer à ceste heure que l'on est en temps de paix, vivre de sa substance, avec le susdict danger de rebellion, remuement d'Estat. Les dons aussi reglez comme dessus, tout ne peut aller que bien et selon Dieu, en donnant crainte à tout le reste de l'Europe, qui verra les forces entieres et ce bon mesnage.

» Et considerera Sa Majesté, s'il luy plaist, que son train sera assez grand lors qu'il y aura huict ou dix mil gentils-hommes de la gendarmerie : outre ce qu'ils tiendront la bride des mal contents et mutins, seront tousjours prest à la campagne, soit pour aller voir les voisins, ou les festoyer s'ils viennent.

» Et pour sortir de grands debtes, Sa Majesté peut prier l'Eglise, sans diminuer les decimes ordinaires ny les charger d'autres extraordinaires, et les faire joüir de leurs biens, de retirer son domaine et autres choses engagées en huict ou dix ans, et les en laisser convenir entre eux, sans qu'ils touchent au fonds de leurdicte Eglise : car, outre la charge de conscience, c'est la vache à laict; la mangeant on ne tettera plus. Quoy faisant, Sadicte Majesté r'entrera en une partie dudict domaine tous les ans, pourvoira, s'il luy plaist, à la justice et à tant d'officiers qui sont les oyseaux de proye qui mangent son pauvre peuple. »

Le sieur de Tavannes, mal-gré les tromperies et artifices des fins conseillers, negligence et imprudence de la Royne et du Roy, fait resoudre le partement du sieur de Biron pour le siege de La Rochelle, avec ces memoires faicts à Paris le penultiesme aoust 1572.

« Ceux de La Rochelle doivent estre tentez avec toutes les douceurs qui se peuvent, pour l'obeïssance qu'ils luy doivent, et user en cela de moyens tels que sçaura tenir le sieur de Biron, selon son memoire : d'autant que, les avoir par douceur, c'est eviter la despence, ruïne du peuple et inconveniens qui peuvent advenir, tant du dedans que dehors le royaume. Voila le premier moyen, l'execution duquel se peut promptement juger; car il s'est semé des bruicts qu'ils avoient esté recherchez de prester l'oreille à ceux de la religion; ce qui se pourra verifier par leurs actions; et s'il se cognoist que lesdictes actions tendent à remuement, voicy le second : de regarder s'il y aura moyen, avec les Catholiques qui y sont de reste et Huguenots royaux [comme il y en a qui s'en disent], d'user de stratagemes pour y entrer. Le troisiesme est, que si l'on voit qu'il y ait mauvaise intention, l'assaillir, le plus promptement que faire se pourra par mer et par terre, avec quinze canons qui sont par deçà, comme dira le sieur de Biron. Attendant lesquels, et premier que de faire demonstration de vouloir envoyer querir ladicte artillerie, les faut serrer du costé de la terre avec toutes les forces de Strosse, et du costé de la mer le baron de La Garde, avec toutes les galleres et vaisseaux ronds du voyage qu'ils vouloient faire, qui ne sont encore desarmés. Cela faict, luy prester dix mil coups de canon avant que l'hyver vienne; n'ayant que les gens de la ville là dedans, il est à presumer qu'ils parleroient un autre langage. Le siege n'en peut estre levé par les estrangers non advertis, ny par ceux du dedans, la gendarmerie ayant fait monstre, et estans aux garnisons ordonnées pour estre en campagne à l'instant qu'il leur sera mandé. Et pour autant que les evenements de la guerre sont douteux, et que peut-estre elle ne se pourra prendre par force, qu'une armée cousteroit beaucoup, mal-aisée à entretenir l'hyver; semble qu'il sera necessaire, quand on commencera à desesperer de la forcer, de faire des forts à l'entour du costé de la terre, sur les advenuës; l'on tient qu'il y a certains marests qui y pourront ayder : et du costé de la mer en faudra faire pareillement, pour tenir le port bridé par des gens qui les tiendront serrez.

» Le commerce, la liberté perdue, le peu de vivres et esperance de secours estrangers à cause de l'hyver, tout cela les fera peut-estre venir à la raison; et sera necessaire de tenir tout l'hyver quelques gallaires et vaisseaux, pour [s'il y vient des pyrates desadvoüez d'Angleterre], par le moyen desdicts forts sur le port et les vaisseaux, les empescher. S'ils sont tenus de court jusques à Pasques, il y a apparence d'en avoir bonne issuë. Et parce que ledict Strosse a grande quantité d'hommes qu'il est besoin de retrancher, sera incontinent depesché le sieur de Biron, afin de voir s'il les pourra avoir par douceur, pour soudain, apres avoir sceu son opinion, licencier ce qui est de sur-plus, ou bien retenir tout pour venir aux prises; et faut considerer que, par tout ce que dessus, soit l'amitié ou la force, est necessaire que ledict sieur de Biron donne advis audict sieur de Strosse pour approcher ou reculer ses forces. »

Le sieur de Biron proche La Rochelle, les Rochellais sont advertis des desseins, des entreprises, par MM. d'Alençon, de Navarre, de Condé, de Montmorency, lesquels les asseurent qu'ils ne manqueront de chef, les admonestant de gagner temps et tenir en longueur sur l'espoir de traicter. Le semblable est mandé à ceux de Languedoc et Guienne, tous lesquels infailliblement se rendoient sans l'asseurance de la Cour. Les entreprises de la Cour descouvertes, et les nouvelles venues que les Huguenots reprenoient courage pour l'esperance des chefs secrets de la Cour qui entroient aux conseils et deliberations du Roy, et, encore pis, que souvent on concluoit à la pluralité de voix, les partisans huguenots semoient tant de difficultez, longueurs et propositions à deux ententes, toutes differentes, sous apparence du bien du Roy, pour tergiverser les conseils, qu'ils reduisoient en longueurs inutiles toutes les bonnes conclusions.

Et ne peut contre tant d'ennemis le sieur de Tavannes empescher qu'il ne s'y prist de mauvaises resolutions, qui fut le retardement des sieges de La Rochelle et de Sancerre jusques apres l'hyver ; et estoient les propositions desdicts partisans huguenots de donner le commandement d'assieger Sancerre à M. d'Alençon, en esperance qu'il seroit leur chef, maintenant que La Rochelle [simple siege d'une ville] ne meritoit que Monsieur y allast. Le sieur de Tavannes s'oppose, crie, dit qu'il ne s'y feroit rien qui vaille sans M. d'Anjou ; qu'il ne faloit envoyer à Sancerre M. d'Alençon, plus jeune des trois freres ; lequel, n'osant dire qu'il s'entendoit avec les ennemis, allegue que, la ville n'estant forte, il l'auroit plustost prise que son frere n'auroit pris La Rochelle, et s'en prevaudroit au mespris de son frere ; qui seroit pour les mettre mal ensemble. Et comme il est force en plusieurs propositions à un conseiller d'en quitter les unes pour obtenir les autres plus importantes, fut contrainct de consentir, à son regret, qu'allant M. d'Anjou à La Rochelle, M. d'Alençon et le roy de Navarre l'accompagneroient ; au lieu qu'il luy sembloit [les soupçonnant] qu'on les tinst aupres du Roy, prevoyant qu'ils seroient en partie cause [comme ils furent] que la Rochelle ne seroit prise.

Il s'y adjoinct une plus grande faute, qui advint de l'apparence de prosperité des affaires, auquel cas les femmes et les enfans se veulent dispenser de la creance de ceux à qui ils se conseilloient. Le mareschal d'Amville demande d'estre envoyé en son gouvernement contre les Huguenots. Le Roy Charles gagné, la Royne s'y accorde, contre l'advis du sieur de Tavannes : aussi son voyage fut la perte du Languedoc, parce qu'il favorisa entierement les Huguenots, et enfin se joint avec eux ; et lors commença le Roy à cognoistre qu'ils ne faisoient les choses qu'à moitié, et leur imprudence de remettre aux conseils ceux qu'ils avoient offencez. Le sieur de Tavannes voit clair, cognoist le mal, et n'a assez d'authorité pour y remedier ; n'abandonne et ne laisse de travailler ; crie, donne advis, à ce que l'on creust qu'il n'ignoroit rien de ce qui devoit advenir. Si ses conseils eussent esté suivis, ou que sa maladie ou sa mort ne fust intervenue, il mettoit fin aux guerres et donnoit repos à la France, qu'il eust exemptée du pretexte de la ligue des Catholiques, et de tant de meurtres, bruslements, rançonnements et maux advenus du depuis. En ce mesme temps que les affaires multiplioient, il escrivit à la Royne, le 17 novembre 1572 :

« Madame, je ne vous puis parler de l'entreprise de Sancerre, ainsi que m'avez mandé, sans parler de tout, estant ceste entreprise [qui ne s'y prendra de bon pied] pour rompre les autres ja deliberées et acheminées, principalement celle de La Rochelle. Toutes les deux eussent esté avec raison jusques icy estimées les plus importantes ; mais à ceste heure il y faut joindre celle du Languedoc pour la troisieme, à cause du grand nombre de gens de guerre qui y sont, aisez à secourir par le costé de Geneve, où sont retirez la plus grande part des bannis, qui traictent, comme vous pouvez penser, avec Suisses et Allemands ; et ne leur faudroit que deux ou trois mil chevaux avec ce qu'ils ont, et qu'ils ramasseront en allant ; venir passer la Saosne, et par le Beaujollais, à l'entour de Lyon, se rendre en Vivarets. Voila l'armée dressée, et alors naistroit le chef, qui encores n'est descouvert, pour eslever le reste du dedans et plus grande force de dehors : je dits chef, parce qu'il est malaisé de croire qu'ils facent ce qu'ils font sans qu'ils en soyent resolus, la tardiveté des gouverneurs leur ayant donné loisir de se recognoistre. Or, pour mener les choses d'ordre, l'on a ja pris les affaires par le bon bout, qui est d'essayer d'esteindre ce feu par tout tout à la fois, sinon du tout, au moins garder de s'agrandir, et ce, par les expeditions faictes au sieur de Biron pour La Rochelle, M. l'Admiral pour Guienne, M. d'Amville [seulement hier pour l'avoir tard demandé] pour le Languedoc. Tout cela doit suivre son train, attendant qu'il y ait une armée royale ; il s'entend que les Suisses seront arrivez et que le Roy commandera à Monsieur s'en aller au camp, Sa Majesté favorisant, s'il luy plaist, son armée en s'en approchant, à fin de plus facilement recevoir ses commandements, et luy faire entendre ce qui se passera pour son service.

» J'ay nommé ceste armée royale, d'autant qu'il n'en faut qu'une pour aller commencer au bout le plus pressé et important, soit de La Rochelle ou du Languedoc, celuy que Sadicte Majesté voudra choisir, et que les occasions le desireront lors de l'arrivée desdicts Suisses en Bourgongne, pour leur faire prendre le chemin qui sera advisé. Ils pourront estre conduicts par eau en l'un aussi tost qu'en l'autre ; mais si je ne voy autre chose, je serois d'advis que l'on commençast à La Rochelle, veu l'importance du lieu, aussi que l'equipage est ja si acheminé, et luy prester [apres que l'on sera logé] un mois de passe-temps, avec tout ce qui se pourra de vive force pour la forcer, durant lequel on ne laissera d'essayer les isles du costé de la mèr, comme aussi celuy de la terre pour la longueur. Et si on la faut [ce n'est pas la premiere que les empereurs et roy ont failli] il se pourra laisser un prince dans le païs, qui residera en la prochaine ville, pour estre par dessus tant de divisions de gouverneurs, et commander aux gens de guerre qui demeureront dans les forts de mer et à la terre de ces quartiers de delà. Si on la prend, il ne faut pas mieux ; faict ou failly, Monsieur, par le commandement du Roy, se levera, prendra son chemin, avec l'armée et le plus d'artillerie qu'il pourra, droict en Guienne ; nettoyera ledict chemin devant Sa Majesté, pour, s'il luy plaist, aller jusques à Bordeaux, à Tholose. Lors ne sera presque qu'un de toutes les armées de pardelà, et s'ils feront les executions necessaires, sadicte Majesté par douceur, et son armée par rigueur.

» Me reste à cest'heure de parler de Sancerre : l'artillerie s'en va preste ; je loüerois, s'il plaist à Sa Majesté commetre un prince pour ceste entreprise, que ce fust M. de Longueville, avec les forces de Picardie, qui est le regiment de Serrioul, à neuf enseignes. Le païs de Champagne souldoyeroit quatre compagnies, à se r'embourser sur le bien des rebelles fugitifs, et non d'autres ; Nyvernais, une compagnie ; les environs de Sancerre, tant delà que devers la Beausse et Orleans, quatre compagnies, y compris celle de Serrioul, et lever mil ou douce cents pionniers au lieu où sera advisé ; j'estime que ledict sieur de Longueville en viendra à bout. Je l'ay nommé pour sa valeur, que ce sont les forces de son gouvernement, où il sera soudain de retour, estant necessaire qu'il y demeure durant l'absence du Roy, et consulte quelquesfois avec M. de Montpensier en ceste ville pour les affaires qui passeront : mesme n'y pouvant venir, comme je pense, pour encores M. de Montmorency, à cause du peuple, si Sa Majesté y veut nommer un prince, le sieur de La Chastre, qui est gouverneur, le doit executer.

» Au demeurant, je serois d'advis que la Bourgongne fist aussi deux enseignes, à payer comme les autres, et ce pour estendre le long de la Saosne, et pour empescher le passage de ceux qui vont et qui viennent à Geneve, aussi pour garder la ville de Mascon de surprise. Sera aussi, s'il plaist à Vos Majestez, advisé si on empeschera le passage des rivieres ; car c'est ce qui les empesche plus de converser, et qui les fascha autant aux autres troubles. Cela est un peu preignant pour le commerce ; mais il ne grevera gueres aux marchands et autres de prendre des passeports des superieurs catholiques des lieux d'où ils partent. Il est vray qu'il y a beaucoup de despence, et de peuple foullé en tant d'armées ; mais le feu qu'on esteindroient à un bout se r'allumera à l'autre, comme dict est, et si ne laisseroit vostredict peuple à estre foullé pour vos ennemis en les renforçant. Et est raisonnable, quoy que l'on veuille dire, que les biens des rebelles fugitifs portent ceste despence ; et y establissant bons commissaires, au prealable mettront à part la quotte d'un chacun pour le payement des reistres, et le surplus pour le payement des gens de guerre. Est necessaire de penser aux officiers, de quoy vous pouvez faire profit, sans admettre tant de resignations, dont la pluspart de ceux qui les demandent tirent profit sans que vous le sçachiez. J'estime, sauf meilleur advis, si chacun va droict en besongne pour l'execution de ce que dessus, vous sortirez d'affaires avant que vos ennemis puissent estre secourus, comme ils se promettent. »

Depuis il donna cest advis sur la nouvelle de l'entreprise faillie de La Rochelle et Sancerre, à Paris, le treizieme decembre 1572.

« Sancerre failly comme il est, il est à presumer qu'ils feront tous leurs efforts pour se fortifier, tant de munitions, reparations, que d'hommes, outre ce que deja ils le sont : aussi sont ils plus superbes et courageux ayans esté assaillis et faillis, de sorte qu'il est sans doute de la pouvoir emporter de plein saut. Toutesfois est à considerer que c'est une eschelle pour le secours qui peut venir d'Allemagne ; que la laisser derriere pourroit faire eslever, tant deça que delà l'eau, beaucoup de gens, et seroit bien à propos qui la pourroit emporter avec partie de l'artillerie et les bandes vieilles et de Beaumont qui s'en vont à La Rochelle. Les susdictes bandes vieilles sont l'esperance pour l'assaut dudict La Rochelle, laquelle prise et Sancerre retardera les entreprises du dehors, tant d'Angleterre que villes maritimes. Sancerre failly et les susdictes bandes repoussées, touchera fort à la reputation, La Rochelle, par mesme moyen, en danger d'estre mal assaillie. Or, s'il en faloit faillir une d'assaut, j'aymerois mieux employer le courage des soldats à bonnes enseignes, et faillir La Rochelle que Sancerre ; car il n'ira pas tant de reputation, et tousjours se pourra assieger avec des forts, tant par mer que par terre. Pour conclusion, si on veut essayer de forcer La Rochelle, je loüerois que l'entreprise tirast son train, et que l'on fist venir pres de Sancerre jusques à cent hommes d'armes, et huict ou dix enseignes de gens de pied, que l'on pourra prendre pour les garder de promener et leur faire manger leur vivre. Si celuy qui y commandera voit qu'il y face beaucoup, l'on fera aisement aller de l'artillerie d'icy pour ce faict; car de faire retarder les bandes ordonnées pour La Rochelle, encores qu'elles y soient, il n'y en aura pas assez pour la tenir de court, tant du costé de la mer que de la terre. Bref, que par tout où ils tiennent des villes, il les faut toutes resserrer, ou du moins se faire le plus fort en la province où elles sont, tant pour les garder de se mettre en campagne, que pour les affamer, et cependant s'attacher à la plus importante, qui peut appeler les ennemis du dehors; et n'y a remede, car il se faut faire forts, tant de gens estrangers que du dedans, et toutes choses cessantes y pourvoir et à l'argent, estant sur le point d'estre roy du tout et en repos, ou plus d'affaires et d'hazard que jamais.

» Si on veut assaillir Sancerre promptement, faut advertir incontinent pour l'artillerie, car ja une moitié est à Chastelleraux, ou bien pres; pareillement les bandes de Beaumont qui sont bien advancées : les pionniers sont aussi advancez devers Nyort.

Semble qu'en toute diligence il faut mander à M. de Guise qu'il envoye M. de Barbezieux à Vezellet, ou y aller luy-mesme, pour y donner ordre qu'ils ne s'en saisissent. J'y passay il n'y a pas long temps; en quatre jours [s'ils la prenoient] il la rendroient bien forte. C'est tout precipice à l'entour, et ne s'en faut pas cinquante pas; tous ou la pluspart y sont huguenots, et force gentilshommes du païs; c'est le chemin de venir d'Allemagne à Sancerre.

« Il n'y a celuy, parmy tant d'affaires survenus, qui ne fust bien empesché de donner son advis, auquel on doit courir : le premier, si on doit remedier separement à tout ensemble, ou l'un apres l'autre ; ou bien si on doit commencer au plus fort, ou au plus foible, ou au plus important, qui est La Rochelle pour la venuë de la mer, et Sancerre pour celle d'Allemagne. Voicy les difficultez : assaillant tout ensemble par le moyen des gouverneurs, comme l'on a ja commencé, c'est ruïner le pauvre peuple, qui n'aura moyen de payer le Roy; et peut estre ne feront guieres. Mais si l'on respond à cest article : Si vous ne tenez la campagne ils la tiendront, feront la mesme ruïne du peuple et pire, en fin auront armée aux champs, prendront des villes, croistront leurs forces de partie des hommes mesmes que vous auriez; leur reputation augmentera, tant dedans que dehors.

» Par ainsi je dis, sauf meilleur advis, que l'on doit essayer de pencer ceste maladie tout à la fois, pour eviter que, pençant un bras seulement, les autres membres vinssent à pourrir; et faut suivre ce qui est ja commencé : aussi bien les hommes levez ne r'entreront en leurs maisons, ains chercheront party. Et semble estre necessaire commencer plus vivement aux plus dangereux, qui est La Rochelle, et en toute diligence y donner ordre, sur tout du costé de la mer, pour oster l'esperance du secours, lequel ne peut entreprendre de loing; ains est necessaire qu'ils se saisissent des isles, lesquelles il faut garder et le costé de la terre, suyvant ce qui est deliberé, et tenter cela de tout ce que l'on pourra. Cependant sera accommodé le susdict costé, pour, si on venoit à la faillir, empescher le secours et l'emporter à la longue. Pour Sancerre, qui auroit moyen de l'assaillir sans incommoder ou rompre ladicte entreprise de La Rochelle, j'en serois bien d'opinion; mais il faut mesurer ses forces, tant d'hommes que de munitions. Le moins qu'on sçauroit faire, c'est de mettre quelques forces pres d'eux, avec un chef pour leur faire manger leurs vivres. Somme que mon opinion est de pencer la maladie par tout, ainsi que l'on a deliberé, et faire le plus d'effort à La Rochelle, comme premiere et plus importante ; Sancerre le second, pour lequel entreprendre soyent mesurées ses forces et munitions, comme dit est : et seroit bon d'avoir l'opinion de tous ceux qui l'assaillirent l'autre fois, et qui depuis ont esté dedans. »

Autre advis pour le Languedoc, fait à Paris le quinziesme decembre 1572.

« Vous avez sagement resolu les affaires de ces rebelles, estimant que vous serez servy par tout de bonne foy, et que vos ministres iront de bon pied, comme il est à presumer qu'ils feront, toutesfois non pour estre soupçonneux, ny pour dire mal d'autruy [ne voulant mal à personne], mais pour vostre service, et se tenir sur ses gardes. Je dits que vous devez considerer les grands qui sont mal contents et qui mettent la main à la paste pour ceste execution, comme le mareschal d'Amville que j'estime homme de bien, neantmoins de la maison des susdits mal contents. Ses estats ont esté dernierement donnez au mescontentement du sieur de Joyeuse ; il conduit le principal endroict de ce royaume où il y a plus d'hommes, et à propos, pour estre renforcez d'Allemagne par Geneve, où sont la pluspart des bannis; passant par la riviere de Saosne, passeroient à l'entour de Lyon en Vivarets deux mil chevaux venant de ce costé là, luy sa robe tournée, le Languedoc et Narbonne bien esbranlez, avec une armée et artillerie de bout, pour faire bien du mal.

» Je desirerois, sauf vostre meilleur advis, que vous depeschassiez deux gentilshommes ; l'un devers ledit mareschal ; l'autre, pour couverture, devers l'admiral de Villars, encore qu'il n'en soit besoin, pour entendre leurs deportements et necessitez ; celuy devers ledit mareschal, accord et fort advisé, à fin de cognoistre si ces guerres-là se meuvent avec feinte ou à bon escient, et apprendre ce qu'il se peut de tels negoces ; auquel sera baillé bonnes instructions, mesmes pour le contentement dudict Joyeuse. Cecy peut servir pour prevenir à voir vostre cœur à repos, sçavoir comme tout va, un contentement à ceux qui sont bien de les envoyer visiter ; et où vous descouvrirez quelque malheur, vostre armée sera debout pour y courir, comme au feu le plus allumé, et remettre l'entreprise ; apres l'avoir estaint il pourra passer par le Dauphiné, et vous sçaurez comme vos affaires vont par tout. »

Le sieur de Tavannes nomme MM. de Montpensier et de Longueville, pour estre serviteurs de roy non partisans, l'un gouverneur de Paris, et l'autre pour assieger Sancerre ; que le Roy devoit venir à Poictiers et s'approcher de La Rochelle. Il n'est creu qu'à demy ; Sa Majesté ne bouge de Paris, et ne se pouvant obtenir M. de Longueville pour Sancerre, obtint ceste charge pour La Chastre, gouverneur du païs : malgré luy fut fait planche au mareschal d'Amville d'aller en Languedoc, puis que les affaires des provinces estoient departies aux gouverneurs. Ainsi, le conseil suivy par moitié, les affaires au semblable n'alloient bien qu'à demy ; meslange des jeunes conseils, des vieux, des sages, des ignorans, des fideles et infideles ; par le manquement des superieurs, differents memoires inutiles sont jettés aux conseils, pour traverser les bons advis du sieur de Tavannes contrainct d'y respondre.

Coconnas, poussé d'ailleurs, propose l'entreprise de Malte, citadelle de la Sicile, par les chevalliers françois : moyens certains, disoit-il, d'occuper l'Italie ; que ceste forteresse ne servoit qu'aux Espagnols, donnoit facilité de la surprendre. Le sieur de Tavannes respond qu'il falloit pacifier les troubles de France ; qu'il n'estoit juste de destruire une si belle religion, importante à la chrestienté contre le Turc, pour l'interest d'un royaume particulier. Autres advis sont donnez pour endourmir et occuper le conseil, de vanité, reformation d'habits, de bastiments. Le sieur de Tavannes, contrainct perdre le temps à respondre, dit que l'un estoit chastié par soy-mesme, l'autre de bastir ne se devoit defendre ; que c'estoit la vie des pauvres, et moyen de rendre aux subjects ce qui s'exige d'eux. Les secretaires d'Estat, nommément Villeroy, travaillant sous luy en son logis, luy demandoient d'amples memoires ; il s'en moquoit, disant qu'il auroit plustost fait des despesches entieres s'ils ne pouvoient comprendre ce qu'il leur faisoit entendre si clairement.

Le Roy le visite estant malade ; semble qu'il ait tout le credit de la France ; l'envie, jointe à la faveur, ne l'espargne : ses ennemis firent que Sainct Jean de Montgommery eut querelle à moy, comme j'ay dit ailleurs, luy ayant donné un soufflet ; j'en sortis autrement que ses malveuillans n'esperoient : de mesme d'une querelle qui me fut suscitée contre Montagnac pour l'abbaye de Fontenay. La capitainerie du chasteau de Dijon vacque par la mort du sieur de Trestondam auquel le sieur de Tavannes l'avoit faict donner ; ma mere luy en escrivit pour moy ; les malheurs qui me sont advenus du depuis en la Ligue, ja predestinez, l'empeschent. Mon pere me commande de l'aller demander pour mon frere, me flattant qu'il ne faloit m'arrester en la province ; j'obtins ceste charge du Roy pour mondict frere, à onze heures du soir.

Le Roy, la Royne, M. d'Anjou et le sieur de Tavannes, estans dans un carrosse au chemin de Monceaux, un courrier apporte la mort du comte de Tandes, gouverneur de Provence. Leurs Majestez disent : « Advisons à qui nous le donnerons ; » demandent au sieur de Tavannes qui il en faloit pourvoir ; il respond : « Donnez-le à un homme de bien, lequel ne depende que de vous. » De retour à Paris le mandent, luy disent : « Nous avons suivy vostre conseil, et donné le gouvernement de Provence à un homme de la condition que nous avez conseillé, qui est vous. » Luy, au lieu de les remercier, dict : « Je fais autant pour vous de l'accepter, estant tel que je vous suis, que vous faites pour moy de me le donner. » Revenu en son logis, il treuve sa femme et ses serviteurs en allegresse de ce gouvernement : sans esmotion, non plus que s'il en fust esté refusé, « ils me donnent, dit-il, du pain quand je n'ay plus de dents. »

Adverty par le prince de Condé [esperant le mettre mal avec le sieur de Rets] qu'il n'avoit eu l'amirauté de Provence, il retourna au Roy, dit qu'il ne vouloit point de casaque sans manche, qu'il luy rendoit son gouvernement ; aussitost le sieur de Rets cede l'amirauté : et sembloit que le sieur de Tavannes ne pourchassast des estats, ains qu'il les acceptast par force.

Estant en pouvoir, à la Sainct Barthelemy, d'en demander, se contente de faire donner la compagnie du sieur de La Rochefoucaut au sieur de Montemart son beau fils ; bien est-il qu'y ayant cinq mareschaux de France, il les fit reduire à quatre. L'admirauté de France fut donnée au sieur marquis de Villars qui estoit supernumeraire, et ne demeurerent que quatre mareschaux de France, suyvant l'ancienne forme.

[1573] Le sieur de Biron, empesché à La Rochelle par les advertissements et artifices des traistres et mal contants, mande au Roy qu'il estoit besoin du sieur de Tavannes; lequel [voyant qu'il ne s'y faisoit rien qui vaille] presse le partement de M. d'Anjou, se met à faire l'estat de la despence de l'armée de La Rochelle ; et ceux qui le dressent avec luy mettent cinquante mil francs par mois pour le plat de M. d'Anjou, general, à quoy le sieur de Tavannes s'oppose, un reduict à dix mil ; ce qui estonne ceux qui estimoient qu'il dependist de M. d'Anjou, l'ayant assisté ez batailles de Jarnac et Montcontour, ils se mescontoient. Le sieur de Tavannes disoit sçavoir une finesse pour tromper ses ennemis, qui estoient d'estre homme de bien, et y dresser toutes ses actions : tellement qu'ayant un roy en France il ne dependoit que de luy. Le roy Charles, joyeux de recognoistre en ceste action qu'il estoit plus à luy qu'à son frere, et luy en voulant parler, le sieur de Tavannes dit en presence de M. d'Anjou : « Sire, le plus grand honneur que sçauroit avoir Monsieur vostre frere est d'estre vostre tres-humble serviteur et subject.

Il se faisoit des edicts pour oster le desespoir aux Huguenots, qui ne servoient qu'à leur donner courage, suggerez des malcontans princes et seigneurs, malgré le sieur de Tavannes, lesquels malcontans ne s'oserent declarer tant qu'il vescut. Apres que le marechal d'Amville fut party pour le Languedoc, le comte de Rets desiroit asseurer un estat de mareschal de France; fait courre le bruict de sa mort, et qu'il en estoit pourveu, pour accoustumer de ne treuver mauvais quand il vacqueroit, s'il le demandoit. Le bruict que le sieur de Rets estoit mareschal de France vint au sieur de Tavannes, qui le treuve mauvais, le reçoit à injure [comme si les personnes indignes, estans promeuz aux estats, rendoient ceux qui en possedent de pareils plus abaissez]. Ce qui luy fit responce : « Si le Roy donne au sieur de Rets un estat de mareschal de France, je donneray le mien à mon valet. » Au contraire, lorsqu'un homme de valeur n'est pourveu selon son merite, c'est faire à son honneur que les incapables et ignorans y soient pourveu, parce qu'en ce temps tous ceux de valeur n'en sont exclus, desquels il se peut dire du nombre.

Les sauvages cognoissent le feu en se bruslant,

les princes les affaires en les brouillant. Les roys François et Henry II causerent les troubles par le trop d'agrandissement de ceux de Guise et de Montmorency, qui proposerent leur manutention à celle de la posterité de Leurs Majestez. Le sieur de Tavannes, prevoyant, advise le roy Charles ne donner biens, charges ny honneurs à ces deux puissantes familles, les abaisser sans les desesperer, eslever huict ou dix égaux à eux, non leurs parens ny amis, ains qui dependissent seulement de Sa Majesté, et ne donner rien à la faveur de personne, à ce que nul ne s'acquist des serviteurs à ses depens. Les princes de Navarre et de Condé rendent obeyssance à l'Eglise à Rome par ambassadeurs, et desobeyssent en France, secretement favorisant les Huguenots.

Le sieur de Tavannes, en colere de tant d'imprudence et retardement, part pour La Rochelle, avec promesse d'estre suivy de M. d'Anjou ; sa fortune, celle de la France, le rend malade à la premiere journée : Monsieur, qui ne voit que par ses yeux, s'arreste à Paris. J'avois preveu ce mal et essayé de m'ayder de sa faveur : mon aage et sa severité me furent contraires : il disoit ne faloir donner les charges aux jeunes gens. Sa maladie croist; par son commandement je cours à Paris demander ses estats pour mon frere et pour moy ; l'espoir de sa santé rend tout facile: il n'y a point de sergent pour adjourner les roys de tenir promesse. Le sieur de Tavannes respire un peu de son mal, presse, tout malade qu'il estoit, par lettres, le partement de M. d'Anjou. Enfin il passa par Chartres sous Montlhery vers luy ; il luy donne plusieurs preceptes, entre autres qu'il ne donnast assaut general s'il ne battoit en courtine.

Plusieurs pour eviter un danger se precipitent en un plus grand : l'Admiral veut sauver sa vie des guerres civiles, il la pert à la Cour.

La guerre, l'envie, la vengeance, seroient en l'autre monde, si ce n'estoit le purgatoire ; ceux qui voyent leurs meurtriers en paradis, sçachant qu'ils ont esté purgez et punis, cessent leurs indignations et plaintes.

La prosperité des meschants leur doit estre suspecte ; s'ils n'ont le siecle de fer et la terre d'airain en ce monde, selon la parole de Dieu ils les doivent attendre en l'autre. Ceux ausquels la paille devient or entre leurs mains, que la mort, blesseure, maladies, bien et mal des particuliers tournent à leur profit, grandeur et plaisir, que tout leur vient à souhait, que tout sert à leurs voluptez et commandements, doivent examiner leurs consciences et merites, et demeurer en suspens, parce que la maison tomba sur ceux qui n'eurent jamais que plaisir et volupté : Dieu est entre les pauvres, affligez, prisonniers; plus de croix, plus de salut. Elizabeth d'Angleterre, née en double adultere, heretique, cruelle, secours des rebelles, cause de la mort d'un million de personnes, vesquit heureusement, est morte en son lict; cela met en doute le chemin de son ame.

J'esperois salut en mes adversitez s'il eust pleu à Dieu qu'elles fussent advenuës pour son service : plusieurs maladies desesperées, quatre prisons des peuples, des roys, des Turcs; dix blesseures, la mort plusieurs fois presente, fortune en mer et en terre; en mesme temps perdre charges, places, femme, enfans, biens, en doute d'honneur et de vie; lors que je touchois à la supreme faveur, il ne m'en reste de bien que le presage des enfans chastiez par les peres, qui est signe qu'il ne les tient pour perdus. Les deux vies du monde et de paradis ne se rencontrent heureuses : le mal de l'une fait esperer le bien de l'autre.

L'Estat romain, le françois et venitien ont duré long-temps : le venitien a tousjours esté en aristocratie; le romain a changé de royauté en aristocratie et gouvernement populaire, puis en empyre; le françois n'estoit monarchique quand les roys ne pouvoient rien sans l'assemblée des estats; Louys XI les mit hors de page. Les empyres ont commencement, periode et fin; les premieres maladies les esmeuvent, les secondes les esbranlent, les troisiesmes les emportent. Gracus, Sertorius, Spartacus, donnerent coup; suivis par Sylla, Marius, Pompée et Jule Cesar, ils firent chemin à Auguste Cesar, qui l'emporte et change l'Estat, rendu sage de la faute des premiers : ce qui se peut comparer aux premiers troubles des Huguenots sous l'Admiral, aux seconds sous les princes ses successeurs, en la Ligue sous MM. de Guise et de Mayenne, rafermy par la vertu du roy Henry IV, depuis esmeu par frequens mouvements, sur lesquels se doit prendre garde, à ce qu'ainsi que par le mauvais gouvernement Auguste changea l'Estat en monarchie, que l'authorité royalle ne se transporte en aristocratie ou democratie populaire, à l'exemple des Olandais, Suisses et villes imperiales d'Allemagne. Le meilleur pronostic est celuy de l'Evangile : si les adulteres, diversité de religions, injustices et tromperies s'exercent, l'Estat changera comblé de mal-heur : au contraire, si les François sont gens de bien, Dieu les maintiendra en paix.

Les cercles tirez également de plusieurs parts demeurent immobiles; la multitude des partis maintient la couronne de France; la division des familles, des alliances, des amitiez; la diversité des estats, de noblesse, peuple, ecclesiastique, officiers de justice, financiers, les plebeyens, villageois, riches et pauvres, sont necessaires en la conservation de l'Estat : en tant de divisions le plus grand nombre des parts demeure au Roy; et ne peuvent tant d'icelles s'accorder, estant une grande partie d'eux interessée à maintenir la puissance entiere du Roy, de laquelle ils profitent.

Si les massacres de la Sainct Barthelemy et de Blois fussent esté premeditez, ils ne fussent reüssis : pensant se couvrir souvent on se descouvre; aux grandes executions par fois le trop de dissimulation, d'artifices, inventions, faux bruicts, nuit et fait soupçonner. Si le roy Charles eust sceu la Sainct Barthelemy, la Royne mere l'execution de Blois, les Huguenots et ceux de Guise s'en fussent allez, parce qu'il n'y eust eu personne pour les asseurer, ne pouvant estre les simulations telles que le bon escient. Les asseurances non feintes du roy Charles aux Huguenots, celles de la Royne à ceux de Guise, les tromperent : les uns pensoient qu'il ne se peust rien resoudre sans le roy Charles, les autres qu'il ne se pouvoit rien faire que la Royne mere ne le sceust. Ils furent circonvenus, en ce que la Royne et M. d'Anjou ne se declarerent audict roy Charles qu'apres la blesseure de l'Admiral, et que le roy Henri III se cacha de sa mere et de ses creatures. Pour en tromper un il en faut circonvenir deux, à sçavoir celuy qui asseure et qui traicte, avec celuy que l'on veut attraper, parce que, quand bien il seroit fidele à celuy qui le fait negotier, si ne sçauroit-il si bien dissimuler que s'il croyoit estre veritable ce qu'il persuade et ce pourquoy on l'employe.

Huë Capet ne merite los de prevoyance d'avoir osté les maires du palais, ayant cogneu le mal qui en estoit advenu à ses predecesseurs, non plus que le roy Henri IV de n'aggrandir les illustres maisons, ny par le choix qu'il fait des gentils-hommes sans liaisons aux grandes races pour manier ses affaires, comme le sieur de Suilly, Villeroy et autres longues robbes, qui sont tousjours en puissance d'estre ruynez sans que personne s'en ressente; et telles gens n'aspirent à la coronne. Il est aisé de suivre ceste prudence et gouvernement, de diviser les grands et ne rien faire pour eux, sentant et touchant encore le peril que leur aggrandissement nous a apporté : les espines des Estats sont les hommes puissants, riches et en credit.

Pronostic que faisoient les mesdisans du temps du roy Henry quatriesme.

« Abbaissera les princes et grands de tout son pouvoir, leur defendra de s'allier par mariage, empeschera qu'ils n'obtiennent de riches femmes; les tiendra à la Cour à ce qu'ils ne broüillent ailleurs; rompra leurs voyages estrangers, à ce que leur reputation n'obscurcisse la sienne, et qu'ils ne s'en prevalent contre luy. Acquerant l'amitié des soldats, les divisera et mettra en querelle tant qu'il pourra. Entretiendra des espions, des secretaires et de leurs serviteurs pensionnaires pres d'eux, pour sçavoir ce qu'ils font; mesmes fera gagner leurs femmes et parentes, pour estre adverty de ce qu'ils disent. N'entretiendra leurs compagnies de gendarmes que miserablement, les conseillera de ne donner rien aux soldats, et d'employer toute la paye de leur compagnie en voluptez. Donnera toute la gendarmerie à commander à ses enfans et bastards, ausquels il pourvoira des membres de compagnies ses creatures nouvelles. Ne donnera rien que ce soit à la recommandation des princes, ny à ceux qu'il croira dependre d'eux; les tiendra le plus qu'il pourra en necessité, à ce qu'ils ne puissent que penser à vivre.

» Nul officier de la couronne ne fera sa charge, et voudra le Roy tout faire. Empeschera les gouverneurs des provinces d'avoir authorité dans leurs gouvernements. Fera razer le plus de places qu'il pourra, nommement de ceux qui luy sont esté contraires. Opposera les lieutenants aux gouverneurs, les mettra en querelle à fin qu'ils n'ayent point d'intelligence. A l'huguenotte mettra dans les gouvernements et places trois ou quatre personnes de pareil commandement, capitaine du chasteau, gouverneur de la ville, sergent majour, capitaine de la garnison, afin qu'il en ait tousjours une partie à luy, et qu'il ne s'entendent ensemble. Et au lieu d'un lieutenant general en une province, en mettra s'il peut quatre, et les tiendra en defiance l'un de l'autre. Les parents ou alliez des princes seront du costé du vent. Tous les officiers de judicature payez exactement de leurs gages en la place de la gendarmerie, interessez en l'authorité du Roy, et ayans grand credit dans les villes : tant plus le nombre d'iceux sera grand, plus d'asseurance dans icelles, un chacun d'iceux possedant quelque partie du peuple. Les subsides, imposts, tailles, tant vielles que innovées, ne seront diminuées, ainsi qu'elles se levoient du temps des guerres, et augmentées doucement sans qu'on s'en apperçoive. Gens de basse condition et non apparentés, comme Rosny, Villeroy, Cillery, Jeanin et autres, seront ses conseillers d'Estat, à ce que quand Sa Majesté les defera nul ne s'en ressente. Pourvoira aux eveschez de gens sçavans, non seulement pour la pieté, mais aussi pour la crainte qu'il a que l'on ne croye qu'il tient encores de l'huguenot. De son regne, les grands prieurs de Malthe et les chefs d'Ordre seront en seurté : lairra la libre eslection, pour raison que dessus. Les gouvernemens, les bons benefices, seront donnez à ses bastards ou à gens sans apuy.

» La noblesse sera apauvrie de tout ce qui se pourra, à ce qu'ils soient empeschez à trouver moyen de vivre, et non de penser à l'Estat; et d'autant que le sang boüillant d'icelle est prejudiciable à ceux qui veulent la paix, non seulement les duels seront permis, mais Sa Majesté excitera et suscitera les querelles, loüera les vaillans et blasmera les autres, à ce que la saignée profite à la paix. Souffrira et aura agreable que la justice soit exacte, tant sur ladite noblesse que sur tous les soldats, à ce que la punition d'iceux ou le bannissement en destrappe le païs. Favorisera les gens du tiers estat, entant qu'il ne prejudicie à ses imposts. Les financiers, cognoissant la chicheté et peu de liberalité du Roy, en despit qu'il en ait, desroberont plus que jamais ils n'ont fait, et ce sans qu'il s'en aperçoive ny qu'il y puisse remedier. Entretiendra les deux religions, sans en mescontenter ny l'une ny l'autre, du moins jusques à ce qu'il se voye entierement absolu, qu'il craindra les broüilleries huguenottes dont il a esté. Tous gens de credit, de party ou d'entendement, n'auront ny places ny argent. Espions seront envoyez deguisez par les provinces, et en chacune d'icelles aura gens stipendiez, pour advertir des deportements mesmes des particuliers. Le Roy donnera des pensions à quantité d'hommes qu'il aura cogneu estre du tout à luy, et donnera quelques unes par crainte. Quoy que Sa Majesté face le vaillant, il sera tousjours en peur et soupçon du mouvement et guerre civile. Sera bien aise que ceux qu'il n'ayme dependent leur argent sous l'esperance de ce qu'ils n'auront point. Entretiendra les Suisses, leur payera leurs pensions. Maintiendra la guerre en Flandres, en vengeance des Espagnols, jusques à ce qu'ils se puissent maintenir en republique, pour abbaisser et laisser ceste espine au pied du roy d'Espagne. Entretiendra les principaux ministres huguenots par bonnes pensions, et quelques uns des plus puissants des villes. Le sieur Des-Diguieres sera tenu contant, et de Boüillon en bonne esperance. Sera dependu tous les ans en Flandres jusques à huict cens mil escus, et jusques à neuf cens mil puis apres. Et quand les Estats feront paix avec le roy d'Espagne, imprudemment Sa Majesté leur fera don, et le Roy par icelle entretiendra des garnisons et regiments qui seront en garnison. Fera Sa Majesté tout ce qu'il pourra pour n'avoir point de guerre, et neantmoins tant que sa manutention le pourra permettre. Toutes nouvelles fortifications du temps de la Ligue seront abolies, et ne permettra à personne de fortifier, d'autant que la force de France consiste en la noblesse et cavalerie, et non aux citadelles, qui se peuvent corrompre.

» Le Roy se plongera dans les amours de toutes voluptez et en la pluralité des femmes, lesquelles il ne forcera que par argent, et pourvoira à ce qu'il ait des enfans pour luy succeder. Restablira les Jesuites, pour la crainte qu'il a de leurs couteaux, et par-là monstrer qu'il est vrayement catholique. Ne fera contre des soldats, qu'il abandonnera à la justice. Partira les Huguenots en trois, les royaux ses pensionnaires, les chefs qui ont des gouvernements, et les ministres, les opposant tacitement les uns aux autres, et employant son argent sans que l'un sçache ce que l'autre en reçoit. Tous les serviteurs affectionnez qui auront quelque valeur et seront aux princes, seront gagnez et retirez de leur service pour d'autres charges et pensions qu'il leur donnera. Fera entendre au Pape qu'estant catholique, ce qu'il laisse les Huguenots en puissance est en attendant qu'une commodité se trouve de les forcer d'aller à la messe, et cependant travailler par artifice à les convertir et degouster de leur religion, de laquelle il est ennemy; ce qu'il monstrera en ne faisant rien pour eux. Et d'autre part dit aux Huguenots qu'estant pour eux et leur estant tant obligé, ce qu'il ne les avance entierement est la crainte qu'il a qu'il ne se fasse une ligue contre eux et contre Sa Majesté. Fera des grands appareils de guerre pour faire peur sans fruict, mettra tant qu'il pourra d'argent dans la Bastille, et quantité d'armes pour se preparer contre les desseins des oppressez. »

Les maistres sçavans donnent les sciences aux aprentifs, qui par oubliance, ou meslant du leur, tournent les medecines salutaires en poison. Le sieur de Tavannes donne au roy Charles, en presence de Monsieur, qui fut depuis Henry III, le moyen d'abbaisser insensiblement ceux de Guise et de Montmorency; qu'il ne faloit rien faire pour eux, et apres leur mort donner leurs charges à ceux qui n'estoient leurs amis, alliez ny parens; ne donner biens ny honneurs à leur recommandation, à ce que les subjects ne fussent obligez qu'à Sa Majesté; eslever des gentilshommes bons capitaines, qui ne dependissent des maisons susdictes, et les égaller à eux.

J'ay dit que les disciples ayans perdu leurs maistres ne sçavent ce qu'ils font : le roy Henry III venu à la coronne, le sieur de Tavannes mort, vouloit practiquer ses preceptes grossierement, non de mesmes materiaux ny avec tel choix qui luy avoit esté prescrit ; meslant moitié du sien et moitié de ce qu'il avoit retenu, fit pis que s'il n'eust rien fait du tout. Au lieu de capitaines choisit sept ou huict jeunes hommes, partie d'eux d'ancienne maison, pour les egaller aux princes, lesquels ne le pouvoient assister, pour n'avoir acquis la prudence, experience, credit et valeur necessaire : ils se rendent blasmables et à mespris, nottez ou calomniez d'enormes pechez. Sa Majesté esloigne les princes avec une telle timidité qu'il les enhardit; ne parle franchement ny en roy, dissimule ce qui ne doit estre caché, qui est la volonté juste des souverains ; change les gouverneurs avec violence; ne descharge son peuple; et, comme s'il eust oublié ce qui luy avoit esté appris [soit par amour ou pervertissement de sens] de ces jeunes hommes partie tuez ou chassez de leur mauvaise conduicte, il jette son amitié en deux, les sieurs de Joyeuse et d'Espernon, ausquels il donne des charges et des gouvernements autant qu'en avoient ceux de Guise et Montmorency, qui, au lieu d'estre abbaissez par ce moyen, sont exaltez, parce qu'imprudemment ces deux mignons restez s'allient et prennent party chacun en une de ces maisons de Guise et de Montmorency. L'un, qui fut le sieur de La Vallette, espouse l'heritiere de Candalle, niepce de ceux de Montmorency ; l'autre, le sieur de Joyeuse, celle de Vaudemont, niepce de ceux de Lorraine. Ainsi tant s'en faut qu'il esteignist le feu, qu'il le r'alluma plus grand : c'estoit toujours partir le royaume en deux. Que si l'un des susdicts ne fusse mort en la bataille de Coutras, ils estoient pour se declarer les uns contre les autres, en faveur des deux maisons, au prejudice de Leurs Majestez sans enfans, pour apres sa mort s'en faire croire. Ces grandes maisons s'en servoient, entant qu'ils les cognoissoient estre utiles à leur dessein contre le maistre. Il advint que par ce mauvais manyment le roy Henry III s'employa à la ruyne d'un de ces deux restez, et depuis par guerre advint la mort de Sa Majesté, et les troubles de France en partie de l'advancement de ces mignons mal choisis.

En ce temps la paix s'attribue aux gens d'Estat, qui se devroit referer à Dieu, et selon l'humanité aux advenements fortuits. Le roy Henry IV se gouverne par Villeroy catholique, et Rosny huguenot; versez aux factions desquelles ils ont esté, ils ne peuvent s'aider de leur faveur contre Sa Majesté, parce qu'ils n'ont appuy de grands parens, et sont hors des qualitez qui peuvent pretendre à l'Estat; n'ont que la paix, la manutention de leur maistre, de leur credit et richesse en commandation. Plusieurs autres petits conseillers sont ouÿs, leurs advis raportez; le Roy en sçait faire son profit, et de tous ensemble tire ces maximes, de ne rien faire à la recommandation d'aucuns princes, ne payer la gendarmerie, craignant d'entretenir les soldats qui estoient à la devotion des capitaines soupçonnez, et non du Roy, qui, ayant peur de la revolte, desaguerrit son peuple, defend les armes et exalte la justice; paye les officiers dans les villes, tient que c'est autant de pensionnaires; entretient et paye les Suisses et reistres estrangers, pour s'en ayder contre ses subjects; pour oster le pretexte de religion, en a permis l'exercice de deux; palie, dissimule avec l'estat huguenot, originaire de Sa Majesté, tenu d'aucuns plus certain que l'accessoire catholique; pour le maintenir, il le favorise en la crainte qu'il a d'eux, dont la puissance principale est aux ministres, maires et consuls de leur party, qui tendent à republique et gouvernement aristocratique. Les plus factieux sont pensionnaires du Roy; les maires et ministres, qui ne peuvent estre capitaines, maintiennent la paix, participants ausdictes pensions. Sa Majesté cajolle les plus grands de leur party, sans rien faire pour eux, pour abaisser le roy d'Espagne, et pour contenter les Huguenots, qui ont interest à la conservation de ceux de Flandres. Sadicte Majesté secourt les Flamands d'argent et d'hommes, ne se soucie d'offencer la jeunesse du roy d'Espagne, dont les estats sont endebtez et separez, lequel craint, ayant ses gens experimenté au passé, pour leur argent, la valeur de la France, partie des princes qui ont esté de la Ligue les remuans; leurs capitaines sont impuissans ou morts, le reste n'obtient ny grades ny argent, pour avoir espreuvé que la pauvreté oste le moyen d'entreprendre.

Pour eviter leur desespoir, Sa Majesté leur ayde de secours languides, pour avoir lesquels ils dependent plus qu'ils ne reçoivent. Generalement le Roy donne peu ou rien, met tant d'argent qu'il peut dans ses coffres, pour s'aider des estrangers au besoin; donne des pensions à quelques gentilshommes des plus factieux : les procez sont prolongez pour occuper les remuants; accroissent les subsides, tiennent que la pauvreté des nobles et du peuple est seurté au prince, divisent les grands, les mettent en querelle, empeschent toutes liaisons, tant d'eux que de tous estats, ecclesiastiques, nobles et populaire; mettent et maintiennent l'Estat par pieces separées : nul des grands ne fait sa charge, le Roy fait tout; s'entretient avec le Pape aisément, parce qu'il craint un schisme en France; se tient en garde des Huguenots, de ceux qui ont esté de la Ligue : et de tous costés rompent les citadelles et chasteaux, ayant apris qu'en guerres civiles ils font plus de mal que de bien; disent que le peuple a interest à la paix, pour avoir espreuvé la guerre; qu'il se portera au gros de l'Estat si les citadelles ne les empeschent. Parentage, habileté, vaillance, amour du peuple, sont de mauvais associez pour parvenir à la Cour. Quelques capitaineries sont données à gens sans credit, sans amis, sans pouvoir, sans pieté, nommez creatures royalles.

Vains esprits, qui attribuez à vostre prudence la paix, c'est Dieu, devant lequel les larmes de tant de pauvre peuple ont penetré, les morts qui prient pour les vivans. Et pour respondre humainement à vos presumptions, tout estoit si saoul de la guerre, source de tant de maux, que non seulement on eust obey à un roy genereux, comme est le nostre, mais à un stupide, à condition de paix conservée par la mort ou maladie des braves, des capitaines de valeur, de faction, joinct la mort du vieil roy d'Espagne, duc de Palme, division des princes de Lorraine, celle des Espagnols et de tous les chefs de leur party.

Ces accidents, non vos vaillances ny prevoyance, nous ont donné la paix; ces occurrences vous la conservent, et, pour mieux dire, l'offence envers Dieu des Ligueurs, qui ont eu plus d'ambition que de religion : la domination de tant de braves morts aux troubles, seroit plus estimée et à priser que celle de maintenant que vous possedez, où il y en a de si peu courageux. Vous n'estes si sçavans qu'il ne se puisse adjoindre à vos maximes, qui sont bonnes pour ne pouvoir estre mauvaises, les calamitez passées ayant fait hayr la guerre plus que vostre domination.

Si diray-je que, si vous deschargiez le peuple, empeschiez l'injustice, il seroit plus à vous sans peril; casser la moitié des officiers, vous auriez plus d'argent et de bonne justice. Si vous entreteniez quatre mil hommes d'armes sous les plus fideles capitaines de vostre Estat, qui commanderoient par commission aux compagnies, sans en avoir pas une affectée à eux, vous ne demeureriez en proye à vos ennemis par faute d'aguerriment, et contenteriez plus de gentils-hommes que de donner les quatre cens pensions que vous donnez. Si vous ne secouriez les rebelles voisins, les voisins ne secourroient ny corromproient les vostres : si vous pourvoyez à la pieté, service de Dieu, contraigniez chacun vivre exactement selon la religion, que ne souffrissiez l'introduction d'une tierce d'atheïsme, que le vice fust banny et puny, la preud'hommie estimée et recompensée, qu'entre tant de princes et de grands en obligeassiez un ou deux des plus gens de bien sans les mescontenter generalement; que vous fissiez la paix en Flandres, les abandonnant, et recevoir la guerre des Huguenots de France, s'ils la faisoient injustement, pour les atterer et fonder la base du regne de vostre successeur ; vous feriez mieux, Dieu seroit plus content, et seriez hors de danger d'accumuler plusieurs pechez qui bouleversent, avec changement d'Estat, le bon-heur et repos de la France. Le roy d'Espagne est tenu en pareille offence qu'il estoit quand il commença de semer de l'argent par la France, où il y a plusieurs mal contans qui sçavent les moyens des guerres civiles, lesquelles Dieu seul peut divertir, non nos foibles moyens humains. Confessez doncques que c'est luy seul, et non vostre gouvernement qui n'a point de perfection puis qu'il n'a nulle resolution.

C'est imprudence qui soupçonne quelqu'un de luy donner une armée à conduire : tel demande un regiment, une charge, que c'est pour avoir meilleur moyen de lever des gens contre celuy qui luy donne : si c'est parce qu'on craint le mescontenter, et qu'il face mal, c'est luy donner les moyens d'avantage d'en faire ; si c'est pour le regagner, rarement s'oublient vieilles injures par nouveaux bien-faicts; il vaut mieux qu'il soit mal-content seul qu'avec quelque commandement en l'armée. A l'offencé, mal content et amy en doute, il faut plus luy oster que donner, autrement il tourne le bien-fait contre le bien-facteur ; vaudroit mieux franchement le declarer ennemy. La seurté vient de son impuissance et non de sa volonté. Si c'est pour l'espoir de lui laisser des manquements que l'on l'employe aux sieges, pour luy faire perdre l'honneur, aussitost recogneüe l'intention, ils s'alliera avec les ennemis contre lesquels il estoit employé, ou sciemment laisse ruïner son armée pour les favoriser. Ainsi fit Maurice contre l'empereur Charles-Quint en Allemagne; et le mareschal d'Amville perdit l'armée qu'on luy avoit donnée devant Sommieres, en fin se joignit avec les Huguenots. Le mareschal de Belle-Garde en l'an 1574 se saisit de Carmagnolle, parce que, luy ayant esté donné une armée à conduire, on luy fit faillir Livron par manquement d'argent, pour e ruïner de reputation.

I. C. D. M. T. VIII.

La Sainct Barthelemy est blasmée à la verité avec raison; il y avoit des moyens plus licites, et sans tant de meurtres, pour attaindre à semblable fin : si est-ce qu'elle apporta ce proficit, qu'il y mourut tant de chefs et de factieux, qu'onques depuis les Huguenots n'ont peu faire armée d'eux-mesmes : là où les mal-contants catholiques leur ont manqué, c'a esté peu de chose d'eux, et auparavant ils avoient donné quatre batailles sans assistance d'aucun Catholique. Ce coup rompit leur intelligence, caballe et menée dedans et dehors le royaume; et s'ils fussent esté vivement poursuivis [ainsi qu'il fust advenu si le sieur de Tavannes ne fust mort] infailliblement ils estoient perdus.

En ces derniers temps paroist la puissance de l'Eglise et du Pape, contre la creance de plusieurs. Il a mis le royaume en tel estat qu'il n'a peu treuver paix, jusques à ce que Sa Saincteté l'aye permise par la benediction du Roy. Encores que quelqu'un ait disputé que, nonobstant ceste reception, la paix eust esté, cela n'est croyable : la querelle fust esté tousjours juste pour beaucoup de Catholiques français enclins aux guerres civiles, et le roy d'Espagne, leur aydant de moyens, eust nourry la guerre de France plus long temps.

M. du Mayne me disoit, en l'an 1601, qu'il avoit esté à la guerre avec le roy à Amiens, qu'il n'avoit pas veu ny luy, ny les capitaines en presence de ses ennemis, mieux conseillez, plus resolus, ny plus prudens que nous estions quand nous faisions la guerre à Sa Majesté; les avoit veu prests et preparez à d'aussi grandes fautes que nous. Ne falloit attribuer ny à leur prudence, ny à leur vertu, la prosperité de leurs affaires, mais à Dieu qui avoit sentencié nostre ruïne et leur exaltation; qu'il estoit resolu au ciel que le roy Henry IV demeureroit grand et paisible en France. A quoy j'eusse respondu, si n'eust esté crainte d'augmenter son ennuy, que les moyens de vaincre le ciel sont d'avoir juste querelle et les intentions bonnes, le cœur pareil à la bouche : qu'humainement, si de cinquante fautes qu'il a faictes remarquables, il se fust exempté d'une, il ne pouvoit estre à la mercy de ses ennemis : la prudence et generosité commandent aux astres.

Il ne faut attribuer beaucoup de gloire au Roy pour avoir regagné en peu de temps son royaume; il ne s'en peut prevaloir davantage que M. du Mayne apres la mort de ses freres, que la France se jetta entre ses bras, avec plus de loüanges pour luy, parce que ses amis et associez defaisoient de leur pouvoir leur faction propre; et mesme ledit sieur du Mayne, pour la crainte qu'il avoit de ses parens, des amis du peuple et des Espagnols, abaissoit son party; luy-mesme aydoit à ses ennemis, broüillant ses partisans de toutes parts dans les villes, ostant et changeant le gouvernement de ses amis pour le jetter à ses traistres ennemis. Tant que les peuples eurent espoir de secoüer le joug, ils se precipiterent à la revolte, jettant gouverneurs, officiers, riches et magistrats dehors, et n'y avoit grand honneur de les recevoir. Eux descheus de ceste esperance, ayans senty le mal de la guerre, desirans une paix soudaine, tous se jettent du costé du Roy, qui n'eust pas plus de gloire à les reconquerir, parce que d'eux-mesmes ils se reprenoient, comme ils avoient esté pris. L'exemple, de fraiche memoire, du duc de Savoye, tesmoigne que rien ne pouvoit resister au Roy; il y avoit trois ans qu'il se preparoit, adverty de la guerre qu'on luy vouloit faire pour le marquisat de Saluces, contre laquelle il s'estoit fourny de munitions, d'argent, de correspondance en Italie; avoit le roy d'Espagne resolu à son secours, pour y mettre le tout pour le tout, non seulement pour son interest, mais pour estre offencé du secours que le Roy donnoit aux Estats de Flandres; qu'avec tant de preparatifs il s'estoit perdu, avoit laissé prendre ses places, et fait une paix honteuse; que toutes les conjurations sont descouvertes à Sa Majesté, qu'aussitot qu'un puissant est mal contant, resolu d'entreprendre, la mort, la maladie, le desastre luy adviennent.

Ceux qui suivent partie de leurs opinions et partie de celles de leurs bons serviteurs, entremeslent les evenements selon la folie et la sagesse des conseils. Le conseiller n'est garand du succez, pour n'avoir esté creu qu'à moitié: il vaudroit mieux croire entierement, ou suivre le conseil de soy-mesme: les advis traversez ne reussissent.

C'est folie de peiner pour avoir honneur et richesse, sans considerer que le monde est si changeant, qu'aussi tost qu'on les a ils se perdent par accident, ou la mort les termine comme une eslude: il y a peu d'occasion de se resjoüyr des prosperitez humaine.

Les medecins, pour pourvoir à un petit mal, en font un grand, persuadent malades ceux qui ne le sont point. Aux remedes faut regarder si la guerison d'une partie n'en infirme point une autre: semble meilleur à d'aucuns de patienter avec regime, et laisser faire à nature; s'ayder du medecin, comme Pericles des sourciers, quand on ne peut avoir autres remedes que les leurs, puis qu'il meurt autant de ceux que les medecins pencent que de ceux dont ils ne se meslent point; il vaut mieux s'hazarder sans recevoir douleur, puis qu'ils ne peuvent guerir sans en faire.

Les edits faits en faveur des particuliers ennemis sont dangereux, semblablement de les recevoir parmy les amis, lesquels ils trahissent, et secourent leurs factions de leurs biens, dont la confiscation peut servir pour les esteindre.

Les avaritieux, ambitieux et insatiables ne goustent le present pour l'espoir de l'advenir, mesprisant ce qu'ils ont, qui est souvent meilleur que ce qu'ils esperent et desirent; tant est imparfaict le goust de ceste vie aux foibles d'esprit qui ne sont conduits par prudence.

M. d'Anjou, estant arrivé devant La Rochelle, fait cognoistre que ce qu'il avoit gagné és batailles des Jarnac et Montcontour ne venoit de luy, mais du sieur de Tavannes, pour les infinies et reiterées fautes qu'il fit, tant à l'assiegement qu'aux negociations. L'entreprise estoit bien faicte; c'estoit le moyen de finir la guerre, nonobstant toutes imprudences, contrarietez, trahisons et fautes extremes; La Rochelle estoit prise, et le party huguenot defaict si l'on eust eu de la prudence. Monsieur, ayant perdu le sieur de Tavannes, sur lequel reposoient tous ses conseils de guerre et de paix, ne sceut à qui se fier: les uns soupçonnez, les autres ignorans, tiennent le sieur de Biron pour intelligent des ennemis, qui n'estoit entré en credit que par ledict sieur de Tavannes; se conseille à MM. d'Aumalle et de Nevers, interessez au party, non des plus experts; pour les negociations à MM. de Villequier et Chiverny. La Noüe, plus fin qu'eux, obtient d'entrer à La Rochelle, promet de la faire rendre, et, au defaut de ce, d'en sortir quand il seroit rappelé, imprudemment il luy est permis d'y r'entrer, là où il fait le contraire, et monstre aux habitants la resistance et l'ordre. Quelques avis que les Rochellais eussent que les princes et le tiers de ceux qui estoient au siege tenoient pour eux, il les trouva si desordonnez et estonnez, que, s'il ne leur eust remis courage, ordre et asseurance, ils traictoient; et fut cause ledict La Noüe de ce qu'ils tindrent. Apres y avoir mis bon ordre et demeuré dedans deux mois, revoqué il s'en revient effrontément, et fut receu plus sottement: il avoit Strosse et autres pour amis, qui, aveuglez d'amitié particuliere, le favorisoient inadvertemment, à la ruyne de la cause generale.

La Rochelle investie, Monsieur assiege, non du costé plus foible, ains du plus commode logis, qui estoit le plus fort: l'hyver empesche d'assieger du costé des marais, là où, l'esté venu, se devoit faire le principal effect; la ville n'estoit fortifiée de ce costé, il y avoit plusieurs remedes pour combler et aller par dessus les marests. M. d'Anjou, qui n'avoit plus personne d'authorité avec luy de qui il trouvast bonnes les corrections, et qui fust comme le sieur de Tavannes, lequel souvent aux guerres passées luy rompoit son rideau, le faisoit lever forcement, luy reprochant s'il n'avoit honte que six mil hommes à cheval l'attendissent devant son logis, le forçoit d'estre soldat contre son naturel.

Il se loge à une lieuë de La Rochelle, au lieu qu'il en devoit estre à une mousquetade, cause de grands inconveniens, la noblesse loge à l'entour de luy, esloignée d'une lieuë des trenchées. Les Rochellais sortoient forts en gros, y avoient fait de grands effects avant que la noblesse eust l'alarme; et quand il faloit faire quelque entreprise, les Rochellais les voyoient venir de loin. Tout se gouvernoit avec telle imprudence et mocquerie, qu'il sembloit n'estre là que pour perdre tous les capitaines et la noblesse de France. Trois cens capitaines y moururent, quatre maistres de camp et un prince (1). Ils pouvoient estre quatre mil hommes dans la ville, pour la quantité des proscripts qui s'y estoient refugiez. Il s'y fit des miracles : vingt mil hommes estoient en bataille pour donner l'assaut au bastion de l'Evangile : apres que les mines eurent joüé, l'alarme se donne à la teste; quatre hommes sortent pour querir un mort; en mesme temps l'alarme se prend à la queuë pour de la poudre bruslée : une terreur panique fut si vehemente, qu'il s'enfuit cinq mil hommes sans sçavoir pourquoy.

J'allay droict au fossé, et l'alarme estoit cessée que la queuë de nos troupes fuyoit dans les marests, tant il y avoit du desordre : presage de gens estonnez, gagnez ou mal affectionnez. Lors on cogneut la faute qu'on avoit faite de mener à ce siege M. d'Alençon, le roy de Navarre et le prince de Condé, mal contents, assistez de plusieurs de la noblesse. Ils advertissoient journellement ceux de La Rochelle de tout ce qui se deliberoit dans l'armée; mesmes les ingenieurs et soldats de la ville sortoient en habits deguisez, estoient conduicts par eux en toutes les batteries, trenchées et mines; le soir retournoient dans la ville à seurté. Ces princes recogneurent ceux qui estoient mal contents en ceste armée, dont ils se treuverent un si grand nombre, qu'ils tindrent conseil s'ils changeroient le reste, et se retirer à La Rochelle. Ceux de la ville n'en furent d'advis, craignans qu'estans receuz dedans, eux n'en fussent plus les maistres.

(1) Le duc d'Aumale.

Il se fit plusieurs grandes escarmouches, sorties de deux et trois mil, qui leur estoit bien aisé pour les advis qu'ils avoient, souvent ceux qui estoient en garde les favorisoient. La confusion augmente depuis la mort de M. d'Aumalle, qui y fut tué : plusieurs parlements furent mis en avant pour tromper les uns et les autres. Enfin s'attaque le bastion de l'Evangile d'un costé; M. de Guise donne aux cazemates de l'autre : il reüssit ce jour-là, le logis fort incommodé au pied des ruynes du bastion. Nous gagnasmes, avec M. de Guise, quatre traverses ou cazemates du fossé, d'où il se retira, et nous laissa, Clairemont Tallard, Grillon et moy, pour la garder. A l'arrest de la nuict avec cinquante hommes nous soustinmes une sortie de cinq cents : Clairmont Tallard fut tué, pour ne m'avoir voulu croire et pour estre allé au devant des ennemis; nous fusmes contraincts d'y aller avec luy, quoy que nous devions attendre dans les cazemattes : eux repoussez, et nous sans secours, fusmes contraincts de quitter ce que nous avions gagné.

Montgommery vint avec une armée d'Anglais; mais, voyant la carraque enfoncée dans le port, flanquée de deux forts en terre, les vaisseaux ronds et leurs galleres bien ordonnées, il perdit courage, prenant excuse sur une canonnade qui rompit le mas de son Admiralle, tirée des canons qui estoient en terre, et se retira. Je m'estois embarqué pour combattre dans la gallere royalle et jugeay avec les autres leur peu de cœur. Sans l'asseurance, lettres, advis, prieres des brouillons du camp, les Rochellais eussent traicté vingt fois, et mesmement voyant ce secours s'en aller. Il se fit plusieurs mines; les enseignes furent portées à un assaut, avec tant d'imprudence et inconsideration, que tout ressortissoit à la perte. Et voyant que la maladie du sieur de Tavannes rengregeoit, le Roy envoya querir le sieur de Montluc, qu'on disoit avoir beaucoup de reputation; on n'y trouva pas ce qu'on en avoit esperé; et voulant user de la mesme liberté que le sieur de Tavannes usoit avec M. d'Anjou, blasmant ses delices et sa negligeance, il le trouva fort mauvais, parce qu'il n'avoit la mesme experience requise; tellement qu'il ne servit de rien, et s'en retourna.

La resistance de La Rochelle donne courage à tous les autres rebelles, qui accroissoient journellement; plusieurs blasment ce siege et le conseiller d'iceluy, duquel ce n'estoit la faute, ains de ceux qui n'avoient exactement suivy ses advis. Aucuns disoient que le sieur de Tavannes faisoit le malade pour avoir jugé l'entreprise mal aisée, les gens de bien et d'entendement, au contraire, que le conseil estoit tres bon, les exé-

27.

cuteurs mauvais et ignorans. J'ecrivis au sieur de Tavannes depuis La Rochelle, qui me respondit briefvement que les bons et les mauvais parloient selon leurs cœurs, qu'il avoit conseillé ce qu'il devoit, qu'on ne luy pouvoit imputer les fautes d'autruy. A la verité, s'il eust esté à ce siege, il eust bien fait sortir M. d'Alençon et le roy de Navarre de l'armée, à laquelle il eust mis un meilleur ordre ; infailliblement la ville eust esté prise et le party huguenot ruyné. Il avoit esté creu trois fois mort, et prevoyoit bien qu'il ne la pouvoit faire longue. Le Roy et la Royne le vindrent voir à Chanteloup, sept lieuës de Paris, où il estoit malade ; il leur donna plusieurs bons advis et conseils, entre autres qu'on poursuivist le siege de La Rochelle, qu'elle se prendroit enfin. Il fit courir une defence, icy inserée, contre ceux qui le blasmoient d'avoir donné advis d'attaquer La Rochelle.

« Pour autant que quelques uns treuvent à dire à la façon de laquelle a esté entreprise ceste guerre, pour ne s'estre treuvé aux premieres deliberations, apres que Sa Majesté eut evité les surprises de l'Admiral et ses adherens, disent qu'il n'estoit raisonnable d'entreprendre la guerre en tant de lieux dans le royaume ; qu'il valloit mieux dresser une armée bonne et forte, la mener en Guienne ou Languedoc, sans se vouloir amuser à La Rochelle, qui tousjours se fust bien prise à l'exemple de Calais ; que, les susdicts pays de Guienne et Languedoc reduits, l'on eust peu aller à ladicte Rochelle en temps plus propre que l'hyver ; tiennent le partement de Monsieur trop soudain, et enfin trouvent à dire à tout ce qui s'en est fait jusques icy ; taxent quelques capitaines particulierement, comme si les choses eussent esté faites hors la presence de Sa Majesté, et qu'elle n'eust eu le jugement sain comme elle a, pour sçavoir prendre le meilleur party.

» A dire la verité, il y a quelque apparence en leurs opinions, qu'une bonne et grosse armée dust faire beaucoup d'execution ; mais ils ne considerent pas que, laissant La Rochelle libre, c'est la teste par où les autres se gouvernent, c'estoit laisser les practiques d'Angleterre, de Flandres et autres lieux ouverts ; de sorte que pendant que l'armée eust esté employée ailleurs, une descente de trois mil estrangers, Anglais ou Flamands, eust fait souslever les rebelles, tant de Bretagne que autres de ça la Dordonne, et se pouvoient mettre en campagne, pour, avec huict canons qu'ils ont, reprendre toutes les villes de Poictou qui, pour le peu d'hommes qui se sont trouvez au commencement, ne pouvoient estre garnies d'autres. La susdicte armée estant en un seul lieu reduire la Guienne, comme dit est, ceux du Languedoc, d'où il s'est veu sortir vingt deux mil hommes de pied pour un coup, sous la charge du sieur d'Acier, avec les rebelles de Dauphiné, Provence, Bourgongne, Auvergne, Lyonnais et autres lieux circonvoisins, se pouvoient mettre en campagne.

» Ainsi voila deux armées debout pour faire un grand ravage, pendant que celle du Roy eust esté attachée à reprendre les villes de Guienne, lesquelles se defendent à ceste heure, comme chacun sçait : et de desemparer apres s'y estre attaché, cela n'eust peu apporter que du desordre et defaveur, outre ce que les princes protestans eussent plus hardiment deliberé [voyant lesdicts rebelles en campagne] de les secourir, et lesquels fussent seulement allé au devant du secours. L'on pourroit demander sous quel chef eussent marché ces forces-là ; mais l'on sçait comment l'union est parmy eux, laquelle engendre le conseil, et le conseil le chef, à l'exemple de l'ordre qu'ils ont mis à La Rochelle et autres villes rebelles. Ainsi Sa Majesté sceut bien peser, comme clair voyant, tous ces inconvenients ; occasion dequoy elle entreprit d'assaillir ses ennemis tout à un coup ; et sçachant bien que les pays de Languedoc et Guienne seroient bien aisez de s'ayder et contribuer quelque argent dedans leur pays, pour ayder à se lever de la calamité où ils se voyent r'entrer par le moyen desdicts rebelles, à ceste occasion furent despeschez le mareschal d'Amville et Admiral, gouverneurs, aydez de leur argent, afin de tenir la campagne. Parquoy Sa Majesté s'est trouvée la plus forte, en tenant la campagne en ces deux endroicts, sans que cela ait incommodé de dresser son armée pour La Rochelle, où il estoit plus que necessaire de depescher promptement des forces, tant pour les garder d'envitailler et se saisir des isles, afin de refroidir l'esperance que les Anglois avoient de la secourir par la mer, mesme en temps d'hyver, où les entreprises de la marine reçoivent tant d'incommoditez. Et fut depesché le sieur de Biron avec les forces qu'avoit encor Strosse et le baron de La Garde, chef par la mer pour cest effect ; ayant neantmoins commandé audict sieur de Biron, gouverneur de ladicte Rochelle, chercher toutes voyes amiables avec ceux de la ville.

» Ceste expedition [encores qu'ils s'y trouvassent assez mal fournis d'hommes, et les isles saisies] refroidit tellement le cœur des Anglais, que, ny par Montgommery ny tous ceux qu'ils y ont envoyé, les Rochellais n'ont sceu obtenir aucun secours. Et de dire que Monsieur soit party trop tost, tant s'en faut, qu'il est party trop tard; car on sçait bien que le moyen d'assembler une armée et tenir gens ensemble est la presence d'un tel prince; et s'il ne fust party au temps mesme qu'il est party, ce peu d'hommes qui est là s'en alloit debander, les forts qui sont necessaires à la closture du port point achevez. Et pource qu'aucuns pensent la force de ladicte ville estre extreme, ils ne considerent pas la deliberation qui fut prise, qui est de la clorre avec les susdicts forts, tant par mer que par terre; et neantmoins si mondit Sieur trouvoit qu'il y eust apparence de la forcer, pour abreger le temps menast l'artillerie pour en esprouver l'hazard; et où cela ne reüssiroit, les faire serrer avec les susdicts forts, afin de pouvoir degager sa personne de là avec partie des forces pour aller ailleurs où le service du Roy le requerroit. Partant mondict Sieur sans attendre le prin-temps, c'estoit retarder les deliberations du dehors, tant des Protestans, Anglais, qu'autres.

» Ainsi je dits que ces trois endroicts de La Rochelle, Guienne et Languedoc assaillis tout en un coup, cela les a gardé se mettre en campagne, se secourir l'un l'autre, et à défaut, de favoriser leurs negoces et affaires d'avec les estrangers. Quant à Sancerre, il fut advisé que sans incommoder les entreprises il estoit aisé de l'assaillir, en empruntant les forces de Picardie pour lors peu empeschées, qui est le regiment de Serrioul, cinq enseignes de Metz des vieilles bandes, et quatre ou six enseignes des nouvelles, et de l'artillerie, dont il y en a assez dans l'arcenac pour oster ceste petite ville, qui semble vouloir servir d'eschelle pour le secours qui viendroit d'Allemagne, et aussi un brigandage ordinaire pour les grands chemins.

» Or je conclus que ces quatre entreprises de La Rochelle, Guienne, Languedoc et Sancerre, pour les raisons que dessus, ont esté fort bien deliberées et pour le droict de la guerre, eu esgard aussi que le plus doit emporter le moins, qui est la force du Roy et sa bonne querelle, et que l'une des quatre ne doit estre levée ou retardée en façon que ce soit, si ce n'est par la force ou voye amiable, aussi pour eviter la defaveur que la moindre apporteroit si elle estoit abandonnée.

» Voila quant à l'entreprise qu'ils disent estre si mal considerée : et si cependant ceux de dehors [il s'entend les Protestants] vouloient envoyer quelque secours, Sa Majesté, avec ce qu'elle aura, peut faire arrester des forces en Allemagne; aussi la gendarmerie qui repose, et quelque renfort de Suisses, et ce qui se pourra tirer des susdicts quatre endroicts, se treuvera, au pis aller, une belle et grande armée de bonne heure debout pour les aller combattre jusques pres le Rhein, ou sur l'advenue qu'ils prendront : ensemble, sauf meilleur advis, que les choses sont peu à craindre, si ce n'est que le duc d'Albe vienne à faire la paix, d'autant que la faveur du prince d'Orange portera leurs forces en Flandres, lesquelles ne sont assez suffisantes pour les separer en France et Flandres, s'ils ne veulent estre battus. Si toutes leurs forces vont audict Flandres, comme il est à presumer, le duc d'Albe et le Pays Bas ne peuvent estre vaincus ny conquis en une saison durant laquelle Sa Majesté fera ses affaires : aussi s'il leur fait teste, et qu'il les contraigne, comme il a accoustumé, sortir dudict pays, et ils prenent le chemin de France, la susdicte armée du Roy les pourra aller rencontrer; et les trouvant harassez, il y a grande apparence de leur ruyne. Ainsi est necessaire que Sa Majesté poursuive d'asseurer son Estat pendant qu'ils seront occupez ailleurs. Et si ledict duc d'Albe fait la paix, faudra aussi regarder de prendre party. Cependant l'on en peut tousjours bien parler, pour, si lesdicts rebelles vouloient venir à la raison, Sa Majesté demeurant le maistre, sans toutefois perdre une seule heure de temps, s'ayder de la force, avec toutes les diligences extremes dont on se pourra adviser, car aussi bien est-ce tousjours tenir gens ensemble et prests, attendant les deportemens du dehors, mesme de l'Allemagne, où neantmoins il ne faut oublier de negocier vivement, afin de leur oster leur impression, et divertir leurs mauvaises entreprises si faire se peut.

Ainsi que les medecins, ne sachans les causes des maladies, les attribuent aux excès des malades qui n'en ont point fait; de mesme, quand il advient quelque malheur aux hommes, encores qu'ils se soient gouvernez avec prudence et prevoyance, amis et ennemis les blasment, nonobstant que s'ils fussent esté en leur place, ils ne pouvoient faire mieux. Plusieurs ne se repentent de leur conduitte, encore que la fin d'icelle soit desastrée, parce qu'ils jugent n'aller point de leur faute, et qu'ils ne pouvoient faire mieux pour lors, qu'il y a des coups du ciel et des causes incognuës ausquelles on ne peut resister, et en toutes les actions humaines divers chemins; que, quand ils eussent suivy celuy qu'ils ont laissé, il leur fust peut-estre advenu pis. »

Monsieur estoit esleu roy de Pologne, les ambassadeurs en France, au contentement du roy Charles, qui desiroit que son frere en sortist, luy estant resté ceste opinion que les Huguenots luy avoient gravée, qu'il ne seroit absolu qu'il n'en fust dehors. Il sceut que MM. d'Anjou, d'Alençon et le roy de Navarre estoient à l'armée mal ensemble, parce que M. d'Anjou descouvrit les broüilleries de son frere d'Alençon pour les Huguenots et mal-contents, de quoy il avoit adverty Sa Majesté : le Roy, n'y penetrant, comme il estoit necessaire, les reconcilie. Quelque intelligence qu'il y eust, La Rochelle estoit reduicte en necessité sans une barque qui y entra : il n'y avoit plus de poudre ; nous avions attaqué par le plus fort, et du costé mesme que, s'il eust esté au choix des Rochellais, ils nous eussent marqué : un grand fossé taillé dans le roc en precipice, un bastion avec une platte-forme, un grand rampart de quatre vingts pieds de large ; nous avions surmonté les trahisons, les forteresses et le temps ; il estoit mort trois mil hommes dedans ; ils se fussent rendus vingt fois sans les intelligences du dehors : le fossé estoit percé en quatre lieux ; trois grandes breches faictes, estions à vingt pieds au dessus du rampart, en toutes trois couverts de mantelets et galleries ; estions logez dans une tour, cinquante pas de courtine sur pilotis preste à renverser, deux ou trois mines en estat de joüer, les trois quarts du bastion de l'Evangile à nous ; ils ne pouvoient eviter leur perte quand il se propose une paix generalle ; le Roy la desire pour chasser son frere en Pologne, et n'eust voulu qu'il eust cest honneur de finir la guerre, au contraire qu'il perdist sa reputation.

La Royne, voyant son fils [sur qui elle s'estoit appuyée] en voye d'aller en Pologne, et qu'elle est forcée de se servir du duc d'Alençon dont les humeurs estoient contraires aux actions presentes ; qu'il y avoit infinis mal-contents par la France ; que M. d'Amville ne faisoit rien qui vaille en Languedoc ; qu'elle estoit en soupçon de plusieurs, craignoit d'estre contrainte de retourner à ses premiers artifices ; se souvient que, pour maintenir un gouvernement indirect, il faut nourrir les troubles et guerre civile : cela luy fait desirer la paix. M. d'Anjou, qui se fasche à La Rochelle, est aisé à persuader sur l'advis qu'il ne faloit ruiner les Huguenots entierement, à ce que s'il ne se trouvoit bien en Pologne, le roy Charles eust affaire de luy et eust subjet de le r'appeler ; que, le royaume de Pologne composé de deux religions, ce seroit donner une mauvaise opinion aux Polonais de vouloir opprimer les Huguenots, veu que la moitié d'eux estoient Lutheriens ; que pour estre bien venu en Pologne il faloit faire la paix en France ; qu'il faloit quitter l'un ou l'autre, ou la coronne de Pologne, ou la gloire d'avoir ruyné les heretiques ; à quoy il faudroit employer un grand temps ; et que cependant n'allant point en Pologne, ils procederoient à autre eslection ; que le roy Charles desiroit qu'il y allast, au defaut de quoy il le traverseroit et luy deviendroit ennemy. Ainsi de toutes parts se resout la paix honteuse au salut des Huguenots, que les evenements et malheurs de France favorisent.

J'allay, n'estant aagé que de dix huict ans, trouver M. d'Anjou, pour luy dire que le Roy ne perdoit qu'une ville, et que luy y perdoit son honneur et obscurcissoit toute la gloire qu'il avoit acquise au passé. Je le vis si resolu à ceste paix, que je ne luy en osay parler ; elle fut faite pour tous les rebelles de Languedoc et de Guienne, d'où il y avoit des deputez, estant promis seurté à tous les Huguenots, et exercice de leur religion aux villes qu'ils tenoient, à la charge qu'on n'entreroit point dans La Rochelle le plus fort. Ainsi d'un party ruyné, dissipé et du tout perdu, Dieu, pour nos pechez, permit miraculeusement qu'il fust restauré à la ruyne de ce royaume, pour servir de sujet aux troubles de la Ligue et punir nos pechez. M. d'Anjou s'en leva avec telle honte de ne l'avoir prise, qu'encores estoit-il plus honorable pour luy que de dire que les Rochelais l'avoient gagné et corrompu par argent.

La Ligue saincte presente la bataille à Lochelly, devenu general par la mort d'Ally ; il la refuse pour avoir defence de combattre et estre son armée nouvellement refaicte et non encores bien exercitée. Apres le siege de Navarrin, qu'on ne print point, les Venitiens monstrerent le peu d'asseurance qu'il y a aux desseins composez de plusieurs chefs qui ne sçavent profiter de la victoire. La bataille de l'Epante avoit fait voir aux Turcs qu'ils pouvoient estre defaicts sur la mer, diminuant leur audace ; seul fruict de ceste bataille, pour laquelle ne fut recouverte l'isle de Cypre, perduë l'année devant. Les Venitiens s'excusent de la paix sur la defiance des Espagnols, qui se couvrent des Français qu'ils croyoient leur vouloir faire la guerre, et furent contraincts faire mine d'entrer en Provence. Les Espagnols, de la mauvaise intelligence de la saincte Ligue, ont plus d'excuse que les Venitiens, parce qu'il est vray qu'il ne tint qu'à l'imprudence des Huguenots que la guerre ne leur fust ouverte.

Les mines mal-entenduës se renversent sur les entrepreneurs, servent quelquefois de peu d'effect ; elles laissent deux pointes sur lesquelles les assiegez se logent pour flanquer la bresche. Les peurs qui adviennent sans sujet, et sans apparence qu'elles deussent estre, sont attribuées à la mauvaise affection des soldats ou à ce qu'ils sont mal ordonnez, ou en soupçon de la valeur de leur chef et de la leur, ou en doute de trahison ; estiment et craignent leurs ennemis, se mesprisent eux-mesmes. Il s'y peut pourvoir ainsi : les chefs, ou un homme à la valeur duquel ils se fient du tout, doivent tousjours se treuver à la teste, porter l'alarme aux soldats sans la recevoir d'eux; leur faisant prendre les armes sans tumulte, tancent, injurient, frapent ceux qui se laissent prevenir de la peur, qui jettent de faux bruits et cris indecens; asseurent, enhardissent par paroles genereuses les tiedes; les ordonnent bien, à ce qu'ils sçachent à l'alarme ce qu'ils ont à faire, où marcher, où se ranger, qui les doit soustenir, et comme ils doivent combattre ; prevenir leurs opinions, desraciner leur peur par harangues et propos communs entre les soldats ; parlant mal des ennemis, mespriser eux, leurs capitaines, leurs desseins, et exalter les siens, leur faire croire qu'un en vaut dix.

Le roy Henry IV en a monstré l'exemple qui luy a reüssi : disoit toujours que les ennemis estoient defaicts ou qu'il les deferoit, avant qu'il y eust apparence ; disoient qu'ils demandoient paix, pardon et salut de vie : remplissant les soldats de si bonne opinion de luy et d'eux-mesmes, qu'il advenoit le plus souvent ce qu'il disoit, contre son esperance. Il ne se doit souffrir qu'aucuns prisent devant eux les ennemis en sorte que ce soit ; n'endurer que les peu vaillans et inexperimentez aillent à la guerre. Des petits malheurs s'engendrent les grands, et premier que d'assaillir ny de courir, se mettre en estat de se defendre et soustenir. De l'ordre, de la bonne opinion et des remonstrances, depend le moyen d'eviter ces terreurs paniques, tres-dangereuses s'il n'y est pourveu à temps et prudemment. Il n'y a rien de si contagieux que la peur : elle oste le sens et l'entendement au premier mouvement quand on est surpris, et s'aggrave et augmente grandement, voyant la peur et la fuitte de ceux qui sont proches et en mesme desordre.

La paix est necessaire aux roys, dommageable aux rebelles ; et d'autant que le roy Louys onzieme, les roys Charles et Henry IV l'ont bien entendu, s'en sont bien aydez, et de nouveau la royne Marie à l'endroit du prince de Condé et des princes ses adherans, d'autant y eust il d'ignorance aux maisons de Bourgongne, Bourbon, Coligny et de Lorraine, de faire la paix, se fier ou sousmettre à leurs ennemis, qui les ont abbaissé et ruïné apres. Il ne faut, s'il est possible, venir aux armes contre son prince ; mais lors qu'on a mis l'espée au poing, faut jetter le fourreau au feu, et ne penser de jamais l'en pouvoir retirer ; autrement, pour l'espoir de revenir au repos, il ne se fait rien qui vaille. La moins dommageable paix est celle qui laisse les armes en la main, et cantonne en lieu où l'on ne puisse estre opprimé, ou soudainement estre contrainct de recevoir commandements contraires à sa manutention, tant pour les finances que pour les armes : les roys recogneuz ont tant de pouvoir, que par la paix ils dissipent les factions. Qui a esté declaré ennemy de Leurs Majestez, puis les obeyr, c'est estre soumis à ses contraires, c'est presage de mort et de perte, laquelle n'advenant, c'est vivre sans honneur, pouvoir, grades ny autorité, tousjours en danger, en mefiance, estant licite aux superieurs d'oster la vie quand ils veulent inventer nouvelles offences pour avoir pretexte de venger les vieilles injures. Demeurant fort en paix, l'on est asseuré, et foible, mesprisé ; infinis affronts, hontes, reproches adviennent : voir ses amis, ses parens et ceux qui ont esté de son party aux prisons, aux gibets, sous de nouveaux pretextes journellement oppressez, la mort est plus douce que l'accord.

Plusieurs disent qu'il valoit mieux que M. du Mayne beust de poison que la paix, ayant survescu sa fortune, abandonné de tous, sans seurté qu'aux pieds de ses ennemis, et à leur misericorde. Il y deux sortes de se soubmettre aux princes nos souverains : se jetter du tout entre leurs mains, ou que par la paix ils demeurent en creance de ne pouvoir ruïner le party contraire sans hazarder le leur. Deux exemples sont presents : l'un de ceux de la Ligue, qui se sont soubmis par la paix du roy Henry IV, d'autant plus durable qu'ils ont moins d'honneur et de pouvoir ; et des Huguenots, qui subsistent en opinion du prince de ne les pouvoir aisement ruïner, non qu'ils laissent pourtant d'estre en peril ; et si le Roy, pour avoir esté avec eux, ne les favorisoit, ils courroient à leur ruïne en l'estat auquel ils sont. Iceux font voir la faute de M. du Mayne, qui pouvoit demeurer avec son party entier, pour recommencer quand il luy eust pleu, au lieu qu'il a donné temps au Roy de traicter avec tous les particuliers qui l'ont laissé seul ; et le pis est qu'en traictant ils sont tellement offencez, qu'ils ne se peuvent rejoindre à luy. La paix est doncques profitable aux roys, et dommageable aux rebelles, et si les Huguenots se sont bien treuvez de plusieurs paix, la mort des roys, les intelligences de la Cour, mauvais gouvernement des Catholiques en sont cause : ce n'a pas esté par faute de faire la paix que M. du Mayne s'est perdu, mais pour avoir pensé et esperé à icelle, qui l'a empesché de faire absolument la guerre, regardant tousjours trop comme il en pourroit sortir. Pour traicter avec les souverains offencez, faut s'esloigner de les plus voir, ou demeurer fort, ou se jetter à leurs pieds, toutes lesquelles conditions ne vallent guiere.

En guerre, qui entreprend a l'avantage: le premier coup en vaut deux, il estourdit et affoiblit les membres necessaires à ses ennemis; pour se defendre les empesche à se parer et les garde d'assaillir; l'agresseur fait les preparatifs et intelligences telles qu'il les veut: pareillement à la guerre, ceux qui viennent au combat et chargent les premiers ont l'avantage, portent plus de terreur et plus de valeur.

Les ennemis reconciliez sont dangereux : ce qui a esté peut estre; c'est imprudence d'employer celuy qui vient d'abandonner son party pour venir en un autre, sans bien considerer le sujet qu'il en a. Des enfans ni des fols n'eussent creu La Noüe qui promettoit de faire rendre La Rochelle; estant plein d'injures recentes, ayans esté massacrez tous ses amis, parens et chefs de party, sa trahison estoit excusable. Ceste fiance n'a nuist au roy Henry IV; par son extreme bonne fortune tournoit à son profit toutes les regles et maximes d'Estat, qui, estant violées, en eussent ruïné plusieurs autres; son bon heur a tourné les poisons en medicamens salutaires; et s'est treuvé bien peu de ceux de la Ligue qui luy ayent manqué, quoy qu'imprudemment le lendemain qu'ils s'estoient mis avec luy il se commettoit dans leurs mains; mais Dieu avoit ordonné de sa conservation pour lors.

Ainsi que les petits modelles ne reüssissent en grands, ainsi il y a de la difference entre ceux qui ont commandé aux grandes armées, et à ceux qui en ont conduit des petites. Tel menera cent chevaux, qui n'en sçauroit mener mille; tel mil, qui ne pourra conduire une armée; aucuns ne sçauroient rien faire qu'en leur païs; tirez les en, ils se perdent en confusion; et ne faut penser qu'un homme qui fait bien en un gouvernement face bien partout. J'ay cogneu en opinions contraires plusieurs princes qui y ont esté trompez. Ceux qui font dans les grandes armées reüssissent par tout. J'ay veu aux guerres huguenottes et de la Ligue les vicomtes Mouvant, Mombrun, Montluc, Viques, Les-Diguieres, Sainct Vidal et plusieurs autres, qui faisoient merveilles aux provinces, et demeuroient muets dans les grandes armées : le bien commander à icelles ne s'acquiert du tout par experience; il y faut du sens naturel beaucoup; et ceux qui reüssissent dans leurs petits gouvernements, et nommément dans les montagnes, comme Les-Diguieres, c'est parce qu'ils sçavent les chemins, les destours et les païs: ostez les de là, ils sont pareils aux escoliers, qui, pour avoir apris une partie d'un livre par cœur, pour le sçavoir bien reciter, et n'en sçachant point d'autres, ne peuvent estre dits sçavants.

Un general ou capitaine, pour haine qu'il porte à ses envieux, sous esperance de conduire quelque menée pour se venger d'eux, ne doit favoriser ses ennemis par levée de siege, composer en une place ou ailleurs, faire durer la guerre, ne combattre point en dessein de se venger de ses malveuillans : c'est se venger de soy-mesme par la perte de son honneur; laisser le general pour offence particuliere, c'est ruyner son honneur, qui doit estre plus cher que toute autre passion. Qui se leve par paresse ou desir de repos de present, en espoir de faire en un autre temps meilleur effect, qu'il considere si la perte du present certain est plus prejudiciable que l'evenement fortuit : ce qui se pert presentement ne se peut recouvrer semblable. L'armée doit estre opposée à l'armée; et que la peur ou la vengeance contre ceux du mesme party ne nous forme des excuses pour s'esloigner. Tous ceux qui entreprendront contre l'Estat, et n'ont moyen de disputer la campagne, se perdront dez l'heure qu'ils seront reduits sur la defensive dans les villes; et ne faut croire qu'une d'icelles veuille souffrir la rigueur de la guerre pour le salut des autres : s'ils estoient possedez de grande quantité de gens de guerre, encore se rendroient-elles les unes apres les autres : les armées, quelque foibles qu'elles soient, si elles ne demeurent en presence de leurs contraires, les fortes font des extremes progrez à leur perte.

Il n'y a nulle ville imprenable sans secours; le plus emporte le moins : l'esperance que l'on avoit au passé aux frequens changemens de la France, faisoit tenir six et sept mois les assiegez, aussi que l'on n'entendoit pas alors le moyen de les prendre. Si les Rochelais n'eussent esté advertis par les intelligences du dehors, s'ils se fussent peu fier en la foy des roys, ils n'eussent resisté; ainsi leur incredulité les sauve. Que l'on ne se precipite point; qu'on marche pied à pied, faisant les tranchées fortes, flanquées et en bonne defense, l'on se rend maistre des dehors, de la contrescarpe, avec le temps du fossé et du rempart. Se contenter d'avancer trois et quatre pieds par jour; sur la fin tenant les gardes fortes, empescher les desastres et desordres; n'envoyer plus de vingt ou trente hommes pour gagner un avantage, bien soustenus; et faire le logis avec le pic et la palle, aidé, favorisé des canonnades, n'hazardant qu'à propos, conservant la reputation et le courage des siens : toutes forteresses sont prenables si elles ne sont secourues d'une armée entiere. Tous lesquels admonestemens pour la guerre j'escris pour servir à mes proches parens.

Henry troisieme, roy de France, et François duc d'Alençon son frere, ont eu les plus belles fortunes que prince pourroit souhaiter, s'ils s'en fussent sceu prevaloir. Le roy Henry, encores qu'il voluptueux et addonné à ses plaisirs, avoit esté assisté de si bons capitaines estant jeune, qu'il avoit acquis grande reputation aux victoires de Jarnac et Montcontour : favorisé de tous les soldats et noblesse de France, aymé de sa mere, royne puissante, fut par sa bonne reputation esleu roy de Pologne; s'il se fust opiniastré à La Rochelle, il l'eust prise, eust emporté en Pologne tout l'honneur de la France. Il treuvoit bonne son election au commencement, et s'en degousta tost apres, envoyé par la violence de son frere : les Huguenots ont voulu dire qu'il luy fut promis qu'il n'y demeureroit guieres, sous l'espoir de la mort du roy Charles, laquelle advenue, le voilà roy des deux royaumes. Il eust peu persuader aux Polonois de le laisser venir en France, leur promettant de retourner, laissant le commandement aux palatins, chacun en sa province; et quand bien il eust esté contrainct de s'en venir comme il fit, les Polonnais l'attendirent deux ans avant que proceder à la nouvelle election, luy donnerent moyen d'executer ce à quoy sa bonne fortune le convioit.

Arrivant en France, il devoit donner la paix aux Huguenots, se coronner, s'asseurer de ses freres, laisser sa mere regente, dresser une armée contre le Turc; en mesme temps l'empereur Maximilien mourut, et, ayant des forces sur pied, il eust donné un grand coup de l'election imperialle; faire courir le bruit qu'il alloit contre le Moscovite, entrer en armes en Allemagne pour s'en retourner en Pologne; les Allemands, voyant les forces pres d'eux, l'eussent esleu empereur, aydé de l'argent et conduite qu'on y eust employé. Mener ses freres, beaufreres, princes, et tous les remuans et capitaines, pour eviter les mouvemens en son absence. Et quand il ne fust esté esleu empereur, joint aux Ongres et Allemands, il pouvoit entreprendre de donner une bataille aux Turcs; eust tiré cinq mil chevaux et vingt mille hommes de pied français, vingt mil Suisses, pour cest effect; du moins il eust maintenu les deux royaumes, ou fust esté empereur, et eust tanté le dessein de Turquie. Quand il se fust perdu en ces genereuses entreprises, c'eust esté plus honorablement que perdre son royaume et sa vie, comme il a fait depuis, s'amusant à se defendre au lieu d'assaillir. Tout aydoit à ceste entreprise : Selim mourut, laissa Amurat, son fils, ignorant; l'empereur Maximilien ensevely en ce mesme temps. Pour embrasser ces hauts desseins les courages eslevez sont necessaires, lesquels Dieu ne donne qu'à ceux qu'il luy plaist, et quand il veut abaisser ou exalter les coronnes. Ce prince en portoit deux en sa devise, avec ces mots : *Ultima manet in cœlo*, temoignant ne vouloir rien entreprendre davantage; perdit premierement la couronne de Pologne, apres celle de France, et mit en doute la troisiesme.

Les princes, generaux et conducteurs des armées qui demeurent plus en chambre qu'à cheval, ne font rien qui vaille; il faut tenir les conseils armés, tousjours agir. Tel estoit M. de Guise, tel le roy Henry IV; le roy Henry III et M. du Mayne, au contraire, tenans leurs conseils emplumez aux cabinets, armez en campagne. Pour conserver faut, cependant que leurs ennemis estoient, entreprendre; entreprenant on est sur ses gardes, et celuy que l'on assaut n'entreprend, pour n'estre occupé qu'à se defendre, et qui assaut est souvent victorieux.

M. d'Alençon, ambitieux, inconstant, pour n'avoir participé à la Sainct Barthelemy favorisa le prince de Condé, ceux de Montmorency et les Huguenots : son frere estant en Pologne, il resout de prendre les armes avec les mal-contans et Huguenots, se declarer chef des Estats opprimez de la chrestienté. Son entreprise est descouverte, Mongommery pris en Normandie, et luy tenu au bois de Vincennes demy prisonnier du roy Charles, accusé d'avoir voulu entreprendre sur Sa Majesté à Sainct Germain, dequoy il y avoit apparence, par quatre cens chevaux huguenots qui donnerent jusques là aupres. En l'an 1574, le Roy malade, ceste descouverture donne moyen à la Royne de faire mettre prisonniers, avant la mort de Sa Majesté, les mareschaux de Montmorency et de Cossé, retenir prisonniers M. d'Alençon et le roy de Navarre; faisant terreur à ceux qui voudroient entreprendre d'emmener des enfans de France, par l'execution de La Molle et Coconnas, qui l'avoient entrepris.

Le Roy mort, la Royne mene prisonniers lesdits sieurs d'Alençon et roy de Navarre au devant du roy Henry troisiesme, qui venoit de Pologne; depuis, faisant bonne mine, ils eurent liberté à son arrivée en France. Continuans leurs pratiques, M. d'Alençon s'en alla de la Cour, et les princes de Condé, la maison de Montmorency et tous les Huguenots prindrent les armes avec luy, descouvrant la pratique de long temps commencée; se joignent à Casimier, qui amene huict mil reistres, marche droict à Paris. Le roy Henry troisiesme, conseillé de faire la paix, accorde tout ce que son frere veut : les duchez d'Anjou et de Berry luy sont donnez pour augmentation d'apennage, seurté des Huguenots, et tenue des estats generaux en France. S'il ne fust point venu à la Cour, et se roidir contre les artifices de sa mere, patienter avec les Huguenots, mettre les estats generaux en toute force et liberté, qui eussent osté les imposts et subsides, lesdits estats n'eussent eu l'œil qu'à luy ; infailliblement il se fust fait grand duc des Français, laissant le Roy son frere avec peu d'authorité ; fust esté appellé des Estats de Flandres, et de tous les autres oppressez par les princes d'Italie, eust eu toute puissance en la chrestienté, eust esté nommé le dompteur des tyrans, vray Hercules, selon son surnom, comme ayant vaincu les monstres.

Au lieu de cela, il se laisse gagner à la Royne, qui le menace que le Roy se jetteroit entre les bras de M. de Guise à son prejudice ; se laisse vaincre aux voluptez, aux femmes que sa mere luy donne. L'imprudence huguenotte aide fort à rompre ce beau dessein, estant en telle defiance, qu'ils vouloient voir tout ce qu'il escrivoit et faisoit, et s'estoit picqué avec Bussy, mignon dudict sieur d'Alençon, taché du sang de son cousin, marquis de Resnel, qu'il tua à la Sainct Barthelemy, lequel Bussy, offencé des Huguenots, le divertit. Tellement que Monsieur, faisant le malade, eut la paix pour luy en augmentation d'apennage ; promet secretement la ruïne des Huguenots qu'il avoit assistez, et de rendre vaine l'assemblée des estats ; luy ayant esté monstré qu'il y avoit interest, parce que le Roy n'avoit point d'enfans, il pouvoit obtenir la couronne ; et luy faisoit-on peur de M. Guise, duquel le Roy disoit estre contrainct se servir au defaut de luy.

La paix faicte, les reistres renvoyez, les Estats furent convoquez à Blois, et pour les empescher de mettre quelque ordre, et de lier les mains au Roy, la guerre des Huguenots est resoluë, dont est declaré chef M. d'Alençon, assisté de gens qui l'induisoient à bruslemens et cruautez contre les Huguenots, pour le rendre irreconciliable avec eux. De là vint que la reformation qu'on pretendoit par les estats, et rabais des subsides, tourna en fumée, et le fruit de ceste entreprise fut l'origine de la ligue de Peronne. L'extinction d'une guerre est source d'une autre plus grande : laissant la querelle juste qu'il avoit de demander le bien et descharge du peuple du royaume, il monstre n'avoir rien entrepris que pour son particulier ; et ne fit rien qui vaille depuis.

Toutes les villes qui firent la Sainct Barthelemy et tuerent les Huguenots, pour obeïr au Roy et chercher les moyens de paix, sont celles qui ont esté les premieres à commencer la Ligue ; la raison y est apparente, parce qu'elles craignoient que le roy de Navarre, venant à la couronne estant huguenot, ne les recherchast pour ladicte Sainct Barthelemy ; ainsi pensant en vain estouffer une guerre, s'en enflame une autre.

Dieu par les pechez destrone les roys, et assit souvent leurs vallets en leurs places ; et quand apres il est satisfaict par repentance ou chastiment, il restablit Leurs Majestez en leurs royaumes ; souvent, estant resolu de les ruïner revoque sa sentence, comme celle de ceux de Ninive. Il nous a donné liberal arbitre, sa bonté nous admonneste de nostre devoir : le prognostic de guerre sont les pechez des princes et des peuples, ainsi que le sang et les larmes respanduës, les maux soufferts, lamentations et prieres des affligez, sont avantcoureurs de la paix : humainement nous voyons plusieurs fautes, dont si nous en eussions evité une nous ne fussions esté ruynez ; et y pensant, nous advoüons que quand nous les faisions nous estions possedez d'ailleurs que de nous, ou avions perdu l'entendement, parce que les idiots ny enfans n'en eussent faictes de pareilles, nos jugemens rendus si infirmes que le blanc nous paroissoit noir ; les raisons estoient cachées, le faux en evidence ; prenions le mauvais chemin pour le salutaire.

Cela fait croire que le mal ne vient du tout de nous, ains de la punition de Dieu qui nous sille yeux et oreilles, souvent conduicts comme si nous songions. Nous recognoissons quelquesfois nos manquemens, et voyons que nous ne sommes en bon estat ; mais nous y sommes tirez par secrets jugemens de la divinité, et semble que nos pieds nous portent mal gré nos intelligences, s'il est permis de referer aux conduittes humaines les fautes d'Estat, lesquelles non faictes eussent changé les evenemens.

Aucuns disent qu'il fut facile aux Huguenots de faire la guerre, treuvant les roys pupiles, une royne ambitieuse favorable, le royaume en deux factions, deux grandes maisons ennemies, le pretexte de la religion specieux, les subjects aguerris mal contents de la paix et reddition des villes aux Espagnols. La mesme facilité fut d'abbaisser les Huguenots lors que chacun se faschoit de la guerre, que les roys furent majeurs. Il fut aussi aisé à ceux de la Ligue [ayant la Royne pour eux, les peuples ennuyez de subsides, un Roy fort timide et beaucoup de gens mal-contents, des mignons hays en credit] d'entreprendre, combien qu'il y treuverent plus de difficulté que les Huguenots, pour estre le roy Henry III majeur. La facilité de ruyner la Ligue advint, parce que la chance fut tournée, les commandements sous M. de Guise genereux et actifs au commencement contre un roy craintif et aymant le repos, changez à la fin sous Henry IV, semblable en actions à M. de Guise, contre M. du Mayne, lequel estoit pareil au roy Henry III au desir de volupté, timidité et repos; les peuples fort las de la guerre, les partisans en meffiance, practiquez par dons et promesses qu'ils estimoient seures parce qu'elles estoient avec la paix, et celles de M. du Mayne par la continuation de la guerre [à quoy il estoit necessité] incertaines et perissables.

C'est cruauté de punir les enfans pour la faute des peres, il ne faut se mesurer à Dieu, qui dit qu'il chastiera l'iniquité des peres sur les enfans jusques à la troisiéme generation ; ce qu'il fait pour exemple et terreur des pecheurs, parce qu'il a le moyen de recompenser les innocens qu'il fait souffrir au monde pour participer à la gloire eternelle, et que les offences envers la divinité sont tout autres qu'envers les hommes. Ainsi que l'on cherche le bien, les grades et honneurs pour agrandir ses enfans, de mesme se doit craindre de faillir, pour la honte et pauvreté dequoy ils heritent : il n'appartient aux hommes de punir les innocens pour les pechez des peres, n'ayans moyens de les recompenser de la vie eternelle.

Le roy Henry IV n'a laissé de practiquer ceste vengeance contre nous, enfans du sieur de Tavannes, qu'il accuse avoir esté conseiller de la Sainct Barthelemy. Je le ressens en particulier, soit à cause qu'il haïsse ce qui en est venu, ou que les Huguenots empeschent Sa Majesté [qui se veut maintenir avec eux] d'avancer ceux qui en sont descendus. Entre tous ceux de la Ligue le Roy ne m'a tenu promesse, tant de l'estat de mareschal de France que de vingt et deux articles de ma capitulation, cause de ma prison, sans sujet, en la Bastille. Et pour plus ample preuve, le sieur de Tavannes mon frere l'ayant aussi bien servy que je l'avois desservy, il luy a osté la lieutenance de Bourgongne : ces mesmes raisons luy ont fait assister les ennemis du sieur de Mortemart, fils d'une fille du sieur de Tavannes, comme s'il en hayssoit la race. C'est injustement : quand ainsi seroit que mondict sieur de Tavannes fust seul cause de la Sainct Barthelemy, ce n'est à un roy de France de venger les injures d'un roy de Navarre; et par raison d'Estat devoit faire pour nous, afin que, sans exception ny crainte de l'advenir, ses serviteurs le servissent et le conseillassent ainsi que le sieur de Tavannes avoit fait ses predecesseurs, à la manutention desquels il potposoit toutes choses ; aussi que ces petites actions tesmoignent qu'il se souvient du passé. De plus il est obligé de sa vie au sieur de Tavannes, qui ne voulut acquiescer à l'opinion de ceux qui concluoient sa mort et celle du prince de Condé.

Heureux qui supporte les injures par respect de Dieu, et pour ne vouloir mettre la guerre parmy le peuple, encor qu'il ait les moyens faciles de pourvoir à son mescontentement ! MM. de Bourbon, de Montmorency et les Huguenots, par la promotion du roy victorieux à la coronne, sont advancez ; ceux de Guise, les Catholiques qui les ont suivis, et leurs partisants, sont vaincus et reculez par leurs fautes, mal-heur ou punition divine. Il ne faut trouver estrange ce qui nous advient de mal en nos estats et biens, et loüer Dieu de ce qu'il n'advient pis, sans que pour nostre particulier nous troublions le general du peuple sur divers pretextes, dont le chastiment et punition suit de pres l'offence.

La vertu est subjecte à fortune ; les plus gens de bien, nonobstant leur preud'hommie, foy et pieté et valeur, tombent en envie, disgrace et inconvenients : l'exemple en est de Caton, de Galba, et d'autres en la France, qui ont plus de merite mil fois que ceux qui sont advancez par les roys et les princes.

La verité ne se peut assez loüer, ny le mensonge blasmer, sans lequel il ne se commettroit guieres de pechez. Si les hommes sçavoient estre forcez de leurs consciences à confesser leurs fautes publiquement, ils en feroient peu, tant par la crainte de la justice que pour la honte qu'ils auroient d'advoüer leurs vices.

Ceste verité est si forte, qu'elle se fait voir mal-gré tous artifices, tromperies, faux tesmoignages, bruicts et calomnies ; et encor qu'elle demeure quelque temps cachée, enfin tout se descouvre. C'est par elle que les cieux nous sont ouverts, elle est la mesme divinité qui permet qu'au lieu de blasmer ceux que les meschans veulent atterer, ils les exaltent : ainsi les diables sont contraincts de confesser par leur bouche le pouvoir du Seigneur ; les tromperies qu'ils employent à l'obscurcir sont autant de clartez qui l'illuminent : verité qui esclatte mal-gré les hommes parmy les hommes. Les Huguenots, ennemis du sieur de Tavannes, l'accusent qu'il estoit du conseil de leur massacre à la Sainct Barthelemy ; qui fut une telle playe et ruyne pour eux, que non seulement ils essayerent de s'en venger par armes et cruautez, mais aussi par escrit et libelles. Ils firent un livre en l'an 1577, intitulé *le Tocxain des Français,* par lequel au son de la cloche ils appellent tous les princes chrestiens à venger leur injure et pensant dire mal du sieur mareschal de Tavannes, ils sont contraincts d'en dire du bien, tant de sa valeur que de sa prudence, qu'ils font tesmoigner de la propre bouche du roy Charles; et en voicy les mots au feuillet 47 du livre intitulé *le Tocxain des Massacreurs.*

« Le sieur de Telligny, qui manioit en partie les negoces de Flandre, parlant un jour au Roy des moyens qu'il faudroit tenir en ceste guerre, et de l'esperance qu'il y avoit de la voir executer à son advantage, le supplia instamment qu'il tinst la chose secrette, sans en rien communiquer à la Royne sa mere, pour les raisons que dessus : ce que le Roy promit de faire, voire avec serment reiteré. Et sur ce, apres avoir entendu toutes les particularitez qui luy furent proposées, il commença à discourir sur la difficulté qu'il trouvoit sur l'exécution, d'autant qu'il ne la pouvoit entreprendre seul; et s'il disoit n'avoir personne à qui il se peust fier, tant pour avoir conseil que pour servir de secretaire à faire les depesches qui seroient requises; « car, disoit-il, le mareschal de Tavannes est homme de bon conseil; mais je crains qu'ayant esté lieutenant de mon frere, et eu quasi l'honneur des dernieres batailles, il ne soit jamais d'advis qu'on entreprenne une nouvelle guerre, pour l'envie qu'il a de demeurer le dernier victorieux: ce qui ne seroit, si quelqu'autre que luy faisoit nouvellement un nouveau service qui fust de consequence comme estuy-cy. »

Voulant dire du mal, il ne loüe seulement le bon conseil du sieur de Tavannes, mais aussi luy attribue les victoires de Jarnac et de Moncontour. Semblablement le Plessis-Mornay, desirant blasmer M. de Guise apres sa mort, loüe sa vigilance et valeur, en son livre intitulé *Estat des affaires de France*, où il le compare à Cesar, un des grands capitaines qui ait esté. Ainsi la force de la verité est si puissante, qu'elle contraint les ennemis à la confesser.

Ceux qui ont prolongé leur inimitié jusques apres la mort ont esté empeschez à sçavoir comme ils se pourroient venger apres la mort de leurs ennemis; aucuns faisant le procez aux trespassez, pendant ou bruslant leurs os, faisoient contre eux-mesmes : la punition d'un mort est de n'en faire mention et l'oublier. Si ce qu'il a fait a esté pour acquerir gloire, l'en punissant ou en faisant demonstration, c'est en augmenter la memoire, et laisser en dispute à la posterité la justice de l'entreprise du defunct. La pyramide de Chastel fait qu'il sera long temps parlé de luy, et, encores que son entreprise fust meschante et injuste, il laisse à penser à ceux qui nous succedent s'il avoit raison en ce qu'il entreprenoit en si bas aage : ce qu'ayant esté cogneu, depuis que j'escrits, par le Roy, il a fait abbattre ladicte pyramide pour en oster la memoire.

Ce qui nuit et ne sert se doit laisser; il y a eu couverture à l'alliance que le roy François avoit avec les Turcs [si couverture peut estre] de proposer le bien de son Estat à celuy de la religion chrestienne : Sa Majesté disoit estre contrainct à ceste alliance pour estre l'Allemagne, l'Italie, l'Angleterre, l'Espagne et les Pays Bas, conjurez contre luy, à quoy il ne pouvoit resister sans l'assistance des Turcs; qu'il est loisible de s'ayder de toutes armes pour se garder des meschans par leurs semblables; que l'Empereur avoit recherché en vain ceste mesme alliance dont il le blasmoit : foible ayde des Turcs, qui apporte plus de blasme que de secours, plus de malediction que de benediction. L'armée venuë à Nice ne fit rien; si celle d'Hongrie divertit l'Empereur, il y mit soudain ordre, et ne laissa d'attaquer la France. Maintenant ces pretextes sont cessez; il n'est plus de grand Empereur; l'Angleterre et la Flandre sont contre le roy d'Espagne; il n'est necessaire à la France d'entretenir la paix avec le Turc, puis qu'elle ne sert qu'à provoquer l'ire de Dieu : que s'il la faloit maintenir, il faudroit que ce fust pour les tromper comme infideles, espier leurs ports, leurs actions; donner les advis à tous les princes qui entreprennent contre eux, ou du moins en tirer plus grand profit, et que nul Chrestien ne peust trafiquer avec eux que sous la banniere de France; qui seroit cause que toute la marchandise du Levant passeroit par les mains des Français; autrement c'est estre meschant avec peu de fruict : il vaudroit mieux leur declarer la guerre et avoir cinquante galleres. Ils ne peuvent attaquer la France que par quarante lieuës de terre, aisées à defendre, pour la contrainte de passer par devant les forces d'Italie et d'Espagne. Les Français peuvent faire descente à leur prejudice depuis Ragouze jusques au destroit de Gilberta, pays maritime qui contient plus de quinze cents lieuës, et là, à la gloire de Dieu, sans peché, purger et guerir le mauvais sang qui engendre la guerre civile en France. Et seroit la guerre contre eux profitable, en ce qu'il va tous les ans plus de cinq cens mil escus dans leur pays pour des marchandises non necessaires, et lesquelles on pourroit trouver plus abondamment du costé des Indes et de la mer oceane au profit des Chrestiens, sans enrichir les infideles.

Les advis des offencez, bannis et interessez, ne doivent estre creuz ny rejetez du tout, ains les balancer avec raison. Ceux qui sont sans passion et ont de la prudence, doivent estre juges, non ceux qui les hayssent ou favorisent ; et iceux sont fort aysez à cognoistre, tant pour leurs actions passées que pour les presentes, examinant l'interest qu'ils ont à ce qu'ils conseillent. Mais aussi ne faut-il pas, sous le soupçon que l'on a de leurs inclinations, rejetter leur conseil entierement ; mais au contraire faut examiner avec la raison leurs propositions. Vray est il que grandement leurs conseils et promesses sont suspectes, ne desirant qu'embarquer les personnes, et apres leur faire cognoistre par effect qu'ils y sont pour leur propre peril.

Le sieur de Tavannes, voyant ne pouvoir recouvrer santé, et qu'il estoit inutile, il va la chercher en sa maison, avec le moyen de servir encore une fois. Il blasmoit les fautes qui se faisoient à La Rochelle ; sorty d'une maladie de six mois, demeure quinze jours sain au chasteau de Suilly, retombe d'une puresie ; extenué de travaux et maladies, se defie de geurir, cognoist la Cour, craint de perdre ses estats pour ses enfans ; envoye proposer au sieur de Retz le change du gouvernement de Provence à celuy de Metz, qu'il desiroit demeurer à son fils aisné. Lediet sieur de Retz s'y accorde soudainement, et promet douze mil escus de plus ; de quoy le sieur de Tavannes adverty est l'advis d'y r'envoyer incontinant, pensant mourir ; il ne manquoit que ses signatures, le sieur de Retz avoit envoyé les siennes. Madame de Tavannes ayme mieux le bien present et incertain pour elle, que l'advenir pour les siens : son mary, se portant mieux, se roidit contre l'eschange ; elle l'emporte, dont advint la perte de gouvernement à ses enfans.

Un mois passé, plusieurs manquements de crises et accidents arrivent, qui menassent le sieur de Tavannes de mort. Ce fut à renvoyer en diligence à La Rochelle, où j'estois, pour employer le roy de Pologne pour nous. Le malheur veut qu'un medecin infidelle, nommé le Doux, advertit à la Cour que le sieur de Tavannes mourroit, tellement que, sur les lettres que le sieur de Retz escrivit depuis La Rochelle pour le change, la Royne luy respondit qu'il eust patience, et que la chandelle s'esteignoist ; que sans argent ny change du gouvernement il auroit ce qu'il desiroit. Le sieur de Tavannes ne se doute de la trahison du medecin, resout de mourir en agissant, fait force blancs signés, dit à sa femme et à ses serviteurs : « Je cognois la Cour, mes enfans perdront tous mes estats. Je vivray huict jours ; aussitost que je seray mort n'envoyez point querir de baume aux villes, ny n'estre decouvert ; sallez mon corps secrettement, et me faites servir ainsi que si je vivois, jusques à ce que l'eschange des gouvernements soit admis, et que mon fils aisné ait le gouvernement de Metz, le jeune la lieutenance de Bourgongne. » Le Roy, pour estre asseuré de la santé, à la sollicitation de la Royne et du sieur de Retz, envoye Charron, son vallet de chambre, voir comme il se portoit. Luy, à quatre jours de sa mort, prevoit à quel dessein Leurs Majestez envoyent vers luy, qui estoit pour ne rien donner à ses enfans si sa mort estoit inevitable ; il se fait habiller et asseoir en son lict, prend du vin comme s'il se fust bien porté ; discourt à ce vallet de chambre des affaires de l'Estat et des siens si fermement, qu'il demeure en creance entiere qu'il se portoit bien, le dit ainsi à la Cour ; qui fit que les lettres du gouvernement de Provence furent depeschées pour le sieur de Retz, celles de Metz et de la lieutenance de Bourgongne pour mon frere et pour moy ; n'estant ny l'un ny l'autre à la Cour, le chancelier retint nos lettres.

Le sieur de Tavannes empire, combat la mort ; disoit qu'il avoit desiré estre compagnon des princes et premier en l'Estat ; maintenant qu'il y avoit atteint, il n'en jouïssoit pas ; toutesfois qu'il se conformoit à la volonté de Dieu, se preparoit chrestiennement. Demandé par un serviteur, le voyant tant resolu, s'il ne desiroit pas revenir en santé, « Non, dit-il, j'ay eu beaucoup de peine de faire les deux tiers du chemin, lequel, si je guerissois, pour r'approcher la mort il faudroit encore refaire. » Il se confessa sans faire mention d'avoir adheré au conseil de la Sainct Barthelemy, contre des rebelles qui s'estoient precipitez à leur malheur malgré que Leurs Majestez en eussent ; ordonna qu'on rendist, ou que l'on ne prist rien d'une abbaye qu'il tenoit du Roy ; forcé de manger, ne peut porter sa main à sa bouche, juge sa mort ; respond à la demande de son enterrement, que ce fust sans pompe, aupres de son frere de Villefrancon, en l'eglise de Suilly ; si pour la posterité on le pensoit utile, qu'ils le fissent enterrer en la Saincte Chappelle, où maintenant il est eslevé. Il fit appeller sa femme et son fils : dit à l'une : « Que te diray-je, sinon que tu es des plus femmes de bien du monde ? ce n'est pour t'admonester, mais pour te dire adieu que je t'appelle. » Dit à son fils : « Sers et crains Dieu, qui m'a tiré de tant d'hazards et mis à honneur ; sois serviteur de Roy ; obeys ta mere. Tu en diras autant à ton frere ; je vous donne ma benediction à tous deux, que tu luy porteras de ma part. » Il sembloit, à le voir, que la mort ne touchast : prest à rendre le dernier soupir ses serviteurs effrayez se retirans en pleurs, dit : « Ne bougez, ne me laissez mourir ainsi »; estend le bras vers la croix, la baise et meurt.

Nous levions le siege de La Rochelle quand je sceus sa mort, qu'il faloit celer jusques à ce que nous eussions les despesches des gouvernemens susdicts. J'obtins lettres de M. d'Anjou pour le change, comme si mon pere eust vescu. Arrivé à la Cour, j'y trouve mon frere avoir essayé en vain de retenir du chancelier les lettres du gouvernement de Metz, par un advis qu'un secretaire, nommé Guerin de Mascon, donna de la mort de son maistre, non tant par infidelité que pour le desir qu'il avoit de faire ses affaires. Nous demandons ces lettres des gouvernemens au Roy, que sçavions estre toutes scellées entre les mains du chancelier. Sa Majesté veut que soyons contents de six mil livres qu'il nous donne de pension; dit que nostre pere n'estoit tant que nous en l'aage que nous avions lors. Je responds [jeune que j'estois] que nostre pere n'estoit fils du mareschal de Tavannes comme nous, auquel la Coronne estoit tant obligée. Nous n'obtinsmes rien d'avantage, tant les roys se souviennent peu des services des morts. Ce coup fut grief, nous perdismes cent mil francs de gages et d'estats annuels, dont nostre pere n'avoit jouy que six mois; despendismes cinquante mil escus en voyages, maladies, larcins et toute sorte de perte; je demeuray sans charge ny estats, aagé de dix huict ans.

Il est malaisé de celer un mort, pour les changemens qui adviennent : c'est lors que chacun croit estre quitte du serment qu'il a à la main, vise et pense à nouvelle fortune, offencez de celle qu'ils n'ont trouvée telle qu'ils se figuroient; le moindre changement est soupçonneux. Pour le celer, dés le commencement de la maladie il en faudroit avoir empesché la veuë : cela ne se peut parce que lors la santé n'est desesperée : les hommes sont enclins à sçavoir et dire des nouvelles, et profiter du mal d'autruy : par fois ce qui se veut le plus celer se descouvre davantage : plus d'artifices employez, plus de devins de ce que l'on veut cacher.

Les infortunes se suivent, non pas qu'il soit destiné que l'une amene l'autre, mais comme un cheval qui bronche s'esbranle, redouble et tombe, le malheur perd l'entendement de ceux qui ne sont rassis par les precedentes fortunes; le regret, la negligence des affaires r'amene autre desastre : un homme en mauvaise fortune, les autres luy courent sus, ceux qui se roidissent contre, et prenant garde à eux, empeschent ces accidents par patience et constance, sans vouloir forcer le malheur par violents remedes; et faut considerer que l'on n'est plus ce que l'on estoit avant le malheur advenu. Joinct que, lors que l'on ne porte patiemment les malheurs et desastres, avec des paroles de desespoir, et que l'on ne conforme à la volonté de nostre Seigneur, il luy plaist de nous chastier reiterement par de plus grands malheurs que les precedents, qu'il faut vaincre par humilité, prieres et patience.

L'ame eternelle, par la prison du corps, est empeschée, et de ceux qui meurent la chair se disjoinct de l'esprit; c'est pourquoy les paroles au lict de la mort sont souvent propheties, d'autant plus notables, que c'est le temps de verité; d'apparitions, de visions. La benediction est utile aux enfans, prisée en l'ancien Testament, et depuis practiquée par les bons Chrestiens.

Restitution de bien mal pris, payement de debtes, aumosnes, dons au lict de la mort, servent de peu aux ames : c'est donner ce qui ne se peut emporter, et dequoy on n'a plus à faire; monstrer que l'on s'ayme mieux que ses parens, les chargeant de ce qu'on ne se voudroit charger si on vivoit : ce qui ressemble à ceux qui, pour la punition de leurs pechez, ordonnent qu'on foüette et brusle leurs corps morts.

Pour se prevaloir des services paternels, faut rencontrer de bons et justes maistres; l'amitié s'oublie plustost par la mort que l'injure. Le principal amour des hommes est fondé sur l'utilité qu'ils reçoivent des autres, laquelle cesse par la mort de celuy duquel ne se peut plus tirer service. Les bien-faicts recogneuz en la posterité souvent sont rares; au lieu de voir de bon œil les enfans des peres qui ont servy, ils sont tenus importuns, semblent reprocher le service de leurs parens. S'ils sont sortis de capitaines qui ayent fait de beaux actes, les roys et princes s'attribuent les avoir faicts eux mesmes, non du conseil du trespassé; et pour faire croire qu'ils ne tiennent leurs victoires des morts, expressement ils ne font rien pour leurs enfans, quelquefois leur font trancher la teste. Plusieurs ont esté si heureux, qu'ils ont laissé les leurs en aage de recevoir le fruict de leurs labeurs : M. le connestable Anne de Montmorency laissa ses fils mareschaux de France; nous demeurasmes si jeunes, et principalement moy, que [joint à ce que le sieur de Tavannes avoit opiniastré de ne pourvoir aux charges les jeunes gens] il ne me demeura rien de tous ses estats, et tous ceux que j'euz du depuis je les acquis, non que ce ne soit un acheminement à iceux d'estre nay d'un pere de merite; mais cela ne sert aux endormis et ignorants. Si j'ay perdu des estats, je le pouvois sans reproches, les ayant conquestez et n'estant l'aisné de la maison, que le sieur de Tavannes laissa pourveu de charges honnorables apres sa mort, sans compter la lieutenance du gouvernement de Bourgongne, qu'il avoit donnée au comte de Charny pour le marier.

Le christianisme fondé sur la pauvreté et douleur, est la maxime qu'observent les fideles et le chemin eternel ; les miseres nous sont envoyées pour nos pechez ou pour la gloire de Dieu ; l'une et l'autre doivent estre agreables ; plus d'innocence, plus de merite. Dieu est proche du deüil, plus recogneu en adversité qu'en prosperité : les voyes, les afflictions passées ne se ressentent ; la souvenance du mal est plus plaisante quand on en est dehors, que celle du bien qui s'est perdu ; c'est braver la fortune de ne pouvoir estre pis ; c'est cesser de craindre quand on est au bas de la roüe, qui tourne ou nous estouffe ; c'est liberté de sortir de la vie, un acquitement de debtes et affranchissement de malheurs.

Il ne devroit estre permis s'eslever en sepulture, à ceux qui n'ont fait de bons effects pour la republique ; la multitude d'icelles engendre le mespris : les banquiers, les femmes et enfans en ont de somptueuses et magnifiques. Il y en a des roys à Sainct Germain des Prez de mauvaise pierre et de peu de valeur : plusieurs de ces beaux tombeaux ne durent non plus que ceux des mignons ont fait à Sainct Paul. C'est imprudence et moquerie à ceux qui n'ont rien fait de s'ordonner de somptueux monuments ; la manufacture s'estime, non celuy pour qui elle est faicte ; ce sont les belles actions qui honorent les sepulchres, non les tiltres et grades que les roys donnent. Le duc de Palme a voulu que ces quatre mots sur la sienne : *Cy gist Alexandre Farnaise* ; les histoires doivent dire le reste. Ainsi s'intitulent les grands capitaines ; les statuës ne font les vaillances nobles, non plus que la poussiere n'obscurcit les actes genereux ; et pour laisser memoire de soy, faudroit orner des chappelles au lieu de sepultures. J'ay le plus aydé à faciliter le dessein de celle du sieur de mareschal de Tavannes : ne me souciant de telle vanité, j'ay enduré que ma mere et mon frere y ayent mis leur nom sans y mettre le mien. Sepulture du sieur de Tavannes honorable pour estre en la saincte chappelle des roys à Dijon, vis à vis de la saincte hostie, erigée par lettres patentes du Roy, et consentement de tout le peuple de Bourgongne, tesmoignage de sa valeur. Si ces permissions estoient mesnagées, sans estre concedées qu'à ceux qui sont de grand merite, ils tiendroient le mesme lieu que les statuës romaines qui s'erigeoient au passé, inviteroient à bien faire, si cest honneur n'estoit accordé qu'aux genereux et bien meritans du public.

Sont deux regrets, sont deux plainctes qu'i[l] ne faut faire en mesme temps, de la mauvaise fortune et de la mort, parce que la mort assoupit et rend nuls tous les malheurs. Les esprits bien disposez ne se faschent jamais de ce qui advient au monde, hormis des pechez commis, sçachant que tout s'ensevelit et se doit perdre dans peu de temps ; tout le reste est plus digne de risée que d'ennuy. Les prosperitez mondaines sont si vaines, qu'Herode ayant tout à souhait, et apres avoir gousté tous ses plaisirs, un grand royaume, obeyssance, voluptez, femmes, palais royaux et meubles, est troublé de ses enfans en sa propre maison ; plein de maladie, faut enfin à se tuer d'un cousteau si on ne l'en eust empesché : et ceux qui ont tout ce qu'on pourroit desirer, perdent tout en un moment par la mort ; et lors de la prosperité, c'est le temps que l'on la perd. Les Italiens ont raison de dire : « Qui est bien qu'il s'y tienne, » pour tant d'accidents qui surviennent ; encores que de repos il n'en faut point chercher icy, si ce n'est un peu en la tranquillité d'esprit ; c'est le mal de la mer qui ne se change avec les vaisseaux, et se porte toujours avec soy-mesme.

Craindrons nous la mort que les filles et enfans endurent constamment ? Combien y a-il eu d'hommes qui l'ont cherchée pour de legers sujets ! Souvenons nous de l'avoir plusieurs fois desirée. Si la crainte procede de la douleur, elle est tantost passée ; plus nous approchons de la mort, plus les sentimens s'assoupissent : demie heure de mal passe sans retour ; en six fois autant se treuve la fin. J'en suis esté plusieurs fois assez proche pour la recognoistre. Rien n'est à regretter du monde que les pechez que l'on y a commis. Les femmes oublient le dueil, changent d'amitié ; les enfans se rejouissent de posseder le bien. Si c'est pour le regret des voluptez que nous laissons, les bestes en goustent de semblables ; si pour les belles terres et bastiments, ils sont de peu de durée, parce qu'il les faloit laisser. Plus de vie, plus de pechez : nous sommes asseurez n'estre punis que de ceux que nous avons commis jusques à l'heure de nostre mort. La peur qui se reçoit est vaine d'aller dans la fosse noire estre nourriture des vers : ce n'est pas nous qui ne sommes plus là, c'est moins que nostre habit. Si ces reliques estoient en estime aux esprits, combien en reviendroit-il les querir, et r'assembler leurs os qui sont en derision ! il ne s'est jamais veu qu'aucun les ait dependus du gibet. Folie estrange et extraordinaire, de penser que deviendront nos corps apres nostre mort, et qu'il y ait encore sous le tombeau quelque chose de nous quand nous sommes passez ! Je loüerois volontiers les anciens qui brusloient les corps, lesquels en estoient le soing, et detournoient les esprits des monuments. Mais, ce disent-ils, la creance est la resurrection de la chair : pauvres gens ! comme si Dieu avoit besoin, pour nous rendre de la mesme estoffe, du levain de ces poudres ; luy qui a suspendu la terre au milieu des cieux, qui donne le cours aux astres, fait les hommes de crachats et de terre, mais plustost de sa seule parole ; comme si par là mesme il ne pouvoit r'entourner nos esprits de chair, d'os, nerfs et veines nouvelles. Considerons que nous n'allons vers un tyran, ains vers Dieu misericordieux, qui à bras ouverts est prest pour nous recevoir. Que s'il faut satisfaire aux debtes par purgatoire, combien de joye de sçavoir qu'icelles finies nous serons sauvez ! et quand il adviendroit pis, la multitude des pareils apporte reconfort. Et si n'avons ce bien d'estre en la gloire perdurable, seroit assez de punition de n'estre point, et si nous n'estions, nous serions comme nous estions il y a un million d'ans. Ce qui se doit perdre n'est à regretter : plustost la besongne qu'il faut faire est faicte, c'est tant mieux puisqu'il la faut achever ; combien tost est coulé de vingt à soixante ans ! La mort a ses biaiz et lustres, ainsi que la plupart des choses mondaines : d'un costé elle semble d'une couleur, et de l'autre d'une autre ; si elle est prise de mauvais biaiz et à regret, quand ce seroit le salut on s'en degousteroit. Un esprit bien sain se mocque en soy-mesme de ceste comedie d'allumemens de torches, fenestres fermées, sonnemens de cloches, qui ne sont qu'apparences et fantaisies. Ainsi qu'il s'est veu des patients plus asseurez que ceux qui les conduisoient à la mort, ainsi ceux qui meurent resolus se rient de ceux qui les plaignent, et des lamentions de Jeremie. Adieu beau soleil, vous n'esclairerez plus pour moy ; adieu tant de plaisirs, de voluptez, d'amis ; disons plustost : Je vous laisse douleurs, catherres, maladies, chaud, froid, amis feints, traistres, trahisons, ingratitudes, vengeance, ambition, tyrannie, defauts, imperfections corporelles, crainte de mort, souspirs, tristes souvenirs des fautes commises, riottes, coleres, querelles, ambitions poignantes, avarice, envie, procez, rancunes. Je vay estre pareil à Alexandre, aux Cesars, et à tant de roys et empereurs qui sont morts, et plus grand qu'iceux par la grace de Notre Seigneur Jesus-Christ ; dans quatre heures je verray que c'est [si Dieu m'en fait la grace], combien de monarques me sont inferieurs ; je recognoistray mes amis tres-passez, pere, mère, enfans, parens, attendant ceux que je laisse au monde. Qui vit long temps voit beaucoup de malheurs en son esprit, en son corps et en ses biens, perte d'enfans, d'amis, et quelquefois d'honneur. Arrivée l'heure tant crainte et premeditée, il ne faut faire le sot comme le jour de ses nopces : autant de gain de se monstrer courageux que timide ; l'un est plus honorable que l'autre, et non plus difficile. Il estoit aisé d'escrire contre la mort quand nous ne sentions son aiguillon ; plus pres d'icelle, faut se preparer à plus de resolution : tant avons cheminé que l'effect est arrivé ; nous en parlions comme si elle eust esté loing ; maintenant monstrons que nous sommes en sa presence : apres estre preparez ce sera bien tost faict, il ne faut que serrer les dents et nous voila passez : plusieurs choses semblent grandes de loing, qui proches sont à mespris. Nous dirons : je pensois avoir plus de peur, je pensois qu'il y avoit plus d'affaires, plus de mal. Marc-Aurele veut que celuy qui le reconforte soit à l'article de la mort comme luy : cela est, car trente ans au prix de l'eternité ne sont qu'un mouvement, si peu de temps fait les choses semblables. Les cruelles douleurs sont signe de salut ; autant de poincts, autant de pechez effacez : qui meurt fortuitement meurt en doute. Resjouy toy de ce que Dieu t'y a conduit en bon sens pour le prier et recognoistre, ce qu'il ne fait à beaucoup ; et si tu es en bon sens tu ne crains rien ; remercie le que tu ne meurs honteusement sur un eschafaut, au deshonneur de ta posterité. J'ay veu plusieurs meschans mourir de canonnades : la bonne fin presage paradis. On ne peut estre trois heures en mesme estat : joye, tristesse, plaisirs, douleurs, se suivent ; nul sans envie, nul sans regret : plusieurs ne voudroient estre au commencement de leur vie pour passer le mesme chemin qu'ils ont fait.

Pour prevenir la peur de la mort, il y faut avoir pensé. Aucuns tiennent le pensement plus grief que le trespas, qu'en mourant il n'y a qu'un jour de mauvais, et en y pensant, plusieurs, sera assez temps de penser au mal quand il adviendra. Je le croirois ainsi, n'estoit le christianisme et le salut de l'ame, pour lequel la meditation de la mort est necessaire. Il ne faut douter qu'elle ne se presente terrible des terribles à ceux qui ne sont preparez. Ceux qui ont fait leur paquet, preparé leur antidote contre la peur, contre le mal, contre l'heure du trespas, disent aux douleurs : « Je vous attendois, je sçavois bien que j'en devois avoir ; si me laisserez vous. » Et aux pleurs, criailleries et importunitez : « C'est la coustume qui passe soudain, et qui ne dure que quinze jours. » Se resoudre à la separation de la mort, regarder constamment ceste division de l'ame et du corps, comme le centenier qui disoit aux ministres de Neron : « Frappe aussi asseurement que j'attends le coup. » Il n'y a qu'un saut à faire ; l'espoir de la vie eternelle, par la misericorde de Dieu, nous asseure. Qui a fait souffrir mort ne la doit craindre, pensant qu'en ce mesme estat qu'il est il a reduit les autres. La mort a esté quelquefois desirée par ambition et envie, considérant un moins sage que nous et moins vaillant avoir tant de bonne fortune, qu'il commande aux hommes ainsi qu'aux esclaves. Combien de fois a-t-on souffert des regrets et des douleurs pires que la mort invoquée à secours ! Les saincts, les monarques sont morts, et tant de gens de bien qui valoient un million de fois plus que nous ; pourquoy ne mourrons nous constamment ? Differons des faquins et poltrons par constance. La recompense du genereux est se moquer de ses propres plaintes sans s'estonner ; aucuns font les vaillants, et meurent delicats, ainsi que les femmes et les enfans. Il faut respondre aux mourans sur ce qu'ils disent : « Je m'en vay mourir. — Pensiez-vous toujours vivre ? — J'ay grande douleur. — Vous n'en aurez plus. — J'ay regret de vous laisser. — Nous en laisserons d'autres. — Que deviendrons les miens ? — Dieu est pere de tous. — Je pleure de laisser mes enfans. — Eux rient peut-estre de ce que vous vous en allez. — Je crains mes pechez. — Dieu est misericordieux. — Dans deux heures je seray sous terre. — Ce ne sera pas vous. — Je crains pour mon esprit — Il treuvera repos où plusieurs semblables sont. » En effect, les saincts ont desiré la mort ; les esprits, dans les oracles, la qualifioient le souverain bien ; enfin, c'est estre affranchi d'une esclavitude ennuyeuse. Seneque et autres ont remply des livres de ces preceptes ; j'en dirois d'avantage sans la crainte d'escrire ce que j'ay leu dans iceux.

Auguste Cesar, chef du monde, vainqueur de ses ennemis, qui joüyt trente ans de paix universelle, sous lequel Nostre Seigneur voulut naistre, nommé tres-heureux, souhaitte plusieurs fois la mort ; l'ayant presente, tient ceste vie une farce ou commedie, et s'en mocque, requiert un applaudissement de ses amis, comme ayant bien joüé son personnage.

La mort inopinée est redoutable pour le salut de l'ame, et douce parce que c'est une confusion de sens qui ne donne temps à la peur, esteint toutes pensées temporelles et spirituelles ; celle qui donne le loisir de se resoudre aux habiles hommes amoindrit le mal. Ce nom de mort est mal adapté, puisque nous croyons que nous ne mourrons point ; le nom de passage ou trespas seroit plus propre. A ceste heure-là il faut avoir preveu à tout, sans avoir plus d'affaires qu'à prier Dieu, se mettre et tenir en bon estat ; cela faict, il n'y a rien à regretter ny à craindre. Dieu ne nous a pas créez pour nous damner ; nous avons pesché en desobeyssance, à ne l'avoir servy, en ingratitude, incredulité : esperons en sa misericorde, puisque Nostre Seigneur Jesus-Christ a satisfait à sa justice pour nous. Il ne faut s'assoupir ny s'endormir à ceste heure si dangereuse ; tant de gens gehenez, roüez et martyrisez innocemment ont souffert patiemment : plus la douleur est grande, plustost elle finit ; celle qui est passée ne retourne plus, elle passe en chemin faisant. Les coliques, les pierres, les maux d'enfans, se supportent des sexes plus infirmes, qui sont plus acerbes que le trespas. Contez les coups de cloche de la passion, la douleur s'en va avec le nombre. Ceste ame, cest esprit en sa perfection separé du corps, de substance eternelle, est creé à la gloire de Dieu. De quoy auroit servy ce soleil, ceste voute admirable des cieux, ceste terre suspendue, ceste mer limitée, si les ames n'estoient eternelles, pour se souvenir et dire à jamais les loüanges du Tout-Puissant, et magnifier ses œuvres ? Pouvions-nous estre deux fois ? acquittons nous liberalement de ce à quoy la necessité nous force. Tu peux avoir gousté toute sorte de biens et d'honneurs, une longue vie ; ce ne sont que redittes. N'y a-il pas de quoy se rejoüir grandement d'estre en un estat certain, et non comme l'oyseau sur la branche, subject à tous perils ? Regardons les malheurs passez, et nous serons comme ceux qui ont franchy un grand vallon ou fossé remply de feu, de fer et de tourment, ou comme ceux qui, ayant passé un perilleux naufrage, regardent à seureté ceux qui sont en tourmente ; nous cesserons de plaindre, puisque tout le mal est advenu. Le tas de nos pechez accumulez est représenté par les malins esprits, par les anges la misericorde de Dieu, qui nous oste le desespoir et la mefiance ; c'est là où il faut r'appeler toute sa force et tous ses sens pour se fortifier en la foy. Comment se peut-il faire cas de ce qu'il faut si promptement perdre ? est-ce chose nouvelle ? ne mourions nous pas tous les jours ? Ces douleurs se perdront par la privation des sentimens ; l'oüye, la vuë, tout defaut ; et ce qui est à demy-mort ne sent que demy douleur, laquelle entiere a fait souhaitter la mort à plusieurs pour s'en delivrer. Aucuns ayans eu les escrits des sages et sçavants sur la preuve de l'immortalité de l'ame, l'ont tellement creüe et cogneuë, que volontairement ils ont avancé leurs jours. Imitez par les filles milesiennes et par l'hostesse d'Alexandre, qui la receurent et se la donnerent en prosperité et en bon sens ; pour ne la recevoir en temps calamiteux, et par icelle mettre en sauveté leur honneur et bonne reputation, des autres femmes se sont daguées et precipitées. Herode et les Payens se sont voulus donner la mort ; plusieurs pour un regret, pour braver les miseres du monde ; aucuns apres la perte d'honneur ; autres pour la gloire, ou pour la mort de leurs princes ; autres n'ont voulu demander la vie à leurs ennemis, ny la recevoir en don d'eux, et Caton se deschira les entrailles pour la terminer. Ceste debte payée, on en est quitte, on perd la crainte et l'apprehension d'icelle ; la honte, le deshonneur pire que la mort, apres icelle ne peuvent estre ; c'est emporter à main salve ce que l'on a acquis de reputation, qui n'est plus subject à fortune. Qu'il te souvienne de l'avoir plusieurs fois appellée et desirée, et maintenant c'est pusillanimité de luy tourner le doz. Quels jours se passent sans quelque douleur et fascherie ? le plaisir, un rare accident, est tost passé ; les hommes composez de quatre humeurs, la melancolie y a la meilleure part. Ceste mort ne merite tant de precautions ; elle vient en masque, en espouvente, chambres obscures, torches allumées, familles espleurées, prevoyance et pilleries de ceux qui demeurent. Pipeuse mort, espouvente vieillaque, qui ne te cognoistroit ? N'est-ce pas toy que l'on ne craindra plus apres ton effect, et qui n'as que ce coup à faire, qui guerit toute maladie, oste toute douleur, desespoir et fascheries, qui enchaisne la fortune de telle sorte qu'elle n'a plus de puissance ? O que ceux qui ont esté proche de la mort, et l'ont envisagée en desespoir de s'en sauver, ont un grand advantage ! ils ont passé par là, ceste crainte est une mesme chose ; trois heures avant ce passage la douleur ne se sent plus. Il se faut apprivoiser à ceste mort pour ne la trouver aigre ; c'est ce que disent les vieillards, qu'il faut aller apprendre à mourir. En perdant tout l'on gagne tout : et quoy perdre ? Des basteleries d'enfans : il n'y a difference en leurs bastiments et plaisirs qu'en la capacité de l'un et de l'autre. Dirons-nous, comme Neron, que c'est grand dommage que tels comediens meurent ? Combien de jeunes capitaines qui en sçavoient autant que nous, sont morts à trente et quarante ans ! Parlez à la plus-part des hommes : enquis, diront qu'ils en voudroient desja estre quittes, ils seroient exempts d'un grand labeur. Les poignantes douleurs nous portent hors de nous ; il faut avoir un mot, une enseigne en la memoire, pour appeller à revoquer toutes les raisons tant preméditées par invocation du nom de Dieu ; allons où l'heure destinée nous tire. Les regrets de plusieurs sont attachez aux biens et non aux corps, et les larmes espanchées sont bientost dessechées ; l'amour de soy-mesme et l'interest gouvernent le monde. Pourquoy regretter ceux dont le regret a tantost passé ? Combien de parents et mesme d'enfans ont desiré la mort de leurs peres ? Pourquoy compassion de ceux qui n'en auront que pour huict jours ? Aucuns ont dit qu'il y a encore du plaisir en la douleur et à la mort par cession de mal : tant plus on est vieux, moins la mort est regrettable, parce qu'on n'a plus guieres à perdre. Mort qui rend tous les mutilez, boiteux, aveugles, mal habituez, pareils aux plus sains ; il n'y a perte au monde qu'en la grace de Dieu. Si nous considerons attentivement les adversitez du monde ausquelles sommes subjects, nous nous fascherions d'estre immortels. Il faut croire en la misericorde de Dieu, au salut, ou estre privé de tout sentiment, comme nous estions il y a mil ans. Combien de poignants regrets de n'avoir finy ses procez, achevé ses bastimens, colloqué ses enfans, finy ses escrits, payé ses debtes ! Vraye vanité de ceux qui demandent la santé ! à quel propos la demander, puis que dans six mois nous serions en la mesme peine ? Et puisque la douleur a fait une partie du chemin, achevons le reste : c'est à faire aux roys et bien heureux, ou aux atheistes, de craindre la mort. Delivrez de ce corps qui peut estre emprisonné dans des barreaux, cachots et prisons obscures, nous serons de nous-mesmes, ame, esprit, qui peut passer au travers des murailles d'acier, non subjects aux infirmitez corporelles, ny aux lois de la nature, ains tous reduicts à la volonté de Dieu. Nous plaindrons nous d'estre hors de ceste esclavitude corporelle, entournez de tant de malheurs ? et faut-il tant de façon pour en sortir, puis que les enfans, les ignorans, et plusieurs sages l'ont soufferte sans estonnement ? Soyons bien avec Dieu, croyons et nous repentons, nous treuverons ce passage facile.

FIN DES MÉMOIRES DE GASPARD DE SAULX.

MÉMOIRES
DE
GUILLAUME DE SAULX,
SEIGNEUR DE TAVANNES.

NOTICE

SUR GUILLAUME DE SAULX-TAVANNES,

ET SUR SES MÉMOIRES.

« Il observa les commandements que lui fit son pere au lit de mort, de servir Dieu et obeir au Roy... Ny les places volées par ceux du même party, ny les defaveurs du Roy Henry IV, qui ne recognoissoit pas si bien M. de Tavannes que son predecesseur, ne luy purent jamais, par mecontentement particulier, faire offenser le bien general de son prince et de son party ; au contraire, s'employa toujours à la conservation de ce qu'il avoit acquis au Roy en Bourgogne, secourut Verdun contre son frere qui estoit de la Ligue, et fit tout ce qu'il put, à son prejudice, pour le service de Sa Majesté, non par inimitié qu'il luy portast, l'ayant assisté en son particulier en plusieurs traverses, auxquelles ceux qui se meslent du mestier qu'il a exercé sont sujets... Il ne luy resta pour recompense que la vertu, qui a accoutumé de satisfaire à soy-mesme, et les voix et soupirs des peuples qu'il a sauvés et assistés, qui en son absence et presence le plaignent du tort que l'on luy a fait... Luy, contempteur de la vanité mondaine, parmy leur exclamation, se contentant, estant parvenu au but qu'il desiroit et pour lequel il travailloit, le bien de la Religion, de l'Estat et du service du Roy. »

Guillaume de Saulx-Tavannes a mérité ce glorieux témoignage que lui a rendu le vicomte son frère, de son vivant, et en présence de ses contemporains. L'histoire générale le dédaignera peut-être, parce qu'il n'a point accompli de ces vastes desseins qui relèvent ou renversent les empires ; mais la biographie, du moins, doit dire tout ce qu'il y eut de noblesse, de véritable grandeur, de vertu dans la vie de cet homme, qui sut marcher d'un pas toujours ferme dans la voie de la fidélité et de l'honneur, et qui, malgré tant d'exemples d'ambitions triomphantes et de cupidités assouvies, au milieu des périls où il s'était jeté pour la défense de son roi légitime, n'oublia rien que le soin de sa fortune et de sa gloire. Ne laissons pas perdre le souvenir d'un dévouement si beau et d'un désintéressement si éprouvé ; réveillons-le, au contraire, pour l'enseignement des siècles à venir. Guillaume de Saulx-Tavannes a fait preuve de plus de vertu qu'il n'en eût fallu pour rendre un Romain immortel.

Guillaume de Saulx-Tavannes était le second fils de Gaspard de Tavannes, maréchal de France. A la mort de son père, il devint le chef de sa maison, son frère aîné, Henri de Saulx-Tavannes, étant décédé au retour du siége du Havre, en 1563.

Il fut enfant d'honneur, et plus tard gentilhomme de la chambre du roi Charles IX. J'ai dit, dans la notice sur le vicomte de Tavannes, qu'il fut envoyé en Allemagne dans l'année 1568, pour y apprendre la langue. Son père voulait ainsi lui rendre plus facile l'accès des emplois et des honneurs militaires. En 1569, il conduisit la compagnie de gendarmes du maréchal, pendant la célèbre campagne contre les huguenots, et se distingua sur les champs de bataille de Jarnac et de Montcontour, autant par son intelligence que par son courage. Il devait avoir alors dix-sept ans.

L'année suivante, le maréchal de Tavannes, s'étant retiré en Bourgogne, pour ne plus participer aux affaires, dont il jugeait la direction impolitique et malheureuse, maria son fils aîné à la fille unique du comte de Chabot-Charny. Si on en croit le vicomte, il se démit, en considération de ce mariage, de la lieutenance-générale de la province en faveur du comte, qui devait la rendre six mois après à son gendre ; mais Chabot-Charny ne remplit pas la condition qu'il aurait acceptée. Nous le trouvons en effet lieutenant-général au gouvernement de Bourgogne, à l'époque des sanglantes journées de la Saint-Barthélemy ; c'est à lui que furent adressées les instructions de Charles IX, et que revient la gloire d'avoir préservé les protestants des vengeances des catholiques. Il faut penser que la lieutenance-générale fut l'objet d'arrangements ultérieurs que nous ne connaissons pas. Le beau-père et le gendre étaient dignes l'un de l'autre ; aussi la bonne intelligence ne cessa-t-elle jamais de régner entre eux. Ils unirent constamment leurs efforts pour la défense de la religion et du roi dans la province. Je dois même faire remarquer, à cette occasion, que, depuis la guerre qui se termina par le funeste traité de Nemours, Guillaume de Saulx-Tavannes étant lieutenant-général en titre, et porteur des pouvoirs les plus étendus, montra toujours la plus respectueuse déférence pour le comte de Charny.

Guillaume de Saulx-Tavannes n'hérita d'aucune des charges de son père, et ne reçut, comme son frère, qu'une pension de deux mille écus. Mais, pendant que le vicomte, irrité contre la cour, suivait le duc d'Anjou en Pologne, et se jetait dans les hasards de son voyage de Constantinople, lui, il continua de vivre paisiblement en Bourgogne, auprès de son beau-père, qu'il aidait dans les soins de son gouvernement.

A la fin de l'année 1573, peu de temps après le départ du duc d'Anjou, Charles IX, effrayé de la situation de son royaume, « donna charge à deux » gentilshommes de qualité, en chacune province, de » visiter les villes et bourgs d'icelle, pour s'informer » de ce qui étoit nécessaire au bien de son état et de » ses sujets, et des oppressions qu'ils recevoient, afin » d'y pourvoir et y mettre bon ordre. » Guillaume de Saulx-Tavannes fut désigné pour la Bourgogne. Après avoir consciencieusement rempli la première partie de sa mission, il vint à Saint-Germain-en-Laye, où était la cour; là, en présence des princes du sang et des membres du conseil, il prononça un discours, qu'il nous a conservé dans ses *Mémoires*. C'est un document curieux, et qu'il sera toujours utile de consulter. Tavannes y expose brièvement, mais avec franchise, les griefs du clergé et du peuple; puis il termine en demandant les *états-généraux libres*, ce qu'aucun des autres députés, dit-il, n'osa entamer. Les courtisans et ceux qui n'avaient de puissance que par les discordes civiles se plaignirent fort de son audace. Toutefois, il parait que Charles IX n'était pas éloigné de convoquer les états-généraux, du moins Tavannes assure que telle était l'intention du roi, mais que la mort le prévint.

Il est digne de remarque que les deux fils du maréchal de Tavannes, quoique dans des partis contraires, se soient montrés également partisans des états-généraux. Si le vicomte parait quelquefois redouter le mouvement d'indépendance qui semblait emporter le peuple des cités, cela se conçoit aisément : c'est que les villes qui tenaient pour la fédération huguenote, comme celles qui recevaient l'impulsion de la Ligue, étaient livrées à l'esprit de rébellion et d'anarchie. Il n'avait pas été, comme son frère, témoin de ces élans de fidélité et de patriotisme dont, en quelques endroits, le peuple de la Bourgogne a donné l'exemple.

Guillaume de Saulx-Tavannes avait été nommé capitaine d'une compagnie d'ordonnance. En 1580, il suivit le duc de Mayenne dans sa seconde expédition contre les mécontents du Dauphiné, et contribua puissamment à la pacification de cette province. L'année suivante, Henri III lui confia la garde de la reine Louise de Lorraine, pendant le séjour de cette princesse aux bains de Bourbon. C'est alors qu'étant envoyé avec sa compagnie contre le régiment du sieur de Montfort, il dit au roi que « nonobstant que » ce regiment fust employé par le duc d'Anjou, il » le chargeroit puisqu'il en avoit commandement de » Sa Majesté, et que, où il y alloit de son service, » il n'y avoit prince en France qu'il voulust epar- » gner. »

Le comte de Chabot-Charny, énergiquement secondé par Guillaume de Saulx-Tavannes, avait maintenu la paix en Bourgogne, malgré les menées des protestants et de la Ligue. Mais, en 1584, la mort du duc d'Anjou vint tout à coup prêter une nouvelle force au parti des Guise, parce que le roi de Navarre,

protestant, se trouva ainsi le plus proche héritier de Henri III, que la stérilité de la reine condamnait à n'avoir pas d'enfant légitime. « Cette mort, dit » Guillaume de Saulx-Tavannes, fit une grande » esplanade aux desseins dès longtemps projetés par » MM. de Guise, de chercher l'etablissement de » leur grandeur sur les evenements de ce temps-là, » comme plusieurs ont voulu maintenir par raison » apparente que ça esté leur but, et que leurs effets » l'ont depuis temoigné. »

Au mois de mars 1585, les princes de la maison de Guise se retirent de la cour sous je ne sais quel prétexte de bien public, et prennent les armes. Le duc de Guise enlève Châlons en Champagne ; le duc de Mayenne se rend maître du château de Dijon, par la trahison du sieur de Drée, qui y commandait en l'absence de Tavannes.

A cette nouvelle, Tavannes part aussitôt pour Paris, où le roi se trouvait alors, rassure en passant les habitants de Beaune, dont la fidélité commençait à être ébranlée par les manœuvres et les menaces des ligueurs, dénonce à Henri III la conduite coupable du duc de Mayenne, et revient, porteur des pouvoirs les plus étendus, pour commander dans toute la province. Il établit le siège de son autorité dans la ville de Beaune, qui le reçut avec acclamation, et s'empressa de lever à ses frais une compagnie de cent hommes, sous la charge d'un citoyen nommé Massot. Les prudentes mesures de Guillaume de Saulx-Tavannes auraient peut-être renversé, à sa naissance, le pouvoir usurpé de la Ligue, si le fatal traité de Nemours ne l'avait pas trop tôt réduit à l'inaction, abandonnant Dijon au duc de Mayenne, et lui cédant Beaune, dont le dévouement courageux méritait un autre témoignage de la reconnaissance du roi.

Cette même année 1585, Guillaume de Saulx-Tavannes reçut le collier de l'ordre du Saint-Esprit. Les scrupules de son frère, alors du parti du roi, ne l'arrêtèrent pas ; car il était bien déterminé à ne jamais déserter la cause du monarque, qu'il ne séparait pas de celle de la France. Deux ans après, les huguenots ayant levé de nouveau l'étendard de la révolte, il alla trouver le roi à Gien avec sa compagnie d'ordonnance, et demanda à faire la campagne qui s'ouvrait. A l'instant des lettres de commandement lui furent expédiées ; il se joignit au régiment du vieux maréchal de Biron, et ne quitta l'armée qu'après que les reîtres eurent été entièrement rompus et dispersés.

Il faut remarquer ici que Guillaume de Saulx-Tavannes n'accorde point au combat d'Auneau l'importance que lui ont donnée les écrivains de la Ligue, et après eux les historiens. « Le Roy, dit-il, eut » seul l'honneur de cette victoire, que M. de Guise » se voulut attribuer en partie, à cause d'une charge » qu'il fit faire la nuit au baron d'Ausne, en un » bourg fermé, nommé Auneau, où il fit entrer des » troupes par le château, où furent tués quelques » reistres et du bagage pris. » Je ne veux pas discuter ici cette opinion de Tavannes. Je la signale seulement, en faisant observer que Henri III avait les deux partis à la fois pour ennemis, tandis que les ligueurs, du moins, étaient pour M. de Guise.

Nous arrivons à l'époque la plus importante de la vie de Guillaume de Saulx-Tavannes. Le duc et le cardinal de Guise ont été assassinés à Blois ; mais la Ligue, un moment abattue, s'est bientôt relevée plus audacieuse et plus forte. Tavannes aura à lutter contre elle presque avec ses seules ressources et celles que lui fourniront les habitants fidèles de la province. Il montrera la même constance et la même énergie ; mais au courage et à l'activité du général, il joindra la sagesse et l'habileté de l'homme d'état. Ni l'injustice du maréchal qui viendra recueillir le fruit de ses efforts, ni la défection de quelques-uns de ses capitaines, ni les divisions des royalistes ne le décourageront un instant ; et quand, à force de hardiesse, de prudence, de probité, de justice, il aura presque rétabli l'autorité du roi dans le duché de Bourgogne, il sacrifiera ses intérêts de fortune, et remettra à Henri IV sa charge même de lieutenant-général, pour acheter la soumission des derniers chefs de la Ligue.

Dès que Guillaume de Saulx-Tavannes eut appris l'assassinat des Guise, il comprit que la guerre allait recommencer entre le roi et les ligueurs. Sans attendre le commandement de la cour, il essaya de surprendre le château de Dijon ; mais il échoua. Ce fut au retour de cette expédition qu'il eut une conférence avec le président Frémyot, magistrat digne par ses lumières et son courage d'être associé aux desseins de Tavannes, et que tous deux convinrent de se rendre à Blois auprès du roi pour prendre ses ordres. Henri III leur fit l'accueil le plus bienveillant, donna à Tavannes une autorité absolue sur toute la province, lui remit des commissions, des patentes pour lever des gens de guerre ; mais il ne put pas même lui promettre de l'argent. Tavannes ne s'en retourna pas moins en Bourgogne, avec la ferme résolution de tenter le sort des combats.

Le duc de Mayenne tenait toutes les villes sous son obéissance : Dijon, Beaune, Châlons, Auxonne, Châtillon, Mâcon, Autun, etc. Le roi n'avait plus pour lui que le château de Corcelles, qui appartenait à Guillaume de Saulx-Tavannes. « Quelques-uns
» des plus avisés pourront s'enquérir par quelle
» industrie le sieur de Tavannes, sans deniers
» royaux, sans forces royales, n'ayant de Sa Ma-
» jesté qu'un pouvoir en parchemin, pensoit faire
» la guerre en Bourgogne. » Je laisserai répondre Tavannes lui-même : « Certainement cette entre-
» prinse estoit non-seulement temeraire, mais tres-
» perilleuse audict sieur de Tavannes, qui, avec
» icelle, se mettoit en hazard de la perte de tout
» son bien, assis en ladicte province, et de la ruine
» de sa famille ; ce qu'il discouroit assez en soy-
» mesme ; mais ayant considéré qu'où le péril est
» grand, la gloire en est plus grande, la justice de
» soutenir la cause de son Roy contre les rebelles,
» l'autorité de Sa Majesté reconnue, avec la bien-
» veillance des gentilshommes et habitants de cette
» province, tant en la personne du feu maréchal de
» Tavannes, son père, qu'en la sienne, l'intelli-
» gence qu'il avoit en la ville de Flavigny-en-Auxois,
» forte d'assiette, pour y faire une bonne retraicte,
» afin d'assembler des forces et y jetter un fonde-
» ment et principe du progrès de ses desseins, une
» partie des deniers d'une de ses terres qu'il avoit
» vendue, estant entre ses mains ; tout ce que des-
» sus, avec l'affection qu'il avoit à la patrie, lui fit,
» postposant toutes difficultés, passer par-dessus
» ces obstacles et se jetter en tel labyrinthe dans les
» detours duquel étant divinement conduit, il en
» sortit heureusement. La loüange en soit à Dieu ! »

Guillaume de Saulx-Tavannes commença la guerre avec six cents arquebusiers et cinquante gentilshommes. Il s'assura aussitôt de la ville de Flavigny, dont les portes lui furent ouvertes par les chefs de la bourgeoisie, et y jeta, suivant ses expressions, le fondement et principe du progrès de ses desseins. Il y fit lire publiquement les lettres-patentes qui lui conféraient la lieutenance-générale dans le duché de Bourgogne, et annulaient tous les pouvoirs du duc de Mayenne. Bientôt le parlement de Dijon, de l'avis du président Frémyot, fut transféré à Flavigny, par lettres-patentes du mois de mars 1584. Ainsi le gouvernement du roi fut constitué régulièrement ; et les bons citoyens purent compter qu'ils ne resteraient pas sans protection.

Ces opérations terminées, Tavannes se mit en campagne, et remporta près du château de Cressey sa première victoire. Il en fait, dans ses *Mémoires*, un récit très-détaillé. Je ne m'arrêterai pas sur cette action qui dut avoir alors un grand effet moral, et que pourtant il est permis aujourd'hui de négliger dans la rapide succession d'événements plus graves et plus importants. Mais je demande qu'on me permette de citer ici un trait d'admirable fermeté qui se rapporte aux premiers jours de la guerre.

Les habitants de Flavigny avaient levé une compagnie pour la défense de leur ville. Un citoyen, nommé Brigandet, en avait reçu le commandement. Pendant l'absence de Tavannes, les ligueurs de Dijon écrivirent au capitaine Brigandet pour le sommer de leur livrer la place, lui déclarant qu'en cas de refus, ils feraient trancher la tête à son fils, qu'ils retenaient prisonnier. Brigandet leur répondit : « Qu'il auroit plus en recommandation l'hon-
» neur et devoir envers son Roy et sa patrie que la
» vie de son fils, et qu'ils n'attendissent cette tra-
» hison et perfidie d'un si homme de bien que lui. » Qu'aurait fait de plus un Romain ?

Guillaume de Saulx-Tavannes n'avait-il pas raison de compter sur l'énergique concours des fidèles habitants de la Bourgogne ? En peu de jours Bourbon-Lancy et Saulieu reconnurent l'autorité du roi ; Semur fut enlevé par un coup de main ; Saint-Jean-de-Laosne consentit à recevoir Tavannes, sous la double condition qu'il ne serait suivi que de quinze chevaux, et qu'il ne mettrait pas de garnison dans la ville. Mais à peine Tavannes fut-il entré, qu'il gagna aisément quelques habitants qui vinrent le lendemain, dans une assemblée publique, lui demander une compagnie pour les défendre contre les entreprises de la Ligue. La possession de Saint-Jean-

de-Laosne assurait aux troupes du roi un passage sur la Saône; à cause de cela elle était très-importante, « tant pour la commodité du passage des es-
» trangers que Sa Majesté feroit venir en France,
» que pour estre à quatre lieues de Dijon, avoir
» moyen de fatiguer ceste grande ville où les con-
» seils des ennemis, qui s'appeloient d'*Union*, se
» tenoient, et s'accroistre de quelques autres pla-
» ces. »

Peu de temps après, en effet, il alla recevoir à la frontière six mille Suisses qu'amenaient Sancy, Beauvais-Lanocle et Guitry. C'étaient les Suisses qui, sous le commandement du duc de Longueville, dégagèrent Henri IV, bloqué dans la ville de Dieppe par le duc de Mayenne. Tavannes aida encore au passage des reîtres que Sancy avait levés en Allemagne.

Cependant Henri IV avait été appelé au trône par l'assassinat de Henri III à Saint-Cloud. Guillaume de Saulx-Tavannes réunit les gentilshommes qui l'avaient aidé jusque-là dans ses travaux, les décida à rester fermes dans le devoir, malgré les lettres qu'ils avaient reçues du duc de Mayenne et du président Jeannin, et leur fit prêter, séance tenante, le serment de fidélité au roi. De son côté, le parlement royaliste fit le même serment entre les mains du président Frémyot, qui avait assisté à celui de la noblesse.

C'est à cette époque, c'est-à-dire vers la fin de 1589, que le parlement se transporta à Semur, ville plus considérable et plus commode que Flavigny. Guillaume de Saulx-Tavannes, qui avait compris tout ce que l'action régulière des états-généraux pouvait donner d'autorité et de force au pouvoir royal, conçut la pensée d'associer les états du duché de Bourgogne à la défense de la monarchie. Il les convoqua à Semur, et présida en qualité de gouverneur de la province à leurs délibérations. Il nous apprend, dans ses *Mémoires*, que « il se trouva à
» l'assemblée quantité de noblesse, plusieurs de l'É-
» glise et du tiers-estat (1); il y fut proposé et resolu
» ce qui estoit necessaire pour le service de Sa Ma-
» jesté et bien de la province, et pourvu à l'entrete-
» nement des garnisons et forces de la campagne. »
On doit regretter qu'il ne nous ait pas laissé des renseignements plus complets sur cet épisode si remarquable des guerres de la Ligue en Bourgogne. Toutefois, si nous ne savons pas par les procès-verbaux de l'assemblée ou par les discours des orateurs quels sacrifices s'imposa la fidélité des trois ordres, du moins nous pouvons en juger par les effets. Le parti du roi prit bientôt un ascendant marqué dans la province; il tint la campagne et força les ligueurs à se renfermer dans les places. Tavannes s'empara en quelques semaines, par force ou par intelligences, de Verdun, Loubans, Charolles et Faret.

L'hiver étant venu, Guillaume de Saulx-Tavannes profita du repos qu'il avait fallu donner aux troupes, pour se rendre à Laval auprès du roi, et lui faire le rapport de ce qui s'était passé dans le duché de Bourgogne depuis le commencement de la guerre. Il exposa le plan qu'il jugeait convenable de suivre, et demanda qu'il fût envoyé, « pour se
» joindre aux forces du pays, quelques troupes avec
» artillerie, sous le commandement d'un prince ou
» d'un mareschal de France. » Tavannes en effet manquait de canons pour assiéger les places de la Ligue, et les progrès du parti royaliste lui avaient fait penser que le bien de la cause exigeait la présence d'un haut dignitaire de la couronne.

Le roi donna donc, en 1591, au maréchal d'Aumont le gouvernement de la Bourgogne; mais ce maréchal, dont toutes les entreprises furent malheureuses, ne réussit qu'à semer la division parmi les royalistes. Il semble qu'il se soit attaché principalement à contrarier Tavannes et à diminuer son autorité. Il lui enleva par trahison le commandement de Saint-Jean-de-Laosne, où il plaça le sieur de Vaugrenant, *conseiller-gendarmé*, dit le vicomte de Tavannes, et qui était tout à sa dévotion; il tenta de corrompre le lieutenant du château de Vergy. Guillaume de Saulx-Tavannes employa d'abord les voies de la conciliation pour obtenir réparation de l'injure qui lui avait été faite; n'ayant pu y parvenir, il se retira dans son château de Corcelles.

Il fait à ce sujet des réflexions politiques et morales fort sages, qui furent dans tous les temps la règle de sa conduite : « L'ambition des chefs, dit-il, qui
» commandent dans une province, doit estre bor-
» née au bien du Souverain et non à celui du parti-
» culier, qui ne peut estre appelé bien lorsqu'ils man-
» quent à leur devoir, et par l'autorité de leurs
» charges font des changements qui ne tendent qu'à
» leur profit; car il a semblé à plusieurs qu'alors
» l'estat de France se diviseroit et qu'ils en auroient
» une piece. La vanité de leurs pensées ne conside-
» roit pas que Dieu, qui l'avoit maintenu entier plus
» d'onze cents ans contre les divisions, guerres ci-
» viles et autres troubles faits de les estrangers, le
» pourroit conserver encore longtemps, et que des
» mauvais desseins n'en vient que de la honte à ceux
» qui les font et ravissent injustement à autrui ce
» qui luy appartient. »

Guillaume de Saulx-Tavannes croyait fermement que *plusieurs*, même du parti du roi, espéraient *avoir une pièce de l'état de France*; il y revient souvent dans ses *Mémoires*. Je lis, dans la lettre qu'il écrivit à Henri IV, *des déportements du mareschal d'Aumont en Bourgogne* : « L'on sait assez que
» ceux qui se licencient de leur devoir, le font à
» dessein, et semble qu'il veulent avoir leur apa-
» nage, comme de petits roys, désesperant desjà
» du salut public. » Tavannes met plusieurs fois à haranguer le peuple des villes qui se soumettaient à son autorité; toujours il affirma que « l'intention et
» deportemens des rebelles estoient, sous beau

---

(1) Les principales villes de la Bourgogne étaient toujours sous la domination des ligueurs. La campagne au contraire était libre. Il ne faut pas perdre de vue cette double circonstance, si l'on veut apprécier exactement ces expressions de Tavannes : « *quantité* de noblesse et *plusieurs* du tiers-état. »

» pretexte, de diviser l'estat de France, comme l'Ita-
» lie l'a été depuis les Empereurs romains. »

Le vicomte de Tavannes, au contraire, qui était de la Ligue, redoutait les tendances républicaines des villes. Ces deux points de vue sont également justes ; car, dans ce beau et si désolé royaume de France, tous les partis allaient à la division de l'état, c'est-à-dire à sa ruine. Il y avait évidemment du républicanisme dans les doctrines protestantes. D'un autre côté, les grands seigneurs de la fédération huguenote se préoccupaient avant tout de leurs intérêts, et songeaient à rétablir l'inamovibilité des charges de la couronne, puis l'hérédité, et à se créer un refuge contre les chances de la guerre dans l'indépendance féodale. Les chefs du parti catholique, à leur tour, effrayés des dangers que courait la monarchie, ne prévoyant pas comment pourraient se résoudre tant de complications religieuses et politiques, désespérant peut-être du salut public, ainsi que le dit Guillaume de Saulx-Tavannes, cherchèrent à se ménager des positions pour leur salut particulier, en cas de défaite ; en cas de triomphe, pour la consolidation de leur fortune. Tel est l'effet inévitable des révolutions. Les intérêts alarmés s'efforcent d'exagérer les garanties qui les protégent. Le système municipal, développé par le protestantisme, devait conduire à la république ; les souvenirs de la noblesse, réveillés brusquement par les commotions politiques, devaient tendre à faire revivre, dans les institutions, les principes de la féodalité. Des deux côtés, la monarchie était menacée ou abandonnée ; car on la croyait destinée à périr.

Les divisions que le maréchal d'Aumont avait apportées dans le parti royaliste, ralentirent ses progrès et permirent aux ligueurs de tenir la campagne. C'est à cette époque que le vicomte de Tavannes fut nommé lieutenant-général au gouvernement de Bourgogne pour la Ligue. Guillaume de Saulx-Tavannes avait écrit à Henri IV, dans la lettre dont j'ai parlé tout à l'heure : « Si mon frere vient à » la guerre, comme il en est bruit, je la lui ferai » si ferme, que mes malveillants n'auront pas » sujet de me blasmer » Et en effet, plus libre depuis le rappel du maréchal, il redoubla d'activité, d'énergie et d'audace. Cependant il ne manqua jamais de rendre au vicomte les services personnels qui étaient compatibles avec ses devoirs. « Un gen- » tilhomme dit-il quelque part, qui tire son frere » de peine, quelque mauvaise intelligence qui soit » entr'eux, en a toujours de la gloire. »

Comme le sieur de Vaugrenant tenait encore Saint-Jean-de-Laosne pour le maréchal d'Aumont, Guillaume de Saulx-Tavannes fit fortifier son château de Bonnencontre, pour avoir un passage sur la Saône. Il attaqua et prit quelques places, secourut Verdun, prêt à tomber au pouvoir du vicomte, battit des détachements de la Ligue, et rendit ainsi aux royalistes le courage qu'ils semblaient avoir perdu. En même temps il sollicitait activement les villes de rentrer dans l'unité de la monarchie. Enfin, en 1594, Mâcon donna l'exemple et ouvrit ses portes à une troupe de cent cavaliers que commandait Tavannes en personne. Beaune allait l'imiter, quand arriva le maréchal de Biron, à qui Henri IV venait de confier le gouvernement de la Bourgogne. Les succès du maréchal furent rapides, préparés qu'ils étaient, et par la capitulation de Paris, et par l'habile et prudente conduite de Tavannes. Dijon et Autun se rendirent ; Beaune tua son capitaine, et Nuits chassa sa garnison.

Lasse de tant de guerres civiles qui l'avaient si longtemps désolée, éclairée sur l'impuissance des partis par une cruelle expérience, la France revenait à son roi, et la monarchie se reconstituait sans effort.

La province était soumise presque tout entière à l'autorité royale. Cependant le baron de Sénecey tenait encore dans Auxonne pour la Ligue. « Le sieur » de Tavannes, estimant que le plus grand honneur » qu'il pourroit avoir, estoit d'avoir aidé à l'entiere » reduction du duché de Bourgogne en l'obeissance » du Roy, pour le faire, avait fait quelque projet » dont il avoit parlé au Roy à Paris, avec le sieur » de Sénecey, de lui mettre entre les mains sa » charge de lieutenant-général de Sa Majesté en » Bourgogne, pour la reduction de la ville et chas- » teau d'Auxonne. Ayant su depuis que le mares- » chal de Biron avoit des lettres-patentes du Roy » du gouvernement de la province, en l'absence de » M. d'Orléans, il continua cette negociation, qui » reussit moyennant la recompense qu'il en reçut. » Ainsi il se defit de sa charge par des considera- » tions pertinentes. » La récompense que reçut Tavannes, pour un dévouement si désintéressé, consistait en des lettres-patentes très-honorables qui furent enregistrées au parlement de Dijon le 26 février 1576.

Guillaume de Saulx-Tavannes combattit encore à Fontaine-Française auprès du roi, et contribua à la soumission de son frère, avec lequel il traita de la reddition de Tallan, où le vicomte s'était retiré.

Mais ce furent les deux derniers actes de sa vie publique. Depuis ce temps, Tavannes vécut loin des affaires, jouissant de ce calme heureux que donne la conscience du bien qu'on a fait. Il parvint ainsi à une vieillesse très-avancée ; il avait soixante-dix-huit ans quand il se remaria avec Jeanne de Pontaillier, dont il eut deux fils. Il mourut en 1633, âgé d'un peu plus de quatre-vingts ans.

Les *Mémoires* de Guillaume de Saulx-Tavannes sont écrits avec sagesse, avec modération, avec impartialité. On sent partout, en les lisant, qu'ils sont l'œuvre d'un homme de bien. Le titre que Tavannes leur a donné est plus vaste que le sujet qu'il traite : *Mémoires des choses advenues en France ès-guerres civiles, depuis l'année 1560 jusqu'en l'an 1596.* Le passage suivant des *Mémoires* exprime mieux la pensée qui les a dictés : « J'ai escrit » au long ce discours parce qu'en l'histoire generale » des guerres de la Ligue on n'a point fait mention » de ce qui s'est passé en Bourgogne pendant icel- » les, nonobstant qu'il s'y est executé plusieurs bons » effets et stratagesmes, dignes d'eternelle memoire,

» avec les seules forces de la province. » Ailleurs il dit encore : « Le travail, les dépenses, les périls » supportés par le sieur de Tavannes, les gentils- » hommes et capitaines de ladite province, et par » messieurs du parlement refugiés à Flavigny et » Semur, meritent, s'ils n'ont esté recompensez, » qu'on en ait souvenance. » Le principal objet des *Mémoires* est donc le récit des guerres de la Ligue dans le duché de Bourgogne. Cependant le premier livre est consacré tout entier à la célèbre campagne de 1569 contre les huguenots, et il peut être intéressant de comparer la version de Guillaume de Saulx-Tavannes à celle de son frère, dans les *Mémoires* du maréchal.

On n'a pas toujours assez tenu compte de ce qui s'est fait en Bourgogne pendant les guerres de la Ligue. C'est pourtant par le concours actif et intelligent du parti royaliste dans cette province, que Henri III et Henri IV ont pu recevoir les secours de Suisse et d'Allemagne, qui les ont mis en état, le premier, d'entrer en campagne après l'assassinat des Guise, et d'assiéger Paris; le second, de reprendre l'offensive contre le duc de Mayenne, qui l'avait poussé jusque dans la ville de Dieppe, et de battre à Arques la grande armée de la Ligue. Nulle part les populations des villes n'ont prêté un secours plus efficace à la royauté, contre les princes de la maison de Lorraine. L'intervention des états des trois ordres, leur zèle à seconder Tavannes dans ses patriotiques travaux, méritent assurément une attention sérieuse.

Le vicomte de Tavannes reproche indirectement à son frère de n'avoir pas su tirer un meilleur parti des événements pour la grandeur de leur maison. C'est qu'avec son ambition inquiète et son esprit turbulent, il ne pouvait pas comprendre ce qu'il y a d'élévation et de puissance dans ce sentiment de satisfaction intérieure qui naît de l'accomplissement du devoir. Que lui est-il revenu de tant de fatigues et de périls soufferts dans le parti de la Ligue, sinon de retourner, comme il le dit lui-même, à ce nom de vicomte de Tavannes, après avoir été capitaine de cinquante hommes d'armes, lieutenant-général de Bourgogne, et maréchal de France? « Les des- » seins bâtis sur le fondement de la vertu prospe- » rent et réussissent; les mauvaises intentions sont » suivies de malheurs, et n'ont jamais bonne issue. » Les histoires sont pleines de tels exemples. » Guillaume de Saulx-Tavannes se croyait assez récompensé par le triomphe définitif de Henri IV et par le rétablissement glorieux de la monarchie. Aussi ne se plaint-il pas, comme le vicomte, de l'ingratitude des partis et de la cour. Il ne dit qu'un seul mot sur ses services et sur ceux de la noblesse qui avait partagé son dévouement : « Partie a été mal » reconnue; mais Sa Majesté étoit excusable à cause » de ses grandes affaires. »

Guillaume de Saulx-Tavannes était catholique sincère; et c'est sur la religion même qu'il appuie sa fidélité : « Les hommes genereux, dit-il, se glissent » facilement à l'ambition. Les grandes entreprises, » soient-elles justes ou non, leur plaisent; et sou- » vent ils sont si peu fournis de prudence que, vou- » lant franchir tel precipice, ils y demeurent au » milieu. Les uns en echappent à demi froissés, » les autres succombent et s'y perdent du tout. » Exemple qui nous apprend de ne nous point fier » entierement en nos forces. L'equité doit mar- » cher premierement après l'autorité du magistrat. » La rebellion d'un sujet envers son prince se peut » rapporter à celle de l'homme contre Dieu; aussi » sa justice le punit en temps et lieu rigoureuse- » ment. Un hardi et insolent entrepreneur n'em- » porte aucune louange, quand même ses desseins » reussiroient heureusement pour lui, ce qui arrive » fort rarement, car les méchants projets sont pe- » rissables. Il faut donc, pour bien reussir, suivre » les bons desseins, lesquels n'arrivent pas toujours » au but desiré, Dieu se reservant la disposition du » succès des choses humaines, afin que nous ne nous » en glorifions point, et pour nous faire connoitre » notre foiblesse. Si est-ce pourtant qu'ils reussissent » plus souvent que les méchants par la faveur que le » ciel leur accorde. » Ces réflexions, si remarquables par la justesse de la pensée, l'énergie et le bonheur de l'expression, peuvent être regardées comme une haute leçon de politique.

La meilleure édition des *Mémoires* de Guillaume de Saulx-Tavannes est celle de 1625, Paris, in-4°. L'abbé Papillon, dans sa Bibliothèque des auteurs de Bourgogne, en cite deux autres dont il ne donne pas les dates, l'une in-4°, chez Samuel Bachi Petri, l'autre in-folio, sans nom d'imprimeur.

Les précédents éditeurs ont publié à la suite des *Mémoires* quatre avis de Gaspard de Tavannes, maréchal de France : 1° sur la paix de 1571 ; 2° sur la conduite à tenir par le roi envers les princes et les courtisans (1574) ; 3° sur la guerre de Flandre en 1572 ; 4° enfin, sur la campagne de 1575 contre les huguenots. Les deux derniers se trouvent également dans le corps des *Mémoires* écrits par le vicomte de Tavannes ; il devenait ainsi inutile de les publier ici une seconde fois.

MOREAU.

MÉMOIRES

DE

GUILLAUME DE SAULX,

SEIGNEUR DE TAVANNES.

LIVRE PREMIER.

La cognoissance de l'evenement des choses humaines, et des causes d'iceluy, nous a esté donnée de Dieu pour en bien user à l'entretenement et à l'accroissement de l'ordre politique, qu'il veut estre maintenu en ce monde à sa gloire. C'est le but auquel la sincerité des plus advisez doit tendre. A leur imitation, j'ay redigé par escrit succinctement quelques particularitez de ce qui s'est passé au duché de Bourgongne, et en aucunes autres provinces de ce royaume, depuis l'année 1560 jusques à 1596. J'ai remarqué et veu à l'œil ce que j'escris, ayant esté obmis par tous ceux qui ont fait mention de l'estat de France. Ma bonne volonté en ce subject suppleera à tous les defaux qu'on me pourroit imputer, mon dessein n'ayant esté de produire une histoire entiere, mais un simple et veritable recit, lequel ne se treuvera sans fruict. Les travaux que j'ay porté en la guerre pour le service de mon prince et le bien de ma patrie de Bourgongne, en laquelle j'ay eu, sept années expirées en l'an 1596, la premiere authorité, tant à commander aux forces et armées de la campagne qu'aux villes, y ayant esté utile, comme chacun de ce païs-là sçait. Les troubles cessez par la paix generale faicte en France, tant avec le roy d'Espagne qu'antres princes, et les rebellions civiles esteintes, j'ay pris le loisir de mettre la main à la plume, et avec un plus doux labeur que les passez me rendre dans le repos encores utile en cette description, que je desire estre receüe de bonne part; priant la Majesté divine nous vouloir continuer la paix, à son honneur et au bien de son peuple, aussi longuement que les plus sages et vertueux la desirent. La fragilité et imbecilité de l'homme est deplorable en ce qu'il ne demeure jamais en un mesme estat. Nous ne devons esperer rien de nostre vertu et force sans la benediction du Tout-Puissant, ny autre appuy que celuy qui vient de luy-mesme comme dit l'Escriture saincte : *Qui plante et arrose n'est rien ; mais Dieu, qui donne accroissement, est tout à toutes choses.*

Peu de temps avant l'année 1560, Henry, deuxiesme du nom, roy de France, celebroit à Paris les nopces du daufin François (1) avec la royne d'Escosse, de Philippe, roi d'Espagne, et de madame Elisabeth sa fille, celles de Philibert Emmanuel, duc de Savoye, et de madame Marguerite sa sœur, en grande joye, triomphes et festins, où toutes les pompes et felicitez du monde s'estoient assemblées pour accroistre les delices de la paix generale faicte entre les princes par tous les princes de leur obeissance, quand le Roy, en un tournoy dressé pour donner plaisir aux assistans, apporta par sa mort, advenuë d'un coup de lance donné par le comte de Montgommery, le plus sensible deuil, et d'autant plus extreme qu'ils n'estoit point attendu, et qui fut la premiere boucle de la chaisne qui a lié la France pour estre affligée par plus de trente-cinq années aux guerres civiles, qui l'ont portée sur le bord de son entiere et totale ruine, où infailliblement elle auroit esté precipitée sans l'ayde divine qui l'en a garantie. Après le deceds de ce grand prince, son fils, François second, estant en bas aage à son advenement à la couronne, employe messieurs de Guise, oncles de la Royne sa femme, en ses plus importantes affaires. Alors une grande assemblée des estats-generaux de France s'estant tenuë en la ville d'Orleans, après

---

(1) Il y a ici une erreur. C'est le 10 juillet 1559 que Henri II fut blessé à mort dans le tournoi qu'il donnoit pour le double mariage de sa fille et de sa sœur. Le mariage du Dauphin François avoit eu lieu l'année précédente.

laquelle quelques gendarmeries furent mandées, plusieurs reglemens sur le faict de la religion et de l'Estat, en termes d'estre establis, demeurerent indecis.

[1560] Ce jeune Roy, par une descente sur l'oreille, ayant suivy son pere de bien près, mourut une année après luy. Le prince de Condé, lors prisonnier, fut mis en liberté; et sous le roy Charles neufiesme, successeur du deffunct, qui estoit aussi en bas aage, les princes du sang et mesdits sieurs de Guise debattoient entr'eux la gloire et la charge du gouvernement du Roy et du royaume, s'aydans les uns et les autres du faict et du pretexte de la religion.

[1561] Le mal desja commencé s'accreut, pour auquel remedier la Royne mere, Catherine de Medicis, estant declarée regente (1), l'edict de janvier en l'année 1560 (2) fut resolu par les Estats, par lequel l'interim estoit establi en France; c'est à dire l'exercice des deux religions fut publié par toutes les provinces en dependans, excepté en quelques-unes, et mesmement en celle du duché de Bourgongne, se disans les Bourguignons plus anciens et premiers chrestiens que les autres François, lesquels ne l'avoient esté que par le moyen de l'une de leurs princesses mariée au roy Clovis premier. C'est pourquoy ils vouloient aussi estre les derniers à souffrir dans leur pays ceste nouvelle religion. Ils avoient avec eux Gaspard de Saulx, sieur de Tavannes, lieutenant du Roy, pour les gouverner, personnage très-catholique, et affectionné à Sa Majesté, lequel se conformoit à leur bonne resolution d'autant plus facilement, qu'en ce il disoit faire le service du Roy son maistre, et que toute rebellion qui paroissoit en ces nouveaux religieux luy estoit suspecte, les mouvemens desquels pulluloient en divers lieux, et pouvoient apporter une grande subversion en tous ordres. Et de fait il ne se treuva point trompé par les desseins que tost après ils executerent sur les villes de son gouvernement, que je desduiray briefvement après avoir informé le lecteur quel fut ledit sieur de Tavannes : son admirable generosité et probité meritent bien qu'on en grave le souvenir sur le marbre d'une eternelle memoire. Son origine vient des comtes de Saulx, chasteau situé à cinq lieuës de Dijon, à costé du chemin de Langres. C'est le nom de ceux de sa maison, qui a toujours esté alliée en des nobles et grandes familles, et entre autres à celles de Montbeliard, Vienne, Sainct-Seine,

Bauffremont, Tavannes, d'Inteville, Labaulme, Chabot et Pontallier. Sa jeunesse commença de donner quelque bon indice de sa valeur à la bataille de Pavye, l'an 1524 (3), où il se trouva estant mis hors de page du roy François premier. Après il fut ès guerres d'Italie, tant sans avoir charge que guidon de la compagnie de gens-d'armes du sieur grand escuyer Galliot; où ses deportemens furent si signalez, que monseigneur duc d'Orleans, frere du roy Henry second, dressant l'estat de sa maison, l'y voulut employer des premiers; et lui ayant baillé le guidon de sa compagnie, peu de temps après lui en laissa la lieutenance : laquelle compagnie il eut après le deceds de monseigneur d'Orleans, lequel il assista et servit à la conqueste du duché de Luxembourg en l'année 1552 (4), bien veu de luy, et ayant des premiers commandemens en son armée. Ledit sieur de Tavannes avoit faict preuve de sa valeur à la bataille de Cerizolles, où M. d'Anguien obtint la victoire sur l'Espagnol contre le marquis du Gast, à celle de Renty, en la presence du roy Henry second et de l'empereur Charles cinquiesme, comme se void par l'extraict d'une lettre escrite du camp du Roy par le sieur de Sallignac, gentilhomme françois, au cardinal de Ferrare, que j'ay estimé devoir estre icy couchée, m'asseurant que la lecture s'en treuvera très-agreable, pour y estre remarquée la magnanimité de l'armée françoise, et principalement celle du Roy, des princes, et aussi la valeur signalée du mesme sieur de Tavannes.

« Le roy de France Henry II, pour faire vivre son armée ès païs de l'ennemy, et attirer l'empereur Charles V avec la sienne à la bataille, avoit assiegé le chasteau de Renty le 12 aoust 1554, et le battoit de deux costez. M. le duc de Guise, ayant charge de faire garder le bois sur un costau qui estoit à l'advenue des ennemis du costé de la plaine de Foquemberge, prit trois cens arquebuziers françois, et un nombre de corcelets, pour soustenir cette entreprise. L'ennemy n'avoit moins de gens que nous : M. de Guise à minuict en vit un gros d'arquebuzerie espagnolle venir à la teste du bois ; les nostres les contraiguirent se retirer en leur camp. L'on recommença le lundy, treiziesme jour du mois, de tirer contre le chasteau. L'empereur ayant commandé aux conducteurs de son avant-garde l'ordre qu'ils avoient à tenir, M. de Guise, environ midy que

---

(1) Catherine de Médicis n'eût pas le titre de régente pendant la minorité de Charles IX; mais elle en avoit tous les pouvoirs.

(2) 1562.
(3) La bataille de Pavie fut livrée le 24 février 1525.
(4) 1542.

le soleil eust gaigné sur le brouillas, descouvrit trois flies bien espaisses d'arquebuziers espagnols sortis de leur camp avec leurs troupes de piquiers ; et après eux, et à costé, trois gros escadrons de gens de cheval ; l'un d'Espagnols, et les deux autres de pistolliers allemans, puis deux bataillons de lansquenets, et sept ou huict pieces d'artillerie, venans vers luy ; de quoy il donna advis au Roy et à M. le connestable de Montmorency ; lesquels commanderent incontinent toutes les troupes de nostre armée se rendre sur la plaine au bas de la montagne, sans toutesfois diminuer la garde des trenchées : et cependant deux files de ces arquebuziers espagnols assaillirent le bois par deux costez, et la tierce du milieu donna par le devant, favorisée du reste de leurs troupes qui venoient en front ; ce qui ne fut sans que les nostres les receussent. Mais M. de Guise, qui vit estre impossible de soustenir tel effort avec si peu de soldats ne pouvant estre si promptement secourus, commença à les retirer jusques au bout du costau à l'ayde du bois. Soudain les ennemis occuperent ce qu'il avoit abandonné, s'avançans sur luy, où, pour le soustenir, vint sa compagnie de cent hommes d'armes, celle du sieur de Tavannes de cinquante, et le regiment des chevaux legers de M. de Nemours. Puis M. le Connestable, après avoir, pour l'incommodité du lieu estroict, quelque peu changé l'ordre qui avoit esté arresté des bataillons, il en fit marcher un en avant de gens de pied françois par le haut, et après quatre regimens de gendarmerie, le bataillon des Suisses et un de lansquenets par le pendant, et la cavallerie legere de M. d'Aumalle plus avancée sur leur aisle gauche au bas de la plaine, et un nombre d'Escossois à pied des bandes au costé droict de la gendarmerie le long du bois, afin que les ennemis ne vinssent par le couvert tirer en flanc. Et ce faict, mondict sieur le Connestable advertit le Roy, disposant de mesme ses troupes en l'estendue de la plaine, qu'il voyoit marcher les ennemis en grandes forces bien serrez, ayant gagné la teste du bois sur M. de Guise, lequel se laissoit pousser devant eux, et qu'il s'en alloit, ensemble M. de Vendosme et M. le mareschal, à eux. A cela le Roy, content d'avoir amené l'Empereur à la battaille, respondit qu'hardiment il allast quand l'occasion l'y convieroit, et qu'il le suivroit de près. Mondit sieur de Guise, voyant approcher le bataillon de nos François, où M. l'admiral de Chastillon, colonnel de l'infanterie françoise, s'estoit mis à pied, commanda que le regiment de chevaux legers de M. de Nemours, où les sieurs de Randan, de Piennes et Curton estoient avec leurs cornettes, fist la premiere charge, et que le sieur de Tavannes, avec sa compagnie d'ordonnance et le guydon de la sienne, le soustinst. Ceste cavallerie legere alla incontinent sur leurs gens de cheval, qui la receurent hardiment, et, trouvant les nostres en petit nombre, les renverserent, et passerent outre. Lors le sieur de Tavannes chargea et entra dedans les ennemis, les esbranla, mit la pluspart en routte, et leurs arquebuziers à pied qui endommageoient les nostres ; et là fut gaignée une cornette d'un colonnel alleman. Soudain M. de Guise, accompagné de M. le prince de Ferrare, M. le grand prieur de France son frere, ensemble d'autres seigneurs, alla avec les hommes d'armes de sa compagnie donner sur leurs gens de cheval et de pied, qui furent rompus. Les Espagnols à cheval entreprindrent, avec la faveur de quelque reste d'arquebuziers à pied, faire ferme à une aisle du bois. Sur ceux-cy M. de Nevers avec sa compagnie fit une charge et les deffit : les pistolliers allemans, après estre rompus, prirent la fuite. Fut rapporté que l'Empereur, qui suivoit avec sa bataille, voyant son avant-garde defaicte, avoit usé d'une soudaine retraicte : la victoire, qui sembloit le favoriser du commencement, se tourna pour nous. Nos gens presenterent au Roy sept pieces d'artillerie et vingt enseignes ou cornettes gagnées. Ce jour il recompensa ceux qui les avoient prises de dons, et honora le sieur de Tavannes du collier de son Ordre, le prenant de son col, et le mettant au sien en presence de l'armée. Leur camp se tint en armes toute la nuict, et nous en fismes de mesme en l'avant-garde. Le lendemain matin, ils nous apparurent des trenchées devant leur camp, vers nostre advenue : neantmoins, pour le desir que le Roy avoit de terminer son entreprise par un general combat, il envoya M. le Connestable et autres chefs recognoistre si on pouvoit les y assaillir ; mais, après qu'ils eurent recogneu l'advantage du lieu, leur sembla que la raison de la guerre y repugnoit, et que le Roy, ayant gasté le païs de l'Empereur jusques à trois lieues de Bruxelles, pris ses places, et l'ayant contrainct de venir au combat, auquel il luy avoit rompu son avant-garde, pris de ses pieces d'artillerie, et plusieurs de ses enseignes, vraye marque de victoire et bataille gagnée, il se devoit contenter. Ce considéré, et le sejour apportant incommodité de vivres, le Roy prit le chemin de son retour. »

[1562] Pour revenir à nostre premier discours, sur le refus fait l'année 1561 (1) de la publication de l'edict de janvier au duché de Bourgongne,

(1) 1562.

ceux de la nouvelle opinion y estans, se voyants exclus des assemblées qu'ils vouloient faire sous pretexte de la liberté du presche, dans lesquelles leurs desseins se pouvoient facilement tramer pour surprendre plusieurs places, appellerent aucuns de leurs voisins, et entre autres le sieur de Montbrun du Dauphiné, lequel s'estant saisi de la ville de Chalon sur Saosne par quelques intelligences, en fut aussi-tost chassé à la diligence que fit le sieur de Tavannes avec sa compagnie de gensdarmes. Ceux qui s'estoient saisis de la ville de Mascon en furent chassez de mesme, de sorte que son gouvernement demeura entierement en l'obeissance du Roy : et pour l'y maintenir, il fit depuis faire des citadelles esdictes villes. La derniere d'icelles fut prise par un stratageme remarquable. Ceux de la nouvelle opinion, que l'on appelloit les huguenots, s'estans saisis de Lyon, Ville-franche et Belle-ville, sous la conduite du comte de Saulx, avoient fait acheminer quatre mille Suisses entre lesdictes deux villes de Chalon et Mascon, et, sur l'asseurance de ces forces avancées, on faisoit peu de garde en celle de Mascon. Le sieur de Tavannes, en ayant eu advis, fait acheminer depuis Chalon, par chemins destournez, sa compagnie de gensdarmes, conduicte par le sieur de Trotedan, qui en estoit enseigne, accompagné des sieurs de Canteperdris et Sainct Poyat, qui commandoient à trois cens hommes de pied choisis. Ayans faict leur repue au chasteau de Lourdon, esloigné des villages, arrivent avant jour à demy quart de lieue de Mascon, où ils firent alte. Ledict sieur de Canteperdris s'estant avancé, avec soixante arquebuziers, à trois cens pas de la porte, desquels il en avoit logé quinze avec un capitaine dans une petite maison qui en estoit proche, et fait acheminer un chariot de foin conduict par trois soldats habillez en chartiers, incontinent qu'il fut demye heure de jour, deux hommes de la ville allant faire la descouverte entrerent en ceste maison : l'un y fut tué et l'autre arresté. Ledict chariot ayant faict alte sur le pont levis de ladicte porte, les quinze soldats y allerent promptement, et attaquerent le corps de garde qu'ils deffirent, assistez dudict Canteperdris qui y accourut avec sa suite, et se saisirent de ceste porte, où le sieur de Trotedan ayant abordé avec sa cavallerie et le reste des gens de pied, la ville fut incontinent reduicte. Ces troupes furent ès places sans entrer en aucun logis, jusques à ce que les habitans eurent esté desarmez, et l'ordre necessaire mis. Quelques-uns de la ville y furent tuez, de ceux qui en petit nombre avoient voulu faire resistance. Les Suisses, voyans par ceste prise le chemin de leur retraicte aucunement fermé, d'espouvante se retirerent en leur pays par le costé de Lyon, après avoir eu quelque mescontentement de ceux qui les avoient embarquez. Ces heureux exploits du sieur de Tavannes donnerent occasion au Roy luy commander d'assembler une armée pour la reduction de la ville de Lyon ; laquelle il composa de quelques pieces d'artillerie, quatre mille hommes de pied sous la charge du sieur de Lesseing, frere du sieur de Maugiron, et de quatre à cinq cens chevaux, non compris les arquebuziers à cheval. L'ordre de la conduicte en fut si bon, que les vivres et la paye n'y manquerent point pendant que ledict sieur de Tavannes en eut la charge. Il commença la guerre par les prises des villes de Ville-franche et Belle-ville, estans situées du long de la riviere de Saosne ; et de là s'approcha de celle de Lyon, où les intelligences avoient esté si bien practiquées, que la reduction en estoit infaillible sans un accident qui arriva. L'ambition est accompagnée souvent de generosité, elle a aussi ses vices, et apporte souvent du mal. M. de Nemours, jeune prince, obtint alors de Sa Majesté le commandement de ceste armée, en laquelle s'estant acheminé avec ample pouvoir, le sieur de Tavannes la luy fit voir en ordre de bataille ; et après cela, quoy que ce mesme prince de Nemours, qui l'honoroit du nom de pere, le priast de demeurer, il se retira luy faisant entendre que, luy laissant ses forces, il se retiroit en son gouvernement de Bourgongne, où sa presence estoit necessaire au service de Sa Majesté. Ainsi ne voulut-il obeyr à celuy qui luy ostoit le commandement, qui luy devoit d'autant plus estre conservé qu'il en avoit magnanimement et utilement usé. M. de Nemours ne prit point la ville.

Peu de temps après le retour du sieur de Tavannes à Dijon, les huguenots faisant de nuict des assemblées et des presches, en nombre de cinq ou six cens hommes en armes, en la rue des Forges, proche le chasteau, et se vantans de traicter le sieur de Tavannes comme le sieur de La Motte-Gondrain, qui avoit esté pendu à la fenestre de son logis à Valence en Dauphiné, il pourveut à leurs insolences, faisant crier à son de trompe, un soir, que les habitans eussent chacun à mettre lanternes et clartez à leurs fenestres, et que, passé huict heures du soir, ils n'eussent à sortir la nuict de leur logis, et ce, sur peine de la vie. La mesme nuict il fit entrer par le chasteau la compagnie d'ordonnance de M. de Savoye, conduicte par le comte de Morvet (1), qui en es-

(1) Comte de Montrevel.

toit lieutenant : et, au son de quelques canonnades, se rendirent quantité d'habitans des villages voisins à la ville, au poinct du jour, suivant l'advis qui leur en avoit auparavant esté donné. Deux heures après, pendant que cette cavallerie se promenoit sur le pavé, fut faicte recherche des armes, que l'on mit à la maison de ville, et crié que tous les vallets de boutique eussent à venir devant le logis dudict sieur de Tavannes à une heure après midy, où s'en trouva plus de douze cens, qui furent conduicts par ladicte cavallerie et chassez hors de la ville. On cognut alors que tel marchand ou artisan qui ne devoit avoir qu'un vallet en avoit six. Après cela, furent mis prisonniers audict chasteau douze des principaux desdicts huguenots, ausquels le sieur de Tavannes dit que s'il advenoit remuement leurs testes en respondroient. Parmy eux y avoient deux conseillers du parlement. Ainsi le peril fut par luy prudemment levé sans aucune effusion de sang, et la seureté establie, se comportant en cela comme pere, et non en tyran, au contentement de toute la province. Il avoit esté mareschal de camp au voyage que fit l'armée du Roy en Italie, en 1555, avec M. de Guise, et avoit aussi la mesme charge au voyage d'Allemagne, où les villes de Mets, Verdun et Toul furent prises. Il eut le mesme employ à la prise des villes de Calais, Thionville et autres. Aussi fut-il gouverneur en la ville de Verdun en Lorraine, y commandant à deux compagnies d'hommes d'armes, quatre de chevaux legers; et douze de gens de pied, lors que l'empereur Charles cinquiesme alla assieger Mets, et que l'on estoit incertain s'il assiegeroit Verdun ou Mets. Et peu auparavant ces mouvemens advenus en Bourgongne, les factieux de la nouvelle opinion s'estans saisis de Valence, ville en Dauphiné, sur la riviere du Rosne, la reduction en fut faicte par luy avec sa compagnie et autres troupes qu'il y avoit conduictes, suivant le commandement de Sa Majesté.

L'année 1562, la bataille de Dreux donnée, quelques exploicts de guerre suivis, l'edict de pacification publié [1563], les armes furent mises bas l'espace de cinq années, et jusques à la Sainct Michel 1567, qu'au premier mal les pretendus nouveaux religieux en adjousterent un autre, faisant effort à Meaux de se saisir de la personne du roy Charles neufiesme, qui fut garanty par le bon secours des regimens de Suisses de sa garde, commandez par le colonel Pheifer (1). La sieur de Tavannes fut aussi-tost mandé par Sa Majesté de s'acheminer à Verdun en Lorraine, comme il fit, avec plusieurs troupes, pour s'opposer avec messieurs de Guise aux estrangers allemans qui venoient en faveur des ennemis. De là il s'achemina en l'armée que conduisoit M. le duc d'Anjou, frere du Roy, où la reveue s'en fit proche la ville de Troyes : et, avant son partement de Bourgongne, il en fit sortir le sieur de Poncena, qui s'estoit saisi des villes de Sainct Jean Gon et Marciny, avec quatre cens chevaux, et certain nombre d'infanterie et pieces de campagne. Le sieur de Vantoux, du nom et armes du sieur de Tavannes, commandant sous son authorité au païs, y fut employé avec les compagnies de M. de Savoye, du comte de Beine, et autres, et s'en acquitta dignement, estant venu aux mains avec les ennemis à un pont proche Joncy en Masconnois. Pendant l'absence du sieur de Tavannes dudict païs, le mesme sieur de Vantoux conduict toutes les forces qu'il pust assembler à M. le duc de Nevers, venant d'Italie, qui avoit trois mille hommes de pied italiens, au siege de la ville de Mascon, que les ennemis avoient reprise : de laquelle, après les approches et batteries faictes, M. de Nevers et le sieur de Vantoux les chasserent, s'en estant saisis par le costé du pont de la riviere de Saosne. Le travail, prudence et diligence qu'ils y employerent, leur reussit à grand honneur et louange. La paix reiterée [1568], lors que les ennemis avoient assiegé la ville de Chartres, ne dura que six mois : M. le prince de Condé, s'estant allarmé de quelques associations qui se faisoient par les catholiques en Bourgongne pour se conserver, et des compagnies de gens de pied que conduisoient de Mets en Piedmont le sieur de la Verriere, presumant qu'il y eust entreprise contre sa personne et celle des autres chefs de son party, s'en alla de sa maison de Noyers en Bourgongne à La Rochelle, suivy de plusieurs d'eux, et, entre autres, de messieurs l'admiral de Chastillon et d'Andelot freres. Il commença à assembler des forces, pour avec icelles attenter de toutes parts. Ceste prompte saillie luy cousta la vie six mois après, et aux principaux commandans à sa suitte à deux ou trois ans de là : exemple notable pour eviter le commencement d'une guerre non necessaire ny juste. Que si celle qui se fait avec equité ameine infinis maux, que peut-il estre d'une guerre bastie sur des desseins pernicieux et une rebellion ouverte, ayant pour fondement un vain pretexte de religion et bien public, ne tendant neantmoins qu'à la ruine de tous les deux, pour l'aggrandissement d'un ou de plusieurs subjects par dessus leur souverain prince? Ceux-cy travaillent, subsistent, prosperent un temps, crois-

(1) Pfiffer.

sent en authorité et puissance ; le commander leur est doux : mais enfin ils y trouvent leur ruine totale et le chastiment de leurs forfaicts. Ainsi Dieu jette au feu les verges desquelles il a chastié son peuple. Les ambitieux chefs de party, qui aspirent à renverser un Estat legitimement estably pour planter une tyrannie, ne viennent au but de leurs pretendus desseins, la plus part meurent de morts violentes. Ils proposent injustement, Dieu dispose justement d'eux et de leurs actions ; et, tournant leur mal en bien, ameine les peuples affligez à repentance, et après à la douceur du repos ; faisant son œuvre, qui est de departir ses graces gratuitement aux siens.

Le roy Charles, voulant pourvoir aux remedes necessaires en une guerre civile qui luy estoit de si grande importance, appelle près de soy ses principaux serviteurs, et entr'autres le sieur de Tavannes, tant pour prendre advis de luy en son conseil pour ses plus urgentes affaires, que pour l'employer près monseigneur le duc d'Anjou son frere, pour ayder à la conduicte de son armée, vers lequel le sieur de Tavannes alla après qu'il eust mis bon ordre en son gouvernement de Bourgongne.

Dès le commencement que l'on cognut la guerre declarée, et que le prince de Condé estoit en Poictou, M. le duc de Montpensier y assembla les forces du païs, qui lors estoient fort petites, et n'eut gueres bon moyen de garnir les places, bien qu'il despartit de ses troupes en quelques-unes, attendant que le Roy l'eust secouru de plus grandes forces, pour les mettre à seureté, et aussi qu'il eust fait approcher les gensdarmes qui estoient de ce costé-là, et pareillement les gens de pied. Bien-tost après arriva M. de Martigues avec bonne troupe, tant de pied que de cheval, comme aussi furent envoyez de la Cour les sieurs de Brissac et Strosse, colonels de l'infanterie françoise. Ils arriverent en Poictou avec leurs troupes, à sçavoir trente enseignes de gens de pied du sieur de Brissac, et douze du sieur Strosse : ce qui donna grand contentement pour l'esperance qu'on avoit que les gens de pied, et quelque nombre de gendarmerie, seroient desparties par les places afin de les tenir asseurées, et que M. de Montpensier se tiendroit à Poictiers aussi avec des forces, pour favoriser et secourir les endroicts les plus agitez et pressez des ennemis ; lesquels, ayans premedité la guerre, avoient tout en un temps assemblé toutes leurs forces, reservé les gens de pied de Provence ; de sorte que sans les Provençaux ils pouvoient estre de quatre à cinq mille chevaux, et huict mille hommes de pied.

A raison de quoy M. Montpensier estant pour lors encore trop foible, sa deliberation de se mettre sur la deffensive eust esté juste et raisonnable, attendant que l'armée de monseigneur le duc d'Anjou fust preste et arrivée ; mais estant stimulé par les seigneurs de la Cour, qui desiroient de faire cognoistre leur valeur et acquerir de la reputation, ou bien pour ne vouloir les uns estre envoyez dedans les villes pour les garder, ou pour quelque raison occulte, demeurerent ensemble et en suspens, sans estre departis à la garde des villes, esperant se fortifier assez à temps pour tenir la campagne et venir au combat. Mais le malheur voulut que, pensant bien faire, l'on fit tout autrement ; car M. de Guise s'en venant en poste pour estre des premiers, en passant à Orleans, où estoit le rendez-vous pour assembler l'armée de monseigneur d'Anjou, où le sieur de Sansac estoit pour recueillir les gensdarmes, il bailla audit sieur de Guise dix compagnies de gensdarmes à mener, disant qu'il estoit fils d'un trop bon pere pour le laisser aller seul : occasion pourquoy M. Montpensier, sentant venir ceste troupe de renfort, se resolut, à la persuasion de ceux qui estoient avec luy, de donner la bataille et envoyer demander congé de le faire ; ce qui luy fut accordé. Et pour estre encore plus renforcé, envoya dire à M. de Montluc, qui avoit de bonnes forces, qu'il se vint joindre à luy, et au sieur d'Escars pareillement : ce qu'ils ne firent point, disant qu'ils alloient au devant des Provençaux, et partirent pour y aller ; mais toutesfois ils les laisserent passer. Mondict sieur de Montpensier, resolu de combattre encore que ledict sieur de Montluc n'y fust point, s'achemine à Confolant, les ennemis estans au siege d'Angoulesme, laquelle au bout d'un temps fut renduë ; de sorte que les ennemis furent dedans deux ou trois jours premier qu'on le sceust dedans le camp, tant l'on estoit bien adverty.

Tost après M. de Montpensier fut adverty de la venuë des Provençaux ; où au lieu de combattre ceux qui estoient audict Angoulesme, il delibera de s'en aller au devant d'eux, encores que M. de Longueville, qui avoit esté envoyé d'Estampes, y fut arrivé avec huict autres compagnies de gensdarmes, et les trouva à deux lieuës de Perigueux, où les compagnies qui marchoient derriere, menées par Mouvant, furent defaictes, ledict Mouvant tué, et dix enseignes emportées. Mais le sieur d'Acier, avec la plus grande part desdicts Provençaux, se rendirent au camp du prince. Je vous ay faict ce discours cy-dessus, afin que vous cognoissiez le malheur de ce commencement, advenu par la faute de ces messieurs nos coureurs de la Cour, qui ne se soucient pas de ce qui puisse advenir aux despens du Roy et du public, pourveu qu'ils contentent leur caprice : et encore plus mal-advisez ceux qui leur permettent leurs courses et leur baillent des forces, car qui n'eust point baillé ces forces-là à M. de Guise en passant à Orleans, ny souffert à tant de coureurs volontaires s'en aller devant pour gaster tout, ains demeurer à Orleans au rendez-vous où se devoit trouver l'armée, M. de Montpensier n'eust peut-estre pas entrepris de donner la bataille, et se fust mis sur la deffensive, en mettant les gens de pied et autres forces, tant dans Angoulesme, Nyort, qu'aux autres villes perdues. L'armée de monseigneur d'Anjou eust esté assemblée assez à temps pour les aller secourir. Mais faisant semblant de vouloir donner la bataille, ils ne la donnerent point, et si perdirent les villes, qui fut un malheur qui a duré long-temps. Monseigneur le duc d'Anjou estant arrivé à Orleans où l'on se devoit assembler, n'y trouva que l'artillerie, les Suisses, et cinq ou six compagnies de gensdarmes : et là fut mis en avant par le sieur de Tavannes de separer partie de l'artillerie, qui reviendroit facilement après par eau atteindre l'armée pour assieger Sanserre avec M. le marquis de Villars ; mais comme les opinions sont diverses, d'autres capitaines firent changer celles-là. Cette entreprise fut rompuë, qui a esté un grand mal ; car ceux de Sanserre n'avoient ny gens, ny munitions quelconques, et estoient prests de se rendre.

Donc monseigneur s'achemina, avec ce peu de forces qu'il avoit trouvées à Orleans, du costé de Blois, Amboise et Tours, allant tousjours retenu et en suspens, pour attendre l'issue de la bataille qui se devoit donner. Il faisoit tousjours recognoistre les villes, soit pour les fortifier, ou y faire dresser un camp fortifié, afin de pouvoir s'y retirer si le malheur eust voulu que l'on eust perdu la bataille : mais, estant en chemin, il eut advis qu'au lieu de combattre le prince de Condé, M. de Montpensier s'en alloit au devant des Provençaux ; qui estoit reculer plus de quarante lieuës en arriere, laissant l'armée du prince entre monseigneur d'Anjou et eux : ce qui le fit aller encores plus retenu. Et neantmoins, sans le sieur de Tavannes il recevoit un grand escorne ; car, encores qu'il eust infiniment debattu que l'on ne devoit point avancer, si est ce qu'à la persuasion d'aucuns il avoit esté conduit jusques au port de Pilles, en deliberation de passer plus outre, jusques à Chastelleraut et Poictiers, au grand regret du sieur de Tavannes : lequel, avec plusieurs protestations, supplia mondict seigneur qui s'en alloit disner à Presiny chez le sieur marquis de Villars, de descendre et vouloir encores tenir un conseil à La Haye en Touraine en passant : ce qu'il luy accorda. Et là fut remontré, par vives raisons, par ledict sieur de Tavannes, que l'armée estant si foible ne devoit point passer la riviere de Creuse, et ny moins passer à Chastelleraut que l'on ne fust joint avec M. de Montpensier, d'autant que les ennemis y pouvoient facilement venir, et qu'il valloit mieux couler du long de ladicte riviere de Creuse, et aller du costé du Blanc en Berry, et mander à M. de Montpensier de s'en venir de ce costé là ; pour tous ensemble se joindre plus seurement. Mais le sieur de Sansac et quelques autres estoient tousjours de contraire opinion ; de sorte que tout ce que ce que put obtenir ledict sieur de Tavannes, fut que l'artillerie ne passeroit point ce jour-là le port de Pilles, et qu'on sejourneroit un jour. Ce conseil estant finy, et les capitaines separez l'un deçà, l'autre delà, chacun à leurs affaires, fit tant ledict sieur de Tavannes envers mondict seigneur, que l'armée sejourna quatre jours à la Guierche ; dans lequel temps on envoya haster en toute diligence M. de Montpensier, qui desjà estoit sur son retour. Au bout des quatre jours l'armée partit, et n'arriva pas si tost à Chastelleraut que les ennemis avec toutes leurs forces, en extreme promptitude, peurent passer la Vienne à Chaumigny, et vindrent jusques à une lieuë de Chastelleraut. Mais M. de Montpensier ayant esté fort hasté arriva le jour mesme, ses gens et ses chevaux neantmoins extremement harassez : estans les ennemis logez à une lieuë de là, monseigneur d'Anjou le lendemain matin fit mettre l'armée en bataille, et fut ordonné le vicomte d'Auchy pour les aller recognoistre avec quatre cens chevaux, sans toutesfois les attaquer qu'on ne luy mandast. Cependant le sieur de Tavannes, ayant recogneu un ruisseau qui estoit entre leur camp et le nostre, fit faire des ponts pour y passer l'armée, et fit passer les troupes de messieurs de Martigues, de Guise et autres pour soustenir ledict vicomte, qui avoit descouvert les ennemis, auquel il manda de les attaquer. Cependant mondict sieur marcha avec toute son armée jusques au ruisseau ; mais ledict vicomte rapporta qu'il n'estoit demeuré des ennemis que quelques-uns sur la queuë, et que leur armée s'estoit desjà retirée près dudict Chaumigny, qui est à cinq lieuës dudict Chastelleraut, n'estant venu là en autre esperance que pour attraper monseigneur seul avec son armée avant que M. de Montpensier y arrivast. Ce qu'à dire la verité ils eussent faict sans la providence du sieur de Tavannes, par le sejour fait à La Guierche. S'estans ainsi les ennemis retirez, et repassez la riviere à Chaumigny pour s'en retourner en leur conqueste, après avoir donné deux ou trois jours de sejour aux troupes de M. de Montpensier, fut mis en deliberation le chemin qu'on devoit tenir ; sur quoy y eut plusieurs advis, estans le sieur de Sansac et quelques autres tousjours d'opinion que l'on allast à Poictiers, remonstrant que c'estoit le plus beau lieu pour une armée qu'il estoit possible, et que de là l'on prendroit tel chemin que l'on voudroit pour trouver les ennemis. Ledict sieur de Tavannes au contraire disoit qu'encore qu'il n'eust point cognu le pays, qu'il avoit ouy dire que Poictiers estoit une ville en lieu fort plein de baricaves à l'entour, et que, dudict Poictiers tirant devers Lusignan et Saint-Mexant estoit un païs bien fort et plein de hayes, de bois et de colines ; que les ennemis se retreuvant là, ayant vingt mille arquebuziers comme ils avoient et les nostres seulement deux mille, les Suisses et la cavallerie de peu d'effect en ce lieu fort, lesdicts ennemis auroient l'advantage ; qu'il avoit appris qu'on pouvoit aller à l'entour de ce pays-là par les plaines de Mireballais, et se venir retreuver à Sainct-Mexant ou à Nyort : en ce faisant, tout le Lodunois et bas Poictou, qui n'estoit encore saisi des ennemis, eust esté conservé pour fournir des vivres, et qu'ayant jà esté envoyé le sieur de Lude dans Poictiers, l'on y pouvoit envoyer encores des gens de pied ; que lesdicts ennemis ne se pourroient attaquer audict Poictiers, ny à Lusignan, qu'ils ne fussent combatus. Mais ceste opinion ne fut pas receue ; on marcha droit à Poictiers en deux jours. Le sieur de Tavannes avoit mis en avant à mondict sieur qu'à tout le moins on ne fist que repaistre audict Poictiers jusques à minuict, et soudain après repartir pour aller trouver les ennemis, qui ne pouvoient estre qu'à cinq ou six lieuës de là. Mais tant s'en faut que l'on peust faire ceste execution, qu'à cause de la difficulté de ladicte ville, qui se trouva si mal aisée, l'armée ne la peut passer en deux jours, et fut-on contrainct d'y sejourner. Ladicte armée passée, monseigneur alla à la maison de Teligny, où l'on treuva le pays difficile et couvert, comme dit est, et fut deliberé le lendemain de faire une traicte assez bonne pour s'oster de ce païs fascheux, et aller loger sur le bord de la plaine ; et fut resolu que l'on iroit à Pamprou avec l'avantgarde, et à Jaseneul la bataille : mais estans les mareschaux de camp arrivez audit Pamprou, treuverent que le lieu n'estoit point propre, et qu'il valloit mieux aller à Jaseneul pour l'avantgarde, et la bataille à Pamperou. Les mareschaux de camp envoyerent advertir M. de Montpensier de ces changemens, et pareillement à Jaseneul vers monseigneur. Toutefois M. de Montpensier dit qu'il ne fut point adverty, et ne laissa pas de passer outre avec l'avantgarde droit audict Pamprou, où il treuva que les ennemis y estoient, lesquels soudain furent en bataille, et se trouverent à la vue des uns et des autres, si près que l'arquebuzerie joua longuement des deux costez : mais la nuict soudain survenue les separa. Monsieur, de son costé, arrivant fort tard à Jaseneul, luy fut rapporté par le sieur d'Ochy, qui logeoit l'avantgarde, qu'il avoit treuvé cinq ou six mille hommes des ennemis logez proche Jaseneul ; de sorte qu'estimant que ce fut toute leur armée, envoya en toute diligence chercher M. de Montpensier, qui manda soudain qu'il estoit à la veue des ennemis, que l'on allast à luy. Monsieur, qui receut l'advertissement, alla droict audict Jaseneul, de sorte que l'avantgarde et la bataille se treuverent separées. Chacun pensoit, tant amis qu'ennemis, avoir toute l'armée devant soy ; mais il fut advisé qu'estant Monsieur chargé de l'artillerie, les gensdarmes allez à leurs logis, qu'il seroit impossible de marcher la nuict par un pays si fort que les ennemis ne les treuvassent en marchans, forts d'arquebuzerie comme ils estoient, au grand desadvantage de nostre armée, pour ne pouvoir la gendarmerie combattre, ny aussy les Suisses ; qu'il valoit mieux revoquer M. de Montpensier avec ses troupes toute la nuict, et cependant faire fortifier le camp de tranchées, afin que si les ennemis venoient on pust les soustenir, attendant que l'on eust pu faire les esplanades necessaires à la gendarmerie. M. de Montpensier revint toute la nuict ; mais plusieurs bagages, pour n'avoir voulu sortir de leur logis de nuict, ou pour estre fourvoyez, faillirent à suivre la file, dont il y en eut quelques-uns de perdus. Et tout ainsy que M. de Montpensier estoit reparty de nuict pour nous venir treuver, aussy les six mille hommes qui estoient proche Jaseneul près monseigneur, partirent de nuict pour aller treuver le camp du prince à Pamprou : et voyant ledict prince que nous estions reduits en ce pays fort, se promit incontinent la victoire à cause de ceste grande arquebuzerie. Il commença à marcher dès le grand matin, depuis ledict Pamprou jusques à Jaseneul, estimant nous treuver escartez en un logis fort desadvantageux, et nos gendarmes separez par les villages ; mais ayant très-bien preveu ce qui pouvoit advenir, ils treuverent toute l'armée en bataille, à dire la verité en lieu fort estroict et dangereux à cause de ladicte arquebuzerie, et leur armée arriva sur le costé de la main droicte de la nostre. Soudain qu'ils furent à nostre veue, qui ne pouvoit estre que fort près à cause du pays couvert, ils commencerent à desbander de leur arquebuzerie par troupes. Le sieur de Brissac, l'un des colonnels de nos gens de pied, se mit pour les aller soustenir avec sept ou huict cens arquebusiers : mais le sieur de Tavannes, ayant preveu le costé par où ils pouvoient venir, avoit faict lever huict pieces d'artillerie de la teste des Suisses, qui furent soudain conduictes sur le costé droict à la veuë desdicts ennemis, avec une extreme diligence, par le sieur de La Bordaisiere, et lesquelles pieces porterent une extreme faveur aux nostres, pour en estre les coups si souvent redoublez qu'aucun de leurs escadrons ne se pouvoit avancer pour soustenir cette grande arquebuzerie qu'ils avoient desbandée : et leur deliberation estoit d'assaillir par derriere le village du logis de monseigneur ; car, l'ayant gaigné, ils eussent peu faire deplacer les Suisses et gens de cheval de leurs places de bataille, en danger d'y avoir quelque desordre. Pour en eviter le peril, il avoit esté pourveu au village par le bout d'embas des compagnies de gens de pied bretons, gens nouveaux, où n'y trouvant pas trop grande seurté, le sieur de Tavannes fit partir une troupe d'arquebuziers qui estoit au flanc des Suisses, sous la charge du sieur de Strosse, lequel y voulut puis après aller luy-mesme. Il fut assailly le long dudict village fort rudement par une grande troupe d'arquebuziers, où les nostres, pour estre peu, les soustindrent fort vivement ; mais la plus grande charge estoit sur les bras du sieur de Brissac, qui, enfin voyant les ennemis renforcez de trois ou quatre mille arquebuziers frais, ayant desjà perdu plusieurs capitaines et beaucoup des siens, dit au sieur de Tavannes qu'il estoit force qu'il perdit s'il n'estoit renforcé d'arquebuziers. A quoy luy fut respondu qu'on feroit faire une charge par les gens de cheval, qu'il n'y avoit point d'arquebuziers, et qu'il estoit plus que necessaire faire ladicte charge. Et se trouverent le sieur de Tavannes et le sieur de Martigues ensemble, et se resolurent qu'il falloit faire ladicte charge. Sur quoy le sieur de Martigues prit la peine soudain d'aller parler au sieur de La Valette, maistre de camp de la cavalerie legere, qui estoit ordonné pour marcher à la teste de l'avantgarde, pour luy faire la charge en une petite plaine qui s'estendoit entre les deux armées, où il y avoit toutesfois quelque haye. Le sieur de La Vallette, pere du sieur d'Espernon, ne s'en fit pas prier deux fois : comme gentilhomme courageux qu'il estoit, et fort advisé, sortit de la place de bataille avec sa compagnie et quelque troupe, alla charger si vivement ceste arquebuzerie ainsi desbandée, qu'il les mena tuant jusques auprès des bataillons et escadrons ennemis, sans qu'aucun des leurs fist un pas en avant pour les soustenir. On crut alors qu'ils ne s'oserent descouvrir à cause de l'artillerie, ou bien pour quelque autre raison incogneue, et, au mesme instant, de l'autre costé furent ordonnez les sieurs de Raptigny et de Rambouillet pour faire la charge avec leurs gensdarmes à ceux qui assailloient le sieur de Strosse et les Bretons au coin du village ; ce qu'ils firent fort vaillamment, et menerent toute l'arquebuzerie qui estoit de ce costé-là battant jusques dans leurs troupes. On trouva trois ou quatre cens arquebuziers des leurs tuez sur la place, mais beaucoup plus du costé du sieur de La Valette que de l'autre costé.

Ces charges ainsi faictes, il n'y eut plus une seule arquebuzade tirée tout ce jour-là. Les ennemis se camperent où ils estoient, à un ject d'arc de nostre armée ; et, à dire la verité, ceste arquebuzerie que menoit le sieur de Brissac fit merveilleusement bien, pour estre les ennemis dix contre un ; car ils les soustindrent deux ou trois heures, et meritoient bien d'estre secourus, comme ils le furent aussi. La nuict doncques estant survenuë, et toute l'armée toujours en bataille, le duc d'Anjou commanda que l'on logeast au picquet, à fin d'estre plus près de luy : mesme encore que son logis fut tout proche de là, il n'y voulut point entrer, et prit un arbre pour son logis. Après qu'il eut soupé, il tint conseil avec bien peu de capitaines de ce qui seroit à faire ; demanda son advis au sieur de Tavannes, lequel dit qu'il jugeoit que les ennemis n'avoient point fait ce jour-là en gens de guerre, de voir mettre en pieces à leur vuë leurs gens sans les secourir, et que d'avoir determiné une entreprise sans l'executer, qu'il ne pouvoit penser qu'ils n'eussent le cœur tremblant et faute d'asseurance ; qu'il luy sembloit qu'on devoit commettre un des plus suffisans capitaines soustenu des corps de garde et quelques autres troupes, afin de conduire un nombre de pionniers pour aller faire les esplanades, et remplir quelques petits fossez, et couper trois ou quatre hayes qui estoient entre les ennemis et nous ; qu'il tenoit pour tout asseuré que le lendemain à grande peine se passeroit le jour sans combattre ; qu'il esperoit la victoire, veu le deportement du jour precedant : conseillant monseigneur qu'il choisit le sieur de Lignieres, chevalier de l'Ordre et capitaine experimenté, pour ceste execution, et luy commandast d'aller prendre les pionniers vers le maistre de l'artillerie. Pour cet effect, monseigneur l'ayant ainsi commandé au sieur de Lignieres, il accepta ceste charge fort librement, et partit pour s'y en

29.

aller. Toutesfois il ne l'executa point, et, qui pis est, n'en vint faire aucune responce que le lendemain, qui estoit une heure de jour quand il vint s'excuser, disant qu'il n'avoit sceu trouver des pionniers, desquels toutesfois nous en avions pour lors deux mille; et il eust suffi de cent pour ceste besongne, qui n'estoit pas grande, laquelle eust esté facilement faicte, d'autant que nos sentinelles estoient estenduës jusques bien avant dans le lieu où il falloit faire les esplanades, sans qu'ils eussent esté empeschez des ennemis. Le jour venu, Monsieur les fut recognoistre luymesme. On voyoit du camp toute leur cavalerie en une petite plaine, sur un haut, et à laquelle l'on n'eust sceu aller qu'à la file, par faute d'avoir faict l'esplanade. Ils avoient fait partir les gens de pied dès la nuict, dont l'on ne se pouvoit appercevoir à cause du païs fort et couvert: et n'eust-on peu juger ce deslogement, tant à cause de la fumée des feux de leur camp comme de la bonne mine qu'ils faisoient, feignant se preparer pour venir au combat; et, sur les neuf ou dix heures, commencerent à disparoir petit à petit, estant desjà leur infanterie à plus de trois lieuës de là. La cavalerie, à ce que rapporterent les espions, à mesure qu'on les avoit perdu de veuë, alloit plus grand train pour r'atteindre leurs gens de pied: et ce jour-là ils firent six lieuës droict à Mirebeau et au pays de Mireballais.

Alors monseigneur trouvant son armée harassée, laquelle avoit travaillé trois jours, jour et nuict à cheval, avec plusieurs soldats blessez, il advisa de la faire rafraischir à Luzignan, qui est à une petite lieuë de là, où il fit present aux soldats blessez de quelque argent pour leur assistance. Après avoir sejourné deux jours à Lusignan, on mit en deliberation ce qui estoit à faire. Les uns disoient qu'il falloit aller à la queuë des ennemis; les autres qu'il falloit retourner par auprès de Pamprou, par la plaine droict à Mirebeau: le sieur de Tavannes estoit de ceste opinion, d'autant que c'estoit se jetter entr'eux et leur conqueste, à fin de les contraindre au combat; enfin le sieur de Brissac, colonnel de l'infanterie, fit entendre qu'il ne pouvoit mettre ensemble trois cens hommes, à cause que tous ses gens estoient desbandez, et la pluspart retirez à Poictiers: ce qui fit qu'on delibera de passer à Poictiers pour aller retrouver les ennemis: ce qui fut fait; et l'armée y alla en un jour, où, après avoir sejourné un autre jour, l'on fut d'advis de marcher droict au pont d'Ozance sur le chemin de Mirebeau, pour retourner trouver les ennemis: auquel lieu les mareschaux du camp allerent faire l'assiette du camp. Ils vouloient faire passer l'armée de l'autre costé de l'eau sur le pont d'Ozance, à sçavoir l'artillerie, les Suisses, gens de pied; la cavalerie de l'avantgarde si avant qu'elle pouvoit approcher à deux lieuës des ennemis; celle de la bataille en arriere, en envoyant à deux et trois lieuës la pluspart de l'autre costé de Poictiers: mais Monsieur arrivant sur le lieu, logis fut recogneu par le sieur de Tavannes grandement desavantageux; d'autant qu'encores qu'on eust peu s'y retrancher pour attendre la cavalerie, il se trouva une montagne battant par derriere dans le logis, de sorte que l'on n'y eust peu demeurer; et d'autre part, tant de cavallerie si avancée du costé de l'ennemy eust tourné le dos, en danger de revenir avec effroy et perdre leur bagage, sans le peril où ils estoient d'estre surpris, logez si près des ennemis. Ainsi il fut advisé, après avoir entendu les raisons du sieur de Tavannes, que les Suisses et l'artillerie, qui n'estoient encores passez, avec tous les gens de pied de la bataille, demeureroient logez en un lieu fort eminent et avantageux, mettant la riviere et pont d'Ozance devant eux, assez près des faulxbourgs, et une partie de la gendarmerie dedans la ville. Les gens de pied et la pluspart des gens de cheval de l'avant-garde logerent au pont d'Ozance, et le sieur de La Valette à un village un peu plus avant sur l'advenuë des ennemis, ce qui fut, à ce que disent ceux qui s'y cognoissent, très-sagement preveu; mesme ayant advertissement que tout le dessein de l'Admiral experimenté par deux fois à Chastelleraut et à Jasneuil, ainsi fort de gens de pied, estoit de surprendre l'armée dans le logis, d'autant que la necessité de l'hyver contrainct de loger la gendarmerie escartée, qui ne se peut r'assembler en quatre ou cinq heures, quelques coups de canons que l'on puisse tirer pour les advertir, outre ce, les nuicts longues, et propres pour executer les entreprises à venir de loing. Estans ainsi logez à la campagne hors de Poictiers, ils trouverent encores moins de gens de pied qu'à Luzignan; de sorte que le sieur de Brissac continua ses plaintes, et dit qu'il ne pouvoit mettre trois cens hommes aux champs. Neantmoins Monsieur ne laissa pas de faire recognoistre deux logis, l'un de Belle-Faye, qui estoit le droict chemin des ennemis et de Mirebeau, et l'autre de Dicey; et mit en deliberation auquel des deux l'on devoit aller: aucuns disoient qu'on devoit aller à Dicey, les autres à Belle-Faye; et quelques-uns disoient qu'il falloit passer le Clain pour aller à Dicey. Le sieur de Tavannes fut d'opinion que si l'on vouloit passer la riviere d'Ozance, et aller du costé des ennemis, qui avoient de bons espions, qu'on ne devoit point nommer le lieu où l'on devoit aller ; qu'il falloit que l'armée marchast en bataille, et, le cul sur la selle, faire l'assiette du camp au lieu qui seroit jugé le meilleur ; et qu'il estoit necessaire de loger le plus à la plaine que l'on pourroit , puis qu'on estoit foible d'arquebuziers et fort de gens de cheval. Enfin il fut resolu qu'à cause des pluyes continuelles qu'il faisoit, et pour estre si foibles de gens de pied, que tenir tousjours les gens de cheval à la campagne seroit les ruiner , qu'il vaudroit mieux les mettre en lieu fort, attendant que les gens de pied qui s'estoient absentez à cause de l'injure du temps fussent rassemblez, et que le sieur de Joyeuse qui venoit de Languedoc , et le maistre de camp Sarlabous avec deux ou trois mil arquebuziers fussent arrivez ; qu'on passeroit la riviere du Clain, qui vient de Dicey à Poictiers, et iroit-on loger de l'autre costé de ladicte riviere. Ce conseil tenu, soudain on fit le pont de batteaux sur la riviere, et le matin l'artillerie passa avec les Suisses et une partie de gens de cheval de l'avantgarde. Monsieur estant allé disner dedans la ville pour passer à travers sur les ponts, les ennemis avec toute leur cavallerie, et le reste de leur armée qui les suivoit, donnoient jusques sur le pont d'Ozance, où ils trouverent ce peu de gens de pied qu'avoit le sieur de Brissac, et luy mesme en personne, lesquels, à la faveur du chasteau d'Ozance qui est sur le bord du passage de la riviere, se deffendirent vaillamment ; partie toutesfois des ennemis passa tout outre , jusques où estoient logez les Suisses , et y tuerent quelques pionniers. De là vint l'allarme dedans la ville jusques au logis où estoit Monsieur. Soudain les sieurs de Tavannes , de Martigues, de Losses, de Carnavallet, monterent à cheval, sortirent et coururent à l'alarme, où il arriva plusieurs hommes de cheval , armez de toutes pieces ; que le sieur de Tavannes fit mettre en bataille sur le haut sous la conduicte du sieur de Martigues', cependant qu'il s'approcha plus près pour voir la contenance des ennemis. Cela favorisa fort le sieur de Brissac et sa troupe, qui toutefois avoit desjà commencé à se retirer par la vallée du long de la riviere , à la faveur de quelques hayes et des arbres. Il y eut là quelques soldats des nostres tuez, et des leurs, entr'autres un gentilhomme de Bourgongne, qui fut recogneu avant que mourir. Il est tout certain que , si nostre armée eust esté logée au susdict logis ainsi desadvantageux, elle estoit en grand danger de recevoir une honte. Cela ferma la bouche aux calomniateurs, qui disoient que le sieur de Tavannes avoir fait recevoir une desfaveur à l'armée de la faire reculer, pour autant qu'en changeant ce mauvais logis, les Suisses avoient reculé environ cinq cens pas. Et , à dire vray , c'estoient des gens qui parloient sans l'entendre : car ils avoient ouy dire qu'on ne devoit point reculer ; mais il s'entend quand deux armées sont si près en bataille l'une de l'autre que l'on ne se puisse point demesler, et non pas quand elles sont à deux lieues : alors pour eviter un logis dangereux on peut reculer, et se mettre en celuy qui donne de l'advantage , tant pour le soulagement des soldats en hyver que pour la seureté , de laquelle procedent toutes les victoires. Monsieur temporisa dans la ville , attendant que les retraictes d'une part et d'autre fussent faictes. Les ennemis se retirerent les premiers ; lesquels furent suivis des nostres, qui recogneurent qu'ils retournoient loger à quatre lieues de là du costé de Mirebeau. Arrivé que fut le sieur de Tavannes vers Monsieur , il trouva que la pluspart des capitaines luy conseilloient de coucher dans la ville à cause du mauvais temps , et aussi qu'il avoit quatre lieues à faire, et qu'il estoit presque nuict. Surquoy Monsieur demanda l'opinion du sieur de Tavannes, qui luy fit response qu'il devoit, quelque pluye qu'il y eust , coucher en son camp, qui estoit le lieu le plus honorable de tous ses logemens. De quoy Monsieur monstra estre fort content. Il arriva à Dicey trois ou quatre heures de nuict en un bien fort mauvais logis pour l'armée. Toutesfois le lendemain chacun s'accommoda, et logea-t-on au large à cause de la riviere du Clain , qui se trouvoit entre les ennemis et nous, où il y avoit plusieurs quays, dont les uns furent rompus, aux autres on mit des corps de garde, et là fut l'armée contraincte de sejourner dix ou douze jours, au grand regret de Monsieur premierement, et de tous les gens de bien , à faute des gens de pied , lesquels estoient aucunement excusables pour n'estre en façon quelconque payez.

Durant lequel temps les ennemis en estans advertis vindrent loger depuis Mirebeau jusques à Bonivet, qui n'estoit qu'à deux lieues de nous, s'estant saisis du chasteau de Mirebeau, assez fort pour avoir esté mal pourveu comme les autres places. Ils se saisirent pareillement de Loudun ; et comme ils sentirent que les troupes de Languedoc approchoient et seroient bientost à nous , ils partirent avec toute leur armée pour essayer de gaigner un passage sur la riviere de Vienne, pour pouvoir aller trouver le prince d'Orange en Champagne. Ils allerent à Chastelleraut qu'ils trouverent pourveu, de là passerent à l'Isle-Bouchard, où ayans pris le fauxbourg, les ponts furent fort bien deffendus par la garnison qui y avoit esté envoyée. De là ils en firent autant à Chinon ; enfin ils se resolurent d'aller à Saumur, à fin de pouvoir passer la riviere de Loyre, et par consequent toutes les autres rivieres à un coup ; de laquelle ville, qui estoit de leur costé, ils s'estoient si bien approchez qu'ils commençoient de venir à la sape : et de faict l'eussent emportée, foible comme elle estoit, avec leur artillerie, encore qu'il y eust des gens de bien dedans. Ce que voyant, Monsieur fit haster le sieur de Joyeuse et de Sarlabous ; lesquels estans arrivez près de luy, il fut remonstré par le sieur de Tavannes à part à Monsieur qu'il ne falloit pas aller suivre les ennemis par le droict chemin, et par là où ils estoient allez, mais qu'il estoit necessaire de recouper au devant de leur conqueste, et aller droict à Mirebeau, afin de prendre la ville en passant, qui nous eust coupé les vivres, et laisser quelques forces et artillerie derriere au sieur du Lude pour reprendre le chasteau ; que les ennemis ne penseroient jamais qu'on voulust laisser derriere le chasteau de Mirebeau, à cause des vivres, et que cela seroit occasion pour pouvoir gaigner au devant de leurs conquestes et les contraindre à la bataille. Monsieur, estant trop plus sage que son aage ne portoit, tint ce conseil et cette entreprise secrette, à cause des ennemis couverts qui sont ordinairement dans les chambres et salles des princes, comme les guerres civiles le portent ; et ne la divulgua ny au mareschal de camp, ny à autre, qu'après la garde assise. Le matin il partit, laissant les ennemis du costé de Nyort, estant à main gauche de Mirebeau, et quand et quand fut ordonné au sieur de Tavannes qu'il fit marcher l'artillerie toute la nuict droict à Mirebeau, ce qu'il fit ; et y alla pareillement le sieur de Losses, et firent faire les approches et la batterie en plain jour sans gabion. La ville et chasteau de Mirebeau pris, l'armée s'approcha à la veue des ennemis, du costé de la ville de Loudun, où ne se passa autre chose, sinon quelques escarmouches, neantmoins la gendarmerie presque tousjours à cheval, laquelle ne se retiroit aux logemens qu'à la nuict, et ce pour eviter une surprise, d'autant que l'armée des ennemis estoit à couvert dedans la ville pour sortir à leur commodité, et nous estions à la campagne, les gensdarmes aux villages. Le jour subsequent, pour le grand travail que portoit nostre armée sans aucuns vivres, parce qu'à Mirebeau, le chasteau duquel avoit esté pris ce jour-là d'assaut, et mis en pieces ce qui estoit dedans, ne s'estoit point trouvé de bled, Monsieur advisa d'assembler le conseil pour voir ce qui seroit à faire, et fit cet honneur au sieur de Tavannes, d'autant qu'il estoit blessé, de l'aller tenir à son logis ; et là fut deliberé que, ne pouvant avoir des vivres d'ailleurs que de Chinon ; et que le camp des ennemis estoit au devant, qu'il falloit faire une lieue en tournoyant à l'entour d'eux et se mettre du costé dudict Chinon. Le sieur de Tavannes estoit d'advis que l'on laissast le chasteau de Barrogne à main droicte, lequel est au-dessous de la montagne que les ennemis avoient gaignée le jour de devant, et que si les ennemis revenoient en leur place de bataille, qu'il y auroit quelque moyen d'aller à eux sans point trouver de fossez, et qu'il falloit recognoistre le chemin. A quoy fut debattu par M. de Sansac et autres capitaines, que ce seroit passer fort près d'eux, et monstrer le costé d'une armée en marchant, qui seroit chose dangereuse. Sur quoy fut dit par le sieur de Tavannes que l'ordre des batailles se pouvoit dresser en sorte qu'encores qu'on marchast en monstrant le costé de l'armée, les premiers rangs se pourroient trouver facilement en bon ordre, sans gueres bouger de leurs places, faisant departir l'artillerie, une partie à l'avant-garde, et l'autre à la bataille ; que le bagage pouvoit marcher à main droite et estre couvert de l'armée, et que si l'on failloit à combattre les ennemis en ce lieu-là, que l'on estoit pour attendre longtemps. Sur ces disputes fut resolu que les mareschaux de camp iroient le lendemain recognoistre le chemin et le logis. Ils y furent, et rapporterent qu'il ne se trouvoit point de logis propre en passant si près des ennemis ; qu'il falloit laisser le chasteau de Barrogne à la main gauche et aller jusques à la Marzelle, à une lieue de là, qui estoit sur le costé de Chinon, pour avoir les vivres. Le jour après fut mandée toute l'armée, encore que le mauvais temps durast tousjours ; fut ordonné toutes les batailles, et l'avant-garde derriere, pour estre plus près des ennemis s'ils sortoient à la queue. Et après que l'on eust commencé à marcher en un fort bel ordre, sortirent de la ville de Loudun environ de deux à trois mille chevaux. Il faisoit un temps obscur, comme brouillas, de sorte que l'on ne pouvoit descouvrir ce qui venoit après ces troupes. Là, le sieur de Martigues et autres seigneurs manderent à Monsieur qu'ils estoient pressez, voyant ces grosses troupes à cinq cens pas d'eux ; que l'on luy mandast ce qu'il avoit à faire. Surquoy Monsieur demanda advis au sieur de Tavannes. Il luy dit qu'il estoit d'advis qu'on mandast au sieur de Martigues que, s'ils passoient un chemin qui venoit du costé du parc à la vallée, lequel il avoit bien recogneu, il leur vouloit donner la bataille, et qu'il cheminast tousjours pour les laisser passer, et que toutesfois il n'allast point à la charge que Monsieur ne le luy commandast. Paroles que quelques-uns trouvoient estranges, de dire comme il estoit possible que Monsieur, qui cheminoit tousjours devant avec la bataille, sans qu'il peust voir les ennemis, commandast à ceux de l'avant-garde qui estoient derriere de charger quand il seroit temps. Ausquels fut apprins secrettement que c'estoit à fin qu'ils ne se perdissent, et que Monsieur les peust soustenir, à l'exemple de plusieurs qui ont trouvé leurs batailles si loin de leur avant-garde, que l'un ou l'autre a esté deffaict, ou bien tous les deux, comme il arriva au sieur de Sainct-Paul en Italie, lequel pour s'estre trop avancé fut deffaict par Antoine de Leve, et à quelques autres. Les ennemis, voyant le bel ordre en quoy l'on se retiroit, le verglas et froid durant tousjours, les gensdarmes, gens de pied et autres gens de guerre, si harassez de froid et de faim, marcherent en cet ordre jusques à la nuict sans se desbander, qu'ils arriverent à Saincte-Marzelle, et ne furent la pluspart des gensdarmes aux villages qu'il ne fust nuict, ou une heure après. Le lendemain, Saincte-Marzelle estant de l'autre costé de la montagne et de Loudun, les ennemis par un fort grand brouillas sortirent de Loudun et revindrent en leurs montagnes, et amenerent quelques pieces d'artillerie. Surquoy fut par le moyen de la nostre advertie la gendarmerie, laquelle fut le plustost qu'elle peust en leur place de bataille ; et demeura toutesfois plus de trois heures à cause du verglas, qui fit que le sieur de Sansac, en tombant, se rompit une jambe, qui ne fut pas tout seul ce jour-là. Et trois ou quatre jours auparavant, il se blessa environ deux cens gentilshommes cheuts à cause des verglas. Les ennemis s'approcherent fort près de nostre camp, mais c'estoit sçachant bien qu'on ne pouvoit aller à eux, d'autant qu'il se trouvoit entre deux une vallée et un ruisseau fort difficile à passer : et y eut, pour ce jour-là seulement, des escarmouches et force coups d'artillerie. Le lendemain, à cause que les vivres ne pouvoient venir par ce mauvais temps, fut advisé que l'on marcheroit encores deux lieuës à un lieu appellé Marcey, sur le chemin de Chinon. Ce qui fut faict, et estant arrivé là, infinis soldats, tant de pied que de cheval, se desbanderent par la necessité pour aller audict Chinon, ensemble une grande partie des gentilshommes qui accompagnoient Monsieur. Toutesfois esperant que, l'injure de ce mauvais temps passée, ils reviendroient, on sejourna audict Marcey quatre jours ; mais enfin luy fust remonstré par les colonnels de gens de pied, signamment par le sieur de Brissac, qu'ils n'avoient plus de gens, et estoient ses compagnies et celles du sieur de Strosse si deffaictes, que les enseignes estoient presque toutes seules. Il ne restoit plus que Sarlabous, qui pouvoit avoir quinze cens hommes avec infinis malades ; d'autre part, la moitié des Suisses malades et harassez, une grande partie de la gendarmerie qui estoit demeurée. Monsieur advisa, tant pour ne combattre avec son desavantage que pour sejourner et rafraischir son armée, de se loger à Chinon : ce qu'il fit avec les Suisses et l'artillerie, et fit passer la gendarmerie derriere pour se rafraischir ; bailla au sieur de Brissac l'Isle Bouchard pour ramasser ses compagnies, au sieur de Strosse et au sieur Sarlabous, Saumur ; et pour autant avec que l'armée du prince d'Orange estoit entrée en France, et que l'on avoit advertissement que les ennemis avoient envie de forcer les rivieres de Loyre et de Vienne, Monsieur y pourveut pour leur empescher le passage, de sorte qu'ils ne pouvoient passer, sinon du costé de Gascongne ou devers Limoges.

Mais les ennemis, qui avoient grande envie de forcer le passage de Saumur, s'estoient acheminez jusques près Touars et Montreul-Bellay, en esperance que mondict sieur romproit son armée, où ils sejournerent longuement, et durant lequel temps se fit plusieurs entreprises, les uns sur les autres. Mesmement le sieur de Brissac et plusieurs gentilshommes de la Cour deffirent deux enseignes de gens de pied, dont les drapeaux furent envoyez au Roy. Le sieur de La Riviere, qui commandoit à Saumur, avoit envoyé garder une abbaye où il y avoit force bleds et vins par un capitaine avec des soldats qui la rendirent. Le sejour des deux armées fut fort long : enfin ils delibererent de partir les premiers ; et chercher quelques autres moyens pour leur passage, et s'acheminerent droict devant Nyort et Sainct-Mexant [1569], en esperance de donner ordre à leurs malades, dont ils avoient grande quantité, et departir ce qui estoit necessaire pour la garde des villes ; et le surplus s'achemina du costé de Limoges, pour venir, par le bout de la riviere de Loyre passer en Bourgongne, et aller trouver le prince d'Orange ; et, pour cet effect, ils envoyerent pour prendre quelque passage sur la riviere de Vienne, comme Confolant, qu'ils trouverent bien pourveu. Quoy voyant, mondict sieur marcha avec son armée aux plus grandes journées qu'il peut droict à la riviere de Creuse, et jusques à La Rocheposé ; mais comme ils en furent advertis, leur entreprise fut rompuë. Ce qui fit que mondict sieur, encores que son armée fust fort foible, resolut par conseil que l'on pouvoit marcher jusques à Mommorillon, attendant que les reistres qui venoient fussent arrivez, et les Provençaux qu'amenoit le comte de Tende fussent venus. Ayant donc sejourné deux jours à Mommorillon, fut mis en avant par quelques-uns si l'on devoit aller jusques à Confolant ou non. Fust remonstré par le sieur de Montreuil, qui servoit de mareschal de camp à M. de Montpensier, que ledict sieur de Montpensier y avoit esté avec son armée, et mangé tous les vivres, et qu'il n'y avoit rien deçà l'eau; que c'estoit un païs de brandes, et qu'il falloit passer de l'autre costé. Nonobstant cela, la pluspart des capitaines fut d'opinion que l'on y devoit aller. A quoy ledict sieur de Tavannes remonstra que l'armée estant ainsi affoiblie, le secours de nos reistres prest à venir dedans sept ou huict jours, il n'y avoit nulle apparence d'aller à Confolant; qu'estant là à mourir de faim, l'on seroit contrainct de passer de l'autre costé pour chercher à vivre en danger de donner la bataille avec desadvantage; et puis qu'ils estoient encores reduicts entre les rivieres, ne pouvant passer pour aller à leurs reistres, qu'il n'y avoit nulle apparence de rien hazarder; que si l'on voyoit qu'ils eussent passé les rivieres, en danger de s'aller joindre au prince d'Orange, qu'il estoit d'advis, fort ou foible, que l'on les combatist, et que si, d'advanture, l'on passoit outre ledict Confolant, qu'il seroit le dernier, quelque foible que l'on fust, qui diroit qu'il fallust retourner, sçachant très-bien combien les retraictes sont dangereuses aux François, mesmes quand ils ont à repasser une riviere. Toutes ces raisons n'empescherent pas que le plus de voix ne l'emportast, estant mondict sieur jeune et courageux, et de l'humeur de ceux qui desiroient d'aller du costé des ennemis. De sorte que le lendemain l'on partit pour aller à Confolant, où, apres avoir sejourné deux jours, presque toute la gendarmerie passa l'eau pour la necessité des vivres. Il fut tenu un conseil de ce qui estoit à faire en ce lieu là si necessiteux, où tous les capitaines resolurent qu'il n'en falloit point desloger jusques à ce que le secours fust venu. Ceste opinion ainsi resolue, fut envoyé le vicomte d'Ochy audict sieur de Tavannes, estant malade, pour sçavoir son opinion; qui respondit qu'il estoit d'advis à Mommorillon de ne point passer plus avant, mais qu'à present il avoit bien changé, d'autant que la necessité des vivres avoit contrainct la gendarmerie de passer de là jusques à deux ou trois lieuës, et que les ennemis pouvoient venir avec l'armée assaillir ceste gendarmerie, qui seroit contraincte, en gardant leur bagage, revenir en desordre repasser au bout dudict Confolant, et à nostre veue, estre deffaicts ou en perdre une grande partie sans les pouvoir secourir. Qu'il estoit d'opinion que l'on envoyast le sieur de Biron dans le païs recognoistre un logis ou deux; et cependant, s'il pouvoit trouver quelques petites villes, comme Sivray et autres, qu'il s'en saisist pour faire preparer les vivres en nous attendant : que nous devions passer la riviere avec toute l'armée, et aller prendre place sur la riviere de Charente, comme à Verteul ou Rufec, lesquelles on pourroit gaigner premier que les ennemis fussent assemblez. Ce conseil fut fort bien receu de Monsieur pour les raisons susdictes, et mesmes puis qu'il falloit aller en avant : et le lendemain, suivant ceste deliberation, l'on passa la riviere, et vint-on loger en un lieu qui s'appelle Champagne, après que ledict sieur de Biron eust saisi la ville de Sivray et La Roche-Foucault, et y eust establi des commissaires pour dresser des vivres, et le jour après nous vinsmes à Verteul et Rufec, où l'on prit le chasteau que tenoient les ennemis. Cependant le comte de Tende arrivant avec environ deux mille Provençaux, on advisa de faire quelque sejour audict Verteul en attendant le comte ringrave et le sieur de Bassompierre, pere de celuy qui est aujourd'huy dans la Cour l'exemple de la politesse, aussi bien que de la valeur; lesquels amenoient deux mille reistres. Durant ce temps se firent quelques petites courses les uns contre les autres, de peu d'effect : et cependant les sieurs de Martigues, de Guise et de Brissac trouverent moyen d'avoir congé de Monsieur d'aller dehors sans le sceu du sieur de Tavannes, et y mener douze cens chevaux ; et ledict sieur de Tavannes, sentant les ennemis gaillards, avec grande envie de mener les mains, dès l'heure qu'il sceut ce depart, supplia Monsieur de revocquer ce congé : ce qui vint bien à propos, car l'admiral de Chastillon les attendit tout le jour en deux villages en embuscade, avec deux mille chevaux, et trois ou quatre mille arquebusiers. Durant lequel temps un capitaine de chevaux legers, nommé La Riviere, ou pour le butin, ou pour autre consideration, delibera de s'aller saisir de la maison de Jarnac, qui estoit pleine de meubles, où il y a sept grandes lieuës depuis ledict Verteul, à quatre lieuës de Cognac, où estoit le camp des ennemis, et entre Angoulesme et ledit Cognac : il y demeura deux jours, accompagné d'environ cinquante ou soixante chevaux; au troisiesme il fut assiegé sans qu'il en advertist l'armée, et ne le sceut-on que quinze jours après qu'il fut assiegé. Soudain que Monsieur en fut adverty, l'on estima qu'il estoit perdu, d'autant que ce n'est qu'une maison basse, et qu'il y avoit artillerie, et falloit un grand temps à assembler l'armée; qu'il valloit mieux y envoyer le sieur de La Vauguion avec cinq cens chevaux pour le favoriser; que s'il n'estoit pris, l'on se pourroit aller secourir. Ledict sieur de la Vauguion rapporta qu'il estoit pris, et toutefois il ne l'estoit pas encores à l'heure qu'il y arriva, l'ayant assez mal recogneu ; mais il estoit pris à l'heure qu'il fit son rapport : s'estant Monsieur acheminé avec l'armée jusques à Montagnac pour deux occasions ; l'une pour le secourir s'ils ne se fussent si tost rendus ; l'autre pour executer l'entreprise que le sieur de Tavannes luy avoit de longtemps premeditée, pour aller faire le tour d'Angoulesme, et prendre Chasteau-Neuf, où estoit le pont de pierre, sur la Charante, entre ledict Cognac et Angoulesme; aussi pour estre du costé de Gascongne, et empescher le passage aux ennemis d'aller au devant de leurs reistres par le Languedoc. Mais comme l'on estoit sur le point de marcher pour executer ceste entreprise, survint un paysan menteur qui dit que le chasteau de Jarnac n'estoit pas encore rendu. Sur quoy Monsieur demanda conseil de ce que l'on devoit faire. Tous les capitaines, vieux et jeunes, resolurent qu'il falloit passer l'eau, encores qu'il fust près de midy, et aller du costé dudict Jarnac. Alors il vit ledict sieur de Tavannes au desespoir de voir rompre ladicte entreprise de Chasteau-Neuf, jusques là que sa juste passion luy faisoit dire qu'il s'en iroit hors du camp; qu'il tenoit tout asseuré que le discours du paysan c'estoit une menterie, que Jarnac estoit pris; que les ennemis faisoient courir ce faux bruit, et qu'ils pouvoient avoir entreprise; qu'il falloit penser aux inconveniens ordinaires d'aller sur l'entreprise de son ennemy ; enfin qu'il ne falloit point passer l'eau, en quelque façon que ce fust ; et que, dès l'heure que les reistres seroient arrivez, qui seroit le lendemain, l'on adviseroit ce que l'on auroit à faire. Sur ces entrefaictes vint nouvelles que les ennemis estoient en campagne, et qu'ils marchoient de nostre costé. Surquoy M. de Guise et le sieur de Brissac monterent à cheval, avec cinq ou six cens chevaux, pour les aller trouver, et les rencontrerent au nombre de huict ou neuf cens, qui estoient venus jusques à une lieuë de nostre camp. Aussitost qu'ils virent les nostres ils commencerent de se retirer; les nostres se mirent à les suivre. Le sieur de Brissac menoit les coureurs; M. de Guise et le sieur de La Valette menoient la troupe. Ledict sieur de Brissac marchoit diligemment pour aller sur la queuë ; mais ils luy firent une charge, de sorte que son plus beau fut de se retirer droict à sa troupe. L'Admiral estoit à une lieuë de là pour les soustenir avec autres deux mille chevaux ; et cette grosse cavalcade qu'ils faisoient tendoit à deux fins : l'une pour attirer quelque troupe au secours de Jarnac, sur le bruict qu'ils avoient fait courir par la voye d'une damoiselle catholique, qui avoit envoyé un homme de la part d'un sien parent qui estoit dans Jarnac, dire qu'ils tiendroient ce jour-là et encores le lendemain jusques à dix heures; l'autre fut pour nous attirer sur main droicte de la Charante, où n'ayant point pour nous de pont de ce costé là, ils peussent passer du costé de Gascongne ou de Limoges, et nous devancer de plus de quatre journées pour aller vers leurs reistres avant que nous les eussions sceu r'atteindre.

Le lendemain que nos reistres furent arrivez, Monsieur partit pour poursuivre l'entreprise de Chasteau-Neuf, et y arriva en deux grandes traictes, qu'il fit avec diligence : mais il ne sceut tant se haster, que les ennemis, qui avoient eu advis que nostre armée passoit à Montignac, n'eussent jà passé l'eau à Cognac, et ne se fussent acheminez, partie jusques à Barbesieux, pour prendre le chemin de leurs reistres : mais, estans advertis de nostre arrivée, en toute diligence se retirerent à Cognac. Monsieur arriva à Chasteau-Neuf, et, en le faisant recognoistre pour y mettre l'artillerie, un Escossois, qui avoit esté archer de la garde, capitaine du chasteau, avec quelque nombre de soldats, se rendirent dès le soir mesme. Et le lendemain, dès la poincte du jour, le sieur de Tavannes alla ordonner pour refaire une arche du pont qui estoit rompuë. L'arche fut refaicte en deux heures par les charpentiers que le sieur de La Bordaisiere y mit ; et fit soudain mettre des pionniers pour faire un ravelin, afin de garder le bout du pont de l'autre costé. Cela executé, il fut mis une enseigne pour la garde, et le sieur de Tavannes fit trouver certains grands bateaux que les ennemis avoient mis à fonds, et ordonna à un bourgeois de la ville, nommé Tesseron, d'assembler les pescheurs de la ville, et lever ces grands bateaux de dessous l'eau pour s'en pouvoir ayder quand l'occasion viendroit. Ce mesme soir Monsieur delibera d'aller avec toute l'armée, et laisser le bagage à Chasteau-Neuf, jusques près de Cognac, où estoit celle des ennemis, tant pour voir leur contenance, que pour essayer, si l'occasion se presentoit, d'en tirer advantage ; mais ayant attaqué quelques escarmouches seulement devant la ville de Cognac, tant s'en fallut que les ennemis sortissent en gros, que l'on apperceut toute leur armée, qui passoit de l'autre costé de la riviere, du costé de Chasteau-Neuf : c'estoit sur les quatre heures après midy. Quoy voyant Monsieur, encores que le pont de Chasteau-Neuf fust fortifié, il ne laissa pas de retourner tout d'une traicte coucher audit Chasteau-Neuf; et ayant l'armée fait huict lieuës, il fut deux heures de nuict avant que l'on y arrivast. Les ennemis demeurerent de l'autre costé de la riviere à Jarnac, qui est à deux lieuës de Chasteau-Neuf. Le sieur de Tavannes avoit souventesfois predit à Monsieur que la gloire des armes feroit venir au combat ses ennemis. Il croyoit alors qu'ils entreprendroient, ou de venir faire quelque bravade, et se presenter de l'autre costé de l'eau, ou bien quelque stratageme pour couvrir l'autre chemin, que pouvoit prendre partie de leurs forces pour passer et repasser à Montagnac les rivieres de Vienne et de Creuse, lesquelles estoient lors gayables, pour s'en aller par le Berry trouver leurs reistres; et, pour autant qu'il n'y avoit que le pont de la ville, où il estoit impossible de passer toute l'armée, le sieur de Tavannes se leva avant le jour, et fit appeler le comte de Gayasse; et eux deux seuls allerent recognoistre le lieu où l'on pourroit faire un pont de bateaux des pescheurs, avec lesquels, d'autant que la riviere estoit trop large pour le faire par des bateaux, nous avions sondé les endroicts où l'eau estoit la plus basse pour y pouvoir faire des treteaux, à fin de croistre le pont, et satisfaire aux bateaux, qui n'estoient suffisans pour la largeur. Ceste deliberation ainsi arrestée, le sieur de Tavannes commit ceste charge au comte de Gayasse d'aller prendre des charpentiers vers le sieur de La Bordaisiere, grand-maistre de l'artillerie, et faire tenir tout le bois prest ceste nuict-là en un lieu loin de la riviere pour n'estre descouvert, afin que, la nuict venuë, et la garde assise, l'on peust faire le pont pour passer. Ce qui fut executé, et y fit travailler le maistre d'artillerie luy-mesme en grande diligence; ayant le sieur de Tavannes fait entendre à Monsieur, qui lors estoit au conseil, l'ordre qui y avoit esté mis, il en demeura fort content. Sur l'après-disnée, l'armée des ennemis commença à paroistre de l'autre costé de l'eau, et enfin marcha toute leur cavallerie sur le haut de la montagne, de l'autre costé du pont. Surquoy Monsieur fit sortir, tant des compagnies du sieur de Strosse que du sieur de Brissac, mille ou douze cens arquebuziers, qui attaquerent l'escarmouche avec quelques-uns des seigneurs de la Cour : mais cela ne dura que demye-heure, que les ennemis commencerent à se retirer; à sçavoir une partie s'alla loger du long de l'eau, du costé de Jarnac, en un lieu nommé Bassac; et l'autre partie, qui estoit beaucoup la plus grosse, print le chemin comme si elle eust voulu aller du costé d'Angoulesme et Montagnac; et ne sceut-on, pour ce jour-là, descouvrir où estoit allé loger ceste grosse troupe. Le soir, la garde assise, Monsieur mit en deliberation ce qui estoit à faire. Il fut incontinent resolu de faire poser le pont en toute diligence, ainsi qu'il avoit esté ordonné. Il fut aussi mis en deliberation si l'on passeroit la riviere; tous les princes et capitaines furent d'opinion qu'il falloit passer. Surquoy il fut ordonné au sieur de Biron, mareschal de camp, qui desiroit aussi infiniment que l'on passast, que, suivant l'ordre qu'ont accoustumé les troupes en marchant, chacun se trouvast à l'heure qui seroit dicte, pour eviter la foule et desordre, et que chacun passast à l'heure qui luy seroit donnée, à commencer dès la minuict. Le sieur de Tavannes estoit toutesfois d'advis qu'avant que commencer à passer, et avant la minuict, que l'on devoit recognoistre qu'estoit devenuë la grosse troupe qui avoit pris le chemin de Montagnac, et, que si elle avoit passé sur les ponts dudict Montagnac, et les avoit rompu après, premier que l'on sceut avoir passé l'eau, ils seroient si loing pour aller trouver leurs reistres, qu'ils ne pourroient plus estre r'atteints, encores que l'on laissast dans le logis tout le bagage et chariots des reistres, qui ne sçauroient estre passez en un jour; et que la moindre troupe, qui estoit demeurée à Bassac du long de la riviere, pouvoit estre la garnison qui devoit demeurer en Xaintonge, laquelle se pourroit estre retirée la nuict. Il insista aussi vivement qu'il falloit laisser des troupes de gens de pied pour la garde du bagage, et fut resolu que l'on y laisseroit six enseignes de gens de pied, et que le capitaine La Riviere iroit recognoistre qu'estoit devenuë la grosse troupe des ennemis, et cependant que l'armée ne laisseroit d'estre mandée, suivant l'ordre ordonné au sieur de Biron. Sur quoy chacun se retira pour reposer une heure, en peine toutesfois pour ne sçavoir quel party avoit pris la grosse troupe des ennemis : laquelle, au bout d'un temps, fut descouverte par le capitaine La Riviere, qui en vint faire le rapport à Monsieur, estre logée à une lieue de là. Monsieur envoya aussitost vers le sieur de Tavannes pour se resjouyr avec luy de ceste bonne nouvelle. Il luy fit response qu'il avoit raison de ne pouvoir dormir de joye; au reste qu'il esperoit avant que la journée du lendemain fust achevée, luy faire advouer qu'il estoit un des plus contens princes qui se pust trouver au monde. Davantage fut donné ordre que tous les bagages qui estoient dedans la ville de Chasteau-Neuf ne bougeroient de leurs logis, et que tous ceux de reistres, de la gendarmerie, et autres tant de pied que de cheval, n'entreroient point dedans la ville, pour n'embarrasser le chemin des ponts. Le sieur de Tavannes se trouva luy-mesme à la poincte du jour pour faire ressortir ceux qui desjà y estoient entrez, et arrester les autres, et commander que tous se mettroient sur le haut du costau en la plaine qui est auprès du chasteau, laquelle se pouvoit descouvrir dès le costé de la riviere où estoient logez les ennemis; de sorte qu'à juger de si loing, ce bagage sembloit plustost une grande partie de l'armée que ce qu'il estoit; chose qui servoit à couvrir le passage des gens de guerre. L'armée ne commença point à passer dès la minuict, pour autant que la gendarmerie estoit logée à deux ou trois lieuës de là, ains commença à passer seulement deux heures avant jour; et neantmoins les ponts et entrées d'iceux ayant esté achevez avec tant d'heur et en extreme diligence, l'armée passa à souhait, et sans embarrassement quelconque. Durant lequel passage messieurs de Guise, colonnel des chevaux legers, et de Martigues, qui avoient esté ordonnez d'estre tousjours à l'avantgarde, ayans fait acheminer le sieur de La Valette devant eux, celuy-ci trouva que les ennemis commençoient desjà à arriver sur le haut de la montagne; lesquels à l'instant se retirerent, voyant que les nostres avoient pris la place. Ils prindrent leur place de bataille à un quart de lieuë de là, près du village de Bassac, où à l'instant les autres grosses troupes les vindrent trouver, et se mirent en un lieu fort avantageux et très-difficile, à cause d'un ruisseau qu'ils mirent devant eux, où il falloit aller à la file; durant lequel temps toute nostre armée se trouva passée. Monsieur, voyant les ennemis, la fit descendre de la montagne en la plaine, et fut attaquée l'escarmouche sur le bord du ruisseau, où les ennemis furent menez de telle façon qu'ils furent contraincts de quitter le ruisseau. Ils firent retirer leurs gens de pied, les couvrant de grosses troupes de cavalerie jusques à un quart de lieuë de là, sur le bord d'un estang, à un autre ruisseau devant eux. Nostre avantgarde estant passée la premiere, les seigneurs qui alloient les premiers, comme M. de Guise, le sieur de Brissac et quelques autres, se hasterent tant qu'ils arriverent où estoient les ennemis en desordre, mesmes les enseignes desbandées, et se mirent en un village sur le bord de la chaussée. Ce que voyant le sieur de Tavannes, qui, par le commandement de Monsieur, alloit à la teste des nostres pour voir leurs deportemens, manda à Monsieur qu'il voyoit un très-mauvais ordre à ceux qui alloient devant, et qu'il estoit très-necessaire qu'il se hastast en toute diligence avec toute la gendarmerie pour les soustenir; autrement qu'il les voyoit en danger d'estre perdus, et luy en fit deux ou trois recharges; la derniere fust par le seigneur Marc-Anthoine, escuyer de l'escurie du Roy; ce que Monsieur fit en la plus grande diligence qu'il luy fust possible. Mais cependant les nostres, s'estant desbandez et avancez, recevoient une grande charge dans le village, de sorte que la pluspart retournoient et abandonnoient le lieu presque du tout, avec un grand desordre. Le sieur de Tavannes n'avoit en cet endroict amené nulle troupe, et sa compagnie estoit demeurée avec Monsieur, ce qui fut cause qu'il alla trouver le comte ringrave avec sa troupe de reistres, et le pria de vouloir venir à la charge pour soustenir les nostres; ce qu'il fit volontiers; et les mena le sieur de Tavannes au grand trot à costé du village. Ce que voyant, les ennemis tindrent bride, et se retirerent: chose qui vint bien à propos pour ceux qui s'estoient avec si mauvais ordre tant avancez Là demeurerent les troupes l'une devant l'autre, ne pouvant venir au combat que par la chaussée de l'estang, à cause du petit ruisseau qui partoit au-dessous de la chaussée, et de certaines hayes. Quoy voyant, le sieur de Tavannes envoya en diligence un gentil-homme des siens, nommé Richemont, au-dessous du ruisseau recognoistre s'il y avoit moyen de passer, lequel revint soudain, et rapporta que le passage estoit facile. Toutesfois, parce que la chose importoit beaucoup, et qu'il estoit question de venir à la bataille en ce costé-là, le sieur de Tavannes pria les sieurs de Losse et de La Vauguion, et le seigneur Baillon, d'aller recognoistre si ce gentilhomme disoit verité; lesquels soudain rapporterent que l'on y pouvoit facilement passer. A l'instant le sieur de Tavannes envoya vers Monsieur pour le faire prendre à main droicte avec ses troupes droict au passage, et y faire acheminer l'artillerie et le reste de l'armée; et quand et quand fit marcher messieurs de Guise et de Martigues qui estoient ressortis du village, et ralliez à leurs enseignes, et le reste de l'avantgarde, droict au passage pour aller au combat; estant tousjours l'armée des ennemis en bataille de l'autre costé du ruisseau, si près, et à la veuë l'un de l'autre, que l'un ne pouvoit rien faire que l'autre ne le vist.

Et comme ces troupes commencerent de descendre le long du ruisseau, ledict sieur de Tavannes, se doutant bien que les ennemis en feroient autant, alla à la troupe du ringrave, et le pria qu'il ne suivist point l'avantgarde; mais, comme il verroit les ennemis desemparer la chaussée et le ruisseau, qu'il passast; et, comme les nostres iroient à la charge, qu'il pourroit charger lesdits ennemis par derriere, ou à tout le moins par le flanc : ce qu'il accorda, et le mit le sieur de Tavannes au chemin, voyant que les ennemis commençoient desjà à desemparer pour aller au devant de nostre avantgarde. Ce faict, il s'en retourna soudain trouver Monsieur, qui estoit son lieu, ayant charge de combattre près de luy. Nostre avantgarde, arrivée au passage, trouva que partie de l'artillerie qui avoit pris la main droicte y estoit desjà arrivée, et neantmoins si tard qu'elle n'eust le loisir de tirer que deux coups.

Là les ennemis vindrent à la charge les premiers, où l'on vit l'Admiral et d'Andelot faire mollement; car, comme ils furent à la longueur des lances, la plus grande part tourna à gauche, et celle du prince de Condé vint tout droict, et se trouva la premiere à la charge. Le sieur de La Vallette avec sa troupe les chargea fort vivement. Messieurs de Guise et de Martigues, estans pour le soustenir, se trouvans abandonnez de partie de leurs gens qui tournerent le dos, et le sieur de La Valette mal soustenu, toute la charge vint tomber sur M. de Montpensier et M. le prince Dauphin; lequel prince Dauphin tint ferme, où Monsieur arriva avec sa troupe bien à propos; en sorte que les ennemis furent mis en route. Là fut tué le prince de Condé. On peut asseurer veritablement que les reistres qui avoient passé sur la chaussée servirent grandement, encore qu'ils allassent assez mollement; car s'ils eussent voulu ils eussent donné par le derriere au prince de Condé à l'heure qu'il marchoit droit aux nostres; et bien qu'ils tinssent bride seulement, leur presence ayda aucunement à faire fuyr les ennemis, qui s'en allerent au grand galop; et se voulant ralier par fois, ils furent poursuivis si vivement, qu'ils n'en eurent pas le moyen ny le loisir. Or comme ils fuyoient, et que Monsieur avec son armée les poursuivoit, les reistres qui avoient passé sur la chaussée arriverent, lesquels avec le reste des nostres poursuivirent et emporterent la victoire trois lieues durant; et apres que Monsieur eust aussi poursuivy la victoire deux grandes lieues avec ses troupes, on luy rapporta que plusieurs des ennemis, tant de pied que de cheval, avoient pris la main gauche, et s'estoient retirez dedans Jarnac. Il y alla aussitost avec l'artillerie pour attaquer ladicte ville et chasteau, laquelle il leur fit abandonner, et les força de se retirer par le pont, qu'ils rompirent après eux. Mais ils ne sceurent se sauver si promptement, estans poursuivis de si près comme ils estoient, qu'il ne fust tué là mesme une partie de leur infanterie. Et dès le soir mesme Monsieur logea audict Jarnac, tant pour rassembler son armée que pour sçavoir qu'estoient devenus l'Admiral, d'Andelot son frere, et les principaux qui estoient avec eux. On luy rapporta que les nostres avoient poursuivy lesdicts Admiral et d'Andelot jusques à Xainctes, qui est à huict grandes lieues du lieu où la bataille avoit esté commencée, et que bien près de ceste ville là la cornette de l'Admiral fut prise, et le sieur de Beaujeu qui la portoit, amené prisonnier, et que l'Admiral et d'Andelot qui estoient sous la cornette s'estoient sauvez dedans la ville. L'armée de Monsieur et celle des ennemis commencerent de se voir, et prendre les advantages les uns sur les autres dès le dimanche matin, 13 de mars 1569, au soleil levant : le combat et la poursuite des ennemis à la bataille que Monsieur gaigna, dura jusqu'à six heures du soir.

Par l'advis du sieur de Tavannes, fut envoyé au Roy le sieur de Lignerolles, après la bataille de Jarnac, proposer que s'il plaisoit à Sa Majesté permettre à Monsieur laisser en Guyenne M. de Montpensier, les Suisses, gens de pied, l'artillerie et le reste de l'armé, de s'acheminer avec deux mille chevaux joindre l'armée conduicte par messieurs d'Aumale et de Nemours en Bourgongne, qu'infailliblement il contraindroit le duc des Deux-Ponts, qui menoit d'Allemagne les reistres et lansquenets des ennemis, de venir à la bataille en certains lieux audit païs, où il estoit contrainct de passer; et esperoit en obtenir la victoire, tant pour l'augmentation des forces à l'armée, que pour l'obeyssance qui y seroit mieux renduë sous un seul chef que sous lesdicts sieurs d'Aumalle et de Nemours, ausquels le pouvoir estant egal, la jalousie entr'eux estoit inevitable. Le sieur de Lignerolles, ayant esté ouy en Cour, y fut retenu six semaines, sans estre depesché, et après on luy dit que sa proposition estoit bonne. Surquoy il respondit qu'elle l'avoit esté à son arrivée, mais maintenant qu'elle estoit inutile, que les reistres ennemis avoient passé Loire à La Charité. Le retardement vint par le moyen de M. le cardinal de Lorraine, qui vouloit que ses parens demeurassent en authorité. Par là on void que l'interest particulier marche souvent avant celuy du public, mais ceux qui ne preferent le bien d'un Estat à leurs passions particulieres ne sont point excusables.

On sejourna le lendemain de la bataille de Jarnac au mesme lieu pour refaire les ponts. Le jour après, fut advisé d'aller à Cognac, lequel n'ayant pas esté fortifié, l'on estimoit que les ennemis ne s'y arresteroient point, et que, le prenant, ce seroit tenir Angoulesme en subjection; joint que suivre plus avant les ennemis qui estoient retirez à Xainctes, à Sainct-Jean-d'Angely et à La Rochelle, ne seroit que perdre le temps, principalement n'ayant point de grosse artillerie, laquelle neantmoins avoit esté mandée plus de trois mois auparavant, pour avoir moyen de battre les places, et attirer les ennemis au combat. Ainsi estans arrivez près de Cognac, l'on le fit sommer, et fit-on semblant de faire quelque approche par le parc : mais il se treuva que la pluspart de leurs gens de cheval et de pied, jusques au nombre de quatre ou cinq mille, s'estoient sauvez là dedans; et n'ayant point de pieces de batterie que quatre petits canons, ny de munitions que pour tirer deux ou trois cens coups, aussi qu'il falloit loger à descouvert par une pluye extremement froide, Monsieur se logea à demye lieue de là, après avoir jugé que ce seroit perdre temps de l'assaillir sans artillerie. Le lendemain, ayant entendu que les ennemis se ralloient du costé de Sainct-Jean-d'Angely, Nyort et La Rochelle, fut advisé de faire repasser l'armée à Jarnac pour les aller trouver, après toutesfois avoir sejourné deux jours, à cause des grandes traictes que l'on avoit faictes pour l'entreprise de Chasteau-Neuf, et de la bataille, et pour faire reposer nos reistres qui ne faisoient que d'arriver, estans venus à grandes journées. On s'avança jusques auprès de Dampierre, d'autant que les ennemis s'estoient acheminez jusques vers Thonnay-Charante : et là nous fusmes advertis que, sentans nostre venue, ils avoient passé la Charante jour et nuict, et estoient allez du costé de Ponts. On nous advertit qu'ils devoient passer à la faveur du capitaine Pilles, qui estoit dans Bergerac du costé de la Guyenne, pour joindre les viscomtes, qui estoient trois ou quatre seigneurs gascons unis ensemble avec quelques troupes de gens de guerre. Quoy voyant, nous retournasmes aussi-tost au passage de Jarnac, n'y en ayant nul autre plus près, pour essayer de les attraper au passage de la Garonne. On envoya au devant le sieur de Martigues avec deux mille chevaux, y compris la compagnie du sieur de Tavannes, conduicte par le sieur de Tavannes son fils aisné, autheur de ces Mémoires. Il trouva que les ennemis avoient changé de dessein, et avoient ordonné seulement le comte de Mongommery avec huict cornettes pour aller à Ponts, desquelles le sieur de Martigues en deffit quatre, dont les drapeaux furent envoyez au Roy. Ce faict, il vint retrouver l'armée avant qu'elle fust au passage de Jarnac. Surquoy fust advisé d'envoyer faire venir quatre petits canons à Poictiers, que le sieur du Lude amena jusques à la riviere de Boutonne, où toute l'armée les alla recevoir, et ce pour prendre [en attendant la grosse artillerie qui venoit de Paris] les petites places qui tenoient le passage de Gascongne, comme Mussidan, Aubeterre, Bergerac et autres petits chasteaux. Alors les ennemis n'avoient point de corps d'armée où l'on les eust sceu attaquer, ains tenoient tous leurs gens dedans Cognac et Xainctes, par le moyen desquelles villes et du port de Thonne-Charante ils avoient les passages de la riviere à leur commandement; et nous ne pouvions forcer lesdictes villes par faute de la grosse artillerie.

De sorte que Monsieur s'achemina avec l'armée à Montmoreau, tant pour empescher l'armée des vicomtes, que l'on disoit tous les jours devoir passer, que pour prendre Mussidan et autres places avec les petits canons, qui n'estoient pas de grand effect: et fut employé plus de temps à la prise de Mussidan [où le comte de Brissac, l'un des colonnels de l'infanterie françoise, et le sieur de Pompadour furent tuez] que l'on n'avoit esperé, d'autant que ceux qui estoient dedans estoient gens bien resolus, et la firent combattre pied à pied depuis l'avoir faict raser. On nous advertit que les vicomtes, à cause de la prise de Mussidan, qui les favorisoit, avoient resolu de ne plus passer; et, d'autre part, que les ennemis faisoient estat d'avoir rallié environ quinze cens chevaux et deux mille arquebuziers, la pluspart à cheval; lesquels ils esperoient faire passer la riviere de Loyre au dessus de Roüane, pour aller trouver le duc des Deux-Ponts qui commençoit à sortir d'Allemagne, et y avoit desjà huict cens chevaux des ennemis dans Angoulesme : quoy voyant Monsieur, il s'en vint avec son armée loger à Villebois pour empescher ceste entreprise, en attendant tousjours la grosse artillerie, de laquelle, quelques jours après, en arriva douze canons à Tours. Cependant le duc des Deux-Ponts arriva en la comté de Bourgongne. Surquoy on manda au Roy s'il luy plaisoit qu'on assaillist les places, ou bien que l'on empeschast le passage des ennemis, qui pouvoient aller passer au long de l'Auvergne, pour là joindre les vicomtes et aller droict au passage de la riviere de Loyre; lesquels vicomtes pouvoient avoir avec eux six mille arquebuziers et six cens chevaux : de maniere que tous ensemble ils pouvoient estre plus de deux mille chevaux et huict mille hommes de pied, et leurs places très-bien garnies; remonstrant à Sa Majesté que nous ne pouvions assaillir les places, et empescher de passer les ennemis. Surquoy Sa Majesté manda que l'on empeschast sur tout le passage des ennemis, sans s'amuser aux places, comme chose plus importante, et que cependant le duc des Deux-Ponts seroit fort bien empesché de delà. L'on sçait assez en quel estat ils estoient reduicts, leurs hommes desseichez de faim et accablez de maladies, leurs villes toutes en un coup comme assiegées, et en grande necessité.

On avoit laissé les forces du sieur du Lude du costé de Poictiers pour empescher la recolte, et Monsieur estoit de l'autre costé quand les nouvelles vindrent que le duc des Deux-Ponts avoit desjà passé la Bourgongne. Alors avec raison, Monsieur, pour n'estre forcé de combattre à si grand desavantage, fut contrainct de prendre party, et s'approcher de la riviere de Vienne, mesme attendu que l'armée du duc, ayant forcé La Charité, venoit la premiere, estant arrivée au Blanc en Berry. M. d'Aumalle l'advertit, et le supplia de prendre garde à soy : ce qui fit cheminer l'armée entre Sevilly et le Blanc. Et depuis, l'armée de M. d'Aumalle s'estant approchée, fut advisé de se joindre, non toutesfois sans grande crainte que ceux de son armée desjà desobeïssans, et qui avoient commencé de l'abandonner, ne continuassent, et ne servissent de mauvais exemple à l'armée de Monsieur : et depuis s'estre joincts à demy, et, par maniere de dire, en poste en la presence de la Royne mere, l'on entra dans le pays stérile du Limousin, sans avoir le temps d'y dresser nul magazin; par lequel pays les ennemis, qui avoient auparavant sejourné, marchoient à grandes journées; et on les vint joindre à La Souterranne, où, par l'excuse que trouverent nos reistres sur les vivres, on ne les peut combattre, et on marcha avec la faim, jour et nuict, jusques au petit Limoges, où ils furent encore r'atteints; et firent les reistres le mesme refus, par ce, disoient-ils, que leur bagage, qui ne les avoit peu suivre, estoit encore esloigné d'eux : de sorte que les ennemis passerent la riviere de Vienne, où l'armée du duc des Deux-Ponts les vint joindre.

Quand l'armée de Monsieur eust passé Limoges, les capitaines furent d'advis de suivre les ennemis le plus diligemment que faire se pourroit, et demanderent de porter avec eux du pain pour un jour, afin que, s'ils trouvoient les ennemis en lieu si avantageux que promptement l'on les peust combattre, ils eussent quelque temps pour en chercher les moyens; ou bien, s'ils faisoient quelques traictes, ils eussent moyen de les suivre, et oster l'occasion et excuse aux reistres de demeurer derriere, ou ne vouloir point combattre. Mais il ne fut possible d'en estre secourus, encores que, outre les commissaires ordinaires des vivres, plusieurs autres de la suitte de la Royne mere s'en meslassent.

Enfin l'armée passa la riviere pour aller trouver les ennemis; et le jour mesme, ceste desobeyssance desjà commencée en Bourgongne en l'armée de M. d'Aumalle vint à continuer, de sorte que son lieutenant partit, et toute sa compagnie se desbanda, fors huict ou dix gensdarmes; et infinis autres, tant de l'une que de l'autre armée, à leur exemple, s'en allerent sans congé, et sans avoir esgard que nous allions pour donner la bataille, ny à la presence de la Royne, qui estoit encore à Limoges; et depuis par ce mauvais exemple les nostres continuerent à s'en aller, avec plus d'occasion toutesfois pour avoir campé près d'un an entier, non qu'il y eust excuse qui valust ny pour l'un ny pour l'autre. Quoy voyant, Monsieur delibera, avant qu'il y eust plus grande diminution, d'aller retrouver les ennemis, encore qu'il n'y eust aucuns vivres, principalement parce que nous estions contraincts de marcher sur leurs pas, et aux piteuses traces du feu qu'ils mettoient par tout où ils passoient.

Monsieur donc vint loger à La Rochelabeille, à une lieue de Sainct Julez, où ils estoient en un lieu fort advantageux, et nous pareillement, pour avoir une vallée et un marais à la teste de nostre armée. Là fut deliberé ce qui seroit à faire : quelques-uns furent d'opinion que l'on devoit passer la vallée qui estoit entre les deux camps deux heures devant jour, afin de prevenir et prendre la place avant que les ennemis s'en saisissent : chose qui ne fut point executée pour les difficultez qui s'y trouverent. Les ennemis vindrent prendre la mesme place le matin, où partie de nostre arquebuzerie, pour estre logez auprès du valon, au lieu de se rendre en leur place de bataille, sans commandement, ny sans considerer qu'ils ne pouvoient estre secourus de gens de cheval, allerent passer la vallée du costé des ennemis pendant que l'armée se mettoit en bataille; et, non contens de ce, allerent par dedans le bois de fustaye monter sur le haut du costau, et là attacherent l'escarmouche, où une troupe de leur cavalerie fit une charge. Là le sieur colonel Strosse et quelques capitaines et soldats furent prisonniers, et partie d'iceux tuez.

Il s'en ensuivit ce que plusieurs seigneurs et gentils-hommes pourront tesmoigner, lesquels s'y trouverent aussi sans commandement, et ne soustindrent la charge; ce qui donna courage aux ennemis d'executer leur dessein. Monsieur y avoit envoyé pour les retirer; pendant lequel temps il envoya le sieur de Tavannes devers les Italiens, qui estoient logez à l'un des bouts du camp, en un petit village, sur l'advenuë par où les ennemis pouvoient venir, en faisant toutesfois un grand tour. Il trouva que les Italiens s'estoient mis en bataille, à sçavoir leurs gens de cheval dedans le camp, et leurs gens de pied dehors le village entre deux : de sorte que les gens de pied et de cheval ne se pouvoient secourir l'un l'autre, à cause des marests, sinon à travers le village par un seul lieu bien fort estroit, l'arquebuzerie separée en un certain bois de haute futaye qui estoit plus avant. Surquoy fut remonstré par le sieur de Tavannes au sieur comte de Sainctefiour, qui commandoit aux troupes italiennes envoyées par le pape, qu'il estoit raisonnable que les gens de pied repassassent dans le camp afin de pouvoir combattre avec l'armée et leurs gens de cheval. Ledit sieur comte respondit qu'il luy sembloit n'estre pas fort honneste d'abandonner le logis, mesme que son bagage estoit encore dedans. A quoy fut reparty par ledit sieur de Tavannes que le logis ne luy estoit donné que pour sa commodité, et non pour y combattre; que le lieu pour combattre estoit avec les autres batailles, et que, sauf son meilleur advis, il luy sembloit que son bagage devoit aller trouver le bagage de l'armée ; que le bataillon des gens de pied devoit passer du costé des gens de cheval; que neantmoins il pourroit laisser quelque arquebuzerie pour deffendre le village le plus longuement que faire se pourroit, lequel toutesfois ne pouvoit estre tenu à cause d'une montagne fort près de là qui luy estoit à cavalier. Chose à quoy ledit sieur comte s'accorda très-volontiers ; et, avec prompte diligence, fit repasser ses gens de pied du costé du camp, où estoient ses gens de cheval, et delà en avant se logea dans le camp à la campagne, au lieu qui fut advisé sur l'heure, tousjours neantmoins sur la seule advenuë, ainsi que luy, comme personnage de valeur, le desiroit. Et pource qu'aucuns ont voulu dire que le camp estoit fort debile et mal à l'advantage, il se trouvera, par le dire de ceux qui s'y entendent, qu'il n'en estoit point en quelque part que ce fust de plus advantageux, comme l'on esprouva après que les batailles furent rangées ainsi qu'elles devoient estre.

Le lendemain, les ennemis partirent de leurs logis, et firent une grande traicte de six lieuës du costé de Perigueux, lequel avoit esté fort bien pourveu, non toutesfois sans grande difficulté. Et après, Monsieur estant contrainct par famine et necessité de prendre la main gauche, et aussi pour favoriser plus facilement le pays de Perigueux, l'armée vint à Lessac. Les ennemis trouverent le Perigueux si bien pourveu, qu'ils prindrent la main droicte, et depuis, tout à un coup, tournerent droict à Chabanay, Confolant et le Dorat, qui estoit tourner la teste devers le Berry ou Touraine. Ce qui fit croire à Monsieur qu'ils voulussent aller gaigner Tours, ou autres villes qui sont sur la riviere de Loyre, combien qu'il n'en pouvoit advenir inconvenient, ayant commandé à M. du Lude, dès l'heure que les ennemis approcheroient de la Creuse, faire approcher le maistre de camp Onous avec quinze enseignes, pour se jetter dans Tours quand il verroit l'occasion. D'autre part, il despescha le maistre de camp de l'Isle et les enseignes italiennes du duc de Somme, pour y aller et pourvoir à Loches en passant; et delà, considerant que nos gendarmes avoient tousjours continué de s'en aller, de sorte qu'il n'y en avoit presque plus, fut advisé de retourner par auprès de Limoges, gaigner le devant de Tours. Quoy faisant, les ennemis tournerent tout court droict à Luzignan avec l'artillerie qu'ils avoient amenée d'Angoulesme. Ceste place se rendit en quatre jours. Celuy qui estoit dedans, ou le sieur du Lude, en eust peu rendre raison, luy ayant esté laissé trente enseignes de gens de pied et sept compagnies de gensdarmes, pour la garde seulement dudict Luzignan et de Poictiers, sans comprendre les compagnies qui gardoient les rivieres de Vienne et Loyre, jusques à Saumur. Et pour ce que ces forces-là estoient trop puissantes pour garder seulement deux places, ains estoient bastantes pour tenir les ennemis serrez dans leurs places, et empescher la recolte, afin que quand l'armée des ennemis seroit passée en Guyenne, ou du costé de la France, ils se joignissent avec les forces du sieur de Montluc, et se missent en campagne ainsi qu'il leur avoit esté commandé, afin d'essayer de reprendre quelques villes de la conqueste des ennemis, avec l'artillerie qui estoit à Poictiers; toutefois le sieur du Lude avoit commandement exprès, mesme par le sieur d'Argence, qui luy apporta la parole, de ne sortir point et de n'assaillir rien avec l'artillerie que les ennemis ne fussent esloignez, et qu'ils ne peussent retourner à luy. Mais Monsieur sceut incontinent qu'il estoit devant Nyort, et l'advertit par quatre messagers de suite qu'il eust à prendre garde à soy, et se retirast avec l'artillerie : ce qu'il fit; mais ce fut si tard qu'il en laissa une partie à Sainct-Mexant, et l'autre à Luzignan, et partie de ses forces demeurerent à Sainct-Mexant. Or quelle raison peut-il alleguer d'estre sorty, et pourquoy il ne mit plus de gens dans Luzignan, et quel obstacle il eust, ensemble les autres gouverneurs, de ne fortifier les villes de Poictiers, Limoges, Perigueux, Liborne et Saumur, chose qui leur avoit esté commandée par infinies et reiterées fois, et envoyé ingenieux et pouvoir d'employer les forces et moyens du païs pour cet effet? Or, estant Monsieur acheminé pour venir gaigner Loches, M. de Guise demanda plusieurs fois congé d'aller à la guerre. Ce qui luy fut refusé, mesme en la presence de M. d'Aumalle, tant à cause du peu de gens de cheval françois que nous avions, dont on ne pouvoit desgarnir le camp que pour le respect de sa personne; mais enfin il pressa tellement, qu'il dit tout haut que le Roy luy avoit donné la charge de colonel general des chevaux legers, et qu'il falloit qu'il fust indigne de sa charge s'il ne la faisoit. De sorte que Monsieur, quoy qu'à son grand regret, luy accorda son congé pour aller à la guerre, entre le camp des ennemis et le nostre seulement. Et toutesfois la premiere nouvelle qu'il en eust, fut qu'il s'estoit allé jetter dans Poictiers avec ce qu'il avoit emmené. Ce qu'ayant sceu, les ennemis, qui estoient encore à Luzignan pour surprendre ledict sieur de Guise, ou pour attirer nostre armée sans gensdarmes à la bataille pour l'aller secourir, l'allerent assieger à Poictiers : et l'on estime que sa presence y servit beaucoup, combien que le sieur du Lude avoit tousjours mandé que l'on s'asseurast de la place sans demander nostre secours.

Au commencement de l'automne, en l'année 1569, le siege de la ville de Poictiers continuant, et l'armée de M. le duc d'Anjou estant inferieure en nombre de cavalerie et de gens de pied à celle des ennemis, à cause de la gendarmerie licenciée avec congé ou autrement, ne pouvant secourir la ville qui estoit en peril d'estre prise à faute de vivres et autres manquemens, le sieur de Tavannes conseilla de faire une diversion qui la rendit entierement libre, qui fut telle : La ville de Chastelleraut, à quatre lieues des ennemis, fut investie par les forces de Monsieur. Le lendemain qu'elles en estoient approchés, la batterie faicte le matin, l'assaut se donna à midy, où la resistance fut telle qu'il fallut se retirer avec perte. Après cela on tint conseil de ce qui estoit à faire : quelques capitaines estoient d'advis que Monsieur sejournast un jour ou deux, à fin de faire cognoistre aux ennemis qu'on ne les redoutoit point. Le sieur de Tavannes, tout au contraire, dit que les ennemis estoient advertis du siege de la ville de Chastelleraut, où ils presumoient qu'on fust engagé, ayant tout ce jour-là ouy tirer l'artillerie; qu'infailliblement estans superieurs en forces, ils viendroient à nous, tant pour secourir la ville que pour tenter un combat avec apparence d'en avoir la victoire; que le dessein qui avoit esté faict sur Chastelleraut n'estoit que pour faire lever le siege de Poictiers et y faire entrer des vivres; ce qui empescheroit les ennemis d'y retourner; qu'il falloit que l'armée partist promptement et se retirast au port de Pilles, delà la riviere de Creuse, et deçà laisser deux mille arquebusiers dans le bourg, qui empescheroient, avec retranchement, l'advenuë et passage des ennemis, et que celuy qui avoit le profit de la guerre en avoit l'honneur. Ce conseil fut receu et executé si à poinct, qu'il en advint ainsi qu'il avoit proposé, la ville de Poictiers demeurant par ce moyen desgagée. Les ennemis arriverent le soir mesme proche le port de Pilles, où ils furent bien receus, et repoussez de l'infanterie qui les attendoit. Et le lendemain furent faicts plusieurs retranchemens aux quays de la riviere pour empescher les ennemis de passer. Le sejour faict au port de Pilles donna commodité d'attendre plusieurs compagnies d'ordonnance, qui vindrent là trouver Monsieur; et son armée se renforça depuis, qui luy donna subject d'aller chercher les ennemis à Moncontour, où se donna la bataille à l'advantage de l'armée du Roy, où le sieur de Tavannes remporta la gloire d'avoir mis l'ordre qui la rendit victorieuse, assisté la personne de M. le duc d'Anjou, et d'avoir genereusement combattu: ce fut le troisiesme jour d'octobre 1569. Les histoires qui ont devancé ces Memoires n'en ont rien oublié, ny des succez de l'armée depuis son partement du port de Pilles, ensemble du siege et prise de Sainct-Jean-d'Angely, où le roy Charles neufiesme se trouva en personne.

L'année 1570, après que l'armée du Roy, conduicte par le mareschal de Cossé, et celle des ennemis, par les princes de Navarre et de Condé et l'admiral de Chastillon, eurent passé en Bourgongne, où le sieur de Vantoux, de la maison de Saulx, commandoit en l'absence du sieur de Tavannes son parent, il y mit si bon ordre que les ennemis ne peurent prendre aucunes petites villes : aussi n'avoient-ils aucunes pieces de batterie, ains avoient perdu une partie de leurs gens à une charge faicte par le sieur de La Valette, à la veuë des deux armées, proche Arnay-le-Duc. Peu après l'edict du Roy pour la paix avec eux fut publié à Sainct-Germain en Laye [1571]. Ce fut alors que le sieur de Tavannes, lors mareschal de France, et depuis gouverneur de Provence et admiral des mers de Levant, mit par escrit et donna au Roy plusieurs memoires et advis concernans le bien du royaume, manutention de la personne de Sa Majesté et de son Estat, pleins de conseils utiles et maximes salutaires, qui se verront à la fin du present livre, en termes serieux, avec quelques autres advis dudit sieur de Tavannes, de pareil stile, faicts l'année 1572, concernant mesme subject, et discourant contre l'opinion de ceux qui persuadent la guerre de Flandre. La posterité jugera par tel ouvrage quel estoit l'ouvrier, lequel on a voulu blasmer d'avoir esté un des autheurs des executions faictes la mesme année 1572 contre les huguenots. Un seul exemple dissipera ce faux bruit, qui est le doux traictement qu'au commencement des guerres civiles il leur fit à Dijon, lors qu'ils y avoient commencé de prendre les armes, ils en furent quittes pour un bannissement de la ville. Bien mit-il par escrit, après ces executions [voyant le Roy resolu de faire la guerre et attaquer La Rochelle], les moyens comme il s'y falloit comporter, contenus au discours que j'ay jugé devoir estre adjousté aux susdits advis.

Le mesme mareschal de Tavannes ne fut point au siege de La Rochelle; une violente maladie l'arresta en chemin, et l'osta du monde en l'aage de soixante et trois ans. Sa presence y eust sans doute apporté une heureuse issuë, selon le jugement des plus advisez. Il laissa Guillaume de Saulx, sieur de Tavannes, son fils aisné, autheur de ces Memoires, lieutenant du Roy en Bourgongne en l'absence de M. le duc de Mayenne et du sieur comte de Charny ; qui pendant ce temps rompit plusieurs entreprises faictes sur les villes du païs par les ennemis, mesmement sur Mascon et la citadelle de Chalon, où il fit prendre en sa presence le lieutenant de la garnison y estant prisonnier, et mener à Dijon. Le tombeau qu'il fit dresser au sieur mareschal de Tavannes son pere, doit, par les merites d'un personnage si signalé, avoir lieu dans ces Memoires, comme ses rares vertus l'ont eu dans les histoires qui racontent les guerres de son temps. Il est de la teneur qui suit :

A LA MÉMOIRE DE GASPARD DE SAULX, SIEUR DE TAVANNES, MARESCHAL DE FRANCE, GOUVERNEUR DE PROVENCE, ADMIRAL DES MERS DE LEVANT, QUI MOURUT LE XIX JUIN M. D. LXXIII

D'hardiesse, d'assaut, de conseil, de vaillance,
  Je deffis, je prins, j'aidé, je regagné,
Charles-Quint, un millord, Henry, le Dauphiné,
A Renty, à Calais, aux guerres, à Vallence.
Cinquiesme mareschal premier je fus en France.
Admiral de Levant, j'ai aux mers commandé;
J'ay, lieutenant de Roy, la Bourgongne gardé;
J'ay pour luy-mesme esté gouverneur de Provence.
En soixante-trois ans qu'au monde j'ay vescu,
Je n'ay rien, fors la mort, trouvé qui ait vaincu
Ma puissance, mon bras, mon bon-heur, ma proüesse;
Dont mon corps, mon esprit et mon renom aussi,
Vieil, heureux, immortel, gist, revit, court sans cesse
Au tombeau, dans les cieux, par tout ce monde icy.

LIVRE DEUXIESME.

Sur la fin de l'année 1573, le roy Charles neufiesme, après le depart de M. le duc d'Anjou son frere, qui alloit en Poulogne prendre la couronne de ce royaume là, donna charge à deux gentilshommes de qualité, en chacune province de son royaume, de visiter les villes et bourgs d'icelles, pour s'informer de ce qui estoit necessaire au bien de son Estat et de ses sujets, et des oppressions qu'ils recevoient, afin d'y pourvoir et y mettre un bon ordre, par l'advis de messeigneurs les princes de son sang et de messieurs de son conseil, en l'assemblée que pour ce suject il vouloit faire à Saint-Germain-en-Laye. A quoy estant satisfaict, Guillaume de Saulx, sieur de Tavannes [1574], le mareschal de Tavannes son pere estant lors decedé, fut employé pour la Bourgongne, où il estoit lieutenant de Sa Majesté en l'absence de M. le duc de Mayenne et du comte de Charny.

Après s'estre employé sincerement à la visite des villes et bourgs de son gouvernement, il fut à la Cour faire son rapport au Roy et à l'assemblée de ce qu'il y avoit appris, et profera, en la presence de Sa Majesté et de ceste assemblée, le discours suivant, que l'on trouva fort libre en ce qu'il demanda la tenue des estats generaux libres, ce qu'aucun des autres deputez n'osa entamer. Ceste franchise fut très-agreable à aucuns de ladicte assemblée, des principaux et mieux affectionnez au public, comme ils le tesmoignerent à l'issue d'icelle par les louanges qu'ils luy donnerent. Ledict sieur de Tavannes estoit pour lors aagé de dix-neuf ans. Ce discours doncques estoit tel :

« Sire, par le commandement exprès de Vostre Majesté, j'ay veu et visité les villes qui sont en cinq baillages du gouvernement de Bourgongne, delaissant les autres à la charge du sieur de Missery, auquel vous avez addressé pareille commission ; et me suis essayé satisfaire à vostre intention avec toute la fidelité et diligence que l'on pourroit desirer en un très-affectionné subject de ceste couronne ; n'ayant jamais rien eu de si cher, dèslors qu'il vous pleust m'honorer des charges que je tiens, sinon de faire en sorte qu'executant vos commandemens, je fusse recogneu de vous et d'un chacun pour très-humble asseuré serviteur de Vostre Majesté.

» J'ay dressé des memoires qui contiennent particulierement ce que j'ay veu, appris et entendu en chacun lieu, après m'estre secrettement et doucement informé des ecclesiastiques principaux habitans des villes, mieux affectionnez à vostre service et à la conservation du repos public, des maires et echevins des lieux, de vos officiers establis pour rendre la justice, et des autres officiers commis au maniement de vos finances : tous d'une mesme voix prient Dieu pour vostre prosperité, vous recognoissant, d'une sincere obeyssance, pour leur prince naturel, veulent toute leur vie vous reverer et honorer comme l'image du Dieu vivant; et neantmoins ils ont jetté quelques plaintes et doleances entre mes mains, qu'ils vous supplient très-humblement recevoir, bien asseurez, comme ils disent, que si elle viennent jusques à vos oreilles leur mal sera du tout guery, du moins de beaucoup allegé et amoindry.

» Les ecclesiastiques se plaignent, non tous en general, mais aucuns d'entre eux, du trouble et empeschement qui leur est faict en la jouissance de leurs benefices. Pour ce regard les evesques ou leurs vicaires ont dressez des procez verbaux pour estre presentez à Vostre Majesté.

» Le peuple se plaint que, pour raison de ceste non jouyssance, les services accoustumez d'estre faits à l'honneur et louange de Dieu ne sont point continuez en plusieurs endroits, que la vie et les mœurs des ecclesiastiques ne sont point remplies de saincteté et religion, pour leur servir d'exemple ; mais plustost qu'ils sont addonnez à tous vices; qu'entre eux s'exercent publiquement un trafic et commerce de benefices, comme si, avec la corruption des mœurs, telle marchandise estoit approuvée et rendue licite.

» Avec mesme volonté ils regrettent de ce qu'ils voyent bien souvent la place des magistrats estre occupée par ceux qui ont plus de deniers pour les acheter, et non par personnes capables, suffisans et de bonnes mœurs, lesquels devroient estre recherchez et tirez de leurs maisons pour estre employez au service du public. Adjoustent encore que le grand nombre desdits officiers retourne à leur foule et oppression, en ce que la justice leur est plus cherement vendue, et que, par le moyen de ce qu'ils sont exempts des tailles et autres charges publiques, le reste du peuple en supporte davantage. C'est ce dernier point duquel ils se plaignent principalement, et disent que telle maladie, comme plus griefve, leur fait oublier le mal premier; que les impositions, subsides, emprunts qu'ils supportent, adjoustez à une continuelle sterilité de plusieurs années, ne leur laissent sinon l'esprit pauvre, souffreteux et miserable; lequel neantmoins ils maintiennent tousjours en vostre obeissance, et se contentent, pour s'exempter d'icelles charges, de vous apporter, non pas une volonté meschante de rebellion, qu'ils n'eurent jamais, mais, avec leurs plaintes très-humbles, leur grande pauvreté et necessité.

» Ils se plaignent encore de la très-grande vexation qu'ils reçoivent par le passage et sejour des gensdarmes; lesquels, n'estant payez de leurs soldes, vivent aussi sans rien payer, pillent et rançonnent les pauvres villages, exercent sur eux, comme s'ils estoient ennemis, tous faits d'hostilité; et ne s'en osent plaindre, comme ils disent, de crainte que le feu mis en leurs maisons par la vengeance du soldat ou gendarme courroucé de leurs plaintes, ne leur oste ce que par le pillage ils n'auroient peu emporter. Demandent les estats-generaux libres pour mieux vous informer de leur mal, lequel vous estant cogneu, ils s'assurent de vostre clemence que le remede salutaire y sera apporté. Ausquels, pour appaiser aucunement leurs doleances, j'ay faict entendre que la corruption des mœurs qui estoit en la justice, le deffaut de pieté et de saincteté qu'ils reprenoient justement ès ecclesiastiques, provenoient plustost de l'injure et misere des siecles passez que par vostre dissimulation; que n'aviez jamais rien tant desiré, sinon que ces deux fermes colonnes et appuys de vostre couronne, la pieté et la justice, fussent maintenus en leurs entiers.

» Au regard des tailles et impositions, qu'ils devoient, comme bons, loyaux et fideles subjects, considerer les charges que vous avez trouvé venant à la couronne; que depuis elles estoient accrues et augmentées à l'occasion des troubles qui avoient apporté infinies despenses; que n'aviez espargné aucun soin et diligence, non pas mesme vostre propre patrimoine, pour les faire vivre en repos, et appaiser les dissensions civiles; aussi qu'il estoit raisonnable qu'eux, qui ressentoient le profit de cette tranquillité publique, fussent rendus participans des charges qui en provenoient; que c'estoit le devoir des bons et affectionnez subjects, de departir liberalement toutes aydes à leur prince, duquel ils reçoivent asseurée protection et bon traitement; adjoustant avec plus ample discours remonstrances particulieres à chacune de leurs doleances, selon que je les ay redigées par escrit aux mémoires que je vous presente. Quand il vous plaira me le commander, j'adjousteray autres choses qui regardent le gouvernement de Bourgongne, et le devoir de la charge que j'y tiens pour vostre service. »

Les resolutions prises en telle occurrence apporterent quelque fruict, mais non tel qu'eust esté à desirer. L'intention de Sa Majesté d'assembler les estats-generaux, et par leur advis pourvoir raisonnablement aux affaires du royaume, ne fut suivie d'aucun effect. La mort le prevint: ce qui obligea M. le duc d'Anjou, estant lors roy de Poulogne, de venir prendre la couronne en France en l'an 1574, et le nom de Henry troisiesme, où ses subjects catholiques l'attendoient en intention de luy rendre toute obeissance. La Reyne sa mere, Catherine de Medicis, osta genereusement en son absence toutes les difficultez qui pouvoient nuire à son establissement. Le bon ordre que le comte de Charny, grand escuyer de France, et le sieur de Tavannes, fils aisné du mareschal, mirent au duché de Bourgongne, assistez de la noblesse du païs, y retint chacun en son devoir, au grand contentement de Sa Majesté, ainsi qu'elle leur tesmoigna près Montmelian en Savoye, où ils allerent, avec partie de la noblesse de Bourgongne, recevoir ses commandemens, et l'accompagnerent passant par ceste province-là à son retour en Provence.

La guerre *des religieux pretendus* continuant en France, ils y firent venir en septembre 1575 deux mille reistres du costé de Champagne, qui furent deffaits à Dormans par l'armée du Roy, qui estoit de quinze cens chevaux, commandez par M. le duc de Guise, assisté de M. de Mayenne son frere, et du sieur de Biron le pere. Les sieurs de Tavannes l'aisné, et le vicomte son frere, furent des premier à ceste charge avec leurs compagnies de gensdarmes, lesquels, par le bon ordre qu'avoit mis ledict sieur de Biron, qui les y fit aller, porterent coup à la victoire.

L'anné 1576, en janvier, le duc de Casimir, avec six mille reistres, vint sous la conduicte de M. le prince de Condé passer en Bourgongne, sans s'arrester à la ville de Chastillon, où le sieur de Tavannes s'estoit acheminé avec sa compagnie de gensdarmes, et six compagnies de gens de pied du regiment de Piedmont, commandé par le sieur d'Autefort, pour la garder ; ainsi il passa du costé de Langre, et alla sejourner huict jours près de Dijon, où le comte de Charny et le sieur de Tavannes, avec leurs compagnies et plusieurs gentils-hommes du païs, luy firent teste, faisant ledict sieur de Tavannes plusieurs sorties. Il mit bon ordre aux villes du long de la riviere de Saone, où il fut envoyé avec cent cinquante chevaux, compris sa compagnie de gensdarmes, faisant acheminer le sieur de Chevriere, pere du sieur de Sainct-Chaumont son lieutenant, à la ville de Mascon pour y commander, et le sieur de Tremont à celle de Tournus ; et quant à luy, il alla à la ville de Chalons. Ainsi les reistres n'eussent pris aucunes places en Bourgongne, si ceux de la ville de Nuis eussent voulu prendre garnison. Ils la refuserent ; et, peu après, se voyans assiegez, la batterie commencée, et quelque commencement de bresche faicte, ils se rendirent, et, en ce faisant, apporterent la commodité des vivres aux ennemis, qui en estoient en necessité ; lesquels allerent joindre M. d'Alençon, frere du Roy, plus avant que Moulins.

Ce prince, sous pretexte du bien public, et neantmoins pour augmenter son apanage de la duché d'Anjou, qui depuis luy fut accordée, avoit pris les armes à l'exemple du duc de Guyenne, frere du roy Louys unzieme, sans considerer que ce que l'on obtient du souverain par violence, et non par amitié et service, n'est pas souvent de longue durée ; ayant faict mesme faute en Flandre, où, sous pretexte d'ayder ceux qui l'avoient faict duc de Brabant, il voulut oster l'entiere liberté aux habitans d'Anvers, et se voulut saisir de leur ville : lesquels non seulement l'en chasserent, mais aussi de tout le païs. Les desseins bastis sur le fondement de la vertu prosperent et reussissent ; les mauvaises intentions sont suivies de malheur, et n'ont jamais bonne issuë : les histoires sont pleines de tels exemples.

La prosperité du duc de Valentinois, fils du pape Alexandre sixiesme, en Italie, a faict trouver sa cheute plus miserable, et recognoistre que Dieu exerce ses jugemens sur les meschans. Celui-cy par perfidie avoit ruiné plusieurs hommes, et par perfidie il fut luy-mesme ruiné, estant mené prisonnier en Espagne par le commandement de Gonsalve, vice-roy de Naples, sans avoir esgard à l'asseurance et sauf-conduict qu'il luy avoit donné, disant qu'en cela il n'estoit point authorisé de son prince.

M. le duc de Mayenne suivoit les ennemis avec l'armée de Sa Majesté : le sieur de Tavannes estoit près de luy avec sa compagnie de gensdarmes et les forces de Bourgongne qu'il y avoit menez ; il se logea à Moulins. La paix fut faicte ceste mesme année ; les reistres furent renvoyez, M. d'Alençon obtint pour son apanage les duchez d'Anjou et de Berry, et l'armée sous sa charge par commandement du Roy.

Après la tenue des estats-generaux à Blois, l'an 1576, furent assiegées et prises les villes de La Charité et Issoire [1577]. En ceste ville-cy, la valeur du vicomte de Tavannes se fit remarquer à l'assaut. Il se logea sa troupe entre la muraille de la ville et le retranchement du dedans, où nonobstant qu'il fust blessé de plusieurs harquebuzades, il demeura assez long-temps : il y perdit quelques gentils-hommes, entre autres le sieur de Trotedan son parent, jeune homme fort valeureux, qui estoit allé des premiers à l'assaut, dont il mourut tost après en estre de retour. Cet effort ayda grandement à faire rendre la ville. En ce temps M. de Mayenne prit la ville de Broüage.

Es années 1578 et 1579 (1), l'armée du Roy, conduicte par ledict sieur de Mayenne, fit deux voyages en Dauphiné. Au premier, les villes de Gap et La Meure furent prises ; en ceste-cy, qui fut forcée, le sieur vicomte de Tavannes se logea, avec le regiment de Livarot, à un assaut sur un bastion de la citadelle, avec cinquante hommes de sa compagnie de gensdarmes, et y tint ferme jusqu'au changement des gardes qu'autres y furent logez ; et depuis fut au ravitaillement de Talard avec trois cens chevaux. Au second voyage, le sieur de Tavannes, son frere aisné, y mena sa compagnie d'ordonnance, et s'y rendirent toutes les places du Dauphiné à l'obeissance du Roy. L'année après, ledict sieur de Tavannes, avec sa compagnie de gensdarmes, ayant esté ordonné pour la garde de la Royne regnante, Louyse de Lorraine, qui estoit aux bains à Bourbon, fut commandé d'aller au-devant du Roy jusques à Nevers, qui s'y acheminoit, et de conduire avec luy sa compagnie et celle du sieur de Ruffec ; la sienne estoit lors composée de quatre-vingts maistres de la ville de Nevers. Sa Majesté l'envoya avec les mesmes troupes et trois cens arquebuziers de ses gardes, commandées par le capitaine Bus, charger le regiment du sieur de Montfort, où il y avoit douze cens hommes du costé de Sainct-Florentin, proche les sieurs de La Ferté-Imbaut et Beaujeu, qui pouvoient lors assembler deux cens chevaux en trois jours : ils dependoient, avec ledict regiment, de M. le duc d'Anjou, frere du Roy.

Ledict sieur de Tavannes prevint par sa dili-

---

(1) 1579 et 1580.

gence le secours qu'eust peu avoir ce regiment, et le deffit ès environs de Sainct-Florentin, l'ayant chargé dans un village où il se deffendit quelque temps; enfin il fut forcé, et le sieur de Tavannes fit executer à mort par le prevost huict ou dix des prisonniers les plus malfaicteurs : aucuns d'eux avoient bruslé quelques villages, et faict plusieurs grandes exactions. Le roy eut grand contentement de cest exploict, et de ce que ledict sieur de Tavannes luy dict que, nonobstant que ce regiment fut employé par M. le duc d'Anjou son frere, il le chargeroit puisqu'il en avoit commandement de Sa Majesté, et que, où il y alloit de son service, il n'y avoit prince en France qu'il voulust espargner : luy baillant sa commission pour estre assisté de la noblesse et de ceux des villes et lieux où il passeroit. Le sujet de ce qui en advint fut qu'un nommé de La Porte de Mascon, capitaine de l'une des compagnies de ce regiment arrivé à Cosne, les mareschaux des logis du Roy y estans, s'enqueroit quel train Sa Majesté menoit quant et luy, et portoit lettres au sieur comte Charny de M. d'Anjou, pour faire hyverner ledit regiment en Bourgongne, attendant le printemps pour l'employer à faire la guerre en Flandre. Aussi les troupes dudict regiment faisoient plusieurs ravages, mesmement en la presence de M. le duc de Nevers, dans un village, comme il s'acheminoit pour aller recevoir Sa Majesté à ladicte ville de Nevers, et marchoient sans commission du Roy.

L'an 1581, le sieur de Peuguillard (1) par commandement du Roy s'achemina, avec quatorze compagnies de gensdarmes, sur la frontiere de Picardie, pour s'opposer aux desseins que pourroient avoir les Espagnols en France, sous le pretexte de la guerre que leur faisoit en Flandre M. d'Anjou, lequel renvitailla lors la ville de Cambray, avec plusieurs troupes, et entr'autres celle du sieur de Tavannes que le même sieur de Tavannes avoit conduictes près le sieur de Peuguillard. Le succez de ces guerres de Flandre reussit après que M. d'Anjou eust esté mis hors d'Anvers, comme a esté dit cy-dessus. Il mourut l'an 1582 (2). Sa mort fit une grande explanade aux desseins dès long-temps projettez par messieurs de Guise, de chercher l'establissement de leur grandeur sur les evenemens de ce temps-là, comme plusieurs ont voulu maintenir par raisons apparentes que ç'a esté leur but, et que leurs effets l'ont depuis temoigné ; ce qui neantmoins ne leur a pas reussi, la noblesse françoise, par l'assistance donnée au roy Henry troisiesme et à leur roy Henry quatriesme, l'ayant genereusement empesché ; partie de laquelle toutesfois a esté assez mal recognuë : mais Sa Majesté estoit excusable à cause de ses grandes affaires

Les hommes genereux se glissent facilement à l'ambition ; les entreprises hautes, soyent-elles justes ou non, leur plaisent, et souvent ils sont si peu fournis de prudence, que, voulant franchir le precipice, ils y demeurent au milieu. Les uns en eschappent à demy froissez, les autres succombent et s'y perdent du tout. Exemple qui nous apprend de ne nous fier point entierement en nos forces. L'equité doit premierement marcher après l'authorité du magistrat. La rebellion d'un sujet envers son prince se peut rapporter à ce que nous disons pechés envers Dieu, puisqu'elle procede de la desobeissance que Dieu deffend. Aussi sa justice divine les punit en temps et lieu rigoureusement. Un hardy et insolent entrepreneur n'emporte aucune louange, quand mesme ses desseins reussiroient heureusement pour luy, ce qui arrive fort rarement, car les meschans projets sont perissables. Il faut donc pour bien reussir suivre les bons desseins, lesquels toutesfois n'arrivent pas tousjours au but desiré, Dieu se reservant la disposition du succez des choses humaines, afin que nous ne nous en glorifions point, et pour nous faire cognoistre nostre foiblesse. Si est-ce pourtant qu'ils reussissent plus souvent que les meschans par la faveur que le Ciel leur accorde.

Mais ces veritables maximes et ces salutaires discours n'entrerent point dans les esprits de messieurs de Guise; car, au mois de mars 1585, ils se plaignent que les princes, vieux seigneurs et capitaines, sont reculez de la Cour, du moins du cabinet du Roy, l'entrée duquel n'est que pour les sieurs d'Espernon et de Joyeuse, qu'on a eslevez jusques à les faire ducs et pairs, jeunes gentils-hommes qui par leur bas aage ne pouvoient avoir acquis grand merite, comme les vieux seigneurs. De plus, ils disent qu'il faut descharger le peuple ; et neantmoins peu après ils luy mirent eux-mesmes sur les espaules des fardeaux si pesants qu'il en fut accablé. Ne parlent aucunement de la religion, comme ils firent long-temps après avoir commencé la guerre. Font courir un sourd bruit qu'on les vouloit mettre au chasteau de la Bastille à Paris, prennent les armes. M. le duc de Guise se saisit de la ville de Chalons en Champagne; M. le duc de Mayenne, de celle de Dijon et du chasteau d'icelle, apres avoir desbauché la fidelité du sieur Drée, lieutenant, qui commandoit

(1) Jean de Léomond, seigneur de Puygaillard.
(2) 1584.

dedans en l'absence du sieur de Tavannes, auquel Drée il donna mille escus de deux mille qu'il luy avoit promis,

Ceste mauvaise practique arriva par l'infidelité de Pelissier, qui gaigna les affections d'un plus grand que luy qui n'estoit pas pour lors en bonne intelligence avec ledit sieur de Tavannes ; et mesme Pelissier, qui commandoit comme lieutenant dans la ville et chasteau d'Auxonne, les rendit lors au party du duc de Mayenne. Ledict sieur de Tavannes s'en sentoit tant offensé, qu'il fut du dedans entierement contre ledit duc de Mayenne, et fit entendre ses deportemens au roy Henry troisiesme à Paris, huict jours après la prise du chasteau de Dijon ; assurant aussi Sa Majesté que le sieur comte de Charny [lequel avant son partement il visita en la ville de Chalons sur Saone, pour le reconfirmer en la bonne resolution qu'il avoit prise de servir fidelement Sa Majesté] faisoit bien son devoir en ces occurrences, et que ceux de la ville lui estoient fideles, ensemble les habitans de Beaune. Ces derniers, aucunement esbranlez par les continuelles menées qu'on faisoit avec eux, furent raffermis par ledict sieur de Tavannes, qui les asseura d'estre de retour de la Cour dans dix jours, avec ample pouvoir du Roy pour les assister. Ils luy promirent aussi avec ceste condition qu'ils le recevroient pour leur commander, et luy rendroient toute obeissance. Et de faict il leur en porta à jour nommé un si ample en lettres patentes, que par iceluy son authorité estoit entierement establie en Bourgongne, et celle du duc de Mayenne aneantie ; et deffences aux Bourguignons de luy obeir : ces lettres estoient du unziesme avril 1585.

L'histoire peut remarquer que le sieur de Tavannes, entre autres discours qu'il fit au Roy, en presence de son conseil, pour son service, remonstra que ses forces estoient composées de gens d'ordonnance et gens de pied entretenus, desquels il se pourroit long-temps servir à la campagne ; que celles des ennemis n'estoient que de volontaires, et qu'infailliblement ils n'y demeureroient pas un mois ; qu'il les falloit publier criminels de leze-majesté, et confisquer leurs biens, s'ils ne se retiroient dans trois semaines en leurs maisons. Si cest advis eust esté suivy, c'eust esté la ruine entiere des ennemis, qui eussent esté abandonnez incontinent ; et en mesme temps il leur falloit faire la guerre fermement, et les punir de leurs premieres rebellions, et non pas faire l'accord de Nemours, qui ne fit que les faire reculer pour mieux franchir leur saut, et leur donner les moyens de faire le mal qu'ils firent depuis.

Or ledict sieur de Tavannes ayant esté receu dans la ville de Beaune, où il logea après sa compagnie d'hommes d'armes et cinquante hommes de pied pour sa garde, avec plusieurs gentilshommes volontaires qui le vindrent là trouver, il fit enregistrer son pouvoir au bailliage de ladicte ville, l'ayant fait publier en la chambre d'icelle, en presence de la plus grande partie des habitans ; ausquels il fit publiquement un discours de messieurs de Guise et de leurs adherans : que leur intention et deportements estoient, sous beaux pretextes, qui le vindrent trouver, de diviser l'estat de France, comme l'Italie l'a esté depuis les empereurs romains ; que c'estoit la ruine des peuples, et que les petits princes necessiteux et foibles, pour conserver leur authorité, estoient contraints d'user de rapines et tailles excessives sur leurs subjects, et se servir d'autres moyens illicites. L'exemple en estoit fort apparent aux princes d'Italie. Leur remonstra qu'il n'y avoit rien de si utile, seur et honorable à ceux du royaume de France, que de vivre sous un grand roy comme estoit Sa Majesté ; que la noblesse estoit disposée à employer ses biens et sa vie pour le maintenir en sa grandeur, et ses subjects en leurs biens et privileges, contre lesdicts sieurs de Guise. Après avoir adjousté plusieurs autres choses sur ce subject, ledict sieur de Tavannes prit le serment des habitans de la ville de Beaune de demeurer fermes au service du Roy, et ne recognoistre plus le duc de Mayenne pour gouverneur du duché de Bourgongne.

Il logea aux faux-bourgs d'icelle deux cens arquebuziers sous la charge du baron de Chigy, et envoya le baron de Lux commander à la ville de Seure, avec le pouvoir qu'il luy avoit fait bailler estant à la Cour, d'où il l'avoit r'amené avec luy. Ce fait, il commença à s'opposer au duc de Mayenne ; et, pour contenter les habitans de Beaune et se fortifier, il leur permit de lever à leurs frais une compagnie de cent hommes, sous la charge du sieur Massot, un de leurs citoyens : à quoy ils furent d'autant plus excitez qu'ils voyoient que ledict sieur de Tavannes entretenoit les gens de guerre en ladicte ville à ses propres despens ; ce qu'il continua l'espace de deux mois, et jusques à ce qu'il alla trouver le Roy. Il fit aussi entretenir au sieur de Sainct Riran, gouverneur au chasteau et ville de Beaune, pendant ce temps-là, cent hommes. Et, parce qu'un nommé Simon, avec plusieurs habitans de ladicte ville, faisoient souvent des assemblées aux Jacobins pour exciter quelques troubles et seditions, il le mande, ensemble ses complices, chacun en particulier ; exhorta les uns, menaça les autres, à ce qu'ils eussent à se deporter de leurs entreprises. Ils cesserent leurs assemblées, mais non pas leurs mauvais desseins; car ils persuaderent après cela un cordelier qui preschoit ordinairement en caresme en l'hospital de Beaune, où chacun alloit ouïr ses sermons, de recommander par belles paroles, avec dexterité et artifice neantmoins, la cause de messieurs de Guise, qu'il appelloit *Princes catholiques*, nonobstant que le sieur de Tavannes fust ordinairement à sa predication : lequel manda incontinent ce cordelier à la maison de la ville, et, en presence du sieur de Sainct Riran, et des magistrats et eschevins d'icelle, luy remonstra le mal qui pouvoit arriver de la sedition qu'il vouloit exciter, et partant qu'il estoit punissable; qu'on lui pardonnoit, à la charge de se contenir comme il devoit, et ne prescher plus contre le service du Roy et repos de la ville : les eschevins et magistrats luy en parlerent aussi dignement.

Ce coup estant rompu, le mesme Simon et ses complices en vouloient obliquement faire un autre : à sçavoir que le chapitre general des cordeliers, où ils se fussent trouvez plus de cinq ou six cens hommes, se tinst à Beaune. Ils en demanderent permission au sieur de Tavannes, qui leur refusa, ne pouvant souffrir que, sous le pretexte d'une assemblée religieuse, on fist des monopoles profanes et seditieux.

Au mois de may de ceste année 1585, le duc de Mayenne, sous pretexte de son voyage de Dijon à la ville de Mascon, qui estoit lors de son party, par le moyen du sieur de Crusile, frere du sieur de Senecey, qui s'en estoit mis, ensemble la citadelle, vouloit en passant occuper la ville de Beaune, et, pour y parvenir, envoya vers les habitans d'icelle le baron du Brouillars, que le sieur de Tavannes laissa parler à eux à part en son absence, afin de monstrer aux habitans qu'il n'avoit defflance de leur fidellité au Roy. Ce baron leur fit deux propositions de la part du duc de Mayenne, à sçavoir qu'ils eussent à mettre proptement le sieur de Tavannes et ses gens hors de leur ville, et recevoir M. de Mayenne avec ses troupes allant à Mascon, ou autrement qu'il les iroit assieger avec vingt pieces de canon. Les habitans ayant communiqué au sieur de Tavannes le discours *broüillé* de *du Brouillars*, s'assemblerent en leur chambre de ville, et après firent response au duc de Mayenne qu'ils recognoissoient le sieur de Tavannes pour lieutenant du Roy, que son pouvoir estoit reconfirmé par patentes de Sa Majesté, et enregistré en leur bailliage; qu'ils n'attenteroient point aucunement à le mettre hors de leur ville, mais qu'ils lui rendroient toute sorte d'obeissance pour le service de Sa Majesté, sans y espargner leurs biens ny leur sang; que quant à la reception du duc de Mayenne en leur ville, qu'ils ne le vouloient point recevoir, que le Roy leur avoit deffendu de ne le plus recognoistre pour gouverneur du païs; que s'il n'avoit assez de vingt pieces d'artillerie pour les venir assieger, qu'il en amenast trente s'il vouloit; qu'avec l'aide de Dieu, et l'assistance du sieur de Tavannes, ils se sçauroient bien conserver.

Peu de temps après, le duc de Mayenne passa allant à Mascon, et, en retournant, vint près de Beaune, à la portée du canon, avec ses forces, lesquelles il fit à diverses fois depuis approcher de la ville sous la conduicte du sieur de Sacremore, qui commandoit lors à deux ou trois mille harquebuziers; et on eut advis qu'il se vouloit saisir de l'eglise de la Magdelaine, qui estoit aux faux-bourgs, forte et bien voutée, sur laquelle il eust peu loger des pieces d'artillerie qui eussent commandé en courtine à la ville et au chasteau, qui en estoient près : et, en ce faisant, il vouloit desloger le baron de Chigy, qui estoit avec deux cens hommes de pied ausdicts faux-bourgs. A ceste occasion, par advis dudict sieur de Tavannes, des gentilshommes de son conseil, et des principaux habitans de la ville, après en avoir communiqué au sieur comte de Charny, qui estoit à Chalon, elle fut mise sur pilotis, avec resolution, si Sacremore s'en approchoit, de la porter par terre : ce qui fut faict depuis la derniere fois qu'il en avoit esté près. Ceste eglise servoit aussi d'eschelle aux ennemis, d'où ils pouvoient, par le moyen d'aucuns seditieux qui estoient dans la ville, traitter de s'en emparer; mais il y fut sagement pourveu au contentement des habitans, quoy que ceux du faux-bourg en fussent marris : ce qui fut cause qu'on mit des troupes en la campagne, pour eviter l'empeschement qu'ils y vouloient apporter. Le sieur de Tavannes fit aussi demolir les maisons qui touchoient par le dedans la ville à la muraille d'icelle, et fit remparer la plus grande partie de ladicte muraille, y faisant travailler tous les jours une personne de chacune maison de la ville : fit aussi travailler ès ravelins qui estoient ès portes.

Ainsi toutes choses estans en bonne ordre en ladicte ville, et le mareschal d'Aumont arrivé à Roüane avec huict mille Suisses pour le service du Roy, qui s'acheminoient à Blois, et, selon le commandement de Sa Majesté, les forces des provinces près lesquelles ils passoient se joignoient à eux. Le sieur de Tavannes, ayant laissé les places munies de garnisons necessaires, alla à Roüane joindre les Suisses avec sa compagnie d'hommes d'armes composée de quatre-vingt-dix maistres, et un regiment de six cens harquebuziers, en quatre compagnies de gens de pied. Le sieur de Joyeuse avec trois cens chevaux les vint aussi joindre sur le chemin, et quelque troupes de M. le duc de Montpensier. Le sieur de Cornusson, passant près Bourges, chargea avec sa compagnie de cavalerie celles du baron de Vatan, du party de messieurs de Guise, qu'il deffit, et le prit prisonnier. Les troupes du sieur de La Chastre, commandant pour le mesme party à Bourges et en Berry, chargerent aussi la compagnie de gensdarmes du sieur de Cousant dans le logis, et emmenerent le sieur de Montessu Soran son enseigne, et quatre hommes d'armes prisonniers avec grande diligence, parce qu'ils furent suivis du sieur de Tavannes et de sa troupe de cavalerie une lieuë entiere, et jusques à ce qu'ils eussent passé une riviere : sans luy ils eussent executé un plus grand effect.

Les Suisses, avec les sieurs de Joyeuse et d'Aumont, ensemble leurs troupes de cavalerie et gens de pied, estans arrivez à Blois pour se joindre au premier jour à l'armée du Roy vers Estampes, la paix fut faite par la Royne mere à Nemours avec messieurs de Guise; et, incontinent après, l'edict d'union fut publié en la presence du Roy au Palais à Paris, et la guerre declarée au roy de Navarre, et à ceux qui se disoient de la religion reformée, qu'on appelloit huguenots. Cette guerre fut faicte depuis en Guyenne par l'armée du Roy, sous le duc de Mayenne, avec peu d'effect, et après par le duc de Joyeuse, ayant mesme authorité. Beau pretexte pour messieurs de Guise, afin de couvrir leurs desseins et arriver à leur but, attirans les peuples par apparences de religion : et, parce qu'ils estoient lors foibles, ils avoient du temps pour se renforcer, et attendre la commodité de faire leurs coups. C'estoit assez, comme ils disoient, d'avoir formé un party.

Si le Roy, suivant l'advis que luy avoit donné le sieur de Tavannes, eust à ce commencement employé ses forces contr'eux, qui n'en avoient autres que quatre mille Suisses sous le colonel Pheiffer, et quelques gens ramassez en petit nombre, n'estant en tout, y compris les Suisses, la sixieme partie des forces du Roy, il les eust battus et confisqué leurs biens, et eussent mis son royaume en repos, et empesché les maux qui y advindrent depuis, qui l'ont porté à la perte de sa vie et de son Estat. Le malheur advint pour la Bourgongne qu'en suivant ceste paix, non seulement le chasteau de Dijon, qu'avoit pris le duc de Mayenne, luy demeura, mais aussi le chasteau de Beaune, que ledict sieur de Tavannes avoit si bien faict conserver pendant la guerre : ce qui fut au regret des habitans de ladicte ville de Beaune, qui avoient faict ce qui estoit de leur devoir envers Sa Majesté.

Au mois de janvier 1586, la ceremonie des chevaliers de l'ordre du Sainct-Esprit, tenuë aux Augustins à Paris, le Roy honora de cet Ordre quelques gentils-hommes de qualité qui, dès long-temps et en ces dernieres occurrences, luy avoient rendu plusieurs bons services, et entr'autres le sieur de Tavannes.

Advint incontinent après, un accident qui fut tel : Le vicomte de Tavannes perdit lors le gouvernement du chasteau et de la ville d'Auxonne par le moyen des habitans d'icelle, lesquels, marris d'avoir esté portez par luy au party du duc de Mayenne contre leur volonté, se saisirent de sa personne comme il estoit à la messe en leur eglise paroissiale, et luy firent rendre par force ledict chasteau, après avoir à leur devotion attiré un soldat qui estoit dedans : ils y mirent pour quelque temps aucuns de leurs principaux habitans, et après le sieur de Pleuvant Rochefort, qui avoit esté de leur menée, et en avoit conferé au baron de Lux, qui sçavoit bien que le sieur vicomte de Tavannes estoit mal avec le sieur de Tavannes son frere, lequel desiroit que la ville d'Auxonne fust mise en d'autres mains qu'en celles dudict sieur vicomte, qui dependoit du duc de Mayenne : c'est ce qui leur donna la hardiesse de faire leur entreprise.

Le malheur advint lors pour la Bourgongne, que le gouvernement de Provence ayant esté mis ès mains du sieur d'Espernon par le Roy, pour appaiser messieurs de Guise, qui en crioient assez haut, Sa Majesté leur octroya celuy de la ville et chasteau d'Auxonne, que ledict de Pleuvant, qui estoit d'accord avec eux, leur livra, le duc de Guise estant ès portes avec quelques forces; et par cest accord, l'abbaye de Vezelay fut baillée audict Pleuvant (1) Rochefort par le president Jannin qui la possedoit, lequel en eut recompense du païs. Le duc de Guise mit le baron de Senecey gouverneur en la ville et chasteau d'Auxonne, de laquelle le vicomte de Tavannes estoit sorty et mis hors de la prison, où il avoit esté detenu par les habitans quatre mois avant. Le recit de sa liberté est tel : Le sieur de Tavannes, son frere aisné, ayant receu lettres de luy, par lesquelles il le prioit d'aller à la Cour, et s'employer

(1) C'est Pleuvaut et non Pleuvant. Le fils de Pleuvaut étoit abbé de Vézelay. Ce dernier se retira un instant dans l'abbaye avant de se déclarer pour la Ligue.

pour sa delivrance, ledict sieur de Tavannes y alla, et obtint lettres du Roy par l'ayde de madame la mareschalle de Tavannes leur mere, qu'apporta un exempt des gardes, pour changer à sondict frere la prison de la ville d'Auxonne, et le mener au chasteau de Pagny, sous la garde du sieur comte de Charny. Ledict exempt, afin de le sortir plus librement de ladicte ville, ayant dit aux habitans qu'il auroit la teste coupée à Paris, ledict sieur vicomte fut mené audict Pagny, où ledict sieur comte ne le vouloit recevoir, mais le renvoyer à Auxonne, où lesdicts habitans l'avoient voulu tuer deux ou trois fois, sans les prieres dudict sieur de Tavannes, lequel, incontinent apres, alla trouver Sa Majesté pour obtenir la delivrance dudict sieur vicomte. Le Roy avoit fait partir le sieur de Richelieu, grand prevost, avec cent chevaux pour le mener à la Bastille à Paris. Dequoy estant adverty par ledict sieur de Tavannes son frere, auquel il avoit mandé qu'il avoit moyen de sortir de prison s'il avoit advis de ce dessein, se fit descendre par son homme de chambre avec des cordes, depuis le dessus du logis de Pagny, dans le fossé, pendant que ses gardes desjeunoient; et ayant passé la muraille du parc, trouva un cheval d'Espagne que son cousin le comte de Morevel luy avoit envoyé, et quelques gentilshommes de ses amis ensemble, avec lesquels il se retira au comté de Bourgongne : et cependant ledict sieur de Tavannes et madame la mareschalle de Tavannes obtindrent des lettres d'abolition pour luy plus aisement que s'il eust esté prisonnier.

L'an 1586, le vicomte de Tavannes, estant soupçonné d'avoir faict avec aucuns de la ville de Dijon dessein sur la personne du duc de Mayenne, fut par le commandement d'iceluy pris au village de Tanlay, lors qu'il s'en alloit à Paris par le capitaine Antonnet qui conduisoit une compagnie de gens de pied. Un des gens du vicomte, nommé Argenton, en advertit au mesme jour le sieur de Tavannes son frere, qui estoit en l'une de ses maisons à Corcelles, près de la ville de Semur en Auxois, à dix lieues dudict Tanlay, et luy dit que ce capitaine Antonnet conduisoit sondict frere avec vingt chevaux pour le mettre prisonnier au chasteau de Dijon, et qu'il estoit monté sur le cheval d'Espagne qu'il luy avoit osté avec son equipage. Le sieur de Tavannes partit incontinent avec dix hommes de cheval bien armez, et alla toute la nuict en resolution de charger à l'improviste cet Antonnet [certain que celuy qui en use ainsi a un grand advantage sur son ennemy], afin de delivrer son frere, et de s'addresser au chef pour plus facilement deffaire sa troupe. Il fit alte pour cet effet en un petit village proche le val de Suson, à trois lieues de Dijon, environ une heure de jour. Tandis qu'il estoit là, il vit passer deux hommes de cheval qui portoient leurs espées à la main; et se doubtant que ce fust aucuns de ceux qu'il cherchoit, il part à toute bride, si viste qu'aucun des siens ne le peut suivre que de loin; et ayant galoppé à la vallée du val de Suson, il atteignit ces deux hommes de cheval comme ils commençoient à monter la montagne, et porta son pistolet à la teste de l'un d'eux, qui tenoit le sien en main, et le menaça de le tuer s'il ne le luy delivroit et ne se rendoit à luy, et dist son nom : ce que l'autre fit aussi-tost. Alors il apprit que c'estoit Antonnet qui avoit pris son frere. Celuy-là l'asseura qu'il l'avoit mis en liberté, et qu'il rendroit son equipage et cheval d'Espagne; et, pour y satisfaire, envoya celuy qui estoit avec luy à Sainct Cene (1) pour les rendre : et quant à luy, il alla prisonnier avec ledict sieur de Tavannes en son chasteau de Corcelles, où il demeura jusques à ce que la verité fust sceue de ce qui s'estoit passé en la liberté de son frere, et que le duc de Mayenne luy eust escrit pour le luy envoyer. Antonnet fut pris en prenant, nonobstant que M. de Mayenne eust envoyé trente hommes de sa compagnie de gensdarmes après le sieur de Tavannes, avec charge de mener les mains basses et luy ramener le prisonnier : le bon naturel est tousjours louable. Un gentilhomme de qualité qui tire son frere hors de peine, quelque mauvaise intelligence qui soit entre eux, en a tousjours de la gloire.

En l'année 1587, l'armée des reistres, composée de six ou sept mille chevaux, et commandée par le baron d'Aune (2) sous la charge du duc de Bouillon, vint passer en Bourgongne, près la ville de Chastillon sur Seine, où il y eut quelques escarmouches avec ceux que le duc de Mayenne avoit mis en ladicte ville, y ayant voulu envoyer le sieur de Tavannes pour y commander avec quatre cornettes de cavallerie, et douze cens hommes de pied; ce qu'il refusa pour la resolution prise par luy de ne plus obeyr au duc de Mayenne après le mauvais office qu'il en avoit receu à la surprise du chasteau de Dijon, et duquel il se souvint si bien, qu'il fit depuis perdre audict duc de Mayenne, avec l'ayde de la noblesse et des forces du Roy qui vindrent sur la fin de la guerre, la Bourgongne et les autres places qu'il y avoit, comme l'on verra à la suitte de ce traicté.

Ledict sieur de Tavannes alla trouver le Roy

---

(1) Saint-Seine.
(2) Fabien, baron d'Hona.

à Gien, avec quatre-vingts-dix hommes de sa compagnie, bien armez et d'ordonnance montez : ce que Sa Majesté eut agreable, et luy fit expedier des lettres de commandement pour servir en son armée, comme il fit, s'estant mis du regiment du sieur mareschal de Biron le pere, avec lequel il se trouva en plusieurs occasions qui se presenterent; où il demeura jusqu'à ce que l'armée des reitres fut entierement deffaicte par Sa Majesté, laquelle suivit la victoire depuis Beaugency jusques à Moulins, son armée estant lors de quatre ou cinq mille chevaux et quantité d'infanterie. Le Roy eut seul l'honneur de ceste victoire, que M. le duc de Guise se voulut attribuer en partie, à cause d'une charge qu'il fit faire la nuict au baron d'Ausne en un bourg fermé, nommé Auneau, où il fit entrer des forces par le chasteau, où furent tués quelques reitres et du bagage pris. Le mesme duc de Guise s'ayda depuis de cest artifice pour gaigner les Parisiens afin de les avoir à sa devotion, et se faire recognoistre luy-mesme chef de leur ville. Son dessein reussit, mais avec telle indignation de Sa Majesté, qui en sortit alors, que ledict duc de Guise en perdit depuis la vie. Les conseils mal mesurez ruinent les grands et accablent les petits qui sont sous leur authorité. C'est un fleau de Dieu, qui chastie par tels moyens les pecheurs pour nous enseigner que la pieté doit marcher la premiere en tous nos desseins, et ne faut chercher et suivre ès choses humaines à se maintenir et aggrandir que par la raison.

Ce coup de Paris estant depuis advenu en l'année 1658, au mois de may, le Roy se retira à Rouen, où les offres de plusieurs seigneurs et gentils-hommes de France, et d'ailleurs, luy furent faictes pour son service, contre messieurs de Guise et leurs adherants, et entr'autres de la part du sieur de Tavannes, qui les executa vivement sur la fin de la mesme année, après avoir eu advis que le duc de Guise, continuant ses desseins, avoit esté mis à mort par commandement de Sa Majesté à Blois, où les estats-generaux estoient assemblez. Et parce que des-lors ledit sieur de Tavannes commença de faire la guerre en Bourgongne comme gouverneur de ceste province pour le Roy, laquelle y fut valeureusement continuée plus de sept années, et jusques à ce que Sa Majesté (1) y fut entierement mise en son authorité, et les emotions civiles de la France du tout appaisées, j'en diray le commencement, la continuation et la fin, attribuant l'heureux succez qui en reussit à Dieu seul, à qui en estoit la conduite, et non aux forces et vertus humaines, car plusieurs difficultez et obstacles y furent surmontez par des forces petites et foibles en leurs principes, lesquelles s'accreurent depuis, et devindrent grandes par sa diligence, et bons deportements de ceux qui y travaillerent.

(1) Henri IV.

LIVRE TROISIESME.

Le sieur de Tavannes, estant en son chasteau de Corcelles, près la ville de Semur, au baillage d'Auxois en Bourgongne, eut advis certain, le premier janvier 1589, de l'execution faicte aux estats-generaux à Blois, sur la personne du duc de Guise, le vingt-troisiesme du mois de decembre precedent; et après avoir eu response des sieurs de Vaugievant (1), president aux requestes à Dijon, Otbert (2), et autres de cette ville-là, vers lesquels il envoya un gentilhomme des siens, nommé Ferry, pour disposer secretement ceux de la ville affectionnez au Roy à recevoir ledit sieur de Tavannes, et les gentils-hommes qu'il y pourroit mener avec luy promptement, pour bloquer le chasteau de ladicte ville de tous costez où il n'y avoit pas vingt hommes dedans, et s'efforcer de le prendre, il monta à cheval avec quarante hommes bien armez, sur l'entrée de la nuict du 5 janvier an susdit, au chasteau de Corcelles, et arriva, luy et le baron de Couches, et autres gentilshommes, au village d'Eu, à une lieuë de Dijon, sur le matin du lendemain, où il eut advis par ledict de Ferry que les factieux, pour M. le duc de Mayenne, s'estoient rendus les plus forts en ladicte ville de Dijon, et tenoient les portes de la ville en leur pouvoir, resolus de ny laisser entrer le sieur de Tavannes, ny autres gentils-hommes que ceux de leur party, et que le sieur de Vaugievant, qui avoit promis se saisir d'une porte, ne le pouvoit point faire.

Ledict sieur de Tavannes, qui avoit faict ceste premiere pointe sans commandement de Sa Majesté, s'asseurant s'en faire advoüer, veu l'estat auquel estoient les affaires, et la charge qu'il avoit de lieutenant en Bourgongne pour Sa Majesté, fut contrainct pour lors de se retirer au chasteau de Corcelles, attendant une occasion meilleure pour le service du Roy et bien du pays; laquelle il trouva par après, comme on verra par ce qui s'ensuit. S'en retournant de ceste cavalcade, il eut quelque conference avec le president Fremiot (3), qu'il trouva avoir une mesme inclination que luy, au village de Pasques, trois lieuës près de Dijon, et promirent se voir à Corcelles; ce qu'ils firent incontinent après, où le sieur de Tavannes proposa qu'il estoit resolu, avec l'authorité du Roy et l'assistance de ses amis, de faire la guerre pour ce sujet; et, pour avoir raison du duc de Mayenne, qui luy avoit osté la charge du chasteau de Dijon dès l'année 1585, fut d'advis qu'il falloit aller en Cour à Blois, pour remporter ample pouvoir de Sa Majesté. Le sieur president Fremiot dit qu'il avoit resolu ce voyage, et que son intention estoit conforme à ce discours.

Incontinent après ils partirent ensemble; et estans arrivez à Blois, où la tenuë des estats-generaux se continuoit, le Roy, ayant en son cabinet entendu le sieur de Tavannes, la volonté qu'il avoit de s'employer pour son service, l'eut très-agreable, et luy bailla un pouvoir très-ample pour commander en Bourgongne, nonobstant qu'il en eust desjà un pour sa charge de lieutenant en ce pays-là; luy fit distribuer plusieurs commissions pour lever des gens de guerre, et fit mettre en ses mains des patentes; revoquant le pouvoir de gouverneur du duc de Mayenne audit païs, et le declarant et ses adherants criminels de leze-majesté.

Le Roy ne fit point distribuer aucuns deniers au sieur de Tavannes, qui ne laissa pour cela de suivre son entreprise. Bien luy fit cest honneur Sa Majesté de luy discourir que le duc de Guise avoit resolu se saisir de sa personne, s'il n'eust esté prevenu par mort; qu'il luy en avoit eu advis certain des parens dudict sieur de Guise qu'il nomma. Le sieur de Tavannes ayant eu ses despesches, et entendu les dernieres harangues des estats, s'en retourna en Bourgongne, ensemble le sieur president Fremiot.

En ce temps la citadelle de la ville d'Orleans estoit tenuë par les serviteurs du Roy, et assaillie de ceux de la ville. Le mareschal d'Aumont,

---

(1) Baillet, sieur de Vaugrenan.
(2) Audebert.
(3) Bénigne Frémyot, seigneur de Rottes, étoit president au parlement de Dijon. C'est son fils, André Frémyot, qui joua un grand rôle sous Henri IV et sous Louis XIII. Il étoit archevêque de Bourges.

avec trois ou quatre mille hommes, aydoit à la conserver; et neantmoins, sur l'advis qu'il eut de la venue du duc de Mayenne, qui n'avoit pas deux cens chevaux, sans avoir fait recognoistre ses forces abandonna cette citadelle, et perdit quatre canons qui estoient en la place. C'est acte prejudiciable, et celuy de la bataille d'Ivry, où il se comporta valeureusement, nous font remarquer la varieté des succez humains, et que les armes sont journalieres.

Le duc de Mayennè ayant passé audict temps en Bourgongne, s'estoit par intelligence, pour la somme de six mille escus, selon le bruit qui en couroit alors, ou autrement, saisi de la citadelle de Chalon sur la riviere de Saone, l'ayant surprise à ceux qui y commandoient pour le baron de Lux, qui en estoit lors gouverneur, de son consentement, ainsi qu'on disoit, et qu'il n'avoit distribué au parlement de Dijon les lettres du Roy dont il estoit chargé.

Aucuns des plus advisez pourroient s'enquerir par quelle industrie le sieur de Tavannes, sans deniers royaux, sans forces royales, n'ayant de Sa Majesté qu'un pouvoir en parchemin, pensoit faire la guerre en Bourgongne au duc de Mayenne, qui y tenoit toutes les villes en son obeissance, principalement celles de Dijon, Beaune et Chalon, Auxonne, Chastillon, Mascon, Authun, par le moyen des garnisons qu'il avoit à sa devotion ès citadelles et chasteaux, et que pour toute place n'y avoit à la devotion de Sa Majesté que le chasteau de Corcelles, près Semur en l'Auxois, appartenant audict sieur de Tavannes : certainement ceste entreprise estoit non-seulement temeraire, mais très-perilleuse audit sieur de Tavannes, qui avec icelle se mettoit en hazard de la perte de tout son bien assis en ladicte province, et de la ruine de sa famille : ce qu'il discouroit assez en soy-mesme; mais ayant consideré qu'où le peril est grand la gloire en est plus grande, la justice de la cause d'assister son roy contre les rebelles, l'authorité de Sa Majesté recogneuë, avec la bienveillance des gentils-hommes et habitans de ceste province-là, tant en la personne du feu mareschal de Tavannes son pere qu'en la sienne, l'intelligence qu'il avoit en la ville de Flavigny en Auxois, forte d'assiette pour y faire une bonne retraicte afin d'assembler des forces, et y jetter un fondement et principe du progrez de ses desseins, une partie des deniers d'une de ses terres qu'il avoit vendue estant entre ses mains; tout ce que dessus, avec l'affection qu'il avoit à la patrie, luy fit, postposant toutes difficultez, passer pardessus ces obstacles, et se jetter en tel labyrinthe, dans les destours duquel estant divinement conduit, il en sortit heureusement. La loüange en soit à Dieu.

Au commencement de fevrier, en la mesme année 1589, le sieur de Tavannes, ayant distribué quelque quantité de deniers au sieur de Blanchefort l'aisné et à des capitaines, avec quatre commissions du Roy qu'il leur donna pour lever un regiment de cinq ou six cens harquebuziers hors de la Bourgongne, afin de ne descouvrir son intention qu'après s'estre saisi de la ville de Flavigny, et ayant adverty, tant par lettres de Sa Majesté qu'il envoya que par les siennes, plusieurs gentilshommes de la province de se preparer à s'employer à la deffence d'une si juste cause, il s'achemina secretement en Champagne, afin de faire une conjonction des forces de ceste province-là avec celles de Bourgongne, se saisir du bourg fermé d'Issurtile, quatre lieuës près la ville de Dijon, et huict lieuës près la ville de Langres, de laquelle ville de Langres il pretendoit tirer quatre canons, afin que, si les serviteurs du Roy de la ville de Dijon se pouvoient rendre les maistres dans la ville, il peust battre le chasteau après l'avoir bloqué dehors pour empescher tout secours.

Ainsi, estant arrivé en la ville de Chalons en Champagne, il fit entendre ce dessein au sieur de Tinteville (1), lieutenant audict pays, requerant son ayde en une si juste occasion; mais il n'en rapporta que des esperances, et qu'il falloit depescher en Cour pour avoir sur ce commandement du Roy.

Le sieur de Sautour (2), qui avoit assemblé cent ou six-vingts chevaux, et quelques gens de pied en sa maison, dans le païs, et avoit commencé à prendre les armes pour Sa Majesté, que le sieur de Tavannes alla aussi trouver, fit la mesme response. Nonobstant ce, l'empeschement que luy pouvoit faire le baron de Vitaux, rodant pour le party rebelle en Bourgongne avec huict cens arquebuziers, le sieur de Tavannes resolut de commencer la guerre en ce pays là; et ayant mis ensemble à la fin du mois de fevrier les six cens arquebuziers que luy amena le sieur de Blanchefort, et assemblé cinquante gentilshommes de ses amis, les principaux desquels estoient les sieurs de Lerbigny, d'Espeulle, baron de Chantal, de Pizy, qui fut après marquis de Nesle, baron de Conforgien, Chamilly, il partit de sa maison de Corcelles avec douze chevaux seulement, et s'en alla à Flavigny, où les serviteurs de Sa Majesté qu'il

(1) Joachim de Jaucourt, seigneur de Dinteville, lieutenant du Roi en Champagne.

(2) Nicolas des Essarts de Saultour.

avoit pratiquez l'attendoient, et luy firent ouverture des portes; après qu'il eut usé de son authorité de lieutenant de Roy pour lever l'empeschement qu'aucuns vouloient faire à l'ouverture d'une barriere. Le lendemain ses troupes, qui estoient à six lieues de ladicte ville de Flavigny, vindrent loger à demie lieue près, à un village nommé Allise, ancienne ville que Cesar assiegea et y donna une grande bataille, où il obtint la victoire contre Vercingentorix, comme se void par ses Commentaires.

En ce lieu le sieur de Tavannes deux jours après fit la reveue de ses troupes, comme auparavant l'establissement des affaires du Roy au mesme Flavigny. Ayant fait assembler tous les habitans, leur discourut les pernicieux desseins des rebelles, desquels il nomma les chefs, qui ne tendoient qu'à diviser l'Estat pour eriger des petites principautez, à la façon d'Italie, et après charger les sujets d'insupportables imposts, et s'attribuer les biens des principaux par des moyens illicites; que le Roy estoit puissant pour resister à telles violences, et qu'ils verroient en bref la ruine de ces entrepreneurs; qu'il mettroit, avec l'ayde de Dieu, l'authorité de Sa Majesté, le secours de la noblesse et des bons sujets du Roy, en bref à neant' dans la Bourgongne, la puissance des rebelles; les somma de faire entre ses mains le serment de la fidelité qu'ils devoient au Roy, selon la teneur des patentes de Sa Majesté, qui luy donnoient tout pouvoir en Bourgongne; et aneantissoient celuy du duc de Mayenne. Elles estoient du 24 janvier 1589. Ces habitans y obeyrent après les avoir publiquement leues. Elles furent aussi publiées en parlement à Flavigny, ès bailliages de Bourgongne, et par les carrefours des villes de la province.

Peu de temps avant, par l'advis des serviteurs du Roy en Bourgongne, et entr'autres du president Fremiot, fut transferé le parlement de Dijon (1) en la ville de Flavigny, par lettres-patentes de Sa Majesté du mois de mars l'an 1589, données à Tours, et publiées en Bourgongne tost après; afin que les deux authoritez principales, de lieutenant de roy portée par le sieur de Tavannes, et du parlement, estant jointes ensemble, les sujets de Sa Majesté fussent plus facilement attirez à luy rendre l'obeissance qu'ils devoient, et à assister le sieur de Tavannes pour la reduction de la province. Et, à cest exemple, le parlement de Paris fut depuis transferé par le Roy à Tours.

Le sieur de Tavannes s'estant pourveu de ceste ville de Flavigny, située en pays propre pour y faire des magazins de vivres necessaires à l'entretenement des troupes qu'il assembloit, et forte d'assiette, commode pour loger quantité de gens de guerre, tant de pied que de cheval, après y avoir mis garnison, pour ne demeurer inutile attendant que ses forces s'accreussent par ceux de la noblesse de Bourgongne, ausquels il avoit fait tenir des lettres du Roy et les siennes, et des compagnies des gens de cheval et de pied qu'aucuns capitaines levoient, il s'achemina au bourg fermé d'Issurtile, situé entre Langres et Dijon, pour s'en saisir par le moyen de quelque intelligence, et y faire une conjonction des forces de Champagne et Bourgongne, tirer artillerie, munitions de guerre de la ville de Langres, et après faire quelque dessein sur la ville de Dijon avec les serviteurs du Roy qui estoient dedans icelle, ou sur autres places: il mena avec luy ce qu'il avoit de cavallerie, qui n'estoit pour lors que cinquante hommes de cheval cuirassez, desquels estoient les sieurs de Lurbigny, baron de Chantal le pere, le baron de Conforgien, le sieur de Pizy, depuis marquis de Nesle; et autres gentilshommes, et cent arquebuziers à pied, choisis dans ses troupes, sous la conduite du sieur de Blanchefort, maistre de camp, des capitaines Longueval, Argolet, Ville-Franche, et des Fourneaux.

Mais lorsqu'il estoit au chemin du bourg d'Issurtille avec les gens de cheval et de pied que je viens de nommer, il eut advis que le sieur de Bussy, frere du marquis d'Urfé, avoit, avec un regiment de quatre cens arquebuziers, assiegé le sieur de Cressey, serviteur de Sa Majesté, en son chasteau de Cressey. Ses troupes estoient logées ès environs du chasteau, dans le village, où ils avoient fait des barricades sur les avenues. Incontinent le sieur de Tavannes se resolut de deffaire ce regiment; à quoy il parvint comme s'ensuit: En descendant d'une montagne proche du village, il vit que, passant la prairie, ce peu de forces qu'il avoit seroient recogneues des ennemis, qui leur donneroit plus de courage pour s'opposer à luy, et s'emparer du pont qui estoit au bout du village sur la riviere, où il falloit passer, à trente pas de l'une des barricades. Pour y obvier, il fit marcher ses cinquante chevaux deux à deux, et en mesme ordre quelques valets à cheval, et à costé du dernier rang les premiers des cent hommes de pied, marchant aussi deux à deux; en sorte que les ennemis pouvoient juger que le nombre en estoit beaucoup plus grand qu'il n'estoit; et à mesme temps il s'avança et passa le pont avec ses troupes, où quelques arquebuzades leur furent ti-

(1) Une partie resta à Dijon, se déclara pour la Ligue t rendit même un arrêt contre le roi de Navarre.

rées de la barricade : et, après avoir mis ses gens de cheval en bataille, il fit attaquer le village de Cressey, sur les deux advenues où estoient les barricades, par deux troupes de gens de pied, chacune de cinquante hommes, et de deux des capitaines qu'il assistoit, estant luy-mesme auprès d'eux. Ce combat dura trois heures. A l'une des barricades les ennemis furent forcez de la quitter et se retirer dans des maisons de pierres couvertes de lave : et comme ils estoient vivement attaquez, lors qu'ils ne les pouvoient plus tenir ils y mirent le feu, et se logerent dans d'autres. L'autre barricade fut longuement debattuë : enfin, dix hommes de cheval y firent une charge à coups de pistolets et d'espées, où le sieur de Charnasson fut blessé de deux arquebuzades en se retirant. Après ils commencerent à demander capitulation ; laquelle fut telle : Qu'il seroit permis aux capitaines et soldats du regiment du sieur de Bussy prendre party pour le service du Roy avec le sieur de Tavannes [et d'entr'eux, de Marnay, capitaine, avec cinquante arquebuziers print ce party, et s'y comporta mal, comme nous dirons cy-après]; que le sieur de Bussy et les soldats qui demeureroient avec luy ne porteroient les armes de six mois, et qu'il viendroit offrir au sieur de Tavannes les armes. Ce qu'ayant faict, il leur en fut rendu une bonne partie après que le sieur de Bussy se fust presenté au sieur de Tavannes. Tous les soldats estoient bien vestus et armez de plusieurs pertuisanes dorées, mousquets et arquebuzes, ayant tenu la campagne plus de deux mois sans aucun empeschement.

Ce mesme jour, le sieur de Tavannes ayant executé cest effet, après avoir fait sommer le capitaine Fontette, qui estoit avec cent arquebuziers à un village demy quart de lieuë de Cressey, de capituler et rendre la place, il fit response qu'il le brusleroit plustost, et soy mesme dedans, estimant qu'en une heure de jour qui restoit il ne pourroit estre forcé. Le sieur de Tavannes, ne voulant manquer à son dessein d'Issurtille, alla coucher aux fauxbourgs. Ceux du lieu ne voulurent point ouvrir leurs portes de nuict : ce qu'ils promirent faire le lendemain matin. Les gardes posées, le sieur de Cressey degagé des ennemis qui l'avoient assiegé, ayant cinq ou six chevaux reposez, fut ordonné pour partir une heure avant jour, afin d'aller jusques auprès de Dijon, qui n'estoit qu'à quatre lieuës de là, recognoistre si les ennemis avec le sieur de Fervaques, qui avoit quelque cavalerie à Dijon, estant lieutenant pour les ennemis en la province, sur les advis qu'ils pouvoient avoir eu de ce qui s'estoit passé, se mettoient en chemin, et avec quelles forces, pour, après le rapport du sieur de Cressey, adviser ce qui seroit à faire. Cependant dès le point du jour ceux d'Issurtille sont sollicitez d'ouvrir leurs portes, autrement qu'ils seroient assaillis. Ils promettoient d'obeïr dans quelques heures, dans lesquelles ils attendoient la venuë du sieur de Fervaques, qu'ils avoient adverty secretement. Sur les huict heures du matin le sieur de Cressey, qui n'avoit esté à une lieuë loin, revint, et fit entendre qu'il n'y avoit aucunes troupes en la campagne.

Demye heure après, comme l'on estoit à disner afin de monter incontinent à cheval, et aller loger au bourg fermé d'Issurtille, ou s'employer à le forcer, les deux troupes de cavalerie du sieur de Fervaques furent veuës, avec un regiment du baron de Viteaux, de mille arquebuziers, qui avoient passé la Saone depuis le vicomté d'Auxonne, et estoient arrivez à Dijon le jour avant la nuict, sans que le sieur de Tavannes en eust eu aucun advis. Incontinent il envoye le baron de Conforgien avec quatre ou cinq chevaux les recognoistre, et luy, avec quarante chevaux, s'achemine en la place de bataille qu'il avoit choisie du costé de la prairie. En passant, les ennemis le voulurent charger par le flanc en un chemin etroict où il y avoit des fossez des deux costez. Ils s'avançoient à cest effet : neantmoins il eut temps, avant qu'ils fussent à luy, de s'acheminer au pas jusques à ladicte place, où estant il alla à eux. Ainsi qu'il y alloit, le baron de Conforgien se joignit à luy. A mesme temps le sieur de Fervaques, avec l'une de ses troupes de cavalerie, de soixante chevaux, ayans lances et casaques bleues, de la compagnie du sieur de Chaufourcaut, s'achemine aussi à la charge, en laquelle y eut plusieurs blessez de part et d'autre, et aucuns portez par terre, desquels fut le sieur de Cressey qui fut prisonnier, et le capitaine Lestang, qui s'estoit saisi de la cornette des ennemis, et y eut peu de morts. Le champ du combat demeura au sieur de Tavannes pour un demy quart d'heure.

S'estant le reste de la cavalerie des ennemis retirée à leur seconde troupe de cavalerie, et à leurs arquebuziers et mousquetaires qui avoient commencé à tirer, s'avançants du long des murailles des vignes, estant suivy du gros de leur regiment, cela fut cause que ledict sieur de Tavannes se retira avec la moitié de sa troupe de cavalerie à un pont sur la riviere qui est à un bout de la prairie : l'autre moitié de sa cavalerie avoit desjà passé la riviere, auquel lieu le baron de Conforgien eut un bras rompu d'une arquebuzade. Le cheval du sieur de Tavannes avoit eu un coup de lance dedans le flanc, qui fut cause qu'il en prit un autre audict pont.

Cependant ces cent hommes de pied, et les cinquante qui avoient avec le capitaine Marnay pris party le jour devant, demeuroient engagez au fauxbourg d'Issurtille. Il proposa s'il y auroit moyen de les tirer de là; ce qu'estant trouvé impossible, attendu le grand nombre d'infanterie des ennemis qui avoient desjà investy le fauxbourg, il leur manda qu'ils advisassent de composer au mieux qu'ils pourroient, et s'en alla coucher à Poiseux les Granges, à quatre lieuës d'Issurtille, pour s'en retourner à Flavigny : en ce lieu de Poiseux il fit penser les blessez : il y avoit entr'autres six gentilshommes qui avoient des coups de lances dans les cuisses, qu'il fit penser.

Le lendemain il s'achemina à la ville de Flavigny, où il eut advis que les sieurs de Blanchefort, Longueval, les capitaines Argolet, Ville-Franche et des Fourneaux, qui commandoient les gens de pied demeurez au fauxbourg d'Issurtille, après avoir tenu tout le jour et la nuict à leurs baricades, fait plusieurs sorties, et pris des prisonniers, et le susdict capitaine Marnay, contre son serment, et une partie des siens s'estant allé meschamment rendre aux ennemis, ils avoient esté receus à composition du sieur de Fervaques, leurs equipages sauvez, et promesse de ne porter les armes de trois mois. Ils y satisfirent. Servit que le sieur de Tavannes faisoit faire levée de deux regimens de gens de pied des barons de Chantal et de Chigy, et assembler sa compagnie de gensdarmes. Tel fut le premier combat qu'eurent les chefs des deux partis en Bourgongne, celuy de la Ligue ayant toutes les villes de ceste province à sa devotion, et celuy du Roy la campagne et la seule ville de Flavigny pour premiere conqueste, en laquelle fut envoyée une lettre de celle de Dijon, trois jours après, à Brigandet, capitaine des habitans de la ville de Flavigny, contenant qu'il n'y avoit en icelle cent hommes de pied en garnison; qu'il eust à la rendre entre leurs mains, autrement qu'ils feroient couper la teste à son fils, qu'ils retenoient. Sa response, du tout genereuse, fut qu'il auroit plus en recommandation son honneur et devoir envers son roy et sa patrie que la vie de son fils, et qu'ils n'attendissent ceste trahison et perfidie d'un si homme de bien que luy.

Incontinent après arriva le baron de Chigy avec deux cens cinquante arquebuziers, qui furent logez aux fauxbourgs de Flavigny commodement. Le duc de Nemours, arrivant à sept lieues près à la ville d'Avalon, qui alloit à Lyon, y sejourna huict jours, attendant le sieur de Fervaques avec ses forces pour favoriser son passage, estant en alarme de ce que le sieur de Tavannes avoit esté recognoistre les siennes avec quelque cavalerie. Ces troupes ennemies se logerent en la ville de Semur à trois lieues de Flavigny, assistées des mille arquebuziers du baron de Viteaux, et allerent du costé de Dijon.

Le sieur de Tavannes, ayant laissé garnison d'infanterie audict Flavigny, et après y avoir estably gouverneur le sieur de Cherizy, sage et valeureux gentilhomme, considerant n'estre raisonnable qu'il s'y enfermast, sa presence estant necessaire à la campagne pour assembler les troupes qui se levoient, et aller secourir Flavigny si les ennemis y avoient dessein, ou en faire contr'eux, n'ayant lors trente hommes de cheval, compris le sieur de Lurbigny et Chamilly, voulut en passant recognoistre ces troupes ennemies, et logea une nuict demye lieue près d'eux; prit son chemin par les bois du Morvan Palmarou, et près Moulin en Gilbert, et de là en Charolois, ne voulant que les ennemis recogneussent le petit nombre d'hommes qui estoient près de luy.

En ce pays les sieurs de La Boutiere, enseigne de sa compagnie d'ordonnance, et Cirot, mareschal des logis d'icelle, luy amenoient soixante hommes d'armes, et le capitaine La Beluze, cent hommes de pied de l'assemblée de ses forces, qu'on estimoit plus grandes. La ville de Bourbonnancy (1), ensemble le chasteau, importants par leur situation proche la riviere de Loyre, et propres à joindre les forces de Bourbonnois et Bourgongne, se remirent en l'obeïssance du Roy, sur la semonce qu'en fit de la part du sieur de Tavannes le sieur de La Nocle aux habitans, lesquels firent et signerent le serment de fidelité à Sa Majesté. De là ledict sieur de Tavannes s'estant logé cinq lieues près la ville de Mascon pour une entreprise, en fut empesché par l'arrivée de M. de Nemours : et de là, pour ne demeurer inutile, il se resolut d'aller attaquer la ville de Semur, capitale du baillage d'Auxois, lorsqu'il y estoit moins attendu à cause de son esloignement, recognoissant ses forces croistre de jour à autre, mesmement le baron de Chantal luy amenant une bonne troupe de soldats en son regiment d'infanterie.

En passant à Couche, il sceut que le vicomte de Tavannes, son frere, levoit une troupe de cavalerie pour aller vers le duc de Mayenne, estant logé trois lieues près de luy. Il s'achemine pour le charger; mais luy se retirant ne perdit que son bagage, parmy lequel se trouverent cinquante lances, armes qu'on ne pouvoit lors tirer des villes. Ledict sieur de Tavannes defit

(1) Bourbon-Lancy.

près Beaune la compagnie du capitaine Moreau, fantassins; et afin que ceux de la ville de Semur n'eussent advis pour empescher la deliberation qu'il avoit de faire planter un petard à la porte du chasteau d'icelle, qu'il avoit fait recognoistre pour s'en saisir, ayant donné rendez-vous à trois lieuës près aux gens de pied qui estoit à Flavigny, il s'y trouva avec eux avant jour, ayant fait une grande traicte, et, en passant près Toisi, maison du sieur de Cipierre, le mena avec luy, lequel n'avoit que douze chevaux, et, estant gouverneur de Semur, en avoit esté chassé, ensemble des faux-bourgs, par les habitans.

A ce rendez-vous, la reveuë des forces faite, où il se trouva cent hommes de cheval et sept cens harquebuziers des regimens des barons de Chantal et Chigy, et l'advis demandé par ledit sieur de Tavannes au sieur de Cipierre et autres capitaines de ce qui estoit à faire, tous ayant dit que puis que le jour estoit venu, que l'on ne pourroit petarder les portes du chasteau de Semur, comme l'on eust peu faire la nuict, que les ennemis en auroient advis, et qu'il se falloit retirer; sur ce, le sieur de Tavannes leur dit qu'il ne falloit point rompre ceste entreprise, qu'il y avoit des moyens de l'executer, n'y ayans que les habitans dans la ville et chasteau de Semur; que le donjon estant au milieu des deux, où y avoit peu de soldats, l'un ou l'autre pris, ils viendroient à composition; que les habitans y pourroient venir de crainte qu'on ne bruslast leurs grands faux-bourgs, où il estoit aisé se loger, et que l'on devoit s'acheminer diligemment. A quoy chacun se disposa, et furent veus, par les habitans le matin en deux gros, deux troupes de cavalerie et deux de gens de pied du sieur de Tavannes, qui, à mesme temps, les envoya sommer par un gentilhomme de se rendre sous son authorité de lieutenant de Roy, et de luy obeïr en le recevant en leur ville; ce faisant qu'ils ne recevroient aucune incommodité; y manquant les troupes iroient incontinent les assaillir; que si leurs faux-bourgs estoient bruslez ils en seroient cause; que s'ils vouloient envoyer quelques-uns de leur ville vers luy, il leur donneroit asseurance de son dire, et pourroient venir et retourner seurement. Ils y envoyerent, mais sans nulle resolution, disant qu'on leur donnast deux jours pour avertir le frere du president Jannin à Ragny, et leur bailly, le sieur de Ragny, qui n'estoient esloignez d'eux que de cinq ou six lieues.

Le sieur de Tavannes, ayant pris ceste responce pour refus et desobeïssance, et faisant faire alte à la cavallerie, envoye l'un des regimens de gens de pied, sous la charge du baron du Chantal, en l'un des faux-bourgs; et à mesme temps il descendit de cheval, se mit avec le regiment du baron de Chigy, qu'il mena au travers des vignes dedans le grand fauxbourg, jusques à la porte du chasteau de Semur, duquel furent tirées quelques arquebuzades: et là, comme l'on vouloit planter le petard à la porte, un capitaine de gens de pied, nommé La Baume, avec quelque eschelle, et à l'ayde de ses compagnons, monta au-dessus de la porte; ce qu'appercevant Blanot, maire de Semur, qui commandoit au chasteau, jugeant, comme il se voyoit vivement assailly, soit par le petard ou autrement, qu'il pourroit estre pris en peu d'heures, il demanda les biens et la vie sauve, et qu'il feroit ouvrir la porte: ce qui luy fut accordé. Le sieur de Cipiere, revenant de l'autre fauxbourg, trouvant que le sieur de Tavannes entroit desjà au chasteau, l'y accompagna, et, à mesme temps, par le commandement dudict sieur de Tavannes, le capitaine La Plume, commandant au donjon, luy en ouvrit la porte. Lors le sieur de Tavannes y laissa le sieur de Cipierre gouverneur avec establissement de garnison, et luy dit que les gens de pied ayant travaillé sejourneroient un jour aux fauxbourgs; qu'il fist faire le lendemain aux habitans le serment deu au Roy. Et s'en alla, ce jour mesme, le sieur de Tavannes loger à une lieuë de là, en son chasteau de Corcelles, et fit loger la cavalerie au village de Corcelles.

Il m'a semblé devoir rediger assez au long ce discours, tant pour le bon effect qu'apporta ceste deuxiesme reduction de Semur aux serviteurs du Roy en Bourgongne, en laquelle ville furent depuis tenus les estats-generaux du païs, et logé le parlement pendant la guerre, qu'aussi en l'histoire general des guerres de la Ligue on n'a point fait mention de ce qui s'est passé en Bourgongne pendant icelles, que de ce qui est avenu à la fin desdictes guerres, nonobstant qu'il s'y soit executé plusieurs bons effects et stratagemes dignes d'eternelle memoire, avec les forces seules de la province de Bourgongne, sans autre ayde [que bien peu] ny autres deniers que de ceux que les mesmes forces levoient avec les armes, après que l'imposition par les esleus du païs de Bourgongne en avoit esté faite : lesquels deniers estoient distribuez suivant les ordonnances du sieur de Tavannes, gouverneur audict païs. Et, neantmoins, lesdictes forces se rendirent si puissantes par la conduite du sieur de Tavannes, qu'elles tenoient le plus souvent la campagne. La juste querelle doit estre soustenuë par les gens de bien : le travail, la despense, les perils supportez par ledict sieur de Tavannes, les gentilshommes et capitaines de ladicte province, et par messieurs du parlement refugiez à Flavigny et Semur, meritent, s'ils n'ont esté recognus, au moins qu'on en aye souvenance.

Les garnisons des gens de pied establies et logées au chasteau de Semur, et la compagnie d'hommes d'armes du sieur de Cipierre en la ville, parce qu'il en estoit gouverneur, comme avoient esté celles de la ville de Flavigny auparavant, le sieur de Tavannes, ne voulant perdre aucune occasion qu'il avoit recherchée pour le service du Roy et bien du païs, s'achemina avec sa cavalerie de trois ou quatre compagnies de gensdarmes, et deux regimens de gens de pied, à l'execution qu'il avoit pratiquée par le moyen de deux habitans de la ville de Sainct Jean de Laone, nommez Lescotet et Martene, pour se saisir de ladicte ville, afin d'avoir un passage sur la riviere de Saosne, tant pour la commodité du passage des estrangers que Sa Majesté feroit venir en France, que pour estre à quatre lieuës de Dijon, avoir moyen de fatiguer ceste grande ville, où les conseils des ennemis qu'ils appelloient d'Union se tenoient, et s'accroistre de quelques autres places.

Ces troupes estants arrivées, sur la fin de juin de l'année 1589, au village de Brazey proche ceste ville de Sainct Jean de Laone, ledict sieur de Tavannes envoya dans ladicte ville quelques-uns de ceux qui estoient sous sa charge vers les habitans, qu'ils eussent à envoyer deux ou trois de leurs eschevins vers luy, pour leur faire entendre, comme lieutenant du Roy, ce qui estoit necessaire pour le service de Sa Majesté. Quand ils furent venus vers luy, il leur dit qu'ils eussent à le recevoir en leur ville pour le service et bien du païs. Il estoit lors avec ses troupes à demy quart de lieuë d'icelle. Ils lui dirent qu'ils recognoissoient sa qualité, et le laisseroient entrer en leur ville pour luy obeir, à condition qu'il n'y menast que quinze hommes de cheval avec luy, et qu'il leur promist de ne leur bailler point de garnison; qu'ils se garderoient bien eux-mesmes, que c'estoit la charge qu'ils avoient de leurs concitoyens, le suppliant de l'avoir agreable. A quoy fut respondu par le sieur de Tavannes que puis qu'ils luy vouloient obeir, il leur promettoit de ne leur bailler point de garnison s'ils ne la demandoient eux-mesmes, et qu'il iroit vers eux avec le nombre de gens de cheval qu'ils desiroient.

Incontinent apres, s'estant acheminé dans la ville en cest equipage, il trouva les ruës bordées d'arquebuziers, mousquetaires et hallebardiers; et estant descendu dans son logis, s'en alla à la halle, où les officiers du bailliage, eschevins et habitans estoient, attendant ce qu'il avoit à leur dire là. Ayant fait lire les patentes du Roy exautorant(1) le pouvoir de M. le duc de Mayenne, et, le donnant au sieur de Tavannes en la province, il les exhorta à l'obeïssance, leur proposant divers discours du bon succez qui leur en viendroit, et qu'en bref Sa Majesté et luy, par son commandement, reduiroient à leur devoir, avec l'aide de la noblesse, ses ennemis en ceste province. Et, à mesme temps, leur fit faire serment au Roy : et apres ledict sieur se retira en son logis, où il pratiqua que quelques-uns des principaux de ses troupes se presenteroient avec leurs trains pour venir à la ville, afin de se fortifier, à ce que, si les habitans venoient à changer d'advis, ils ne le fissent sortir : ce qu'ils eussent peu faire, n'ayant que quinze hommes de cheval armez près de luy. Ceux qui commandoient à la porte vindrent donc demander au sieur de Tavannes s'ils laisseroient entrer le sieur de Pizi, depuis marquis de Nesle, qui avoit douze ou quinze chevaux : il leur dit que c'estoit un seigneur de qualité, qu'ils le laissassent entrer. Le sieur de Chantal se presentant après, en fut fait autant, ensemble du sieur de Vaugrenan, amenans pareilles troupes.

Pendant le soir, les deux habitans cy-devant nommez, avec lesquels il avoit intelligence, furent par luy mandez : il leur recommanda que le lendemain matin ils ne faillisent, avec ceux qu'ils pourroient attirer à leur party, de demander garnison pour mettre à la ville, et ce en presence des eschevins et principaux habitans, qui devoient venir parler à luy. A quoy estant satisfaict, et remonstré par ledict sieur de Tavannes que s'ils ne recevoient garnison la Ligue leur en donneroit, et les traicteroit mal, qu'il leur avoit promis de ne leur en bailler s'ils ne la demandoient, mais qu'il leur en bailleroit une puis qu'ils l'avoient agreable, ils permirent l'entrée de cent arquebuziers, avec le capitaine des Fourneaux, qui fut logé en une maison de l'abbé de Citeaux, assez forte, sur la riviere, l'establissement de leur solde dressé [s'aydant des deniers du Roy sans aucun frais à la ville] et des gardes.

Ledit sieur de Tavannes ayant finy un dessein en avoit tousjours un autre à executer. Il voulut tenter à surprendre la ville de Seure sur la riviere de Saone, ayant advis qu'il y avoit une grande courtine de terre mal escarpée où on pouvoit monter, les eaux estans lors basses; et à cest effect fit loger son infanterie au fauxbourg d'icelle, nommé Sainct-George, et sa cavallerie en un village proche. Ayant fait recognoistre le fossé, il y avoit moyen de faire reüssir ce dessein, attendu que le sieur de Fervaques, lieutenant lors

(1) Annulant.

en la province pour la Ligue, menant des forces en ladite ville de l'autre costé de ladite riviere, n'y avoit esté receu; le sieur de Tavannes y fut sans doute entré sans l'accident d'une grande pluye qui remplit ledit fossé, lequel fut trouvé non guéable par celuy qui y fut envoyé le recognoistre; de sorte qu'il se resolut de s'en retourner du costé de Semur en Auxois, et en passant sommer la ville de Nuys; et à cet effet il passa la riviere de Saone par batteaux, avec ses troupes, proche le chasteau de Bonencontre, qui estoit à luy.

Le parlement qu'il fit faire à la ville de Nuys, sejournant à trois ou quatre lieuës auprès, ne servit que pour donner advis aux ennemis de son acheminement et logement, qui leur fut mandé par le capitaine Bailly, commandant au chasteau de Vergy pour la Ligue, qu'il fut contraint prendre à cause de la nuict. Les villages proches ledit logement estoient couverts de deux compagnies d'arquebuziers à cheval, avancées en deux villages, l'un du costé de Dijon, l'autre de Nuys; sa cavalerie proche de luy, de quatre-vingts maistres, au village de Chevanes, le regiment du baron de Chigy à une demye lieuë près; celuy du baron de Chantal à Mezange, un quart de lieuë près de Chevanes, auquel Chantal avoit esté ordonné de se rendre à La Grange d'Estain, deux lieuës de là, le lendemain à soleil levant : mais, au lieu d'obeïr, il prit quartier sans departement pour la pluspart de son regiment, le logeant en autre village, et se tint à celuy de Mezange, où il estoit encore le lendemain avec six vingts arquebuziers seulement, que le soleil estoit levé, et la pluspart de son regiment estoit desjà au rendez-vous à La Grange d'Estain : ce qui donna moyen aux ennemis, le trouvant des derniers au logis, de le charger. Pour reciter plus particulierement ce qui s'y passa, je diray que le sieur de Tavannes avoit envoyé la nuict à quatre lieuës de là, proche Dijon, huit hommes de cheval battre l'estrade, pour sçavoir les deportemens des ennemis, qui à cet effect devoient repasser proche le fauxbourg de Nuys, lesquels n'en apporterent aucunes certaines nouvelles.

Cependant le sieur de Fervaques, avec une compagnie de gens de cheval, et les deux des sieurs de Guionvelle (1) et Montigny, ensemble le regiment du baron de Viteaux, où il y avoit mille hommes, s'estoit acheminé à Nuys, y estant arrivé trois heures devant jour. Le matin, à soleil levant, lors que la cavalerie dudict sieur de Tavannes vouloit commencer à marcher, vint un arquebuzier à cheval, de ceux du costé de Nuys, advertir qu'ils avoient esté deffaits par les ennemis au village de Villars. A mesme temps le sieur de Tavannes envoya le sieur Despeuille du costé du village, avec dix chevaux, les recognoistre, et cependant fit joindre avec luy le regiment des gens de pied du baron de Chigy, et s'avança à my chemin dudict village, où ledict sieur Despeuille luy fit rapport que les ennemis ne venoient point à luy, mais tournoyoient la montagne, allant à Mezange, au quartier du sieur de Chantal. Au mesme temps, le sieur de Tavannes luy monstra une plaine de bleds, sur un petit haut, proche le bois, assez près du quartier du sieur de Chantal, et luy dict qu'il vouloit s'aller mettre avec ses troupes en ce lieu là, où ils recognoistroient les ennemis, et sçauroient ce qui seroit à faire; qu'il falloit repasser par Chevanes, où il avoit logé, ce qui fut fait.

En marchant ils oyoient les tambours des ennemis, et quelques arquebuzades qui se tiroient au quartier du sieur de Chantal. Comme il fut au lieu susdict, il envoya plus près des ennemis le sieur Despeuille les recognoistre, qui à son retour luy demanda quelle estoit son intention. Il luy dit d'aller charger les ennemis. Lors il luy representa qu'il n'y avoit nulle apparence, et qu'il luy feroit voir, s'il s'avançoit, trois gros de cavalerie, que le moindre estoit aussi fort que le sien, et environ mille arquebuziers. Ce qu'ayant de plus près recognu ledict sieur de Tavannes, après le sejour de quelque temps, pour faire paroistre aux ennemis ses troupes il les fit marcher au pas, les gens de pied devant, du long du bois, droit à son rendez-vous de La Grange d'Estain, où il trouva la plus grande partie du regiment du sieur de Chantal, commandée par le capitaine La Beluze, qui s'y estoient trouvez comme on leur avoit ordonné; et estoient ceux que ledict sieur de Chantal n'avoit voulu loger près luy, les ayant envoyez en un autre village sans despartement. Cependant les ennemis le prindrent fort blessé à une barricade, où il s'estoit bien deffendu, et deffirent cent ou six vingts arquebuziers près de luy. Là fut tué de Fontette, un de leurs capitaines.

Leur cavalerie suivoit le sieur de Tavannes jusque près d'un vallon delà le village de Torrey, où ayant advis d'eux il les attendit de l'autre costé du vallon sur le haut, et fit loger son infanterie deçà et delà de luy, du long des hayes et broussailles. Lors les ennemis firent sonner la charge à leurs trompettes: ledict sieur de Tavannes tenant ferme, et les attendant, fit aussi sonner ses trompettes environ demye heure; mais ils ne passerent point le vallon. L'on n'en sçait pas la

---

(1) Pierre d'Anglure, seigneur de Gionville.

cause, sinon qu'ils n'avoient point avec eux leurs gens de pied. A cause de ce temporisement, ledict sieur de Tavannes fit avancer ses gens de pied en la plaine, et après les suivit, ayant laissé sur le haut de ce vallon quelque temps douze chevaux, et arriva de jour à Sainct-Thibaut en Auxois, et le lendemain à la ville de Semur.

Or, le moyen d'agrandir le party du Roy en Bourgongne, estoit que les forces y employées pour son service fussent souvent à la campagne, tant pour y faire joindre partie des gentilshommes demeurans en leurs maisons aux champs, mettre ensemble de l'infanterie pour d'autant affoiblir celle des ennemis, qu'aussi pour executer des entreprises sur des villes et places, afin d'eslargir les logements des garnisons, et avoir plus de creance parmy ceux de ceste province-là. Ce consideré par le sieur de Tavannes, il assembla ce qui luy fut possible de cavallerie et gens de pied, et se resolut d'aller assieger la ville de Saulieu, en laquelle n'y avoit que les habitans ; ce qui estoit assez difficile, car elle estoit fossoyée, flanquée de tours ès environs, et ravelins en deux portes, et luy n'avoit point d'artillerie : en sorte qu'estant bien deffendue l'on ne la pouvoit prendre que par la mine ou la sape. Ainsi, s'en estant approché, il se logea, et sa cavallerie avec un regiment de gens de pied, en un grand fauxbourg qui s'estend depuis l'une des portes bien avant du long du fossé, n'y ayant que la largeur de trois ou quatre charrieres entre deux. Il fit faire des mantelets pour approcher la muraille dans les fossés, ses corps de gardes bien dressez à l'advenuë des portes; et à celle qui estoit de l'autre costé de la ville fit loger le capitaine La Beluze, avec bon nombre d'hommes pour en attaquer le ravelin, et mit des gens au lieu où le fossé se deschargeoit, pour rompre le terrain afin d'en faire vuider l'eau. Et avant que ledict La Beluze commençast, ayant fait treve de demye heure avec les habitans de la ville, le sieur de Tavannes, faisant marcher deux soldats devant luy, alloit lui seul après, sous pretexte d'aller de l'un des cartiers à l'autre, et ainsi il la recognut.

Cela fait, et n'ayant rien obtenu de la sommation faite aux habitans, commença à faire descendre les mantelets dans le fossé, pour venir à la sape ou à la mine ; et à mesme temps La Beluze ayant gaigné moitié du ravelin qu'il attaquoit, les ennemis du dedans estoient contraints se departir en plusieurs lieux, craignans d'avoir une escalade, et n'osoient que fort peu paroistre aux fenestres des murailles, parce que les arquebuziers et mousquetaires, logez dans les couverts des maisons du grand fauxbourg, les tiroient incontinent qu'ils paroissoient : de sorte qu'un nommé Savot et deux autres des principaux y furent tuez, ce qui esbranla fort les ennemis. Ainsi, se voyant vivement attaquez en plusieurs lieux, dans cinq jours après celuy de l'arrivée des troupes, ils receurent le sieur de Tavannes ; lequel leur bailla le sieur des Barres pour gouverneur, et le sieur de Gand, capitaine de gens de pied, avec deux cents hommes payez des deniers du Roy, sans que les habitans fournissent aucune chose pour eux ; et ne leur fut enjoint autre chose que de faire le serment au Roy, et rendre l'obeïssance deuë au sieur de Tavannes, comme à son lieutenant general en la province ; lequel dès-lors ordonna qu'un homme par jour, de chacune maison des habitans, pour quelque temps eust à travailler à porter des terres aux remparts derriere les murailles de la ville, où il n'y en avoit point. Ce mesme ordre avoit esté mis aux autres villes, incertain des desseins qu'on disoit que vouloit faire le duc de Nemours pour les ennemis.

Ce doux traitement que les habitants desdites villes receurent du sieur de Tavannes, estoit pour attirer ceux de celles qui n'estoient point reduites à leur devoir ; en quoy il n'employoit pas seulement ses travaux pour en faire la reduction à l'obeissance de Sa Majesté, mais aussi son bien, plusieurs sommes de deniers qu'il prenoit à constitution de rente pour le payement des garnisons qu'il y mettoit, que pour satisfaire à l'entretenement des troupes qui l'accompagnoient à la campagne, pour la guerre qu'il faisoit aux ennemis. Ses terres qui estoient en la province luy facilitoient cet emprunt, à quoy il estoit assisté des sieurs presidents Fremiot et Vaugrenant, desquels deniers il a esté depuis en partie degagé par le Roy.

Les propositions des entreprises ne viennent pas souvent à la fin qu'on a projetté : pourtant il n'est pas séant de n'en faire point, et de demeurer les bras croisez, quelques unes en reussissant tousjours, que si elles viennent à manquer, c'est plustôt par le defaut de ceux qui n'obeissent point que de ceux qui commandent, comme se peut juger par ce qui s'ensuit.

Le sieur de Tavannes avoit fait investir de loin la ville de Dijon, capitale de Bourgongne, sans que l'on s'en apperceut, afin de s'en saisir à l'improviste, ayant fait loger le regiment du baron de Chigy au bourg de Pontailler, de quatre cens arquebuziers, quatre lieues près celuy du sieur d'Epinart, au bourg fermé d'Issurtille, aussi quatre lieues près, et avancer sa cavalerie à Sonbernon, cinq lieues de la ville de Dijon, où, laissant le baron de Lux pour y commander

31.

en son absence, s'achemina en diligence, avec vingt chevaux seulement, à la ville de Saint-Jean-de-Laone, où, ayant joint avec soy deux cens hommes de pied, et le sieur Despeuille qu'il y avoit estably gouverneur, et quelque cavalerie y estant, et fait porter des eschelles et halebardes sur des chariots, se trouva une heure et demie avant jour au village de Lonvi, demye lieue de Dijon.

A mesme heure le rendez-vous de ceux qui estoient logez esdits lieux estoit donné; la cavalerie s'y rendit à mesme temps. Le regiment du sieur d'Epinart, jeune homme peu vigilant, s'estant mis en chemin, ne s'y trouva point; celuy du baron de Chigy non plus, qui s'estoit aussi mis en chemin trop tard, pour s'estre amusé à se faire donner quatre cens escus par les habitans de Pontailler. Le sieur de Tavannes l'ayant depuis fait mettre prisonnier, les luy fit rendre. Ainsi, sans la faute de ses maistres de camp, le boulevard de ceux de ladite ville de Dijon, bas de courtine et non parachevé, se pouvoit facilement escalader, et, estant dessus, avec quelques petites eschelles gaigner la muraille; l'ordre qu'on devoit tenir estant dedans si bien ordonné, que l'execution de l'entreprise estoit infaillible.

De là ses troupes s'acheminerent à Issurtille, où une escalade tentée à la ville de Talan fut inutile. L'on prit du sel au dessous du chasteau de Saut-le-Duc, que tenoient les ennemis, dans le bourg, qui accommoda aucunement les troupes. Depuis, le duc de Nemours s'estant saisi de la ville d'Autun, le sieur de Tavannes y ayant dessein s'en estoit approché à deux lieues, vint à Dijon. Ledit sieur de Tavannes, s'estant presenté avec ses troupes à la campagne à demy quart de lieue de là, pour y attirer ledit sieur de Nemours, qui ne voulut point sortir, s'en retourna en Auxois du costé de Flavigny et Semur. Depuis, estant revenu à la ville de Saint-Jean-de-Laone, où il avoit estably gouverneur le sieur Despeuille, et n'y ayant mené que sa compagnie d'hommes d'armes, avec la garnison qui estoit dedans, il deffit le regiment de pied du sieur de Cham-Fourcaut, et depuis, à la veue de ceux de la ville d'Auxonne, la compagnie de gens de cheval du sieur de Monmoyen, gouverneur de la ville de Beaune, logée en un village proche d'Auxonne, où son lieutenant, le chevalier Simeon, et plusieurs autres, furent pris prisonniers, avec bon nombre de chevaux et butin gaigné.

Le mesme sieur de Tavannes en ce temps empescha trois cens arquebuziers, sous la charge du capitaine Conflant, qui vouloient aller en garnison à Seure, ainsi qu'ils commençoient à passer la riviere du Doux, proche le village de Longepierre, sur l'advis qu'il eut du sieur comte de Charny, que, s'il les empeschoit d'y entrer, ceux de la ville de Seure se reduiroient sous l'obeissance du Roy, et recevroient ledit sieur comte, comme ils luy avoient fait entendre : mais après ils luy manquerent de parole, car ceux qui ont desjà faussé la foy à leur Roy ne la tiennent pas volontiers aux autres.

Le reste de l'automne 1589 fut employé par ledit sieur de Tavannes à fatiguer les ennemis qui estoient en la ville de Dijon, où leur conseil d'union se tenoit, et à prendre quelques chasteaux, comme ceux de Blaisi, Gilli, Saint-Seine et Argilli, tous situez à quatre ou cinq lieuës de ladite ville, et y mettre garnison : lesquels, après avoir esté ainsi munis d'hommes, ne se pouvoient prendre qu'avec trois ou quatre canons, encores y employant du temps, pendant lequel il les pouvoit secourir. En son absence les garnisons qu'il avoit laissé à la ville de Flavigny, la plus part gens de pied des capitaines Longueval, Argolet, Ville-Franche, et les arquebuziers à cheval du capitaine Sainct-Mathieu, deffirent au village de Coion, à quatre lieuës de Dijon, la compagnie de soixante maistres du sieur de Montigny, prirent sa cornette, qui fut envoyée au Roy à Estampes.

La mesme garnison de Flavigny se saisit du chasteau de Sommese, où furent mises, par commandement du sieur de Tavannes, quelques garnisons; lequel, ayant failly à charger des troupes qui estoient sorties de la ville d'Auxerre avec deux pieces d'artillerie pour prendre une petite ville, il assiegea la ville de Chastillon sur Seine, où s'estant mis à pied, avec partie de son infanterie, des regiments de Blanchefort et Coublan, ayant laissé sa cavallerie près de là en bon ordre, se saisit de l'abbaye proche de ladicte ville, nonobstant la resistance des soldats et gens de cheval qui estoient dedans, et à mesme temps de l'eglise, sur le bord du fossé proche du chasteau que le sieur de Roche-Baron, avec le regiment de gens de pied du baron de Chantal, prit, et en chassa les soldats qui estoient dedans. Il prit aussi l'eglise des Cordeliers proche les fossez de la ville, où le capitaine La Baume se logea.

Ledict sieur de Tavannes avoit advisé, avec ceux qui sçavoient les lieux de la ville, de la forcer entre icelle et la basse ville fermée, qu'on appelle Chaumont, en forçant par la prairie un pont et la porte qui estoit foible au bout d'iceluy; mais les longueurs qu'amenerent aucuns maistres de camp de gens de pied, d'executer le commandement qu'il leur en avoit faict, rompirent ce dessein, donnant loisir au sieur de

Guionvelle de mener en la ville un secours de quatre-vingts hommes de cheval bien armez : ce qui fut cause de lever le siege, n'ayant point d'artillerie, et s'aller loger au village des Risseys, où les sieurs de Praslin et Sainct-Falle vindrent inviter le sieur de Tavannes d'aller aux fauxbourgs de la ville de Troyes, se loger avec ses troupes pour se prevaloir de quelque mutinerie qui y pourroit reussir, disoient-ils ; mais, n'y ayant aucune apparence, il n'y voulut point aller, estant bien plus important d'aller recevoir sur la frontiere, au comté de Bourgongne, au village du Fay, quatre lieuës pres de Langres, six mille Suisses qu'amenoient les sieurs de Sancy, Beauvois, La Nocle et Guitry : lesquels Suisses ne vouloient point entrer en France que ledict sieur de Tavannes ne leur menast sa cavallerie et autres forces de son gouvernement de Bourgongne qui estoient pres de luy ; comme il fit suivant le commandement qu'il en avoit du Roy ; et, avec les mesmes forces, les conduisit jusques près de la ville de Troyes, où M. le duc de Longueville les receut, et les mena avec des autres forces à Sa Majesté proche la ville de Paris, qui estoit lors assiegée.

Et depuis, ledict sieur de Tavannes accompagna de mesme le sieur de Tichechomberg, qui alloit trouver le Roy avec cinq ou six cornettes de reitres, et bon nombre de lansquenets que le sieur de Sancy avoit fait lever en Allemagne ; et ayant esté pres la ville de Chaumont pour attirer le sieur de Guionvelle, qui y avoit nombre de cavallerie, où il n'y eut qu'une escarmouche, surprit la ville de Chasteau-Vilain, prit le chasteau de Mara, et mena avec luy à Flavigny une coulevrine qu'il avoit eu de ceux de la ville de Langres.

On peut dire veritablement et sans vanterie que ce n'estoient pas petits services, mais utiles à Sa Majesté, faicts par ledict sieur de Tavannes et la noblesse de Bourgongne, de tendre la main à ces estrangers qui venoient à son secours, et en mesme temps faire la guerre dans le païs, sans autres deniers pour payer et entretenir les troupes, que ceux qui se levoient dans le mesme païs l'espée à la main, et sans estre assistez d'aucunes autres troupes envoyées par Sa Majesté ; estans souvent ledict sieur de Tavannes, et quelques particuliers avec luy, contraints d'emprunter de l'argent pour subvenir aux urgentes necessitez. Aussi n'y a-t-il poinct un plus poignant aiguillon pour exciter les hommes à employer leurs biens et leurs fortunes, et coucher, comme l'on dit, de leur reste, que l'affection qu'ils ont au bien de leur prince souverain, de leur patrie et de leur honneur, pour faire paroistre leur fidelité, et fournyr ce loüable exemple aux autres, lesquels, à leur imitation, se portent à leur devoir : et, bien qu'ils n'en soient recognus par la depravation du siecle ou l'ingratitude des princes, du moins la loüange leur en demeure eternelle.

LIVRE QUATRIESME.

Le cours de cinq mois, pendant lesquels ledict sieur de Tavannes et les gens de guerre pour le roy Henry troisiesme en Bourgongne avoient tenu la campagne, s'estans ecoulez, au premier d'aoust 1589, jour qu'on peut nommer malheureux, auquel, au milieu de trente à quarante mille hommes de guerre qui assiegeoient la ville de Paris, Sa Majesté fut traitreusement meurtrie à Sainct-Cloud d'un coup de couteau poussé de la main d'un jacobin, par l'artifice des chefs et prescheurs rebelles de la Ligue, poussé des fureurs infernalles, nos pechez contre Dieu ayant excité son courroux à permettre ce desastre ; Henry quatriesme, de la lignée de Bourbon, descendu de sainct Louys, comme le plus proche parent du deffunct, fut recogneu roy de France et de Navarre, et la prise de la ville de Paris, qui estoit infaillible sans cet accident survenu, fut sursise.

Incontinent après, le duc de Mayenne et le president Jannin, l'un de ses principaux conseillers, envoyerent le sieur de Toire, de la maison de Chamesson, avec plusieurs lettres, lors que les troupes de Bourgogne estoient ensemble à Mulison, quatre lieuës de la ville de Flavigny, aux sieurs de Tavannes, de Ragny, marquis de Nesle, Cipierre, barons de Lux, de Soucey, de Chantal, et autres chefs, pour les inciter à prendre le party dudict duc, qu'ils estimoient estre de l'Union et de l'Eglise catholique ; mais tant s'en faut qu'ils y voulussent entendre, qu'au contraire ledict sieur de Tavannes les ayant tous assemblez, leur fit prester le serment de fidelité au roy Henry IV, et les fit jurer tous de s'employer à venger la mort du Roy decedé : et fut si bien pourveu par luy, qu'aucuns qui s'en vouloient esloigner se rendirent apres des plus fermes à y satisfaire. Le parlement qui estoit à la ville de Flavigny fit le mesme serment, à l'instance du president Fremiot, qui estoit present à celuy de la noblesse. Dès lors lesdictes troupes s'acheminent avec ledict sieur de Tavannes du costé de la riviere de Saone, refusent la treve demandée par le baron du Brouillars de la part des ennemis, et faillent de bien peu à prendre la ville de Nuys, passent la riviere, et celle du Doux, prennent les villes de Verdun, Louan, repassent la riviere de Saone entre les villes de Chalon et Tornus, rebelles, se saisissent des villes de Charolles et Paret, les unes par assaut, les autres par intelligence, èsquelles fut mis garnison. Les ennemis qui vindrent en leurs mains furent passez au fil de l'espée sans remission, tant la vengeance de la mort de leur prince les avoit justement animez.

Ces choses ainsi vaillamment executées, les gens de guerre qui s'y estoient employez retournerent ès garnisons des villes et places reduites aux bailliages d'Auxois. Le conseil des rebelles estably à la ville de Dijon fit acheminer le sieur de Guionvelle, avec quelque cavalerie et pieces de campagne, qui allerent, avec ce qu'ils peurent mettre ensemble, attaquer la susdicte ville de Verdun, où le baron Viteaux, après avoir pris le party du Roy, avoit esté laissé gouverneur avec deux cens arquebuziers et sa compagnie de gens de cheval. Ils s'en saisirent en trois jours, à cause de l'absence dudict baron, qui estoit allé en sa maison, et l'esloignement des gens de guerre susdicts : les ennemis y laisserent bonne garnison. Ils y furent si promptement, qu'ils ne donnerent pas le temps de la fortifier ; mais ce gouverneur s'oublia grandement, l'abandonnant si tost, au lieu de s'y tenir et y faire travailler aux fortifications : aussi il en fut blasmé. Le comte de Crusille, qui n'avoit pas voulu se joindre avec le sieur de Tavannes, fut deffaict avec son regiment de gens de pied par le sieur de Guionvelle au bourg de Couche ; loyer à la verité digne de sa presomption.

En ce temps là messieurs du parlement de Bourgongne s'acheminerent de Flavigny à la ville de Semur, capitale du bailliage d'Auxois, qui estoit plus commode pour leur logement. Le sieur de Tavannes, comme gouverneur de la province, suivant les patentes du Roy, y tint les estats des trois ordres d'icelle, où se trouverent quantité de noblesse, plusieurs de l'Eglise et du tiers-estat ; et y fut proposé et resolu ce qui estoit necessaire pour le service de Sa Majesté et bien de la province, et pourveu à l'entretenement des garnisons et forces de la campagne. Il y excita un chacun à l'animosité qu'ils devoient avoir contre les ennemis de Sa Majesté et de la patrie. Or une partie des forces du pays s'en allerent depuis à l'armée du Roy. Le sieur de Tavannes prit avec celles qui restoient les chasteaux de l'Edauré et Julli, lesquels incommodoient la ville de Semur, assistez qu'ils estoient des garnisons des ennemis qui estoient au chasteau et bourg fermé de Viteaux. Il mit garnison au chasteau de Grignon, pour s'opposer à celles de la ville de Montbart, et empescher les courses qui se faisoient du costé de Flavigny et au chasteau de Blesi, à quatre lieues de Dijon. Après, l'hyver commença, et les compagnies se retirerent aux garnisons pour y avoir quelque repos.

Au commencement de janvier de l'année 1590, le sieur de Tavannes s'achemina, avec son train seulement, pour aller trouver le Roy à Laval en Bretagne (1), recevoir ses commandemens, et luy faire entendre le progrès au bien de son service que le travail et la diligence de ses serviteurs avoient produit en Bourgongne en huict ou neuf mois, ayant pris sept ou huict villes et plusieurs chasteaux, defaict à diverses fois des troupes ennemies : et outre ce, il luy proposa les moyens qu'il sembloit devoir estre tenus pour reduire entierement ceste province à son obeissance, soit en fatiguant les grandes villes, logeant des garnisons ès places voisines d'icelles et en attaquant quelques-unes ; aussi se fortifier avec les forces du pays de quelques estrangers pour tenir la campagne, ou troupes que le Roy envoyeroit avec artillerie sous un prince ou mareschal de France.

Pendant son absence du pays, le legat Caïetan, envoyé du Pape, s'achemina à Dijon, et l'armée de Lorraine s'approcha de luy pour favoriser son passage allant à Paris ; qui fut cause que le Roy renvoya, pour y apporter empeschement, ledict sieur de Tavannes, après luy avoir fait bon accueil, et promis assistance en ce qu'il desiroit, au plustost que la commodité s'offriroit, et l'avoir ouy particulierement en son conseil. A son retour il passa entre Orleans et Bourges, où les garnisons de cavallerie qui estoient dans ces places couroient ordinairement la campagne. En allant il avoit passé, à la suitte des victoires du Roy, ès villes de Vendosme et au Mans, qui qui avoient esté nagueres prises, bien marry à son retour d'entendre que ce legat estoit jà bien avancé en Champagne.

Le printemps venu de ladicte année 1590, les garnisons de party et d'autre alloient à la guerre sans grand fruict : une entreprise sur la ville de Montbart par ceux du party du Roy faillie, fut assemblé le conseil à Semur, en nombre de vingt hommes et plus, tant de messieurs du parlement que des chefs des gens de guerre, pour resoudre ce qui seroit à faire ; où fut advisé que, suivant l'advis que l'on en avoit eu qu'en une forte et grosse tour proche la ville de Marsigny, nommée Milamperle, qui estoit pleine de sel, y avoit garnison des rebelles de la ville de Lyon, qui le debvoient en bref conduire à ladicte ville de Lyon, que les troupes du Roy y allant le pourroient enlever pour les payer, et employer les deniers aux urgentes necessitez, et, de plus, oster ceste commoditez aux rebelles ; à quoi les chefs se disposerent, excepté les barons de Lux et de Viteaux, qui naguere avoient pris le party du Roy, ausquels le sieur de Tavannes dit que puis qu'ils ne vouloient s'acheminer à ceste entreprise, que leurs compagnies estoient au Roy, et qu'avec l'authorité qu'il avoit il les meneroit avec luy, comme il fit ; et ces barons demeurerent en leurs maisons.

Ainsi, avec deux cens maistres de gens de cheval et mille hommes de pied, il passa proche Nuys, où le marquis de Mirebeau le vint joindre avec vingt-cinq maistres de sa troupe, lequel vouloit aller faire guerre à part du costé de Langres ; mais, s'estant rapporté à ses compagnons s'il devoit estre de la partie, ledict sieur de Tavannes les persuada d'aller avec luy, et le marquis mesme s'y accorda. Il eust aussi-tost la charge de mener les coureurs, où il s'avança tellement, sans attendre les troupes, qui ne vouloient point laisser leurs bagages derriere, que le sieur de Bissy, qui estoient avec cinquante chevaux dans la ville de Beaune, l'en voyant approcher, le chargea, et luy tua deux gentilshommes de coups de lances : que si ledict sieur de Tavannes ne fust arrivé avec ce qui le suivoit pour le soustenir, la troupe dudict marquis eust esté deffaicte.

Ledict de Bissy se retira à Beaune, et les troupes arrivées proche la ville de Marcigny, la tour du sel, nommée Milamperle, flanquée de guerites et bien fossoyée, fut attaquée par le commandement du sieur de Tavannes, qui fit approcher quelques mousquetaires, à la faveur de certains chariots de foin, avec dessein de venir de là à la sape. Après quelques arquebusades tirées, trente soldats qui estoient dedans, douteux si l'artillerie venoit après, ignorans en avoir, voyant faire ces approches, se rendirent. Le mesme en fit la ville, laquelle avoit faict difficulté d'ouvrir les portes. Aussi-tost il establit au sel, pour en faire distribution selon ses ordon-

---

(1) Laval est dans le Maine, et non en Bretagne.

nances, des receveurs et controlleurs, afin d'en tenir bon compte. Les compagnies de cavalerie et regiment de gens de pied en furent payez, lesquels avoient esté long-temps sans faire monstre : plusieurs gentilshommes volontaires en eurent aussi leur part. Or, comme il y alloit une grande longueur à cette distribution, et que leur logement estoit escarté, à cause qu'en ce païs-là les paroisses sont de plusieurs villages, et en chacun quatre ou cinq maisons seulement, ledict sieur de Tavannes faisoit ordinairement battre l'estrade en deux troupes, et sollicitoit les gentilshommes voisins de luy donner advis des ennemis, afin qu'il ne fut surpris à l'improviste.

Ayant eu nouvelles qu'ils venoient à luy, au nombre de trois cens chevaux, sous la charge du sieur de La Varenne, gouverneur de la ville de la ville de Mascon, il donna rendez-vous proche de Marcigny à toutes les troupes ; et, après en avoir faict la reveuë, à laquelle le sieur de Cipierre, qui avoit desjà sa compagnie d'ordonnance sur le lieu, arriva avec vingt maistres, venant du bailliage d'Auxois, qui luy dit que sur le bruit que les ennemis venoient à luy il l'estoit venu trouver, ledict sieur de Tavannes leur ordonna de se trouver une heure avant le jour au lieu de ceste reveuë, ayant sceu que les ennemis n'estoient plus qu'à six lieues de là : à quoy fut satisfaict, iceux ennemis n'estant plus qu'à quatre lieues, comme avoit esté rapporté le matin.

Ledict sieur de Tavannes s'achemina au devant d'eux, ayant laissé ses gens de pied à Marcigny, avec l'ordre suivant : le marquis de Mirebeau avec sa troupe de cavalerie menoit les coureurs, une compagnie d'arquebuziers à cheval à sa droite ; après, pour le sousteneur, le sieur de Cipierre avec sa compagnie de cavalerie et une d'arquebuziers à cheval ; le sieur de Tavannes suivant, menoit le gros des troupes. Comme ils eurent faict deux lieues, les paysans les advertirent que les ennemis se retiroient devant eux à demye lieue : ce qui les fit avancer, partie au pas, partie au trot, sans rompre leurs ordres. Enfin sur l'entrée de la nuict, ayant faict six lieues, ils arriverent à Lespinace, où les ennemis, pour la pluspart, estoient logez, et n'avoient encore posé aucune sentinelle. Lors le sieur de Tavannes ordonna au sieur marquis de Mirebeau de charger dans le village, et fit mettre les arquebuziers à cheval pied à terre, et le feu dans une maison pour donner clarté, et qu'il demeureroit avec le reste de la cavalerie aux advenues du village, attendant les ennemis qui monteroient à cheval. Ledict sieur marquis s'en acquitta bien. Là furent pris plusieurs prisonniers et butin, et quelques-uns demeurerent sur la place, mesmement de ceux qui sortirent à cheval du village, et trouverent la cavalerie en teste.

Ledict sieur de Tavannes vouloit encore aller charger la compagnie de cavalerie du sieur de Bissy, logée à une petite lieue de là; mais les capitaines qui estoient avec luy n'en furent pas d'advis, se contentant de cet effet, après lequel il se retira la nuict avec eux audict Marcigny, ayant faict quatorze lieues, où ils employerent le reste du temps necessaire pour la distribution du sel. De là ils s'acheminerent du costé du bailliage d'Auxois, où tost après fut resolu que les forces de Champagne, conduites par le sieur de Tinteville, qui en estoit gouverneur pour le Roy, et celles de Bourgongne par le sieur de Tavannes, gouverneur audict païs pour Sa Majesté, se joindroient ensemble, accompagnez de quatre cornettes de reitres du sieur Dammartin, et quelques lansquenets qu'ils avoient esté recevoir sur la frontiere, afin d'assaillir quelques places au bailliage d'Auxois, qui incommodoient le party de Sa Majesté ; et ce avec deux canons et une coulevrine qu'ils avoient tiré de la ville de Langres : et furent pris les chasteaux de Duesme et Tisi, proche celuy de Monreal, après quelques canonnades tirées. Ce Monreal avoit esté peu auparavant surpris sur les ennemis par l'intelligence de madame de Ragny.

La ville et chasteau de Montbart furent aussi attaquez, les fauxbourgs, fermez de muraille et de tours, furent pris, la ville battue, et un faux assaut donné pour recognoistre la bresche et travail qu'on avoit faict au dedans d'une tour rompue de l'artillerie. Les lansquenets devoient pendant iceluy faire bresche, avec des pionniers, à la sape, à une muraille où il n'y avoit aucun terrain, où ledict sieur de Tavannes les avoit menez : à quoy ils manquerent, s'excusant que les capitaines de gens de pied du regiment de Champagne, qu'il leur avoit donné pour marcher à leur teste, les avoient abandonnez. Dans ladicte tour fut tué le capitaine Bandeville, gentilhomme de Champagne, qui combattoit avec les ennemis, et sans estre suivy de ses soldats. Le sieur de Beaujeu, valeureux gentilhomme, qui avoit esté enseigne de la compagnie de l'admiral de Chastillon, fut aussi porté mort d'une arquebuzade aux approches du pont de la ville, lors que l'on dressoit sur iceluy des barricades en biaysant pour approcher la porte. On fut contrainct d'attendre des poudres, que le sieur de La Ferté Imbaut faisoit venir du chasteau de Grancey. Cet effort commencé, et les gardes posées la nuict, tant de cavalerie que d'infanterie, pour eviter les surprises des ennemis, pendant ce temps le sieur de Tinteville ayant eu commandement du Roy de laisser là toutes occasions, et mener les reistres et lansquenets avec les forces de Champagne, pour estre à la bataille d'Ivry, il s'y voulut acheminer, et neantmoins y arriva trop tard, et ramena les canons à Langres : cela fit lever ce siege.

Le sieur de Tavannes ramena la coulevrine à Flavigny, et les compagnies aux garnisons; partie desquelles [de celles de gens de cheval allerent à l'armée du Roy : ce qui donna sujet au sieur de Senessey, chef des rebelles, de battre et prendre le chasteau d'Argili à trois lieues de Dijon, en trois jours. Ce temps si bref empescha le sieur de Tavannes de le pouvoir secourir, quoy qu'il se fut mis en chemin à cet effect avec sa compagnie de cavalerie et celle du marquis de Mirebeau. De là le mesme sieur de Senessey alla du costé de Lyon avec quelques forces vers le sieur de Sainct-Serlin, frere du duc de Nemours, où à une escarmouche fut pris le colonel Alfonse, depuis mareschal d'Ornano, que ledict sieur de Senessey emmena à la ville d'Auxonne, où il estoit gouverneur, au desceu du sieur de Sainct-Serlin. La rançon de ce prisonnier fut de vingt mille escus, payé des deniers dont les sieurs de Tavannes, Chevigny et president Fremiot s'obligerent pour luy. Il fut ainsi mis en liberté.

En la suitte de ce fascheux evenement en vint un autre. D'un mauvais accident le recit en est triste et douloureux : dans ce travail, les hommes genereux se laissent souvent porter à des desseins temeraires. L'ambition les aveuglant leur oste la bonne conduite qui se doit observer aux entreprises hazardeuses; la promptitude par laquelle ils s'y precipitent affoiblit leur jugement; comme il advint au sieur Despeuille, gouverneur de la ville de Sainct-Jean de Laosne, lequel, ayant fait des intelligences avec quelques soldats de la ville de Seurre, qui estoit rebelle, ne considera pas beaucoup combien telles entreprises doubles sont subjectes à faillir : aussi comme il s'y estoit porté, il tomba mort d'une arquebuzade sur le pont de ladicte ville de Seurre, assez proche de la porte, où estoient les soldats de dedans qui faisoient semblant de se battre, et tirer l'un contre l'autre pour le faire avancer. Il fut après remporté par les siens, qui se retirerent voyant ce malheur.

Certes, cette promptitude ne doit point empescher que la valeur de ce gentilhomme en plusieurs lieux ne soit à jamais recommandable. Le sieur de Tavannes, en ayant eu advis à Flavigny, distant de Sainct-Jean de Laosne de dix-sept lieues, s'y acheminna en un jour pour y mettre l'ordre necessaire. Il y arriva si à propos, que les ennemis assembloient desjà des forces pour l'aller attaquer, lesquels par ce moyen en furent divertis. Son arrivée y servit, à deux mois de là, à reduire la ville de Verdun sur la Saosne, ensemble le sieur de Bissi, qui en estoit gouverneur; en l'obeyssance du Roy, par les negociations qu'il fit avec luy, comme aussi les chasteaux de Chaussin, La Perriere et Les Maillis. Il deffit partie de la garnison de la cavallerie et infanterie de Dijon, conduite par le sieur de Pradine, qui vouloient faire escorte à quelques marchandises qu'on menoit dans la ville.

Il fit aussi une entreprise sur le chasteau d'Auxonne, par le moyen d'un homme d'armes de sa compagnie d'ordonnance, nommé le sieur de Rougemont, et un autre qui en estoit, lesquels avoient intelligence avec un caporal de la garnison dudict chasteau, auquel on bailla quelque argent, et des promesses d'en avoir bien davantage s'il y servoit bien le Roy. Il avoit promis de faire descendre sa femme par une eschelle de corde au bas d'une tour dudict chasteau pour servir d'ostage; mais un de ceux qui estoient employez à ce dessein par le sieur de Tavannes voulut incontinent monter à l'eschelle. Comme il fut au dessus, le sieur de Senessey, qui les y attendoit avec sa garnison, craignant, s'il y entroient, que d'autres le pourroient suivre, dit qu'il ne hazardoit pas ainsi son estat, et fit couper l'eschelle de corde, dont celuy qui estoit monté, nommé le capitaine Valot, tomba tout armé du haut en bas, et en fut malade six mois. Les flancs des autres trous tiroient cependant dans les fossez; neantmoins il y en eut peu de blessez des nostres.

Environ ce temps les ennemis rebelles s'estant mis en campagne et pris quelques chasteaux, le conseil assemblé à Semur d'aucuns de messieurs du parlement, des capitaines et principaux gentilshommes de la province, à sçavoir, des sieurs de Ragny, Cipierre, les marquis de Mirebeau, de Nesle, baron de Soucey, et autres qui estoient lors près le sieur de Tavannes, les barons de Lux et de Viteaux s'estant remis au party contraire à Sa Majesté, ce conseil, dis-je, advisa de s'assembler pour charger ces troupes ennemies, et reprendre les places qu'ils tenoient entre la ville de Flavigny et celle de Langres, qui empeschoient les intelligences qui estoient pour le service de Sa Majesté entre les provinces de Champagne et de Bourgongne; et à cet effet, pendant que les troupes se rendoient à un rendez-vous donné, le sieur de Tavannes envoya des espions recognoistre les ennemis. Ils rapporterent qu'ils assiegeoient le chasteau de Trichasteau, où incontinent il s'achemina avec ses troupes, après avoir pris en chemin leurs espions. Il trouva le sieur de Franceche, capitaine du chasteau de Dijon, avec quelques gens de cheval qui investissoient le chasteau du Fossé, ayant laissé audit Trichasteau le sieur de Senessey avec les troupes ennemies qui avoient pris le chasteau, lequel se retira dudit fossé, et, se voyant pressé des coureurs, s'en alla à Trichasteau, où leur infanterie ayant fait de bonnes barricades les conserva. Celles dudit sieur de Tavannes n'estoient pas encores armées; aussi c'estoit sur l'entrée de la nuict : ce qui fut cause que ledit sieur de Tavannes, avec ceux qui l'assistoient, s'alla loger demye lieue de là au bourg d'Issurtille.

Le sieur de Senessey et les siens ayant pris l'espouvante, se retirerent toute la nuit à Dijon avec un canon qu'ils avoient, laissant la campagne libre audict sieur de Tavannes, lequel incontinent alla assieger le chasteau de Trichasteau. Il le fit sommer par un trompette, auquel celuy qui commandoit dedans, nommé le capitaine La Verdure, pour response fit tirer deux arquebuzades. Aussi-tost le sieur de Tavannes fit mettre en batterie deux pieces portans boulet de la grosseur du poing, qui avoient esté empruntées du chasteau de Grancey, pour abbattre des garites qui flanquoient la courtine : ce qu'estant faict, fut envoyé à icelle un capitaine de gens de pied avec ses soldats et quelques paysans à la sape. Nous avions logé des mousquetaires sur la contrescarpe pour tirer ceux qui paroissoient au dessus de la courtine, laquelle se trouvant espoisse de six ou sept pieds, il fallut du temps pour y faire breche ; neantmoins l'ouverture estant de cinq ou six pieds de largeur, comme l'on estoit prest à y entrer, ce La Verdure se rendit avec la place à discretion, lequel meritant la corde fut aussitost pendu. Le sieur baron d'Aix, depuis comte d'Escars, fut mis dans ladicte place, de laquelle il estoit seigneur.

Deux rebelles qui commandoient au chasteau de Saline qui n'estoit point tenable, ayant laissé tirer les pieces, furent aussi pendus. Ils avoient esté ravis au prevost par les soldats d'un regiment de gens de pied qui commençoit à marcher hors du logis ; mais le sieur de Tavannes l'ayant fait mettre en ordre, les criminels furent recognus dans les rangs, ayant chacun une picque, et incontinent furent executez. Après cela les chasteaux de Meix, de Mignot et Gratedos furent pris. Ce dernier est situé à quatre lieues de Langres, où il y avoit trente arquebuziers à cheval sous la charge d'un gentilhomme nommé du Mets, qui couroit tout le païs, et tenoit prisonnier le seigneur et la dame du lieu, lesquels furent delivrez sans payer rançon. Deux compagnies d'Albanois en estans proches lors que l'on vouloit charger, se retirerent de bonne heure.

[1591] Ces expeditions achevées, l'hyver estoit desjà fort rude ; et les gardes qu'il falloit faire la nuict, où d'ordinaire y avoit deux ou trois compagnies de cavallerie, ayant fatigué les troupes, elles se retirerent aux garnisons jusques au mois de may, que le sieur de Guitry qui estoit à Langres, se voulant acheminer avec quelques gens de guerre qu'il conduisoit à Geneve contre le duc de Savoye ; où il deffit les troupes de Senas, fut prié par le sieur de Tavannes, en y allant, de luy accorder un sejour de trois jours proche la ville de Sainct-Jean de Laosne, pendant lesquels, avec la garnison qu'il y avoit, il pourroit prendre les chasteaux de Rouvre et Bonencontre sur les advenues de Dijon, Beaune et Seurre : ce qu'il luy accorda. Ces lieux furent assiegez avec deux pieces moyennes et un canon que mena le sieur de Tavannes, où ayant pris les basses cours desdicts chasteaux et place, ceux qui estoient dedans se rendirent. Il mit bonne garnison dans celuy de Bonencontre, qui estoit d'importance pour estre basty tout de brique, avec quatre grands pavillons à machecoulis, les murailles de mesme, espaisses de sept ou huict pieds, avec de grands pilliers de pierre du haut en bas, et situé sur la riviere de Saone, qui fut depuis fortifié par ledict sieur de Tavannes de quatre boulevars et doubles fossez, estant proche les villes de Seurre et Nuys que les ennemis tenoient : aussi cette place luy appartenoit.

Les troupes retirées à leurs garnisons, les rebelles de la Ligue qui estoient sous la charge du baron de Senessey, lieutenant du duc de Mayenne en Bourgongne, attaquerent, sous la conduitte du sieur de Guionvelle, qui avoit amené des troupes de Champagne, avec deux coulevrines sorties de Dijon, le chasteau de Mirebeau, qu'ils prindrent en deux jours sans faire batterie, parce que le sieur de Brion, qui en estoit seigneur, voulant secrettement en sortir, fut pris par le capitaine La Gauche, et mené prisonnier par le sieur de Guionvelle en la ville de Chaumont en Bassigny, dont il estoit gouverneur, où il paya rançon. Le sieur de Tavannes n'eut pas le loisir, en si peu de temps, d'assembler les troupes pour le secourir.

Peu avant, le marquis de Mirebeau son fils, et le baron d'Aix, allans avec leurs compagnies du costé de Bassigny et Langres sans commandement, furent pris et menez prisonniers en Lorraine par les troupes de Lorraine, conduictes par le sieur de Mesley. Le chasteau de Gilly, à trois lieues de la ville de Dijon, sur le chemin de celle de Beaune, ayant esté pris par ledict sieur de Tavannes, fut depuis repris par le duc de Nemours allant à Lyon, qui l'assiegea lors que ledict sieur de Tavannes estoit allé avec les forces de Bourgongne vers le mareschal d'Aumont, du costé de Chasteau-Chinon, proche le Nivernois, pour s'employer avec icelles près de luy à faire la guerre au duché de Bourgongne, suivant le commandement qu'il en avoit du Roy.

Alors ceste ville de Chasteau-Chinon fut reduite : c'est toute la conqueste que ledict mareschal fit audict païs, avec le chasteau de La Motte, qu'il fit battre de quatre pieces d'artillerie, quoy que le sieur du lieu le luy vouloit rendre : il y vouloit entrer par une breche, et l'avoir à discretion ; ce qui luy fut aisé, car ceux de dedans ne faisoient aucune deffense, et nonobstant cela il fit pendre une partie des soldats qui estoient dedans. Ledict duc de Nemours fit aussi pendre le capitaine Joannes, qui commandoit pour les rebelles à la ville de Nuys, pour avoir conferé avec le sieur de Tavannes au milieu d'une campagne seul à seul, entre la ville de Sainct Jean de Laosne et le chasteau de Solon.

Le mareschal d'Aumont s'estant acheminé plus avant dans le duché de Bourgongne, proche des villes de Flavigny, Semur et Saulieu, reduites avant son arrivée à l'obeïssance du Roy; et où il y avoit de bonnes garnisons establies, il mit en deliberation quel dessein il devoit premierement tenter avec deux ou trois canons qu'il avoit eu du duc de Nevers, deux que le sieur de Tavannes avoit fait faire à Sainct Jean de Laosne, et une coulevrine qui estoit à Flavigny, que ceux de Langres avoit prestée audict sieur de Tavannes ; lesquelles pieces il luy amena, car il n'avoit aux exploits qui se presentoient autres forces que celles de la province, une compagnie de cavallerie du sieur de Chanlivaut, celle du vidame de Chartres, qu'il avoit amenée, et celle du sieur de Guitry, gentilhomme de valeur et de conduite, le regiment de gens de pied du sieur de Milleron Briquemaut, et trois ou quatre compagnies de Suisses, qui peu de temps après arriverent.

L'advis du sieur de Tavannes et des principaux de ladicte province, et du sieur de Guitry, estoit que la ville d'Autun, grande et peu forte, n'estant point la pluspart des murailles remparées de terrain, et flanquées seulement de tours, devoit estre attaquée et prise avant que battre le chasteau nommé Renaut, lequel après pourroit venir plus facilement à composition. Il mesprisa tous ces advis ; et, suivant le sien seul, avec celuy d'un homme de robbe longue nommé Lubert, nullement usité au fait des armes, il se resolut de faire une mine sous un terrain de ladicte ville, nommé la Jambe de bois, laquelle ne reüssit point. Après il fit battre le chasteau, dont il en arriva de mesme, ainsi que l'on pourra voir par le discours suivant. Le sieur de Guitry disoit aussi souvent du mareschal d'Aumont qu'il se conseilloit en latin, et seroit battu en françois. Les raisons proposées par les susdicts, pour lesquelles l'on devoit assieger ceste grande ville, estoient la foiblesse du lieu, le peu d'hommes employé à la garde d'icelle, n'estant en tout que deux regimens de gens de pied commandez par le sieur de Ratilly de Charolois et de La Castilliere, avec les habitans ; la commodité des deniers, à cause des grandes decimes qui s'y levent, comme y estant estably une evesché, qu'on en tireroit l'utilité pour sa situation et sa conjonction des forces de Bourbonnois et Nivernois avec celles de Bourgongne : et fortifiant le bourg de René le Duc, toutes lesdictes villes d'Auxois seront jointes avec celle d'Autun, ensemble le chasteau de Montcenis, forte place, et celuy de Bourbon avec la ville ; ceste estenduë estant depuis l'Auxerrois jusques à la riviere de Loyre, du costé de Moulins.

Au mois de juin doncques de l'année 1591, l'on commença à faire les approches de celle d'Autun, où une partie du fauxbourg du costé du chasteau, fut bruslée ; en l'autre le regiment de Milleron Briquemaut s'y logea, et là auprès depuis logerent les Suisses, et ès deux portes de ladicte ville quelques gens de pied. Aussi fut mis deux compagnies d'infanterie en garde du long d'une grande muraille qui faisoit autrefois le circuit de la ville, où l'on estoit à couvert jusques sur le bord du fossé, qui n'estoit en cet endroit large qu'environ vingt-cinq pieds, dans lequel y avoit un terrain qui faisoit courtine et flanc à la ville, nommé la Jambe de bois ; auquel, par le moyen d'une galerie de bois dans le fossé, l'on faisoit une mine. Outre cela on avoit dressé en un lieu haut derriere la muraille une gabionnade, où estoient logez quelques mousquetaires, pour incommoder ceux qui paroistroient sur ce terrain, principalement lorsque la mine auroit joué, et que l'assaut se donneroit en ceste part là ; auquel temps le sieur de Guitry devoit faire tirer quelques pieces moyennes près d'une pyramide, placées de là le vallon commandant audict terrain.

Ces premieres attaques commencées, le sieur

de Tavannes, suivant l'advis du conseil, s'achemina à Alerey, proche la ville de Verdun sur la Saone, avec sa compagnie de gensdarmes, et partie de celle du sieur de Soucey, jusques au nombre de six vingts maistres, pour amener quatre compagnies de Suisses, et des poudres qui estoient à Verdun, trois lieuës de la ville de Chalon, où estoit la cavallerie ennemie, commandée par les barons de Lux et de Tiange. Il ne fut plustot à Alerey et mis pied à terre, qu'il sceut par ceux qu'il avoit envoyé battre l'estrade que les ennemis venoient à luy : ce qui le fit incontinent remonter à cheval pour les aller recevoir. Les premiers qu'il trouva furent quarante chevaux coureurs des ennemis, qui furent si vivement chargez de vingt des siens, sousteuus de sa troupe, qu'après un leger combat ils furent deffaicts, et vingt gentilshommes des leurs faits prisonniers. Les troupes des ennemis estoient demeurées à un quart de lieuë de là ; ce qui leur donna loisir de se retirer à Chalon, après avoir esté suivis en ordre, partie au trot, partie au galop, près de deux lieuës. Le sieur de Bissi, gouverneur de Verdun, qui avoit passé l'eau seul, s'y trouva, auquel le sieur de Tavannes presta un coursier : les sieurs de Rubigny et Conforgien, qui estoient venus de Verdun, y furent aussi.

Pendant cet exploit les Suisses passerent la riviere, et arrivez qu'ils furent à Alerey, en sortirent un quart de lieuë hors au devant du sieur de Tavannes pour le favoriser : il les trouva bien ordonnez, et en bonne volonté de bien faire. Le lendemain il les mena à Autun, où il ne fut pas sitost arrivé qu'il retourna à la ville de Sainct Jean de Laosne, pour mener les deux canons qu'il y avoit fait fondre au mesme Autun. Il les y conduict seurement, les ayant fait charger sur des chariots, et leurs affuts et balles, pour aller plus diligemment. Aussitost qu'il fut arrivé, le mareschal d'Aumont s'achemina à Moulinot, une de ses maisons, pour conferer avec le sieur de Senessey, lieutenant au païs pour le duc de Mayenne, et quelques autres chefs rebelles de la Ligue, pour les attirer au party du Roy ; et en son absence luy donna charge de faire joüer la mine, et y aller à l'assaut ; ce qui fut fait. Le regiment d'infanterie d'Escarousel y alla le premier avec peu d'effort : en estant retourné, un autre fut commandé d'y aller, dont partie estoient arrivez sur le haut du terrain. Ceux qui le deffendoient commençoient à fuyr dans la ville, sans le desordre qu'apportoient parmy les gens de pied aucuns gentilshommes de qualité volontaires, qui se retirerent incontinent, et lesquels ledict sieur de Tavannes ne peut dissuader d'y aller. Le mareschal, de retour, ne voulut point faire batterie contre la ville de cinq canons et deux coulevrines qu'il avoit, suivant les meilleurs advis des chefs : ce qui eust apporté un grand advantage à son dessein. Il les employa à battre le chasteau, et les logea en un lieu si bas, que la plus grande partie des coups donnoient à la contrescarpe. Les deux coulevrines furent mises sur un haut, où le sieur de Tavannes eut charge de les placer, pour donner à un flanc qui deffendoit la breche ; mais, sans attendre qu'il fut levé, le mesme jour le sieur d'Aumont voulut qu'on allast à l'assaut : ce que voyant, le sieur de Tavannes fit mettre pied à terre à trente de sa compagnie de gensdarmes [le sieur de Soussey estoit près de luy], et avec iceux alla trouver le mareschal pour recevoir ordre de luy en quel rang il devoit aller à l'assaut ; mais luy, voyant que le regiment de Milleron Briquemaut n'y avoit peu subsister, que le mesme Milleron y estoit demeuré mort, ne voulut point que le sieur de Bissi et ses deux fils, qu'il avoit ordonné avec quelques gens de pied pour soustenir le susdict regiment, ny le sieur de Tavannes y allassent. Il s'y tira sept ou huict cens canonnades. Deux jours après, le sieur mareschal d'Aumont leva le siege, pendant lequel furent faites quelques sorties, et une enseigne de gens de pied emportée en la ville. Le sieur du Val, nonobstant les gardes de gens de cheval et de pied, y entra la nuict, et y mena six vingts hommes : un si grand circuit estoit bien difficile à garder.

Mais le partement dudict sieur mareschal de devant ceste place fut, à ce qu'il disoit, pour aller charger trois cens chevaux conduits par le marquis de La Chambre, qui estoient passez près la ville de Beaune, sept lieues de là, pour aller trouver l'armée du duc de Mayenne : et neantmoins il s'achemina avec les troupes à la ville de Semur en l'Auxois, qui estoit un chemin bien esloigné de son dire : duquel lieu ledit sieur de Tavannes, avec sa permission, s'en retourna à la ville de Sainct Jean de Laosne, où, par intelligence, il pratiqua, moyennant la somme de six mille escus qu'il emprunta pour bailler au capitaine Bailly, gouverneur du chasteau de Vergy, la reddition de ceste place, une des plus fortes de tout le païs, assise sur un rocher. Il fut auparavant conferer de nuict avec luy, avec deux hommes de cheval seulement proche d'icelle. En estant après le maistre il y mit bonne garnison, laquelle incommoda grandement les ennemis du Roy, car ceste place estoit située sur l'advenue de Dijon à Beaune, et autres villes au chemin de Lyon. En icelle furent menez depuis prisonniers les sieurs de Claveson et Barbisi (1), president au parlement de Dijon, pris avec les instructions du duc de Mayenne pour le duc de Nemours, concernant la ville de Seurre et autres affaires importantes. Ils payerent trois mille escus de rançon. Douze gensdarmes de la compagnie du sieur de Tavannes les osterent au capitaine Nicolas, gouverneur de la ville de Nuys, qui avoit vingt-cinq chevaux avec luy, et desjà estoit arrivé près des portes de ladite ville, où il les conduisoit.

Le mareschal d'Aumont, pendant le siege d'Autun, contre l'advis des sieurs de Tavannes et de Guitry, fit une entreprise sur la citadelle de Chalon, que le sieur de Lartusie, qui en estoit gouverneur, luy avoit promis de mettre en main moyennant dix mille escus que luy devoit donner le conseiller Millet, qui, à cet effet, s'y rendit prisonnier. On envoya après luy vingt hommes d'armes de la compagnie du sieur de Cipierre, et le mareschal des logis Berge, pour y entrer par une poterne descendant dans le fossé. Ce Lartusie les y fit entrer à la verité; mais, au lieu de leur livrer la place, il les prit prisonniers, les mit à rançon, et fit tirer quantité de mousquetades et coups de pieces aux gens de pied qui les suivoient, n'oubliant pas pour tout cela de se faire payer la somme de dix mille escus audict Millet.

Ce mesme Lartusie avoit voulu, auparavant la venuë du mareschal en Bourgongne, user du mesme stratageme envers le sieur de Tavannes, qui s'en sceut bien guarantir; et, pour cet effet, le conseil ayant esté assemblé à Sainct Jean de Laosne, fut envoyé, avec passeport de Lartusie, le sieur de Longueval en ladicte citadelle, auquel ledict Lartusie dit que si les presidents Fremiot et de Crespy vouloient, avec ses lettres de sauf-conduit, entrer par la mesme poterne, desguisez en habits de paysans, qu'il traicteroit, et après mettroit la citadelle et la ville au pouvoir du sieur de Tavannes, l'y recevant avec ses forces ; qu'il avoit tousjours conservé l'affection au service du Roy, comme son subject en Bearn. La legation du sieur de Longueval entendue à son retour, le sieur president Fremiot dit que tant s'en faut qu'il voulut entrer en habit de paysan par la poterne à la citadelle de Chalon, qu'il n'y voudroit pas entrer en habit d'evesque. De là on peut remarquer la diversité des bons ou mauvais jugemens des hommes aux occurrences qui s'offrent : et des evenemens qui s'en ensuivent, les uns sont utiles et loüables, et les autres blasmables et dommageables. Ces dix mil escus eussent esté mieux employez en la guerre qui se faisoit pour le service de Sa Majesté et bien du païs, que d'avoir esté la proie des ruses et tromperies de ce Bearnois.

Le sieur mareschal fit depuis une entreprise sur la ville d'Avalon, où un petard rompit la porte. Le sieur de La Ferté Imbaut, qui conduisoit la troupe, entra environ vingt pas dans la ville et y fut tué, ce qui fit retirer ceux qui le suivoient sans aucun effet. Le mesme mareschal d'Aumont ayant eu la volonté, à sa venuë au païs, d'oster le sieur de Cherisi, gouverneur de la ville de Flavigny, de sa charge, pour y en mettre un autre à sa devotion, l'effet luy en fut empesché par l'instance d'aucuns des conseillers du parlement.

Ce changement empesché, celuy de Sainct Jean de Laosne luy reussit ; il en osta le sieur de Tavannes qui en avoit le gouvernement particulier, outre sa charge de lieutenant de Roy, et y mit gouverneur le sieur de Vaugrenant, autrement nommé Baillet, qui avoit esté president aux requestes à Dijon, et qui estoit à sa devotion. Pour le faire plus aisement, il alla entre Dijon et ladite ville, où le sieur de Tavannes le vint trouver avec sa compagnie de gensdarmes et deux cornettes de reitres qu'il avoit esté recevoir sur la frontiere, conduictes par le sieur de Chombert (2), et le receut en la ville de Sainct Jean de Laosne. Quand ledit sieur d'Aumont y fut entré, il envoya la pluspart de ladite compagnie de gensdarmes et de la garnison de la ville du costé de la Bresse, pour des desseins qu'il y avoit, alla disner au logis du sieur de Tavannes, et la nuict du mesme jour fit entrer un regiment de gens de pied en ladite ville : et le matin après, lors qu'il sceut que ledit sieur de Tavannes avoit passé la riviere de Saone pour aller mettre quelque ordre au fort de Laosne, luy fit à son retour fermer les portes, et establit le sieur de Vaugrenant en sa place : ce qui fut cause qu'il s'achemina diligemment au chasteau de Vergy, où le mesme mareschal avoit desjà envoyé un gentilhomme pour capituler avec celuy qui y commandoit, qui estoit le sieur de Vesure, lieutenant dudit sieur de Tavannes en ladite place. Celuy-là le trouva du tout eslongné de ceste persuasion.

L'ambition des chefs qui commandent dans une province, doit estre bornée au bien du souverain, et non à celuy du particulier, qui ne peut estre appelé bien lorsqu'ils manquent à leur devoir, et, par l'authorité de leurs charges, font des changemens qui ne tendent qu'à leur profit; car il a semblé à plusieurs qu'alors l'Estat

---

(1) Berbisey.

(1) Gaspard de Schomberg.

de France se diviseroit, et qu'ils en auroient une piece. La vanité de leurs pensées ne considereroit pas que Dieu, qui l'avoit maintenu entier plus d'onze cens ans contre les divisions, guerres civiles et autres troubles faicts par les estrangers, le pourroit conserver encore long-temps, et que des mauvais desseins n'en vient que de la honte à ceux qui les font, et ravissent injustement à autruy ce qui luy appartient.

Ledit sieur de Tavannes, sur ces occurrences, escrivit depuis au Roy, dont le subject sera cy-après mentionné. Les trois compagnies de gens de pied de la garnison de Sainct-Jean de Laosne, s'estant allé rendre audit Vergy, il les y mit en garnison avec celle qui y estoit desjà, et aussi sa compagnie de gensdarmes. Ledit sieur mareschal l'ayant depuis envoyé prier d'aller avec luy pour le service du Roy en Bresse, après qu'il eut pris la petite ville de Louan, que le sieur de Champfourcaut qui y commandoit luy rendit sous son asseurance, alla parler à luy : ce qui fut sa perte, car le mareschal luy fit trancher la teste. Ledit sieur de Tavannes y alla doncques avec sa compagnie de gens-darmes et les trois de gens de pied, tant pour le service du Roy que pour tascher à raccommoder ce qu'indiscrettement ledit sieur mareschal avoit fait à Sainct Jean de Laosne : et ayant esté avec luy jusques auprès de Bourg en Bresse, où le marquis de Treffort avoit des forces, et de la par son commandement à la guerre du costé des villes de Mascon et Pont de Vaux, avec une compagnie de reistres qu'il luy ordonna, et la sienne susnommée, où il prit quelques prisonniers; alors ledit sieur mareschal s'en retourna du costé de la Bourgongne, et, en passant proche la ville de Chalon, ordonna dix hommes d'armes de chacune compagnie de cavallerie sous sa cornette blanche portée par le sieur de La Serrée, pour se presenter auprès, afin d'attirer la compagnie de gensdarmes du duc de Mayenne qui estoit dedans pour venir à un combat, et en donna la conduicte audit sieur de Tavannes; car pour luy il ne se voulut point trouver en ceste occasion.

Le sieur de Tavannes donna la premiere troupe à mener au sieur de Cipierre, et mena luy-mesme la seconde pour le soustenir, ayant faict marcher quelques coureurs devant : lesquels s'estans meslez avec ceux de ladicte compagnie du duc de Mayenne, qui estoit sortie sur eux, le sieur du Val, qui en estoit mareschal des logis, fut blessé d'un coup de pistolet au bras, et quelques prisonniers pris. Sans le temporisement dudict sieur de Cipierre avec ladicte premiere troupe, que ledict sieur de Tavannes eut peine de faire avancer, ceste compagnie du duc de Mayenne, que conduisoit le sieur de Thiange, eust esté deffaicte, s'estant trop avancée sans avoir mené des gens de pied pour la favoriser. Le lendemain le sieur de Tavannes, qui avoit faict parler, par le comte de Chombert et le vidame de Chartres, au mareschal d'Aumont, pour raccommoder ce qu'il avoit faict à Sainct-Jean de Laosne, voyant qu'il n'y estoit point disposé, s'en alla à Vergy sans luy dire adieu, avec sa compagnie de gensdarmes et les trois de gens de pied qu'il avoit emmené de là.

[1592] Le mareschal d'Aumont alla à Flavigny faire, avec un conseil qu'il tint, quelques ordonnances, qui ne durerent qu'autant qu'il fut dans le païs, son pouvoir ne s'estendant pas davantage. Ce faict, il se mit en chemin vers la ville de Sainct-Poursin en Bourbonnois, qu'il attaqua et ne la prit point, laissant des divisions dans la Bourgongne, sans y avoir apporté rien d'utile au service du Roy, après avoir pris les deniers empruntez en Suisse pour estre employez pour le service de Sa Majesté en Bourgongne, et les avoir employez à dresser sa compagnie de gensdarmes. Aussi, quand il fut trouver le Roy, Sa Majesté luy dit qu'il feroit mieux près de luy qu'en Bourgongne; mais la lettre que le sieur de Tavannes escrivit au Roy des deportemens du mareschal d'Aumont en Bourgongne est de telle teneur.

« Sire, il m'a semblé, pour le deu de ma charge, estre necessaire vous donner advis de ce qui se passe par deçà, afin qu'il vous plaise y pourvoir. L'armée du marquis du Pont a sejourné un mois depuis la prise de Coiffy et Montigny en Champagne, sans pouvoir attenter à aucun dessein sur la ville de Langres, où, à l'instance de M. de Tinteville et des habitans d'icelle, j'ay envoyé quatre-vingts chevaux, et à Chasteau-Vilain bon nombre de gens de pied, ces places s'estant trouvées munies de forces pour s'y opposer.

» J'ay aussi, par plusieurs despesches, mandé à M. le duc de Nevers que si les forces de Champagne et de ce païs estoient jointes pres de luy, nous pourrions executer quelque effet sur ladicte armée; j'en attends sa resolution. Si mon frere, le vicomte de Tavannes, y vient à la guerre, comme il en est le bruit, je la luy feray si ferme que mes mal-veillans n'auront point subject de me blasmer. Les partialitez forgées en cedict païs au profit particulier d'aucuns, font tellement demeurer en arriere ce qui est du service de Vostre Majesté, que, cessant la guerre aux ennemis, elle se faict à ses fidelles serviteurs, au mespris de son authorité, par moyens obliques qui viendront enfin à jeu descouvert. C'est y amener la ruine de vos affaires, commencée par le mauvais ordre qu'y a laissé M. le mareschal d'Aumont, par le conseil de Lubert. Pour à quoy obvier, il seroit utile d'envoyer par deçà un prince, mareschal de France, ou autre seigneur de qualité, et non pas ledict sieur mareschal d'Aumont; lequel au lieu de retenir sur tous la puissance absoluë qui luy avoit esté donnée, s'est rangé avec quelques-uns qu'il faict despendre de luy seul; et les autres, qui ne despendoient que de vous, Sire, il leur a faict tant d'indignitez, qu'il leur a esté enfin impossible luy rendre obeissance : tellement que, s'en allant du païs, il a laissé le party de Vostre Majesté, qui estoit bien uny avant qu'il y fust venu, sur le poinct d'estre partagé en deux, pour se faire la guerre et se diminuer, à l'augmentation de celuy des ennemis.

» L'on sçait assez que ceux qui se licentient de leur devoir le font à dessein, et semble qu'ils veulent avoir leur appennage, comme des petits roys, desesperant desjà du salut public. Je proteste que ce que j'en dis n'est point pour aucun interest particulier : car le service de Vostredicte Majesté se faisant bien en ceste province, soit par moy ou par autre, je suis très-content. Ceste mesme province se plaint que ses privileges, contenans qu'il ne sera donné par la riviere de Saone aucunes traictes de grains, si elle n'est premierement fournie de ce qui luy est necessaire, sont violez contre vos ordonnances et arrests de messieurs du parlement, qui doivent estre d'autant plus conservez qu'estans rompus les ennemis en tirent du profit, et les sieurs de Vaugrenant et Lubert, clercs d'armes seulement, en ont le gain pour leur particulier à Sainct-Jean de Laosne, où ils commandent, et rien n'en vient au general.

» C'est pour ce subject que j'ay faict fortifier mon chasteau de Bonencontre, situé sur ladicte riviere, afin que la volonté de deux ou trois hommes fust postposée à la vostre, à celle de messieurs du parlement et à l'utilité du païs, et non pour en tirer aucun peage, comme ils ont voulu publier; ayant pis faict, car Guillerme, gouverneur pour le sieur de Mayenne en la ville de Seurre, a esté suscité par ledict de Vaugrenant d'employer ses munitions et gens de guerre pour attaquer ledict chasteau, qui bloque ladicte ville d'un costé et celle de Nuys de l'autre, estant entre-deux, et qu'il seroit sous main assisté de luy, ainsi qu'il m'a esté rapporté, et, de plus, qu'ils ont tenu deux conseils ensemble à la campagne. J'ay tant de fidelité en ce qui est de vostre service, qu'outre que je suis disposé d'achever d'y employer mon bien et ma vie, qui que ce soit ne me peut fermer la bouche que je ne publie ce qui viendroit à ma cognoissance, important à vostre service. Et, en ce faisant, j'attends aussi que Vostre Majesté me fera cet honneur de me maintenir contre toutes les calomnies qui me pourroient estre opposées. En ceste verité, je supplie le Createur vous donner, Sire, en parfaicte santé, très-heureuse et longue vie.

» A Vergy, ce 18 may 1592.

» De Vostre Majesté,

» Très-humble, très-obeissant, fidele subject et serviteur,

TAVANNES. »

En ce temps-là une subtilité d'esprit donna commodité au sieur de Vitray de faire reussir un dessein difficile et perilleux. Il est vray qu'il succeda à l'utilité d'autruy, et non pas à la sienne, comme il avoit premedité, mais plustost à sa ruine, d'autant que depuis il perdit la vie voulant recouvrer sa perte, et se venger par une seconde entreprise pratiquée avec mesme moyen que la precedente. En telles occurrences l'on ne sçauroit trop considerer les circonstances de l'utilité ou dommage qui en peut succeder, pour arriver à l'un et eviter l'autre. Ledict sieur de Vitray doncques, ayant attiré un soldat qu'il cognoissoit dès long-temps, qui estoit de la garnison du chasteau de Saulx-le-Duc, bonne place à quatre lieues de Dijon, sur le chemin de Langres, possedée par les rebelles au Roy, ce soldat lui promit de tendre une fisselle par quelque planche levée en une guerite, lors qu'il seroit en sentinelle, afin de tirer une eschelle de corde par laquelle le sieur de Vitray et les siens monteroient la nuict, et ce après que la ronde auroit passé, et que la cloche auroit sonné; ce qui ne se faisoit que d'heure en heure. La ronde ne pouvoit pas regarder dans le fossé; à cause des barreaux de fer qui estoient à la fenestre de ceste guerite. Cela fut heureusement executé, et le capitaine de la place et quelques soldats furent tuez : ainsi le sieur de Vitray en est le maistre sans contredict. Mais le mal fut pour luy que, s'estant assisté du sieur de La Marche, qui avoit une compagnie de cavallerie en garnison au chasteau de Grancey, appartenant au sieur de Fervaques, où commandoit la dame sa femme, ledict La Marche, assisté de plusieurs des siens qui estoient près de luy, fit venir des plainctes du bourg audict sieur de Vitray, et le supplia d'y aller mettre ordre, ce qu'il fit; et à peine fut-il sorty du chasteau que la porte luy fut fermée par ledict La Marche, lequel y eut depuis sa garnison de gens de cheval et de pied entretenue par le sieur de Tavannes, gouverneur pour Sa Majesté au païs, et servit à la campagne près de luy, lors qu'il le manda. La vengeance est douce ; celuy qui la peut faire à mainsalve sans precipitation est estimé judicieux, et non temeraire : ceste derniere qualité est perilleuse et vituperable.

Le sieur de Vitray, piqué contre ladite dame et son capitaine, voulut adoucir son deplaisir vindicatif en prenant le chasteau de Grancey par l'intelligence d'un soldat de la garnison, avec lequel il alla conferer la nuict sur la contrescarpe du lieu, en intention de prendre heure pour faire monter ses gens avec luy audit chasteau, comme il avoit faict à Saulx-le-Duc ; mais le sieur de La Rante, qui en estoit gouverneur, l'attendant avec aucuns des siens à cent pas de là, derriere des buissons, où ledit soldat le conduisoit, luy fit une salve d'arquebuzades dont il fut tué ; il fit après mettre son corps sur une charrette couverte de feuilles, et le fit mener par un chartier à Grancey, auquel il faisoit croire que c'estoit une beste fauve qu'il avoit tuée. Ce pauvre homme le croyoit ainsi ; mais estant à Grancey au jour, et voyant ce que c'estoit, s'enfuit, et laissa là sa charrette. Certes, la perte de ce gentilhomme estoit à regretter pour sa valeur, et pour l'affection qu'il avoit au service du Roy.

Quelques mois s'estans depuis escoulez, le vicomte de Tavannes, lieutenant en Bourgogne du duc de Mayenne pour les rebelles, charge qui luy avoit esté remise par le baron de Senessey qui en estoit pourveu auparavant, voulant faire son profit des divisions qu'avoit laissé le mareschal d'Aumont en ceste province là [où il n'avoit si bien faict qu'il fit après à la bataille d'Ivry], commença à amasser des troupes, et faire la guerre dans le païs, où il prit le chasteau de Sommaise, proche Flavigny, fit battre la ville de Noyers, et y donna un assaut, duquel ayant esté repoussé il leva le siege. Le sieur de Ragny qui y commandoit, assisté d'autres gentilshommes de qualité, de quelque cavallerie et gens de pied, s'y estoit porté valeureusement, rendit ce dessein inutile : et lors le sieur de Tavannes, gouverneur pour le Roy en Bourgongne, assembla les forces du païs pour s'opposer aux ennemis, et faire quelque dessein sur la frontiere de l'Auxois et Autunois. Pour ce faire, il envoya une partie de sa compagnie de gensdarmes, conduite par le sieur de Sirot, mareschal des logis d'icelle, avec charge d'approcher les ennemis pour sçavoir des nouvelles de leurs actions. Il rapporta qu'ils avoient investy la ville de Verdun sur la Saone, et joint le marquis de Trefort, qui estoit venu de la Bresse, de Savoye, et leur avoit amené quatre cens chevaux.

Le conseil tenu sur ces occurrences, et les forces du sieur de Tavannes trouvées beaucoup moindres que celles desdits ennemis, fut resolu qu'elles se retireroient en leurs garnisons, et pour la pluspart en celles proches de la ville de Verdun, et de là feroient la guerre aux ennemis qui l'assiegeoient ; que la compagnie de cavallerie du sieur de Bissi, gouverneur d'icelle ville, y seroit renvoyée, laquelle eut peine d'y entrer, et à cet effet passa à un guey de la riviere de Saone. La compagnie de gensdarmes du sieur de Tavannes, retirée en la place de Vergy, deffit partie du regiment du sieur de Rossillon, qui alloit trouver les ennemis au siege, où furent pris deux capitaines. Ceste charge se fit dans un taillis, qui donna moyen au reste dudit regiment de se retirer à seureté. Ceste cavallerie sortant souvent de Vergy, incommodoit grandement ceux qui alloient au siege, et mesme les convoys des vivres qui s'y menoient depuis Beaune.

Ledit sieur de Tavannes mandoit souvent au sieur de Bissi qu'il meneroit du secours à la ville, qu'il se gardast bien de parlementer, comme l'on luy avoit dit qu'il faisoit. Ses lettres estoient tenuës par le moyen de Pontus de Tiart, sieur de Bissi, evesque de Chalons, oncle dudit sieur de Bissi, qui faisoit tenir les responses avec bonne esperance d'attendre le secours. La disposition de ce siege estoit qu'au fauxbourg de-là la riviere de Saone, du costé de la Bresse du Roy, où il n'y avoit presque point d'eau au fossé de la ville, estoit logée l'infanterie avec le sieur de Lartusie, qui la commandoit, et l'artillerie avec laquelle la batterie se faisoit, à une courtine de terre palissadée par le bas ; et à des terrains jettez quelque peu au dehors de la courtine. La cavallerie estoit logée ès villages de Bragny, Alerey, et autres deçà ladite riviere, faisant ordinairement garde à cheval. Ces logemens bien recognus, le sieur de Tavannes envoya à la ville de Sainct-Jean de Laosne proposer aux sieurs de Cipierre et Vaugrenant, qui y avoient leurs compagnies de gensdarmes, et au sieur de Conforgien et autres qui estoient dedans, que s'ils l'avoient agreable il meneroit sa compagnie de gensdarmes au nombre de quatre-vingt-dix maistres et trois cens hommes de pied en trois compagnies, passeroit à Sainct-Jean de Laosne la riviere sur le pont ; et joignant à luy l'infanterie et cavallerie qui estoit audit Sainct-Jean de Laosne, infailliblement ils defferoient l'infanterie des ennemis qui estoit aux fauxbourgs de Verdun delà l'eau, et gaigneroit leur artillerie, la cavallerie des ennemis qui estoit de l'autre costé de la riviere ne les pouvant secourir.

L'honneur qu'eust eu le sieur de Tavannes, comme chef et autheur de ceste entreprise, empescha ses envieux de s'y porter; ce qui fut cause qu'il en fit une autre plus hazardeuse, laquelle reussit heureusement, dont luy seul chef en eut aussi seul l'honneur. Il fit lever le siege aux ennemis, leur ayant dressé un stratageme qu'ils ne previrent point, en rendant par ce moyen l'execution plus facile. Ce fut en cette sorte :

Il fit partir un homme d'armes de sa compagnie, et avec luy un arquebuzier à cheval, de Vergy pour recognoistre le passage de la riviere de Saone, tant du milieu d'icelle où il falloit passer à nage, que l'entrée et issue qui estoit proche des portes de la ville de Verdun, les gardes que faisoient les ennemis sur ceste advenue, et leur logement : ce qu'il falloit executer la nuict à cause desdites gardes, et recognoistre le chemin le plus couvert, pour y mener le secours sans qu'ils l'apperceussent, et advertir le sieur de Bissi, qui commençoit à capituler, qu'il l'alloit secourir, et luy dire que, quand le secours entreroit en la riviere, l'on feroit paroistre pour signal une escharpe blanche desployée. Leur ayant enjoint ces commandemens, ils rapporterent tost après que la riviere se pouvoit passer à cheval en nageant la moitié ou le tiers de la largeur d'icelle; que l'entrée et issue en estoit facile, comme il l'avoit recogneu, y ayant passé à cheval la nuict; que les gardes des ennemis estoient de quarante chevaux sur le bord de la petite riviere de Saone, et de trente chevaux d'autre costé, où estoit leur cavallerie, logée pour la pluspart ès villages de Bragny et Allerey, assez près desdictes gardes; qu'il y avoit deux lieuës de bois proche les prez de la riviere de Saone, où l'on pouvoit aller à couvert en passant proche le chasteau de La Sale, qui appartenoit à l'evesque de Chalon, oncle dudit sieur de Bissi.

Incontinent le sieur de Tavannes fit sonner les trompettes à cheval, mena cent cinquante maistres, tant de sa compagnie d'hommes d'armes que de celle du sieur de Soucey, qu'il fit marcher en trois troupes; arriva à couvert des bois près de la prairie, ayant faict six lieuës de chemin depuis Vergy, fit partir quatre hommes de cheval seulement, avec le sieur de Longueval, pour recognoistre : ils amenerent deux arquebuziers à cheval prisonniers, qui dirent ce qu'ils sçavoient. Alors le sieur de Tavannes, ayant faict demeurer cent chevaux en deux troupes en un grand chemin dans le bois, partit avec la troisiesme troupe de cinquante maistres, qu'il conduisit jusques au milieu des prez, leur enjoignant de ne s'arrester point à combattre les gardes des ennemis, mais s'ils venoient à eux qu'ils fissent un peu ferme, et passassent outre l'eau en suivant leurs guides, et, après y estre entrez, monstrassent le signal de l'escharpe blanche desployée : ce qui fut si bien suivy par eux, que, nonobstant qu'une des troupes desdites gardes s'esbranla pour venir à eux, ils passerent la riviere de Saone, partie à nage, armez de toutes pieces, sans pertes d'aucuns d'eux, et furent receus dans Verdun, et n'y eut qu'un homme d'armes, nommé le sieur de Chomont, qui tomba tout armé dans la riviere sans se perdre, car son cheval, qu'il avoit pris par la queue, nageant avec les autres se sauva. Incontinent après le sieur de Tavannes, oyant dans les quartiers ennemis sonner à cheval aux trompettes, se retira au pas trois lieuës durant avec les deux troupes de chacune cinquante maistres ayant l'armet en teste, qu'ils osterent après qu'ils ne se virent point suivis des ennemis, et ayant faict autres trois lieuës se rendirent à Vergy. Ainsi ils firent douze lieuës en un jour, leur dessein ayant heureusement reussi.

Ces cinquante maistres passez à nage furent mis dans un fort de terre basty dans une isle proche ladite ville de Verdun, où depuis ils servirent à rompre le projet qu'avoient faict les ennemis, et lors à rompre du tout les capitulations de la reddition de la place qui estoient en termes d'estre signées. Ce projet des ennemis fut un bateau si bien couvert par le devant, qu'il y pouvoit entrer soixante et quatre-vingts hommes, sans estre offensez des mousquetades. Ils s'y mirent, la pluspart armez de cuiraces, et partie de mousquets et arquebuzes; mais ils treuverent tant de resistance en ces nageurs du sieur de Tavannes, armez de toutes pieces, la picque à la main, et de quelques arquebuziers, que ceux qui estoient sur le devant du bateau se retirant sur le derriere le firent renverser, et furent tous noyez, excepté quelques-uns qui par pitié furent retirez avec des picques dans le fort, et faicts prisonniers, parmy lesquels se treuverent le sieur d'Atignac et trois ou quatre gentilshommes, entre les morts noyez fut le chevalier de Rochefort et plusieurs autres gentilshommes. Une heure avant cet accident, tomba un flambeau du ciel en la riviere : il pouvoit estre un advertissement de leur malheur.

La cavallerie ennemie avec le vicomte de Tavannes avoit passé l'eau du costé de la Bresse, lequel voyant cent trente chevaux de l'autre costé de l'eau, conduicts par le sieur de Tavannes, tant de sa compagnie que de celle du sieur d'Amanzé, estimant que ce fust du secours qui allast encore à Verdun, considerant celuy qui y estoit desjà entré, et la fortune advenuë de ce bateau noyé, leva le siege et se retira en bel ordre sur le chemin de la ville de Chalons. Alors le sieur de Tavannes envoya quelques-uns des siens à Verdun ; ce fait, il se retira avec sa troupe à Vergy. Les garnisons de cavallerie qui estoient à la ville de Sainct Jean de Laosne n'en sortirent poinct, et ne firent aucune assistance aux assiegez, se contentans seulement d'ouir parler de ce qui s'y passoit, sans s'employer à aucune sorte de secours, foulans aux pieds ce sage proverbe : *plus faire que dire*, et embrassant cestuy-cy : *beaucoup dire et ne rien faire* ; ayant refusé l'offre qui leur avoit esté faicte par le sieur de Tavannes, où ils eussent acquis de la reputation : lequel escrit peu après, en may 1592, par un gentilhomme qu'il envoya au Roy, la lettre cy-dessus mentionné, pour la justification de ses deportemens.

Alors il s'en alla à la ville de Flavigny avec vingt hommes de la compagnie du sieur de Soussey, où il en mit hors un capitaine de gens de pied nommé Argolet, et y retint sa compagnie. Le mareschal d'Aumont l'y avoit laissé son partial (1) : cela donna pretexte au sieur de Vaugrenant, lors gouverneur de Sainct-Jean de Laosne, de persuader le marquis de Mirebeau de faire le dessein qu'il executa depuis audit Flavigny ; auquel à cet effect il envoya sa compagnie, avec laquelle, et ce que put y mener ledit marquis, qui s'aida d'une mauvaise intelligence, Valon, capitaine des habitans de ladite ville, et le sieur de Cherissi, gouverneur pour le Roy estans entrez, il eschella la nuict ladite ville ; et y fut tué ledit gouverneur, son logis pillé, et quelques soldats qui estoient en garde sous la halle, tuez. Stratageme pour continuer les partialitez dont les plaintes sont mentionnées en la susdite lettre escrite au Roy.

[1593] Pendant que ledit sieur de Tavannes sejourna à Flavigny, suivant l'advis qu'il eut du duc de Nevers sur les lettres qu'il luy avoit escrites, il assembla quatre cens chevaux des forces de Bourgongne, y compris sa compagnie d'ordonnance qui estoit revenue de la ville de Langres, et s'achemina avec ceste troupe à la ville de Mussy, vers le mesme duc de Nevers, qui avoit mené quelques forces en petit nombre, afin que, les deux jointes ensemble, ils allassent secourir Chasteau-Villain, que le marquis du Pont, fils aisné du duc de Lorraine, avoit assiegé avec une armée et quelques canons et pieces de batterie, n'ayant pas encore gagné la contrescarpe, laquelle estoit gardée par les capitaines Tieullay et Clerget, qui commandoient aux gens de pied que le sieur de Tavannes avoit envoyez. Mussy n'estoit esloigné de Château-Villain que de quatre lieues.

La resolution estoit de combattre ceste armée en se fortifiant, en passant près la ville de Chasteau-Villain, d'une partie de la garnison qui estoit dedans ; mais comme l'on commençoit à s'acheminer, l'advis vint que le marquis du Pont, ayant esté adverty des forces qui alloient à luy, avoit levé le siege et presque laissé un canon engagé, et se retiroit vers les places qui estoient en sa devotion ; ce qui fut cause qu'ayant les troupes de Bourgongne conduict jusqu'à Vandeuvre ledit duc de Nevers, qui s'en alloit à Chalon en Champagne, où sa presence estoit necessaire, le sieur de Tavannes les ramena en Bourgongne.

Le mesme duc de Nevers fut une autre fois en Bourgongne, où il eut les mesmes troupes près de luy qui furent à René le Duc (1), voulant aller secourir le chasteau de Doudin, fort d'assiette, sur les frontieres du Masconnois, que le sieur de Solon avoit commencé à fortifier, estant assiegé par le vicomte de Tavannes, lieutenant au païs pour le duc de Mayenne ; mais il fut pris en si peu de temps, qu'il n'y eut moyen de le secourir. Ledit vicomte s'estant desjà retiré à la ville de Chalon sur Saosne, de René le duc de Nevers s'en retourna en son gouvernement de Champagne.

Nous estions lors en l'année 1594, sur la fin de fevrier, que les troupes ennemies s'estans assemblées à Beaune pour venir charger celles du Roy, levées en la province de Bourgongne, qui estoient proches le duc de Nevers, lesquelles estoient desjà separées, le sieur de Bissi, gouverneur de la ville de Verdun, alla visiter les ennemis avec cinquante chevaux de sa garnison jusques près des fauxbourgs dudit Beaune ; où les ayant rencontrées au nombre de deux cens chevaux, fit retirer sa troupe comme estant plus foible, et demeura près d'eux avec dix ou douze des mieux montez, disant tout haut qu'il ne se vouloit point retirer qu'il n'eust donné quelques coups de pistollets. Il n'avoit pour sa retraite que trois lieues à faire avec ce peu de gens. Il se mesla dans leurs premieres troupes, où faisant une passade, son cheval tomba et luy fut blessé à terre, pris et emmené prisonnier au

---

(1) Son partisan.

(1) Arnay-le-Duc.

chasteau dudit Beaune, où il mourut, non sans soupçon que sa mort eust esté avancée par ceux qui pansoient ses playes. Le sieur de Tavannes, gouverneur pour Sa Majesté en Bourgongne, en ayant eu advis, se rendit incontinent avec sa compagnie de gensdarmes en la ville de Verdun, et si à propos, que sans son arrivée les ennemis l'alloient assieger. Et, après y avoir mis bon ordre et sejourné un mois, il y laissa gouverneur le comte de Verdun, seigneur du lieu, qui avoit eu ses patentes du Roy pour ce gouvernement, avec sa compagnie de cavallerie et la garnison ordinaire de gens de pied.

Ceste occasion passée, il s'en presenta une autre : ce fut la reduction de la ville de Mascon sur la Saosne en l'obeïssance du Roy, où ledit sieur de Tavannes s'achemina avec cent chevaux, et y fut receu par les habitans qui jurerent toute fidelité à Sa Majesté ; à quoy le sieur de Varenne, qui estoit gouverneur en icelle pour le party contraire, se porta aussi à leur imitation. Or ceux de la ville de Tornus estans opiniastres en leur rebellion, et le sieur de Tavannes s'en estant retourné de Mascon à son chasteau de Bonencontre, prit jour avec le sieur colonnel Alphonse Corse, depuis mareschal d'Ornano, qui avoit des troupes du costé de la ville de Lyon, laquelle estoit lors en l'obeïssance du Roy, pour se joindre avec celles de Bourgongne proche ladicte ville de Tornus pour l'attaquer : où s'estans trouvez ensemble, ledit sieur de Tavannes, avec sa compagnie de cavallerie, alla loger quelques compagnies de gens de pied dans un hospital à trente pas du fossé, où les ennemis avec quelques cuirasses et arquebuziers firent une sortie la nuict, rompirent la barricade faite à l'eglise, et tuerent quelques soldats ; mais ils furent si vivement repoussez qu'il en demeura partie des leurs sur la place. Cela fut cause que ledit sieur de Tavannes retira les arquebuziers qui estoient en ceste eglise, deux heures avant le jour, et y en mit d'autres pour les rafraischir.

A trois jours de là, le vicomte de Tavannes, qui avoit encores le marquis de Treffort près de luy, passa avec des bateaux la nuict la riviere de Saosne, et entra avec quatre ou cinq cens chevaux en ladicte ville. Pendant ce temps fut pris par les troupes desdicts sieurs Alphonse et de Tavannes le bourg fermé de muraille de Brancion, qui est sur une montagne en forte assiette. Ils y entrerent par le moyen de quelques petards et eschelles ; et fut pris aussi une coulevrine qui estoit sur une plateforme au bas du chasteau, que les soldats tirerent hors de là avec des cordes, à la mercy des arquebuzades du chasteau, moyennant quelque argent que leur fit donner ledit sieur de Tavannes. On la devala depuis à force de bras à la plaine : et n'ayant le chasteau, pour estre en lieu mal-aisé, esté attaqué, on se contenta de faire tirer ceste piece dans la ville de Tornus, et de presenter le combat au vicomte de Tavannes et au marquis de Treffort : et pour ce faire furent en bataille, les attendant longtemps, ledit sieur de Tavannes avec cent cinquante chevaux de Bourgongne, et le sieur Alphonse avec à peu près autant de cavallerie qu'il avoit amené du Dauphiné, assistez des sieurs de La Baume, de Meures et de Gouvernet, avec la pluspart de leurs compagnies de cavallerie, ensemble celle dudict sieur Alphonse. Mais, n'ayant peu combattre ceux qui ne vouloient point sortir en campagne, ces troupes se retirent chacune en leur païs. Alors le comte de Verdun, gouverneur de ceste ville-là, ayant esté attiré par La Fortune, gouverneur pour le duc de Mayenne à Seurre, en une embuscade, comme il vouloit charger la cavallerie de Seurre, une salve d'arquebuziers mit ses gens en desordre : il y fut blessé, pris, et le lendemain il mourut ; estant demeuré gouverneur de Verdun en sa place le sieur de Sabran son oncle.

Ceux de la ville de Beaune commençoient à vouloir traiter avec le sieur de Tavannes, lors qu'il eut nouvelles que, suivant ce qu'il avoit mandé au Roy d'envoyer un prince ou un mareschal de France faire la guerre en Bourgongne, et ce qu'il avoit escrit au mareschal de Biron, pour le prier de s'y acheminer avec l'armée de Sa Majesté qu'il conduisoit près de la ville de Troyes, laquelle à la faveur de ceste armée s'estoit mise à l'obeïssance de Sa Majesté, il sceut doncques que ledit mareschal de Biron s'acheminoit en Bourgongne : il alla au devant de luy avec trois cens chevaux jusques près d'Auxerre.

[1595] Le premier effect dudit mareschal en la province fut la prise de la ville de Nuys, où le sieur de Tavannes et les troupes de Bourgongne l'accompagnerent. Peu de gens furent tuez aux fauxbourgs ; et le capitaine Nicolas, gouverneur de la ville, y ayant esté tué deux jours après par quelqu'un des habitans, ceux-cy la rendirent. Le duc de Mayenne, qui quelques mois avant la venue du mareschal estoit venu à Dijon et à Beaune, s'estoit à son arrivée retiré à Chalon sur Saosne. Ainsi le mareschal estant maistre de Nuys, il fut receu en la ville de Beaune par les habitans, qui tuerent, pour avoir la liberté de se rendre au Roy, le capitaine Guillerme et quelques soldats. Il battit le chasteau d'icelle, où le sieur de Mommoyen commandoit, qui se rendit à luy. Le mesme fit depuis la ville d'Autun et

32.

celle de Dijon, où estoit le vicomte de Tavannes, qui se retira au chasteau, et de là à la ville de Talant: le sieur de Tavannes eut charge du mareschal de Biron d'aller prendre deux canons du costé de Mascon, et les amener avec un regiment de Suisses qui estoit vers cet endroit-là. Il avoit avec luy sa compagnie et quelques carrabins. Il passa près de Chalon en allant et en retournant, sans que les forces du duc de Mayenne qui tenoient ceste place luy donnassent aucun divertissement.

Les habitans de ces grandes villes avoient esté tant fatiguez par les garnisons des places voisines, que bien que le mareschal de Biron ne fust venu, ils n'eussent laissé de se mettre en l'obeïssance du Roy; car elles commençoient desjà toutes à parlementer couvertement avec ledit sieur de Tavannes. Il est bien vray que les forces qu'amena le mareschal, et son authorité, avançant les affaires du Roy, firent plutost esclorre ce bon dessein. Or le sieur de Tavannes, estimant que le plus grand honneur qu'il pourroit avoir, estoit d'avoir aidé à l'entiere reduction de la province de Bourgongne en l'obeïssance du Roy, pour ce faire avoit faict quelque project [dont il avoit parlé au Roy à Paris] avec le sieur de Senecey (1) de luy mettre entre les mains sa charge de lieutenant de Sa Majesté en Bourgongne, pour la reduction de la ville et chasteau d'Auxonne: ayant sceu depuis que le mareschal de Biron avoit des lettres patentes du Roy du gouvernement de la province, en l'absence de M. d'Orleans, il continua ceste negociation, qui reüssit depuis moyennant la recompense qu'il en receut. Ainsi il se deffit de sa charge par des considerations pertinentes.

En ceste mesme saison, qui estoit au mois de juin 1595, le Roy, estant venu à Dijon avec ce qui restoit de son armée, investit le chasteau, prepara l'artillerie pour le battre; mais, sur l'advis qu'il eut que le duc de Mayenne estoit à la ville de Grey, au comté de Bourgongne, le connestable de Castille s'estant joint à ses forces avec cinq cens chevaux et quelque infanterie espagnole, Sa Majesté s'achemina au chasteau de Lux, à quatre lieuës de Dijon et quatre de Grey, pour trouver moyen d'aborder ses ennemis, quoy qu'il n'eust qu'une partie de sa cavalerie près de luy. De là s'estant encore avancé d'une bonne lieuë jusques à Fontaine-Françoise, le mareschal de Biron, qui menoit une premiere troupe d'environ cent chevaux, fut rencontré par la cavalerie espagnole de deux à trois cens chevaux, qui le suivirent de si près, estimant qu'il n'y eust en campagne que ce qu'il menoit, qu'en se retirant du costé du Roy, il y eut à sa suitte le sieur de Rampeux, deux ou trois gentilshommes tuez, et luy blessé d'un coup d'espée sur le derriere de la teste: mais ces poursuivans ayans apperceu une troupe de soixante chevaux que conduisoit le sieur de Tavannes, et voyant paroistre plus loing de là les forces du Roy, tindrent ferme: ce qui donna loisir audit sieur de Tavannes de se retirer aussi avec les soixante chevaux auprès du Roy; lequel se voyant renforcé de ses troupes de cavalerie qui n'estoient encore toutes arrivées de leurs logemens, se resolut d'aller en personne charger ceste cavalerie espagnole.

Ce jour-là Sa Majesté avoit des armes argentées, et marchoit à la teste des siens en bon ordre, un rang de gens de cheval devant luy, et près de sa personne le mareschal de Biron, les sieurs de Tavannes et de Ton, leurs compagnies et plusieurs seigneurs de qualité, deçà et delà de luy des compagnies d'arquebuziers à cheval, qui firent leur salve avec ceux des ennemis. Sa Majesté chargea vaillamment, et deffit ceste cavalerie espagnole, qui n'opiniastra pas le combat que de la longueur des lances, se retirant en courant et en desordre. Elle fut suivye un demy quart de lieuë du gros que menoit le Roy, et d'aucuns une demye lieuë, qui rapporterent que le reste des forces du duc de Mayenne et du connestable de Castille s'avançoient: ce qui fit retourner le Roy du costé de Fontaine-Françoise, pour joindre le reste de sa cavalerie qui y abordoit d'heure à autre.

Incontinent arriverent environ trois cens chevaux des ennemis qui n'avoient pas encores combattu: c'estoit la compagnie du duc de Mayenne celle du sieur de Villars-Houdan, et des autres dont les barons de Tiange et Villars-Houdan avoient la conduite. Ils tindrent ferme sur le haut, sans s'acheminer vers le sieur de Tavannes, que le Roy avoit faict avancer avec sa compagnie. Et voyant qu'il faisoit aussi avancer d'autres compagnies de celles qui estoient vennës les dernieres, ils firent un tour en limaçon avec leur cavalerie, et après disparurent, se retirans du costé du duc de Mayenne, qui estoit encore près de Grey: ce qui donna occasion à Sa Majesté [car il estoit desjà tard] de faire donner les quartiers pour aller loger; et le lendemain s'en retourna à Dijon, où l'on tira quelques coups de canon à ceux du chasteau du costé des tranchées de la ville, et ceux du chasteau en tirerent contre la ville. Les canons qui estoient au dehors furent placez dans les fossés d'icelle pour tirer au chasteau; mais Franseche, qui en

---

(1) Claude de Beaufremont, baron de Senecey.

estoit gouverneur, fit sa capitulation et le rendit à Sa Majesté. La ville de Talant, là proche, luy fut aussi renduë après que le sieur de Tavannes eut traité, par son commandement, avec son frere le vicomte de Tavannes, et que celuy-cy eut laissé mettre le mareschal des logis et vingt hommes d'armes de la compagnie dudit sieur de Tavannes dans le fort qu'on y avoit faict. Ne restant plus dans la province hors l'obeïssance du Roy que la ville et citadelle de Chalon et la ville de Seurre, la premiere, estant sous l'authorité du duc de Mayenne, par l'accord qu'il fit, fut reduite avec sa personne à l'obeyssance de Sa Majeste, et celle de Seurre, peu de temps après, fut renduë par La Fortune, Italien, qui commandoit dedans, et fut le seul de son party qui prit de l'argent pour en sortir. Après cela, le Roy, pour soulager son duché de Bourgongne, mena son armée par le comté de Bourgongne à Lyon, aux despens des petites villes et du peuple de ce païs-là; où quelque cavallerie des nostres y estant à la guerre, dom Alonce, general de la cavallerie legere espagnolle, fut par eux pris prisonnier, et par eux mesmes traicté favorablement.

C'est ce que le sieur de Tavannes a redigé par escrit des guerres et troubles de cet Estat, avec la verité et sincerité qu'un chacun peut remarquer; car il a esté present en la pluspart des occasions qu'il raconte, èsquelles sont comprises les sept années de la seconde guerre des rebelles au Roy, appellée par eux ligue d'union, au duché de Bourgongne, pendant lesquelles années il a esté seul gouverneur en Bourgongne de Sa Majesté, pour le service de laquelle, le bien de sa patrie, et pour son honneur, il s'est dignement et heureusement employé, comme chacun sçait, jusques à ce que cette province a esté du tout remise à son devoir envers Sa Majesté : laquelle approuva ses actions par les lettres de validation qu'elle luy fit delivrer le 26 de fevrier 1595, au parlement de Dijon. De toutes lesquelles choses il rapporte la louange à Dieu, duquel tous bons succès et prosperitez nous viennent, comme de l'unique et veritable source de tous biens.

FIN DES MÉMOIRES DE GUILLAUME DE SAULX.

ADVIS ET CONSEILS

DU MARESCHAL DE TAVANNES,

DONNEZ AU ROY SUR LES AFFAIRES DE SON TEMPS.

Advis après la paix faicte à Sainct Germain en l'année 1571.

Il y a apparence que la paix durera pour l'envie et necessité qu'en a l'un et l'autre des partis; et neantmoins il faut confesser que si l'un voit une occasion bien seure pour mettre fin entiere à la chose de question, qu'il la prendra, comme l'experience l'a desjà assez de fois monstré; car de demeurer pour jamais en l'estat où l'on est, personne, de si mauvais jugement soit-il, ne le peut ny le doit esperer : et n'y en a point de si approchant la victoire entiere que de prendre les personnes, car de prendre un royaume tout à un coup cela ne se peut ; de surprendre aussi ce qu'ils tiennent, reduire leur religion, rompre tout à une fois les alliances qui la soustiennent, il est impossible. Ainsi il n'y a moyen que de prendre les chefs tout à la fois, comme dit est, pour y mettre une fin ; chose dont ils se sçauront fort bien garder : et ne se faut point tromper; car si Leurs Majestez et messieurs ses freres continuent à se garder si mal qu'ils font, l'occasion est tousjours presente, n'y ayant endroit dans le royaume, signamment près de Paris, d'où ils ne se treuvent en vingt-quatre heures sept ou huict cens chevaux, sans ce qui sera dans la Cour et dans Paris, trouppe bastante pour une telle execution. Les personnes saisies, l'on sçait où cela peut aller, et comme ils feront la loy.

S'il y a apparence à ce que dessus, que les gardes retenues soient establies en sorte qu'elles puissent servir; que le regiment de Caussenis loge tousjours au plus prochain village de là où sera le Roy ; et si Sa Majesté est dans une ville, il logera dans un fauxbourg. Les archers de la garde qui sont en quartier peuvent avoir la cuirace; et s'ils ne la portent ordinairement pour eviter la deffiance, à tout le moins qu'ils l'ayent à leur bagage pour s'en servir s'il en est besoin, ne fust-ce qu'à donner la force à la justice à l'endroict des mal-vivants, ou desobeïssances qui se font à la veuë du Roy, tant à l'observation de l'edict qu'autres delits.

Sa Majesté, outre tout cela, peut avoir un nombre de jeunes hommes qui feront tousjours porter leurs armes, et mener un bon cheval. Les compagnies des gensd'armes qui doivent tenir garnisons dans les gouvernemens des provinces les plus près de Paris, comme l'Isle de France, Picardie, Normandie, Champagne et autres plus prochaines, que les garnisons en soient establies si près qu'elles puissent venir à toutes heures estans mandées.

Quand le Roy aura establi ce peu d'ordre, et qu'il veuille tousjours se loger en lieu seur, cela gardera d'entreprendre une telle execution avec petit nombre. La faisant avec plus grand, il est mal-aisé que l'on n'en soit adverty ; bref que les choses sont en bon train pour venir au dessus des affaires, pourveu que l'on ne se laisse attrapper. Et leur faut tenir la parolle, pour ne leur donner occasion de prendre les armes en se gardant, de façon que Sa Majesté aye temps de les lever premierement; car si Sa Majesté a ce loisir, c'est chose seure qu'ils seront tousjours batus. Et n'y a que ceste seule difficulté que tout n'aille bien ; qui est de n'estre prevenu en un mauvais logis ou aux champs tout à la fois ; car ce seroit le dernier coup, dont, par les moyens cy-dessus, il y a apparence de se garder.

Autre Advis en l'an 1571.

Vous avez si bien traicté et festoyé vos serviteurs, qu'estans enyvrez ils ne cognoissent plus d'où est venu et d'où peut venir le bien. Ils le prennent d'eux-mesmes, attendu qu'ils ont tout ce qu'ils veulent, jusques à vostre substance, par menaces, braveries, ou du moins par prieres superbes, en temps qu'ils vous cuident en necessité, se tenans forts des partys et hommes qu'ils ont faicts à vos despens, et de ceux qu'ils entretiennent à vostre solde, encore que tout vienne de vous. Peu des moindres, qui sont le plus grand nombre, se sentent obligez ayans ce qu'ils ont et ce qu'ils veulent de vous par la main d'autruy. Tous les honneurs qui souloient attirer les cœurs des hommes, sont denigrez pour estre trop communs et mis entre gens indignes : c'estoit la gloire des braves, qui les menoit à la mort pour maintenir Vos Hautesses, qui par ce moyen est faillie. De là s'engendre le mespris et licence effrenée dont l'on use en vostre endroit (1) ; de sorte qu'il ne reste qu'à accorder la ligue de ces grands si enrichis de biens et de serviteurs à vos despens, comme dit est, que, non-seulement vostre Estat, mais vos personnes ne courent fortune très-perilleuse.

Or, pour remedier à cecy, quant aux braveries et demandes superbes qui se font des biens de la couronne (2), cela se doit remettre en un autre temps, comme chose indigne d'un serviteur de demander à son maistre souverain en temps de necessité une vieille querelle mal fondée; remettant à celuy qui la demande qu'après avoir respiré et prins haleine parmy tant d'affaires, l'on y advisera par conseil, et ce, avec visage de douceur, et neantmoins magistral, sur tout à l'endroit desdits grands, en refrenant les dons qu'ils ont accoustumé de demander, afin de diminuer ces grandes richesses dont ils peuvent faire mal. Leur faut pareillement oster ce qu'ils demandent pour autruy, et que tout se donne par la main du maistre à ceux qui s'addresseront à luy, ou pour la priere de la Royne ou de Messieurs, afin d'obliger un chacun : et si ce sont gens qui suivent autre que Sa Majesté, Royne, ou mesdicts Sieurs, cela doit estre rebuté; et pour l'executer plus dextrement sans le faire cognoistre, aussi pour avoir moyen de faire du bien à ceux que Sa Majesté voudra, semble que tous les dons qui se demanderont doivent estre mis par brevets, que Sa Majesté recevra en les mettant dans sa poche, sans les bailler aux secretaires, ni les accorder sur le champ ; ains dira qu'il en fera responce, et iceux brevets mis

(1) Prevoyance du sieur mareschal de Tavannes de ce qui est arrivé depuis.
(2) Le duc de Lorraine demandoit la souveraineté de la duché de Bar. Il avoit quelque prétention en Provence.

en une boite au coffre de la chambre, pour, au bout de quinze jours, ou tant, les voir secrettement hors de la presence des grands, et les accorder ou refuser à ceux qui les auront demandez, ou bien en retrancher aucuns pour faire bien à plus de gens. Cela s'appellera *le jour de la liberalité*, et seront alors baillez aux secretaires pour les depescher.

Voilà un moyen pour attirer les cœurs de ceux qui ne font plus de cas des honneurs et estats, que l'injure du temps a ainsi deshonorez. Mais voicy le principal pour y remedier : Que Sa Majesté revoque toutes les reserves données des benefices; qu'il n'en soit donné un seul, petit ny grand, que de quatre ou six mois en six mois, et que cependant on y establisse un œconome pour lever et garder les fruicts des vacquans. Au bout du susdict terme donnera et benefice et fruicts à celuy ou à ceux qui luy feront service, et plus aux absents qui sont à leurs charges que aux presents, et ce; pour chasser la foule des capitaines, leur donnant occasion de se tenir à leur susdicte charge, et s'oster la presse des importuns : surtout s'il y a guerre, en avoir tousjours de reserve pour donner à ceux qui seront en voyage, et luy feront les services les plus signalez. Quoy faisant, les bien-faicts suppléront aux susdicts honneurs, et enfin tout despendra de Sa Majesté, à la diminution des partys. Cecy se veut executer sans monstrer pourquoy l'on le faict, et dire que l'on veut d'oresnavant employer les bien-faicts à l'endroit de ceux qui font service. Par ce moyen Sa Majesté obligera, tout en renforçant sa part petit à petit, à la diminution des autres aussi petit à petit, qui ne doivent et ne peuvent estre deffaicts tout à coup.

Celuy des benefices se peut faire par edit, et le causer sur les surprinses qui se font ordinairement par les demandeurs, tant par les importuns qu'autres voyes; de sorte que le plus du temps les gens de peu de sçavoir et mal conditionnez sont pourveus, tant aux evesques, abbayes que autres benefices, bien souvent à la devotion de ceux qui ont faict le moins de service; et que, pour desormais y remedier, Sa Majesté ne se veut haster de conferer lesdicts benefices, ains les garder quelque temps, pour plus facilement choisir gens idoines pour les exercer. Parquoy sera mandé aux baillifs et seneschaux, quand il viendra à vacquer quelques benefices dans leur ressort, qu'ils advertissent soudain, et cependant facent saisir ledict benefice, et mesnager les fruicts par un œconome solvable qui en respondra, et fera continuer le service de Dieu à l'eglise, comme de coustume ; lequel edit il fera publier par sondict ressort, à ce que personne ne se mette en peine et despence de courir lesdicts benefices.

Quant à l'autre point, des dons qui se demandent ordinairement, attendu l'edict des offices il ne s'en peut gueres demander, sinon que les deniers recelez, larcins, ou abus commis aux offices, et autres choses pareilles qui ne sont en evidence; en cela seroit raisonnable d'en donner à l'advertisseur une quatriesme partie, ou telle portion qui sera advisée, pourveu que ce ne fust sur gens comptables qui auroient encores à compter; autrement plusieurs choses demeureroient cachées, qui se descouvrent par les demandeurs en esperance d'en avoir ledict quart. A eux la susdicte portion, et le surplus pour la liberalité et espargne du Roy. Tant y a que ces dons ne se doivent donner si soudain, ains de huict en quinze jours du mouvement de Sa Majesté, ou par le moyen de la Royne ou de Messieurs, et non d'autres, à ce que d'oresnavant tout despende de sa seule part.

LE SIÉGE DE METZ

PAR L'EMPEREUR CHARLES V, EN L'AN 1552,

PAR BERTRAND DE SALIGNAC.

SUR BERTRAND DE SALIGNAC,

SEIGNEUR DE LA MOTTE FÉNELON.

Ce n'est pas sans quelque plaisir que nous trouvons à écrire ici le nom de Fénelon : ce nom sent les approches du grand siècle littéraire, de l'époque où la langue française doit monter à toute sa gloire. L'auteur du *Siège de Metz par l'empereur Charles-Quint* est l'oncle de l'auteur du *Télémaque*. La relation se distingue par une élégante clarté et un ton de bienveillance ; cette double qualité de l'esprit et de l'âme semble se révéler comme le caractère distinctif des Fénelon. La relation du siége de Metz, publiée un an après cet événement, réussit beaucoup et fut même traduite en italien sous le titre de : *Metz difesa da Francesco duco di Ghisa, tradotta dal francese, in Frenze, onofrio*. François de Rabutin en parle dans ses *Mémoires*, à propos de ce siége fameux qui occupa, en 1552, l'attention de l'Europe ; il dit que « beaucoup de gentils es-
» prits d'hommes qui estoient presens, de la mesme
» main qu'ils avoient combattu, escrivirent les faits
» dignes de memoire ; » et cite Salignac « gentil-
» homme de meritée reputation, tant aux armes
» qu'aux lettres, lequel en a tellement bien et selon
» la verité escrit, qu'il n'estoit presque besoing en
» parler davantage, ny en atteindre autre chose. »
Salignac avait combattu pour la défense de Metz à côté de Jean Gontaud, père d'Armand de Biron. En 1554, marchant sur les pas d'Henri II dans les pays de Flandre, il parut à la bataille de Renty, et fit pour la campagne des Pays-Bas ce qu'il avait fait pour le siége de Metz ; il en publia la relation sous la forme épistolaire, adressée au cardinal de Ferrare ; ses *Lettres sur le voyage du Roi aux Pays-Bas de l'Empereur* eurent trois éditions (1554, Paris ; à la fin de 1554 à Lyon ; au commencement de 1555, à Rouen). Il y avait dans Bertrand de Salignac plus d'étoffe pour un diplomate que pour un guerrier ; une souplesse d'esprit, des ressources d'imagination, une douce facilité de caractère, le désignaient particulièrement à la carrière de négociateur. Henri II, Charles IX et Henri III l'envoyèrent successivement en Angleterre auprès de la reine Élisabeth, dont il sut gagner la confiance. Le mariage du duc d'Alençon, frère de Charles IX, était la grande affaire qu'il fallait négocier dans les deux dernières ambassades ; Bertrand de Salignac en serait venu à bout, si les circonstances politiques n'avaient pas rendu impossible une telle alliance. Il mourut à Bordeaux dans l'année 1599, lorsqu'il s'en allait en Espagne pour y représenter la France au nom d'Henri IV. Nous ignorons quel pouvait être alors son âge, car il n'existe aucun document qui nous mette sur la trace de l'époque de sa naissance ; l'érudition des biographes n'a rien pu nous apprendre de plus, sinon que Bertrand de Salignac était le septième et dernier fils d'Élie de Salignac et de Catherine de Ségur. L'histoire a gardé la réponse de Salignac à Charles IX, qui le chargeait de justifier auprès de la reine Élisabeth la sanglante exécution de la Saint-Barthélemy : « Sire, lui écrit-
» l'ambassadeur, adressez-vous à ceux qui vous l'ont
» conseillée. »

Pour la publication du *Siége de Metz*, nous avons suivi, comme nos devanciers, l'édition de 1555, et nous avons reproduit la curieuse préface de l'imprimeur de Metz, Collignon, mise en tête de son édition de 1665.

A MESSIRE

JEAN-JACQUES DE GOURNAY,

CHEVALIER, SEIGNEUR DE SECOURT, etc., MAISTRE ESCHEVIN;

ET MESSIEURS

Nicolas Auburtin, Charles Guichard,
Paul Feriet, Jean Allion, Jean François, François Bruillard, Estienne Malchard,
Paul Joly, *et* Charles le Duchat, *conseillers eschevins,*
magistrats de la ville et cité de Metz;

Christophe Auburtin, *procureur syndic;* Louis Bertrand, *secretaire et greffier;*
et Abraham Michelet, *receveur general.*

Messieurs,

Lorsque le Roy (1) vint en ceste ville en l'annee 1657, plusieurs personnes de la Cour, de toutes qualités, m'ayans demandé l'histoire du siege de Metz, comme une piece pour laquelle tout le monde avoit de la curiosité, et qui ne se trouvoit plus que dedans les cabinets, parmi les livres rares, je fis dessein de le rendre plus commun pour satisfaire ceux qui le désiroient, et je fus confirmé dans ceste pensée au dernier voyage que Sa Majesté fit icy en l'année 1665, où, durant son séjour, ceste mesme histoire me fut encore demandée par une infinité de gens de diverses conditions, qui, voyants que les exemplaires en estoient faillis, m'exhortèrent à en faire une édition nouvelle; mais, n'osant de moy mesme rien entreprendre de ceste nature, j'en consultay M. le maistre eschevin qui estoit pour lors, lequel je trouvay favorable; de sorte que, sous son adveu, que je receus aussi pour celuy de tous messieurs, je formai la resolution de rendre au public ce qu'il sembloit que le temps eust voulu lui soustraire.

Pour l'execution de ce dessein, je fis une recherche exacte de tous les exemplaires qui s'en purent trouver, afin d'en prendre le plus entier pour modèle de cest ouvrage; et de tous ceux que je recouvray à la faveur de mes amis, à peine en avoit-il un seulement auquel il n'y eust quelque defectuosité; mais enfin je rencontray ce que je desirois dans la bibliotheque d'une personne curieuse : c'est de ce thresor que j'ay tiré ce que je vous presente, et que je communique aujourd'huy à tout le monde.

(1) Louis XIV.

Je n'ay rien changé en sa forme ni en son langage, estimant que c'eust esté travestir un vieil Gaulois que de luy en oster les armures du temps auquel il vivoit, pour lui en donner à la moderne, et tomber à peu près dans la mesme faute de ceux qui representent les anciens heros le pistolet à la main, au lieu de la fleche ou du javelot; aussi, comme il est plus seant à un vieillard d'estre vestu d'habillements convenables à son aage, il semble qu'il estoit à propos de laisser ceste histoire dans les termes qui estoient en usage au siecle auquel elle est arrivée : c'est de ceste manière que l'on fait estat des medailles desquelles l'antiquité fait la beauté, et qui perdroient leur prix et leur valeur si les inscriptions en estoient traduittes ou renouvellées; et l'on estime les vieilles statuës, quelques tronquées qu'elles soient, sans comparaison plus que les nouvelles, pour bien ornées qu'elles puissent estre. Enfin, comme les choses anciennes tesmoignent mieux de la vérité, je me suis resolu de laisser ce récit en l'estat qu'il estoit, pour ne rendre mon travail suspect à personne; aussi ne m'a on pas demandé ceste histoire corrigée ni en autre langage, et je ne suis pas auteur pour faire ni l'un ni l'autre, mais un simple imprimeur qui publie et mets de bonne foy en lumiere les escrits de ceux qui le sont; je dois ressembler au miroir fidele, qui, comme disoit un ancien, rend les objects tels qu'il les reçoit, et n'en altere rien en la forme, ni en la matiere ni en la couleur.

Au fonds le langage en est excellent pour estre de l'autre siecle; il est significatif en tous ses termes, fort intelligible, et n'a besoin de commentaire n'y d'aucune interpretation, qui est tout ce que l'on en peut desirer; et ne se faut pas plaindre de la façon de parler de ce temps là, puisque c'estoit celle de la Cour et de tout le royaume, la langue françoise n'estant pas encor parvenuë au point de sa politesse. Et tout de mesme que les anciens usoient moins d'or que d'argent, il leur faut aussi pardonner s'ils avoient un peu moins de grace et d'elegance en leurs expressions.

Comme il n'a rien esté changé au langage, on n'a pas estimé non plus devoir faire aucunes observations ni remarques à ceste histoire, parce qu'elle est si fidelle et si veritable, qu'il n'y a rien à y adjouster qui ne fust hors du sujet ou de son lieu.

L'intention de l'auteur a esté d'y descrire les merveilles que firent ces grands heros et genereux capitaines, sous les ordres du roi Henry second, pour la deffence de la ville contre les ennemis de l'Estat et une armée nombreuse et puissante, commandée par un grand empereur en personne, dont ils rendirent tous les efforts inutiles, et arresterent son plus oultre au pied de ses murailles comme à une borne, qui appartient en effect à nos roys si legitimement, que Charles cinquiesme luy mesme, à qui ceste place venoit d'estre ostée, ne la consideroit pas aussi comme faisant partie de ses Estats, puisque, peu de temps apres, s'en despouillant et mettant sa couronne sur la teste de Philippe deuxiesme son fils, en la harangue qu'il fit pour ce sujet aux estats des Pays Bas en l'année 1555, il loüoit Dieu de ce qu'il n'avoit rien perdu, mais plustost accreu son empire. Et mon dessein icy, messieurs, est, en faisant revivre la memoire de leurs hauts faits d'armes, de réveiller aussi celle de la fidelité exemplaire des citoyens, et que plusieurs de vos ancestres temoignerent en ceste belle occasion pour le service du Roy, afin qu'elle serve d'aiguillon à la posterité, ainsi qu'elle a esté imitée par une infinité de braves, nez au milieu de vous, dont les uns sont morts et les autres vivent encor avec honneur, lesquels se sont signalez et ont acquis beaucoup de gloire ez dernières guerres.

C'est donc à vous, messieurs, que ce present est deu legitimement, puisque vous estes encor aujourd'huy establis et preposez de la part de Sa Majesté à l'administration de la chose publique, et que vous estes occupez tous les jours à deffendre le dedans de la cité. Il se rencontre heureusement que dans ce noble emploi vous avez pour chef l'un des illustres descendans de la maison des Gournays [dont il y avoit desjà un maistre eschevin pendant ce siege fascheux et penible, qui, par sa sage conduitte et par son exemple, en rendoit aux habitants les travaux faciles et les fatigues legeres], lequel n'a pas moins de jalousie que celuy-là pour le service du Roy et pour la conservation des droits et de l'honneur de ceste ville, ainsi qu'il l'a fait paroistre en divers rencontres. Je m'assure, messieurs, que vous agreerez bien que je m'acquitte des respects que je vous dois, en vous presentant cest ouvrage, puisqu'il ne vous fera pas beaucoup de peine à le soustenir, ne produisant rien de nouveau, ni par consequent qui soit sujet à contestation ou debat, mais une verité qui s'est autorisée par plus d'un siecle; ainsi je ne vous en demande la protection qu'autant que vous le jugerez convenable, parce qu'il se doit deffendre de luy mesme. On dit que les Atheniens honoroient Silanion et Parrhasius, à cause qu'ils peignirent et moulerent des images de leur Thésée : je sais bien que je n'ai pas raison de pretendre si haut, mais j'ai sujet d'esperer que, puisque j'ai tasché de relever la peinture de tant de belles actions qui furent faites alors, on ne m'en sçaura pas du moins mauvais gré; que vous supporterez mon entreprise et me permettrez d'en prendre l'occasion de vous supplier, comme je fais tres-humblement, de me continuer l'honneur de vos bonnes graces, et de vous asseurer que je suis et seray toute ma vie avec respects et une entiere obeissance,

Messieurs,

Vostre tres-humble et tres-obéissant serviteur,

P. COLLIGNON,
Imprimeur du Roy, et juré de la ville.

AU ROY.

Sire,

Les hommes vertueux qui travaillent en vostre service, oultre les bienfaicts qu'ils peuvent esperer de vostre liberalité, attendent encores ceste recompense que le tesmoignage de leurs faicts soit rendu tel, qu'ils puissent estre estimez entre voz aultres subjects, et jouyr toute leur vie de l'honneur qui leur demeure de vous avoir bien servi, laissans apres la mort leur nom perpetuel à la posterité. Dont il advient que si de leur vivant on leur fait gouster le fruict et douceur de ceste gloire, ils s'estiment non seulement estre bien remunerez, et pour la pluspart satisfaicts de ce qu'ils ont merité, mais sont encores par là incitez à continuer vostre service en tout ce qui peut toucher le bien de vos affaires; mesmes ceulx qui sont de cueur semblable, et aussi les successeurs, esquels l'exemple en appartient comme par heritage, entrent plus franchement aux perils que ceulx-ci ont passé, soubs esperance d'acquerir une semblable gloire que leurs majeurs ont rapportée. A ceste cause, Sire, j'ay proposé d'autant plus volontiers mettre par escript ce qu'est advenu au dernier siege de Mets, et reduire de jour en autre ce que j'y ay peu veoir et apprendre soubs M. de Biron, un de vos capitaines, diligent enquereur et soigneux observateur de la verité. En quoi si je ne peux bien dire tout ce qui conviendroit du grand chef vostre lieutenant, et tant d'aultres vaillants princes, seigneurs, gentilshommes et gens de guerre qui estoyent en la place, à tout le moins je feray tout ce qu'est en moy de leur rendre le tesmoignage d'honneur deu à leur vertu; et peut estre exciteray la volonté à plusieurs aultres de suyvre le chemin qu'ils ont tenu, n'espargnants leur vie en ces actes vertueux et louables, qui, pour estre dediez à vostre service, rendent grand honneur en la vie, et laissent une bienheureuse memoire à ceulx qui viennent apres.

Sire, je supplie à Dieu qu'il vous doint en toute prosperité et santé tres longue vie. De Paris, le 15 de may 1553.

Vostre tres humble et tres obeissant subject et serviteur,

B. DE SALIGNAC.

LE SIÉGE DE METZ.

Apres que le Roy fut de retour des quartiers d'Alemaigne qui sont deça le Rhin, où il avoit marché avec une grosse armée es mois d'apvril, may et juing mil cinq cens cinquante deux, pour restablir la liberté de la Germanie, et favoriser le duc de Saxe Maurice, celuy de Meckelbourg, et autres princes de l'Empire ses alliez, qui estoyent en armes contre l'empereur Charles cinquiesme, tant pour le regard de leurs franchises que pour la delivrance des ducs de Saxe et lansgarve de Hessen, prisonniers; et que le Roy en retournant eut executé plusieurs entreprinses au duché de Luxembourg et pays de Haynault, et, ce faict, rompu son camp et separé son armée pour prendre quelque loisir de se rafreschir, nouvelles vindrent, sur la fin de juillet, que l'Empereur, s'estant reconcilié avec le duc Maurice, et ayant retiré à soy la plus part des forces qu'il avoit, faisoit encores en Alemaigne grande levée de gens de guerre, qu'on ne pouvoit bonnement juger s'il vouloit employer, du costé de Hongrie, au secours du roy des Romains son frere, qui estoit fort travaillé des Turcs, ou bien convertir ses forces à faire descente en France. Tant y a que le Roy, desirant en toutes sortes pourvoir à la seureté de ses frontieres, pour soubstenir les premiers efforts que pourroit faire son ennemy pendant qu'il rassembleroit son armée, pensa de plus pres au faict de la ville de Mets. Surquoy convient entendre qu'au voyage dessus mentionné, le Roy, à la grand requeste de l'evesque, consentement des habitans d'icelle, et accord des princes de l'Empire estants lors en ligue avecques luy, l'avoit mise en sa protection, et y avoit laissé pour gouverneur le seigneur de Gounor (1), gentilhomme de sa chambre, avec quelque nombre de gens de guerre : et desjà avoit on commencé de besongner à la fortification, mesmement en l'endroit où l'on retranchoit la ville, en y faisant deux boulevars, et tirant entre deux une courtine, depuis les molins de la basse Seille jusques à la grand muraille qui regarde la Mozelle, au devant l'eglise des freres Baudez, cordeliers, et aussi continué la plate forme de la porte des Rats, dont ceulx de la ville avoyent auparavant faict un desseing. Mais tous ces ouvrages n'estoyent guieres advancez, pour le peu de gens qu'on y employoit, à cause que l'on n'estimoit le danger estre si prochain que bien tost apres apparut.

Or l'Empereur avoit par diverses praticques moyenné et obtenu qu'aucuns des estat de l'Empire, et mesmement des villes franches, luy fournyroient un bon nombre de gens de guerre, pour employer au recouvrement de Mets, qu'il disoit estre occupé par force. Et de faict, soubs couleur de procurer le bien de l'Empire, on luy voyoit tourner ses desseings pour ravoir ceste place, congnoissant de quelle importance elle luy estoit, ayant esgard à son duché de Luxembourg et Pays Bas; et jugeoit bien estre necessaire qu'il fist derniere preuve de sa puissance pour la remettre entre ses mains. Dequoy le Roy estant adverty, et luy voulant en oster le moyen, afin qu'il ne s'en peust ayder, comme il avoit au paravant tousjours faict en toutes les armées qu'avoit dressé contre le royaulme, delibera de la garder, tant pour estre chose convenable à sa grandeur de conserver ceulx qu'il avoit mis en sa protection, comme aussi fort requise au bien de ses affaires, et au besoing qui se presentoit d'arrester par ce moyen la puissance de son ennemy, qui estoit lors autant grande que de prince qui print oncques les armes contre la France. A tant, pour y pourvoir de personnage qui fust, non seulement pour le nom et dignité de sa maison aiséement obey, mais aussi pour sa prudence et bonne conduitte suffisant à soubstenir les efforts d'un empereur si puissant, le Roy feit election de monseigneur le duc de Guyse, messire François de Lorraine, pair et grand chambrelan de France, pour y estre son lieutenant general, et donner ordre à tout ce qui seroit requis pour la garde et defence de la ville.

A ceste cause, M. de Guyse partit de la Court sur le commencement du moys d'aoust, et passa pres de Thoul, ville de sa charge, remise en mesme temps, et par mesmes causes que Mets,

---

(1) Artus de Cossé, frère de Brissac.

soubs la protection du Roy, où pour lors la peste estoit fort eschauffée; mais, nonobstant le danger, il entra dans la ville pour visiter les reparations qu'on y avoit commencées, et trouva qu'à cause de la mortalité et de la maladie du seigneur de Sclavolles, gouverneur de la ville, on y avoit bien peu advancé. Il y mit le meilleur ordre qu'en telle saison estoit possible, et de là s'en vint à Mets, ayant en sa compagnie le marquis d'Albeuf son jeune frere, le comte de La Rochefoucauld, le seigneur de Randan freres, et le seigneur de Biron, gentilhomme de la chambre du Roy, qui l'estoyent venu trouver en chemin, et plusieurs autres de sa maison. De quoy estant advertiz M. le duc de Nemours, les seigneurs de Gounor, vidame de Chartres, de Martigues et autres seigneurs et capitaines qui estoyent dans la ville, sortirent au devant avec les compagnies de gens de cheval et de gens de pied, pour le recueillir en la sorte que sa grandeur et le lieu qu'il venoit tenir le requeroyent.

Des le lendemain, dixhuictiesme du mois, il commença dispenser si justement le temps au faict ordinaire de sa charge, que tant d'yeux qui ont tousjours eu le regard sur luy jusques à la fin du siege, n'ont veu qu'il ayt mis en espargne une seule heure pour la donner à son plaisir particulier: comme, à la verité, le besoing si grand et si present requeroit bien qu'on usast de ceste extreme diligence; car la ville, aussi grande qu'elle est, comme de huict à neuf mille pas de tour, n'estoit forte en endroit qu'elle eust, n'ayant un seul pied de rempar en toute la muraille, n'y espace pour y en faire, d'autant que le tout estoit entierement occupé de maisonnages, d'eglises et autres grands bastimens, sans qu'il y eust aucune plate forme en estat, fors celle qu'on appelle de Saincte Marie, ny aucun boulevart que celuy de la porte de Champaigne, qui est rond et d'ancienne structure, et peu commode pour s'en servir: oultre ce, estoit mal fossoyée en la pluspart et mal flanquée par tout, et au demourant aisée à battre en plusieurs lieux, et veue presque par tout le dedans, et par courtines des montaignes voisines.

Quatre ou cinq jours apres la venue de M. de Guyse, arriva le seigneur Pierre Strozzi, chevalier de l'Ordre, personnage de grande suffisance, et que M. de Guyse avoit demandé au Roy, cognoissant sa vertu, experience et bon conseil es choses d'importance; avec lequel et les seigneurs de Gounor, de Sainct Remy et Camille Marin, fort experts et entenduz en faict de fortifications, il visita diligemment tous les endroicts de la ville; et, ayant recogneu les defaulx et foiblesses qu'avons dict, commencerent à faire desseing de plates-formes, rampars, tranchées, flancs et autres defenses qu'ils y congneurent estre necessaires. Mais la difficulté estoit de recouvrer nombre suffisant de pionniers pour fournir tous les endroits où il falloit mettre la main, à cause que la saison de mestives où nous estions, et les vendanges qui s'approchoyent, avoyent tiré aux champs la plus part des hommes de travail, estant seulement demourez quelques pauvres femmes et petits garçons à la ville. Neantmoins l'ordre y fut donné si bon, que, du premier jour, les plus pressées et necessaires fortifications furent poursuyvies, comme le haulsement de la courtine, et deux boulevars du retranchement dont cy dessus est faict mention, afin d'estre à couvert de la montagne d'Ezirmont, ou autrement de la Belle Croix, qui voyoit jusques au pied par le dedans, où l'on craignoit que l'ennemy deust faire son premier effort. L'on besongna aussi en toute diligence à la plateforme de la porte à Metzelle, pour battre depuis la porte des Alemans jusques vers Sainct Pierre des Champs, et de mesmes à la plateforme de la faulse braye, derriere l'encoingneure de Saincte Glocine, que ceulx de la ville avoyent au paravant commencée, pour battre vers Sainct Clement et Sainct Pierre, et servir de flanc le long de la muraille vers la porte Sainct Thibaud, pareillement à la plateforme des Rats pour defendre du costé de l'isle. A quoy furent departies toutes les centeines et nombre de pionniers dont on peut finer; et fut donné charge aux gens de pied soldats d'abbattre les plus empeschans edefices qui nuisoyent à conduire la besongne.

Il restoit encores le quartier qui prend vis-à-vis du retranchement jusques à la porte des Alemans, lieu fort suspect, et lequel M. de Guyse estimoit debvoir estre promptement rampará, advisant pour le mieulx d'en fortifier la faulse braye, assez ample et large pour mettre nombre de gens à la defendre, estant favorisée d'un bon et grand fossé, sans donner cest advantage à l'ennemy de la pouvoir gaigner. Mais pour ne deffournir les autres atteliers, et aussi pour donner exemple, luy mesmes entreprint l'œuvre avecques les princes, seigneurs et gentilhommes qu'il avoit en sa compagnie, portant quelques heures du jour la hotte, et monstrant estre bien convenable à un chef de soustenir au besoing le travail et la sueur en sa personne, comme la vigilance en l'esprit.

Il voulut aussi sçavoir quelles munitions de guerre pouvoyent estre en la ville, et trouva qu'il y avoit bien peu de grosse artillerie, et mesmes que la fonte d'icelle avoit esté conduicte par homme non expert, ayant laissé la matiere mal alloyée, et sans observer les mesures, dont quelques pieces estoyent desjà gastées, les pouldres, quasi toutes vieilles de trente et quarante ans, en moindre quantité qu'il ne suffisoit pour l'execution qui estoit convenable de faire advenant quelque grand force; et se feit bailler l'estat du tout par le seigneur d'Ortobie, commissaire ordinaire de l'artillerie, lequel le Roy avoit laissé en la ville depuis le mois d'apvril qu'il y passa. Et oultre cest estat, il trouva encores quelques milliers de salpestre au magazin, pour lequel employer il mit ordre que plusieurs moulins à pouldre fussent dressez.

Quant au faict des vivres, pource qu'il n'y avoit de la munition que deux mil huict cens à trois mil quartes de bled, et que d'en faire amaz la chose estoit encores mal aisée, à cause que les laboureurs du pays n'avoyent coustume de battre leurs grains en esté, sinon à mesure qu'ils en avoyent affaire pour leur vivre, semer ou payer leurs redevances, il luy fut besoing faire plusieurs et diverses ordonnances pour y pourvoir. Et du commencement feit venir les quarteniers du pays et contrée, ausquels il commanda assembler les maires des villaiges, pour leur enjoindre qu'ils eussent à faire battre diligemment les grains, et en amener à certain jour, chascun du lieu de son mandement, telle quantité à la ville qu'ils declairerent pouvoir faire, et à quoy ils furent lors quotisez : ordonnant que ces grains seroyent mis en seure garde, au profict de ceulx à qui ils appartiendroyent; et où besoing seroit d'en prendre pour la nourriture des gens de guerre, ce seroit à pris et payement raisonnable. Il s'en trouva quelques uns, mais en petit nombre, qui obeyrent au premier mandement; et à iceulx mesmes les ennemis de la garnison de Thionville et les Marangeois, plus brigands que gens de guerre, donnoyent empeschement, pillans les charroys et chevaulx en chemin, et retenans les laboureurs prisonniers. Sur quoy, autant ceulx qui avoyent bonne volunté d'obeir comme ceulx qui ne l'avoyent, sceurent colorer quelques jours la cause qu'ils prenoyent de differer; mais nos chevaux legiers sortirent plusieurs fois aux champs pour leur donner escorte et asseurer les chemins, mesmes un jour M. de Nemours avec sa compagnie, ensemble les seigneurs de Gounor, vidame de Chartres, les contes de Martigues, de la Rochefoucaud, les seigneurs de Randan, de Biron, et plusieurs autres seigneurs et gentilshommes, vers Enery, aux environs de Thionville. Et advint que quelques soldats françois, partiz la nuict du chasteau de Rodemar, que lors nous tenions, s'en venoyent à Mets. Les ennemis en estant advertiz, les suyvirent jusques au chasteau de Donchamp, où ils furent apperceuz par nos gens, estant la riviere entre deux; et nonobstant qu'elle fust bien grosse, le seigneur Paule Baptiste Fregose, lieutenant de M. de Nemours, la passa quasi à nou avec quinze ou vingt chevaulx, et les alla attaquer. M. de Nemours et ses gens, voulant suivre, hazardoyent de passer en un endroit bien profond; mais le peril du trompette dudict seigneur vidame, qui avoit premier voulu essayer le gué, et avoit esté forcé du courant et porté à vau l'eaue, leur fut advertissement d'attendre celuy qui avoit guidé le seigneur Paule pour leur monstrer un passage plus aisé, en quoy il coula quelque espace de temps. A la fin, les ennemis les voyans passer, bien qu'ils fussent en plus grand nombre qu'eulx, gaignerent le pont de Rozemont (1), où ils avoyent des gens de pied, lesquels ils conduirent dans les boys prochains de là, où les ayans jettez à sauveté, les gens de cheval prindrent la fuite à toute bride jusques aux portes de Thionville. Ceste saillie et autres que noz chevaulz legiers feirent souvent, furent cause que les ennemis ne coururent tant le pays, n'y tindrent les chemins si subjects qu'ils avoient accoustumé, de sorte que la ville commença à se fournir de bleds; joinct que M. de Guyse trouva moyen d'en faire porter autre grande quantité, à mesme condition, d'aucunes prevostez et quartiers de Lorraine, de Barrois et de l'abbaye de Goze, appartenant à M. le cardinal de Lorraine son frere, voisins de ladicte ville. Et furent commis gens à toutes les portes pour tenir registre de la quantité qui entreroit chascun jour, et en rendre compte aux seigneurs de Piepape et de Sainct Belin, ordonnez commissaires et superintendans à toutes les munitions et provisions de vivres, lesquels rapportoyent le tout par extraict au lieutenant de Roy. Aussi se commença l'on à fournir de foin, avoine et paille, par le moyen que certains villages furent dediez particulierement aux compagnies des gens de cheval qui pour lors y estoyent, et qui depuis y vindrent pour en prendre leur provision, en payant le taux qui en estoit faict à prix raisonnable, et quelque chose d'advantage pour la voicture s'ils prenoyent les chariots; n'estant toutesfois permis les occuper que les jours de dimenche et lundy, à fin que le demeurant de la sepmaine fust reservé à semer les terres, et que, en nous jectant hors d'une necessité presente, il fust en-

(1) Richemont.

cores pourveu à celle qui pourroit apres survenir.

Douze enseignes de gens de pied trouva M. de Guyse dans Mets, lesquelles, pour estre bandes nouvelles, il tascha à dresser et aguerrir. Entre autres choses, il commanda que les squadres (1) d'une chascune bande, qui estoyent de garde pour la nuict, se rendissent tous les soirs en armes, marchans en ordonnance, de leur quartier jusques à la place qui estoit devant son logis, où se rengeoyent les uns pres des autres, de façon que tous assemblez avoyent forme d'un bataillon, qu'il faisoit quelques fois marcher en avant, puis soubdain en arriere, monstrer visaige de tous costez, baisser les picques comme pour combattre, ayant faict ficher un blanc à une muraille où les harquebouziers se adjustoyent; et après leur avoir faict entendre ce qu'il vouloit par le capitaine Favars, leur maistre de camp, et donné le mot du guet, les envoyoit en mesme ordonnance à leurs postes et gardes. A quoy ils s'estoyent si bien accoustumez, que, combien que leur chemin s'adressast à divers endroits de la place, et qu'aucunes trouppes se vinssent croiser dans les autres, toutesfois ils ne se desmentoyent jamais de leur ranc et file. Au reste, furent faictes plusieurs belles ordonnances sur la forme de vivre desdicts soldats, à ce qu'ils eussent à converser paisiblement avecques les habitans de la ville, sans leur faire ou dire mal, ne prendre aucune chose qu'en payant; laissant les clefs des vivres et marchandises à ceulx à qui elles appartenoyent, sans retenir leurs meubles, fors ceulx qui estoyent necessaires pour leur usage ordinaire, et de ne les contraindre en rien oultre leur gré; qui fut chose si bien observée, que les uns vivans avecques les autres de si bon accord, sembloyent estre citoyens d'une mesme ville. Au surplus, pour eviter mutinations et brigues, furent faictes, de par luy, defenses aux soldats de ne prendre querelles les uns avecques les autres, ne mettre la main aux armes dans la ville, sur peine d'avoir le poing couppé; en quoy il fut si bien obey, que jamais ne fut veu nombre de gens de guerre demourer si longuement ensemble où il y ait eu moins de quereles et debats. En ceste façon les choses de Mets commencerent à se reduire en bon train et conduitte; mais, à fin qu'il n'y eust rien à dire quand le besoing viendroit, M. de Guyse envoya le seigneur Pierre Strozzy vers le Roy, luy remonstrer par le menu ce qui pouvoit entierement toucher l'estat, tant des victuailles, artillerie, munitions de guerre, fortifications, faulte de pionniers, que du petit nombre de soldats qu'il y avoit pour defendre une telle et si grande ville, aussi pour entendre comme ledict seigneur de Guyse avoit à se gouverner avec le marquis Albert de Brandebourg, dont cy apres sera plus amplement parlé; lequel estoit desjà arrivé à Trieves avecques une armée, au cas qu'il s'accostast plus pres de Mets. La response du Roy fut qu'il pourvoyroit à toutes choses necessaires aussi tost qu'on pourroit cognoistre la verité que les entreprinses de l'Empereur s'adresseroyent à Mets; et, quant à la particularité du marquis Albert, que M. de Guyse usast en son endroit comme de personnage qu'il esperoit retirer à son service, sans toutesfois avoir trop grande fiance de luy; et qu'il taschast l'esloigner de la ville, et le jecter sur le chemin que l'Empereur devoit tenir venant en çà, pour consumer de tant plus les vivres au devant de l'armée qu'il meneroit.

Au commencement de septembre, les compagnies d'hommes d'armes de messieurs de Guyse, de Lorraine et prince de La Rochesuryon, trois de chevaulx legiers et sept enseignes de gens de pied, furent envoyées pour estre de la garde et seureté de Mets; lesquelles, estant venues pres du Pont à Mousson, M. de Guyse advisa les embesongner au faict de la recolte, ne voyant que aucun besoing le pressast encores de les mettre dedans, estimant que ce seroit autant de vivres espargnez. Et pource que les habitans du plat pays se monstroyent lents et tardifs à porter leurs grains, il despescha commission, le second jour de septembre, au seigneur Dantragues, lieutenant de sa compagnie, au seigneur de La Brosse, lieutenant de la compagnie de M. de Lorraine, et au seigneur de Biron, lieutenant de celle de M. le prince de La Rochesuryon, de mener ceste trouppe es terres de la ville et de l'evesque de Mets les plus esloignées, pour faire avec la force, si besoing estoit, que les commandements de la recolte fussent executez. En quoy ils procederent si sagement, que, du gré du peuple, à qui on permettoit en retenir quelque quantité pour leur nourriture de certain temps, et pour semer, fut amené de ces quartiers, avant le vingtiesme de septembre, environ douze mille charges de grains dans la ville.

Et pource que le temps ne nous promettoit assez de loisir de pouvoir conduire en defense noz rampars et plateformes avant la venue des ennemis, et mesmement qu'estions incertains par quel endroit ils nous vouldroyent assaillir, M. de Guyse embesongna les gentilshommes de sa maison à faire une prompte provision de plu-

(1) Les escouades.

sieurs choses requises, pour jecter à une breche soubdainement faicte où l'on n'auroit eu temps de remparer : l'un de certain bon nombre de gabions; un autre assembler deux cens grosses poultres de boys; autres à trouver deux mille grands tonneaux, et de planches et tables ferrées en grand nombre; remplir quatre mille sacs de terre, et de sacs de laine autant qu'il s'en trouveroit, sans y omettre force pics, hoyaulx, pelles, hottes, moutons pour abattre murailles; les autres à la charge des pavezades (1), des cavaliers de bois pour l'harquebouzerie, des parapects, mantelets, treteaux, barrieres, rateaux chevillez, et autres engins, de chascune espece diverses sortes, pour s'en aider par teste et aux flancs, selon la diversité des lieux et places où l'affaire le requerroit; au seigneur de Saincte Remy, se pourvoir de bonne heure de tous artifices à feu; aussi au seigneur de Crenay remonter grand nombre d'harquebuz à croc avec leur appareil et fourniment. Et fut la diligence telle, que toutes ces choses se trouverent prestes et assemblées es lieux à ce ordonnez avant que le besoing fust.

Noz soldats n'estoyent cependant paresseux à la demolition des bastimens vers la porte Saincte Barbe, portans par terre ce grand nombre d'édifices demourez hors du retranchement, afin que si iceluy quartier venoit à estre prins, lequel toutesfois on ne deliberoit legierement abandonner, il ne s'y trouvast rien en estat qui peust faire faveur à l'ennemy. Et de mesmes poursuyvoyent les maisons joignants les murailles de la ville, y faisant un espace tout du long pour y mettre gens en bataille et y pouvoir faire rampars et tranchées. Pareillement au dehors de la ville ils abbattoyent les faulxbourgs, jardins, edifices de plaisir, et autres murailles qui eussent peu nuire, dont il y en avoit grand nombre jusques dans les fossez, ainsi qu'on veoit en ces grandes et riches villes qui ont jouy longuement du bien d'une profonde paix. Et pourroit on s'esmerveiller de l'obeissance qu'en tel dommage d'edifices ce peuple de Mets rendoit, car, estant la chose conduitte par l'autorité de M. de Guyse, et par gracieuses remonstrances dont il usoit, il ne s'en veit un seul qui feist semblant le trouver dur; et la plus part mettoyent d'eulx mesmes la main à les abbattre, comme concernant le bien public et la perpetuelle seureté de leur ville.

Encores, pour ne laisser aucune commodité de couvert à l'ennemy s'il vouloit venir loger pres de la ville, ils ruinoyent les bourgs de Sainct Arnoul, de Sainct Clement, de Sainct Pierre des Champs, de Sainct Julian, de Sainct Martin, et autres tout à l'entour : chose qu'il ne faut estimer de petit travail ny peu hazardeuse, veu la presse du temps qui ne donnoit le loisir d'y besongner en seureté; de sorte qu'ils y sont demourez ensepveliz et couverts soubz les ruines plus de deux cens pauvres soldats, ou autres qui leur aydoient. Vray est que, quant aux grandes eglises, tant du dedans que du dehors, ne les voulant M. de Guise veoir mettre par terre, si la venue de l'ennemy et le saulvement de la ville n'en monstroyent une grande nécessité, les pilliers qui en soustenoyent les voultes, et pans de murs, furent pour lors seulement couppez et estançonnez de boys, mesurans que l'espace d'un jour ou deux nous en feroit tousjours venir à bout quand le besoing nous y contraindroit, ainsi que depuis avant cinq sepmaines fut mis à execution. Mais, pource que celle de Sainct Arnoul estoit de grande estendue, et assise en si hault et proche lieu de la ville, que la voulte eust peu servir aux ennemis d'un dangereux cavalier sur tout le quartier de la porte Champeneze, on s'advança de l'abattre, de crainte qu'ils feissent quelque grand effort de s'en saisir avant qu'on y peust remedier. Et usa M. de Guyse de pitoyable office vers l'abbé et religieux dudict Sainct Arnoul, ensemble vers les autres gens d'eglise et de religion de toutes les abbayes, couvens et colleiges abattuz, qu'il accommoda es autres eglises, dont est demeuré grand nombre en estat dans la ville, trouvant suffisant espace pour les y loger tous, avec leurs aornemens et joyauls, sans aucun empeschement de pouvoir vaquer au service de Dieu aussi bien qu'au paravant; et feit transferer en solennelle procession les corps et reliques de plusieurs saincts, qu'il accompaigna, et les autres princes et seigneurs avec luy, la torche au poing, teste nue, depuis l'eglise et abbaye Sainct Arnoul, jusques en l'eglise des Freres preschéurs.

Il ne fault omettre qu'à mesme jour et procession furent transferez les cercueils esquels gisoyent, en l'eglise et abbaye Sainct Arnoul, la royne Hildegarde, femme de Charles, premier de ce nom, surnommé Charlemaigne, roy de France et d'Austrasie, duquel royaulme d'Austrasie la ville de Metz estoit la capitale, et depuis Empereur; le roy Loys, surnommé Debonnaire, fils des susdicts Charles et Hildegarde, aussi roy des deux royaulmes, et Empereur, qui fut inhumé à Sainct Arnoul, l'an huict cens quarante et un; deux de ses seurs, Hildegarde et Aleide; et deux seurs du roy Charlemaigne,

---

(1) Appareil derrière lequel le soldat trouvait une sorte d'abri contre les coups d'arquebuses.

Rotayde et Aleide ; Droguo, qui fut archevesque de Mets, et frere dudict roy Loys Debonnaire, ne scay au vray si legitime ou bastard ; Vitro, duc de Lorraine, pere de saincte Glocine ; Beatrix, espouse d'un Herwic, duc de Mets ; Amalard, archevesque de Trieves, jadis chancelier de Charlemaigne, et depuis canonizé pour sainct : lesquels furent tous apportez en l'eglise des Freres prescheurs, et illec enlevez avec telle solennité, et aussi honorablement que faire se peut, et que l'opportunité du temps le permettoit.

Le marquis Albert de Brandebourg, duquel avons dessus parlé, s'estoit faict chef d'une partie des meilleurs gens de guerre que les princes d'Alemaigne eussent en leur armée contre l'Empereur, ayant retiré de sa part le duc de Zimmeren, parent du conte Palatin, l'Ansgrau de Lytembourg, le conte Ludovic d'Ottinguen, et soixante deux enseignes d'Alemans, lesquelles il avoit reparties en quatre regimens : dont Jacob d'Ausbourg, auparavant son lieutenant, estoit colonel de vingt deux ; le conte Daltenbourg de seize ; Rifemberg de douze, et des douze autres Joassen Fondalbic (1), avec huict squadrons de chevaulx, chascun de deux cens, ensemble trente quatre pieces d'artillerie ; et estoit venu des haultes Alemaignes, en brauschattant et ranconnant le pays, passer le Rhin à Spire, et courir toutes les terres d'Auxois, jusques à la ville de Trieves, de laquelle il s'estoit saisy et mis des gens de cheval dedans, avec le regiment de Fondalbic pour la garder. Maintenant s'estoit venu camper au lieu de Roranges (2) sur la Mozelle, pres de Thionville, à trois lieues de Mets, d'où envoyoit souvent demander vivres à M. de Guyse pour la nourriture de son camp, faisant publier qu'il estoit là pour le service du Roy. Et de faict, le Roy tenoit aupres de luy l'evesque de Bayonne, pour traiter la condition du payement qu'il luy fauldroit en se servant de luy. Or, n'osoit M. de Guyse le refuser, afin qu'il n'en causast quelque mal contentement ; aussi craignoit d'autre part desfournir sa ville. Parquoy advisa sagement de ne tomber en l'une ny en l'aultre necessité, envoyant la premiere fois au marquis tel nombre de pains et pieces de vin pour luy satisfaire, qui ne fut de grand foulle à la munition du Roy. Et depuis, sur semblable demande, luy feit entendre qu'il n'oseroit n'y vouldroit plus toucher à la munition, mais luy envoyoit une autre provision de pain et de vin qu'il avoit faict venir pour la fourniture particuliere de sa maison, adjoustant encores nouveau present d'un coursier que le seigneur de Louvieres, son escuyer d'escurie, mena audict marquis. A la fin, ne voulant M. de Guyse user vers luy, sinon en la façon que le Roy lui avoit mandé, et voyant qu'il importunoit tousjours pour vivres, envoya le seigneur Pierre Strozzy luy remonstrer que la raison de la guerre, laquelle il entendoit bien, ne portoit que l'on jectast vivres d'une place de telle importance que Mets, mesmement à ceste heure qu'on entendoit l'Empereur s'approcher avec une grosse armée pour la venir assieger, avecques ce qu'elle n'estoit gueres bien fournie ; et à peine en pourroit on tirer la nourriture de son camp trois jours, qu'on ne l'espuysast beaucoup ; mais qu'il pourroit prendre son chemin vers les Sallins, pays tres-fertile, et là entretenir pour un temps son armée. Ce propos sembla avoir esté bien receu de luy, mesmes demanda quelque personnage pour luy monstrer le pays. Mais le bon jugement du seigneur Pierre avoit desjà descouvert, par les termes et propos qu'il avoit tenu, que ses fins tendoyent seulement à tirer de l'argent du Roy, et projectoit deslors jouer ce beau tour que depuis on a veu. Lendemain fut depesché Gaspar de Hus, seigneur de Buy, gentilhomme natif de Mets, pour l'aller conduire vers les Sallins ; mais, au lieu de prendre ce chemin, il s'approcha une lieue plus en çà, vers la ville, venant camper à Aey, d'où envoya trois de ses gens vers M. de Guise, luy faire entendre que d'aller vers les Sallins ce seroit trop s'exposer à l'ennemy, en danger que luy et ses gens fussent rompuz, et que son intention estoit de passer la Mozelle ; parquoy prioit qu'on lui feist faire un pont, et ce pendant le fournir de vivres necessaires, ensemble mettre en liberté quelques uns des siens qu'il disoit estre arrestez dans la ville. M. de Guyse envoya recueillir et festoyer ses gents par des gentilshommes de sa maison, ausquels ces Alemans feirent grande instance de prendre la lettre du marquis leur maistre, qui contenoit leur charge, pour la porter à M. de Guyse, et qu'ils viendroyent puis apres luy faire la reverence et dire le surplus. Tantost apres s'en retournerent s'en presenter : de laquelle façon M. de Guyse assez esmerveillé ne laissa pourtant à rendre responce, et ramentevoir au marquis touchant les vivres la raison que dessus ; et quant au pont, qu'il n'avoit moyen d'en faire dresser promptement, mais qu'il commanderoit que tous les bateaux de Mets et du Pont à Mousson se rendissent à l'endroit où il vouldroit faire passer ses gents, pour en tirer la commodité qu'il pourroit ; au reste qu'il n'avoit au-

(1) Joachim Calwitz.
(2) Florauges.

cun des siens prisonnier, ny ne vouldroit qu'ils eussent moins de liberté et bon traictement dans la ville que les François. Ceste response estoit suffisante, et satisfaisoit au tout; parquoy estima ledict marquis que ce luy seroit honte de ne la prendre en payement, et commença incontinent penser à quelque autre nouveauté : c'est de faindre estre requis que M. de Guyse et luy parlassent ensemble, et qu'il fust advisé un lieu hors la ville pour s'assembler. L'excuse estoit presente à M. de Guise, que, ayant la garde de la place, ne seroit trouvé bon qu'il en sortist, offrant au marquis que, s'il luy plaisoit venir dedans, il mettroit peine de le bien recueillir et traicter. Le marquis donna parole de venir le jour ensuyvant; dont M. de Guyse envoya bonne trouppe de gentilshommes hors la ville, vers la venue de son camp au devant de luy : et trouverent quelques Alemans qui vouloyent entrer, lesquels furent receuz. Et apres que l'on eut longuement attendu, le marquis envoya dire qu'il ne viendroit jusques au lendemain, auquel jour il approcha encores le matin son camp jusques au village de Mercy et autres d'environ, à une lieue de la ville. Estans des nostres sortiz comme le jour precedent, rencontrerent autre trouppe d'Alemans qui disoyent le marquis n'estre gueres loing, et qu'ils s'estoyent mis devant pour acheter ce pendant quelques besongnes en la ville. L'entrée leur fut donnée comme aux premiers; et sur le midy, un gentilhomme envoyé de la part du marquis vint porter excuse qu'il ne pouvoit encor venir de ce jour, requerant M. de Guise qu'il luy pleust recevoir dans la ville un nombre de mortiers et quelques munitions de boulets, pour descharger d'autant son charroy, qui commençoit marcher difficilement à cause que le temps s'estoit disposé à la pluye. Dequoy, encores qu'il en fust quelque chose, car à la verité le pays est gras et boueux pour si peu d'eau qu'il y tumbe, si est il à croire que cela tendoit plus à imprimer quelque fidelité de luy qu'au soulagement de son charroy; car en l'hyver apres il traina tousjours lesdicts mortiers et boulets sans nouvel attellage de chevaulx. M. de Guyse luy accorda sa demande, et mesmes qu'il pourroit laisser un de ses gens dans la ville pour avoir la garde de ce qu'il y mettroit. Ce soir, il envoya lesdicts mortiers, qui arriverent bien tard, et à l'heure que l'on n'a accoustumé ouvrir places de garde : toutesfois, pour ne luy laisser aucune apparente occasion de se plaindre, M. de Guyse, ayant jecté quelques chevaulx dehors pour faire la descouverte, à fin d'obvier aux entreprinses qui se pourroyent faire, et mis force soldats en armes à la porte, quelque nombre d'arquebouziers aux barrieres, receut ce charroy à diverses ouvertures de porte, et à diverses fois le visitant à la raison qu'ils entroyent les uns apres les autres, afin qu'il n'y eust chose dont peust venir inconvenient à la ville, et cela si dextrement, qu'il ne fut donné aucune cognoissance de souspeçon. Le tiers jour, on veit venir autre grosse trouppe d'Alemans, et nulles nouvelles que le marquis arrivast : dont M. de Guyse, considerant ceste façon, et le logis qu'il estoit venu prendre si pres de noz portes, se doubta qu'il pourroit avoir quelque dangereuse imagination; parquoy ne permeit que ces Alemans venuz dernierement entrassent, mais doulcement feit sortir ceulx qui estoyent dedans, en nombre de plus de quatre cens, leur offrant faire porter de la marchandise à la porte autant qu'ils en voudroyent acheter. Sur l'heure arriverent gens de la part du marquis, pour dire que leur maistre ne pourroit estre bien à son aise en lieu où l'on essayast faire ses gens prisonniers, et que à ceste occasion il n'y estoit voulu venir. A quoy avoit tant peu d'apparence, que l'on ne daigna luy en mander satisfaction; car aussi n'estoit veritable, comme M. de Guyse, s'en estant soigneusement enquis des l'autre fois qu'il luy avoit mandé le semblable, l'avoit ainsi trouvé. Toutes lesquelles choses, rapportées au succez de celles qui advindrent dans six sepmaines apres, feront juger que le marquis avoit entreprins une de trois choses : ou de tirer le plus de vivres qu'il pourroit pour desfournir la ville, ou bien surprendre la personne de M. de Guyse, et mettre en danger tout le demeurant, ou bien de gaigner, avec le nombre de ses gens qui estoyent ainsi entrez, une des portes par où il peust mettre toutes ses forces dedans, et en demourer le seigneur; mais Dieu ne permit qu'il en advint ainsi.

Nous avions alors passé la mi septembre, et commençoyent venir plus d'advertissements de la venue de l'Empereur qu'auparavant; lequel, avec les bandes espagnolles, italiennes, et les autres forces qu'il avoit assemblées à Ispurg (1), Munic, Augsbourg et Ulme, s'estoit acheminé jusques sur le Rhin, lequel sa personne, avec quelque nombre de chevaulx et certaines pieces d'artillerie, l'avoyent passé sur le pont à Strasbourg, le demeurant de l'armée par batteaux; s'estant encores venus joindre à luy à Laudourf, maison du conte Palatin pres de Spire, où il faisoit quelque sejour, deux regiments qui venoyent de Francfort et Ratisbonne : par le moyen de quoy son armée estoit encores

(1) Inspruck.

engrossie, et s'approcha depuis aux Deux Ponts, qui est un lieu à quinze lieues de Mets, d'où M. de Guyse eut advertissement qu'il faisoit advancer quinze cens ou deux mil chevaulx vers le pays Metsein, pour desfaire les nostres qui y estoyent pour la recolte. Parquoy manda aux seigneurs d'Antragues, de La Brosse et de Biron, s'approcher vers la ville avecques leur trouppe, faisans entendre par le pays que l'on eust à mettre plus grande diligence que jamais de porter vivres, et ceulx qui ne le pourroyent si tost faire, eussent à les jetter hors des granges, maisons et edifices, à fin que s'il estoit besoing en faire le gast pour empescher que l'armée de l'ennemy ne s'en prevalust, on les peust brusler sans endommager les bastiments et meubles, espargnant ce pauvre peuple le plus qu'il seroit possible. Il leur fut aussi mandé qu'ils rapportassent un roole de tous les moulins des lieux et environs où ils passoyent, pour les envoyer rompre au devant de l'Empereur; les advertissant encores d'amener en venant un grand nombre de charroy, pour s'en servir à resserrer promptement tout ce qui se trouveroit à deux ou trois lieues à l'entour. Ces choses executerent les susdicts ainsi qu'il leur estoit mandé, et se retirerent avec leurs gens vers M. de Guyse, qui les feit entrer dans la ville le vingt-deuxiesme jour de septembre, et les envoya loger chascun au quartier qui luy estoit departy, les bandes de gens de pied pres des murailles, à fin d'estre voisins des lieux où ils auroyent à faire la garde, et les gensd'armes et chevaulx legiers sur le milieu de la ville; ordonnant à tous capitaines, chefs de gens de guerre, gentilshommes et soldats, ne faire logis hors de leurs quartiers, sur peine d'en estre puniz.

Et sçachant que la noblesse françoise est assez coustumiere de courir la part où l'affaire survient, et, advenant le siege, qu'un bon nombre s'en retireroit en ceste ville, où, s'ils n'avoyent à qui rendre particuliere obeissance, vouldroyent prendre logis où bon leur sembleroit, et estre de toutes les factions qui s'entreprendroyent, dont on a veu souvent advenir plus d'inconveniens que de bons effects; à ceste cause feit commandement que tous gentilshommes et autres qui viendroyent pour leur plaisir, eussent à choisir un des capitaines de gens de cheval ou de gens de pied estans en la ville, pour se retirer devers luy, et avoir logis dans son quartier, le suyvre et accompaigner à toutes les saillies, factions et entreprinses qui se feroyent par luy, obeissant à l'execution d'icelles tout ainsi que s'ils avoyent receu soulde, et faict le serment au Roy soubs sa charge, et n'entreprendre rien d'advantage, sur peine d'estre mis hors la ville. Et pource que les ennemis eussent peu, en moins de six jours, se faire maistres de la campagne et occuper les vivres, ne tarda gueres à renvoyer la cavalerie legiere faire le gast qu'avons dict cy dessus, et rompre les moulins, leur commandant aller commencer au plus pres de l'ennemy, et au plus loing de la ville qu'il leur seroit possible, faisans en sorte qu'il demeurast le moins de nourriture et de commodité de toutes choses devant leur armée que faire se pourroit.

Cependant, à fin que l'on feist plus grande diligence de resserrer ce qui estoit encores dehors, fut de nouveau ordonné que dans quatre jours on eust à mettre tous les vivres et le bestiail des villages dans la ville, pour en fournir la munition, ou les vendre au marché à tel pris que l'on trouveroit, sur peine que, le terme passé, les gens de guerre et soldats en pourroyent aller prendre sans payer là où ils en trouveroyent. Ce commandement feit venir en ces quatre jours grande quantité de tous vivres; car la plus part du peuple et les habitans de la ville, qui avoyent encores leurs granges et maisons aux champs toutes pleines, obeirent dans le temps; et ceulx qui ne le voulurent faire sentirent bien tost la punition du mespris et refuz qu'ils faisoyent, par ce que les gens de guerre sortirent comme il leur estoit permis, et allerent faire particuliere provision de tout ce qu'ils peurent trouver: qui fut cause que aucuns se repentans venoyent offrir liberalement de porter tout ce qu'ils avoyent, et que la main fust resserrée aux soldats: ce que M. de Guyse feit volontiers, regretant la foule du peuple, pourveu que la ville eust son fournissement. En ceste façon, ne vint gueres de dommage que sur ceulx qui avoyent trop mauvaise volunté, et cela mesmes porta quelque espargne à la munition du Roy, tenant lieu de distribution aux soldats plus de six sepmaines durant le siege. M. de Guyse avoit usé de plusieurs autres moyens sur le faict des provisions de bleds, vins, bestiail, chairs sallées, poisson, beurre, huille, sel, froumages, riz, et tous autres vivres de garde qu'il avoit faict venir de France, Lorraine, Barrois, et autres lieux où il s'en pouvoit recouvrer, n'ayant espargné ny son credit ny ses deniers, de sorte que la ville fut mise en estat pour ne souffrir faim d'un bon an.

Sur le vingtiesme de septembre, M. de Guyse envoya la seconde fois le seigneur Pierre Strozzi vers le Roy, l'advertir qu'il estoit temps d'envoyer le secours qu'il avoit advisé donner à Mets, veu que l'ennemi s'estoit tant approché qu'il ne falloit plus doubter de sa venue. A quoy Sa Majesté respondit que de Sainct Mihel, où M. le connestable alloit dresser un commencement d'armée, y seroit pourveu avant que les ennemis peussent estre arrivez.

Quelques jours au paravant le marquis Albert de Brandebourg estoit retourné vers Trieves pour retirer les gens de cheval, et le regiment de Fondalbic qu'il y avoit laissé, et autresfois revenu au tour de Mets, où il feit cinq ou six logis, entretenant tousjours l'evesque de Bayonne de paroles generales sur lesquelles on ne pouvoit faire aucun bon fondement; car il luy proposoit chascun jour demandes nouvelles, et si excessives, que ledict evesque eust passé grandement sa charge de les luy accorder. Il envoya querir les mortiers qu'il avoit laissé dans la ville, lesquels M. de Guyse luy permit reprendre. Et environ ce temps le Roy despescha encores le seigneur de Lanssac pour venir prendre quelque conclusion avecques luy; mais il trouva moyen de mettre tousjours la chose en longueur, et cependant s'approcha du Pont à Mousson, venant loger tout joignant les portes; auquel lieu M. le connestable envoya de nouveau le seigneur de La Chapelle de Biron, et à la fin M. de Chastillon son nepveu, à present admiral de France: lequel, apres avoir quelquefois conclud une chose, incontinent apres le marquis l'envoyoit conditionner de quelque autre, tant esloignée de raison qu'il s'en retourna sans resolution. Ceste façon intraictable de ne se laisser conduire à quelque party honneste de plusieurs qui luy estoient offers, le rendit suspect à M. le connestable, qui commença penser de luy comme d'un ennemy; et, par le trouble qu'il donna, veint cest inconvenient à la ville, que M. le connestable ne nous peult secourir de tout ce qu'il eust bien voulu, mesmement d'artillerie: car il ne l'eust peu faire conduire avecques moindre force que d'une armée, pour la defiance qu'avions du marquis et de son camp. Bien avoit faict approcher de bonne heure quatre enseignes de gens de pied au Pont à Mousson avant que le marquis y passat, lesquelles furent deslors retirées dans la ville, et depuis envoya deux cens pyonniers et un nombre de pouldres que le seigneur Horace Farnez duc de Castres admena, lorsqu'au dixseptiesme du moys ensuyvant il vint pour attendre le siege; oultre lesquelles M. de Guyse, pour la crainte d'un long siege, avoit mis peine à en assembler, ou de ce qu'il en avoit tiré de ses places, ou par aultres moyens, dix milliers.

Pource que le mois d'octobre estoit venu, et nous approchions de l'hyver, quelques uns estimerent que l'Empereur n'entreprendroit si tard nous assieger, cuidans, puis qu'il avoit conduit jusques ici sagement ses affaires, il ne vouldroit forcer à ceste heure la nature du temps, et tant contemner la rigueur du ciel, que de hazarder une si grande armée à la mercy des neiges, pluyes et gelées, qui sont bien vehementes en ce pays, et se contenteroit, pour ceste année, de s'estre monstré en armes en Alemaigne, et d'avoir reduict à sa devotion les princes de l'Empire, qui, au commencement de l'esté, estoyent entrez en guerre contre luy, mais qu'il pourroit entreprendre de venir en quelque quartier de la Champaigne, ou en Lorraine et Barrois, pour y faire hyverner son armée, et temporiser jusques en la belle saison, que l'execution de ses entreprises viendroit estre plus aysée; mais il estoit aussi à penser qu'un si grand amas de gens de guerre, et la grand despence de les souldoyer, avec les bravades et menasses dont il avoit usé, et qu'il avoit faict publier par ses ambassadeurs et ministres, tant en Alemaigne qu'en Italie, de vouloir avant toutes choses pourveoir au recouvrement de ce qui touchoit à l'Empire, luy feroient avancer ce siege; à quoy de plus fort l'inciteroit la foiblesse qu'il sçavoit estre encores en la ville, et la crainte que les affaires du Roy, par trop temporiser, se peussent tant affermir qu'il ne fust plus heure de l'empescher; aussi qu'un esprit picqué se promet souvent de surmonter les plus grandes difficultez, mesmes qu'il avoit aultresfois bien heureusement mené la guerre en hyver. Parquoy faisant M. de Guyse un conseil sur toutes ces choses, resolut de poursuivre sa premiere et sage deliberation, de continuer avecques la plus grande diligence qu'il pourroit la fortification commencée. Et, y estoit si attentif, que souvent il faisoit porter son disner aux rempars, de peur de mettre trop de temps à aller et venir en son logis. Et si quelques fois il alloit dehors à cheval, c'estoit pour recognoistre le pais, visiter les advenues et logis que les ennemis pourroyent faire à l'entour de la ville, et prendre garde aux lieux par où ils nous pourroyent nuire, et aussi à ceulx qui seroyent advantageux, tant pour noz saillies et mettre des emboscades, que par où nous ferions noz retraictes.

Les vendanges estoyent lors achevées, lesquelles avoyent esté faictes sans aucun empeschement, et y avoit grande fertilité de vin par tout le pays; dont apres qu'on en eut retiré une grande quantité dans la ville, beaucoup de gents de travail vindrent, qui furent employez à la besongne, par le moyen desquels les platesformes commencerent d'approcher à la haulteur suffisante pour s'en pouvoir servir. Et feit lors M. de Guyse asseurer et habiller les voultes de plusieurs eglises en platesformes, armées de balles de laine, qui seroyent cavalliers aux montaignes pour y mettre de l'artillerie, et battre au loing, à l'advenue des ennemis. Et pourautant que l'on disoit estre chose bien aisée de nous priver de celle partie de la Mozelle qui passe dans la ville, rompant la chaussée qui la soustient, au moyen de quoy toute l'eaue retourneroit en son ancien canal, du porte des Mores, hors des murailles, et demoureroyent deux grandes ouvertures servants de breche aux ennemis, soubs les deux ponts des Barres, par où ladicte riviere entre et sort dans la ville, furent commencées des pallifications dans l'eaue, reculées de vingt cinq ou trente pas desdicts ponts vers le dedans de la ville, pour n'estre exposées à la batterie, avec bon rempar des deux costez du canal, depuis lesdictes pallifications jusques aux ponts, servant de flanc l'un à l'autre. Et aussi pour le mesme danger que, perdant l'eaue, fussions privez des moulins qui estoyent dessus, M. de Guyse en feit faire un bien grand nombre d'autres à bras et à chevaulx, pour moudre les bleds et battre les pouldres.

En ces entrefaictes on entendit que l'armée de l'Empereur avoit passé les Deux Ponts, et s'approchoit vers la Mozelle, s'engrossissant toujours du nombre de gents qui suyvoyent d'Alemaigne, et d'autres qui venoyent des Pays Bas; dont ne voulant M. de Guyse leur laisser en proye une enseigne de gents de pied du capitaine La Prade, qui estoit dans Rodemar, à fin qu'ils ne se peussent avantager d'avoir à leur arrivée fait quelque prinse sur le Roy, mist en deliberation et conseil de les retirer, ensemble l'artillerie qu'ils pouvoyent avoir. Et furent les capitaines de cest advis : que du premier jour on envoyast querir les gents de pied, congnoissants que la place n'estoit pour attendre une moyenne force, non qu'une si grosse armée qu'on disoit estre celle de l'Empereur ; mais ils trouvoyent si malaysé, que quasi jugeoyent impossible d'en pouvoir retirer l'artillerie, à cause qu'il y avoit six grandes lieues de mauvais chemin de Rodemar à Metz, qui en valloyent douze françoises, beaucoup de passages difficiles, tant de montaignes que de grands boys entre deux, et le temps qui s'estoit mis à la pluye; d'autre costé les forces de l'ennemy voisines, et mesme vingt enseignes de leurs gents de pied desjà logées à Luxembourg et Thionville, entre lesquels Rodemar faisoit le milieu, estant chose contraincte de passer à l'aller et au retour à la portée du canon de Thionville, dont pour y user seurement ne fauldoit moindre escorte que de tout le nombre de gents qu'il y avoit dans nostre ville, lesquels, pource qu'il conviendroit mettre beaucoup de temps à trainer l'artilerie, ne seroyent encore peu hazardez en telle entreprinse; mais qu'on la rompist et portast sur sommier ce qu'on pourroit des munitions de guerre qui s'y trouveroyent. Suyvant cecy, M. de Guyse envoya le lendemain, quatriesme d'octobre, le capitaine Lanque, avec ses harquebouziers à cheval, advertir le capitaine La Prade de tenir luy, ses gents et son affaire prests, et qu'il envoyeroit encor plus grand escorte pour les conduire seurement à Metz. Dont pour cest effect il despescha deux jours après le seigneur Paule Baptiste et la moitié de la compagnie de M. de Nemours, lesquels passerent, sans estre apperceuz de ceulx de Thionville, à la faveur d'une escarmouche de M. de Nemours et le comte de La Rochefoucault, avec le reste de leurs compaignies, allerent attaquer devant la ville, sur lesquelle sortirent quelques gents de cheval, qui furent incontinent rembarrez dans les portes. Et allerent encores les nostres donner dans un nombre d'harquebouziers sortiz avec les gents de cheval, lesquels avoyent gaigné un fossé, cuidans de la tirer mieulx à seurté; mais ils furent enfoncez et rompuz, où le seigneur d'Auradé, gentilhomme de la maison de M. de Nemours, receut une harquebusade dans le genoil, de laquelle, à trois ou quatre jours de là, il mourut. Les capitaines Baptiste, Lanque et La Prade executerent le huictiesme du moys, ce qu'ils avoyent en charge de la ruine du chasteau et rompement de pieces, conduisants par une nuict les gents de guerre à sauveté, avec un nombre de pouldres et d'arquebouzes à croq qu'ils avoyent faict charger, jusques au pont de Rozemont à demie lieue de Thionville, où le seigneur de Biron, avec la compagnie de M. le prince de La Rochesuryon, et sept enseignes de gents de pied soubs le capitaine Favars, maistre de camp, se trouverent à l'aube du jour pour les recueillir. Et pource que quelque maladie assez contagieuse avoit couru entre ces soldats de Rodemar, à fin d'eviter inconvenient dans la ville, M. de Guyse les envoya loger au pont des Moulins, où, après leur avoir faict faire monstre, leur commanda se retirer au camp, vers M. de Chastillon leur coronel. Et en ce temps il choisit parmy ses autres bandes trente soldats des plus estimez pour sa garde, dont en y avoit six des laquaiz du Roy, qu'il a, durant le siege, souvent employez à diverses entreprinses, esquelles ils se sont tousjours portez fort vaillamment. Aussi en sont demeurez les treze ou quatorze morts ou impotents de leurs membre.

Trois ou quatre jours après, M. le prince de La Rochesuryon, venant de sa maison, arriva en poste pour le desir de se trouver en un siege tel qu'on prevoyoit estre cestuy-cy : la venue duquel fut tresaggreable à M. de Guyse et à touts les gents de guerre. Il voulut du premier jour prendre charge de quelque besongne, et commencea un rempar à l'endroit d'une poterne pres l'eglise Sainct Thibauld, qui fut continué à main gauche jusques à l'entrée de la riviere de la Seille et de l'autre costé jusques aux Augustins, comme de mesmes feit le seigneur Pierre Strozzy, au rempar et tranchée d'entre la porte des Alemans et la plateforme de la porte à Metzelle. A ladicte plateforme les conte de La Roche Foucaud et le seigneur de Rendan, et les seigneurs de Gounor et de La Brosse à la courtine, et deux boulevars du retranchement ; le seigneur d'Antragues au ravelin et portal des Alemans ; le seigneur de Biron à la plateforme des Rats ; le seigneur de Parroy à celle de l'encongnure de Saincte Glocine, et certains aultres seigneurs venuz au paravant, qui estoient superintendans à tous les atteliers, faisoyent valoir la diligence des pyonniers et des gens de travail, n'espargnants celle mesme des gens de guerre de pied ou de cheval, lesquels y employoient quatre et six heures chascun jour, dont leur gaillardise ayda beaucoup à l'advancement de la besongne : joinct que noz ennemis estoient lents et nous donnoyent loisir de nous fortifier, sejournants plus d'un demy moys au logis qu'ils avoyent prins aux Deux Ponts et aux environs : mais cela procedoit, comme il est vray semblable, de ce que l'Empereur vouloit pourvoir, avant passer oultre, aux munitions de guerre et vivres qui seroyent necessaires durant le siege à l'entretenement d'une si grande armée ; comme deslors il pratiqua que de Strasbourg luy seroit fourny durant deux mois deux cens mille pains par jour, et des aultres villes assises sur le Rhin et la Mozelle, selon qu'ils le pourroient faire. Il attendoit aussi que sa grosse artillerie fust arrivée à Thionville, laquelle il faisoit descendre par le Rhin jusques à Confluence (1), et puis remonter par la Mozelle. D'aultre costé le duc d'Olsten (2), frere du roy de Danemarc, et les seigneurs d'Aiguemont, de Brabançon et Du Bossu, luy devoyent amener un autre nombre de gens de guerre qui estoyent bas Alemans, tant de pied que de cheval, lesquels ne pouvoyent si tost arriver ; mais, sentant qu'ils s'approchoyent, et qu'au demeurant tout l'appareil de son armée estoit prest, il s'acheminavers Serebruch (3).

(1) Coblentz.
(2) Adolphe de Holstein, frère de Christine III.
(3) Saarbruck.

A tant M. de Guyse, desirant avoir particuliere congnoissance de l'estat de ceste armée, commanda au seigneur de Rendan s'en aller avec sa compaignie si avant qu'il l'a peust recognoistre ; lequel chemina jusques par dela Vaudrevanges sans avoir nouvelles des ennemis ; et, passant un peu plus oultre contremont la riviere de Sarre, trouva que leur camp venoit loger ce soir à Forpach, un peu par deça Serebruch, à sept lieues de Mets. Surquoy M. de Guyse feit certain jugement qu'ils se venoyent addresser à Mets ; et, bien qu'il veist noz enseignes de gens de pied si mal complettes qu'elles n'avoyent lors plus de quatre mil cinq à six cens hommes en tout, que la cavallerie n'avoit faict monstre sinon que de quatre cens quarante quatre chevaux, aussi les trois compagnies de la gendarmerie comptez pour neuf vingt hommes d'armes, plusieurs y avoyent esté trouvez absens pour estre malades, ou allez se rafraïschir du voyage d'Alemaigne, et grande difficulté qu'il en peust estre desormais secouru de plus grand nombre, n'y d'aulcune aultre chose, neantmoins se resolut avec telle troupe, qu'il cognoissoit estre pourveue de gens de bien attendre les ennemis, sans demander autre chose au Roy que sa bonne grace, laquelle il esperoit meriter, exposant sa vie à la defense et garde de ceste sienne place, comme à la verité c'estoit service aultant relevé qu'on eust peu faire à la venue de si grand force, et où chascun de bon et sain jugement peut aisement cognoistre de quelle importance en estoit la conservation ou la perte. Donques, sentant les ennemis si près comme a esté dict, de peur que s'ils avoyent intelligence ou moyens aulcuns de surprendre la ville ils en voulussent à leur arrivée essayer l'execution il feit renforcer la garde des murailles, ordonnant que les capitaines, les seigneurs, gentils-hommes et gents d'ordonnance, feissent ordinairement tout le long de la nuict la ronde ; et luy-mesmes le plus souvent estoit à visiter les corps de garde et sentinelles. Aussi ordonna un guet à cheval hors la ville, qui se feroit de jour un peu par dessus le bourg de Sainct Julian, vers la montaigne et venue des ennemis, afin que d'heure à autre il fust adverty de tout ce qui pourroit survenir de leur costé.

Bien tost après il envoya le seigneur Paule Baptiste sur les champs, pour avoir encores plus seures nouvelles du chemin qu'ils tiendroyent : lequel, avecques trente ou trente cinq chevaulx, chemina un jour et la nuict, et un peu de l'autre matinée vers Serebruch, et trouva que leur camp estoit encor à Forpach : toutesfois il en deslogeoit ce mesme matin pour venir à Sainct Avau, en s'approchant deux lieues de nous. Ledict seigneur Paule, estant couvert d'un peu de bois et du brouillard qui faisoit lors, demoura quelque temps à veoir passer ce camp : à la fin, voyant trois ou quatre de leurs soldats debandez, les feit prendre sans que le camp en eust aucune alarme, et avec cest advis et langue s'en retourna en la ville. Ainsi nous continua l'advertissement que l'Empereur approchoit, dont moins que jamais perdismes heure ny temps à faire tout ce qui estoit possible pour la fortification et defence de la ville.

La nuict du deuxiesme jour après, le conte de La Rochefoucauld sortit pour aller de rechef veoir les ennemis. Et estant près de Boulac, à quatre lieues de Metz, se tint en emboscade, envoyant le capitaine La Faye, son lieutenant, avec six salades, descouvrir plus avant ; lequel alla donner jusques dans les faulxbourgs de Boulac, où y avoit quelques harquebouziers en garde, qui furent chargez et contraincts gaigner le fort donnants l'alarme à huict ou neuf cens chevaulx qui estoyent logez là pour escorte des vivres. Ledict La Faye se retira vers la trouppe, et le conte avecques le tout vers la ville, trouvant en chemin grande quantité de bled et vin pour les ennemis, qu'il gasta et desfonça. Et ne tarda gueres après que M. de Guyse ; pour estre tousjours bien adverty de ce que les ennemis feroyent, renvoya Paule Baptiste sur le chemin de leur camp ; lequel, estant aussi parti de nuict, arriva, ainsi que le jour commençoit à poindre, en un village qui est entre le petit Metz et les Estangs, au milieu d'un bois où il trouva de vingt cinq à trente soldats espagnols, lesquels eurent l'alarme de luy, et tirerent force harquebousades, se jectans dans le bois qui estoit à l'entrée du village, par lequel ledict Baptiste vouloit faire son chemin, qu'il faignit lors prendre par aultre part ; mais pour mieux pouvoir porter quelque certaineté des ennemis, et les approcher à couvert, il y rentra par aultre endroit ; et arrivant jusques près du camp, qu'il trouva logé par deçà Boulac, print neuf ou dix soldats italiens qui alloyent busquer (1) par les villages, et s'en revint. De ce logis l'Empereur partit pour se retirer à Thionville, à cause de quelque indisposition de sa personne : et à deux jours de là, Paul Baptiste retourna autre fois de nuict sur les champs vers Theoncourt et Creanges, pour aller se mettre derriere les ennemis ; mais il fut mal guidé, et ne peut sortir l'execution de ce qui avoit esté entreprins. Toutesfois, s'accostant plus près du camp trouva vingt cinq ou trente Marangeois près d'un bois, qui donnoyent la chasse à quinze ou vingt soldats italiens des ennnemis. Ledict Paule print les uns et les aultres ; et, passant encores plus avant trouva que le camp estoit deslogé de Boulac, et s'en venoit vers les Estangs. Il approcha à un demy quart de lieue de plusieurs esquadrons de gens de pied et de cheval, qu'il suyvit un temps. Et voyant quelques Espaignols et aultres soldats s'escarter de la grosse troupe, les print prisonniers, et les conduict à Metz.

Ce soir logea la cavalerie de l'ennemy audict lieu des Estangs, qui est à trois lieues de Mets, et tout le reste de l'armée à demie lieue par delà, où ils se tindrent encores lendemain, à cause du mauvais temps qui les empeschoit mener l'artillerie ; mais ce ne fut sans que M. de Guyse leur envoyast sur le jour et sur la nuict donner l'alarme par quelques petites trouppes de nostre cavalerie, de sorte que toute la leur fut contraincte se tenir longuement en bataille. Et les eust on encores travaillez plus souvent, et par plus grand nombre des nostres, n'eust esté que la retraicte estoit mal aysée, et qu'on n'eust sceu faire si petite perte qu'elle n'eust esté trop grande pour le besoing qui s'apprestoit. La nuict, ils envoyerent des harquebouziers à deux ou trois cens pas de la ville, aupres d'un pont de pierre, du costé de la grande riviere, pour visiter, ainsi qu'on pense, le lieu et l'assiete de leur camp, lesquels furent descouverts de la muraille. Et les fust on allé veoir de plus pres sans l'incommodité de la nuict.

Deux jours apres, qui fut le dixneufiesme d'octobre, le duc d'Albe, capitaine general de l'armée de l'Empereur, et le marquis de Marignan, coronel des gents de pied italiens, par lesquels deux la plus part des affaires se conduisoyent, delibererent venir recognoistre la ville, et le logis qui seroit plus propre pour l'assieger, estimants, puis que la principale charge de l'entreprinse leur touchoit, qu'aussi devoyent ils veoir à l'œil tout ce qui pourroit faciliter ou empescher l'execution. Ils s'approcherent à un petit quart de lieue, avec quatorze mille hommes de pied, quatre mille chevaulx et six pieces d'artillerie de campagne, qui furent descouvers sur les neuf heures du matin par la guette du clochier, et le seigneur de La Brosse, qui estoit ce jour de guet hors la ville avec la compagnie de M. de Lorraine, en donna certain advertissement à M. de Guyse. Et, ayant retiré ses sentinelles, commença s'approcher au pas vers un pont de pierre du bourg Sainct Julian, où il trouva de noz harquebouziers qui estoyent sortiz pour le soustenir, lesquels y attendirent la descente des ennemis, et le garderent assez longuement ; mais, se voyants charger d'une grand force par teste et par flanc, car à trente pas du

(1) Piller.

pont n'y avoit eaue qui y peust faire empeschement, commencerent se retirer, et, par le moyen d'un bon ordre et commandement du seigneur de La Brosse, qui leur faisoit souvent monstrer visage, et prendre de pas en pas les lieux advantageux pour tirer à couvert, ils gaignerent la faveur de noz murailles sans qu'il s'en perdist pas un. De l'autre costé, sur la porte des Alemans, descendoyent environ deux mille harquebouziers espagnols ou italiens, ayant laissé la grosse trouppe à huict ou neuf cens pas plus hault, vers les bordes de Valieres, et leurs gents de cheval un peu à gauche en bataille. M. de Guyse feit sortir le seigneur de Rendan avec vingt cinq chevaulx seulement, pour les aller recognoistre, sans permettre qu'il en sortit d'avantage, à cause que cest endroit vers la montaigne, couverte de vignes, n'estoit commode à combattre pour la cavalerie. Et ayant ordonné quinze harquebouziers de chascune enseigne de gents de pied se tenir prests avec un chef des principaulx de chascune d'icelles, il en bailla deux cens au capitaine Favars, maistre de camp, pour l'aller soutenir, et encores le seigneur Pierre Strozzy pour commander aux uns et aux autres, et conduire l'escarmouche. Ledict seigneur de Rendan n'alla gueres avant sans rencontrer ceste force d'harquebouziers qui venoit au grand pas, en bon ordre et contenance de soldats, pour s'attaquer aux nostres, et tira sur sa trouppe. Toutesfois il les nombra jusques aux derniers, puis, se retirant au pas vers la premiere ruine de dessus la porte des Alemans, appelée de Brimba, trouva le seigneur Pierre, qui le feit passer et touts les chevaulx, plus bas vers la ville, s'apprestant avec ses harquebouziers faire teste aux ennemis, lesquels il arresta un temps à coups d'harquebouze; mais, d'autant qu'il les voyoit renforcer tousjours, et que, par les costez, commencoyent d'environner le lieu, il retira peu à peu ses gents vers l'autre ruine plus basse et prochaine de la ville, appelée de Saincte Elizabet; et là, tenant ferme, garda que les ennemis ne passassent oultre; bien qu'ils en feissent leur effort, et continuassent harquebouzer plus de deux heures les uns contre les autres. Encores estoyent autres cent ou six vingts harquebouziers, du reste de ceulx que M. de Guyse avoit ordonné, sortiz au-devant d'autre grosse trouppe d'ennemis venuz aux vignes sur la porte Mezelle, qui furent soustenuz, et les nostres trouvez aussi roiddes et asseurez qu'aux autres endroits. Ainsi s'attaqua l'escarmouche en plusieurs lieux entre les deux rivieres, et veoyoit on touts les cousteaux et montaignes pleins de feu et fumée de l'escopeterie. Cependant le duc d'Albe, et le marquis de Marignan qui estoit descendu de sa lictiere, où il alloit à cause de quelque mal de jambe, et remonté sur une hacquenée, vindrent à la Belle Croix, d'où ils peurent, mieulx que nul autre lieu, veoir le circuit et contenu de la ville, recognoistre les commoditez de loger aupres, et les endroits par où elle se pourroit mieulx battre. Quelques Espagnols passerent le bourg Sainct Julian vers la riviere, comme voulans sonder deux guaiz qu'il y avoit pour passer en l'isle, dans laquelle fut jecté une partie de la compagnie de M. le prince de La Rochesuryon, et quelques harquebouziers du capitaine Sainct Houan, pour les empescher. L'escarmouche dura depuis les unze heures jusques à vespres (1), que les ennemis, voyants ne pouvoir faire demarcher (2) les nostres des lieux qu'ils s'estoyent resoluz de garder, tant s'en fault qu'ils les peussent forcer pour approcher la ville de plus pres, commencerent les premiers se retirer vers leur grosse trouppe, et puis touts ensemble à leur camp, laissans l'avantage aux nostres, ausquels ne fut donné peu de louange par M. de Guyse, d'avoir maintenu si long combat sans estre rafraischiz ne renforcez, là où les ennemis l'avoyent esté par trois fois, et tousjours de gros nombre et gents choisiz, comme ceulx qui estoyent venuz preparez de ceste entreprinse, en laquelle la situation du lieu les avoit encor favorisez de pouvoir venir jusques pres de nous, couverts par fossez et cavins. Il fut tiré des deux costez plus de dix mille harquebuzades, et y perdismes du nostre le seigneur de Marigny de Picardie, et cinq soldats, qui furent tuez sur le champ; les seigneurs de Mompha, lieutenant de la compagnie du seigneur de Rendan, de Silly, le capitaine Sainct Aulbin, le capitaine Soley et son enseigne. La Vaure, et l'enseigne du capitaine Gordan, avec dix ou douze autres soldats, furent blessez, dont Silly, Mompha et La Vaure mourrurent en peu de jours. Le seigneur de Mey Robert, homme d'armes de la compagnie de M. de Guyse, fut prins. De leur costé, ne receurent moindre dommage que de huict ou neuf vingts hommes, entre lesquels y en avoit de ceulx qu'ils appellent signalez, ainsi que nous avons sceu depuis. Le soir mesmes M. de Guyse, estant allé au lieu de l'escarmouche, trouva des paisans qui l'asseurerent avoir veu un nombre de charrettées de morts et blessez que les ennemis ramenoyent, oultre quelques uns qu'il veit demeurez sur la place. Nostre artillerie des voultes des eglises et des platesformes avoit fort tiré, mesmes de la

(1) Jusqu'au soir.
(2) Déloger.

plateforme des Rats, quelques coups de canon et de longue coulevrine dans les ruines de Sainct Julian, à cause que des Espagnols s'y estoyent retirez, qui n'y feirent pourtant long sejour. Des ce premier rencontre les ennemis tindrent nos soldats en bonne reputation, ne leur ayants veu, pour aucun danger, reculer ou advancer le pas qu'en gents de guerre et bien asseurez; qui fut un advantage lequel M. de Guyse cognoissoit estre requis qu'un chef, au commencement d'une guerre, taschast le plus qu'il luy seroit possible de gaigner.

Le seigneur don Loys Davilla, general de la cavalerie espagnole, escripvit lendemain une lettre par son trompette à M. de Guyse, pour ravoir un esclave qui s'estoit venu rendre à nous, et qui, à ce qu'il manda, avoit desrobé un cheval d'Espagne et la bourse de son maistre. M. de Guise feit response que l'esclave s'estoit retiré plus avant dans les pays du Roy, comme estoit la verité, et quant bien il seroit encore en la ville, la franchise qu'il y avoit acquise, selon l'ancienne et bonne coustume de France, qui donne liberté aux personnes, ne permettroit qu'on le peust rendre; bien luy renvoyoit le cheval, qu'il avoit racheté de celuy à qui l'esclave l'avoit baillé. Bon nombre de leurs soldats se vindrent depuis rendre à M. de Guyse pour le service du Roy, mesmement Italiens, tant à cause des defaulx qui estoyent en leur camp que pour la defiance qu'ils disoyent les ennemis avoir d'eulx et de leur nation; ausquels fut baillé passage et moyen de se retirer en France, apres toutesfois qu'on eust tiré d'eulx ce qu'ils pouvoyent sçavoir du faict des ennemis; entre autres choses, que le marquis de Marignan, estant à la Belle Croix pour recognoistre la ville, avoit dict qu'il veoit un lieu pour faire une belle et grande breche, et où leur artillerie nous pourroit garder de remparer et de la defendre, qui fut cause que M. de Guyse alla luy-mesme là hault sur la montagne, et recogneut que ce n'estoit autre chose que ce dedans du mur d'entre la plateforme des Rats et la tour des Charriers, qu'il avoit auparavant assez remarqué; lequel et le pied mesmes estoit veu de la montagne, n'ayant rien encores esté touché à la tranchée auparavant ordonnée par le dedans, avec un rampar et deux flancs, n'y aux traverses qu'on avoit advisé relever pour le couvrir, à cause que M. de Guyse avoit mesuré, par le temps que les ennemis seroyent contraincts mettre à gaigner l'isle, faire les approches et puis la breche, qu'il auroit le loisir d'y pourvoir, et ce pendant les autres besongnes, qui sembloyent plus pressées, ne seroyent retardées; ainsi que par fois en divisant il disoit entre ses privez, qu'il veoit plusieurs choses ayants besoing de quelque remede, lesquelles il passoit sans en faire semblant, à fin de ne donner cognoissance à touts des foiblesses qu'il trouvoit dans la ville, et n'estre importuné d'y faire ramparer, pour mettre les autres ou une partie en arriere. Il commanda toutesfois deslors la tranchée et fortification nagueres dictes, où fut besongné tant diligemment par noz soldats, avec la conduicte du vidame de Chartres, qu'en peu de temps l'endroit fut mis en estat pour estre defendu.

Les ennemis passerent trois jours sans se monstrer en campaigne: laquelle chose meut M. de Guyse d'envoyer le comte de La Rochefoucaud veoir ce qu'ils faisoyent; lequel trouva leur camp assis un peu par delà Saincte Barbe, à une lieue et demie de Mets; et, après avoir recogneu ce qu'il peut de leur estat et de leur logis, s'en retourna en bruslant les villages des environs, où leur cavalerie eust peu trouver du couvert. Et la nuict après, le seigneur Paule Baptiste sortit avecques quelque nombre de chevaulx pour les aller esveiller; lequel arriva de grand matin tout auprès du camp, et donna jusques dans le corps de garde des gens de pied italiens, d'où vint l'alarme si chaulde, que tous leurs gens de pied et de cheval se mirent en bataille. De ce temporisement des ennemis nous revenoit tousjours quelque loisir et moyen de nous fortifier: bien que la grandeur de la ville et tant de lieux foibles qu'elle avoit nous missent en doubte ausquels on debvoit premierement entendre, à toute adventure l'on advisa de commencer en plusieurs, à fin que, si possible estoit, l'entreprinse des ennemis se trouvast tousjours prevenue de quelque chose. Mais il ne tarda seulement que jusques au vingtiesme du mois, environ les cinq heures du matin, qu'un grand nombre de tabourins se ouyt batre par les champs, par où jugeasmes que leur camp approchoit. Et, sur les sept heures, que le grand brouillart de la matinée fut tombé, nostre campagnilh (1) commencea descouvrir les esquadres des gens de pied et de cheval de leur advantgarde; et, peu après, on les veit apparoistre sur le hault du mont appelé de Chastillon, et une grosse trouppe de leurs gens de cheval passa vers les bordes de Bonny, sur la porte des Alemans, se tenir en bataille jusques que leur camp seroit logé. Et autre nombre vint courir jusques à nostre guet, près du pont de pierre du bourg Sainct Julian, qu'ils trouverent fourni de cavalerie et d'harquebouziers, aussi bien et seurement accommodez pour les recevoir, avec

---

(1) Sentinelle placée dans la tour d'un clocher.

la faveur de nostre artillerie, qu'en la derniere escarmouche ; mais ils s'en retournerent incontinent sans se vouloir attaquer. Ils camperent sur ce mont Chastillon, et feirent des tranchées pour la garde de leurs pieces, qu'ils mirent à la veue de la ville, mais si loing que la nostre n'y pouvoit batre, et planterent dessus unze enseignes de gens de pied, estendants leur logis jusques à Grimont par le derriere et du costé gauche jusques à la riviere, puis de l'autre costé jusques auprès du bourg Sainct Julian ; qui fut cause de remuer depuis nostre guet qui se faisoit là, et l'asseoir un peu par dessus les ruines de Brimba, et les sentinelles posées vers la Belle Croix, si près des ennemis qu'ils se pouvoyent ouir parler, ne leur laissants gaigner pays sur nous que pied à pied, et le plus tard qu'on pourroit. Ce soir, environ minuict, arriverent les deux freres de M. de Vendosme, messieurs d'Anghien et prince de Condé, pareillement messieurs de Montmorency et de Danville, filz de M. le connestable. Ils estoyent accompaignez de soixante ou quatre vingts gentilshommes, lesquels autrement je ne nommeray en particulier, ny aussi plusieurs aultres qui auparavant et depuis arriverent, de peur que l'omission de quelcun le rendist à bonne occasion mal content. Suffira de dire que ceux qui sont venuz pour leur plaisir n'ont peu de louange de s'estre liberalement offers à un tel danger comme celuy de ce siege se representoit, mesmes que, où depuis il a esté question de combatre, ils se sont fort vaillamment portez, et où de ramparer ils ne s'y sont aucunement espargnez.

Estans les choses en ces termes, M. de Guyse voulut purger la ville des personnes superflues pour l'espargnement des vivres, et ordonna à la gendarmerie renvoyer leur train et baguage en leurs garnisons accoustumées, sans retenir que deux vallets et deux chevaulx de service pour homme d'armes, et un vallet et un cheval pour archier, rengeant la cavalerie legiere selon l'ordre des archiers ; et aux gens de pied de dix en dix un gojat, et six chevaulx seulement en chascune bande : il feit aussi remonstrer aux habitans de la ville qui leur seroit mal aysé de soustenir l'effroy, peine, ennuy et aultres dangers qu'un long siege a accoustumé d'apporter, et que le peu d'experience de telles choses les rendroit plus tost incommodes que utiles au service de la ville. A cause de quoy seroit besoing que la plus part se retirassent en quelque ville de France, où ils ne seroyent moins bien receuz qu'en leurs propres maisons, ou bien au duché de Lorraine, et aultres pais alliez du Roy, laissant seulement en la ville les gens de guerre qu'il avoit pleu au Roy y envoyer pour la garder, et portassent avec eulx, si bon leur sembloit, leur or, argent, vaisselle, bagues, joyaulx, linge, et autres meubles, sinon ceulx que eulx mesmes cognoistroyent les gents de guerre logez chez eulx ne s'en pouvoir passer, et quant aux vivres et autres biens qu'ils ne vouldroyent remuer, il les missent en quelque lieu seur, et en baillassent un inventaire aux seigneurs de Piepapé et de Sainct Belin, commissaires des vivres, qui donneroyent ordre de bien conserver le tout, et qu'il ne se trouveroit rien deperi à leur retour.

Ceste remonstrance faicte, beaucoup de gentilshommes, eschevins, bourgeois, chanoines, prestres, religieux, et autres personnes, se retirerent ès lieux où ils estimoyent se pouvoir mieulx accommoder ; mais encores en demouroit il trop grand nombre. Dont M. de Guyse en feit faire une description de touts, et enroler à part environ douze cens hommes de travail, comprins charpentiers, massons et ouvriers de fer, pour mettre tant aux rampars, fortifications, que au service de l'artillerie ; soixante ou quatre vingts chanoines, prestres ou religieux, pour continuer ès eglises le service de Dieu ; et aussi des armuriers, mareschaulx, boulengiers, cordonniers, chaussetiers et autres artisans, certain nombre limité de chascun mestier, duquel l'on ne se pouvoit passer, en faisant election des plus gents de bien et des plus experts, et mieulx garnis d'etoffes, pour subvenir aux necessitez des gens de guerre ; et par exprès les barbiers, chirurgiens, esquels il feit advancer de l'argent pour se fournir de drogues et onguents requis à la cure des blessures. Le surplus qui n'avoyent billet de ceste retenue eurent commandement de vuider la ville dans lendemain. Encores, pour l'ordre de ceulx qui demeuroyent, defendit à toutes personnes de ne sonner aucune cloche pour quelque occasion que ce fust, sinon la grande du beufroy aux alarmes, feu ou retraicte du soir, et deux horloges, à cause de la grandeur de la ville, où l'on ne se pouvoit passer de moins, dont encore en commit la charge à des soldats fideles ; et que les citoyens, à peine de mort, n'eussent à sortir hors de leurs maisons quant l'alarme seroit par la ville ; et si c'estoit de nuict, qu'ils eussent à jecter de la lumiere à leurs fenestres ou portes ; d'avantage, pour plus grande seureté, qu'un nombre de soldats seroit en garde jour et nuict par les places et carrefours de la ville ; et le prevost des mareschaulx, avec trente ou quarante hallebardiers, se promeneroit ordinairement par tout, à fin qu'à toute heure, et de touts costez, se trouvassent gents prets pour appaiser les desordres qui pourroyent survenir, et se saisir de ceulx qui entreprendroyent les faire. Oultre ce, pour éviter inconvenient de peste, ou autre mortalité qui pourroit estre causée par mauvais air, fut commandé au mesme prevost prendre quelques pyonniers, chevaulx et tombereaux, à fin de purger souvent la ville, jecter les charongnes et autres immondices dehors, et faire tousjours tenir nettes les rues, pourvoyant, quant aux soldats qui pourroyent tomber malades de blessures, ou à cause des gardes de nuict et courvées qu'il leur fauldroit faire à la pluye et au froid, qu'ils seroyent retirez en un hospital, et illec pensez, serviz et traictez de tout ce qui leur feroit besoing, pareillement les pyonniers en un aultre hospital, s'ils venoyent estre blessez ou malades travaillant aux rampars, ou en aultres services pour la defence de la ville.

Et lors M. de Guyse feit le departement des murailles par quartiers aux princes et capitaines, pour les defendre quand l'affaire viendroit : premierement à messieurs d'Anguien et prince de Condé, depuis la porte Sainct Thibaud jusques à la riviere de la Seille; à M. le prince de La Rochesuryon, tout le bas pont des Barres jusques à la tour des Charriers; à M. de Nemours, depuis les grilles du Gravier jusques à la tranchée du seigneur Pierre Strozzy; à messieurs le grand prieur, marquis d'Albeuf, et ledict seigneur Pierre, depuis ladicte tranchée jusques aux moulins de la Seille; à messieurs de Montmorency, de Danville et de Gounor, tout le retranchement et quartier demouré hors d'iceluy; au duc Horace, entre les portes Champeneze et de Sainct Thibault; au vidame de Chartres, depuis la tour de Charriers jusques à Pontiffroy; au conte de La Roche Foucault, la plateforme de la porte à Mezelle; puis les compagnies de messieurs de Guyse, de Lorraine, et du seigneur de Rendan, ordonnées à la place du Change, pour s'y rendre aux alarmes, à la picque au poing; et par tout des gens de pied, selon que le besoing y seroit plus grand, leur ayant esté distribué en chasque bande un nombre de corselets et morrions qui avoyent esté trouvez aux chasteaux des portes et aultres lieux de la ville. Et oultre, fut commandé aux mareschaulx des logis, avec certain nombre de gentilshommes de chascune compaignie, se promener à cheval par les quartiers aussi tost que l'affaire surviendroit, pour prendre garde à toutes choses, et remedier aux soubdains inconveniens qui pourroyent advenir.

Les ennemis tindrent ce logis du mont Chastillon jusques au dernier du mois, et cependant le duc d'Olsten, les seigneurs d'Ayguemont, de Brabançon et du Bossu, arriverent avec la cavalerie et gens de pied qu'ils amenoyent des Pays Bas. Et une nuict quelque nombre de leurs harquebouziers furent envoyez dans l'isle, recognoistre le quartier d'entre les deux rivieres de la Moselle et de la Seille, où l'on avoit craint qu'ils dressassent une de leurs batteries. Il faisoit si grande pluye que les nostres ne les pouvoyent veoir; mais, les entendants au bruit et au marcher, leur tirerent force harquebouzades, et ne leur donnerent le loisir et moyen de recognoistre tous les endroicts qu'ils eussent bien voulu. Lendemain, nonobstant le mauvais temps, nous commenceasmes encores une grande tranchée, et un bon rampar derriere, au joignant de l'aultre qui a esté nagueres dict, depuis le recoing de la tour des Charriers jusques à l'encongneure de Pontiffroy, afin de mettre tout le quartier de ceste isle en defense, auquel, à la verité, n'y avoit rien que la seule muraille, sans aucun flanc ny fossé, qui vallust gueres mieux que de n'en avoir point. La nuict d'après vint advertissement que l'on avoit veu un nombre de pionniers besongner à une tranchée au bort de la montaigne de d'Ezirmont, et qu'il y avoit un peu plus en derriere huict pieces d'artillerie attelées; en quoy nous jugeasmes qu'on les vouloit loger à la Belle Croix pour tirer dans la ville, ce que nous feit efforcer à l'advancement des tranchées et aultres couvertes qui se faisoyent pour n'estre veuz de la montaigne.

Durant que les ennemis sejournoyent sur l'haulture de Metz, nostre cavalerie les alla souvent veoir; mesmes un jour, Paule Baptiste, avecques un bon nombre, courut jusques à leurs tentes, et ramena cent chevaulx de leur artillerie qu'il print, et n'en laissa gueres moins de tuez sur le lieu. Une autre fois, le vidame de Chartres sortit sur le chemin des fourageurs, pour veoir s'ils alloyent aux vivres sans escorte, où fut tué, prins ou blessé bon nombre d'hommes et chevaulx. Les ennemis, le cuydans surprendre et enfermer, vindrent gaigner l'entre deux de la ville et de luy; mais, ayant esté bien pensé de sa retraicte, trouva le pont de Magny sur la Seille refaict, qui auparavant avoit esté rompu afin que les ennemis n'y passassent; et se retirant par là, eut loisir d'amener deux chariots attelez de bons chevaulx, chargez de gerbée. Ainsi chascun jour se faisoit du dommage aux ennemis, prenans soldats, marchans, chevaulx, mullets, et gastant les vivres que l'on leur amenoit. Quelques gens de cheval des leurs descendoyent au pied du mont Chastillon, le long de la riviere, à la faveur des gens de pied logez pres du bourg de Sainct Julian; mais c'estoit sans arrester, à cause que nostre artillerie y battoit, et mesmes y tua quelque personnage de qualité, avec ce que M. de Guyse mettoit tous les jours une compagnie de chevaulx legiers et quelques soldats en l'isle, pour tousjours garder que l'entrée et les guais ne fussent recogneuz; et ceux là leur tiroyent d'un bort de la riviere à l'aultre, pour n'estre gueres large. A ceste cause, les ennemis mirent deux pieces sur un coing de montaigne, et tirerent souvent à nos gens, mais nonobstant elle ne fut abandonnée, ny eux entreprindrent la gaigner.

Le penultieme du mois se presenterent douze ou quinze cens chevaulx et un gros bataillon de gens de pied bien armez du costé de la porte Mezelle; lesquels feirent contenance d'estre là, plus pour escorte du duc d'Albe et des mareschaulx du camp, qui possible estoyent venuz recognoistre ce quartier de pais et les commoditez d'y loger, que pour venir à l'escarmouche, et ne la voulurent attaquer avec la compagnie de M. de Nemours que le seigneur Paule Baptiste avoit menée ce matin en garde, tout aupres du lieu où ils estoyent; comme aussi ne feirent ils avec le conte de La Rochefoucauld, qui vint avec la sienne, et avec trente aultres gentilshommes et quelque nombre d'harquebouziers, relever le seigneur Paule apres midy.

Lendemain au poinct du jour, les bandes espagnolles, italiennes, et quelques regimens de lansquenets, commencerent à marcher vers la ville pour venir gaigner le logis de la Belle Croix, et leurs gens de cheval plus avant, à main droitte, sur la porte Mezelle, hors toutesfois la portée du canon, auquel lieu ils se tindrent en bataille jusques à tant que les gens de pied fussent assiz, qui ne le peurent estre si tost à cause que les soldats de la garde de M. de Guyse, avec trente aultres, leur allerent commencer l'escarmouche, qu'ils maintindrent longuement et de grand asseurance, puis feirent leur retraite si seure, qu'il n'y en eut que l'un d'eux blessé. Ce logis des ennemis occupa tout le quartier depuis la Belle Croix jusques à la riviere de la Seille, à main droitte; parquoy fut besoing remuer encores nostre guet de cheval à Sainct Arnoul et vers le pont de Magny, entre les deux rivieres. La nuict, leurs pionniers, qu'ils avoyent en nombre d'environ cinq mille, qu'on avoit admené des Pays Bas, et deux mille de Boheme, Autriche et Tirol, avec l'artillerie, feirent une tranchée sur le bort de la montaigne, à main gauche de la Belle Croix, tirant vers le bourg Sainct Julian, ensemble des traverses, pour y pouvoir estre mieulx à couvert de nostre artillerie qui estoit sur les eglises, laquelle tiroit souvent pour les empescher, mais non encores tant que M. de Guyse eust voulu, à cause que quatre pieces de sept dont l'on avoit

commencé à tirer s'estoyent esventées, et n'osoyt on plus les charger qu'à demi, mesmes quelque fois nous en servions autant pour leur faire peur du bruit que les endommager de l'effect; toutesfois ils ne furent espargnez des menues pieces et faulconneaux es endroits qu'on les peust descouvrir. Lendemain ils meirent cinq enseignes de gents de pied à ceste tranchée pour la garde de quelques pieces qu'ils y avoyent logées la nuict, desquelles, ce jour et celuy d'apres, ils commencerent tirer dans la ville; mais nostre diligence avoit desjà conduit si hault nos traverses et autres couvertures, qu'on s'y pouvoit assez seurement tenir. Un de nos harquebouziers à cheval monta jusques à la tranchée, tirer de grande asseurance aux ennemis, puis se retira tout au pas sans se haster; mesmes, pource que la descente estoit roide, print le loisir de mettre pied à terre, et mener son cheval à main. Et sur les unze heures du soir estant vingt ou vingt cinq de noz soldats sortiz pour aller recognoistre leur tranchée, userent de telle diligence, qu'ils cuiderent surprendre les sentinelles du camp; puis, montans pour harquebouzer et donner coup d'espée à ceulx de la garde, gaignoyent une de leurs enseignes s'ils eussent esté encores autant. A la fin, faisans leur retraicte vers la ville, furent suyviz d'un nombre d'Espagnols et Italiens qui descendirent assez pres de la porte Saincte Barbe, crians escalle! escalle! ce qui donna bien peu d'effroy à la ville, n'estant gueres subjecte au danger de l'eschelle. Toutesfois la sentinelle du clochier, à cause du bruit, feit l'alarme; dequoy M. de Guyse marry, commanda que delà en avant la cloche n'eust à sonner, sinon pour la retraicte du soir, et que l'alarme se donneroit par des tabourins aux quartiers qu'elle surviendroit.

On s'esmerveilla pourquoy le duc d'Albe et marquis de Marignan voulurent laisser ce logis de la Belle Croix, auquel ils avoyent mis peine de s'accommoder, et desjà faict des tranchées, estant le lieu fort à propos pour eulx s'ils eussent voulu donner l'assault du costé de l'isle, ou par le quartier demouré hors du retranchement d'où nous avions assez doubté. Mais il est possible qu'en considerant mieulx le dedans de la ville, ils cognerent que la fortification de ce costé estoit en meilleur estat qu'ils n'avoyent cuidé, et que la plateforme des Rats estoit parachevée pour battre dans l'isle, et rendre malaisées les approches; aussi que la tranchée, depuis celle plateforme jusques au recoing de la tour des Charriers, estoit desjà faicte, avec son rampar et traverses, qui est tout l'espace entre les deux eaues de la Mozelle, qu'ils pouvoyent descouvrir de la montaigne ; d'avantage, la courtine de terre et deux boulevars du retranchement estoyent en si bonne defence, que, quand ils auroyent beaucoup travaillé à gaigner ce qui estoit de par delà, ils seroyent encores à recommencer, ou bien que nostre artillerie et faulconneaux des platesformes et lieu haults leur portassent grande nuissance. Quoy que soit, le second jour de novembre ils deslogerent secretement sans sonner tabourins, et osterent de bonne heure leur artillerie, faisans encores paroistre les enseignes sur la tranchée, lesquelles à la fin peu à peu, et comme si le vent les eust abbatues, les retirerent, mais non si finement que M. de Guyse ne s'en apperceust, ayant desjà envoyé quinze ou vingt soldats pour en recognoistre la façon de plus pres, qui furent suivis d'aucuns autres, et arriverent de si bonne heure, qu'ils surprindrent de leurs gens dans les loges et tranchées, dont ils en tuerent aucuns, en amenerent prisonniers d'autres, et trouverent de quoy faire butin d'armes, de chevaulx, d'habillements et vivres. Le seigneur Pierre Strozzy fut envoyé jusques là, avec deux cens harquebouziers, qui veit la verité du deslogement, et que une grosse trouppe d'Alemans estoit plus avant en la plaine, marchant en bataille, sur laquelle il envoya la moitié des siens desbandez, mesmement ceulx qu'il estima plus dispots ; lesquels s'approcherent à cinquante ou soixante pas, couverts de quelques hayes, et tirerent souvent dans eulx, les pressans si fort, qu'ils les contraignirent trois ou quatre fois tourner le front du bataillon pour leur courir sus ; mais les nostres se retiroyent au pas vers le seigneur Pierre, ayants tousjours l'œil sur les ennemis, lesquels ne se remettoyent si tost en leur ordre pour marcher, que ceulx cy retournoyent leur faire nouvelle recharge ; et en ceste façon conduirent ces Alemans presque d'un logis à l'autre, soubs la faveur et rafraichissement que le seigneur Pierre leur faisoit, gaignant tousjours derriere eulx l'avantage des lieux pour les soustenir. Beaucoup d'autres soldats, et aussi des gens de cheval, s'estoyent desrobbez pour aller à l'escarmouche, et en plusieurs lieux estoyent venuz aux mains avec les ennemis, mesmes avec aucuns qui avoyent jà passé le pont de Magny, vers lequel quartier la moitié de la compagnie de M. de Nemours estoit en garde, et le duc Horace, suyvi de quelques autres gentilshommes, y avoit accouru, qui combattit et donna coup d'espée. M. de Guyse, voyant qu'un grand nombre des siens estoit dehors, et que la chaleur du combat les avoit attirez bien loing, voulut asseurer la retraicte des uns et des autres. A ceste cause, il sortit huict ou neuf cens pas hors la ville avec six cens chevaulx, où assembla encores le plus de corselets qu'il peut pres de luy, allant sa personne retirer ceulx qui avoyent marché jusques là où les harquebouziers estoyent, et les vint mettre tous en bataille au pres des gens de cheval ; puis, pour ramener le tout en lieu de plus grande seurté, commanda maintenant à un tiers de gens de cheval marcher tout bellement trente pas vers la porte Mezelle, puis à l'autre tiers s'aller joindre aux premiers, et de mesmes aux gens de pied, pendant que le reste monstroit visage. Ce que fut faict par quelques diverses fois, de sorte que, faisant tousjours une grande teste vers l'ennemy, il les eust menez pres de la retraicte avant qu'on cogneust qu'il les voulust retirer. Puis, laissant la gendarmerie à gauche de la porte Mezelle soubs la conduicte de M. le prince de la Rochesuryon, et la cavalerie soubs la conduicte de M. de Nemours à droitte près de la montaigne, retourna au lieu de l'escarmouche, et quasi aussi tost vingt ou vingt cinq chevaulx des nostres, qui alloyent gaigner le hault pour veoir la contenance des ennemis, furent chargez d'un gros nombre de cavalerie, dont se retirans vers la nostre, M. de Nemours leur feit faveur de s'advancer vingt ou trente pas, comme pour aller charger les ennemis, lesquels s'arresterent et s'en retournerent sans suivre plus avant. Cependant M. de Guyse donna ordre au rafraichissement et renforcement de noz harquebouziers, advisant ceulx qu'il y envoyoit prendre leur advantage ; et faisoit quelque fois changer de place aux uns, retiroit les autres quand il estoit besoing, puis tournoit visiter la gendarmerie, et ores la cavalerie, leur ordonnant ce qu'ils avoyent à faire ; ce que fut continué jusques à la retraicte du soleil, que noz gens feirent la leur, n'ayans receu dommage que de cinq ou six soldats, et le capitaine Maugeron et Bueil y furent blessez.

Les ennemis camperent ceste nuict au pont de Magny, et demoura le seigneur de Brabançon avec trois regiments de haults Alemans, un de bas, et trois mille chevaulx, au lieu de Grimont, en la colline derriere le mont Chastillon, où il a tousjours demeuré durant le temps du siege, que depuis on a tousjours appelé le camp de la royne Marie. Ceste nuict nous arriverent encores vingt cinq ou trente gentilshommes venans de Verdun, qui furent les tres-bien receuz ; mais de là en avant on ne peut entrer dans la ville qu'à bien grande difficulté. Le matin, tout le camp passa la riviere de Seille sur le pont de Magny, et estant le seigneur de Rendan avec sa compagnie sortie pour la garde vers ce quartier, ne peut mieulx faire que de se retirer, voyant en quelle force les ennemis venoyent, lesquels avoyent mis devant cinq ou six cents harquebouziers desbandez, avec mille autres qui les suivoyent, et bon nombre de gens de cheval à leur costé, marchants tousjours sans s'amuser à l'escarmouche que noz gens leur vouloyent attaquer, et puis vingt cinq ou trente enseignes d'Alemans en bataille, pour en cest ordre gaigner les abbayes de Sainct Clement, de Sainct Arnoul, et autres lieux commodes à loger. Les nostres, ne s'y osans arrester de peur d'y estre investiz, se vindrent renger pres des ruines de Sainct Pierre, dans lesquelles s'allerent jecter environ quatre vingts de noz harquebouziers pour y faire teste, et mesmes pour passer plus avant en la campagne escarmoucher une trouppe de leurs gens de pied qui couloyent le long des jardins, comme pour venir encores gaigner ce lieu de Sainct Pierre ; mais ils ne s'approcherent gueres, bien que les nostres les allassent chercher ; seulement furent tirées quelques harquebouzades des uns aux autres. De ce lieu de Sainct Pierre noz soldats feirent depuis si bonne garde, plus de dix jours durant, que les ennemis ne s'en peurent prevaloir, jusques à ce que leurs tranchées venoyent desjà coupper le chemin de la ville, que l'on les retira ; et depuis, une partie des Italiens qui estoyent à Sainct Andrieu y vint loger.

L'armée campa à Sainct Clement, quelque nombre d'Espagnols à Sainct Arnoul, certaines bandes de bas Alemans au pont de Magny, don Loys d'Avilla avec la cavalerie espagnolle à la Maladerie, le mareschal de la Moravie avec les chevaulx bohemois à Blery, le demourant à Olery, à Sainct Priech, à La Grange aux Dames, à La Grange aux Merciers, et autres lieux à l'environ.

Jusques alors les autres quartiers de la ville nous avoyent donné tant d'affaires, que en cestuy cy, de la porte Sainct Thibaud jusques à la porte Champeneze, n'y avoit esté faict autre chose que la plateforme de l'encoigneure Saincte Glocine. Mais ce jour l'on commença un rempar au tenant de l'eglise des Augustins, de vingt et quatre pieds de large, jusques au recoing de la chapelle des Prez, où le duc Horace print charge d'y faire besongner, et y feit si bonne diligence, qu'en sept ou huict jours le terrain fut haulsé à trois pieds du parapect de la muraille : ceste haulteur y estoit necessaire, pource que cest endroit, quand il eust esté battu, estoit si bas, que de plusieurs lieux les ennemis eussent esté à cavaler la breche. Et pource que le fossé n'y valloit rien, l'on meit incontinent gens à le croiser par le milieu, en forme de tranchée, de huict ou dix pieds de large, pour puis apres le remplir des esgouts de la ville. Ceste chose fut commise au seigneur Dautraigues, qui en feit tel debvoir, qu'il ne passa jour sans y descendre pour y employer le travail des pionniers. En mesme jour, commença l'on remplir la teste du boulevart de la porte Champeneze de terre grasse et argilleuse, fort propre à remparer, que l'on descouvrit aux fossez, laquelle encores on mouilloit à cause que le temps estoit alors chault et venteux, qui la seichoit incontinent : l'on envoyoit querir de la facine hors la ville, par delà les ponts, pour espargner tant que l'on pourroit celle qui se pouvoit trouver dans les jardins et clos de la ville, et aux isles plus voisines.

Les ennemis commencerent du premier jour remuer terre, à main droicte du chemin de la ville à Sainct Arnoul, et y firent un cavalier, qu'ils eurent gabionné et dressé dans quatre jours, pour sept ou huict pieces, qu'ils n'y logerent pas si tost ; et seulement, de deux qu'ils avoyent mis au coing de l'abbaye de Sainct Arnoul, tirerent à la petite terrasse des Augustins, où nous avions deux menues pieces qui leur donnoyent de l'ennuy. Ce jour, à quelque occasion, les ennemis envoyerent un trompette vers M. de Guise, bien advisé de tomber en propos pour compter du siege de Hedin, et comme les François l'avoyent rendu au seigneur du Rhu (1), chef pour l'Empereur en l'armée qui estoit devant, et aussi la prinse de M. le duc Daumalle par le marquis Albert de Brandebourg. Je pense bien que ce n'estoit pour nous en cuider faire plaisir.

En ces entrefaictes fut descouverte l'entreprinse du bastard de Fontanges et de Clavieres, soldats de la compagnie du capitaine Bahuz, qui avoyent quelque practique avecques l'Empereur, laquelle, du commencement, ils avoyent faict semblant mener avecques le sceu de M. de Guyse, par le moyen dequoy on esperoit s'en prevaloir ; mais il fut trouvé qu'ils avoyent incliné du costé de l'ennemy, et faict d'autres menées, qu'ils celoyent à M. de Guyse, bien dommageables au service du Roy ; mesmes, soubs couleur de faire entrer un simple soldat dans la ville, y avoyent mis un ingenieur de l'Empereur ; ils furent retenuz prisonniers, et, peu apres, ledict Clavieres mourut de maladie, de qui la teste fut mise sur la porte de Champagne, et le bastard, ayant confessé la verité du faict, executé à la fin du siege. Un espion surprins à l'entour des remparts, qui estoit entré pour faire rapport aux ennemis des lieux où il ne verroit rien de fortifié, fut

(1) Antoine de Croy, comte de Reux.

sur l'heure mesme desfaict en la grande place.

Après que les ennemis se furent logez dans Sainct Arnoul, un jour quelques harquebouziers et autres soldats des leurs, furent veuz vis à vis de la porte Sainct Thibault, ausquels le seigneur de Rendan fut commandé aller faire une charge avec trente chevaulx de sa compagnie; et fut permis aux contes de Martigues et de La Rochefoucault, aux seigneurs de Clermont de Suze, et deux Ruffecs, estre du nombre. Quand ils se furent apprestez, M. de Guyse les retint encores dans le boulevart de la porte Champeneze, par laquelle ils debvoyent sortir, pour laisser tousjours asseurer et approcher les ennemis, jusques à ce qu'il veit l'heure à propos; et lors leur feit ouvrir la porte, les advertissant de charger à main gauche, parce que le lieu estoit plain et plus commode pour gens de cheval : ce que tout à un coup ils feirent si bien, qu'ils surprindrent ces harquebouziers qui estoyent dans le chemin, les rompirent, et en feirent demeurer quelques uns sur la place. Le conte de La Rochefoucaud s'adressa à un, lequel, monstrant asseurance de soldat, l'attendoit avecques la harquebouze, et le blessa en la main; mais aussi il ne faillit pas d'estre porté mort par terre. Le demeurant qui peurent gaigner de vitesse l'abbaye se sauverent. Cependant le capitaine Caubios, ayant seul faict une charge dans les vignes sur autres harquebouziers qui estoyent à main droicte, fut abbattu mort d'un coup de harquebouze qu'il receut en la teste, et fut la perte que les nostres receurent à ceste saillie.

Or, voulut M. de Guyse, à cause que les ennemis s'estoyent tournez vers cest endroit des portes Champeneze et Sainct Thibault, s'en approcher, et deslogea de la maison de sire Jehan Droin, qui est en la grand place, pour venir à Saincte Glocine, à fin d'estre à toute heure sur le lieu où l'affaire et le plus grand danger se preparoyent. Deslors il ordonna que, pour garder les ennemis de venir jusques à l'avant porte Champeneze, au costé du boulevart, un des arceaux du pont de pierre [car n'y en avoit de levis] seroit abbattu, couppant le pillier qui le soustenoit, comme le semblable avoit esté faict à celuy de la porte aux Alemans, sans laisser, de sept portes qu'il y avoit en la ville, que les trois du pont des Mores, Pontiffroy, et à Mezelle pour s'en servir, les quatre autres terrassées et condamnées.

Le deuxiesme jour après, qui estoit le cinquiesme du moys, il envoya le seigneur Paule Baptiste avec quarante ou cinquante sallades entre le grand camp et celuy de la royne Marie, essayer de faire quelque chose de bon sur l'ennemy. Et estant arrivé au lieu où luy sembla devoir mettre son imboscade, envoya le seigneur de Navailles avecques les coureurs, descouvrir plus avant s'il y avoit rien en campagne; et luy cependant assist des sentinelles sur les costez, à fin de n'estre surprins. Noz coureurs rencontrerent les ennemis bien forts, qui leur donnerent la charge; et eulx se voulans retirer, les sentinelles vont en cest instant descouvrir à main droicte et à main gauche sept ou huit cens chevaulx, qui venoyent à toute bride pour leur coupper chemin, et les empescher de se joindre à leur trouppe. Dont se voyans enfermez, se resolurent tourner visage sur ceulx qui les suivoyent, comme ils feirent, et les repousserent assez loing : soubdain refeirent la charge sur la grosse trouppe de pistolliers, qui desjà estoyent entre eulx et ledict Paule, et passerent par force tout à travers, executans ceulx qui se trouverent en chemin. Le viconte de Riberac y cuida demeurer prisonnier, mais il fut recouvert. Cependant ledict Paule Baptiste, avec tout le reste, avoit accouru à leur secours, et les ayant recouverts, se retira le pas, avec la perte seulement d'un des siens, qui fut blessé, et lequel depuis mourut.

Après que les ennemis eurent faict ce cavalier que nous avons dict à droicte du chemin de Sainct Arnoul, ils en commencerent un autre pour six pieces à main gauche, et une tranchée au pied d'iceluy, tirant vers la porte Sainct Thibault, par où feismes jugement que leur effort se pourroit addresser entre celle porte et la porte de Champagne; au joignant de laquelle, pour ceste occasion, fut entreprins un nouveau rampar jusques à la plateforme de l'encoignure Saincte Glocine, et advisé que le parapect de ladicte plateforme, laquelle auroit beaucoup à souffrir, seroit renforcé d'un quatriesme rang de gabions, avec encores douze pieds de ceste terre grasse et argilleuse des fossez, de crainte que quelque grande batterie nous en chassast : et nous voulions sauver, s'il estoit possible, deux canonnieres qui estoyent par costé, afin de servir de flanc au long de la muraille vers la porte Sainct Thibault. Encores n'ayans assez d'asseurance en cela, il fut ordonné de faire une nouvelle plateforme en celle encoigneure mesmes, derriere l'autre, par dedans la muraille, pour, à toutes adventures, nous en servir, si estions contraincts quitter celle de devant. Oultre cecy, il restoit plus de soixante et dix toises de muraille foible, et mal pourveue de fossé, entre les deux portes, depuis l'eglise Sainct Gengoulf, au bout de ladicte encoigneure, jusques à la chappelle des

Prez, où M. de Montmorency eut charge de faire travailler les gens de pied, ausquels departy la besongne par bandes ; et y donnerent si soubdain advancement les uns à l'envy des autres, par la solicitation qu'il leur en faisoit, que leur travail de deux jours porta incontinent monstre d'une sepmaine. Aussi en l'encoigneure où ce rampar venoit joindre celuy du duc Horace, furent ouvertes deux canonnieres haultes et deux basses, pour flanquer les deux courtines ; et aux deux costez de la porte Champeneze, dans la faulsebraye, furent commencez deux massifs de terre pour servir, tant d'espaule à garder que l'entrée du portail ne fut veue du canon, comme aussi des deux flancs, pour battre le long des faulses brayes dans lesquelles on feit d'advantage une tranchée par le milieu, de huict pieds de large, à loger des harquebouziers pour les defendre.

L'on pouvoit desjà cognoistre à quel train se reduisoyent les choses de ce siege : de quoy M. de Guyse voulant donner advis au Roy par le seigneur Thomas Delveche, lequel pour autres occasions il avoit auparavant envoyé deux fois vers luy, advisa de le despescher ceste troisiesme fois, le huictiesme de novembre, avecques bien amples instructions de tout ce qui touchoit le dedans de la ville, et de ce qu'avoit esté jusques lors apprins du dehors ; faisant entendre comme l'armée de l'Empereur s'estoit arrestée devant Metz, et desjà obligée y continuer le siege. Dont le Roy pourroit employer ses forces au recouvrement de Hedin, ou en tel autre endroit que son service le pourroit mieulx requerir, sans se incommoder de rien, pour la haste de nous venir donner secours encores de dix mois, ayant dedans la munition de quoy nourrir les gens de guerre jusques à la fin d'aoust ensuyvant ; cognoissant au reste tout de cueur et vertu en ce nombre de gens de bien qu'il avoit auprès de luy, et tant d'affection en son service, qu'il esperoit, avec la grace de Dieu, si bien garder la place qu'elle ne seroit emportée par force ; de quoy le Roy eut tres grand contentement, mesmement que, de la part de M. de Guyse, d'où se devoit attendre la requeste d'avoir secours, venoit le conseil de l'employer à quelque autre entreprinse pour le bien de ses affaires. Et deslors le Roy despescha M. l'Admiral avecques une partie de ses forces vers M. de Vendosme en Picardie, pour reprendre le chasteau de Hedin, comme l'entreprinse en estoit desjà faicte ; dont s'en ensuyvit l'effect que depuis on a veu.

Ce jour s'estoit passé, et se passa encores lendemain, que les ennemis ne mirent aucune piece sur leurs cavaliers, bien continuoyent leurs tranchées vers Sainct Thibault. Et souvent noz soldats sortirent pour escarmoucher ceulx qui estoyent dedans en garde, et recognoistre ce qui s'y faisoit. Aussi de noz murailles on tiroit sans cesse toutes les nuicts avec harquebouzes à croq et à main, là où se pouvoit entendre qu'ils besongnoyent, mesmement le neufiesme du mois, sur les huict heures du soir, que, pour la doulceur du temps, on les oyoit fort clairement remuer terre, et approcher leurs tranchées vers la ville. Et à demie heure de là, les ennemis nous saluerent de cinquante six coups de leur artillerie dans la ville, et aux parapects des murailles, pour endommager les nostres qui leur tiroyent : toutesfois il n'y eut personne attaint. Peu après, le capitaine Cornay et Sarlabou furent envoyez, avecques quarante soldats, veoir s'ils conduisoyent quelques pieces à leurs cavaliers ; mais les tranchées se trouverent si renforcées et pleines de gens, qu'ils se contenterent pour ce coup de leur donner seulement l'alarme, et les faire descouvrir, pour leur tirer de la muraille. Celle nuict et la nuict d'après, les ennemis logerent quatre canons, ou doubles canons, sur le cavalier de main gauche. Et le dixiesme du mois, sur les sept heures du matin, commencerent battre le chasteau de la porte Champeneze, qu'ils percerent assez bas près du portail, à l'endroit où il n'estoit le plus fort. Lendemain, feste de Sainct Martin, sur le commencement du jour, continuerent en mesme endroit, et ayants abbatu l'un des deux tourrions qui estoit au dessus du chasteau, et laissé l'autre prest à tomber, commencerent battre la tour carrée prochaine de ceste porte, tirant vers l'encoigneure Saincte Glocine ; et M. de Guyse, l'allant visiter par le dehors en la faulsebraye, fut en grand danger d'estre emporté d'un coup de canon, et se trouva tout couvert d'esclats ; mais la providence de Dieu le nous preserva. Ils continuerent jusques à la nuict, qu'ils veirent avoir fort ouverte ceste tour aux deux estages par le dehors, et par mesme moyen battirent aux defences de l'eglise des Augustins, et à la plateforme de l'eglise Sainct Thibault.

Les deux jours d'après, ils tirerent en batterie quatre cens soixante et seize coups au boulevart de la porte Champeneze, qu'ils endommagerent beaucoup, et y feirent jour et breche par dessus le cordon, nonobstant qu'il eust l'espesseur de dixhuict pieds ; mais on y portoit tousjours beaucoup de terre des fossez, et n'y avoit prince ou capitaine qui s'y espargnast. Le seigneur de La Palice y fut frappé d'un esclat par la teste, dont depuis ne profita, et mourut.

De nostre plateforme Saincte Marie on tiroit

à leur cavalier et à leurs pieces, et en furent desmontées deux par nostre double canon; mais bien tost l'une des clavettes d'iceluy commença sortir dehors, parquoy fallut de là en avant l'espargner. Aussi une des deux grandes coulevrines que nous avions s'esclata par le bout, environ un pied et demi, non point qu'on luy eust baillé trop grande charge, mais pour estre de matiere si aigre, que ne pouvoit endurer le demy de ce qu'il luy falloit : M. de Guyse la feit scier, et s'en servit on depuis assez bien. Il delibera lors faire refondre quelques pieces pour en faire de meilleures neufves : à l'occasion dequoy assembla quelques canonniers et autres qui avoyent veu autrefois conduire des fontes, et leur commit du commencement faire une coulevrine et une bastarde, pour, avecques cest essay, s'asseurer de leur experience et de ce qu'ils sçavoyent faire, à fin que si l'on s'en trouvoit bien il leur baillast après plus de besongne.

Un peu auparavant ces choses, le marquis Albert avoit mis fin à ses simulations, et apertement monstré la mauvaise volunté qu'il avoit au service du Roy; car, par un matin, il avoit avec tous les siens changé l'escharpe blanche en rouge, et depuis ramené son camp auprès de la ville : dont le trezlesme du moys, vint avecques toutes ses trouppes devant le pont des Mores pour se camper sur le mont de l'abbaye Sainct Martin, au pied duquel ses gens de pied se tindrent quelque temps en bataille, et sa cavalerie plus avant en la plaine, avant ce pont et le Pontiffroy, avecques des pieces de campagne qui battoyent souvent et menu aux issues, et le long de l'un et de l'autre. Le capitaine Gordan eut commandement de s'advancer, avecques quarante barquebouziers de sa compagnie, jusques à la croix par delà le pont des Mores, pour escarmoucher deux ou trois cens Alemans qui estoyent près de là, contre lesquels il se mainteint bonne piece (1), sans leur laisser gaigner aucun advantage. Cependant M. de Guyse commanda au capitaine Cantelou de s'y en aller avec autant de ceulx de sa bande : lequel estant sorty, le capitaine Gordan retira les siens à une petite tranchée ou ravelin sur le bord du pont, tant pour les rafraischir que pour soustenir ceulx cy au besoing : lesquels quand les ennemis veirent bien advancez, ils feirent passer la croix à soixante chevaulx pistoliers des leurs, qui se vindrent mesler dans eulx; mais les nostres, ne perdans asseurance, tirerent chascun son coup; mesmes le seigneur de Sonbarnon (2),

qui estoit à pied avecques la harquebouze, abbatit mort un des premiers, et n'y eut gueres coup des autres qui ne fut bien employé; puis, changeants leurs harquebouzes en l'autre main, prindrent les espées, se joignans auprès de Cantelou, lequel d'une halebarde tua le cheval de celuy qui estoit le plus advancé : et se retirants au pas jusques au bout du pont, le demeurant des nostres les soustindrent à coups de harquebouze, et contraignirent les ennemis de repasser la croix, qui ne fut sans laisser brisées en chemin de morts et de blessez de leur trouppe, sans que les nostres receussent aucun dommage, sinon, ainsi qu'ils estoyent sur le pont, leur artillerie tua un de noz harquebouziers, et avoit tué un homme d'eglise qui regardoit l'escarmouche par dessus les murailles.

Ainsi qu'il se faisoit tard et leurs gens de cheval veirent le camp desjà assiz, ils commencerent faire marcher leurs pieces vers Sainct Martin, et eulx suivoyent au pas, ayants laissé deux sentinelles à cheval auprès du Pontiffroy; mais soubdain le seigneur Paule Baptiste, avec quarante chevaulx, sortit sur eulx, et noz coureurs, en baillant la chasse à ces sentinelles, feirent remettre leur camp en bataille, et leurs gens de cheval tourner; lesquels, se tenants serrez, ne se desbanderent jamais pour venir charger les nostres qui tenoyent l'escarmouche large, comme M. de Guyse leur avoit commandé, jusques à ce que le seigneur Paule, ayant veu un nombre de fourrageurs qui venoyent à leur camp devers Thionville, avoit envoyé sur eulx dix ou douze aultres des siens qui les executerent, et meirent le feu à des charrettes de fourrage, dont les ennemis, pour leur donner secours, y coururent à toute bride; mais la promptitude des nostres les y feit arriver tard. Ce faict, le seigneur Paule s'approchant vers la ville, pour estre desjà nuict, et se retira sans avoir rien perdu. Ce troisiesme camp du marquis nous osta la liberté de la campagne qui nous restoit par delà la Moselle tirant vers France, nous privant par mesme moyen de la commodité d'avoir nouvelles du Roy, ne luy pouvoir faire entendre des nostres.

Or estoit advenu, depuis le temps que les ennemis estoyent approchez de la ville, que le marquis de Marignan, sçachant le trompette de M. de Nemours estre en leur camp pour y avoir ramené quelque prisonnier espagnol, l'envoya querir, et luy demanda du portement du duc Horace, de qui il avoit espousé la tante, et qu'il desiroit fort parler à luy en lieu seur, ou, s'il ne vouloit venir en personne, le prioit qu'il envoyast quelqu'un des siens parler à luy. Ce propos fu

---

(1) Longtemps.
(2) Sombernon.

entendu de M. de Guyse et du duc Horace, esquels sembla n'estre le temps de parler à l'ennemy; car desjà y avoit quelques pieces sur la tranchée de la Belle Croix pour battre dans la ville. Depuis, iceluy mesme trompette fut retenu en une escarmouche, blessé d'un coup d'espée, et mené ès mains du general de la cavalerie de l'Empereur, qui luy feit bon traictement; et, monstrant estre marry contre ceulx qui l'avoyent blessé sans observer le devoir de la guerre, l'envoya au marquis de Marignan, qui estoit pour lors logé à l'abbaye Sainct Arnoul, lequel incontinent mit ordre d'estre seul en sa chambre avec le trompette, et luy demanda la response que luy avoit faict le duc Horace sur le propos de l'autrefois; dont entendant qu'il n'avoit eu charge de luy en porter aucune, le renvoya sans l'enquerir lors plus avant : mais dans une heure après, prenant nouvel advis, le feit autrefois venir vers luy, et en paroles braves commence à dire qu'il sçavoit bien que la ville n'estoit si forte qu'elle ne se peust prendre aiseement, et considerant de nostre costé la perte de tant de princes, seigneurs, capitaines et autres gentilshommes et gens de bien qu'il y avoit dedans, lesquels les Espagnols et Italiens ne pourroyent sauver des mains des Alemans et Bohemois, qui leur portoyent haine presque aussi grande qu'aux François; aussi que le Roy estoit desnué d'argent, et sans moyen de nous donner secours, et que, de leur costé, l'Empereur estoit vieux, maladif, et luy [parlant ledict marquis de soy mesmes] goutteux, avec volunté de se retirer maintenant sur le dernier de son aage à repos en sa maison, desireroit grandement que quelques bons termes d'accord se peussent mettre en avant entre ces deux princes: à cause dequoy il prioit de nouveau le duc Horace trouver moyen qu'ils se peussent assembler, ou, au moins, qu'il feit venir quelqu'un de ses fideles serviteurs capable pour conferer de telle chose avecques luy, et qu'il pourroit encores dresser un expedient d'accommoder le faict de Parme, chose qui touchoit l'Estat du duc Octavie Farnez, frere du duc Horace. Ce discours peut faire penser que les chefs du camp de l'Empereur veoyent desjà l'entreprinse de Metz forte, ou bien s'attendoyent faire valoir les nouvelles de telle assemblée, si elle se fut faicte, vers les estrangiers, pour le moins vers les princes et villes de l'Empire, afin de les y eschauffer davantage; aussi que par le moyen de quelque esperance ils ostassent à leurs soldats une partie de l'ennuy et malayse qu'ils avoyent à souffrir, comme desjà au camp de la royne Marie se semoit que nous avions demandé à parlementer. Sur quoy fut advisé, pour la premiere fois, que le trompette retourneroit en leur camp, et que le marquis le feroit pour mesme occasion venir vers luy; qu'il seroit instruit de respondre en ceste sorte : c'est que n'avoit osé porter un tel propos au duc Horace, sans le faire premierement entendre à M. de Guyse, lequel, oyant mettre en compte et en rang de pitié ceulx de la ville comme perduz, luy avoit dict qu'il ne souvenoit point au marquis qu'il fust dedans, ny tant de gens de bien en sa compagnie, estans tous, depuis les princes jusques aux simples soldats, en estat de ne souffrir aucun mal, comme ceux qui n'avoyent faulte de vivres, d'artillerie, munitions de guerre, d'argent, ny d'un bon et grand maistre, qui les avoit pourveuz de toutes choses pour faire recevoir honte à ceux qui les vouldroyent assaillir; et puis qu'il confessoit que son maistre estoit vieux et caduc, le deust avoir conseillé se contenter de ses fortunes passées, sans se venir à ceste heure heurter à noz murailles, où il verroit plus tost le bout de sa vie qu'il n'arriveroit au bout de son entreprinse; que le peu d'amitié que les Alemans et Bohemois portoyent aux Espagnols et Italiens ne touchoit en rien les François, estant un chascun de nous mis hors la puissance des uns et des aultres, avec ce que les Alemans n'avoyent occasion porter haine à nous, qui estions entrez en guerre pour leur liberté; mais eux, qui les avoyent pillé et mené la guerre en leur pais, pour les opprimer et reduire en servitude, avoyent à y penser, et ne se tenir pour bien asseurez, estants entre leurs mains.

Les termes de ceste responce convenoyent fort bien à ceux que le marquis avoit tenuz, par le moyen desquels M. de Guyse rompoit la broche à tels parlemens : toutesfois il en advertit le Roy, asseurant bien que si les ennemis le pressoyent après cecy, qu'il respondroit n'avoir charge que de bien garder la place. Le trompette fut despesché soubz pretexte de porter une responce au prince de Piedmont, sur ce qu'il avoit mandé à M. de Nemours luy apprester à disner, et que le dimanche après le viendroit manger en son logis, comme s'ils s'asseuroyent de prendre ce matin la ville. Mais les ennemis, pour quelque consideration que n'avons descouverte, ne voulurent laisser passer le trompette à leur corps de garde, qui fut cause qu'il s'en retourna.

Ils travailloyent cependant jour et nuict à estendre leurs tranchées et les renforcer, pour y pouvoir loger un gros corps de garde, comme ordinairement ils les fournissoyent, de seize enseignes pour le moins. Et encores, craignans les saillies des nostres, y firent des defences en façon de petits bastions, pour battre tout du long, en quoy ils meirent beaucoup de temps, lequel cependant nous employons à ramparer dans la ville, mesmement au boulevart de la porte Champeneze, où la batterie s'estoit continuée de six à sept cens coups de canon ou double canon, depuis le treziesme du mois jusques au dix-septiesme à dix heures, qu'ils y eurent fait quarante pas de bresche, par où le terrain de derriere leur apparut, qui leur feit de là en avant cesser la furie d'y tirer, et seulement employerent, en cinq jours ensuyvans, jusques au vingtroiziesme du mois, environ cinq cens coups de canon de loing à loing aux defences. L'un desdicts jours, sur une apresdinée, furent veuz plus de trois cens hommes des ennemis s'amuser à cueillir des herbes et naveaux aux jardins qui sont au long de la riviere de La Seille, n'ayans armes que leurs espées. M. de Guyse feit sortir les capitaines La Faye et Touchepres, lieutenant et enseigne du comte de La Rochefoucaud, avec trente chevaulx, et le capitaine Lanque, avec vingt cinq harquebouziers par la porte Mezelle, pour les aller charger; lesquels, ayant passé le pont que M. le connestable avoit faict faire de ce costé sur La Seille, les coureurs s'advancerent charger les ennemis, et leur baillerent la chasse jusques à l'abbaye Sainct Clement où estoit la teste de leur camp, qui eut l'alarme; et sortirent plus de douze cens harquebouziers ou corcelets, sans ordre ny personne qui leur commandast, crians après les nostres, et se laissans attirer jusques au capitaine La Faye, auquel cependant messieurs le marquis d'Albeuf et de Montmorency, qui s'estoyent desrobez de M. de Guyse, et douze ou quinze gentilshommes de leur suitte, s'estoyent venuz joindre : toute la trouppe feit semblant se retirer avec les coureurs, puis tout à coup tourna, et chargeants vivement ce grand nombre d'ennemis qui les suyvoyent en desordre, les contraignirent prendre la fuite, et les chasserent jusques au bord d'un fossé plein d'eaue, qui, de fortune, se trouva en chemin, lequel garda les nostres de passer delà, poursuyvre l'execution jusques dans les tentes, car autre chose ne s'estoit presentée qui les en' eust peu garder. Cependant les moins dispots furent mal traittez. Plus de deux mille Espagnols et Alemans se jetterent incontinent en campagne, devant lesquels les nostres se retirerent au pas, à la faveur du capitaine Favars, maistre de camp, qui estoit, avec les harquebouziers de la garde de M. de Guyse et de sa bande, dans les ruines de Sainct Pierre, et aussi des harquebouzes à croq, dont la muraille estoit bien fournie, qui arresterent les ennemis : et cependant les nostres rentrerent dans la ville; avec la perte seulement d'un soldat et du capitaine Cornay, lieutenant dudict Favars, qui fut blessé, et après mourut; au lieu duquel son frere fut depuis son lieutenant.

Et pource qu'on s'attendoit bien que les Espagnols de la garde des tranchées, au moins bonne partie, courroyent à l'alarme, M. de Guyse avoit mis le seigneur Pierre Strozzy dans le fossé de la porte Champeneze, avec quarante corcelets, cent cinquante harquebouziers, des bandes de Cantelou, Pierrelongue Choqueuse; et vingt chevaulx de la compagnie du seigneur de Rendan, pour donner sur la garde des Italiens du bout de la tranchée vers la grande riviere, lors qu'il verroit les ennemis plus eschauffez de l'autre costé, ce qui fut bien observé; et tout premier il envoya cinquante harquebouziers, lesquels allerent d'asseurance recognoistre la mine de ces Italiens, qui la feirent bonne, et ramenerent les nostres jusques au bort du fossé, d'où descocha incontinent le reste de noz gens de pied, ensemble vingt aultres gentilshommes sortis pour leur plaisir avec l'espée et la rondelle; et peu apres suivit le seigneur de Rendan avec ses chevaulx, ayant toutes fois donné quelque espace à ceux cy de s'advancer. Les ennemis entreprindrent faire teste quelque temps à leur corps de garde, mais ils furent enfoncez; et, sans que les nostres en sauvassent qu'un prisonnier, executerent le demeurant tant qu'ils peurent, jusques à les tuer de leurs dagues. Et ayans faict ce qu'avoyent entrepris, demeurerent encor pres d'un quart d'heure sur le lieu, nonobstant que les ennemis s'engrossissent tousjours de ceux qui venoyent de l'aultre escarmouche; puis, se retirans au pas, sonnant le tabourin et tirant tousjours sur ceulx qui les suivoyent, rapporterent dans la ville un grand butin d'armes qu'ils avoyent gaigné aux tranchées, sans avoir perdu que trois soldats, dont le jeune Harbouville en estoit l'un. Ouarty y fut blessé, et le cheval du seigneur de Rendan receut deux harquebouzades et un coup de halebarde.

M. de Guyse s'estoit ce jour mesme souvenu en quelle façon et effort les ennemis estoyent venuz, lorsqu'ils avoyent couppé chemin, et mis au milieu d'eulx les coureurs du seigneur Paule Baptiste, et avoit ordonné que la compagnie de M. de Lorraine, celle de M. de Nemours, et cinquante harquebouziers du capitaine Sainct André, sortiroyent entre les deux camps, soubz la conduitte des seigneurs de La Brosse et Paule Baptiste, les uns par la porte Mezelle, et les aultres par l'isle, afin que les ennemis n'en peussent recognoistre le nombre, lesquels s'estans tous renduz en un fond pres la Belle Croix, ensemble messieurs le prince de Condé, duc de Nemours, duc Horace, grand prieur de France, de Danville, et plus de cent aultres gentilshommes, que M. de Guyse ne voulut empescher sortir, cognoissant le lieu où il les avoit commandé se mettre, assez estroit pour n'estre combattuz que d'un costé. Navailles partit d'avec eux avec quarante chevaulx, et alla battre le chemin bien avant. Le marquis d'Arembergue Brabançon les ayant descouvertes, feit incontinent monter grand nombre des siens à cheval, et menant encores des gens de pied, commanda quarante pistolliers s'advancer pour se mesler avecques les nostres, afin qu'il peust venir à temps pour les desfaire. Navailles lors, en faignant avoir crainte, print la cargue si longue, que les ennemis, cuidans n'y avoir imboscade, le suivirent vers nostre trouppe, où il feit teste, et, nonobstant le gros nombre de chevaulx et gens de pied qui suivoyent, nos princes et gentilshommes allerent donner dedans, et se meslerent si bien, qu'apres les lances rompues ils donnerent coups d'espée. A la fin, les ennemis se retirans de leur costé, et les nostres aussi, le petit pas vers la ville, avec dix ou douze prisonniers, laisserent le capitaine Sainct André et ses harquebouziers sur la queue, qui garderent bien que les ennemis n'entreprinsent de suivre plus avant. M. de Guyse estant à la porte pour les recueillir, avec ce bon visage qu'il monstroit tousjours à ceux qui revenoyent de la guerre, eut grand plaisir, et donna louange à chascun, selon le rapport de ce qu'ils avoyent bien faict. Ce jour mesmes le marquis Albert avoit mis ses gens aux champs, devant les ponts de la grande riviere, et faict separer toutes les enseignes, se mettant chascune en rang, qui nous feit juger n'estre pour autre chose que pour faire la monstre. Et lendemain, sur les trois heures apres midy, Saincte Geme, lieutenant du seigneur de Gounor, sortit par Pontiffroy avec quarante chevaulx, et alla donner, durant une grande pluye qu'il faisoit, jusques dans le camp du marquis, où ayant faict de l'execution, courut vers Sainct Heloy, sur des fourageurs qu'il despescha, et print quelques chevaulx de bagage; de quoy l'alarme fut si grande en leur camp, que se mettans touts en armes, à enseignes desployées, suyvirent nos gens jusques pres du pont, non sans perte de quinze ou vingt des leurs, sans qu'un seul des nostres y demeurast; seulement Sainte Geme fut blessé, mais depuis il est guary, et quelques chevaulx rapporterent des tronçons de picque en la teste. M. de Guyse considera que le cas advenant qu'il y eust breche raisonnable du costé de la batterie, et que ceulx du camp vinssent à l'assault, le marquis pourroit essayer faire quelque bravade du costé de son camp, à fin de nous travailler et embesongner de plusieurs endroits, et partant ordonna que les portes des ponts seroyent fortifiées où n'y avoit aucun pont levis, comme en nulle des autres portes de la ville. M. le prince de La Rochesuryon voulut avoir la charge de ceulx cy, et les feit bien terrasser, laissant seulement le passage de la poterne pour un homme à cheval, à fin de ne priver nous mesmes de la commodité de noz saillies, et haulsa un petit rampar aux ravelins, pour y pouvoir estre à couvert de l'artillerie du marquis, qu'il tenoit ordinairement braquée pour y battre.

Trois jours apres, qui fut le dixneufiesme du mois, M. de Guyse commanda au seigneur de Biron prendre trente chevaulx de la compagnie de mondict seigneur le prince, et au seigneur de La Faye trente autres de celle dont il estoit lieutenant, pour aller, l'un donner une alarme par le pont des Mores au camp du marquis, et l'autre par Pontiffroy sur les forrageurs et escorte qu'ils avoyent; et que, se retirans, ils prinssent garde comme ils seroyent suyviz, et quels passages il y avoit, afin qu'une autrefois, venant mieulx à propos, l'on y peust faire une belle entreprinse. Le seigneur de Biron sortit le premier par le pont des Mores, s'estans les seigneurs de Duras, Dachon, de Mortamar, de Sainct Sulpice et Nantoillet, meslez dans sa trouppe, ensemble le frere du capitaine Lanque, avec quatre ou cinq harquebouziers de sa compagnie. Huict chevaulx des ennemis, qui estoyent en sentinelle derriere la croix du bout du pont, voulurent à toute bride gaigner le camp, ausquels le guydon de la compagnie de M. le prince, qui menoit les coureurs, bailla la chasse jusques aux tentes d'un de leurs regimens qui logeoit en la plaine, au pied du mont Sainct Martin; et sortans sur luy cinquante chevaulx qui faisoyent la garde entre les saules du chemin de Sainct Heloy, il attendit les plus avancez, et rompit sa lance, portant par terre un qui fut tué sur la place. Bon nombre de pistoliers vindrent encores du camp à la foule se joindre à ceulx cy, et tous ensemble suyvre noz coureurs, lesquels le seigneur de Biron receut, et, faisant teste, repoulsa les ennemis plus de soixante pas, où la plus part des nostres rompirent leurs lances, armes que M. de Guyse estima, du lieu d'où il regardoit l'escarmouche, estre bien fort craintes de ces pistoliers; il en demeura encores un autre des leurs mort. Et se retirant le seigneur de Biron au pas, monstrant chasque fois visage, delibera soustenir les ennemis, qu'il veoyoit retourner avec leurs pistolets, et les chargea si à propos, qu'il leur feist montrer le dos, et print un nommé Hans Moufel, homme de qualité, prisonnier. Encores, à la fin que nos gens s'approchoyent du pont, les autres se trouvans renforcez du nombre de ceulx qui estoyent venuz à la file, qui estoyent environ six vingts, entreprindrent les enfoncer; mais les nostres estans bien serrez, refeirent la troisiesme charge, et les contraignirent gaigner au pied si loing, qu'ils eurent puis apres loisir faire leur retraicte au pas, sans empeschement ny perte d'un seul homme, estant tout le dommage tombé sur cinq ou six chevaulx. L'artillerie du marquis avoit tousjours tiré; mais à cause que les pieces estoyent sur le hault, et ne pouvoyent plonger justement dans noz gens, ne les peut endommager.

Ainsi que M. de Guyse recevoit d'un bon visage ceulx cy sur l'entrée du pont, louant leur conduitte et valeur, le capitaine La Faye arriva avec sa trouppe, ayant longuement attendu à Pontiffroy par où il devoit sortir, et ne pouvant finer des clefs; estoit venu chercher yssue par cest autre point. Faisans doncques ceulx qui entroyent l'argue, ces autres sortirent recommencer le combat, envoyans sept ou huict coureurs tous premiers, lesquels trouverent la charge bien pres; car ce gros nombre de pistoliers revint de grand furie sur eulx, dont La Faye, pour soustenir et retirer les siens, donna dedans; et voulut la fortune que les nostres, après avoir donné coup de lance et d'espée, se peussent touts desmesler pour regaigner le pont à la faveur d'un nombre de noz soldats harquebouziers qui avoyent accouru celle part. Le capitaine Fayolles, enseigne de la compagnie du seigneur de Rendan, et un harquebouzier à cheval y furent blessez, et depuis en moururent.

Du costé des tranchées, les ennemis n'avoyent cessé de les conduire tousjours plus avant, vers la porte Sainct Thibaud, et en avoyent commencé depuis deux jours une nouvelle, plus près de la muraille, au pied de la potance qui est devant l'encongneure Saincte Glocine, et mené quasi au joignant du ravelin de la porte Sainct Thibaud, comme pour y loger des harquebouziers, par où se confirma l'opinion de ceulx qui avoyent jugé qu'ils nous battroyent de ce costé, et fut mis lors le feu aux estançons des eglises de Sainct Thibaud et des Augustins, qui joignoyent la muraille au dessoubz la porte Sainct Thibaud, lesquelles nous eussent beaucoup empesché, et avons sceu que les ennemis eurent grand desplaisir quand ils les veirent ruiner.

Et pource qu'aucuns de noz rampars avoyent esté levez à plomb, malaisé que du pied on peust defendre le dessus, à cause de leur haulteur, sur laquelle eust encores esté plus dangereux se tenir, il fut advisé qu'on y adjousteroit un terrain en taluz qui les renforceroit, et serviroit de montée aux gens de guerre jusques à pouvoir combattre main à main, et le demeurant leur feroit parapect pour se couvrir. M. de Guyse un matin feit sortir Sainct Estephe, lieutenant du capitaine Abos, avec quinze ou vingt harquebouziers, pour aller recognoistre celle nouvelle tranchée, et n'y fut trouvé personne en garde, à cause, comme on peut penser, que estant encores estroite on n'y pouvoit loger grand nombre de soldats pour la defendre.

En telle façon qu'a esté dict, s'estoyent passées les choses de ce siege du costé des ennemis et du nostre jusques au vingtiesme de novembre, que l'Empereur arriva en son camp; lequel, estant venu depuis Thionville en lictiere, monta à l'approcher sur un cheval turc blanc, et visita son armée, laquelle se mit toute en bataille, reservé les seize enseignes de la garde des tranchées, et furent faictes trois salves de touts les harquebouziers, tant de pied que de cheval, ensemble de l'artillerie, ce que nous denonça assez sa venue, et ayant soustenu un quart d'heure la peine d'estre à cheval, vint descendre au logis du duc d'Albe, en un petit coing eschappé du feu dans l'abbaye Sainct Clement, attendant que le chasteau de La Orgne, appartenant au seigneur de Thalauges, pres de Magny, fust accoustré, où il logea durant le siege.

En ceste sorte, le plus grand Empereur qui fut jamais esleu en Alemaigne, et auquel sa sagesse et la fortune avoyent jusques à ceste heure maintenu le nom de victorieux, se trouva devant Metz avec quatorze regimens de sept vingts et trois enseignes de lansquenets, compté celles du marquis Albert, et avoyent esté levées à la façon et nombre de gens accoustumé d'Alemaigne, dont ne fault estimer que ne fussent bien complettes, venans fraischement de leur païs; d'avantage, vingt et sept enseignes d'Espagnols, seize d'Italiens, et neuf à dix mil chevaulx, adjouxtant encores ceulx de son camp jusques à douze mille, oultre sa Court et la suite de beaucoup de grands princes d'Alemaigne, d'Espagne et d'Italie, qui estoyent venuz avecques luy; cent quatorze pieces d'artillerie, sept mille pionniers, tres-grande munition de pouldres et boulets, et une plus abondante provision et commodité de vivres qu'on ait jamais veu en armée d'hyver. Nous estimasmes lors estre vray ce que don Garcilasso da Vegua, et don Alonço Pimentel, gentilshommes espagnols, devisants avecques le seigneur de Biron en une isle par dessus le pont des Mores, avoyent dict que les forces de ceste armée estoyent plus grandes de quinze mil hommes qu'autre que l'Empereur eut jamais assemblé par deçà. Il est à croire que son arrivée porta nouveau conseil d'entreprendre la ville par aultre endroit que celuy auquel ils avoyent desjà bien advancé leurs tranchées; car lendemain menerent des pieces au cavalier de main droicte du chemin de Sainct Arnoul, duquel ne s'estoyent encores serviz; et commencerent remuer terre de ce costé au champ appelé de Papane, tirant à la grand riviere, ayans possible eu advertissement par quelques uns de la ville qui estoyent en leur camp, qu'il n'y avoit rien de ramparé entre la porte Champeneze et la plateforme Saincte Marie, comme l'on ne s'y estoit encores preparé que d'un commencement d'abattre maisons au long de la muraille. Et fault attribuer à la grande diligence qu'avoit esté mise de fortifier les lieux plus foibles ce desavantage aux ennemis, d'avoir esté contraincts venir par celuy que nous estimions le plus fort; à quoy les pourroit bien avoir encores invité la commodité du logis et l'assiette du lieu, assez hault et à propos pour y battre en cavalier, et l'aysance du fossé sans eaue et sans grand empeschement d'y pouvoir descendre pour venir à l'assault. Comment qu'il soit, leur plus grande entreprinse tourna de celle part; de quoy M. de Guyse eut lendemain advertissement venant de leur camp, et feit aussi tourner nostre plus grand travail à fortifier celuy endroit, où ce qu'estoit desjà abbatu d'edifices nous feit grand bien, attendu le grand nombre qu'il y en avoit, lequel falloit tout mettre par terre, prendre le pied du rampar bien bas et luy donner beaucoup de largeur, afin qu'il peust soustenir la haulteur et l'espesseur où il le falloit conduire pour arrester le coup de canon, lors que, la muraille ostée, les ennemis le viendroyent battre, qui n'estoit sans grande difficulté, à l'occasion de plusieurs caves, lesquelles se retrouvoyent par là où le rampar devoit passer, par où fusmes contraincts estançonner les planchiers, afin qu'ils ne defaillissent soubz la pesanteur de la terre. Les plus grands jusques au moindres mirent la main à l'œuvre jour et nuict, si diligemment qu'il fut bien tost recogneu que nostre travail previendroit celuy des ennemis, lesquels toutesfois nous monstrerent, le deuxiesme jour apres sur le matin, un grand nombre de gabions plantez à soixante ou quatre vingts pas de nostre fossé, en ce champ de Papane, où ils avoyent desjà mis sept ou huict pieces d'artillerie, desquelles, avec celles des deux premiers cavaliers tirerent en batterie, le vingtroisiesme du mois, environ trois cens coups au pan de mur, et aux trois tours des Wassieux, Ligniers et de Sainct Michel, entre la porte Champeneze et la plateforme Saincte Marie.

Sur les vespres, pource que les ennemis faisoyent semblant de besongner tousjours aux tranchées devers la porte Sainct Thibaud, pour nous tenir en la crainte d'une seconde batterie, comme ils nous avoyent souvent menassez, M. de Guyse envoya Sainct Estephe et Deschamps, lieutenans des capitaines Abos et Cantelou, avec soixante soldats, pour veoir ce qu'ils y faisoyent, où d'arrivée les nostres gaignerent plus de cent cinquante pas de tranchée, tuans ceux qu'ils y peurent surprendre, et les garderent plus de demie heure par force, jusques à ce que, se faisant tard, et arrivant gros nombre d'ennemis fraiz pour la garde de nuict, les nostres se retirerent, sans qu'il y eut perte que d'un soldat. La nuict les ennemis continuerent planter autre nombre de gabions, et dresser un autre cavalier dans la vigne appelée des Wassieux, plus pres de la riviere, pour battre la grosse tour de la faulse-braye, appelée la tour d'Enfer, nous faisans veoir le matin, en deux endroits de la grande gabionade, des canonnieres pour loger trentesix pieces en l'un, et quinze en l'autre, et y en avoyent desjà amené vingt-cinq, desquelles tirerent ce jour et lendemain jusques à la nuict, quatorze cens quarante huict coups contre le pan du mur qu'avons dict, d'entre la porte Champeneze et la plateforme Saincte Marie, et contre les trois tours qui y sont, dont les deux des Ligniers et de Sainct Michel feirent le sault, et la tierce des Wassieux, plus pres de la porte, fut bien endommagée, ensemble les gabions de la plateforme Saincte Marie presque tous emportez, qui estoyent du vieulx ouvrage, faict par les habitans de la ville, remplis de quelque terre de jardins, si menue et legiere, que ne pouvoit soustenir le coup non plus que cendres: de façon que quelque fois le boulet en perçoit trois, et y furent tuez derriere tout plein de noz harquebouziers et autres. De là en avant, les ennemis ne furent gueres grevez de nostre artillerie, n'ayans autres lieux en ces quartiers pour les en pouvoir battre, que celle plateforme.

De ce commencement de batterie ne se trouvoit encores le pan du mur gueres miné, à cause qu'il estoit bon, et n'avoit on continué tirer en un endroit arresté, mais suyvy du long, comme pour le taster, et mesurer ce qu'ils entendoyent faire de breche, qu'estoit environ trois cens pas, et avoyent aussi tiré quelques coups à la tour d'Enfer.

Ce jour feit, M. de Guyse, nouveau departement de garde entre les gens de guerre, baillant au capitaine Glenay particulierement le boulevart de la porte Champeneze; au capitaine Haucourt la tour d'Enfer, et au capitaine Verdun la grand place : les autres vingt bandes, departies de deux en deux, à chascun quartier des murs et defences de la ville, divisées en dix, dont l'une garderoit un jour les murailles, et l'autre les breches, et puis changeroyent lendemain, afin de faire part à chascun de l'honneur des breches, ausquelles deux capitaines en chief pour le moins, s'y tiendroyent tousjours, avecques les squadres et caporals qui seroyent de la garde, faisant commandement aux harquebouziers de se tenir bien pourveuz de pouldre et boulets. Et pource qu'on ne craignoit plus tant le costé de l'isle, fut advisé que la compagnie de M. le prince de La Rochesuryon se rendroit aux alarmes, avec celle de M. de Lorraine, devant le logis de M. de Guyse, en la court Saincte Glocine, et les autres aux lieux desjà ordonnez, en armes, avecques la picque, pour estre prets de secourir là où il leur seroit commandé. D'advantage, que deux capitaines de gens de pied feroyent ordinairement toutes les nuicts la ronde entiere de la ville, passant par tous les quartiers, et en tous les corps de garde, pour venir incontinent faire le rapport à M. de Guyse de tout ce qu'ils auroyent veu et ouy, à quelle heure que ce fust, et en quel estat qu'ils le peussent trouver, et donneroyent ordre qu'il n'y eust jeu ou autre amusement entre les soldats de la garde, afin de ne perdre l'occasion de tirer ou offencer l'ennemy, s'il s'approchoit de noz murailles et fossez.

Cependant ne se passoit jour que quelques trouppes de noz gens de cheval n'allassent donner l'alarme aux ennemis, et battre les chemins entre les deux camps, où se faisoit degast de vivres, butin de prisonniers, de chevaulx et de bagages : mesmes les coffres et charroy de l'evesque d'Arras, garde des seaux de l'Empereur, y avoyent esté prins; mais pource que d'abordée on tua les chevaulx qui les trainoyent, ne peurent estre conduicts en la ville. Et quant aux prisonniers, on tenoit cest ordre, de ne mettre dedans les valets et garçons de fourrage, de qui on n'esperoit tirer aucune rançon, afin qu'ils ne consomassent les vivres, ains seulement les gens d'apparence qui monstroyent estre pour se racheter : lesquels encores on leur bouschoit les yeux en entrant dans la ville, afin qu'ils ne peussent noter aucune chose de nostre faict et fortification.

Le vingt et sixiesme du mois avant jour, leur grande gabyonnade se trouva fournie de vingt et cinq ou vingt et six pieces d'artillerie, le cavalier d'auprès de la riviere de quatre, les deux autres premiers de cinq ou six. Et sur demie heure de jour quelques uns des nostres veirent arriver aux tranchées un personnage, lequel à cause de la suitte et du nombre d'harquebouziers et hallebardiers de garde qui avoyent passé devant, et qui suivoyent, fut estimé estre l'Empereur; depuis nous avons sceu qu'il y avoit esté. Incontinent après toutes les pieces commencerent battre aux endroits mesmes qu'avons dict, continuans de telle furie et diligence, qu'avant la nuict furent comptez treize cens quarante trois coups de canon, et feirent jour en trois lieux de la muraille, par où un nombre de noz harquebouziers s'attiltrerent de tirer entre deux vollées; un autre nombre cependant estoit dans le fossé, voyans passer les canonnades sur la teste, qui servoyent tantpour escorte des pyonniers qui descendoyent chercher terre à ramparer, que pour garder que l'on n'y vint rien recognoistre, et demeurerent ainsi tout le jour entre la batterie et la muraille, si près des tranchées des ennemis, qu'ils se battoyent avec eulx à coups de pierres : et estoit M. de Guyse et les autres princes et seigneurs se trouvoient aussi dans le fossé, pour voir l'effect de la batterie : n'estants cependant les uns ny les autres paresseux de haulser le rampar, bien que les boulets et esclats tombassent souvent entre nous, où plusieurs gentilshommes furent blessez : aussi fut le seigneur de Buguenon tirant de sa harquebouze par un des creneaux de la muraille, et lui fallut trepaner la teste. Un chascun se rendoit si subject à la besongne, que tous ont esté veuz porter beaucoup de peine, quand le besoing l'a requis, et tousjours s'y employoit une bonne partie de la nuict : dont sur les dix heures du soir, estant M. de Guyse avec les princes et beaucoup de gentilshommes, à porter terre aux endroits des breches, une volée de dix ou douze canons que les ennemis avoyent affusté de jour, y tira, laquelle se passa avec la perte d'un gentilhomme de la maison de M. de Nemours, appelé Boisherpin, lequel fut emporté. De leur costé les ennemis travaillerent celle nuict à une autre tranchée, si approchée de nous, qu'au sortir d'icelle estoit entrée dans nostre fossé, où ils logerent depuis gros nombre d'harquebouziers, qui pouvoyent tirer jusques à ce pont par où l'on y descendoit, dont nous fust ostée la commodité de ceste bonne terre à ramparer, que jusques à lors les pyonniers avoyent accoustumé d'y prendre.

Le lendemain matin, le jour n'estoit gueres

bien clair quand une pareille batterie recommença, et encores de trente-six coups plus grande que celle de treze cens quarante-trois du jour precedent. En quoy le seigneur Jehan Manrique, maistre de l'artillerie de l'Empereur, ensemble ceulx qui executoyent les pieces, feirent grand devoir, et leur donnasmes la louange d'estre fort bons et justes canonniers. La promptitude de noz harquebouziers gaigna tousjours l'entredeux des vollées à tirer par les bresches, lesquelles, avant la nuict, furent beaucoup eslargies, et la tour d'Enfer fort battue à l'estage du milieu. M. de Guyse alloit d'heure à autre recognoistre le dommage que noz murailles et tours recepvoyent, et se mettre en lieu d'où il peut mesurer le tout de son œil, sans se fier au rapport qu'on luy en pouvoit faire, s'exposant beaucoup de fois à plus grand hazard que l'importance d'une si grande perte qu'eust esté de sa personne en ce lieu, et en temps de telle affaire, n'eust bonnement requis. Il pourvoyoit, avecques le seigneur Pierre Strozzy [qui n'avoit peu d'advis ny faulte de moyens en telles choses], et avec les seigneurs de Gounor, de Sainct Remy et Camille Marin, à sauver noz defenses, en faire de nouvelles et ordonner nouveaux rampars là où il estoit besoing. En quoy on ne sçauroit estimer qui aidoit plus à M. de Guyse, ou l'experience et pratique qu'il pouvoit avoir eu auparavant de telles choses, ou bien son naturel disposé à la conduitte et maniement du faict et appartenances de la guerre; et croy que les deux ensemble le rendoyent si entendu, qu'en la plus grande partie des deliberations qui s'en faisoyent, son opinion se trouvoit digne d'estre executée.

Le jour après, vingt et huictiesme du mois, continuans les ennemis leur batterie, ouvrirent la tour d'Enfer de dix-huit ou vingt pieds de large, devinants l'endroit d'une cheminée qu'estoit le plus faible du mur, ou bien quelqu'un de la ville qui sçavoit le contenu du dedans le leur avoit enseigné. Sur le midy tout ce pan du mur d'entre les tours des Wassieux et Ligniers, pour avoir esté fort battu et couppé assez bas, commença pencher en dehors et se departir de la terre qui l'appuyoit. Deux heures après, continuants les ennemis y tirer, tomba tout d'un coup dans la faulsebraye, mais une partie soubs soy, rendant la montée malaisée pour venir à l'assault.

Les ennemis voyants renverser la muraille jecterent un cry et feirent demonstration d'une grande joye, comme s'ils estoyent arrivez au bout d'une partie de leur entreprinse : mais quand la poussiere abbatue leur laissa veoir le rempar desjà huict pieds par dessus la breche, encor que bien raze et large, ils eurent à rabattre beaucoup du compte qu'ils avoyent faict, sans estendre plus avant ceste grande risée qui ne s'entendist plus.

Un de noz soldats, appellé Montilly, feit la bravade de descendre incontinent par la breche, comme pour donner cognoissance aux ennemis qu'il ne nous soulcioit guieres qu'on y peust aisement monter; noz gens de guerre de pied et de cheval planterent leurs enseignes, guidons et cornettes sur le rempar; et tous les matins, au remuement de la garde, on ne failloit les y mettre. Gros nombre de noz harquebouziers, que M. de Guyse avoit faict apposter, ayans attendu que la muraille fust ostée, comme s'il leur eust faict empeschement, tirerent incontinent, et tousjours jusques à la nuict, dans les tranchées et cavaliers des ennemis, qui fut cause que depuis leurs arquebouziers de la tranchée du bord du fossé s'adviserent faire de petites canonnieres dans le terrein, pour tirer à couvert et de poinct en blanc au long de la breche, afin de garder que les nostres ne s'osassent presenter au dessus : toutesfois, les gensdarmes, ayans l'armet en teste et leurs sayes de livrée vestuz, ne laissoyent à monter beaucoup de fois au plus hault, pour y vider la hotte, sans craindre le danger; tellement que les pyonniers mesmes et femmes qui servoyent au rampar s'accoustumerent peu à peu à les y suivre. Le reste du jour les ennemis essayerent ce rampar, qu'ils veoyent, à coups de canon; mais combien qu'il fust fraischement faict, toutesfois se trouva en plusieurs endroits assez fort pour arrester le boulet.

La nuict feit cesser la batterie qui avoit depuis le matin esté de neuf cens à mille coups de canon; et nous, à plus grande diligence que jamais, eslevasmes et renforçasmes le rampar, pourvoyans, quant à la tour d'Enfer, de jecter de la terre devant l'ouverture, et y faire un rampar espais jusques à la moitié du second estage, reservans l'autre moitié, qui estoit devers nous, pour sauver des canonnieres à battre le long de la faulsbraye devant la breche, et nous y loger dedans pour la defendre.

Les deux jours d'apres, leur batterie se conduisit plus lentement qu'auparavant ; car ils ne tirerent que six cens trente coups, tant au long du rempar de la breche, pour nous garder d'y porter terre, que à la tour d'Enfer, laquelle, apres avoir esté remparée en l'estage du milieu, où ils avoyent faict la bresche, la percerent en l'estage de dessus, environ sept ou huict pieds de large, par où ils entrerent en esperance de nous en chasser, et venir maistres du second qui leur estoit assez ouvert, puis qu'ils ne pouvoyent de là en avant estre offencez par ce grand œil de la clef de la voulte qui veoit sur la breche; mais il y fut pourveu, comme en l'autre estage, d'un rampar faict de fumier, de quelque peu de terre et de balles de laine, le plus legier qu'on pouvoit pour ne charger trop la voulte. Ce soir, sur le tard, M. de Guyse eut quelque advertissement que les ennemis entreprenoyent de venir la nuict gaigner la tour d'Enfer, ayans faict grande provision de facines aux tranchées pour y faire la montée. Dont commanda au seigneur de Biron y aller, avec vingt gentilhommes de la compagnie de M. le prince de La Rochesuryon, pour renforcer la garde jusques à minuict, et au seigneur d'Antragues avec autres vingt de sa compagnie le venir relever. Ce que fut par après continué toutes les nuicts par la gend'armerie et cavalerie par rang de chascune compagnie. Les princes et seigneurs voulurent estre de la partie, et messieurs de Nemours, de Montmorency, de Martigues, de Danville, et autres, commencerent les premiers de veiller au logis du conte de La Rochefoucaud, voisin de là, pour s'y trouver au besoing. M. de Guyse travailla cependant à faire remuer des pieces d'artillerie de la plateforme Saincte Marie, au boulevart et allée de la porte Champeneze, qui estoit desjà remparée; et y avoit canonnieres pour battre en flanc à la dicte tour.

Le conte d'Aiguemont partit du camp avec deux mille chevaulx et quelques enseignes de gens de pied pour aller au Pont à Mousson, où il entra; et, passant oultre, se vint presenter devant la ville de Thoul, qu'il somma se rendre : à quoy le seigneur d'Esclavolles, gouverneur d'icelle, feit responce que, quand l'Empereur auroit prins Metz, et seroit venu faire autant d'efforts contre sa ville, il adviseroit lors à la responce qu'il debvroit faire.

Au commencement de decembre les ennemis menerent une autre tranchée par travers, depuis la grande qu'ils avoyent faicte, tirant à la riviere, jusques au devant de leur grande plateforme devers nostre fossé, et quelques autres avecques grand advis et mesure, les doublant et triplant pour la defence les unes des autres. Et continuerent le premier du mois tirer au long des rempars et à la tour d'enfer, environ cent ou six vingts coups de canon.

L'apresdisnée, M. de Guyse commanda au seigneur de La Brosse prendre cent chevaulx de la compagnie de M. de Lorraine, au seigneur de Saint Luc son guidon, quarante de la sienne, et au capitaine Lanque ses harquebouziers à cheval, pour aller donner sur les fourrageurs et vivres qui venoyent devers Thionville, et du port d'Olizy au camp du marquis, et que s'il sortoit quelque nombre de gens en desordre, ils feissent ce qu'ils pourroyent juger et cognoistre à l'œil estre raisonnable, sans rien hasarder : ils furent suyviz de plusieurs autres, qui se trouverent prests au sortir. Et d'abordée une partie de noz coureurs chargea sur les fourrageurs, qui estoyent en grand nombre, lesquels, ensemble leurs chevaulx, furent tuez ou prins, et leurs charretées de vivres menées depuis en la ville. Les autres allerent donner dans le camp et à l'abbrevoir, où ils tuerent force gens et chevaulx. Un nombre de leurs gens de pied du regiment logé en la plaine, sortirent pour les repousser, et les suyvirent jusques à un fossé, environ cent pas par deçà le camp; où l'un d'eulx, plus advancé que les autres, demanda en langage françois le coup de picque, et, s'adressant au capitaine Lanque, qui le venoit charger, luy tua son cheval. Ledict Lanque se voyant à pied, se joignit à l'Alemant, et avec un espieu qu'il portoit l'abbatit mort à terre. Ce faict, noz coureurs se trouvans rassemblez et joincts, entreprindrent faire une charge sur ces premiers venuz, qu'ils repoulserent, et les eussent chassez bien loing; mais quinze ou dix-huict enseignes de leurs gens de pied estoyent desjà aux champs et s'avançoyent vers eulx. Parquoy commencerent se retirer, et incontinent sept ou huict cens de leurs harquebouziers et picquiers se desbanderent de dessoubs les enseignes, pour courir après comme à une huée, sans tenir ordre, ensemble cent ou six vingt chevaulx avec pistolets ou lances, et prindrent le seigneur de Chastelet, guidon de la compagnye de M. de Lorraine, lequel fut quelque temps en leurs mains, en grand danger de sa vie : quoy voyant le seigneur de La Brosse, et que le desordre presentoit une fort belle occasion de leur faire une bien bonne charge, ordonna au capitaine Sainct Luc de se jecter à main droitte sur les gens de cheval, et que luy, à gauche, donneroit dans les gens de pied; ce que fut executé si à propos, que les gens de cheval et les gens de pied furent repoulsez les uns dans les autres, et tous ensemble menez à coups de lance et d'espée jusques à la teste de leurs enseignes, lesquelles s'arresterent tout court. En ce lieu mesme, le marquis Albert, qui estoit venu à l'escarmouche, faillit, pour la vistesse de son cheval, à recevoir un coup de lance du baron de Tourcy, et le seigneur de Brabançon, qui estoit venu le matin disner avec le marquis, y fut blessé. Il en demeura des autres plus de quatre vingts estenduz sur la neige, et huict ou dix prisonniers, dont il y en avoit quatre de cheval. Les nostres se retirans vers le pont, trouverent le capitaine Favars, avecques cent soldats, harquebouziers et corselets, envoyez pour les soustenir. Ceste escarmouche fut à la veue des trois camps, et ceulx qui estoyent aux tranchées, tirerent quelques coups de deux pieces, par delà la riviere, au long de la prairie, pour favoriser les leurs, et tuerent deux soldats des nostres en revenant sur le pont; tous les autres rentrerent dans la ville, fors un homme d'armes et un archier de la compagnie de M. de Lorraine, qui demeurerent prisonniers; et les seigneurs de Rocofeuil, de Fogeon, de Treves, et un autre homme d'armes furent blessez, qui dans peu de jours après moururent. Le seigneur de Clermont eut une harquebouzade à la main, et le seigneur de Suze un coup de picque entre la teste et le morrion, qui ne print que la peau. Beaucoup de chevaulx furent blessez, mesmes celuy du seigneur de La Brosse d'un coup de picque, et en moururent dix ou douze. Il ne tint qu'à M. de Guyse que les princes n'avoyent esté de l'entreprinse, car il le leur cela jusques à ce que ceulx cy se trouverent dehors, et puis les clefs furent perdues : n'ayant eu peu de peine, toutes les fois qu'il a convenu sortir, de retenir ceulx qui se venoyent presenter, et s'efforçoyent de passer la porte. De l'autre costé, entre les deux camps, avoit esté envoyé à mesme heure Navailles, avec vingt et cinq chevaulx, qui feit beaucoup de dommage aux fourrageurs, et gasta force vivres, faisant tousjours boucherie sur les passages.

Les trois jours ensuivans, les ennemis poursuivirent leur baterie environ cent ou six vingts coups par jour contre le rampar de la bresche et la tour d'Enfer, à laquelle ils avoyent faict plus de dixhuict pas de bresche, mais nous renforceasmes tousjours le rampar en l'un et l'autre estage, pour sauver celle moitié qu'a esté dict. Ils estendirent leurs tranchées, et le bout du cavalier à main droicte, encores plus vers la riviere, comme pour battre les tours des boulengiers et charpentiers, derriere celle d'Enfer et le pan de mur qu'est entre deux, où n'avions encores ramparé; mais incontinent y fut mis nombre de gens de guerre et de pionniers, pour y relever un rampar de vingt et quatre pieds de large, avec une tranchée de trente par le devant, reculez de quarante pieds de la muraille; ce que fut poursuivy de bien grande diligence. Et pour ne laisser conduire aux ennemis leur entreprinse sans les empescher de ce qu'on pourroit, M. de Guyse jecta de nuict le capitaine Candeau, lieutenant de sa garde, et le sergent du capitaine Glenay avec douze harquebouziers dans le fossé, par une secrette yssue qu'il avoit faict faire dans le boulevart de la porte Champeneze, lesquels allerent jusques aux tranchées. Les uns coururent à un bout arquebouzer les ennemis, qui commencerent couler tout du long, dont Candeau, qui se trouva sur le milieu, et le reste des nostres, leur donnerent force coups d'espée en passant : et, ayant demeuré bonne piece dehors, se retirerent sans avoir rien perdu. Lendemain sur le midi, le capitaine Thomas, de la compagnie de M. de Guyse, avec trente de ses compagnons, sortit entre les deux camps, et, de fortune, rencontra le seigneur de Brabançon qui retournoit du logis de l'Empereur au camp qu'il avoit en charge, accompagné de vingt et cinq gentilshommes assez mal armez. Noz gens le chargerent de sorte, que, sans ce qu'il gaigna de vistesse quelques maisons assez près de son camp, et se jecta dedans, il estoit prins : mais, n'osant le seigneur Thomas ny les siens mettre pied à terre, à cause que l'alarme solicitoit les ennemis de courir à la recousse de leur general, et y venoient de tous costez, se retirerent avec un butin de deux tonneaux pleins de bottes, marchandise bien requise et necessaire à la ville. Le jour après, cinquiesme du mois, le capitaine Simon de Lec, de la compagnie de M. de Nemours, retourna avec vingt chevaulx, au mesme chemin, et n'eut gueres demeuré en son imboscade, qu'il veit passer environ quatre vingts chevaulx alemans venants du camp de l'Empereur, et s'en retournoyent à celuy de la royne Marie. Noz gens les surprindrent, et, donnans dessus, feirent sonner bien chauldement, à l'estendart et dedans, à deux trompettes de M. de Nemours, qu'ils avoyent de fortune amené. Dequoy les ennemis estonnez prindrent la fuite, mais il en demeura quatre prisonniers : et, retournans les nostres à la ville, feirent encores butin de quatre mulets chargez de vivres. Ce jour nous perdismes deux hommes de bon service, Camille Marin, au bout d'un rampar qui servoit d'espaule, joignant la tour d'Enfer, auquel lieu, après que M. de Guyse eut essayé recognoistre, par entre deux balles de laine, le remuement de terre que les ennemis faisoient en estendant leur tranchée, et haulsant le cavalier de main droitte vers la riviere, il y voulut regarder pour cognoistre où s'adressoit leur entreprinse, et pouvoir mieulx entendre les moyens d'y remedier, mettant la teste au lieu d'où M. de Guyse venoit de retirer la sienne, soubdain il y receut un coup de harquebouze qui luy espandit la cervelle; et le lieutenant du capitaine Glenay, qui estoit en garde au boulevart, fut frappé d'une autre harquebouzade, et dans une heure après mourut. La nuict les ennemis remuerent une partie des pieces qu'ils avoyent mis en batterie, comme si elles estoyent esventées, et en feirent venir d'aultres, et tirerent lendemain au recoing de la riviere, pour y faire une nouvelle bresche, et dix ou douze coups par heure, au long des autres desjà faictes, pour nous garder de remparer, toutes fois on y travailloit tousjours. Ce soir la compagnie de M. le prince de La Rochesuryon retourna estre de garde à la tour d'Enfer, et M. le prince mesmes en voulut estre, qui, sur quelque heure de la nuict, descendit au plus bas estage, et luy sembla entendre un bruit de pioches, comme si les ennemis faisoyent quelque mine. M. de Guyse y vint lendemain, qui en eut aussi sentiment, et adjousta foy aux advertissemens qui luy avoyent esté donnez de ceste chose. Le seigneur de Sainct Remy poursuyvit diligemment de leur aller au devant avec les contremines qu'il avoit desjà commencées, tant en celle tour en deux lieux, qu'au boulevart en autres deux, et autant le long de la faulsebraye devant la breche. Lendemain M. de Guyse feit avaller par une corde au coing derriere la tour d'Enfer le lieutenant et un soldat de sa garde, pour recognoistre par le dehors en quel endroit elle estoit plus endommagée, et si les ennemis y faisoient aucune sappe, aussi pour sonder à coups de marteau si la mine respondoit encore au pied de la muraille ou entre les deux murs; lesquels rapporterent n'avoir rien apperceu de nouveau, et le tout estre au mesme estat qu'avoit auparavant esté recogneu : et pour lors ne peusmes avoir plus grande certaineté de leur entreprinse soubs terre, fors que le hault d'un pavillon fut veu au bout d'une de leurs tranchées, qui avoit esté tendu celle nuict, et tout autour on le remparoit de terre argilleuse, ressemblant celle que nous tirions des contremines, par lequel indice fut estimé que là estoit la bouche de leur mine, comme depuis il se trouva. Sur les deux heures après midy, dix ou douze chevaulx de la compagnie du seigneur de Gounor sortirent vers le camp du marquis Albert, pour veoir si l'on auroit fait en la plaine aucun fossé ou tranchée, et prendre garde quelle contenance les ennemis tiendroyent à les charger, afin que s'ils avoyent avisé nouveau moyen de nous nuire aux saillies, l'exemple de ceste heure nous en fust advertissement pour une autrefois que plus grande force sortiroit; les advisans qu'ils eussent à feindre de n'oser soustenir aucunes de leurs charges, afin de les r'assurer et leur donner volunté de venir par après aussi peu retenuz aux escarmouches, qu'ils souloyent auparavant qu'on leur eust donné ces attaintes qu'avons dict dessus. Mais, pour faire que noz gens n'eussent à s'opiniastrer au combat, M. de Guyse leur feit laisser au sortir de la porte les lances, les accoustremens de teste et brassals : ils allerent jusques au camp, et y eut alarme; mais, après avoir couru la campagne, laquelle ne monstra que ce qu'on avoit accoustumé veoir, se retirerent à la faveur d'un nombre de noz soldats de pied harquebouziers, lesquels garderent les ennemis qui couroyent après eulx de suyvre plus avant.

Le jour ensuyvant, septiesme du mois, de grand matin, on ouït sonner beaucoup de tabourins au camp de l'Empereur, et sur les huict heures, deux grosses trouppes de leurs gens de pied s'approcherent au bord des tranchées, derriere ces murailles qui s'estendent vers Sainct Arnould, par dessus lesquelles on veoyoit apparoistre leur grand nombre de picques : et bien que M. de Guyse n'estimast y avoir grand danger, estant encores la faulsebraye devant la breche toute saine et entiere, il feit toutesfois, sans donner alarme, rendre tous les gens de guerre aux lieux qui leur estoyent ordonnez, tant aux breches, flancs, places de secours, que au long des murailles, où se trouva bien petit nombre de gens pour une ville de si grande garde, mais tous appareillez de bien faire, et monstrans celle bonne volunté et deliberation qu'il falloit pour vaillamment repoulser l'ennemy. Les princes de Bourbon, les deux de Guyse, celuy de Nemours, le duc Horace, messieurs de Montmorency, vidame de Chartres, de Martigues, et les autres seigneurs et gens de bonne maison, avec plusieurs gentilshommes marchans soubs la cornette de M. de Guyse, prindrent le premier rang à la breche, suiviz d'un bon nombre de soldats. Cependant ledict seigneur alla visiter les uns et les autres, non sans avoir grand aise du maintien et bonne contenance qu'il veoyoit en chascun, ny sans les solliciter encores en passant par beaucoup de ces bons mots qui incitent à l'honneur, à la vertu et à la victoire. Le capitaine Favars, maistre de camp, ordonnoit de ses gens de pied, et encores par dessus luy le seigneur Pierre Strozzi, ensemble sur les gens de cheval. Le seigneur de Sainct Remy estoit préparé de ses artifices à feu et engins de guerre, lesquels avoyent esté apportez de bonne heure en une maison prochaine, pour les employer sur les premiers qui viendroyent; aussi le seigneur de Crenay, et autres gentilshommes et soldats choisiz de toutes les compagnies et bandes aux costez de la breche, pour executer bon nombre de harquebouzes à croc; pareillement le seigneur d'Ortobie et ses compagnons, commissaires de l'artillerie, avec leurs canonniers aux flancs et defenses; et furent toutes choses si promptement mises en leur ordre, et l'ordre mesme par tout si bien observé, que les ennemis eussent prins mauvais conseil de nous venir assaillir. Aucuns d'eulx s'adviserent d'aller sur la montagne qui regardoit à la breche, d'où ils la peurent veoir fournie de museaux de fer, de morrions et corselets, qui ne fut chose qui leur deust beaucoup plaire.

Sur le soir vint un trompette de la part de l'embassadeur d'Angleterre resident auprès de l'Empereur, porter des lettres à deux gentilshommes anglois estans à la suitte du vidame de Chartres, parens du milor Havard, debitis (1) de Callais, par lesquelles les persuadoit eviter le hazard où ils estoyent, et de s'en venir au camp, pour delà se retirer en Angleterre : mais, estant cogneu que c'estoyent des ruzes de l'ennemy, le trompette fut renvoyé avec responce qu'ils estoyent plus asseurez dans la ville qu'ils ne seroyent dehors.

Après que le seigneur Thomas Delveche, qui estoit allé vers le Roy, comme avons dict, eust eu sa responce et attendu quelques jours à Verdun la commodité de se pouvoir conduire en ceste ville, il print le hazard de traverser le païs du costé mesmes des ennemis, et, par entre les deux camps, se rendit le huictiesme du mois, après minuict, auprès de la ville, où M. de Guyse le feit entrer par la porte Mezele; et par luy nous furent confirmées les nouvelles que l'armée du Roy s'en alloit assieger Hedin, signe de n'esperer de long temps autre secours que celuy qui restoit aux armes et aux bras d'un chacun de ceulx de la ville : aussi ne faisoit on semblant de le desirer; bien nous asseura que la deliberation du Roy estoit de venir lever le siege, nous resjouissans cependant de la prinse que M. le mareschal de Brissac avoit faict sur l'Empereur de la ville d'Albe en Piedmont, comme le seigneur Thomas disoit. Ce que M. de Guyse permit au premier trompette qu'iroit au camp de l'Empereur le dire à ceulx qui l'enqueroyent des nouvelles, en recompense qu'ils nous avoyent auparavant mandé la prinse de Hedin.

Ceulx qui estoyent prins du camp de l'Empereur nous chantoyent tousjours que la deliberation de leur maistre estoit ne partir jamais qu'il n'eut prins la ville, et quand l'armée qu'il avoit seroit ruinée il en feroit venir une autre, et après la seconde tierce; de sorte que, craignant M. de Guyse la longueur que ce siege pourroit prendre, mit encores nouvel ordre et mesnage aux vivres, faisant regarder aux particulieres provisions que chascun pouvoit avoir en son logis, pour y user avec autant de discretion que si c'eust esté la munition du Roy, et resserrer tout le vin qui se trouveroit par les quartiers des gens de pied en une ou deux caves, soubs les clefs que leurs capitaines tiendroyent, pour en distribuer puis après à chascun soldat deux pintes par jour. Encores, pource qu'on avoit commencé bailler aux pionniers du pain de la munition, qui en eussent à la longue beaucoup consumé, il en feit casser de douze cens les six cens, reservant tout ce qu'il pourroit pour l'entretenement des soldats; ausquels, estant desjà failly le bled qu'avoyent amassé au temps de la recolte, leur ordonna, pour le commencement, deux pains pour jour de douze onces chascun, proposant leur en retirer peu à peu par quarts et demy onces, ce qu'il cognoistroit leur en pouvoir faire passer, afin d'estendre la munition, s'il luy estoit possible, encores par delà les douze mois qu'il pensoit avoir pourveu, tenant le bled pour le plus precieux thresor qu'il eust en la ville, avec resolution d'opposer une autre opiniastreté contre celle de l'Empereur, et d'attendre la derniere souppe à l'eaue, avant que donner lieu à son entreprinse. Aussi pour les vivres des chevaulx de service feit departir la paille qui s'estoit trouvée aux granges de la ville, par les compagnies de la gendarmerie et cavalerie, ayant encores, pour leur allonger les vivres le plus qu'il seroit possible, faict commandement aux gens de pied de tuer tous les courtaux qu'il avoit entendu estre retenuz plus que de six par bande, contre ce que l'ordonnance faicte du commencement portoit, et les mettre au sel, donnant charge au prevost des mareschaulx passer par après en tous les quartiers, pour prendre ceulx qui seroyent trouvez oultre le nombre permis, et leur aller coupper les jarrets hors la ville.

Et, pource que desjà avoit esté usé beaucoup de pouldre, il meit en besongne des salpestriers à tirer du salpestre et le raffiner, afin que la munition des pouldres s'entretint, et ne s'y trouvast faulte au besoing. Oultre ce, voyant que du mois passé et de cestuy n'avoit esté faict payement aux soldats, ny estoit possible que le Roy mist de l'argent dans la ville, pour leur en faire encores tenir durant le siege, et que à la fin ils se pourroyent, par faulte d'argent, accoustumer de prendre ce qui leur seroit besoing d'habillements ou autre chose sans payer, par où pourroit venir quelque desordre dans la ville, et entre eulx mesmes, delibera, pour ne mettre rien de la commodité de tous en arriere, qu'il feroit battre de la monnoye soubz l'authorité du Roy, et luy donneroit beaucoup plus hault pris

(1) Gouverneur ou lieutenant.

que de sa value, soubz obligation toutesfois, enquoy il se soubmettoit par cry publicq, de la reprendre pour autant qu'on la bailleroit ; dont en fut commencé faire quelque petit nombre, qui se veoit en mains d'aucuns.

Le marquis Albert se sentoit picqué des saillies que l'on avoit souvent faict sur son camp, et avoit mis gens de pied et de cheval aux aguets dans les saules prochains ; et ès fossez et jardins près de la croix du bout du pont des Mores, et autres lieux où il estimoit pouvoir mieulx surprendre et nuire à noz gens. Ce qu'ayant bien attiltré deux ou trois jours de rang, envoya passer tout auprès du pont quelques chevaulx et fourrageurs pour amorser les nostres et les attirer dehors, lesquels, M. de Guyse y ayant faict prendre garde, et luymesmes entreveu quelque chose de l'entreprinse, ne les voulut laisser sortir à la poste du marquis, reservant le faire une autre fois qu'il n'y auroit si bien pourveu : et du costé des tranchées envoya, la nuict d'après, le seigneur Pierre Strozzy avec un petit nombre de soldats, veoir s'il s'y commençoit aucun nouvel ouvrage. Ceulx de la garde furent surprins, et quelques uns despeschez, sans qu'ils osassent entreprendre sortir pour repoulser les nostres, lesquels, ayans recogneu autant que l'obscurité le leur pouvoit permettre, se retirerent. Estans rentrez dans la ville, ils trouverent à dire le sergeant du capitaine Glenay, lequel fut veu lendemain mort sur le bord et pendant de leurs tranchées, où plusieurs soldats s'offrirent l'aller querir ; mais on ne voulut pour telle occasion les hazarder à si evident peril : mais son gojat, meu de grand amour et pitié vers le corps de son maistre, feist grand instance qu'on le luy permist ; et, sans craindre l'harquebouzerie des ennemis qui luy tirerent grand nombre de coups, l'alla en plein midy charger sur ses espaules, et l'apporta dans la ville pour luy faire recevoir sepulture : en quoy il merita estre faict soldat, comme il fut, de la bande dudict Glenay.

Après que les ennemis eurent, depuis le cinquiesme du mois, tiré assez mollement six cens vingt coups de canon, et toutesfois ouvert à l'encongneure de la riviere la tour des Charpentiers, qui joinct l'eaue, et abbatu le bois de la couverture de la tour d'Enfer, ils remuerent d'autres grosses pieces à leurs cavaliers, et feirent nouvelles canonnieres à main gauche de la grande gabionade, comme pour tirer à nostre boulevart, bien qu'ils le veissent remparé : et le douzieme du mois, de bien grand matin, ils se mirent à le battre plus fort que les jours passez, comme s'ils vouloyent parachever de le reduire tout en bresche ; et, continuants jusques au soir environ trois cens cinquante coups, tout ce qu'ils avoyent battu tomba plus de vingt pas de long et bas, jusques au dessoubs du cordon, y ayant, avec ce qui avoit esté ouvert auparavant, cinquante pas de bresche. Vray est qu'ils n'y eussent peu monter sans eschelle, et n'y tirerent plus de là en avant, s'appercevant qu'ils estoyent à recommencer, à cause qu'ayant par nous esté cogneu de bonne heure ce boulevart estre en lieu où falloit par necessité nous en ayder, l'avions tres bien mesnagé de tout ce qui se pouvoit faire pour ne le perdre point, luy fortifiant, comme a esté dict, la teste et puis la porte d'un grand rampar de bonne terre, où leurs canons eussent bien trouvé à manger ; et encores avoit-on faict une traverse derriere iceluy, dans les édifices, pour nous en servir au cas que la teste vint à estre ouverte. L'on avoit aussi remparé l'allée d'entre ce boulevart et la porte Champeneze d'un vingt et cinq pieds de large de chacun costé, afin que les ennemis, en croisant leur batterie, ne nous en bannissent ; et, pour mesme cause, avions relevé deux gros massifs de terre aux deux encogneures de la susdicte porte, pour servir d'espaule à la garder, et de flanc aux faulsesbrayes ; soubz lesquels massifs avoit un passage couvert, venant de la ville à la faulsebraye de main gauche, puis à l'allée du boulevart, et d'icelle allée un semblable passage entrant en la faulsebraye de main droicte, pour tousjours avoir chemin à secourir noz faulsebrayes, boulevart, et son allée, en laquelle avions faict deux bonnes canonnieres, malaysées à oster, lesquelles battoyent dans les fossez le long des bresches, et jusques à la tour d'Enfer, encores deux autres à mesme effect, soubz un des arceaux de ceste allée ; et avions ouvert au fond du boulevart une secrette saillie pour jecter des gens de pied dans le fossé, n'oubliant y faire force contremines. Et bien que les mauvais fondemens d'iceluy boulevart et les arceaux foibles et fendus de l'allée nous menassassent de la prochaine ruine de l'un et de l'autre, toutesfois le besoing present nous solicitoit d'y mettre encores tous les jours la main.

Lendemain les ennemis reprindrent leur batterie au long de la grande breche, à la tour des Wassieux, prochaine de la porte Champeneze, qui estoit desjà bien entamée, et la feirent tomber, partie à deux heures apres midy, et le reste à trois heures apres minuict, dont y eut de quatre vingts à cent pas de breche bien raze d'un tenant, joignant laquelle estoyent les deux autres, l'une de trente, l'aultre de vingt au long du mur. Ce jour mourut le capitaine Favars, maistre de camp, qui avoit esté blessé d'une harquebouzade sur le rampar de la grande bresche, bien près de M. de Guyse, et fut son enseigne baillée au capitaine Cornay, son lieutenant, et le capitaine Glenay faict maistre de camp, qui voulut la garde de la tour des Charpentiers, laquelle estant en l'encongneure de la riviere, estoit desjà ouverte et le lieu assez dangereux : lors fut commis le capitaine Gordan avec sa bande au boulevart, et le capitaine Cantelou à la porte du pont des Mores, le demourant à tenir tousjours l'ordre qui avoit esté au paravant commandé. Estant nuict, et lors qu'il faisoit plus obscur, Glenay commanda à un de ses soldats s'en aller près des tranchées, pour escouter les ennnemis, et veoir quel guet ils faisoyent, afin de leur donner une estrette, s'il s'y cognoissoit occasion de faire. Le soldat tomba entre trois sentinelles estans dans le fossé, qui le chargerent; et luy, prompt, encor qu'il n'eust autres armes que l'espée, s'en defendit au mieulx qu'il peut, et se retira blessé d'un coup de corsesque (1) au visage, et pour celle nuict n'y eut plus grande entreprinse.

Ceulx de la garde des tranchées appeloyent souvent, et par divers propos solicitoyent les nostres de parler, qui pourtant ne leur faisoyent aucune response, à cause que la defence y estoit, et mesmes quelques uns avoyent esté du commencement chastiez, pour l'avoir osé entreprendre sans congé.

La matinée du jour ensuivant fut pluvieuse, et se doubterent les ennemis qu'ils auroyent quelque alarme de la ville, comme on leur en avoit tousjours donné lors qu'il faisoit bien mauvais temps. Ils se jecterent en grosse trouppe à la campagne, et trouverent à charger quinze ou vingt chevaulx des nostres, de la compagnie de M. de Lorraine, qui estoyent allez bien matin entre les deux camps; mais ne les peurent empescher de leur retraitte, qu'ils feirent sans aucune perte.

Après midy, le seigneur de Biron sortit avecques cinquante ou soixante chevaulx par Pontiffroy, vers le camp du marquis, et envoya battre le chemin des vivres par une partie de ses coureurs avec le capitaine Lanque, lequel descouvrit une grosse imboscade d'ennemis dans les saules vers Sainct Heloy, et en advertit la trouppe. Les autres coureurs, qui avoyent donné jusques au camp, ne peurent attirer les ennemis dehors, lesquels avoyent possible pensé que les nostres les iroyent chercher jusques là, et que ceux de l'imboscade leur viendroyent coupper chemin. A tant le seigneur de Biron, ayant demeuré un temps au milieu, pour favoriser ceux qui avoyent couru vers droicte et vers gauche, à la fin les retira avecques quelque butin de fourrageurs, chevaulx et charrettes de vin qu'ils avoyent prins.

Navailles retourna lendemain matin entre les deux camps, et trouva que les ennemis y estoyent bien forts, ausquels, avec vingt et cinq chevaulx qu'il avoit, attaqua l'escarmouche, temporisant le plus qu'il peut pour veoir s'il leur pourroit donner une charge à propos; mais voyant n'y avoir lieu de s'opiniastrer d'advantage, se retira saulve avec prinse d'un des leurs, natif de Savoye, lequel dit à M. de Guyse qu'on tenoit pour chose certaine au camp, que leurs mines entroyent desja cinquante toyses dans la ville.

Sur les deux heures apres midy se feit une autre saillie par le pont des Mores, de trente chevaulx seulement, desquels le conte de Charny, Ouarty, Riberac, Tourcy, Crequi et La Roche-Chalez estoyent. M. de Guyse advisa le capitaine La Faye qui les conduisoit, n'abandonner de gueres le bout du pont, mais envoyer cinq ou six jusques au corps de garde du marquis, pour se faire suyvre et attirer ce qu'ils pourroyent d'ennemis au près du pont, où il avoit faict mettre des harquebouziers, et porter les harquebouzes à croc pour les recevoir. Les coureurs allerent jusques à ce corps de garde, qui estoit plus fort que mesmes toute nostre trouppe, lequel les rechassa bien vistement : La Faye faignit prendre aussi la fuite pour se faire suivre, et que les ennemis se desbandassent, comme advint, courans après à qui premier auroit attaint les nostres, lesquels tout d'un coup tournerent, et, trouvant les autres en desordre, les menerent battans jusques au près de leur camp, duquel sortoit desjà force cavalerie pour venir à l'escarmouche, et se trouverent bien tost six ou sept vingts ensemble. Ils en feirent avancer cinquante sur nos gens, lesquels prenans la cargue pour les attirer à noz harquebouziers, comme leur estoit commandé, attendirent un petit la recevoir de trop près, tellement que ceulx cy leur estoyent desjà sur les bras, et le reste de leur grosse trouppe n'estoit gueres loing, qui marchoit tousjours au trot. Et ayant voulu le capitaine La Faye demeurer derriere, comme vaillant qu'il est, son cheval eut un coup de lance, et luy porté par terre et tenu prisonnier. Ceulx de la trouppe tournerent, et feirent tout ce qu'ils peurent à bien combattre pour le recouvrer; mais ne fut possible, et se retirerent avecques celle perte, et du seigneur de Vitry, qui demeura aussi prisonnier. Le seigneur d'Ouarty fut blessé en la teste, et La Roche-

(1) Poignard.

Chalez en la jambe droicte, qu'il luy fallut scier, et depuis en mourut. En mesme temps le seigneur de Rendan avoit faict la tierce saillie par le Pontiffroy, avec autres vingt chevaulx et dix harquebouziers du capitaine Lanque, pour, ce pendant qu'on les amuseroit d'un costé, battre de l'autre le chemin vers le moulin d'Olizy, où estoit le port de leurs vivres, et par où les fourrageurs et vivandiers venoyent; ce qu'il eut loisir de faire, et renversa deux charretées de pain, et le feit fouler dans la fange, print du vin du Rhin, et amena chariots, chevaulx et prisonniers dans la ville, oultre ceux qu'il defeit sur le lieu.

La nuict ensuivant vindrent quelques Alemans du camp du marquis, pour abbattre le parapect du pont des Mores, qui couvroit le ravelin du bout d'iceluy, dans lequel on jectoit ceulx qui estoyent envoyez pour faire les saillies, qui ne pouvoyent estre là offencez de leur artillerie, et essayerent de rompre une des arches du pont, pour nous oster entierement l'issue par là; ce qui devoit à meilleure raison estre entreprins de nous, pour empescher à eulx l'advenue de noz portes et murailles. Toutesfois noz harquebouziers, qui estoyent en garde sur le portail, pourveurent à cecy, tirants si souvent là où ils entendoyent le bruit, qu'ils leur feirent abandonner le pont; et fut trouvé le matin beaucoup de sang et quelques flasques (1) des leurs brisées. Deslors fut ordonné que trois ou quatre harquebouziers seroyent jectez toutes les nuicts en sentinelle hors la porte, qui se tiendroyent dans le ravelin.

Le soir on avoit veu porter du camp de l'Empereur grand nombre d'eschelles dans les tranchées, dont fut donné advertissement aux gens de guerre se tenir prests, et à la fin n'y eut rien d'entreprins. Il advint celle nuict une chose de rizée: c'est qu'un Wallon du camp des ennemis, pensant avoir beaucoup cheminé et estre arrivé aux portes de Thionville, vint heurter à la porte Saincte Barbe, où le caporal de la garde joua si bien son roole, qu'il l'entretint longuement en cest erreur, et luy feit dire tout ce qu'un homme de sa qualité pouvoit sçavoir de l'estat du camp, mesmement de la difficulté que s'y faisoit de prendre la ville. On attendoit qu'il fust heure d'ouvrir les portes pour l'aller retenir prisonnier; mais aussi tost qu'il fut un peu jour, s'advisant de sa faulte, se mit à fouir, et les nostres l'accompagnerent à coups de harquebouze, et luy tuerent son cheval.

Les ennemis avoyent tousjours continué, de-

(1) *Flasques*: partie de l'affût d'un canon. Il paroit qu'il faudroit lire: *quelques flasques brisées*.

puis le douzieme du mois, tirer par heure dix ou douze coups de canon en endroits differens, afin que noz harquebouziers ne s'osassent monstrer sur les breches, et aussi pour nous empescher de remparer, à quoy toutesfois on n'avoit mis cesse, n'estant passé jour, depuis le commencement qu'ils feirent leurs tranchées, que noz gens de guerre n'eussent ordinairement la hotte sur l'espaule quand ils n'y avoyent les armes, ou n'estoyent en garde: et ne les veoit on moins adventurer ou aller hardiment sur le hault du rampar, tirer le coup de harquebouze, ou porter terre, que si le canon ou harquebouzerie des ennemis n'y eust battu, dont souvent en a esté emporté de bons hommes; mais l'asseurance ne fut pourtant diminuée. Et, pour les saulver, furent mises des pavesades et mantelets au costé des breches, sur les flancs, hors la batterie du canon, afin qu'ils peussent tirer mieux à couvert, et garder d'apparoistre les ennemis sur les tranchées. Lesquels poursuivirent encores le seiziesme du mois leur batterie à l'encongneure d'auprès de la riviere, et y feirent dixhuict pas de breche, portants par terre la tour des Charpentiers, dont la plus grande partie tomba dans soymesmes, et un peu dedans le fossé, mieux à propos que n'avions esperé, craignant que le tout y allast et peust faire pont aux ennemis. Ce jour un gentil homme italien, parent du seigneur Ludovic de Birague, se vint rendre à nous, nous advertissant de la diligence que les ennemis mettoyent à conduire leurs mines, et qu'il estoit bruit au camp qu'elles s'en alloyent prestes à mettre feu. Le seigneur de Sainct Remy s'advançoit tant qu'il luy estoit possible de se trouver au devant, pour faire à eulx mesmes une fricassée; et M. de Guyse descendoit plusieurs fois les visiter dans les contremines, mesmement sur la nuict, qui estoit l'heure qu'on les entendoit mieux besongner, mettant ordre que bon nombre de gens de guerre se tinssent prests pour les repousser, si, après y avoir mis le feu, il s'y faisoit breche, et vouloyent venir à l'assault.

Environ ces jours, le seigneur de Brabançon, pour recompenser l'honnesteté que M. de Guyse avoit usé vers quelques prisonniers des leurs, qu'il avoit renvoyez sans rançon, et faict rendre leurs armes et chevaulx, offrit pareil traictement à deux soldats françois, l'un du capitaine Haucourt, et l'autre de La Queusiere, pourveu qu'ils se retirassent en France, estant l'opinion de l'Empereur sur la raison de la guerre, qu'on ne devoit renvoyer dans une ville assiegée ceulx que l'on en avoit peu prendre prisonniers. Par ainsi leur bailla un tabourin pour les conduire vers Nancy ; mais eulx ayans renvoyé le tabourin demy chemin, disans qu'ils se sçauroyent bien conduire, mirent devant les yeulx le serment qu'avoyent faict de servir le Roy soubs la charge de leurs capitaines, qui estoyent enfermez dans la ville, et la honte que leur seroit les abandonner en telle affaire, dont meuz d'un bon cueur et vray naturel françois, s'arresterent dans un bois jusques à la nuict, à la faveur de laquelle passerent assez hazardeusement entre les deux camps, et se vindrent rendre à noz portes.

Un peu au paravant que le capitaine La Faye feist la saillie par le pont des Mores, comme avons dict, le trompette de la compagnie de M. de Lorraine estoit allé vers le marquis Albert pour le different de la rançon d'un homme d'armes des nostres, qu'il tenoit plus haulte que la soulde d'un mois, contre ce que luy mesmes avoit requis pour tous ceulx qui seroyent prins d'un costé et d'autre, et fondoit l'occasion sur la liberale offre de l'homme d'armes, qui s'estoit taxé plus qu'au triple ; ce qu'il n'avoit peu, puisque la loy estoit autrement. Le trompette fut retenu sans pouvoir obtenir congé de s'en revenir tant que le siege dura, de peur, comme on peut penser, que la diminution de ses gens, et la mortalité qui estoit en son camp, fussent rapportées en la ville, et mesmement que la plus part s'en estoyent allez à faulte de payement, et un grand nombre estoyent morts de l'injure de l'hyver. On n'avoit aussi voulu laisser passer le trompette de M. de Guyse vers le camp de la royne Marie, où il estoit envoyé pour autres prisonniers, l'ayant arresté aux sentinelles et porté là sa responce, afin qu'il ne veist les grands cimetieres qui estoyent à l'entour de ce camp. De là à deux jours, ayant le marquis à requerir quelque Alemant prisonnier, emprunta le trompette du duc d'Albe, se persuadant qu'il ne seroit arresté, pour autant qu'il ne se advoueroit de luy : mais M. de Guyse, sçachant les causes de la guerre du duc d'Albe et du marquis estre une, et tous deux soubz l'Empereur, retint ce trompette pour le nostre.

Le dixseptiesme du mois après le midy, se vint presenter, du costé de la montagne, entre les deux camps, le seigneur don Loys d'Avilla', general de la cavallerie de l'Empereur, avec cinq cens chevaulx, et feit donner ses coureurs jusques à la portée d'un mosquet (1) près de noz portes, ayant de fortune M. de Guyse lors faict monter à cheval les seigneurs de La Brosse, de Rendan, et Paule Baptiste, avec quinze chevaulx chascun de leur compagnie, pour aller recognoistre à la campagne les moyens de pouvoir faire une entreprinse qui sera dicte cy après. Il leur bailla encores soixante harquebouziers, lesquels, estans dehors, ils logerent si à propos pour les soustenir, que les ennemis ne se voulurent attaquer, et seulement quelques harquebouziers à cheval tindrent l'escarmouche large entre les deux trouppes, où y en eut de blessez de leur costé, et aussi le capitaine Simon de Lec, de la compagnie de M. de Nemours, du nostre. Quelqu'un de leur trouppe s'advança de demander un coup de lance ; ce que fut accepté par le seigneur Torquato da Conty, gentilhomme du duc Horace, qui se mit en avant ; mais l'Espagnol se retira vers les siens. Un autre, appelé Loupes de Para, enseigne de la compagnie de don Alonse Pimentel, demanda Navailles, qu'il avoit l'année passée cogneu en la guerre de Parme, pour parler un mot à luy. Navailles, qui menoit les coureurs, le luy accorda ; et, devisans ensemble, l'Espagnol luy feit offre que, s'il y avoit des capitaines françois qui voulussent rompre une lance, il y en avoit là des leurs tous prets, ayans licence de leur general. Navailles n'eust remis ce parti à un autre, sans ce qu'il se trouvoit encores si mal d'une blessure receue en celle guerre de Parme, qu'il ne se pouvoit aider du bras de la lance, et respondit qu'il n'estoit sorti gueres de noz capitaines dehors, toutesfois s'en retournoit jusques à nostre trouppe les en advertir. Suffira, dist il, de deux. Ceste nouvelle pleut grandement aux nostres, et les seigneurs de Rendan et de Chastelet, guydon de la compagnie de M. de Lorraine, prierent Navailles mesmes s'en retourner vers la ville impetrer de M. de Guyse qu'eulx deux deussent satisfaire à cest offre : ce que M. de Guyse accorda, en condition que l'affaire fust de capitaine à capitaine, et que s'ils presentoyent homme d'armes ou cheval legier, il en fust baillé de semblable qualité des nostres. Navailles leur alla incontinent faire entendre ceste permission, et que noz gens estoyent prests. Ils voulurent lors differer l'entreprinse, s'excusans qu'il estoit tard ; à la fin en presenterent un qu'ils asseurerent estre capitaine, lequel fut mené par un trompette françois du costé de la ville, et le seigneur de Rendan par un trompette espagnol du leur, au milieu des deux trouppes, aveques seureté qu'elles ne s'approcheroyent, et, advenant que l'un d'eulx tombast, ne seroit retenu prisonnier, et qu'ils ne donroyent aux chevaulx. Ils coururent une et deux fois sans rompre, pour crainte de toucher aux chevaulx, desquels celuy de Rendan n'estoit aussi choisi pour un tel acte,

(1) Mousquet.

ne s'estant luy gueres mieulx monté qu'en cheval legier, lorsque l'entreprinse de sortir s'estoit faicte. A la tierce course il rompit sa lance de droit fil, et l'Espagnol, passant sans toucher, laissa tomber la sienne encores entiere sur la place, qui demeura aux nostres. Nous avons sceu depuis que c'estoit dom Henrique Menrique, capitaine de chevaulx legiers, et lieutenant du general, et qu'il eut le brassal et bras droit faulsez de ce coup.

Vers le costé du marquis Albert s'estoyent aussi monstrez des gens de cheval en la plaine, et avoit M. de Guyse envoyé Broilly, homme d'armes des siens, avec quinze ou vingt de ses compagnons, et quelques harquebouziers du capitaine Lanque, pour les escarmoucher. Les ennemis ayans nombré le tout, et veu qu'ils n'estoient tant qu'eux, vindrent donner sur les coureurs, et des coureurs à la trouppe, laquelle les receut et soustint la charge à coups d'harquebouze et de lance, contraignans à toute force les Alemans, apres avoir deschargé leurs pistollets, tourner les espaules; et les nostres les suyvirent battans, jusques à un autre nombre de chevaulx qui venoyent pour les secourir. Noz gens s'arresterent, prenans garde à la contenance des ennemis, lesquels, se trouvans beaucoup engrossiz, s'appresteoyent de faire une recharge; mais eulx, marchans au pas vers leur retraicte, et monstrans souvent visage, et harquebouzans ceulx qui s'advançoyent pour les amuser, rentrerent dans la ville, sans laisser rien du leur aux mains des ennemis. La nuict deux sentinelles de ce mesme camp s'approcherent jusques à mettre le nez de leurs chevaulx sur le ravelin que nous avions faict au bout du pont des Mores, où de noz harquebouziers du capitaine Cantelou, qui estoyent mis en sentinelle hors de la porte, assirent si bien leurs coups, qu'un de ces deux Alemans s'en retourna blessé, et l'autre avec son cheval demeura mort sur la place, et son corps tiré dans le ravelin.

Les Espagnols des tranchées, ayans celle nuict mesmes entreprins venir chercher du bois de la tour des Charpentiers, qu'ils avoyent abbatue dans les fossez, en l'encongneure de la riviere, ou bien le duc d'Albe, de venir recognoistre le fossé, comme nous avons sceu depuis qu'il y avoit esté, firent tirer une vollée de douze ou quinze pieces pour chasser les nostres d'entour les breches, lesquels, pour cela, ne s'en esloignerent; mais, se doubtans d'une ou autre entreprinse, furent en grand aguet de tous costez. Et quelques-uns des premiers, qui s'advançoyent pour ce bois, y demeurerent, faisans tousjours les nostres un estat resolu de ne laisser gaigner aux ennemis aucune chose sur nous, tant fust elle petite, qu'à l'extremité, et après toute la resistence qu'on leur auroit peu faire.

Le jour ensuivant, dixhuictiesme du mois, Navailles mena vingt cinq ou trente chevaulx de la compagnie de M. de Nemours jusques au camp du marquis, pour attirer ce qu'il pourroit d'ennemis auprès du pont des Mores, où un nombre de noz harquebouziers estoyent, comme autrefois, attiltrez pour les recueillir. Les Alemans ne faillirent de venir en grosse trouppe sur luy, qui, se retirant au pas devant eulx à la mesure qu'il estoit suivy, sans autrement prendre la cargue, et leur faisant souvent teste, les eschauffa si bien, qu'ils se laisserent mener à la butte de noz harquebouziers, lesquels leur tirerent à plaisir. Et eulx, se voyans tant approchez, essayerent faire quelque effort de les enfoncer; mais ils n'en rapporterent du nostre que force plombs et boulets d'harquebouze dans le corps. Encores lendemain, sur les deux heures après midy, pource qu'on veoyoit tout plein de leurs fourrageurs et vivandiers amener du charroy devers Sainct Heloy, M. de Guyse les envoya encores visiter par Monserie, gentilhomme du vidame de Chartres, avec vingt chevaulx, lesquels il feit sortir par Pontiffroy en temps si à propos, qu'ils eurent defaict ces fourrageurs, couppé les jarrets aux chevaulx, et mis le feu à leur fourrage, avant que les cinquante ou soixante chevaulx de leur garde y eussent accouru; ausquels aussi, pource qu'ils s'approchoyent vers le pont, fut entretenue l'escarmouche jusques sur le tard, qu'il fut heure de se retirer.

On alloit souvent du costé du marquis, pour la commodité de nostre cavalerie qui y trouvoit la plaine rase, et pouvoit on nombrer de la muraille ce qui sortoit d'ennemis en campagne, et juger du bon ou dangereux succez des entreprinses, pour y remedier selon qu'on en verroit le besoing. Encores le jour d'apres, dixhuictiesme du moys, M. de Guyse jecta quinze chevaulx de la compagnie du conte de La Rochefoucaud, et quelques harquebouziers de celle de Lanque, avec Touchepres, par le pont des Mores, qui feirent tenir en armes et à cheval, depuis le midy jusqu'au soir, la cavalerie du marquis, et quelque autre espagnolle qui avoit passé le matin de ce costé, comme la faulte où le marquis s'en trouvoit lors l'avoit contrainct d'en demander à l'Empereur, pour respondre à nos saillies. Entre les deux camps, sur les vignes de la porte à Mezelle, s'estoyent montrez, environ vespres du jour precedant, douze ou quinze chevaulx espagnols; Navailles qui estoit dehors avec vingt cinq autres, les avoit envoyez recognoistre par huict des siens, lesquels quand les ennemis veirent approcher du dessus de la montaigne, avoyent prins la cargue d'eulx mesmes pour les attirer, ensemble la trouppe s'ils eussent peu [laquelle marchoit tousjours au pas], près d'une cense où ils avoyent trois cens chevaulx en imboscade. Ce qu'estant recogneu par les nostres, n'avoyent passé lors oultre; mais ce jour ensuyvant, le seigneur de Rendan et Paule Baptiste avecques meilleur nombre de chevaulx y allerent, et trouvans environ deux cens des ennemis en ce lieu, bien choisiz à l'advantage pour eux, les soliciterent longuement et à coup d'harquebouze d'en sortir, mais ne le voulurent abandonner; et d'autant que de l'un et l'autre camp venoit cavalerie à leur secours, les nostres se retirerent.

Lendemain estoit le vingtdeuxiesme de decembre, et n'avoyent les ennemis cessé tous les jours precedans de tirer, mesmement contre la tour d'Enfer, laquelle estoit aux deux estages de dessus et du milieu entierement ouverte. Et desjà avoyent approché deux canons au bout de la tranchée des harquebouziers du bort du fossé, en un pendant, qui plongeoyent au dessoubs du cordon au bas estage, ayants commencé l'ouvrir à l'endroit d'un souspirail; qui nous donna crainte qu'elle s'en iroit perdue, et l'entreprinse viendroit par ce moyen plus aisée aux ennemis, à cause que ce flanc osté nous n'eussions peu les empescher qu'ils ne logeassent leur artillerie dans le fossé, pour battre les defences qu'avions de reste au boulevart et allée de la porte Champeneze, et puis feroyent la sappe à la muraille de la faulsebraye devant la breche, comme ils avoyent entreprins. M. de Guyse tint conseil sur le saulvement de celle tour, au moins de deux cannonieres de ce bas estage, qui regardoyent dans le fossé, lesquelles, bien que fussent assez couvertes du rond de la tour pour ne pouvoir estre veues du canon, on n'y eust toutesfois peu loger ny harquebouziers, ny aucunes pieces, à cause que, ruinant les vossures, comme leur estoit maintenant aysé, ils emportoyent entierement les deux premiers estages, et nous ostoyent la descente du troisiesme, laquelle estoit par le milieu de la vossure, avec une eschelle à main, et par ainsi noz flancs d'embas perduz. Il fut advisé que par le dedans de la ville l'on feroit une ouverture jusques à l'allée de l'une des contremines, laquelle iroit trouver la canonniere de nostre flanc, couverte de bons chevrons, assez forts pour soustenir la cheute de la voulte et du terrain et rempar qui estoit dessus, ensemble pour conserver noz gens au dessoubz, n'ayants noz ennemis non plus de moyen se tenir dedans la tour à descouvert pour nous y offenser, que nous. Oultre ce, d'autant qu'ils pourroyent entreprendre de courir la faulsebraye, fut ordonné pour les empescher qu'un massif de terre, en façon de plate forme, seroit relevé dedans, à main droitte de la tour, pour leur coupper chemin, et pour battre à l'entrée et porte d'icelle, afin qu'ils ne s'osassent monstrer de ce costé, non plus que de l'autre à main gauche le long de la breche, où le flanc et massif de la porte Champeneze battoit. Ce jour, M. de Guyse descendit dans le fossé, avec quatre soldats de sa garde, fort hazardeusement, veu le grand nombre d'harquebouziers espagnols qui se tenoyent tousjours à la tranchée du bort d'iceluy. Il recogneut le defaillement des arceaux qui soustenoyent l'allée du gros boulevart, lesquels il commanda estançonner et les appuyer de grosses boizes, pour s'en servir presentement, reservant y faire ouvrage de plus grande durée, quant l'on en auroit le loisir et commodité. Quelque heure après, les ennemis voulurent remuer des pieces de leurs cavaliers; mais noz harquebouziers et harquebouzes à croq, donnerent tant de dommages à leurs gens et chevaulx, qu'ils les contraignirent d'attendre qu'il fist nuict.

Le jour ensuivant, vingt et troisiesme du mois, après midi, se feit une belle saillie, qui avoit esté entreprinse par le vidame de Chartres, sur les gens du marquis, et M. de Guyse l'avoit trouvé bonne; mesmes l'occasion s'y vint presenter de quarante chevaulx alemans, qui vindrent environ deux cens pas par deçà le camp au bord d'un fossé, avec des gens de pied arquebouziers, pour en estre favorisez. M. de Guyse, ayant ordonné ceulx qui devoyent sortir, envoya, comme il avoit de coustume, garder qu'on ne montast sur les murailles, et, pour mesme occasion, des hallebardiers aux plateformes et autres lieux de la ville qui estoyent veuz du camp, afin que l'amas de gens qui s'y souloit au commencement faire pour veoir les saillies, ne donnast advis aux ennemis de ceste cy : car il s'estoit quelque fois apperceu qu'ils y en avoyent prins, et s'estoyent mis en armes pour nous recevoir. Sept ou huict harquebouziers à cheval des nostres allerent premiers jusques à eux, lesquels n'eurent si tost tiré leur coup, qu'ils furent suivis jusques à nostre trouppe, laquelle estoit de vingt chevaulx que Monserie menoit, qui ne s'advança tant qu'il les eust veu estre cent ou six vingts pas par deçà le fossé : et lors, ayant receu les coureurs, tous ensemble leur allerent faire une charge, laquelle les ennemis attendirent à coups de pistolets quelque temps; mais à la fin ils la prindrent toute entiere jusques à leurs gens de pied : et, s'arrestans là à cause qu'ils sentoyent le renfort d'autres quarante ou cinquante chevaulx qui venoyent à la file, les nostres feirent semblant prendre au pas la retraitte vers Pontiffroy, par où estoit ordonné que les seigneurs Dantragues et de La Brosse sortiroyent avecques chascun cinquante chevaulx, entre lesquels M. le prince de Condé, qui s'estoit desguisé en cheval legier, pour en estre l'un, s'y trouva; mais d'iceulx n'en apparoissoyent que dix ou douze, qui avoyent couru de l'autre costé sur les fourrageurs et vivandiers qu'ils avoyent surprins, et mis le feu aux fourrages, et amenoyent un trouppeau de vaches et moutons qu'ils avoyent gaigné, qui estoit provision en ce temps bien receue dans la ville; car la chair fraische avoit commencé à faillir, et plusieurs de noz soldats se prenoyent aux chevaulx. Les ennemis n'ayans, comme il leur sembloit, à se craindre que de ceulx qu'ils veoyent, se sentans, comme avons dict, bien renforcez, descocherent sur les nostres, qui pour cela n'avancerent leur retraitte qu'au petit pas, et bien serrez, tournans deux ou trois fois visage, et autant de fois arrestans les Alemans, qui par ce moyen s'amuserent, et se laisserent attirer près des jardins, entre noz deux ponts, où les nostres faisant teste, se meslerent les uns dans les autres; et lors le vidame, qui avoit attendu long temps ceste opportunité derriere le ravelin du pont des Mores, avecques soixante chevaulx, desquels le duc Horace estoit du nombre, sortit à toute bride leur couper chemin. Les harquebouziers du fossé, cuidans que ceulx-cy s'adressassent à eulx, commencerent à gaigner au pied vers un bataillon de quatorze enseignes, qui avoit desjà marché plus de soixante ou quatre vingts pas par deçà les tentes, mais ils tournerent au fossé, voyants que noz gens chargeoyent leurs gens de cheval, lesquels, prenants la fuite, donnerent bon moyen aux nostres, qui avoyent peslemesle avec eulx, et à ceulx qui estoyent survenuz, d'en faire grande execution. Les mieux montez gaignerent comme ils peurent la faveur de leurs harquebouziers, avec lesquels faisants teste au bort du fossé, y fut encores combattu à leur grande perte. Les seigneurs Dantragues et de La Brosse s'advancerent cependant pour retirer noz gens, qu'ils trouverent n'avoir autre dommage que du capitaine Bordeille blessé de trois coups de harquebouze ou de pistolet, de quoy il est guery, et le cheval du jeune Mally tué d'une canonnade. On sceut lendemain, par un Alemant mesmes de leur camp, qu'il avoit esté tué des leurs, ou de coups de main, ou d'une coulevrine qui avoit tiré de la plateforme Sainct Simphorien trois fois dans eulx, plus de trente cinq hommes de cheval, et bien quarante de blessez, la plus part de leurs chevaulx tuez, ou si fort blessez, qu'ils ne les avoyent peu rapporter au camp; aussi des gens de pied, vingt cinq ou trente demeurez sur la place. De ceste perte les ennemis donnerent cognoissance : car estant, le jour apres, le conte de La Rochefoucaud sorti encores de leur costé, pour battre le chemin de Sainct Heloy, vers le port d'Olizy, où il defoncea des tonneaux, print des marchans et vivandiers à leur veue, ils ne feire contenance que de craindre une pareille touche qu'ils avoyent senty le jour precedant. Les marchans prisonniers dirent estre bruit que l'evesque de Maience faisoit lever des gens de guerre pour envoyer à l'Empereur, et qu'il luy venoit d'avantage huict pieces d'artillerie par eaue, de la ville de Constance.

Trop long seroit, et possible ennuyeux, de particulariser toutes les saillies qui se sont faictes durant le siege, desquelles aussi une partie n'a peu venir à ma cognoissance, à cause qu'il s'en faisoit en mesme heure deux et trois par diverses portes, estant contrainct perdre les unes pour les autres, et quelquefois noz gens ne rencontrans les ennemys, s'en retournoyent sans faire chose digne de recit; d'autres aussi, que les saillies n'estoyent ordonnées pour autre chose que pour veoir leur contenance, et recognoistre ce qui se auroit à faire pour une autrefois, et la pluspart dont l'effect tournoit sur les vivandiers et fourrageurs seulement : comme, à l'heure que le comte de La Rochefoucaud gastoit les vivres du camp du marquis, Navailles en faisoit autant entre les deux camps de l'empereur et de la royne Marie, ce qu'on n'auroit aggreable d'ouir si souvent dire qu'il a esté souvent faict. Suffira que par le recit d'une partie soit monstré ne s'estre jamais presenté un seul moyen de nuire ou gaigner sur l'ennemy, que M. de Guyse [quant la raison de la guerre le luy a conseillé] ne l'ait entreprins et faict sagement executer, tenant tousjours l'entreprinse secrète jusques à l'heure qu'il y envoyoit. Et lors, en ayant bien instruit le chef qui la devoit conduire, jectoit premierement les coureurs dehors tous ensemble, et puis ceux de la grosse trouppe bien serrez, sans y permettre d'avantage que le nombre qu'il avoit ordonné, faisant mettre des gens de guerre aux lieux de garde en armes, afin que, d'aventure lors que serions amusez d'un costé, l'on ne nous surprint de l'autre : et luy se tenoit à la porte avec autre nombre de gens, tant de pied que de cheval, afin que, si quelque occasion se presentoit de faire d'avantage, ou bien qu'il fallust soustenir et recevoir les nostres pour estre foibles, il peust promptement faire sortir ceulx cy aussi avant qu'il en verroit estre besoing, n'ayant jamais faict retraitte, quand il y avoit grosse trouppe dehors, fust de pied ou de cheval, que au pas et en bon ordre, et que la trompette et le tabourin ne l'eussent sonnée, advertissant toutesfois n'estre raisonnable qu'on demourast longuement dehors à la teste d'un camp. Celle nuict, veille de Noel, le guet et garde des bresches et murailles furent renforcez, afin que le demeurant de noz gens de guerre peussent, en plus grand repos, solennizer une si grande feste, ainsi que M. de Guyse avoit tousjours bien observé les choses appartenantes à la religion, et aussi que les ennemis ne se servissent de telle occasion pour nous venir cependant dresser quelque entreprinse. Apres le service de minuict, il alla visiter tous les corps de garde. Et le propre jour de Noel, tant du costé des ennemis que du nostre, la dignité de la feste fut assez bien gardée, sans nous porter grand dommage; seulement ils tirerent quelques coups de canon, et nous leur rendismes des mosquetades et harquebuzades en eschange.

Lendemain de Noel, nous comptasmes le soixante-cinquiesme jour de la venue des ennemis, et le quarante-cinquiesme du commencement de leur batterie, qu'encores ne veoyoit l'Empereur gueres d'advancement en son entreprinse, demeurant l'endroit des bresches aussi fort et mal aisé [par le moyen des bons et larges rampars que nous y avions dressez] que si noz murailles n'eussent point esté battues, noz flancs par mesme diligence sauvez, et plusieurs faicts de nouveau; la faulsebraye entière, et aussi bon ou meilleur maintien en noz gens, que le premier jour que son armée arriva; laquelle il cognoissoit que à toute heure alloit en diminuant, à cause de la mortalité grandement eschauffée en ses trois camps, en danger d'estre entierement ruinez, si sa premiere deliberation ne cedoit à la presente necessité, et mesmement au temps, qui s'estoit reduit depuis le commencement de de decembre à la froidure et gelée plus vehementes que la belle saison qu'ils avoyent eu du commencement ne les en avoit menassez. Parquoy commença ordonner de sa retraite, et feit passer la riviere de Mozelle à quelques pieces d'artillerie, lesquelles le marquis de Brandebourg logea aupres d'un de ses regimens en la plaine, comme pour assubjectir davantage les yssues de noz ponts. Et pource que de la ville on ne s'estoit encores apperceu d'aucun signe de deslogement que les ennemis voulussent faire, nous ne pouvions penser à quelle occasion on avoit passé celles pieces. M. de Guyse envoya la compagnie de M. de Nemours, pour en recognoistre ce qu'on

pourroit, et sortirent premiers par le pont des Mores trente chevaulx avec Navailles, pour courir jusques là, le demourant par Pontiffroy avec M. de Nemours. Les deux trouppes ne parurent si tost sur les ponts, que toute l'artillerie du marquis, tant du hault que de la plaine, et celle qui restoit encores aux tranchées, tira comme si elle eust esté auparavant braquée pour ceste saillie. Ce nonobstant, Navailles alla jusques pres des pieces, qu'il nombra seize, lesquelles nous jugeasmes estre des douze canons, six coulevrines, et cinq mortiers que le marquis avoit presté à l'Empereur, comme nous avions bien sceu; et estoyent gardées de trois ou quatre escadrons de gens de pied. Il temporisa assez long-temps à l'entour, cuydant attirer les ennemis hors du camp : mais ils ne voulurent faire autre jeu que de leur artillerie, de laquelle ne receusmes dommage que du cheval du seigneur de Murat d'Auvergne, qui eut la jambe emportée. Encores du matin, estoit sorty l'enseigne de la compagnie du seigneur de Gounor, avec trente chevaulx, qui les estoit allé chercher bien avant; mais ils n'avoyent voulu se monstrer en campagne, s'advisans pour lendemain de mettre une embusche de deux cens chevaulx vers le chemin de leurs fourrageurs, à main gauche de Saint Héloy, pour surprendre les nostres, si le seigneur de Sainct Phale, enseigne de la compagnie de M. de Guyse [qui eut commandement de sortir avec soixante chevaulx, pour leur coupper tousjours les vivres], n'eust envoyé une partie de ses coureurs vers ce costé, qui les descouvrirent; et lors ils envoyerent quelques chevaulx pour charger nosdicts coureurs, esperant que Sainct Phale s'advanceroit avec toute la trouppe, pour faire la recharge : mais, comme bien advisé, il receut seulement les siens, qui venoyent de faire la descouverte, et autres qu'il avoit envoyé donner jusques au camp, sans suivre les ennemis, lesquels d'eulx mesmes prenoyent la cargue.

Environ une ou deux heures apres, M. de Guyse estant allé, selon sa coustume, visiter l'entour des murailles, jecta sa veue du costé de Sainct Pierre des Champs, où estoit le logis des Italiens du camp de l'Empereur, et n'y voyant promener aucun, pensa qu'ils l'avoyent abandonné; ce qu'il envoya incontinent recognoistre par les capitaines Aboz et Cornay, avec des harquebouziers, qui n'y trouverent personne. Et par mesme moyen fait donner Sainct Estephe, avec autre nombre de soldats, jusques dans les tranchées de la porte Sainct Thibaud, ou furent trouvez quelques Alemans, lesquels, abandonnans leurs picques, harquebouzes et allebardes, furent chassez jusques au corps de garde derrière le prochain cavalier d'auprès Sainct Arnoul, d'où sortit une grosse trouppe d'harquebouziers et corselets pour repoulser les nostres, lesquels, se retirans par les tranchées mesmes, rapporterent les armes qu'ils y avoyent gaignées. De ces deux choses feismes nous la premiere conjecture que les ennemis se vouloyent lever; laquelle se confirma encores sur le soir par advertissement d'un garçon de l'aage de dix ans, natif de la ville, qui vint du camp se rendre à nous, lequel satisfaisoit avec raison aux choses qu'on luy demandoit.

Lendemain, jour des Innocens, s'executa une entreprinse sur trois ou quatre cents chevaux, lesquels, pour empescher noz saillies de la porte à Mozelle, les ennemis mettoyent ordinairement en garde en la plaine d'entre les deux camps; et avoit M. de Guyse [comme en chose pensée de longue main] faict recognoistre par le seigneur de La Brosse et Paule Baptiste, les moyens et chemin qu'il faudroit tenir pour y faire un bon effect : mesmes, par autres saillies avoit plusieurs fois faict mesurer le temps que le secours leur pouvoit venir de l'un ou l'autre camp. Il ordonna bon nombre de gens de cheval se rendre environ midy à la place du Change, et ès autres endroits les plus couverts de la ville, afin qu'on ne les veist des haults lieux du dehors; et jectant premierement Navailles avec quinze chevaulx dehors, l'envoya devant pour reculer les sentinelles des ennemis, qu'ils avoyent assises au bord de la montaigne pour descouvrir jusques à nos portes; et puis le seigneur Pierre avec la cavalerie, pour aller faire la charge; la gendarmerie apres, soubz M. le prince de La Rochesuyron, qui les soustiendroit. Tous les princes et seigneurs qui estoient dans la ville furent de la partie. Le seigneur Pierre approcha les ennemis le plus couvertement qu'il peut; mais l'un des leurs, qui estoit en sentinelle tant à l'escart que Navailles n'y avoit peu arriver sans se perdre, voyant qu'un si grand nombre sortoit, leur en courut donner advis. Ils se voulurent du commencement retirer au pas vers le camp, puis à toute bride, se sentans pressez; mais noz coureurs et les gens du seigneur Pierre se trouverent si pres, qu'ils se meslerent dans eulx, et fut tout ce corps de garde forcé et rompu, demeurans quelques uns sur la place, et trente trois retenuz prisonniers : tout le reste fut mis en routte. Ceste deffaitte fut à la veue du logis de l'Empereur, lequel incontinent commanda à ceulx de sa maison monter à cheval, et marcha sa cornette jusques au pont de Magny. Or, voyans M. le Prince et le seigneur Pierre leur entreprinse executée, et que de demeurer longuement entre les deux camps en pourroit venir inconvenient, feirent sonner la retraitte, à quoy fut obey d'un chascun, bien qu'il en restast en la campagne et à leur veue quelques charrettes et fourrageurs, sur lesquels noz gens commençoyent descocher; mais le commandement qu'en ceste et autres saillies avoit faict M. de Guyse d'obeir aux chefs de l'entreprinse les retint, comme sera toujours fort requis qu'en tel affaire l'obéissance y soit entierement rendue. Ce jour les ennemis voulurent monstrer qu'ils n'estoyent encores à bout de leurs pouldres et boulets, et s'estoyent mis de bon matin à tirer dans la ville, de douze ou quinze pieces qui restoyent encore sur leurs cavaliers, plus fort qu'ils n'avoyent faict depuis la grande batterie. Continuans tout lendemain, jusques environ minuict, qu'ayans parfourny le nombre de quatorze mille coups de grosses pieces et plus, depuis le dixiesme novembre, oultre douze ou quatorze cens tirez du costé du marquis, osterent toutes leurs pieces des cavaliers, et les menerent à l'abbaye Sainct Arnoul, où, un peu devant le jour, ceulx de la garde des tranchées se retirerent; laquelle chose estant le matin recogneue, noz soldats allerent incontinent gaigner la premiere tranchée des harquebouziers au bord du fossé, et de ceste cy à la seconde, tant qu'ils coururent toutes celles de devant les cavaliers, où presque tout le jour ne cesserent d'harquebouzer les uns sur les autres, et y perdismes des nostres six ou sept soldats. On veit les quatre ouvertures des mines que les ennemis avoyent commencé, dont l'une respondoit desjà soubs la tour d'Enfer. Or, s'estoyent advisez les ennemis de fournir de nuict les ruines de Sainct Pierre, desjà abandonnées, d'un gros nombre de gens de pied et de cheval, et jecter le matin quelques vaches paistre assez près de la ville vers ce costé, pour y attirer les nostres; mais M. de Guyse ne voulut qu'on y sortist, prevoyant l'entreprinse des ennemis, laquelle se descouvrit sur le soir qu'on veit retourner ces trouppes au logis. Quinze ou vingt chevaulx des nostres furent envoyez entre les deux camps essayer de faire quelque prinse sur tant de charroy et de gens qu'on veoyoit aller de l'un à l'autre; mais il s'y trouva si grosse escorte de cavalerie, que noz gens s'en retournerent sans rien faire. La nuict, voulant M. de Guyse donner advis au Roy de ce commencement de retraitte, feit sortir nombre d'harquebouziers par le pont des Mores, pour reculer les sentinelles des ennemis qui estoyent assises au bout d'iceluy, et apres eulx jecta le messagier, lequel alla prendre le chemin de Thionville, et puis tourna où luy sembla meilleur pour se pouvoir seurement conduire. Sur le premier somme, le feu se print en une maison de la ville où le capitaine Lanque estoit logé, joignant laquelle y avoit quelque munition de pouldre, et les greniers du Roy n'en estoyent pas loing. L'alarme fut donnée, dont s'allerent les gens de guerre incontinent rendre aux breches et autres places ordonnées; et M. de Guyse vint au lieu du feu pour faire remuer les pouldres et pourveoir au demeurant; si bien qu'il n'y eut dommage que d'une partie de la maison. Il faisoit un tresmauvais temps, d'un vent impetueux, meslé de neige si espesse, qu'on ne se pouvoit voir ny ouyr : et, de peur que cela n'invitast les ennemis à quelque entreprinse, on se tint presque toute la nuict en armes. A quoy s'adjousta une nouvelle occasion de ce qu'une partie du rampar, qu'on avoit faict à main gauche de l'allée, entre la porte de Champeneze et le boulevart, tomba; de quoy les ennemis eussent possible essayé s'en servir, s'il fust advenu quelque jour auparavant.

Lendemain après midy, pource que quelque nombre d'harquebouziers ennemis se monstroyent entre Sainct Arnoul et la ville, vers les dernieres tranchées, noz harquebouziers sortirent, et y eut une aspre escarmouche, ne laissans prendre advantage les uns sur les autres de plus de trois heures. A la fin les Espagnols se retirerent dans les ruines de l'abbaye, où estoit le fort de leur garde, et avoyent faict des canonnieres et petites ouvertures aux murailles, d'où ils tirerent encores quelques coups à seureté, et bien couverts, sur les nostres, et y fut blessé au bras le capitaine Pierre Longue, et aussi l'enseigne du capitaine Bethume, et cinq ou six soldats morts. Du costé de Pontiffroy, les seigneurs de La Rochefoucaud et de Rendan allerent battre les chemins vers Sainct Heloy, tirans à Thionville, par où une partie du camp s'en alloit, et trouverent des Espagnols malades, qu'on menoit en chariots, vers lesquels feirent tant d'humanité de les laisser passer sans leur faire sentir nouvelle infortune. Et se tenans encores sur le chemin, prindrent un page, un valet de chambre et un laquay du duc d'Albe, lesquels M. de Guyse renvoya depuis par honnesteté à leur maistre, et renvoya aussi un nommé Jaspar suisse, et deux chevaulx legiers espagnols, que Broilly et Mareval avoyent prins en une saillie du vingtseptiesme dudict mois.

Les deux jours ensuyvans se feirent force saillies de quinze et vingt chevaulx sur les routes de ceulx qui commençoyent s'en aller ; et par quelques Espagnols et autres des leurs qui furent prins, sceusmes le deslogement de l'Empereur du chasteau de La Orgne, qui s'en estoit parti ce premier jour de l'an, et retiré à Thionville, avecques le malcontentement qu'on peut penser, de se veoir descheu de son esperance, et sa grande armée, qu'il avoit assemblé de divers endroits de la chrestienté, ruinée, son entreprinse tournée à neant, et luy quasi mis pour servir d'exemple à faire veoir au monde que la force et conseil des plus grands hommes n'est rien au regard de la providence de Dieu. Ce mesme jour une trouppe de noz gens de cheval sortit par le pont des Mores, pour aller donner jusques à la file de ceux qui passoyent soubz le mont Sainct Martin, et trouverent beaucoup de cavalerie espagnole qui luy faisoit escorte. Les nostres commencerent attaquer l'escarmouche; mais l'un des ennemis appela un de noz harquebouziers à cheval, pour s'enquerir que c'estoit que les François demandoyent; et comme il luy fust respondu qu'ils chercheoyent à combattre et donner coup de lance, l'Espagnol dist leur trouppe n'estre maintenant en estat pour respondre à cela, qu'ils se retiroyent, et qu'on les laissast aller en paix. Ce propos donna envie au nostre de sçavoir son nom, qui le luy dist, et se nomma le capitaine Sucre, lequel feit incontinent retirer ses gens.

Après le partement de l'Empereur, ses deux camps se leverent le deuxiesme de janvier, par un signe de feu qu'ils feirent de l'un à l'autre, sur les unze heures de nuict, et marcha celuy de la royne Marie jusques à Arcancy, lieue et demie de Metz, contre bas la Mozelle, et le grand soubs la conduite du duc d'Albe, par delà le pont des Moulins; sur la queue duquel deliberant M. le prince de La Rochesuryon faire lendemain une entreprinse avec sa compagnie et cent chevaulx de celle de M. de Guyse, ensemble les chevaulx legiers du seigneur de Rendan, messieurs d'Anguyen, de Condé, de Nemours, grand prieur de France, marquis d'Albeuf, duc Horace de Montmorency, vidame de Chartres, Danville, et autres seigneurs en voulurent estre. Et n'ayans autre yssue que par la poterne des moulins de la Seille, furent contraincts mettre pied à terre pour sortir. En quoy alla tant de temps, que les ennemis eurent cependant passé ce pont des Moulins, ayants laissé au bout d'iceluy, et à l'advenue de la ville, un gros nombre d'harquebouziers et de corselets, lesquels, pource qu'il estoit trop dangereux de les enfoncer là où ils estoyent, les nostres essayerent souvent les attirer à la campagne; mais ils n'y voulurent venir: dont s'en retournans, eurent le spectacle d'une si grande ruine de camp, qu'on eust plus tost jugé l'armée y avoir esté vaincue que s'en estre le vée ; tant d'hommes morts de quel costé qu'on regardast, beaucoup à qui ne restoit qu'un peu de vie, et une infinité de malades qu'on oyoit plaindre dans les loges, lesquelles à ceste occasion ils avoyent laissées entières ; en chascun quartier cimitieres grands ; et fraischement labourez, les chemins couverts de chevaulx morts, les tentes, les armes et autres meubles abandonnez, et generalement une si grande misere en tout, qu'elle esmeut à compassion ceulx mesmes qui leur estoyent justement ennemis. Ils trouverent d'avantage plus de douze mille pains et autres vivres gastez. Par où l'on peult cognoistre que la providence de l'Empereur estoit merveilleuse, d'avoir si longuement et en hyver entretenu un tel et si grand peuple, sans aucune disette, en pays desjà ruiné et destruit. Peult estre que si le rigoreux commandement de la guerre eust esté en main d'un prince non tant humain que M. de Guyse, qu'on eust envoyé incontinent mettre le feu par tout le camp, mais sa pitié ne le peult souffrir, ains envoya assembler les malades, ordonnant une charitable aulmosne pour les nourrir et guerir, et sepulture à ceulx qui estoyent desjà trespassez. Puis feit entendre au duc d'Albe que s'il vouloit envoyer de ses gens pour leur pourvoir, et les conduire à Thionville, ils les accommoderoit volontiers de batteaux bien couverts pour les y mener. Au moyen de quoy il adjousta à son nom [bien que tresgrand de beaucoup d'autres louables œuvres] encores ceste humanité, qui en rendra et la memoire, et luy mesmes immortels. Dès le matin le duc d'Albe avoit envoyé vers luy un trompette, pour le prier de recevoir en la ville un gentilhomme espagnol, nommé le seigneur Rouméro, fort malade, afin d'y estre traicté, et qu'il luy pleust l'avoir en recommandation : ce que fut liberalement accordé, et ledict Rouméro receu avec ceulx qu'on luy avoit laissé pour le servir. Ce mesme jour le seigneur de La Brosse, avecques la compagnie de M. de Lorraine, celles du seigneur de Gounor et du capitaine Lanque, ensemble quelques soldats du capitaine Voguedemar, sortirent par la porte Saincte Barbe, pour aller donner sur la queue du camp de la royne Marie ; mais il avoit tant cheminé depuis environ minuict, que le seigneur de La Brosse ne trouva autre chose, fors une pitié pareille à celle qui avoit esté veue de l'autre costé. Voguedemar avecques ses soldats descendit vers la riviere, et passa jusques au village de Malleroy, où il trouva sept ou huict vingts caques de pouldre, qui furent gardées quelques temps, soubz esperance de faire descendre des batteaux, et amener le tout dans la ville ; mais sentant approcher la nuict, et que une longue attente seroit dangereuse, mesmes que beaucoup d'ennemis du camp du duc d'Albe n'en logeoyent pas loing, fut advisé d'y mettre le feu. Encores sur le hault, le seigneur de La Brosse veit les marques de beaucoup de pouldre bruslée par trainées, et grand nombre de boulets que les ennemis avoyent laissé, comme aussi en avoyent laissé beaucoup à l'autre camp, et mesmes en avoyent ensevely soubz terre, par où se descouvrit encores mieulx le grand appareil de guerre que l'Empereur avoit mené, et la licence qu'il s'estoit donné d'en prendre en passant par les villes d'Alemaigne. L'on a creu que les cinq milliers de pouldre dont ils nous menassoyent tant, furent à peu près employez ou gastez.

Quand il fut nuict, M. de Guyse despecha le seigneur Thomas Delveche, pour aller donner advis au Roy du succès de ce siege, et des termes en quoy les grands forces de l'ennemy estoyent reduictes ; et lendemain un nombre de chevaulx fut envoyé vers Saincte-Barbe, sur le chemin que le seigneur de Brabançon et ceulx du Pays Bas tenoyent : et, apres les avoir suiviz tout le jour, ne les peurent attaindre, ny trouverent autre chose que quelques reliques de mors et malades, d'armes et bagage abandonnez par les chemins.

Le marquis Albert n'avoit encores rien remué, ains le jour precedent avoit tiré de dixhuict ou vingt pieces à toute oultrance dans la ville, comme pour descharger son charroy de ceste munition : et pource qu'on veit quelques harquebouziers espagnols en imboscade assez pres de son camp, M. de Guyse envoya trente chevaulx avecques Monserie par Pontiffroy, pour les recognoistre, Noz coureurs s'approcherent jusques à donner coups de harquebouze dans eulx, mais ils ne voulurent venir à l'escarmouche.

Le jour d'après, le marquis ne feit encores semblant de bouger, et y avoit par deçà son camp, le long de la plaine, en bataille, autre nombre de gens de cheval, qu'on sceut depuis estre Bohemoys, se tenants là comme pour escorte de quelque charroy, lequel, à juger de loing, on estimoit estre artillerie. Le seigneur de Biron eut commandement, avec trente chevaulx, d'aller veoir que c'estoit. Ainsi qu'il sortoit par le pont des Mores, huit chevaulx des ennemis, qui estoyent en sentinelle derriere la croix dudict pont, se monstrerent, lesquels le guydon de la compagnie de M. le prince de La Rochesuryon, avec trois chevaulx de noz coureurs, alla charger ; et, prevoyant le seigneur de Biron que le jeu viendroit estre mal party, mesmes que six chevaulx s'approchoyent encores de renfort aux ennemis, il envoya le seigneur de Dampierre et trois autres des nostres se joindre aux premiers qui estoyent desjà meslez : et avoit ledict guydon esté blessé, se trouvans les uns si avant dans les autres, que, venant autre trouppe d'ennemis bien forts, comme est leur coustume, et qui n'estoyent gueres loing de là, un des nostres ne se peut demesler, et, pour la faute de son cheval qui tomba, fut retenu prisonnier. Le demeurant print la cargue, et furent suiviz jusques sur les bras du seigneur de Biron, lequel, voyant les ennemis si près, encor qu'en grand nombre, comme de sept ou huict vingts, delibera les soustenir, de peur que, s'il se retiroit sans faire teste, ses coureurs fussent perduz, et que les ennemis se vinssent mesler dans sa trouppe, en danger de la rompre. Parquoy commanda qu'on chargeast, et tout à un coup les nostres donnerent dedans les ennemis ; lesquels, après que leur opiniastreté eut duré quelque temps à coups de pistolet, ils furent à la fin contraincts tourner le doz, et furent chassez plus loing que le seigneur de Biron n'eust voulu, qui s'efforça retenir les nostres ; mais il faisoit si beau suivre les autres, qu'ils furent menez battant plus de quatre à cinq cens pas, portans par terre et executans ceulx qui peurent estre attaints. Et, pource qu'il se monstroit autre trouppe d'ennemis bien serrez à main droicte, il meit peine de rassembler la sienne, et se retira peu à peu, monstrant plusieurs fois visage, jusques au pont, sans perte que d'un second prisonnier et d'un autre tué. Ceste escarmouche avoit prins un dangereux commencement, consideré la force des ennemis ; mais la fin revint à estre bien et heureusement conduitte. Les seigneurs de Duras, de Bordeille, de Mortamar, de Sainct Supplice et La Couldre, s'y trouverent, qui feirent bien le devoir ; et sceut lors M. de Guyse que ce camp du marquis n'arrestoit que pour l'artillerie de l'Empereur, laquelle n'estoit encores passée, et marchoit à grand peine, à cause que le temps estoit au degel, et la neige fondoit, par où le pays estoit rendu si mol et enfondré, qu'un cheval delivré avoit assez affaire à s'en retirer ; mesmement que une partie de leurs pieces estoyent doubles canons ou basilics, et presque toutes de plus gros calibre que ne sont communuement les nostres. Ceste mesme cause avoit aussi contrainct et contraignoit encores le duc d'Albe tenir son camp au pont des Moulins à trop grande perte de ses gens, qui mouroyent tousjours : mais il ne vouloit avoir la honte d'abandonner l'artillerie. Ce jour le vidame de Chartres fut, avec quelque nombre de chevaulx, vers Saincte Barbe, et s'approcha de la riviere, où veit de l'autre costé la file de ceulx qui se retiroyent tousjours vers Thionville, sur lesquels il s'advisa d'une entreprinse, et considera la commodité du lieu pour l'executer. La nuict il y feit descendre deux bateaux, et luymesmes lendemain matin s'y trouva avec vingt cinq ou trente harquebouziers et autant de gens de cheval, et jecta de ces gens de cheval sur le costé des ennemis, autant que les deux bateaux en peurent passer pour une fois, ensemble dix harquebouziers pour la garde de chascun bateau ; lesquels chevaulx passez oultre, couvers sur les armes et croix de manteaulx gabans, se saisirent premierement des trois ou quatre premiers chariots qu'ils trouverent, lesquels ils rangerent en forme de barriere devant les bateaux, pour saulver leur retraitte et se pouvoir embarquer, s'ils estoyent forcez de gros nombre de cavalerie ; puis, retournans se pourmener le long du chemin, trouvoyent maintenant six, puis huict, tantost dix des ennemis, ausquels ils faisoyent entendre que leur plus court estoit passer le long de l'eaue, et y adjoustoyent la force quand ils n'y vouloyent aller de gré, ou les ayant desvalizez, les envoyoient oultre, afin que ceulx qui venoyent après n'en eussent connoissance. La file s'y adressa d'ellemesme si espesse, que les nostres estoyent assez embesougnez de les despescher, retenans ceulx qu'ils jugeoyent pouvoir payer quelque rançon. Ce passetemps dura environ deux heures sur trois ou quatre cens ; et l'eust encores le vidame continué, sans un Espagnol mesmes prisonnier, lequel, l'ayant veu rendre une belle jeune femme à un Alemant qui disoit l'avoir espousée, meu de ceste honnesteté, l'advertit se retirer de bonne heure, et que toute la cavalerie espagnolle estoit logée aux environs, laquelle, en moins de rien, pourroit estre sur luy : dont prenant ce conseil, ne fut si tost repassé à son bort, que ceste cavalerie se monstra de l'autre part, laquelle ne luy peut faire plus grand mal que de luy en souhaiter.

L'apresdisnée deux gros esquadrons de gens de cheval feurent veuz du costé du marquis, ausquels M. de Guyse envoya Navailles, avec vingt et cinq chevaulx, attaquer une escarmouche pour en attirer une partie, s'il pouvoit, vers la croix, où desjà s'estoyent jectez bon nombre d'harquebouziers et corselets pour les recevoir. Les ennemis se tindrent tousjours serrez, et n'envoyerent que quelque petit nombre de harquebouziers à cheval sur les nostres, non gueres loing de leur trouppe, qui se harquebouzerent un temps les uns les autres.

Or y avoit il une isle dedans la Mozelle qu'on appelle le Pré de l'Hospital, et venoit par l'un des bouts joindre bien près du pont des Mores, s'estendant puis apres contremont la riviere, jusques à trois ou quatre cens pas de l'abbaye Sainct Martin, et autant jusques au champ de Wassieux, où le bout des tranchées des ennemis respondoit. M. de Guyse avoit souvent pensé y jecter de l'artillerie pour tirer dans l'un des deux camps, ne fust l'inconvenient qu'il seroit tousjours battu de l'autre par le derriere : aussi estoit danger qu'avec nombre de batteaux, que les ennemis eussent aiseement recouvert et faict descendre, estans maistres du Pont à Mousson, vinssent jecter nombre de gens dans l'isle, et gaigner noz pieces : mais, à ceste heure qu'ils avoyent abandonné le Pont à Mousson, et n'avions plus ennemis que d'un costé, luy sembla estre temps de mettre à effect sa deliberation. Et premierement feit passer dans ceste isle deux bastardes, qu'on approcha le plus que l'on peut du camp du marquis, et essaya l'on d'en tirer à ces esquadres d'ennemis qui se tenoyent derriere les escarmoucheurs : toutesfois la haulteur du bort de la riviere de leur costé les couvroit, et garda qu'on ne les peut gueres offenser. Depuis on y passa un canon, une longue coulevrine et quelques faulconneaulx, afin de fascher le marquis dans son camp, et le contraindre de laisser le logis du mont Sainct Martin.

Cependant M. le duc de Nevers, qui s'estoit longuement tenu à Thoul avec bon nombre de chevaulx, pour garder que l'ennemy ne jouist de ce quartier de pays, et luy coupper tousjours les vivres, vint à Metz, où il n'eut peu de plaisir à veoir le bon estat de toutes noz choses, et l'ordre qui avoit esté mis pour repoulser l'ennemy. Estant l'apresdinée du costé des ponts avecques M. de Guyse, pour veoir le camp du marquis, et recognoistre s'il y avoit moyen d'y rien entreprendre, M. de Nemours sortit avec quelques chevaulx de sa compagnie, et la compagnie du seigneur de Rendan, envoyant les seigneurs de Clermont, Suze, La Roue, Dampierre, Sombarnon, et trois ou quatre autres, donner jusques au camp, où les ennemis ne coururent à autres armes qu'à l'artillerie, qu'ils feirent tirer incontinent, sans donner à congnoistre qu'ils voulsissent sortir de leur fort, laissants aux nostres maistriser la campagne jusques aupres de leurs tentes. Encores le jour apres, le comte de La Rochefoucault et le capitaine Lanque sortirent, afin que jamais on ne leur laissast prendre le repos qu'on leur pourroit oster, et allerent les coureurs tuer des Alemans jusques dans le camp, approchans à soixante pas de leur artillerie, sans que leurs gens de cheval se monstrassent. Et lendemain, au poinct du jour, les nostres, couverts d'une petite tranchée dans l'isle et Pré de l'Hospital, commencerent tirer à l'eglise et abbaye où le marquis estoit logé, et au long de son camp, qui nous estoit quasi tout en bute, lequel eut à souffrir cela jusques au soir; et non seulement tint on subjects ceulx cy, mais encores quelques squadrons de cavalerie que le duc d'Albe avoit envoyé en la plaine pour escorte de leur artillerie, qui marchoit toujours vers le port d'Olizy, où l'on l'embarquoit pour de là la conduire à Thionville, lesquels, au passer et repasser du chemin qui est entre le mont Sainct Martin et noz pieces, se desbandoyent, courans sans attendre les uns les autres, pour se jecter hors de la portée. Les deux camps du duc d'Albe et du marquis se leverent lendemain matin, et eut leur cavalerie passé avant jour tant de la plaine que noz pieces pouvoyent battre, et s'alla renger en esquadrons au pied du cousteau, attendant les gens de pied, lesquels, laissants la plaine, feirent un chemin nouveau à travers et au pendant de vignes, pour s'asseurer du canon : puis vindrent regaigner les gens de cheval en la plaine. M. de Guyse feit sortir quinze ou vingt chevaulx de sa compagnie, et huict ou dix harquebouziers du capitaine Lanque, qui leur attaquerent l'escarmouche, et leur furent sur les bras jusques à midy, qu'on les envoya rafraischir de pareil nombre jusques à la nuict, que les nostres retournerent en la ville, et les autres prindrent logis aux premiers villages près d'Olizy. M. de Guyse visita les deux lieux de Moulins et du mont Sainct Martin, ausquels et à Longueville, Chazelles, Seye et autres villages d'alentour, il trouva de merveilleuses restes de mors et malades, de sorte que nous jugions la perte d'hommes, qui pouvoit avoir esté aux trois camps, de environ vingt mille; et beaucoup des leurs, qui tomberent depuis prisonniers ès mains des nostres, nous asseurerent que le nombre passoit jusques à trente, et possible trente cinq mille.

Quelque autre jour apres, M. de Guyse alla veoir le lieu où avoit esté le camp de la royne Marie, laissant dans la ville, pour ne demeurer despourveue de conseil et conduitte, M. le gouverneur (1) et quelques autres de qualité, ainsi qu'il avoit accoustumé faire toutes les fois qu'il sortoit dehors. Et furent trouvées des tranchées et flancs en ce camp, vers la venue de la ville, tout ainsi que si les ennemis eussent eu en teste une armée de pareille ou plus grandes forces à la leur. Il coula le long de l'eaue pour veoir le logis et port d'Olizy, que le duc d'Albe avoit prins, lequel estoit de l'autre bort en lieu hault, et dominoit la plaine basse et raze du costé de deçà,

(1) Arthus de Cossé, seigneur de Gonnort.

en laquelle ils avoyent relevé un fort de terre, et y tenoyent des harquebouziers pour la seureté du port, afin que les nostres n'empeschassent d'un bort à l'autre l'embarquement de leurs pieces, desquelles en avoyent cependant logé six bien à propos pour defendre les deux costez du fort; et veritablement le lieu estoit choisy en gens de guerre, et à bon avantage pour eulx. Le vidame de Chartres alla escarmoucher ces harquebouziers du fort, qui sortirent à la campagne soubz la faveur d'un gros nombre d'autres logez en un prochain village, qui leur vindrent au secours, et ne fut à la fin passé à gueres grand combat d'un costé n'y d'autre : bien fut remarqué par les nostres le moyen de surprendre dans le logis ces derniers venuz ; mais eulx, craignans ceste entreprinse, repasserent des la nuict l'eaue, et ne les trouvasmes au village le jour d'apres, que M. de Guyse mesmes y fut avecques bon nombre de gens de pied et de cheval. De l'autre costé, les seigneurs de La Brosse et de Touchepres, avec quarante ou cinquante chevaulx, estoyent allez à la queue du camp pour recognoistre l'ordre qu'ils tenoyent à leur retraitte. Et furent jusques au chasteau de Donchamp, d'où ils furent descouverts, et sortit bon nombre de soldats les charger à coups de harquebouze, de fossé en fossé, comme le pays en est bien garny, qui fut cause de les faire retirer sans passer plus avant, et n'y eut rien perdu de nostre costé.

Apres cecy, M. le mareschal de Sainct André arriva avec une trouppe de gendarmerie et cavalerie, lequel avoit tenu dix ou douze jours la campagne, pour fascher les ennemis et les garder de s'eslargir, comme aussi durant le siege il leur avoit tousjours defendu les terres de Verdun et des environs, mesmes faict plusieurs belles desfaictes sur eulx, et souvent avoit envoyé donner des alarmes jusques au camp qui estoit devant Metz. Or, nous trouvans pour sa venue beaucoup renforcez de gens de cheval, fut mis en conseil comme on pourroit offencer les ennemis ; car nous voulions, à leur retraitte, essayer tous les moyens qui seroyent bons et assurez pour le faire. Il fut trouvé que, à cause de la grande riviere qui leur flanquoit le costé droit, et la faveur que leur faisoit à gauche la forest de Brey, fort espaisse et bien advantageuse pour gens de pied, et qu'ils avoyent mis grand force d'harquebouziers avec leur cavalerie sur la queue, aussi beaucoup de mauvais passages et estroicts jusques à leur logis, on ne pourroit rien entreprendre sur eulx qu'à nostre trop grand desavantage : toutes fois le seigneur Paule Baptiste eut commandement d'aller encores voir de pres si la commodité d'aucun lieu, ou quelque desordre d'entre eulx, nous pourroit bailler occasion de les aller visiter ; mais il ne trouva autre chose en leur camp qu'un grand nombre d'affuts, flacques (1) et rouages d'artillerie laissez sur la place et sur le port, ayans eulx passé le pont de Rozemont et approché Thionville. Dont fut considéré, puisqu'ils s'estoyent acheminez, qu'ils marcheroyent lendemain encores par delà, et nous esloignerions par trop de la retraitte si on les poursuivoit si avant, parquoy M. de Guyse se donna repos de telle chose.

C'est à peu pres le sommaire de tout ce qu'est advenu en ce siege de Metz, grand et notable pour beaucoup de respects, soit pour la grandeur de l'Empereur, qui en avoit juré l'entreprinse, et pour le nombre des princes qui estoyent avecques luy, soit pour toutes ses forces et appareil de guerre qu'il y avoit amené, et pour la longueur du temps qu'il a campé devant ; d'aultre costé, l'importance de la ville, en laquelle consistoit un grand advantage de la guerre commencée entre ces deux princes ; les personnages de qualité qui estoyent dedans pour la garder ; la louange que noz gens de guerre se peuvent donner de l'avoir fortifiée, avitaillée et defendu pour le Roy en cinq mois. Oultre tant d'autres belles et grandes choses qui s'y sont faictes, où, si la vaillance et le bien faire d'aulcuns ne s'y trouvent recitez comme ils meritent, ils soyent asseurez qu'il n'a tenu à l'avoir voulu, mais à ne l'avoir sceu, ou ne l'avoir sceu bien faire : ce qui les venge assez de moy, en ce que mon ignorance revient à punition de mon default, et souhaiterois, pour le reparer à la faveur de ceulx qui pourroyent avoir occasion de se plaindre, avoir aussi peu obmis de la verité comme suis trescertain ny avoir rien adjousté.

Lendemain dimenche, quinziesme du mois, fut faicte une procession generale, à laquelle s'assemblerent toutes les eglises, couvents et colleiges de la ville, et y assista M. de Guyse ; ensemble les autres princes, seigneurs et gens de guerre, en toute devotion, rendans graces à Dieu de nous avoir tenu la main à la defence de la ville, et à nous saulver de la puissance des ennemis. Et pource que M. de Guyse fut adverti qu'en plusieurs lieux de la ville il y avoit des livres contenans doctrine reprouvée, M. de Guyse les feit, sans scandale d'aucun, touts assembler en un lieu et y mettre le feu, donnant ordre que les habitans eussent pour l'advenir à suyvre un train de meilleure vie qu'auparavant qu'ils eussent esté receuz à la protection du Roy.

Le lundi fut publié une ordonnance de par

(1) Flasques. Vayez la note de la page 348.

luy, pour le retóur des habitans, commettant des capitaines et aultres personnages de qualité à s'enquerir par tous les quartiers s'il y avoit esté faict aucun desordre par les soldats, dont on peut sortir plainte raisonnable, afin d'y pourveoir au mieulx qu'il seroit possible.

Et les jours apres il regarda à la police des citoyens et habitans, que le trouble du siege avoit aucunement alterée et changée, pour la remettre en mesme estat qu'auparavant ; aussi à la fortification de la ville, pour redresser les breches et ruines que le canon y avoit faictes, avecques la poursuite des autres choses qui avoyent esté mises en desseing. Puis feit faire la monstre generale aux gens de guerre, tant de pied que de cheval, avec payement de tout le temps qu'ils avoyent servi et qui leur estoit deu. En quoy la liberalité du Roy se monstra, de ne precompter en rien les vivres qu'ils avoyent eu et qui leur avoyent esté distribuez durant le siege ; offrant en oultre M. de Guyse d'obtenir pour eulx autres plusieurs biensfaicts et particulieres graces du Roy, selon la cognoissance qu'il avoit des merites d'un chascun, ainsi que depuis il s'y employa tresvolontiers. Et ayant ordonné du nombre des gens de guerre qui demeureroyent par apres dans la ville, la laissa en la garde du seigneur de Gounor, gouverneur d'icelle ; et, le vingt-quatriesme jour dudict mois, s'en retourna vers le Roy.

Estant le precedant discours sur la presse, l'imprimeur, d'adventure, a recouvert un roole des princes, seigneurs, capitaines et autres gentilshommes et gens de guerre, qui estoyent dans Metz durant le siege, et l'a adjousté icy, pensant que telle chose sera bien convenable à la suitte des autres que l'autheur y a couchées : en quoy, si le rang n'est observé selon la dignité de ceulx qui y sont nommez, il sera excusé, pour n'avoir la particuliere cognoissance de la plus grande partie d'iceulx, ayant suyvy en cela le Memoire qui luy en est tombé entre mains.

Monsieur le duc de Guyse, lieutenant de Roy, avec sa compagnie de cent hommes d'armes, et les seigneurs d'Antragues, de Sainct Phale et de Sainct Luc, lieutenant, enseigne et guydon d'icelle.

M. le prince de La Rochesuryon, avec sa compagnie de quarante hommes d'armes, et les seigneurs de Biron, de Guron et de Montreud, lieutenant, enseigne, et guydon d'icelle.

Le seigneur Pierre Strozzi, chevalier de l'Ordre, ayant avec luy un nombre de personnages de bon service.

La compagnie de M. de Lorraine, de quarante hommes d'armes ; et les seigneurs de La Brosse, de Lemont et de Chastelet, lieutenant, enseigne et guydon d'icelle.

M. de Nemours, avec sa compagnie de deux cens chevaulx legiers ; et le seigneur Paule Baptiste Fregoze, son lieutenant, le seigneur de Pailiez son enseigne, après la mort duquel le filz du conte de Lude la porta.

Le seigneur de Gounor, gouverneur de la ville avec sa compagnie de cent chevaulx legiers, et les seigneurs de Saincte Gemme et de Mebertin, lieutenant et enseigne d'icelle.

Le conte de La Rochefoucault, avec sa compagnie de cent chevaulx legiers ; et les seigneurs de La Faye et de Touchepres, lieutenant et enseigne d'icelle.

Le seigneur de Rendan, avec sa compagnie de cent chevaulx legiers ; et les seigneurs de Montpha et de Fayoles, lieutenant et enseigne d'icelle.

Le seigneur de Lanque, avec sa compagnie de cent harquebouziers à cheval, et le chevalier de Lanque et le jeune Lanque, lieutenant et enseigne d'icelle.

Bandes de gens de pied, et premierement celles qui furent laissées dans Metz quand le Roy marcha en Alemagne ; sçavoir, des capitaines

Haucourt.	Cauzere.	Pierre Longue.
Biques.	Verdun son frere.	Aboz.
Bahus.	Soley.	Sainct Houan.

Trois qui furent envoyées apres que le camp fut rompu, au retour de Haynault ; des capitaines

Gordan.	Ambres.	La Granche.

Sept envoyées depuis, pour la garde de la ville, quand M. de Guyse y arriva, sçavoir, des capitaines

Glenay, qui fut depuis maistre de camp, apres la mort du capitaine Favars.

Choqueuse.	Sainct Aubin.	Maugeron.
Sainct-André.	Bethune.	La Mole,

Aultres quatres que M. le connestable envoya depuis : des capitaines

Favars, maistre de camp. Laquelle, luy mort, fut baillée au jeune Cornay, son lieutenant.

Salcede.	Voguedemar.	Cantelou.

Commissaires ordinaires des vivres dans Metz :

Les seigneurs de Piepape et de Sainct Belin.

Commissaires de l'artillerie, et gens experts au faict des fortifications :

Le seigneur de Sainct Remy, le seigneur d'Ortobie, le seigneur de Popincourt, Camille Marin.

Nombre des princes, seigneurs et gentilshommes qui vindrent pour leur plaisir au siege,

Messieurs d'Anguien.
Prince de Condé.
Grand prieur de France.
Marquis d'Albœuf.
De Montmorency et Danville frères.
Duc Horace Farnez.
Vidame de Chartres.
Conte de Martigues, et marquis de Bauge freres.
Conte de Benon.
Conte de Charny.
Conte de Creance.
Conte de Nantueil.
Les seigneurs de Mezieres.
Vidame d'Amiens.
De La Palice.
De Montpesat.
De Brosses et son frere.
De Crevecœur.
D'Ouarty.
De Boysdaulfin.
De Canaples, deux freres.
De Rocofeuilh.
De Lucé.
De La Chapelle des Ursins.
De Rufec et son frere.
De Suse.
Du Lucey.
De Rochebaron de Borgoigne.
De Clermont.
De Soubize.
De Dampierre.
Du Parroy.
Le viconte du Mont Nostre Dame.
De Navailles.

De Silhy.
De La Roue.
De Rouville.
De Tourcy.
De Bordeille, deux freres.
D'Achon.
De Lorges.
De Duras.
De Mailly pere et filz.
De Verriguy.
De Bugueno.
De La Malherée.
De Maligny.
De Cayluz.
De Joyeuse.
De Mortemar.
De Chatenieray.
De Gamaches.
De Sainct Supplice.
De Levy.
De Cessac.
Le vicomte d'Ochy.
De Amanzey.
D'Ambres.
De Estrée le jeune.
De Carrouge.
De Fosseuse.
De Estauges.
De Sombarnon.
De Sandricourt.
De La Rochechalez.
De Charluz le jeune.
De Matignon.
De Riberac.
De Malicorne.
De Clemont.
De Sainct-Severin.
Le baron de Tinteville.

De Belenave.
De Orbec.
De Senetayre.
De Montgey.
De Murat.
De Auradé.
Le baron de Maignac.
De Fovion.
De La Curée.
De Nantoillet.
De Piepape.
De Sault le jeune.
De Montsalez.
De La Roche du Maine.
De Sainct Geniez.

De Sainct Stephe.
De Tranchelion.
De Argence, deux frères.
De Rhotelin.
De Vitry.
De Beuilh.
De La Freté.
De Haraucourt.
De Bule.
Les enfans de Borbonne.
De Teors.
De Harbouville.
De Caubioz.
De Marigny.

Et autres plusieurs gentilshommes, tant de la maison du lieutenant du Roy que des autres princes et seigneurs, desquels leur nom n'estoit au Mémoire qui me fut baillé.

Nombre des capitaines et autres gens de nom qui sont morts audict siege.

Les seigneurs de La Palice.
De Paliez.
De Oradé.
De Marigny.
De Mompha.
De Cambioz.
Le capitaine Vate.
L'enseigne du capitaine Gordan.
L'enseigne du capitaine Soley.
Camille Marin.
De Boysherpin.
De Eynerie.
De Fayoles.

De Fonterailles.
De Rocquefeuilh.
L'enseigne du capitaine Glenay.
De La Roche Chalez.
Le baron de Treves.
De Fovion.
Le capitaine Favars, maistre de camp.
De Harbouville.
De Cornay l'aisné.
Le baron de Tinteville.
Le capitaine Poledre, italien.

Ensemble quelques hommes d'armes, chevaulx legiers et harquebouziers à cheval qui ne sont icy mentionnez, et environ deux cens cinquante soldats de toutes les bandes.

FIN DU SIÉGE DE METZ.

DISCOURS

DE

GASPAR DE COLLIGNY,

SEIGNEUR DE CHASTILLON, ADMIRAL DE FRANCE,

OU SONT SOMMAIREMENT CONTENUES LES CHOSES QUI SE SONT PASSÉES DURANT LE SIÉGE DE SAINCT-QUENTIN.

SUR LE DISCOURS DE GASPARD DE COLIGNY.

« Il fut trouvé à sa mort (à la mort de l'amiral de Coligny), dit Brantôme, un très-beau livre qu'il avoit luy mesme composé des choses les plus memorables de son temps, et mesme des guerres civiles. Il fut apporté au roy Charles IX, qu'aulcuns trouvèrent très-beau et très-bien faict, et digne d'estre imprimé. Mais le mareschal de Retz en destourna le Roy, et le jeta dans le feu, et le fit brusler, envieux des profit et recreation que le livre eust pu apporter au monde, ou envieux de la memoire de cet illustre personnage. » D'après une Vie de Coligny, écrite en latin par Jean de Sèvres, et traduite en français par Jean Hotman, seigneur de Villiers, l'amiral, depuis l'année 1570 jusqu'à l'époque de sa mort (1572), « ne laissa passer un seul jour que, devant que se coucher, il n'eust escrit de sa main, dans son papier journal, les choses dignes de memoire qui estoient arrivez dans les troubles. » L'histoire pardonnera difficilement au maréchal de Retz d'avoir ravi à la postérité un tel monument; les mémoires de Coligny nous auraient fourni des faits et des jugements dont la vérité historique aurait profité; l'absence d'un semblable témoignage, dans l'horrible procès qui aboutit à un aussi sanglant dénouement, est peut-être destiné à laisser à cette partie du règne de Charles IX un côté éternellement ténébreux. Le seul ouvrage de Coligny qui ait obtenu des passions contemporaines un laisser-passer à travers les siècles, c'est le « Discours où sont sommairement contenues les choses qui se sont passées durant le siége de Saint-Quentin. » On sait avec quelle merveilleuse bravoure Coligny défendit Saint-Quentin en 1557, après cette défaite qui avait mis en danger le royaume de France, la résistance aux armes de Philippe II fut longue et bien héroïque; la chute de la place entre les mains de l'ennemi fut belle comme un triomphe; et lorsque Coligny, prisonnier au château de l'Ecluse, repassait dans sa pensée la défense de Saint-Quentin, il pouvait y arrêter le souvenir sans regret. C'est au château de l'Ecluse que Coligny, pour charmer les ennuis de la captivité, rédigea le *Discours* sur la défense de Saint-Quentin. Sous François Ier, Fleuranges, captif dans la même forteresse, y avait écrit les *Mémoires de l'Adventureux*.

Le discours de Gaspard de Coligny est un très-curieux document, non-seulement sous le rapport des faits qu'on y trouve, mais aussi sous le rapport du personnage lui-même, qui se montre à nu dans toute la vérité de sa physionomie. Anquetil, parlant de cette relation, observe qu'on y rencontre « des tours de phrases qui ont enrichi la langue. » Nous avons remarqué dans le *Discours* de Coligny une précision militaire, de l'esprit, un amour de l'exactitude historique, et une certaine façon de dire que nous appellerons la naïveté de l'héroïsme. Il règne dans le récit de l'amiral un sentiment de noble fierté, qui n'est autre chose que la conscience de sa propre valeur morale. En commençant son discours, il veut d'abord qu'on sache qu'il n'écrit point « par forme de justification; » il n'est accusé de personne, et se sent si net en ce qui touche son honneur, qu'il ne craint pas qu'on l'accuse; s'il prenait envie à quelqu'un d'attaquer son honneur, Coligny *se sent le cœur en assez bon lieu pour le pouvoir defendre*, comme il appartient à un gentilhomme, homme d'honneur et de bras, sans recourir aux écritures ni faire procès comme font les avocats. L'amiral est fort d'avis que les personnages historiques se chargent eux-mêmes, quand ils le peuvent, de raconter ce qui les regarde : il lui semble « estre plus raisonnable que ceux qui tiennent la queue de la poësle redigent telle chose par escrit, que nuls autres. »

Le *Discours de Gaspard de Coligny* parut pour la première fois à la suite de la Vie de Coligny, écrite en latin, dont nous avons parlé plus haut. Il fut réimprimé dans les *Preuves de l'Histoire généalogique de la maison de Coligny*, par Du Bouchet, in-folio, Paris 1662; et reparut trois ans plus tard séparément, sous le titre de *Mémoires de Coligny*.

DISCOURS
DE
GASPAR DE COLLIGNY.

Il pourroit estre qu'il y en auroit aucun qui, pour n'avoir leu ce petit discours tout au long, et avoir mis le nez dedans seulement, ou par faute de bon jugement, estimeroient que je l'eusse fait par forme de justification; mais devant que d'entrer plus avant à la lecture d'iceluy, je supplie un chacun d'oster cela de son opinion, pour deux raisons principales : la premiere, qu'il n'est pas besoin de se justifier quand l'on n'est accusé de personne, et que je me sens si net en ce qui touche mon honneur, que je ne crains point le pouvoir estre. La seconde est que, quand je le serois d'aucun, je sens mon cœur assis en assez bon lieu pour le pouvoir defendre, comme il appartient à un gentilhomme, homme d'honneur et de bien, et pour en pouvoir respondre à un chacun selon la qualité, sans venir aux escritures ny en faire un procez, comme font les advocats. Je veux bien aussi declarer la raison qui m'a meu à faire ce petit discours, afin qu'un chacun l'entende : c'est que, me retrouvant prisonnier après la prise de la ville de Sainct-Quentin, me souvenant que nous n'avons rien de certain en ce monde que la mort, et contraire rien de si incertain que l'heure d'icelle, j'ay bien voulu mettre par escrit comme toutes choses se sont passées sous ma charge, depuis le jour que je partis de Pierrepont, où je laissay M. le connestable avec l'armée, jusqu'à celuy que ladite ville fut prise d'assaut; car il me semble qu'il n'est rien plus raisonnable que ceux qui sont employez aux charges en rendent eux-mesmes compte fidelement, et ne fust ce que pour une seule raison; laquelle est qu'il advient ordinairement que ceux mesmes qui ont esté en mesme lieu en parlent différemment; les uns pour faire penser que rien ne leur estoit caché; les autres, qui sont si aises de parler, que de ce mesme dont ils ne savent rien ils en veulent rendre compte. Il y en a d'autres qui en parlent selon leur passion, soit qu'ils veulent bien ou mal aux personnes; d'avantage, qu'il y a tant de sortes d'escriveurs, et mesme aux pays estranges, qu'il ne se faut point esbahir si ceux-là sont bien souvent mal informez des affaires qui passent loin d'eux, quand mesme ceux qui sont sur les lieux en parlent diversement, pour les raisons cy-dessus declarées.

Parquoy, tout bien considéré, il me semble estre plus raisonnable que ceux qui tiennent la queue de la poësle redigent telles choses par escrit, que nuls autres, afin qu'ils mettent la vérité toute nue, sans la farder ou couvrir; autrement ils devroient avoir grand honte si en aucune chose ils sont desdits ou ne sont trouvez veritables; car cela pourroit faire penser qu'en tout le reste de ce qu'ils auroient mis par escrit il y pourroit avoir du deguisement. Je proteste donc que tout ce qui s'ensuit est fidelement escrit; et s'il y a quelque omission, il me semble que ce n'est point des principales choses ny de celles qui importent; et si aucunes y en a, je prie ceux qui liront ce present discours, ou qui l'ouïront lire, de m'en vouloir advertir. Je n'y ai point spécifié les journées, pour n'en estre asseurement memoratif, et pour ne point errer.

Je dis donc qu'après que les ennemis eurent passé le trou Feron, et que La Chapelle et Guise furent pourveues de ce qu'il y falloit, je dis à M. le connestable qu'il sçavoit comme toute la frontiere de Picardie estoit demeurée despourvue, et que, s'il lui sembloit bon, je m'acheminerois avec quelque bonne troupe de gendarmerie, et que cela ne pourroit que grandement favoriser ladite frontiere; lui ramentevant aussi les advertissemens que je luy avois dis que journellement me faisoient messieurs de Villebon et Senarpont, qui portoient que les ennemis devoient faire leur effort du costé de Picardie. Et ce qui me fortifioit encore le plus en cette opinion, c'estoit que les bandes espagnolles qui estoient dans le nouveau fort de Hedin n'estoient point deslogées, et que je m'asseurois qu'ils ne s'attacheroient point à une place sans celles-là; car c'estoient les plus vieilles et meilleurs bandes qu'ils eussent, et sur lesquelles ils faisoient plus de fondement. Il trouva bon que je m'y acheminasse, et pourtant le deuxiesme d'aoust, l'an 1557, je partis de Pierrepont à la pointe du jour, et devant que de partir je parlay audit sieur connestable, qui me dit que je me hatasse de m'aller mettre à Sainct-Quentin.

Je partis à l'heure mesme avec ma compagnie, celles de messieurs le comte de Haran, de Jarnac, de La Fayette, et les bandes de chevaux-legers des capitaines Miraumont et Tenelles, françois, et Achisson, escossois, et m'acheminay droit à La Fere, pource que je ne pouvois prendre autre chemin, à raison que les ennemis, avec toutes leurs forces, estoient entre Sainct-Quentin et Moüy, comme il se descouvroit aisement par les feux qu'ils mettoient dedans des forts et villages. Mais, pour estre mieux asseuré du chemin qu'ils tenoient, je mis les chevaux-legers, tant françois qu'escossois, de leur costé, et leur fis entendre le chemin que je tenois, pour me mander souvent de leurs nouvelles ; et pource que le capitaine Tenelles estoit du pays, et qu'il le cognoissoit bien, je le fis donner plus avant que tous les autres.

Estant arrivé à La Fere, il vint bientost après le sieur de Coucy, qui me dit que M. le connestable me mandoit que je m'hastasse de m'aller mettre dans Sainct-Quentin. Or n'avois-je encore nulles nouvelles de mes coureurs, et ne pouvois penser où pourroient estre lesdits ennemis : qui fut cause que j'envoyay d'autres gens à cheval pour les reconnoistre, et je pris resolution, avec ceux qui connoissoient bien le pays, de m'en aller droit à Han, pource que de là il m'estoit plus facile d'entrer audit Sainct-Quentin, à raison qu'il eust esté mal aisé qu'encore que lesdits ennemis se fussent voulu là arrester, qu'ils l'eussent si estroitement enveloppée, que par l'autre costé de l'eau je n'y fusse entré ; et davantage je leur gagnois le devant pour couvrir Peronne et tout le reste de la frontiere. Il y avoit bien quelque apparence qu'ils ne se vouloient pas arrester là, car ils brusloient et villages et fourrages, ce qui n'est pas accoustumé à gens qui veulent conquerir et garder un pays.

Il y avoit cinq bandes de gens de pied dedans La Fere, des capitaines Caumont, qui en avoit deux, Sainct-André, Rambouillet et Poy, ausquelles commanday de partir incontinent pour s'en aller droit à Han, encore que Sainct-André et Rambouillet fussent ordonnez pour aller au Castelet, et que pour cet effet fussent partis dudit Pierrepont le soir precedant que moy à l'assiette de la garde ; mais ils n'y pouvoient plus aller, pour leur estre empesché le chemin par lesdits ennemis.

Le sieur de Coucy fut present à toutes les deliberations que je fis, parquoy je le priai de s'en retourner devers M. le connestable pour luy faire le tout entendre, mesme que je ne laissois dedans La Fere que le sieur de Wallon avec sa bande, considerant que nostre camp venoit coucher à trois lieues de là, et qu'il seroit aisé d'y remedier et y mettre d'autres enseignes.

M'estant acheminé par Han, environ à demie lieue de La Fere, j'eus nouvelles de mes coureurs que les ennemis se logeoient devant Sainct-Quentin, et avoient desjà veu quelques tentes dressées près la maladerie du fauxbourg d'Isle, mais qu'il sembloit qu'une partie de leur armée couloit le long de l'eau, tirant audit Han ; parquoi les gens de pied et le bagage qui prenoient ce chemin, je les fis prendre à la main gauche par Genly, pour aller plus seurement, et moy allay droit le chemin, mettant gens devant moy pour estre adverty ; car le pays estoit assez advantageux pour prendre tel party que j'eusse voulu, au nombre d'ennemis que j'eusse trouvé.

Enfin j'arrivay à Han, et à l'entrée je rencontray Vaulpergues avec une lettre de creance du capitaine Breul, gouverneur de Sainct-Quentin, qui me fit entendre le grand estonnement qui estoit dans cette ville là, et qu'il estoit de besoin de la secourir bien promptement, ou elle estoit en grand danger. Après m'estre informé du chemin, et qu'il m'eust dit qu'il se faisoit fort de me mettre dedans cette nuit-là, mais qu'après ce ne seroit pas sans grande difficulté, je me resolus d'y entrer cette mesme nuit, et sans que personne se desarmast. Je les fis tous advertir qu'ils fissent tous manger une mesure d'avoine à leurs chevaux, et que je voulois partir dedans demie heure, les voulant bien informer d'une chose, qui estoit que je priois les chefs et capitaines de se passer au moins de valets qu'ils pouroient ; et quant aux gendarmes, qu'ils n'y menassent point plus d'un valet chacun, et entre deux archers un, et que je m'en allois à Sainct-Quentin, pour y attendre le siege, où je ne leur ferois pas bailler vivres pour davantage de personnes. Et pource que j'eusse bien voulu y pouvoir conduire cette mesme nuit-là les cinq enseignes de gens de pied que j'avois fait partir de La Fere, m'estant enquis où elles estoient, je trouvay qu'il n'estoit encore arrivé que celle du capitaine Poy, si lasse et si harassée, pour venir fraischement de Gascogne, que quasi la moitié estoit demeurée par les chemins. D'autre part, le capitaine Caumont estoit demeuré derriere à La Fere, pour faire delivrer les armes de ses soldats, qui estoient encore encaissées sur des chariots : en sorte que, tout consideré, de toutes ces cinq bandes je ne me pus servir que des deux du capitaine Sainct-André et Rambouillet; et encore qu'elles fussent bien loin derriere, si est-ce que je donnay ordre, avant que de partir, pour les faire marcher incontinent qu'elles seroient arrivées.

Ainsi que je donnois ordre à mon partement, les sieurs de Jarnac et Luzarches me vinrent dire ensemblement qu'il ne leur sembloit pas bien raisonnable que je m'enfermasse dedans Sainct-Quentin, pource que je pourrois faire plus de service estant dehors; mais, si je voulois, qu'eux et tous les capitaines qui estoient là avec moy s'y en iroient, et qu'ils s'accorderoient tous si bien ensemble, que le service du Roy n'en demeureroit point. Je leur respondis, en peu de paroles, que je les remerciois du conseil qu'ils me donnoient, mais que j'estois commandé d'y entrer, et qu'à cette intention estois-je venu là, et que j'aymerois mieux avoir perdu tout ce que j'avois vaillant que d'y avoir failly: pour le moins seroient-ils tesmoins que je ferois mon devoir d'y entrer.

Et apres avoir adverty mondit sieur le connestable de toute ma resolution par le sieur de Borran, qui s'en retournoit devers luy dudit Han, je montay à cheval environ une demie heure de soleil, mettant mon mareschal des logis devant moy avecques cinquante bons chevaux et de bons guides, auquel je commanday de marcher cent pas devant moy seulement, et quoy qu'il trouvast en son chemin qu'il le chargeast sans le marchander. Aussi advertis-je tous les capitaines et leurs troupes de ma resolution, et de ce qu'ils avoient à faire.

Je n'eus pas gueres marché que je trouvay l'abbé de Sainct-Prins, lequel estoit sorti ce soir là, environ les quatre heures, de Sainct Quentin; qui me dit qu'il s'en alloit trouver le Roy, et qu'il esperoit estre le lendemain à son lever. Après que je me fus enquis de luy du logis des ennemis, et sommairement des autres choses, je le priay de presenter mes tres-humbles recommandations à la bonne grace du Roy, et luy dire qu'il m'avoit trouvé avec une bonne troupe, qui faisions tous nostre compte, Dieu aydant, d'entrer cette mesme nuit dedans Sainct-Quentin, où j'esperois que nous luy ferions un bon service. Aussi y arrivay-je à une heure après minuit, où il entra avec moy, le quart partie, les trois de la gendarmerie pour le plus; les autres, ou pour s'estre perdus par les chemins à une allarme que nous y eusmes, ou par faute de bonne volonté, n'y entrerent point. Quant aux chevaux-legers françois et escossois qui estoient partis du camp avec moy, il n'y en avoit un seul arrivé quand je partis de Han; aussi n'entrerent-ils point à Sainct-Quentin. Des deux bandes de gens de pied qui partirent de Han, comme je l'avois ordonné, il en entra cette mesme nuit environ six vingts, conduits par le lieutenant du capitaine Rambouillet; car environ avecques autant d'autres le capitaine Sainct-André s'estoit perdu la nuit, lequel toutesfois y entra le jour à quatre heures après midy. En somme, que, pour le plus, de ces deux bandes il y entra deux cent cinquante hommes.

Or, estant arrivé là de nuit, comme le poinct du jour fut venu, je m'en allay au faubourg d'Isle, où je trouvay que nos gens le jour precedant avoient abandonné le boulevart qui y avoit esté fait nouvellement, et s'estoient retirez à la vieille muraille, s'excusant que, pour n'y avoir point de parapet audit boulevart, et estre la terre de dehors aussi haute pour le moins que le dedans dudit boulevart; d'autre part, que, pour avoir gagné les Espagnols des maisons sur le bord du fossé, qui leur estoient à cavalier, et enfin, pour le peu d'hommes qu'ils avoient pour le deffendre, ils avoient esté contraints de ce faire.

M'estant enquis des gens de guerre qui y estoient, je trouvay que la compagnie de monseigneur le Dauphin y estoit quasi complette: quant à la compagnie du capitaine Breul, qui en estoit gouverneur, il me dit que la fleur de ses hommes estoient à Bohain, où il y avoit une esquadre des meilleurs hommes qu'il eust, principalement d'harquebuziers. Cela estoit aisé à croire, car le demeurant estoit fort pietre. Il estoit excusable d'une chose, c'estoit qu'il n'y avoit pas plus de dix jours qu'il estoit entré en cette place; et sçay bien qu'il avoit perdu beaucoup de ses soldats au partir d'Abeville.

Voyant de quelle importance nous estoit de garder ce fauxbourg, je pris l'opinion de tous les capitaines pour savoir ce que nous y pourrions faire. Pour le plus plus expedient, il fut conclud que sur le soir nous ferions faire une sortie pour mettre le feu dans les maisons qui nous faisoient le dommage, et qu'ayant osté les ennemis de là, nous ferions faire une tranchée tout le long du boulevart, qui serviroit de parapet. Cependant, pour ne perdre point de temps, je fis travailler à deux flancs, pour regarder la pointe dudit boulevart, ce qui se trouvoit en faisant ouverture à la muraille tant qu'il en falloit pour l'embouchure d'une piece d'artillerie; et si fis-je travailler à une trenchée, d'où le rempart avoit esté osté quand M. le mareschal de Sainct-André estoit d'advis de faire retrancher ce fauxbourg; car en cet endroit l'on pouvoit faire breche en moins d'une heure, qu'il n'y eust eu homme qui eust osé s'y presenter, pource que le dehors estoit beaucoup plus haut que le dedans, et estoit le rempart du tout osté.

Ces choses ainsi ordonnées, je m'en allay faire le tour de toute la haute ville, pour veoir ce qui y seroit à faire, départir les quartiers, et faire que chascun commençast à y travailler, sans attendre la nécessité. Et cependant je manday à ceux de la ville qu'ils s'assemblassent en leur hostel commun, où ils appelleroient tous les plus notables de tous les estats pour entendre ce que j'avois à leur dire. Ayant donc recogneu le tour de ladite ville, et que je fus venu là où desjà ils estoient assemblez, je leur dis tout ce que je pouvois penser qui pourroit servir pour les asseurer, comme pour lors ils en firent grande demonstration; ce que toutefois ne leur dura guère. Et outre cela je fis mettre par memoire ce à quoy il me sembloit estre bon de pourvoir, et dont il falloit qu'ils fissent prompte et diligente recherche; comme de tous les hommes qu'ils avoient en leur ville, ayans armes et qui les pourroient porter; aussi de ceux qui pourroient travailler, tant hommes que femmes; et que, pour cest effect, il falloit faire une recherche de tous les outils, hottes et paniers, pour faire le tout apporter à leur maison de ville, afin que plus facilement on les peust là trouver quand on en auroit affaire, et qu'en une si grande ville il y avoit grand nombre d'ouvriers pour en pouvoir faire bonne quantité; pourtant qu'ils les advertissent continuellement : et pour ce que je ne doutois pas qu'il y eust une fort grande quantité de bouches qu'il falloit sçavoir dequoy nous les nourririons, qu'ils fissent donc une description de tous les grains, vins et bestail qu'ils avoient en leur ville, et que tout ce qu'ils trouveroient par les maisons, qu'ils le missent en garde de ceux mesmes à qui le bien appartiendroit; et, afin qu'il ne s'en fist point de degast, je ferois faire une defense à toutes personnes de n'y toucher sur la vie, attendant que j'eusse mis un ordre pour la distribution, aussi de me sçavoir dire quelle quantité d'artillerie, poudre et boulets il y avoit, et quelles gens pour la manier et pour en tirer.

Et pource que, faisant la ronde de leur ville, j'avois veu user grande amonition sans propos, j'avois donné la super-intendance de toute l'artillerie au capitaine Languetot, et sous luy deux gentilshommes de chacune compagnie de gendarmes, qui estoient dix en tout, afin qu'il les peust départir par quartiers et le soulager; et pourtant que ceux qui la manioient eussent à luy obeyr, et que je voulois sçavoir tous les soirs quelle quantité de poudre se seroit tirée le jour; et ainsi qu'ils eussent à lui montrer toutes les poudres qu'ils avoient et les lieux où ils la retiroient, pour me rapporter si elles seroient point en lieu dangereux.

Davantage, je n'avois point de connoissance qu'ils eussent plus de deux moulins en toute leur ville, l'un à eau, l'autre à vent, et quel moyen ils avoient de moudre si ceux là leur failloient. Ce furent les principaux points de l'ordonnance que je leur fis pour lors, leur disant que de ce qui me surviendroit je le leur ferois à toutes heures entendre; et leur monstray des gentilshommes que j'avois à l'entour de moy, lesquels je leur envoyerois quand besoin seroit, et qu'ils satisfissent tousjours promptement à ce que je leur manderois pour eux. Et, pource qu'ils avoient tout pris par memoire, ils me dirent qu'ils s'en alloient pour y satisfaire promptement, et puis m'en advertiroient; bien me dirent-ils sur l'heure mesme qu'ils avoient quinze ou seize moulins à chevaux, qu'ils faisoient desjà travailler en toute diligence. Je leur fis mettre plusieurs petites choses par escrit aux memoires qu'ils firent, afin d'y donner ordre, dont il ne me souvient pas bien, car auparavant j'en avois dressé un bien ample : je mets ce qui est le principal et le plus necessaire.

Estant allé de là à mon logis, je fis assembler tous les capitaines, ausquels je fis entendre l'occasion qui m'avoit là amené, l'ordre que j'avois donné à ceux de la ville, et ce qui me sembloit estre le plus necessaire pour lors, c'estoit de départir les quartiers, et que nous allassions tous ensemble pour veoir ce qui seroit bon de faire, afin que puis après chacun fist travailler à son endroit. D'une chose les suppliois-je tous, c'estoit que ce que chascun connoistroit, ou penseroit estre bon de faire, qu'il m'en advertist, et que je le recevrois tousjours de bien bonne part; mesmes pour ce qu'il y avoit des gens de bien et experimentez dedans les compaignies, et qui s'estoient trouvez en d'autres sieges, que l'on leur dist qu'ils me feroient plaisir de m'advertir de ce qu'ils penseroient pouvoir servir.

De là nous en allasmes départir les quartiers, et commencer à l'heure mesme à faire travailler aux lieux qu'il fut advisé. Ainsi ordonnay-je à tous capitaines, tant de cheval que de pied, qu'ils m'eussent à bailler le nombre de leurs hommes par roolle, tant pour veoir ce que j'avois pour le combat, que pour, selon cela, faire faire la distribution des vivres.

Et pour ce qu'en me promenant, il y avoit grande quantité de jardins jusques sur le bord des fossez, plains d'arbres, principalement du costé de la porte Sainct Jean, à l'ombre desquels les ennemis pouvoient venir tout à couvert jusques sur le bord dudit fossé ; encore qu'il fust tard, j'envoyay querir tous les charpentiers qui se peurent trouver, que je fis conduire par deux archers de ma compagnie, afin d'employer le reste de la journée à couper arbres pour faire fassines, et qu'ils continuassent tous les jours ; ce qui fut fait tant que l'on peut, mais non pas tant que ce qui y demeura du costé de la porte de Remycourt ne nous apporta à la fin grand dommage.

Or, pource qu'il avoit esté conclud de faire cette sortie, comme il a esté dit cy-dessus, pour brusler les maisons qui nous nuisoient, et pour essayer de regagner notre boulevart d'Isle, je priay messieurs de Jarnac, Telligny et de Luzarches, de la faire faire ainsi et jusqu'au lieu que je leur monstray, cependant que je m'en allois au clocher de la grande eglise pour reconnoistre l'assiette du guet des ennemis, et voir par où l'on pourroit nous faire venir du secours afin que je le mandasse, et mesme fisse voir à Vaulpergues, que j'envoyois exprès pour cela, pource qu'il me sembloit que cela estoit le plus nécessaire, et que plus on attendroit, plus seroit il difficile. Je fus plus d'une grande heure et demye pour luy monstrer le lieu par où il auroit à venir si on luy bailloit des gens à conduire : lequel eust esté plus aisé que celuy par lequel il les amena ; car, au lieu qu'il donna à la teste d'un corps de garde de gens de pied, et en lieu fort desavantageux pour ceux qui vouloient entrer, il eust donné entre deux corps de garde, l'un de gens de pied et l'autre de gens de cheval ; où ils n'eussent trouvé que des sentinelles ; et avant que le corps de garde eust pensé à ce qu'ils avoient à faire, ceux qui eussent voulu entrer pouvoient gagner une colline le long des vignes, par où le capitaine Sainct André estoit entré en plein jour, pouvoient eux aussi entrer en despit de tout le monde ; car estant nuit obscure, comme elle estoit, il eust esté mal aisé qu'un corps de garde se fust déplacé pour les venir chercher, pour le moins qu'ils n'eussent esté en lieu de seureté ; car c'estoit fort prez de la ville.

Cependant que j'estois sur ce clocher, la sortie se fit ; mais nos gens trouverent les ennemis si forts, qu'ils ne peurent executer tout ce qu'ils vouloient ; et encore qu'ils bruslassent quelques maisons, ce ne furent pas celles qui nous nuisoient le plus. Et fallut que nos gens se retirassent, estans poursuivis de si près des ennemis, que quasi furent-ils en danger d'entrer avec eux pesle-mesle ; et ne peut on si bien faire que devant que partir de là ils ne bruslassent le tappecul, par où l'entrée dudit boulevart leur estoit aisée ; car il ne restoit plus qu'une petite porte que l'on eust aisement rompue d'un coup de pied ; et du boulevart pour entrer au fauxbourg il n'y avoit qu'une muraille environ de sept ou huit pieds de haut, où il y avoit encore deux grandes breches, par où l'on portoit la terre sur une platte-forme, qui n'estoient bouchées que de clayes et quelques balles de laine. Parquoy toute la nuit, et en la plus grande diligence que je pus, je fis faire une tranchée pour amuser les ennemis le plus long-tems que je pourrois ; car je vouloisattendreleplustardquejepourroisàabandonner ce fauxbourg, encores que j'eusse beaucoup d'opinions contre moi ; et y avoit deux raisons principales à quoy je ne pouvois contester : l'une, que par les marets on y pouvoit venir par deux endroits et prendre nos gens par le derriere, et qu'on seroit en danger, en les voulant retirer ou secourir, de perdre la ville avecque le fauxbourg ; l'autre, que, j'avois si peu d'hommes, que je devois plutost regarder à les conserver qu'à les hasarder ; et mesme que j'avois veu qu'à cette sortie j'avois perdu ou estropié quinze ou seize des meilleurs hommes que j'eusse, entre lesquels estoit le capitaine Sainct-André. Enfin, pour ne demeurer point opiniâtre en une chose deraisonnable et contre l'opinion de tous les capitaines, je dis que quand je verrois plus grande occasion je me retirerois, mais que cependant il falloit faire aussi bonne mine que si nous ne le voulions point abandonner, et cependant y faire bonne garde, et principalement par les endroits par où on disoit qu'ils pouvoient venir par les marets, afin de n'estre point surpris par là s'il estoit possible ; et surtout qu'il ne fust point divulgué que je voulusse abandonner ledit faubourg.

Le second jour que je fus arrivé audit Sainct-Quentin, je dis aux capitaines qu'encores que les ennemis eussent bien eu connoissance de quelque secours qui estoit entré dans la ville, si estoit-il bien mal aisé qu'ils fussent bien assurez de ce qu'il y avoit, et pourtant que j'avois envie de faire sortir quarante ou cinquante chevaux, pour donner sur l'un des logis qui estoit un peu plus avant que le village de Remycourt, et assez escarté des autres ; et que selon qu'ils se gouverneroient nous adviserions le moyen qu'il y auroit de dresser quelque entreprise. Et pource qu'ils avoient eu desjà connoissance de la compagnie de monseigneur le Dauphin, je dis à M. de Telligny que je le priois de donner cette charge à quelque sage homme de sa compagnie, qui surtout se donnast bien de garde de s'attacher ny de s'amuser à combattre, et que la sortie que je faisois faire pour lors n'estoit que pour essayer de dresser quelque meilleure entreprise. Il me pria de me reposer sur luy de la charge que je luy baillois, et qu'il la mettroit entre les mains de personnage si suffisant, et auquel il feroit si bien entendre ce qu'il auroit à faire, qu'il m'assuroit qu'il ne gasteroit rien. Or avois-je une si grande douleur de teste, que je fus contraint de me mettre sur un lict au logis de M. de Jarnac, où j'estois pour lors. Et cependant ledit sieur de Telligny s'en alla pour faire monter ses gens à cheval, et leur ordonner ce qu'ils auroient à faire : mais devant que de partir d'avecques moi je ne me contentay point de luy dire une douzaine de fois que je ne voulois point qu'il sortist, ce qu'il m'asseura. Il fut fort diligent à faire sortir ses gens, car je ne fus point demie-heure à me reposer, que je ne me levay pour aller voir comme tout se portoit à cette sortie; et, m'y acheminant, je trouvay messieurs de Jarnac et de Luzarches, qui venoient de la porte par laquelle ladite sortie avoit esté faite, et me conterent le grand desordre qu'il y avoit eu en disant que les premiers coureurs avoient tres-mal executé ce qui leur avoit esté commandé, et que M. de Telligny voyant cela, encores qu'il ne fust point armé, et sur un bien mauvais courtault, estoit voulu aller pour les faire retirer, laissant le sieur de Cuzieux avec cinquante ou soixante chevaux aupres du moulin qui est hors la porte Sainct Jean, et que quand il estoit arrivé où estoient ses coureurs, les ennemis leur avoient fait une charge où il avoit esté enveloppé et porté par terre, et qu'on ne savoit s'il estoit mort ou vif; sinon qu'il y en avoit qui disoient qu'il n'estoit point encore mort, selon ce qu'ils en avoient peu appercevoir, bien que les ennemis l'eussent despouillé, et qu'il estoit demeuré pres la place dudit moulin. Voyant qu'il estoit si pres de nos murailles, je dis que je le voulois avoir mort ou vif, et commanday aux autres chefs de la compagnie de mondit seigneur le Dauphin de monter à cheval, et semblablement aux autres qui se trouverent pres de moy. Et en m'acheminant vers ladite porte, il vint un soldat à pied me dire que s'il me plaisoit il essayeroit de l'aller querir : je luy promis un bon present s'il le pouvoit faire, ce qu'il fit fort bien, et le rapporta avecques quelques siens compagnons. Quand ledit sieur de Telligny me vid, il me pria de luy pardonner; et qu'il savoit bien qu'il m'avoit offensé; et me reitera ce langage par cinq ou six fois. Je luy dis qu'il n'estoit plus temps de demander pardon aux hommes, et qu'il le falloit demander à Dieu : car je le voyois si fort blessé et en tant d'endroits, que je ne regardois que l'heure de luy voir rendre l'esprit; si vescut-il encore une heure et demie après avoir esté rapporté en la ville, et ne fut pas petite perte que ce gentilhomme-là; car il estoit hardy et advisé, et s'employoit volontiers : et davantage il parut bien depuis en cette compagnie que le principal estoit mort. Or, ce que je trouvay de plus mauvaise digestion quand il fut blessé, de quoy il mourut, c'est que gens de bien et d'honneur m'ont dit que les ennemis n'estoient point plus de dix-huit ou vingt à la charge qu'ils firent à nos gens, et les nostres estoient bien autant de coureurs, et le sieur de Cuzieux, qui outre cela n'estoit point à cent pas du lieu où il fut porté à terre, et nonobstant il fut massacré et despouillé sans estre jamais secouru de nul des siens. Ledit sieur de Cuzieux dit, pour son excuse, qu'il avoit expres commandement dudit sieur de Telligny de ne partir point du lieu où il estoit, que luy-mesme ne le vint querir : et aussi qu'il ne pouvoit avoir connoissance de ce que leurs coureurs faisoient, à cause d'un petit haut qui estoit au devant de luy.

Apres cela il se passa deux ou trois jours que les ennemis ne faisoient grand chose, sinon que du costé du bourg d'Isle ils nous pressoient le plus qu'ils pouvoient, et firent quelques tranchées au lieu des maisons qu'ils souloient tenir, où le feu avoit esté mis avec quelques artifices de feu par l'invention d'un Ecossois de la compagnie du comte de Haran : cependant il ne se perdoit point de temps dedans la ville ; car on y travailloit à tous les endroits qu'il avoit esté advisé, et dehors la ville on coupoit des arbres autant que la commodité le pouvoit porter. Et de ma part je sollicitois ceux de la ville à toutes heures, pour sçavoir quelle quantité de tous vivres ils trouvoient, et pour me satisfaire sur les articles que je leur avois baillez par memoire. Enfin ils me baillerent un estat desdits vivres, que je trouvai bien petit; car, à vivre assez estroitement, à peine en pouvois-je avoir pour trois semaines. Et pource que je me doutois que cette recherche n'avoit pas esté bien faite, je donnai charge à un homme d'armes de ma compagnie de l'aller faire tout de nouveau et n'exempter une seule maison, et qu'il prit deux ou trois de ceux de ma compagnie avec luy, de sa connoissance, et des plus suffisants pour cette charge, afin d'en estre soulagé; car aussi l'avois-je commis pour faire saler le bestial qui estoit là dedans, dont il y avoit si petit nombre et si peu de moyen de les faire vivre, que je fus à la fin contraint d'en departir par les compagnies, tant de pied que de cheval, pour certains jours que je leur limitay. Aussi avoit-il en charge de faire departir le pain et le vin, et s'acquitta si bien de sa charge et commission, qu'au lieu que ceux de la ville ne m'avoient donné connoissance de vivres que pour trois sepmaines ; il en trouva pour plus de trois mois, et s'y descouvroit tous les jours quelque chose de nouveau.

Pour revenir maintenant à ce que faisoient les ennemis, apres qu'ils eurent fait une tranchée du costé du bourg d'Isle, comme dessus est dit, une nuit ils approcherent les pieces pour tirer en batterie ; et ainsi que je venois de faire une ronde à l'entour de la haute ville, ceux qui estoient en garde au bourg me manderent que lesdits ennemis estoient dedans les fossez dudit bourg, qui y sappoient, et qu'ils me prioient de leur mander ce qu'ils auroient à faire. Je m'y en allay, et apres avoir bien escouté, j'entendis bien qu'ils ne sappoient point dedans le fossé, et que c'estoient pieces qu'ils approchoient. Parquoy, suivant ce qui avoit esté resolu par l'advis de tous les capitaines, je fis commencer à retirer quelques pieces d'artillerie qui estoient là, et grande quantité de boulets de plusieurs calibres, pouldres à canon, balles de laine, piques, outils à pionniers et plusieurs autres choses : ensorte que lesdits ennemis, quand ils furent entrez, ne se pouvoient vanter d'avoir trouvé aucune chose estant à nous, qui nous eust peu servir. Aussi fis-je accoustrer les maisons afin que le feu s'y mit plus aisément quand nous nous retirerions ; car quant aux meubles desdites maisons, ils avoient tous esté portez en la haute ville. Quand il fut une demie heure de jour, la premiere volée commença à tirer : lors j'appellay les capitaines qui estoient là en garde, et leur dis qu'ils regardassent à faire retirer leur gens tout doucement, ne voulant point attendre plus tard, pour crainte que j'eusse eu que le peu d'hommes que j'avois eussent eu à ce commencement quelque effroy, et qu'il me les eust puis apres fallu retirer en desordre et confusion, et que sur tout le feu fust mis partout ; ce qui fut bien executé, reservé en l'abbaye d'Isle où le feu ne pust prendre, encore que j'eusse mis grand peine à la faire bien accoustrer, ce me sembloit. Apres avoir retiré tous les gens de guerre et ce qui estoit dedans ledit faubourg en la haute ville, je fis commencer à ramparer cette porte là, pource que cet endroit estoit fort mauvais ; et environ une demie heure apres que j'eus commencé à y faire travailler, il vint un homme de la ville me dire qu'il seroit bon de faire oster quelque quantité de poudres à canon qui estoit dedans deux tours qui estoient en ladite porte, dont il n'avoit jamais esté parlé auparavant, mesme au capitaine Lanquetot, auquel j'avois donné la charge de les visiter toutes, et les endroits où il y en avoit. Je fis incontinent lever les serrures des portes, pource que les clefs ne s'en trouvoient point, et estoient les caques de ladite poudre si pourries, qu'aussi-tost qu'on les touchoit elles s'en alloient en pieces ; de sorte qu'on ne les pouvoit aussi transporter, et falloit avoir des linceuls pour les mettre dedans. Voyant que toutes choses se portoient bien là, et que des gentilshommes des miens que j'y laisserois, pourroient faire continuer ce que j'y avois commencé, apres y en avoir ordonné trois ou quatre, je m'en allay faire la ronde de toute la ville, afin que les habitans n'en fussent point estonnez parce qu'on avoit abandonné ce faux-bourg. Et comme j'eus quasi achevé tout le tour, estant pres de la plate forme de la tour à l'eau, je vis le feu qui se prit aux poudres qui estoient à la dite porte, où je courus le plus diligemment que je peus, et trouvay que la ruine avoit fait une breche, pour y venir vingt ou vingt cinq hommes de front. Je rallie ce que je peus promptement de gens aupres de moy pour la deffence de ladite breche, pource que les ennemis avoient desjà gagné le faux-bourg, et leur eust esté dès cette heure là aisé d'emporter la ville, n'eust esté que le feu et la fumée des maisons qui brusloient leur ostoit la cognoissance ; car je fus une bonne demie heure et plus sans que j'eusse plus de sept hommes avec moy, pour pouvoir defendre ladite breche, s'il y fust venu affaire. Je n'en donne point de tort aux gens de guerre ; car, comme ils virent la porte fermée et quasi remparée, chacun se retira en son logis pour repaistre et se rafraichir ; et l'inconvenient qui advint estoit trop inesperé. Les uns pensoient que ce fussent des bluettes de feu des maisons qui brusloient ; les autres, que ce fust une piece d'artillerie qui tira au dessus de la porte. Il se perdit là trente cinq ou quarante personnes, entr'autres cinq gentilshommes des miens, fort gens de bien et de service, lesquels j'avois là laissez pour faire diligenter les ouvrages attendant que je fusse de retour.

Pour revenir à mon propos de ce que j'eus pour un temps si peu de gens avec moy, apres qu'un chacun en fut adverti, veritablement tous se diligenterent de venir, en sorte que la breche fut bien bordée ; et y fut fait telle diligence à la ramparer par haut et par bas, qu'en moins de deux heures elle fut rendue quasi aussi forte qu'elle estoit auparavant. Le jour mesme que le fauxbourg fut abandonné, les ennemis commencerent à nous approcher de plus près à la haute ville, qui fut cause aussi de nous faire diligenter nos ouvrages dedans la ville, ce fut à faire ramparts ou à accoustrer plattes formes ; car à cette heure là un chacun, tant des gens de guerre comme ceux de la ville, s'employoient fort volontiers aux ouvrages. Or, de tout ce que je faisois, ou pour le moins de ce que je pouvois, j'en advertissois M. le connestable.

Il se passa ainsi un jour ou deux, que les ennemis ne nous donnoient pas grand empeschement, et cependant je regarday à donner le meilleur ordre que je peus pour les vivres; tant à les faire retirer ensemble le plus qu'il m'estoit possible, qu'à pourvoir qu'il ne s'en fist point de degast par les maisons privées; aussi de faire retirer chacun à son quartier, pource qu'à faute de cela il y avoit de la confusion. Il fut aussi ordonné certaines personnes avecques quantité de chariots, pour mener fients et fassines où il en estoit de besoin. D'autres qui furent ordonnez à faire transporter les immondices qui estoient par la ville, à cause du grand nombre de bestail qui se tuoit journellement : et generalement pour toutes choses dont de moy mesme je me pouvois adviser, ou dont l'on m'advertissoit, j'y faisois mettre le meilleur ordre et le plus prompt que je pouvois. Et pour gratifier plus ceux de la ville, j'allois ordinairement en leur hostel de ville où je faisois assembler les principaux, et là je resolvois des choses que je voulois bien qu'ils sceussent. Je ne dois point obmettre sur ce propos , que je ne vis jamais en son estat un plus affectionné ny diligent serviteur, qu'estoit le major de la ville, nommé Gibercourt, tant pour le service du Roy, que pour le bien et conservation de la ville; mais il n'y en avoit point d'autres qui le secourussent.

Environ ce temps-là, le sieur de Luzarches, mon lieutenant, devint malade, qui le fut tant que ce siege dura : ce me fut un fort grand desplaisir, car c'estoit un sage gentilhomme et advisé, et duquel j'eusse peu estre grandement secouru. Quelques jours apres que j'eus abandonné le faux-bourg, et que je me fus retiré dans la ville, le secours que M. d'Andelot amena faillit à y entrer, dont ceux de la ville commencerent un peu à s'estonner; mais je fis tant que je les remis pour cette fois là, en leur remonstrant que je n'estois point venu la pour me perdre, et que j'y avois amené tant de gens de bien, qu'avecques ceux là et ceux de la ville, quand bien il n'y en entreroit point d'autres, nous estions suffisants pour nous bien defendre contre toute la force qu'avoient nos ennemis, mais que je les asseurois que M. le connestable tenteroit tous les moyens du monde pour nous secourir. Je fus alors adverty qu'entre ceux qui s'estoient retirez dedans Sainct Quentin, de l'allarme qu'avoient donné les ennemis marchans par pays, il y avoit plusieurs bons hommes de la frontiere qui avoient accoustumé de faire la guerre en de petits forts où ils se tenoient. Parquoy, pour me servir de tout ce que je pouvois, je donnay charge à deux gentils-hommes du pays, l'un nommé *Collincourt*, et l'autre *Amerval*, d'arborer chacun une enseigne, et, comme ceux qui les connoissoient mieux que nuls autres, qu'ils eussent à retirer sous eux la plus grande partie et les meilleurs hommes qu'ils pourroient trouver, et les mieux armez; qu'apres les avoir enroolez ils les fissent assembler en la grande place, et que moy mesme irois faire leur montre, et leur ferois bailler à chacun un escu, ce qu'ils firent bien promptement et ce mesme jour, qu'ils me monstrerent tous deux deux cent vingt hommes assez bien armez et en bon esquipage pour le lieu; je les fis payer comme je leur avois promis, et puis je leur baillé un quartier.

En me promenant par la ville, je voyois plusieurs pauvres personnes qui s'estoient retirez des villages, et lesquels, pour quelque commandement que j'eusse fait, ne vouloient point aller travailler; pourtant fis-je une publication, que toutes personnes qui se seroient retirez des villages eussent à aller travailler aux réparations, sur peine d'estre fouettez par les carrefours la premiere fois qu'on les trouveroit defaillants, et pour la seconde d'estre pendus, sinon qu'une heure devant la nuit ils se tinssent prets à la porte de Han, et que je leur ferois ouvrir la porte pour sortir hors de la ville.

Il en sortit pour cette fois là environ sept à huit cens, ce qui me fut autant de décharge; car il falloit les nourrir ou les faire mourir de faim, qui eust pu apporter une peste dans la ville. Ce mesme jour je fus aux quartiers de la ville où il y avoit grande confusion; car encores qu'il y eust seize hommes de la ville deleguez pour cela, si s'acquittoient-ils si mal de leur charge, que c'estoit temps perdu de leur rien commander. Et pourtant je deleguay seize gentilshommes de ceux qui estoient residans en la ville ordinairement, pour avoir cette charge des quartier, et me savoir rendre compte, tant de leurs gens que des armes qu'ils avoient en leur logis. Quand je vis que le premier secours n'estoit point entré, la chose à quoy je prenois le plus garde tous les soirs et matins, estoit à l'assiette des guets que nos ennemis faisoient, pour voir s'il y auroit moyen d'y en faire entrer, et d'en advertir M. le connestable. Et apres avoir bien tout consideré il me sembloit faisable ; comme aussi faisoit-il à ceux ausquels j'en communiquois, et principalement pour n'avoir point encore lesdits ennemis pris les logis qui plus nous pouvoient incommoder à cela. Pour ceste cause je depeschay trois archers de ma compagnie qui estoient de ce pays là, et leurs fis bien au long entendre ma conception, et leur monstray trois endroits par l'un desquels ils ne pouvoient faillir d'entrer, et leur fis entendre trois signals, afin que par cela ils peussent cognoistre par où ils auroient à venir, et l'endroit qui seroit le plus aisé à entrer. Cela faisois-je pource que lesdits ennemis pouvoient ou faire un nouveau logis ou un guet non accoustumé, dequoy je ne pourrois si promptement advertir ceux qui viendroient.

Le premier soir que je voulus faire sortir lesdits archers, ils ne purent, pour avoir esté descouverts desdits ennemis; mais si firent-ils bien le lendemain que lesdits ennemis aussi deslogerent, et se vindrent mettre aux endroits que je craignois le plus, dont lesdits archers peurent bien avoir cognoissance; car ils marcherent au travers d'une partie de l'armée qui marchoit. Mais je ne voulois pas me fier à cela; car par un autre moyen j'advertis à l'heure mesme M. le connestable qu'il ne me pouvoit plus secourir par les endroits que je luy avois mandé par mesdits archers. Dès cette heure-là les ennemis commencerent à faire leurs tranchées et nous approcher du costé de la porte de Remycourt, ce qui leur estoit aisé à faire à cause de la grande quantité de hayes et arbres qu'il y avoit sur le bord du fossé, où je n'avois peu jusques-là faire travailler, pource que les ouvriers que j'avois avoient esté employez en des endroits que je doutois encore plus que cettuy-là.

Des le commencement je m'apperçeus que leurs pionniers jettoient grande quantité de terre en un mesme lieu; ce qu'il estoit aisé à juger que c'estoit plustot une mine qu'une tranchée: pour en avoir meilleur connoissance, je montay au clocher, et y menay avec moy Lauxfort, anglois, lequel estoit aussi mineur, qui fut bien d'opinion que c'estoit le commencement d'une mine. Mais de bonne fortune il y avoit desjà deux ou trois jours qu'il avoit commencé de contreminer en lieu si à propos, qu'après avoir tout veu et bien considéré, il me dit que je ne me donnasse point de peine de ce qu'ils faisoient, et qu'il m'asseuroit qu'il leur gagneroit toujours le devant, et pourtant que je pourveusse au reste; comme aussi faisois-je le plus diligemment que je pouvois. Or, l'une des choses en quoy j'avois le plus de pensement, et comme aussi celle qui estoit la plus necessaire, estoit un moyen par lequel je peusse estre secouru. Enfin je n'en trouvay point de plus expedient que par un marets où il y avoit certains petits passages creux qu'il falloit rabiller pource que l'eau y estoit profonde, lesquels je fis rabiller. Et apres qu'il me fut rapporté qu'il y auroit moyen de faire venir gens par là, j'en advertis incontinent M. le connestable, et du jour que je tiendrois lesdits passages prets; lequel me manda que j'avois eu connoissance de sa cavallerie qui estoit venue bien pres de Moüy, mais que dedans le jour que je luy avois mandé il m'approcheroit bien encore de plus pres, et que cependant je me pourveusse de ce qui avoit donné moyen au capitaine Sainct-Romain d'entrer dedans Sainte-Quentin: me donnant assez à entendre par là que c'estoient des basteaux desquels je ne pouvois recouvrer, et avois seulement deux ou trois petites nasselles où il ne pouvoit pas tenir plus de deux ou trois hommes à la fois, encore estoit-ce avec grande difficulté.

Cependant les ennemis travailloient fort à leurs tranchées, et commencerent à approcher nostre fossé, à quoy je ne pouvois remedier; car je n'eusse sceu avoir cinquante harquebusiers de quoy faire estat, n'estant entré encores dedans la ville, sinon ce que j'ay dit cy-devant des bandes du capitaine Sainct-André et Rambouillet. D'harquebuse à croc, quand j'entray dedans la ville, entre bonnes et mauvaises, je n'en trouvay que vingt et une; l'on peut par-là juger combien j'en pouvois mettre ensemble. Je n'avois une seule platteforme qui eust connoissance du lieu où ils travailloient: parquoy d'artillerie je ne m'en pouvois non plus ayder. De faire sortir gens il n'estoit pas raisonnable, vu le petit nombre que j'en avois, et qu'il eust esté besoin de mettre une bande d'harquebusiers pour soustenir et dedans et dehors ceux qui eussent fait execution de la sortie, ce que je n'avois pas. En somme, je ne leur pouvois pas donner grand empeschement, dequoy j'estois fort marry, et ma principale occupation estoit de faire remparer les lieux qui en avoient besoin; mais encore en estois-je grandement diverty par des pieces que les ennemis avoient logées sur la platte-forme du bourg d'Isle, qui voyent tout le long de la courtine où il me falloit travailler; et, pour ceste raison, ne pouvois plus recouvrer d'ouvriers, si ce n'estoit à coups de baston: et, pource que jusqu'à ceste heure-là tous ceux qui avoient travaillé c'avoit esté volontairement, je fus lors contraint de faire un roole de pionniers, ausquels je promettois de les nourrir, et, outre cela, de leur bailler argent chacun jour, pource que les vivres commencçoient à estre fort courts, et pour la friandise d'un peu d'argent; cela fut cause qu'il s'en enroola environ trois cens, qui me servirent assez bien pour quelque temps; et neantmoins je ne laissay pas outre cela de faire venir de ceux de la ville, tant hommes que femmes, tout ce que je pouvois.

Sur ces entrefaites, M. le connestable s'en vint presenter du costé du marets pour faire passer le secours qu'il me vouloit envoyer, et estoit l'entreprise avec ces batteaux l'une des plus belles qui fust jamais faite, n'eust esté que lesdits batteaux ne pouvoient approcher du rivage à raison de la vase, et que les soldats, desireux d'entrer, les chargerent tant, qu'apres ils ne pouvoient desdorder.

Je n'entreray point plus avant aux particularitez de ladite entreprise, pource que je n'y estois point; seulement diray-je que cette nuict-là je fis tenir les passages que j'avois mandé prets, jusqu'au point du jour que les fis rompre, afin que les ennemis n'en eussent point de connoissance; car, tant que le jour duroit, ils ne bougeoient de se promener par les marets avec des nasselles. J'avois commis le capitaine Sainct-Romain et quelques soldats avec luy pour recueillir et conduire ceux qui m'eussent esté envoyez; lequel me dit à son retour que les passages à quoy je l'avois commis estoient si bien rhabillez, qu'il pensoit me pouvoir mettre dans la ville dix mille hommes avant qu'il eust esté jour. Aussi diray-je que M. d'Andelot, mon frere, y entra avec une troupe de quatre cens cinquante à cinq cens soldats, fort bons hommes, et quinze ou seize capitaines fort suffisans. Il y entra aussi quelques gentilshommes pour leur plaisir, mais bien peu, comme le vicomte du Mont-Nostre-Dame, le sieur de La Curée et Matas. Aussi y entra le sieur de Sainct-Remy, homme fort experimenté en fait de mines, et lequel s'estoit auparavant trouvé en sept ou huict places assiegées. Aussi y entra un commissaire d'artillerie et trois canonniers, qui estoit une chose dont j'avois grandement affaire, car je n'en avois un seul auparavant, sinon de ceux de la ville, qui estoient tels quels. Or, encor que toute la trouppe qui estoit ordonnée pour entrer dans la ville avec ledit sieur d'Andelot, n'y fust pas venue pour l'empeschement qu'elle eust des ennemis, si peut-on penser quel plaisir j'eus en voyant ce qui estoit entré, et principalement ledit sieur d'Andelot, pour y avoir un second moy-mesme, et sur lequel je me pouvois tant reposer, encores que veritablement j'y eusse auparavant des gens de bien.

Apres qu'il se fut seiché, car il avoit esté fort mouillé en entrant, aussi tous les autres, et qu'il eut esté reconnoistre tout le tour de la ville, nous despartismes les quartiers aux gens qu'il avoit amenez : semblablement, apres que ledit sieur de Sainct-Remy eut bien tout veu, et mesmes la contremine que Lauxfort, anglois, faisoit, il me monstra les lieux où luy sembloit contreminer, et pourtant, dès l'heure mesme, nous mismes les gens en besongne qu'il falloit pour cela. D'autre part, j'envoyay querir le capitaine Lanquetot pour remettre la charge de l'artillerie entre les mains du commissaire qui estoit entré; dont je me repentis bien puis apres, car elle estoit bien mieux menée tandis que ledit Lanquetot la gouvernoit, qu'elle ne fut depuis. Je fus deux jours que je ne sçavois pas certainement la deroute de M. le connestable, sinon que quelques soldats qui avoient esté pris eschapperent du camp des ennemis, et se vinrent jetter dedans les fossez de nostre ville, qui me conterent comme tout estoit passé. Aussi vis-je pour suffisant tesmoignage quelque nombre d'enseignes de celles qui avoient esté prises, que lesdits ennemis mirent en parade sur leurs tranchées, pour nous en donner la veue dedans la ville.

Or, cette nouvelle estonna et descouragea si fort tout le peuple de ladite ville, voire, si j'ose dire, une bonne partie des gens de guerre, que j'avois bien affaire à les asseurer. Aussi d'ouvriers je n'en pouvois plus quasi trouver, car ils se cachoient dedans les caves et greniers, et pource qu'aux plus importans lieux on n'y pouvoit travailler que la nuit, à cause du grand dommage que nous faisoit l'artillerie; et quand les ouvriers avoient esté mis en besongne, et que l'on y avoit mis des guets de tous costez, si ne pouvoit-on faire en sorte qu'en moins d'une heure tout ne se desrobast. L'une des choses dequoy nous avions le plus affaire, estoit de traverses, pource que la courtine en laquelle les ennemis adressoient leurs batteries estoient si vues par flanc des pieces qu'ils avoient logées sur la platte-forme d'Isle, qu'il y avoit bien peu d'endroits où l'on ne fust descouvert depuis le pied jusqu'à la teste. Si remedioit-on à tout le mieux qu'on pouvoit; et ne dois point, sur ce propos, obmettre une invention que trouva M. d'Andelot, de lever une traverse qui nous estoit de grande importance. Ce fut qu'il se servit de vieux batteaux, qui avoient été autrefois faits pour passer les rivieres quand une armée marchoit; lesquels il arrangeoit les uns sur les autres à force de bras d'hommes, et les faisoit remplir de terre; en sorte qu'en un jour il eut fait tout ce que nos ouvriers n'eussent pas fait en un mois. Or, non point en cela seulement, mais à toutes autres choses il s'employoit et faisoit mettre la main comme personne de jugement. Et si ce n'estoit qu'il est mon frere, et d'autre part assez cogneu, je dirois davantage de luy que je ne fais. Bien puis-je dire que sans luy je fusse demeuré sous le faix, car je n'eusse peu satisfaire seul à la peine qu'il falloit avoir, de laquelle il prit la meilleure part depuis qu'il fut entré dans la ville.

Pour revenir au principal de mon discours, quand je vis que M. le connestable fut pris, je voulus hasarder quelques hommes pour sçavoir à qui j'aurois à m'adresser, pour faire entendre mes necessitez. Je sceus que c'estoit à M. de Nevers, et que M. de Bordillon estoit à La Fere, auquel de là en avant je faisois toutes mes adresses, pource qu'il estoit plus pres de moy, et pource que je voyois le grand appareil que faisoient nos ennemis, de tranchées et de gabions, et mesmes que je voyois arriver un grand train d'artillerie, outre celuy qui pouvoit desjà estre en leur camp, je regardois et pensois principalement au moyen qu'il y auroit de faire entrer des gens de guerre, et nommement des harquebusiers. Enfin, par l'advertissement de quelques pescheurs, je sceus qu'il y avoit un endroit dedans les marets qui n'estoit gueres plus creux que jusqu'à la ceinture d'homme; et, pour en estre plus certain, je l'envoyay recognoistre par les soldats, qui me le rapporterent ainsi. Parquoy je l'escrivis plus certainement à M. de Bordillon pour le faire entendre à M. de Nevers, et luy mandois la facilité qu'il y avoit de me secourir, le besoin que j'en avois, et, s'il avoit à m'envoyer des gens, le moyen qu'il avoit à tenir avec les guides qui les conduiroient. M. de Nevers se trouva à La Fere quand ledit sieur de Bordillon receut mes lettres, lequel me fit luy-mesmes responce, et me manda qu'il m'envoyeroit trois cens harquebusiers, qui estoit tout ce qu'il pouvoit faire, et me mandoit le jour. Lequel venu, je les attendis au lieu par lequel ils devoient entrer, pour faire donner le signal que je leur avois mandé quand il seroit temps; et, environ une heure après minuit, j'ouys l'alarme qui se donna au guet des ennemis, par lequel il falloit qu'ils passassent, et, sans point de doute, messieurs d'Andelot et de Jarnac et moy, qui estions là ensemble, jugions bien le nombre desdits ennemis estre petit et avec effroy; mais, après s'estre recogneus, et voyant qu'il n'y avoit personne des nostres qui les chargeassent, ils donnerent sur eux et les rompirent, en sorte que, de trois cens harquebusiers qui avoient esté ordonnez, il n'en entra que six vingts, encore tous desarmez et gens nouveaux, qui ne m'apporterent pas grand faveur. Quant aux chefs qui les conduisoient, il n'en entra point, mais un sergent seulement. Je ne pensois pas qu'ils deussent venir si mal accompagnez; car ayant veu asseoir le guet des ennemis deux ou trois fois ensuivant, j'avois entre autres choses mandé audit sieur de Bordillon, par l'advis des capitaines qui estoient avec moy, qu'il falloit envoyer des gens de cheval avec des gens de pied, qui eussent donné l'alarme ausdits ennemis, à gauche et à droite du passage, cependant que ceux qui devoient entrer dedans la ville passeroient, ce qu'on pourroit faire sans danger; car il n'y avoit point trente hommes desdits ennemis au guet, et environ soixante ou quatre-vingts hommes de pied, et il ne falloit point craindre qu'il vinst force de l'ennemy sur leurs bras; car il n'y avoit que les enseignes qui estoient logées dedans ledit faux-bourg d'Isle, qui estoient six ou sept, bien loin dudit passage: tout le reste estoit passé l'eau, qui n'eussent pas sceu passer sitost de nuit les destroits des chaussées que nos gens de cheval ne se fussent retirez; et cependant, s'il y eust eu moyen de nous envoyer plus grande force, il fussent encor plus aisement entrez que ne firent les autres, car ils n'eussent trouvé aucun empeschement. Toutesfois, je ne doutois pas que ce que M. de Nevers fit, il le fit avec bonne et meure deliberation de beaucoup de capitaines, gens de bien, qu'il avoit avec luy : ce que j'en dis est pour faire entendre la maniere par laquelle j'avois mandé que les hommes pouvoient entrer, et que je n'avois point mandé cet advertissement sans premierement avoir bien recogneu quelle difficulté il y pourroit avoir. Ce fut le dernier secours que j'eus; car, depuis cettuy-là, je n'en voulus plus demander, pource que M. de Nevers m'avoit escrit qu'il m'envoyoit tout ce qu'il avoit peu mettre ensemble, qu'encore avoit-ce esté avec grande difficulté, et aussi que de là en avant il ne me fut plus possible de faire sortir gens pour mander de mes nouvelles et faire entendre nos necessitez. Ce qui ne tint point à essayer par plusieurs endroits et diverses personnes; mais le guet estoit si grand, que nul n'y pust passer, et entre les autres y en eut un pris, qui estoit lieutenant du capitaine Lestang, nommé *Brion*, qui me sembloit homme bien resolu, et lequel me promit qu'il passeroit outre ou qu'il seroit pris.

Il ne me falloit donc plus penser qu'à me bien deffendre avec ce que j'avois, sans plus attendre de secours. Pourtant mettois-je toute la peine que je pouvois de faire travailler, et remedier aux lieux où il estoit plus de besoin, et entre les autres à nos contremines, qui me servoient à deux effets, l'un pour gagner le devant à nos ennemis, s'ils vouloient faire leur effort par-là, l'autre que, par lesdites contremines, il nous falloit essayer de gagner un moineau (1) qui estoit dedans nostre fossé, lequel nous pouvoit beaucoup servir, et aussi l'entrée de nos tours, pource qu'il n'y en avoit point que par le haut :

(1) Appareil qui mettoit le soldat à couvert.

lequel estant abattu, les ennemis en demeuroient mieux maistres que nous, et si par ce moyen il ne nous demeuroit un seul flanc; ce dont nous nous apperceusmes bien mieux puis après. Or, la contremine que nous eussions la plus advancée et de la plus grande importance, estoit celle de Lauxfort, anglois; mais il me sembloit qu'il ne s'y faisoit pas telle diligence que j'eusse bien voulu : aussi connoissois-je que ledit Lauxfort commençoit à s'estonner, dont je ne luy faisois toutesfois aucune demonstration ny en visage ny en parole; au contraire, je luy disois que je me tenois tousjours asseuré de son costé, et qu'il me tiendroit promesse de gagner tousjours le devant aux ennemis. Il commença à se plaindre de la grande peine qu'il avoit euë, et me demanda quelqu'un pour le soulager, dont je fus fort aise; car je ne luy en osois bailler auparavant, craignant qu'il ne pensast que j'eusse deffiance de luy : aussi estois-je bien aise de luy bailler quelqu'un pour apprendre ce qu'il faisoit, encore qu'il ne se passast jour que je n'y allasse une fois pour le moins.

Le sieur de Saint-Remy travailloit continuellement de son costé et faisoit une extreme diligence, mais il travailloit en cinq ou six endroits; aussi estoit-il secouru des compagnies de gendarmes au quartier desquels il travailloit, car il y avoit tousjours gens ordonnez à solliciter les ouvriers sous luy. Tant plus j'allois en avant, et moins j'estois secouru de ceux de la ville, et principalement pour avoir des gens pour remparer; de sorte que, pour les intimider davantage, je fis faire une revue de ceux qui ne travailloient point, et en fis sortir de cette fois-là bien cinq à six cens, lesquels, au veu de ceux de ladite ville, estoient assez mal traitez des ennemis, et les asseurois que j'en ferois autant des autres que je connoistrois qui ne travailleroient point : mais quand j'en eusse fait escarteler, je croy qu'aussi peu j'en eusse esté secouru.

Les ennemis estoient arrivez devant Saint-Quentin le deuxiesme jour d'aoust, et, depuis ledit jour jusques au vingt et uniesme dudit mois, ils ne firent autre chose que se retrancher, tant pour la seureté de leur artillerie, que pour approcher et gagner nostre fossé; et nous cependant ne leur pouvions pas donner grand empeschement pour faire sorties, à raison du petit nombre d'hommes que j'avois. Toutes les sorties que je faisois faire n'estoient que pour prendre langue, afin d'estre adverty de ce que faisoient lesdits ennemis, et principalement que je doutois qu'ils ne nous fissent quelque mine de laquelle je ne pusse avoir cognoissance. Quelquesfois que j'ay fait faire lesdites sorties, M. de Jarnac s'est presenté à moy pour y aller, ce que je ne luy voulois permettre, pource qu'il ne me sembloit pas raisonnable. Or, après que lesdits ennemis eurent sejourné devant nous jusqu'au vingt et uniesme dudit mois, cedit jour ils commencerent à tirer en batterie au poinct du jour [car ce qu'ils avoient tiré auparavant estoit de la platte-forme du bourg d'Isle, aux lieux où ils nous voyoient travailler], et continuerent à tirer sept jours, non pas en un lieu seul, car il ne se passoit guieres nuict qu'ils ne changeassent de lieu à leurs pieces pour faire nouvelle batterie. Je croy que l'une des choses qui fit autant differer lesdits ennemis à commencer leur batterie, ce fut qu'ils vouloient attendre que les entrées qu'ils faisoient pardessous terre, pour venir gagner nostre fossé, fussent faites; car, du premier ou second jour, nous eusmes connoissance qu'ils commençoient à percer la terre du fossé par leur costé, et bientost après ils assirent des mantelets pardessous lesquels ils passoient ledit fossé pour venir de nostre costé, sans que nous leur peussions faire mal : car nous n'avions nuls flancs qui eussent connoissance d'eux ny dudit fossé, et toutes les pierres qu'on leur jettoit ne les pouvoient endommager, à cause desdits mantelets. Ils commencerent leur batterie à l'endroit du moulin à vent qui est près la porte Saint-Jean, et continuerent depuis cet endroit-là jusqu'à la tour à l'eau; de sorte qu'il ne demeura une seule tour qui ne fust abbatue, et bien fort peu de courtines, et fusmes tous deceus en une chose : car nous pensions la massonnerie de nos tours et courtines beaucoup plus forte qu'elle n'estoit, pource que le parement estoit de grès, et l'espaisseur des murailles bonne; mais les matieres estoient si mauvaises, qu'aussi tost que le dessus estoit entamé, tout le reste tomboit quasi de luy-mesme; qui fut cause que nous eusmes beaucoup de gens tuez et blessez des parapets.

Sur le troisiesme ou quatriesme jour de leur batterie, ils passerent dix ou douze pieces du costé du bourg d'Isle, et les assirent en l'abbaye qui estoit audit bourg, dont ils battirent la porte où j'ay dit cy-dessus que le feu qui s'estoit mis dedans les pouldres avoit fait si grande ruine. Jusques à ce que lesdits ennemis se fussent faits maistres de nostre fossé, je vis le sieur de Saint-Remy en bonne esperance de faire quelque chose de bon par les contremines; mais depuis qu'il les eut veus là logez, il me dit qu'il ne pouvoit plus leur mal faire, et qu'ils avoient gagné le dessous de luy, me disant par plusieurs fois qu'il n'avoit jamais mis le pied en une si mauvaise place, et qu'il y avoit long-temps qu'il en avoit adverty le feu Roy. Ce que j'en dis n'est pas pour le blasmer, comme si je l'avois veu estonné pour peur qu'il eust ; mais il estoit plustost fasché de ne trouver quelque remede, tel qu'il eust bien voulu : car je l'ay veu au demeurant homme fort resolu, et avec contenance d'homme asseuré. Je ne diray pas cela de Lauxfort, car plus il alloit en avant, et plus me sembloit-il estonné, et ne vouloit plus aller aux contremines quasi que par acquit.

Depuis le premier jour que la batterie commença jusques à la fin, M. d'Andelot mon frere, et moy, avec ledit sieur de Saint-Remy, allions tous les soirs reconnoistre le dommage que l'artillerie pouvoit avoir fait le jour, et resolvions avec les capitaines aux quartiers desquels la chose touchoit ce qu'ils avoient à faire, et puis les sollicitoit-on afin que ce qui avoit esté ordonné fust vivement et diligemment executé.

Après que ladite batterie eut continué trois ou quatre jours, il se mit un certain effroy entre plusieurs, tant de ceux de la ville que mesme d'aucuns gens de guerre, dont j'ay eu connoissance en me promenant de nuict, que l'on ne me voyoit point, et toutesfois je faisois le sourd et l'aveugle, en donnant courage à ceux mesmes qui me sembloient les plus estonnez ; et, pour remedier à cela, j'avois tenu un langage quelques jours auparavant où estoit quasi tous les capitaines et plusieurs soldats, qui estoit en substance, que j'estois bien resolu de garder cette place avec les hommes que j'avois, et que si l'on m'oyoit tenir quelque langage qui approchast de faire composition, que je les supplios tous qu'ils me jettassent comme un poltron dedans le fossé par dessus les murailles ; que s'il y avoit quelqu'un qui m'en tint propos, je ne luy en ferois pas moins.

Et ne veux sur ce point obmettre à satisfaire à aucuns qui s'esbahissoient que je n'assemblois plus souvent les capitaines ; car ce qui m'en gardoit estoit que, hors de ma presence, il se tenoit des langages si estranges et si contraires à ma resolution, que j'eusse eu crainte qu'il m'en eust esté mis quelque chose en avant. Je ne crains point aussi qu'il y ait capitaine ny soldat qui puisse dire que je ne l'aye escouté, à quelque heure du jour ou de la nuict qu'il aura voulu parler à moy ; et si ç'a esté de chose à quoy il ait fallu pourvoir, que je n'y aye esté et mené de ceux en qui je me flois le plus pour en resoudre, sans user de plus grande longueur, comme l'on est contraint de faire quand il faut appeler tant de gens : aussi qu'il ne se passoit jour que deux ou trois fois, en passant par les quartiers, je ne demandasse aux capitaines leurs opinions, et mesme que je ne leur conferasse de ce qui se faisoit aux autres ; d'autre part, que la premiere harangue que je leur avois faite estant entré de dans la ville, estoit qu'un chacun eust à m'advertir de ce qu'il jugeoit pouvoir servir à la conservation de la place, ainsi que je l'ay mis cy devant.

La batterie donc des ennemis continua jusques au sixiesme jour, environ les deux heures apres midy, que nous les avions aussi en plusieurs endroits dedans nostre fossé, et jusques à nos parapets, à la longueur des picques. A cette heure-là, le guet que j'avois dedans le clocher de la grande eglise, m'advertit que de toutes parts il voyoit l'armée desdits ennemis se mettre en armes, et que plusieurs gens de pied s'acheminoient aux trenchées : ce que je fis entendre à tous les endroits et quartiers de la ville, afin que chacun eust à se tenir sur ses gardes estimant que ce mesme jour ils nous vinssent donner l'assaut ; et moy-mesme allay à trois ou quatre des breches les plus prochaines de moy, pour voir l'ordre qui y estoit tenu, où c'est que je trouvay un chacun monstrant semblant de vouloir bien se deffendre. Le semblable entendis-je de tous les autres endroits où j'avois envoyé des gentilshommes, qui fut cause que je m'en retournay bien content à la breche que je deliberois deffendre, qui est celle que j'estimois que lesdits ennemis feroient leur principal effort, pource qu'ils estoient fort opiniastrez à battre cet endroit-là, et à ne nous laisser aucune chose qui eust peu servir de flanc, mesme que c'estoit vis-à-vis de l'entrée qu'ils avoient faite en nostre fossé.

Comme nous estions tous attendants l'assaut, lesdits ennemis mirent le feu en trois mines, lesquelles, toutes trois, entroient sous nostre rempart, dont les principales furent au quartier de monseigneur le Dauphin ; mais le dommage ne fut pas si grand comme, à mon advis, ils esperoient, et croy que cela fut cause qu'ils ne donnerent point l'assaut ce jour-là ; aussi ne firent ils pas grand effort en autres choses, et ils se contenterent de venir reconnoistre les breches de mon costé, et de descendre dedans le fossé à l'endroit que gardoit M. d'Andelot mon frere.

Après que lesdits ennemis se furent retirez, je m'en allay voir l'effet qu'avoient fait lesdites mines ; mais je trouvay que par-là nous ne pouvions pas recevoir grand dommage. Si y falloit-il toutefois travailler, ce que je remis quand il seroit nuict, pource qu'on ne le pouvoit faire de jour, pour estre en veue desdits ennemis. Le feu s'estoit mis deux jours auparavant en des maisons qui estoient couvertes de chaume, derriere les Jacobins ; et, en moins de demie heure il y en eut vingt-cinq ou trente de bruslées ; et, de malheur, le vent estoit fort grand ce jour-là, qui chassoit droit au cœur de la ville. Je m'y encourus soudainement avec un gentilhomme ou deux seulement, n'ayant voulu souffrir qu'il m'en suivist davantage ; et mesme ceux que je trouvois des gens de guerre, je les renvoyois dans leurs quartiers, craignant que, sur cette occasion, les ennemis ne voulussent entreprendre de faire quelque effort, encore que pour l'heure il n'y eust pas grande apparence. Ma presence ne servit pas de peu pour remedier à ce feu ; car ils estoient tous si estonnez, qu'ils ne sçavoient qu'y faire : je fis rompre deux ou trois maisons au devant, et fis tant que ledit feu fut arresté.

Quand ce vint sur la nuit, je m'en allay, comme de coustume, pour voir ce qui se pourroit faire en chacun endroit. Il y en avoit trois principaux qui estoient au quartier de la compagnie de monseigneur le Dauphin, celuy que M. d'Andelot gardoit, et la porte d'Isle. L'on travailla toute la nuict le plus que l'on put, et entre autres endroits je trouvay que M. de Cusieux avoit fort bien travaillé cette nuit là ; car ladite compagnie de monseigneur le Dauphin estoit departie en deux, et le plus grand dommage que les mines eussent fait, c'estoit à l'endroit que gardoit le sieur de Cusieux. Quand ce vint un peu après le point du jour, le sieur de Saint Remy me vint dire qu'il venoit de la porte d'Isle et qu'il ne trouvoit pas qu'on y eust fort travaillé, davantage qu'il luy sembloit que les gens de guerre se refroidissoient fort à leur besogne, et qu'ils trouvoient difficile tout ce qu'on leur proposoit ; enfin , que leur contenance ne luy plaisoit point, et qu'il me conseilloit d'aller jusques là , ce que je fis incontinent et le menay avec moy. En y allant, il commença à me dire qu'il me plaignoit merveilleusement, pour la peine qu'il voyoit que je prenois nuict et jour, voire en une place si mauvaise, qu'il ne voyoit pas que j'y peusse faire un tel service que je desirerois, tant pour la debilité de la place, que pour me defaillir le principal dequoy il eust esté besoin d'estre pourveu, qui estoit d'hommes ; me voulant en outre bien advertir que de si peu que j'en avois, encores y avoit-il la pluspart de mauvaise volonté. Ce propos fut un peu long, de sorte qu'ainsi qu'il achevoit j'arrivay à la porte d'Isle ; qui fut cause que je luy dis que je ne luy ferois point de responce pour cette heure, et que nous regardassions à ce qu'il failloit faire. Il me dit qu'il l'avoit desjà monstré au capitaine Sallevert et aux capitaines de gens de pied qui estoient-là ; et, après leur avoir monstré encore une fois, je fis mettre la main à l'œuvre, tant aux capitaines qu'aux soldats. Il y eut bien quelque capitaine qui me dit qu'il y avoit des soldats qui se faschoient pource que l'artillerie leur faisoit grand dommage. Je fus là quelque temps à deviser avec eux, en sorte qu'il me sembloit que je les laissois en bonne volonté. Je m'en allay de là passer où estoit M. d'Andelot mon frere, pour luy dire qu'il seroit bon qu'il commist quelqu'un pour commander à la bande du capitaine Sainct André, pource que luy estoit fort blessé, et ne bougeoit de son logis. Son lieutenant avoit aussi esté blessé cette nuit-là, et son sergent tué : de sorte qu'il ne demeuroit plus en cette bande-là pour commander que son enseigne, qui estoit un jeune gentilhomme et avec peu d'experience. Il me fit responce qu'il avoit entendu que le capitaine Sainct André se portoit assez bien, et qu'il s'en iroit passer par son logis, et, s'il trouvoit que ledit capitaine n'y peust vacquer, qu'il y en commettroit un autre. Nous nous en allasmes ensemble, car c'estoit aussi mon chemin, et, après avoir parlé audit capitaine Sainct André, il se fit porter en une chaire là où estoit ladite bande.

Ce jour-là, dès le point du jour, qui estoit le septiesme que les ennemis avoient commencé leur batterie, ils commencerent à tirer de plus grande furie et de plus grand nombre de pieces qu'ils n'avoient encores fait auparavant ; de sorte qu'il estoit à juger que ce jour là ils vouloient faire quelque grand effort. Quand je fus de retour où estoit mon quartier, je pris mon frere et le sieur de Sainct-Remy, les tirant à part, et dis lors audit Sainct-Remy que je le priois me dire son advis sur l'entreprise qu'il voyoit que les ennemis faisoient sur nous de leurs mines, et le moyen qu'il y auroit d'y remedier. Il me fit responce qu'il n'estoit pas à cette heure là à y penser, mais qu'il n'y trouvoit un seul remede, pour autant qu'estant maistres de nostre fossé, ils pouvoient pied à pied venir gagner nostre parapet, lequel n'avoit que cinq ou six pied d'espaisseur, et qu'en moins de rien ils le nous leveroient, et que le rempart demeuroit si estroit, qu'il n'y avoit point de lieu pour se retirer : qu'aussi peu y en avoit-il de se retrencher par le derriere, pource que ledit rempart estoit si haut qu'il maistriseroit de beaucoup le retrenchement que l'on pourroit faire, et que je sçavois ce qu'il m'avoit dit un peu auparavant, et d'autres fois semblablement, c'estoit qu'il n'avoit jamais mis le pied en une si mauvaise place. Quant aux contremines qu'il avoit commencées, qu'il s'en alloit pour en fermer deux, et les tenir prestes à y mettre le feu ; mais qu'il craignoit que l'une, qu'il estimoit la principale, ne fist tomber le reste d'une tour, et que la ruine ne fist eschelle à l'ennemy; mais que s'il voyoit qu'il y eust quelque danger en cela, qu'il n'en prendroit que ce qu'il luy en faudroit pour nous servir.

Quand il eut achevé, je commençay à dire que je leur voulois dire une chose que je tiendrois comme non dite, pource que l'un estoit mon frere, et l'autre je l'estimois tant mon amy, que cela ne passeroit point plus avant : c'estoit que je me retrouvois en grande peine d'entendre qu'il ne se trouvois point de remede pour rompre le dessein de l'ennemy, et que la chose que j'avois moins de regret, estoit de sacrifier ma personne pour le service du Roy et de ma patrie, et que je connoissois assez combien importoit, non seulement les jours, mais les heures que nous pourrions garder cette place ; mais qu'une chose se presentoit devant moy, que j'avois ouy dire après la prise de Terouenne; c'estoit qu'après que M. de Montmorency vit que les ennemis s'estoient faits maistres du fossé, et qu'ils commencerent à sapper son parapet, voyant qu'il ne se pouvoit plus trouver de remede pour sauver la ville, il devoit chercher de faire quelque honneste composition, à quoy l'on disoit que les ennemis l'eussent volontiers receu s'il eust parlé plustost; adjoustant à cela que l'on voyoit tous les jours ceux mesmes qui faisoient bien, encore trouvoit-on à redire sur eux, et que de moy je craignois que l'on me pust imputer que j'aurois eu bien peu de consideration, de mettre en hasard de perdre la force que j'avois là dedans, qui estoit la principale du royaume de France pour lors, principalement de gendarmerie, puisque je me voyois reduit à telle necessité, et que cela eust bien servy à conserver d'autres places et tout le royaume ; mais que j'avois pensé en une chose : c'estoit que nous pouvions juger qu'après la furieuse batterie que faisoient les ennemis, ils voudroient tenter à nous emporter d'assaut; pourtant qu'il falloit penser à nous bien deffendre, et que si nous les avions bien battus la premiere fois qu'après ils essayeroient de nous emporter à la longue, et quand je voirois cela, que lors je pourrois par parlement essayer d'envoyer quelque gentilhomme vers le Roy, pour luy faire entendre mes necessitez, et cependant gagner autant de temps. D'une chose les voulois-je bien asseurer : que j'aymois beaucoup mieux mourir qu'il me sortist une parole de la bouche dequoy je peusse avoir honte ; que je connoissois bien veritablement que j'avois beaucoup de gens de mauvaise volonté, mais qu'il leur falloit faire accroire qu'ils estoient la moitié plus hardis qu'ils ne pensoient. La conclusion de mon propos fut : « Vous voyez comme les ennemis renforcent leur batterie, et est à croire qu'ils feront aujourd'hui un grand effort; je vous prie que chacun se prepare de les bien repousser et recevoir cette premiere fois, et puis Dieu nous conseillera ce que nous aurons à faire. »

Nous nous despartismes, et chacun s'en alla pour donner ordre à ses affaires. Devant que passer plus avant, il faut que je declare combien nous avions de breches, et le nombre d'hommes de guerre que nous pouvions avoir pour les deffendre. La premiere estoit celle du capitaine Breul, capitaine de la place, qui avoit sa bande. La seconde du capitaine Humes, lieutenant du comte de Haran, avec sa compagnie. Il faut que je porte cet honneur aux chefs et aux soldats de ladite compagnie, que je n'en vis point, tant que le siege dura, qui s'employassent mieux et plus volontiers qu'eux, ny qui montrassent visage plus assuré. La troisiesme du sieur de Cusieux, avec une partie de la compagnie de monseigneur le Dauphin. La quatriesme du sieur de La Garde, avec autre partie de ladite compagnie. La bande du capitaine Sainct-André estoit departie en trois, à sçavoir avec les capitaines Humes, Cusieux et de La Garde. La cinquiesme estoit la mienne, avec partie de ma compagnie, et le capitaine Gordes avec quelques harquebusiers. La sixiesme y avoit autre partie de ma compagnie, et le capitaine Rambouillet. La septiesme, M. de Jarnac avec sa compagnie, et le capitaine Bunon avec ce qu'il pouvoit avoir de sa bande. La huitiesme, les capitaines Forces, Oger et Soleil, avec ce qu'ils pouvoient avoir de leurs bandes, et quatorze ou quinze archers, avec quelques gens d'armes que j'avois baillé à Vaulpergues pour les commander. La neufiesme, M. d'Andelot y estoit avec trente-cinq hommes d'armes, que je lui avois baillez de toutes compagnies, et quelques gens de pied et harquebusiers de Sainct-Roman, qui se faisoient bien paroistre entre les autres. La dixiesme, le capitaine Lignieres, avec ce qu'il pouvoit avoir de sa bande. L'onziesme, le capitaine Salvert, avec la compagnie de M. de La Fayette, et les capitaines La Barre et Saquenville, avec ce qu'ils pouvoient avoir de leurs bandes. Et faut noter que, pour toutes les dites breches, je n'avois point huit cens hommes de guerre pour les deffendre, tant bons que mauvais, entre gens de pied et de cheval : car je n'y avois point voulu mesler les gens de la ville, les ayant departis aux autres endroits, afin que si nous eussions esté assaillis par eschelles, où il n'avoit point esté fait de batterie, nous eussions eu gens par tout pour nous deffendre. Il y avoit eu beaucoup d'hommes tuez et plusieurs autres blessez ou malades, desquels je n'estois non plus secouru que s'ils eussent esté morts. Je sçay bien qu'en là breche que je gardois, le capitaine Gordes y avoit du commencement plus de cinquante soldats des siens. Je les fis compter le matin dont nous fusmes assaillis l'après disnée : il ne s'en trouva plus que dix-sept, encore en eus-je cinq de ceux là tuez en sentinelle devant que l'assaut se donnast, et fus contraint de mander à M. d'Andelot, mon frere, qu'ils me secourust de quelque nombre des siens, encore qu'il m'en faschast bien ; car il estoit en lieu où il en avoit bien affaire pour luy mesme ; neantmoins ne laissa il pas de m'envoyer ce qu'il put.

J'ay dit cy dessus comme les ennemis dès le matin redoubloient fort leur batterie ; ce qu'ils continuerent jusques environ les deux heures après midy, que nous leur voyons cependant faire tous leurs préparatifs de toutes parts pour nous venir donner l'assaut. De ma part, j'allois et envoyois de tous costez, afin qu'un chacun fust prest à les recevoir, et enfin je me donnay de garde que, sans bruit et sans sonner tambour, je vis trois enseignes au pied de nostre rempart. Lors je fis presenter un chacun pour combattre ; mais ils ne nous enfoncerent point par mon endroit, et commencerent à couler et à monter file à file à une tour qui avoit esté fort battue de l'artillerie au coin du quartier du sieur de La Garde. Quand je vis qu'ils prenoient ce chemin-là j'en fus bien aise, car ils montoient fort mal aisement ; et si du lieu où j'estois je les voyois un peu par le flanc, et leur faisois tout l'ennui que je pouvois, avec trois harquebusiers que j'avois, et pensois veritablement qu'il fust impossible de nous forcer par cet endroit là. A la fin je vis six enseignes qui montoient au haut de la tour et se jettoient à bas ; mais je pensois que ce fust dedans une tranchée qui estoit devant le parapet pour estre plus à couvert, jusqu'à ce qu'on vint me dire que les ennemis forçoient cette breche-là. Lors je commençay à me tourner, et dire à ceux qui estoient auprès de moy qu'il la nous falloit secourir. Et sur cela vint le sieur de Saragosse, qui me demanda ce que je voulois faire, et où je voulois aller. Je lui dis que je voulois aller secourir cette breche que l'on forçoit, et qu'il falloit là tous mourir, et en repousser les ennemis ; et sur cela je commençay à descendre du rempart. Il faut sçavoir que je n'estois pas loin de la tour par où lesdits ennemis entrerent ; mais il y avoit une grande traverse qui m'empeschoit de pouvoir juger ce qui s'y faisoit. Quand je fus au pied du rempart, je fus bien esbahi quand je vis le drapeau de l'enseigne de la compagnie de monseigneur le Dauphin à l'endroit des Jacobins, qui s'enfuyoit, et beaucoup de ceux de ladicte compagnie, si encore ils n'estoient devant. Quand j'eus marché huit ou dix pas plus avant, je vis tout ce quartier là abandonné, sans qu'il y eust un seul des nostres, mais assez des ennemis, ausquels il estoit aisé d'entrer, puisqu'ils ne trouvoient point de resistance. Et, pour dire verité, je vis de toutes parts un chacun s'enfuir : de sorte que je demeuray accompagné de trois ou quatre seulement, entre lesquels estoit un page, enveloppé d'ennemis de tous costez. Voyant qu'il n'estoit plus en ma puissance de remedier à ce desordre, et que la ville estoit perdue, aussi que desjà les ennemis et les Alemans entroient en grande furie, je taschay de tomber entre les mains d'un Espagnol, comme je fis, aimant mieux attendre au lieu où j'estois, fortune bonne ou mauvaise, que de m'enfuir. Celui qui me prit, après m'avoir fait un peu reposer au pied du rampart, me voulut emmener en leur camp, et me fit descendre par la bresche mesme que je gardois, par où il n'estoit encore entré un seul ennemy. De là me fit entrer en une des mines qu'ils avoient faites pour gagner nostre fossé, où je trouvay à l'entrée le capitaine Alonze de Cazeres, maistre de camp des vieilles bandes espagnoles, où survint incontinent le duc de Savoye, lequel commanda audit Cazeres de me mener en sa tente. Quand je fus monté en haut, je vis dans les tranchées, à l'endroit de la breche que M. d'Andelot, mon frere, gardoit, qu'on s'y combattoit à grande furie ; mais pource que de cet endroit là, ny des autres que je n'ay point veus, je n'en pourrois escrire qu'au dire d'autruy, je m'en tairay. Car aussi bien n'ay-je deliberé de traicter dès le commencement que des choses dont je voulois et pouvois bien respondre. J'en diray une que l'enseigne du capitaine Sainct André m'a dite depuis que je suis prisonnier, lequel estoit à l'endroit mesme par lequel les premiers ennemis entrerent. C'est que quand lesdits ennemis se vindrent presenter en cette breche, tous ceux de la compagnie de monseigneur le Dauphin qui estoient là pour la deffendre, et semblablement tous les soldats de son capitaine, la desemparerent et s'enfuirent sans jamais donner un seul coup de picque ny d'espée. Je diray pour conclusion que c'est un grand malheur pour un gentil-homme qui est assiegé en une place où toutes choses lui defaillent qui luy sont necessaires pour la garder, et principalement devant les forces d'un grand prince, quand il se veut opiniatrer devant, et mesme quand c'est que l'on a à combattre aussi bien les amis que les ennemis, comme j'ay eu dedans Sainct Quentin. Tout le reconfort que j'ay, c'est celui qu'il me semble que tous les chrestiens doivent prendre, que tels mysteres ne se jouent point sans la permission et volonté de Dieu, laquelle est tousjours bonne, sainte et raisonnable, et qui ne fait rien sans juste occasion : dont toutesfois je ne sçay pas la cause, et dont aussi peu je me dois enquerir, mais plustost m'humilier devant luy en me conformant à sa volonté. Fait à l'Ecluse, le 28 de decembre 1557.

FIN DU SIEGE DE SAINCT-QUENTIN.

MÉMOIRE

DU VOYAGE DE M. LE DUC DE GUISE EN ITALIE,

SON RETOUR,

LA PRINSE DE CALLAIS ET DE THIONVILLE;

1556 ET 1557,

PAR DE LA CHASTRE.

SUR LE MÉMOIRE DE LA CHASTRE.

Nous écrivons le *Mémoire* de La Chastre, et non point les *Mémoires*, parce que la relation suivante est tout simplement un petit mémoire ou discours sur l'état de la France après le désastre de Saint-Quentin, sur le retour d'Italie du duc de Guise, et le recouvrement de Calais et de Thionville. Il y avait à cette époque trois gentilshommes du nom de La Chastre : Claude, Jacques, son frère, et Gaspard, son cousin. Nos prédécesseurs ont pensé qu'il falloit attribuer cet écrit à Claude : nous n'avons aucun motif pour ne pas être de leur avis. Claude de La Chastre, dévoué aux Guise, étoit au siège de Thionville, en 1558, et à la bataille de Dreux, en 1562; Gouverneur du Berry, il fit subir à Sancerre, lieu de refuge des réformés, un siége de huit mois, qui donna lieu à un admirable exemple de courage de la part des habitants. Maréchal de France après la mort d'Henry III, Claude de la Chastre fut ligueur opiniâtre. Sa tardive soumission à Henri IV ne lui enleva rien : il resta gouverneur du Berry et de l'Orléanais, maréchal de France, et reçut de plus une gratification de neuf cent mille livres. La prise de Juliers, pour le compte du marquis de Brandebourg et du duc de Neubourg, fut le dernier acte de sa vie militaire : il mourut le 18 décembre 1614; il étoit né en 1526. Le Mémoire qu'on va lire est assez mal écrit; mais il renferme quelques faits curieux.

MÉMOIRE

DE

LA CHASTRE.

[1556] Le Roy, pour satisfaire au traité de la Ligue faite et conclue avec nostre saint pere le Pape, Paul quatriesme, et respectivement ratifiée d'une part et d'autre en l'an 1555, par lequel il estoit tenu et obligé, toutes et quantes fois qu'il seroit assailly dans ses pays, de le secourir avec une armée de dix mille hommes de pied, moitié Suisses et moitié François, cinq cens hommes d'armes et six cens chevaux legers, avoit au mois de novembre 1556, à l'instante sollicitation que ledit Pape luy faisoit de le secourir contre l'armée que le duc d'Albe tenoit aux portes de Rome, envoyé M. le duc de Guise, son lieutenant général en Italie, à son secours avec quatre mille François sous vingt-quatre enseignes, six mille Suisses sous vingt-quatre enseignes que conduisoit le capitaine Frulich, cinq cens hommes d'armes sous sept compagnies; c'est à sçavoir: la sienne de cent lances; celles de messieurs les princes de Ferarre, des ducs de Nemours, de cinquante; du duc d'Aumalle, de cent, et prince de Salerne, de cinquante; celles de messieurs de Montmorency et de Tavannes, chacune de cinquante; six cens chevaux-legers sous quatre compagnies, qui estoient celle de M. le marquis d'Elbœuf, de deux cens; celle des sieurs de Sipierre, de deux cens; de Biron et de La Rocheposay, de chacune cent; luy ayant baillé, pour l'accompagner et soulager, M. le duc d'Aumalle son frere, qui menoit l'avant-garde; M. de Nemours, qui étoit colonel des bandes françoises, et M. le marquis d'Elbœuf, des Suisses; le sieur de Tavannes, chevalier de l'Ordre, qui étoit marechal-de-camp de l'armée, et le sieur de Sipierre, mestre-de-camp de ladite cavalerie legere, qu'il conduisoit en l'absence de M. d'Aumalle, qui estoit occupé à l'avant-garde; et, outre ce, un bon nombre de seigneurs et gentilshommes de la chambre, et autres de la jeunesse qui estoit accourue à ce voyage, tant pour l'esperance d'y voir et apprendre quelques choses, comme le François est naturellement curieux, que pour estre mondit sieur de Guise merveilleusement aimé et suivi de toute la noblesse.

Lequel, après avoir traversé toute l'Italie [1557] avec infinies incommoditez, et conduit son armée jusques ès confins du royaume de Naples, au lieu où le Pape le vouloit employer, avoit trouvé la foy de ceux qui luy devoient assister et luy donner moyens d'executer l'entreprise commencée, suspecte et incertaine, leurs actions et deportemens si estranges, qu'il ne s'en devoit rien promettre de bon, et finalement toutes choses, dont il esperoit tirer quelques faveurs, entierement defavorables; de façon qu'ayant une armée en teste, et de gens de pied et de cheval, deux fois plus grande que la sienne, après avoir tenté tous les moyens possibles pour l'attirer à la bataille, et l'estre allé chercher luy-mesme jusques dans son fort, luy defaillant toutes choses pour mener et conduire la guerre, avoit été contraint pour ne perdre ses hommes, qui commençoient jà à devenir malades de la grande chaleur et intemperie de l'air, de se retirer et departir ses forces par les garnisons, par les terres de l'Eglise, où il avoit été tellement travaillé, que si sa vertu, prudence, dexterité et grande patience n'eust vaincu les necessitez dont il étoit combattu, il ne se pouvoit esperer de cette petite armée autre issue qu'une pareille ruyne qu'avoit eue celle de M. de Lautrec, et de tous les autres chefs qui avoient été devant luy en Italie; de quoy il avoit conceu tant d'ennuis et de deplaisir, qu'avec la saison fort fascheuse une flevre le surprit, qui le mit en grand danger de sa vie; et de pareille maladie tous les princes, seigneurs, gentilshommes, et quasi tous les soldats particulierement étant en son armée, s'en sentirent et en furent persecutés.

Du costé du Piedmont M. le marechal de Brissac, qui avoit été si longuement favorisé de la fortune en toutes les guerres passées, et qui, de fraische memoire, luy avoit, s'il se peut dire, de sa franche et pure faveur mis Valfresnier et Guerasse (1), deux places quasi imprenables, entre ses mains ; se trouvoit avoir esté contraint, après avoir peu heureusement assailly Conis, et y avoir perdu un grand nombre de ses meilleurs hommes, de s'en retirer ; et depuis, tenant le marquis de Pesquieres dans Fossano, avec une partie des forces de l'estat de Milan, assiegé et reduit à telle extremité, ou qu'il luy falloit combattre avec desavantage, ou bien d'y mourir de faim, l'avoit par une pure defaveur de la fortune, contre toutes les raisons qui se pouvoient imaginer, perdu, s'étant ledit marquis sauvé inopinement par des chemins incogneus ; de façon qu'il se pouvoit clairement voir, en ce quartier-là, une face de la fortune entierement tournée, et dissemblable à celle de deux mois auparavant.

En ce mesme temps, étant le Roy à Compiegne, mal fortuné de tous ces deux costés, et trouvé avoir son armée qui estoit en Picardie, en laquelle estoit toute son esperance, estoit defaite, son lieutenant-general, M. le connestable, personnage de grande experience et de sage conduite, comme tout le monde sait, et auquel estoit toute l'assurance de nostre salut, prisonnier, et avec luy messieurs les ducs de Montpensier et de Longueville, le sieur Ludovic de Gonzague, M. le marechal de Saint André, le comte Rhingrave, colonel des lansquenets, et infinis chevaliers de l'Ordre et capitaines ; M. le duc d'Etouteville et M. le vicomte de Turenne, morts avec infinité d'autres gentilhommes ; ses ennemis avec plus grande armée que n'eut jamais son pere, victorieux en ce royaume ; luy sans nulle force de pied ni de cheval, pour avoir été en cette rencontre toute sa gendarmerie, qui étoit dejà ruinée et defaite ; ses places de frontieres près Saint-Quentin entierement depourvues entierement de chefs, d'hommes et de vivres ; ses peuples si etonnez et eperdus, qu'il n'y avoit homme qui sceut ce qu'il devoit faire ; et les gens de guerre si etonnez qu'on ne les pouvoit rasseurer.

Voilà l'état auquel se trouvoient lors les affaires du Roy, le mercredi onziesme jour d'aoust 1557, qu'il eut la malheureuse nouvelle de la plus grande playe que ce royaume aye receu il y a plus de deux cens ans, advenue le jour precedent, feste de Saint Laurent, devant lequel deux jours auparavant, comme s'il eust preveu le malheur qui luy devoit advenir avoit envoyé la Reine avec messieurs de son conseil privé à Paris, pour voir s'il y avoit moyen de trouver quelques deniers, et l'eloigner d'autant plus du peril qu'il sentoit, avoit depesché M. du Mortier, conseiller au conseil privé, à Senlis et à Paris, pour recouvrer deux cens muids de bled, pour les acheminer droit à Compiegne, afin de là les envoyer à celle de ses villes qui en auroit le plus de besoin.

M. l'evesque d'Amiens étoit allé pour le mesme effet à Rheims, afin d'en pouvoir recouvrer de là et des environs pareil nombre pour envoyer à Guise, qui étoit fort menacée ; et le sieur de Voulzay, maistre des requestes dudit seigneur, étoit semblablement allé à Soissons, pour de là et des lieux circonvoisins en envoyer à La Fere la plus grande quantité qu'il pourroit ; et, afin que rien ne demeurast en arriere, l'on avoit envoyé faire une levée de six mille lansquenets sous le colonel Roqueroch ; toutes lesquelles choses servirent plus en la necessité où l'on se trouva par après que, quand elles furent commandées, on ne pouvoit penser qu'elles pussent faire, comme l'on verra par le discours de ce Mémoire.

Incontinent donc après cette mauvaise nouvelle, annoncée au Roy à son lever par le sieur Descars, au mesme instant, au lieu de perdre le temps en regrets et plaintes inutiles, et avoir appellé Dieu en son aide, comme celuy de qui il reconnoissoit cette verge luy estre envoyée, et pour ses pechez et pour ceux de son peuple, desquels, avec eux, il luy falloit egalement supporter la penitence, il prit une vertueuse resolution de donner tout l'ordre possible pour remedier à l'inconvenient present, esperant qu'après avoir fait tout ce que les hommes peuvent faire, Dieu feroit le reste, et, l'ayant auparavant tant favorisé, ne l'abandonneroit pas en cette necessité, comme bientost il en montra de grands et evidens signes.

La premiere chose qu'il fit, fut de bailler à M. le cardinal de Lorraine, lors étant seul auprès de luy, la charge et le maniement de ses affaires, pour l'experience qu'il sçavoit estre en luy, pour le long temps qu'il y avoit été nourri, et pour l'asseurance qu'il avoit de sa suffisance et de sa fidelité ; et d'autant qu'une des principales choses qui luy defailloit, et dont il avoit le plus de besoin, étoit d'un chef qui eust le sens, l'experience et la vaillance pour conduire le fait de la guerre sous luy, et manier un si grand faict comme est la machine de cette monarchie, où le plus habile homme se trouve bien empesché s'il ne l'a accoutumé, et sur lequel il se puisse reposer, comme il faisoit sur M. le connestable, il depescha le sieur Scipion, son ecuyer d'ecurie, pour aller querir mondit sieur de Guise, comme celuy en qui il sçavoit très-bien estre toutes les parties qu'un bon, grand et digne cepitaine peut

(1) Valfenera. Quieras.

avoir, l'advertissant du desastre qui lui étoit advenu, et le priant de donner tout l'ordre qui luy seroit possible aux affaires de par de là, afin de le venir retrouver en bonne diligence, et emmener avec luy le plus de princes, capitaines et gentilshommes qu'il seroit possible, qui étoient en son armée; et pour cet effet depescha un courrier voltant devers le baron de La Garde, par lequel il luy mandoit qu'il eust à faire sortir du port de Marseille dix ou douze galeres, pour aller querir mondit sieur de Guise et la troupe qu'il ameneroit avec luy; il depescha aussi le sieur de Vyneuf, piedmontois, devers M. le marechal de Brissac, pour faire venir M. de Termes avec sa compagnie, et M. Damvile avec la sienne de chevaux-legers, et dire audit sieur marechal qu'il avisast de se mettre sur la defensive, et departir ses forces dans les places, et luy envoyer quatre mille Suisses de ceux qu'il avoit en Piedmont. Fut mandé au sieur de Sainct Laurent (1), ambassadeur en Suisse, qu'il eust à faire acheminer du costé de deçà les six mille Suisses qui avoient été levez; et de bonne fortune ils étoient prets pour marcher en Italie au secours de mondit sieur de Guise. Fut pareillement envoyé devers le Reine, qui arrivoit à Paris, le sieur de Fresne-Forget, pour luy dire ce qu'il sembloit au Roy qu'elle devoit faire pour contenir le peuple en l'obeissance, et, en attendant sa venue, commencer à donner ordre au recouvrement de deniers, comme la chose la plus necessaire en telles necessitez. Laquelle, apres avoir entendu ce que dessus, tant s'en faut qu'elle se fust laissée vaincre à la juste douleur qu'elle portoit, tant de l'ennuy qu'elle sentoit souffrir au Roy, que du malheur qu'elle jugeoit devoir advenir audit seigneur et au royaume de cette perte, que, se resolvant avec un cœur viril et magnanime, elle assembla le conseil du Roy son seigneur, qui estoit avec elle, et envoya querir au mesme instant les principaux de la ville, lesquels elle pria tous vouloir, en la necessité presente, montrer le service qu'ils vouloient faire au Roy, et rendre preuve de leur affection et fidelité; et le lendemain se trouva à l'Hostel-de-Ville, en pleine assemblée du peuple, où elle leur parla avec tant d'eloquence, et leur fit si bien et dignement entendre ce malheur, qui se presentoit, commun autant à eux comme au Roy, et le grand besoin qu'il avoit de l'aide et secours de ses bons et feaux serviteurs, qu'ils lui accorderent trois cens mille francs, pour soldoyer dix mille hommes de pied trois mois durant.

(1) Bernardin Bochetel, abbé de Saint-Laurent.

Fut aussi depesché en Allemagne, pour avancer les levées que le colonel Rocquerocq estoit allé faire, et ecrit à Reiffleberg pour essayer de recouvrer deux ou trois mille pistoles. Si l'on avoit usé de toutes les diligences possibles pour être secouru des forces qui étoient les plus lointaines, et à écrire, par tous les endroits de la chrestienté, aux provinces amies et alliées du Roy, la fortune qui luy étoit survenue, l'on n'en fit pas moins à tous les capitaines, ministres et officiers du Roy, qui estoient en quelques lieux d'importance, tellement qu'avant le deuxiesme jour on eut satisfait à tout ce que dessus, et furent faites plus de deux cens depesches differentes.

Cependant l'ennemy ayant eu une telle et si inesperée victoire, se contenta de poursuivre le siege de Sainct Quentin, sans passer plus oultre, où le roy d'Espagne, voyant le jeu si sur qu'il n'y avoit plus de dangers, s'en vint trouver son camp, et fit faire, quinze ou seize jours durant, tous les efforts qu'il fut possible pour la force, et le Roy ne perdit point de temps de son costé pour remedier aux lieux où estoit le feu voisin, qui avoit le plus besoin de secours; car s'estant M. de Nevers de bonne heure sauvé de cette rencontre, et retiré à Laon pour rassembler ce qu'il pourroit d'etrangers et de François, tant de pied que de cheval, et M. le prince de Condé avec luy, qui avoit la charge de la cavalerie legere, M. de Montmorency à Soissons, M. de Bourdillon à La Fere, et M. le comte de Sancerre à Guise, et estant M. de Humieres demeuré dans Peronne, le Roy envoya à M. de Nevers un pouvoir de lieutenant-general pour commander à toutes ces frontieres de là, luy semblant qu'il ne pouvoit faire une meilleure election, ne plus digne, ne semblablement plus utile, pour sauver les places qui luy restoient, y commettre de plus dignes personnes que les sieurs dessusdits, qui de bonne fortune s'étoient retirés de la route de la bataille; lesquelles place demeurant en sa puissance, il y avoit apparence que le mal ne devoit pas être si grand comme il auroit pu, et que l'on craignoit, comme par effet il s'est pu voir depuis.

Mais pource qu'il ny avoit en pas une desdites places ni forces ni vivres, hormis à Peronne, où il y en avoit assez bonne quantité, il se fit une extreme diligence d'y mettre telle abondance de vins et de bleds, de ceux qu'on avoit peu auparavant commencé à rassembler, qu'en moins de dix jours elles en furent bien et suffisamment pourvues; et cependant l'on donna ordre d'y envoyer, tant de ceux qu'on avoit recueillis de cette affaire, que d'autres bandes qui se trouverent de bonne fortune marchant au camp, que d'autres qu'on fit venir des places de Champagne, et si bon nombre d'hommes, que ledit seigneur y demeura fort asseuré.

Le Roy estant à Paris, où il vint le lendemain qu'il eut eu advis de cette defaite, pour estre le lieu de Compiegne si voisin de l'ennemi que sa personne n'y estoit en seureté, il se trouva grandement travaillé, d'autant qu'il luy fallut non-seulement faire l'office de roy, mais de capitaine et de conseiller, ayant aupres de luy peu d'hommes de guerre, et nul de qui il se pust servir en si grande chose ; de façon qu'estant M. le cardinal de Lorraine grand et digne, et pourvu d'une grande connoissance des affaires d'Etat, si est-ce qu'honnestement il pouvoit ignorer beaucoup de choses qui n'estoient de son gibier, où il falloit que le Roy prit de luy-mesme l'expedient et la resolution, l'on proceda à la cotisation pour lever les trois cens mille livres octroyées par la ville, où il se trouva de grandes difficultés ; car ayant esté besogné par supputation, et ne pouvant le plus riche payer plus de cent vingt livres, et le plus pauvre moins de vingt livres, il y eut infinies plaintes, les uns pour estre trop cotisez, et les autres pour voir ceux qui avoient cent fois mieux de quoy qu'ils n'avoient, ne payer non plus qu'eux, ce qui amena une telle longueur, qu'encore que promptement il s'en tirast une bonne et notable somme, il s'est vu par experience que qui voudra promptement recouvrer deniers d'une ville, il n'y faut nullement suivre ce chemin, comme plein de grande longueur et de beaucoup de difficultez : aussi ne fut-ce de l'opinion de mondit sieur le cardinal, et de quelques-uns des plus avisez.

Et fut escrit à toutes les villes du royaume de France, et envoyé gens pour les solliciter de vouloir ayder à Sa Majesté, et suivre l'exemple du secours que ceux de Paris luy avoient fait en l'affaire presente; en quoy les peuples se monstrerent si affectionnez, qu'il se tira une bonne quantité de deniers, qui vinrent bien à propos, d'autant que, si avec cette infortune l'argent fust failly, il n'y avoit nulle esperance de ressource.

L'on fit lever un grand nombre de gens de pied françois, où encore qu'il fust employé des hommes qui en autre tems n'eussent esté receus, si est-ce que pour la necessité il s'en falloit servir, pour lesquels armer et semblablement ceux qui étoient echappés de cette defaite, qui estoient demeurez nuds, sans armes, il fit faire un grand nombre de corselets, morions et harquebuses, qui furent departies par les compagnies, de façon qu'en peu de tems elles commencerent à se r'habiller et armer ; et pource qu'il y avoit grand besoin de cavalerie, le Roy fit dix compagnies nouvelles de gendarmerie, chacune de cinquante lances, faisant toutes le nombre de cinq cens hommes d'armes pour avoir esté sa gendarmerie à la bataille devalisée, et n'avoir esperance d'avoir celle qui était en Italie, à temps ; les capitaines qui eurent lesdites compagnies furent M. le marquis d'Elbœuf, M. Dampville, M. de Randan, M. de La Trimouille, M. Deschevets, M. de Beauvois-Nangis, M. le comte de Charny, messieurs d'Humieres, de Chaulnes et Morvilliers.

Apres toutes ces provisions données à ce qui se pouvoit, il me semble n'estre hors de propos de dire qu'en ce tems-là le Roy tint un conseil, où il assembla tout ceux qui estoient aupres de luy de quelque experience, pour sçavoir d'eux leurs opinions de ce que leur sembloit qu'il avoit affaire ; où il y en eut qui furent d'opinion qu'il se devoit retirer à Orleans, d'autant que si l'ennemy marchoit, il luy faudroit avoir cette honte d'abandonner Paris : lequel conseil, comme prince vertueux et magnanime, il rejetta, deliberé de mourir plutost que suivre ce parti plein de honte et d'infamie, estimant sa demeure en ladite ville autant honorable et pleine de seureté pour la conservation de tout l'Estat, comme il se connut par experience qu'elle étoit ; en laquelle resolution il fut grandement fortifié par le sieur cardinal, qui n'estoit d'opinion qu'on abandonnast Paris.

M. l'Amiral, et ceux qui estoient dans Sainct Quentin, encore qu'ils eussent vu la victoire que les ennemis avoient eue, et qu'ils eussent eu peu de secours, et nulle esperance d'en avoir, si est-ce qu'ils ne perdirent le courage pour tant de malheurs, d'autant qu'ils voyoient en eux reposer le seul but de l'esperance de la conservation de ce royaume ; mais, comme un digne et vaillant capitaine qu'il est, donna si bon courage à un chacun, que tous d'une voix se delibererent d'y mourir avant que de parler de composition ; et environ le vingtiesme du mois d'aoust, M. de Bourdillon y fit entrer, par dedans le marais, cent vingt harquebusiers de deux cens qui estoient destinés, françois : le reste fut tué ou noyé ; et avec cela, et ce qu'ils purent faire depuis la defaite de M. le connestable, tinrent encore la place dix-sept jours.

Cela donna un peu d'esperance au Roy que, pendant que ledit Sainct Quentin tiendroit, l'enemy ne passeroit outre, et cependant il auroit le loisir d'assembler les grandes forces qu'il preparoit : mais cette esperance ne luy dura gueres ; car, le vingt-septiesme du mois d'aoust, Sainct Quentin fut forcé et emporté d'assaut, pource qu'estant les ennemis maistres du fossé, pour estre ladite ville bastie à la vieille mode, de laquelle encore que le fossé soit profond et le rempart grand, si est-ce que, n'y ayant nuls flancs pour le defendre, il leur fut aisé de le gagner, comme ils firent; où estant logez, ils se mirent à sapper et ruyner le pied du rempart, où ils besognerent si bien huict ou dix jours durant, qu'ils le demolirent avant qu'ils eussent commencé leurs batteries, quelque loisir et peu d'empeschement qu'ils eussent, qu'avec l'extresme secheresse, que durant sept jours continuels ils firent neuf breches si grandes, qu'estant defendues avec si peu d'hommes, comme de huict cens en tout, et mesmement d'arquebusiers, dont ils n'en avoient pas deux cens, que ne pouvant tout ensemble [estant arrangez les uns auprès des autres] border lesdites breches, et étant combattus d'un grand nombre d'hommes, ils furent aisément forcez ; M. l'Amiral fut pris, messieurs d'Andelot et de Jarnac, et tué beaucoup de capitaines qui y étoient entrez avec M. d'Andelot, comme Sainct-Romain, Gordes, Bimo, et plusieurs autres. Ledit sieur d'Andelot, la nuit mesme qu'il fut pris, se sauva, pour parler bon espagnol, et passa au travers le marais dans l'eau jusqu'à la gorge, où il se pensa noyer, et vint trouver le Roy ainsi comme il venoit d'avoir la nouvelle de la perte de ladite ville.

Le vingt-neuvieme jour d'aoust 1557, le Roy receut encore cette mauvaise nouvelle, qui empiroit grandement la premiere; car jusques-là nous n'avions point senti la consequence d'une bataille perdue, si ainsi se doit nommer la defaite du jour Sainct-Laurent, d'autant qu'étant lors l'ennemy maître de la ville, ses forces gaillardes et victorieuses, il pouvoit et devoit passer outre droit à Paris; mais Dieu ne luy fit pas la grace de prendre si bon conseil, voulant, comme sa bonté l'a toujours démontré, conserver la France, et s'opposer à sa ruine : je dirai, par paranthense, comme le sieur de la Roche du Maine, vieil et experimenté capitaine, ayant esté pris à la bataille, bien reconnu comme il étoit des vieux capitaines espagnols, allemans et italiens, pour s'estre toujours trouvé à toutes les batailles, rencontres, sieges de villes, qui se sont faits de son tems, l'on fit recit au roy Catholique de son merite, et comme en ses discours il estoit prompt et hardi; Sa Majesté catholique le voulut voir, et lui demanda entre autres choses combien il pouvoit encore avoir de journées depuis Sainct-Quentin jusqu'à Paris. Ledit sieur de La Roche luy fit reponse que l'on appelloit les batailles bien souvent journées, et que s'il l'entendoit comme cela, il en trouveroit encore pour le moins trois, la France n'estant point si dépeuplée d'hommes, mesme de noblesse, que le Roy son maître avoit encore pu mettre ensemble de plus grandes forces que celles qui avoient esté defaites.

Avec toutes les provisions susdites que l'on faisoit en toute diligence, même M. de Guise, qui s'avança devant les forces qu'il amenoit, arriva près du Roy, qui en receut un extrême plaisir et allégresse. Sa Majesté se déchargea sur ce prince de toute la pesanteur et fardeau de la guerre; de façon que ledit sieur duc de Guise et le cardinal son frère commandoient tout, l'un aux affaires et finances, l'autre aux gens de guerre; et comme il étoit très-prudent, brave et heureux, bien aimé des gens de guerre, chacun prend espérance de revoir les affaires en bon état; et ce prince, pour ne frustrer la bonne opinion qu'on avoit de luy, ne faisoit qu'imaginer en son esprit toutes sortes de moyens de pouvoir faire quelques actes remarquables qui pussent rabattre l'orgueil de cette superbe nation espagnole, et relever le courage aux siens; et estima que les choses que les ennemis tenoient les plus asseurées seroient les moins gardées. Il est vrai que, quelques années auparavant, le sieur Senarpont avoit donné quelques avis à M. le connestable que l'on pouvoit faire entreprise sur Calais assez negligemment gardé, et la place n'etant d'elle-mesme pas bonne, ayant beaucoup d'incommoditez qui empeschoient la fortification; ledit sieur de Guise donc mit cette entreprise en avant, la fait entendre au Roi, suppliant Sa Majesté n'en communiquer à nul autre, et la supplia lui permettre de tenter cette entreprise, ce que le Roy trouva bon.

Ledit sieur de Guise donc, accompagné de tous les princes et noblesse de France qui restoient de la bataille, avec quelques troupes ralliées, fraisches et de bons hommes, tant capitaines que soldats, fait semblant de rassembler l'armée, plustost pour entreprendre sur la coste de Champagne ou ailleurs, et tout à un coup tourne vers Calais, ce que les ennemis n'eussent jamais pensé, tenant cette place imprenable, et prest d'être secourue par la mer : toutefois la diligence dudit sieur de Guise fut telle, que marchant, le premier jour de janvier 1558, droit au pont de Nieulé qui est frontiere du pays d'Oye, et le passage de la riviere pour venir à Calais, la place fut prise et forcée avec peu de resistance; le capitaine Gourdan eut la jambe emportée d'un coup de canon. Ce passage pris, l'armée marche droit aux dunes le long de la mer, où elle se logea; le lendemain force le risban, qui est la forteresse du havre de Calais; cela fait, entre ledit risban et le chasteau, dans la mer mesme, furent mis douze canons, qui battoient ledit chasteau lorsque la mer estoit basse, et quand elle estoit en pleine marée, il falloit quitter et abandonner l'artillerie et les gabions, qui estoient si bien liez et attachez et retenus d'ancres et de pieux que la mer ne les ebranloit nullement; et lorsque la mer étoit retirée l'on retournoit à la batterie, mais cela ne dura gueres, car y ayant quelques bien petites breches audit chasteau, ladite breche fut reconnue, et bien que non jugée raisonnable, la hardiesse françoise pour le desir que chacun, tant les grands que les petits, avoient d'effectuer quelque coup notable, jugerent y devoir donner, et que, si l'on attendoit au lendemain, ladite breche seroit renforcée et mise en état plus forte que devant. Tous les capitaines supplierent M. de Guise de les y laisser donner. Ledit sieur, jugeant quelque apparence à leur dire, se fiant aussi à la grace de Dieu et en sa bonne fortune, consent et donne charge à M. d'Aumalle son frere d'y conduire ses troupes, qui estoient d'environ trois mille soldats, mais de bons et choisis, et grande quantité de noblesse, qui se mit parmi eux. Ledit sieur de Guise donna charge à M. d'Aumalle son frere qu'ayant gagné ladite breche, s'il la trouvoit trop difficile, il s'y logeast seulement et empeschast que les ennemis ne remparassent; mais le tout succeda si heureusement, qu'apres peu de danger, et moins de resistance, ladite breche fut forcée; et toute ceste troupe se rendit maistre, et logea dans le chasteau, qui est le lieu où est maintenant la citadelle.

Le milord Wentworth, qui commandoit dans ladite ville de Calais, sachant la perte du chasteau par le bruit qu'il entendit, et le temoignage de ceux qui s'estoient sauvés dans ladite ville, se resolut la nuit, comme homme desesperé, et qui se voyoit ainsi quasi perdu, de faire, à la faveur de la nuit, une batterie de six canons à la porte qui entre de la ville audit chasteau, le fossé n'en etant gueres bon, et aussi que de secours de l'armée il ne falloit point que ceux du chasteau en esperassent qu'apres que la mer se seroit retirée; ledit milord fit donc sa batterie forte et furieuse, perçoit de chacun coup la muraille non remparée de ce costé là, et fit tous efforts de tirer à force ceux qui estoient dedans; mais estant une troupe aussi mal aisée à forcer comme de l'estonner, et laquelle en pleine campagne eut combattu deux fois autant d'hommes comme ils estoient, de façon que ce pauvre milord, voyant cette brave resistance, eut recours à demander s'il devoit espérer une composition, qui luy fut accordée telle qu'il s'est vu ; et la ville, deux cens ans apres sa perte, retourna françoise par l'astuce, diligence et bonne conduite du duc de Guise, qui fit cette genereuse execution en huit jours.

Ce bel exploit executé remit toute la France en bon espoir; le Roi mesme en fut extresmement rejoui, en rendit graces à Dieu, tant en particulier qu'en processions et actions de graces publiques. Son lieutenant le duc de Guise ne voulant pas demeurer en si beau chemin, pense et repense de faire encore quelque coup memorable; et d'une extremité à l'autre conduit son armée à Thionville, place que l'on tient comme imprenable, à cinq ou six lieues de Metz, qui incommodoit fort ladite ville de Metz, et la tenoit sujette. Ayant donc planté le siege devant Thionville, il se trouva plusieurs difficultez à cause d'une riviere qui bat les rives des courtines de ladite ville d'un costé; et neanmoins la prise d'une tour, qui fut emportée en plein jour, non sans la perte de plusieurs bons capitaines et soldats, et la mort du marechal Strosse, parlant dans les tranchées audit sieur de Guise qui lui tenoit lors la main sur l'espaule; qui fut dommage et perte pour le service du Roy, car il estoit bon capitaine et vaillant de sa personne.

Cette tour donc prise et forcée, nonobstant toutes les difficultez qui s'y trouverent, les ennemis voyant qu'elle commandoit fort à la courtine et de pres, et qu'il se preparoit une breche qui estoit fort en vue de ladite tour, commencerent à perdre courage, et demanderent appointement, ce qui leur fut accordé, et se rendirent, laissant la place entre les mains du lieutenant du Roy.

Ces deux exploits faits sur une armée et prince victorieux d'une bataille, où toutes les forces qu'avoit le Roy avoient esté perdues et dissipées, tant par la mort de la plupart de l'infanterie que de la noblesse et des chefs, estant mort ou retenus prisonniers.

En ce mesme temps, un peu auparavant, le marechal de Termes, de tout temps estimé fort sage et prudent, bien avisé et experimenté au fait de la guerre, à qui l'on avoit donné une petite armée à commander pour asseurer le pays conquis ès environs de Calais, que l'on repeuploit et r'habilloit-on les breches de la ville, la fortifiant au mieux que l'on pouvoit, s'avança jusqu'à Dunkerque, qu'il prit, força et saccagea la ville, puis fit sa retraite, ou la pensoit faire à Calais, sentant le comte d'Aiguemont s'approcher avec beaucoup plus de forces qu'il n'en avoit; mais, à cause de la mer qui remplit de douze en douze heures le canal qui est entre ledit Dunkerque et Calais, ses troupes ayant commencé de s'acheminer, les uns passerent de bonne heure ledit canal, et se sauvant ; les autres ne le pouvant, les autres combattant mal par necessité, furent defaits, l'infanterie taillée en pieces, et la cavelerie, les uns pris et les autres morts sur la place, et ledit marechal mesme fut pris. Il pouvoit avoir en son armée cinq ou six mille hommes de pied, et huit cens chevaux de la gendarmerie du Roy : la plupart furent tuez ou devalisez, comme l'infanterie presque toute.

L'hiver survenant, il fallut retirer les armées tant de part que d'autre aux garnisons ; le roy d'Espagne à Bruxelles, le Roy à Paris, et de l'un à l'autre on commença à traiter d'une paix generale, laquelle enfin se conclut [1559] par les noces du roy d'Espagne avec madame Elisabeth, et de madame Marguerite, sœur de Sa Majesté, avec le duc de Savoye, avec la reddition de M. le connestable et autres prisonniers payant leur rançon ; et lors ne fut plus qu'allées et venues de tous les princes françois et grands de ce royaume, et de toute la jeunesse de la Cour à aller voir le roy d'Espagne à Bruxelles, où chacun estoit reçu, bien traité et festoyé, comme aussi estoient ceux de ce costé-là qui venoient à Paris, où enfin les noces promises se paracheverent, où arriva le malheureux coup pour la France de la mort du meilleur roy, plus doux, affable et gracieux qu'elle ait jamais eu, et qui a causé tous les malheurs que nous avons depuis veu en France, par les guerres civiles qui y sont arrivées.

J'apporteray ici, par parenthese, un acte qui arriva à un des freres du sieur de La Bourdaisiere, lors maistre de la garderobe du Roi, qui se nommoit le sieur de Vouillon, lequel avoit esté pris à Sainct Quentin, et commandoit une compagnie de gens de pied françois. La faveur de son frere le faisoit estimer plus grand seigneur qu'il n'estoit, et luy demandoit-on une grosse rançon ; luy s'excusoit, et disoit qu'il estoit cadet, et ne pouvoit tant payer : enfin il promit de sa rançon jusques à deux mille escus, avec une clause que, s'il ne pouvoit trouver parmi tous ses moyens et amis moyen de fournir ladite somme, il se viendroit rendre prisonnier entre les mains de M. de Savoye, lequel, à ces conditions, luy donna congé sur sa foy à tel terme qu'il luy plut limiter de se representer. Ledit sieur de Vouillon vint à Paris, parla à ses amis ; pour ne faillir au temps qu'il luy étoit ordonné, prend des chevaux de poste, et fit telle diligence, mesurant le temps à son dessein, qu'il arriva à Bruxelles ainsi comme le duc traitoit et festoyoit à disner une troupe de seigneurs françois qui s'y estoient acheminés. Vous pouvez penser que lors ledit sieur de Savoye, la paix estant resolue, son mariage arresté, ne pensoit qu'à l'avenement d'iceluy et à son retablissement dans ses pays, se souciant peu de ce qui estoit convenu entre luy et ledit sieur de Vouillon, qui se presente à luy comme il estoit à table : il fut benignement reçu, et ayant fait entendre audit duc qu'il n'avoit pu trouver pour le rachat de sa liberté les deux mille escus par luy promis, et, pour ne manquer à sa foy, il s'estoit venu remettre entre ses mains, pour recevoir de luy ce qui luy plairoit ordonner, en s'acquittant de sa foy promise, ledit duc respondit qu'apres disner il en ordonneroit ; sans plus en parler, s'amusa à boire d'autant à la compagnie et faire bonne chere : cependant le sieur de Vouillon, qui avoit autre dessein, et qui pensoit s'estre honnestement acquitté de sa foy, se demesle de la presse, et, sortant, trouva ses chevaux de poste à la porte ; comme ses gens estoient bien instruits, monte dessus et s'en recourt à Paris, et pretend s'estre bien acquitté de sa foy, estre quitte de sa rançon. L'affaire est mise en deliberation devant les capitaines, tant françois qu'espagnols, à ce appellés, par lesquels cette subtilité fut approuvée, et jugé que tout prisonnier gardé comme l'avoit toujours esté ledit de Vouillon jusqu'à ce qu'il eut la licence de M. de Savoye, comme dit est, sur sa foy de se representer comme il fit dextrement, il fut tenu quitte de sa rançon, que M. de Savoye paya à son maistre, pour ce qu'il fut dit que le sieur de Vouillon s'estant acquitté de sa foy, et representé devant luy en estat de subir la prison ou garde, il n'avoit fait que ce que chacun peut faire, de rechercher sa liberté. Ceci pourra servir à la posterité.

FIN DU MÉMOIRE DE LA CHASTRE.

MÉMOIRES

DE MESSIRE

GUILLAUME DE ROCHECHOUART,

SEIGNEUR

DE JARS, BREVIANDE ET LA FAYE,

PREMIER MAISTRE D'HOSTEL DU ROI CHARLES IX, ET CHEVALIER DE SON ORDRE.

SUR LES MÉMOIRES DE G. DE ROCHECHOUART.

Les *Mémoires de Guillaume de Rochechouart* offrent un petit résumé des événements auxquels ce seigneur prit part durant une longue vie, sous les règnes de Louis XII, François Iᵉʳ, François II, Henri II, Charles IX. C'est Guillaume lui-même qui raconte sa propre biographie. Né en 1497, Guillaume de Rochechouart mourut en 1568. Il y avait plus d'un siècle et demi que ce journal dormait dans les archives de Châtillon-le-Roi, lorsque, tiré de la nuit par Jean Godefroy, il parut dans la troisième édition des *Mémoires de Castelneau*. Le récit du maître-d'hôtel de Charles IX est d'une grande simplicité ; le vieux gentilhomme écrivait pour ses enfants, et n'avait point en vue le public.

MÉMOIRES

DE

GUILLAUME DE ROCHECHOUART.

Je, Guillaume de Rochechouart, seigneur de Jars, de Breviande et de La Faye, fils unique et seul heritier de Jean de Rochechouart, seigneur de Jars, et d'Anne de Bigny, fus né l'an de grace 1497, le 6 janvier. Un mois après trespassa mon pere, duquel j'en fus seul heritier ; et, au bout de l'an, madite mere se remaria avec Pierre de Bonnay, seigneur de Bonnay et de Demoret ; au moyen de quoy je fus nourry avec Charles de Bigny, seigneur d'Aisnay, de Bigny et de Preveranges, mon ayeul maternel, jusques à l'age de douze ans, que je fus mis page du duc François d'Angoulesme, par le moyen de François de Rochechouart, seigneur de Chandenier, mon oncle paternel, qui pour lors estoit gouverneur de Gennes. Et tost après, ledit seigneur d'Angoulesme fut envoyé lieutenant pour le roy Louis XII en Guyenne, contre le duc de Nagera, qui avoit une armée pour le roy d'Espagne : et, à son retour, ledit seigneur d'Angoulesme m'envoya avec ses grands chevaux en Ast, cuidant passer les monts. Et tost après [1514] la reine Anne mourut, le corps de laquelle fut conduit par mondit seigneur d'Angoulesme à Paris, et de là à Sainct Deny, et, après l'enterrement fait, espousa madame Claude, fille aisnée du Roy, qui en mesme temps espousa Marie, sœur du roy Henry d'Angleterre : et furent les noces faites à Abbeville, et de là ladite dame vint faire son entrée, et prendre sa couronne à Paris, où je sortis hors de page.

Six mois après, ledit roy Louis mourut, et luy succeda au royaume mondit seigneur d'Angoulesme, qui fut l'an 1514, et tost après fut sacré à Rheims et fit son entrée à Paris : et l'année ensuivante [1516] on entreprit la conqueste du duché de Milan, et estois lors de sa compagnie, qu'il donna depuis qu'il fut roi à M. René, Bastard de Savoye ; et après la bataille de Marignan et ladite conqueste faite, le Roy envoya mondit seigneur le Bastard de Savoye, avec six cens hommes de cheval et six mille hommes de pied, au service des Venitiens, pour leur aider à reprendre Bresse et Veronne, que l'empereur Maximilien tenoit. Et estant ledit Bresse assiegé, ledit empereur vint avec grosse armée qui leva le siege, et se retira l'armée du Roy jusques à Milan, où avoit intelligences ledit Empereur, desquels ne put avoir faveur, et se retira. Et depuis, le seigneur Jean Jacques Trivulce alla r'assieger ladite ville de Bresse, qui fut lieutenant du Roy en ladite armée, et s'en retourna mondit seigneur le Bastard de Savoye en France : et fusmes audit siege tout l'hyver, et là laissa sa compagnie. Et sur le renouveau, M. de Lautrec fut envoyé lieutenant pour le Roy en ladite armée, et fut rendue ladite ville par composition, et mise ès mains des Venitiens. De là allasmes au siege de Veronne, qui tint six mois, et après se rendit par composition. Ce fait, fut remise ès mains des Venitiens, et les garnisons assises, et m'en revins en France trouver mondit sieur Bastard de Savoye, qui me retint de sa maison.

En ce temps, dernier jour de fevrier 1517, nasquit à Amboise M. le Dauphin, qui fut nommé François, et fut tenu sur les fonts, au nom du pape Leon, par le duc d'Urbin son neveu, lequel espousa le lendemain mademoiselle de Boulogne ; duquel mariage est issue madame Catherine de Medicis, à present reine : et pour les solemnitez susdites, furent faits grands tournois, desquels je fus avec la bande de M. le Bastard de Savoye : et tost apres [1520] le Roy et le roy d'Angleterre se virent à Ardres avec grande magnificence, et peu apres [1521] ledit seigneur Empereur assiegea Mezicres ; au moyen de quoy le Roy leva une grande armée pour faire lever ledit siege, et donna charge à M. le comte de Brienne, Charles de Luxembourg, de lever cent hommes d'armes et quatre cens chevaux legers : ce qu'il fit aisement, car il estoit grand seigneur et bien aimé : lequel me retira d'avec M. le Bastard de Savoye, pour lors grand maistre de France, et me promit ledit comte de Brienne de me faire son lieutenant; ce qu'il ne put pour lors faire, parce qu'il en avoit pourvu son frere bastard, agé de soixante et dix ans, et pendant me donna son enseigne, et la conduite de ladite compagnie, pour cause de la vieillesse de sondit lieutenant. Ladite armée levée, le Roy leva le siege dudit Mezieres, et entra en Hainaut, suivant l'armée dudit eleu empereur jusques à Valenciennes, et de là tira à Hedin qui fut prise.

Ce fait, ledit seigneur rompit son armée, et fut reduite la compagnie dudit sieur de Brienne à cinquante hommes d'armes ordinaires, et fus envoyé avec ladite compagnie à Terrouenne, où je demeuray tout l'hyver. Et l'an 1523, l'Empereur mit siege devant Hedin; et après avoir esté trois semaines devant, ne le pouvant prendre, se leva et tira vers la frontiere, où il fit beaucoup de maux; et fus mandé, estant audit Terrouenne, pour ramener ladite compagnie au camp où estoit mondit sieur de Brienne, et passa l'armée de l'Empereur la riviere de Somme à Bray, où estoit pour lors lieutenant pour le Roy M. de La Tremouille, lequel envoya M. de Pontdormy ou Pontdremy avec trois cens hommes d'armes, pour conduire et mettre le sieur de Rochebaron avec sa compagnie et autres bandes dedan Montdidier, pour la garde d'icelle; duquel nombre j'estois avec ma charge; et à nostre retour fusmes chargez de la part des ennemis, qui estoient toute leur cavalerie, et, après avoir soustenu plusieurs charges, fusmes contraints nous retirer avec peu de perte de quinze ou vingt hommes d'armes, qui furent pris avec M. de Canaple, neveu dudit sieur de Pontdremy, et fut prise ladite ville de Montdidier.

Et après, ledit seigneur de Brienne fut envoyé avec sa compagnie dedans Guise, pour la garde d'icelle, parce que les ennemis tiroient cette part: et assiegerent les ennemis le chasteau de Bohain, qu'ils prirent, et ne s'oserent arrester à Guise, attendu la grande froideur qui pour lors estoit, et fut à l'heure quand les bleds gelerent à la Sainct Martin. Et les ennemis estans retirez, prismes sur eux ledit Bohain, et le sieur de La Tremouille se retira, et demeura mondit sieur de Brienne lieutenant pour le Roy : et demeuray toujours avec luy en la charge susdite depuis que la paix fut conclue [1526]; au moyen de quoy me retiray à ma maison pour regarder à mes affaires et dettes, et quittay ladite charge, et fus en repos l'espace de dix ans, que l'Empereur dressa de rechef une armée pour venir en Provence [1536]: et le Roy pour aller contre luy fit plusieurs bandes de gens d'armes nouvelles, et en donna cinquante à M. de Vendosme, cinquante à M. de Nevers, cinquante à M. le marquis de Rothelin, cinquante à M. de Longueville, et les pourvut de chacun un lieutenant : et lors mondit sieur de Nevers m'envoya son enseigne jusques en ma maison, et commission pour luy lever sa compagnie, me faisant entendre qu'il me feroit mieux à l'avenir.

Le Roy l'avoit pourvu de lieutenant du sieur d'Orades, et menay ladite compagnie complette en Avignon, où le Roy dressa son camp : laquelle compagnie fut levée six semaines après la commission depeschée, qui fut trouvée fort belle et complette : et ce voyant, ledit sieur d'Orades ne voulut accepter l'estat, et demeuray lieutenant de ladite compagnie. L'Empereur s'estant retiré, le Roy m'envoya avec ladite compagnie en Picardie, parce que le siege estoit lors devant Peronne, lequel siege se leva. Estant adverty de la retraite de l'Empereur, et, peu de temps après, les princes susdits voulurent mettre des lieutenans à leurs faveurs, comme ledit sieur de Nevers; dont le Roy fut marry, et leur osta à tous ceux qu'ils avoient mis, et leur en bailla d'autres, et donna audit sieur de Nevers le sieur de Dampierre. Ce voyant, me retiray vers le Roy, qui me retint près de sa personne, me mettant en l'estat des gentilshommes servans, où j'ay servy longtemps ordinairement, et me fit ledit seigneur de Nevers son chambellan, avec quatre cens francs d'estat, et cinq chevaux defrayez, et quatre valets, et lors me commanda le Roy estant à Grenoble m'en aller en Piedmont avec M. le Dauphin, pour lever le siege de Pignerol et le pas de Suze. Et, le siege levé [1537], les ennemis furent chassez jusques à Montcalier; et ce fait, le Roy vint en Piedmont, et de là depescha M. le cardinal de Lorraine et M. le grand-maistre de Montmorency pour aller à Veate (1) près de Perpignan, pour traiter quelque accord avec Crenes (2), grand-commandeur majeur d'Espagne, et le sieur de Granvelle, commis de l'Empereur, et me commanda le Roy leur faire compagnie : et au retour mondit sieur le grand-maistre fut fait connestable de France.

[1538] Après, le Pape, le Roy et l'Empereur se trouverent pres de Nice pour traiter quelque accord, et ne se virent l'Empereur ny le Roy, et se departirent. Le Pape s'en retourna à Rome, et l'Empereur vint en ses galeres à Aigues-Mortes, où se trouva le Roy, qui le reçut honorablement; et sembloit qu'ils se cherchassent d'amitié d'une part et d'autre. Bien-tost après [1539] ledit Empereur passa par France pour

(1) Leucate.
(2) Don François de Los Cabos, grand commandeur de Léon.

s'en aller en Flandre, où on le reçut honnorablement par tout, et tost après la guerre recommença, et dressa le Roy deux grosses armées : l'une à Perpignan, que monseigneur le Dauphin conduisoit, où le Roy me commanda aller ; l'autre fut envoyée à Luxembourg, que conduisoit monseigneur d'Orleans. Et l'an après [1542] ledit sieur dressa une autre armée, où il estoit en personne, et fut en Hainaut, où il prit la ville de Landrecy, qu'il fortifia, et me donna charge d'une partie de la fortification : et incontinent ledit Empereur la vint rassieger. Le Roy s'estant retiré avec son armée en ce pays, la rassembla soudain pour venir secourir ladite ville, se vint loger à Chasteau-Cambresis, y attendant la bataille et forces de l'Empereur par trois jours : et n'y auroit eu nulle perte, mais auroit toujours gardé l'advantage sur son ennemy. Et l'année après [1644] l'Empereur dressa une fort grande et grosse armée, avec le ban d'Allemagne et toutes les forces de l'Empire, et vint en France, prit Commercy, Ligny en Barrois, et vint assieger Saint-Disier, où il demeura par l'espace de quarante-trois jours qu'elle fut prise par composition.

Lors le Roy me despecha avec le sieur de Boutieres, pour nous en aller avec M. de Nevers dedans Chaalons, attendant y avoir le siege ; et estant là, mondit seigneur de Nevers et les autres capitaines adviserent de m'envoyer en poste devers le Roy, qui estoit pour lors à Villers-Cotterez, pour luy remonstrer les necessitez, et ce qu'il faisoit pour la garde de ladite ville, et aussi pour conduire un moine espagnol qui faisoit quelque pratique de la paix. Et ayant obtenu partie de ce que j'avois demandé, m'en retournay audit Chaalons, et le lendemain l'Empereur vint passer par-devant la ville, et se vint loger à la portée du canon, et le lendemain deslogea des le point du jour, pour venir trouver l'armée du Roy qui estoit à Jaslon (1). Ce voyant, mondit sieur de Nevers partit de ladite ville pour s'en aller audit Jaslon avec deux cens hommes d'armes, et quatre mille hommes de pied, pour se trouver à la bataille : et neantmois ledit Empereur ne nous voulut assaillir, et passa outre à Espernay, et fut fait accord entre l'Empereur et le Roy : et à mon retour, ledit seigneur me fit son maistre-d'hostel ordinaire, et m'envoya en Lorraine, à Toul, Verdun et Metz, pour aucunes ses affaires, et revins trouver ledit seigneur en Bourgogne.

[1547] Me partant de là, le Roy commençoit à estre malade, et s'en revint à Rembouilliet, où il deceda, et luy succeda à la couronne M. le Dauphin Henry II, à present roy, lequel me retint à son service en mesme estat ; l'accompagnay à son sacre à Reims, et de là visita toutes les frontieres de Picardie et de Champagne ; et, l'an après, alla visiter les pays de Piedmont, et fis tout le voyage. Quelque temps après, la guerre commença entre l'Empereur et luy à Parme et autres lieux des frontieres, et leva le Roy une grosse armée pour aller en Allemagne : et luy, estant à Sarebourg [1552], me renvoya à Nancy et en Lorraine, pour aucunes de ses affaires et negoces ; et à son retour, l'allay trouver à Rodemac, à Luxembourg, et de là, passant par ledit pays, alla prendre Damvilliers, Monmedy et Ivoy. En l'an d'après [1553], l'Empereur leva une grosse armée, et assiegea Terrouenne et Hedin, et les prit. Le Roy leva aussi une fort grosse armée pour aller contre luy, et s'estant mis à la campagne, l'Empereur se retira vers Cambray, ayant toujours le Roy à sa queue ; et se retira à un fort près Valenciennes, où luy fut presenté la bataille et tiré canonnades dans son fort, dont les ennemis ne voulurent oncques sortir, et se retira le Roy avec son armée, l'hyver approchant. Et l'an suivant [1554], ledit seigneur Roy leva une grosse armée, et en personne delibera d'entrer dans le pays ennemy par le costé du Liege, assiegea et prit Dinant, Bovines, et de là se retira près le pays de Hainaut, et à Binche qu'il mit en ruine, et vint à grandes journées jusques à Crevecœur en Cambresis, pour recouvrer des vivres dont il avoit besoin. Et de là m'envoya ledit seigneur à Saint-Quentin, à Peronne, à Corbie et à Amiens, et l'allay trouver près Hedin, et de là tira ledit seigneur vers le chasteau de Renty ; l'Empereur nous costoyant toujours à deux lieues près avec grosse armée, où il estoit en personne, et ne nous osa assaillir.

Le Roy alla assieger ledit Renty, qui fut battu par deux jours, et l'Empereur se vint loger à une lieuë près de là, pour secourir ladite place ; et cessa la batterie dudit Renty au tiers jour, par faute de poudres ; et le quatriesme jour après, l'Empereur envoya quelque quantité d'arquebusiers pour gagner le logis de la forest de Foucamberg, et gagner ledit bois, ce qu'ils firent ; toutefois ne sçurent gagner ledit logis pour ce jour, et le lendemain ledit Empereur se mit en bataille pour venir y loger, ou bien pour bailler la bataille. Le Roy pareillement se mit en ordre pour l'attendre, et vint l'avant garde dudit Empereur outre le bois, laquelle fut chargée et renversée, et le logis et le bois regagné ; où il fut defait vingt-deux enseignes de gens de pied, et quatre cornettes de gens de cheval, et six

---

(1) Jaillon.

pieces d'artillerie prises ; et furent renversées jusques à la bataille, où estoit ledit Empereur : lequel voyant cela, se retira en son logis d'où il estoit party, et là se fortifia le lendemain. Le Roy luy fit encore presenter la bataille, et pour l'attirer tira plusieurs coups de canon en son camp ; lequel ne voulant sortir, le Roy se retira près Montreuil, parce qu'il avoit faute de vivres ; et n'avoit poudres pour faire batterie audit chasteau de Renty : auquel lieu il attendit encore quatre ou cinq jours, voir si l'Empereur viendroit donner bataille, parce que l'on disoit qu'il n'attendoit que trois mille Espagnols que le prince d'Espagne avoit amenez d'Angleterre ; et voyant qu'il n'y venoit, ny faisoit semblant de revenir, sa personne s'en revint en France, et laissa M. le connestable chef de son armée pour huict ou dix jours, et m'en revins avec ledit seigneur parce que j'estois en mon quartier et temps de service.

Et après avoir iceluy temps achevé, ledit seigneur m'a voulu mettre chambellan de messeigneurs le Dauphin, duc d'Orleans et d'Angoulesme ses enfants, non qu'il aye voulu que j'aye laissé son service et estat de maistre d'hostel ; mais, voyant m'approcher de soixante ans, a voulu me mettre en l'estat pour à l'advenir estre en repos. Ce considerant, et que besoin estoit laisser ma maison pour ledit service, ay deliberé mettre ordre ès partages de mes enfans, à ce qu'ils pussent demeurer à l'advenir en paix. Aussi ay voulu disposer de mon ame, le tout en la forme contenuë en mon testament.

[1557] Depuis, le roi Philippe dressa une armée, et vint en Picardie, et assiegea Saint-Quentin ; et pour le secourir, le connestable fut devant ledit Saint-Quentin pour y mettre gens, où il fut destruit le jour de Saint Laurens, et grand nombre de seigneurs. Depuis fut traitée paix entre lesdits rois [1558], à condition que le Roy rendroit le pays de Piedmont à M. de Savoye, espousant madame Marguerite, sœur du Roy, et aussi le roy d'Espagne rendroit les terres prises des dernieres guerres ; et espousa ledit roy d'Espagne la fille du roy Henry, par le duc d'Albe. Et pour solemniser les nopces [1559], fut dressé un tournois, où fut blessé d'un éclat de lance ledit Roy, qui mourut dudit coup le onzieme après ; et fut dommage, parce que c'estoit un bon et benin prince, lequel je vis trespasser et ouvrir, et fis mettre en son cercueil. Et luy succeda François II, son fils, âgé de seize ans, qui, après avoir fait son enterrement, me retint à son service ausdits estats que j'avois eus.

[1560] Dès-lors, il voulut que j'eus la charge et gouvernement de messeigneurs ses freres, et depuis ledit Roy mourut à Orleans, et m'envoya au bois de Vincennes d'où il me fit capitaine, ayant la charge de monseigneur d'Anjou, son frere, où je fus jusques à son decès. Auquel succeda Charles IX, son frere, lequel me continua en mesdits estats, et davantage me fit gentilhomme de sa chambre, avec les livrées de livres, comme les autres gouverneurs ; à raison que je suis vieil, ne pouvant plus la prendre, et aussi voyant les troubles et affaires qui estoient en ce royaume, tant du fait du gouvernement que de la religion, commençay à me retirer à ma maison pour regarder à mon petit menage, bastir et edifier, comme ont fait les anciens.

Et après avoir fait entendre où j'ay employé mes jours, je veux bien faire entendre en quel bien j'en ay fait le commencement. Comme dit est, mon pere me laissa en l'age de six semaines, avec quatre cents livres de rente, qui estoient affectez à un nommé Jean des Champs, sur quoy falloit payer à ma mere Anne de Bigny, par chacun an, huit vingt quinze livres ; parquoy ne me restoit plus que deux cens vingt-cinq livres de rente, sans logis ny meubles, parce que, par la coustume, l'ayeul et l'ayeule, ou oncle baillistre, faisoit les meubles et levées siens, sans en rendre aucun compte. Et si à present lesdites terres valent mieux, faut entendre que le boisseau de bled lors ne valoit que quatre blancs, et à present il vaut six sols. Aussi des baux des dixmes et terrages est augmenté des deux parts, et aussi pareillement la despense : et si j'ay eu quelque domaine à Jars, c'est d'eschanges en la plus grande part, dont je me suis accommodé, et nonobstant mon vieil age, ledit seigneur ne me voulut laisser au voyage qu'il entreprit l'an 1564, pour aller visiter son royaume, tant pour faire demonstration de sa religion, que pour voir comme justice estoit administrée, ensemble l'edit de la pacification. Et partit de Fontainebleau, le lundy huitieme mars audit an 1564, pour s'en aller en Brie, Champagne et Bourgogne : et passant à Dijon, je trouvay messieurs de Chandenier, de mon nom et de mes armes, qui avoient plusieurs procès desquels j'en accorday vingt-deux ; et de là ledit seigneur tira à Lyon, en Dauphiné, Provence et Languedoc ; et, passant par Toulouse, je trouvay les enfans du feu seneschal de Toulouse, lesquels j'accorday, comme il sera à plein dit cy-après ; et audit lieu de Toulouse, il plut audit seigneur Roy, le jeudy huitieme fevrier 1565, de m'honnorer et me faire chevalier de son Ordre, et de là, il vint en Guyenne, où à Bayonne il vit la reine d'Espagne sa sœur, et de là s'en revint par Perigord ; Angoulesme et Coignac ; duquel lieu je luy demanday congé de venir en ma maison, attendu qu'il y avoit deux ans que je n'y avois esté; ce qu'il m'accorda; et voulant derechef reconnoistre mes services, voulut que ma livrée du bureau, qui est de soixante sols par jour, me fut comptée, tant present comme absent, tant que je vivrois, et me fit expedier lettres.

En partant dudit Coignac, je fus voir la maison de Rochechoüart, dont je suis sorty, et où je n'estois jamais allé, et aussi fus voir M. de Mortemar, mon parent de nom et d'armes, et autres; où je connus que ceux de nostredite maison avoient quatre-vingt mille livres de rente, dont j'estois le moindre; qui est pour faire entendre que la maison n'a commencé de moy, comprenant ausdits biens le vicomté de Rochechoüart, la maison dudit sieur de Mortemar et de Montpipeau, celle de Chandenier et de Saint-Amant, et la mienne. Faut entendre que, passant par Toulouse, je trouvay les heritiers de feu M. de Saint-Amant, en son vivant seneschal de Toulouse, en divorce, lesquels j'accorday; et ne demeura que les deux petites filles de feu Antoine de Rochechoüart, seigneur de Saint-Amand, qui n'y avoient leur tuteur ny homme pour eux, et aussi que leurs biens estoient mal administrez; tous leurs parens ensemblement, et jusques au nombre de trente, comme appert par leurs signatures, me prierent avoir pitié desdites filles, et sauver cette pauvre maison, attendu que j'avois le moyen, et que leurs biens estoient près de Jars, et aussi qu'à moindre frais j'y pourrois vacquer, et qu'ils estoient d'advis que lesdites deux filles fussent mariées à mes deux petits garçons; sçavoir, à mon fils du second mariage, et au fils de mon fils aisné, pour la conservation des armes de la maison; attendu qu'ils estoient de si près parens qu'avec petite dispense on les peust assembler; à quoy je fis response que j'estois vieil, approchant de soixante et dix ans, ayant charge en la maison du Roy, et plusieurs enfans, que je n'en pouvois porter telle charge; bien, pour l'amitié de ladite maison et mon sang, je me transporterois à Paris, avec les contracts et memoires des affaires, et que si mon pouvoir satisfaisoit, que j'accepterois volontiers le contenu cy-dessus, pourvu que le tout fut pacifié avec les parens, sans autre forme de procès: car je ne voudrois point embrouiller ma maison ny la laisser chargée.

Et le quinziesme novembre 1565, je fus audit Paris; où je trouvay par conseil que, nonobstant la volonté desdits parens, estoit besoin de faire bailler autre tuteur ausdites filles, ou bien que, par l'advis de la tutrice provisionnelle, lesdites filles fussent mariées ausdits deux petits fils, nonobstant leur jeune âge; et par ainsi je pourrois administrer le bien desdites filles, et, quant à la disposition de mes biens et de ma maison, je trouvay par conseil que je devois asseurer le fils de mondit fils sur les biens qui luy devoient escheoir de ma maison, qui est la maison principale de Jars, et la moitié du revenu, à ce que ladite fille de Saint-Amand luy fut donnée en mariage, et l'autre moitié demeurant à mon fils aisné, pour les enfants qu'il pourroit avoir du second lit, sans aucunes charges de leurs sœurs ny dettes; et aussi que j'avois donné à mon fils du second mariage la terre et seigneurie de Chastillon-le-Roy, et autres terres contenues ès lettres de ce faisant mention, sans aucunes charges de sesdites sœurs ny autres dettes. Et quant à mes filles, je leur donnay à chacune dix mille francs, pris sur mes meubles et conquets, hors desdites terres, laissant le contrat de mariage de ma femme d'à present en sa force et vigueur. Et du depuis, le Roy voulut encore m'honorer de la charge de son premier maistre d'hostel, où je sers il y a trois mois.

FIN DES MÉMOIRES DE ROCHECHOUART.

MÉMOIRES
D'ACHILLE GAMON,
AVOCAT ET CONSUL D'ANNONAI.

MÉMOIRES
DE
JEAN PHILIPPI.

SUR LES MÉMOIRES D'ACHILLE GAMON,

ET

DE JEAN PHILIPPI.

Achille Gamon, avocat d'Annonay, fut nommé consul de cette ville en 1558, et Jean Philippi, vers la fin du seizième siècle, était général ou conseiller des aides à Montpellier : on n'a point d'autres renseignements sur ces deux auteurs. L'un et l'autre ont commencé leur relation en 1560; Gamon s'arrête en 1586; Philippi va jusqu'en 1590. Leurs Mémoires nous offrent un tableau des désastres qui affligèrent leur province pendant les guerres de religion; ce tableau produit plus d'impression que s'il embrassait une plus vaste étendue : tant d'atrocités réunies sur un faible point du royaume font naître des réflexions pénibles, mais salutaires, par la vive horreur qu'elles inspirent. Qu'il y ait eu des hommes entraînés par le sentiment religieux, nous n'en doutons pas; mais, pour la plupart, la religion fut le prétexte, plutôt que le mobile. Cela nous rappelle un passage que nous citons, parce qu'il caractérise l'époque nettement : « Tout étoit si brouillé, dit Le Laboureur, que non-seulement le roi, la reine sa mère et les princes du sang, mais encore chaque maison puissante avoit des desseins et des maximes tout différents, soit pour se maintenir, soit pour s'agrandir. Tout le monde prévoyoit la ruine de l'état, et chacun des grands avoit la vue sur une pièce de ce futur naufrage. »

On trouve dans les Mémoires d'Achille Gamon beaucoup de détails sur les calamités que souffrit la ville d'Annonay. Entre autres particularités curieuses, on y voit qu'en 1560, dans les états de Languedoc, tenus à Montpellier, il fut proposé, au nom du tiers-état, de vendre tous les biens du clergé pour acquitter les dettes contractées sous les règnes précédents. « Peu s'en fallut, dit l'auteur, que cette proposition ne fût adoptée. »

Les Mémoires attribués à Philippi sur l'autorité de l'abbé Grefeuille, auteur d'une Histoire de Montpellier, sont rédigés avec moins de soin que ceux de Gamon; c'est une espèce de journal fait sans prétention, sans développements, où l'on rencontre quelques anecdotes qui révèlent l'esprit du temps mieux peut-être que de longs récits. Ainsi, après avoir raconté les persécutions exercées par les protestants contre les prêtres et les catholiques, il ajoute « que le peuple portant la haine jusqu'aux bonnets quarrés, les gens de justice furent obligés de prendre des chapeaux ou bonnets ronds. » Il parle d'une assemblée tenue à Nîmes, vers la fin de 1562 : *On y régla tout*, dit-il, *à l'instar des républiques réduites en démocratie.* Viennent ensuite plusieurs remarques sur la conduite de Damville, gouverneur du Languedoc.

Ces deux Mémoires, écrits par des témoins oculaires, font bien connaître l'esprit et le caractère des peuples du midi de la France, pendant la seconde moitié du seizième siècle; ils sont, par rapport aux autres mémoires, comme un épisode qui complète un grand drame historique.

Ils ont paru, pour la première fois, dans un recueil intitulé *Pièces fugitives pour servir à l'histoire de France*, publié, en 1759, par le marquis d'Aubais et par Léon Menard, conseiller au présidial de Nîmes.

A. B.

MÉMOIRES

D'ACHILLE GAMON.

L'an 1558, le 27 décembre, furent élus consuls d'Annonai Achilles Gamon, avocat, et André Marclan, pour les deux années suivantes 1559 et 1560. C'est dans celle-ci que commencèrent les troubles et les émotions au sujet de la religion. La compagnie des gendarmes du comte de Villars, lieutenant du gouverneur du Languedoc, fut envoyée en garnison à Annonai, d'où elle délogea bientôt par ordre de Marillac, abbé de Thiers.

Il y eut deux assemblées des états de Languedoc, tenues, l'une à Beaucaire au mois d'octobre 1559, et l'autre à Montpellier au mois de mars 1560, où les états furent extraordinairement assemblés après l'assemblée générale de ceux de tout le royaume, tenue à Orléans au commencement du règne de Charles IX.

Le sujet de ces assemblées étoit l'acquit des dettes du Roi, qu'on disoit monter à plus de quarante-deux millions, et dont le clergé de France offroit d'acquitter dix-sept. Cet offre fut proposée dans l'assemblée, et approuvée de la noblesse; mais Terlon, avocat et capitoul de Toulouse, qui portoit la parole au nom du tiers-état, dit que l'expédient le plus prompt étoit de prendre tout le temporel de l'Eglise, en reservant aux bénéficiers les maisons et les terres adjacentes de leurs bénéfices, et une pension équivalente aux revenus de ces derniers, que le Roi leur assigneroit sur les bonnes villes du royaume. Cette proposition fut vivement rejettée par l'évêque d'Usez, aussi bien que les plaintes que Chabot, advocat de Nismes, à qui l'audience fut d'abord refusée, et ensuite accordée à cause des clameurs et des murmures du peuple, fit à l'assemblée contre les ecclésiastiques, sur lesquels il requit qu'on fît tomber les charges de la province, pour les dédommager des maux qu'ils en avoient reçus, et soulager le peuple; ajoutant à ces plaintes, et au portrait qu'il fit de l'ignorance et de la corruption des mœurs des prêtres, la demande qu'elles fussent inserées dans le cahier des états, pour être présentées au Roi avec la signature de trente syndicats favorables à la religion reformée, dont Crussol, duc d'Usez, se chargea au refus des états. Ledit Chabot étant sorti de la salle, tout le peuple, dont il étoit attendu, se retira sans bruit.

La crainte d'exciter une sédition parmi le peuple empêcha les prélats, les barons et les autres, qui composoient l'assemblée des états, de faire arrêter cet avocat : ils vouloient le faire punir comme un perturbateur du repos public. Leurs sentimens étoient d'ailleurs si partagés sur la religion, ils se défioient tellement les uns des autres, que personne n'osa proposer sa punition. Un air de réforme, dont les prédicateurs de la nouvelle religion faisoient voir la nécessité, séduisoit les uns; la liberté qu'elle favorisoit corrompoit les autres, et dans l'incertitude, ou, pour mieux dire, l'ignorance de la religion catholique et de la religion reformée où on étoit, on ne sçavoit à quelle des deux on devoit s'attacher, et quels pasteurs il falloit suivre. La nouvelle religion fit en peu de temps des progrès étonnans dans la ville d'Annonai et dans tous les autres lieux voisins, d'où elle se communiqua et se répandit de l'un à l'autre. Quelques-uns, touchés du discours de l'avocat dont nous avons parlé, devinrent protestans; leur exemple en entraîna d'autres, et le nombre de ceux qui les suivirent s'accrut tellement, et leur parti devint si supérieur à celui des catholiques, qu'ils abbattirent, pendant la nuit du 6 de mars 1561, toutes les croix de la ville, du fauxbourg et des lieux circonvoisins.

Le 15 suivant, les autels furent renversés, les images brisées et brulées dans les églises, et la nouvelle religion prêchée dans les places publiques.

Le massacre de Vassy donna lieu aux premiers troubles au sujet de la religion. Ceux de la nouvelle, plus forts que ceux de l'ancienne, s'emparèrent des villes de Lyon, de Tournon, de Romans, de Valence et d'Annonai, sans trouble ni sédition, au mois de mai de l'an 1562. Le sacrifice de la messe fut suspendu et comme interdit; on bâtit des temples; on appela les ministres Pierre Railhet et Pierre Boullod, et on fit l'exercice public de la nouvelle religion. Quoique la ville d'Annonai fût sous les ordres des consuls, Pierre Gueron, sieur de Prost, y fut appelé de Lyon pour en prendre le commandement.

Le 27 de juillet, les religionnaires enleverent pendant la nuit, les ornemens, les vases sacrés, l'argenterie et les saintes reliques : ce qui irrita extrêmement les catholiques de cette ville, tous leurs voisins, et en particulier le baron de Saint-Vidal, l'évêque du Pui, et plusieurs autres seigneurs, qui menacerent de les aller assiéger pour les en punir.

Les consuls, craignant de ne pouvoir pas garder leur ville, ni contenir les habitans à cause de la diversité des sentimens sur la religion, y appellerent Sarras, François de Buisson, nouveau protestant, et lui en donnerent le commandement, sous le bon plaisir et la commission du baron des Adrets. Ce commandant maltraita les gentilshommes voisins, et vexa les catholiques.

Sur la fin d'octobre 1562, ledit Sarras, sous une pretendue commission du baron des Adrets, fit armer environ cent quarante artisans ou laboureurs d'Annonai, avec lesquels il surprit Saint-Estienne en Forez, dont, après avoir enlevé les armes, et fait un butin considérable, il fut chassé au plus vite par les habitans des lieux voisins, avec perte de tous ceux qu'il avoit emmenés d'Annonai, et défait avec le reste de ses troupes.

Le bruit de cette défaite, où le frere de Sarras fut dangereusement blessé et fait prisonnier, découragea la plûpart des habitans d'Annonai, qui, se voyant sans armes et sans secours, abandonnerent la ville, et se retirerent ailleurs.

Quatre jours après, sçavoir le dernier octobre 1562, Saint Chamond, accompagné de douze à quinze cens hommes, s'étant présenté devant la ville d'Annonai par ordre du duc de Nemours, somma la ville de se rendre au nom de ce seigneur, et de se soumettre à l'obéissance du Roi; ce qu'ils refuserent d'abord, quoique denués de tout secours, jusqu'à ce qu'ayant sauvé les ministres Railhet et Boullod, et fait conduire en lieu de sureté, ils capitulerent avec Saint-Chamond, qui, après avoir fait bruler une partie du pont de Deome, et abatre le mur près du pont de Valgella, entra dans la ville avec ses troupes, passa au fil de l'épée tous ceux qu'il trouva sous les armes, fit précipiter ceux qu'il trouva dans les tours, épargna les catholiques retirés chez du Peloux et Jarnieu; et après avoir fait bruler ou renverser les tours, et permis le saccagement de la ville, se retira avec ses troupes, et alla joindre le duc de Nemours, qui campoit devant Vienne, dont il s'étoit rendu le maître, et arrêter les desordres que le baron des Adrets faisoit aux environs de cette ville. Il mit en garnison Jarnieu dans le château des Célestins de Colombier-le-Cardinal, peu éloigné de la ville d'Annonai.

Pendant le pillage d'Annonai, le chevalier d'Apchon faisoit de son côté piller par ses hommes les lieux voisins, où les religionnaires s'étoient fortifiés.

La retraite de Saint-Chamond donna lieu à Pierre Peichon, successeur de Pierre Fourret, et aux deux consuls qui s'étoient retirés à Tournon et à Valence, d'appeler les chefs des religionnaires pour s'en saisir de nouveau; ce qui fut exécuté en vertu d'une délibération prise dans une assemblée tenue à Baïs : et le comte de Crussol, chef des églises protestantes de Languedoc, sous l'obeissance de Dieu et du Roi, en donna la commission à Saint-Martin, son lieutenant au pays de Vivarais, lequel y entra sans résistance le 28 décembre 1562 avec quatre cents hommes de pied ou de cheval, en fit aussi réparer les murailles, et tâcha de la mettre en état de deffense. Après son entrée dans Annonai, ledit Saint Martin somma, mais inutilement, le château des pères célestins de Colombier.

Le duc de Nemours, averti de la prise d'Annonai par les relligionnaires, y envoya Saint-Chamond avec trois mille hommes assemblés du pays de Forez, pour la reprendre; ce qu'il fit après deux jours de siége, que les habitans soutinrent malgré la retraite de Saint-Martin. La crainte des aproches de l'armée fit sortir Saint-Martin et se retirer à Tournon, sous prétexte d'aller chercher du secours; mais, privés de secours et de munitions de guerre, ils furent obligés de se rendre par capitulation le 11 janvier 1563, dont les conditions furent : 1° Que les troupes étrangeres sortiroient avec leurs armes et leurs chevaux, et que, sans emporter leurs enseignes, ils pourroient se retirer où bon leur sembleroit; 2° que la ville ne seroit pas donnée au pillage; 3° qu'on ne feroit aucun préjudice aux habitans; 4° qu'il seroit libre à ces derniers de se retirer au château s'ils vouloient, et leurs femmes avec leurs enfans dans les maisons de Jarnieu et du Peloux; 5° que l'infanterie n'entreroit point dans la ville; 6° que la cavalerie n'y logeroit qu'une aprés-dinée, pour y prendre quelques rafraichissemens. Ce fut sous cette capitulation, qui fut reçue par une pauvre femme qui servit de trompette, que les habitans ouvrirent les portes à Saint-Chamond; mais, nonobstant ces conditions, après avoir fait passer au fil de l'épée tous les habitans qui sortoient avec la garnison, il fit suivre et charger celle-ci par le chevalier d'Apchon, qui, ayant été vivement repoussé par le capitaine Montgros, fit piller et tuer tous les religionnaires qu'il rencontra sur son passage.

Saint-Chamond fit entrer son infanterie et sa cavalerie dans la ville d'Annonai, où le fer et le feu furent également employés, et où le soldat exerça toutes les fureurs de la guerre, jusqu'à précipiter du haut des tours quelques habitans et officiers de la ville qui avoient été les plus séditieux et les plus rebelles : plusieurs catholiques eurent le même sort que les religionnaires; et il n'y eut de sauvés que ceux qui se retirerent chez les gentilshommes voisins, ou qui s'allerent cacher dans les bois; le pillage dura cinq jours.

Le 14 du même mois, Saint-Chamond, après avoir fait brûler les portes d'Annonai, demanteler les tours et raser les murailles de la ville jusqu'aux fondemens, se retire à Boulieu, voisin et dependant d'Annonai, où les religionnaires qui l'habitoient ne furent pas mieux traités que ceux de cette derniere ville.

Le 14 de mars de l'an 1563, le Roi fit publier un edit de pacification, qui donna à chacun la liberté de conscience avec le libre exercice de la religion reformée en certaines villes des bailliages, senechaussées et gouvernemens, et en celles où elle avoit été exercée jusqu'au 7 dudit mois; ce qui commença à rétablir les religionnaires, auxquels on donna la ville d'Annonai pour la senechaussée de Beaucaire et de Nismes. Ce fut en vertu des lettres patentes du Roi, du 20 d'août 1564, que le baillif royal d'Annonai leur assigna, dans le fauxbourg de La Reclusiere, la maison de Gonnet Merle pour l'exercice de leur religion, où le ministre Railhet fit le prêche jusqu'au temps des nouveaux troubles. Ces lettres patentes furent suivis de l'exemption des tailles et impositions, que le Roi accorda pour un an à la ville et baronnie d'Annonai.

Le jour de Saint Michel, 29 septembre 1567, on prit les armes une seconde fois dans le royaume, au sujet de la religion. Les religionnaires se saisirent des villes de Vienne, de Valence, et se seroient rendus maitres de plusieurs autres si la saison leur eût été plus favorable.

Les habitans d'Annonai, de l'une et de l'autre religion, voyant la guerre s'allumer dans tout le royaume, convinrent entr'eux de vivre en paix les uns avec les autres sous l'obéissance du Roi, et la soumission à ses édits. Cette paix dura jusqu'au second édit de pacification du 23 mars 1568.

Dans ce même temps, le bruit s'étant répandu que l'édit de pacification n'auroit pas lieu, deux jeunes gentilshommes, cadets de la maison de Condamine et Bayar, soutenus d'une vingtaine de soldats, se saisirent, en juillet 1568, de la ville d'Annonai; et mirent aussi-tôt des gardes aux portes, en faisant entendre aux habitans qu'ils devoient être joints incessamment par cinq cents hommes commandés par La Condamine et Bayar; mais ceux d'Annonai, s'étant aperçus de leur ruse, les forcerent de sortir de la ville, et les poursuivirent sous le commandement de Jarnieu, baillif d'Annonai.

Au commencement du mois de septembre 1568, les seigneurs de Saint-Romain, de la maison de Saint-Chamond, qui fut archevêque d'Aix, de Virieu et de Changy, à la tête de sept cents hommes de Daufiné, ayant pris les armes en faveur des religionnaires, s'avancerent vers la ville d'Annonai, s'en rendirent les maîtres, et y séjournerent pendant huit jours; ils y firent entrer, contre la foi du traité, huit cents hommes, brulerent les bâtimens et l'église des Cordeliers, firent abattre celle de la paroisse, rompirent et vendirent les cloches de la ville, et, huit jours après, se retirerent par les montagnes du côté du Poitou avec plus de deux cens habitans de la ville, qui avoient favorisé leur entrée et tous leurs désordres.

Le 12 du même mois 1568, sur les dix heures du soir, les espions d'Annonai ayant rapporté que Saint-Chamond, frere ainé dudit Saint-Romain, étoit en marche pour s'y rendre à dessein de la raser, parce qu'elle étoit la retraite des religionnaires qui s'assembloient en armes, et qu'il conduisoit avec lui les compagnies des gensdarmes du senechal de Lyon, du seigneur d'Urfé, baillif de Forez, et du chevalier d'Apchon, et qu'il étoit suivi d'un grand nombre d'argoletz commandés par Saint-Priest, et quelques compagnies de pied levées dans le Forez, sous la conduite des capitaines Le Blanc, Fourel et Clair-Imbert, tous les protestans, et surtout ceux qui avoient favorisé les derniers désordres, se mirent en fuite, et se retirerent, partie chez les gentilshommes voisins, et partie dans les villages ou dans les bois des environs.

Le lundi 13, Saint-Chamond entra dans Annonai qu'il trouva ouvert et abandonné de presque tous ses habitans, et alla ensuite loger chez les celestins de Colombier, d'où le jeudi suivant il prit la route de Tournon avec ses troupes, pour deffendre le passage du Rhône aux ennemis;

mais ceux-ci plus diligens le forcerent de retourner à Annonai, d'où, après un pillage affreux, des exactions et des violences horribles, et avoir mis le feu aux quatre coins, il alla le lendemain dans le Forez et le Velai.

Avant sa sortie d'Annonai, il tenta de surprendre les religionnaires, qui s'étoient réfugiés en grand nombre et avec leurs effets dans les châteaux et villages voisins ; mais La Tour-Maubourg l'ayant prevenu rendit sa tentative inutile.

A peine Saint-Chamond fut arrivé en Velai, qu'il envoya trois compagnies de ses troupes à Annonai, qui fut pillé, saccagé et rançonné pour la cinquième fois, le 24 septembre 1568.

Pendant ce temps-là, les troupes de Saint-Romain et de Virieu, s'étant jointes à celles d'Acier, frere du comte de Crussol, se rendirent par le Gevaudan dans les provinces de Guienne, de Xaintonge et du Poitou, où la guerre étoit ouverte, et où il y eut deux camps pendant tout l'hiver, qui fut très-rude, commandés, l'un par Monsieur, frère du Roi, et l'autre par le prince de Condé.

Le duc d'Anjou, comte de Forez, qu'il tenoit pour une partie de son apanage depuis la révolte du duc de Bourbon, comte de Forez, la ville d'Annonai lui appartenant en cette qualité, ayant apris que le capitaine Praulx s'étoit jetté dans la ville de Beaulieu par ordre de Joyeuse, qui, pour son entretien et celui de ses troupes, lui avoit assigné une grosse somme à prendre sur la ville et baronnie d'Annonai, donna pour celle-ci des lettres de sauvegarde et d'exemption, qu'il fit signifier à La Tourete, commandant pour le Roy dans le haut Vivarais ; et les habitans furent déchargés de la garnison dudit capitaine Praulx, à la place duquel il mit le capitaine La Garenne avec quarante auxquels il assigna 400 livres par mois sur la ville d'Annonai, ensuite sur le pays, et surtout sur les religionnaires et sur les biens confisqués de ceux qui s'étoient retirés, et portoient les armes contre les catholiques : ceux qui resterent dans la ville furent privés de leurs charges, tant par l'édit du Roi que par arrêt du parlement de Toulouse, ampliatif de celui qui fut publié au bailliage d'Annonai le 17 février 1569.

L'armée des princes de Navarre et de Condé en faveur des religionnaires, s'étant raliée après la déroute de Montcontour, sous la conduite de Gaspard de Coligni, amiral de France, courut quelques jours aux environs de Toulouse, et de là se rendit à Montpellier, à Nismes, ensuite dans le Vivarais, et séjourna environ quinze jours à Charmes, Saint-Peray et Chalançon, et quelques autres endroits ; d'où elle passa, en mai 1570, à Saint-Etienne en Forez, et de là à La Charité et Sancerre, commettant mille désordres dans leur passage et dans leur route.

Suze s'étant mis en marche pour cotoyer cette armée et l'attaquer aux environs de Saint-Didier en Velai avec cinq cens chevaux et quinze cens hommes de pied, il la suivit jusqu'au bourg Argental et à Saint-Sauveur en Forez ; mais il fut obligé de se retirer et de repasser le Rhône, par la desertion d'une grande partie de ses troupes, qui craignoient qu'il ne voulût les ramener en Guienne, où elles avoient passé un mauvais quartier d'hiver.

L'édit de pacification donné à Saint-Germain en Laye au mois d'août 1570, fut publié au bailliage d'Annonai, et sa publication fit cesser d'abord la guerre et les hostilités de part et d'autre.

Deux ans après, le 24 août 1572, le massacre surnommé de Saint-Barthelemy, fait à Paris, Orleans, Rouen, Meaux, Macon, Lyon, Romans, Valence, Toulouse, et dans les autres principales villes du royaume, jetta une si grande terreur sur les religionnaires d'Annonai, qu'au moindre bruit ou mouvement des catholiques ils se mettoient en fuite sans être poursuivis de personne.

Environ Noël de l'an 1572, Henri de Montmorenci, seigneur de Dampville, mareschal de France, vint en Languedoc avec la commission de lieutenant général pour le Roi dans cette province, et celles de Lyonnois, Dauphiné et Provence. En passant à Vienne, il donna le commandement de la ville et baronnie d'Annonai à Nicolas du Peloux, seigneur de Gourdan et de La Motte, chevalier de l'ordre du Roi. Ce commandant fit publier la commission du duc de Montmorenci en janvier 1573, qui portoit l'assurance de la liberté de conscience en faveur des religionnaires, pourvû qu'ils fussent tranquilles et soumis aux ordres du Roi, à la reserve de ceux qui avoient commandé dans l'armée contre les catholiques. Ledit du Peloux déclara ensuite de bouche aux habitans d'Annonai, que l'intention du Roi étoit qu'il n'y eût qu'une religion en France, et que tous ses sujets allassent à la messe ; et après avoir fait lire les instructions et les ordres du Roi à tous les gouverneurs sur cela, il commanda aux curés de tenir un registre de tous ceux qui iroient à la messe, et voudroient faire profession de la religion catholique et romaine, et exhorta les habitans de se conformer aux ordres de Sa Majesté.

La memoire recente des châtimens passés fit que, le dimanche suivant, la plûpart des protestans d'Annonai, et, à leur exemple, ceux des villes et villages voisins, assisterent à la messe.

Du Peloux, ayant merité par sa sage et prudente conduite le commandement du haut Vivarais, se comporta avec tant de douceur et de modération dans son gouvernement, qu'il contint tout le pays dans la paix et dans la soumission; mais, sur l'avis qu'il eut qu'à l'occasion du massacre de la Saint-Barthelemi les religionnaires d'Aubenas et de Privas avoient pris les armes, et qu'ils s'étoient emparés de nouveau de la villes de Dezaignes, aussi-bien que du château de Bozas, il fit réparer les bresches des portes d'Annonai, et fortifier le château; il mit quelques troupes aux dépens du pays dans le château de Quintenas, et envoya son frere Charles du Peloux, sieur des Colaux, pour commander dans la ville de Chalençon : celui-ci y fut bientôt après assiegé par les religionnaires, qui se jetterent et se retrancherent dans le fauxbourg; mais du Peloux ayant rassemblé quelques troupes, auxquelles plusieurs catholiques d'Annonai se joignirent, il attaqua le renfort qui venoit secourir les assiegeans, et l'obligea de se retirer avec perte et confusion.

Parmi ceux qui avoient pris les armes pour la religion, il y eut un jeune homme nommé Erard, du pays de Vernoux, qui, ayant quitté la bazoche de Vismes, se mit à la tête de quatre-vingts hommes de son genie et de sa façon, avec lesquels, sous un guide d'Annonai qui connoissoit le pays, il se jetta dans les tours du seigneur de Munas (1), près d'Ardois et d'Oriol, qu'il fit réparer; de là, pour faire subsister sa troupe, il faisoit des courses sur les villages voisins, qu'il chargeoit d'exactions et de contributions, du Peloux l'ayant assiegé inutilement dans les tours de Munas et d'Oriol.

Au mois de novembre 1573, les capitaines Roy et Tremolet, avec leurs troupes, se jetterent dans les maisons de Munas et Manoa, qu'ils pillerent, et dont ils emporterent tout ce que les villages voisins y avoient mis comme dans un lieu de sureté.

Le mois suivant fut remarquable par la treve qui fut traitée et concluë à Lotoire, paroisse de Quintenas (2), entre François de Barjac, seigneur de Pierregourde, commandant dans le Vivarais pour les religionnaires, et du Peloux. Selon cette treve, il fut dit que les garnisons des tours d'Oriol et desdites maisons de Munas, Manoa et Lotoire, se retireroient; que Boffres seroit ouvert, et que Quintenas et quelques autres châteaux seroient rendus à leurs maîtres, et que, moyen-nant cela, les religionnaires abandonneroient tous les forts du Vivarais, à la reserve de Dezaignes, et ne feroient pas la guerre dans le Vivarais. Ce traité fut conclu à Brogieu, paroisse de Roffieu, audit mois de decembre 1573, suivant lequel les tours d'Oriol furent abandonnées, et ensuite abatues. Quintenas, Lotoire, Manoa et Munas furent rendus à leurs maîtres; Boffres fut abandonné; Chalançon fut épargné, et ne fut pas demantelé, à la priere de la dame de Tournon, Claude de La Tour de Turenne, et de Hautvillars.

La guerre, terminée dans le Vivarais, commença en Velai, où Pierregourde fit venir ses troupes au mois de janvier 1574. Erard s'y rendit aussi avec les siennes, et se jetta dans la ville de Tence, qui avoit été demantelée, et la fortifia; il y fut ensuite assiegé, battu, fait prisonnier, et relâché. On raconte du susdit Erard, que, curieux de sçavoir combien de temps pouvoit vivre un homme sans aucune nourriture, il laissa mourir de faim plusieurs prisonniers, et que l'un d'eux vecut jusqu'au neuvième jour. Les religionnaires furent chassés des maisons ou forts dont ils s'étoient saisis, par Saint-Vidal, l'évêque du Pui, La Tour, Saussac et autres gentilshommes, dans l'espace de cinq ou six mois, reprenans les châteaux d'Espalli près du Pui, Saint-Quentin, Bellemonte, Bellecombe et autres forts, au nombre de dix à douze; Baudisner se deffendit, parce qu'il avoit tenu et gardé depuis le commencement des troubles par le capitaine Vacherelles. Les protestans perdirent quatre ou cinq cents hommes en Velai.

Les estats de Languedoc, tenus à Montpellier, ayant résolu de ne rien imposer sur le fait de la guerre, du Peloux, voyant que le pays ne lui fournissoit pas de quoi la soutenir, se démit de son gouvernement sur la fin de janvier de l'an 1574, laissa la ville d'Annonai à la garde des habitans, et le château à celle de des Colaux son frère; ce qui donna lieu aux habitans d'élire pour gouverneur André de Gurin, sieur de Matré, gentilhomme; ils nommerent ensuite trois d'entr'eux pour la garde des portes de la ville, et bien-tôt après se chargerent de celle du château, avec la résolution de vivre en paix sous l'obéissance du Roi, et de ne favoriser en aucune manière les troubles, ni les differens partis.

Au mois de mars de l'an 1574, Peraud, qui, jusqu'alors avoit suivi du Peloux, soutenu de presque tous les soldats congédiés du château d'Annonai, et d'une cinquantaine de jeunes hommes de la ville et de la garnison du château de Bozas, s'empara de celui de La Barge et de Serrieres, mit garnison dans son château de Pe-

(1) et (2) Dans le diocèse de Vienne.

raud sur le Rhône, et enleva une voiture de marchandises de Lyon pour la valeur de 100,000 livres.

En 1574, les habitans de Preaulx et de Saint-Jure, à l'exemple de ceux d'Annonai, prirent le parti de se garder eux-mêmes contre les protestans; mais une compagnie de ces derniers ayant surpris l'église, où ils avoient porté tous leurs effets, furent pillés, aussi-bien que ceux de Saint-Jure, qui, surpris par le capitaine Clavel dans l'église où ils s'étoient fortifiés dans le temps même de la capitulation, furent presque tous ou tués ou blessés.

Montrond, de la maison d'Apchon, chevalier de l'ordre du Roi, fut fait prisonnier par les soldats de Peraud, dans une sortie de son château de Luppé, qu'il fit pour les reconnoître, et tué le dernier mars 1574 par un de ses sujets qu'il avoit autrefois maltraité.

Le 6 avril de la même année 1574, la ville de Malleval fut surprise par les soldats de Peraud à la faveur d'une grosse pluye; ils y mirent garnison, brûlerent quelques maisons, et s'y fortifierent avec perte de la part des habitans; ils mirent aussi garnison dans le prieuré de Charnas.

Ces nouveaux troubles, qui annonçoient une nouvelle guerre dans le Vivarais, furent cause que les habitans d'Annonai prirent de nouvelles résolutions de vivre en paix sous les edits du Roi, s'unirent ensemble et se promirent une fidélité mutuelle. Pierregourde, qui, le lundi de Pâque, 12 avril 1574, avoit pris par composition le château de Quintenas, et y avoit mis garnison, les somma de recevoir l'exercice de la religion reformée, et d'en faire profession publique, comme aussi d'abattre la grande eglise de la place vieille, afin que personne ne s'en saisit : ayant apris leur union, il ne les pressa plus.

D'un autre côté, Entragues, de la maison d'Urfé, gouverneur de Forez, et Saint-Chamond, levoient des troupes avec l'artillerie qui sortoit de Lyon, pour assieger Peraud, Serrieres et Malleval. Voulant se rendre maitres d'Annonai, ils sommerent les habitans de recevoir une garnison; mais ceux-ci, voulant s'en décharger et se garder eux-mêmes, promirent de ne recevoir aucunes troupes contre la volonté du Roi, et donnerent pour otage de leur parole et de leur fidélité deux habitans des plus considerables de la ville, de l'une et de l'autre religion; ce qui fut arrêté au château de La Condamine près d'Annonai, le 25 avril 1574.

Le même jour, les troupes de Saint-Chamond et d'Urfé partirent pour aller à Serrieres; à l'approche desquelles les protestans qui tenoient La Mure et Charnas les abandonnerent après de grands dégats. Peraud fut attaqué et assiégé le 3 mars 1574, et forcé d'abandonner ses deux châteaux.

Ceux qui occupoient le château de La Barge, et qui s'étoient retirés dans celui de Serrieres, abandonnerent celui-ci de nuit, de même que ceux de Malleval, sur le bruit de la marche et de la batterie de Peraud : cette ville fut brûlée par les soldats. Quintenas fut sommé de se rendre sans être attaqué, après quoi les troupes de Saint-Chamond se retirerent.

Le capitaine Cellier, cadet de sa famille, commandant alors de Quintenas sous Pierregourde, devenu suspect, se démit de son commandement, qui fut donné à Peraud, accompagné de ses troupes.

Quoique les habitans d'Annonai fussent sous la protection du prince Dauphin (1), lieutenant-général pour le Roi en Languedoc, Provence et Dauphiné, qu'ils eussent permission de se garder eux-mêmes, et qu'ils eussent fait supplier par des députés Saint-Chamond de les laisser en paix et en repos, ce dernier, après la prise de Peraud, ne cessoit de les solliciter et de les presser de recevoir une garnison catholique : ce qu'ils refuserent, aussi bien que ceux de Boulieu. Ceux d'Annonai furent alarmés sur le bruit qui se répandit que, depuis le décès de Charles IX, la Reine mere, régente du royaume, avoit donné à Saint-Chamond le commandement du Vivarais.

Sur ce bruit, Saint-Romain, frere de Saint-Chamond, commandant dans le bas Languedoc, les Cevenes, le Vivarais et le Velai, pour les religionnaires, se rendit au château de Bozas avec un grand nombre de troupes, d'où il écrivit aux consuls d'Annonai de lui envoyer cinq ou six de ses habitans les plus considerables pour conferer avec eux. Sa lettre lue dans l'assemblée de la ville, il fut délibéré que Matré, accompagné de quelques autres habitans, tant catholiques que religionnaires, iroient joindre Saint-Romain, et qu'ils le prieroient de ne rien tenter contre leur ville, et d'en éloigner ses troupes : ce qu'ils crurent obtenir. Mais pendant leur conférence tenue à Quintenas, deux ou trois compagnies, s'étant approchées et logées dans le fauxbourg, surprirent la ville, à la faveur de quelques habitans qui étoient d'intelligence avec d'autres qui étoient dans les troupes de Saint-Romain, donnerent entrée aux capitaines Clavel, Le Bouchet, Cussonnel, Le Bascou, et quelques au-

(1) Fils du duc de Montpensier.

tres; ce qui affligea extrêmement la ville, qui se vit replongée dans les mêmes malheurs qu'elle avoit voulu éviter, et qu'elle n'avoit que trop éprouvés auparavant.

Saint-Romain, informé de la surprise de cette ville, s'y rendit le jour même, le 17 juillet 1574, accompagné de trois ou quatre cents chevaux, et de cinq compagnies d'infanterie, mit des capitaines et des gardes aux portes et au château, et fut maître absolu de la ville; d'où le lendemain, 18 juillet, ceux des catholiques qui vouloient sortir furent accompagnés hors de la ville : on ne fit aucune violence ni aux prêtres ni aux autres catholiques qui voulurent rester.

Saint-Romain, touché de compassion sur l'état pitoyable de ces derniers, détourna la proposition qu'on fit de lever sur eux 2 ou 3,000 livres pour le payement des troupes, dont ils étoient déjà extrêmement foulés, aussi bien que les ecclésiastiques, les biens desquels étoient employés pour le payement des soldats avec ceux des deniers royaux et du domaine.

Pendant le séjour de Saint-Romain et de ses troupes à Annonai, la garnison de Quintenas se retira dans la ville; et le château magnifique de l'archevêque de Vienne, autrefois les délices de la maison de Tournon, fut brûlé et presque entièrement ruiné, avec l'église, que l'on croit de la fondation de Charlemagne.

Quintenas avoit été anciennement une abbaye de l'ordre de Saint-Benoit, à laquelle la maison de Tournon avoit donné des abbez, qui avoient fourni des sommes considerables pour la construction et l'entretien du château, sur l'une des portes duquel on voyoit autrefois les armes de cette maison, qui sont de France, parti de gueules au lion rampant d'or, avec la crosse abbatiale à la cime de l'écusson.

Saint-Romain arrêta par sa prudence et sa sage conduite l'insolence du soldat, et empêcha le pillage et les autres excès qui ruinoient le peuple.

La ville de Chalançon, assiégée cette même année 1574 par les religionnaires, sous la conduite de Pierregourde, traite et capitule avec eux et Saint-Chamond et Saint-Vidal, qui étoient en marche pour lui donner du secours. Selon ce traité, elle est démantelée avec les châteaux de Bozas, Estables et quelques autres forts, et les religionnaires y sont introduits. La guerre cesse jusqu'à l'arrivée de Henri III, appellé de Pologne, dont il étoit roi, à la couronne de France, par le décès de son frère Charles IX : il vint à Venise le jour de la surprise de la ville d'Annonai par les religionnaires. Saint-Romain établit à ses dépens une garnison à Annonai à la mi-août 1574; il y laissa trois compagnies de gens de pied, et y mit pour gouverneur Antoine de La Vaisserie, sieur de Meausse, près Montmirel en Quercy; il fit fortifier la ville et le château, sur le bruit et l'arrivée de la Reine régente à Lyon, sur la fin du mois d'août, avec quelques troupes françoises et six milles Suisses, et sur la crainte d'un siége.

Le 5 septembre de la même année 1574, le fauxbourg de Deome fut brûlé par ceux de la ville d'Annonai, comme aussi ceux de La Valette, Le Savel et Bourquille; les dehors de la ville furent ruinés avec les monasteres des Cordeliers, de Sainte-Claire, et la commanderie de Saint-George; le clocher et le chœur de l'église de la paroisse furent abattus; ce qui fut accompagné d'un grand nombre d'autres excès et ruines, soit des maisons, soit des fauxbourgs, soit du dehors de la ville.

Pierre Pinet, l'un de ceux que Saint-Romain avoit fait capitaines, quoique de basse extraction, ayant tué d'un coup de pistolet Guillaume de Grabias, sieur de Rueillan, gentilhomme de la suite de Saint-Romain, se retira le 23 juillet, pour éviter la rigueur de la justice, vers du Peloux et des Colaux, lesquels, à sa sollicitation, tenterent de surprendre la ville et le château d'Annonai, à la faveur de quelques officiers de ses amis; mais cette entreprise leur paroissant trop difficile, ils tenterent celle du château par le moyen d'un gentilhomme étranger nommé La Garde, qui ayant été découvert fut pris et arquebusé avec Chatinois, commandant de Pignieu.

La garnison du château des Celestins de Colombier assiege Pignieu, le prend et le brûle, après quelque resistance, le 17 octobre 1574.

Un moine de Saint Ruf, natif d'Annonai, nommé Jacques Baud, qui quelques jours auparavant avoit tué de sa main un certain Faron, fut tué lui-même d'un coup d'arquebuse en sortant de Pignieu.

Le Roi donne de nouveau en 1574 à Saint Chamond le commandement du haut et du bas Vivarais, et lui promet des troupes pour le siége d'Annonai. Saint-Chamond se rend aux Celestins avec les compagnie des gendarmes de Mandelot, de Rostaing et de La Barge, et dix ou douze enseignes d'infanterie. La Barge étoit mestre-de-camp de cette petite armée, avec laquelle Saint-Chamond fit sommer, le 28 octobre 1574, les habitans d'Annonai de se rendre au Roi s'ils ne vouloient y être forcés par un siége. Meausse, commandant d'Annonai, fit répondre qu'il n'y avoit ni Anglois, ni Espagnols dans la place, mais des François seulement, qui vouloient la garder pour le Roi, et que s'il s'obstinoit à vouloir l'assiéger, il avoit autant de force pour la deffendre qu'il pouvoit en avoir pour l'attaquer; ce qui fit que Saint-Chamond cantonna ses troupes autour d'Annonai, attendant plus grand nombre de troupes et l'artillerie pour le siége de cette ville.

Pendant ces entrefaites, le roi Henri III, qui retournoit de Pologne par la voye de Venise et du Piémont, étant arrivé à Lyon, en partit pour aller à Avignon, et se mit sur le Rhône, qu'il descendit le 15 novembre 1574; il alla coucher à Tournon, accompagné de plus de cent bateaux; le lendemain il alla coucher à Avignon par la même voye. Il fut joint à Serrieres par Saint-Chamond, qui y alla avec deux bateaux : sur le refus que Sa Majesté fit de lui donner les troupes qu'il lui avoit fait esperer, il se retira par son ordre à Tournon, où il ne fit rien. Les états-généraux du Languedoc furent convoqués à Villeneuve d'Avignon, au 25 dudit mois de novembre; ils furent depuis continués au 1er décembre; le Roi s'y trouva, y présida, et harangua assez long-temps.

Quelques jours auparavant, Jean de Fay, sieur de Virieu, oncle de Peraud, qui avoit suivi le parti des religionnaires jusqu'aux massacres de Paris, où il fut fait prisonnier, et sauvé par Caussac, sollicita par ses lettres le gouverneur, les consuls et les habitans d'Annonai, de vouloir conferer avec lui de la part du Roi; mais le refus de Gerlande et de La Condamine, pere et fils, qu'il demandoit pour otages, empêcha les conférences.

Peu de temps après, Imbert d'Angeres, sieur du Mein, chevalier de l'ordre du Roi, natif d'Annonai, par amour pour ses concitoyens, n'omit rien pour porter le gouverneur et les consuls de la ville à recommencer les conférences avec Virieu, pour rétablir la paix et la tranquillité parmi le peuple : elles se tinrent au château de Mein, mais elles furent inutiles; et Meausse, piqué des propositions qu'on lui faisoit, renvoya aussi-tôt les otages qu'on lui avoit donnés : cela arriva à la fin de novembre 1574.

Du Mein, après avoir négocié dans deux voyages qu'il fit à Annonai une treve entre Meausse qui en étoit gouverneur, et Saint-Chamond, la conclut heureusement le 6 décembre 1574, sous les conditions suivantes : 1° Que Meausse resteroit à Annonai avec cent cinquante hommes entretenus aux dépens et sur les contributions des villages voisins; 2° qu'il ne feroit ni courses ni hostilités, 3° qu'il ne seroit rien entrepris contre eux; 4° que ceux qui étoient hors de la ville pourroient y rentrer et y jouir de leurs biens; 5° que les estrangers ne pourroient entrer dans la ville sans la permission du gouverneur, à la réserve des marchands et négocians; 6° que ceux de la campagne ne seroient pas troublés dans leur travail, ni dans la garde de leurs troupeaux et de leur bétail; 7° qu'enfin la treve dureroit jusqu'au 1er de mai suivant, sous le bon plaisir du Roi et du maréchal de Dampville, et de Saint-Romain, auxquels on communiqueroit lesdits articles pour les ratifier, et qu'en cas de refus de la part du Roi, les habitans d'Annonai en seroient avertis trois semaines auparavant.

Saint-Chamond ne convint, dit-on, de cette treve, que par l'impossibilité où il se trouvoit de tenter aucune entreprise par le défaut des vivres, les fatigues et les maladies de ses troupes, et enfin par la désertion de quelques compagnies qui avoient abandonné les capitaines Romanet et Tanton.

Le Roi, averti de cette treve par un courrier exprès que lui dépêcha en Avignon Saint-Chamond, refusa de la ratifier.

Dès le 8 décembre 1574, les compagnies de Mandelot, de Rostaing et de La Barge, étoient déjà délogées de Quintenas et des environs; et suivies le lendemain de celle de La Guiche qui étoit à Bouliéu, elles prirent la route du Forez et du Lyonnois : par-là le blocus d'Annonai fut levé.

Les troupes catholiques ravagerent tous les villages jusqu'à la riviere de Doulx, et commirent tant d'excès et de violences, que les habitans qui voulurent éviter leur fureur, furent obligés de se retirer ou dans les villes ou dans les forêts.

La maison d'Astier, près de Quintenas, fut brûlée, la tour de Munas sous Ardois abatue, et tout le bétail pris et enlevé par les soldats.

Charles de Barjac, sieur de Rochegude et de La Baume, commandant dans le Vivarais en l'absence du maréchal de Dampville et de Saint-Romain, se rendit à Annonai le 21 janvier 1575, accompagné de six à sept cents hommes de pied et deux cents chevaux, tant catholiques que religionnaires, parmi lesquels il y avoit beaucoup de Gascons et de Provençaux, qui, quoique en partie catholiques, ruinoient les églises et massacroient les prêtres : durant ces troubles, on se servit également des uns et des autres; ce qui causa des désordres et des scandales affreux.

Toutes ces troupes se jetterent le jour suivant, fête de Saint-Vincent, à Vaucance, où ils mirent le feu après l'avoir pillé et massacré tous ceux qui se présentèrent à eux; la plupart des paysans se rendirent, les uns dans les châteaux de Vaucance, Le Monestier, Gerlande, et les autres dans les forêts voisines : les villages de Maumeyre, Villeplas, Le Claux, Poulhas et Vaucance, furent brûlés avec plusieurs autres; la maison de Detourbe, l'église et le clocher de Vanosc, où les habitans s'étaient fortifiés, se rendirent par composition.

Quelques-uns attribuent tous ces désordres au ressentiment de ceux d'Annonai contre les habitans de Vaucance, qu'ils croyoient complices des maux qu'ils avoient soufferts dans les troubles précédens; d'autres les attribuent à Meausse, qui vouloit punir les habitans des vallées du refus qu'ils avoient fait de contribuer à l'entretien de sa garnison, et du logement qu'ils avoient donné aux troupes de ses ennemis.

Au mois de février 1575 se fit la treve ou suspension d'armes entre ceux d'Annonai, religionnaires, et ceux de Boulieu, catholiques, par la médiation de du Peloux, treve d'autant plus nécessaire, que les terres des habitans de ces deux lieux demeuroient incultes et ravagées par les courses continuelles qu'ils faisoient les uns sur les autres.

Peu de temps après, sçavoir le 13 février 1575, sur les onze heures de la nuit, les religionnaires d'Annonai surprirent la ville d'Andance du côté du Rhône, à la faveur de la maison de capitaine Carrail, qui fut brûlée. C'est à ce même capitaine, qui fut tué dans cette occasion, que Saint-Chamond avoit donné la garde de la ville d'Andance, et le commandement de la garnison, dont, à la prière et sollicitations réitérées des habitans, il les avoit déchargés.

Le jour suivant, Meausse se rendit à Andance avec un plus grand nombre de troupes, et fit conduire les prisonniers à Annonai : comme les habitans de cette ville ne pensoient à rien moins qu'à la prise de leur ville, la plûpart furent massacrés dans leurs lits par les ennemis.

Meausse, après avoir donné la ville au pillage, et en avoir fait brûler les fauxbourgs, la fit fortifier du côté du Rhône, que le passage de cette riviere rendoit fort important pour ceux de son parti et pour ses desseins.

Le 20 février 1575, quelques habitans d'Annonai surprirent pendant la nuit la maison de La Rivoire, appartenant à la dame de Luppé, près le bourg d'Argental en Forez, et y mirent garnison sous le commandement du capitaine Pinet.

Au retour de cette expédition, Rochegude se retira au bas Vivarais; et, informé des brigandages commis par le capitaine Erard et ses troupes, avec lesquelles il s'étoit emparé de nouveau du lieu et château de La Mastre, il y marcha, et se saisit adroitement dudit capitaine Erard et de son lieutenant nommé La Chan, que Rochegude fit pendre après quelque procedure, et étrangler aux crenaux du fort : il mit en liberté six ou sept prisonniers laboureurs et plusieurs autres qu'il tenoit dans de basses fosses, et à qui il faisoit souffrir les plus rudes traitemens; de ce nombre étoit Guillaume Baud, chatelain de Rochebonne, natif d'Annonai, et d'une bonne famille. Ce capitaine Erard avoit été fait prisonnier deux fois par les catholiques ses ennemis, et délivré par argent. On dit que, se voyant en danger, il demandoit souvent si son plein chapeau d'écus ne lui sauveroit pas la vie : ce qui lui fut refusé.

François de Mandelot, seigneur de Passy, et gouverneur pour le Roi du Lyonnois, Forez et Beaujolois, et Saint-Chamond, levent des troupes pour reprendre La Rivoire et la ville d'Andance, qui étoient deux postes importans par rapport à leur situation sur le Rhône. La premiere fut attaquée par trois compagnies d'infanterie le 5 mars 1575; mais les habitans, l'ayant abandonnée, se retirerent à la faveur de la nuit à Annonai : on y mit une garnison catholique sous le commandement du capitaine La Goujonniere.

La prise de cette ville fut suivie de celle d'Andance, assiegée le 8 mars 1575 par Mandelot et Saint-Chamond, auxquels se joignit Gordes, gouverneur de Dauphiné en l'absence du prince dauphin d'Auvergne, accompagné de quelques compagnies suisses et françaises qu'il posta par de là le Rhône, du côté d'Andancette. La batterie commença le 10 mars 1575; Meausse y avoit mis cent vingt hommes pour la deffendre, tirés de la garnison d'Annonai : la terreur de ce siége dans l'esprit des habitans facilita et avança la reddition de cette ville, sans aucune capitulation, les habitans l'ayant abandonnée avec leur gouverneur. Meausse n'ayant pas cru qu'il fût de son honneur ni de son devoir de les suivre dans leur retraite et leur fuite precipitée, qu'il ne put empêcher, se retira dans la tour du Prieuré, avec trois ou quatre de ses soldats qui ne voulurent pas l'abandonner : ils furent faits prisonniers; la plûpart des habitans furent massacrés, et les autres se retirerent à Annonai; tout ce qui resta dans la ville d'Andance fut ou pillé ou brûlé, et on y mit une garnison catholique sous le capitaine Carnier.

La reddition de cette place donna lieu aux officiers catholiques de tenter et de solliciter celle d'Annonai, dont ils avoient déjà fait prisonnier le gouverneur; on leur promit de leur laisser le libre exercice de la religion, d'oublier leurs fautes passées, s'ils vouloient se soumettre sous l'obéissance du Roi, et recevoir un gentilhomme catholique de leur voisinage, à leur choix, et congédier l'étranger; mais sur ces entrefaites les habitans d'Annonai, ayant reçu du secours, répondirent qu'ils ne pouvoient rien accorder sans l'ordre de Dampville, offrant seulement de recevoir du Peloux, bailly et capitaine d'Annonai.

Cette réponse obligea Mandelot et Saint-Chamond de se retirer le 13 mars 1575 avec leurs troupes à Boulieu, peu éloigné de la ville d'Annonai, qu'ils tentèrent de nouveau, mais inutilement, par les menaces d'un siége qu'ils n'étoient pas en état de former à cause du petit nombre de leurs troupes, dont ils laissèrent une partie dans Boulieu, tant pour s'assurer des vivres que pour se deffendre des courses des habitans d'Annonai.

Peu de jours après, Rochegude, gouverneur du Vivarais pour ceux de la religion et de l'union, arriva à Annonai pour y régler les affaires de la ville, et y établir un commandant à la place de Meausse, que les catholiques avoient conduit prisonnier à Lyon; il traita ensuite avec le commandant de Boulieu pour la sûreté des laboureurs et du bétail. A peine ce traité fut conclu, que, le 19 mars 1575, la compagnie des gendarmes de La Barge, qui étoit à Argental sous le commandement de La Beaune, ayant paru à la vue d'Annonai pour en attirer les habitans, ceux-ci firent une sortie jusqu'en Lapra, sous la montagne de Montmiandon, où il y eut un rude choc entr'eux et les troupes de La Barge, qui auroient été vivement repoussées si elles n'avoient été soutenues à propos par quarante arquebusiers: il y eut nombre de morts et de blessés de part et d'autre dans cette action.

Rochegude, voulant rallier ses troupes, fut frappé malheureusement et par mégarde d'un coup de pistolet, et transporté à Annonai, où il mourut le 22 dudit mois de mars 1575. Il fut enseveli avec son neveu de Barjac, qui mourut le même jour d'une blessure qu'il avoit reçue au siége d'Andance: tous deux furent ensevelis avec des marques d'honneur et de distinction; et le premier fut également regretté des deux partis, à cause de ses belles qualités et de son rare mérite.

Sur le commencement du mois d'avril 1575, les religionnaires reprirent par surprise le château du Pousin, dont le capitaine Geys, qui y fut tué, étoit commandant. Cette prise avoit été précédée, peu de jours auparavant, de celle de la ville de Baïs et des deux châteaux, vieux et nouveau, où ils se fortifierent.

On apprit en même temps que le vicomte de Turenne, neveu des maréchaux de Montmorency et de Dampville (1), et leur partisan contre les catholiques, quoique catholique lui-même, avoit pris les armes, et qu'il s'étoit mis en campagne avec quatre cents chevaux et deux ou trois mille hommes de pied.

Peu de temps après, Crussol, duc d'Uzès, assiégea la ville de Baïs, et, après l'avoir battue, y entra le 1er mai 1575. Il fit battre avec l'artillerie que commandoit Virieu, dont il étoit maitre en l'absence de Rives, mais inutilement, les deux châteaux, vieux et nouveau, ou les assiégés s'étoient retirés: le duc d'Uzès, voyant ses efforts inutiles, fit ruiner les deux tiers de la ville, et fit fortifier l'autre, où il laissa quelques compagnies de gens de pied pour garder le passage du Rhône, et reprit ensuite le chemin de Languedoc.

La Barge, chevalier de l'ordre du Roi, ayant été pourvu par le Roi du gouvernement du Vivarais, vacant par la démission de Saint-Chamond [il avoit refusé cette charge dès le commencement, mais il l'accepta sur l'assurance qu'on lui donna du secours de Mandelot], se rendit au château des Célestins de Colombier au mois de juin, avec sa compagnie et quelques enseignes d'infanterie, dans l'espérance d'être soutenu des forces que Mandelot avoit nouvellement levées. Il fit d'abord convoquer les états à Tournon, où il proposa un secours d'environ 36,000 livres par mois pour les frais de la guerre qu'il avoit dessein de faire contre ceux d'Annonai; mais, parce que peu de personnes s'y trouverent, après deux convocations, il renvoya l'assemblée à Pradelles au mois d'août suivant; il resta cependant au château des Célestins avec une partie de sa compagnie, et mit le reste à Boulieu à la place de Mandelot, qui s'étoit retiré au bourg et à Saint-Julien en Forez.

La Barge, pour couper tout commerce avec Annonai, et empêcher la recolte des bleds, fait deffendre de fréquenter les habitans de cette ville, de leur porter aucune sorte de marchandise, de recueillir leurs bleds, et de leur fournir aucun secours, sous peine de la vie; ce qui intimida d'autant plus les habitans, que le duc d'Uzès avoit ordonné de ravager et de brûler les bleds de Languedoc près de Montpellier, Nismes et Uzès. Les habitans d'Annonai firent pourtant la recolte fort tranquillement, et sans aucun trouble de la part de La Barge.

(1) Chef du parti des politiques. Ce parti, composé presque entièrement de catholiques, fit souvent cause commune avec les protestans.

Cet officier tenta, mais sans succès, la surprise de la ville d'Annonai, avec le secours du capitaine des Combes de Privas, bon ami de Pontus, commandant du château d'Annonai, qui, gagné par argent, promit de laisser escalader les catholiques : ce fut sur l'assurance de ce commandant que La Barge fit assembler toutes les garnisons du pays, sa compagnie de gens-d'armes et celle de Mandelot; et avec ces troupes, il se présenta devant le château, fit dresser les échelles à l'endroit où étoit en sentinelle un paysan qu'on avoit gagné, avec le commandant et quelques autres; mais, se voyant découvert et hors d'état de forcer ni le château ni la ville, il se retira avec ses troupes, avec menace de massacrer, de violer, de piller et de brûler la ville, mais avec honte et confusion d'avoir manqué son coup. Le susdit paysan qui lui avoit servi de guide, d'espion et de sentinelle, ayant été arrêté dans la ville, fut arquebusé dès le jour même.

La garnison de Boulieu, ayant appris la prise du Prieuré de Rochepaure par les religionnaires, s'y rendit le 6 de septembre de l'an 1575, pendant que La Barge tenoit les états à Pradelles en Vivarais, pour obtenir quelque secours d'argent. Le lendemain, 7 du même mois, ceux d'Annonai mirent le feu au faux-bourg de Boulieu, où étoient logées les compagnies de Leyrete et Esperence, dont la plûpart étoient allées à Rochepaure; ledit fauxbourg fut tout brûlé, à la réserve de quelques maisons qui furent deffendues par ceux de la ville.

Dès la même année, La Barge ordonna à Beaune et des Colaux de troubler et d'empêcher les vendanges de ceux d'Annonai; il fit pour cela assembler des troupes d'infanterie et de cavalerie, qui furent vivement repoussées par ceux de la ville.

Dans ce même temps, les députés des églises de France et de leurs confédérés étoient à Paris pour la négociation de la paix; et le Roi accorda une suspension d'armes jusqu'à la Saint-Jean avec le duc d'Alençon son frère, qui tenoit le parti des catholiques unis, et qu'on appeloit les mécontens politiques.

Cette suspension fut suivie de la délivrance de Meausse, prisonnier à Lyon, par ordre de la Reine, et de son retour à Annonai, dont il reprit le gouvernement en octobre 1575, et de la treve entre les deux partis du Vivarais, conclue le 3 février 1576 sous les conditions suivantes :

1° Qu'on feroit cesser tout acte d'hostilité jusqu'à la paix ; 2° que le commerce seroit aussi libre et assuré, aussi bien que la culture des terres; 3° que les garnisons seroient diminuées, et qu'on feroit pour leur entretien une répartition sur les paroisses du pays ; 4° que deux prévôts seroient entretenus aux dépens des deux partis, pour la punition des criminels et malfaiteurs, lesquels seroient livrés à la justice par les capitaines des garnisons et lieux où ils se retireroient ; 5° que les ecclésiastiques jouiroient de leurs biens dans les villes et lieux occupés par les catholiques, et qu'on n'innoveroit rien dans les autres ; 6° que tous les prisonniers et le bétail enlevé depuis le 12 janvier précédent, seroient rendus de part et d'autre ; 7° qu'on poursuivroit l'autorisation ou confirmation de la treve pendant deux mois, pour être ensuite pourveu à la destruction, échange et restitution des forts inutiles, et qui étoient à charge au pays. Ces conditions furent arrêtées et acceptées de part et d'autre, à La Baume de Balzac, le 3 février 1576; et, après leur publication, chacun retourna dans sa ville, où la garde fut faite, et la discipline observée avec la même exactitude que pendant la guerre.

Le 12 juin 1576, par mandement du maréchal de Dampville, fut publié et enregistré au bailliage l'édit de pacification. Ce même édit, que Tournon, bailli du Vivarais, avoit déjà fait publier à Boulieu, fut lu et publié de nouveau au bailliage d'Annonai. La publication fut accompagnée de grandes réjouissances, et suivie de la destruction de toutes les fortifications que ceux d'Annonai avoient faites dans leur ville pour se defendre, et se mettre à couvert des insultes et des attaques de leurs ennemis. Cette paix fut un peu troublée par l'avarice de ceux qui, s'étant emparés des biens des ecclésiastiques, avoient de la peine à s'en dessaisir, et prétendoient que tous les bénéfices qui étoient au decà de la riviere de Doulx leur avoient été donnés à bail par ceux du conseil politique, et commissaires députés, pour le prix de 1200 livres.

Cette paix, qui dura jusqu'en l'année 1585, fut troublée, et la guerre recommença à l'occasion des garnisons qu'on établit dans les villes et les châteaux, et des grandes sommes qu'on exigea pour leur entretien. On imposa sur le seul Vivarais 6,000 écus par mois. Ces vexations des soldats destinés pour la levée de ces impositions, obligerent la plûpart des habitans d'abandonner leurs villages, leurs maisons, leurs terres et leur bétail, et de se retirer dans les bois avec les effets qu'ils pouvoient emporter. Ces désordres, qui commencèrent au mois de mars 1585, durèrent autant que la levée des contributions par les troupes qui s'emparèrent des villes et des châteaux. Comme il n'y avoit aucun fort qui fût à l'abri de leur insulte, chacun travailloit jour et nuit à se fortifier ; mais la confusion des différents partis étoit si grande, qu'on ne sçavoit comment distinguer ses ennemis.

Ce commencement de guerre fut suivi d'une stérilité sans exemple (1), puisqu'à peine recueillit-on sa semence : cette stérilité causa une cherté si grande, qu'on vendoit jusqu'à vingt et vingt-cinq livres le septier du froment, treize et quatorze livres celui de l'orge, et six à sept livres l'avoine ; le bled étant enfin devenu sans prix, les gens de la campagne furent obligés de se nourrir de glands de chêne, de racines sauvages, de fougere, du marc et des pepins des raisins séchés au four, qu'ils faisoient moudre pour en faire du pain, aussi bien que de l'écorce des pins et des autres arbres, de coquilles de noix et des amandes, de vieux tuiles et briques, mêlés avec quelque poignée de farine d'orge, d'avoine et du son ; ce qui n'avoit jamais été pratiqué dans le pays. Les habitans d'Annonai se distinguèrent dans cette occasion par leurs soins et par leurs charités envers les pauvres qu'ils nourrirent pendant l'hiver jusqu'à Pâques de l'an 1586, dont, malgré toutes les précautions, il mourut un gran dnombre de froid et de faim, tant dans les villes que dans les villages, et à la campagne.

Pour comble de malheur et de misère, la cherté des vivres fut suivie d'une espece de contagion, qui dégénéra en peste dans l'été de la même année 1586, et qui s'étendit dans le Dauphiné, le Lyonnois, le Forez et dans le Vivarais. La plûpart de ceux qui sortirent d'Annonai pour l'éviter, en furent infestés à la campagne, et en moururent presque tous. Les villages voisins d'Annonai, qui se ressentirent le plus de la peste, et où elle enleva presque tous les habitants, furent ceux de Roiffieu, Brogieu, Lens, Boucieu, Chatinaix, Varagnes, les Seux, Eynas, Vissenti, Clemencieu, les Moures, Midon, Bolais, Jalencieu, Pignieu, d'Avesieu, les Sollods, village de Gourdan, Chazaux, Javas, Charezin, les Soulliers, Esteyses, Esenville, Samoyas, Sassolas, Saint-Marcel, Saint-Cyr, Esterpas : les autres villages plus éloignés furent Sarras, Sillon, Revirand, Cermes, Ardois, Forany, Esclassan, La Coulange, Marsan, Saint-Jure, Quintenas, Le Martoret, Felis, Anti, More, Loume, Saint-Alban, Ay, Preaulx, Satillieu, Vaudevant, Saint-Felicien, Bouzas, Boucieu-le-Roy, Colombier-le-Vieux, Etables, Cremoliere, et un très-grand nombre d'autres où elle se répandit. Les grandes villes n'en furent pas exemptes ; elles devinrent désertes et sans commerce, soit par la mort de ceux qui en étoient infestés, soit par la retraite de ceux qui vouloient l'éviter. Pour comble de malheur, il arrivoit que les uns les autres, par l'horreur qu'ils avoient de se voir, et la crainte de se communiquer la contagion, mouroient sans secours. Les fruits ne furent pas recueillis, le bétail fut abandonné, en un mot les biens et les héritages laissés ou à des orfelins hors d'état d'en jouir, ou à des absents que l'éloignement empêchoit de les prendre et d'en avoir soin, où à des étrangers qui s'en emparoient.

Les villes et villages de deçà et de delà le Rhône, aussi-bien que toutes celles de Dauphiné, du Velai, du Lyonnois et d'Auvergne, éprouvèrent les mêmes calamités ; la seule ville de Boulieu, dans la baronnie d'Annonai, qui en avoit été exempte, en fut infestée sur la fin.

La rigueur du fleau dont Dieu affligea toutes ces provinces commença à s'appaiser et à diminuer vers la mi-septembre, et cessa entièrement sur la fin d'octobre. On remarqua que l'avarice dans les uns, et la cupidité dans les autres, donnèrent lieu au progrès de la peste, parce que plusieurs, pour s'emparer, ou par artifice, ou par d'autres voyes, des biens des mourans, couroient de ville en ville et de village en village, et portoient par cette communication la contagion dans les lieux où ils passoient.

---

(1) Cette stérilité fut générale. Voyez Lestoile, *Journal de Henri III*.

FIN DES MÉMOIRES DE GAMON.

MÉMOIRES

DE JEAN PHILIPPI

Au moins de juillet 1560, les jeunes gens de Montpellier firent venir un ministre prédicant de Geneve, nommé Jean de La Chame, lequel, ayant occultement prêché et enseigné quelques jours par crainte de la justice, augmenta tellement le nombre de ceux qui croyoient à sa doctrine, tant de la ville que des environs, qu'ils commencerent à se montrer ouvertement, faisant prêcher et administrer les sacremens de jour et publiquement, d'abord en l'Ecole de la grammaire, dite l'Ecole-mage, puis dans l'église de Saint Matthieu par eux saisie pour leur temple. Pierre de La Coste, juge-mage, n'osoit y pourvoir par rigueur, de peur d'exciter une sédition. L'évêque Guillaume Pelissier et les chanoines fermerent leurs portes, et mirent garnison dans Saint Pierre.

Les états du Languedoc étant mandés à Beaucaire, Honorat de Savoye, comte de Villars, lieutenant-général en Languedoc, arriva pour les tenir; et pour pourvoir aux troubles, amena deux compagnies de cavalerie, et fit lever les légionnaires du pays. Alors les protestans cesserent leurs exercices, et le ministre sortit de Montpellier. Villars fit pendre le ministre d'Aigues-Mortes, et arrêter Daisse qui en étoit gouverneur et capitaine.

Le 15 octobre, Sainct-André, de la maison de Montdragon-lez-Avignon (1), arriva à Montpellier avec titre de gouverneur. Il mena trois enseignes d'infanterie; on lui remit les clefs des portes de la ville qu'il fit murer, excepté celles de Saint Gilles et de la Sonnerie. L'évêque, les chanoines et le juge-mage sortirent de leur fort. Saint-André ayant fait assembler le peuple, fit publier une lettre du Roi, qui blâmoit fort tout ce qui s'étoit passé, et en défendoit la continuation : le peuple leva la main, et consentit à tout; Guillaume de Chaume, seigneur de Poussan, étoit premier consul.

(1) C'est une erreur.

Le samedi 16 novembre, le comte de Villars, ayant pourvu aux affaires de Nismes et des environs, arriva à Montpellier; le mardi 19 il assista à la procession générale et à la messe solemnelle : la procession s'arrêta devant la maison de ville, où le juge-mage harangua le peuple et l'exhorta de demeurer fidèle au Roy; le peuple parut acquiescer par ses acclamations. Villars fut ensuite faire la même chose en Cevennes, à Anduze et à Alais, où avoient été faites plusieurs assemblées en armes : il fit razer quelques maisons de gentils-hommes chefs des protestans, dont les personnes s'étoient absentées, et vint passer le surplus de l'hyver au château de Vauvert près d'Aigues-Mortes. Le gouvernement ayant changé à la mort de François II, on ôta la garnison de Montpellier, et les absens eurent permission d'y rentrer.

Au carême de 1561, quelques jeunes enfans s'assembloient, comme d'eux-mêmes sur le soir, sous le couvert et parvis du consulat, et là, les chandelles allumées, chantoient les pseaumes de David en françois, et l'un d'eux faisoit des prières et oraisons publiques en la même langue, sous la forme de la religion protestante. Ces assemblées devenant extrêmement nombreuses, Pierre de Bourdic, seigneur de Villeneuve, gouverneur de la ville, fit ce qu'il put pour les faire cesser; mais, n'osant en venir à la force, il temporisa.

Le 25 mars, le vicomte de Joyeuse en Vivarais, lieutenant général en Languedoc depuis peu, par la cession du comte de Villars, tint à Montpellier une assemblée extraordinaire des états, pendant lesquels, et jusqu'au départ de Joyeuse, qui fut à Pâques, ces prières publiques cessèrent; mais, dès qu'il fut parti, Jean de La Chasse et Claude Formy, natif de Montpellier, commencèrent à prêcher en maison privée, et de jour, portes ouvertes, malgré les défenses de la justice. Le peuple catholique fit aux protestans quelques bravades; et le dimanche 4 mai, ils s'assemblèrent au nombre de douze ou quinze cents, et accompagnèrent le pain-béni en grande solemnité à la grand'messe de l'église Saint-Pierre.

Le 6 août, on publia à Montpellier la tenue future du colloque de Poissy.

Le samedi 30, on publia un édit du Roi défendant toute assemblée publique avec armes ou sans armes : on défendit aussi les privées, et de prêcher et d'administrer les sacremens autrement qu'il n'étoit ordonné par l'église catholique : cet édit n'empêcha pas les protestans de continuer leurs assemblées.

Le mercredi matin, 24 septembre, ils se saisirent de l'église Notre-Dame des Tables, qu'ils appelerent le temple de la Loge. Ils y firent faire un inventaire par Montferrier, premier consul, et autres notables personnages, et les mirent au trésor de la maison de ville. Le même jour, Claude Formy, l'un des ministres, fit dans cette église son premier prêche ; tout le reste se passa tranquillement.

Quelques protestans s'assemblerent à Beziers : Joyeuse s'y rendit, et fit saisir le ministre que l'on ne vit plus.

Messieurs de Saint-Pierre ayant mis garnison dans leur fort avec la permission de Joyeuse, les protestans s'armèrent de leur côté, et firent faire garde la nuit. Quelques-uns alloient par troupes le jour, armés de gros bâtons, dont ils frappoient tous les prêtres et religieux qu'ils trouvoient ; et ces bâtons se nommoient *espoussette* (1), d'où vint en proverbe *l'espoussette de Montpellier*. L'évêque, le gouverneur et le juge-mage s'étoient absentés.

Le dimanche 19 octobre, les protestans, au nombre de sept ou huit cents, assiégèrent le fort de Saint-Pierre. Le 20, les chanoines qui étoient dedans demandèrent du secours. François de Chef-de-Bien, général des finances, le seigneur de La Verune-lez-Montpellier, et autres des deux religions, négocièrent un accord par lequel les chanoines pourroient continuer le service de leur église, mais sans armes, et que la garnison sortiroit et seroit mise hors la ville.

La garnison sortit, et un soldat lâcha mal-à-propos un pistolet à feu, et occit un des habitans du nombre des protestans : alors ce peuple, criant trahison, se jetta sur les catholiques, entra dans le fort de Saint-Pierre, tua quarante chanoines ou autres, et pilla tout ce qu'il trouva. Berald, gardien des cordeliers, qui avoit prêché avec grande réputation contre les protestans, fut du nombre des occis ; et le prêcheur de Saint-Pierre, nommé Menim, docteur de Paris, échappa, mais fort blessé. La sacristie, dont les reliquaires ou autres joyaux valoient plus de quarante mille livres, fut garantie, mais avec grande peine. L'église de Saint-Pierre fut mise dans six ou sept heures dans l'état du monde le plus affreux, cent quatre-vingt-dix-sept ans et dix-neuf jours après la première pierre dudit édifice posée par ordre d'Urbain V, fondateur de ce monastère de l'ordre de Saint-Benoit, sous le nom de Saint-Germain, qu'avoit été le 1 octobre 1364, et vingt-trois ans après que les moines dudit lieu avoient été joints aux chanoines réguliers de Maguelone, et institués église cathédrale par Clément VII en 1536. Ce peuple marcha de là contre les autres églises ; de manière que ce qui avoit été fait ou entretenu depuis quatre ou cinq cents ans fut dans un demi-jour si effacé, que, des soixante églises ou chapelles qu'il y avoit dedans ou dehors Montpellier, le lendemain il ne s'en trouva aucune ouverte ; et moins fut vu prêtre ou moine qu'en habit dissimulé ; et de telle façon pour lors eut fin la messe : les nonains furent mises hors leur couvent.

Le dimanche 26 octobre, un ministre prêcha dans l'église de Saint-Firmin, et la populace continua la ruine des couvents et des églises. La même chose fut faite aux villages du diocèse, la messe abolie et les prêtres chassés. La même chose arriva à Nismes, Lunel, Gignac, Sommieres et lieux circonvoisins. Après cette émotion, on tint un conseil général dans la maison de ville, et on députa au Roi et à M. de Joyeuse à Narbonne pour les informer du fait de Saint-Pierre.

Au mois de novembre, Joyeuse tint les états du Languedoc à Beziers ; et le 20 du mois, il fit publier à Montpellier un édit du Roi, qui ordonnoit de rendre dans vingt-quatre heures les églises, et de les remettre dans leur premier état. Le lendemain les protestans cédèrent l'église Notre-Dame, et se remirent à prêcher à l'Ecole-mage ; mais quelques jours après, ils firent un accord avec messieurs du chapitre de Saint-Pierre, qui les laissa prêcher dans l'église Notre-Dame et Saint-Matthieu, non que par cet appointement la messe ni la prêtrise fût remise, ains augmentoit la religion des fidèles. Les habitans qui n'en étoient point se contenoient chez eux les dimanches et les fêtes sans mot sonner. La même chose arrivoit dans les villages voisins. Le populaire des fidèles continuoit de mettre en pièces les sepulchres, déterrer les morts et faire mille folies. On obligeoit les prêtres déguisés à aller ouïr les ministres pour pouvoir être en paix.

---

(1) Vergettes, petites baguettes pour épousseter les habits.

Le peuple porta sa haine jusqu'aux bonnets quarrés, et les gens de justice furent obligés de prendre des chapeaux ou bonnets ronds.

Au commencement de décembre, il y eut à Carcassonne une émeute qui dura neuf ou dix heures contre les protestans. Quelques gens armés d'Avignon, étant allés à Villeneuve, y maltraitèrent quelques protestans qu'il y avoit.

Tout tendoit à la guerre, lorsque le comte de Crussol, nommé par le Roi pour pacifier le Dauphiné, la Provence et le Languedoc, arriva à Villeneuve, et y manda, au commencement de 1562, les ministres et principaux des villes de Nismes, Usez et Montpellier, auxquels il signifia que le Roi ne vouloit pas que les ministres prêchassent dans les églises. Les envoyés de Montpellier y étant revenus, y firent publier le 21 janvier, par ordre dudit seigneur de Crussol, de désemparer les églises, et de mettre les armes en lieu public. Le lendemain les protestans se remirent à prêcher à l'Ecole-mage et maison privée en la Loge, mais la messe ne fut point rétablie : elle le fut à Nismes, et un jacobin y prêcha. Pierre Viret, un des anciens ministres, arriva de Geneve au commencement de l'hyver à Nismes, et y prêcha toujours. Il vint à Montpellier et y fit le premier prêche à la Loge, le mercredi 18 février : le présidial y assista en corps ; et le premier consul, Jacques David, seigneur de Montferrier, avec le chaperon rouge et les hallebardiers, comme viguier, conduisit au prêche ledit Viret depuis son logis : les étrangers venoient en foule à Montpellier pour l'entendre.

Le samedi 7 mars, on publia à Montpellier l'édit du 17 janvier, qui défendoit tout exercice de la nouvelle religion dans les villes.

Le lendemain on prêcha hors de la ville dans le fossé des arbaletriers, qui va de la porte de Lattes à celle de la Sonnerie. Les protestans de Toulouse firent prêcher dans le faubourg Saint-Michel ; ce que messieurs du parlement n'eussent cuidé ; mais l'édit y étoit. Comme les villes de la frontière étoient exceptées, Fourquevaux, gouverneur et capitaine de Narbonne, fit sortir tous les suspects. Les protestans de la ville basse de Carcassonne, faisant prêcher hors de la ville, furent maltraités par le peuple catholique, parmi lequel étoit Marion, controlleur du domaine, homme des premiers de ce pays en bien ; le ministre et le juge ordinaire de la ville furent tués dans ce tumulte. Les protestans de Montpellier, faisant la cène le jour de Pâques, établirent une garde pour leur sûreté ; et les catholiques qui voulurent faire leurs pâques furent obligés d'aller à Castries, à Vendargues, à Teyran ou à La Verune, où la messe étoit rétablie.

Le jour de Pâques, 29 mars, vers les sept ou huit heures du matin, on vit à Montpellier et à Nismes trois soleils au ciel (1), un cercle au-dessous, et l'arc de Saint-Martin.

Le samedi 4 avril, on publia à Montpellier une déclaration du Roi, du 6 mars, en explication de l'édit de janvier, qui défendoit aux officiers de la justice royale d'assister au prêche pour faire profession de ladite religion : le Roi ajoutoit que, par cet édit et cette déclaration, il n'entendoit approuver la religion nouvelle.

Le comte de Crussol revenu de Provence, et ayant réglé les affaires à Bagnols, Usez et Nismes, arriva à Montpellier le mercredi 8 avril ; il assembla les principaux des deux religions, et les fit convenir de vivre en paix et de rétablir la messe : on établit, d'un consentement unanime, pour capitaine dans la ville, Louis de Bucelli, seigneur de La Mousson, enfant de la ville, avec des soldats pour s'opposer aux séditieux.

Le dimanche 12 avril, la messe fut dite dans Saint-Firmin par des prêtres étrangers ; car ceux de la ville ne l'eussent osé faire : beaucoup de peuple et de noblesse y assistèrent ; Crussol et les protestans restèrent à la porte. La messe n'étoit qu'à demi dite qu'il y eut une sédition : les principaux protestans tâchèrent de calmer le peuple, et la messe s'acheva avec grande hâte. Les consuls et principaux accompagnèrent les seigneurs-lieutenans, et les ramenèrent sains et saufs dans leurs logis : depuis furent les messes plus dangereuses que devant, et disoit-on par mémoire dans ladite ville *la messe des comtes*.

Lesdits seigneurs quelques jours après s'en allèrent, laissant ladite ville dans un état pire qu'auparavant : tant il est dangereux de lâcher la bribe au peuple, et lui laisser gagner le haut.

Le 23 avril, on publia à Montpellier les lettres patentes du Roi, par lesquelles il déclaroit être parfaitement libre, et non detenu, comme le publioient les protestans, qui avoient commencé la guerre civile. A la fin du même mois, on publia d'autres lettres du Roi, qui commandoit qu'on laissât les armes, et confirmoit l'édit de janvier.

On fit alors savoir ce qu'on avoit fait à Beziers à Montpellier ; la messe abolie et les images brisées. Les protestans de Montpellier prirent prétexte d'une pluie pour ne plus prêcher dans le fossé et pour se remettre dans Notre-Dame. On fit garde la nuit, et on sonna le tambourin, ce qui n'avoit pas encore été fait.

Les protestans allèrent se saisir de l'isle et château de Maguelone, et y mirent une garnison pour être les maîtres du passage de l'étang.

(1) Météore appelé parhélie.

Ils ruinèrent les antiquités et les sépulchres. Les reliques épargnées et le trésor de Saint-Pierre, dans lequel on trouva six cents marcs d'argent, furent employés à lever des troupes.

Le 12 et 18 mai, fêtes de la Pentecôte, les protestans de Toulouse, ayant voulu se rendre maîtres de cette ville, en furent chassés par les catholiques secourus par Montluc, Terride et Fourquevaux. Le parlement fit ensuite décapiter Vabres, sénéchal de Toulouse, Portal, viguier, Theronde, ancien et fameux avocat, et le capitaine Sault.

Au mois de juin, Mirepoix, sénéchal de Carcassonne, prit d'assaut, après un mois de siege, la ville de Limoux, que les protestans, semons par Joyeuse leur voisin, n'avoient point voulu rendre. La ville, qui étoit fort marchande, fut pillée et ruinée.

Les protestans renforcèrent la garde à Montpellier, tenoient les portes fermées, et faisoient mettre dans la prison de Saint-Pierre les catholiques qui n'alloient pas au prêche.

Le 28 mai, Jacques de Crussol, seigneur de Beaudiné, dit le baron de Crussol, envoyé par le prince de Condé qui avoit pris les armes pour délivrer le Roi, et nommé par lui pour commander en Languedoc, fit publier à Montpellier ses pouvoirs de la part du Roi. Le Languedoc fut ainsi divisé : Joyeuse commanda de Narbonne en là, et Crussol de Beziers en çà. Ce baron alla résider à Beziers, comme ville frontière : Agde, Pezenas et Montagnac tenoient son parti. Tout le monde portoit des armes à Montpellier.

Le samedi matin 30 mai, la cour des aides s'assembla dans la chambre du conseil ; les assesseurs du consistoire et les principaux de Montpellier s'y rendirent aussi. On proposa de députer à M. de Joyeuse pour le prier de faire cesser les armes d'un côté et d'autre : les consuls et surveillans éludèrent cette proposition. Le consistoire ayant alors pour lors toute puissance en ladite ville, le baron de Crussol choisit parmi les surveillans cinq, leur donnant pouvoir, par ses lettres, de gouverner Montpellier, son ressort et places, et de prendre les dixmes et revenus ecclésiastiques, reliques, cloches et le tout employer au fait de cette guerre. On fit la recherche d'armes dans la ville et dans les châteaux et maisons des gentilshommes, où l'on en enleva plus de mille. On en fit de même à Nismes, à Alais et ailleurs. Les troupes que l'on leva allèrent joindre Crussol à Beziers.

Joyeuse leva aussi de son côté des troupes, et assembla la noblesse et les anciens capitaines qui avoient servi, Fourquevaux, gouverneur de Narbonne, Conas, ancien capitaine employé long-temps en Piémont, le baron de Rieux, le baron de Fendeille et le seigneur de Villeneuve, et se mit aux champs avec beaucoup d'artillerie. Crussol craignit qu'il ne le vînt assiéger dans Beziers, mais il côtoya la campagne, et se saisit de Capestang, de Cazouls, de Narbonne, Serignan et autres petits lieux sur son chemin ; il y eut plusieurs escarmouches. Tout-à-coup Joyeuse passa l'Eraut, et assiégea Montagnac, qui se rendit à lui le vendredi 17 juillet. Il traita la garnison avec beaucoup de douceur, et se contenta de faire pendre Bonal, autrement le seigneur de Roquemaure, qui avoit proféré quelques paroles contre lui. Pendant le siège, Joyeuse ayant séjourné quelques jours à Montagnac, et son camp à l'entour, alla à Châteauneuf-lez-Pezenas, près l'Eraut. Crussol sortit de Beziers, vint camper vis-à-vis de lui, la rivière entre deux : pendant la nuit Joyeuse fit passer la rivière à son artillerie avec partie de ses troupes, et la posta dans une chaussée très à couvert du côté de Lusignan : le camp des protestans étoit vers Pezenas. Les deux armées étoient presqu'égales, de quatre mille hommes chacune, mais la cavalerie de Joyeuse étoit presque toute composée de noblesse, et celle des protestans des gens du peuple.

Le lundi 20 juillet, vers les quatre ou cinq heures du soir, la cavalerie de Joyeuse attacha une escarmouche que les protestans ne refusèrent pas. Les catholiques firent semblant de fuir, et attirèrent insensiblement les protestans devant leur artillerie, qui par une décharge imprévue les mit tous en désordre ; les gendarmes survenant les prirent en flanc, et achevèrent de les mettre en fuite ; ce peuple non accoutumé ne put jamais se rallier : Crussol se sauva dans Pezenas avec le reste de son camp, n'ayant pourtant perdu que trois ou quatre cents hommes : Joyeuse traita avec beaucoup de douceur tous ceux qui se rendirent.

L'évêque de Lodeve, accompagné du sieur de Saint-Felix, surprit Gignac et s'en empara ; et les catholiques de Frontignan en chassèrent les protestans, et rétablirent la messe.

Joyeuse, étant à Châteauneuf, fit repasser l'Eraut à son artillerie, et la porta sur une hauteur près de la maison d'un gentilhomme nommé Saint-Martin, entre Châteauneuf et Aumes, tirant contre Pezenas, quoiqu'éloigné d'une demi-lieue, l'Eraut entre deux. Le canon tiroit et les couleuvrines, lorsque tout-à-coup, le 23 juillet, Joyeuse et Crussol convinrent d'une cessation d'armes, sans que l'on publiât d'autres conditions. Crussol quitta Pezenas, où Joyeuse étant entré, y mit la messe et garnison : il somma Beziers qui ne voulut pas le recevoir, et se retira vers Narbonne avec ses gens ; Crussol vint à Montpellier, et son camp se débanda.

Les protestans de Montpellier, ni ceux du voisinage, n'avouèrent pas le traité conclu entre Crussol et Joyeuse, d'autant plus qu'ils y perdoient les villes de Pezenas, Montagnac, Gignac et Frontignan, où Joyeuse avoit aboli la religion prétendue réformée et mis garnison contre les traités, et ils résolurent de continuer la guerre : pour avoir de l'argent, ils empruntoient cent, deux cents, et cinq cents écus de tous ceux qu'ils vouloient ; et si on refusoit on étoit envoyé prisonnier à Saint-Pierre. On imposa sur le diocèse soixante et un mille livres payables par les bien aisés, sauf à eux à les recouvrer sur les autres.

Le baron de Crussol, ayant ramassé trois mille hommes et quelques gentils hommes chassés de Provence pour leur religion, deux gros canons venus de Beziers, et d'autres pièces de campagne, assiégea Frontignan le mardi 18 aoust, et leva le siége le mercredi 26, sans y avoir donné l'assaut ; et, après y avoir eu trois ou quatre cents hommes blessés ou tués, il renvoya l'artillerie à Montpellier, et fut camper à Poussan.

Cependant Joyeuse avoit rassemblé cinq cents cavaliers bien armés et montés, cinq mille fantassins, et quinze pièces de canon, grosses ou moyennes. Cette armée, conduite en l'absence de Joyeuse par le baron de Fourquevaux, passa l'Eraut, Crussol étant à Poussan ; ce qui l'obligea à se retirer à Montpellier. Le peuple de cette ville, non accoutumé à telles alarmes, commença à se troubler ; les catholiques ou les suspects furent enfermés dans Saint-Pierre ; la noblesse de la ville avoit délogé. On résolut, pour la sûreté et renfort de la ville, d'abattre tous les faux-bourgs qui en contenoient plus de la moitié, et où il y avoit quatre couvens de mendians, des plus beaux qu'il y eût en France, deux autres couvens d'hommes, un collége séculier de Saint-Sauveur, trois monastères de filles, et autres paroisses et églises, jusqu'à vingt-six ; la commanderie des chevaliers de Rodes, dite Saint-Jean, trois sales pour le droit civil et canon, avec une belle tour hors la porte du Peyron, où étoit la cloche de l'Université ; quatre grands fauxbourgs, l'un à la porte Saint-Guillen, dit le Corrau, s'étendant jusques aux Jacobins, et les autres aux portes du Peyron, dit Saint-Jaume, au Pila Saint-Geli et à la Sonnerie ; un beau et grand château nommé Botonnet, avec seigneurie et jurisdiction à part de la ville, près la porte des Carmes. La démolition de ces édifices fut ordonnée par le baron de Crussol le 29 aoust, et exécutée par tout le peuple, hommes, femmes et enfans, par feu, ruine artificielle et sac, de manière que dans quatre jours cela fut achevé ;

tous les arbres autour de la ville à la portée du canon furent coupés. Fourquevaux passa sans résistance à Loupian, Poussan, Gigean et Cournon, et, au lieu de venir camper devant Montpellier, il alla à Lattes, ancien village dépeuplé et ruiné, distant une petite lieue de Montpellier ; il prit et fit razer une ancienne tour qu'il y avoit, après avoir fait pendre ceux qui la gardoient, et campa le 4 septembre ; ce lieu est plus ancien que Montpellier, et s'apelloit *Castellum-Latara* ; une belle maison ou métairie, appelée Enseiguinade le joint, de manière que Lattes et cette métairie sont environnés d'eau, d'un côté par la rivière du Lez, et de l'autre par un bras de cette rivière que l'on a fait passer dans un fossé sur le Lez ; et vers l'orient est un beau moulin dit de Saint-Sauveur, et la rivière se jette dans l'étang ; il y a là un port où les denrées pour Montpellier arrivent d'Aigues-Mortes et de la marine ; les environs de Lattes sont pleins de prairies, de grandes campagnes qui fournissent de bleds comme la Beausse. Fourquevaux campa dans ce lieu, capable de contenir une armée quatre fois plus forte que la sienne, et, ne se contentant pas de la situation de ce lieu, quoique très-forte, il fit faire des fossés autour de son camp, double tranchée au dedans, des batteries, des remparts et des plates-formes, de manière que ce camp parut aux amis et aux ennemis inexpugnable, et l'on dit que Fourquevaux, au lieu d'être venu assiéger Montpellier, s'étoit venu retrancher pour soutenir un siege ; toutes les maisons de la campagne jusqu'à Melgueil furent détruites et brûlées. Fourquevaux envoya attaquer l'isle de Maguelonne avec quelques pièces de campagne, et celui qui commandoit dedans se rendit moyennant quelque argent.

Le baron de Crussol, voyant la contenance des catholiques, et ayant cinq mille fantassins et cinq cents chevaux, alla camper à la portée du canon de Lattes, sur une hauteur où il mit son artillerie, près et en deçà le Mas dit d'Envallat, et au Mas de Boisson ; les deux camps commencèrent à se canonner.

Le baron des Adrets arriva avec quatre cents chevaux à Montpellier le 14 septembre ; et le lendemain, ayant conféré avec Crussol et les autres officiers de l'armée, il fit marcher l'artillerie pour aller attaquer le camp de Lattes par trois côtés. Il se chargea de celui du moulin de Saint-Sauveur ; Crussol eut le côté de Montpellier et d'Encivade, et le capitaine Bouillargues du côté des prairies. Fourquevaux se tint dans son camp, et se contenta de faire jouer son artillerie, et tirer ses arquebusiers derriere ses tranchées. Les protestans, ayant voulu attaquer

40.

ses retranchemens, furent repoussés vigoureusement, et obligés de se retirer avec perte; sur quoi des Adrets se contenta de faire razer avec son artillerie le haut du moulin de Saint-Sauveur, et de le rendre inutile aux catholiques : un ou deux jours après, voyant que Fourquevaux n'étoit pas assez fort pour assiéger Montpellier, et l'étoit trop pour être forcé dans son camp, retourna en Dauphiné, et le camp des protestans se débanda.

Fourquevaux, quelques jours après, sortit avec une belle troupe de cavalerie, de l'infanterie et du canon; marcha le long du Lez, et s'embusca près d'une métairie dite le Pont Trincat; il envoya de là quelques coureurs, qui furent jusqu'aux aires de Saint-Denis pour donner l'alarme à la ville. Crussol fit d'abord sortir des troupes pour poursuivre ces coureurs, qui étant soutenus par les catholiques, les protestans furent obligés de reculer jusques à la porte du Pila Saint Geli. Le capitaine Gremian, gentilhomme, voisin de Montpellier, jeune et vaillant, n'ayant pas voulu abandonner ses soldats, fut tué avec vingt-cinq fort près du fauxbourg Saint Geli ; les canonniers de la ville firent très-mal leur devoir ce jour-là, et ils auroient pu incommoder beaucoup la cavalerie catholique, lorsqu'elle parut dans la plaine au deçà de la riviere et du pont Juvénal; mais ils ne tirerent que lorsque la cavalerie catholique fut, en s'en retournant, hors la portée du canon. Les catholiques perdirent dans cette action Mossen Peyrot Loppian (1), capitaine espagnol fort estimé, qui reçut un coup d'arquebuse à croc tirée d'une tour du moulin de l'évêque sur le Lez : Loppian n'avoit pas été d'avis d'assiéger Montpellier; et comme il représentoit que l'armée n'étoit pas assez forte pour une telle entreprise, on lui dit que Montpellier, n'étant pas une ville de guerre, mais de plaisir, apporteroit les clefs trois lieues à l'avance; lorsqu'il fut blessé il se ressouvint de cela, et dit en son langage : *Ah! senor de Joyosa, ahora à Montpellier, tienen mi vida, et nos non tenemos lus llaves* (2). Quelques jours après, Joyeuse vint au camp de Lattes avec cent vingt chevaux et huit cents fantassins; et le même jour, qui étoit un dimanche, après avoir diné au Terral, château de l'évêque de Montpellier, il alla se présenter devant cette ville sur le coteau de Saint-Martin de Prunet; ceux de sa suite allèrent voltiger sur les ailes de Saint-Jean, et lâchèrent leurs pistolets; on ne leur répondit de

(1) Peyrot Loppia.
(2) Ah! monsieur de Joyeuse, maintenant à Montpellier ils ont ma vie, et nous n'avons pas les clefs.

la ville que par quelques volées de canon. On dit qu'il ne s'avança jusques là que pour reconnoitre l'état présent de la ville, et les ruines des couvens, des églises et des fauxbourgs, que l'on découvroit très-bien de ce lieu là : il en témoigna beaucoup de regret, ayant reçu beaucoup de services et bon entretien dans cette ville, et ayant avec lui beaucoup de gentilshommes voisins, qui avoient dans la ville leurs parens et leurs biens.

Le 27 septembre, Sommerive et Suze, ayant assiégé Saint-Gilles avec trois mille Italiens ou Provençaux, le capitaine Grille marcha au secours avec quinze cents hommes. Dès qu'il parut, le camp catholique prit la fuite pour passer une brassière du Rhône sur un pont de bois qu'ils y avoient fait faire. Les protestans, qui ne vouloient que secourir Saint-Gilles, voyant cette déroute, donnerent dessus, et les catholiques eurent douze ou quinze cents hommes tués ou noyés, dix-sept enseignes de perdues, deux gros canons, et leur camp, où il y avoit des meubles très-riches, pillé.

Le premier octobre, le capitaine Grille, revenant victorieux de la journée de Saint-Gilles avec douze cents hommes, étant parti de Lunel après diné, et marchant sans grand ordre, fut défait aux Arenasses, entre Castelnau et le pont de Salaizon, par les catholiques qui s'étoient embusqués dans les vallons de Garrigues de Gramont; il ne perdit pourtant que deux cents hommes. Le capitaine Bouillargues s'étant retiré par le haut des Carrigues du Crez vers Teiran, Crussol sortit de Montpellier pour le secourir; mais il apprit la défaite avant d'arriver à Castelnau. Le seigneur de Bizanet fut tué du côté des catholiques à la fin du combat.

Le lendemain de cet exploit, qui étoit un vendredi, un tabourin du camp vint à la ville, portant une lettre de l'évêque d'Alet, fils du seigneur de l'Estrange en Vivarais, arrivé au camp avec Joyeuse pour demander une entrevue au capitaine Grille. L'entrevue se fit le lendemain samedi, entre le pont Juvenal et le Pont Trincat. On ignore ce qu'ils se dirent; mais le même jour et le lendemain 4 octobre, Joyeuse et son camp délogerent de Lattes, et se retirerent vers Pezenas.

Le camp ainsi levé, le baron de Crussol établit pour gouverneur dans Montpellier le capitaine Rapin, et alla à Nismes où il fut assiéger et prendre La Carbonniere, qui est une forte tour, seule assise dans le marais et étang, et le passage nécessaire pour aller à Montpellier, à Nismes et à Aigues-Mortes.

Le 11 octobre, on cria à Montpellier un règlement de police, avec ordre aux officiers du Roy d'ouvrir leur auditoire, et à tout le monde d'aller aux prêches et ouir le ministre sous peine de baniment.

Au commencement de novembre, Joyeuse assiegea Agde, contre lequel on tira cinq cents coups de canon; mais les catholiques ayant été repoussés avec perte par le capitaine Senglar, natif de Montpellier, qui commandoit la garnison, Joyeuse leva le siege.

Pendant ce mois, les catholiques prirent sur les protestans le bourg Saint Andiol, petite ville sur le Rhône, deux lieues au dessus du Pont Saint Esprit; le seigneur de Saint Remesy étant dedans fut occis; mais d'abord après le baron de Crussol ayant paru devant la ville, les catholiques l'abandonnerent.

Au commencement de ce mois de novembre, furent tenus les états des villes et dioceses protestans à Nismes, où n'assisterent que les consuls et envoyés desdites villes, avec autant de surveillans des églises et consistoires. On y élut pour chef du pays, conducteur, protecteur et conservateur, jusques à la majorité du Roy, le comte de Crussol et de Tonnerre, aîné du baron de Crussol; on imposa pour l'entretien des troupes 400,000 livres, outre les bénéfices et revenus ecclesiastiques; et on regla tout à l'instar des republiques réduites en démocratie. Le 11 novembre, le comte de Crussol accepta en la ville d'Usez, dont il étoit vicomte, publiquement et solemnellement, l'employ présenté par les états de Nismes, sous le bon plaisir du Roi, et pour maintenir ledit peuple en l'obéissance dudit seigneur.

A la mi-décembre, Joyeuse tint les états du Languedoc à Carcassonne, où assisterent les cardinaux d'Armagnac et Strozzi, et où l'on arrêta plusieurs choses contre les protestans et la délibération de l'assemblée tenue par eux à Nismes.

Le baron des Adrets, soupçonné par les protestans à cause de ses conférences avec le duc de Nemours, fut arrêté par ordre du comte de Crussol, mené au château de Nismes, et sur la fin de janvier à Montpellier mis prisonnier dans Saint Pierre, que l'on nommoit lors le château Saint Pierre; on l'y laissa huit jours, après lesquels on le ramena à Nismes.

Le seigneur de Peraud en Vivarais arriva à Montpellier pour y être gouverneur à la place du capitaine Rapin. Les surveillans et autres ayant l'administration de la ville, firent un rolle de proscription des catholiques qui ne leur étoient pas agréables, avec ordre de sortir de la ville sans emporter autre chose que dix livres tournois; et le 12 février, on proclama une deffense de rien acheter des catholiques; mais ce réglement ne fut pas exécuté à la rigueur.

Au mois de mars, fut tenu à Montpellier le synode général ou colloque de tous les ministres des églises de Languedoc, et autres voisines dissipées, où il y avoit bien cent cinquante ministres, et autant d'anciens et de surveillans.

Le vendredi 5 mars, on apprit à Montpellier la mort de M. de Guise, occis devant Orleans par Poltrot le 17 février, dont fut à Montpellier détachée toute l'artillerie en signe de réjouissance.

Les protestans ayant assiégé Aramon furent obligés de lever le siége.

Le comte de Crussol ayant resté quelque temps à Valence pour s'opposer au duc de Nemours, entra à la fin de mars dans le comté de Venisce (1); il prit Orange et Serignan, et y eut un de ses freres tué.

Au commencement d'avril, les villes protestantes du Languedoc tinrent leur assemblée à Bagnols par devant le comte de Crussol.

Saint Vidal ayant assiégé Florac, le baron de Beaudiné marcha au secours, et l'obligea de se retirer.

La paix conclue en France portant que les prêtres et ecclesiastiques seroient remis en leurs églises et biens, les protestans de Montpellier commencerent à ruiner le dedans des églises qui restoient, et rompirent toutes les cloches qui étoient en grand nombre, et même à Saint Pierre où il y avoit quatre tours et beaucoup de cloches, dont deux étoient des plus belles et grosses qu'il y eût en France; elles ne pouvoient être mises en branle, et ne sonnoient qu'au batoir : on ne conserva que les cloches de Notre Dame des Tables et de Saint Firmin où l'on prêchoit. Les protestans ne faisoient cela à Montpellier et dans les autres villes où ils étoient les maitres, que pour ôter les moyens d'y rétablir la messe et le service divin.

Le 7 mai, le cardinal de Châtillon tenant le parti des protestans, qui depuis ces troubles s'étoit retiré par deçà avec le comte de Crussol en habit de laïque, et qu'on nommoit le comte de Beauvais, le comte de Crussol, et Boucard, chevalier de l'Ordre, envoyé par le prince de Condé, vinrent à Montpellier, où on leur fit la reception la plus magnifique que l'on peut imaginer; on leur alla au devant jusqu'aux Areniers par delà Castelnau; ils trouverent au pont de Castelnau cent vingt petits enfans chantans tous ensemble les psaumes de David; à leur approche de la

(1) Le comtat Venaissin.

ville, on détacha toute l'artillerie, dont partie avoit été mise sur les murs de la porte du Pila Saint Geli.

Le dimanche 9 mai, arriva à Montpellier le seigneur de Caylus, gentilhomme de la chambre du Roi et envoyé par ce prince pour faire publier la paix en Languedoc, ce qu'il avoit déjà fait à Toulouse, Carcassonne et Narbonne. Tous ces seigneurs étant à Montpellier, les états du pays de ladite religion du Languedoc s'assemblerent, et firent leur ouverture le 11. Le comte de Crussol leur ayant déclaré vouloir se décharger de l'administration du pays qu'il avoit eue jusqu'alors, le lendemain jeudi 12, les états allerent le prier de continuer sa charge jusqu'à ce que les choses fussent entierement pacifiées, ce qu'il accepta. Les états répondirent à Caylus qu'ils acceptoient, comme très dévots sujets du Roi, l'édit de pacification fait à Amboise le 19 mars précédent, et qu'ils firent publier le même jour avec beaucoup de solemnité. Le baron de Crussol courut la lance et la bague.

Le 13 mai, on lut publiquement au prêche la convention passée entre les sur-intendans de la religion et les chanoines de Saint-Pierre, qui leur céderent la jouissance de trois temples, Notre-Dame ou La Loge, Saint-Firmin et Saint-Paul. Caylus, ayant les actes de la publication de l'édit, partit le 15, et les états ayant fini vers le 18, les comtes allerent à Beziers. Pendant qu'ils y étoient, le comte de Beauvais (1) eut une conférence avec M. de Joyeuse à Montels, entre Narbonne et Capestang; chacun étoit suivi de vingt-cinq hommes sans armes : la conférence dura quelques heures, après laquelle l'un se retira à Beziers, et l'autre à Narbonne. Sur la fin de mai, lesdits seigneurs comtes repasserent à Montpellier, et retournerent vers Usez.

Le maréchal de Vieilleville, nommé pour l'exécution de l'édit de paix, étant au mois de juin à Lyon, y rétablit la messe, et fit donner trois temples aux protestans. Il alla en Dauphiné, au Saint-Esprit et à Beaucaire; il rétablit la messe, et fit cesser les prêches dans les églises.

Au mois de juillet, Caylus revint en Languedoc, envoyé par le Roy pour recevoir des mains du comte de Crussol les villes et pays de la religion, et en icelles commander pour l'exécution de l'édit de paix. Cela étant fait, Caylus fit son entrée à Montpellier le samedi matin 2 août. Le lundi suivant, on commença de prêcher à la grande Loge, et puis à l'Ecole-mage; Caylus ne put pas rétablir la messe, personne ne s'étant présenté pour la dire, ni pour en demander le rétablissement. L'évêque s'étoit retiré depuis la paix avec quelques chanoines à Maguelonne, où il avoit rétabli la messe aussi-bien qu'à Villeneuve, village qui lui appartenoit : il écrivit à Caylus qu'il ne vouloit venir à Montpellier.

Le dimanche 3 août, Caylus fit publier une lettre du Roy, du 17 juin, qui deffendoit le port des armes, excepté l'épée et la dague aux gentilshommes, et qui ordonnoit d'enfermer sous la clef toutes les armes à feu, dans les villes, ce qui s'exécuta sans résistance; on fit rouvrir neuf ou dix portes de la ville qui avoient resté murées pendant plus d'un an.

M. de Damville, second fils du connétable de Montmorency, ayant été nommé gouverneur du Languedoc sur la démission de son père, partit au mois de septembre, accompagné de cinq cents hommes d'armes et de beaucoup de noblesse qui augmentoit à mesure qu'il avançoit. Il vint par Toulouse et Narbonne, où la ville de Montpellier l'envoya complimenter par Ceselly, premier président de la chambre des comptes, Jean Philippi, général des aides (1), et les seigneurs de Poussan et Figaret. Il arriva à Montpellier, et y fit une entrée solennelle par la porte de la Sonnerie, le mardi 7 novembre; il logea chez Monsereau, autrement la maison des généraux : à l'entrée de la ville se trouverent quelques chanoines de l'église cathédrale et autres prêtres vêtus du surplis, et six cordeliers chantant processionnellement en l'accompagnant, chose que l'on n'avoit vue ni ouïe depuis plus de deux ans; on lui présenta un dais magnifique avec ses armes et celles de la ville, sous lequel il refusa de se mettre; sa garde, de cinquante arquebusiers à pied morionnés, marchoit devant Joyeuse, suivi d'une infinité de noblesse. Au lieu d'aller chez lui, il fut à Notre-Dame des Tables, où l'on chanta le *Te Deum*; l'évêque et le juge-mage revinrent alors. Damville fit généralement désarmer tout le monde, jusques aux épées et dagues; la ville lui présenta une grande coupe d'argent relevée en bosse, dorée de fin or, le couvercle de même, et dans la coupe six belles pièces d'or rondes, fabriquées expressément à la monnoie, chacune pesant cinquante écus d'or au soleil, avec ses armes d'un côté, et celles de la ville de l'autre; on lui présenta aussi deux caisses pleines, l'une de fioles de verre peintes de diverses histoires, et pleines d'eau d'ange, et musquées; l'autre de carrelets de satin, pleins de diverses poudres odoriférantes, le tout de grande

---

(1) Titre qu'avoit pris le cardinal de Châtillon, évêque de Beauvais, en se faisant protestant.

(1) Plus loin, année 1574, Philippi est qualifié *conseiller* en la même cour.

valeur. Le lendemain on dit solemnellement la messe à Notre-Dame des Tables; les prêtres et religieux commencèrent à se montrer, et les gens de justice reprirent leurs bonnets carrés.

Le 16 novembre, Damville partit pour aller au Saint-Esprit. Le 5 décembre, les habitans des deux religions convinrent de nommer six catholiques et six protestans pour gouverner la maison de ville, ce qui fut approuvé par Damville retournant à Narbonne pour y tenir à la fin de décembre les états, qui ne furent pas favorables à ceux de la religion; ils députerent, pour faire part de leurs intentions au Roy, Ambres et Bachellerii, premier consul de Beziers.

Au mois de janvier 1564, Damville retourna à Montpellier; et tout fut confirmé le 1er mars par le seigneur de Castelnau-lez-Pezenas, gouverneur pour la guerre, établi à Montpellier par commission de Damville. Les protestans faisoient leurs exercices dans la cour du Bayle, et la maison de Formy près la Loge. Le prince de Salerne, grand seigneur du royaume de Naples, qui avoit embrassé la religion protestante, et s'étoit marié à Montpellier dans la maison de Paulian, assistoit au prêche lorsqu'il étoit à Montpellier.

Le 24 juin, le Roy, voulant visiter son royaume, donna une déclaration pour deffendre l'exercice de la religion protestante dans les villes où il passeroit. Le 21 septembre, la garnison de Montpellier fut cassée et réduite à cinquante hommes, et logée dans Saint Pierre.

Le dimanche 17 décembre, le Roy, venant de Beaucaire et de Nismes, fit son entrée à Montpellier; on lui prépara un reposoir au jardin du seigneur de Villeneuve, gouverneur de ladite ville, au devant du couvent de Saint-Maur dit, communément de Saint-Mos, où le Roy reçut les harangues de toute la ville. Le 26 décembre il y eut une procession générale où le Roy assista. Ce prince partit pour Toulouse le 31 du même mois.

Le 4 mai 1567, il courut un bruit que les catholiques vouloient entreprendre quelque chose contre les protestans; ce qui obligea Joyeuse de se rendre à Montpellier pour y mettre la paix.

Le 30 septembre, on publia une déclaration du Roy, qui confirmoit les édits en faveur des protestans. Joyeuse étoit ce jour-là à Montpellier, et y reçut la nouvelle que ceux de la religion avoient pris les armes à Nismes, Saint-Esprit, Castres et Lavaur, et qu'ils s'étoient saisis de la tour de La Carbonnière; il assembla toute la nuit la garnison, et, ayant fait venir les principaux de la religion, il les exhorta à vivre en paix et pour le service du Roi, ce qu'ils promirent, lui disant qu'ils se tenoient fort assurés par sa présence : l'après dîné on conseilla à Joyeuse de faire sortir de la ville les étrangers, artisans, garçons de boutique et autres, qui pour la plûpart étoient protestans : cette commission exécutée avec un peu trop de vivacité, le peuple commença à s'émouvoir, et dès que Joyeuse le sceut, il se retira avec sa femme, ses enfans, les principaux catholiques et ses meilleurs effets dans le fort Saint-Pierre : on voulut continuer de faire la garde, mais le poste de la Loge se retira à Saint-Pierre, aussi bien que les autres; à minuit Joyeuse et la noblesse qui étoit avec lui, sortit par la fausse porte, et alla à Pezenas, laissant dans Saint-Pierre sa femme, ses enfans et ses meubles.

Le matin, les protestans voyant cela firent ouvrir les trois portes de la Sonnerie, de Lattes et Montpilleret, s'impatroniserent dans la ville, et appellerent à leur secours leurs voisins, gentilshommes et gens de guerre, qui y accoururent dans vingt-quatre heures. Se voyant maîtres de la ville, ils commencerent à serrer de près ceux de Saint-Pierre, les chassant dans le fort, leur ôtant le college de Saint-Ruf, la tour du Colombier battant dans Saint-Pierre, et plusieurs maisons des environs du fort, auxquelles ceux dudit Saint-Pierre mirent feu, détruisant toute la rue des Carmes, le long de laquelle les protestans firent des tranchées pour empêcher la garnison de venir dans la ville. Cependant les capitaines et commandans offrirent à madame de Joyeuse et à sa suite toute sureté si elle vouloit venir dans la ville, ou escorte si elle vouloit se retirer; elle les remercia, mais, quelques nuits après, escortée par la cavalerie que son mari lui envoya, elle sortit avec ses bagues et sa suite, chose qui déplut fort à ceux de la ville, qui n'espererent plus que Saint-Pierre fût secouru par Joyeuse.

Le 7 octobre, le seigneur d'Acier, nommé auparavant Baudiné ou le baron de Crussol, commandant pour le Roy en l'absence du prince de Condé en Dauphiné, Provence et Languedoc, arriva à Montpellier avec nombre d'ingénieurs et gentilshommes. On fit alors des tranchées hors la ville du côté du Peyrou pour battre le ravelin du fort, du côté de Boutonnet, devant la porte et tour des Carmes que les catholiques tenoient; l'infanterie campa hors la ville, depuis le fauxbourg de Saint-Guillen jusqu'auprès du Merdanson, méchant petit ruisseau venant d'assez loin, côtoyant la ville vers le nord, sur lequel il y a trois petits ponts, et duquel l'eau sert aux teinturiers. Il y eut alors quelques rencontres près de Gigean et de Mirevaux, où les protestans battirent les catholiques.

Le 6 novembre, Montbrun arriva avec beaucoup de noblesse, six compagnies d'infanterie et une pièce d'artillerie.

Le 8, Joyeuse, résolu de ravitailler Saint-Pierre, envoya le seigneur de Villeneuve, son lieutenant, avec dix-huit enseignes faisant deux mille cinq cents hommes, et quatre cents chevaux; il campa à onze heures du matin, près de Boutonnet jusques au pont de Saint-Cosme par de-là le Merdanson; alors d'Acier sortit de la ville avec quatre cents chevaux, et alla se poster entre les Jacobins et Saint-Cosme. Les assiégés de Saint-Pierre commencerent l'attaque en faisant une sortie par le ravelin; mais la garde de la tranchée du Peyrou les repoussa vigoureusement, et les obligea de rentrer : en même temps le camp des catholiques donna sur les tranchées, et passa le Merdanson; mais les assiégeans, ayant soutenu leurs attaques, les obligerent de repasser le ruisseau, au-delà duquel le combat continua depuis midi jusqu'à quatre heures sans aucune décision. Les catholiques, voyant qu'ils avoient perdu soixante hommes, qu'il étoit tard, que l'une des pièces de campagne s'étoit entr'ouverte, et que le feu s'étoit mis à une des caques de poudre, commencerent à défiler à travers les olivettes vers les terroirs de Malbosc et La Colombière, avec tous leurs charrois et bagage; d'Acier les laissa retirer tranquillement, et sans les poursuivre.

Les catholiques ainsi retirés, les compagnies dont Baudiné, frère d'Acier, étoit colonel, reprirent leur poste, et un ministre rendit publiquement graces à Dieu; d'Acier rentrant dans la ville avec la cavalerie, un ministre fit aussi la prière devant la porte de la Sonnerie. Pendant l'escarmouche, tout le menu peuple, jusques aux femmes, enfans et demoiselles, apportoient des pierres sur la muraille pour faire des cañonnières pour les arquebusiers; les demoiselles d'une plus grande considération étoient dans le camp de l'infanterie et de la cavalerie, leur faisant apporter de grands paniers de pain, fruits et bouteilles de vin pour les rafraichir. Les catholiques se retirerent au plus vite, et ne s'arrêterent qu'à Meze et à Loupian; les garnisons de Pignan, Poussan, Montbazin et Balaruc, donnerent sur leur queue, leur tuerent quelques soldats, et prirent quelque bagage. Les protestans perdirent dans ce combat le capitaine d'Hostelle d'Alais, douze soldats, et autant de blessés.

Brissonnet, évêque de Lodeve, homme portant les armes, ayant fait enfermer quarante-trois protestans dans une grande salle, un dimanche, à l'heure de vêpres, les fit tuer par des soldats.

Le 16 novembre, le seigneur de Cipierre en Provence, frère du comte de Tende, gouverneur de Provence, arriva à Montpellier après avoir été quelques jours à Nismes, durant lesquels le château de Nismes s'étoit rendu aux protestans; il menoit six cornettes sous du Bur, Senas, Soliers et autres, et vingt-huit enseignes faisant cinq mille hommes, qui resterent entre Nismes et Montpellier. Arpajon, faisant profession de la religion, arriva à Alais et à Anduze, accompagné des vicomtes de Montclar, de Gordon, de Paulin, de Bourniquel, avec douze cents chevaux et six mille fantassins que l'on nommoit les Gascons.

Le lundi 17 novembre, un des capitaines du fort et garnison de Saint-Pierre, nommé Luynes, sortit pour capituler avec d'Acier. La capitulation fut réglée le lendemain à midi, après avoir tenu quarante-huit jours, à compter du 2 octobre, que le seigneur de Joyeuse s'en étoit allé, et avoit quitté la ville aux protestans. Les capitaines sortirent avec leurs armes, les soldats avec l'épée et la dague; les consuls, chanoines et autres, au nombre de quatre cents, avec leurs effets, furent remis à la discrétion d'Acier, qui en eut la vaisselle d'argent de Joyeuse, et beaucoup de meubles précieux; les soldats étoient au nombre de cent vingt, et les assiégeans y perdirent deux cents hommes, entre autres Saint-Auban. Le même jour de la reddition, le peuple se mit à détruire Saint-Pierre, et continua pendant trois jours; on abattit une des grosses tours : ainsi ce superbe édifice d'Urbain V périt dans trois jours, deux cent trois ans un mois et demi après sa première fondation. Le lendemain, on apprit que Suze avoit assiégé le Pont Saint-Esprit, sur quoi Cipierre s'y achemina avec ses troupes.

Le 20, d'Acier y alla aussi après avoir pourvu aux affaires de Montpellier, et y avoir laissé le seigneur d'Aubais, avec de la cavalerie et infanterie pour la garde de la ville. Le 22, le conseil de ville nomma par devant ledit gouverneur, douze personnes pour administrer la police à cause de l'absence des consuls, dont le premier étoit Antoine Robin. On aprit que Suze avoit levé le siége du Saint-Esprit.

Le 11 décembre, on fit, par ordre d'Acier, des rejouissances pour la victoire remportée par le prince de Condé (1) à Saint-Denis le 10 novembre; on abattit alors et on raza à fonds de terre l'église de Saint-Firmin.

(1) Les deux partis s'étaient attribué la victoire.

La tour de La Carbonniere fut par intelligence recouvrée par les catholiques, dont accusé le capitaine Paye de Lunel, qui en avoit la charge, en perdit la tête à Montpellier. Les catholiques surprirent Poussan, prirent d'assaut Balaruc, et pillerent ces deux villages.

Vers la mi-janvier 1568, présent d'Acier, furent tenus les états, et des gens du pays à Montpellier.

Au mois de février, Joyeuse alla avec ses troupes par la plage à Avignon, joindre le comte de Tende et de Suze. Ils allerent battre la tour du bout du Pont Saint-Esprit, et la prirent.

Les catholiques prirent d'assaut Mornas sur le Rhône, dans les terres du pape. D'autre part, ez Cevennes, le baron de Ganges prit d'emblée Sumene sur les protestans, qui l'assiégerent et le reprirent; Ganges y fut tué avec cent quatre-vingts des siens.

D'Acier, ayant ramassé ses forces, passa le Rhône à Viviers, et s'étant joint avec ceux du Dauphiné et de Provence, se présenta devant la tour du bout du Pont Saint-Esprit, que les catholiques abandonnerent pendant la nuit. Le lendemain, qui pouvoit être le 15 mars, d'Acier entra avec son armée par cette tour dans le Saint-Esprit; et sachant que Joyeuse avoit occupé Laudun et Tresques, pour être le maitre du Saint-Esprit et de Bagnols, continua sa marche jusqu'à Bagnols avec Cipierre et Montbrun, quinze cents chevaux et soixante-dix enseignes; il surprit dans Tresques les gens d'ordonnance de Scipion, italien, et une compagnie du sieur de Laval, de la maison de Châteauneuf-lez-Pezenas. Alors Joyeuse, qui étoit vers Avignon, se tourna à gauche, assiégea Aramon, y donna trois assauts, et obligea la garnison de capituler, après que les catholiques eurent défait l'infanterie que les protestans envoyoient au secours de cette place; ils y perdirent deux ou trois cents hommes.

Les catholiques de Toulouse prirent quelques villages aux environs de Castres; mais ils furent obligés de lever le siége de Puilaurens.

D'Acier étant à Nismes, le seigneur d'Entrechaux y arriva en poste de la part du prince de Condé. D'Acier alla avec lui à Montpellier, où le lendemain de leur arrivée Entrechaux déclara aux consuls que le Roy avoit consenti à la paix, mais que pour renvoyer les soldats étrangers hors du royaume, la portion de finance pour les quatre diocèses de Viviers, Usez, Nismes, Montpellier et partie du Gevaudan, montoit à 50,000 livres; surquoi le conseil de ville délibéra et fit une réponse favorable, en attendant d'autres nouvelles de la paix; la populace se mit à achever de démolir ce qui restoit d'une quinzaine d'églises ou d'édifices publics.

Le 30 avril, la paix fut publiée à Montpellier; Joyeuse étoit alors à Beziers avec toute sa gendarmerie.

Le 7 mai, Sarlabous, colonel d'un régiment de gens de pied, se présenta devant Montpellier pour y mettre garnison, mais on lui refusa la porte. Un mois après, lorsqu'on eut sçu la volonté du Roy par les députés qu'on lui envoya, La Crozette (1), guidon des gens d'armes de Damville, fut reçu dans la ville pour gouverneur avec deux enseignes; il y rétablit la messe : Nismes, Sommieres, Lunel et autres villes jusqu'au Saint-Esprit receurent garnison.

Le 27 juillet, la Crozette s'étant retiré avec la garnison au palais, comme lieu plus clos de la ville, et voulant augmenter sa garnison, le peuple, qui étoit encore armé, se mutina : on fit des tranchées dans les rues, on tendit les chaines pour empêcher la gendarmerie, qui entroit par le porte des Carmes et de la Blanquerie, d'avancer; on resta dans cette situation depuis midi jusqu'à quatre heures que l'on conclut une espece de tréve, par laquelle deux mille cinq cens protestans sortirent de la ville, y laissant leurs familles; les cinq premiers consuls et deux ministres sortirent aussi, et furent escortés jusqu'à Castelnau. Le 30 juillet, Joyeuse arriva avec beaucoup de noblesse et d'ecclésiastiques. Le 31, il remit en charge les consuls catholiques de l'année précédente. Le 4 août, on fit quelques désordres dans les temples des protestans : Joyeuse y envoya des troupes pour les faire cesser; les prêches cessèrent, et les deux autres ministres furent mis hors la ville en toute sûreté. Quelques jours après, Joyeuse partit pour aller visiter Nismes et autres places jusqu'au Saint-Esprit. Vers la mi-août, il envoya un formulaire de serment, pour le faire prêter par ceux de la religion.

Les protestans, retirés à Alais, Anduze, Sauve et dans les Cevennes, firent des courses dans les pays-bas au commencement de septembre. Joyeuse étoit au Saint-Esprit pour empêcher les protestans de Provence et Dauphiné de passer le Rhône; mais Mouvans passa cette impétueuse rivière en un petit port, entre Viviers et Montelimar, et joignit d'Acier qui avoit délogé d'Usez, et que l'on disoit avoir rassemblé vingt mille fantassins et quinze cents chevaux. Joyeuse revint avec ses forces à Montpellier, et, après quelque séjour, il marcha vers Toulouse.

Le 19 octobre, on publia à Montpellier l'édit du Roy du 25 septembre, qui déclaroit ne vouloir dans son royaume qu'une religion, l'ancienne

(1) Jean de Nadal, seigneur de La Crouzette.

catholique-romaine. Joyeuse partit de ce temps-là de Toulouse pour aller joindre le duc d'Anjou vers Angoulême. La grande rigueur de l'hyver empêcha les deux armées d'agir.

Le baron de Castelnau-lez-Pezenas commandoit à Montpellier et dans tout le gouvernement.

Le vendredi 4 mars 1569, Jacques de Fargues, marchand apoticaire, des bonnes et ancienne maisons de la ville, âgé de soixante ans, demeurant à la place des Cevenols, dans sa maison nommé la boutique Noyer, avoit chez lui des sacs de poudre à canon et quelques armes; et comme son fils avoit été des plus zélés protestans dans les précédens troubles, lui, sa femme et sa famille furent mis en prison : sur cela le peuple se mutina vers le soir, força la maison de Fargues, la pilla pendant toute la nuit [les meubles et les épiceries valoient plus de 10,000 livres]; le lendemain samedi, le peuple mit le feu à sa maison, et la ruina entièrement, alla assiéger la maison de ville, força le juge-mage et les consuls à condamner à mort Fargues, et le mena sur le champ à la maison, où il le fit pendre aux plus hautes fenêtres, où il demeura tout le lendemain dimanche : sa boutique étoit pleine des meilleures odeurs, et le Roy en passant à Montpellier avoit bien daigné y entrer et prendre la collation.

Le 24 mars, on apprit la nouvelle de la victoire remportée à Jarnac par le duc d'Anjou, qui n'y perdit que cinquante hommes, et le lendemain on en fit des réjouissances. Au mois de may, le maréchal de Damville, nommé pour commander en Guyenne, Languedoc, Provence et Dauphiné, arriva à Toulouse avec Joyeuse, et fit prendre Fiac.

Les catholiques prirent au mois de juillet Combaslez-lez-Sommieres; et les protestans des Cevennes surprirent Montpezat; vers la mi-août, ils s'emparerent de Melgueil, lieu auparavant très fort d'assiette, mais qui l'an précédent avoit été démantelé, de maniere qu'en peu de temps ils furent maitres de tous les villages entre Montpellier, Sommieres et Lunel.

Montpellier étoit comme bloqué par la proximité de Melgueil, qui n'en est qu'à une heure et demi. Saint André, chevalier de l'Ordre, gouverneur d'Aigues-Mortes, et commandant pour Sa Majesté à Nismes et aux environs, et le baron de Castelnau, leverent des troupes, et assiégerent Melgueil : ce lieu étoit presque sans murailles, excepté ce que les protestans en avoient relevé depuis qu'ils en étoient les maitres; mais comme il y avoit de bons fossés remplis d'eau, et qu'ils s'étoient remparés et parqués dedans, Castelnau, quoiqu'il eût beaucoup d'artillerie, leva le siége le 30 août; il l'avoit commencé le 27. Ceux de Melgueil, dont la plupart étoient habitans de Montpellier, confirmés en leur fort, songerent à surprendre ladite ville par le moyen d'un gentilhomme et capitaine catholique, nommé le seigneur de Barri en Rouergue, qui les y devoit introduire le lendemain de Saint Michel. Barri, qui avoit fait part du complot à son enseigne, nommé Travers, du pays de France, celui-ci l'alla dire à Castelnau dix ou douze jours avant l'exécution. Barri ne fut arrêté que le 30 septembre : on lui fit son procès, et le 11 novembre il fut décapité devant le consulat. Pendant le mois d'octobre, Damville prit par composition Mazeres. Le dimanche 16 novembre, on rendit graces à Dieu pour la victoire remportée par Monsieur le 30 octobre à Montcontour, où ceux de la religion perdirent douze mille hommes et leur artillerie.

Le 15 novembre, les protestans surprirent Nismes : le capitaine Lescout, s'étant jetté dans le château, le deffendit jusqu'au commencement de février qu'il capitula. Saint-André, gouverneur audit pays, se voulant sauver par les murailles s'étant grièvement blessé, fut pris et amené à la ville, deux jours après fut meurtri et occis de guet-à-pens, dans son lit, malade.

L'armée des princes, forte de douze mille hommes, avec cinq canons, prit Monréal et Conqués-lez-Carcassonne, Servian et Casouls-lez-Beziers, et Pignan près de Montpellier. La crainte que l'on eut qu'ils n'assiégeassent Montpellier fit que l'on ruina les fauxbourgs, perte de plus de 50,000 livres pour les habitans qui avoient rebâti des maisons et des jardins depuis les premiers troubles; on y travailla le propre jour de Pâques 26 mars. L'armée des princes passa le 30, 31 mars et le premier avril, des deux côtés de Lattes, à la vue de la ville de Castelnau et du Crez, où la garnison de Montpellier donna une camizade aux protestans, qui y perdirent cent soixante chevaux; l'armée des princes brûla en passant le Terral, Montferrier et le Crez, et plusieurs maisons de la campagne; elle s'arrêta à Massillargues et aux environs, et mit le siége devant Lunel.

Le maréchal de Damville, ayant rassemblé ses forces, suivoit cette armée : il arriva à Montpellier le lundi 3 avril; il s'avança et fit ravitailler Lunel, ce qui obligea les princes d'en lever le siége après sept jours d'attaque : les vivres étoient fort rares, et le setier de bled valoit à Montpellier 3 livres 10 sols. Le maréchal y ayant resté quinze jours, alla à Lunel, Beaucaire, Avignon et au Saint-Esprit, poursuivant les ennemis, qui receurent une grande route et déroute à Baïs-sur-Baïs. L'ennemi étant sorti du Languedoc, le maréchal vint séjourner à Avignon et à Beaucaire.

Le 19 août, deux gentilshommes, l'un de la part du Roy, et l'autre de celle des princes, arriverent à Montpellier après avoir passé par Nismes et Melgueil, aportant la nouvelle de la conclusion de la paix que l'on annonça le lendemain ; et l'édit étant ensuite arrivé, on le publia le 26. Le dimanche, 27 septembre, le maréchal étant arrivé à Montpellier, permit à ceux de la religion et au ministre d'y rentrer ; mais ils n'eurent point d'exercice dans la ville, et furent obligés d'aller au prêche à Saint-Jean de Vedas.

Le maréchal demeura audit Montpellier jusqu'au mois d'octobre 1571, que les états du pays furent tenus en ladite ville sous Joyeuse. Le 13 octobre, la garnison vuida Montpellier, et l'on vit les portes sans garde, onze ans après le commencement des troubles : la garnison de Nismes en sortit aussi. Molé (1), commissaire envoyé par le Roy, resta à Montpellier une bonne partie de l'été.

L'an 1572, le Roy envoya pour la main forte le seigneur des Ursiéres, chevalier de l'Ordre, natif de la ville, de la maison de Gaudette, ou du seigneur de La Vauleiere, et pour sur-intendant à la justice Belliévre, président au parlement de Dauphiné. Guillaume de La Coste, général des aydes, qui durant la guerre précédente avoit été colonel des habitans, de Leyder et Pierre Couvers, maîtres des comptes, eurent ordre de s'absenter de la ville.

Le samedi, 30 août, passa par Montpellier un courrier du Roy, aportant la nouvelle de la Saint-Barthelemi ; on prit d'abord les armes, et on mit garde aux portes de ceux de la religion, et on emprisonna les plus factieux ; les autres, avec les ministres, trouverent moyen de s'évader. Le 8 septembre, on publia une ordonnance du Roi, du 28 août, qui déclaroit le meurtre de l'Amiral avoir été fait par son ordre, vouloit que ses sujets protestans vécussent en sûreté, et deffendoit les prêches et assemblées. En Languedoc, il n'y eut pas le moindre excès, par la bonne conduite de Joyeuse ; ceux de Nismes et des Cevennes ne voulurent pas recevoir des garnisons ; Castres obéit. Sur la fin d'octobre, le maréchal de Damville arriva de la Cour à Beaucaire. Les protestans se saisirent d'Usez, de Sommieres, et de quelques autres petits lieux : le maréchal arriva à Montpellier vers Noël.

Au mois de janvier 1573, les états assemblés

(1) Nicolas Molé, alors intendant général des finances, suivant une conjecture du marquis d'Aubais.

à Montpellier imposerent des deniers pour la nouvelle guerre. Le maréchal prit Calvisson par composition, et Montpezat d'assaut. Vers le 10 février, il assiégea Sommieres avec piéces de canon, étant le château très-fort et la ville aussi ; il y donna un assaut le 18, et un autre le mardi 3 mars ; la ville ne capitula que le 9 avril, après avoir perdu plus de mille hommes ; l'armée catholique prit ensuite le pont de Quissac. Pendant que le maréchal étoit à Sommieres, les députés des protestans vinrent lui proposer un accommodement qui ne réussit pas ; il distribua les armées dans les places, et alla à Montpellier à la fin d'avril. Un mois après, étant à Beaucaire, il rassembla son armée, et se logea à Manduel et à Bouillargues pour empêcher ceux de Nismes de faire leur récolte. Les protestans, se voyant maîtres de la campagne du côté de Montpellier, y faisoient continuellement des courses ; ils surprirent un bon village et château fort, nommé Montlaur, à une lieue de Sommieres et à trois de Montpellier, où tous les environs étoient obligés de leur aporter la contribution.

Au commencement de juillet, Lodeve, qui n'avoit pas encore été prise, le fut par le baron de Tamerlets.

Le 4 août, le maréchal, étant campé à Milhau à une lieue de Nismes, accorda à ceux de cette ville une tréve de quinze jours, qui fut publiée à Montpellier le 6, et ensuite prorogée jusqu'au premier octobre, et publiée à Montpellier le 27 août. Le 13 septembre, le maréchal étant à Montpellier y fit publier l'édit de la paix, donné par le Roy au château de Boulogne au mois de juillet précédent.

Vers la fin de septembre, le maréchal s'étant retiré à Montbazin pour se reposer, ceux de la religion demanderent la continuation de la tréve, et l'élargissement du seigneur de Saint-Cesari, de la ville de Nismes, venant d'Allemagne de négocier leurs affaires, pris par les catholiques durant la suspension. Le maréchal envoya à Montpellier Truchon, premier président au parlement de Grenoble, et le seigneur de Colhas, lieutenant principal à la sénéchaussée de Nismes, son conseil ordinaire, pour examiner ce qu'il y avoit à faire pour la prorogation de la tréve. Sur cela on tint une assemblée le 26 septembre en la maison de ville, où Truchon présida, et avoit à sa droite le baron de Rieux, gouverneur de Narbonne, le seigneur de Villeneuve, ci-devant gouverneur de Montpellier, le seigneur Alfonse, colonel des compagnies bourgeoises, étant lors en garnison à Montpellier, chevaliers de l'Ordre, Jean Torillon, Colhas, et à gauche la cour des aydes, La Mausson, chevalier de l'Ordre, premier consul. L'assemblée fut d'avis de prolonger la tréve, et de rendre Calviere, sieur de Saint Cesari; le maréchal ne fut pas d'avis de la reddition du prisonnier : la tréve fut prorogée jusqu'à la mi-novembre, et publiée à Montpellier, le maréchal y étant, le 20 octobre.

On n'avoit fait aucune hostilité durant ce temps-là, si ce n'est du côté de Beziers, où les protestans avoient pris un bon village, nommé Brian de las Allieres, à quatre lieues de cette ville, sur le grand chemin de Carcassonne.

Le 29 octobre, Antoine Subjet, premier évêque de Montpellier qui porta ce titre, Guillaume Pellissier n'ayant porté que celui d'évêque de Maguelonne, fit son entrée à Montpellier.

Le 20 novembre, les protestans, s'étant assemblés dans les montagnes de Lodeve, descendirent au pays bas, et s'emparoient de Florensac et de Pomerols au diocese d'Agde, si le duc d'Usez, autrefois M. d'Acier, n'étoit arrivé avec les députés des protestans, renvoyés par le Roy pour traiter de la tréve avec le maréchal Damville: la tréve fut renouvellée au commencement de décembre pour trois mois, avec promesse de rendre Florensac et Pomerols, ce qui ne fut point exécuté. On pendit un masson, un laboureur et un valet de serrurier, pour avoir projetté de livrer la ville de Montpellier. Les états, qui devoient commencer le 8 décembre, furent renvoyés au 15 janvier. Le maréchal, voyant que les protestans ne lui rendoient pas Pomerols, l'alla assiéger, et la garnison le lui rendit à composition; on convint de renvoyer Florensac à un autre traité; la tréve fut prolongée jusqu'à la fin de février.

Le 15 janvier 1574, les états commencerent. Le château de Montferrand, appartenant à l'évêque de Montpellier, imprenable par son assiette, fut pris par les huguenots; les catholiques le reprirent par escalade au commencement d'avril.

Le 1er mars, le maréchal nomma premier consul de Montpellier Jean des Ursieres, dit de Gaudette, seigneur de Castelnau, chevalier de l'Ordre, avec cinq autres.

Au commencement d'avril, le maréchal s'assembla à Montpellier avec Joyeuse, Suze, Maugiron, Cailus et le sénéchal de Beaucaire, pour conférer des affaires de la guerre. Peu après, les protestans prirent la ville de Massillargues.

Vers le 20 mai, Beziers et Agde refuserent d'obéir au maréchal, sous couleur qu'il fût compris dans la conjuration (1) comme son frere, applaudissans à certains seigneurs de la Cour étant en Avignon, et soi-disans du conseil du Roy. Le maréchal declara vouloir être permanent au service de Dieu, de son Eglise et du Roy, vers lequel il dépêcha le baron de Rieux; cependant, averti qu'il pourroit être fait quelque entreprise sur sa personne, il se retira dans le palais de Montpellier qu'il fortifia, il renforça la garnison de la ville, et prorogea pour six mois la tréve, qui fut publiée le 7 juin. Le dimanche 13, il reçut un courrier du duc de Savoye, qui lui apprit la mort du Roy (2); il n'en eut aucun avis de la Cour. Le maréchal écrivit d'abord à Joyeuse, qui étoit à Toulouse, et aux principaux de son gouvernement, leur indiquant une assemblée à Montpellier au 2 de juillet.

Vers le 15 juin, le baron de Rieux revint de la Cour à Pezenas, où étoit le maréchal, et lui apporta des lettres de la Reine mere régente. Le 10 août, le maréchal étant à Beaucaire écrivit aux consuls de Montpellier que le Roy (3), ayant passé les monts d'Allemagne et Venise, étoit arrivé à Ferrare, comme il le lui avoit écrit de cette ville le 1er août, avec ordre de l'aller trouver à Turin; qu'il partoit pour s'y rendre le 13. Il ordonna que l'on fit des feux de joye, et que l'on chantât le *Te Deum*, ce qui fut exécuté le 10 et 15 août.

Le même jour, on nomma pour aller saluer le Roy, Jean Philippi, conseiller en la cour des aydes, Castelnau, premier consul, et deux autres. Le Roy arriva à Lyon le 10 septembre. Le maréchal ne revint de son voyage que le 4 octobre, qu'il aborda au grau de Melgueil, d'où il vint à Montpellier; le lendemain il fit assembler tous les états de la ville; il renouvella cette assemblée le 11 octobre, la veille de son départ pour Beaucaire, et leur parla vivement pour les engager à vivre en paix avec les protestans.

Le Roy, s'étant résolu à la guerre, fit assiéger le Pousin, qui fut abandonné de nuit.

Le maréchal étant à Beaucaire fit alliance avec les protestans; et, revenu à Montpellier, il leur promit l'exercice public de leur religion. Les capitaines de Pezenas et de Sommieres refuserent d'obéir au maréchal, ce qui fut cause qu'on désarma les catholiques de Montpellier.

Vers la mi-novembre, le maréchal tint à Montpellier une petite assemblée de quelques dioceses voisins. Il alla ensuite à Nismes, où se tint l'assemblée générale de ceux de la religion, et des autres de l'obéissance du maréchal. La Reine mere lui écrivit le 22 pour qu'il apaisât ces troubles; le maréchal lui répondit que, s'étant uni avec les protestans, il ne pouvoit rien de lui-

(1) Intrigue ourdie par La Mole et Coconnas.

(1) De Charles IX, 30 mai 1574.
(2) Henri III qui revenoit de Pologne.

même, et qu'il agiroit pour la paix dans l'assemblée prochaine. Sur la fin de décembre, cette assemblée fut tenue à Nismes, les protestans l'y reconnurent pour leur chef en l'absence du prince de Condé; l'assemblée dura jusques au 15 février.

Le 10 janvier 1575, le Roy partit d'Avignon, après avoir ôté le gouvernement du Languedoc au maréchal de Damville, et donné le commandement du bas au duc d'Usez, laissant le haut à Joyeuse.

On découvrit une entreprise pour ôter Beaucaire à Damville.

Le mercredi 12 janvier, à six heures du matin, les gens de l'union, au nombre de cinquante, avec le maréchal, surprirent Aigues-Mortes, ville située dans des marécages; les tours de Constance et de La Reine se rendirent le même jour; quelques jours après le maréchal y vint : le Roy, ayant appris cette nouvelle, y envoya Sarlabous, qui en étoit gouverneur, qui arriva trop tard. La prise de cette ville devint d'autant plus considérable pour ceux de l'union, qu'elle les rendit maîtres des salins de Peccais. Le maréchal assiégea ensuite Galargues sur le grand chemin, qui fut pris d'assaut après avoir enduré quelques coups de canon.

Sur la fin de janvier, le duc d'Usez, avec une armée de plus de huit mille hommes et de l'artillerie, prit Saint-Gilles et le château de Vauvert, l'ayant fait battre de son canon; le maréchal, ayant rassemblé ses forces, s'alla poster à Lunel : ainsi les deux armées resterent de-çà et de-là la riviere du Vidourle environ un mois, sans faire autre chose; le duc d'Usez retira la sienne, et retourna vers Avignon.

Vers la mi-février, partirent de Montpellier sept députés protestans, conduits par un trompette du Roy, pour aller en Allemagne vers le prince de Condé, et revenir en France traiter de la paix.

En ce temps-là, les protestans surprirent la ville d'Alais, sauf les châteaux; le maréchal y alla, mais les châteaux ne se rendirent qu'à la fin de mars, après qu'il y eut fait mener deux canons de Montpellier.

Le maréchal nomma les consuls de Montpellier pour cette année là : le premier fut Antoine de Tremolet, baron de Montpezat, auparavant conseiller du Roy et général en la cour des aydes, de la religion; le second, Pierre Châlon, catholique; le troisième, Jean Miot, marchand. Les habitans payoient 3,500 livres par mois pour l'entretien de deux compagnies. On craignoit une famine; le bled valoit jusqu'à 8 livres le setier, et l'avoine 35 sols.

Le maréchal revint à Montpellier à la fin d'avril, et mit ses troupes en quartier dans les villages circonvoisins.

Le duc d'Usez assiégeoit alors Baïs-sur-Baïs; l'artillerie ayant fait bréche au village, la garnison se retira dans le château; le duc l'attaqua pendant long-temps; mais enfin il fut obligé d'en lever le siége après avoir perdu beaucoup de monde par les arquebusades des assiégés, et en pleine campagne contre les protestans venus au secours dudit château.

A la mi-mai, le maréchal tomba dans une grosse maladie. Le lundi 30, le conseil général extraordinairement nombreux s'assembla, et délibéra que, quoi qu'il arrivât, la ville observeroit l'ordre et le règlement établi par le maréchal depuis l'union. Le 6 juin, les députés de la religion revinrent d'Allemagne sans avoir rien fait. Le maréchal commença d'entrer en convalescence le 24 juin.

Le duc d'Usez alla faire le degât, et brûler les gerbiers des aires de Nismes, de Beaucaire et des environs d'Usez.

L'assemblée des députés pour la paix commença à Montpellier vers le 12 juillet, et dura jusqu'au commencement de septembre.

Au commencement de ce mois, la ville d'Aimargues, très-forte, fut surprise par le maréchal, par une intelligence qu'il eut dedans.

A la mi-octobre, Sommieres, n'ayant pas été secouru par le duc d'Usez, se soumit au maréchal, comme fit aussi le fort de Maguelonne.

A la mi-décembre, le maréchal dressa une armée avec trois pieces de canon et une couleuvrine, marcha vers l'Eraut, prit d'assaut Loupian, Valros et Puimisson, soumit beaucoup d'autres villages; mais il ne prit point Agde, Beziers et Pezenas.

Le 10 janvier 1576, les députés assemblés pour la paix à Montpellier en partirent. Le maréchal étoit du côté de Beziers, où il soumit Gignac, Clermont, et plus de soixante autres bons lieux, dont la plupart furent pris d'assaut; il perdit devant Pouzolles le seigneur de Montataire, colonel des compagnies françoises, personnage fort regretté, et retourna à Montpellier pour la fête de la Chandeleur.

Le premier mars, il nomma, comme l'année passée, les consuls; mais le premier, qui fut Arnaud de Rignac, étoit catholique.

Vers la mi-mai, le maréchal rassembla son armée, et marcha vers Beziers et Narbonne, soumit plusieurs bons lieux, et tous les environs de Beziers jusqu'à Coursan sur l'Aude, à une lieue de Narbonne. Le 30 mai, il y reçut deux gentilshommes envoyés par le Roy et par le duc d'Alençon, avec l'édit de paix publié à Paris le

14 mai ; le lendemain, premier juin, le maréchal le fit publier dans son armée, et fut de retour à Montpellier le 6 juin ; le jeudi 7, il le fit publier à Montpellier : on y établissoit une chambre de vingt conseillers pour rendre la justice aux protestans. Le dimanche 19 juin, jour de la Pentecôte, on fit une procession générale pour remercier Dieu de la paix, et le maréchal y assista.

Quelques jours après, Joyeuse qui avoit commandé du côté de Toulouse, le baron de Rieux, gouverneur de Narbonne, plusieurs prélats, seigneurs et gentilshommes, qui avoient tenu contraire parti, vinrent à Montpellier visiter le maréchal et le reconnoître comme le gouverneur du pays. La noblesse s'étant retirée à la mi-juillet, le maréchal alla visiter le pays du côté du Saint-Esprit, et établir de nouveaux gouverneurs à Beaucaire et à Aigues-Mortes.

Au commencement d'août, fut vue à Montpellier chose rare et prodigieuse, une mule qui avoit porté fruit ; c'est une jument qu'elle allaitoit, et fut amenée d'un village près de Beziers.

Montmorency étant à Pezenas, le maréchal de Bellegarde l'y vint trouver pour lui persuader de quitter ce gouvernement, et se retirer au marquisat de Saluces que le Roy lui donnoit, à quoi il ne voulut entendre.

Les estats furent tenus à Beziers sous le maréchal et Joyeuse en novembre.

Au commencement de décembre, Thoré (1) étant au Saint-Esprit, le capitaine Luynes (2), qui depuis la paix avoit été mis audit lieu par le maréchal pour y commander, se saisit dudit lieu et de la personne de Thoré, qui, quelques jours après, par le moyen de quelques gens du lieu, en fut mis hors : on prit d'abord les armes, on surprit des villes, et il y eut des meurtres ; le maréchal apaisa le tout et en écrivit au Roy : on étoit cependant sur le qui vive, et on y faisoit la guerre, quoique non ouvertement. Le maréchal, qui étoit vers Beziers, ayant assuré cette ville et celles des environs à son parti, revint à Montpellier, et fut de là au Saint-Esprit, qu'il ne put pas recouvrer ; mais il s'assura de Viviers, du bourg Saint-Andiol, d'autres lieux catholiques dudit pays, et de la noblesse.

Au commencement de janvier 1577, le maréchal revint à Montpellier. Le 2 février, d'Oignon, chevalier de l'ordre du Roy, l'un des maîtres d'hôtel, l'evêque du Puy, Rochefort, gouverneur de Blois, et du Roger, deputés des états de Blois vers le maréchal, lui firent des remonstrances de la part des états, auxquelles il ne jugea pas à propos d'acquiescer. Il y eut quelque rumeur entre les catholiques et les protestans à Beziers ; le maréchal y fut ; et l'ayant terminée d'une maniere qui ne plut pas aux protestans, ils exciterent une espece de sédition à Montpellier le mardi-gras, 19 février ; la maréchale, laissée dans le palais, y fut comme prisonniere ; Châtillon, chef des protestans, apaisa l'émeute, et envoya au maréchal à Beziers des députés, lesquels étant revenus le dimanche 3 mars, la maréchale, avec tous les siens et tous ses meubles, sortit de la ville, avec grande douleur des catholiques, qui ne purent plus exercer leur religion qu'à huis clos. La forteresse du palais, qu'on disoit citadelle, fut abatue, le temple joignant le palais, la chapelle royale, et le college des prêtres seculiers, ruinés.

Le maréchal, qui avoit encores dans son parti Villeneuve-lez-Maguelonne, Frontignan et tout le pays jusqu'à Beziers, convoqua à Montagnac, le 25 mars, une assemblée d'estats qui dura jusqu'au 17 avril, lui restant à Pezenas ; l'union y fut confirmée sous son obéissance, mais elle ne dura guere. Les protestans élurent pour leur chef Thoré, quoique frère du maréchal et catholique.

Damville ayant repris les armes, alla au mois de mai assiéger Thezan, occupé pour les protestans par le capitaine Bacon qui le rendit. Au mois de juin, les forces du maréchal ayant augmenté, Joyeuse et autres seigneurs l'ayant joint, il alla assiéger Montpellier, et l'investit depuis les chemins de Clermont, La Verune, Villeneuve, Pont-Juvenal, Saint-Mos, les Carmes et Jacobins ; ce qui dura jusqu'au mois d'octobre : le maréchal logeoit tantôt à La Verune, à Villeneuve et au Mas de Cocon. Pendant le siège, la ville de Melgueil se rendit au maréchal qui l'alla recevoir ; mais comme il n'y mit point de garnison, elle reprit le parti protestant. Mandelot, qui avec de grandes troupes faisoit la guerre aux environs de Nismes, vint, fort accompagné de cavalerie, conférer un demi-jour avec Montmorency à Castelnau ; la ville se seroit rendue à lui faute de vivres, si elle n'avoit été secourue par Thoré et Châtillon, qui y entrerent de nuit du côté de Montferrier, après quelque léger combat, et si La Noue n'avoit apporté la nouvelle de la paix faite à Poitiers en septembre, au maréchal logé au Mas de Cocon.

Le 27 mars 1578, les consuls de Montpellier sommerent les officiers absents de revenir. Au mois de mai, les protestans se saisirent de Montagnac pendant que le maréchal et Joyeuse, revenus de tenir les états à Beziers, étoient à Pezenas.

Le baron de Faugeres, qui, en l'an 1573, avoit pris Lodeve, fut meurtri à Faugeres dans

(1) Frère de Damville.
(2) Henri-Albert.

son château par les catholiques, et sa tête apportée à Lodeve, où l'on s'en joua par les rues, comme en la prise il avoit fait de celle de Saint-Fulcrand.

En 1579, la Reine mère, venant de la conférence de Nerac, fit tenir les estats du Languedoc à Castelnaudary. Accompagnée du maréchal, elle vint à Narbonne, Beziers, Pezenas et à La Verune, où elle séjourna quelques jours pour accommoder les habitans des deux religions de Montpellier; ce qu'elle termina par un acte signé Pinard, secrétaire d'Etat, du 28 mai. Le maréchal, qui accompagna la Reine jusqu'à Grenoble, revint en Languedoc au mois d'octobre, où il trouva que les protestans avoient surpris Saint-Hibery, Caux, Fort-de-Cabrieres, Limascon, en escalade baillée de nuit par ceux de Gignac à la ville d'Agniane, pour surprendre et piller les gens de la cour des aydes de Montpellier, qui y étoient refugiés et tenans la cour pour la peste régnant à Montpellier, de laquelle escalade ils furent repoussés. Le maréchal permit à la cour de se changer à Pezenas où il résidoit, et où, dans le temps qu'il travailloit à remédier aux troubles, Cornus, gentilhomme envoyé par le roy de Navarre, lui porta des lettres de ce prince, qui lui proposoit une conférence sur les confins de Guyenne et de Languedoc, pendant laquelle il y auroit une suspension d'armes : le maréchal y consentit et en écrivit au Roy, qui lui permit cette entrevue : il avoit levé des troupes pour recouvrer Saint-Hibery et Caux, et l'entrevue en suspendit l'exécution. Il manda les estats au premier décembre à Carcassonne, où ayant fait la proposition, il les quitta pour aller trouver le roy de Navarre à Mazeres, ville qui appartenoit à ce prince, et située au comté de Foix ; le duc de Montmorency se logea à Belpuech de Gragniago, en son gouvernement de Languedoc ; il étoit accompagné de la principale noblesse et des plus notables de la province, avec lesquels il alla le 19 décembre à Mazeres, éloigné d'une lieue de Belpuech : le roy de Navarre le receut très-agréablement ; Rambouillet se trouva à la conférence de la part du Roy, l'abbé de Gadagne de la part de la Reine, deux conseillers du parlement de la chambre de l'édit établie à l'Isle en Albigeois : on ne prit aucune bonne résolution dans cette conférence, et le maréchal revint à Carcassonne terminer les estats.

Au commencement de 1580 il fut de retour à Pezenas. Le 4 juillet, le parlement de Toulouse vérifia une déclaration du Roy contre les perturbateurs du repos public. Au mois d'août, Montmorency leva une armée, et alla assiéger Villemagne, tenue par les protestans, et secourue par Chatillon : le siége fut long, et le maréchal obligé de le lever avec perte. La peste étoit à Montpellier, à Pezenas et à Beziers, d'où le maréchal se retira à Agde.

Le 21 janvier 1581, le maréchal, étant à Saint-Pons de Tomieres, y fit publier la conférence de Fleix entre Monsieur et le roy de Navarre, du 26 décembre ; deux jours après, le parlement de Toulouse la fit publier.

Le vicomte de Turenne, envoyé par le roy de Navarre à Montpellier, ne put pas persuader aux habitans de l'accepter, et ils ne la firent publier que le 14 mai, après que le Roy leur eut accordé en avril une nouvelle abolition ; ils tenoient le fort de Cabrieres-lez-Pezenas, lieu très-fort, et qui avoit été occupé par les Albigeois, comme il paroît par une commission du mois de mai 1250, addressée au châtelain de Pezenas.

Au mois d'octobre, les protestans se saisirent de Villeneuve la Cremade à une lieue de Beziers ; et à la fin du même mois, il y eut une assemblée à Pezenas en présence du maréchal, où se trouverent Châtillon, quelques ministres et députés des villes du bas Languedoc ; le seigneur de Clermont, envoyé par le roy de Navarre, y survint ; et on y résolut que les édits et conferences seroient exécutées, que Villeneuve et Cabrieres seroient rendus, ce qui fut incontinent effectué ; et ledit château de Cabrieres fut razé de pied ; les protestans rendirent aussi La Bastide-lez-Lodeve.

Le prince de Condé vint à Montpellier, et passa par Pezenas, où étoit Montmorency.

Au commencement de 1582, le vicomte de Joyeuse, qui avoit toujours vécu en bonne intelligence avec le duc de Montmorency, surtout depuis l'union, prit un parti contraire, quitta Pezenas, et se retira à Narbonne. Au mois de février, Bacon, capitaine de la religion, s'empara de Minerve en Minerbois ; Montmorency alla au mois de mai à Azile-le-Comtal en Minerbois, et y fit une assemblée de quelques évéques, du baron de Rieux et autres ; on y résolut le siége de Minerve, qui fut mis devant cette place au mois de juillet, sous le baron de Rieux, gouverneur de Narbonne. Le maréchal alla à Carcassone, Brugueirolles, Limoux, Alet, Fanjaux, Castelnaudary, jusques à Montesquieu près de Toulouse, faisant dire la messe en tous les lieux de la religion. Revenu en septembre, il fut à Bisan de las Allieres, le siége étant encore devant Minerve, où il fit tant qu'à l'amiable Bacon quitta la place le 17 septembre, moyennant une abolition que le maréchal avoit toute prête, et qu'il lui délivra lui-même.

Le premier octobre, le maréchal commença les états de Languedoc à Beziers; et le lendemain 2 il fut, bien accompagné, à Nisse, entre Beziers et Narbonne, conferer avec le duc de Joyeuse, fils du vicomte, qui étoit venu voir son pere, et qui étoit grandement accompagné : la conférence dura plus de deux heures, pendant lesquelles leurs troupes étoient à pied.

Au commencement de décembre, le maréchal alla à Alais, et en y allant il passa par Montpellier, où le prince de Condé résidoit, et où il n'avoit pas été depuis 1577. On lui rendit tous les honneurs imaginables, et il resta à Alais jusqu'au mois de mars.

En 1583, les protestans se saisirent de Montréal, d'Olargues, et près de Lodeve de las Ribes es Sorgues, courans et riblans les environs.

Les catholiques assiégerent Montréal, et ne purent pas le prendre; ils surprirent Alet, et le garderent.

Au mois de juillet, le baron de Rieux revint de la Cour, et apporta à Montmorency, qu'il trouva à Beziers, des instructions du Roy données à Paris le 27 may, par lesquelles il approuvoit la résolution de Joyeuse, avouant ce qu'il avoit fait, voulant qu'il se tint à Narbonne, et que Montmorency n'y allât point, moyennant quoi il seroit content de lui.

Il n'y eut point d'états en Languedoc, et le Roy, par ses lettres du 3 décembre, fit faire le département des deniers par les trésoriers de France.

Au commencement de 1584, se manifesta le grand crédit et faveur du duc de Joyeuse, qui fit faire son père maréchal de France, son frère cardinal et archevêque de Toulouse et Narbonne. La malveuillance du maréchal de Joyeuse se déclara contre Montmorency; au mois de mars, il engagea l'Estang, évêque de Lodeve, de se saisir de la ville de Clermont, et il fit occuper le château et le lieu de Secenon, à trois lieues de Beziers.

Montmorency étant à Beziers au mois d'août, le président de Belliévre, envoyé par le Roy pour pacifier le pays, y arriva; il fut de là trouver Joyeuse. Au mois d'octobre, Pontcarré, maître des requêtes, vint aussi de la Cour, apportant la résolution sur la réponse donnée à Belliévre; mais il trouva les affaires fort altérées, et retourna sans rien faire. En novembre, Montmorency assiégea Clermont, et prit d'assaut l'église, lieu fort, hors la ville, qui capitula; de là Montmorency alla surprendre Corsan sur l'Aude, où étoient les gens d'armes de Joyeuse. En décembre, Poigny-Rambouillet et Pontcarré, renvoyés par le Roy pour la paix, assurerent Montmorency de la bonne volonté du Roy, et de sa manutention en son gouvernement, et ils négocierent si bien entre lui et le maréchal de Joyeuse, que la guerre cessa de part et d'autre; Olargues fut rendu, et le château de Secenon razé.

En 1585, au mois de mai, le Roy accorda une abolition générale du passé au duc de Montmorency. Les estats furent tenus à Beziers en juillet. Montmorency alla conférer avec le roy de Navarre en aoust à Castres, et en septembre, étant à Pezenas, il s'unit avec les protestans; et au mois d'octobre, il publia une déclaration pour justifier sa conduite. Le Roy lui avoit envoyé Pontcarré pour le regagner, mais il n'en put pas venir à bout : Cuxac, Oveillan, Capestang, Puisserguier, Beziers et Saint Pons, lui servoient de frontiere contre le maréchal de Joyeuse, qui restoit armé à Narbonne sans rien faire.

En janvier 1786, Montmorency tint les estats à Pezenas; la Reine mere lui envoya en mars l'abbé de Juilli et Veirac pour le ramener au service du Roy, à quoi il ne voulut entendre.

En 1587, l'amiral de Joyeuse prit Marvejols en aoust, et vint dans le pays toulousain pour voir son pere. Jean Douzon, seigneur de Villespassans, ayant voulu faire revolter Beziers contre le duc de Montmorency, le duc lui fit faire son procès; il fut étranglé de nuit, et le lendemain trouvé pendu dans la place publique au mois d'aoust.

Le 20 octobre se donna en Guienne cette grande bataille au lieu de Cotras (1), entre le roy de Navarre et ceux de la religion d'une part, et l'amiral de Joyeuse avec les forces du Roy, d'autre, en laquelle ledit amiral fut occis, et avec lui grand nombre de grands seigneurs et noblesse, comprins un sien frere, le plus jeune, seigneur de Saint Sauveur, fort aimé de leur pere. Par sa mort, son frere (2), qui le suivoit, grand prieur de Tholose, et qui étoit en Languedoc près son pere faisant la guerre, fut dit duc de Joyeuse.

L'an 1588, au mois de mai, furent les barricades de Paris contre le roy Henri III y étant, et saisi de ladite ville par M. de Guise, dont le Roy délogea; dequoi s'ensuivit grand trouble au royaume, qui sembla vainement appaisé par l'indiction générale des états de France par le Roy en la ville de Blois, qui y furent tenus au mois d'octobre suivant 1588, le roy de Navarre ni aucun grand ou petit de la religion appelés ou présens; èsquels états continuant l'haine du

(1) Coutras.
(2) Antoine-Scipion de Joyeuse.

Roy contre M. de Guise et ses partisans, ledit sieur de Guise et son frere le cardinal y furent tués, et plusieurs prélats, grands seigneurs et autres, emprisonnés; les états dissipés, et grande guerre redressée entre le Roy et ceux de la Ligue, desquels se rendit chef M. du Maine, frere dudit feu seigneur de Guise, se nommant conservateur de l'état et couronne de France, appellé avec eux le roy d'Espagne, ses gens, faveurs et forces; dont je laisse des discours plus amples aux écrivains de l'histoire royale.

L'an 1589, la ville de Tholose et ses adhérans, de l'obéissance de M. le maréchal de Joyeuse, au mois de février audit an, jurerent l'union et confédération avec la Ligue, sous la charge de M. du Maine, contre le Roy et M. de Montmorency, de leur parti autoriser les articles de cette union par arrêt de la cour du parlement ludit Tholose, du 14 dudit mois de février 1589, 'en réservant ladite cour l'autorité et surintendance. Audit an 1589, par lettres patentes du Roy, données au camp de Beaugency le 17 du mois de juin, ledit seigneur translata le parlement de Tholose à la ville basse de Carcassonne, et y fit président M. de La Borgade, auparavant conseiller audit Tholose, qui en étoit sorti. En la même année, et le premier jour d'août, le roy Henri III étant à Saint Cloud près Paris avec son camp et grande armée, pour bloquer Paris, fut misérablement tué par un jeune religieux de l'ordre des Jacobins, qui, feignant lui vouloir parler en secret, lui donna d'un couteau dans le petit ventre; lequel moine fut illec tué sur le champ, et le pauvre Roy mourut le lendemain. A ce meurtrier, nommé frere Clément, furent ès villes de Paris et Tholose, et autres de la Ligue, faites funérailles publiques et solemnelles; son effigie portée, et au contraire celle du Roy défunt traînée par les rues. Après cette piteuse mort du roy Henri III, le roy de Navarre, dit Henry IV, comme plus prochain, vint à la couronne, et s'en vint audit Saint Cloud, où il fut reçu honorablement de tous les princes, seigneurs, et de toute l'armée, èsquels il fit une déclaration le 4 dudit mois d'août 1589, par laquelle il promet maintenir la religion catholique, sans aucune chose innover et changer en icelle, promettant s'y faire instruire, et au surplus ne permettre l'exercice de la religion prétendue réformée que selon les édits du feu Roy, permissifs d'icelle; après laquelle déclaration, lesdits princes et seigneurs lui protesterent toute fidélité et obéissance; desquelles choses il advertit M. de Montmorency en Languedoc, comme il fit aussi d'autre déclaration depuis faite par Sa Majesté au camp du Mans, le 25 novembre audit an 1589, publiée à Tours au parlement le 25 décembre suivant, par laquelle il indique une assemblée des états généraux du royaume (1) au mois de mars prochain, en la ville de Tours, y convoque tous ceux de la Ligue, les rappelle à soi et à son obéissance, en faisant les soumissions portées par ladite déclaration. Cependant que ces choses se faisoient en France, l'autre et second fils de M. le maréchal de Joyeuse, dit M. de Joyeuse par la mort de M. l'Amiral, vint en Languedoc, et commença à y faire la guerre contre M. de Montmorency, et armées dressés par eux respectivement au terroir de Narbonne, lieu dit le Mas-de-Pardelhan. Ils firent une tréve pour quatre mois, le dernier jour d'août susdit 1589.

L'an 1590 se passa cette année en Languedoc sans grande faction d'armes, chacun se tenant sur la garde.

(1) Cette assemblée ne put avoir lieu à cause de la guerre.

FIN DES MÉMOIRES DE PHILIPPI.

AUTEURS

CONTENUS

DANS LE HUITIEME VOLUME

DE LA PREMIÈRE SÉRIE.

	Pages.
Notice sur Gaspard de Saulx.	1
MÉMOIRES DE GASPARD DE SAULX.	23
La Vie de Gaspard de Saulx.	49
Notice sur Guillaume de Saulx.	437
MÉMOIRES DE GUILLAUME DE SAULX.	443
ADVIS ET CONSEILS DU MARESCHAL DE TAVANNES.	502
Sur Bertrand de Salignac.	507
LE SIÉGE DE METZ.	513
Sur le Discours de Gaspard de Coligny.	565
DISCOURS DE GASPARD DE COLIGNY.	567
Sur le Mémoire de La Chastre.	587
MÉMOIRE DE LA CHASTRE.	589
Sur les Mémoires de Rochechouart.	599
MÉMOIRES DE GUILLAUME DE ROCHECHOUART.	601
Sur les Mémoires d'Achille Gamon et de Jean Philippi.	609
MÉMOIRES D'ACHILLE GAMON.	611
MÉMOIRES DE JEAN PHILIPPI.	633

Imprimerie d'Adolphe Éverat et Cie, rue du Cadran, 14 et 16.

www.ingramcontent.com/pod-product-compliance
Lightning Source LLC
Chambersburg PA
CBHW071150230426
43668CB00009B/894